苏州大学图书馆
古籍普查登记目录

全国古籍普查登记目录

国家图书馆出版社
National Library of China Publishing House

圖書在版編目(CIP)數據

蘇州大學圖書館古籍普查登記目錄/蘇州大學圖書館編. --北京:國家圖書館出版社,2017.2

(全國古籍普查登記目錄)
ISBN 978-7-5013-5958-5

Ⅰ.①蘇… Ⅱ.①蘇… Ⅲ.①院校圖書館—古籍—圖書館目錄—蘇州 Ⅳ.①Z838

中國版本圖書館CIP數據核字(2016)第242359號

書　　名	蘇州大學圖書館古籍普查登記目錄
著　　者	蘇州大學圖書館　編
責任編輯	王　雷　張珂卿
出　　版	國家圖書館出版社(100034　北京市西城區文津街7號) (原書目文獻出版社　北京圖書館出版社)
發　　行	010-66114536　66126153　66151313　66175620 66121706(傳真)　66126156(門市部)
E-mail	nlcpress@nlc.cn(郵購)
Website	www.nlcpress.com →投稿中心
經　　銷	新華書店
印　　裝	河北三河弘翰印務有限公司
版　　次	2017年2月第1版　2017年2月第1次印刷
開　　本	787毫米×1092毫米　1/16
印　　張	43.5
字　　數	900千字
書　　號	ISBN 978-7-5013-5958-5
定　　價	400.00圓

《全國古籍普查登記目錄》
工作委員會

主　任：周和平
副主任：張永新　詹福瑞　劉小琴　李致忠　張志清
委　員（按姓氏筆畫排序）：

于立仁　王水喬　王　沛　王紅蕾　王筱雯
方自今　尹壽松　包菊香　任　競　全　勤
李西寧　李　彤　李忠昊　李春來　李　培
李曉秋　吳建中　宋志英　努　木　林世田
易向軍　周建文　洪　琰　倪曉建　徐欣禄
徐　蜀　高文華　郭向東　陳荔京　陳紅彥
張　勇　湯旭巖　楊　揚　賈貴榮　趙　嫄
鄭智明　劉洪輝　歷　力　鮑盛華　韓　彬
魏存慶　鍾海珍　謝冬榮　謝　林　應長興

《全國古籍普查登記目録》

序　言

　　全國古籍普查登記工作是"中華古籍保護計劃"的首要任務,是全面開展古籍搶救、保護和利用工作的基礎,也是有史以來第一次由政府組織、參加收藏單位最多的全國性古籍普查登記工作。

　　2007年國務院辦公廳發佈《關於進一步加強古籍保護工作的意見》(國辦發[2007]6號),明確了古籍保護工作的首要任務是對全國公共圖書館、博物館和教育、宗教、民族、文物等系統的古籍收藏和保護狀况進行全面普查,建立中華古籍聯合目録和古籍數字資源庫。2011年12月,文化部下發《文化部辦公廳關於加快推進全國古籍普查登記工作的通知》(文辦發[2011]518號),進一步落實了全國古籍普查登記工作。根據文化部2011年518號文件精神,國家古籍保護中心擬訂了《全國古籍普查登記工作方案》,進一步規範了古籍普查登記工作的範圍、内容、原則、步驟、辦法、成果和經費。目前進行的全國古籍普查登記工作的中心任務是通過每部古籍的身份證——"古籍普查登記編號"和相關信息,建立古籍總臺賬,全面瞭解全國古籍存藏情况,開展全國古籍保護的基礎性工作,加强各級政府對古籍的管理、保護和利用。

　　《全國古籍普查登記工作方案》規定了全國古籍普查登記工作的三個主要步驟:一、開展古籍普查登記工作;二、在古籍普查登記基礎上,編纂出版館藏古籍普查登記目録,形成《全國古籍普查登記目録》;三、在古籍普查登記工作基本完成的前提下,由省級古籍保護中心負責編纂出版本省古籍分類聯合目録《中華古籍總目》分省卷,由國家古籍保護中心負責編纂出版《中華古籍總目》統編卷。

　　在党和政府領導下,在各地區、各有關部門和全社會共同努力下,古籍普查登記工作得以扎實推進。古籍普查已在除臺、港、澳之外的全國各省級行政區域開展,普查内容除漢文古籍外,還包括各少數民族文字古籍,特别是於2010年分别啓動了新疆古籍保護和西藏古籍保護專項,因地制宜,開展古籍普查登記工作;國家古籍保護中心研製的"全國古籍普查登記平臺"已覆蓋到全國各省級古籍保護中心,並進一步研發了"中華古籍索引庫",爲及時展現古籍普查成果提供有力支持;截至目前,已有11375部古籍進入《國家珍貴古籍名録》,浙江、江蘇、山東、河北等省公佈了省級《珍貴古籍名録》，古籍分級保護機制初步形成。

　　《全國古籍普查登記目録》是古籍普查工作的階段性成果，旨在摸清家底，揭示館藏，反映古籍的基本信息。原則上每申報單位獨立成册，館藏量少不能獨立成册者，則在本省範圍内幾個館目合併成册。無論獨立成册還是合併成册，均編製獨立的書名筆畫索引附於書後。著録的必填基本項目有：古籍普查登記編號、索書號、題名卷數、著者（含著作方式）、版本、册數及存缺卷數。其他擴展項目有：分類、批校題跋、版式、裝幀形式、叢書子目、書影、破損狀況等。有條件的收藏單位多著録的一些擴展項目，也反映在《全國古籍普查登記目録》上。目録編排按古籍普查登記編號排序，内在順序給予各古籍收藏單位較大自由度，可按分類排列古籍普查登記編號，也可按排架號、按同書名等排列古籍普查登記編號，以反映各館特色。

　　此次全國古籍普查登記工作，克服了古籍數量多、普查人員少、普查難度大等各種困難，也得到了全國古籍保護工作者的極大支持。在古籍普查登記過程中，國家古籍保護中心、各省古籍保護中心爲此舉辦了多期古籍普查、古籍鑒定、古籍普查目録審校等培訓班，全國共1600餘家單位參加了培訓，爲古籍普查登記工作培養了大量人才。同時在古籍普查登記工作中，也鍛煉了普查員的實踐能力，爲將來古籍保護事業發展奠定了良好的基礎。

　　《全國古籍普查登記目録》的出版，將摸清我國古籍家底，爲古籍保護和利用工作提供依據，也將是古籍保護長期工作的一個里程碑。

國家古籍保護中心
2013年10月

《全國古籍普查登記目錄》
編纂凡例

一、收録範圍爲我國境内各收藏機構或個人所藏,産生於1912年以前,具有文物價值、學術價值和藝術價值的文獻典籍,包括漢文古籍和少數民族文字古籍以及甲骨、簡帛、敦煌遺書、碑帖拓本、古地圖等文獻。其中,部分文獻的收録年限適當延伸。

二、以各收藏機構爲分冊依據,篇幅較小者,適當合併出版。

三、一部古籍一條款目,複本亦單獨著録。

四、著録基本要求爲客觀登記、規範描述。

五、著録款目包括古籍普查登記編號、索書號、題名卷數、著者、版本、冊數、存缺卷等。古籍普查登記編號的組成方式是:省級行政區劃代碼—單位代碼—古籍普查登記順序號。

六、以古籍普查登記編號順序排序。

七、編製各館藏目録書名筆畫索引附於書後,以便檢索。

《蘇州大學圖書館古籍普查登記目録》
編委會

主　編：李　峰

編　委：趙　明　薛維源　朱　琴　張　敏　章洪偉　張若雅
　　　　孫　琴　黄建林　馬俊芬　王志剛　夏兆可

《蘇州大學圖書館古籍普查登記目録》
前　言

　　蘇州大學圖書館歷史悠久，百年典藏，承載學史。其前身是1903年成立的"東吴大學堂藏書處"。古籍收藏歷史可溯源至清光緒間東吴大學堂前身之一的博習書院"藏書間"，其時已有刻本《皇清經解》《[同治]蘇州府志》等。歷經百餘年，綫裝古籍總量已達15萬册，其中善本近1000部7000餘册，以吴文化地方文獻、明清科舉文獻以及江南醫家的醫學類古籍較有特色。善本中有較多的明版及清前期本、精刻本、明清稿抄本、名家批校題跋本，其中元刻明修本2部，明刻本23部、抄本1部，清刻本1部、稿本1部，計28部善本入選《國家珍貴古籍名録》。

　　一、古籍收藏歷史時期概述
　　館藏古籍的主要來源有采購交换、文管機構轉交、院校合併轉交、私人捐贈和機構捐贈等幾種途徑。在不同歷史時期，古籍收藏有不同的積纍和發展。
　　第一階段，東吴大學圖書館時期。
　　從1900年東吴大學堂正式注册創辦至1952年全國高等學校院系調整，這個時期館藏綫裝古籍逾2400部。具體收藏情況反映在兩部書目中，一是1952年9月東吴大學圖書館編的《中文綫裝圖書目録》，著録1759部；二是1958年江蘇師範學院圖書館編印的《館藏古籍簡目初稿》，著録東吴大學圖書館時期硬殼精裝古籍700餘部。除采訪購置外，很大一部分來自謝洪賚、錢輔庭、楊景蘇、陸士一、季煦、楊壽標、朱季海、周祖譔等先生私人捐贈，總量約1300餘部。其中錢輔庭捐贈約1190部，内容涉及經、史、子、集、叢各部，經晚清詞人余一鰲等名家收藏者頗多。其他如朱季海所捐明萬曆刻本《十六國春秋》、周祖譔所捐黄人著《中國文學史》，亦珍貴難得。著者所贈，如陸雲伯贈《五胡二十國史表》、屈伯剛贈《彈山詩稿》、楊之光贈民國間珂瓓版《楊之光畫集》等。凡私人捐贈之書，内封往往粘附東吴大學圖書館特製贈書題簽及時任校長楊永清撰文，説明捐贈緣由經過。
　　第二階段，蘇南師範學院暨江蘇師範學院圖書館時期。
　　1952年全國院系調整，東吴大學改辦爲蘇南師範學院，旋更名爲江蘇師範學院。因江蘇師範學院中文系調整至南京師範學院，我館4000册左右的古籍隨之調撥，其中頗多特藏的珍本、善本。

我館現藏古籍，以20世紀50年代初蘇南文物管理委員會轉交的一批綫裝書爲大宗，總量約10萬册，其中較有價值的有無錫薛氏傳經樓舊藏等。1963年，我館接受江蘇省博物館贈送的綫裝古籍，計162部2903册，其中不乏明清善本，如明萬曆五年（1577）凌稚隆刻本《史記評林》、清乾隆三年（1738）武英殿刻三色套印本《御選唐宋文醇》等約20種入藏善本書庫。

這一時期私人捐贈品種与數量均十分可觀，版本精良。1964年江蘇師範學院副院長潘慎明先生贈書，計211部1348册，有較多明刻本，如明萬曆三十一年（1603）許自昌刻本《唐甫里先生集》、萬曆三十九年（1611）祝氏刻本《懷星堂全集》；清代精刻本，如顧氏碧筠草堂刻本《重刊校正笠澤叢書》；名人手校題跋本，如明崇禎十五年（1642）汲古閣刻本《前漢書》，有清代經學大師惠棟批注及龐鍾璐跋語；罕見之稿抄本，如清徐傅稿本《光福志》、瞿中溶稿本《集古官印考》，潘氏抄本《浣花集》，吳大澂鈐印本《十六金符齋印存》等等。其中較多書籍曾經吳縣潘氏收藏，有多人藏書印章或題記，尤爲珍貴，有20餘種入藏善本書庫。1965年潘慎明先生再次贈書49部253册，以金石碑帖居多，其中明汲古閣刻本《陸放翁全集》和清康熙五十年（1711）殿刻本《佩文韻府》亦可珍貴。所捐贈的《集古官印考》後入選《國家珍貴古籍名録》，並參加了國家圖書館舉辦的"第三批《國家珍貴古籍名録》全國珍貴古籍特展"。

1972年，曲學大師吳梅家屬捐贈古籍計34種421册，多有吳梅手筆並鈐捐贈印。多明版及清初刻本，入藏善本書庫者17部，多部入選《國家珍貴古籍名録》，如明嘉靖元年（1522）刻本《王忠文公文集》、嘉靖八年至九年（1529—1530）南京國子監刻本《前漢書》、嘉靖十六年（1537）游居敬刻本《柳文》、嘉靖三十六年（1557）張景賢刻本《祝氏集略》，明刻朱墨套印本《詞的》，清康熙十二年（1673）周氏烟雲過眼堂刻本《讀畫録》等。

1977年，我館古籍部夏淡人先生廉讓圖書，多爲清代及民國間出版，亦不乏明版及清初刻本，如明弘治十四年（1501）華珵刻本《百川學海》。有多部罕見之清人稿抄本入藏善本書庫，如吳曾源《井眉居詞鈔》、陸懋修《杭湖掃墓記》、毛輝鳳《完節録》、鄧還《小官梅閣集》、蔡燮昌《玉麈山房詩集》、俞承萊《自警録》、亢樹滋《市隱卮言》、童寶善《吳中官紳癸酉同年齒録》等稿本，清初施希賢抄本《古文警怡》、清咸豐間墨格抄本《楊椒山先生集》、清末抄本馮桂芬著《校邠廬抗議》及清抄本《松江科甲考》等等。

此外，捐贈者尚有本校教師紀庸先生家屬、柴德賡先生家屬。紀氏所捐之書多爲法帖，有紀氏手筆及印鑒。柴氏所捐之書計99種391册，多爲筆記雜著。

第三階段，蘇州大學圖書館時期。

1982年,學校更名爲蘇州大學。1983年,我館將一批久置的綫裝古籍複本、殘本計14265册,交換給上海古籍書店,並於該書店購得綫裝書928册。換購而來的這批書籍中,有著名藏書家黃裳的舊藏,多鈐有黃裳藏書印並題記。

1995年至2000年,蘇州蠶桑專科學校、蘇州絲綢工學院、蘇州醫學院等院校先後併入蘇州大學。原蘇州絲綢工學院圖書館移交綫裝古籍約130部,以子部藝術類畫册法帖居多。原蘇州醫學院圖書館移交綫裝古籍約1150部,其中明清時期醫古籍逾千部。善本有115部,多明刻本及清前期刻本,如明嘉靖八年(1529)刻本《東垣十書》、萬曆二十九年(1601)吳勉學刻清初金陵蘊古堂重修本《古今醫統正脈全書》、清順治二年(1645)刻康熙三十三年(1694)重修本《本草彙言》等等,亦有較多稿抄本,如清代蘇州名醫潘道根的稿本、抄本即有十數種之多。

私人和機構捐贈繼續豐富我館的古籍藏量和品種。1989年,范崇清捐贈其父著名文學家范煙橋先生藏書,計46種242册,計有十數種入藏善本書庫。有明版及清康熙、雍正、乾隆三朝刻本、稿本多種,如明嘉靖二十八年(1549)周國南川上草堂刻本《周恭肅公集》、嘉靖三十年(1551)刻本《震澤紀聞》,清康熙徐乾學刻雍正四年(1726)吳振臣增修本《秋笳集》、康熙二十七年(1688)顧氏依園刻本《石湖居士詩集》、《百尺樓叢書》稿本《百尺樓脞錄》、稿本《鶴巢小詞》等等。其中《震澤紀聞》曾經著名藏書家葉昌熾收藏,《周恭肅公集》入選《國家珍貴古籍名錄》。1990年,東吳校友汪立群家屬捐贈藏書,計122種940册,內含《御刻三希堂石渠寶笈法帖釋文》《山樓藏印》《約雪印集》等多種書法金石類精品典籍。2005年,無錫華氏仲厚、叔和、季平三兄弟捐贈古籍計46種402册,以書法、繪畫、篆刻、金石考古爲主,如《吳讓之印存》《趙之謙印存》《缶廬印存》《漢馬蒴館印留》等原打印譜,以及拓本《明拓小銀錠淳化閣帖》、清乾隆十六年(1751)武英殿銅版印本《西清古鑒》及抄本《像象述》等,可稱珍籍善本。2011年,蘇州古籍收藏名家李品德先生捐贈古籍15種61册,多爲清三代科舉文獻,如清康熙三十五年(1696)刻本《何屺瞻六部小題文行遠集》、乾隆二十九年(1764)刻本《國朝小題文攬勝》等頗爲珍貴。

二、館藏文獻的編目叙錄

民國期間,館藏古籍没有完整的登記目錄。1952年9月,東吳大學圖書館編成《中文綫裝圖書目錄》,不包括已經改裝過的硬殼精裝古籍。1958年3月,江蘇師範學院圖書館編印第一部古籍書目《館藏古籍簡目初稿》,鋼板刻寫油印,分上下兩册,按經史子集叢及特藏之部編排,著錄事項有書名、卷數、著者、出版年、版本、册數六項。著錄情況較前者爲詳,原東吳大學圖書館舊藏及其後陸續購買、贈送的綫裝書皆予收錄。

1978年，值全國古籍善本普查工作之際，我館古籍部開始對所藏綫裝古籍進行全面普查。一方面甄選館藏善本，明確了甲種善本200部。1979年8月，瞿冕良先生擬稿《紅樓善本書錄》，甄選館藏的部分佳本，錄其版刻、序跋、藏家題記及印章等信息，手抄成編，是書爲《蘇州大學善本書目稿》之雛形。1985年，瞿先生編成《蘇州大學善本書目稿》，收錄館藏善本甲、乙種共801部6853册，按傳統四部分類編排，鋼板刻寫、油印成册。另一方面，清點整理普通綫裝古籍，按經史子集叢各部歸類，統一編目，登記造册，編製分類、書名、著者三套相對完備的綫裝古籍卡片目錄。

此外，古籍部工作人員亦根據館藏内容，編製多種專題目錄索引，便利師生利用文獻。1978年12月，瞿先生編成《江蘇師範學院圖書館館藏地方志目錄（稿）》，1979年6月又編成《館藏年譜（年表）目錄初編》，收錄計580人。1985年3月，瞿先生與薛維源老師參加《蘇州市家譜聯合目錄》項目，對館藏家譜進行了整理著錄，手寫裝訂成册，收錄106姓360種綫裝古籍。9月，瞿先生編成《館藏年譜（年表）目錄（增訂本）》，在《初編》的基礎上，新增455人，排印成册。瞿先生還和夏淡人先生將館藏碑刻拓片全面整理，編製了《碑銘草目》（卡片目錄），按時間順序排列，計342種。

爲方便大型叢書檢索，歷時四年，1986年編成多種相關的子目卡片目錄：《〈四部叢刊〉〈四部備要〉〈四庫珍本〉書名子目片》、《〈頻伽精舍大藏經〉〈積砂藏〉書名子目片》、《平裝古籍書目》（書名卡片目錄，收錄《叢書集成初編》《萬有文庫》《筆記小説大觀》《中國近代史料叢刊》等成套平裝古籍以及單本平裝古籍的書名子目）、《〈清史稿〉人名索引》、《〈筆記小説大觀〉書名著者索引》（1—39編）、《〈近代中國史料叢刊〉正續編書名著者索引》、《館藏港臺版中文圖書目錄》。其中夏淡人、孫玿、趙明老師編纂的《〈清史稿〉人名索引》獲中國圖書館學會二次文獻成果獎。

2000年以後，在傳統的古籍編目工作的基礎上，積極開展館藏古籍資源的數字化建設工作。借助OPAC系統，完成普通古籍的電子編目。參加全國或高校間的古籍資源數據庫建設，如CADAL項目二期建設、CALIS"高校古文獻資源庫"三期建設，實現館藏古籍書目數據的共建共享以及部分古籍的全文數字化。2012年起，參加國家古籍保護中心主持的全國古籍普查項目，按照普查工作要求，再次對館藏綫裝古籍全面清點核對。以原紙質卡片登記的信息爲基礎，規範著錄每部書籍的題名卷數，校正著者版本，清點存卷册數，並將校核修改後的完整條目登記於"全國古籍普查平臺"數據庫，現已完成工作並提交。

三、古籍整理與學術研究

古籍的整理編目與學術研究相輔相成，並取得豐碩成果。

夏淡人先生（1920—2010）是著名古籍修復專家，更是一位精於鑒賞的古籍版本學家。自少年時即從事古舊圖書行業，後自行經營"琴川書店"，與鄭振鐸、葉聖陶、趙萬里、顧廷龍、凌景埏、馮其庸、黃裳等爲書友。1956年任職我館古籍部，主要負責古籍收集、鑒定、整理和修補工作，我館古籍整理編目得益於夏先生甚多。自1979年善本普查編目工作開展起，凡版本有疑難者，必請夏先生經眼鑒別。夏先生善於發掘善本珍本，如明陳繼儒輯《增删陶朱公奇書類纂》，此書傳本甚少，本館所藏經夏先生考訂爲明崇禎刻本，乃現今所見各種《陶朱公致富全書》系統的古農書中最早的一個版本，《中國古農書聯合目錄》《中國農學書錄》均未載，僅北京師範大學圖書館有藏本。夏先生遂借抄補缺，跋其後，並撰《稀見古農書補錄一則——〈陶朱公奇書類纂〉》紀之。此外撰述多關蘇州舊書肆之掌故，可備蘇州藝文史志之不足。

瞿冕良先生（1924—2012）自1979年起，與夏淡人先生共同擔任館藏善本的編目工作，在古籍整理和版本研究方面多得夏先生指授。瞿先生用力亦巨，又勤於筆耕，著述頗豐。撰有《常熟先哲藏書考略》，又與江村先生合作，點校出版《陳璧詩文殘稿箋證》。1987年出版所著《版刻質疑》，從版本、刻工、年代、行款、歧异、刊誤等方面討論古籍版本學的相關問題，榮獲中國圖書館學會圖書館學、情報學著作獎。又積十年心血，編著《中國古籍版刻辭典》，1999年由齊魯書社出版，凡150萬字，詞目2萬條，堪稱我國古籍版刻的扛鼎之作，2001年在第四屆國家辭書評獎中榮獲一等獎。此後又修改增補至200萬字，2009年由蘇州大學出版社出版，2011年列入全國第三屆"三個一百"原創出版工程。

華人德先生畢業於北京大學圖書館學系，爲研究館員，既是著名書法家，也是文獻整理研究的專家學者，著述宏富。1985年起，與瞿先生合作主持收集綫裝古籍中的名人鈐印、人物圖像，登記製作卡片，趙明、薛維源、唐錫倫老師參與，結集成《中國歷代名人圖鑒》，1987年由上海書畫出版社出版。爲配合本書使用，還編製了《中國歷代人物圖像索引》，1994年由江蘇教育出版社出版。1988年起，華先生主持歷代筆記書論的收集整理，薛維源、趙明老師參與，編成《歷代筆記書論彙編》，1996年由江蘇教育出版社出版，後有《歷代筆記書論續編》，2012年由江蘇教育出版社出版。華先生還主持了《中國歷代人物圖像集》的編纂，趙明、薛維源、唐錫倫老師參與，2004年由上海古籍出版社出版。

基於在古代人物圖像資料方面多年的積纍和整理，2000年我館古籍部與數字化部共建《中國歷代名人圖像數據庫》，古籍部提供圖像及史傳資料，數字化部予以技術支持，該數據庫後來成爲JALIS特色數據庫的重要建設項目。2004年，我館承擔國家清史工程項目《圖錄·清代圖像人物數據庫》，由時任館長王國平教授主持，華人德先生和副館長金問濤、李峰，古籍部趙明、薛維源，數字化部唐金華、何柯和王晋玲、陳珍棣、陳亦紅等老師參加，在《中國歷代名人圖像數據庫》清代人物數據的基礎上，進一步擴展收錄內容。該項目的成果結集爲《國家清史編纂委員會圖錄叢刊》之一《耆獻寫真：蘇州大學圖書館藏清代人物圖像選》，由王國平、華人德、李峰主編，李峰爲執行主編，負責甄選圖像及統稿，2008年由中國人民大學出版社出版。

古籍部同仁合作或參與的其他科研項目頗多。如瞿冕良、華人德、趙明、薛維源、唐錫倫老師參加了《文獻學大辭典》《中國文學史料學》《中國古代著名叢書提要》《中國文學大辭典》的編纂工作。孫珩、薛維源、趙明老師還合編出版了《江蘇竹枝詞集》。2011年至2012年，古籍部趙明、薛維源、孫琴、朱琴、張敏、張若雅、馬俊芬、康芳芳等老師參加由蘇州大學文學院牽頭的中日國際合作項目（中日兩國保護非物質文化遺產及創造新文化傳統的合作研究），《蘇州大學圖書館藏寶卷五種》《蘇州大學圖書館藏寶卷六種》《蘇州大學圖書館藏彈詞玉蜻蜓》等由日本金沢大學人間社會研究域陸續出版。

四、《蘇州大學圖書館古籍普查登記目錄》成書過程

《蘇州大學圖書館古籍普查登記目錄》（以下簡稱《目錄》），收錄館藏1911年前中國出版的普通古籍9773部、善本古籍952部。每部書籍依次著錄館藏索書號、題名卷數、著者、版本、存卷、冊數。

此次全國古籍普查及《目錄》編纂工作，更正錯訛、拓展認知，有所發現和收穫。

善本普查申報《國家珍貴古籍名錄》時，發現館藏原著錄爲明隆慶刻本的《續資治通鑑》六卷的版本有疑，遂重新考證。查閱《國家珍貴古籍名錄圖錄》，對比安徽省圖書館、揚州市圖書館所藏明隆慶五年（1571）刻本的書影，發現本館藏本與前者所藏非同一版本。安徽、揚州本題"皇明中奉大夫山東等處布政司左布政使臨海王宗沐編"，我館藏本題"皇明通議大夫閱視宣大山西等處邊務刑部左侍郎兼都察院右僉御史臨海王宗沐編"。據《明實錄》萬曆四年（1576）正月"刑部左侍郎王宗沐兼僉都御史，閱視宣大"之記載，改著錄爲明萬曆刻本。

普通古籍的普查中發現了一些稀見珍本。如程瑤華所撰《綺霞閣繡餘小草》，佚名手抄，有黃裳題跋。此集罕見流傳，僅胡文楷《歷代婦女著作考》著錄，即本館藏本。黃人所著《中國文學史》，僅有民國初國學扶輪社鉛印本，流傳亦少。除本館外，南京圖書館、復旦大學圖書館各有一部，而本館所藏較前兩家多抄配一冊，內容係當時東吳大學油印講義繕錄者，爲鉛印本所無，尤爲珍貴。我校文學院楊旭輝老師點校此書，即以本館藏本爲底本。

《目錄》的編纂出版是本館古籍部幾代同仁不懈努力、精誠合作的結晶。前輩學者長期致力於古籍典藏、整理與編目工作，奠定了良好的基礎。2007年全國古籍普

查工作開展以來，趙明、薛維源老師先後任古籍部主任，負責組織安排古籍普查及《目錄》編纂工作。《目錄》前期整理的主要人員，有趙明、薛維源、朱琴、張敏、章洪偉、張若雅、孫琴、黃建林、馬俊芬、王志剛、夏兆可，後期排序統稿則由薛維源、朱琴、張敏、張若雅完成。薛維源老師在版本鑒定和分類編排等方面尤費心力，他的日志及回憶錄記載了古籍部數十年的發展歷史，爲本前言的撰寫提供了珍貴翔實的文字資料。

我館是國務院2008年3月1日批准公佈的首批"全國古籍重點保護單位"之一。古籍普查及《目錄》的編纂工作，得到了國家古籍保護中心和江蘇省古籍保護中心的大力支持。對於普查過程中遇到的諸多疑難問題，江蘇省古籍保護中心的各位專家學者給我們提供了熱情指導和悉心幫助。在此我們謹向南京圖書館副館長、江蘇省古籍保護中心主任全勤老師，南京圖書館研究部主任、全國古籍保護工作專家委員會委員、江蘇省古籍保護工作專家委員會副主任徐憶農老師，南京圖書館歷史文獻部副主任、江蘇省古籍保護中心副主任周蓉老師，南京圖書館歷史文獻部副主任武心群老師等人致以誠摯的敬意和衷心的感謝。

此項工作得到蘇州大學圖書館歷任館長高偉江、羅時進、唐忠明教授及其他館領導的大力支持。副館長李峰教授爲江蘇省古籍保護工作專家委員會成員、蘇州市古籍保護中心專家委員會副主任，長期分管文獻建設部和古籍部，對古籍保護整理、普查、編目及《目錄》的編纂工作進行統籌規劃、協調與指導。《目錄》所依托的館藏綫裝古籍書目電子化工作，得到了文獻建設部梁爽、呂旭霞、費愉慶諸位老師的大力協助，在此謹致謝忱！

囿於能力學識，《目錄》疏漏之處難免，懇請讀者指正。

蘇州大學圖書館古籍部
2016年11月

目　　録

《蘇州大學圖書館古籍普查登記目録》編委會 ………………………………………………… 1

《蘇州大學圖書館古籍普查登記目録》前言 …………………………………………………… 1

320000-1646-0000001 至 0010725（古籍普查登記編號）………………………………… 1

書名筆畫字頭索引 ……………………………………………………………………………… 509

書名筆畫索引 …………………………………………………………………………………… 529

320000－1646－0000001　701714

袁文箋正十六卷補注一卷小傳一卷　（清）袁枚撰　（清）石韞玉箋　清嘉慶十七年(1812)鶴壽山堂刻本　六冊

320000－1646－0000002　701716

袁文箋正十六卷補注一卷　（清）袁枚撰　（清）石韞玉箋　清光緒八年(1882)汗青簃刻本　八冊

320000－1646－0000003　701717

小倉山房四百六十八卷　（清）袁枚撰　清光緒刻本　四冊

320000－1646－0000004　701718

小倉山房尺牘八卷　（清）袁枚撰　（清）陳名金輯注　清同治二年(1863)文先堂刻本　五冊　存六卷(一至六)

320000－1646－0000005　701723

古檀詩草一卷　（清）廖景文撰　清乾隆二十九年(1764)聽吟軒刻本　一冊

320000－1646－0000006　701724

玉芝堂文集六卷　（清）邵齊燾撰　清末刻本　二冊

320000－1646－0000007　701725

澄悅堂詩集十四卷　（清）國梁撰　清刻本　四冊　存五卷(六至七、十至十二)

320000－1646－0000008　701726

思補齋文集四卷　（清）劉星煒撰　清光緒二十年(1894)刻本　四冊

320000－1646－0000009　701727

切問齋集十六卷　（清）陸燿撰　清乾隆五十七年(1792)暉吉堂刻本　八冊

320000－1646－0000010　701728

虛一齋集五卷　（清）莊培因撰　清光緒九年(1883)刻本　二冊

320000－1646－0000011　701730

孟亭居士文稿五卷　（清）馮浩撰　清嘉慶七年(1802)刻本　五冊

320000－1646－0000012　701734

紀文達公遺集三十二卷　（清）紀昀撰　（清）紀樹馨編校　清嘉慶十七年(1812)刻本　十冊

320000－1646－0000013　701651

王艮齋詩集十卷　（清）王峻撰　清乾隆十八年(1753)蔣棨刻本　二冊　存三卷(一至三)

320000－1646－0000014　701652

陳文恭公手札節要一卷　（清）陳弘謀撰　清同治二年(1863)邵州官廨刻本　一冊

320000－1646－0000015　701653

陳文恭公手札節要三卷　（清）陳弘謀撰　清光緒三十二年(1906)刻本　一冊

320000－1646－0000016　701654

培遠堂手札節存三卷　（清）陳弘謀著　清同治十一年(1872)江蘇書局刻本　一冊

320000－1646－0000017　701655

道古堂詩集二十六卷文集四十八卷外文一卷集外詩一卷軼事一卷　（清）杭世駿撰　清光緒十四年(1888)錢塘汪氏振綺堂刻本　十六冊

320000－1646－0000018　701656

道古堂詩集二十六卷文集四十八卷外文一卷集外詩一卷軼事一卷　（清）杭世駿撰　清光緒十四年(1888)錢塘汪氏振綺堂刻本　十六冊

320000－1646－0000019　701657

道古堂文集四十六卷道古堂詩集二十六卷　（清）杭世駿撰　清乾隆五十五年(1790)刻本　二十冊

320000－1646－0000020　701658

經笥堂文鈔二卷　（清）雷鋐撰　清嘉慶十六年(1811)伊氏秋水園刻本　二冊

320000－1646－0000021　701659

半舫齋古文八卷　（清）夏之蓉著　清同治、光緒間刻本　四冊

320000－1646－0000022　701660

秋江游艸一卷　（清）胡正履撰　清雍正刻本

一冊

320000－1646－0000023　701661
海峰先生文十卷詩六卷　（清）劉大櫆撰　清同治十三年(1874)刻本　六冊

320000－1646－0000024　701662
海峰先生文十卷詩六卷　（清）劉大櫆撰　清同治時還書屋木活字印本　八冊

320000－1646－0000025　701663
海峰詩集十一卷文集八卷　（清）劉大櫆著　清同治十三年(1874)劉繼刻本　八冊

320000－1646－0000026　701664
芝庭先生集十八卷附錄一卷　（清）彭啟豐撰　清光緒二年(1876)刻本　六冊

320000－1646－0000027　701665
芝庭詩稿十卷　（清）彭啟豐撰　清乾隆刻本　二冊

320000－1646－0000028　701666
陳文肅公遺集二卷　（清）陳大受撰　清光緒十六年(1890)刻本　一冊

320000－1646－0000029　701668
香雪文鈔十二卷　（清）曹學詩著　清乾隆十六年(1751)本衙刻本　七冊　存七卷(二、七至十二)

320000－1646－0000030　701670
漁莊啥藳二卷　（清）施廷杞撰　清雍正、乾隆間刻本　二冊

320000－1646－0000031　701673
寶綸堂文鈔八卷寶綸堂詩鈔六卷　（清）齊召南撰　清光緒十三年(1887)金峨山館重刻本　四冊

320000－1646－0000032　701674
寶綸堂文鈔八卷　（清）齊召南撰　清光緒十三年(1887)金峨山館重刻本　二冊

320000－1646－0000033　701675
寶綸堂文鈔八卷　（清）齊召南撰　清嘉慶刻本　三冊　存六卷(一至二、五至八)

320000－1646－0000034　701676
鮚埼亭集三十八卷首一卷全謝山先生經史問答十卷鮚埼亭集外編五十卷　（清）全祖望撰　清同治十一年(1872)刻本　二十四冊

320000－1646－0000035　701677
鮚埼亭集三十八卷首一卷全謝山先生經史問答十卷鮚埼亭集外編五十卷　（清）全祖望撰　清同治十一年(1872)刻本　二十四冊

320000－1646－0000036　701678
鮚埼亭集三十八卷首一卷全謝山先生經史問答十卷鮚埼亭集外編五十卷　（清）全祖望撰　清同治十一年(1872)刻本　二十四冊

320000－1646－0000037　701679
鮚埼亭集三十八卷首一卷全謝山先生經史問答十卷鮚埼亭集外編五十卷　（清）全祖望撰　清同治十一年(1872)刻本　二十

320000－1646－0000038　701680
全謝山文鈔十六卷　（清）全祖望著　清宣統二年(1910)國學扶輪社鉛印本　八冊

320000－1646－0000039　701681
鮚埼亭詩集十卷　（清）全祖望著　清光緒十六年(1890)慈溪童氏大鄞山館刻本　三冊　存七卷(一至七)

320000－1646－0000040　701682
學古偶錄不分卷　（清）方學誠撰　清乾隆松華堂刻本　一冊

320000－1646－0000041　701683
晴嵐詩存二卷　（清）張若靄撰　清末刻本　二冊

320000－1646－0000042　701684
雲逗樓集二卷　（清）楊度汪撰　清光緒六年(1880)刻本　二冊

320000－1646－0000043　701685
雲逗樓集二卷　（清）楊度汪撰　清光緒六年(1880)刻本　二冊

320000－1646－0000044　701686
雲逗樓集二卷　（清）楊度汪撰　清光緒六年

(1880)刻本　二冊

320000－1646－0000045　701687

寄閒詩草二卷教子篇戒作佛事文請免賀節啟
（清）楊模著　清乾隆聽松草堂刻本　一冊
存一卷（二）

320000－1646－0000046　701689

巢林集七卷　（清）汪士慎撰　清道光十三年
(1833)精刻本　二冊

320000－1646－0000047　701690

青崿遺稿二卷　（清）盛錦著　清乾隆四十年
(1775)采蘭書屋刻本　一冊

320000－1646－0000048　701691

蘀石齋詩集五十卷蘀石齋十國詞箋略一卷
（清）錢載撰　清光緒四年(1878)長興王氏仁
壽堂刻本　六冊

320000－1646－0000049　701692

華陽散稿二卷　（清）史震林撰　清光緒九年
(1883)鉛印本　二冊

320000－1646－0000050　701693

御製文初集三十卷　（清）高宗弘曆撰　清乾
隆刻本　一冊　存二卷（七至八）

320000－1646－0000051　701694

樂善堂全集定本三十卷　（清）高宗弘曆撰
清乾隆二十三年(1758)刻本　二冊　存二十
八卷（一至二十八）

320000－1646－0000052　701695

樂善堂全集定本三十卷　（清）高宗弘曆撰
清乾隆二十三年(1758)刻本　十四冊　存十
八卷（一至七、十至二十）

320000－1646－0000053　701696

樂善堂全集四十卷　（清）高宗弘曆撰　清乾
隆二年(1737)刻本　六冊　存二十二卷（十
九至四十）

320000－1646－0000054　701697

御製詩二集九十卷目錄十卷　（清）高宗弘曆
撰　清乾隆刻本　四十六冊

320000－1646－0000055　701698

御製詩初集四十四卷目錄四卷二集九十卷目
錄十卷　（清）高宗弘曆撰　清乾隆刻本　四
十四冊　缺十四卷（初集二、十三至二十一，
二集六十七至七十）

320000－1646－0000056　701699

侯鯖集十卷　（清）李友棠撰　清繡谷趙氏刻
本　四冊

320000－1646－0000057　701700

裘文達公集二十五卷　（清）裘曰修撰　清嘉
慶八年(1803)刻本　八冊

320000－1646－0000058　701701

裘文達公文集六卷詩集十二卷　（清）裘曰修
撰　清同治十一年(1872)刻本　六冊

320000－1646－0000059　701702

梅崖居士全集三十九卷　（清）朱仕琇撰　清
乾隆四十七年(1782)刻本　十三冊

320000－1646－0000060　701703

梅崖居士文集三十卷外集八卷首一卷　（清）
朱仕琇撰　清刻本　十冊

320000－1646－0000061　701705

蔚子詩集二卷　（清）趙森著　清光緒九年
(1883)木活字印本　一冊

320000－1646－0000062　701707

浣玉軒集四卷　（清）夏敬渠著　（清）夏子沐
輯校　清光緒十六年(1890)刻本　二冊

320000－1646－0000063　701708

寶奎堂集十二卷　（清）陸錫熊撰　清道光二
十九年(1849)刻本　三冊　存九卷（一至九）

320000－1646－0000064　701709

思亭文鈔二卷　（清）顧堃撰　清末刻本
一冊

320000－1646－0000065　701710

小倉山房詩集三十七卷小倉山房詩集補遺二
卷小倉山房文集三十五卷小倉山房外集八卷
　（清）袁枚撰　清乾隆刻本　二十四冊

320000－1646－0000066　701711

小倉山房詩集三十三卷小倉山房詩集補遺二

卷小倉山房文集三十五卷小倉山房外集八卷　（清）袁枚撰　清乾隆刻本　二十冊

320000－1646－0000067　701712

小倉山房詩集三十五卷小倉山房詩集補遺二卷小倉山房文集三十五卷　（清）袁枚撰　清乾隆刻本（小倉山房文集卷一至三配清刻本）　十八冊

320000－1646－0000068　701736

忠雅堂文集十二卷忠雅堂詩集二十七卷忠雅堂補遺二卷忠雅堂詞集二卷附南北曲　（清）蔣士銓撰　清同治九年(1870)刻本　十冊

320000－1646－0000069　701737

忠雅堂詩集二十七卷忠雅堂補遺二卷忠雅堂詞集二卷　（清）蔣士銓撰　清乾隆紅杏山房刻本　八冊

320000－1646－0000070　701738

甌北詩鈔二十卷　（清）趙翼撰　清乾隆湛貽堂刻本　八冊

320000－1646－0000071　701739

甌北詩鈔二十卷　（清）趙翼撰　清乾隆湛貽堂刻本　八冊

320000－1646－0000072　701740

甌北詩鈔二十卷　（清）趙翼撰　清乾隆湛貽堂刻本　六冊

320000－1646－0000073　701741

潛研堂文集五十卷　（清）錢大昕撰　清嘉慶十一年(1806)刻本　八冊

320000－1646－0000074　701743

笥河文鈔二卷　（清）朱筠撰　清乾隆刻本　二冊

320000－1646－0000075　701744

餐勝齋詩稿四卷　（清）錢大培撰　清嘉慶五年(1800)鶯湖琴鶴書莊刻本　四冊

320000－1646－0000076　701745

白華前稿六十卷　（清）吳省欽撰　清乾隆四十八年(1783)刻本　十冊

320000－1646－0000077　701746

知足齋詩集二十卷知足齋文集六卷知足齋進呈文稿二卷知足齋詩續集四卷　（清）朱珪撰　清嘉慶十年(1805)刻本　十四冊

320000－1646－0000078　701747

自怡軒詩十二卷　（清）許寶善撰　清乾隆、嘉慶間刻本　一冊

320000－1646－0000079　701748

響泉集詩十七卷文一卷詞二卷　（清）顧光旭撰　清宣統二年(1910)無錫顧氏木活字印本　三冊　缺五卷(詩六至十)

320000－1646－0000080　701749

銅梁山人詩集二十五卷　（清）王汝璧撰　清嘉慶刻本　三冊　存二十卷(六至二十五)

320000－1646－0000081　701750

惜抱軒外稿不分卷　（清）姚鼐撰　清光緒十四年(1888)木活字印本　四冊

320000－1646－0000082　701751

惜抱軒尺牘八卷　（清）姚鼐撰　清宣統三年(1911)國學扶輪社鉛印本　二冊

320000－1646－0000083　701752

悜齋偶存詩集三卷悜齋帖體一卷　（清）徐琳著　清道光二年(1822)芸暉閣刻本　二冊

320000－1646－0000084　701754

尊聞居士集八卷　（清）羅有高著　清乾隆四十七年(1782)蘇州彭紹升刻本　二冊

320000－1646－0000085　701755

復初齋文集三十五卷　（清）翁方綱撰　（清）李彥章校刊　清光緒三年(1877)李彥章校刻本　十冊

320000－1646－0000086　701758

蓼蟲吟藁十六卷　（清）蘇加玉撰　清嘉慶刻本　二冊　存八卷(九至十六)

320000－1646－0000087　701759

東潛文稿二卷　（清）趙一清撰　清刻本　二冊

320000－1646－0000088　701761

紅豆村人詩稿十四卷　（清）袁樹撰　清乾隆

二十七年(1762)刻本　二冊

320000－1646－0000089　701762
童山詩集三十卷童山文集二十卷粵東皇華集四卷　(清)李調元撰　清嘉慶四年(1799)萬卷樓刻本　五冊

320000－1646－0000090　701764
桂巖小隱集一卷　(清)魏銀河撰　清嘉慶五年(1800)刻本　一冊

320000－1646－0000091　701765
蘭韻堂詩集八卷　(清)沈初撰　清嘉慶刻本　四冊

320000－1646－0000092　701766
御覽集六卷　(清)沈初撰　清乾隆刻本　一冊

320000－1646－0000093　701767
高山堂詩文鈔四卷　(清)周琳撰　清嘉慶十一年(1806)刻本　一冊

320000－1646－0000094　701768
晚學集八卷　(清)桂馥著　清光緒刻本　二冊

320000－1646－0000095　701769
晚學集八卷　(清)桂馥著　清光緒刻本　二冊

320000－1646－0000096　701770
未谷詩集四卷　(清)桂馥撰　清乾隆六十年(1795)刻本　一冊

320000－1646－0000097　701771
養恬書屋偶存稿二卷　(清)黃時著　清嘉慶刻本　一冊

320000－1646－0000098　701772
無盡藏齋詩文集十九卷　(清)章炳蘭著　清刻本　四冊

320000－1646－0000099　701773
韞山堂文集八卷韞山堂詩集十六卷　(清)管世銘撰　清光緒二十年(1894)讀雪山房刻本　五冊

320000－1646－0000100　701774
遠春詞二卷遠春詩體賦鈔一卷紅椒山館詩鈔四卷　(清)張興鏞撰　清道光刻本　二冊

320000－1646－0000101　701775
章實齋先生遺書六卷附錄一卷　(清)章學誠撰　清宣統二年(1910)鉛印本　四冊

320000－1646－0000102　701776
錢南園先生遺集五卷　(清)錢灃撰　清光緒十九年(1893)浙江書局刻本　二冊

320000－1646－0000103　701777
二林居集二十四卷　(清)彭紹升著　清光緒七年(1881)長洲彭氏刻本　六冊

320000－1646－0000104　701778
二林居集二十四卷　(清)彭紹升著　清光緒七年(1881)長洲彭氏刻本　六冊

320000－1646－0000105　701779
二林居集二十四卷　(清)彭紹升著　清光緒七年(1881)長洲彭氏刻本　二冊

320000－1646－0000106　701780
觀河集四卷　(清)彭紹升著　清光緒四年(1878)本堂刻本　一冊

320000－1646－0000107　701781
測海集六卷　(清)彭紹升撰　清光緒二年(1876)成都刻本　二冊

320000－1646－0000108　701782
三松堂集三十卷[潘奕雋]年譜一卷　(清)潘奕雋撰　清同治十一年(1872)刻本　十冊

320000－1646－0000109　701783
三松堂集三十卷[潘奕雋]年譜一卷　(清)潘奕雋撰　清同治十一年(1872)刻本　十冊

320000－1646－0000110　701784
三松堂集三十卷[潘奕雋]年譜一卷　(清)潘奕雋撰　清同治十一年(1872)刻本　八冊

320000－1646－0000111　701785
三松堂集十六卷三松堂續集六卷　(清)潘奕雋撰　清嘉慶八年(1803)刻本　六冊

320000－1646－0000112　701786

鶴泉文鈔二卷　（清）戚學標著　清嘉慶五年(1800)刻本　二冊

320000－1646－0000113　701787

鶴泉集唐三卷鶴泉集唐初編一卷　（清）戚學標著　清嘉慶十年(1805)涉署刻本　二冊

320000－1646－0000114　701788

梅麓詩鈔十八卷　（清）齊彥槐撰　清道光二十五年(1845)刻本　二冊　存六卷(改官集一卷、梁溪集二卷、養疴集一卷、雙溪草堂集二卷)

320000－1646－0000115　701789

與稽齋叢稿十八卷　（清）吳翌鳳撰　清嘉慶七年(1802)刻本　一冊　存七卷(十二至十八)

320000－1646－0000116　701790

秋士先生遺集六卷　（清）彭績撰　清乾隆五十五年(1790)二林居刻本　一冊

320000－1646－0000117　701791

秋士先生遺集六卷　（清）彭績撰　清光緒七年(1881)刻本　二冊

320000－1646－0000118　701800

南江文鈔十卷　（清）邵晉涵撰　清道光五年(1825)刻本　六冊

320000－1646－0000119　701801

述古堂文集十二卷　（清）錢兆鵬著　清光緒七年(1881)刻本　四冊

320000－1646－0000120　701802

述古堂文集十二卷　（清）錢兆鵬著　清光緒七年(1881)刻本　二冊

320000－1646－0000121　701803

紫石泉山房文集十二卷紫石泉山房詩鈔三卷　（清）吳定撰　清光緒十三年(1887)黟縣李氏刻本　五冊

320000－1646－0000122　701806

述學內篇三卷外篇一卷補遺一卷別錄一卷校勘記一卷附錄一卷　（清）汪中撰　清同治八年(1869)揚州書局刻本　二冊

320000－1646－0000123　701807

述學內篇三卷外篇一卷補遺一卷別錄一卷校勘記一卷附錄一卷　（清）汪中撰　清同治八年(1869)揚州書局刻本　二冊

320000－1646－0000124　701808

述學內篇三卷外篇一卷補遺一卷別錄一卷校勘記一卷附錄一卷　（清）汪中撰　清同治八年(1869)揚州書局刻本　二冊

320000－1646－0000125　701811

寒翠軒詩鈔四卷　（清）李書吉撰　清嘉慶十九年(1814)刻本　一冊　存二卷(一至二)

320000－1646－0000126　701812

秋潭外集十六卷　（清）彭淑撰　清嘉慶八年(1803)太乙葉舫刻本　八冊

320000－1646－0000127　701813

桐谿草堂詩九卷　（清）孫貫中撰　清嘉慶刻本　二冊

320000－1646－0000128　701814

雙牗堂文集一卷黃山紀遊隨筆一卷雙牗堂詩集一卷雙牗堂外集一卷　（清）韓廷秀著　護槐堂詩存一卷　（清）孫鏡堂著　清道光二十四年至二十五年(1844－1845)江浦韓氏校刻本　二冊

320000－1646－0000129　701815

飲綠山房詩集十六卷　（清）張鉉撰　清嘉慶十九年(1814)寸草園刻本　四冊

320000－1646－0000130　701816

飲綠山房詩集十四卷　（清）張鉉撰　清嘉慶十九年(1814)寸草園刻本　四冊

320000－1646－0000131　701817

花南詩集二卷　（清）陳韶撰　清乾隆四十七年(1782)刻本　一冊

320000－1646－0000132　701818

有正味齋駢體文二十四卷詩集十六卷詞集八卷外集五卷　（清）吳錫麒撰　清嘉慶刻本　十二冊

320000-1646-0000133　703171
歷朝詞綜一百六卷　（清）朱彞尊　（清）王昶輯　清刻本　二十三册

320000-1646-0000134　701822
有正味齋合課詩鈔箋略二卷外集詩續鈔箋略二卷　（清）吳錫麒撰　（清）魏茂林箋　清咸豐五年(1855)有不爲齋刻本　一册

320000-1646-0000135　701823
有正味齋尺牘一卷　（清）吳錫麒著　清宣統三年(1911)文明書局鉛印本　一册

320000-1646-0000136　701824
有正味齋尺牘二卷　（清）吳錫麒著　清宣統二年(1910)掃葉山房石印本　一册

320000-1646-0000137　701825
櫻寧山房遺稿一卷　（清）王亮撰　清道光二十四年(1844)刻本　一册

320000-1646-0000138　701826
東井詩鈔四卷　（清）黃定文撰　清光緒十七年(1891)黃氏補不足齋校刻本　二册

320000-1646-0000139　701827
雙梧桐館集二十六卷　（清）楊撝撰　清嘉慶十年(1805)刻本　八册

320000-1646-0000140　701830
五百四峰堂詩鈔二十五卷　（清）黎簡撰　清嘉慶元年(1796)衆香亭刻本　十四册

320000-1646-0000141　701831
紅杏山房詩鈔五卷　（清）宋湘撰　清嘉慶二十五年(1820)刻本　一册

320000-1646-0000142　701832
紅杏山房詩鈔十四卷　（清）宋湘撰　清同治八年(1869)刻本　四册

320000-1646-0000143　702566
學圃詩槀一卷詞賸一卷　（清）鄭德璜撰　清光緒二十六年(1900)遺經樓刻本　一册

320000-1646-0000144　702567
學圃詩槀一卷詞賸一卷　（清）鄭德璜撰　清光緒二十六年(1900)遺經樓刻本　一册

320000-1646-0000145　701833
兩當軒詩鈔十四卷悔存詞鈔二卷　（清）黃景仁著　清嘉慶二十二年(1817)趙希璜刻本　四册

320000-1646-0000146　701834
兩當軒詩鈔十四卷悔存詞鈔二卷　（清）黃景仁著　清嘉慶二十二年(1817)趙希璜刻本　四册

320000-1646-0000147　701835
抱素堂詩六卷補遺一卷　（清）孫清元著　清宣統三年(1911)鉛印本　一册

320000-1646-0000148　701836
湖樓集一卷　（清）朱琰撰　清光緒二十一年(1895)錢塘丁氏嘉惠堂刻本　一册

320000-1646-0000149　701837
芙蓉山館文鈔不分卷　（清）楊芳燦撰　清嘉慶刻本　二册

320000-1646-0000150　701838
芙蓉山館詩稿八卷　（清）楊芳燦撰　清嘉慶八年(1803)刻本　一册

320000-1646-0000151　701839
芙蓉山館詩鈔八卷補鈔一卷詞鈔二卷附鈔一卷　（清）楊芳燦撰　清嘉慶刻本　二册

320000-1646-0000152　701840
伏羌紀事詩一卷　（清）楊芳燦著　清光緒十八年(1892)刻本　一册

320000-1646-0000153　702576
菁莪軒詩稿六卷　（清）匡飛儀著　清光緒十五年(1889)上海珍藝書局鉛印本　二册

320000-1646-0000154　701842
留春草堂詩鈔七卷　（清）伊秉綬撰　清嘉慶十九年(1814)秋水園刻本　二册

320000-1646-0000155　701843
留春草堂詩鈔七卷附錄一卷　（清）伊秉綬撰　清光緒二十三年(1897)刻本　二册

320000-1646-0000156　701844
陶山詩錄二十八卷　（清）唐仲冕撰　清嘉慶

刻本　五冊　存十六卷(十三至二十八)

320000－1646－0000157　701845
簡莊文鈔六卷續編二卷河莊詩鈔一卷　（清）陳鱣著　清光緒十四年(1888)粵東刻本　二冊

320000－1646－0000158　701846
孫淵如先生全集二十三卷　（清）孫星衍撰　長離閣集一卷　（清）王采薇撰　清光緒十年(1884)吳縣朱氏槐廬校刻本　十二冊

320000－1646－0000159　701847
孫淵如先生全集二十三卷　（清）孫星衍撰　長離閣集一卷　（清）王采薇撰　清光緒十年(1884)吳縣朱氏槐廬校刻本　八冊

320000－1646－0000160　701848
芳茂山人文集十二卷贈言一卷　（清）孫星衍撰　清光緒十年(1884)吳縣朱氏槐廬校刻本　七冊　缺二卷(五松園文稿一卷、嘉穀堂集一卷)

320000－1646－0000161　701852
秋水邨莊詩鈔四卷　（清）張大經撰　清嘉慶十六年(1811)刻本　一冊

320000－1646－0000162　701853
孟晉齋詩集四卷　（清）言朝標撰　清光緒十年(1884)常熟劉叔涵刻本　一冊

320000－1646－0000163　701854
卜硯齋集六卷　（清）方洞著　清嘉慶二十年(1815)刻本　一冊

320000－1646－0000164　701855
愓甫未定藁十六卷淵雅堂文外集四卷　（清）王芑孫撰　清嘉慶九年(1804)刻本　五冊

320000－1646－0000165　701856
簡緣詩草一卷　（清）彭希洛撰　清道光元年(1821)刻本　一冊

320000－1646－0000166　701857
存悔齋集二十八卷存悔齋外集四卷　（清）劉鳳誥撰　清道光十年(1830)刻本　八冊

320000－1646－0000167　701858
一拳石山房存稿三卷　（清）朱鑑撰　清道光九年(1829)刻本　一冊　存二卷(一至二)

320000－1646－0000168　701859
大雲山房文稿初集四卷二集四卷言事二卷續刻一卷　（清）惲敬著　清同治二年(1863)惲氏刻本　十冊

320000－1646－0000169　701860
大雲山房文稿初集四卷二集四卷　（清）惲敬著　清光緒十四年(1888)官書處刻本　八冊

320000－1646－0000170　701861
琴海集二卷　（清）陳玉鄰著　清光緒二十一年(1895)刻本　一冊

320000－1646－0000171　701862
尺雲軒詩略二卷　（清）朱實發著　清嘉慶黃錫元校刻本　一冊

320000－1646－0000172　701863
思誠堂集八卷　（清）張鏞撰　清光緒十三年(1887)刻本　二冊

320000－1646－0000173　701864
白雲文集五卷詩集二卷續集八卷　（清）陳斌撰　清嘉慶十二年至道光四年(1807－1824)刻本　六冊

320000－1646－0000174　701865
存存堂詩草十卷　（清）沈楫著　清嘉慶二十一年(1816)刻本　二冊

320000－1646－0000175　701866
白湖文藁八卷　（清）葉燕撰　清嘉慶二十三年(1818)慈溪葉燕又次居刻本　四冊

320000－1646－0000176　701867
揖山樓詩集十二卷　（清）畢憲曾撰　清道光培遠堂刻本　三冊　缺三卷(六至八)

320000－1646－0000177　701868
寄閒小草三卷　（清）周煜撰　清道光刻本　一冊

320000－1646－0000178　701869
賞雨茅屋詩集二十二卷外集一卷　（清）曾燠撰　清道光三年(1823)刻本　六冊

320000－1646－0000179　701870

墨池雜著一卷　（清）唐景星撰　清光緒十四年(1888)刻本　一冊

320000－1646－0000180　701871

墨池雜著一卷　（清）唐景星撰　清光緒十四年(1888)刻本　一冊

320000－1646－0000181　701873

左傳樂府一卷徐石渠文鈔四卷　（清）徐校撰　清嘉慶二十五年至道光十二年（1820－1832)刻本　二冊

320000－1646－0000182　701874

天真閣集五十四卷外集六卷　（清）孫原湘撰　長真閣集七卷　（清）席佩蘭撰　清光緒十七年(1891)強氏南皋草廬刻本　十二冊

320000－1646－0000183　701875

天真閣集五十四卷外集六卷　（清）孫原湘撰　長真閣集七卷　（清）席佩蘭撰　清光緒十七年(1891)強氏南皋草廬刻本　十冊　存五十一卷(天真閣集卷一至四十四、長真閣集卷七卷）

320000－1646－0000184　701876

天真閣集五十四卷外集六卷　（清）孫原湘撰　清光緒十七年(1891)強氏南皋草廬刻本　八冊　存三十一卷(一至四、六至三十二)

320000－1646－0000185　701878

紅雪山房詩鈔十二卷　（清）吳嗛著　清嘉慶十九年(1814)刻本　二冊

320000－1646－0000186　701879

煙霞萬古樓文集六卷　（清）王曇撰　清道光二十年(1840)刻本　二冊

320000－1646－0000187　701880

煙霞萬古樓詩殘稿一卷　（清）王曇撰　清光緒二十六年(1900)寒松閣刻本　一冊

320000－1646－0000188　702577

菁莪軒詩稿六卷　（清）匡飛儀著　清光緒十五年(1889)上海珍藝書局鉛印本　二冊

320000－1646－0000189　701882

蘭臺遺薰一卷附錄一卷續編一卷　（清）彭希涑著　清光緒二年(1876)刻本　一冊

320000－1646－0000190　701883

茗柯文四編五卷　（清）張惠言著　清光緒七年(1881)刻本　二冊

320000－1646－0000191　701884

茗柯文四編五卷　（清）張惠言著　清光緒七年(1881)刻本　二冊

320000－1646－0000192　701885

茗柯文四編五卷　（清）張惠言著　清光緒八年(1882)蛟川張氏秋樹根齋刻花雨樓叢書本　四冊

320000－1646－0000193　701887

鐵橋漫稿八卷　（清）嚴可均撰　清光緒十一年(1885)長洲蔣氏刻本　二冊

320000－1646－0000194　701888

鐵橋漫稿八卷　（清）嚴可均撰　清光緒十一年(1885)長洲蔣氏刻本　四冊

320000－1646－0000195　701889

鐵橋漫稿八卷　（清）嚴可均撰　清光緒十一年(1885)長洲蔣氏刻本　四冊

320000－1646－0000196　701890

鐵橋漫稿八卷　（清）嚴可均撰　清光緒十一年(1885)長洲蔣氏刻本　四冊

320000－1646－0000197　701891

鐵橋漫稿八卷　（清）嚴可均撰　清光緒十一年(1885)長洲蔣氏刻本　四冊

320000－1646－0000198　701892

雲溪樂府二卷　（清）趙懷玉著　清光緒十二年(1886)刻本　一冊

320000－1646－0000199　701893

栖飲草堂詩鈔六卷　（清）湯禮祥撰　清嘉慶刻本　三冊　存五卷(二至六)

320000－1646－0000200　701894

溉餘唫草十六卷　（清）丁繁培著　清道光刻本　一冊　存四卷(一至四)

320000－1646－0000201　701895

四雛吟草四卷　（清）黃文石撰　清嘉慶二十年(1815)刻本　二冊

320000－1646－0000202　701896

船山詩草二十卷　（清）張問陶撰　清嘉慶二十年(1815)刻本　六冊

320000－1646－0000203　701897

船山詩草二十卷　（清）張問陶撰　清道光元年(1821)刻本　八冊

320000－1646－0000204　701898

船山詩草二十卷補遺六卷　（清）張問陶撰　清道光二十九年(1849)刻本　六冊

320000－1646－0000205　701900

梅花溪詩草四卷續草三卷　（清）錢泳撰　蔗軒遺稿一卷　（清）錢有穀撰　清嘉慶、道光間履園刻本　四冊

320000－1646－0000206　701901

牧庵雜記六卷　（清）徐一麟著　清同治七年(1868)居易山房刻本　四冊

320000－1646－0000207　701902

嶺南集鈔不分卷　（清）程月川著　（清）李長榮輯　清咸豐十一年(1861)刻本　一冊

320000－1646－0000208　701903

嘉樹山房集二十卷外集二卷續集二卷　（清）張士元著　清嘉慶二十四年(1819)刻本(續集清道光六年刻本)　六冊

320000－1646－0000209　701904

翠娛樓詩草四卷詩餘一卷雜著一卷味真山房詩草二卷　（清）金文城著　清嘉慶二十二年(1817)同川金氏刻本　一冊

320000－1646－0000210　701905

玉山閣古文選四卷　（清）徐鏶慶撰　清道光十年(1830)刻本　二冊

320000－1646－0000211　701906

留村文集四卷　（清）黃瑞著　清光緒十一年(1885)黃氏刻本　四冊

320000－1646－0000212　701908

蘊真居詩集六卷詩餘一卷　（清）陸學欽撰　清光緒十三年(1887)陸寶忠刻本　一冊

320000－1646－0000213　701909

蘊真居詩集六卷詩餘一卷　（清）陸學欽撰　清光緒十三年(1887)陸寶忠刻本　一冊

320000－1646－0000214　701910

揅經室集六十卷　（清）阮元撰　清道光三年(1823)文選樓刻本　二十四冊

320000－1646－0000215　701911

揅經室集六十卷　（清）阮元撰　清道光三年(1823)文選樓刻本　十六冊　缺十四卷(續集四至十一、再續集一至六)

320000－1646－0000216　702407

弢園尺牘續鈔六卷　（清）王韜撰　清光緒十五年(1889)鉛印本　二冊

320000－1646－0000217　701913

韻山堂詩集七卷　（清）王文誥撰　清光緒十四年(1888)浙江書局刻本　一冊

320000－1646－0000218　701914

滄江紅雨樓詩集一卷　（清）陶宗亮著　清光緒十二年(1886)刻本　一冊

320000－1646－0000219　701915

滄江紅雨樓丙存草二卷　（清）陶宗亮撰　清光緒二十一年(1895)石印本　一冊

320000－1646－0000220　701916

掃紅亭吟稿十四卷　（清）馮雲鵬撰　清道光九年(1829)掃紅亭刻本　十冊

320000－1646－0000221　701918

鳳焦山館詩草四卷　（清）黃虎文撰　清道光四年(1824)刻本　一冊　存二卷(三至四)

320000－1646－0000222　701919

聽春館集四卷　（清）嵇文醇著　清同治三年(1864)長沙錫山書屋刻本　一冊　存二卷(一至二)

320000－1646－0000223　701920

缾水齋詩集十七卷別集二卷　（清）舒位撰　清嘉慶二十一年(1816)刻本　六冊

320000-1646-0000224　701921

瓶水齋詩集十七卷別集二卷詩話一卷　（清）舒位撰　清光緒十二年(1886)刻本　八冊

320000-1646-0000225　701922

瓶水齋詩集十七卷別集二卷詩話一卷　（清）舒位撰　清光緒十二年(1886)刻本　六冊

320000-1646-0000226　701923

瓶水齋詩集十七卷別集二卷詩話一卷　（清）舒位撰　清光緒十二年(1886)刻本　六冊　缺一卷(詩話一卷)

320000-1646-0000227　701924

玉蘭山房詩鈔四卷　（清）朱臨撰　清光緒三年(1877)刻本　一冊

320000-1646-0000228　701925

詳注嘤求集二卷　（清）繆艮著　清光緒十六年(1890)上海積山書局石印本　二冊

320000-1646-0000229　701926

詳注嘤求集四卷　（清）繆艮著　清光緒十六年(1890)珍藝書局鉛印本　一冊

320000-1646-0000230　701927

二娛小廬詩鈔五卷詞鈔二卷　（清）尤維熊撰　清嘉慶十七年(1812)刻本　二冊

320000-1646-0000231　701930

磵東詩鈔二卷　（清）歐陽輅撰　清光緒十五年(1889)長沙王氏刻本　一冊

320000-1646-0000232　701932

蝶庵詩鈔八卷　（清）楊榮撰　清同治二年(1863)刻本　二冊

320000-1646-0000233　701933

繞竹山房詩稿十卷詩餘一卷　（清）朱文治撰　清嘉慶二十三年(1818)刻本　二冊　存五卷(詩稿四至六、十，詩餘一卷)

320000-1646-0000234　701934

壽寧堂遺稿四卷　（清）金孝柟撰　清道光刻本　一冊

320000-1646-0000235　701935

烏目山房詩存六卷　（清）蔣因培撰　清光緒二十三年(1843)浙江海甯楊氏述鄭齋刻本　二冊

320000-1646-0000236　701936

桂馨堂集十三卷　（清）張廷濟撰　清道光十九年(1839)刻本　一冊　存四卷(清儀閣雜詠一卷、竹田樂府一卷、竹里畫者詩一卷、竹里耆舊詩一卷)

320000-1646-0000237　701937

任午橋存稿三卷　（清）任朝楨著　清光緒十年(1884)太倉張文藝齋刻本　一冊

320000-1646-0000238　701938

任午橋存稿三卷　（清）任朝楨著　清光緒十年(1884)太倉張文藝齋刻本　一冊

320000-1646-0000239　701939

青芝山館駢體文集二卷　（清）樂鈞撰　清光緒十六年(1890)金峨山館刻本　一冊

320000-1646-0000240　701940

柊華館駢體文四卷　（清）董基誠撰　清光緒十四年(1888)木活字印本　二冊

320000-1646-0000241　701943

鑑止水齋集二十卷　（清）許宗彥撰　清嘉慶刻本　六冊

320000-1646-0000242　701944

鑑止水齋集二十卷　（清）許宗彥撰　清咸豐八年(1858)刻本　十二冊　存十六卷(五至二十)

320000-1646-0000243　701945

太乙舟文集八卷　（清）陳用光撰　清道光二十三年(1843)刻本　六冊

320000-1646-0000244　701946

太乙舟文集八卷　（清）陳用光撰　清光緒二十一年(1895)長沙刻本　七冊

320000-1646-0000245　701947

山礬書屋詩初集十卷　（清）郭鳳撰　清嘉慶十四年(1809)刻本　一冊

320000-1646-0000246　701948

小謨觴館詩集八卷文集四卷詩餘附錄一卷

（清）彭兆蓀撰　清嘉慶十一年（1806）刻本　六冊　存九卷（詩集五至八、文集四卷、詩餘附録一卷）

320000－1646－0000247　701949
小謨觴館詩集八卷文集四卷詩餘附録一卷　（清）彭兆蓀撰　清嘉慶十一年（1806）刻本　二冊　存九卷（詩集八卷、詩餘附録一卷）

320000－1646－0000248　701950
小謨觴館詩集注八卷續二卷文集注四卷續二卷詩餘附録注一卷　（清）彭兆蓀撰　（清）孫元培等纂輯　清光緒二十年（1894）泉唐汪氏刻本　八冊

320000－1646－0000249　701951
小謨觴館詩集注八卷續二卷文集注四卷續二卷詩餘附録注一卷　（清）彭兆蓀撰　（清）孫元培等纂輯　清光緒十九年（1893）佟氏刻本　四冊

320000－1646－0000250　701953
養一齋文集二十卷　（清）李兆洛著　清光緒四年（1878）刻本　八冊

320000－1646－0000251　701954
養一齋文集二十卷　（清）李兆洛著　清光緒四年（1878）刻本　八冊

320000－1646－0000252　701955
養一齋文集二十卷　（清）李兆洛著　清光緒四年（1878）刻本　八冊

320000－1646－0000253　701956
李養一先生詩集四卷詩餘一卷賦一卷　（清）李兆洛撰　清光緒八年（1882）刻本　二冊

320000－1646－0000254　701957
李養一先生詩集四卷詩餘一卷賦一卷　（清）李兆洛撰　清光緒八年（1882）刻本　二冊

320000－1646－0000255　701958
李養一先生詩集四卷詩餘一卷賦一卷　（清）李兆洛撰　清光緒八年（1882）刻本　二冊

320000－1646－0000256　701959
思補齋詩集六卷　（清）潘世恩撰　清末鉛印本　二冊

320000－1646－0000257　701960
小萬卷齋文稿二十四卷經進稿四卷詩稿三十二卷詩續稿十二卷　（清）朱珔撰　清光緒十一年（1885）嘉樹山房刻本　二十三冊　缺四卷（詩續稿九至十二）

320000－1646－0000258　701961
小萬卷齋文稿二十四卷　（清）朱珔撰　清光緒十一年（1885）嘉樹山房刻本　十二冊

320000－1646－0000259　701962
蘧盦文鈔一卷　（清）費蘭墀撰　清同治十二年（1873）蘇城徐元圃刻本　一冊

320000－1646－0000260　701963
蘧盦文鈔一卷　（清）費蘭墀撰　清吳門張藝芳齋局刻本　一冊

320000－1646－0000261　701965
舣餘集八卷　（清）何大鰲編　清道光十四年（1834）十笏山房刻本　六冊　存六卷（二至四、六至八）

320000－1646－0000262　701968
留耕書屋詩鈔十二卷　（清）沈惇彝撰　清咸豐五年（1855）茗上世承堂刻本　四冊

320000－1646－0000263　701969
崇雅堂文鈔四卷　（清）胡敬撰　清道光二十四年（1844）刻本　二冊

320000－1646－0000264　701970
友蓮詩稿二卷詞稿一卷　（清）黃景瀼撰　清道光七年（1827）刻本　一冊

320000－1646－0000265　701971
崇百藥齋文集二十卷續集四卷三集四卷　（清）陸繼輅撰　清嘉慶三年至道光八年（1798－1828）刻本　六冊

320000－1646－0000266　701972
崇百藥齋文集二十卷續集四卷三集四卷　（清）陸繼輅撰　清嘉慶三年至道光八年（1798－1828）刻本　五冊　缺四卷（三集四卷）

320000 - 1646 - 0000267   701973
悔庵學文八卷補遺一卷 （清）嚴元照撰 清光緒五年(1879)刻本 二冊

320000 - 1646 - 0000268   701974
柯家山館遺詩六卷詞三卷 （清）嚴元照撰 清嘉慶二十二年(1817)刻本 二冊

320000 - 1646 - 0000269   701975
雙白燕堂文集二卷外集八卷 （清）陸耀遹撰 清光緒四年(1878)興國州署刻本 四冊

320000 - 1646 - 0000270   701976
綠雪堂遺集二十卷 （清）王衍梅撰 清道光二十年(1840)刻本 八冊

320000 - 1646 - 0000271   701977
左海文集十卷 （清）陳壽祺撰 清道光刻本 八冊

320000 - 1646 - 0000272   701978
絳跗草堂詩集六卷 （清）陳壽祺撰 清道光刻本 二冊

320000 - 1646 - 0000273   701979
絳跗草堂詩集六卷 （清）陳壽祺撰 清道光刻本 二冊

320000 - 1646 - 0000274   701980
纂喜堂詩稿一卷青芙館詞鈔一卷二韭室詩餘一卷 （清）陳壽祺撰 清同治十年(1871)安順堂刻本 一冊

320000 - 1646 - 0000275   701981
周文忠公尺牘二卷雜文一卷 （清）周天爵著 清同治七年(1868)蘇松太道署刻本 一冊

320000 - 1646 - 0000276   701982
赤霞吟草二卷 （清）王鉅撰 清同治九年(1870)刻本 二冊

320000 - 1646 - 0000277   701983
廉園詩鈔一卷 （清）毛國翰撰 清光緒十六年(1890)長沙王氏刻本 一冊

320000 - 1646 - 0000278   701984
廉園詩鈔一卷 （清）毛國翰撰 清光緒十六年(1890)長沙王氏刻本 一冊

320000 - 1646 - 0000279   701985
綺霞閣繡餘小草一卷 （清）程瑤華撰 清抄本 一冊

320000 - 1646 - 0000280   701986
頤道堂詩選十四卷文鈔四卷詩外集八卷 （清）陳文述撰 清嘉慶二十二年(1817)刻本 二十二冊

320000 - 1646 - 0000281   701987
頤道堂集文鈔十三卷詩選三十卷詩外集十三卷 （清）陳文述撰 清道光刻本 十三冊 存三十卷(文鈔一至九,詩選三至十九、二十五至二十六,詩外集九至十)

320000 - 1646 - 0000282   701988
秣陵集六卷表一卷圖考一卷 （清）陳文述輯 清道光二年(1822)刻本 四冊

320000 - 1646 - 0000283   701989
秣陵集六卷表一卷圖考一卷 （清）陳文述輯 清道光二年(1822)刻本 四冊

320000 - 1646 - 0000284   701990
秣陵集六卷表一卷圖考一卷 （清）陳文述撰 清光緒十年(1884)淮南書局刻本 三冊

320000 - 1646 - 0000285   701991
海雲堂詩鈔十四卷補遺一卷金粟香龕詞鈔二卷海雲堂文鈔二卷 （清）嚴學淦撰 清光緒十八年(1892)刻本 六冊

320000 - 1646 - 0000286   701992
海雲堂詩鈔十四卷補遺一卷金粟香龕詞鈔二卷海雲堂文鈔二卷 （清）嚴學淦撰 清光緒十八年(1892)刻本 六冊

320000 - 1646 - 0000287   701993
何氏學四卷 （清）何治運撰 清嘉慶二十四年(1819)瑞室刻本 二冊

320000 - 1646 - 0000288   701995
二南詩續鈔二卷 （清）周樂著 清道光十一年(1831)刻本 一冊 存一卷(上)

320000 - 1646 - 0000289   701996
二南詩續鈔二卷 （清）周樂著 清道光三十

年(1850)刻本　一冊　存一卷(一)

320000－1646－0000290　701998
陶文毅公全集六十四卷首一卷末一卷　（清）陶澍撰　清道光二十年(1840)淮北士民刻本　二十四冊

320000－1646－0000291　701999
晚香堂詩鈔二卷晚香堂詩續鈔二卷　（清）俞蘭臺撰　清嘉慶十六年(1811)刻本　二冊

320000－1646－0000292　702003
綠野齋文集四卷　（清）劉鴻翱撰　清道光七年(1827)同懷堂精刻本　六冊　存三卷(二至四)

320000－1646－0000293　702004
求是堂詩集二十二卷求是堂詩餘一卷　（清）胡承珙撰　清道光十三年(1833)刻本　六冊

320000－1646－0000294　702005
退庵詩存二十五卷　（清）梁章鉅撰　清道光十二年(1832)刻本　六冊　存十八卷(一至十八)

320000－1646－0000295　702006
冬榮草堂詩集六卷　（清）汪隆耀撰　清道光十七年(1837)恬古唫館刻本　一冊　存四卷(一至四)

320000－1646－0000296　702007
海霞詩鈔八卷　（清）顧鴻生著　清嘉慶二十一年(1816)南陔草堂刻本　二冊

320000－1646－0000297　702008
通藝閣詩遺編一卷　（清）姚椿撰　**白石鈍樵遺稿一卷雙紅豆館詞草一卷**　（清）姚楗撰　清光緒十年(1884)木活字印本　一冊

320000－1646－0000298　702009
通藝閣詩續錄八卷　（清）姚椿撰　清咸豐五年(1855)刻本　二冊

320000－1646－0000299　702010
綠梅影樓詩存一卷綠梅影樓詞存一卷　（清）顧翎著　清光緒十四年(1888)刻本　一冊

320000－1646－0000300　702011
綠梅影樓詩存一卷綠梅影樓詞存一卷　（清）顧翎著　清光緒十四年(1888)刻本　一冊

320000－1646－0000301　702012
百福山房詩鈔二卷百福山房詩餘一卷　（清）周煜撰　清道光十九年(1839)間有餘齋刻本　一冊

320000－1646－0000302　702015
小安樂窩文集四卷小安樂窩詩存一卷南池唱和詩存一卷　（清）張海珊撰　清道光十一年(1831)刻本　二冊

320000－1646－0000303　702016
小安樂窩文集四卷小安樂窩詩存一卷南池唱和詩存一卷　（清）張海珊撰　清道光十一年(1831)刻本　二冊

320000－1646－0000304　702017
寶硯堂集三卷　（清）舒化民著　清同治三年(1864)刻本　三冊

320000－1646－0000305　702018
慎其餘齋文集二十卷　（清）王贈芳撰　清咸豐九年(1859)刻本　六冊

320000－1646－0000306　702019
秋樹讀書樓遺集十六卷　（清）史善長著　清道光十六年(1836)勝溪草堂刻本　四冊

320000－1646－0000307　702421
白華絳柎閣詩集十卷　（清）李慈銘撰　清光緒十六年(1890)刻抱經堂書局印本　四冊

320000－1646－0000308　702020
劉孟塗集四十四卷　（清）劉開撰　清道光六年(1826)桐城檠山草堂刻本　八冊

320000－1646－0000309　702021
萬善花室文稿六卷　（清）方履籛撰　清道光十一年(1831)刻本　三冊

320000－1646－0000310　702022
萬善花室文稿七卷　（清）方履籛撰　清光緒七年(1881)刻本　四冊

320000－1646－0000311　702023
萬善花室文稿六卷萬善花室文續集一卷

（清）方履籛撰　清光緒九年(1883)江陰繆氏刻本　三冊

320000－1646－0000312　702423

白華絳柎閣詩集十卷　（清）李慈銘撰　清光緒十六年(1890)石印本　六冊

320000－1646－0000313　702025

松心詩錄十卷　（清）張維屏撰　清咸豐四年(1854)趙惟濂刻本　二冊

320000－1646－0000314　702026

潛古堂詩錄二卷潛古堂詞錄一卷潛古堂雜著一卷　（清）楊秉桂撰　清道光二十四年(1844)刻本　二冊

320000－1646－0000315　702027

勏書室遺集十六卷坿理學庸言二卷　（清）金錫齡撰　清光緒二十一年(1895)刻本　六冊

320000－1646－0000316　702028

妙吉祥室詩鈔十三卷妙吉祥室詩餘一卷妙吉祥室雜存一卷　（清）朱葵之撰　清光緒十年(1884)朱丙壽刻本　五冊　存十三卷(三至十三、詩餘一卷、雜存一卷)

320000－1646－0000317　702029

衍石齋記事稿十卷　（清）錢儀吉撰　清道光十四年(1834)刻本　三冊　存七卷(一至五、九至十)

320000－1646－0000318　702030

真息齋詩鈔四卷真息齋詩續鈔一卷　（清）陸費瑔撰　清同治九年(1870)履厚堂陸氏刻本　二冊

320000－1646－0000319　702031

塔影樓律賦一卷　（清）吳贊著　清光緒十年(1884)刻本　一冊

320000－1646－0000320　702032

寒香館文鈔八卷　（清）賀熙齡撰　清道光二十七年(1847)刻本　二冊　存七卷(一至三、五至八)

320000－1646－0000321　702033

唐確慎公集十卷首一卷末一卷　（清）唐鑑撰　清光緒元年(1875)賀瑗校刻本　六冊

320000－1646－0000322　702034

聽松樓遺稿四卷附錄一卷　（清）陳爾士撰　清道光元年(1821)刻本　一冊

320000－1646－0000323　702036

晚學齋文集十二卷　（清）姚椿撰　清咸豐二年(1852)刻本　四冊

320000－1646－0000324　702047

洞庭集詩十八卷　（清）王慶麟撰　清嘉慶二十三年(1818)刻本　一冊　存五卷(三至七)

320000－1646－0000325　702048

東溟文集六卷東溟外集四卷　（清）姚瑩撰　清道光十三年(1833)刻本　二冊

320000－1646－0000326　702049

存素堂詩稿十三卷存素堂文稿四卷存素堂文稿補遺一卷　（清）錢寶琛撰　清同治七年(1868)刻本　四冊

320000－1646－0000327　702053

小重山房詩續錄十二卷張溫和公[祥河]年譜一卷　（清）張祥河撰　清光緒元年(1875)刻本　四冊

320000－1646－0000328　703996

論文偶記一卷惜抱軒語一卷　（清）劉大櫆撰　清光緒十八年(1892)金匱廉氏刻本　一冊

320000－1646－0000329　702054

柏梘山房文集十六卷柏梘山房文續集一卷柏梘山房駢體文二卷柏梘山房詩集十卷柏梘山房詩續集二卷　（清）梅曾亮撰　清光緒二十七年(1901)鉛印本　六冊

320000－1646－0000330　702055

柏梘山房全集三十一卷　（清）梅曾亮撰　清咸豐六年(1856)刻本　八冊

320000－1646－0000331　702056

柏梘山房全集三十一卷　（清）梅曾亮撰　清咸豐六年(1856)蔣氏慎修書屋刻本　八冊

320000－1646－0000332　702059

養餘齋初集四卷二集四卷三集六卷　（清）柳

樹芳撰　清道光二十七年(1847)吳江勝谿草堂刻本　三冊　缺四卷(初集四卷)

320000－1646－0000333　702061
聽雲僊館詩集二卷儷體文集四卷儷體文集補編一卷儷體文續集二卷詞一卷附西游感懷吟草一卷　(清)湯成彥撰　清同治八年至九年(1869－1870)刻本　四冊　缺二卷(儷體文集一至二)

320000－1646－0000334　702062
味經齋文集六卷　(清)葛其仁撰　清道光三十年(1850)歙縣學署刻本　二冊

320000－1646－0000335　702063
思誤齋詩鈔二卷思誤齋詩餘一卷　(清)章簡撰　清光緒二十六年(1900)刻本　一冊

320000－1646－0000336　702064
思誤齋詩鈔二卷思誤齋詩餘一卷　(清)章簡撰　清光緒二十六年(1900)刻本　一冊

320000－1646－0000337　702065
周憩亭集十卷首一卷　(清)周玉瓚著　清光緒五年(1879)雅存堂刻本　四冊

320000－1646－0000338　702066
邃懷堂文集四卷邃懷堂詩集前編六卷後編六卷小清容山館詞鈔二卷邃懷堂駢文箋注十六卷補箋一卷邃懷堂哀忠集初編一卷二編一卷三編一卷　(清)袁翼撰　清光緒十三年(1887)刻本(邃懷堂駢文箋注十六卷補箋一卷配清光緒十四年刻本)　二十冊

320000－1646－0000339　702067
邃懷堂文集四卷邃懷堂詩集前編六卷後編六卷小清容山館詞鈔二卷邃懷堂哀忠集初編一卷二編一卷三編一卷　(清)袁翼撰　清光緒十三年(1887)刻本　十二冊

320000－1646－0000340　702068
躬恥齋詩鈔十四卷躬恥齋詩鈔後編七卷　(清)宗稷辰撰　清咸豐九年(1859)九曲山房刻本　八冊

320000－1646－0000341　702070
桂留山房詩集十二卷桂留山房詞集一卷　(清)沈學淵撰　清道光二十四年(1844)刻本　六冊

320000－1646－0000342　702072
青谿舊屋文集十卷青谿舊屋詩集一卷　(清)劉文淇撰　清光緒九年(1883)刻本　二冊

320000－1646－0000343　702073
青谿舊屋文集十卷青谿舊屋詩集一卷　(清)劉文淇撰　清光緒九年(1883)刻本　存六卷(文集一至六)

320000－1646－0000344　702074
醉吟草六卷　(清)劉大容著　清咸豐刻本　一冊

320000－1646－0000345　702075
知止齋詩集十六卷　(清)翁心存撰　清光緒三年(1877)刻本　四冊

320000－1646－0000346　702076
丹魁堂詩集七卷　(清)季芝昌撰　茗韻軒遺詩一卷　(清)王甥穙撰　清同治四年(1865)紫琅寓館刻本　三冊

320000－1646－0000347　702077
菘耘文鈔四卷　(清)季錫疇撰　清光緒五年(1879)褒弇閣刻本　一冊

320000－1646－0000348　702078
菘耘文鈔四卷　(清)季錫疇撰　清光緒五年(1879)褒弇閣刻本　一冊

320000－1646－0000349　702079
菘耘文鈔四卷　(清)季錫疇撰　清光緒五年(1879)褒弇閣刻本　一冊

320000－1646－0000350　702080
積石文稿十八卷積石詩存四卷南池唱和詩存一卷繪餘編一卷　(清)張履撰　清光緒二十年(1894)刻本　六冊

320000－1646－0000351　702081
積石詩存四卷南池唱和詩存一卷繪餘編一卷　(清)張履撰　清光緒二十年(1894)刻本　二冊

320000－1646－0000352　702083
吳文節公遺集八十卷　（清）吳文鎔撰　（清）吳養原編　清咸豐刻本　十一冊　存五十四卷(一至二十八、三十三至四十六、五十八至六十三、六十九至七十四)

320000－1646－0000353　702084
篠峰詩鈔二卷　（清）周培著　清道光二十八年(1848)刻本　二冊

320000－1646－0000354　702085
雙桂軒詩存一卷　（清）任沛霖撰　清光緒二十二年(1896)刻本　一冊

320000－1646－0000355　702086
彭文敬公全集四十二卷[蘊章]年譜一卷　（清）彭蘊章撰　清同治七年(1868)蘇州刻本　十三冊　缺三卷(歸樸龕叢稿一至三)

320000－1646－0000356　702087
歸樸龕叢稿續編四卷年譜一卷　（清）彭蘊章撰　清同治七年(1868)蘇州刻本　一冊

320000－1646－0000357　702088
松風閣詩鈔二十六卷　（清）彭蘊章撰　清同治三年(1864)蘇州刻本　八冊

320000－1646－0000358　702089
松風閣詩鈔二十六卷　（清）彭蘊章撰　清同治三年(1864)刻本　八冊

320000－1646－0000359　702090
定盦全集十六卷　（清）龔自珍撰　清宣統二年(1910)上海掃葉山房石印本　六冊

320000－1646－0000360　702091
定盦文集十六卷　（清）龔自珍撰　清光緒三十年(1904)四川官書局刻本　六冊

320000－1646－0000361　702092
定盦文集三卷定盦續集四卷定盦文集補五卷　（清）龔自珍撰　清同治七年(1868)浙江亦西齋刻本　四冊　缺一卷(定盦文集補一)

320000－1646－0000362　702093
定盦文集三卷定盦續集一卷定盦別集一卷定盦文集補編四卷　（清）龔自珍撰　清光緒二十三年(1897)萬本書堂精校刻本　三冊

320000－1646－0000363　702094
定盦文集補編四卷　（清）龔自珍撰　清光緒十二年(1886)平湖朱氏刻本　二冊

320000－1646－0000364　702095
定盦文集補編四卷　（清）龔自珍撰　清光緒十二年(1886)平湖朱氏刻本　二冊

320000－1646－0000365　702096
拙修集十卷　（清）吳廷棟撰　清同治十年(1871)六安求我齋刻本　四冊

320000－1646－0000366　702097
拙修集十卷拙修集續編四卷拙修集補編一卷　（清）吳廷棟撰　清同治九年至十年(1870－1871)六安求我齋刻本　六冊

320000－1646－0000367　702099
等閒集詩鈔一卷　（清）張敬謂著　清光緒十九年(1893)長沙學院刻本　一冊

320000－1646－0000368　701715
袁文箋正十六卷補注一卷小傳一卷　（清）袁枚撰　（清）石韞玉箋　清嘉慶十七年(1812)鶴壽山堂刻本　四冊

320000－1646－0000369　701729
虛一齋集五卷　（清）莊培因撰　清光緒九年(1883)刻本　二冊

320000－1646－0000370　701733
扣舷集一卷題詞二卷　（清）徐楠撰　清道光十三年(1833)刻本　一冊

320000－1646－0000371　702100
豸華堂文鈔八卷　（清）金應麟撰　清道光三十年(1850)刻本　二冊

320000－1646－0000372　702101
亦青山館詩鈔二卷亦青山館續詩鈔一卷　（清）龔煒撰　清道光十九年(1839)刻本　一冊

320000－1646－0000373　702102
亦青山館詩鈔二卷亦青山館續詩鈔一卷　（清）龔煒撰　清道光十九年(1839)刻本　一

冊　缺一卷(亦青山館續詩鈔一卷)

320000－1646－0000374　702103
古微堂內集三卷古微堂外集七卷　（清）魏源著　清光緒四年(1878)淮南書局刻本　四冊

320000－1646－0000375　702104
古微堂內集三卷古微堂外集七卷　（清）魏源著　清光緒四年(1878)淮南書局刻本　四冊

320000－1646－0000376　702105
古微堂內集三卷古微堂外集七卷　（清）魏源著　清光緒四年(1878)淮南書局刻本　四冊

320000－1646－0000377　702106
古微堂內集三卷古微堂外集七卷　（清）魏源著　清光緒四年(1878)淮南書局刻本　四冊

320000－1646－0000378　702107
古微堂內集三卷古微堂外集七卷　（清）魏源著　清光緒四年(1878)淮南書局刻本　四冊

320000－1646－0000379　702108
古微堂內集二卷外集八卷　（清）魏源著　清宣統元年(1909)國學扶輪社鉛印本　六冊

320000－1646－0000380　702110
狷齋遺稿五卷　（清）鄒志路著　清同治八年(1869)刻本　一冊

320000－1646－0000381　702111
辛壬癸甲吟草四卷味外味軒吟草八卷　（清）朱倬撰　清同治三年(1864)刻本　四冊

320000－1646－0000382　702112
畫延年室詩稿四卷　（清）袁起撰　清同治七年(1868)刻本　一冊　存二卷(一至二)

320000－1646－0000383　702113
小浮山人閒門集六卷　（清）潘曾沂撰　清光緒刻本　一冊

320000－1646－0000384　702114
嗣雅堂詩存五卷　（清）王嘉祿撰　清道光二十六年(1846)刻本　一冊

320000－1646－0000385　702115
閒吟處詩鈔六卷　（清）華文桂撰　清道光五年(1835)刻本　二冊

320000－1646－0000386　702116
漱六軒詩稿一卷　（清）仲恒省撰　清光緒二十二年(1896)刻本　一冊

320000－1646－0000387　704397
詁經精舍課藝六集十二卷　（清）俞樾編次　清光緒十一年(1885)刻本　四冊

320000－1646－0000388　702122
筠圃賸稿一卷　（清）朱毓賢著　清光緒三十年(1904)鉛印本　一冊

320000－1646－0000389　702123
晚香亭詩鈔不分卷　（清）蔡邦甸著　清光緒十八年(1892)天津石印本　四冊

320000－1646－0000390　702124
落騮樓文稿四卷　（清）沈垚撰　清道光二十七年(1847)楊氏刻本　四冊

320000－1646－0000391　702127
東洲草堂詩鈔三十卷詩餘一卷　（清）何紹基撰　眠琴閣遺文一卷眠琴閣遺詩二卷　（清）何慶涵撰　浣月樓遺詩二卷　（清）李楣撰　清同治六年(1867)刻本　七冊

320000－1646－0000392　702128
東洲草堂詩鈔二十七卷詩餘一卷　（清）何紹基撰　清刻本　六冊　存十五卷(詩鈔五至十四、二十四至二十七,詩餘一卷)

320000－1646－0000393　702129
悔過齋文集七卷劄記一卷　（清）顧廣譽撰　清光緒三年(1877)刻本　二冊

320000－1646－0000394　702131
寫韻樓詩鈔一卷　（清）王瑤芬撰　清同治十年(1871)京江榷署刻本　一冊

320000－1646－0000395　702132
寫韻樓詩鈔一卷　（清）王瑤芬撰　清同治十年(1871)京江榷署刻本　一冊

320000－1646－0000396　702133
疏野堂集十卷　（清）歸令瑜撰　清同治八年(1869)刻本　二冊

320000－1646－0000397　702134
初月樓文鈔十卷初月樓詩鈔四卷　（清）吳德旋著　清道光刻本　四冊

320000－1646－0000398　702135
初月樓文鈔十卷初月樓續鈔八卷　（清）吳德旋撰　清光緒八年(1882)花雨樓刻本　二冊　存十一卷(初月樓文鈔三至五、初月樓續鈔八卷)

320000－1646－0000399　702136
依舊草堂遺稿一卷詞一卷　（清）費丹旭撰　清同治十年(1871)胡鳳丹退補齋刻本　一冊

320000－1646－0000400　702138
沈文忠公集十卷沈文忠公[兆霖]自訂年譜一卷　（清）沈兆霖撰　清同治八年(1869)刻本　四冊

320000－1646－0000401　702139
娜嬛小築詩存三卷娜嬛小築文存一卷　（清）龔汝霖著　清同治十一年至十三年(1872－1874)刻本　一冊

320000－1646－0000402　702140
聽秋軒詩集三卷　（清）駱綺蘭撰　清乾隆六十年(1795)金陵龔氏刻本　一冊

320000－1646－0000403　702141
秋水軒詩選一卷秋水軒詞一卷　（清）莊盤珠撰　清光緒二年(1876)思補樓木活字印本　一冊

320000－1646－0000404　702142
海秋詩集二十六卷評跋一卷　（清）湯鵬撰　清道光十八年(1838)刻本　八冊

320000－1646－0000405　702144
子良詩錄十卷摘句一卷　（清）馮詢撰　清同治二年(1863)廣州城西寶華坊刻本　二冊

320000－1646－0000406　702145
白華山人詩集十六卷白華山人詩說二卷　（清）厲志著　清光緒九年(1883)定海厲學潮刻本　四冊

320000－1646－0000407　702147
昨夢齋文集四卷　（清）彭泰來著　清同治四年(1865)刻本　二冊

320000－1646－0000408　702148
蓮溪吟薹續刻三卷　（清）沈濂撰　清咸豐六年(1856)秀水沈氏始言堂刻本　一冊

320000－1646－0000409　702149
思貽堂詩集十二卷思貽堂詩續存八卷　（清）黃文琛撰　清咸豐元年至同治二年(1851－1863)刻本　五冊

320000－1646－0000410　702150
樂志堂文略四卷附錄一卷　（清）譚瑩撰　清光緒元年(1875)刻本　二冊

320000－1646－0000411　702152
習苦齋古文四卷習苦齋詩集八卷　（清）戴熙撰　清同治六年(1867)刻本　四冊

320000－1646－0000412　702153
習苦齋詩集八卷　（清）戴熙撰　清同治六年(1867)刻本　二冊

320000－1646－0000413　702154
蓮潔詩翰釋文一卷蓮潔詩存二卷　（清）謝翛撰　清咸豐刻本　一冊

320000－1646－0000414　702155
倭文端公遺書八卷首二卷末一卷倭文端公遺書續刊四卷　（清）倭仁撰　清光緒元年(1875)六安求我齋刻本　六冊

320000－1646－0000415　702156
倭文端公遺書八卷首二卷末一卷倭文端公遺書續刊四卷　（清）倭仁撰　清光緒元年(1875)六安求我齋刻本　五冊　缺一卷(倭文端公遺書續刊四)

320000－1646－0000416　702157
瑤峰小草詩一卷詩餘一卷　（清）炳墀撰　稿本　一冊

320000－1646－0000417　702158
稻香樓詩橐一卷　（清）張慶榮著　蘭心閣詩橐一卷　（清）朱瑩著　清咸豐八年(1858)刻本　一冊

320000－1646－0000418　702161
補學軒詩集八卷　（清）鄭獻甫撰　清咸豐十年(1860)采菽堂刻本　四冊

320000－1646－0000419　702162
經雅堂遺稿二卷　（清）孫慧良著　清光緒六年(1880)梁谿華翼綸刻本　一冊

320000－1646－0000420　702163
經雅堂遺稿三卷補遺一卷　（清）孫慧良著　清光緒六年(1880)梁谿華氏刻本　一冊

320000－1646－0000421　702164
經雅堂遺稿三卷補遺一卷　（清）孫慧良著　清光緒六年(1880)梁谿華氏刻本　一冊

320000－1646－0000422　702165
經雅堂遺稿三卷補遺一卷　（清）孫慧良著　清光緒六年(1880)梁谿華氏刻本　一冊

320000－1646－0000423　702166
刪刻林阜間集一卷　（清）潘諮撰　清同治五年(1866)刻本　一冊

320000－1646－0000424　702167
枕琴山館詩稿四卷　（清）陸模撰　清道光二十四年(1844)刻本　一冊

320000－1646－0000425　702168
選樓集句二卷首一卷末一卷　（清）許祥光集　清道光二十年(1840)刻本　一冊

320000－1646－0000426　702169
前川詩稿二卷　（清）程思樂著　清道光對山堂刻本　一冊

320000－1646－0000427　702170
悔翁詩鈔十五卷補遺一卷筆記六卷　（清）汪士鐸撰　清光緒十年(1884)合肥張氏味古齋刻本　三冊

320000－1646－0000428　702171
小草庵詩鈔一卷　（清）屠蘇著　日本金石考一卷　（日本）西田直養輯　清同治、光緒間吳縣潘氏刻本　一冊

320000－1646－0000429　702172
月齋文集文八卷月齋詩集四卷　（清）張穆撰　清咸豐八年(1858)刻本　四冊

320000－1646－0000430　702176
印月樓藁四卷　（清）陸同文稿　清末刻本　二冊

320000－1646－0000431　702177
知足知不足齋詩存一卷　（清）寶琳撰　清光緒二十七年(1901)刻本　一冊

320000－1646－0000432　702178
古杼秋館遺集三卷　（清）侯楨著　清同治十二年(1873)古杼秋館木活字印本　二冊

320000－1646－0000433　702179
古杼秋館遺集三卷　（清）侯楨著　清同治十二年(1873)古杼秋館木活字印本　二冊

320000－1646－0000434　702184
躬厚堂全集二十五卷　（清）張金鏞著　清同治、光緒間刻本　六冊

320000－1646－0000435　702185
通甫類稿十三卷　（清）魯一同撰　清咸豐九年(1859)刻本　五冊

320000－1646－0000436　702186
柈湖文錄八卷　（清）吳敏樹著　清同治八年(1869)刻本　四冊

320000－1646－0000437　702187
柈湖文集十二卷　（清）吳敏樹著　清光緒十九年(1893)思賢講舍刻本　四冊

320000－1646－0000438　702188
敬承堂憶存二卷　（清）鍾峻撰　清同治十三年(1874)木活字印本　二冊

320000－1646－0000439　702189
古月軒詩存彙橐九卷首一卷　（清）朱伸林撰　清光緒十年(1884)琴川書屋刻本　二冊

320000－1646－0000440　702190
巢經巢詩鈔九卷　（清）鄭珍撰　清咸豐四年(1854)刻本　二冊

320000－1646－0000441　702191
寶鐵齋詩錄不分卷寶鐵齋詩續錄一卷　（清）

韓崇著　清光緒七年(1881)刻本　一冊

320000－1646－0000442　702192
移芝室全集二十五卷　（清）楊彝珍著　清光緒十七年(1891)刻本　八冊

320000－1646－0000443　702196
舒蓺室尺牘偶存一卷　（清）張文虎撰　清宣統三年(1911)上海文明書局鉛印本　一冊

320000－1646－0000444　702197
朱九江先生集十卷首四卷　（清）朱次琦撰
朱九江先生講學記一卷　（清）簡朝亮纂　清光緒二十三年(1897)讀書草堂刻本　五冊

320000－1646－0000445　702198
佩蘅詩鈔十二卷　（清）寶鋆撰　清咸豐九年(1859)刻本　一冊　存二卷(典試浙江紀程草一、浙江還轅紀游草二)

320000－1646－0000446　702199
傳硯堂詩錄八卷　（清）張鴻基撰　清同治七年(1868)刻本　一冊　存四卷(一至四)

320000－1646－0000447　702200
西圃集十卷　（清）潘遵祁撰　清同治十一年(1872)刻本　二冊

320000－1646－0000448　702201
西圃集二十四卷　（清）潘遵祁撰　清光緒二十三年(1897)刻本　六冊

320000－1646－0000449　702202
西圃集二十四卷　（清）潘遵祁撰　清光緒二十三年(1897)刻本　六冊

320000－1646－0000450　702203
西圃集二十四卷　（清）潘遵祁撰　清光緒二十三年(1897)刻本　六冊

320000－1646－0000451　702204
西圃集二十四卷　（清）潘遵祁撰　清光緒二十三年(1897)刻本　六冊

320000－1646－0000452　702205
西圃集二十四卷　（清）潘遵祁撰　清光緒二十三年(1897)刻本　六冊

320000－1646－0000453　702208
聽月樓遺稿二卷　（清）嚴恒著　清光緒二十八年(1902)上海小長蘆館石印本　一冊

320000－1646－0000454　702209
潄六山房全集十一卷　（清）吳昆田撰　清光緒三十年(1904)刻本　六冊

320000－1646－0000455　702210
匏隱廬詩文合稿二卷　（清）沈毓桂著　清光緒二十二年(1896)上海鉛印本　三冊

320000－1646－0000456　702211
受恒受漸齋集十二卷　（清）沈曰富撰　清光緒十三年(1887)刻本　二冊

320000－1646－0000457　702212
嘯古堂文集八卷　（清）蔣敦復撰　清同治七年(1868)上海道署刻本　四冊

320000－1646－0000458　702213
求真是齋詩草二卷　（清）恩華著　清咸豐十一年(1861)刻本　二冊

320000－1646－0000459　702214
歸盦文稿八卷歸盦詩稿三卷　（清）葉裕仁撰　清光緒八年(1882)蔣銘勳刻本(歸盦詩稿配清光緒九年太倉張文藝齋刻本)　五冊

320000－1646－0000460　702215
歸盦文稿八卷　（清）葉裕仁撰　清光緒八年(1882)蔣銘勳刻本　四冊

320000－1646－0000461　704398
詁經精舍課藝六集十二卷　（清）俞樾編次　清光緒十一年(1885)刻本　四冊

320000－1646－0000462　702216
歸盦文稿八卷　（清）葉裕仁撰　清光緒八年(1882)蔣銘勳刻本　四冊

320000－1646－0000463　702217
顯志堂稿十二卷　（清）馮桂芬著　清光緒二年(1876)校邠廬刻本　六冊

320000－1646－0000464　702218
夢奈詩稿一卷　（清）馮桂芬著　清光緒二年(1876)馮氏刻本　一冊

320000－1646－0000465　702219

句溪雜著二卷　（清）陳立撰　清道光二十三年(1843)刻本　一冊

320000－1646－0000466　702220

句溪雜著六卷　（清）陳立撰　清同治刻本　二冊

320000－1646－0000467　702221

東塾集六卷申範一卷　（清）陳澧撰　清光緒十八年(1892)菊波精舍刻本　三冊

320000－1646－0000468　702222

白圭榭古文遺藁一卷附錄一卷　（清）張璐著　清光緒二十五年(1899)弇山學舍刻本　一冊

320000－1646－0000469　702223

荔雨軒文集六卷續集八卷詩集十二卷詩餘一卷　（清）華翼綸撰　清光緒九年(1883)刻本（續集詩集詩餘配抄本）　六冊

320000－1646－0000470　702224

心盦詩存十二卷　（清）何兆瀛撰　孟久初斆詩一卷　（清）何保恒撰　清同治十二年(1873)武林刻本　六冊

320000－1646－0000471　702225

邵位西遺文一卷　（清）邵懿辰撰　清同治四年(1865)吳棠望三益齋刻本　一冊

320000－1646－0000472　702226

讀書檐吟稿二卷　（清）金元益著　清光緒七年(1881)文彬齋刻本　一冊

320000－1646－0000473　702227

哀生閣初稿四卷哀生閣續稿三卷　（清）王大經撰　清光緒十一年(1885)姑蘇鈕芳齋刻本　六冊

320000－1646－0000474　702228

小桃溪館文鈔不分卷小桃溪館詩鈔九卷　（清）陳崑撰　清同治十一年(1872)盛山書院刻本　七冊

320000－1646－0000475　702229

郘亭遺文八卷　（清）莫友芝撰　清同治刻本　三冊　存六卷（三至八）

320000－1646－0000476　702230

花隱盦遺稿一卷詩餘一卷花隱盦遺稿補一卷詩餘補一卷　（清）潘希甫撰　清光緒九年(1883)刻本　一冊

320000－1646－0000477　702231

花隱盦遺稿一卷詩餘一卷花隱盦遺稿補一卷詩餘補一卷　（清）潘希甫撰　清光緒九年(1883)刻本　一冊

320000－1646－0000478　702232

花隱盦遺稿一卷詩餘一卷花隱盦遺稿補一卷詩餘補一卷　（清）潘希甫撰　清光緒九年(1883)刻本　一冊

320000－1646－0000479　702233

秦川焚餘草六卷補遺一卷首一卷附刻一卷　（清）董平章撰　清光緒二十七年(1901)容齋刻本　六冊

320000－1646－0000480　702234

曾文正公文鈔四卷　（清）曾國藩撰　（清）張瑛編校　清同治十二年(1873)醉六堂刻本　四冊

320000－1646－0000481　702235

曾文正公文鈔四卷　（清）曾國藩撰　（清）張瑛編校　清同治十一年(1872)蘇州刻本　二冊

320000－1646－0000482　702236

曾文正公文鈔四卷　（清）曾國藩撰　（清）張瑛編校　清同治十一年(1872)蘇州刻本　二冊

320000－1646－0000483　702237

求闕齋文鈔八卷　（清）曾國藩撰　清同治十二年(1873)刻本　二冊

320000－1646－0000484　702238

曾文正公詩鈔四卷　（清）曾國藩撰　清光緒二年(1876)上海醉六堂刻本　二冊

320000－1646－0000485　702240

曾文正公書札三十三卷　（清）曾國藩撰　清

光緒十四年(1888)鉛印本　十冊

320000－1646－0000486　702241

曾文正公書札二十七卷　（清）曾國藩撰　清光緒二年(1876)傳忠書局刻本　六冊

320000－1646－0000487　702242

曾文正公家書十卷曾文正公家訓二卷　（清）曾國藩撰　清光緒十年(1884)申報館鉛印本　十二冊

320000－1646－0000488　702243

曾文正公家書十卷曾文正公家訓二卷　（清）曾國藩撰　清光緒十年(1884)申報館鉛印本（曾文正公家訓二卷配清光緒十三年鴻文書局鉛印本）　十一冊

320000－1646－0000489　702244

曾文正公家書十卷　（清）曾國藩撰　清光緒二年(1876)傳忠書局刻本　十冊

320000－1646－0000490　702245

兩罍軒尺牘十二卷　（清）吳雲著　清宣統二年(1910)上海時中書局石印本　四冊

320000－1646－0000491　702246

兩罍軒尺牘十二卷　（清）吳雲著　清宣統二年(1910)上海時中書局石印本　四冊

320000－1646－0000492　702247

兩罍軒尺牘十二卷　（清）吳雲著　清光緒十年(1884)吳門毛上珍刻本　五冊　存十卷（一至十）

320000－1646－0000493　702248

心白日齋集四卷　（清）尹耕雲著　清光緒十年(1884)刻本　二冊

320000－1646－0000494　702249

胡文忠公遺集八十六卷首一卷　（清）胡林翼撰　（清）鄭敦謹　（清）曾國荃編輯　清同治六年(1867)刻本　三十二冊

320000－1646－0000495　702250

胡文忠公遺集八十六卷首一卷　（清）胡林翼撰　（清）鄭敦謹　（清）曾國荃編輯　清同治六年(1867)刻本　二十四冊　缺二十卷（四十六至六十五）

320000－1646－0000496　703351

映盦詞三卷　夏敬觀撰　清光緒三十三年(1907)刻本　一冊

320000－1646－0000497　702252

胡文忠公遺集十卷首一卷　（清）胡林翼撰　清同治元年(1862)刻本　十冊

320000－1646－0000498　702253

胡文忠公遺集十卷首一卷　（清）胡林翼撰　清同治七年(1868)醉六堂刻本　八冊

320000－1646－0000499　702254

左文襄公詩集一卷文集五卷聯語一卷　（清）左宗棠撰　清宣統元年(1909)蘇州毛上珍鉛印本　二冊

320000－1646－0000500　702255

恪靖侯盾鼻餘瀋一卷聯語一卷　（清）左宗棠撰　清光緒七年(1881)刻本　一冊

320000－1646－0000501　702256

恪靖侯盾鼻餘瀋一卷聯語一卷　（清）左宗棠撰　清光緒八年(1882)刻本　一冊

320000－1646－0000502　702258

陽湖史氏家藏左文襄公手札一卷　（清）左宗棠撰　清光緒三十三年(1907)石印本　二冊

320000－1646－0000503　702259

吟紅閣詩鈔五卷　（清）夏伊蘭撰　清道光九年(1829)刻本　一冊

320000－1646－0000504　702260

江忠烈公遺集二卷首一卷附錄一卷[忠源]行狀一卷　（清）江忠源撰　清同治十二年(1873)刻本　三冊

320000－1646－0000505　702261

揖山樓遺詩一卷詞一卷　（清）宗晉撰　清同治十二年(1873)安徽刻本　一冊

320000－1646－0000506　702262

揖山樓遺詩一卷詞一卷　（清）宗晉撰　清同治十二年(1873)安徽刻本　一冊

320000 – 1646 – 0000507　702263

味經山館文鈔四卷味經山館詩鈔六卷　（清）戴鈞衡著　清咸豐三年(1853)王祐蕃刻本　三冊

320000 – 1646 – 0000508　702264

敬齋雜著一卷　（清）蔣光焴撰　清同治刻本　一冊

320000 – 1646 – 0000509　702265

玉鑑堂詩存一卷櫟寄詩存一卷　（清）汪日楨撰　清光緒十六年(1890)刻本　一冊

320000 – 1646 – 0000510　702266

玉鑑堂詩存一卷櫟寄詩存一卷　（清）汪日楨撰　清光緒十六年(1890)刻本　一冊

320000 – 1646 – 0000511　702267

虹橋老屋遺稿九卷　（清）秦緗業撰　清光緒十五年(1889)刻本　三冊

320000 – 1646 – 0000512　702268

碧桃花館詩鈔一卷繡餘閣詩草一卷　（清）石錦繡稿　清同治五年(1866)刻本　一冊

320000 – 1646 – 0000513　702273

滋德堂集一卷梅花幻影圖題詞一卷　（清）徐元第著　清宣統三年(1911)刻本　一冊

320000 – 1646 – 0000514　702274

煙嶼樓詩集十八卷　（清）徐時棟稿　重刻游杭合集一卷　（清）徐時棟　（清）徐元第撰　清同治六年(1867)葉氏虎胛山房刻本　四冊

320000 – 1646 – 0000515　702275

四爲堂焚餘草二卷　（清）謝鵬飛著　清光緒十九年(1893)石印本　一冊　存一卷（上）

320000 – 1646 – 0000516　702276

思益堂詩鈔六卷詞鈔一卷古文二卷日札十卷　（清）周壽昌撰　清光緒十四年(1888)刻本　六冊

320000 – 1646 – 0000517　702277

李氏倡隨集四卷　（清）李嶽生撰　清光緒三十一年(1905)上海文寶書局石印本　四冊

320000 – 1646 – 0000518　702285

遜學齋詩鈔十卷遜學齋詩續鈔五卷遜學齋文鈔十二卷遜學齋文續鈔五卷　（清）孫衣言撰　清同治三年(1864)刻本　六冊　缺十卷（遜學齋文鈔一至十）

320000 – 1646 – 0000519　702286

墨壽閣詩集二卷　（清）汪承慶撰　清光緒二十七年(1901)刻本　一冊

320000 – 1646 – 0000520　702287

潛莊文鈔六卷　（清）卜起元撰　清光緒三年(1877)刻本　二冊

320000 – 1646 – 0000521　702288

二知軒詩鈔十四卷　（清）方濬頤撰　清同治五年(1866)刻本　八冊

320000 – 1646 – 0000522　702291

菜香書屋詩草　（清）陸以耕著　清光緒二十二年(1896)鉛印本　一冊

320000 – 1646 – 0000523　702292

綠雲山房詩草二卷末一卷　（清）勞蓉君撰　清光緒四年(1878)刻本　一冊　缺一卷（上）

320000 – 1646 – 0000524　702293

一經軒詩存一卷　（清）徐鳳銘著　清光緒二十四年(1898)雲間木活字印本　一冊

320000 – 1646 – 0000525　702294

餐芍華館詩集八卷蕉心詞一卷　（清）周騰虎撰　清光緒十九年(1893)木活字印本　二冊

320000 – 1646 – 0000526　702295

餐芍華館遺文三卷隨筆二卷　（清）周騰虎撰　清光緒三十二年(1906)長沙刻本　二冊

320000 – 1646 – 0000527　702298

彭剛直公詩集八卷　（清）彭玉麟撰　清光緒十七年(1891)蘇州刻本　二冊

320000 – 1646 – 0000528　702299

彭剛直公詩集八卷　（清）彭玉麟撰　清光緒十七年(1891)蘇州刻本　二冊

320000 – 1646 – 0000529　702300

彭剛直公詩集八卷　（清）彭玉麟撰　清光緒十七年(1891)蘇州刻本　二冊

320000－1646－0000530　702301

通義堂集二卷　（清）劉毓崧著　清光緒十六年（1890）思賢講舍刻本　一冊

320000－1646－0000531　702303

詅癡小草二卷　（清）張焜揚撰　清道光十八年（1838）刻本　一冊

320000－1646－0000532　702304

雪門詩艸十四卷　（清）許瑤光著　清同治十三年（1874）刻本　六冊

320000－1646－0000533　702305

雪門詩艸十四卷　（清）許瑤光著　清同治十三年（1874）刻本　六冊

320000－1646－0000534　702306

雲海樓詩槀四卷　（清）王治模撰　清光緒元年（1875）長沙荷池書局刻本　二冊

320000－1646－0000535　702308

三省樓賸稿一卷　（清）張婉撰　清光緒三十三年（1907）鉛印本　一冊

320000－1646－0000536　702309

三省樓賸稿一卷　（清）張婉撰　清光緒三十三年（1907）鉛印本　一冊

320000－1646－0000537　702310

三省樓賸稿一卷　（清）張婉撰　清光緒三十三年（1907）鉛印本　一冊

320000－1646－0000538　702312

伏敔堂詩錄十五卷續錄四卷首一卷　（清）江湜撰　清同治元年（1862）刻本　四冊

320000－1646－0000539　702316

養知書屋文集二十八卷養知書屋詩集十五卷　（清）郭嵩燾著　清光緒十八年（1892）刻本　十六冊

320000－1646－0000540　702317

郭侍郎奏疏十二卷養知書屋文集二十八卷養知書屋詩集十五卷　（清）郭嵩燾撰　清光緒十八年（1892）刻本　二十八冊

320000－1646－0000541　704399

詁經精舍課藝六集十二卷　（清）俞樾編次　清光緒十一年（1885）刻本　四冊

320000－1646－0000542　200001

欽定篆文六經四書十卷　（清）李光地等編　清光緒九年（1883）上海同文書局石印本　十冊

320000－1646－0000543　200002

欽定篆文六經四書十卷　（清）李光地等編　清光緒九年（1883）上海同文書局石印本　十冊

320000－1646－0000544　200003

仿宋相臺五經附考證　清光緒二年（1876）江南書局刻本　三十冊

320000－1646－0000545　200004

十三經註疏　明崇禎十二年（1639）序古虞毛氏汲古閣刻本　一百二十四冊

320000－1646－0000546　200005

十三經註疏附考證　清同治十年（1871）廣東書局刻本　一百二十八冊

320000－1646－0000547　200006

十三經註疏附考證　清同治十年（1871）廣東書局刻本　一百二十冊

320000－1646－0000548　200007

十三經註疏　校勘記　（清）阮元撰　（清）盧宣旬摘錄　清光緒十三年（1887）上海點石齋石印本　二十四冊　缺一種四卷（十三經注疏校勘記識語四卷）

320000－1646－0000549　200008

宋本十三經註疏　校勘記　（清）阮元撰（清）盧宣旬摘錄　清光緒十三年（1887）上海脈望仙館石印本　三十二冊

320000－1646－0000550　200009

宋本十三經註疏　校勘記　（清）阮元撰（清）盧宣旬摘錄　清光緒十三年（1887）上海脈望仙館石印本　三十二冊

320000－1646－0000551　200010

重刊宋本十三經註疏附校勘記　（清）阮元撰（清）盧宣旬摘錄　清道光六年（1826）文選

樓刻本　一百六十冊

320000-1646-0000552　200011

十三經讀本　（清）丁寶楨等校刊　清同治十一年(1872)山東書局刻本　八冊　存三種十二卷(詩經八卷、孝經一卷、爾雅三卷)

320000-1646-0000553　200016

石齋先生經傳九種五十六卷　（明）黃道周撰　清康熙三十二年(1693)晉安鄭肇刻本　九冊　存四種十九卷(孝經集傳一、三易洞璣四至十六、洪範明義四卷、儒行集傳下)

320000-1646-0000554　200017

萬充宗先生經學五書十九卷　（清）萬斯大著　清嘉慶元年(1796)辨志堂刻本　六冊

320000-1646-0000555　200018

萬充宗先生經學五書十九卷　（清）萬斯大著　清嘉慶元年(1796)辨志堂刻本　八冊

320000-1646-0000556　200019

御纂七經　清同治六年(1867)浙江書局刻本　一百四十二冊

320000-1646-0000557　200020

五經大全四十六卷　（清）來爾繩等纂輯　清末刻本　三十二冊

320000-1646-0000558　200021

五經大全□□卷　明末德壽堂刻本　二十三冊　存四十七卷(禮記集說大全一至六、九至三十,詩經大全六至二十,三畏堂刻本詩經大全八至十一)

320000-1646-0000559　200022

五經　清道光十六年(1836)揚郡片善堂惜字公局刻本　二十冊　存四種二十八卷(周易四卷、書經六卷、詩經八卷、禮記十卷)

320000-1646-0000560　200023

五經　清光緒十九年(1893)浙江書局刻本　二十冊　存四種四十八卷(周易四卷、書經六卷、詩經八卷、春秋左傳杜注三十卷)

320000-1646-0000561　200024

五經揭要　（清）周蕙田輯錄　清乾隆五十四年(1789)自怡軒刻本　七冊　存二十卷(周易揭要一至三、書經揭要六卷、詩經揭要四卷、禮記揭要五、春秋三傳揭要六卷)

320000-1646-0000562　200025

五經體註□□卷　清刻本　八冊　存三種十四卷(易經體注四卷、書經體注約解六卷、禮記體注大全四卷)

320000-1646-0000563　200026

五經合纂大成四十四卷　題（清）同文書局主人纂輯　清光緒十一年(1885)廣百宋齋石印本　二十冊

320000-1646-0000564　200027

五經味根錄四十二卷　（清）關蔚煌輯　清光緒十九年(1893)石印本　十六冊

320000-1646-0000565　200029

通志堂經解　（清）納蘭成德輯　清同治十二年(1873)粵東書局刻本　四百六十四冊　缺一種十五卷(龍學孫公春秋經解十五卷)

320000-1646-0000566　200030

通志堂經解　（清）納蘭成德輯　清同治十二年(1873)粵東書局刻本　四百九十八冊　缺三種十三卷(學易記七至九、逸齋詩補傳二十三至二十五、禮記集說五十一至五十七)

320000-1646-0000567　200031

皇清經解一千四百十二卷　（清）阮元輯　清道光九年(1829)學海堂刻咸豐十年(1860)補刻同治九年(1870)續刻本　三百六十一冊　缺一種八卷(易圖略八卷)

320000-1646-0000568　200032

皇清經解一千四百八卷　（清）阮元輯　清道光九年(1829)學海堂刻咸豐十年(1860)補刻本　三百六十冊

320000-1646-0000569　702493

恥不逮齋集三卷補遺一卷首一卷附錄一卷　（清）熊其英撰　清光緒十六年(1890)蘇州五畝園刻本　二冊

320000-1646-0000570　200034

皇清經解一百八十種　（清）阮元輯　清光緒十三年(1887)上海書局石印本　六十四冊

320000－1646－0000571　200035

皇清經解續編一千四百三十卷　王先謙輯　清光緒十四年(1888)南菁書院刻本　三百二十冊

320000－1646－0000572　200036

皇清經解續編一千四百三十卷　王先謙輯　清光緒十四年(1888)南菁書院刻本　三百二十冊

320000－1646－0000573　200037

茹氏經學十二種　（清）茹敦和撰　清乾隆刻本　五冊　存四種七卷(周易證籤四卷、八卦方位守傳一卷、大衍守傳一卷、大衍一說一卷)

320000－1646－0000574　200038

味經齋遺書　（清）莊存與撰　清光緒八年(1882)陽湖莊氏刻本　十冊　存八種二十九卷(彖傳論二卷、象象論一卷、繫辭傳論二卷、八卦觀象解二卷附卦氣解一卷、尚書既見三卷、尚書說一卷、毛詩說四卷、春秋正辭十一卷附春秋舉例一卷春秋要指一卷)

320000－1646－0000575　200039

通藝錄　（清）程瑤田撰　清嘉慶刻本　二十冊

320000－1646－0000576　200041

十三經札記　（清）朱亦棟撰　清光緒四年(1878)武林竹簡齋刻本　六冊　缺三種二十卷(毛詩劄記二卷、周禮劄記二卷、群書札記十六卷)

320000－1646－0000577　200042

七經精義　（清）黃淦纂　清嘉慶十二年(1807)刻本　十三冊

320000－1646－0000578　200043

七經精義　（清）黃淦纂　清嘉慶十二年(1807)刻本　十四冊

320000－1646－0000579　200044

蜚雲閣凌氏叢書　（清）凌曙輯　清嘉慶、道光間江都凌氏蜚雲閣刻本(原缺禮論略鈔一卷)　十四冊

320000－1646－0000580　200045

范氏三種　（清）范家相撰　清乾隆會稽范氏刻本　八冊

320000－1646－0000581　200048

群經平議三十五卷　（清）俞樾撰　清光緒二十五年(1899)刻春在堂全書本(卷一至三配清同治十年刻本)　十二冊

320000－1646－0000582　200049

新鐫經苑二百三十八卷　（清）錢儀吉輯　清同治七年(1868)大梁書院刻本　八十冊

320000－1646－0000583　200050

古經解彙函　（清）鍾謙鈞等輯　清光緒十五年(1889)湘南書局刻本　六十三冊　缺四卷(說文解字篆韻譜三下、四至五,附錄一卷)

320000－1646－0000584　200133

周易本義十二卷　（宋）朱熹本義　清宣統三年(1911)貴池劉氏玉海堂影宋刻本　四冊

320000－1646－0000585　200052

鄂宰四稾四卷　（清）王筠輯　清咸豐二年(1852)鄉寧賀蓉等刻本　二冊

320000－1646－0000586　200053

五經備旨　（清）鄒聖脈纂輯　清末上海文盛書局石印本　十二冊

320000－1646－0000587　200054

五經備旨　（清）鄒聖脈纂輯　清光緒十二年(1886)上海點石齋石印本　十二冊

320000－1646－0000588　200055

五經備旨　（清）鄒聖脈纂輯　清光緒十三年(1887)上海大同書局石印本　十二冊

320000－1646－0000589　200057

經學輯要二十四卷　（清）吳穎炎輯　清光緒十四年(1888)上海點石齋石印本　三十二冊

320000－1646－0000590　200058

經學輯要二十四卷　（清）吳穎炎輯　清光緒

二十年(1894)上海點石齋石印本　三十二冊

320000－1646－0000591　200059
經學輯要二十四卷　（清）吳穎炎輯　清光緒十四年(1888)上海點石齋石印本　三十二冊

320000－1646－0000592　200060
十一經音訓　（清）楊國楨撰　清道光十年(1830)大梁書院刻本　十一冊　存四種(周禮音訓不分卷、儀禮音訓不分卷、春秋左傳音訓不分卷、爾雅音訓不分卷)

320000－1646－0000593　200063
龍岡山人古文尚書四種　（清）洪良品撰　清光緒十四年(1888)鉛印本　五冊　缺五卷(古文尚書辨惑一至五)

320000－1646－0000594　200064
篆文四書十九卷　清光緒六年(1880)上海點石齋石印本　四冊

320000－1646－0000595　200065
四書大全三十六卷　（清）汪份輯　清康熙逌喜齋刻本　二十冊

320000－1646－0000596　200066
四書大全三十六卷　（清）汪份輯　清康熙逌喜齋刻本　十四冊　存十五卷(大學章句大全一卷、中庸章句大全一卷、論語章句大全八至二十)

320000－1646－0000597　200067
四書集註大全　（清）陸隴其輯　清康熙四十一年(1702)三魚堂刻本　二十六冊　缺一卷(論語集註大全十一)

320000－1646－0000598　200068
四書古註羣義彙解　清光緒十九年(1893)上海同文書局石印本　九冊　存二種四十九卷(論語正義二十四卷,孟子正義一至十、十六至三十)

320000－1646－0000599　200070
四書集註闡微直解二十七卷　（明）張居正撰　清康熙刻本　一冊　存二卷(下孟二十二至二十三)

320000－1646－0000600　200071
四書或問語類集解釋註大全四十一卷　（清）朱良玉纂輯　清雍正古吳光裕堂刻本　十九冊　缺二卷(論語三至四)

320000－1646－0000601　200072
四書合講十九卷　（清）翁復編次　清光緒十一年(1885)浙東抱經室石印本　六冊

320000－1646－0000602　200073
四書朱子大全精言四十一卷　（清）周大璋纂輯　清康熙刻本　二十二冊

320000－1646－0000603　200074
四書精要大全□□卷　（清）林作樑輯　清乾隆衣德堂刻本　六冊　存七卷(大學一至二、中庸一至三、孟子六至七)

320000－1646－0000604　200075
四書闡註十九卷　（清）浦泰纂輯　清乾隆元年(1736)婁東尙論堂刻本　四冊

320000－1646－0000605　200076
漱芳軒合纂四書體註十九卷　（清）范翔編　清乾隆八年(1743)武林三餘堂刻本　六冊

320000－1646－0000606　704441
南菁講舍文集六卷　（清）黃以周輯　清光緒十五年(1889)刻本　四冊

320000－1646－0000607　200078
四書朱子本義匯參四十七卷　（清）王步青輯　（清）王士鼇編　清乾隆十年(1745)敦復堂刻本　二十二冊　缺二卷(大學二至三)

320000－1646－0000608　200079
四書朱子本義匯參四十七卷　（清）王步青輯　（清）王士鼇編　清光緒五年(1879)上海江左書林刻本　三十二冊

320000－1646－0000609　200080
四書朱子本義匯參四十七卷　（清）王步青輯　（清）王士鼇編　清光緒二十八年(1902)上海寶華書局石印本　八冊

320000－1646－0000610　200081
提督江南通省學政渝東簡謙居先生鑒定四書

彙解四十卷　（清）史以徵纂輯　清乾隆美延堂刻本　十八冊　存三十六卷（三至二十六、二十九至四十）

320000－1646－0000611　200082

皇朝四書彙解七十五卷　題（清）抉經心室主人輯　清光緒三十年（1904）上海鴻文局石印本　十一冊　存七十卷（一至五十七、六十三至七十五）

320000－1646－0000612　200083

四書經註集證十九卷　（清）吳昌宗撰　清嘉慶三年（1798）江都汪氏刻本　十五冊

320000－1646－0000613　200084

四書經註集證十九卷　（清）吳昌宗撰　清嘉慶三年（1798）江都汪氏刻本　十六冊

320000－1646－0000614　200085

新訂四書補註備旨十卷　（明）鄧林著　（明）鄧煜編次　（清）杜定基增訂　清光緒二十三年（1897）上海點石齋石印本　六冊

320000－1646－0000615　200086

新訂四書補註備旨十卷　（明）鄧林著　（明）鄧煜編次　（清）杜定基增訂　清光緒十九年（1893）經國書局刻本　八冊

320000－1646－0000616　200087

四書詮義□□卷　（清）汪烜纂集　清道光一經堂刻本　八冊　存十七卷（一至十七）

320000－1646－0000617　200088

俞南莊先生四書評本十九卷　（清）俞庭鑣撰　清同治十一年（1872）吳下刻　六冊

320000－1646－0000618　200089

俞南莊先生四書評本十九卷　（清）俞庭鑣撰　清同治十一年（1872）吳下刻　六冊

320000－1646－0000619　200090

四子書十九卷　（宋）朱熹集註　清同治十三年（1874）甯郡汲綆齋刻本　十四冊

320000－1646－0000620　200091

四子書二十九卷　（宋）朱熹集註　清光緒上海江南製造局刻本　二冊

320000－1646－0000621　200092

四書十九卷　（宋）朱熹集註　清校書樓刻本　六冊

320000－1646－0000622　200093

四書十九卷　（宋）朱熹集註　清光緒十八年（1892）浙江書局刻本　六冊

320000－1646－0000623　200094

四書集註二十九卷　（宋）朱熹集註　清光緒李光明莊刻本　六冊

320000－1646－0000624　200095

四書集註十九卷　（宋）朱熹集註　清光緒李光明莊刻本　六冊

320000－1646－0000625　200096

四書集註十九卷　（宋）朱熹集註　清光緒四年（1878）常州劉氏同文書屋刻本　十一冊

320000－1646－0000626　200097

四書集註十九卷　（宋）朱熹集註　清光緒二十年（1894）金陵書局刻本　六冊

320000－1646－0000627　200098

四書集註十九卷　（宋）朱熹集註　清稽古樓刻本　十二冊

320000－1646－0000628　200099

四書集註十九卷　（宋）朱熹集註　清臨桂毓蘭書屋謝氏刻本　四冊　存九卷（大學章句一卷、中庸章句一卷、孟子集注七卷）

320000－1646－0000629　200105

四書古註羣義彙解　清光緒十九年（1893）上海同文書局石印本　十六冊　缺一種四卷（增補四書經史摘證四卷）

320000－1646－0000630　200106

四書古註羣義彙解　清光緒十七年（1891）上海鴻寶齋石印本　十六冊　缺一種四卷（增補四書經史摘證四卷）

320000－1646－0000631　200107

四書隨見錄四十二卷　（清）鄒鳳池　（清）陳作梅輯　清光緒十九年（1893）上海點石齋石印本　六冊

320000－1646－0000632　200108

鴻寶齋四書　（清）沈祖燕輯纂　清光緒十四年(1888)上海鴻寶齋書局石印本　十二冊

320000－1646－0000633　200109

四書精義四十一卷　（清）沈祖燕纂　清光緒二十七年(1901)上海鴻寶齋書局石印本　十二冊

320000－1646－0000634　200110

四書合講十九卷　清光緒五年(1879)四明茹古齋鉛印本　六冊

320000－1646－0000635　200111

四書合講十九卷　清光緒八年(1882)上海著易堂鉛印本　六冊

320000－1646－0000636　200113

增廣四書題鏡味根錄三十七卷　清光緒十七年(1891)上海萬選書局石印本　八冊

320000－1646－0000637　200114

四書味根錄三十七卷　（清）金澂撰　清光緒八年(1882)上海拜石山所石印本　二冊

320000－1646－0000638　200115

四書味根錄三十七卷　（清）金澂撰　清光緒九年(1883)上海點石齋石印本　二冊

320000－1646－0000639　200117

石經彙函四十五卷　王秉恩輯　清光緒十六年(1890)四川尊經書局刻本　十冊

320000－1646－0000640　200118

古微書三十六卷　（明）孫瑴著錄　清嘉慶十七年(1812)禹航陳世望對山問月樓刻本　四冊

320000－1646－0000641　200119

古微書三十六卷　（明）孫瑴著錄　清嘉慶二十一年(1816)禹航陳世望對山問月樓刻本　四冊

320000－1646－0000642　200120

古微書三十六卷　（明）孫瑴著錄　清光緒二十一年(1895)上海鴻文書局石印本　四冊

320000－1646－0000643　200121

小學類編　（清）沈祖望輯　清咸豐至光緒江都李氏半畝園刻本　五冊　存八種五十卷(惠氏讀說文記十五卷,說文校義一至五、十一至十五,說文答問一卷,說文經字考一卷,六書說一卷,說文釋例二卷,小學鉤沈十九卷,說文舊音一卷)

320000－1646－0000644　200122

增注字詁義府合按四卷　（清）黃生撰　（清）黃承吉按　清道光二十二年(1842)刻本　四冊

320000－1646－0000645　200123

許學叢書　（清）張炳翔輯　清光緒長洲張氏儀鄭廬刻本　二十四冊

320000－1646－0000646　200124

字學七種二卷　（清）李祕園撰　清光緒十二年(1886)京師松竹齋石印本　一冊

320000－1646－0000647　200125

字學七種二卷　（清）李祕園撰　清光緒十三年(1887)上海大同局石印本　一冊　存一卷(下)

320000－1646－0000648　200127

雷刻四稿二十一卷　（清）雷浚撰　清光緒十年(1884)吳縣雷氏刻本　六冊

320000－1646－0000649　200128

音學五書三十八卷　（清）顧炎武撰　清康熙山陽張弨刻本　二十三冊

320000－1646－0000650　200129

音學五書三十八卷　（清）顧炎武撰　清光緒十一年(1885)湘陰郭氏岵瞻堂刻本　十六冊

320000－1646－0000651　200132

周易本義十二卷　（宋）朱熹本義　清乾隆內府刻本　五冊

320000－1646－0000652　200134

周易本義十二卷　（宋）朱熹本義　清乾隆十年(1745)敦厚堂刻本　二冊

320000－1646－0000653　200135

周易四卷　（宋）朱熹本義　清嘉慶十年

(1805)刻本　二册

320000－1646－0000654　200136

易經本義十二卷首一卷　（宋）朱熹本義　清光緒金陵李光明莊刻本　四册

320000－1646－0000655　200137

易經本義十二卷首一卷　（宋）朱熹本義　清光緒金陵李光明莊刻本　四册

320000－1646－0000656　200138

易經本義十二卷　（宋）朱熹本義　清同治四年(1865)金陵書局刻本　二册

320000－1646－0000657　200139

易經本義十二卷首一卷末一卷　（宋）朱熹本義　清光緒十九年(1893)江南書局刻本　二册

320000－1646－0000658　200140

周易本義四卷　（宋）朱熹本義　清光緒金陵李光明莊刻本　二册

320000－1646－0000659　200142

易經旁訓三卷　（宋）程頤傳　（清）徐立綱旁訓　清光緒金陵李光明莊刻本　二册

320000－1646－0000660　200144

易傳十七卷　（唐）李鼎祚集解　**周易音義一卷**　（唐）陸德明撰　清乾隆二十一年(1756)德州盧氏刻雅雨堂叢書本　六册

320000－1646－0000661　200145

易經八卷　（宋）程頤傳　清同治五年(1866)金陵書局刻本　三册

320000－1646－0000662　200146

易經八卷　（宋）程頤傳　清同治五年(1866)金陵書局刻本　三册

320000－1646－0000663　200147

易經八卷　（宋）程頤傳　清光緒九年(1883)江南書局刻本　二册

320000－1646－0000664　200148

周易口訣義六卷　（唐）史徵撰　清乾隆木活字印本　二册

320000－1646－0000665　200149

吳園周易解九卷附錄一卷　（宋）張根撰　（清）吳舒帷校　清光緒福建刻本　三册

320000－1646－0000666　200150

周易義海撮要十二卷　（宋）李衡撰　清康熙十六年(1677)通志堂刻本　四册

320000－1646－0000667　200151

誠齋易傳二十卷　（宋）楊萬里撰　清光緒福建刻本　八册

320000－1646－0000668　200152

周易傳義音訓八卷首一卷末一卷　（宋）程頤傳　（宋）朱熹本義　（宋）呂祖謙音訓　清同治六年(1867)望三益齋刻本　二册　存九卷(周易傳義音訓八卷、首一卷)

320000－1646－0000669　200153

周易玩辭十六卷　（宋）項安世述　清康熙通志堂刻本　六册

320000－1646－0000670　200154

周易參同契發揮三卷釋疑一卷　（宋）俞琰述　清末刻本　一册　存二卷(周易參同契發揮下、釋疑一卷)

320000－1646－0000671　200155

周易傳義大全二十四卷　（明）胡廣等撰　清初刻本　七册　存十卷(一、四至五、十至十一、十四至十七、二十一)

320000－1646－0000672　200156

易說醒四卷　（明）洪守美學　清同治刻本　一册　存一卷(二)

320000－1646－0000673　200160

新鎸增註周易備旨一見能解六卷　（明）黃淳耀撰　（清）嚴而寬增補　清嘉慶九年(1804)敬文堂刻本　二册　存二卷(下經三至四)

320000－1646－0000674　200161

來瞿唐先生易註十五卷首一卷末一卷　（明）來知德撰　清末善成堂刻本　十六册

320000－1646－0000675　200166

易經集粹不分卷　（清）吳曰慎纂輯　清光緒

三年(1877)海陽渠濱汪承訓堂刻本　四冊

320000－1646－0000676　704442
南菁講舍文集六卷　（清）黃以周輯　清光緒十五年(1889)刻本　四冊

320000－1646－0000677　200168
易經大全會解四卷　（清）來爾繩纂輯　清乾隆刻本　二冊

320000－1646－0000678　200169
易經大全會解四卷　（清）來爾繩纂輯　清乾隆刻本　二冊

320000－1646－0000679　200170
御纂周易折中二十二卷首一卷　（清）李光地等纂　清同治六年(1867)刻本　十二冊

320000－1646－0000680　200171
御纂周易折中二十二卷首一卷　（清）李光地等纂　清光緒十四年(1888)江南書局刻本　九冊

320000－1646－0000681　200172
周易傳義合訂十二卷　（清）朱軾撰　清乾隆二年(1737)刻本　六冊

320000－1646－0000682　200173
乾坤兩卦解一卷　（清）湯斌著　清同治九年(1870)蘇廷魁刻本　一冊

320000－1646－0000683　200174
周易孔義集說二十卷　（清）沈起元撰　清乾隆刻本　六冊　存十卷(九至十二、十五至二十)

320000－1646－0000684　200175
易憲四卷　（明）沈泓疏　（清）沈權之增訂　清乾隆補堂刻本　一冊　存二卷(三至四)

320000－1646－0000685　200176
易讀四卷　（清）宋邦綏著　（清）宋思仁校　清末傳經堂刻本　一冊　存二卷(三至四)

320000－1646－0000686　200177
易漢學八卷　（清）惠棟學　清嘉慶柏筠堂刻本　二冊

320000－1646－0000687　200178
周易讀翼揆方十卷舉要一卷　（清）孫夢逵撰　清嘉慶刻本　四冊

320000－1646－0000688　200179
易學圖說會通八卷　（清）楊方達述　清乾隆刻本　三冊　存五卷(三至五、七至八)

320000－1646－0000689　200180
大易闡微錄十二卷首一卷　（清）劉琯著　清同治十二年(1873)刻本　二冊

320000－1646－0000690　200181
易翼述信十二卷　（清）王又樸撰　清乾隆王氏詩禮堂刻本　十冊　存十卷(一、四至十二)

320000－1646－0000691　200182
河洛精蘊九卷　（清）江永著　清乾隆三十九年(1774)兩儀堂刻本　四冊

320000－1646－0000692　200184
周易引經通釋十卷　（清）李鈞簡輯注　清嘉慶十九年(1814)鶴陰書屋刻本　六冊　存六卷(五至十)

320000－1646－0000693　200185
河上易註八卷圖說二卷　（清）黎世序著　清道光元年(1821)謙豫齋刻本　四冊　存四卷(一至四)

320000－1646－0000694　200186
讀易傳心圖說三卷　（清）韓怡撰　清嘉慶刻本　一冊

320000－1646－0000695　200187
周易本義辯證五卷　（清）惠棟撰　清道光常熟蔣光弼省吾堂刻本　二冊

320000－1646－0000696　200188
周易虞氏義九卷周易虞氏消息二卷　（清）張惠言著　清道光元年(1821)合河康氏刻本　二冊　存五卷(周易虞氏義四至五、九,周易虞氏消息二卷)

320000－1646－0000697　200189
周易虞義直解十一卷　（清）許亮弼著　清咸

豐五年(1855)軒溪書屋刻本　二冊

320000－1646－0000698　200190
鄭氏爻辰補六卷圖一卷　（清）戴棠著　清道光二十九年(1849)燕山書屋刻本　四冊

320000－1646－0000699　200191
漢儒易義針度四卷近科文式一卷漢儒易義針度指明一卷　（清）朱昌壽著　清道光二十三年(1843)刻本　二冊

320000－1646－0000700　200192
周易虞氏略例一卷　（清）李銳著　清光緒九年(1883)刻本　一冊

320000－1646－0000701　200193
易學提綱一卷　（清）胡先鉅錄　清咸豐刻本　一冊

320000－1646－0000702　200194
易通六卷　（清）洪其紳撰　清嘉慶刻本　二冊

320000－1646－0000703　200195
周易姚氏學十六卷　（清）姚配中撰　清光緒三年(1877)湖北崇文書局刻本　六冊

320000－1646－0000704　200196
周易闡真四卷首一卷　（清）劉一明述註　清末蔣本容刻本　三冊　缺一卷(首一卷)

320000－1646－0000705　200197
周易審義四卷　（清）張惠言著　清咸豐七年(1857)刻本　四冊

320000－1646－0000706　200198
周易審義四卷　（清）張惠言著　清咸豐七年(1857)刻本　四冊

320000－1646－0000707　200199
周易翼十卷　（清）凌堃學　周易翼釋義一卷（清）安璿珠學　清道光二年(1822)刻本　四冊

320000－1646－0000708　200200
周易附說一卷讀孟子劄記一卷　（清）羅澤南著　清咸豐九年(1859)長沙刻本　一冊

320000－1646－0000709　200201
陳氏易說四卷附錄一卷　（清）陳壽熊著　清光緒二十一年(1895)木活字印本　二冊

320000－1646－0000710　200202
讀易隨筆三卷　（清）吳大廷撰　清同治十二年(1873)刻本　一冊　存一卷(上)

320000－1646－0000711　200203
周易理數貫四卷　（清）汪乙然輯注　清同治六年(1867)刻本　四冊

320000－1646－0000712　200204
周易理數貫四卷　（清）汪乙然輯注　清同治六年(1867)刻本　四冊

320000－1646－0000713　200206
槎溪學易三卷　（清）陳蕭撰　清同治十三年(1874)保定蓮花池刻本　三冊

320000－1646－0000714　200207
羲經集錦不分卷　（清）胡世培輯　清光緒九年(1883)抄本　一冊

320000－1646－0000715　200208
周易臆解四卷圖說二卷　（清）楊以迴釋　清光緒十年(1884)大成巷本宅刻本　五冊

320000－1646－0000716　200209
周易經典證略十卷末一卷　（清）何其傑撰　清光緒十二年(1886)自刻本　一冊

320000－1646－0000717　200210
周易校辨三卷　（清）石寶書校　清光緒十三年(1887)見心書屋刻本　三冊

320000－1646－0000718　200211
費氏古易訂文十二卷　王樹枏撰　清光緒十七年(1891)文莫室刻本　四冊

320000－1646－0000719　200212
易經解注傳義辨正四十四卷首二卷末二卷　（清）彭申甫編輯　清光緒十二年(1886)　三冊　存七卷(一、十八至十九、二十八至二十九,首二卷)

320000－1646－0000720　200217
周易鄭氏注箋釋十六卷首一卷考證一卷

（清）曹元弼撰　清宣統三年至民國十五年(1911－1926)刻本　一冊　存一卷(首一卷)

320000－1646－0000721　200218

周易鄭氏注箋釋十六卷首一卷考證一卷
（清）曹元弼撰　清宣統三年至民國十五年(1911－1926)刻本　一冊　存一卷(首一卷)

320000－1646－0000722　200221

寫定尚書不分卷　（清）吳汝綸校注　清光緒十八年(1892)桐城吳氏家塾石印本　一冊

320000－1646－0000723　200222

寫定尚書不分卷　（清）吳汝綸校注　清光緒十八年(1892)桐城吳氏家塾石印本　一冊

320000－1646－0000724　200224

書經六卷　（宋）蔡沈集傳　清嘉慶十年(1805)刻本　四冊

320000－1646－0000725　200225

書經六卷首一卷末一卷　（宋）蔡沈集傳　清同治五年(1866)金陵書局刻本　四冊

320000－1646－0000726　200226

書經六卷首一卷末一卷　（宋）蔡沈集傳　清光緒七年(1881)金陵書局刻本　四冊

320000－1646－0000727　200227

書經六卷首一卷末一卷　（宋）蔡沈集傳　清末李光明莊刻本　四冊

320000－1646－0000728　200228

書經六卷首一卷末一卷　（宋）蔡沈集傳　清末李光明莊刻本　四冊

320000－1646－0000729　200229

書集傳六卷　（宋）蔡沈集傳　清光緒二十六年(1900)掃葉山房刻本　四冊

320000－1646－0000730　200230

書傳音釋六卷首一卷末一卷　（宋）蔡沈集傳　（元）鄒季友音釋　清咸豐五年(1855)浦城與古齋刻本　六冊

320000－1646－0000731　200231

書傳音釋六卷首一卷末一卷　（宋）蔡沈集傳　（元）鄒季友音釋　清咸豐五年(1855)浦城與古齋刻本　四冊

320000－1646－0000732　200232

夏書禹貢不分卷　清末抄本　一冊　缺(禹貢圖)

320000－1646－0000733　200233

尚書要義二十卷　（宋）魏了翁撰　清光緒十年(1884)江蘇書局刻本　六冊

320000－1646－0000734　200234

書蔡氏傳旁通六卷　（元）陳師凱撰　清康熙十九年(1680)通志堂刻本　四冊

320000－1646－0000735　200235

尚書彙纂必讀十二卷　（清）陸士楷纂輯　清康熙十三年(1674)居敬堂刻本　四冊

320000－1646－0000736　200236

新訂書經大全說約合叅會解□□卷　（清）芮作舟纂輯　清刻本　二冊　存三卷(書經四至六)

320000－1646－0000737　200237

欽定書經傳說彙纂二十一卷首二卷末一卷　（清）王頊齡等纂　清光緒十九年(1893)湖南漱芳閣刻本　十一冊

320000－1646－0000738　200238

尚書後案三十卷　（清）王鳴盛學　清乾隆四十五年(1780)刻本　六冊

320000－1646－0000739　200239

尚書後案三十卷　（清）王鳴盛學　清乾隆四十五年(1780)刻本　八冊

320000－1646－0000740　200240

尚書古文疏證八卷　（清）閻若璩撰　朱子古文書疑一卷　（清）閻詠輯　清乾隆十年(1745)平陰朱氏眘西堂刻本　八冊

320000－1646－0000741　200241

尚書約注四卷末一卷　（清）任啟運約注　清光緒十二年(1886)刻本　二冊

320000－1646－0000742　200242

尚書約注四卷末一卷　（清）任啟運約注　清光緒十二年(1886)刻本　二冊

320000－1646－0000743　200243

尚書考辨四卷　（清）宋鑒著　清嘉慶四年(1799)刻本　二冊

320000－1646－0000744　200244

古文尚書攷二卷　（清）惠棟撰　清乾隆五十七年(1792)讀經樓刻本　一冊

320000－1646－0000745　200245

尚書集注音疏十二卷　（清）江聲學　清乾隆五十八年(1793)篆文刻本　七冊　存十一卷(二至十二)

320000－1646－0000746　200246

禹貢錐指二十卷略例一卷禹貢圖一卷　（清）胡渭學　清康熙四十四年(1705)漱六軒刻本　十二冊

320000－1646－0000747　200248

禹貢會箋十二卷圖一卷　（清）徐文靖箋　（清）趙弁訂　清乾隆志甯堂刻本　三冊　缺四卷(一至四)

320000－1646－0000748　200249

禹貢圖說一卷禹貢註節讀一卷　（清）馬俊良撰　清乾隆五十四年(1789)端溪書院刻本　二冊

320000－1646－0000749　200250

禹貢註節讀一卷　（清）馬俊良撰　清乾隆五十四年(1789)端溪書院刻本　一冊

320000－1646－0000750　200251

禹貢班義述三卷　（清）成蓉鏡撰　清咸豐元年(1851)刻本　二冊　存二卷(上、中)

320000－1646－0000751　200252

禹貢讀本二卷　（清）陳士翹輯　清光緒刻本　一冊

320000－1646－0000752　200253

禹貢說二卷　（清）魏源撰　清同治六年(1867)碧玲瓏館刻本　一冊

320000－1646－0000753　200254

禹貢新圖說二卷　（清）楊懋建學　清同治六年(1867)廣州碧玲瓏館刻本　二冊

320000－1646－0000754　200255

禹貢因一卷　（清）沈練集註　清光緒十八年(1892)溧陽沈氏刻本　一冊

320000－1646－0000755　200256

禹貢易知編十二卷　（清）李慎儒輯　清光緒二十五年(1899)丹徒李氏刻本　四冊

320000－1646－0000756　200260

晚書訂疑三卷　（清）程廷祚撰　清乾隆三餘書屋刻本　二冊

320000－1646－0000757　200261

尚書集注述疏三十二卷首一卷末二卷　（清）簡朝亮述　讀書堂答問一卷　（清）張子沂編　清光緒三十三年(1907)刻本　十八冊

320000－1646－0000758　200262

欽定書經圖說五十卷　（清）孫家鼐等撰　清光緒三十一年(1905)石印本　八冊　存三十卷(二十一至五十)

320000－1646－0000759　200263

尚書讀本二卷　（清）吳汝綸校勘　清光緒三十四年(1908)保陽書局鉛印本　一冊　存一卷(一)

320000－1646－0000760　200265

兩湖文高等學校經學課程三卷　（清）馬貞榆學　清光緒兩湖書院刻本　三冊

320000－1646－0000761　200269

詩抄不分卷　清抄本　一冊

320000－1646－0000762　200270

毛詩故訓傳鄭箋三十卷　（漢）毛亨傳　（漢）鄭玄箋　清同治十一年(1872)五雲堂刻本　三冊　存二十二卷(一至二十二)

320000－1646－0000763　200271

毛詩故訓傳鄭箋三十卷　（漢）毛亨傳　（漢）鄭玄箋　鄭氏詩譜一卷　（漢）鄭玄撰　清道光七年(1827)立本齋刻本　四冊

320000－1646－0000764　200272

韓詩外傳十卷　（漢）韓嬰著　清刻本　一冊　存五卷(一至五)

320000-1646-0000765　200273

韓詩外傳十卷　（漢）韓嬰著　清嘉慶十年(1805)虞山張氏照曠閣刻本　二冊

320000-1646-0000766　200274

詩經八卷　（宋）朱熹集傳　清嘉慶十年(1805)刻本　四冊

320000-1646-0000767　200275

詩經八卷　（宋）朱熹集傳　清道光十六年(1836)揚郡二郎廟惜字局刻本　四冊

320000-1646-0000768　200276

詩經八卷　（宋）朱熹集傳　清同治五年(1866)金陵書局刻本　四冊

320000-1646-0000769　200277

詩經八卷　（宋）朱熹集傳　清同治五年(1866)金陵書局刻本　四冊

320000-1646-0000770　200278

詩經八卷　（宋）朱熹集傳　清光緒二十二年(1896)金陵書局刻本　四冊

320000-1646-0000771　200279

詩經集注八卷　（宋）朱熹集傳　清光緒李光明莊刻本　六冊

320000-1646-0000772　200280

詩經朱傳八卷詩序朱子辨說一卷首一卷　（宋）朱熹集傳　（清）孫慶甲校述　清光緒江都孫文清刻本　七冊　缺一卷(首一卷)

320000-1646-0000773　200281

毛詩傳箋二十卷　（漢）毛亨傳　（漢）鄭玄箋　鄭氏詩譜一卷　（漢）鄭玄撰　清同治十一年(1872)江南書局刻本　四冊

320000-1646-0000774　200282

毛詩音義三卷　（唐）陸德明撰　清同治刻本　三冊

320000-1646-0000775　200283

毛詩音義三卷　（唐）陸德明撰　清同治刻本　二冊

320000-1646-0000776　200285

毛詩要義二十卷毛詩序要義譜一卷　（宋）魏了翁撰　清光緒八年(1882)上海影印本　十二冊

320000-1646-0000777　200286

毛詩名物解二十卷　（宋）蔡卞集解　清康熙十九年(1680)通志堂刻本　一冊

320000-1646-0000778　200288

棣鄂堂詩義纂要八卷　（清）周霶輯　重刻徐筆峒先生遵註參訂詩經八卷　（清）周疆等輯　清康熙棣鄂堂刻本　二冊　存二種八卷(棣鄂堂詩義纂要五至八、重刻徐筆峒先生遵註參訂詩經五至八)

320000-1646-0000779　200289

詩經世本古義二十八卷首一卷末一卷　（明）何楷撰　（明）何燾注　清嘉慶十八年(1813)書三味齋周秉仁刻本　十六冊

320000-1646-0000780　200290

詩經通義十二卷首一卷　（清）朱鶴齡撰　清康熙刻本　一冊　存四卷(九至十二)

320000-1646-0000781　200291

詩經正解三十卷首一卷　（清）姜文燦　（清）吳荃彙輯　清康熙二十三年(1684)深柳堂刻本　十冊　存二十一卷(三至二十二、首一卷)

320000-1646-0000782　200292

毛詩稽古編三十卷　（清）陳啟源述　清嘉慶十八年(1813)刻本　五冊　存二十卷(一至四、九至十六、二十一至二十八)

320000-1646-0000783　200293

欽定詩經傳說彙纂二十一卷首二卷末二卷　（清）王鴻緒等纂　清光緒十九年(1893)湖南漱芳閣刻本　十六冊

320000-1646-0000784　200294

御纂詩義折中二十卷　（清）傅恒等撰　清乾隆如山刻本　六冊

320000-1646-0000785　200295

詩序廣義二十四卷　（清）姜炳璋輯　清乾隆、嘉慶間刻本　一冊　存三卷(十二至十

四)

320000－1646－0000786　200296

虞東學詩十二卷首一卷　（清）顧鎮述　清光緒十八年(1892)誦芬堂刻本　六冊

320000－1646－0000787　200297

毛詩名物圖說九卷　（清）徐鼎輯　清乾隆刻本　一冊　存四卷(一至四)

320000－1646－0000788　200299

詩故攷異三十二卷　（清）徐華嶽輯　清道光十二年(1832)咫聞齋刻本　一冊　存三卷(一至三)

320000－1646－0000789　200300

詩經精華十卷　（清）薛嘉穎輯　清道光五年(1825)光韡堂刻本　十冊

320000－1646－0000790　200301

毛詩補禮六卷　（清）朱濂著　清道光十八年(1838)刻本　三冊

320000－1646－0000791　200302

詩毛氏傳疏三十卷釋毛詩音四卷毛詩說一卷毛詩傳義類一卷鄭氏箋攷徵一卷　（清）陳奐撰　清道光二十七年(1847)吳門陳氏掃葉山莊刻本　十二冊

320000－1646－0000792　200305

詩古微上編三卷中編十卷下編二卷首一卷　（清）魏源撰　清光緒十一年(1885)黃岡飛青閣刻本　十二冊

320000－1646－0000793　200308

毛詩吘訂十卷　（清）苗夔撰　清咸豐元年(1851)漢磚亭刻本　二冊　存七卷(一至七)

320000－1646－0000794　200309

毛詩讀三十卷　（清）王劼撰　清咸豐九年(1859)成都刻本　十冊

320000－1646－0000795　200310

詩小學三十卷補一卷　（清）吳樹聲撰　清同治七年(1868)壽光官廨刻本　十二冊　存二十八卷(一至二十八)

320000－1646－0000796　200324

注釋古周禮五卷考工記一卷　（明）郎兆玉注釋　明天啟六年(1626)郎氏堂策檻刻本　三冊　缺三卷(注釋古周禮一、三、五)

320000－1646－0000797　200325

周禮注疏刪翼三十卷　（明）葉培恕定　（明）王志長輯　明崇禎十二年(1639)天德堂刻本　十三冊

320000－1646－0000798　200326

周禮十二卷　（漢）鄭玄注　重雕嘉靖本校宋

周禮札記一卷　（清）黃丕烈撰　清嘉慶二十三年(1818)刻本　六冊

320000－1646－0000799　200327

周禮十二卷　（漢）鄭玄注　（唐）陸德明音義　清乾隆、嘉慶間闕里孔氏敦本堂家塾刻本　二冊　存八卷(一至八)

320000－1646－0000800　200328

周禮六卷　（漢）鄭玄注　（唐）陸德明音義　清光緒二十年(1894)金陵書局刻本　六冊

320000－1646－0000801　200329

周禮六卷　（漢）鄭玄注　（唐）陸德明音義　清光緒二十年(1894)金陵書局刻本　六冊

320000－1646－0000802　200330

鬳齋考工記解二卷　（宋）林希逸撰　清康熙通志堂刻本　二冊

320000－1646－0000803　200331

禮經會元四卷　（宋）葉時撰　清康熙通志堂刻本　四冊

320000－1646－0000804　200332

周禮折衷四卷師友雅言一卷　（宋）魏了翁撰　清咸豐望三益齋刻本　二冊

320000－1646－0000805　200333

周禮述注二十四卷　（清）李光坡述注　清光緒三年(1877)刻本　六冊

320000－1646－0000806　200334

周官辨一卷　（清）方苞撰　清乾隆七年(1742)刻本　一冊

320000－1646－0000807　200335

周官集注十二卷 (清)方苞撰 清乾隆、嘉慶間刻本 四冊 存十卷(三至十二)

320000-1646-0000808 200336

周禮輯義十二卷 (清)姜兆錫輯義 清雍正九年(1731)寅青樓刻本 四冊 存九卷(一至九)

320000-1646-0000809 200337

周禮指掌七卷 (清)楊潮觀輯 清乾隆九年(1744)刻本 四冊

320000-1646-0000810 200338

周禮總義六卷首一卷 (宋)易祓著 清乾隆二十年(1755)篤成堂刻本 十四冊

320000-1646-0000811 200339

周官精義十二卷 (清)連斗山撰 清乾隆四十年(1775)芸暉閣刻本 六冊

320000-1646-0000812 200340

周禮疑義舉要八卷 (清)江永著 清同治刻本 二冊

320000-1646-0000813 200341

周禮精華六卷 (清)陳龍標輯 清光緒二十四年(1898)江左書林刻本 六冊

320000-1646-0000814 200342

周官參證二卷 (清)王寶仁輯 清同治十三年(1874)舊香居刻本 一冊

320000-1646-0000815 200343

周官參證二卷 (清)王寶仁輯 清同治十三年(1874)舊香居刻本 一冊

320000-1646-0000816 200344

周官故書考四卷論語魯讀考一卷 (清)徐養原撰 清道光二年(1822)刻本 一冊

320000-1646-0000817 200345

周禮學一卷 (清)沈夢蘭著 清光緒七年(1881)太原刻本 一冊

320000-1646-0000818 200346

評點周禮政要二卷 (清)孫詒讓著 清光緒三十年(1904)上海同文社鉛印本 二冊

320000-1646-0000819 200347

周禮政要二卷 (清)孫詒讓著 清光緒鉛印本 二冊

320000-1646-0000820 200348

周禮正義八十六卷 (清)孫詒讓著 清光緒三十一年(1905)鉛印本 二十冊

320000-1646-0000821 200349

周禮正義八十六卷 (清)孫詒讓著 清光緒三十一年(1905)鉛印本 十七冊 存七十一卷(一至七十一)

320000-1646-0000822 200350

考工記論文二卷首一卷 (清)章震福撰 清光緒三十三年(1907)農工商部印刷科鉛印本 一冊

320000-1646-0000823 200351

周官地圖一卷賦一卷 (清)王兆芳輯 清光緒南菁書院刻本 一冊

320000-1646-0000824 200353

儀禮十七卷 (漢)鄭玄注 **嚴本儀禮鄭氏注校錄一卷續校一卷** (清)黃丕烈撰 清同治九年(1870)湖北崇文書局刻本 二冊

320000-1646-0000825 200354

儀禮十七卷 (漢)鄭玄注 (唐)陸德明音義 清同治七年(1868)湖北崇文書局刻朱印本 四冊

320000-1646-0000826 200355

儀禮十七卷 (漢)鄭玄注 (清)張爾岐句讀 **監本正誤一卷石本誤字一卷** (清)張爾岐撰 清同治十一年(1872)山東書局尚志堂刻本 六冊

320000-1646-0000827 200356

儀禮集釋三十卷 (宋)李如圭撰 (清)紀昀等纂 清乾隆武英殿木活字印本 十冊

320000-1646-0000828 200358

儀禮要義五十卷 (宋)魏了翁撰 清光緒十年(1884)江蘇書局刻本 十一冊 存四十六卷(一至三、八至五十)

320000 - 1646 - 0000829　200359

儀禮經傳內編二十三卷外編五卷首一卷
（清）姜兆錫撰　清乾隆元年(1736)寅清樓刻本　三冊　存八卷(內編一至七、首一卷)

320000 - 1646 - 0000830　200360

欽定儀禮義疏四十八卷首二卷　（清）鄂爾泰等撰　清同治十年(1871)湖北崇文書局刻本　三十二冊

320000 - 1646 - 0000831　200361

儀禮易讀十七卷　（清）馬駉輯　清嘉慶二年(1797)浔溪大西堂刻本　四冊

320000 - 1646 - 0000832　200362

天子肆獻祼饋食禮纂三卷朝廟宮室考一卷　（清）任啟運撰　清光緒十四年(1888)荊溪任氏家塾刻本　二冊

320000 - 1646 - 0000833　200363

儀禮大要二卷　（清）任文田著　清乾隆同川書院刻本　一冊　存一卷(下)

320000 - 1646 - 0000834　200364

儀禮蒙求一卷　（清）唐仲冕鈔　**喪服子夏傳一卷**　（清）王述曾補鈔　清嘉慶刻本　一冊

320000 - 1646 - 0000835　200365

儀禮古今文異同五卷　（清）徐養原撰　清光緒湖城義塾刻本　一冊

320000 - 1646 - 0000836　200366

儀禮古今文疏義十七卷　（清）胡承珙撰　清道光、咸豐間漱芳齋湯良弼刻本　三冊　存十三卷(五至十七)

320000 - 1646 - 0000837　200367

儀禮古今文疏義十七卷　（清）胡承珙撰　清光緒三年(1877)湖北崇文書局刻本　二冊

320000 - 1646 - 0000838　200368

儀禮古今文疏義十七卷　（清）胡承珙撰　清光緒三年(1877)湖北崇文書局刻本　四冊

320000 - 1646 - 0000839　200369

儀禮先易六卷首一卷　（清）吳仁傑撰　清咸豐七年(1857)江村師敦書屋刻本　三冊

320000 - 1646 - 0000840　200370

儀禮正義四十卷　（清）胡培翬撰　（清）楊大堉補　清同治七年(1868)蘇州湯晉苑局刻本　二十冊

320000 - 1646 - 0000841　200371

儀禮正義四十卷　（清）胡培翬撰　（清）楊大堉補　清同治七年(1868)蘇州湯晉苑局刻本　二十冊

320000 - 1646 - 0000842　200372

儀禮私箋八卷　（清）鄭珍撰　清同治五年(1866)成山唐氏刻本　二冊

320000 - 1646 - 0000843　200373

禮經校釋二十二卷禮經纂疏序一卷　（清）曹元弼學　清光緒十八年(1892)刻本　十二冊

320000 - 1646 - 0000844　200374

禮經校釋二十二卷禮經纂疏序一卷　（清）曹元弼學　清光緒十八年(1892)刻本　十二冊

320000 - 1646 - 0000845　200375

禮經校釋二十二卷禮經纂疏序一卷　（清）曹元弼學　清光緒十八年(1892)刻本　十二冊

320000 - 1646 - 0000846　200386

禮記要義三十三卷　（宋）魏了翁撰　清光緒十二年(1886)江蘇書局刻本　八冊　存三十一卷(三至三十三)

320000 - 1646 - 0000847　200387

儀禮經傳通解三十七卷　（宋）朱熹撰　**儀禮經傳通解續二十九卷**　（宋）黃榦撰　清刻本(儀禮經傳通解原缺卷十五)　二十冊

320000 - 1646 - 0000848　200388

禮記十卷　（元）陳澔集說　清同治五年(1866)金陵書局刻本　十冊

320000 - 1646 - 0000849　200389

禮記十卷　（元）陳澔集說　清同治五年(1866)金陵書局刻本　十冊

320000 - 1646 - 0000850　200390

禮記十卷　（元）陳澔集說　清同治五年(1866)金陵書局刻本　十冊

320000-1646-0000851　200391

禮記增訂旁訓六卷　（元）陳澔集說　清光緒李光明莊刻本　六冊

320000-1646-0000852　200392

欽定禮記義疏八十二卷首一卷　（清）高宗弘曆敕撰　清同治十年（1871）湖北崇文書局刻本　四十八冊

320000-1646-0000853　200393

禮記十卷　（清）姜兆錫章義　清雍正十年（1732）寅青樓刻本　五冊

320000-1646-0000854　200394

禮記十卷　（清）姜兆錫章義　清雍正十年（1732）寅青樓刻本　十冊

320000-1646-0000855　200395

禮記約編十卷　（清）汪基撰　（清）江永校纂　（清）叔熙閱訂　清光緒三十三年（1907）上海文瑞樓石印本　六冊

320000-1646-0000856　200396

禮記集解六十一卷尚書顧命解一卷　（清）孫希旦集解　清咸豐十年（1860）瑞安孫氏盤谷草堂刻本　十二冊

320000-1646-0000857　200397

禮記章句十卷或問八卷　（清）汪烜撰　清同治曲水書局木活字印本　九冊　存九卷（章句四至五、七至十，或問一至三）

320000-1646-0000858　200398

鄭氏禮記箋四十九卷　（清）郝懿行著　（清）趙汝翰校　清光緒八年（1882）東路廳署刻本　十冊

320000-1646-0000859　200399

禮記說八卷　（清）楊秉杷著　清道光元年（1821）刻本　二冊

320000-1646-0000860　200406

大戴禮記十三卷　（漢）戴德撰　清乾隆刻本　二冊

320000-1646-0000861　200407

大戴禮記十三卷　（漢）戴德撰　（北周）盧辯注　清乾隆二十三年（1758）雅雨堂刻本　二冊

320000-1646-0000862　200408

大戴禮記補注十三卷序錄一卷　（清）孔廣森撰　清嘉慶五年（1800）刻本　二冊

320000-1646-0000863　200409

大戴禮記解詁十三卷　（清）王聘珍撰　清咸豐元年（1851）刻本　四冊

320000-1646-0000864　200410

夏小正戴氏傳四卷考異一卷別錄一卷　（漢）戴德　（宋）傅崧卿撰　清同治八年（1869）傅氏長恩閣刻本　一冊

320000-1646-0000865　200412

夏小正戴氏傳訓解四卷考異一卷通論一卷　（清）王寶仁學　清同治十三年（1874）舊香居刻本　一冊

320000-1646-0000866　200413

夏小正戴氏傳訓解四卷考異一卷通論一卷　（清）王寶仁著　清同治十三年（1874）舊香居刻本　一冊

320000-1646-0000867　200414

夏小正通釋一卷　（清）梁章鉅輯　清光緒十三年（1887）浙江書局刻本　一冊

320000-1646-0000868　200415

夏小正通釋一卷　（清）梁章鉅輯　清光緒十三年（1887）浙江書局刻本　一冊

320000-1646-0000869　200416

夏小正集說四卷　（清）程鴻詔撰　清同治十一年（1872）安慶省高文元堂汪啟蘭等刻本　一冊

320000-1646-0000870　200417

夏小正集說四卷　（清）程鴻詔撰　清同治十一年（1872）安慶省高文元堂汪啟蘭等刻本　一冊　存三卷（二至四）

320000-1646-0000871　200418

夏時攷六卷　（清）安吉纂輯　清光緒十一年（1885）安桑刻本　二冊

320000－1646－0000872　200419

禮書一百五十卷　（宋）陳祥道撰　清嘉慶九年(1804)校經堂刻本　二十四冊

320000－1646－0000873　200420

禮書一百五十卷　（宋）陳祥道撰　清光緒廣東學源堂刻本　八冊　存八十八卷(六十三至一百五十)

320000－1646－0000874　200421

禮書綱目八十五卷首三卷　（清）江永編　清嘉慶刻本　二十三冊　缺四卷(十一至十四)

320000－1646－0000875　200422

明堂大道錄八卷禘說二卷　（清）惠棟著　清乾隆刻本　一冊　缺六卷(明堂大道錄一至六)

320000－1646－0000876　200423

禮箋三卷　（清）金榜撰　清嘉慶三年(1798)刻本　二冊

320000－1646－0000877　200424

禮箋三卷　（清）金榜撰　清嘉慶三年(1798)刻本　三冊　存二卷(二至三)

320000－1646－0000878　200425

求古錄禮說十六卷補遺一卷　（清）金鶚撰　求古錄禮說校勘記三卷　（清）王士駿校勘　清光緒二年(1876)刻本　九冊　缺一卷(求古錄禮說一)

320000－1646－0000879　200426

五禮通考二百六十二卷首四卷　（清）秦蕙田編輯　清康熙三十五年(1696)刻本　一百五冊

320000－1646－0000880　200427

五禮通考二百六十二卷首四卷　（清）秦蕙田編輯　清光緒六年(1880)江蘇書局刻本　一百冊

320000－1646－0000881　200428

讀禮通考一百二十卷　（清）徐乾學撰　清康熙三十五年(1696)刻本　三十五冊

320000－1646－0000882　200429

讀禮通考一百二十卷　（清）徐乾學撰　清康熙三十五年(1696)刻本　二十冊

320000－1646－0000883　200430

文公家禮儀節八卷首一卷　（宋）朱熹編　（明）楊慎輯　清康熙紫陽書院刻本　四冊

320000－1646－0000884　200431

四禮翼四卷　（明）呂坤撰　清同治二年(1863)刻本　一冊

320000－1646－0000885　200432

禮經通論一卷　（清）邵懿辰撰　清同治三年(1864)刻本　一冊

320000－1646－0000886　200433

讀禮叢鈔十六種　（清）李輔燿輯　清光緒十七年(1891)湘西李氏鞠園之懷翼草廬刻本　六冊

320000－1646－0000887　200434

冠昏喪祭儀考十二卷　（清）林伯桐撰　（清）林世懋校刊　清道光二十四年(1844)刻本　三冊

320000－1646－0000888　200437

春秋五種五十六卷　（清）毛奇齡撰　清康熙刻本　十二冊

320000－1646－0000889　200438

[羊城馬氏所著書]三種　（清）馬嘯　（清）鄒伯奇撰　清光緒二十八年(1902)兩湖書院刻本　五冊

320000－1646－0000890　200439

春秋經傳集解三十卷　（晉）杜預撰　（唐）陸德明音義　春秋名號歸一圖二卷　（五代）馮繼先撰　春秋年表一卷　清光緒二年(1876)江南書局刻本　十二冊

320000－1646－0000891　200442

春秋皇綱論五卷　（宋）王晳撰　清康熙通志堂刻本　一冊

320000－1646－0000892　200443

春秋權衡十七卷　（宋）劉敞撰　清康熙十三年(1674)通志堂刻本　三冊

320000－1646－0000893　200444

龍學孫公春秋經解十五卷　（宋）孫覺撰　清同治通志堂刻本　六冊

320000－1646－0000894　200445

春秋辨疑四卷　（宋）蕭楚撰　清光緒二十一年(1895)福建刻本　二冊

320000－1646－0000895　200446

春秋王霸列國世紀編三卷　（宋）李琪編　清通志堂刻本　一冊

320000－1646－0000896　200447

春秋左氏傳事類始末五卷附錄一卷　（宋）章冲撰　清康熙十九年(1680)通志堂刻本（卷一配清抄本）　三冊

320000－1646－0000897　200448

則堂先生春秋集傳詳說三十卷綱領一卷　（宋）家鉉翁撰　春秋類對賦一卷　（宋）徐晉卿撰　清同治十二年(1873)刻本　十冊

320000－1646－0000898　200449

春秋胡傳三十卷首一卷　（宋）胡安國傳　清乾隆三十八年(1773)敦化堂刻本　六冊

320000－1646－0000899　200450

東萊先生左氏博議二十五卷　（宋）呂祖謙撰　虛字註釋備考六卷　（清）張文炳點定　清光緒十四年(1888)雲陽義秀書屋刻本　六冊

320000－1646－0000900　700531

皇朝經世文續編一百二十卷　（清）葛士濬輯　清光緒十四年(1888)圖書集成局鉛印本　三十二冊

320000－1646－0000901　200452

東萊博議四卷　（宋）呂祖謙撰　增補虛字註釋一卷　（清）馮泰松點定　清光緒刻本　四冊

320000－1646－0000902　200454

東萊博議四卷　（宋）呂祖謙撰　增補虛字註釋一卷　（清）馮泰松點定　清光緒二十四年(1898)掃葉山房鉛印本　二冊

320000－1646－0000903　200457

左傳博議續編二卷　（清）王夫之撰　（清）席威校刊　清光緒二十四年(1898)掃葉山房鉛印本　一冊

320000－1646－0000904　200458

左傳博議三編二卷　（清）朱元英撰　清光緒二十四年(1898)掃葉山房鉛印本　一冊

320000－1646－0000905　200459

春秋師說三卷附錄二卷　（元）趙汸編　清康熙十六年(1677)通志堂刻本　一冊

320000－1646－0000906　200460

春秋春王正月考一卷辨疑一卷　（明）張以寧述　清康熙十六年(1677)通志堂刻本　一冊

320000－1646－0000907　200461

春秋左傳五十卷　（晉）杜預　（宋）林堯叟注釋　（唐）陸德明音義　（明）孫鑛　（明）鍾惺批點　清初刻本　十冊　存三十六卷（一至三十六）

320000－1646－0000908　200463

春秋左傳五十卷　（晉）杜預　（宋）林堯叟注釋　（唐）陸德明音義　（明）鍾惺　（明）孫鑛　（明）韓范評點　春秋列國圖說一卷　（宋）蘇軾撰　春秋提要一卷　清光緒金陵李光明莊刻本　十六冊

320000－1646－0000909　200465

春秋左傳五十卷　（晉）杜預　（宋）林堯叟注釋　（唐）陸德明音義　（明）鍾惺　（明）孫鑛　（明）韓范評點　春秋列國圖說一卷　（宋）蘇軾撰　春秋提要一卷　清光緒金陵李光明莊刻本　十六冊

320000－1646－0000910　200467

春秋左傳五十卷　（晉）杜預　（宋）林堯叟注釋　（唐）陸德明音義　（明）鍾惺　（明）孫鑛　（明）韓范評點　清光緒七年(1881)萬軸山房刻本　四冊

320000－1646－0000911　200466

春秋左傳五十卷　（晉）杜預　（宋）林堯叟注釋　（唐）陸德明音義　（明）鍾惺　（明）孫鑛　（明）韓范評點　清光緒二十六年(1900)

常州麟玉山房刻本　八冊

320000-1646-0000912　200469

左傳杜林統箋三十五卷　（清）姜希轍編　清康熙刻本　十五冊　存三十三卷（三至三十五）

320000-1646-0000913　200470

左傳經世鈔二十三卷　（清）魏禧評點　（清）彭家屏參訂　清乾隆十三年（1748）聯墨堂刻本　十冊

320000-1646-0000914　200471

左傳事緯十二卷　（清）馬驌　（清）潘霨編論　清光緒四年（1878）潘氏敏德堂刻本　十二冊

320000-1646-0000915　200472

左傳事緯十二卷　（清）馬驌撰　清嘉慶刻本　八冊

320000-1646-0000916　200474

左傳事緯十二卷　（清）馬驌　（清）潘霨編論　清光緒四年（1878）潘氏敏德堂刻本　三冊

320000-1646-0000917　200303

詩毛氏傳疏三十卷釋毛詩音四卷毛詩說一卷毛詩傳義類一卷鄭氏箋攷徵一卷　（清）陳奐撰　清光緒十年（1884）吳門南園校經成記刻本　十二冊

320000-1646-0000918　200476

欽定春秋傳說彙纂三十八卷首二卷　（清）王掞等纂　清同治九年（1870）刻本　二十冊

320000-1646-0000919　200477

評點春秋綱目左傳句解彙雋六卷　（清）韓炎重訂　清光緒十一年（1885）福州集新堂刻本　六冊

320000-1646-0000920　200481

方氏左傳評點二卷　（清）方苞評點　（清）廉泉輯　清光緒十九年（1893）刻本　二冊

320000-1646-0000921　200482

左繡三十卷首一卷　（清）馮李驊　（清）陸浩評輯　清光緒金陵李光明莊刻本　十六冊

320000-1646-0000922　200484

文章練要十卷　（清）王源評訂　清雍正、乾隆間刻本　四冊　存八卷（三至十）

320000-1646-0000923　200486

春秋左傳杜註三十卷首一卷　（晉）杜預撰　（清）姚培謙學　清道光七年（1827）洪都漱經堂刻朱墨套印本　二十冊

320000-1646-0000924　200487

春秋左傳杜註三十卷首一卷　（晉）杜預撰　（清）姚培謙學　清光緒九年（1883）江南書局刻本　十冊

320000-1646-0000925　200488

春秋大事表五十卷輿圖一卷附錄一卷　（清）顧棟高輯　清乾隆十二年（1747）萬卷樓刻本　二十冊　缺一卷（輿圖一卷）

320000-1646-0000926　200489

春秋大事表五十卷輿圖一卷附錄一卷　（清）顧棟高輯　清乾隆十二年（1747）萬卷樓刻本　二十冊

320000-1646-0000927　200491

御纂春秋直解十六卷　（清）傅恒等撰　清乾隆刻本　八冊　存十二卷（一至十二）

320000-1646-0000928　200492

讀左補義五十卷首一卷　（清）姜炳璋輯　清光緒三十年（1904）浙寧汲綆齋刻本　十六冊

320000-1646-0000929　200493

讀左補義五十卷首一卷　（清）姜炳璋輯　清光緒三多堂刻本　十六冊

320000-1646-0000930　200494

曲江書屋新訂批註左傳快讀十八卷首一卷　（清）李紹松選訂　清同治七年（1868）同文堂刻本　十四冊

320000-1646-0000931　200495

春秋左傳詁二十卷　（清）洪亮吉著　清光緒四年（1878）授經堂刻本　十冊

320000-1646-0000932　200496

左傳事緯前書八卷　（清）張敦仁輯　清嘉慶

十年(1805)刻本　四冊

320000－1646－0000933　200497

春秋算法題目一卷　(清)施彥士述　清道光修梅山館刻本　一冊

320000－1646－0000934　200498

春秋比事参義十六卷　(清)桂含章輯　清光緒八年(1882)務本堂刻本　十五冊　存十五卷(一至十一、十三至十六)

320000－1646－0000935　200499

左傳義法舉要一卷　(清)方苞口授　(清)王兆符　(清)程崟傳述　清光緒十九年(1893)金匱廉氏刻本　一冊

320000－1646－0000936　200500

春秋箋例三十卷首一卷　(清)趙儀吉輯　清嘉慶二十二年(1817)盥雲樓刻本　五冊　缺五卷(十至十四)

320000－1646－0000937　200502

春秋不傳十二卷　(清)湯啟祚著　清嘉慶二十四年(1819)循陔堂刻本　三冊　存九卷(四至十二)

320000－1646－0000938　200503

春秋左氏傳賈服註輯述二十卷　(清)李貽德著　清同治五年(1866)刻本　六冊

320000－1646－0000939　200504

春秋左氏傳賈服註輯述二十卷　(清)李貽德著　清同治五年(1866)刻本　六冊

320000－1646－0000940　200505

春秋左氏傳補注十二卷　(清)沈欽韓撰　清光緒吳縣潘氏刻本　一冊

320000－1646－0000941　200506

欽定春秋左傳讀本三十卷　(清)英和編修　清同治八年(1869)江蘇書局刻本　十冊

320000－1646－0000942　200507

春秋經傳比事二十二卷　(清)林春溥撰　清咸豐元年(1851)竹柏山房刻本　十冊

320000－1646－0000943　200508

左通補釋三十二卷　(清)梁履繩著　清光緒元年(1875)振綺堂刻本　十二冊

320000－1646－0000944　200510

春秋體註大全四卷　(清)范翔鑒定　清同治、光緒間湖南刻本　四冊

320000－1646－0000945　200511

春秋匯四卷　清光緒五年(1879)芸香閣鉛印本　二冊

320000－1646－0000946　200517

春秋公法比義發微六卷　(清)藍光策述　清宣統三年(1911)南洋印刷官廠鉛印本　一冊

320000－1646－0000947　200521

春秋公羊傳十二卷　(明)閔齊伋裁注　明天啟元年(1621)閔氏刻本　三冊

320000－1646－0000948　200522

春秋公羊傳二十八卷　(漢)何休學　清刻本　四冊

320000－1646－0000949　200524

春秋正辭十一卷春秋舉例一卷春秋要指一卷　(清)莊存與著　清道光七年(1827)莊氏刻本　二冊

320000－1646－0000950　200525

春秋董氏學八卷　康有為著　清光緒上海大同譯書局刻本　六冊

320000－1646－0000951　200526

春秋繁露十七卷　(漢)董仲舒撰　清嘉慶二十年(1815)蜇雲閣刻本　二冊

320000－1646－0000952　200527

春秋穀梁傳十二卷　(晉)范甯集解　清同治七年(1868)金陵書局刻本　二冊

320000－1646－0000953　200528

三刻忠經體註大全說約凌雲解十八卷三刻孝經體註大全說約凌雲解十八卷　(清)沈士衡輯　清刻本　一冊

320000－1646－0000954　200529

忠經一卷　(漢)馬融撰　(漢)鄭玄集註　**孝經一卷**　(明)陳選集註　清光緒石印本　一冊

320000－1646－0000955　200530
孝經一卷　（唐）玄宗李隆基注　清光緒石印本　一冊

320000－1646－0000956　200531
孝經一卷　（唐）玄宗李隆基御製　清同治九年(1870)揚州書局刻本　一冊

320000－1646－0000957　200532
孝經一卷　（唐）玄宗李隆基御製　清同治九年(1870)揚州書局刻本　一冊

320000－1646－0000958　200533
新選孝經論二卷　（明）呂維棋編輯　清同治七年(1868)刻本　二冊

320000－1646－0000959　200534
御注孝經一卷　（清）世祖福臨注　清順治十三年(1656)刻本　一冊

320000－1646－0000960　200535
御注孝經一卷　（清）世祖福臨注　清道光元年(1821)刻本　一冊

320000－1646－0000961　200539
孝經一卷　曹元弼校　清光緒二十年(1894)刻本　一冊

320000－1646－0000962　200540
孝經徵文一卷　（清）丁晏著　春秋平議一卷　（清）朱駿聲著　清光緒德化李氏木犀軒刻本　一冊

320000－1646－0000963　200541
孝經學七卷　曹元弼撰　清宣統元年(1909)刻本　一冊

320000－1646－0000964　200542
孝經學七卷　曹元弼撰　清宣統元年(1909)刻本　一冊

320000－1646－0000965　200551
朱柏廬先生大學講義一卷朱柏廬先生中庸講義二卷　（清）朱用純撰　清光緒二年(1876)江蘇書局刻本　三冊

320000－1646－0000966　200552
朱柏廬先生大學講義一卷朱柏廬先生中庸講義二卷　（清）朱用純撰　清光緒二年(1876)江蘇書局刻本　一冊　存一卷(大學講義一卷)

320000－1646－0000967　200553
大學章句一卷中庸章句一卷　清抄本　一冊

320000－1646－0000968　200556
大學思辨錄五卷　（清）朱鼎謙輯　清乾隆十一年(1746)玉山講堂刻本　二冊

320000－1646－0000969　200557
大學通義一卷　曹元弼著　清宣統刻本　一冊

320000－1646－0000970　200558
大學通義一卷　曹元弼著　清宣統刻本　一冊

320000－1646－0000971　200559
中庸通義二卷　曹元弼著　清宣統刻本　二冊

320000－1646－0000972　200565
中庸章句一卷　（宋）朱熹章句　清光緒李光明莊刻本　一冊

320000－1646－0000973　200566
中庸章句一卷　（宋）朱熹章句　清末刻本　一冊

320000－1646－0000974　200567
中庸本文一卷　（清）王澍撰　清嘉慶刻本　一冊

320000－1646－0000975　200568
中庸直指一卷　（明）史德清述　清光緒十年(1884)金陵刻經處刻本　一冊

320000－1646－0000976　200569
中庸指掌二卷　（清）汪瑞堂著　清道光揚州刻本　二冊

320000－1646－0000977　200570
中庸指掌二卷　（清）汪瑞堂著　清道光家塾刻本　一冊　存一卷(下)

320000－1646－0000978　200571

中庸注一卷　康有為著　清光緒鉛印本
一冊

320000－1646－0000979　503407

紉齋山水畫賸二卷　（清）陳允升繪　清光緒
二年(1876)石印本　二冊

320000－1646－0000980　200574

論語二卷　（清）吳大澂書　清光緒十一年
(1885)上海同文書局石印本　二冊

320000－1646－0000981　200579

較正華英四書□□卷　（明）顏茂猷較正　清
光緒鉛印本　二冊　存二卷(上論、下論)

320000－1646－0000982　200580

註釋校正華英四書□□卷　（英國）雷祈師譯
　清光緒二十五年(1899)鉛印本　二冊　存
一卷(論語)

320000－1646－0000983　200581

論語注疏解經十卷札記一卷　（三國魏）何晏
集解　清光緒三十年至三十三年(1904－
1907)貴池劉氏玉海堂刻本　一冊　存六卷
(一至六)

320000－1646－0000984　200582

南軒先生論語解十卷　（宋）張栻撰　清綿邑
洗墨池刻本　三冊

320000－1646－0000985　200583

論語類考二十卷　（明）陳士元著　清道光十
三年(1833)應城吳毓梅刻本　四冊

320000－1646－0000986　200585

論語古訓十卷　（清）陳鱣述　清光緒九年
(1883)浙江書局刻本　二冊

320000－1646－0000987　200586

論語補註三卷　（清）劉開撰　清同治七年
(1868)桐城劉氏刻本　一冊

320000－1646－0000988　200587

論語正義二十四卷　（清）劉寶楠著　清同治
五年(1866)刻本　六冊

320000－1646－0000989　200590

論語後案二十卷　（清）黃式三著　清光緒九
年(1883)浙江書局刻本　十冊

320000－1646－0000990　200591

論語古注集箋十卷考一卷　（清）潘維城著
　清光緒七年(1881)江蘇書局刻本　六冊

320000－1646－0000991　200592

論語古注集箋十卷考一卷　（清）潘維城著
　清光緒七年(1881)江蘇書局刻本　七冊　存
十卷(二至十、考一卷)

320000－1646－0000992　200593

戴氏注論語二十卷　（清）戴望注　清刻本
一冊

320000－1646－0000993　200594

論語發疑四卷　（清）顧成章撰　清光緒十八
年(1892)木活字印本　一冊

320000－1646－0000994　200595

朱子論語集注訓詁攷二卷　（清）潘衍桐輯
清光緒十七年(1891)浙江書局刻本　一冊

320000－1646－0000995　200597

論語話解十卷　（清）陳濬述　清光緒五年
(1879)廣仁堂刻本　二冊

320000－1646－0000996　200606

增訂二論詳解四卷　劉忠輯　清光緒上海文
盛書局石印本　一冊

320000－1646－0000997　200608

孟子集註七卷　（宋）朱熹集註　清光緒金陵
李光明莊刻本　三冊

320000－1646－0000998　200609

孟子音義二卷　（宋）孫奭撰　清抱經堂刻本
一冊

320000－1646－0000999　200610

孟子音義二卷　（宋）孫奭撰　清抱經堂刻本
一冊

320000－1646－0001000　200611

南軒先生孟子說七卷　（宋）張栻撰　清綿邑
南軒祠刻本　四冊

320000－1646－0001001　200612

南軒先生孟子說七卷　（宋）張栻撰　清綿邑
南軒祠刻本　六冊

320000－1646－0001002　200613

南軒先生孟子說七卷　（宋）張栻撰　清張氏
笏峙樓刻本　三冊

320000－1646－0001003　200614

孟子雜記四卷　（明）陳士元著　清湖海樓刻
本　一冊

320000－1646－0001004　200615

孟子疏畧七卷　（清）張沐疏畧　清刻本
二冊

320000－1646－0001005　200616

孟子集註大全十四卷　（清）汪份輯　清刻本
八冊

320000－1646－0001006　200618

孟子正義三十卷　（清）焦循撰　清道光五年
(1825)刻本　八冊

320000－1646－0001007　200619

孟子學一卷　（清）沈夢蘭著　清光緒六年
(1880)刻本　一冊

320000－1646－0001008　200625

四書名物考二十四卷　（明）陳禹謨輯　明末
刻本　一冊　存五卷(十三至十七)

320000－1646－0001009　200626

四書精義或問大全集說合參十八卷　（清）湯
傳楶纂輯　清清籟閣刻本　六冊

320000－1646－0001010　200627

增補四書精繡圖像人物備考十二卷　（明）陳
仁錫增定　清雍正四年(1726)世榮堂刻本
六冊

320000－1646－0001011　200628

松陽講義十二卷　（清）陸隴其著　清同治十
年(1871)公善堂刻本　四冊

320000－1646－0001012　200629

松陽講義十二卷　（清）陸隴其著　清同治十
年(1871)公善堂刻本　四冊

320000－1646－0001013　200630

松陽講義十二卷　（清）陸隴其著　清刻本
五冊　存十卷(二至三、五至十二)

320000－1646－0001014　200631

四書講義四十三卷　（清）呂留良撰　清康熙
刻本　六冊

320000－1646－0001015　200632

天蓋樓四書語錄四十六卷　（清）呂留良撰
清康熙刻本　六冊　存二十二卷(十六至三
十七)

320000－1646－0001016　200633

四書人物類典串珠四十卷　（清）臧志仁編輯
　清嘉慶四年(1799)刻本　九冊　存三十一
卷(五至三十五)

320000－1646－0001017　200634

四書講義尊聞錄二十卷　（清）戴鋐撰　清雍
正懷新堂刻本　四冊　存五卷(十二至十三、
十六至十八)

320000－1646－0001018　200635

四書大成不分卷　（清）沈磊　（清）陸堦纂訂
　清康熙三十三年(1694)刻本　五冊

320000－1646－0001019　200636

四書大全說約合叅正解□□卷　（清）吳荃彙
輯　清康熙深柳堂刻本　八冊　存二卷(一
至二)

320000－1646－0001020　200637

四書典制彙編八卷　（清）胡掄輯　清雍正十
年(1732)藜照軒刻本　三冊　存六卷(一至
二、五至八)

320000－1646－0001021　200638

四書襯十九卷　（清）駱培撰　清嘉慶、道光
間坦吉堂刻本　六冊

320000－1646－0001022　200639

四書襯十九卷　（清）駱培著　清乾隆坦吉堂
刻本　二冊　存七卷(孟子一至七)

320000－1646－0001023　200640

四書襯十九卷　（清）駱培著　清乾隆坦吉堂

刻本　二冊　存七卷(孟子一至七)

320000－1646－0001024　200641
四書晰疑三卷　（清）陳鋐著　清乾隆六年(1741)刻本　二冊

320000－1646－0001025　200642
四書釋地補一卷續補一卷又續補一卷三續補一卷　（清）閻若璩原本　清嘉慶二十一年(1816)刻本　五冊

320000－1646－0001026　200643
集虛齋四書口義十卷　（清）方楘如著　清乾隆五十三年(1788)刻本　十冊

320000－1646－0001027　200644
四書摭餘說七卷　（清）曹之升輯　清嘉慶三年(1798)刻本　六冊

320000－1646－0001028　200645
四書摭餘說七卷　（清）曹之升輯　清嘉慶三年(1798)刻本　六冊

320000－1646－0001029　200646
四書反身錄八卷　（清）李顒著　清道光十一年(1831)浙江書局刻本　四冊

320000－1646－0001030　200647
四書反身錄八卷　（清）李顒著　清道光十一年(1831)浙江書局刻本　四冊

320000－1646－0001031　200648
四書反身錄六卷　（清）李顒著　清康熙三十二年(1693)衣紹堂刻本　四冊

320000－1646－0001032　200649
四書反身錄六卷　（清）李顒輯　清康熙二十年(1681)刻本　三冊

320000－1646－0001033　200650
四書左國彙纂四卷　（清）高其名　（清）鄭師成輯　清嘉慶十一年(1806)清德書屋刻本　四冊

320000－1646－0001034　200651
四書左國輯要四卷　（清）周龍官輯　清乾隆二十三年(1758)刻本　四冊

320000－1646－0001035　200652
增補四書人物聚考十二卷　（清）汪武曹增定　清乾隆四十年(1775)帶月樓刻本　十冊　存十卷(一、四至十二)

320000－1646－0001036　200653
四書考輯要二十卷　（清）陳弘謀輯　清乾隆三十四年(1769)培遠堂刻本　五冊　存九卷(一至九)

320000－1646－0001037　200654
四書類典賦二十四卷　（清）甘紱著　清乾隆四十一年(1776)廣益堂刻本　十一冊　存十五卷(一至二、六至十三、十六至十七、二十至二十一、二十四)

320000－1646－0001038　200655
四書翼註論文三十八卷　（清）張甄陶述　清乾隆五十二年(1787)浙湖竹下書堂刻本　六冊

320000－1646－0001039　200656
四書字詁七十八卷　（清）段諤廷原稿　清刻本　十八冊　存七十一卷(八至七十八)

320000－1646－0001040　200657
四書典制類聯音註三十三卷　（清）閻其淵編輯　清嘉慶元年(1796)刻本　十冊

320000－1646－0001041　200658
四書疑題解六卷　（清）王誠纂　清光緒十七年(1891)上海廣百宋齋鉛印本　一冊

320000－1646－0001042　200659
四書義問答二十四卷　（清）戴大昌編　清光緒二十七年(1901)詞源閣石印本　六冊

320000－1646－0001043　200660
四書題鏡不分卷　（清）汪鯉翔纂述　清光緒十年(1884)上海同文書局石印本　四冊

320000－1646－0001044　200661
四書題鏡六卷　（清）汪鯉翔纂述　清乾隆五十七年(1792)刻本　十冊

320000－1646－0001045　200662
四書古人典林十二卷　（清）江永編　清乾隆

六十年(1795)金閶函三堂刻本　三冊　存八卷(一至八)

320000－1646－0001046　200663
四書經史摘證七卷　（清）宋繼穜輯著　清光緒元年(1875)廣州將軍閣刻本　四冊

320000－1646－0001047　200664
四書典故辨正二十卷附錄一卷　（清）周柄中著　清嘉慶敬儀堂刻本　六冊

320000－1646－0001048　200665
四書說苑十一卷首一卷補遺一卷續遺一卷　（清）孫應科輯　清道光五年(1825)刻本　四冊

320000－1646－0001049　200666
四書地理考十五卷　（清）王鎏著　清光緒十七年(1891)習靜齋刻本　六冊

320000－1646－0001050　200667
四書不二字音釋不分卷　（清）楊昕編　清同治九年(1870)吳中刻本　二冊

320000－1646－0001051　200668
四書纂言四十卷　（清）宋于庭輯　清光緒八年(1882)峚崿山房木活字印本　十五冊　存三十八卷(一至十五、十八至四十)

320000－1646－0001052　200670
四書體味錄殘槀五卷坿刻二卷　（清）宗稷辰著　清光緒十四年(1888)刻本　一冊

320000－1646－0001053　200671
四書改錯平十四卷　（清）楊希閔撰　清光緒元年(1875)福州刻本　六冊

320000－1646－0001054　200672
四書改錯平十四卷　（清）楊希閔撰　清抄本　六冊　存十二卷(三至十四)

320000－1646－0001055　200673
四書論不分卷　（清）王伊編輯　清光緒二十四年(1898)常熟俞氏刻本　四冊

320000－1646－0001056　200674
四書論不分卷　（清）王伊編輯　清光緒二十四年(1898)刻本　四冊

320000－1646－0001057　200676
鄭志三卷　（三國魏）鄭小同撰　清乾隆刻本　二冊

320000－1646－0001058　200678
經典釋文三十卷　（唐）陸德明撰　清同治八年(1869)湖北崇文書局刻本　十冊

320000－1646－0001059　200679
經典釋文三十卷　（唐）陸德明撰　清同治通志堂刻本　十二冊

320000－1646－0001060　200680
經典釋文三十卷　（唐）陸德明撰　清同治通志堂刻本　八冊

320000－1646－0001061　200681
經典釋文序錄一卷　（唐）陸德明撰　清光緒江楚書局刻本　一冊

320000－1646－0001062　200682
五經文字三卷　（唐）張參撰　新加九經字樣一卷　（唐）唐玄度撰　清光緒九年(1883)常熟鮑氏刻本　四冊

320000－1646－0001063　200683
六經圖二十四卷　（清）鄭之僑編輯　清乾隆九年(1744)述堂刻本　十二冊

320000－1646－0001064　200684
六經圖考不分卷　（宋）楊甲撰　清康熙禮耕堂刻本　五冊

320000－1646－0001065　200685
玉海六經天文編二卷周易鄭康成注一卷　（元）王應麟編　清光緒九年(1883)浙江書局刻本　二冊

320000－1646－0001066　200686
相臺書塾刊正九經三傳沿革例一卷　（宋）岳珂撰　清光緒三年(1877)湖北崇文書局刻本　一冊

320000－1646－0001067　200687
石渠意見四卷拾遺二卷補缺一卷　（明）王恕著　清光緒二十二年(1896)長沙刻本　一冊

320000－1646－0001068　200688

五經類編二十八卷 （清）周世樟編 清雍正二年(1724)穀詒堂刻本 十册

320000－1646－0001069　200689

五經類編二十八卷 （清）周世樟編 清乾隆三十八年(1773)友益齋刻本 十册

320000－1646－0001070　200690

五經類編二十八卷 （清）周世樟編輯 清刻本 八册

320000－1646－0001071　200691

經義雜記三十卷 （清）臧琳撰 經義雜記敘錄一卷 （清）臧鏞堂編 清嘉慶四年(1799)武進臧氏刻本 四册

320000－1646－0001072　200692

古經解鈎沉三十卷 （清）余蕭客編 清乾隆六十年(1795)刻本 十册

320000－1646－0001073　200693

稽古日鈔八卷 （清）郁文輯 清乾隆二十九年(1764)秋曉山房刻本 四册

320000－1646－0001074　200694

易堂問目四卷 （清）吳鼎輯 清乾隆三十七年(1772)刻本 二册

320000－1646－0001075　200695

傳經表一卷通經表一卷 （清）畢沅撰 清光緒九年(1883)松筠書屋刻本 二册

320000－1646－0001076　200696

七經孟子考文並補遺二百卷 （日本）山井鼎輯 清嘉慶二年(1797)儀徵阮氏小瑯嬛仙館刻本 十二册 存八十九卷(周易一至十、尚書一至二十、毛詩一至十一、禮記四十一至六十三、論語一至十、孝經一、孟子一至十四)

320000－1646－0001077　200697

經籍纂詁一百六卷首一卷 （清）阮元撰 清同治十二年(1873)淮南書局刻本 四十六册

320000－1646－0001078　200698

經籍纂詁一百六卷首一卷 （清）阮元撰 清光緒十四年(1888)上海鴻文書局石印本 十六册

320000－1646－0001079　200699

經籍纂詁一百六卷首一卷 （清）阮元撰 清光緒九年(1883)上海點石齋石印本 五册

320000－1646－0001080　200701

經義述聞三十二卷 （清）王引之撰 清嘉慶二十二年(1817)刻本 二十四册

320000－1646－0001081　200702

經義述聞三十二卷 （清）王引之撰 清嘉慶二十二年(1817)刻本 三十二册

320000－1646－0001082　200703

經傳釋詞十卷 （清）王引之撰 清道光二十七年(1847)刻本 二册

320000－1646－0001083　200704

經傳釋詞十卷 （清）王引之撰 清道光二十七年(1847)刻本 三册

320000－1646－0001084　200705

有竹石軒經句說二十四卷 （清）吳英著 清刻本 十七册 存二十一卷(一至二十一)

320000－1646－0001085　200706

邃雅堂學古錄七卷 （清）姚文田述 清道光七年(1827)刻本 六册

320000－1646－0001086　200707

七經紀聞四卷 （清）管同撰 清石印本 二册

320000－1646－0001087　200708

經解斠十二卷 （清）楊述臣 （清）王鳳沼編次 清道光二年(1822)刻本 八册

320000－1646－0001088　200709

左海經辨二卷 （清）陳壽祺著 清道光三年(1823)刻本 二册

320000－1646－0001089　200710

經解入門八卷 （清）江藩纂 清光緒二十年(1894)上海文林書局石印本 二册

320000－1646－0001090　200711

群經字詁七十二卷 （清）段諤廷原稿 （清）黃本驥編訂 清道光二十九年(1849)黔陽楊氏長沙瀏陽門廡刻本 十六册

320000 - 1646 - 0001091　200715

雪樵經解三十三卷　（清）馮瀛世撰　清光緒十六年(1890)上海廣百宋齋鉛印本　八冊

320000 - 1646 - 0001092　200716

敕經筆記一卷　（清）陳倬撰　清刻本　一冊

320000 - 1646 - 0001093　200717

蓮池書院肄業日記十卷　王樹柟等撰　清刻本　一冊　存一卷(四)

320000 - 1646 - 0001094　200718

試帖存稿經說二卷　（清）丁午撰　清光緒七年(1881)刻本　二冊

320000 - 1646 - 0001095　200719

茶香室經說十六卷　（清）俞樾撰　清光緒十八年(1892)廣東學院刻本　六冊

320000 - 1646 - 0001096　200720

皇朝五經彙解二百七十卷　題（清）抉經心室纂　清光緒十九年(1893)寶文書局石印本　三十三冊

320000 - 1646 - 0001097　200722

經訓比義三卷　（清）黃以周述　清光緒二十二年(1896)南菁講舍刻本　三冊

320000 - 1646 - 0001098　200724

御纂七經綱領不分卷　（清）潘任輯　清江楚書局刻本　二冊

320000 - 1646 - 0001099　200725

經學文抄十五卷　（清）梁鼎芬撰集　曹元弼校補　清江蘇存古學堂木活字印本　十四冊　存七卷(一至七)

320000 - 1646 - 0001100　200726

經學文抄十五卷　（清）梁鼎芬撰集　曹元弼校補　清江蘇存古學堂木活字印本　十四冊　存七卷(一至七)

320000 - 1646 - 0001101　200734

十三經策案二十二卷　（清）王謨彙輯　清嘉慶十三年(1808)書業堂刻本　十冊

320000 - 1646 - 0001102　200735

十三經集字音釋四卷　（清）黃薰田音釋　清同治九年(1870)刻本　五冊

320000 - 1646 - 0001103　200737

狀元閣十三經集字一卷　（清）李鴻藻編　清李光明莊刻本　一冊

320000 - 1646 - 0001104　200740

爾雅三卷　（晉）郭璞注　清嘉慶十一年(1806)吳門顧氏思適齋刻本　一冊

320000 - 1646 - 0001105　200741

爾雅三卷　（晉）郭璞注　（唐）陸德明音釋　清同治七年(1868)湖北崇文書局刻本　三冊

320000 - 1646 - 0001106　200742

爾雅三卷　（晉）郭璞注　（唐）陸德明音義　清同治十三年(1874)湖南書局刻光緒十八年(1892)湖南思賢書局印本　三冊

320000 - 1646 - 0001107　200743

爾雅三卷　（晉）郭璞注　（唐）陸德明音義　清嘉慶二十二年(1817)清芬閣刻本　三冊

320000 - 1646 - 0001108　200744

爾雅三卷　（晉）郭璞注　（唐）陸德明音義　清嘉慶二十二年(1817)清芬閣刻本　三冊

320000 - 1646 - 0001109　200745

爾雅三卷　（宋）鄭樵注　清海虞集古堂刻本　一冊

320000 - 1646 - 0001110　200746

爾雅釋文三卷　（唐）陸德明撰　清刻本　一冊

320000 - 1646 - 0001111　200747

爾雅注疏十一卷附考證　（晉）郭璞注　（唐）陸德明音義　（宋）邢昺疏　清乾隆四年(1739)刻本　三冊

320000 - 1646 - 0001112　200748

爾雅二卷　（晉）郭璞注　明末清初堂策檻刻本　二冊

320000 - 1646 - 0001113　200749

爾雅正義二十卷　（清）邵晉涵撰集　爾雅釋文三卷　（唐）陸德明撰　清光緒北京文炳齋刻本　四冊

320000 – 1646 – 0001114　200750

爾雅郭注義疏二十卷　（清）郝懿行著　清光緒十三年(1887)湖北官書局刻本　八冊

320000 – 1646 – 0001115　200751

爾雅郭注義疏二十卷　（清）郝懿行著　清光緒十年(1884)榮縣蜀南閣刻本　十二冊

320000 – 1646 – 0001116　200752

爾雅音圖三卷　（晉）郭璞註　清光緒八年(1882)上海同文書局石印本　二冊

320000 – 1646 – 0001117　200753

爾雅音圖三卷　（晉）郭璞註　清石印本　一冊　存一卷(下)

320000 – 1646 – 0001118　200755

吳縣董瑞椿讀爾雅日記一卷吳縣董瑞椿讀爾雅補記一卷　（清）董瑞椿撰　清刻本　二冊

320000 – 1646 – 0001119　200756

爾雅直音二卷　（清）孫侃輯　清嘉慶五年(1800)致和堂刻本　一冊　存一卷(上)

320000 – 1646 – 0001120　200757

爾雅直音二卷　（清）孫侃輯　清同治九年(1870)京江文成堂刻本　二冊

320000 – 1646 – 0001121　200758

爾雅直音二卷　（清）孫侃輯　清光緒十八年(1892)簡玉山房刻本　一冊

320000 – 1646 – 0001122　200762

爾雅蒙求二卷　清光緒李光明莊刻本　二冊

320000 – 1646 – 0001123　200765

新爾雅三卷　（清）汪榮寶　（清）葉瀾編纂　清宣統三年(1911)石印本　一冊　存一卷(一)

320000 – 1646 – 0001124　200766

小爾雅疏八卷　（清）王煦撰集　（清）徐榦校刊　清光緒徐榦刻本　二冊

320000 – 1646 – 0001125　200767

廣雅疏證十卷　（清）王念孫著　博雅音十卷　（清）王念孫校　清光緒五年(1879)淮南書局刻本　八冊

320000 – 1646 – 0001126　200768

廣雅疏證十卷　（清）王念孫著　博雅音十卷　（清）王念孫校　清光緒五年(1879)淮南書局刻本　十冊

320000 – 1646 – 0001127　200769

釋名疏證補八卷續釋名一卷釋名補遺一卷疏證補坿一卷　王先謙譔集　清光緒二十二年(1896)刻本　三冊

320000 – 1646 – 0001128　200770

證俗文十九卷　（清）郝懿行著　清光緒十年(1884)東路廳署刻本　六冊

320000 – 1646 – 0001129　200771

埤雅二十卷　（宋）陸佃撰　清初古虞章慶堂刻本　三冊　缺二卷(十四至十五)

320000 – 1646 – 0001130　200772

埤雅二十卷　（宋）陸佃撰　清初古虞章慶堂刻本　一冊　存五卷(六至十)

320000 – 1646 – 0001131　200773

駢雅七卷序目一卷　（明）朱謀瑋撰　駢雅訓纂十六卷　（清）魏茂林撰　清光緒七年(1881)成都瀹雅齋刻本　八冊

320000 – 1646 – 0001132　200774

駢雅七卷序目一卷　（明）朱謀瑋撰　駢雅訓纂十六卷　（清）魏茂林撰　清光緒二十年(1894)上海積山書局石印本　八冊

320000 – 1646 – 0001133　200775

別雅五卷　（清）吳玉搢輯　清道光二十九年(1849)小蓬萊山館刻本　五冊

320000 – 1646 – 0001134　200776

拾雅二十卷　（清）夏味堂述　清嘉慶高郵夏齊林刻本　十冊

320000 – 1646 – 0001135　200777

拾雅二十卷　（清）夏味堂述　清嘉慶高郵夏齊林刻本　七冊　缺七卷(八至十二、十九至二十)

320000 – 1646 – 0001136　200778

幼雅十五卷　（清）陳榮袞著　清光緒二十三

年(1897)羊城崇蘭僊館刻本　一冊　存九卷(一至九)

320000－1646－0001137　200779
選雅二十卷　(清)程先甲述　清光緒二十八年(1902)千一齋刻本　四冊

320000－1646－0001138　200788
班馬字類五卷　(宋)婁機編　清乾隆刻吳興倪氏經鉏堂本　二冊

320000－1646－0001139　200789
班馬字類二卷　(宋)婁機編　清光緒九年(1883)刻本　二冊

320000－1646－0001140　200792
毘陵左氏識字書不分卷　(清)左鎮編　清光緒十年(1884)嘉興刻本　一冊

320000－1646－0001141　200793
釋字百韻一卷　(清)陳勷著　清光緒十六年(1890)吳下刻本　一冊

320000－1646－0001142　200794
說文解字三十卷　(漢)許慎記　(宋)徐鉉等校定　清同治十三年(1874)東吳浦氏刻本　三冊

320000－1646－0001143　200797
說文解字十五卷　(漢)許慎記　(宋)徐鉉等校定　清光緒十一年(1885)蕉心室刻本　八冊

320000－1646－0001144　303538
中國江海險要圖誌二十二卷圖五卷　(英國)海軍海圖官局輯　(清)陳壽彭譯　清光緒二十七年(1901)經世文社石印本　五冊　存五卷(圖五卷)

320000－1646－0001145　200799
汲古閣說文訂一卷　(清)段玉裁撰　清嘉慶五硯樓刻本　一冊

320000－1646－0001146　200800
說文校議十五卷　(清)姚文田　(清)嚴可均撰　清同治十三年(1874)歸安姚氏刻本　四冊

320000－1646－0001147　200801
說文校議十五卷　(清)姚文田　(清)嚴可均撰　清同治十三年(1874)歸安姚氏刻本　四冊

320000－1646－0001148　200802
說文校議十五卷　(清)姚文田　(清)嚴可均撰　清同治十三年(1874)歸安姚氏刻本　四冊

320000－1646－0001149　200803
說文校議十五卷　(清)姚文田　(清)嚴可均撰　清同治十三年(1874)歸安姚氏刻本　六冊

320000－1646－0001150　200809
說文廣義三卷　(清)王夫之撰　清同治四年(1865)刻本　三冊

320000－1646－0001151　200811
說文統釋自序一卷　(清)錢大昭撰并注　音同義異辨一卷　(清)畢沅撰　清光緒八年(1882)金峨山館刻本　一冊

320000－1646－0001152　200812
說文解字繫傳四十卷　(宋)徐鍇傳釋　(五代)朱翱反切　校勘記三卷　清道光十九年(1839)刻本　八冊

320000－1646－0001153　200813
說文解字注十五卷部目分韻一卷六書音均表一卷　(清)段玉裁注　清嘉慶經韻樓刻本　十冊

320000－1646－0001154　200814
說文解字注十五卷部目分韻一卷六書音均表一卷　(清)段玉裁注　清嘉慶經韻樓刻本　十五冊　缺一卷(六書音均表一卷)

320000－1646－0001155　200815
說文解字注三十二卷汲古閣說文訂一卷　(清)段玉裁注　清同治十一年(1872)湖北崇文書局刻本　十八冊

320000－1646－0001156　200816
說文解字注三十二卷汲古閣說文訂一卷

（清）段玉裁注　清同治十一年(1872)湖北崇文書局刻本　十八冊

320000－1646－0001157　200817
說文解字注三十二卷汲古閣說文訂一卷
（清）段玉裁注　清同治十一年(1872)湖北崇文書局刻本　十八冊

320000－1646－0001158　200818
說文解字注三十二卷　（清）段玉裁注　清同治六年(1867)蘇州保息局刻本　十六冊

320000－1646－0001159　200819
說文解字注三十二卷　（清）段玉裁注　清同治六年(1867)蘇州保息局刻本　十六冊

320000－1646－0001160　200820
說文解字注三十二卷汲古閣說文訂一卷
（清）段玉裁注　清同治十一年(1872)湖北崇文書局刻本　十六冊　缺一卷(汲古閣說文訂一卷)

320000－1646－0001161　200821
說文解字注三十二卷　（清）段玉裁注　清同治六年(1867)蘇州保息局刻本　十六冊

320000－1646－0001162　200823
說文解字注三十二卷　（清）段玉裁注　**說文通檢十四卷首一卷末一卷**　（明）黎永椿編
說文解字注匡謬八卷　（清）徐承慶撰　清宣統二年(1910)上海江左書林石印本　七冊　缺四卷(說文解字注二十九至三十二)

320000－1646－0001163　200825
說文解字注三十二卷　（清）段玉裁注　清光緒七年(1881)蘇州刻本　二十四冊

320000－1646－0001164　200826
段氏說文注訂八卷　（清）鈕樹玉著　清道光吳郡青霞齋吳學圃局刻本　一冊

320000－1646－0001165　200827
段氏說文注訂八卷　（清）鈕樹玉著　清同治五年(1866)碧螺山館刻本　二冊

320000－1646－0001166　200828
段氏說文注訂八卷　（清）鈕樹玉著　清同治十三年(1874)湖北崇文書局刻本　二冊

320000－1646－0001167　200831
說文解字注匡謬八卷　（清）徐承慶撰　清光緒悶進齋刻本　八冊

320000－1646－0001168　200832
說文凝錦錄一卷　（清）萬光泰輯　清光緒崇川葛氏學古齋刻本　一冊

320000－1646－0001169　200833
說文辨疑一卷　（清）顧廣圻撰　清光緒九年(1883)平江張氏刻本　一冊

320000－1646－0001170　200834
說文蠡箋十四卷　（清）潘奕雋述　清同治十三年(1874)三松堂刻本　二冊

320000－1646－0001171　200835
說文解字句讀三十卷　（清）王筠撰集　清光緒八年(1882)四川尊經書局刻本　十五冊

320000－1646－0001172　200836
說文解字句讀三十卷　（清）王筠撰集　清同治四年(1865)刻本　十六冊

320000－1646－0001173　200837
文字蒙求四卷　（清）王筠撰　清光緒三十年(1904)刻本　一冊

320000－1646－0001174　200838
文字蒙求四卷　（清）王筠撰　清光緒十三年(1887)梁谿浦氏石印本　一冊

320000－1646－0001175　200839
文字蒙求廣義四卷　（清）王筠原本　（清）蒯光典識語　清光緒二十七年(1901)江楚書局刻本　五冊

320000－1646－0001176　200840
文字蒙求廣義四卷　（清）王筠原本　（清）蒯光典識語　清光緒二十七年(1901)江楚書局刻本　五冊

320000－1646－0001177　200841
文字蒙求廣義四卷　（清）王筠原本　（清）蒯光典識語　清光緒二十七年(1901)江楚書局石印本　五冊

320000－1646－0001178　200842

文字蒙求廣義四卷　（清）王筠原本　（清）蒯光典識語　清光緒二十七年(1901)江楚書局刻本　五冊

320000－1646－0001179　200843

文字蒙求廣義四卷　（清）王筠原本　（清）蒯光典識語　清光緒二十七年(1901)江楚書局刻本　五冊

320000－1646－0001180　200844

古今文字通釋十四卷　（清）呂世宜述　清光緒五年(1879)林維源刻本　二冊　存四卷(一至二、五至六)

320000－1646－0001181　200845

說文釋例二十卷　（清）王筠撰　清同治四年(1865)刻本　十冊

320000－1646－0001182　200846

說文釋例二十卷釋例補正二十卷　（清）王筠撰　清同治四年(1865)刻本　十六冊

320000－1646－0001183　200847

說文解字義證五十卷　（清）桂馥著　清道光末至咸豐初靈石楊氏刻本　三十六冊

320000－1646－0001184　200848

說文解字義證五十卷　（清）桂馥著　清同治九年(1870)湖北崇文書局刻本　三十二冊

320000－1646－0001185　200849

說文解字義證五十卷　（清）桂馥著　清同治九年(1870)湖北崇文書局刻本　三十一冊　缺一卷(八)

320000－1646－0001186　200850

說文辯字正俗八卷　（清）李富孫著　清同治九年(1870)校經廎刻本　二冊

320000－1646－0001187　200851

說文辯字正俗八卷　（清）李富孫著　清嘉慶二十三年(1818)校經廎刻本　四冊

320000－1646－0001188　200852

說文外編十六卷　（清）雷浚撰　清光緒元年(1875)刻本　四冊　缺二卷(十五至十六)

320000－1646－0001189　200853

說文發疑六卷　（清）張行孚述　清光緒九年(1883)澹雅書局刻本　三冊

320000－1646－0001190　200854

說文楬原二卷說文發疑六卷　（清）張行孚撰　清光緒十一年(1885)揚州刻本　五冊

320000－1646－0001191　200859

說文二徐箋異十四卷　（清）吳炤撰　清宣統二年(1910)影印本　二冊

320000－1646－0001192　200861

唐寫本說文解字木部箋異一卷仿唐寫本說文解字木部一卷　（清）莫友芝箋　清同治三年(1864)刻本　一冊

320000－1646－0001193　200862

唐寫本說文解字木部箋異一卷仿唐寫本說文解字木部一卷　（清）莫友芝箋　清同治三年(1864)刻本　一冊

320000－1646－0001194　200865

說文引經攷證七卷說文引經互異說一卷　（清）陳瑑著　清同治十三年(1874)湖北崇文書局刻本　二冊

320000－1646－0001195　200866

說文引經攷證七卷說文引經互異說一卷　（清）陳瑑著　清同治十三年(1874)湖北崇文書局刻本　二冊

320000－1646－0001196　200869

說文提要一卷　（清）陳建侯編　清同治十二年(1873)湖北崇文書局刻本　一冊

320000－1646－0001197　200880

說文新附攷六卷說文續攷一卷　（清）鈕樹玉撰　清同治十三年(1874)湖北崇文書局刻本　二冊

320000－1646－0001198　200881

說文新附攷六卷說文續攷一卷　（清）鈕樹玉撰　清同治十三年(1874)湖北崇文書局刻本　二冊

320000－1646－0001199　200883

說文逸字辨證二卷 （清）李楨辨證 清光緒十一年(1885)畹蘭室刻本 一冊

320000－1646－0001200　200884
說文佚字攷四卷 （清）張鳴珂撰 清光緒十三年(1887)豫章刻本 一冊

320000－1646－0001201　200894
說文通檢十四卷首一卷末一卷 （清）黎永椿編 清光緒二年(1876)崇文書局刻本 二冊

320000－1646－0001202　200895
說文通檢十四卷首一卷末一卷 （清）黎永椿編 清光緒二年(1876)崇文書局刻本 二冊

320000－1646－0001203　200899
說文解字韻譜十卷 （宋）徐鍇撰 清同治三年(1864)馮氏刻本 二冊

320000－1646－0001204　200900
說文解字韻譜十卷 （宋）徐鍇撰 清同治三年(1864)馮氏刻本 二冊

320000－1646－0001205　200901
說文解字韻譜四卷 （宋）徐鍇撰 清咸豐刻本 四冊

320000－1646－0001206　200902
說文諧聲孳生述十八卷 （清）陳立撰 清道光十七年(1837)刻本 四冊

320000－1646－0001207　200905
說文通訓定聲十八卷柬韻一卷說雅一卷古今韻準一卷行述一卷 （清）朱駿聲紀錄 清咸豐元年(1851)臨嘯閣刻本 二十六冊

320000－1646－0001208　200906
說文通訓定聲十八卷柬韻一卷說雅一卷古今韻準一卷行述一卷 （清）朱駿聲紀錄 清同治九年(1870)臨嘯閣刻本 二十八冊

320000－1646－0001209　200908
說文聲讀表七卷 （清）苗夔纂 清同治、光緒間福山王氏刻本 二冊

320000－1646－0001210　200909
許氏說文解字雙聲叠韻譜一卷 （清）鄧廷楨撰 清光緒七年(1881)後知不足齋刻本 一冊

320000－1646－0001211　200910
許氏說文解字雙聲叠韻譜一卷 （清）鄧廷楨撰 清光緒七年(1881)後知不足齋刻本 一冊

320000－1646－0001212　200911
許氏說文解字雙聲叠韻譜一卷 （清）鄧廷楨撰 清光緒七年(1881)後知不足齋刻本 一冊

320000－1646－0001213　200912
說文雙聲二卷 （清）劉熙載 （清）陳宗彝輯 清光緒四年(1878)刻本 一冊

320000－1646－0001214　200913
古文審八卷 （清）劉心源著 清光緒十七年(1891)劉氏龍江樓刻本 四冊

320000－1646－0001215　200916
說文古籀補十四卷補遺一卷附錄一卷 （清）吳大澂撰 清光緒十年(1884)刻本 二冊

320000－1646－0001216　200922
名原二卷 （清）孫詒讓記 清光緒三十一年(1905)刻本 一冊

320000－1646－0001217　200923
名原二卷 （清）孫詒讓記 清末千頃堂石印本 一冊

320000－1646－0001218　200924
古籀餘論三卷 （清）孫詒讓記 （清）張揚校訂 清光緒二十九年(1903)籀經樓刻本 二冊

320000－1646－0001219　200925
古籀餘論三卷 （清）孫詒讓記 （清）張揚校訂 清光緒二十九年(1903)籀經樓刻本 一冊 存一卷(上)

320000－1646－0001220　200926
字說一卷 （清）吳大澂撰 清光緒刻本 一冊

320000－1646－0001221　200931
字林考逸八卷補本一卷補附錄一卷 （清）任

大椿學　清光緒十六年(1890)江蘇書局刻本
　三册　缺二卷(七至八)

320000－1646－0001222　200932
大廣益會玉篇三十卷　(南朝梁)顧野王撰
清康熙四十五年(1706)揚州使院刻本　四册
存二十二卷(九至三十)

320000－1646－0001223　200933
玉篇三十卷　(南朝梁)顧野王撰　清乾隆刻
本　一册　存二十卷(十一至三十)

320000－1646－0001224　200934
龍龕手鑑四卷　(遼)釋行均集　清末刻本
二册

320000－1646－0001225　200935
類篇十五卷　(宋)司馬光等撰　清康熙揚州
使院刻本　十二册　缺二卷(一、八)

320000－1646－0001226　200936
攷正玉堂字彙四集　(明)梅膺祚撰　(清)知
足子校訂　清光緒十二年(1886)鉛印本
四册

320000－1646－0001227　200981
草韻彙編二十六卷首一卷　(清)陶南望輯
清乾隆二十年(1755)刻本　六册

320000－1646－0001228　200939
康熙字典十二集檢字一卷辨似一卷備考一卷
補遺一卷等韻一卷　(清)張玉書等撰　清光
緒六年(1880)上海點石齋石印本　一册

320000－1646－0001229　200940
康熙字典十二集等韻一卷備考一卷補遺一卷
　(清)張玉書等撰　清光緒八年(1882)上海
點石齋石印本　四册

320000－1646－0001230　200941
康熙字典十二集檢字一卷辨似一卷等韻一卷
補遺一卷備考一卷　(清)張玉書等撰　清康
熙五十五年(1716)刻本　四十册

320000－1646－0001231　200942
康熙字典十二集檢字一卷辨似一卷等韻一卷
補遺一卷備考一卷　(清)張玉書等纂　清光
緒十三年(1887)同文書局石印本　六册

320000－1646－0001232　200943
康熙字典十二集檢字一卷辨似一卷等韻一卷
補遺一卷備考一卷　(清)張玉書等纂　清光
緒石印本　六册

320000－1646－0001233　200944
康熙字典十二集檢字一卷辨似一卷等韻一卷
補遺一卷備考一卷　(清)張玉書等撰　清光
緒二十年(1894)同文書局石印本　十二册

320000－1646－0001234　200945
康熙字典十二集檢字一卷辨似一卷等韻一卷
補遺一卷備考一卷　(清)張玉書等纂　清光
緒三十三年(1907)上海鴻文書局石印本
六册

320000－1646－0001235　200946
康熙字典十二集檢字一卷辨似一卷等韻一卷
補遺一卷備考一卷　(清)張玉書等纂修　清
光緒十四年(1888)上海圖書集成印書局鉛印
本　十二册

320000－1646－0001236　200947
康熙字典十二集總目一卷檢字一卷辨似一卷
等韻一卷備考一卷補遺一卷　(清)張玉書等
纂修　清宣統三年(1911)上海商務印書館銅
活字印本　七册

320000－1646－0001237　200951
藝文備覽一百二十卷首一卷总目一卷檢字一
卷　(清)沙木集注　清嘉慶十一年(1806)刻
本　二册　存三卷(首一卷、总目一卷、檢字
一卷)

320000－1646－0001238　200952
藝文通覽一百二十卷補詳字義十四篇　(清)
沙木集注　清嘉慶刻本　二十四册　存五十
七卷(子集一至五、寅集四至十、卯集一至十、
辰集一至二、巳集三至十、午集一至七、申集
一至五、酉集八至十、戌集一至十、補詳字義
十四篇)

320000－1646－0001239　200953
增註字類標韻六卷　(清)華綱輯　(清)范多

玨重訂　清光緒十六年(1890)上海鴻寶齋石印本　一冊

320000－1646－0001240　200954

字類標韻六卷　(清)華綱編　(清)吳汝渤重訂　清光緒元年(1875)江右同文堂刻本　一冊　存三卷(四至六)

320000－1646－0001241　200955

檢字一貫三十二集　題(清)三家邨學究編　清光緒石印本　二冊　存八集(辰至亥)

320000－1646－0001242　200964

干祿字書一卷　(唐)顏元孫撰　清嘉慶十年(1805)江寧王氏書局刻本　一冊

320000－1646－0001243　200965

字鑑五卷　(清)李文仲編　清康熙四十八年(1709)刻本　一冊

320000－1646－0001244　200966

篆字彙十二集　(清)佟世男編　清康熙三十九年(1700)多山堂刻本　十二冊

320000－1646－0001245　200969

繆篆分韻五卷補遺一卷　(清)桂馥編　清光緒姚氏咫進齋刻本　二冊

320000－1646－0001246　200972

小稘字林集字偶語四種　(清)吳受福編次　清光緒十一年(1885)石印本　一冊

320000－1646－0001247　200973

隸法彙纂十卷　(清)項懷述編錄　清乾隆刻本　二冊　存五卷(六至十)

320000－1646－0001248　200974

草字彙十二卷　(清)石梁輯　清刻本　五冊　缺二卷(子至丑)

320000－1646－0001249　200979

歷代正草隸篆字法不分卷　清刻本　二冊

320000－1646－0001250　200980

歷代正草隸篆字法不分卷　清刻本　一冊

320000－1646－0001251　200984

正字略一卷　(清)王筠撰　清光緒五年(1879)京都琉璃廠青雲齋刻本　一冊

320000－1646－0001252　200985

字學舉隅一卷　(清)黃本驥　(清)龍啟瑞輯　清道光二十六年(1846)刻本　一冊

320000－1646－0001253　200986

字學舉隅一卷　(清)黃本驥　(清)龍啟瑞輯　清光緒二十年(1894)榮寶齋刻本　一冊

320000－1646－0001254　200987

字學舉隅一卷　(清)黃本驥　(清)龍啟瑞輯　清光緒二十二年(1896)廣雅書局刻本　一冊

320000－1646－0001255　200988

字學舉隅一卷　(清)黃本驥　(清)龍啟瑞輯　清光緒十三年(1887)上海鴻文書局石印本　一冊

320000－1646－0001256　200989

字學舉隅一卷　(清)黃本驥　(清)龍啟瑞輯　清光緒元年至二年(1875－1876)琉璃廠翰寶齋刻本　二冊

320000－1646－0001257　200991

助字辨略五卷　(清)劉淇撰　清咸豐五年至六年(1855－1856)海淵閣刻本　三冊　存三卷(二至三、五)

320000－1646－0001258　200992

助字辨略五卷　(清)劉淇撰　清末海淵閣石印本　四冊　存四卷(二至五)

320000－1646－0001259　200995

汗簡箋正七卷目錄一卷　(宋)郭忠恕撰　(清)鄭珍箋正　清光緒十五年(1889)廣雅書局刻本　二冊

320000－1646－0001260　200996

復古編二卷校正一卷附錄一卷　(宋)張有撰　**曾樂軒稿一卷**　(宋)張維撰　**安陸集一卷**　(宋)張先撰　清乾隆刻本　三冊

320000－1646－0001261　200997

復古編二卷校正一卷附錄一卷　(宋)張有撰　**曾樂軒稿一卷**　(宋)張維撰　**安陸集一卷**

（宋）張先撰　清光緒八年(1882)淮南書局刻本　三冊

320000－1646－0001262　200998

六書正譌五卷　（元）周伯琦編注　（明）胡正言訂篆　明末十竹齋刻本　二冊　存二卷（二、四）

320000－1646－0001263　200999

六書正譌五卷　（元）周伯琦編注　（明）胡正言訂篆　明末十竹齋刻本　五冊

320000－1646－0001264　201000

六書通十卷　（清）閔齊伋撰　（清）畢弘述篆訂　清初刻本　六冊

320000－1646－0001265　201001

六書通十卷　（清）閔齊伋撰　（清）畢弘述篆訂　清光緒四年(1878)繡谷留耕堂刻本　五冊

320000－1646－0001266　201002

六書通十卷增附百體福壽全圖　（清）閔齊伋撰　（清）畢弘述篆訂　清光緒十九年(1893)上海校經山房石印本　三冊

320000－1646－0001267　201003

六書通十卷增附百體福壽全圖　（清）閔齊伋撰　（清）畢弘述篆訂　清光緒二十一年(1895)上海鴻寶齋石印本　五冊

320000－1646－0001268　201004

六書通十卷增附百體福壽全圖　（清）閔齊伋撰　（清）畢弘述篆訂　清光緒十九年(1893)上海書局石印本　五冊

320000－1646－0001269　201005

六書通十卷增附百體福壽全圖　（清）閔齊伋撰　（清）畢弘述篆訂　清光緒十九年(1893)上海書局石印本　五冊

320000－1646－0001270　201006

六書通十卷增附百體福壽全圖　（清）閔齊伋撰　（清）畢弘述篆訂　清光緒二十一年(1895)上海鴻寶齋石印本　五冊

320000－1646－0001271　201007

六書通續集十卷　（清）畢星海輯　清光緒鴻寶齋石印本　一冊

320000－1646－0001272　201008

六書分類十二卷首一卷　（清）傅世垚輯篆　清乾隆五十四年(1789)維隅堂刻本　十三冊

320000－1646－0001273　201011

鐘鼎字源五卷　（清）汪立名輯　清光緒二年(1876)秦氏麟慶堂刻本　二冊

320000－1646－0001274　201012

鐘鼎字源五卷　（清）汪立名輯　清光緒二年(1876)秦氏麟慶堂刻本　二冊

320000－1646－0001275　201013

鐘鼎字源五卷　（清）汪立名輯　清光緒二年(1876)秦氏麟慶堂刻本　三冊

320000－1646－0001276　201015

古文原始一卷　（清）曹金籀撰　清同治十二年(1873)靈蘭室刻本　一冊

320000－1646－0001277　201016

隸韻十卷　（宋）劉球撰　考證二卷碑目考證一卷　（清）翁方綱撰　清嘉慶十五年(1810)秦恩復刻本　八冊

320000－1646－0001278　201017

隸韻十卷　（宋）劉球撰　考證二卷碑目考證一卷　（清）翁方綱撰　清嘉慶十五年(1810)秦恩復刻本　六冊

320000－1646－0001279　201018

隸韻十卷　（宋）劉球撰　考證二卷碑目考證一卷　（清）翁方綱撰　清嘉慶十五年(1810)秦恩復刻本　十一冊

320000－1646－0001280　201019

漢隸字源五卷碑目一卷　（宋）婁機輯　清光緒三年(1877)歸安姚氏咫進齋刻本　六冊

320000－1646－0001281　201020

漢隸分韻七卷　（明）李宗樞書　清乾隆三十七年(1772)刻本　六冊

320000－1646－0001282　201021

隸辨八卷　（清）顧藹吉撰　清康熙五十七年

(1718)項氏玉淵堂刻本　五冊

320000－1646－0001283　201022

隸辨八卷　（清）顧藹吉撰　清乾隆八年(1743)黃晟刻本　八冊

320000－1646－0001284　201023

隸辨八卷　（清）顧藹吉撰　清同治十二年(1873)漁古山房刻本　八冊

320000－1646－0001285　201024

漢隸異同十二卷　（清）甘揚聲輯　清道光十一年(1831)勤約堂刻本　一冊

320000－1646－0001286　201025

隸篇十五卷續十五卷再續十五卷　（清）翟雲升輯　清道光十七年至十八年(1837－1838)刻本　十冊

320000－1646－0001287　201041

急就篇四卷　（漢）史遊撰　（唐）顏師古注（元）王應麟音釋　九經補韻一卷　（宋）楊伯嵒撰　（清）張海鵬訂　清嘉慶常熟張氏照曠閣刻本　二冊

320000－1646－0001288　201043

倉頡篇三卷　（清）孫星衍輯　續本一卷（清）任大椿輯　補本二卷　（清）陶方琦輯　清光緒十六年(1890)江蘇書局刻本　二冊

320000－1646－0001289　201045

註釋增廣千字文類不分卷　（清）朱炳南撰　清同治八年(1869)立言堂刻本　四冊

320000－1646－0001290　201046

註釋增廣千字文類不分卷　（清）朱炳南撰　清同治八年(1869)立言堂刻本　四冊

320000－1646－0001291　201047

論語說文教科書二十卷　嚴良輔編　清宣統元年(1909)申江粹存齋石印本　七冊

320000－1646－0001292　201048

養蒙針度五卷　（清）潘子聲編　清光緒六年(1880)掃葉山房刻本　二冊

320000－1646－0001293　201049

臨文便覽一卷增訂韻辨摘要一卷　清光緒十二年(1886)石印本　一冊

320000－1646－0001294　201050

說文解字字訓先聲不分卷　蕭岳崧編輯　清光緒三十二年(1906)星沙華新石印本　一冊

320000－1646－0001295　201051

便蒙說文舉隅不分卷　清末刻本　一冊

320000－1646－0001296　201052

唐寫本唐韻去入二卷　（隋）陸法言撰　（唐）孫愐復訂　清光緒三十四年(1908)上海國粹學報館影印本　一冊

320000－1646－0001297　201055

宋重修廣韻五卷　（宋）陳彭年等撰　清康熙四十五年(1706)揚州詩局刻本　五冊

320000－1646－0001298　201056

宋重修廣韻五卷　（宋）陳彭年等撰　清康熙四十三年(1704)吳郡張士俊刻本　五冊

320000－1646－0001299　201059

集韻十卷　（宋）丁度等撰　清嘉慶十九年(1814)浙甯簡香刻本　十冊

320000－1646－0001300　201060

集韻考正十卷　（清）方成珪撰　清光緒五年(1879)刻本　五冊

320000－1646－0001301　201061

康熙甲子史館新刊古今通韻十二卷論例一卷　（清）毛奇齡撰　清康熙刻本　五冊

320000－1646－0001302　201062

音韻闡微十八卷　（清）李光地等撰　清光緒七年(1881)淮南書局刻本　五冊

320000－1646－0001303　201063

類音八卷　（清）潘耒撰　清康熙刻本　三冊存六卷(三至八)

320000－1646－0001304　201064

古今韻略五卷例言一卷　（清）邵長蘅撰　清康熙三十五年(1696)刻本　五冊

320000－1646－0001305　201065

古今韻略五卷例言一卷　（清）邵長蘅撰　清

康熙三十五年(1696)刻本(卷四至五配清刻本) 四冊

320000－1646－0001306　201066

古今韻略五卷例言一卷　（清）邵長蘅撰　清康熙三十五年(1696)刻本　五冊

320000－1646－0001307　201067

韻詁五卷附韻詁補遺　（清）方濬頤輯　清光緒刻本　五冊

320000－1646－0001308　201068

音韻輯要不分卷　（清）王鶉纂　清抄本　一冊

320000－1646－0001309　201069

佩文詩韻釋要五卷　（清）周兆基輯　清光緒元年(1875)崇文書局刻本　一冊

320000－1646－0001310　201070

佩文詩韻釋要五卷　（清）周兆基輯　清光緒元年(1875)崇文書局刻本　一冊

320000－1646－0001311　201071

佩文詩韻釋要五卷辨正補遺一卷　（清）周兆基輯　（清）吳寶恕手録　清光緒三年(1877)廣東使署刻本　二冊

320000－1646－0001312　201072

佩文詩韻釋要五卷辨正補遺一卷　（清）周兆基輯　（清）吳寶恕手録　清光緒三年(1877)廣東使署刻本　二冊

320000－1646－0001313　201073

佩文詩韻釋要五卷　（清）周兆基輯　（清）陸潤庠校　清宣統三年(1911)商務印書館石印本　二冊

320000－1646－0001314　201074

韻辨一隅八卷補遺一卷續補一卷　（清）諸玉衡撰　清道光二十二年(1842)味經腴閣刻本　三冊

320000－1646－0001315　201075

韻學驪珠二卷　（清）沈乘麐輯　清光緒十八年(1892)華序顧文善齋刻本　二冊

320000－1646－0001316　201076

韻海大全五卷　題（清）仁壽室主人編　清光緒十七年(1891)上海石印本　六冊

320000－1646－0001317　201077

詩韻合璧五卷　（清）汪慕杜　（清）湯文潞編　清光緒十一年(1885)上海同文書局石印本　六冊

320000－1646－0001318　201078

詩韻合璧五卷　（清）湯文潞　（清）許時庚編　清光緒上海公興書局鉛印本　五冊

320000－1646－0001319　201079

詩韻合璧五卷　（清）湯文潞　（清）許時庚編　清光緒上海公興書局鉛印本　五冊

320000－1646－0001320　201080

詩韻合璧五卷　（清）湯文潞　（清）許時庚編　清光緒上海公興書局鉛印本　五冊

320000－1646－0001321　201081

詩韻合璧五卷　（清）湯文潞　（清）許時庚編　清光緒上海公興書局鉛印本　五冊

320000－1646－0001322　201084

詩韻合璧五卷　（清）湯文潞編　清光緒四年(1878)上海淞隱閣銅活字印本　五冊

320000－1646－0001323　201085

詩韻合璧五卷　（清）湯文潞編　清光緒四年(1878)上海淞隱閣銅活字印本　五冊

320000－1646－0001324　201086

詩韻合璧五卷　（清）湯文潞編　清光緒四年(1878)上海淞隱閣銅活字印本　五冊

320000－1646－0001325　201087

詩韻合璧五卷　（清）湯文潞編　清光緒四年(1878)上海淞隱閣銅活字印本　五冊

320000－1646－0001326　201088

詩韻合璧五卷　（清）湯文潞編　清光緒四年(1878)上海淞隱閣銅活字印本　五冊

320000－1646－0001327　201089

詩韻合璧五卷　（清）湯文潞　（清）許時庚編　清光緒十三年(1887)廣百宋齋鉛印本　五冊

320000-1646-0001328　201090

詩韻合璧五卷　（清）湯文潞　（清）許時庚編　清光緒十三年(1887)廣百宋齋鉛印本　五冊

320000-1646-0001329　201091

詩韻全璧五卷　（清）汪慕杜輯　（清）湯文潞　張玉生編　清光緒十五年(1889)上海點石齋石印本　六冊

320000-1646-0001330　201092

詩韻全璧五卷　（清）汪慕杜輯　（清）湯文潞　張玉生編　清光緒十九年(1893)上海點石齋石印本　六冊

320000-1646-0001331　201095

韻府精華五卷　題（清）仁壽主人編　清光緒十二年(1886)石印本　五冊

320000-1646-0001332　201096

初學檢韻袖珍十二集　（清）姚文登輯　清嘉慶七年(1802)六文堂刻本　二冊

320000-1646-0001333　201097

重校增訂初學檢韻十二集　（清）姚文登輯　（清）唐雲樵增訂　清光緒二十三年(1897)寧波清河氏球琳館鉛印本　四冊

320000-1646-0001334　201098

詩韻含英十八卷　（清）劉文蔚輯　清涇川溪頭都漱芳齋湯左之刻本　二冊

320000-1646-0001335　201099

韻府鉤沈五卷　（清）雷浚撰　清光緒刻本　二冊　存三卷(一至二、五)

320000-1646-0001336　201100

字類標韻六卷　（清）華綱編　（清）吳汝渤重訂　清光緒元年(1875)江右同文堂刻本　一冊

320000-1646-0001337　201101

字類標韻六卷　（清）華綱輯　清光緒元年(1875)肆江王氏刻本　二冊

320000-1646-0001338　201102

字類標韻六卷　（清）華綱輯　清光緒八年(1882)肆江王氏刻本　二冊

320000-1646-0001339　201103

選韻不分卷　清末刻本　一冊

320000-1646-0001340　201104

選韻不分卷　清末刻本　一冊

320000-1646-0001341　201107

聲調四譜圖說十二卷首一卷末一卷　（清）董文煥編輯　清同治三年(1864)洪洞董氏刻本　六冊

320000-1646-0001342　201108

屈宋古音義三卷　（明）陳第著　（清）徐時作重訂　清光緒武昌張氏刻本　二冊

320000-1646-0001343　201109

切韻指掌圖一卷　（宋）司馬光撰　清光緒九年(1883)上海同文書局石印本　一冊

320000-1646-0001344　201111

五方元音十二卷　（清）凌虛樊輯　（清）年希堯增補　清光緒十九年(1893)上洋章福記書局石印本　四冊

320000-1646-0001345　201112

盛世元音不分卷　（清）沈學編輯　清光緒二十八年(1902)上海書局石印本　一冊

320000-1646-0001346　201115

四聲易知錄四卷　（清）姚文田輯　清光緒九年(1883)刻本　二冊

320000-1646-0001347　201117

十三經音略十二卷附錄二卷　（清）周春撰　清嘉慶十七年(1812)刻本　六冊

320000-1646-0001348　201118

經韻集字析解二卷拾遺補注一卷　（清）熊守謙參訂　（清）彭良敞集注　清道光十年(1830)灤源書院刻本　二冊

320000-1646-0001349　201119

經韻集字析解二卷拾遺補注一卷　（清）熊守謙參訂　（清）彭良敞集注　清刻本　一冊　存二卷(二、拾遺補注一卷)

320000-1646-0001350　201120

文選切葉直音五卷　（清）凌萬才纂　清乾隆二十八年(1763)正音閣刻本　一冊　存三卷（一至三）

320000-1646-0001351　201122

古韻通說二十卷　（清）龍啟瑞撰　清光緒九年(1883)四川尊經書局刻本　二冊

320000-1646-0001352　201123

重訂空谷傳聲不分卷　（清）汪鎏撰　清光緒八年(1882)刻本　一冊

320000-1646-0001353　201124

李氏音鑑六卷首一卷　（清）李汝珍撰　清嘉慶十五年(1810)寶善堂刻本　一冊　存二卷（二至三）

320000-1646-0001354　201127

音學辨微附錄不分卷　（清）江永著　清宣統元年(1909)國學保存會影印本　一冊

320000-1646-0001355　201128

韻彙五卷　（清）朱彝尊輯　（清）沈道寬編次　清同治十三年(1874)盛德堂刻本　四冊　存四卷（一至四）

320000-1646-0001356　201129

等韻一得內篇一卷外篇一卷補編內篇一卷外篇一卷　勞乃宣撰　清光緒二十四年(1898)吳橋官廨刻本　三冊

320000-1646-0001357　201130

等韻一得內篇一卷外篇一卷補編內篇一卷外篇一卷　勞乃宣撰　清光緒二十四年(1898)吳橋官廨刻本　三冊

320000-1646-0001358　201134

簡字譜錄五卷　勞乃宣撰　清光緒三十二年(1906)江甯刻本　五冊　缺一種一卷（讀音簡字通譜一卷）

320000-1646-0001359　201135

簡字不分卷　馮竟任撰　清光緒三十二年(1906)石印本　一冊

320000-1646-0001360　201136

重刊官話合聲字母序例及關係論說不分卷　蘆中窮士編　清光緒二十七年(1901)石印本　一冊

320000-1646-0001361　201137

東語入門二卷　陳天麒輯譯　清光緒二十一年(1895)海鹽陳氏石印本　一冊　存一卷（一）

320000-1646-0001362　201138

和文漢譯讀本八卷　（日本）坪內雄藏編輯　清光緒三十二年(1906)商務印書館鉛印本　八冊

320000-1646-0001363　201142

英語正音不分卷　清光緒石印本　一冊

320000-1646-0001364　201143

英字入門二卷　（清）曹驥編譯　清光緒二十三年(1897)上海啟秀書莊石印本　二冊

320000-1646-0001365　201144

英字入門二卷　（清）曹驥編譯　清末鉛印本　二冊

320000-1646-0001366　201145

四子書二十九卷　（宋）朱熹集註　清光緒上海江南製造局刻本　二冊　存二種二十七卷（論語二十卷、孟子七卷）

320000-1646-0001367　201146

新訂四書補註備旨十卷　（明）鄧林撰　清同治七年(1868)蘇州綠潤堂刻本　八冊

320000-1646-0001368　201147

急就篇四卷周書王會補注一卷　（元）王應麟補注　清光緒浙江書局刻本　二冊

320000-1646-0001369　201149

四書人物類典串珠四十卷　（清）臧志仁編輯　清嘉慶四年(1799)刻本　十二冊

320000-1646-0001370　201155

初學檢韻袖珍十二集　（清）姚文登輯　清嘉慶七年(1802)遜齋刻本　一冊

320000-1646-0001371　201165

孝經集注一卷　（清）任文田撰　清光緒江陰

學古山房刻本　一冊

320000－1646－0001372　201167

隸辨八卷　（清）顧藹吉撰　清乾隆八年(1743)黃晟刻本　八冊

320000－1646－0001373　201169

評點春秋綱目左傳句解彙雋六卷　（清）韓菼撰　清光緒金陵李光明莊刻本　六冊

320000－1646－0001374　201172

說文解字繫傳四十卷　（宋）徐鍇撰　清乾隆新安汪氏刻本　八冊

320000－1646－0001375　201173

重刊許氏說文解字五音韻譜十二卷　（宋）徐鉉等撰　明崇禎古吳麟瑞堂刻本　六冊

320000－1646－0001376　201174

石鼓文音訓考正不分卷　（清）馮承輝考正　清光緒十九年(1893)石印本　一冊

320000－1646－0001377　201177

爾雅註疏十一卷　（宋）邢昺疏　清光緒九年(1883)崇德書院刻本　六冊

320000－1646－0001378　201178

周易要義二卷　（清）趙洪範撰　清順治十四年(1657)刻本　一冊

320000－1646－0001379　201181

陳氏易說四卷附錄一卷　（清）陳壽熊撰　清光緒二十一年(1895)木活字印本　二冊

320000－1646－0001380　201182

周禮節訓六卷　（清）黃叔琳等訂　清光緒二十五年(1899)舊學山房刻本　二冊

320000－1646－0001381　201183

四子書圖考□□卷　（清）徐承熙撰　稿本　四冊　存一卷(亨集)

320000－1646－0001382　201189

四書典制類聯音註四卷　（清）閻其淵輯　清光緒十八年(1892)上海鴻寶齋石印本　四冊

320000－1646－0001383　201190

草字彙十二卷　（清）石梁輯　清道光五年(1825)刻本　六冊

320000－1646－0001384　201192

鐘鼎字源五卷　（清）汪立名輯　清光緒洞庭秦氏麟慶堂石印本　二冊

320000－1646－0001385　201197

隸辨八卷　（清）顧藹吉撰　清乾隆八年(1743)黃晟刻本　八冊

320000－1646－0001386　201198

楷法溯源十四卷帖目一卷古碑目一卷　（清）潘存孺輯　清光緒三年至四年(1877－1878)刻本　十五冊

320000－1646－0001387　201200

草字彙十二卷　（清）石梁輯　清乾隆五十三年(1788)碩儒堂刻本　八冊

320000－1646－0001388　201201

字類標韻六卷　（清）華綱輯　清光緒八年(1882)肆江王氏刻本　一冊

320000－1646－0001389　201202

草韻彙編二十六卷首一卷　（清）陶南望輯　清道光十二年(1832)挹云書屋刻本　八冊

320000－1646－0001390　201203

隸篇十五卷續十五卷再續十五卷　（清）翟雲升輯　清道光十七年至十八年(1837－1838)刻本　六冊

320000－1646－0001391　201204

隸法彙纂十卷　（清）項懷述編錄　清乾隆刻本　一冊

320000－1646－0001392　201205

康熙字典十二集　（清）張玉書等撰　清道光七年(1827)刻本　四十冊

320000－1646－0001393　201206

草字彙十二卷　（清）石梁輯　清乾隆五十三年(1788)敬義齋刻本　六冊

320000－1646－0001394　201207

像象述五卷　（明）吳桂森撰　清抄本　十冊

320000－1646－0001395　201208

酌雅齋四書選註合講十九卷圖考一卷　（清）翁復輯　清光緒十四年（1888）上海大同書局石印本　六冊

320000－1646－0001396　201209
重校五經體註四十卷　（清）鄒聖脈等輯　清光緒十年（1884）上海點石齋石印本　十六冊

320000－1646－0001397　300004
二十四史　清同治、光緒間金陵書局刻本　五百四十冊

320000－1646－0001398　300005
二十四史　清光緒上海同文書局石印本　七百十一冊

320000－1646－0001399　300006
二十四史　清光緒上海同文書局石印本　七百十一冊

320000－1646－0001400　300013
二十四史　清光緒二十八年（1902）上海文瀾書局石印本　一百二十四冊

320000－1646－0001401　300014
二十四史　清光緒三十四年（1908）集成圖書公司鉛印本　四百冊

320000－1646－0001402　304656
欽定四庫全書總目二百卷首一卷　（清）紀昀等纂　清同治七年（1868）廣東書局刻本　一百二十冊

320000－1646－0001403　300016
二十四史　清同治金陵書局刻本　五百六十六冊

320000－1646－0001404　300020
四史　清光緒十四年（1888）上海蜚英館石印本　四十八冊

320000－1646－0001405　300021
四史　清同治十一年（1872）成都書局刻本　三十二冊

320000－1646－0001406　300023
王本史記一百三十卷　（漢）司馬遷撰　（南朝宋）裴駰注　（唐）司馬貞索隱　（唐）張守節正義　清同治九年（1870）楚北崇文書局刻本　二十四冊

320000－1646－0001407　300024
史記一百三十卷　（漢）司馬遷撰　（南朝宋）裴駰注　（唐）司馬貞索隱　（唐）張守節正義　明末刻本　二十冊

320000－1646－0001408　300025
史記一百三十卷　（漢）司馬遷撰　（南朝宋）裴駰注　（唐）司馬貞索隱　（唐）張守節正義　清光緒四年（1878）金陵書局仿汲古閣本刻本　十六冊

320000－1646－0001409　300026
史記一百三十卷　（漢）司馬遷撰　（南朝宋）裴駰注　（唐）司馬貞索隱　（唐）張守節正義　清光緒八年（1882）上海點石齋石印本　四冊

320000－1646－0001410　300027
史記一百三十卷　（漢）司馬遷撰　（南朝宋）裴駰注　（唐）司馬貞索隱　（唐）張守節正義　清光緒十四年（1888）上海蜚英館石印本　十二冊

320000－1646－0001411　302618
治浙成規八卷　（清）佚名輯　清刻本　八冊

320000－1646－0001412　305059
增廣時務新策十二卷　清光緒二十三年（1897）石印本　六冊

320000－1646－0001413　300031
史記一百三十卷　（漢）司馬遷撰　（南朝宋）裴駰注　（唐）司馬貞索隱　（唐）張守節正義　清光緒二十一年（1895）上海畊餘主人石印本　十冊

320000－1646－0001414　300033
史記集解索隱正義合刻本一百三十卷　（漢）司馬遷撰　（南朝宋）裴駰集解　（唐）司馬貞索隱　（唐）張守節正義　清同治九年（1870）金陵書局刻本　二十冊

320000－1646－0001415　300034

史記集解索隱正義合刻本一百三十卷 （漢）司馬遷撰 （南朝宋）裴駰集解 （唐）司馬貞索隱 （唐）張守節正義 清同治九年(1870)金陵書局刻本 二十冊

320000－1646－0001416　300035
史記集解索隱正義合刻本一百三十卷 （漢）司馬遷撰 （南朝宋）裴駰集解 （唐）司馬貞索隱 （唐）張守節正義 清同治九年(1870)金陵書局刻本 二十冊

320000－1646－0001417　300038
桐城吳先生點勘史記一百三十卷附錄一卷桐城吳先生彙錄諸家史記評語一卷桐城吳先生史記初校本點識一卷 （清）吳汝綸點勘 清宣統元年(1909)刻本 十九冊　缺十三卷（九十至一百二）

320000－1646－0001418　300039
歸方評點史記一百三十卷 （明）歸有光 （清）方苞評點 清光緒二年(1876)武昌張氏刻本 二十四冊

320000－1646－0001419　300040
史記索隱三十卷 （唐）司馬貞撰 明汲古閣刻本 二冊

320000－1646－0001420　300041
史記三書正譌三卷 （清）王元啟撰 清光緒十六年(1890)廣雅書局刻本 一冊

320000－1646－0001421　300042
史記月表正譌一卷 （清）王元啟撰 清光緒二十年(1894)廣雅書局刻本 一冊

320000－1646－0001422　300044
史記蠡測一卷供冀小言一卷 （清）林伯桐學 清道光二十四年(1844)刻本 一冊

320000－1646－0001423　303301
閩都記三十三卷 （明）王應山纂輯 清道光十一年(1831)求放心齋刻本 六冊

320000－1646－0001424　300049
史記志疑三十六卷 （清）梁玉繩撰 清光緒十三年(1887)廣雅書局刻本 十四冊

320000－1646－0001425　300050
史記志疑三十六卷 （清）梁玉繩撰 清光緒十三年(1887)廣雅書局刻本 十四冊

320000－1646－0001426　300053
校刊史記集解索隱正義札記五卷 （清）張文虎著 清同治十一年(1872)金陵書局刻本 二冊

320000－1646－0001427　300054
校刊史記集解索隱正義札記五卷 （清）張文虎著 清同治十一年(1872)金陵書局刻本 二冊

320000－1646－0001428　300059
史表功比說一卷 （清）張錫瑜撰　史記天官書補目一卷 （清）孫星衍撰 清光緒十四年(1888)廣雅書局刻本 一冊

320000－1646－0001429　300061
南史八十卷 （唐）李延壽撰 清同治十一年(1872)金陵書局仿汲古閣刻本 十二冊

320000－1646－0001430　300062
南北史補志十四卷 （清）汪士鐸撰 清光緒四年(1878)淮南書局刻本 六冊

320000－1646－0001431　300063
建康實錄二十卷 （唐）許嵩撰 清光緒二十八年(1902)甘氏刻本 六冊

320000－1646－0001432　300065
舊五代史一百五十卷 （宋）薛居正等撰 清同治十一年(1872)湖北崇文書局刻本 十六冊

320000－1646－0001433　300066
舊五代史一百五十卷 （宋）薛居正等撰 清光緒十年(1884)同文書局石印本 二十四冊

320000－1646－0001434　300068
五代史七十四卷 （宋）歐陽修撰 （宋）徐無黨注 明崇禎三年(1630)琴川汲古閣刻本 八冊

320000－1646－0001435　300069
五代史七十四卷 （宋）歐陽修撰 （宋）徐無

黨注　清同治十一年(1872)湖北崇文書局仿汲古閣刻本　八冊

320000－1646－0001436　300070

五代史七十四卷　(宋)歐陽修撰　(宋)徐無黨注　清宣統元年(1909)影印本　十二冊

320000－1646－0001437　300071

五代紀年表一卷　(清)周嘉猷撰　清光緒十七年(1891)廣雅書局刻本　一冊

320000－1646－0001438　300072

五代史記注七十四卷　(宋)歐陽修撰　(宋)徐無黨　(清)彭元瑞注　(清)劉鳳誥排次　清道光八年(1828)刻本　四十冊

320000－1646－0001439　300073

五代史記纂誤續補六卷　(清)吳光耀撰　清光緒十四年(1888)江夏吳氏刻本　六冊

320000－1646－0001440　300074

前漢書一百二十卷　(漢)班固等撰　(唐)顏師古注　清同治八年(1869)金陵書局刻本　十六冊

320000－1646－0001441　300075

前漢書一百二十卷　(漢)班固等撰　(唐)顏師古注　清同治八年(1869)金陵書局刻本　十六冊

320000－1646－0001442　300076

前漢書一百二十卷　(漢)班固等撰　(唐)顏師古注　清同治八年(1869)金陵書局刻本　十六冊

320000－1646－0001443　300077

前漢書一百二十卷　(漢)班固等撰　(唐)顏師古注　清同治八年(1869)金陵書局刻本　十六冊

320000－1646－0001444　300078

前漢書一百二十卷　(漢)班固等撰　(唐)顏師古注　清同治八年(1869)金陵書局刻本　十六冊

320000－1646－0001445　300079

前漢書一百二十卷　(漢)班固等撰　(唐)顏師古注　清同治十二年(1873)嶺東使署刻本　十六冊

320000－1646－0001446　300080

漢書一百二十卷　(漢)班固等撰　(唐)顏師古注　清光緒二十四年(1898)上海點石齋石印本　八冊

320000－1646－0001447　300083

漢書評林一百卷　(明)凌稚隆撰　清光緒十七年(1891)星沙養翻書齋刻本　三十冊

320000－1646－0001448　300084

漢書補注一百卷　(漢)班固撰　(唐)顏師古注　王先謙補注　清光緒二十六年(1900)長沙王氏刻本　三十二冊

320000－1646－0001449　300086

前後漢書疏證六十六卷　(清)沈欽韓撰　清光緒二十六年(1900)浙江官書局刻本　四十冊

320000－1646－0001450　300087

漢書正誤四卷　(清)王峻撰　(清)錢大昕校定　清懷息草堂刻本　一冊　存二卷(三至四)

320000－1646－0001451　300088

漢書辨疑二十二卷　(清)錢大昭撰　清光緒十三年(1887)廣雅書局刻本　五冊

320000－1646－0001452　300089

漢書辨疑二十二卷　(清)錢大昭撰　清光緒十三年(1887)廣雅書局刻本　五冊

320000－1646－0001453　300090

兩漢書辨疑四十二卷　(清)錢大昭撰　清光緒十三年(1887)廣雅書局刻本　四冊

320000－1646－0001454　300092

兩漢刊誤補遺十卷　(宋)吳仁傑撰　清同治七年(1868)金陵書局木活字印本　二冊

320000－1646－0001455　300094

校漢書八表八卷　(清)夏燮撰　清光緒十六年(1890)來青閣刻本　六冊

320000－1646－0001456　300095

前漢匈奴表三卷附錄一卷　（清）沈惟賢撰　清光緒十九年（1893）刻本　二冊

320000－1646－0001457　300096

漢書引經異文錄證六卷　（清）繆祐孫撰　清光緒十一年（1885）刻本　二冊

320000－1646－0001458　300098

漢書西域傳補注二卷　（清）徐松著　清光緒二十九年（1903）上海文瑞樓石印本　一冊

320000－1646－0001459　300099

漢書西域傳補注二卷新疆賦一卷　（清）徐松撰　清上海鴻文書局石印本　一冊

320000－1646－0001460　300100

漢書藝文志考證十卷　（元）王應麟撰　清光緒十年（1884）成都志古堂刻本　四冊

320000－1646－0001461　502065

佛說四十二章經一卷　（漢）釋迦葉摩勝譯　（漢）釋竺法蘭譯　佛遺教經行勅一卷　（唐）太宗李世民御製　八大覺經一卷　（漢）釋安世高譯　清同治九年（1870）金陵刻經處刻本　一冊

320000－1646－0001462　300105

東觀漢記二十四卷　（漢）劉珍等撰　清掃葉山房刻本　四冊

320000－1646－0001463　300106

東觀漢記二十四卷　（漢）劉珍等撰　清掃葉山房刻本　二冊

320000－1646－0001464　300107

後漢書九十卷　（南朝宋）范曄撰　（唐）李賢注　續漢書志三十卷　（晉）司馬彪撰　（南朝宋）劉昭注　清同治十二年（1873）嶺東使署刻本　十六冊

320000－1646－0001465　300108

後漢書九十卷　（南朝宋）范曄撰　（唐）李賢注　續漢書志三十卷　（晉）司馬彪撰　（南朝宋）劉昭注　清同治八年（1869）金陵書局刻本　十六冊

320000－1646－0001466　300109

後漢書九十卷　（南朝宋）范曄撰　（唐）李賢注　續漢書志三十卷　（晉）司馬彪撰　（南朝宋）劉昭注　清同治八年（1869）金陵書局刻本　十六冊

320000－1646－0001467　300113

漢書注校補五十六卷後漢書注補正八卷　（清）周壽昌撰　清光緒十年（1884）思益堂刻本　十一冊　缺二十卷（校補十四至二十、三十二至三十六、四十九至五十六）

320000－1646－0001468　300115

後漢三公年表一卷　（清）華湛恩撰　清道光十三年（1833）刻本　一冊

320000－1646－0001469　300116

後漢書補表八卷　（清）錢大昭撰　清嘉慶四年（1799）嘉定秦氏汗筠齋刻本　一冊　存二卷（七至八）

320000－1646－0001470　300117

後漢書補表校錄一卷　（清）錢大昭補　（清）陳漢章校　南田志略　（清）陳漢章撰　清末民國鉛印本　一冊

320000－1646－0001471　300122

三國志六十五卷　（晉）陳壽撰　（南朝宋）裴松之集注　（明）陳仁錫評閱　明萬曆二十四年（1596）積秀堂刻本　十四冊　存三十卷（魏書三十卷）

320000－1646－0001472　300123

三國志六十五卷　（晉）陳壽撰　（南朝宋）裴松之注　清同治九年（1870）金陵書局仿汲古閣刻本　八冊

320000－1646－0001473　300124

三國志六十五卷　（晉）陳壽撰　（南朝宋）裴松之注　清同治九年（1870）金陵書局仿汲古閣刻本　八冊

320000－1646－0001474　300125

補三國藝文志四卷　（清）侯康撰　清光緒廣雅書局刻本　一冊

320000－1646－0001475　300126

三國志六十五卷　（晉）陳壽撰　（南朝宋）裴松之注　清光緒十年(1884)上海同文書局石印本　十四冊

320000－1646－0001476　300127

三國志六十五卷　（晉）陳壽撰　（南朝宋）裴松之注　清同治六年(1867)金陵書局木活字印本　二十冊

320000－1646－0001477　300135

補三國疆域志二卷　（清）洪亮吉撰　清乾隆四十六年(1781)刻本　一冊

320000－1646－0001478　300136

三國志考證二卷　（清）潘眉撰　清光緒二十八年(1902)鉛印本　一冊

320000－1646－0001479　300137

三國志證聞二卷　（清）錢儀吉撰　清光緒十一年(1885)江蘇書局刻本　二冊

320000－1646－0001480　300138

三國郡縣表補正八卷　楊守敬撰　清光緒三十三年(1907)刻本　一冊　存三卷(二至四)

320000－1646－0001481　300139

三國疆域志補注十九卷　（清）洪亮吉撰　（清）謝鐘英補注　清光緒二十四年(1898)湘中刻本　八冊

320000－1646－0001482　300140

三國疆域志補注十九卷　（清）洪亮吉撰　（清）謝鐘英補注　清光緒二十四年(1898)湘中刻本　四冊　存十卷(三至四、九至十六)

320000－1646－0001483　300141

三國志注證遺四卷　（清）周壽昌撰　清光緒八年(1882)思益堂刻本　二冊

320000－1646－0001484　300142

續後漢書四十七卷　（宋）蕭常著　清同治八年(1869)師古山房刻本　四冊

320000－1646－0001485　300143

續後漢書四十七卷　（宋）蕭常著　清同治八年(1869)師古山房刻本　六冊

320000－1646－0001486　300144

四史發伏十卷　（清）洪亮吉撰　清光緒八年(1882)小石山房刻本　四冊

320000－1646－0001487　300147

晉書校文五卷　丁國鈞撰　清光緒二十年(1894)錫山文苑閣木活字印本　二冊

320000－1646－0001488　300153

晉略六十六卷　（清）周濟撰　清光緒二年(1876)味雋齋刻本　十冊

320000－1646－0001489　300154

晉略六十六卷　（清）周濟撰　清光緒二年(1876)味雋齋刻本　十冊

320000－1646－0001490　300155

晉略六十六卷　（清）周濟撰　清光緒三年(1877)味雋齋刻本　八冊

320000－1646－0001491　300156

南齊書五十九卷　（南朝梁）蕭子顯撰　明汲古閣刻本　五冊　存四十九卷(十一至五十九)

320000－1646－0001492　300157

南齊書五十九卷　（南朝梁）蕭子顯撰　清光緒十四年(1888)上海圖書集成印書局鉛印本　六冊

320000－1646－0001493　300161

西魏書二十四卷　（清）謝啟昆撰　清光緒九年(1883)樹經堂刻本　六冊

320000－1646－0001494　300163

周書斠補四卷　（清）孫詒讓撰　清光緒二十六年(1900)刻　二冊

320000－1646－0001495　300165

舊唐書二百卷　（五代）劉昫等撰　清光緒三十三年(1907)上海華商集成圖書公司鉛印本　三十冊

320000－1646－0001496　300166

舊唐書二百卷　（五代）劉昫等撰　清光緒二十八年(1902)上海文瀾書局石印本　十冊

320000－1646－0001497　300167

舊唐書逸文十二卷　（清）岑建功輯　清同治

十一年(1872)懼盈齋刻本　四冊

320000－1646－0001498　300168
新唐書二百二十五卷　（宋）歐陽修等撰　清光緒三十三年(1907)上海華商集成圖書公司鉛印本　三十二冊

320000－1646－0001499　300169
新唐書二百二十五卷　（宋）歐陽修等撰　清光緒二十八年(1902)上海文瀾書局石印本　八冊

320000－1646－0001500　300170
新唐書二百二十五卷　（宋）歐陽修等撰　清同治十二年(1873)浙江書局刻本　四十冊　缺十六卷（五十至五十六、七十一、一百九十七至二百一、二百二十三至二百二十五）

320000－1646－0001501　300172
新唐書二百二十五卷　（宋）歐陽修等撰　清光緒二十八年(1902)崈寶齋石印本　十六冊

320000－1646－0001502　300174
新舊唐書合鈔二百六十卷補正六卷唐書宰相世系表訂偽十二卷　（清）沈炳震輯　清同治十年(1871)武林吳氏經來堂刻本　七十九冊　缺四卷（合鈔二至五）

320000－1646－0001503　300175
唐書西域傳注四卷　（清）沈惟賢述　清光緒二十四年(1898)刻本　一冊

320000－1646－0001504　300178
十國春秋一百十六卷　（清）吳任臣撰　清乾隆五十八年(1793)周昂宜閣刻本　十二冊

320000－1646－0001505　300179
十國春秋一百十六卷　（清）吳任臣撰　清乾隆五十八年(1793)周昂宜閣刻本　二十冊

320000－1646－0001506　300180
十國春秋一百十六卷　（清）吳任臣撰　清海虞顧氏小石山房刻本　十六冊

320000－1646－0001507　300181
宋史四百九十六卷　（元）脫脫等撰　清光緒十年(1884)上海同文書局石印本　一百冊

320000－1646－0001508　300182
宋瑣語不分卷　（清）郝懿行輯　清嘉慶二十一年(1816)曬書堂刻本　二冊

320000－1646－0001509　300183
宋瑣語不分卷　（清）郝懿行輯　清嘉慶二十一年(1816)曬書堂刻本　三冊

320000－1646－0001510　300188
東都事略一百三十卷　（宋）王稱撰　清光緒九年(1883)淮南書局刻本　八冊

320000－1646－0001511　300189
東都事略一百三十卷　（宋）王稱撰　清光緒九年(1883)淮南書局刻本　十冊

320000－1646－0001512　300190
東都事略一百三十卷　（宋）王稱撰　清光緒九年(1883)淮南書局刻本　八冊

320000－1646－0001513　300191
東都事略一百三十卷　（宋）王稱撰　清乾隆六十年(1795)掃葉山房刻本　十二冊

320000－1646－0001514　300192
南宋書六十八卷　（明）錢士升撰　清末民國上海精一閣書局刻本　十六冊

320000－1646－0001515　300193
南宋書六十八卷　（明）錢士升撰　清嘉慶二年(1797)掃葉山房刻本　八冊

320000－1646－0001516　300195
遼史一百十五卷　（元）托克托等撰　清同治十二年(1873)江蘇書局刻本　十二冊

320000－1646－0001517　300196
遼史語解十卷　（清）高宗弘曆敕撰　清光緒四年(1878)江蘇書局刻本　二冊

320000－1646－0001518　300197
遼史拾遺二十四卷　（清）厲鶚撰　清道光元年(1821)錢塘汪氏振綺堂刻本　六冊

320000－1646－0001519　300198
遼史拾遺二十四卷　（清）厲鶚撰　清道光元年(1821)錢塘汪氏振綺堂刻本　八冊

320000－1646－0001520　300199

遼史拾遺二十四卷　（清）厲鶚撰　清光緒元年(1875)江蘇書局刻本　八冊

320000－1646－0001521　300200

遼史拾遺補五卷　（清）楊復吉輯　清光緒三年(1877)江蘇書局刻本　二冊

320000－1646－0001522　300203

金史一百三十五卷　（元）托克托等撰　清同治十三年(1874)江蘇書局刻本　二十冊

320000－1646－0001523　300204

欽定金史語解十二卷　（清）高宗弘曆敕撰　清光緒四年(1878)江蘇書局刻本　二冊

320000－1646－0001524　300205

金史詳校十卷史論五答一卷　（清）施國祁撰　清光緒六年(1880)會稽章氏刻本　十冊

320000－1646－0001525　300206

元史二百十卷　（明）宋濂等修　清同治十三年(1874)江蘇書局刻本　一冊　存一卷(一)

320000－1646－0001526　300207

元史二百十卷　（明）宋濂等修　清同治十三年(1874)江蘇書局刻本　四十冊

320000－1646－0001527　300208

元史二百十卷　（明）宋濂等修　清光緒二十八年(1902)文瀾書局石印本　八冊

320000－1646－0001528　300209

元史藝文志四卷　（清）錢大昕補　清江蘇書局刻本　一冊

320000－1646－0001529　300210

元史氏族表三卷　（清）錢大昕撰　清江蘇書局刻本　二冊

320000－1646－0001530　300211

元史語解二十四卷　（清）高宗弘曆敕撰　清光緒江蘇書局刻本　六冊

320000－1646－0001531　300212

元史譯文證補三十卷　（清）洪鈞撰　清光緒二十三年(1897)刻本　四冊

320000－1646－0001532　300213

元史譯文證補三十卷　（清）洪鈞撰　清光緒二十三年(1897)刻本　二冊

320000－1646－0001533　300214

元史譯文證補三十卷　（清）洪鈞撰　清光緒二十三年(1897)石印本　四冊

320000－1646－0001534　300215

元史譯文證補三十卷　（清）洪鈞撰　清光緒二十三年(1897)石印本　四冊

320000－1646－0001535　300217

元書一百二卷　（清）曾廉撰　清宣統三年(1911)層漪堂刻本　二十冊

320000－1646－0001536　300224

潛菴先生擬明史稿二十卷　（清）湯斌撰　清刻本　十二冊

320000－1646－0001537　300225

潛菴先生擬明史稿二十卷　（清）湯斌撰　清康熙刻本　八冊

320000－1646－0001538　300226

明史藁三百十卷　（清）王鴻緒撰　清雍正、乾隆敬慎堂刻本　七十九冊　缺四卷(二百四十六至二百四十九)

320000－1646－0001539　300227

明史藁三百十卷　（清）王鴻緒撰　清雍正、乾隆敬慎堂刻本　一百冊

320000－1646－0001540　300228

南疆繹史五十六卷　（清）溫睿臨撰　清道光十年(1830)刻本　十二冊

320000－1646－0001541　300229

南疆繹史五十六卷　（清）溫睿臨撰　清末民國都城琉璃廠半松居士木活字印本　十二冊

320000－1646－0001542　300231

清史藝文志四卷　清末民國鉛印本　一冊

320000－1646－0001543　300233

康熙政要二十四卷　（清）章梫纂　清光緒鉛印本　十二冊

320000－1646－0001544　300234

遼金元三史語解四十六卷　（清）高宗弘曆敕撰　清道光四年(1824)刻本　十六冊

320000－1646－0001545　300235

遼金元三史語解四十六卷　（清）高宗弘曆敕撰　清光緒四年(1878)江蘇書局刻本　四冊

320000－1646－0001546　300236

廿四史三表二十卷　（清）段長基述　清光緒元年(1875)味古山房刻本　五冊

320000－1646－0001547　300237

古今史學萃珍十七卷　（清）余肇鈞輯　清同治八年(1869)余氏明辨齋刻本　八冊

320000－1646－0001548　300238

史論五種十一卷　（清）李祖陶撰　清同治十年(1871)尚友樓刻本　四冊

320000－1646－0001549　300239

史學叢書　（清）□□輯　清光緒二十五年(1899)上海文瀾書局石印本　十四冊

320000－1646－0001550　300240

史學叢書　（清）□□輯　清光緒二十八年(1902)上海煥文書局石印本　三十二冊

320000－1646－0001551　300243

常熟丁氏叢書　丁國鈞撰　清光緒木活字印本　六冊

320000－1646－0001552　300246

兩漢紀六十卷異同考一卷　（宋）王銍輯　清初刻本　十六冊

320000－1646－0001553　300247

兩漢紀六十卷校記二卷　（宋）王銍輯　清光緒二年(1876)嶺南學海堂刻本　十四冊

320000－1646－0001554　300248

兩漢紀六十卷校記一卷　（宋）王銍輯　清光緒二年(1876)嶺南述古堂刻本　十二冊

320000－1646－0001555　300249

資治通鑑大全　（明）陳仁錫輯　明崇禎二年(1629)刻本　四十四冊　缺三百二十卷(資治通鑒二百九十四卷、甲子會紀五卷、通鑒前編十八卷舉要二卷首一卷)

320000－1646－0001556　300250

資治通鑑彙刻　清同治、光緒間江蘇書局刻本　二百五冊　缺三十七卷(通鑑目錄三十卷、通鑑宋本校勘記五卷元本校勘記二卷)

320000－1646－0001557　300252

竹書紀年統箋十二卷　（清）徐文靖補箋　清光緒三年(1877)浙江書局刻本　四冊

320000－1646－0001558　300253

竹書紀年統箋十二卷　（清）徐文靖補箋　清光緒三年(1877)浙江書局刻本　四冊

320000－1646－0001559　300254

竹書紀年補證四卷竹書後案一卷　（清）林春溥撰　清道光二十年(1840)竹柏山房刻本　二冊

320000－1646－0001560　300255

竹書紀年集證五十卷　（清）陳逢衡撰　清嘉慶十八年(1813)裛露軒刻本　十二冊

320000－1646－0001561　300256

竹書紀年集證五十卷　（清）陳逢衡撰　清嘉慶十八年(1813)裛露軒刻本　二十二冊

320000－1646－0001562　300257

元經十卷　（隋）王通撰　清光緒二十年(1894)藝文書局刻本　一冊

320000－1646－0001563　300258

元經十卷　（隋）王通撰　清掃葉山房刻本　二冊

320000－1646－0001564　300259

稽古錄二十卷　（宋）司馬光撰　清光緒五年(1879)江蘇書局刻本　二冊

320000－1646－0001565　300260

稽古錄二十卷　（宋）司馬光撰　清同治十一年(1872)湖北崇文書局刻本　四冊

320000－1646－0001566　300261

資治通鑑外紀十卷　（宋）劉恕撰　清刻本　四冊

320000－1646－0001567　300262

通鑑外紀十卷目錄五卷　（宋）劉恕編集　（清）胡克家注　清同治十年(1871)江蘇書局刻本　三冊

320000－1646－0001568　300263

資治通鑑外紀十卷　（宋）劉恕撰　（清）胡克家注　清光緒刻本　六冊

320000－1646－0001569　300264

資治通鑑注二百九十四卷　（宋）司馬光撰　（元）胡三省音注　**通鑑釋文辨誤十二卷**　（元）胡三省撰　清同治八年(1869)江蘇書局刻本　一百冊

320000－1646－0001570　300265

資治通鑑注二百九十四卷　（宋）司馬光撰　（元）胡三省音注　**通鑑釋文辨誤十二卷**　（元）胡三省撰　清同治八年(1869)江蘇書局刻本　一百冊

320000－1646－0001571　300266

資治通鑑注二百九十四卷　（宋）司馬光撰　（元）胡三省音注　**通鑑釋文辨誤十二卷**　（元）胡三省撰　清同治八年(1869)江蘇書局刻本　一百冊

320000－1646－0001572　300269

資治通鑑二百九十四卷　（宋）司馬光撰　（元）胡三省音注　**通鑑釋文辨誤十二卷**　（元）胡三省撰　**資治通鑑外紀十卷**　（宋）劉恕編集　（清）胡克家注補　**續資治通鑑二百二十卷**　（清）畢沅編集　清光緒十四年至十六年(1888－1890)上海積山書局石印本　四十二冊

320000－1646－0001573　300270

通鑑辨誤十二卷　（元）胡三省撰　清刻本　三冊　存十卷(一至十)

320000－1646－0001574　300271

通鑑答問五卷　（元）王應麟撰　清刻本　二冊

320000－1646－0001575　300272

通鑑地理今釋十六卷　（清）吳熙載撰　清光緒八年(1882)江蘇書局刻本　三冊

320000－1646－0001576　300273

資治通鑑補二百九十四卷　（明）嚴衍撰　清光緒二年(1876)盛氏思補樓木活字印本　七十一冊

320000－1646－0001577　300274

資治通鑑補正二百九十四卷　（宋）司馬光編集　（明）嚴衍補正　清光緒二十八年(1902)上海益智書局石印本　四十八冊

320000－1646－0001578　300275

續資治通鑑二百二十卷　（清）畢沅編集　清同治八年(1869)江蘇書局刻本　六十冊

320000－1646－0001579　300276

續資治通鑑二百二十卷　（清）畢沅編集　清同治八年(1869)江蘇書局刻本　六十冊

320000－1646－0001580　300277

續資治通鑑二百二十卷　（清）畢沅編集　清同治八年(1869)江蘇書局刻本　六十冊

320000－1646－0001581　300278

續資治通鑑二百二十卷　（清）畢沅編集　清光緒二十九年(1903)江蘇書局刻本　六十四冊

320000－1646－0001582　300280

錢陔園考訂資治通鑑綱目全書四十六卷　（清）錢選撰　清光緒刻本　四十四冊　存四十四卷(三至四十六)

320000－1646－0001583　300281

續資治通鑑綱目二十七卷　（明）商輅等撰　清光緒八年(1882)刻本　二十四冊

320000－1646－0001584　300282

資治通鑑綱目前編二十五卷正編五十九卷續編二十七卷末一卷三編三十五卷　（明）陳仁錫等撰　明刻本(資治通鑑綱目前編卷三配清刻本)　一百四十七冊　缺二卷(續編十六、末一卷)

320000－1646－0001585　300283

甲子會紀不分卷　（清）薛應旂編集　清刻本

二冊

320000－1646－0001586　300284

通鑑綱目分註補遺四卷書法存疑一卷　（清）芮長恤撰　清光緒小岯山館刻本　三冊　缺一卷（通鑑綱目分註補遺一）

320000－1646－0001587　300285

朱子綱目輯畧四卷　（清）周宗濂著　清乾隆十四年（1749）竹友草堂刻本　二冊

320000－1646－0001588　300286

新增綱鑑補註二十四卷　（明）袁黃編纂　清光緒二十年（1894）上海寶善書局石印本　十二冊

320000－1646－0001589　300287

鼎鍥趙田了凡袁先生編纂古本歷史大方綱鑑補三十九卷　（明）袁黃編纂　清怡古堂刻本　三十六冊

320000－1646－0001590　300288

袁王綱鑑合編三十九卷　（明）袁黃輯　（明）王世貞編　御撰明紀綱目二十卷　（清）張廷玉編　清光緒三十年（1904）商務印書館鉛印本（御撰明紀綱目卷十至二十配清刻本）　十六冊

320000－1646－0001591　300289

袁王綱鑑合編三十九卷　（明）袁黃輯　（明）王世貞編　御撰明紀綱目二十卷　（清）張廷玉編　清光緒三十年（1904）商務印書館鉛印本　五冊

320000－1646－0001592　300290

重訂王鳳洲先生綱鑑會纂四十六卷　（明）王世貞纂　清光緒二十五年（1899）萃文齋石印本　十二冊

320000－1646－0001593　300291

新鐫張太史注釋標題綱鑑白眉二十一卷　（明）張鼐撰　清乾隆刻本　九冊　存二十卷（二至二十一）

320000－1646－0001594　300292

王鳳洲先生綱鑑正約會纂三十六卷　（明）顧錫疇編注　清康熙三年（1664）刻本　十六冊

320000－1646－0001595　300293

王鳳洲先生綱鑑正約會纂三十六卷　（明）顧錫疇編注　通紀會纂十卷　（明）鍾惺撰　清康熙三年（1664）刻本　十九冊　缺七卷（通紀會纂四至十）

320000－1646－0001596　300294

玉堂鑑綱七十二卷　（明）葉向高纂　明萬曆刻本　十八冊　存六十一卷（一至十五、二十六至二十九、三十一至七十二）

320000－1646－0001597　300295

綱鑑正史約三十六卷　（明）顧錫疇原編　（清）陳弘謀增訂　清乾隆二年（1737）刻本　二十冊

320000－1646－0001598　300296

綱鑑正史約三十六卷　（明）顧錫疇編纂　清乾隆刻本　十冊　存三十一卷（六至三十六）

320000－1646－0001599　300297

綱鑑會編九十八卷　（清）葉澐輯錄　清康熙四十一年（1702）刻本　三冊

320000－1646－0001600　300298

綱鑑易知錄九十二卷　（清）吳乘權等輯　御撰資治通鑑明紀綱目　（清）張廷玉等編次　清雍正二年（1724）學庫山房刻本　四十八冊

320000－1646－0001601　300299

綱鑑易知錄九十二卷明鑑易知錄十五卷　（清）吳乘權等輯　清康熙五十年（1711）緯文堂刻本　四十八冊

320000－1646－0001602　300300

綱鑑易知錄一百七卷　（清）吳乘權等輯　清光緒二十四年（1898）上海宏文閣鉛印本　八冊

320000－1646－0001603　300301

綱鑑易知錄一百七卷　（清）吳乘權等輯　清光緒二十四年（1898）上海宏文閣鉛印本　十六冊

320000－1646－0001604　300302

綱鑑易知錄九十二卷明鑑易知錄十五卷
（清）吳乘權等輯　清光緒二十七年（1901）上海鑄史齋鉛印本　十六冊

320000－1646－0001605　300303

綱鑑易知錄九十二卷明鑑易知錄十五卷
（清）吳乘權等輯　清末民國著易堂書局鉛印本　四冊

320000－1646－0001606　300304

綱鑑易知錄一百七卷　（清）吳乘權等輯　清光緒十七年（1891）上海廣百宋齋鉛印本　十五冊　缺六卷（四十九至五十四）

320000－1646－0001607　300305

御批歷代通鑑輯覽一百二十卷　（清）傅恒等輯　清同治十一年（1872）湖北崇文書局刻本　六十冊

320000－1646－0001608　300306

御批歷代通鑑輯覽一百二十卷　（清）傅恒等輯　清刻本　六十四冊

320000－1646－0001609　300307

御批歷代通鑑輯覽一百二十卷　（清）傅恒等輯　清光緒十三年（1887）同文書局石印本　二十冊

320000－1646－0001610　300308

御批歷代通鑑輯覽一百二十卷　（清）傅恒等輯　清光緒二十九年（1903）通元書局石印本　二十四冊

320000－1646－0001611　300309

御批歷代通鑑輯覽一百二十卷　（清）傅恒等輯　清刻本　十八冊

320000－1646－0001612　300310

御批歷代通鑑輯覽一百二十卷　（清）傅恒等輯　清光緒二十九年（1903）商務印書館鉛印本（卷二十五至三十二配鉛印本）　三十九冊

320000－1646－0001613　300311

御批歷代通鑑輯覽一百二十卷　（清）傅恒等輯　清光緒三十年（1904）上海商務印書館鉛印本　六冊

320000－1646－0001614　300312

紀元編三卷　（清）李兆洛撰　清粵雅堂刻本　一冊

320000－1646－0001615　300313

紀元編三卷　（清）李兆洛撰　清同治十年（1871）合肥李氏刻本　三冊

320000－1646－0001616　300314

歷代三元甲子編年一卷　清刻本　一冊

320000－1646－0001617　300315

歷代紀元彙考八卷　（清）萬斯同編　清光緒二十三年（1897）翁洲李氏刻本　一冊

320000－1646－0001618　300316

歷代世系紀年編一卷　（清）沈炳震編　清道光二年（1822）刻本　一冊

320000－1646－0001619　300317

參補歷朝紀年七卷　（清）徐師曾撰　清刻本　一冊

320000－1646－0001620　300318

戰國紀年六卷年表一卷　（清）林春溥纂　清道光十八年（1838）竹柏山房刻本　六冊

320000－1646－0001621　300319

戰國紀年六卷年表一卷　（清）林春溥纂　清道光十八年（1838）竹柏山房刻本　六冊

320000－1646－0001622　300320

周季編略九卷　（清）黃式三纂　清同治十二年（1873）浙江書局刻本　四冊

320000－1646－0001623　300321

周季編略九卷　（清）黃式三纂　清同治十二年（1873）浙江書局刻本　四冊

320000－1646－0001624　300324

唐鑑二十四卷　（宋）范祖禹撰　（宋）呂祖謙注　清光緒十八年（1892）浙江書局刻本　四冊

320000－1646－0001625　300325

唐鑑二十四卷　（宋）范祖禹撰　（宋）呂祖謙注　清同治十三年（1874）蓉城尊經書院刻本　四冊

320000－1646－0001626　300326
大唐創業起居注三卷　（唐）溫大雅撰　清光緒三十一年(1905)刻本　一冊

320000－1646－0001627　300327
順宗實錄五卷　（唐）韓愈撰　**婦人集一卷**　（清）陳維崧撰　清道光二十六年(1846)海山仙館刻本　一冊

320000－1646－0001628　300328
續資治通鑑長編五百二十卷　（宋）李燾撰　清光緒刻本　一百二十冊

320000－1646－0001629　300329
續資治通鑑長編拾補六十卷　（清）黃以周等編　清光緒九年(1883)浙江書局刻本　十六冊

320000－1646－0001630　300330
三朝北盟會編二百五十卷　（宋）徐夢莘編集　清光緒四年(1878)鉛印本　四十冊

320000－1646－0001631　300331
三朝北盟會編二百五十卷　（宋）徐夢莘編集　清光緒四年(1878)鉛印本　二十冊

320000－1646－0001632　300332
三朝北盟會編二百五十卷　（宋）徐夢莘編集　清光緒四年(1878)鉛印本　四十冊

320000－1646－0001633　300333
野獲編三十卷補遺四卷　（清）沈德符著　（清）錢枋輯　清道光七年(1827)錢塘姚氏刻本　二十冊

320000－1646－0001634　300334
野獲編三十卷補遺四卷　（清）沈德符著　（清）錢枋輯　清道光七年(1827)錢塘姚氏刻本　二十四冊

320000－1646－0001635　300335
明紀綱目二十卷　（清）張廷玉等編纂　清乾隆十一年(1746)刻本　四冊

320000－1646－0001636　300336
明紀綱目二十卷　（清）張廷玉等編纂　清乾隆十一年(1746)刻本　一冊

320000－1646－0001637　300337
明紀六十卷　（清）陳鶴纂　清同治十年(1871)江蘇書局刻本　二十冊

320000－1646－0001638　300338
明紀六十卷　（清）陳鶴纂　清同治十年(1871)江蘇書局刻本　二十冊

320000－1646－0001639　300339
明紀六十卷　（清）陳鶴纂　清同治十年(1871)江蘇書局刻本　二十冊

320000－1646－0001640　300340
明紀六十卷　（清）陳鶴纂　清同治十年(1871)江蘇書局刻本　二十冊

320000－1646－0001641　300341
明紀六十卷　（清）陳鶴纂　清同治十年(1871)江蘇書局刻本　二十冊

320000－1646－0001642　300342
明通鑑一百卷　（清）夏燮編輯　清光緒二十三年(1897)湖北官書處刻本　四十八冊

320000－1646－0001643　300343
明通鑑一百卷　（清）夏燮編輯　清光緒二十三年(1897)湖北官書處刻本　四十冊

320000－1646－0001644　300344
明通鑑九十卷坿記六卷　（清）夏燮編輯　清光緒二十九年(1903)點石齋石印本　十六冊

320000－1646－0001645　300351
東華錄十六卷(天命朝至雍正朝)　（清）蔣良騏纂輯　清抄本　八冊

320000－1646－0001646　300352
東華錄三十二卷(天命朝至雍正朝)　（清）蔣良騏撰　清乾隆刻本　十二冊

320000－1646－0001647　300353
東華錄三十二卷(天命朝至雍正朝)　（清）蔣良騏撰　清乾隆刻本　十二冊

320000－1646－0001648　300354
東華全錄四百九十四卷　王先謙等輯　清光緒十三年(1887)刻本　一百八十八冊

320000－1646－0001649　300355

東華錄八百四十五卷(天命朝至光緒朝)　王先謙等編　清光緒十三年(1887)上海圖書集成印書局刻本　一百二十八冊

320000－1646－0001650　300356

東華錄四百九十四卷(天命朝至道光朝)　王先謙等編　清光緒十三年(1887)上海圖書集成印書局鉛印本　八十冊

320000－1646－0001651　300357

十朝東華錄五百二十五卷東華續錄一百卷(天命朝至咸豐朝)　王先謙編　清光緒二十五年(1899)石印本　八十八冊

320000－1646－0001652　300358

十二朝東華錄八百十三卷　王先謙等編　清光緒二十五年(1899)石印本　一百五十二冊

320000－1646－0001653　300359

十二朝東華錄八百八十二卷　王先謙等編　清宣統三年(1911)石印本　一百九十八冊

320000－1646－0001654　300360

十二朝東華錄八百八十二卷　王先謙等編　清宣統三年(1911)石印本　一百三十六冊

320000－1646－0001655　300361

東華錄摯要一百十四卷　(清)汪文安錄　清光緒二十九年(1903)商務印書館鉛印本　二十二冊　存八十七卷(十二至六十二、七十五至七十七、八十二至一百十四)

320000－1646－0001656　300362

東華錄詳節二十四卷　(清)鄔樹庭編　清光緒二十六年(1900)上海東文學堂石印本　四冊

320000－1646－0001657　300363

十一朝東華約錄二百三十卷　王先謙撰　清光緒二十七年(1901)石印本　二十四冊

320000－1646－0001658　300364

十一朝東華錄分類輯要二十四卷　(清)何良棟撰　清光緒二十九年(1903)鴻寶書局石印本　二十四冊

320000－1646－0001659　300365

十一朝東華錄分類輯要二十四卷　(清)何良棟撰　清光緒二十九年(1903)鴻寶書局石印本　十八冊　存十八卷(七至二十四)

320000－1646－0001660　300371

光緒政要三十四卷　(清)沈桐生輯　清宣統元年(1909)南洋官書局石印本　三十冊

320000－1646－0001661　300372

紀事本末五種　清光緒二十四年(1898)湖南思賢書局刻本(明史紀事本末配光緒十三年廣雅書局刻本)　一百二十三冊

320000－1646－0001662　300373

歷朝紀事本末六百五十八卷　(清)高士奇等撰　清光緒二十五年(1899)慎記書莊石印本　五十六冊

320000－1646－0001663　300374

歷朝紀事本末六百五十八卷　(清)高士奇等撰　清光緒二十五年(1899)慎記書莊石印本　五十六冊

320000－1646－0001664　300375

歷朝紀事本末六百五十八卷　(清)陳如升等輯　清光緒二十四年(1898)文瀾書局石印本　五十冊

320000－1646－0001665　300376

繹史一百六十卷　(清)馬驌撰　清康熙九年(1670)刻本　四十八冊

320000－1646－0001666　300377

繹史一百六十卷　(清)馬驌撰　清光緒十五年(1889)金匱浦氏刻本　四十冊

320000－1646－0001667　300378

左傳紀事本末五十三卷　(清)高士奇輯　清光緒十四年(1888)上海書業公所鉛印本　三冊

320000－1646－0001668　300379

左傳紀事本末五十三卷　(清)高士奇輯　清光緒十四年(1888)上海書業公所鉛印本　五冊

320000－1646－0001669　300381

通鑑紀事本末二百三十九卷　（宋）袁樞編　清刻本　五十冊　缺一百四十四卷（十、十二、十五、十七、二十至二十二、四十一、四十三至四十七、五十八至六十三、六十五至七十八、八十六至八十八、一百四至一百十三、一百三十四至二百二十七、二百三十六至二百三十九）

320000－1646－0001670　300382

通鑑紀事本末二百三十九卷　（宋）袁樞編輯　清光緒十三年(1887)廣雅書局刻本　七十六冊　缺十五卷（六十至六十三、七十五至八十五）

320000－1646－0001671　300383

宋史紀事本末一百九卷　（明）陳邦瞻編輯　清光緒十四年(1888)上海書業公所鉛印本　八冊

320000－1646－0001672　300384

宋史紀事本末一百九卷　（明）陳邦瞻輯　清刻本　十七冊

320000－1646－0001673　300385

宋史紀事本末一百九卷　（明）馮琦原編（明）陳邦瞻增訂　清光緒十三年(1887)廣雅書局刻本　十六冊

320000－1646－0001674　300390

元史紀事本末二十七卷　（明）陳邦瞻輯　清同治十三年(1874)江西書局刻本　四冊

320000－1646－0001675　300392

明鑑紀事本末八十卷　（清）谷應泰撰　清浙江學使廨刻本　二十五冊

320000－1646－0001676　300393

明史紀事本末八十卷　（清）谷應泰編輯　清光緒二十四年(1898)湖南思賢書局刻本　二十冊

320000－1646－0001677　300394

明史紀事本末八十卷　（清）谷應泰編輯　清光緒二十四年(1898)湖南思賢書局刻本　十五冊　存五十八卷（二十三至八十）

320000－1646－0001678　300395

明史紀事本末八十卷　（清）谷應泰編輯　清光緒十四年(1888)上海書業公所崇德堂鉛印本　八冊

320000－1646－0001679　300396

續明紀事本末十八卷　（清）倪在田輯　清光緒二十九年(1903)育英學社鉛印本　六冊

320000－1646－0001680　300397

續明紀事本末十八卷　（清）倪在田輯　清光緒二十九年(1903)育英學社鉛印本　五冊　存十五卷（一至七、十一至十八）

320000－1646－0001681　302087

大美國欽命會議銀價大臣條議中國新圜法覺書一卷　（美國）精琪等撰　清光緒二十九年(1903)上海商務印書館鉛印本　一冊

320000－1646－0001682　300401

炎徼紀聞四卷　（明）田汝成撰　清劉氏嘉業堂刻本　一冊

320000－1646－0001683　300402

明季南北略四十二卷　（清）計六奇編輯　清末民國都城琉璃廠鉛印本　二十二冊

320000－1646－0001684　300403

明季南北略四十二卷　（清）計六奇編輯　清末民國都城琉璃廠鉛印本　十八冊　缺一卷（明季北略二）

320000－1646－0001685　300404

明季南北略四十二卷　（清）計六奇編輯　清光緒十三年(1887)圖書集成局鉛印本　十冊

320000－1646－0001686　300405

明季南北略四十二卷　（清）計六奇編輯　清光緒十三年(1887)圖書集成局鉛印本　十冊

320000－1646－0001687　300406

明季南北略四十二卷　（清）計六奇編輯　清光緒十三年(1887)圖書集成局鉛印本　十冊

320000－1646－0001688　300407

綏寇紀略十二卷　（清）吳偉業纂輯　清康熙十三年(1674)時保堂刻本　八冊

320000－1646－0001689　300408
綏寇紀略十二卷補遺三卷　（清）吳偉業纂輯
　　清嘉慶九年(1804)照曠閣刻本　八冊

320000－1646－0001690　300409
皇朝開國方略三十二卷　（清）阿桂等撰　清光緒十三年(1887)廣百宋齋鉛印本　二冊

320000－1646－0001691　300410
聖武記十四卷　（清）魏源撰　清道光二十二年(1842)古微堂刻本　十二冊

320000－1646－0001692　300411
聖武記十四卷　（清）魏源撰　清道光二十二年(1842)古微堂刻本　十二冊

320000－1646－0001693　300412
聖武記十四卷　（清）魏源撰　清光緒二十八年(1902)上海書局石印本　六冊

320000－1646－0001694　300413
聖武記十四卷　（清）魏源撰　清光緒四年(1878)申報館鉛印本　十冊

320000－1646－0001695　300414
聖武記十四卷　（清）魏源撰　清光緒刻本　四冊

320000－1646－0001696　300415
聖武記十四卷　（清）魏源撰　清光緒刻本　十二冊

320000－1646－0001697　300416
三藩紀事本末四卷　（清）楊陸榮編　清刻本　二冊

320000－1646－0001698　300417
平苗紀略一卷　（清）方顯著　清同治十二年(1873)武昌刻本　一冊

320000－1646－0001699　300418
淮軍平捻記十二卷　（清）周世澄輯　清光緒三年(1877)申報館鉛印本　一冊　存六卷(一至六)

320000－1646－0001700　300419
淮軍平捻記十二卷　（清）周世澄輯　清刻本　六冊

320000－1646－0001701　300420
平定粵匪紀略十八卷附記四卷　（清）杜文瀾纂輯　清同治十年(1871)京都聚珍齋刻本　八冊

320000－1646－0001702　300421
平定粵匪紀略十八卷附記四卷　（清）杜文瀾纂輯　清同治十年(1871)京都聚珍齋刻本　十冊

320000－1646－0001703　300422
平定粵匪紀略十八卷附記四卷　（清）杜文瀾纂輯　清同治八年(1869)群玉齋木活字印本　十冊

320000－1646－0001704　300423
平定粵匪紀略十八卷附記四卷　（清）杜文瀾纂輯　清同治九年(1870)刻本　八冊

320000－1646－0001705　300424
平定粵匪紀略十八卷附記四卷　（清）杜文瀾纂輯　清同治九年(1870)刻本　六冊　存十五卷(一至十五)

320000－1646－0001706　300425
平定粵匪紀略十八卷附記四卷　（清）杜文瀾纂輯　清同治九年(1870)刻本　六冊　存十二卷(一至十二)

320000－1646－0001707　300427
西夏紀事本末三十六卷　（清）張鑑纂　清光緒十一年(1885)金陵刻本　四冊

320000－1646－0001708　300428
西夏紀事本末三十六卷　（清）張鑑纂　清光緒十年(1884)江蘇書局刻本　四冊

320000－1646－0001709　300429
西夏紀事本末三十六卷　（清）張鑑纂　清光緒二十一年(1895)上海積山書局石印本　二冊

320000－1646－0001710　302938
[同治]蘇州府志一百五十卷首三卷　（清）馮桂芬等纂修　清光緒九年(1883)江蘇書局刻本　二十冊

320000－1646－0001711　300431

江南北大營紀事本末　（清）杜文瀾編　清抄本　一冊

320000－1646－0001712　300439

湘軍記二十卷　（清）王定安撰　清光緒十五年(1889)江南書局刻本　八冊

320000－1646－0001713　300440

湘軍記二十卷　（清）王定安撰　清光緒十五年(1889)江南書局刻本　八冊

320000－1646－0001714　300441

湘軍志十六卷　王闓運撰　清刻本　四冊

320000－1646－0001715　300442

湘軍志十六卷　王闓運撰　清刻本　六冊

320000－1646－0001716　300443

湘軍志十六卷　王闓運撰　清光緒二十八年(1902)富記書局刻本　六冊

320000－1646－0001717　300444

湘軍水陸戰紀十六卷　（清）鮑叔衡輯　清光緒十二年(1886)同文堂石印本　四冊

320000－1646－0001718　300445

平定關隴紀略十三卷　（清）易孔昭撰　清光緒十三年(1887)刻本　三冊　存三卷(一至三)

320000－1646－0001719　300446

中西紀事二十四卷　（清）夏燮撰　清同治四年(1865)刻本　六冊

320000－1646－0001720　300447

中西紀事二十四卷　（清）夏燮撰　清光緒十三年(1887)申報館鉛印本　二冊

320000－1646－0001721　300448

皇朝政典挈要六卷　（日本）增田貢撰　清光緒二十八年(1902)石印本　三冊　存四卷(一至三、六)

320000－1646－0001722　300449

皇朝政典挈要六卷　（日本）增田貢撰　清光緒二十八年(1902)石印本　四冊

320000－1646－0001723　300450

皇朝政典挈要六卷　（日本）增田貢撰　清光緒二十八年(1902)鉛印本　四冊

320000－1646－0001724　300455

七家後漢書二十一卷　（清）汪文臺輯　清光緒八年(1882)刻本　六冊

320000－1646－0001725　300457

勝朝遺事初編六卷二編八卷　（清）吳彌光輯　清道光二十二年(1842)吳氏芬陀羅館刻本　三十二冊

320000－1646－0001726　300458

荊駝逸史　題（清）陳湖逸士輯　清道光古槐山房木活字印本　二十七冊　缺九種二十一卷(三朝野記一至六、行朝錄六卷、車營八百叩二卷、子遺錄一卷、崇禎癸未榆林城守紀略一卷、崇禎甲申保定城守紀略一卷、弘光朝偽東宮偽后及黨禍紀略一卷、弘光乙酉揚州城守紀略一卷、江陰守城記二卷)

320000－1646－0001727　300459

荊駝逸史　題（清）陳湖逸士輯　清末民國錦章圖書館石印本　八冊

320000－1646－0001728　300460

荊駝逸史　題（清）陳湖逸士輯　清宣統三年(1911)錦章圖書館石印本　八冊　缺十九種四十三卷(三朝野記七卷、東林事略三卷、啟禎兩朝剝復錄三卷、行朝錄六卷、全吳紀略一卷、東營八百叩二卷、人變述略一卷、熹朝忠節死臣列傳一卷、甲申忠佞紀事一卷、甲申紀變實錄一卷、甲申紀事一卷、北使紀略一卷、汴圍濕襟錄二卷、所知錄三卷、聖安本紀六卷、崇禎癸未榆林城守紀略一卷、崇禎甲申保定城守紀略一卷、弘光朝偽東宮偽后及黨禍紀略一卷、弘光乙酉揚州城守紀略一卷)

320000－1646－0001729　300461

明季稗史正編　題（清）留雲居士輯　清光緒二十九年(1903)鉛印本(烈皇小識八卷、聖安皇帝本紀二卷、行在陽秋二卷配清光緒二十

九年鉛印本） 十冊

320000－1646－0001730　300462

明季稗史彙編　題（清）留雲居士輯　清刻本　十六冊

320000－1646－0001731　300463

明季稗史彙編　題（清）留雲居士輯　清光緒二十二年（1896）上海圖書集成局鉛印本　六冊

320000－1646－0001732　300464

明季稗史彙編　題（清）留雲居士輯　清光緒二十二年（1896）上海圖書集成局鉛印本　六冊

320000－1646－0001733　300465

明季稗史彙編　題（清）留雲居士輯　清光緒二十二年（1896）上海圖書集成局鉛印本　六冊

320000－1646－0001734　300467

明季三朝野史四卷　（清）顧炎武編輯　清光緒三十四年（1908）石印本　一冊

320000－1646－0001735　302658

李氏五種　（清）李兆洛輯　清同治十年（1871）合肥李鴻章刻本　十冊

320000－1646－0001736　300481

掌故叢編　清光緒掃葉山房石印本　四冊　存七種三十一卷（郎潛紀聞四卷、竹葉亭雜記四卷、思益堂日札五卷、燕下鄉脞錄四卷、皇朝武功紀盛四卷、嘯亭雜錄八卷、嘯亭續錄二卷）

320000－1646－0001737　300482

掌故叢編　清光緒掃葉山房石印本　五冊　存三種十三卷（燕下鄉脞錄四卷、竹葉亭雜記四卷、思益堂日札五卷）

320000－1646－0001738　300499

敦懷堂洋務叢鈔　清光緒十年（1884）敦懷書屋刻本　八冊　存三種九卷（柔遠新書四卷、海防要覽二卷、萬國總說三卷）

320000－1646－0001739　300500

路史四十七卷　（宋）羅泌輯　清酉山堂刻本　二十冊

320000－1646－0001740　300501

路史四十七卷　（宋）羅泌纂　清光緒二年（1876）紅杏山房刻本　二十冊

320000－1646－0001741　300502

路史四十七卷　（宋）羅泌纂　清光緒二年（1876）紅杏山房刻本　十六冊

320000－1646－0001742　300503

弘簡錄二百五十四卷　（明）邵經邦著　**續弘簡錄元史類編四十二卷**　（清）邵遠平著　清康熙二十七年（1688）刻本（續弘簡錄元史類編配康熙四十五年繼善堂刻本）　八十冊

320000－1646－0001743　300504

弘簡錄二百五十四卷　（明）邵經邦著　**續弘簡錄元史類編四十二卷**　（清）邵遠平著　清康熙二十七年（1688）刻本　六十一冊

320000－1646－0001744　300505

三五本紀補不分卷　（清）張瓚昭撰　清道光二十二年（1842）蘭朋堂刻本　一冊

320000－1646－0001745　300508

天聖明道本國語二十一卷　（三國吳）韋昭解　**校刊明道本韋氏解國語札記一卷**　（清）黃丕烈撰　**國語明道本考異四卷**　（清）汪遠孫撰　清光緒三年（1877）退補齋刻本　五冊

320000－1646－0001746　300509

天聖明道本國語二十一卷　（三國吳）韋昭解　**校刊明道本韋氏解國語札記一卷**　（清）黃丕烈撰　**國語明道本考異四卷**　（清）汪遠孫撰　清光緒三年（1877）退補齋刻本　六冊

320000－1646－0001747　300510

國語二十一卷　（三國吳）韋昭解　**校刊明道本韋氏解國語札記一卷**　（清）黃丕烈撰　**國語明道本考異四卷**　（清）汪遠孫撰　清刻本　五冊

320000－1646－0001748　300513

天聖明道本國語二十一卷　（三國吳）韋昭解

校刊明道本韋氏解國語札記一卷　（清）黃
丕烈撰　清光緒二十二年（1896）上海鴻寶齋
石印本　三冊

320000－1646－0001749　300514
天聖明道本國語二十一卷　（三國吳）韋昭解
　校刊明道本韋氏解國語札記一卷　（清）黃
丕烈撰　國語明道本考異四卷　（清）汪遠孫
撰　清光緒二年（1876）刻本　五冊

320000－1646－0001750　300515
國語二十一卷　（三國吳）韋昭解　清康熙四
十二年（1703）刻本　五冊

320000－1646－0001751　300516
國語九卷　（三國吳）韋昭注　明刻本　四冊

320000－1646－0001752　300517
國語九卷　（三國吳）韋昭注　明刻本　二冊

320000－1646－0001753　300518
國語二十一卷　（三國吳）韋昭解　（宋）宋庠
補音　清蘇州綠蔭堂刻本　六冊

320000－1646－0001754　300519
國語二十一卷　（清）吳汝綸點勘　清宣統二
年（1910）鉛印本　二冊

320000－1646－0001755　300520
國語韋解補正二十一卷　（清）吳曾祺補正
清宣統元年（1909）商務印書館鉛印本　四冊

320000－1646－0001756　300521
國語韋解補正二十一卷　（清）吳曾祺補正
清宣統元年（1909）商務印書館鉛印本　二冊

320000－1646－0001757　300522
國語韋解補正二十一卷　（清）吳曾祺補正
清宣統元年（1909）商務印書館鉛印本　一冊

320000－1646－0001758　300523
戰國策三十三卷　（漢）高誘注　重刻剡川姚
氏本戰國策札記三卷　（清）黃丕烈著　清同
治八年（1869）湖北崇文書局刻本　五冊

320000－1646－0001759　300524
戰國策三十三卷　（漢）高誘注　重刻剡川姚
氏本戰國策札記三卷　（清）黃丕烈著　清同
治八年（1869）湖北崇文書局刻本　五冊

320000－1646－0001760　300525
戰國策三十三卷　（漢）高誘注　清同治八年
（1869）湖北崇文書局刻本　五冊

320000－1646－0001761　300526
戰國策三十三卷　（漢）高誘注　重刻剡川姚
氏本戰國策札記三卷　（清）黃丕烈著　清同
治八年（1869）湖北崇文書局刻本　五冊

320000－1646－0001762　300527
戰國策三十三卷　（漢）高誘注　重刻剡川姚
氏本戰國策札記三卷　（清）黃丕烈著　清光
緒三年（1877）退補齋刻本　八冊

320000－1646－0001763　300528
戰國策三十三卷　（漢）高誘注　清光緒三年
（1877）退補齋刻本　六冊

320000－1646－0001764　300529
戰國策十卷　（宋）鮑彪校注　清道光姑蘇書
業堂刻本　八冊

320000－1646－0001765　300530
戰國策十卷　（宋）鮑彪校注　清蘇州綠蔭堂
刻本　八冊

320000－1646－0001766　300531
戰國策三十三卷　（漢）高誘注　清光緒二十
二年（1896）上海鴻寶齋石印本　五冊

320000－1646－0001767　300532
戰國策三十三卷　（漢）高誘注　重刻剡川姚
氏本戰國策札記三卷　（清）黃丕烈著　清光
緒二十七年（1901）上海鴻寶齋石印本　一冊

320000－1646－0001768　300533
戰國策選四卷　（清）儲欣等評　清光緒九年
（1883）靜遠堂刻本　二冊

320000－1646－0001769　300534
戰國策三十三卷　（清）吳汝綸點勘　清光緒
十年（1884）鉛印本　二冊

320000－1646－0001770　300535
戰國策去毒二卷　（清）陸隴其評選　清同治
九年（1870）六安求我齋刻本　二冊

320000-1646-0001771　300536
戰國策去毒二卷　(清)陸隴其評選　清同治九年(1870)六安求我齋刻本　二冊

320000-1646-0001772　300546
華陽國志十二卷　(晉)常璩撰　清光緒四年(1878)二酉山房刻本　四冊

320000-1646-0001773　300547
鄴中記一卷　(晉)陸翽撰　清刻本　一冊

320000-1646-0001774　300548
南漢書十八卷考異十八卷文字略四卷叢錄二卷　(清)梁廷枏撰　清道光九年(1829)刻本　八冊

320000-1646-0001775　300549
十六國春秋十六卷　(三國魏)崔鴻撰　清乾隆五十六年(1791)金溪王氏刻本　一冊

320000-1646-0001776　300550
十六國春秋一百卷　(三國魏)崔鴻撰　清乾隆四十六年(1781)刻本　十六冊

320000-1646-0001777　300552
貞觀政要十卷　(唐)吳兢輯　清嘉慶三年(1798)掃葉山房刻本　七冊　缺一卷(五)

320000-1646-0001778　300554
九國志十二卷　(宋)路振撰　(宋)張唐英補　清道光二十七年(1847)海山仙館刻本　二冊

320000-1646-0001779　300555
涑水紀聞十六卷　(宋)司馬光撰　清光緒刻本　四冊

320000-1646-0001780　300556
中興戰功錄一卷　(宋)李壁撰　清光緒三十一年(1905)藕香簃刻本　一冊

320000-1646-0001781　300557
揮塵後錄十一卷　(宋)王明清輯　(明)毛晉訂　明汲古閣刻本　一冊　存二卷(一至二)

320000-1646-0001782　300558
四朝聞見錄五卷　(宋)葉紹翁撰　清刻本　二冊

320000-1646-0001783　300565
李忠定公別集十卷　(宋)李綱著　清光緒十年(1884)邵武徐氏刻本　二冊

320000-1646-0001784　300566
開禧德安守城錄一卷　(宋)王致遠編　清同治十一年(1872)金陵刻本　一冊

320000-1646-0001785　300567
錢塘遺事十卷　(元)劉一清撰　清掃葉山房刻本　四冊

320000-1646-0001786　300568
錢塘遺事十卷　(元)劉一清撰　清掃葉山房刻本　一冊　存五卷(六至十)

320000-1646-0001787　300569
爐餘錄二卷　(元)徐大焯撰　清光緒十七年(1891)刻本　一冊

320000-1646-0001788　300570
南渡錄四卷　(宋)辛棄疾撰　清刻本　一冊　存二卷(三至四)

320000-1646-0001789　300571
契丹國志二十七卷　(宋)葉隆禮撰　清嘉慶二年(1797)掃葉山房刻本　三冊

320000-1646-0001790　300572
遂昌山人雜錄一卷　(元)鄭元祐撰　清刻讀書齋叢書本　一冊

320000-1646-0001791　300573
元朝秘史十五卷　(元)□□撰　(清)李文田注　清末民國石印本　四冊

320000-1646-0001792　300574
元祕史山川地名考十二卷　(清)施世杰撰　清光緒二十三年(1897)刻本　二冊

320000-1646-0001793　303092
[道光]重修寶應縣志二十八卷　(清)孟毓蘭修　(清)范士齡纂　清道光二十年(1840)湯氏沐華堂刻本　十冊

320000-1646-0001794　303100
[嘉慶]東臺縣志四十卷　(清)周右修　(清)蔡復午纂　清嘉慶刻道光十年(1830)增

刻本　十二册

320000－1646－0001795　300577
蒙古史二卷　（日本）河野元三著　清宣統三年(1911)江南圖書館鉛印本　二册

320000－1646－0001796　300578
山居新話一卷　（元）楊瑀撰　清知不足齋鉛印本　二册

320000－1646－0001797　300582
明宮史一卷　（明）劉若愚編述　清宣統二年(1910)國學扶輪社鉛印本　二册

320000－1646－0001798　300584
弇山堂別集一百卷　（明）王世貞著　清廣雅書局刻本　十四册　存七十一卷(六至七十六)

320000－1646－0001799　300585
二申野録八卷　（清）孫之騄輯　清同治六年(1867)吟香館刻本　一册

320000－1646－0001800　300586
二申野録八卷　（清）孫之騄輯　清同治六年(1867)吟香館刻本　四册

320000－1646－0001801　300587
二申野録八卷　（清）孫之騄輯　清同治六年(1867)吟香館刻本　四册

320000－1646－0001802　300588
增訂南詔野史二卷　（明）楊慎編輯　（清）胡蔚訂正　清光緒六年(1880)雲南書局刻本　二册

320000－1646－0001803　300589
增訂南詔野史二卷　（明）楊慎編輯　（清）胡蔚訂正　清光緒金谿李氏自怡堂刻本　二册

320000－1646－0001804　300590
金文靖公前北征録一卷金文靖公後北征録一卷　（明）金幼孜撰　北征記一卷　（明）楊榮撰　清末民國東方學會鉛印本　一册

320000－1646－0001805　300591
野記四卷　（明）祝允明撰　清同治十三年(1874)元和祝氏刻本　二册

320000－1646－0001806　300592
九朝野記四卷　（明）祝允明纂　清宣統三年(1911)時中書局鉛印本　二册

320000－1646－0001807　300593
九朝野記四卷　（明）祝允明纂　清宣統三年(1911)時中書局鉛印本　二册

320000－1646－0001808　300594
江陰倭寇舊聞一卷　（清）張之純輯　清末民國鉛印本　一册

320000－1646－0001809　303102
[同治]徐州府志二十五卷　（清）朱忻修　（清）劉庠纂　清同治十三年(1874)刻本　十六册

320000－1646－0001810　300599
存是録一卷　（明）姚宗典輯　清嘉慶十三年(1808)刻本　一册

320000－1646－0001811　300600
啓禎兩朝剝復録十卷　（明）吴應箕撰　清光緒二十八年(1902)貴池劉氏唐石簃刻本　一册　存五卷(六至十)

320000－1646－0001812　300601
兩朝剝復録校證六卷　（明）吴應箕輯　清同治二年(1863)刻本　四册

320000－1646－0001813　300602
崇禎朝記事四卷　（明）李遜之撰　清光緒二十三年(1897)武進盛氏刻朱印本　二册

320000－1646－0001814　300604
汴圍濕襟録一卷　（明）白愚撰　清末民國有正書局鉛印本　一册

320000－1646－0001815　300606
淮城日記一卷　（清）張天民撰　漢隸今存録一卷　（清）王琛著　清光緒十二年(1886)小方壺齋刻本　一册

320000－1646－0001816　303110
[同治]宿遷縣志十九卷　（清）李德溥修　（清）方駿謨纂　清同治十三年(1874)鐘吾書院刻本　六册

320000－1646－0001817　300612

聖安本紀六卷　（清）顧炎武著　清鉛印本　一冊

320000－1646－0001818　300613

酌中志二十四卷　（明）劉若愚撰　清道光二十五年(1845)海山仙館刻本　四冊

320000－1646－0001819　300618

明季續聞一卷　（明）汪光復撰　清宣統三年(1911)商務印書館鉛印本　一冊

320000－1646－0001820　300619

明末野史二卷　（清）錢澄之記　清抄本　三冊

320000－1646－0001821　300620

嘉定屠城紀略一卷　清末民國鉛印本　一冊

320000－1646－0001822　300621

臺灣外紀三十卷　（清）江日昇撰　清道光十三年(1833)求無不獲齋木活字印本　六冊　存十七卷(一至十七)

320000－1646－0001823　300622

南天痕二十六卷　（清）凌雪纂修　清宣統二年(1910)復古社鉛印本　六冊

320000－1646－0001824　300623

南天痕二十六卷　（清）凌雪纂修　清宣統二年(1910)復古社鉛印本　六冊

320000－1646－0001825　300624

海東逸史十八卷　題(清)翁洲老民撰　清光緒十年(1884)慈谿楊泰亨刻本　二冊

320000－1646－0001826　300625

海東逸史十八卷　題(清)翁洲老民撰　清光緒邵武徐氏刻本　一冊

320000－1646－0001827　300626

永曆實錄二十六卷　（清）王夫之撰　清同治四年(1865)湘鄉曾國荃金陵刻本　三冊

320000－1646－0001828　300628

小腆紀年坿考二十卷　（清）徐鼒撰　清光緒十二年(1886)鉛印本　十二冊

320000－1646－0001829　300629

小腆紀年坿考二十卷　（清）徐鼒撰　清光緒四年(1878)龍威閣書坊刻本　十冊

320000－1646－0001830　300631

熙朝紀政六卷　（清）王慶雲述　清光緒二十八年(1902)江右嘉惠書莊石印本　一冊

320000－1646－0001831　300632

熙朝紀政八卷　（清）王慶雲述　清光緒二十八年(1902)上海書局鉛印本　一冊

320000－1646－0001832　300635

皇朝掌故彙編內編六十卷首一卷外編四十卷首一卷　（清）張壽鏞編　清光緒二十八年(1902)求實書社鉛印本　六十冊

320000－1646－0001833　300636

皇朝掌故彙編內編六十卷首一卷外編四十卷首一卷　（清）張壽鏞編　清光緒二十八年(1902)求實書社鉛印本　六十冊

320000－1646－0001834　300637

皇朝掌故彙編內編六十卷首一卷外編四十卷首一卷　（清）張壽鏞編　清光緒二十八年(1902)求實書社鉛印本　二十四冊　存四十一卷(外編四十卷、首一卷)

320000－1646－0001835　300638

欽定滿洲源流考二十卷首一卷　（清）阿桂等纂修　清光緒十九年(1893)杭州便益書局石印本　四冊

320000－1646－0001836　300639

能一編一卷　（清）金安清編　清鉛印本　一冊

320000－1646－0001837　300640

清初三大疑案考實三卷　（清）孟森撰　清末民國鉛印本　一冊

320000－1646－0001838　300642

皇朝武功紀盛四卷　（清）趙翼撰　清乾隆五十七年(1792)湛貽堂刻本　一冊

320000－1646－0001839　300643

大獄記一卷　（清）□□輯　老父雲遊始末一

卷　（清）陸莘行著　清宣統二年(1910)鉛印本　一冊

320000－1646－0001840　300645
嘯亭雜錄十卷續錄三卷　（清）昭槤著　清末民國上海進步書局石印本　四冊

320000－1646－0001841　300646
嘯亭雜錄十卷續錄三卷　（清）昭槤著　清末民國上海進步書局石印本　四冊

320000－1646－0001842　300647
嘯亭雜錄十卷續錄三卷　（清）昭槤著　清宣統元年(1909)中國圖書公司鉛印本　四冊

320000－1646－0001843　300648
甕牖餘談八卷　（清）王韜撰　清末民國上海進步書局石印本　一冊

320000－1646－0001844　300649
甕牖餘談八卷　（清）王韜撰　清末民國進步書局石印本　二冊

320000－1646－0001845　300650
熙朝新語十六卷　（清）余金輯　清光緒十三年(1887)上海大文書局鉛印本　二冊

320000－1646－0001846　300651
熙朝新語十六卷　（清）余金輯　清嘉慶二十三年(1818)鳴盛堂刻本　四冊

320000－1646－0001847　300652
滿清外史八卷外編一卷　（清）載甦氏輯　清末民國新中華圖書館鉛印本　十冊

320000－1646－0001848　300653
滿清外史二卷　（清）天嘏著　清末民國鉛印本　一冊

320000－1646－0001849　300654
洪經略奏對筆記二卷　（清）洪承疇著　清光緒十六年(1890)上海廣百宋齋鉛印本　一冊

320000－1646－0001850　300655
洪經略奏對筆記二卷　（清）洪承疇著　清光緒十六年(1890)上海廣百宋齋鉛印本　一冊

320000－1646－0001851　300656
洪經略奏對筆記二卷　（清）洪承疇著　清刻本　一冊

320000－1646－0001852　300657
滿清宮廷穢史二卷　陳去病撰　清末民國石印本　一冊　存一卷(上)

320000－1646－0001853　300658
滿清宮廷穢史二卷　陳去病撰　清末民國石印本　一冊　存一卷(上)

320000－1646－0001854　300659
清秘史二卷　陳去病撰　清末民國陸沈叢書社鉛印本　一冊　存一卷(下)

320000－1646－0001855　303127
[光緒]嘉定縣志三十二卷首一卷　（清）程其玨修　（清）楊震福纂　清光緒七年(1881)刻本　十六冊

320000－1646－0001856　300664
征緬紀略一卷商洛行程紀一卷　（清）王昶撰　清嘉慶十三年(1808)刻本　一冊

320000－1646－0001857　300665
平匪紀略摘抄六卷臨清寇略一卷平定猺匪趙金龍紀略一卷勦逆說一卷　（清）俞蛟等撰　清抄本　一冊

320000－1646－0001858　300666
靖逆記六卷　題（清）蘭簃外史撰　清咸豐刻本　一冊　存三卷(一至三)

320000－1646－0001859　300667
靖逆記六卷　題（清）蘭簃外史撰　清稿本　四冊

320000－1646－0001860　300671
英人強賣鴉片記八卷　（清）湯叡譯　清光緒二十四年(1898)上海大同譯書局石印本　二冊

320000－1646－0001861　300672
咄咄吟二卷　（清）貝青喬撰　清光緒元年(1875)不懼無悶齋刻本　二冊

320000－1646－0001862　300673
罪言存略一卷　（清）郭嵩燾撰　清光緒十四

年(1888)時報館鉛印本　一冊

320000-1646-0001863　300674
舌擊編四卷　(清)沈儲撰　清光緒九年(1883)粵東刻本　四冊

320000-1646-0001864　300676
行素齋雜記二卷　(清)李佳撰　清光緒二十七年(1901)湖南臬署刻本　二冊

320000-1646-0001865　300677
行素齋雜記二卷　(清)李佳撰　清光緒二十七年(1901)湖南臬署刻本　二冊

320000-1646-0001866　300678
富文書舍洋務權輿二卷　(清)李鳳翎輯　清咸豐十年(1860)刻本　一冊

320000-1646-0001867　300682
國聞備乘四卷　(清)胡思敬撰　清宣統三年(1911)刻本　二冊

320000-1646-0001868　300683
庚辛泣杭錄十六卷　(清)丁丙輯　清光緒二十一年(1895)錢塘丁氏刻本　六冊

320000-1646-0001869　300685
蕩平髮逆圖記二十二卷　(清)杜文瀾撰　清同治四年(1865)上海漱六山莊石印本　四冊

320000-1646-0001870　300686
蕩平髮逆圖記二十二卷　題(清)白雲山人輯繪　清光緒十四年(1888)上海漱六山莊石印本　四冊

320000-1646-0001871　300687
蕩平髮逆圖記二十二卷　題(清)白雲山人輯繪　清光緒十四年(1888)上海漱六山莊石印本　三冊

320000-1646-0001872　300689
征剿紀略四卷　清抄本　四冊

320000-1646-0001873　300690
從征圖記不分卷　(清)唐訓方撰　清同治六年(1867)刻本　三冊

320000-1646-0001874　300691

思痛記二卷　(清)李圭撰　清光緒六年(1880)師一齋刻本　一冊

320000-1646-0001875　303156
[光緒]泰興縣志二十六卷首一卷末一卷　(清)楊激雲修　(清)顧曾烜纂　清光緒十二年(1886)刻本　十冊

320000-1646-0001876　303158
[光緒]盱眙縣志稾十七卷續補遺四卷校勘記一卷　(清)王錫元編纂　清光緒二十九年(1903)刻本　八冊

320000-1646-0001877　302338
時事新論十二卷　(英國)李提摩太著　時事新論圖說一卷　清光緒二十年(1894)上海廣學會刻本　三冊

320000-1646-0001878　302339
時事新論十二卷　(英國)李提摩太著　清光緒二十四年(1898)上海廣學會刻本　二冊

320000-1646-0001879　303218
[光緒]海鹽縣志二十二卷首一卷末一卷　(清)王彬修　(清)徐用儀纂輯　清光緒二年(1876)刻本(卷十一至十三、二十配抄本)　十六冊

320000-1646-0001880　300699
燹餘雜咏不分卷　清抄本　一冊

320000-1646-0001881　300700
繡像剿逆圖考不分卷　清光緒十八年(1892)上海圖書局石印本　一冊

320000-1646-0001882　300702
通省團練章程一卷　(清)鄒鳴鶴頒行　清刻本　一冊

320000-1646-0001883　300703
金陵癸甲摭談一卷　清光緒三十二年(1906)國學保存會鉛印本　一冊

320000-1646-0001884　300704
粵匪南北滋擾紀略一卷　(清)姚憲之輯著　金陵癸甲摭談一卷粵逆名目錄一卷　(清)謝介鶴撰　清抄本　一冊

320000－1646－0001885　300705
咸豐象山粵氛紀實一卷　（清）王蒔蕙著　清抄本　一冊

320000－1646－0001886　300706
抄報隨聞錄十卷　題（清）樗園退叟編輯　清同治二年(1863)刻本　四冊

320000－1646－0001887　300707
盾鼻隨聞錄八卷　題（清）樗園退叟編輯　清光緒元年(1875)不懼無悶齋刻本　二冊

320000－1646－0001888　300708
湖防私記三卷　（清）宋韻初著　清光緒十三年(1887)刻本　一冊

320000－1646－0001889　300709
金陵舉義文存一卷　（清）張繼庚撰　（清）張承豫纂輯　清宣統二年(1910)上海著易堂書局鉛印本　一冊

320000－1646－0001890　300710
金陵兵事彙略四卷　（清）李圭撰　清光緒十三年(1887)寧波刻本　二冊

320000－1646－0001891　300711
克復金陵勳德記一卷　（清）劉毓崧撰　清曼陀羅華閣刻本　一冊

320000－1646－0001892　300712
潤州見聞錄一卷　清抄本　一冊

320000－1646－0001893　300713
吳中平寇記八卷　（清）錢勗撰　清同治刻本　一冊　存二卷(一至二)

320000－1646－0001894　300714
古今戰事圖說平定粵匪之部二卷　（清）陳曾壽纂　清光緒二十六年(1900)商務印書館鉛印本　一冊

320000－1646－0001895　300715
兩淮戰亂記一卷　（清）張華墀撰　清振綺堂刻本　一冊

320000－1646－0001896　300716
逆黨禍蜀記一卷　（清）汪堃輯　清同治五年(1866)不懼無悶齋刻本　一冊

320000－1646－0001897　300717
青岩禦寇錄三卷　（清）沈懷珠輯　清刻本　一冊　存一卷(二)

320000－1646－0001898　300724
東牟守城紀略一卷　（清）戴燮元撰　清同治八年(1869)羊城刻本　一冊

320000－1646－0001899　300725
守蒙紀略一卷　（清）賀緒蕃撰　清抄本　一冊

320000－1646－0001900　300726
同治蜀軍平黔記一卷　（清）陳慶年撰　清抄本　一冊

320000－1646－0001901　502700
山海經廣注十八卷　（清）吳任臣注　清康熙刻本　五冊

320000－1646－0001902　300730
戊戌政變記六卷附錄三卷　梁啟超撰　清末民國鉛印本　三冊

320000－1646－0001903　300731
勸戒上海國會及出洋學生文一卷　（清）張之洞撰　清光緒二十六年(1900)刻本　一冊

320000－1646－0001904　300732
是中國民覆南皮張尚書書一卷　（清）□□撰　黃梨洲先生遺書一卷　（清）黃宗羲撰　張尚書勸戒原文一卷　（清）張之洞撰　清鉛印本　一冊

320000－1646－0001905　300733
遼陽防守記一卷　（清）徐慶璋撰　清光緒二十一年(1895)刻本　一冊

320000－1646－0001906　300735
劉大事記□□卷　清末民國石印本　一冊　存二卷(維集、揚集)

320000－1646－0001907　300736
程制憲平臺全案一卷　清道光十四年(1834)木活字印本　一冊

320000－1646－0001908　300737
張文襄幕府紀聞二卷　辜鴻銘撰　清宣統二

年(1910)鉛印本　二册

320000－1646－0001909　300738

張文襄幕府紀聞二卷　辜鴻銘撰　清宣統二年(1910)鉛印本　二册

320000－1646－0001910　300739

中東戰紀本末八卷續編四卷三編四卷　（美國）林樂知著譯　蔡爾康纂輯　清光緒二十三年(1897)圖書集成局鉛印本　十六册

320000－1646－0001911　300740

中東戰紀本末八卷續編四卷三編四卷　（美國）林樂知著譯　蔡爾康纂輯　清光緒二十三年(1897)圖書集成局鉛印本　十五册　缺一卷(中東戰紀本末三)

320000－1646－0001912　300741

中東戰紀本末八卷續編四卷三編四卷　（美國）林樂知著譯　蔡爾康纂輯　清光緒二十三年(1897)圖書集成局鉛印本　三册　缺四卷(三編四卷)

320000－1646－0001913　300742

中東戰紀本末八卷續編四卷三編四卷　（美國）林樂知著譯　蔡爾康纂輯　清光緒二十三年(1897)圖書集成局鉛印本　十一册　缺一卷(中東戰紀本末三)

320000－1646－0001914　304942

璿源系譜紀略一卷　清道光二十三年(1843)刻本　一册

320000－1646－0001915　300744

諫止中東和議奏疏四卷　（清）文廷式等撰　清光緒二十一年(1895)香港書局石印本　三册　缺一卷(三)

320000－1646－0001916　300745

掃蕩倭寇紀要初集不分卷　清末民國石印本　四册

320000－1646－0001917　300746

東方兵事紀略六卷　（清）姚錫光撰　清光緒二十四年(1898)得古歡室石印本　五册

320000－1646－0001918　300747

東方兵事紀略六卷　（清）姚錫光撰　清光緒二十三年(1897)刻本　五册

320000－1646－0001919　300748

戊壬録二卷　（清）宋玉卿撰　清末民國鉛印本　一册

320000－1646－0001920　300749

翼教叢編六卷　（清）蘇輿輯　清光緒二十四年(1898)刻本　一册

320000－1646－0001921　300750

翼教叢編六卷　（清）蘇輿輯　清光緒二十五年(1899)滙源堂刻本　四册

320000－1646－0001922　300751

翼教叢編七卷　（清）蘇輿輯　清光緒二十五年(1899)上海書局石印本　四册

320000－1646－0001923　302425

李文忠公全集一百六十五卷　（清）李鴻章撰　（清）吳汝綸編録　清光緒三十一年(1905)金陵刻光緒三十四年(1908)印本　一百册

320000－1646－0001924　300753

拳匪紀略正編八卷前編二卷後編二卷　（清）僑析生輯　清光緒二十九年(1903)上海上洋書局石印本　六册

320000－1646－0001925　300754

拳匪紀略正編八卷前編二卷後編二卷　（清）僑析生輯　清光緒二十九年(1903)上海上洋書局石印本　一册　存(目録、圖像)

320000－1646－0001926　300755

拳匪紀事六卷　（日本）佐原篤介等輯　清光緒二十七年(1901)鉛印本　六册

320000－1646－0001927　302428

李肅毅伯奏議二十卷　（清）李鴻章撰　（清）章洪鈞　（清）吳汝綸編輯　清光緒二十五年(1899)上海鴻文書局石印本　二十一册

320000－1646－0001928　300757

拳教析疑說一卷　勞乃宣輯　清刻本　一册

320000－1646－0001929　300758

西巡大事本末記六卷　（日本）吉田良太郎譯

清光緒二十七年(1901)上海書局石印本　三冊　存三卷(一、三至四)

320000－1646－0001930　300760

拳案三種五卷　勞乃宣輯　清鉛印本　一冊

320000－1646－0001931　300764

白話痛史四卷　(清)杭慎修演述　清宣統二年(1910)鉛印本　一冊

320000－1646－0001932　300765

西巡回鑾始末記六卷　(日本)吉田良太郎譯　清光緒二十八年(1902)石印本　一冊　存一卷(一)

320000－1646－0001933　300767

庚子海外紀事四卷　(清)呂海寰編次　清光緒二十七年(1901)鉛印本　一冊　存一卷(三)

320000－1646－0001934　300768

庚子海外紀事四卷　(清)呂海寰編次　清光緒二十七年(1901)鉛印本　一冊　存一卷(三)

320000－1646－0001935　300769

西征紀略一卷　清末民國鉛印本　一冊

320000－1646－0001936　300770

亂黨之真相一卷　清末民國鉛印本　一冊

320000－1646－0001937　300773

鄂江潮一卷　題(清)憤時子編述　清末民國石印本　一冊

320000－1646－0001938　302441

出使疏稿二卷　(清)薛福成撰　清光緒十九年(1893)刻本　二冊

320000－1646－0001939　302442

出使疏稿二卷　(清)薛福成撰　清光緒十九年(1893)刻本　二冊

320000－1646－0001940　301621

蘇州府長元吳三邑諸生譜九卷　(清)錢國祥編　清光緒三十二年(1906)刻本　二冊

320000－1646－0001941　502579

重訂幼學須知句解四卷　(清)程允升撰　清光緒十六年(1890)李光明莊狀元閣刻本　四冊

320000－1646－0001942　301637

錫山遊庠錄二卷首一卷　(清)邵涵初輯　清光緒四年(1878)刻本　二冊

320000－1646－0001943　502601

五種遺規　(清)陳弘謀撰　清道光至同治間刻本(養正遺規二卷補編一卷配清同治七年金陵書局刻本,學仕遺規四卷補四卷配清光緒五年江蘇書局刻本,訓俗遺規卷一至二配清道光四年刻本、卷三至五配清培遠堂刻本,教女遺規摘鈔一卷配清同治七年楚北崇文書局刻本,從政遺規二卷配清光緒二十一年浙江書局刻本)　十二冊

320000－1646－0001944　305323

御批歷代通鑑輯覽一百二十卷　(清)傅恒等纂　清同治十三年(1874)湖南書局刻本　五十六冊

320000－1646－0001945　303257

[宣統]諸暨縣志六十一卷　(清)陳遹聲修　(清)蔣鴻藻纂　清宣統元年至二年(1909－1910)刻本　十八冊

320000－1646－0001946　300800

支那通史七卷　(日本)那珂通世編　清光緒二十五年(1899)東文學社石印本　五冊　存四卷(一至四)

320000－1646－0001947　300801

支那通史七卷　(日本)那珂通世編　清光緒二十五年(1899)東文學社石印本　五冊　存四卷(一至四)

320000－1646－0001948　300802

續支那通史二卷　(日本)藤田久道編次　清光緒二十九年(1903)石印本　二冊

320000－1646－0001949　300803

續支那通史二卷　(日本)藤田久道編次　清光緒二十九年(1903)石印本　一冊　存一卷(一)

320000-1646-0001950　300804

最近支那史二卷　（日本）河野通之　（日本）石村貞一輯　清光緒二十三年(1897)上海振東室學社鉛印本　四册

320000-1646-0001951　300805

最近支那史二卷　（日本）河野通之　（日本）石村貞一輯　清光緒二十三年(1897)上海振東室學社鉛印本　四册

320000-1646-0001952　300806

最近之支那一卷　（英國）哥呼倫撰　（清）武生譯　清末民國上海東陵譯社鉛印本　一册

320000-1646-0001953　300809

中國歷史問答十六卷　（清）邵羲譯輯　清光緒二十八年(1902)商務印書館鉛印本　一册

320000-1646-0001954　300810

支那文明史論十卷　（日本）中西牛郎撰　清光緒二十七年(1901)商務印書館鉛印本　一册

320000-1646-0001955　300811

中國文明小史一卷　（清）劉陶譯　清光緒二十八年(1902)鉛印本　一册

320000-1646-0001956　300812

小學歷史讀本一卷　清光緒二十七年(1901)上海華洋書局刻本　一册

320000-1646-0001957　300815

宋名臣言行錄七十五卷　（宋）朱熹纂集　清道光二十二年(1842)丹徒包氏刻本　十二册

320000-1646-0001958　300816

宋名臣言行錄七十五卷　（宋）朱熹纂集　清同治七年(1868)臨川桂氏刻本　十二册

320000-1646-0001959　300817

宋名臣言行錄七十五卷　（宋）朱熹纂集　清同治七年(1868)臨川桂氏刻本　十二册

320000-1646-0001960　300818

宋名臣言行錄七十五卷　（宋）朱熹纂集　清同治七年(1868)臨川桂氏刻本　十二册

320000-1646-0001961　300819

高安三傳合編五十六卷　（清）朱軾　（清）蔡世遠輯　清古唐朱氏古懽齋刻本　二十四册

320000-1646-0001962　300820

高安三傳合編五十六卷　（清）朱軾　（清）蔡世遠輯　清同治三年(1864)鄒氏刻本　二十四册

320000-1646-0001963　300821

史傳三編五十六卷　（清）朱軾等訂　清江蘇書局刻本　二十四册

320000-1646-0001964　300822

宋元明清學案一百七十六卷　（清）黃宗羲等撰　清光緒上海文瑞樓石印本　五十三册　缺四卷(宋元學案十九至二十二)

320000-1646-0001965　300823

孔孟編年八卷　（清）狄子奇著　清光緒十三年(1887)刻本　二册

320000-1646-0001966　300825

四洪年譜四卷　（清）洪汝奎輯　清宣統三年(1911)晦木齋刻本　四册

320000-1646-0001967　300826

四洪年譜四卷　（清）洪汝奎輯　清宣統三年(1911)晦木齋刻本　四册

320000-1646-0001968　300827

豫章先賢九家年譜十五卷　（清）楊希閔編　清光緒四年(1878)刻本　七册

320000-1646-0001969　300829

歸[有光]顧[炎武]朱[用純]三先生年譜合刻五卷觀復堂稿一卷　（清）金吳瀾編纂　清光緒六年(1880)刻本　四册

320000-1646-0001970　502755

韻鶴軒雜著二卷筆談二卷　清光緒三年(1877)上海機器書局鉛印本　四册

320000-1646-0001971　300833

典故烈女傳四卷　（漢）劉向撰　清光緒九年(1883)掃葉山房刻本　四册

320000-1646-0001972　300834

列女傳補注八卷　（清）王照圓注　清光緒八

年(1882)刻郝氏遺書本　五冊

320000－1646－0001973　300835
廣列女傳二十卷　（清）劉開纂　清光緒十年(1884)皖城刻本　八冊

320000－1646－0001974　300836
廣列女傳二十卷　（清）劉開纂　清光緒十年(1884)皖城刻本　六冊

320000－1646－0001975　300837
列女傳集注十卷　（清）蕭道管注　清光緒三十四年(1908)刻本　四冊

320000－1646－0001976　300838
皇朝貞孝節烈文編六卷　（清）汪正錄　清光緒刻本　一冊　存一卷(一)

320000－1646－0001977　300839
中國女史二十一卷　（清）金炳麟　（清）王以銓輯　清宣統元年(1909)杭州中合公司鉛印本　六冊

320000－1646－0001978　300841
高士傳三卷　（晉）皇甫謐撰　清光緒刻本　一冊　存二卷(中、下)

320000－1646－0001979　501236
七修類藁五十一卷續藁七卷　（明）郎瑛著述　清光緒六年(1880)廣州翰墨園刻本　十六冊

320000－1646－0001980　300842
高士傳三卷　（晉）皇甫謐著　清光緒鉛印本　一冊

320000－1646－0001981　300845
聖域述聞二十八卷　（清）龍光甸修　（清）黃本驥輯　清光緒四年(1878)刻三長物齋叢書本　二冊　存十六卷(十三至二十八)

320000－1646－0001982　300846
成仁譜二十六卷　（明）盛敬輯　清道光二十五年(1845)刻本　五冊

320000－1646－0001983　300847
歷代名臣言行錄二十四卷　（清）朱桓編輯　清嘉慶七年(1802)刻本　三十六冊

320000－1646－0001984　300848
歷代名臣言行錄二十四卷　（清）朱桓編輯　清嘉慶十二年(1807)刻本　三十六冊

320000－1646－0001985　300849
歷代名臣言行錄二十四卷　（清）朱桓編輯　清光緒二十九年(1903)上海吳云記鉛印本　十二冊

320000－1646－0001986　300850
歷代名臣言行錄二十四卷　（清）朱桓編輯　清光緒十二年(1886)鉛印本　十二冊

320000－1646－0001987　300851
歷代名臣言行錄二十四卷　（清）朱桓編輯　清光緒十五年(1889)上海廣百宋齋鉛印本　十二冊

320000－1646－0001988　300852
歷代名臣言行錄續集四十卷　（清）張兆蓉輯　清光緒二十八年(1902)上海通文局石印本　十一冊　缺一卷(三十七)

320000－1646－0001989　300853
安危注四卷　（明）吳甡輯　清道光刻本　二冊　存三卷(二至四)

320000－1646－0001990　300854
讀史鏡古編三十二卷　（清）潘世恩輯　清道光四年(1824)刻本　二冊

320000－1646－0001991　300855
臣鑒錄二十卷　（清）蔣伊編輯　清咸豐九年(1859)退思軒刻本　二十冊

320000－1646－0001992　300857
公侯鑒三卷　（清）柳營外史輯　清刻本　一冊

320000－1646－0001993　300858
碧血錄五卷　（清）莊仲方著論　（清）夏鶯翔繪圖　清光緒八年(1882)上海同文書局石印本　五冊

320000－1646－0001994　300859
碧血錄五卷　（清）莊仲方著論　（清）夏鶯翔繪圖　清光緒八年(1882)上海同文書局石印

本　五冊

320000 - 1646 - 0001995　300860

碧血錄五卷　（清）莊仲方著論　（清）夏鶯翔繪圖　清光緒八年(1882)上海同文書局石印本　一冊

320000 - 1646 - 0001996　300861

碧血錄五卷　（清）莊仲方著論　（清）夏鶯翔繪圖　清光緒八年(1882)上海同文書局石印本　五冊

320000 - 1646 - 0001997　300862

聖廟祀典圖考三卷　（清）顧沅輯　清刻本（卷三配石印本）　二冊　存二卷(二至三)

320000 - 1646 - 0001998　300863

道統錄二卷附錄一卷　（清）張伯行著　清同治刻正誼堂全書本　四冊

320000 - 1646 - 0001999　200304

詩毛氏傳疏三十卷釋毛詩音四卷毛詩說一卷毛詩傳義類一卷鄭氏箋攷徵一卷　（清）陳奐學　清末民國上海鴻章書局石印本　十二冊

320000 - 1646 - 0002000　302867

欽定新疆識略十二卷首一卷　（清）松筠等纂輯　清道光元年(1821)刻本　十冊

320000 - 1646 - 0002001　300866

儒林宗派十六卷　（清）萬斯同撰　清宣統三年(1911)浙江圖書館刻本　一冊

320000 - 1646 - 0002002　300867

學統五十六卷　（清）熊賜履編　清康熙二十四年(1685)刻本　十五冊　存五十卷(一至四十九、五十六)

320000 - 1646 - 0002003　300868

學統五十六卷　（清）熊賜履編　清同治退補齋刻本　十六冊

320000 - 1646 - 0002004　300869

理學宗傳二十六卷　（明）孫奇逢輯　清光緒六年(1880)浙江書局刻本　十二冊

320000 - 1646 - 0002005　300870

理學宗傳二十六卷　（明）孫奇逢輯　清光緒六年(1880)浙江書局刻本　十二冊

320000 - 1646 - 0002006　300871

理學宗傳二十六卷　（明）孫奇逢輯　清光緒六年(1880)浙江書局刻本　十二冊

320000 - 1646 - 0002007　300872

理學宗傳辨正十六卷　（清）劉廷詔撰　清同治十一年(1872)六安求我齋刻本　八冊

320000 - 1646 - 0002008　300873

同歸集十六卷　（清）吳調元編輯　清初刻本　六冊　存十二卷(三至八、十一至十六)

320000 - 1646 - 0002009　300874

二十四史人物類考四十六卷　（清）程之楨輯　清末民國石印本　六冊　存三十四卷(八至四十一)

320000 - 1646 - 0002010　300875

正氣集十卷　王式纂輯　清宣統三年(1911)不讀非道書齋鉛印本　四冊

320000 - 1646 - 0002011　300876

古品節錄六卷　（清）松筠輯　清嘉慶四年(1799)刻本　六冊

320000 - 1646 - 0002012　300877

道齋正軌二十卷　（清）鄒鳴鶴纂述　清道光三十年(1850)刻本　八冊

320000 - 1646 - 0002013　300878

道齋正軌二十卷　（清）鄒鳴鶴纂述　清道光三十年(1850)刻本　六冊

320000 - 1646 - 0002014　300879

道齋正軌二十卷　（清）鄒鳴鶴纂述　清光緒七年(1881)刻本　八冊

320000 - 1646 - 0002015　300881

餘師錄前集十四卷後集十卷續集八卷　（清）楊希閔纂　清同治四年(1865)刻本　十六冊

320000 - 1646 - 0002016　300884

疇人傳五十二卷　（清）阮元撰　（清）羅士琳續補　清光緒八年(1882)海鹽張氏常惺齋刻本　五冊　存四十三卷(十至五十二)

320000－1646－0002017　300885

疇人傳四十六卷　（清）阮元撰　疇人傳續六卷　（清）羅士琳續補　疇人傳三編七卷（清）諸可寶纂錄　清光緒二十二年（1896）上海璣衡堂刻本　二冊

320000－1646－0002018　300886

疇人傳四十六卷　（清）阮元撰　清光緒二十二年（1896）上海璣衡堂刻本　四冊

320000－1646－0002019　300888

世界百傑略傳一卷　（日本）谷口政德編述　黃炎培譯　清光緒二十八年（1902）杭州史學齋石印本　一冊

320000－1646－0002020　300889

尚友錄二十二卷　（明）廖用賢編纂　清光緒十六年（1890）掃葉山房銅活字印本　六冊

320000－1646－0002021　300890

尚友錄二十二卷　（明）廖用賢編纂　清末民國鉛印本　六冊　存十七卷（三至十九）

320000－1646－0002022　300891

尚友錄二十二卷　（明）廖用賢編纂　清光緒九年（1883）福瀛書局鉛印本　十二冊

320000－1646－0002023　300892

校正尚友錄續集二十二卷　題（清）退思主人編纂　清光緒二十六年（1900）著易堂銅活字印本　六冊

320000－1646－0002024　300893

增廣尚友錄統編二十二卷　（清）應祖錫編輯　清光緒二十八年（1902）鴻寶齋石印本　十二冊

320000－1646－0002025　300894

校正尚友錄統編二十四卷　（清）錢湖釣徒編　清光緒十四年（1888）上海文瑞樓石印本　十六冊

320000－1646－0002026　300896

疑年錄四卷　（清）錢大昕編　清嘉慶二十三年（1818）刻本　一冊

320000－1646－0002027　300897

疑年錄四卷　（清）錢大昕編　清嘉慶二十三年（1818）刻本　一冊

320000－1646－0002028　300898

續疑年錄四卷　（清）吳修編　清嘉慶二十三年（1818）刻本　一冊

320000－1646－0002029　300899

疑年賡錄二卷　（清）張鳴珂編　清光緒二十四年（1898）寒松閣刻本　一冊

320000－1646－0002030　300900

三續疑年錄十卷　（清）陸心源編　清光緒五年（1879）刻本　三冊

320000－1646－0002031　300904

歷代名賢齒譜九卷名媛齒譜三卷　（清）易宗涒輯　清乾隆六十年（1795）賜書堂刻本　六冊　缺一卷（歷代名賢齒譜四）

320000－1646－0002032　300905

人壽金鑑二十二卷　（清）程得齡輯　清嘉慶二十五年（1820）柳衣園刻本　四冊

320000－1646－0002033　300906

歷代名人年譜十卷存疑一卷　（清）吳榮光撰　清光緒元年（1875）南海念初思滿齋刻本　五冊

320000－1646－0002034　300907

增廣古今人物論三十六卷　（明）鄭賢原本　清末民國石印本　四冊　存十八卷（一至三、七至十一、十七至二十、三十一至三十六）

320000－1646－0002035　300910

繡像古今賢女傳九卷　（清）魏息園輯　清光緒三十四年（1908）石印本　七冊　存七卷（一至三、六至九）

320000－1646－0002036　300912

劍俠像傳四卷　（□）□□撰　（清）王齡校　（清）任熊繪　清咸豐八年（1858）王氏敬穌堂刻本　一冊

320000－1646－0002037　300913

晚笑堂畫傳二卷　（清）上官周繪並撰　清乾隆八年（1743）刻本　二冊

320000 – 1646 – 0002038　300914
晚笑堂畫傳二卷　（清）上官周繪並撰　清乾隆八年(1743)刻本　二冊

320000 – 1646 – 0002039　301136
庸閒老人自叙一卷　（清）陳其元撰　清同治十二年(1873)刻本　一冊

320000 – 1646 – 0002040　301137
曾太傅毅勇侯傳略一卷　（清）黎庶昌撰　清末刻本　一冊

320000 – 1646 – 0002041　301138
求闕齋弟子記三十二卷　（清）王定安撰　清光緒二年(1876)龍文齋刻本　十六冊

320000 – 1646 – 0002042　301139
曾文正公大事記四卷　（清）王定安著　清光緒十三年(1887)鴻文書局鉛印本　一冊

320000 – 1646 – 0002043　301140
曾文正公大事記四卷　（清）王定安著　清光緒長沙刻本　四冊

320000 – 1646 – 0002044　301141
曾文正公事略四卷　（清）王定安撰　清光緒元年(1875)琉璃廠龍文齋刻本　二冊

320000 – 1646 – 0002045　301142
曾文正公榮哀錄一卷　清光緒十三年(1887)鴻文書局鉛印本　一冊

320000 – 1646 – 0002046　301143
曾文正公榮哀錄一卷　清同治十一年(1872)刻本　一冊

320000 – 1646 – 0002047　301144
曾文正公榮哀錄一卷　清同治十一年(1872)刻本　一冊

320000 – 1646 – 0002048　301145
曾文正公榮哀錄一卷　清同治十一年(1872)刻本　一冊

320000 – 1646 – 0002049　300918
周烈士傳一卷　（清）顧壽楨著　清同治五年(1866)見素抱樸齋刻本　一冊

320000 – 1646 – 0002050　300919
周烈士傳一卷　（清）顧壽楨著　清同治五年(1866)見素抱樸齋刻本　一冊

320000 – 1646 – 0002051　300920
孔子門人考一卷　（清）費崇朱撰　清光緒二十二年(1896)刻本　一冊

320000 – 1646 – 0002052　300921
漢名臣言行錄十二卷　（清）夏之芳輯　清乾隆十七年(1752)積翠軒刻本　六冊

320000 – 1646 – 0002053　300922
宋名臣言行錄前集十卷後集十四卷　（宋）朱熹纂輯　清康熙刻本　四冊

320000 – 1646 – 0002054　300923
伊洛淵源錄十四卷　（宋）朱熹撰　清康熙刻本　一冊　存九卷(一至九)

320000 – 1646 – 0002055　300925
元朝名臣事略十五卷　（元）蘇天爵撰　清乾隆武英殿木活字印本　一冊　存八卷(八至十五)

320000 – 1646 – 0002056　300926
宋元學案一百卷首一卷　（清）黃宗羲原本　（清）全祖望修定　清光緒五年(1879)長沙寄廬刻本　四十八冊

320000 – 1646 – 0002057　503872
增注類證活人書二十二卷釋音一卷辨誤一卷傷寒藥性一卷　（宋）朱肱撰　（明）吳勉學校　清刻本　八冊

320000 – 1646 – 0002058　300928
宋元學案一百卷首一卷　（清）黃宗羲原本　（清）全祖望修定　清光緒五年(1879)長沙寄廬刻本　三十二冊

320000 – 1646 – 0002059　300929
史外八卷　（清）汪有典著　清同治四年(1865)陝甘公所刻本　八冊

320000 – 1646 – 0002060　300934
東林同難錄一卷　（明）楊坤等輯　東林同難列傳一卷　（清）繆敬持輯　清道光江陰耕學

草堂刻本　一冊

320000-1646-0002061　504074
醫案不分卷　清光緒語溪張峻豫抄本　一冊

320000-1646-0002062　300938
欽定勝朝殉節諸臣錄十二卷首一卷　（清）舒赫德等撰　清嘉慶二年（1797）刻本　三冊　缺五卷（六至十）

320000-1646-0002063　300940
小腆紀傳補遺五卷考異一卷　（清）徐承禮撰　清光緒十四年（1888）刻本　一冊

320000-1646-0002064　300942
明儒學案六十二卷　（清）黃宗羲著　清光緒十四年（1888）南昌刻本　三十二冊

320000-1646-0002065　300943
明儒學案六十二卷　（清）黃宗羲著　清光緒十四年（1888）南昌刻本　三十四冊

320000-1646-0002066　300944
明儒學案十六卷　（清）黃宗羲著　清光緒二十八年（1902）上海文瀾書局石印本　二冊

320000-1646-0002067　300945
小腆紀傳六十五卷補遺一卷　（清）徐鼒撰　清光緒十三年（1887）金陵刻本　十六冊

320000-1646-0002068　300951
滿漢名臣傳八十卷　清京都正陽門琉璃廠榮錦書坊刻本　八十冊

320000-1646-0002069　300952
貳臣傳十二卷　（清）蔣千之編輯　清末民國上海六藝書局石印本　三冊

320000-1646-0002070　300953
貳臣傳十二卷　（清）蔣千之編輯　清末民國上海六藝書局石印本　三冊

320000-1646-0002071　300954
貳臣傳十二卷　（清）國史館輯　清末民國北京琉璃廠半松居士木活字印本　六冊

320000-1646-0002072　300955
逆臣傳四卷　（清）蔣千之編輯　清末民國上海六藝書局石印本　一冊

320000-1646-0002073　300956
逆臣傳四卷　（清）國史館輯　清末民國北京琉璃廠半松居士木活字印本　二冊

320000-1646-0002074　300957
逆臣傳四卷　（清）國史館輯　清末民國北京琉璃廠半松居士木活字印本　二冊

320000-1646-0002075　300958
逆臣傳四卷　（清）國史館輯　清末民國北京琉璃廠半松居士木活字印本　二冊

320000-1646-0002076　300961
熙朝宰輔錄一卷　（清）潘世恩訂　清道光二十八年（1848）刻本　一冊

320000-1646-0002077　300962
國史儒林傳二卷　（清）阮元修　**國史循吏傳一卷**　（清）□□撰　**國史文苑傳二卷**　（清）□□撰　**國史賢良祠王大臣小傳二卷**　（清）□□撰　清嘉慶十二年（1807）刻本　四冊

320000-1646-0002078　300963
熙朝宰輔錄續編一卷　（清）鮑康訂　清同治八年（1869）刻本　一冊

320000-1646-0002079　300964
國朝名臣言行錄十六卷　（清）王炳燮撰　清光緒十一年（1885）津河廣仁堂刻本　六冊

320000-1646-0002080　300965
國朝先正事略六十卷　（清）李元度纂　清同治五年（1866）循陔草堂刻本　九冊

320000-1646-0002081　300966
國朝先正事略六十卷　（清）李元度纂　清同治五年（1866）循陔草堂刻本　二十四冊

320000-1646-0002082　300967
國朝先正事略六十卷　（清）李元度纂　清光緒十三年（1887）上海點石齋石印本　八冊

320000-1646-0002083　300968
國朝先正事略六十卷補編二卷　（清）李元度纂　**中興名臣事略八卷**　（清）朱孔彰撰　清光緒十二年（1886）鉛印本（補編配光緒十一

年敦懷書屋刻本） 十六冊

320000－1646－0002084 300969

國朝先正事略六十卷中興名臣事略八卷 （清）李元度纂 清光緒十二年(1886)小春上浣鉛印本(中興名臣事略配光緒二十九年上海務本山房印書局鉛印本) 七冊

320000－1646－0002085 300970

國朝先正事略續編八卷 （清）朱孔彰撰 清光緒二十八年(1902)上海書局石印本 二冊 存四卷(一至四)

320000－1646－0002086 300974

鶴徵錄八卷首一卷 （清）李集輯 鶴徵後錄十二卷首一卷 （清）李富孫輯 清同治十一年(1872)漾葭老屋刻本 六冊

320000－1646－0002087 300975

中興名臣事略八卷 （清）朱孔彰撰 清光緒二十七年(1901)上海書局石印本 四冊

320000－1646－0002088 300976

中興名臣事略八卷 （清）朱孔彰撰 清光緒二十九年(1903)上海書局石印本 二冊

320000－1646－0002089 300977

中興名將傳略不分卷 （清）吳友如繪 （清）彭鴻年傳 清光緒二十七年(1901)上海點石齋石印本 一冊

320000－1646－0002090 300978

忠義紀聞錄三十卷 （清）陳繼聰述 清光緒八年(1882)刻本 八冊

320000－1646－0002091 300979

憫忠草一卷 （清）嚴正基著 清同治四年(1865)金陵刻本 一冊

320000－1646－0002092 300981

咸豐以來功臣別傳三十卷 （清）朱孔彰撰 清光緒二十四年(1898)漸學廬石印本 六冊

320000－1646－0002093 300982

咸豐以來功臣別傳三十卷 （清）朱孔彰撰 清光緒二十四年(1898)漸學廬石印本 六冊

320000－1646－0002094 300983

咸豐以來功臣別傳三十卷 （清）朱孔彰撰 清光緒二十四年(1898)漸學廬石印本 六冊

320000－1646－0002095 300984

文獻徵存錄十卷 （清）錢林輯 清咸豐八年(1858)有嘉樹軒刻本 十冊

320000－1646－0002096 300985

文獻徵存錄十卷 （清）錢林輯 清咸豐八年(1858)有嘉樹軒刻本 四冊 存六卷(一至六)

320000－1646－0002097 300986

國朝漢學師承記八卷國朝經師經義目錄一卷國朝宋學淵源記二卷附一卷 （清）江藩纂 清咸豐四年(1854)南海武氏刻本 五冊 缺一卷(國朝漢學師承記一)

320000－1646－0002098 300987

國朝宋學淵源記二卷附一卷國朝經師經義目錄一卷 （清）江藩纂 清掃葉山房刻本 二冊

320000－1646－0002099 300988

漢學師承記八卷經師經義目錄一卷 （清）江藩纂 清末民國上海文瑞樓鉛印本 二冊 缺三卷(四至六)

320000－1646－0002100 300989

政學錄初稿八卷 （清）陸言纂輯 清道光十三年(1833)刻本 四冊 存四卷(一至三、六)

320000－1646－0002101 300990

學案小識十四卷 （清）唐鑑著 清光緒十年(1884)上海文瑞樓石印本 二冊

320000－1646－0002102 300991

學案小識十四卷 （清）唐鑑著 清光緒十年(1884)刻本 十二冊

320000－1646－0002103 303521

朔方備乘六十八卷首十二卷 （清）何秋濤纂輯 清光緒石印本 八冊

320000－1646－0002104 300994

船山師友記十七卷首一卷 （清）羅正鈞撰

清刻本 三册 存十五卷(三至十七)

320000－1646－0002105　300995
鏡影簫聲初集不分卷　清光緒十三年(1887)石印本　一册

320000－1646－0002106　300996
碑傳集一百六十卷首二卷　(清)錢儀吉纂録　清光緒十九年(1893)江蘇書局刻本　六十册

320000－1646－0002107　300997
續碑傳集八十六卷　繆荃孫纂録　清宣統二年(1910)江楚編譯書局刻本　二十四册

320000－1646－0002108　301000
國朝名家詩鈔小傳四卷　(清)鄭方坤撰　清刻本　一册　存二卷(三至四)

320000－1646－0002109　301002
漁洋感舊集小傳四卷　(清)盧見曾撰　清光緒四年(1878)上海淞隱閣鉛印本　二册

320000－1646－0002110　301003
漁洋感舊集小傳四卷　(清)盧見曾撰　清光緒四年(1878)上海淞隱閣鉛印本　四册

320000－1646－0002111　301005
敏求軒述記十六卷　(清)陳世箴輯　清道光二十八年(1848)刻本　八册

320000－1646－0002112　301006
敏求軒述記十六卷　(清)陳世箴輯　清道光二十八年(1848)刻本　八册

320000－1646－0002113　301010
辛亥殉難記五卷　清宣統三年(1911)鉛印本　一册

320000－1646－0002114　301014
畿輔同官録不分卷　(清)北洋官報局編　清光緒三十年(1904)北洋官報局鉛印本　四册

320000－1646－0002115　301015
畿輔同官録六卷　清宣統三年(1911)鉛印本　六册

320000－1646－0002116　301016
[五百名賢像贊]不分卷　(清)顧沅輯　(清)孔繼垚繪　清同治十二年(1873)拓本　十册

320000－1646－0002117　301017
吴郡名賢圖傳贊二十卷　(清)顧沅輯　清道光九年(1829)刻本　八册

320000－1646－0002118　301886
九通九種　清光緒二十七年(1901)貫吾齋石印本　一百二十七册

320000－1646－0002119　301033
洞庭孝弟編一卷　(清)吴從本編　清同治六年(1867)刻本　一册

320000－1646－0002120　301034
洞庭忠義編一卷　(清)吴從本編　清同治二年(1863)刻本　一册

320000－1646－0002121　301035
東山孝貞節烈編八卷補遺一卷　(清)吴從本撰　清同治四年(1865)刻本　三册

320000－1646－0002122　301036
練川名人畫像四卷附二卷續編三卷　(清)程祖慶編次　清道光二十八年(1848)刻光緒四年(1878)續刻本　二册

320000－1646－0002123　301037
練川名人畫像四卷附二卷續編三卷　(清)程祖慶編次　清道光刻本(續編配民國十九年刻本)　三册

320000－1646－0002124　301038
練川名人畫像續編三卷　(清)程祖慶編　清光緒四年(1878)刻本　一册

320000－1646－0002125　301887
九通九種　清光緒二十七年(1901)上海圖書集成局石印本　二百六十四册

320000－1646－0002126　301043
錫金四哲事實彙存一卷　楊模輯　清宣統二年(1910)鉛印本　一册

320000－1646－0002127　301047
太鎮忠義姓氏録六卷　(清)顧師軾輯　清同

治、光緒間刻本　一冊　存三卷(四至六)

320000－1646－0002128　301049
桑梓潛德錄五卷續四卷三集六卷　（清）劉芳等纂修　清光緒六年(1880)刻本　六冊

320000－1646－0002129　301050
桑梓潛德錄五卷續四卷三集六卷　（清）劉芳等纂修　清光緒六年(1880)刻本　六冊

320000－1646－0002130　301051
虞陽旌表姓氏錄五卷續錄十卷　清同治七年(1868)刻光緒二十一年(1895)續刻本　四冊　存九卷(虞陽旌表姓氏錄五卷、續錄七至十)

320000－1646－0002131　301052
虞陽旌表姓氏錄五卷　清同治七年(1868)刻本　二冊　存五卷(一至二、三上、四至五)

320000－1646－0002132　301053
昭忠錄九十卷前編六卷補遺三十卷再續九卷　清同治、光緒間蘇州刻本　十二冊　存四十六卷(一至四、十三至十六、二十一至二十六、三十六至四十一、五十至五十四、七十三至七十七、八十四至八十六,前編一至三,補遺一至七,再續一至三)

320000－1646－0002133　301054
昭忠錄補遺四續十卷　清光緒十一年(1885)刻本　四冊

320000－1646－0002134　301055
中興蘇浙表忠錄三十六卷續錄八卷　（清）王希曾纂述　清光緒二十九年(1903)刻本　八冊

320000－1646－0002135　301056
於越先賢像傳贊二卷　（清）王齡撰　（清）任熊繪　清咸豐六年(1856)蕭山王氏養和堂刻本　二冊

320000－1646－0002136　302746
皇朝中外一統輿圖三十一卷首一卷　（清）胡林翼撰　清同治二年(1863)湖北撫署景桓樓刻本　三十二冊

320000－1646－0002137　301061
浙江忠義錄十卷駐防表六卷　清同治六年(1867)刻本　十冊

320000－1646－0002138　301062
平湖殉難錄一卷　（清）彭潤章輯　清同治二年(1863)刻本　一冊

320000－1646－0002139　301063
蘭溪歷代人物考一卷　（清）吳演綸著　清光緒六年(1880)刻本　一冊

320000－1646－0002140　301064
金華徵獻略二十卷　（清）王崇炳撰錄　清雍正十年(1732)刻本　八冊

320000－1646－0002141　301065
東越文苑六卷　（明）陳鳴鶴輯撰　（清）郭柏蔚增訂　清同治十二年(1873)刻本　二冊

320000－1646－0002142　301069
桐城耆舊傳十二卷　馬其昶撰　清宣統三年(1911)刻本　六冊

320000－1646－0002143　301071
中州人物考八卷　（清）孫奇逢輯　清道光二十四年(1844)刻本　五冊　存七卷(一至二、四至八)

320000－1646－0002144　301072
畿輔人物考八卷　（清）孫奇逢輯　清刻本　一冊　存一卷(四)

320000－1646－0002145　301073
洛學編四卷　（清）湯斌輯　清同治九年(1870)刻本　一冊

320000－1646－0002146　301079
闕里文獻考一百卷　（清）孔繼汾撰　清乾隆二十七年(1762)刻本　八冊

320000－1646－0002147　301080
闕里文獻考一百卷　（清）孔繼汾撰　清乾隆二十七年(1762)刻本　八冊

320000－1646－0002148　301081
孔宅志八卷末一卷　（清）孫鉉撰　清初刻本　一冊　存三卷(七至八、末一卷)

320000－1646－0002149　301082
興儒行教圖考一卷　（清）石浪子纂　清同治二年(1863)刻本　二冊

320000－1646－0002150　301085
言子文學錄三卷首一卷末一卷　（清）言如泗增輯　清光緒二十五年(1899)刻本　一冊　存一卷(末一卷)

320000－1646－0002151　301086
孟志編略六卷　（清）孫葆田著　清光緒十六年(1890)刻本　一冊

320000－1646－0002152　301088
晏子春秋七卷　清光緒十八年(1892)思賢講舍刻本　二冊

320000－1646－0002153　301089
晏子春秋七卷　清光緒十八年(1892)思賢講舍刻本　一冊

320000－1646－0002154　301092
魏鄭公諫錄五卷　（唐）王方慶集　（清）王先恭校注　魏鄭公諫續錄二卷　（元）翟思忠撰　魏文貞公[徵]故事拾遺三卷　（清）王先恭集　魏文貞公[徵]年譜一卷　（清）王先恭編　清光緒九年(1883)長沙刻本　五冊

320000－1646－0002155　302747
皇朝中外一統輿圖三十一卷首一卷　（清）胡林翼撰　清同治二年(1863)湖北撫署景桓樓刻本　三十二冊

320000－1646－0002156　301095
安定言行錄二卷　（清）許正授輯　清光緒六年(1880)刻月河精舍叢鈔本　一冊

320000－1646－0002157　301096
濂溪志七卷　（清）周誥纂輯　清道光十九年(1839)愛蓮堂刻本　四冊

320000－1646－0002158　301097
鄂國金佗稡編二十八卷續編三十卷　（宋）岳珂編　清光緒九年(1883)浙江書局刻本　十二冊

320000－1646－0002159　301098
鄂國金佗稡編二十八卷續編三十卷　（宋）岳珂編　清光緒九年(1883)浙江書局刻本　十二冊

320000－1646－0002160　301099
道命錄十卷　（宋）李心傳輯　清乾隆至道光長塘鮑氏刻知不足齋叢書本　二冊　存七卷(一至六、七上)

320000－1646－0002161　301100
思忠錄不分卷　金武祥輯　清光緒三十二年(1906)刻粟香室叢書本　一冊

320000－1646－0002162　301102
先儒趙子言行錄二卷　（清）陳廷吉鑒定　（清）陳廷鈞纂述　（清）陳廷儒校編　清同治九年(1870)湖北崇文書局刻本　二冊

320000－1646－0002163　301107
孫柏潭行狀一卷　（明）馮烶撰　清刻本　一冊

320000－1646－0002164　301108
孫柏潭行狀一卷　（明）馮烶撰　清刻本　一冊

320000－1646－0002165　301109
游譜一卷　（清）孫奇逢著　清刻本　一冊

320000－1646－0002166　301116
河東君傳一卷　（清）顧苓撰　清光緒三十三年(1907)石印本　一冊

320000－1646－0002167　301133
[楊延俊行狀]不分卷　（清）楊宗濂等述　清光緒十八年(1892)刻本　一冊

320000－1646－0002168　301134
孤忠錄二卷　（清）袁祖志編輯　清光緒五年(1879)刻本　五冊

320000－1646－0002169　301135
孤忠錄二卷　（清）袁祖志編輯　清光緒十二年(1886)刻本　二冊

320000－1646－0002170　301146
左文襄公榮哀錄一卷　左孝寬著　清光緒十二年(1886)文海堂刻本　一冊

320000-1646-0002171　301147
皇清誥授朝議大夫顯考篔秋府君[華翼綸]行述一卷　清同治、光緒間刻本　一冊

320000-1646-0002172　301148
皇清誥封宜人先慈蔣太恭人事狀一卷　（清）□世保述　清光緒刻本　一冊

320000-1646-0002173　301149
彭剛直公神道碑文一卷　（清）俞樾撰　清光緒十六年(1890)鉛印本　一冊

320000-1646-0002174　301150
梅州輿頌四卷　（清）李壽祺彙集　清光緒四年(1878)刻本　二冊

320000-1646-0002175　301151
玉池老人自叙一卷　（清）郭嵩燾撰　清光緒十九年(1893)養知書屋刻本　一冊

320000-1646-0002176　301152
玉池老人自叙一卷　（清）郭嵩燾撰　清光緒十九年(1893)養知書屋刻本　二冊

320000-1646-0002177　301127
吳君小棠家傳一卷　（清）潘曾瑩撰　清刻本　一冊

320000-1646-0002178　301123
梁文莊國史列傳一卷　（清）梁同書錄　清末民國上海厚德里通運公司石印本　一冊

320000-1646-0002179　301128
表忠錄一卷　（清）羅忠裕述　清同治八年(1869)刻本　一冊

320000-1646-0002180　301129
[汪叔明行述]一卷　（清）汪彥份述　清光緒三年(1877)刻本　一冊

320000-1646-0002181　301130
重刻勁節樓圖紀三卷　（清）徐悳原輯　清光緒十年(1884)楓江徐氏刻本　一冊

320000-1646-0002182　301132
[周憲曾行述行狀]不分卷　清刻本　一冊　存散頁數張

320000-1646-0002183　301153
平江李氏家狀一卷　（清）李積琳述　清光緒刻本　一冊

320000-1646-0002184　301155
李傅相歷聘歐美記二卷　（美國）林樂知選譯　蔡爾康纂輯　清末民國上海廣學會鉛印本　一冊　存一卷(下)

320000-1646-0002185　301117
姚公要略彙編不分卷　清道光二十四年(1844)刻本　一冊

320000-1646-0002186　301118
陸清獻公莅嘉遺蹟三卷　（清）黃維玉編輯　清同治六年(1867)刻本　一冊

320000-1646-0002187　301119
陸清獻公莅嘉遺蹟三卷　（清）黃維玉編輯　清同治六年(1867)刻本　一冊

320000-1646-0002188　301120
旌孝錄一卷　清咸豐五年(1855)刻本　一冊

320000-1646-0002189　301121
旌孝錄一卷　清咸豐五年(1855)刻本　一冊

320000-1646-0002190　301122
旌孝錄一卷　清咸豐五年(1855)刻本　一冊

320000-1646-0002191　301156
李鴻章十二章　梁啟超著　清光緒二十七年(1901)鉛印本　一冊

320000-1646-0002192　301157
李鴻章十二章　梁啟超著　清光緒二十七年(1901)鉛印本　一冊

320000-1646-0002193　301158
合肥相國七十賜壽圖壽言全集不分卷　清光緒十八年(1892)石印本　一冊

320000-1646-0002194　301159
合肥相國七十賜壽圖壽言全集不分卷　清光緒十八年(1892)鉛印本　三冊

320000-1646-0002195　301160
合肥相國七十賜壽圖壽言全集不分卷　清光

緒十八年(1892)鉛印本　存二冊

320000－1646－0002196　302719
歷代地理韻編今釋二十卷　(清)李兆洛輯
皇朝輿地韻編二卷　(清)李兆洛輯　(清)六嚴等編集　清同治九年(1870)合肥李氏刻本　八冊

320000－1646－0002197　502759
經史辨體不分卷　(清)徐與喬述　清康熙十七年(1678)敦化堂刻本　二十四冊

320000－1646－0002198　502764
續集漢印分韻二卷　(清)謝景卿纂　清道光刻本　一冊　存一卷(下)

320000－1646－0002199　502769
景船齋雜記二卷　(清)章有譾著　清光緒申報館鉛印本　一冊

320000－1646－0002200　302728
天下郡國利病書一百二十卷　(清)顧炎武輯　(清)龍萬育訂　清光緒二十五年(1899)圖書集成書局鉛印本　二十八冊　存一百三卷(一至十三、二十一至二十六、三十七至一百二十)

320000－1646－0002201　502771
白虎通四卷校勘補遺一卷闕文一卷　(漢)班固撰　(清)盧文弨校　清乾隆四十九年(1784)刻本　四冊

320000－1646－0002202　301168
[取義圖題辭彙鈔]不分卷　(清)錢福年輯　清光緒抄本　一冊

320000－1646－0002203　301169
[錢新之行述]一卷　(清)錢溯耆撰　清光緒二年(1876)刻本　一冊

320000－1646－0002204　301170
宮太保忠烈程公遺像不分卷　清光緒二十七年(1901)石印本　一冊

320000－1646－0002205　301172
[薩爾圖果敏公行狀]一卷　(清)李文敏撰　清光緒四年(1878)刻本　一冊

320000－1646－0002206　301173
贈太子少保席公行狀一卷　(清)陳三立撰　清光緒十八年(1892)楊伯言抄本　一冊

320000－1646－0002207　301174
劉坤一一卷　清光緒二十九年(1903)鉛印本　一冊

320000－1646－0002208　301175
劉竹屏封翁家傳一卷　(清)劉燮鈞輯　清光緒二十七年(1901)石印本　一冊

320000－1646－0002209　301176
張之洞一卷　清末民國石印本　一冊

320000－1646－0002210　301178
鹿文端公榮哀錄八卷　鹿潯理輯　清宣統三年(1911)天津華新印刷局鉛印本　一冊　存六卷(三至八)

320000－1646－0002211　301182
任學士功績錄不分卷　清光緒二十一年(1895)刻本　二冊

320000－1646－0002212　301183
[楊藕舫行狀]一卷　(清)楊壽彬等述　清末民國石印本　一冊

320000－1646－0002213　301184
[楊藕舫行狀]一卷　(清)楊壽彬等述　清末民國石印本　一冊

320000－1646－0002214　301186
朱秀坤先生家傳一卷　唐文治撰　清光緒三十年(1904)鉛印本　一冊

320000－1646－0002215　301889
三通考輯要七十六卷　(清)湯壽潛輯　清光緒二十五年(1899)通雅堂藏板圖書集成局鉛印本　三十冊

320000－1646－0002216　301188
[陶仲平家傳]一卷祭文一卷哀辭一卷挽辭一卷　諸福坤等撰　清光緒二十二年(1896)木活字印本　一冊

320000－1646－0002217　301196
建威將軍徐軍門生傳不分卷　(清)張駿聲撰

清宣統元年(1909)中國圖書公司鉛印本　一冊

320000－1646－0002218　301200
[朱鼎甫先生輓聯]不分卷　(清)朱懷新輯　清光緒二十年(1894)刻本　一冊

320000－1646－0002219　301206
王仁堪傳一卷　(清)費念慈錄　清光緒二十年(1894)石印本　一冊

320000－1646－0002220　301207
繪圖曾少卿全傳一卷　清末民國裕記書莊石印本　一冊

320000－1646－0002221　301209
節壽集不分卷　(清)方國屏　(清)汪澐錄　清光緒三十三年(1907)闇學廬鈔存石印本　一冊

320000－1646－0002222　301215
貞烈編不分卷　(清)潘鍾瑞輯　清光緒十年(1884)刻香禪精舍集本　一冊

320000－1646－0002223　301216
故清遺老嚴雁峰先生行狀一卷　清末民國石印本　一冊

320000－1646－0002224　301225
岑春萱十九章　世次郎撰　清末民國石印本　一冊

320000－1646－0002225　301230
黎元洪演義上編十六回　平江引年著　清宣統三年(1911)上海宜達文明社石印本　一冊

320000－1646－0002226　302779
廣東輿地全圖不分卷　(清)張人駿編　(清)廖廷相纂繪　清光緒二十三年(1897)廣州石經堂石印本　二冊

320000－1646－0002227　301328
朱子[熹]年譜四卷考異四卷附錄二卷　(清)王懋竑纂訂　清末浙江書局刻本　四冊

320000－1646－0002228　301261
烈士秋瑾女史傳略一卷　清末民國石印本　一冊

320000－1646－0002229　301262
鑑湖女俠秋君墓表一卷吳芝瑛傳一卷　(清)吳芝瑛書　清光緒三十四年(1908)悲秋閣拓本　一冊

320000－1646－0002230　304657
欽定四庫全書總目二百卷首一卷　(清)紀昀等纂　清同治七年(1868)廣東書局刻本　一百二十冊

320000－1646－0002231　301302
孔子編年五卷　(宋)胡仔撰　清嘉慶二十三年(1818)刻本　一冊

320000－1646－0002232　301303
孔子編年五卷　(宋)胡仔撰　清同治九年(1870)京都墨文齋刻本　二冊

320000－1646－0002233　301304
孔子編年五卷　(宋)胡仔撰　清同治九年(1870)京都墨文齋刻本　一冊

320000－1646－0002234　301305
孟子編年四卷　(清)狄子奇編　清光緒十三年(1887)浙江書局刻本　一冊

320000－1646－0002235　301310
考訂朱子世家一卷　(清)江永撰　清同治十三年(1874)黃田朱氏刻本　一冊

320000－1646－0002236　301311
考訂朱子世家一卷　(清)江永撰　清同治十三年(1874)黃田朱氏刻本　一冊

320000－1646－0002237　301319
歐陽文忠公[修]年譜一卷　(清)楊希閔編　清光緒三年(1877)刻本　一冊

320000－1646－0002238　301323
蘇潁濱[轍]年表一卷　(宋)孫汝聽編　清宣統元年(1909)刻本　一冊

320000－1646－0002239　301324
蘇潁濱[轍]年表一卷　(宋)孫汝聽編　清宣統元年(1909)刻本　一冊

320000－1646－0002240　301329
朱子[熹]年譜四卷考異四卷附錄二卷　(清)

王懋竑纂訂　清光緒九年(1883)武昌書局刻本　四冊

320000－1646－0002241　301330
朱子[熹]年譜四卷考異四卷附錄二卷　（清）王懋竑纂訂　清光緒九年(1883)武昌書局刻本　四冊

320000－1646－0002242　301334
王深寗先生[應麟]年譜一卷　（清）張大昌輯　清光緒十六年(1890)刻本　一冊

320000－1646－0002243　301336
建文年譜四卷　（明）趙士喆纂修　清道光二十九年(1849)木活字印味塵軒叢書本　四冊

320000－1646－0002244　301337
明李文正公[東陽]年譜七卷　（清）法式善纂輯　（清）唐仲冕增補　清嘉慶九年(1804)刻本　一冊

320000－1646－0002245　301338
歸震川先生[有光]年譜一卷　（清）孫岱編　清光緒五年(1879)刻本　一冊

320000－1646－0002246　301339
戚少保[繼光]年譜耆編十二卷　（明）戚祚國彙纂　清道光二十七年(1847)刻本　十一冊　存十一卷(二至十二)

320000－1646－0002247　301340
安我素先生[希範]年譜一卷　（清）安吉輯　清乾隆五十九年(1794)刻本　一冊

320000－1646－0002248　301343
徵君孫先生[奇逢]年譜二卷　（清）湯斌等編次　清康熙十四年(1675)刻本　二冊

320000－1646－0002249　301349
尊道先生[陸世儀]年譜一卷行狀行實一卷　（清）凌錫祺編輯　清光緒二十六年(1900)刻陸桴亭先生遺書本　一冊

320000－1646－0002250　301350
淞南顧氏世系一卷　（清）潘道根補輯　清光緒四年(1878)刻本　一冊

320000－1646－0002251　301354
陳安道先生[瑚]年譜二卷　（清）陳溥述　清光緒十八年(1892)東倉書庫刻本　一冊

320000－1646－0002252　301355
陳安道先生[瑚]年譜二卷　（清）陳溥述　清光緒十八年(1892)東倉書庫刻本　一冊

320000－1646－0002253　301356
施愚山先生[閏章]年譜四卷　（清）施念曾編　清乾隆三十三年(1768)刻本　一冊

320000－1646－0002254　301362
朱柏廬先生編年毋欺錄三卷　（清）金吳瀾編刊　（清）李祖榮校輯　清光緒六年(1880)刻本　三冊

320000－1646－0002255　301364
二曲歷年紀略一卷　（清）惠龗嗣撰　潛確錄一卷　（清）李慎言撰　清同治、光緒間刻李二曲先生全集本　一冊

320000－1646－0002256　301366
顏習齋[元]先生年譜二卷　（清）李塨纂　清光緒三十四年(1908)鉛印國粹叢書本　一冊

320000－1646－0002257　301369
奉思錄三卷　（清）潘鍾瑞錄　清咸豐八年(1858)刻本　一冊　存一卷(一)

320000－1646－0002258　301370
敬亭公[沈起元]自訂年譜二卷　（清）沈起元撰　（清）沈宗約補纂　清道光二十七年(1847)學易堂刻本　一冊

320000－1646－0002259　301372
舜山是仲明先生年譜一卷　（清）張敬立撰　清光緒十三年(1887)木活字印本　二冊

320000－1646－0002260　301373
阿文成公[桂]年譜三十四卷　（清）那彥成纂　清嘉慶十九年(1814)刻本　十六冊

320000－1646－0002261　301374
弇山畢公[沅]年譜一卷　（清）史善長撰　清同治十一年(1872)刻本　一冊

320000－1646－0002262　301375
弇山畢公[沅]年譜一卷　（清）史善長撰　清

同治十一年(1872)刻本　一冊

320000－1646－0002263　301376
病榻夢痕錄二卷錄餘一卷　(清)汪輝祖著
清嘉慶十二年(1807)刻本　三冊

320000－1646－0002264　301377
病榻夢痕錄二卷錄餘一卷　(清)汪輝祖著
清嘉慶十二年(1807)刻本　三冊

320000－1646－0002265　301378
病榻夢痕錄二卷錄餘一卷　(清)汪輝祖著
清同治十一年(1872)刻本　三冊

320000－1646－0002266　301379
夢痕錄餘一卷　(清)汪輝祖著　清嘉慶十二年(1807)刻本　一冊

320000－1646－0002267　301380
三松[潘奕雋]自訂年譜一卷　(清)潘奕雋撰　清道光十年(1830)刻本　一冊

320000－1646－0002268　301381
薌巖老人[徐士俊]自訂年譜一卷　(清)徐士俊撰　清道光四年(1824)刻本　一冊

320000－1646－0002269　301384
孫淵如先生[星衍]年譜二卷　(清)張紹南撰　清光緒二十四年(1898)刻本　一冊

320000－1646－0002270　301385
孫淵如[星衍]年譜二卷　(清)張紹南撰　清滿香簃刻本　一冊

320000－1646－0002271　301386
蓉裳先生自訂年譜一卷　(清)楊芳燦撰　清光緒十三年(1887)木活字印本　一冊

320000－1646－0002272　301387
楊蓉裳先生[芳燦]年譜一卷　(清)楊芳燦撰　清光緒五年(1879)刻本　一冊

320000－1646－0002273　301389
雷塘庵主弟子記七卷　(清)張鑑錄　清道光二十一年(1841)刻本　四冊

320000－1646－0002274　301390
雷塘庵主弟子記八卷　(清)張鑑錄　清光緒七年(1881)琅嬛僊館刻本　四冊

320000－1646－0002275　301396
[潘世恩年譜]一卷　(清)潘世恩手訂　清咸豐刻本　一冊

320000－1646－0002276　302727
天下郡國利病書一百二十卷　(清)顧炎武輯　(清)龍萬育訂　清光緒二十五年(1899)圖書集成書局鉛印本　十冊　存四十六卷(七十五至一百二十)

320000－1646－0002277　301401
花甲閒談十六卷　(清)張維屏自撰　清道光十九年(1839)刻張南山全集叢書本　四冊

320000－1646－0002278　301402
頤壽老人[錢寶琛]年譜二卷　(清)錢寶琛自訂　清同治八年(1869)刻本　一冊

320000－1646－0002279　301403
頤壽老人[錢寶琛]年譜二卷　(清)錢寶琛自訂　清同治八年(1869)刻本　一冊

320000－1646－0002280　301404
頤壽老人[錢寶琛]年譜二卷　(清)錢寶琛自訂　清同治八年(1869)刻本　一冊

320000－1646－0002281　301405
勉齋吳公行略一卷　唐文治輯　清光緒二十八年(1902)鉛印本　一冊

320000－1646－0002282　301408
行年紀略一卷　(清)王寶仁自述　清光緒九年(1883)舊香居刻本　一冊

320000－1646－0002283　705284
巧搭經腋集不分卷　(清)趙曉榮　(清)孔繼泰編選　清乾隆三十一年(1766)金閶綠蔭堂刻本　二冊

320000－1646－0002284　301410
鴻雪因緣圖記三集　(清)麟慶著　清光緒五年(1879)上海點石齋石印本　六冊

320000－1646－0002285　301411
丹魁堂[季芝昌]自訂年譜一卷感遇錄一卷遺愛錄一卷　(清)季芝昌撰　清同治三年

(1864)刻本　二冊

320000－1646－0002286　301412

駱公[秉章]年譜一卷　（清）駱秉章訂　清同治六年(1867)刻本　二冊

320000－1646－0002287　301413

[徐宗幹年譜]一卷　（清）徐宗幹訂　清同治五年(1866)刻本　一冊

320000－1646－0002288　301414

趙文恪公[光]自訂年譜一卷　（清）趙光撰　清光緒十六年(1890)刻本　二冊

320000－1646－0002289　301416

曾文正公[國藩]年譜十二卷　（清）黎庶昌輯　清光緒二年(1876)傳忠書局刻本　四冊

320000－1646－0002290　301417

[丁守存]編年自記一卷　（清）丁守存撰　清末刻本　一冊

320000－1646－0002291　301419

羅文恪公[惇衍]年譜一卷　（清）羅𥓂等撰　清光緒刻本　一冊

320000－1646－0002292　301420

雪泥鴻爪三編　（清）邵亨豫撰　（清）邵松年等述　清光緒刻本　三冊

320000－1646－0002293　301421

[濱石府君年狀]一卷　清光緒刻本　一冊

320000－1646－0002294　705285

國朝小題文攬勝不分卷　（清）沈鈞德評點　清乾隆二十九年(1764)刻本　三冊

320000－1646－0002295　301427

王先謙自定年譜三卷　王先謙撰　清光緒三十四年(1908)長沙王氏刻本　一冊

320000－1646－0002296　705286

天崇文欣賞集不分卷　（清）朱芬選　清乾隆四十一年(1776)刻本　三冊

320000－1646－0002297　705287

塾課小題分編十六卷　（清）王步青評　清乾隆五年(1740)刻本　十六冊

320000－1646－0002298　705288

分課小題續編□□卷　（清）王步青評　清乾隆十五年(1750)刻本　五冊　存七卷(初集啟蒙一卷、三集行機上、五集精詣上、六集大觀二卷、七集老境二卷)

320000－1646－0002299　301463

味水軒日記八卷(明萬曆三十七年至四十四年)　（明）李日華著　清光緒五年(1879)嘯園刻本　二冊

320000－1646－0002300　301466

陸清獻公日記十卷(清康熙五年至三十一年)　（清）陸隴其撰　（清）柳樹芳校刊　清道光二十一年(1841)勝溪草堂刻本　四冊

320000－1646－0002301　301467

有正味齋日記一卷(清乾隆五十八年至嘉慶二年)　（清）吳錫麒著　清末民國申報館鉛印本　二冊

320000－1646－0002302　301468

有正味齋日記一卷(清乾隆五十八年至嘉慶二年)　（清）吳錫麒著　清末民國申報館鉛印本　一冊

320000－1646－0002303　301469

蜀輶日記四卷(清嘉慶十五年五月至十一月)　（清）陶澍著　清道光七年(1827)刻本　一冊

320000－1646－0002304　301471

曾文正公手書日記不分卷(清道光二十一年至同治十一年)　（清）曾國藩著　清宣統元年(1909)上海中國圖書公司石印本　四十冊

320000－1646－0002305　302915

[同治]上江兩縣志二十九卷首一卷　（清）莫祥芝修　（清）汪士鐸纂　清同治十三年(1874)刻本　十二冊

320000－1646－0002306　301474

秦輶日記一卷(清咸豐八年六月二十二日至十月十七日)　（清）潘祖蔭著　清咸豐刻本　一冊

320000－1646－0002307　900288
河南程氏全書(二程全書)　(宋)朱熹輯　清光緒三十四年(1908)澹雅局刻本　十六冊

320000－1646－0002308　301487
曾侯日記一卷(清光緒四年九月初一至五年三月二十六日)　(清)曾紀澤撰　清光緒上海申報館鉛印本　一冊

320000－1646－0002309　301488
出使英法日記一卷(清光緒四年九月初一日至五年三月二十六日)　(清)曾紀澤著　清光緒二十三年(1897)湖南新學書局刻本　一冊

320000－1646－0002310　301489
北行日記一卷(清光緒六年六月至十月二十一日)　(清)薛寶田著　清光緒八年(1882)刻本　一冊

320000－1646－0002311　301490
請纓日記十卷(清光緒八年七月初九至十二年九月)　(清)唐景崧著　清光緒十九年(1893)臺灣布政使署刻本　四冊

320000－1646－0002312　502772
白虎通疏證十二卷　(清)陳立撰　清光緒元年(1875)淮南書局刻本　四冊

320000－1646－0002313　301493
澗于日記不分卷(清光緒四年至六年、十一年至二十二年)　(清)張佩綸著　清末民國豐潤張氏澗于草堂石印本　十四冊

320000－1646－0002314　301494
澗于日記不分卷(清光緒四年至六年、十一年至二十二年)　(清)張佩綸著　清末民國豐潤張氏澗于草堂石印本　十四冊

320000－1646－0002315　301495
西征紀程四卷　(清)鄔代鈞撰　清光緒十七年(1891)鉛印本　一冊　存二卷(一至二)

320000－1646－0002316　301496
道西齋日記二卷(清光緒十三年三月至五月二十四日)　(清)王詠霓撰　(清)曹獻之等校刊　清光緒十三年(1887)徽休屯鎮同文堂刻本　一冊

320000－1646－0002317　301497
道西齋日記二卷(清光緒十三年三月至五月二十四日)　(清)王詠霓撰　清光緒十八年(1892)上海鴻寶齋石印本　一冊

320000－1646－0002318　301498
道西齋日記二卷(清光緒十三年三月至五月二十四日)　(清)王詠霓撰　清光緒二十二年(1896)上海書局石印本　一冊

320000－1646－0002319　301499
丁亥入都紀程二卷(清光緒十三年三月二十六日至七月初十)　(清)黎庶昌著　清光緒十四年(1888)鉛印本　一冊

320000－1646－0002320　301500
出使英法義比日記六卷(清光緒十六年一月十一日至十七年二月三十日)　(清)薛福成著　清光緒十七年(1891)刻本　六冊

320000－1646－0002321　301501
出使英法義比四國日記六卷(清光緒十六年一月十一日至十七年二月三十日)　(清)薛福成著　清光緒十八年(1892)上海醉六堂石印本　三冊　存四卷(一至四)

320000－1646－0002322　301502
出使英法義比四國日記六卷(清光緒十六年一月十一日至十七年二月三十日)　(清)薛福成著　清光緒十八年(1892)上海鴻寶齋石印本　一冊

320000－1646－0002323　301504
隨軺日記一卷(清光緒十六年七月十六日至十七年三月十二日)　(清)韓國鈞著　清光緒二十五年(1899)刻本　一冊

320000－1646－0002324　301505
救濟日記一卷(清光緒二十六年八月二十二日至十月二十六日)　(清)陸樹藩撰　清光緒二十六年(1900)上海石印本　一冊

320000－1646－0002325　301506

庚子赴行在日記一卷（清光緒二十六年十二月二十一日至二十七年一月二十八日）　清末民國鉛印本　一冊

320000－1646－0002326　301507

庚子赴行在日記一卷（清光緒二十六年十二月二十一日至二十七年一月二十八日）　清末民國鉛印本　一冊

320000－1646－0002327　301508

庚子赴行在日記一卷（清光緒二十六年十二月二十一日至二十七年一月二十八日）　清末民國鉛印本　一冊

320000－1646－0002328　301509

扶桑兩月記一卷（清光緒二十七年十一月初四至二十八年一月十二日）　羅振玉著　清光緒二十八年（1902）教育世界社石印本　一冊

320000－1646－0002329　302991

[光緒]婁縣續志二十卷　（清）程其珏修（清）張雲望纂　清光緒五年（1879）刻本　六冊

320000－1646－0002330　301511

英軺日記十二卷（清光緒二十七年十二月二日至二十八年八月二十四日）　（清）載振著　清光緒二十九年（1903）上海文明編譯書局鉛印本　四冊

320000－1646－0002331　301512

英軺日記十二卷（清光緒二十七年十二月二日至二十八年八月二十四日）　（清）載振著　清光緒二十九年（1903）上海文明編譯書局鉛印本　四冊

320000－1646－0002332　301513

乙巳年調查印錫茶務日記一卷（清光緒三十一年四月初九至八月二十七日）　（清）陸溁澄著　清宣統元年（1909）南洋印刷廠鉛印本　一冊

320000－1646－0002333　301515

考察政治日記一卷（清光緒三十一年六月十四日至三十二年六月初四）　（清）戴鴻慈等著　清宣統元年（1909）上海商務印書館鉛印本　一冊

320000－1646－0002334　305325

宋史紀事本末一百九卷　（明）馮琦編　清康熙十八年（1679）刻本　十七冊

320000－1646－0002335　303064

[同治]山陽縣志二十一卷　（清）存葆修（清）何紹基纂　清同治十二年（1873）刻本　八冊

320000－1646－0002336　301531

傳忠錄四卷　（宋）劉學裘編　清光緒三十一年（1905）劉蔭福刻本　二冊

320000－1646－0002337　301533

清芬錄一卷　（清）陳文騄輯　清光緒十六年（1890）刻本　一冊

320000－1646－0002338　302233

乙巳年交涉要覽上編二卷下編三卷　（清）北洋洋務局纂輯　清光緒三十三年（1907）北洋洋務局鉛印本　五冊

320000－1646－0002339　301549

崇祀錄一卷　（清）朱之榛輯　清刻本　一冊

320000－1646－0002340　301550

休甯率溪程氏三烈婦合傳一卷　（清）程錫祥等輯　清光緒二十三年（1897）鉛印本　一冊

320000－1646－0002341　301562

臨海屈氏世譜十九卷　（清）屈采麟等纂修　清光緒刻本　三冊　存八卷(十二至十九)

320000－1646－0002342　301565

南海九江朱氏家譜十二卷　（清）朱宗琦等修　清同治八年（1869）刻本　十二冊

320000－1646－0002343　301568

周氏家譜十卷　（清）周德昂纂修　清嘉慶刻本　五冊

320000－1646－0002344　301569

賜書堂楊氏家譜不分卷　（清）楊念祖編　清光緒十四年（1888）賜書堂鉛印本　十五冊

存(先世紀聞事略、條例、世系圖、世系摘支圖、世表、兄魯公述略、笠湖公傳、蓉裵公傳、蓉裵公墓誌銘、蓉裵公墓表、蓉裵公行述、荔裳楊君墓誌銘、荔裳公行述、蘿裳公傳略、蓉裵公自訂年譜及補編、告示、塋圖、芙蓉山館師友尺牘、芙蓉山館志序存稿、移笋詞、雲陽記事、覺夢詞、楊氏藝文拾遺、郭和客紀功碑文、擬征邪教疏、楊氏藝文存目、碩太夫人行述、楊氏藝文序言、山華山利灣塋圖、端操子小傳、節孝詞後記、吳太宜人述略、獻芹錄、衛恤草、錫金邑志傳、蓉裵公游庠四公文、姚太孺人八秩壽序、弟紹衣述略、笠湖公著作)

320000-1646-0002345　301570
黃氏家乘不分卷　清刻本　存二冊

320000-1646-0002346　301571
海虞慈邨金氏家乘□□卷　(清)金日烺等纂修　清同治刻本　一冊　存三卷(一至三上)

320000-1646-0002347　301572
常熟慈村金氏家乘□□卷金氏文苑內外集二卷　(清)金廷桂纂修　清末木活字印本　五冊　存八卷(三至九、金氏文苑內外集二卷)

320000-1646-0002348　301573
歸氏世譜二十卷　(清)歸令瑜　(清)歸令望纂修　清刻本　一冊　存一卷(二)

320000-1646-0002349　301574
海虞龐氏家譜二十四卷附錄一卷　(清)龐鍾璐等纂修　清同治十三年(1874)刻本　一冊　存五卷(二十一下、二十二至二十四,附錄一卷)

320000-1646-0002350　301575
重修唯亭顧氏家譜十四卷莊規三卷　(清)顧來章等纂修　清光緒二十九年(1903)刻本　十五冊　缺一卷(家譜十四)

320000-1646-0002351　301577
陶氏家譜六卷　(清)陶惟爟等修　清光緒三十四年(1908)刻本　四冊

320000-1646-0002352　301578
薛氏族譜□□卷　清木活字印本　二冊　存二卷(四十七至四十八)

320000-1646-0002353　301627
青浦入泮錄不分卷　清末刻本　一冊　存五十八頁(七十至一百二十七頁)

320000-1646-0002354　301580
俞氏宗譜八卷　(清)俞志康等纂修　清光緒二十三年(1897)永錫堂刻本　七冊　缺一卷(四)

320000-1646-0002355　301581
虞山沈氏宗譜十二卷　(清)沈壽祺輯　清宣統三年(1911)木活字印本　五冊

320000-1646-0002356　301582
錫山秦氏宗譜十二卷首一卷　(清)秦蘭枝等纂修　清同治十二年(1873)刻本　六冊　存六卷(八中、九至十二,首一卷)

320000-1646-0002357　301583
華氏宗譜十二卷首一卷末一卷　(清)華學炯等輯　清同治十一年(1872)詒穀堂刻本　十冊

320000-1646-0002358　301585
華氏宗譜十五卷首一卷末一卷華氏傳芳集九卷　清末存裕堂刻本(華氏傳芳集卷一配清末惇敘堂刻本)　十五冊

320000-1646-0002359　301586
華氏新義莊事略二卷末一卷　(清)華翼綸輯　清光緒二十七年(1901)刻本　二冊

320000-1646-0002360　301587
吳中葉氏族譜六十六卷末一卷　(清)葉慶元纂　清宣統三年(1911)東洞庭山刻本　五十二冊

320000-1646-0002361　301588
榮氏宗譜二十二卷　(清)榮汝棻等修　清宣統二年(1910)山樂堂刻本　二十二冊

320000-1646-0002362　301591
四明朱氏支譜內外編二十六卷　朱驥輯　清光緒二年(1876)慎德堂刻本　四冊

320000-1646-0002363　301593

潘氏古譜十卷 （清）潘元達輯 清光緒四年(1878)如在堂刻本 二冊

320000－1646－0002364 302540
律例便覽八卷圖一卷 （清）蔡嵩年 （清）蔡逢年輯 清同治九年(1870)江蘇書局刻本 四冊

320000－1646－0002365 301600
江陰章氏支譜十六卷 （清）章仁基纂修 清光緒五年(1879)刻本 十冊 缺二卷(十三至十四)

320000－1646－0002366 301601
平原宗譜二十卷 （清）陸錦標輯 清光緒三十二年(1906)刻本 三冊 存十卷(十一至二十)

320000－1646－0002367 301602
常熟孫氏宗譜不分卷 清光緒惇敘堂刻本 十冊

320000－1646－0002368 301604
唐御史臺精舍題名考三卷 （清）趙鉞 （清）勞格撰 清光緒六年(1880)刻月河精舍叢鈔本 一冊

320000－1646－0002369 301606
貢舉考略五卷 （清）黃崇蘭輯 清道光十四年(1834)刻本 四冊

320000－1646－0002370 301607
增補貢舉考略五卷 （清）黃崇蘭輯 清道光二十四年(1844)涇邑雙桂齋刻本 四冊

320000－1646－0002371 301608
貢舉考略五卷 （清）黃崇蘭輯 清道光元年(1821)刻本 四冊

320000－1646－0002372 301609
增補貢舉考略五卷 （清）黃崇蘭輯 清光緒八年(1882)刻本 四冊

320000－1646－0002373 301610
清秘述聞十六卷 （清）法式善編 清嘉慶四年(1799)刻本 四冊

320000－1646－0002374 301611
清秘述聞續八卷 （清）王家相編 清道光元年(1821)刻本 二冊

320000－1646－0002375 301612
國朝貢舉年表三卷 （清）陳國霖 （清）顧錫中編 清光緒十四年(1888)上海積山書局石印本 二冊

320000－1646－0002376 301613
國朝貢舉年表三卷 （清）陳國霖 （清）顧錫中編 清末民國鉛印本 二冊

320000－1646－0002377 303276
[光緒]蘭谿縣志八卷首一卷 （清）秦簧修 （清）唐壬林纂 清光緒十三年(1887)刻本 十冊

320000－1646－0002378 301616
館選錄不分卷 清刻本 五冊

320000－1646－0002379 301617
國朝歷科館選錄不分卷 （清）沈廷芳原輯 清刻本 二冊

320000－1646－0002380 301618
國朝歷科館選錄不分卷 （清）沈廷芳原輯 清刻本(嘉慶朝、光緒朝館選錄配抄本) 二冊

320000－1646－0002381 301619
國朝館選爵里諡法考六卷(清初至光緒九年) （清）吳鼎雯原輯 （清）許乃安等續輯 清道光二十八年(1848)刻本 四冊

320000－1646－0002382 301620
國朝館選爵里諡法考七卷國朝館職補選爵里諡法考一卷國朝翰詹源流編年二卷 （清）吳鼎雯輯 清刻本(國朝館選爵里諡法考卷五至七配抄本) 六冊 缺二卷(國朝館選爵里諡法考一至二)

320000－1646－0002383 301622
蘇州府長元吳三邑諸生譜九卷 （清）錢國祥編 清光緒三十二年(1906)刻本 二冊

320000－1646－0002384 301623
蘇州府長元吳三邑諸生譜九卷 （清）錢國祥

編　清光緒三十二年(1906)刻本　二冊

320000－1646－0002385　301624
蘇州府長元吳三邑諸生譜九卷　(清)錢國祥編　清光緒三十二年(1906)刻本　二冊

320000－1646－0002386　301625
國朝蘇州長元吳三邑科第譜四卷　(清)陸懋修原輯　(清)陸潤庠補編　清光緒三十二年(1906)刻本　二冊

320000－1646－0002387　301626
國朝蘇州長元吳三邑科第譜四卷　(清)陸懋修原輯　(清)陸潤庠補編　清光緒三十二年(1906)刻本　二冊

320000－1646－0002388　301628
毘陵科第考八卷　(清)趙熙鴻等編　清同治七年(1868)刻本　六冊

320000－1646－0002389　301629
國朝虞陽科名錄四卷　(清)王元鐘輯　清宣統三年(1911)清暉書屋刻本　四冊

320000－1646－0002390　301630
國朝虞陽科名錄四卷　(清)王元鐘輯　清宣統三年(1911)清暉書屋刻本　四冊

320000－1646－0002391　301631
國朝崑新青衿錄一卷　(清)徐家疇原輯　清光緒二十六年(1900)蘇州刻本　二冊

320000－1646－0002392　301633
國朝太鎮諸生譜二卷　(清)王鈞照編　清光緒十七年(1891)刻本　二冊

320000－1646－0002393　301634
吳興科第表不分卷　(清)錢振常輯　清光緒八年(1882)刻本　二冊

320000－1646－0002394　301642
錫金遊庠續錄一卷　(清)高松濤輯　清光緒三十一年(1905)天爵堂木活字印本　一冊

320000－1646－0002395　301643
錫金遊庠續錄一卷　(清)高松濤輯　清光緒三十一年(1905)天爵堂木活字印本　一冊

320000－1646－0002396　301644
錫金遊庠續錄一卷　(清)高松濤輯　清光緒三十一年(1905)天爵堂木活字印本　一冊

320000－1646－0002397　302565
樊山判牘四卷樊山判牘續編四卷　(清)樊增祥撰　清法政學社石印本(樊山判牘續編四卷配宣統三年法政學社大同書局石印本)　八冊

320000－1646－0002398　502660
震澤長語二卷　(明)王鏊撰　清光緒刻本　一冊

320000－1646－0002399　301647
國朝歷科題名碑錄初集不分卷(清順治三年至光緒九年附明洪武至崇禎各科)　(清)李周望等編　清末刻本　十四冊

320000－1646－0002400　301648
國朝歷科題名碑錄初集不分卷(清順治三年至嘉慶十三年附明洪武至崇禎各科)　(清)李周望等編　清末刻本　二十四冊

320000－1646－0002401　301649
樞垣題名不分卷　(清)吳伯新輯　清光緒十年(1884)刻本　一冊

320000－1646－0002402　301650
內閣漢票簽中書舍人題名一卷　(清)鮑康輯　內閣漢票簽中書舍人題名續編一卷　(清)丁士彬輯　清咸豐十一年(1861)刻光緒續刻本　一冊

320000－1646－0002403　301651
內閣漢票簽中書舍人題名一卷　(清)鮑康輯　清咸豐十一年(1861)刻本　一冊

320000－1646－0002404　502661
震澤紀聞二卷　(明)王鏊撰　清光緒刻本　一冊

320000－1646－0002405　502664
求闕齋日記類鈔二卷　(清)曾國藩撰　清光緒木活字印本　四冊

320000－1646－0002406　502666

在野邇言八卷　(清)王嘉禎著　清光緒二十年(1894)刻本　二册

320000-1646-0002407　301655
己未詞科録十二卷　(清)秦瀛輯　清刻本　六册

320000-1646-0002408　301656
直省同年全録不分卷　清同治七年(1868)刻本　六册

320000-1646-0002409　301657
直省鄉試同年齒録不分卷　(清)彭祖賢輯　清同治八年(1869)刻本　四册

320000-1646-0002410　301658
[道光丁酉明經通譜]不分卷　清道光十八年(1838)刻本　四册

320000-1646-0002411　301659
[光緒乙酉科齒録]不分卷　清刻本　一册

320000-1646-0002412　301660
[光緒乙酉科十八省優貢同年全録]不分卷　清光緒十二年(1886)刻本　一册

320000-1646-0002413　301661
簡易明經通譜(宣統乙酉科)不分卷各省優貢全録不分卷　清宣統二年(1910)北京刻本　五册

320000-1646-0002414　301662
安徽同官録一卷　清光緒三十二年(1906)鉛印本　二册

320000-1646-0002415　301663
光緒十一年乙酉正科浙江鄉試録一卷　清光緒十一年(1885)刻本　一册

320000-1646-0002416　301664
浙省蘇郡同官録一卷　清同治十一年(1872)刻本　一册

320000-1646-0002417　301665
浙省同官録一卷　清末民國鉛印本　一册

320000-1646-0002418　301666
湖北省江蘇同官録不分卷　清光緒二十九年(1903)刻本　三册

320000-1646-0002419　502671
笠翁偶集□□卷　(清)李漁著　清康熙芥子園刻本　四册　存四卷(十一至十三、十五)

320000-1646-0002420　301668
[道光己未搢紳全書]不分卷　清刻本　四册

320000-1646-0002421　301669
大清搢紳全書四卷　清光緒二年(1876)大文堂刻本　四册

320000-1646-0002422　301670
大清搢紳全書四卷　清光緒十四年(1888)京都榮録堂刻本　四册

320000-1646-0002423　301671
大清搢紳全書四卷　清光緒十五年(1889)刻本　四册

320000-1646-0002424　301672
大清搢紳全書四卷　清光緒十八年(1892)榮録堂刻本　四册

320000-1646-0002425　301673
大清搢紳全書四卷　清光緒十九年(1893)榮録堂刻本　三册　缺一卷(二)

320000-1646-0002426　301674
大清搢紳全書四卷　清光緒二十一年(1895)榮録堂刻本　三册　缺一卷(一)

320000-1646-0002427　301675
大清搢紳全書不分卷　清光緒二十三年(1897)刻本　存二册

320000-1646-0002428　301676
大清搢紳全書四卷　清光緒十七年(1891)刻本　四册

320000-1646-0002429　301677
大清搢紳全書四卷　清光緒刻本　四册

320000-1646-0002430　301678
大清中樞備覽二卷　清光緒二十年(1894)榮録堂刻本　二册

320000-1646-0002431　301679

大清中樞備覽二卷　清光緒二十一年(1895)榮錄堂刻本　二冊

320000－1646－0002432　301680
大清中樞備覽二卷　清光緒二十九年(1903)榮寶齋刻本　二冊

320000－1646－0002433　301681
大清中樞備覽二卷　清光緒三十一年(1905)榮錄堂刻本　二冊

320000－1646－0002434　301682
大清中樞備覽二卷　清光緒三十三年(1907)榮祿堂刻本　二冊

320000－1646－0002435　301683
大清搢紳全書四卷　清光緒二十九年(1903)榮寶齋刻本　四冊

320000－1646－0002436　301684
大清搢紳全書四卷　清光緒三十二年(1906)榮錄堂刻本　四冊

320000－1646－0002437　301685
大清搢紳全書四卷　清光緒三十三年(1907)榮錄堂刻本　三冊　缺一卷(四)

320000－1646－0002438　301686
大清搢紳全書四卷　清光緒三十四年(1908)榮錄堂刻本　四冊

320000－1646－0002439　301687
大清搢紳全書四卷　清宣統元年(1909)榮錄堂刻本　四冊

320000－1646－0002440　301688
大清搢紳全書四卷　清宣統二年(1910)榮寶齋刻本　五冊

320000－1646－0002441　301689
大清搢紳全書四卷　清宣統二年(1910)榮錄堂刻本　五冊

320000－1646－0002442　502672
格天集六卷　(清)錢坪撰　清乾隆刻本　二冊　存三卷(二至四)

320000－1646－0002443　502674

淞隱漫錄十二卷　(清)王韜撰　清光緒石印本　三冊　存六卷(一至六)

320000－1646－0002444　301696
史鑑節要便讀六卷　(清)鮑東里編輯　清同治七年(1868)刻本　二冊

320000－1646－0002445　301697
重刊史鑑節要便讀六卷　(清)鮑東里編輯　清同治十二年(1873)羊城運署刻本　二冊

320000－1646－0002446　301698
史鑑節要便讀六卷　(清)鮑東里編輯　清同治十二年(1873)台郡刻本　二冊

320000－1646－0002447　301699
史鑑節要便讀六卷　(清)鮑東里編輯　清同治十三年(1874)江蘇書局刻本　二冊

320000－1646－0002448　301700
史鑑節要便讀六卷　(清)鮑東里編輯　清末民國錦章圖書局石印本　四冊

320000－1646－0002449　301701
史鑑節要便讀七卷　(清)鮑東里編輯　清末民國上海錦章圖書局石印本　一冊

320000－1646－0002450　301702
便蒙記略一卷　清光緒十八年(1892)寄鷗館刻本　一冊

320000－1646－0002451　301703
增定妥註鑑略離句讀本二卷　(明)李延機著　清末民國上海錦章圖書局石印本　二冊

320000－1646－0002452　301704
古今彝語十二卷　(明)汪應蛟撰　清刻本　一冊　存二卷(九至十)

320000－1646－0002453　301705
歷史讀本□□卷　清刻本　六冊　存六卷(三至八)

320000－1646－0002454　301706
十七史詳節　(宋)呂祖謙輯　清光緒二十八年(1902)崇新書局石印本　二十一冊　存六種一百三十八卷(東萊先生史記詳節二十卷,東萊先生西漢書詳節三十卷,東萊先生東漢

書詳節三十卷,東萊先生三國志詳節二十卷,東萊先生晉書詳節三十卷,東萊先生唐書詳節七至八、十五至二十)

320000－1646－0002455　301707
二十四史精華二十四卷　（清）張羅澄編輯　清光緒二十八年(1902)夢孔山房石印本　十冊

320000－1646－0002456　301708
廿一史約編八卷首一卷　（清）鄭元慶述　清光緒刻本　八冊

320000－1646－0002457　301709
廿一史約編八卷首一卷　（清）鄭元慶述　清魚計亭刻本　八冊

320000－1646－0002458　301710
校補廿一史約編八卷首一卷　（清）鄭元慶述　清康熙三十六年(1697)刻本　八冊

320000－1646－0002459　301711
廿二史紀事提要八卷　（清）吳綏纂　清乾隆十一年(1746)刻本　四冊　存四卷(一至四)

320000－1646－0002460　301712
二十四史文鈔二十二卷　（清）常安選評　清光緒二十九年(1903)文來書局石印本　十六冊

320000－1646－0002461　305070
碑傳集一百六十卷首二卷末二卷　（清）錢儀吉纂錄　清光緒十九年(1893)江蘇書局刻本　六十冊

320000－1646－0002462　301715
史緯三百三十卷　（清）陳允錫撰　清光緒二十九年(1903)文來書局石印本　六十冊

320000－1646－0002463　301716
明史緯六十八卷　（清）鄭弟衍輯　清光緒二十九年(1903)上海英商順成書局石印本　八冊

320000－1646－0002464　301717
史略八十七卷　（清）朱堃輯　清同治六年(1867)刻本　十九冊　缺五卷(四十六至五十)

320000－1646－0002465　301718
鑑撮四卷　（清）曠敏本編　清道光十九年(1839)刻本　六冊

320000－1646－0002466　301719
歷代史略六卷　柳詒徵編著　清末民國江楚書局刻本　七冊　缺一卷(四)

320000－1646－0002467　301720
史記菁華錄六卷　（清）姚苧田輯　清光緒八年(1882)扶荔山房刻朱墨套印本　二冊

320000－1646－0002468　504683
不遠復齋雜鈔二卷　（清）潘世璜輯　清同治七年(1868)刻本　一冊

320000－1646－0002469　703716
改良繪圖今古奇觀二卷四十回　題(明)抱甕老人輯　清末石印本　二冊　存十四回(五至十一、二十八至三十四)

320000－1646－0002470　301723
史記菁華錄六卷　（清）姚苧田選輯　清道光四年(1824)吳興姚氏扶荔山房刻朱墨套印本　六冊

320000－1646－0002471　301724
史記菁華錄六卷　（清）姚苧田選輯　清光緒九年(1883)廣州翰墨園刻本　六冊

320000－1646－0002472　301725
史記菁華錄六卷　（清）姚苧田選輯　清光緒九年(1883)廣州翰墨園刻本　六冊

320000－1646－0002473　301726
南北史捃華八卷　（清）周嘉猷輯　清同治四年(1865)鑑止水齋刻本　四冊

320000－1646－0002474　301727
南北史識小錄二十八卷　（清）沈名蓀　（清）朱昆田原輯　（清）張應昌補正　清同治十年(1871)武林吳氏清來堂刻本　十冊

320000－1646－0002475　301728
南北史識小錄二十八卷　（清）沈名蓀　（清）朱昆田原輯　（清）張應昌補正　清同治十年

(1871)武林吳氏清來堂刻本　十二冊

320000－1646－0002476　301729

清朝史略十一卷　（日本）佐藤楚材編輯　清光緒二十八年(1902)上海書局石印本　六冊

320000－1646－0002477　301730

讀史碎金六卷讀史碎金註八十卷　（清）胡文炳編輯　清光緒元年至二年(1875－1876)蘭石齋刻本　八十七冊

320000－1646－0002478　302659

李氏五種　（清）李兆洛輯　清同治十年(1871)合肥李鴻章刻本　十冊

320000－1646－0002479　301735

歷代治權分合系統表一卷　（清）吳寶忠編　清光緒三十四年(1908)石印本　一冊

320000－1646－0002480　301736

歷代帝王年表三卷　（清）齊召南編　清咸豐五年(1855)刻粵雅堂叢書　三冊

320000－1646－0002481　301737

歷代史表五十三卷　（清）萬斯同輯　清康熙三十一年(1692)刻本　二冊

320000－1646－0002482　301738

歷代史表五十九卷　（清）萬斯同撰　（清）紀昀等補纂　清光緒十五年(1889)廣雅書局刻本　六冊

320000－1646－0002483　301739

歷代史表五十九卷　（清）萬斯同撰　清乾隆五十一年(1786)留香閣刻本　八冊

320000－1646－0002484　301742

廿一史四譜五十四卷　（清）沈炳震鈔　清同治十年(1871)武林吳氏清來堂刻本　十六冊

320000－1646－0002485　301743

廿一史四譜五十四卷　（清）沈炳震鈔　清同治十年(1871)武林吳氏清來堂刻本　十八冊

320000－1646－0002486　301744

廿一史四譜五十四卷　（清）沈炳震鈔　清同治十年(1871)武林吳氏清來堂刻本　八冊

320000－1646－0002487　303411

[道光]新會縣志十四卷　（清）林星章修　（清）黃培芳纂　清道光二十年(1840)刻本　十二冊

320000－1646－0002488　301746

史鑑年表彙編十四卷　（清）蕭承笏編　清刻本　三冊　存十一卷(四至十四)

320000－1646－0002489　301747

四裔編年表四卷　（清）嚴良勳　（美國）林樂知譯　（清）李鳳苞彙編　清光緒刻本　二冊

320000－1646－0002490　301748

歷代四裔紀年統表四卷　（清）嚴良勳　（美國）林樂知譯　（清）李鳳苞彙編　清光緒二十三年(1897)石印本　四冊

320000－1646－0002491　301749

中外紀年通表□□卷　（清）齊召南編　清光緒二十三年(1897)上海著易堂石印本　八冊　存六卷(一至六)

320000－1646－0002492　301750

東西年表一卷　（日本）井上賴囻　（日本）大槻如電撰　清光緒二十七年(1901)王氏小方壺齋石印本　一冊

320000－1646－0002493　301751

疑年表一卷太歲超長表三卷　（清）汪日楨學　清刻推策小識叢書本　二冊

320000－1646－0002494　301757

史通通釋二十卷　（清）浦起龍釋　清乾隆十七年(1752)梁溪浦氏求放心齋刻本　七冊　存十七卷(四至二十)

320000－1646－0002495　301758

史通通釋二十卷　（清）浦起龍釋　清光緒十一年(1885)刻本　八冊

320000－1646－0002496　301759

史通削繁四卷　（清）紀昀著　清光緒元年(1875)湖北崇文書局刻本　四冊

320000－1646－0002497　301760

史通削繁四卷　（清）紀昀著　清光緒元年

(1875)湖北崇文書局刻本　四冊

320000－1646－0002498　301761
史通削繁四卷　（清）紀昀著　清道光十三年(1833)翰墨園刻本　四冊

320000－1646－0002499　301762
史通削繁四卷　（清）紀昀著　清道光十三年(1833)翰墨園刻本　四冊

320000－1646－0002500　301763
文史通義八卷　（清）章學誠著　清道光十二年至十三年(1832－1833)刻本　四冊

320000－1646－0002501　301764
文史通義八卷校讐通義三卷　（清）章學誠著　清道光十二年至十三年(1832－1833)刻本　五冊

320000－1646－0002502　301765
文史通義八卷校讐通義三卷　（清）章學誠著　清光緒二十五年(1899)三味堂刻本　八冊

320000－1646－0002503　301770
漢書管見四卷　（清）朱一新撰　清光緒葆真堂刻本　四冊

320000－1646－0002504　301773
讀通鑑綱目劄記二十卷　（清）章邦元著　清光緒十六年(1890)章氏刻本　八冊

320000－1646－0002505　301774
讀通鑑綱目劄記二十卷翰馨書屋賦餘二卷　（清）章邦元著　年譜一卷日記一卷　（清）章家祚追述　清光緒刻本　十冊

320000－1646－0002506　301775
唐書直筆四卷　（宋）呂夏卿撰　涉史隨筆一卷　（宋）葛洪著　清光緒小萬卷樓刻本　二冊

320000－1646－0002507　301776
明史綱目管窺三卷　（清）陳杞著　清嘉慶刻本　三冊

320000－1646－0002508　301777
史目表一卷　（清）洪飴孫撰　清光緒二十五年(1899)京都官書局石印本　一冊

320000－1646－0002509　301778
史目表一卷　（清）洪飴孫撰　清光緒四年(1878)啓秀山房刻本　一冊

320000－1646－0002510　301779
通鑑論三卷　（宋）司馬光撰　清光緒二十八年(1902)上海書局石印本　二冊

320000－1646－0002511　301780
史闕十四卷　（清）張岱紬　（清）鄭佶編　清道光七年(1827)刻本　六冊

320000－1646－0002512　301781
歷代史論一編四卷　（明）張溥著　清光緒五年(1879)敏得堂刻本　六冊

320000－1646－0002513　301782
歷代史論十二卷宋史論三卷元史論一卷　（明）張溥論正　明史論四卷　（清）谷應泰論正　左傳史論二卷　（清）高士奇論正　清光緒五年(1879)刻本　八冊

320000－1646－0002514　301783
歷代史論十二卷宋史論三卷元史論一卷　（明）張溥論正　明史論四卷　（清）谷應泰論正　左傳史論二卷　（清）高士奇論正　清光緒五年(1879)都城蒼松山房刻朱墨套印本　八冊

320000－1646－0002515　301784
歷代史論十二卷宋史論三卷元史論一卷　（明）張溥論正　明史論四卷　（清）谷應泰論正　左傳史論二卷　（清）高士奇論正　清光緒十八年(1892)紫文書局刻本　八冊

320000－1646－0002516　301785
歷代史論二冊　（明）顧充著　清光緒十三年(1887)掃葉山房刻本　二冊

320000－1646－0002517　301788
歷代名賢史論統編□□卷　清末民國石印本　九冊　存四十卷(二至十一、十八至三十五、三十九至五十)

320000－1646－0002518　301789
廿四史經濟掌故彙編二十八卷　（清）魏裔介

纂　清光緒二十九年(1903)石印本　七冊　存二十四卷(一至二十四)

320000－1646－0002519　301790

廿四史論海三十二卷　(清)知新子輯　清光緒二十八年(1902)石印本　五冊　存七卷(一至二、七、二十九至三十二)

320000－1646－0002520　502751

吳門銷夏記三卷　江瀚述　清光緒二十年(1894)刻本　一冊

320000－1646－0002521　301792

新輯分類史論大成十九卷　題(清)行素生編輯　清光緒二十八年(1902)上海醉六堂石印本　十九冊　存十八卷(一、三至十九)

320000－1646－0002522　301793

新輯分類史論續編大成十六卷　題(清)行素生編輯　清光緒二十九年(1903)上海醉六堂石印本　十六冊

320000－1646－0002523　301794

史論正鵠初集四卷二集四卷　(清)王樹敏評點　清光緒二十七年(1901)上海久敬齋石印本　七冊

320000－1646－0002524　301795

古今史論類纂十四卷　(清)陸希績編　清光緒二十七年(1901)上海順成書局石印本　六冊

320000－1646－0002525　301796

分類政治史事論滙海二十卷　(清)韓伯憨編　清光緒二十八年(1902)影印本　二十冊

320000－1646－0002526　301797

古今史論大觀前編十五卷後編十七卷　(清)雷瑨編輯　清光緒二十七年(1901)硯耕山莊石印本　十冊

320000－1646－0002527　301798

歷代史事新論彙編二十八卷　尊青氏編　清末民國上海南洋學社石印本　十四冊　存二十七卷(一至二十七)

320000－1646－0002528　305289

[光緒]吳江縣續志四十卷首一卷　(清)金福曾修　(清)熊其英纂　清光緒五年(1879)刻本　四冊

320000－1646－0002529　301802

兩朝評鑑彙錄十二卷　(清)陸紹源纂　清光緒二十八年(1902)通志學社石印本　八冊

320000－1646－0002530　301803

兩朝評鑑彙錄十二卷　(清)陸紹源纂　清光緒二十八年(1902)通志學社石印本　八冊

320000－1646－0002531　301804

孫退谷手寫山居隨筆一卷　(清)孫承澤撰　清末風雨樓祕笈留真石印本　一冊

320000－1646－0002532　301805

孫退谷手寫山居隨筆一卷　(清)孫承澤撰　清末風雨樓祕笈留真石印本　一冊

320000－1646－0002533　301806

洪稚存先生評史四卷　(清)洪亮吉著　(清)龔熙評點　清光緒三十一年(1905)同文公記石印本　四冊

320000－1646－0002534　303516

皇朝藩部要略十八卷世系表四卷　(清)祁韻士纂　清光緒十年(1884)浙江書局刻本　八冊

320000－1646－0002535　301808

浣香園筆記一卷　(清)李天根著　清道光二十五年(1845)刻本　一冊

320000－1646－0002536　301809

澂景堂史測十四卷　(清)施鴻著　清光緒二十八年(1902)刻本　二冊

320000－1646－0002537　301811

古今人物論三十六卷　(清)鄭元直輯　清同治十年(1871)養真堂刻本　四冊

320000－1646－0002538　301812

讀通鑑論十卷　(清)王夫之著　清光緒二十九年(1903)上海官書局石印本　八冊

320000－1646－0002539　301815

讀通鑑論三十卷讀宋論十五卷　(清)王夫之

撰　清光緒二十五年(1899)申昌書莊石印本
(讀宋論爲光緒二十七年簡青書局石印本)
八冊　存三十二卷(讀通鑑論三十卷、讀宋論
一至二)

320000－1646－0002540　301816
諸史然疑一卷　(清)杭世駿撰　清乾隆四十
五年(1780)刻知不足齋叢書本　一冊

320000－1646－0002541　301818
讀史舉正八卷　(清)張熷撰　清光緒十七年
(1891)廣雅書局刻本　二冊

320000－1646－0002542　301819
讀史舉正八卷　(清)張熷撰　清光緒十七年
(1891)廣雅書局刻本　二冊

320000－1646－0002543　301820
三芝山房讀史隨筆二卷　(清)盧浙撰　清嘉
慶二十一年(1816)刻本　一冊　存一卷(上)

320000－1646－0002544　301822
李大宗師史論引端一卷　(清)李殿林著　清
光緒二十七年(1901)刻本　一冊

320000－1646－0002545　301823
史論引端一卷　(清)李殿林著　清光緒二十
七年(1901)刻本　一冊

320000－1646－0002546　301824
史論引端一卷　(清)李殿林著　清光緒二十
七年(1901)刻本　一冊

320000－1646－0002547　301825
十七史商榷一百卷　(清)王鳴盛述　清乾隆
五十二年(1787)洞涇草堂刻本　二十冊

320000－1646－0002548　301826
十七史商榷一百卷　(清)王鳴盛述　清乾隆
五十二年(1787)洞涇草堂刻本　二十冊

320000－1646－0002549　301827
十七史商榷一百卷　(清)王鳴盛述　清乾隆
五十二年(1787)洞涇草堂刻本　二十四冊

320000－1646－0002550　301828
十七史商榷一百卷　(清)王鳴盛述　清刻本
十一冊

320000－1646－0002551　301829
廿二史考異一百卷　(清)錢大昕著　清乾隆
四十五年(1780)潛研堂刻本　二十二冊

320000－1646－0002552　301830
廿二史劄記三十六卷　(清)趙翼撰　清光緒
二十八年(1902)上海鴻文書局石印本　六冊

320000－1646－0002553　301831
廿二史劄記三十六卷　(清)趙翼撰　清光緒
三十一年(1905)上海廣益書局鉛印本　六冊
　存二十八卷(一至九、十五至二十四、二十
五殘、二十九至三十六)

320000－1646－0002554　301832
廿二史劄記三十六卷　(清)趙翼撰　清嘉慶
五年(1800)湛貽堂刻本　十冊

320000－1646－0002555　301833
廿二史劄記三十六卷　(清)趙翼撰　清嘉慶
五年(1800)湛貽堂刻本　九冊

320000－1646－0002556　301834
廿二史劄記三十六卷　(清)趙翼撰　清嘉慶
五年(1800)湛貽堂刻本　八冊　存二十五卷
(一至十五、二十七至三十六)

320000－1646－0002557　301835
三史拾遺五卷諸史拾遺五卷　(清)錢大昕撰
　清嘉慶十二年(1807)嘉興郡齋刻本　六冊

320000－1646－0002558　301836
三史拾遺五卷諸史拾遺五卷　(清)錢大昕撰
　清嘉慶十二年(1807)嘉興郡齋刻本　六冊

320000－1646－0002559　304591
海源閣藏書目一卷　(清)楊紹和編　清光緒
十四年(1888)江標刻本　一冊

320000－1646－0002560　301841
晉宋書故一卷　(清)郝懿行著　清嘉慶二十
一年(1816)刻本　一冊

320000－1646－0002561　301842
晉宋書故一卷　(清)郝懿行著　清嘉慶二十
一年(1816)刻本　一冊

320000－1646－0002562　301843

舊聞證誤四卷舊聞證誤補遺一卷　（宋）李心傳撰　清光緒二十六年(1900)藕香零拾刻本　一冊

320000－1646－0002563　301845
國史考異六卷　（清）潘樨章撰　清光緒功順堂刻本　三冊

320000－1646－0002564　301847
讀史論略一卷　（清）杜詔著　清光緒三年(1877)京都敬業堂刻本　一冊

320000－1646－0002565　504376
錢氏小兒藥證直訣三卷　（宋）錢乙撰　（宋）閻孝忠集　董氏小兒斑疹備急方論一卷　（宋）董汲論次　清刻本　四冊

320000－1646－0002566　304592
海源閣藏書目一卷　（清）楊紹和編　清光緒十四年(1888)江標刻本　一冊

320000－1646－0002567　301851
讀史論略一卷　（清）杜詔撰　清康熙綠蔭堂刻本　一冊

320000－1646－0002568　301852
讀史大略六十卷　（清）沙張白著　清道光二十五年(1845)刻本　十冊　存五十七卷(一至五十七)

320000－1646－0002569　301853
歷朝史案二十卷　（清）洪亮吉編　清咸豐聚奎閣刻本　六冊

320000－1646－0002570　301854
讀史大略六十卷　（清）沙張白著　小沙子史略一卷　（清）沙晉著　清咸豐七年(1857)恭壽堂刻本　十六冊

320000－1646－0002571　301855
讀史大略六十卷　（清）沙張白著　小沙子史略一卷　（清）沙晉著　清光緒二十六年(1900)刻本　十二冊

320000－1646－0002572　301856
史案二十卷　（清）吳裕垂撰　清光緒六年(1880)大成堂刻本　八冊

320000－1646－0002573　301857
史案二十卷　（清）吳裕垂撰　清光緒六年(1880)大成堂刻本　四冊

320000－1646－0002574　301858
讀史記日記一卷讀漢書日記一卷　（清）朱錦綬撰　清光緒十六年(1890)刻本　一冊

320000－1646－0002575　301860
史筏不分卷　（清）杜詔原本　（清）張承恩輯注　清蕭山丁氏大碧山館刻本　三冊

320000－1646－0002576　301861
讀史提要錄十二卷　（清）夏之蓉編　清同治四年(1865)刻本　四冊

320000－1646－0002577　301862
讀史提要錄十二卷　（清）夏之蓉編　清乾隆三十七年(1772)半舫齋刻本　六冊

320000－1646－0002578　301863
讀史提要錄十二卷　（清）夏之蓉編　清道光二年(1822)刻本　六冊

320000－1646－0002579　301864
讀史提要錄十二卷　（清）夏之蓉編　清道光二年(1822)刻本　六冊

320000－1646－0002580　301865
諸史考異十八卷　（清）洪頤煊撰　清光緒十五年(1889)廣雅書局刻本　三冊

320000－1646－0002581　301866
兩朝評鑑彙錄十二卷　（清）陸紹源纂　清光緒二十八年(1902)石印本　八冊

320000－1646－0002582　301867
史序錄一卷　（清）吳承漸纂輯　甲子會紀一卷歷代國都一卷　（明）薛應旂編集　清順治十八年(1661)思訓堂刻本　一冊

320000－1646－0002583　301868
經義史論尋源四卷　（清）鄭文燿著　清光緒刻本　六冊

320000－1646－0002584　301869
史微四卷　張采田撰　清光緒三十四年(1908)鉛印本　二冊

320000－1646－0002585　304594

古越藏書樓書目二十卷首一卷　（清）徐樹蘭撰　清光緒三十年(1904)崇實書局石印本　八冊

320000－1646－0002586　304658

欽定四庫全書總目二百卷首一卷　（清）紀昀等纂　清同治七年(1868)廣東書局刻本　九十七冊

320000－1646－0002587　301873

韻史二卷　（清）許遜菴撰　**韻史補一卷**　（清）朱玉岑撰　清枕漱居刻本　一冊

320000－1646－0002588　301874

二十一史彈詞輯注十卷　（明）楊慎編　（清）孫德威輯注　清康熙四十年(1701)習是堂刻本　二冊

320000－1646－0002589　301875

全史宮詞二十卷　（清）史夢蘭撰　清咸豐六年(1856)刻本　四冊

320000－1646－0002590　301876

春秋詠事詩三卷　（清）楊錞著　清慶餘堂刻本　一冊

320000－1646－0002591　301877

春秋詠事詩三卷　（清）楊錞著　清慶餘堂刻本　一冊

320000－1646－0002592　301878

榆图讀史草一卷　（清）李壽蓉撰　（清）周益註　清刻本　一冊

320000－1646－0002593　301879

金源紀事詩八卷　（清）湯運泰著　清同治十二年(1873)淮南書局刻本　四冊

320000－1646－0002594　301880

金源紀事詩八卷　（清）湯運泰著　清刻本　八冊

320000－1646－0002595　301881

悔初廬詩稿二卷　（清）柴文杰著　清光緒三年(1877)刻本　一冊

320000－1646－0002596　304659

欽定四庫全書總目二百卷首一卷　（清）紀昀等纂　清宣統二年(1910)存古齋石印本　三十二冊

320000－1646－0002597　301883

圍城紀事詩一卷　（清）于桓著　清光緒二十四年(1898)刻本　一冊

320000－1646－0002598　301885

九通九種　清光緒浙江書局刻本　一千冊

320000－1646－0002599　304660

欽定四庫全書總目二百卷首一卷四庫未收書目提要五卷欽定四庫全書簡明目錄二十卷　（清）紀昀等纂　清光緒十四年(1888)上海漱六山莊石印本　二十四冊

320000－1646－0002600　301888

十通十種　清光緒二十二年(1896)浙江書局鉛印本　一千一百一冊

320000－1646－0002601　301890

三通考輯要七十六卷　（清）湯壽潛輯　清光緒二十五年(1899)通雅堂藏板圖書集成局鉛印本　三十冊

320000－1646－0002602　301891

九通序不分卷　清光緒二十八年(1902)景幡山房鉛印本　三冊

320000－1646－0002603　301892

九通序不分卷　清光緒二十八年(1902)景幡山房鉛印本　三冊

320000－1646－0002604　301893

九通序不分卷　清光緒二十八年(1902)景幡山房鉛印本　一冊

320000－1646－0002605　301894

九通提要十二卷　（清）柴紹炳纂　清光緒二十八年(1902)上海泰東時務譯印局鉛印本　一冊

320000－1646－0002606　301895

正三通目錄九卷續三通目錄十四卷　清光緒二十九年(1903)圖書集成局石印本　五冊　存十七卷(正三通目錄七至九、續三通目錄十

四卷)

320000-1646-0002607　301896

九通通二百四十八卷　(清)劉可毅輯　清光緒二十八年(1902)武進劉氏石印本　三十冊

320000-1646-0002608　301897

皇朝三通識要類編六十五卷　(清)黃雋輯　清光緒二十八年(1902)上海寶善齋石印本　十二冊

320000-1646-0002609　301898

皇朝三通識要類編六十五卷　(清)黃雋輯　清光緒二十八年(1902)上海寶善齋石印本　十二冊

320000-1646-0002610　301899

三通三種　(唐)杜佑等撰　清乾隆十二年(1747)刻本　二百五十六冊

320000-1646-0002611　301900

三通原序合刻不分卷　(唐)杜佑等撰　清乾隆三十四年(1769)刻本　一冊

320000-1646-0002612　301901

三通序不分卷　(清)康蘩芸輯　清道光十三年(1833)刻本　一冊

320000-1646-0002613　301902

三通序不分卷　(唐)杜佑等撰　清光緒二年(1876)蔣氏求實齋刻本　一冊

320000-1646-0002614　301904

通典二百卷考證一卷　(唐)杜佑纂　清光緒二十二年(1896)浙江書局刻本　五十冊

320000-1646-0002615　301905

欽定續通典一百五十卷　(清)曹仁虎等撰　清光緒元年(1875)學海堂刻本　四十冊

320000-1646-0002616　301906

皇朝通典一百卷　(清)曹仁虎等纂修　清光緒元年(1875)學海堂刻本　三十二冊

320000-1646-0002617　301907

通志二百卷　(宋)鄭樵撰　清光緒二十二年(1896)浙江書局刻本　二百冊

320000-1646-0002618　301908

欽定續通志六百四十卷　(清)嵇璜等撰　清光緒十二年(1886)浙江書局刻本　一百九十六冊　缺十七卷(七十九至八十四、四百五十九至四百六十二、四百六十八至四百七十四)

320000-1646-0002619　301909

文獻通考三百四十八卷　(宋)馬端臨著　清光緒二十二年(1896)浙江書局刻本　一百五十冊

320000-1646-0002620　301910

文獻通考三百四十八卷　(宋)馬端臨著　清光緒二十五年(1899)上海點石齋石印本　二十四冊

320000-1646-0002621　301911

文獻通考三百四十八卷　(宋)馬端臨著　明嘉靖三年(1524)刻本　一百二十冊

320000-1646-0002622　301912

文獻通考詳節二十四卷　(宋)馬端臨著　(清)嚴虞惇錄　清乾隆二十九年(1764)繩武堂刻本　十冊

320000-1646-0002623　301913

文獻通考詳節二十四卷　(宋)馬端臨著　(清)嚴虞惇錄　清乾隆二十九年(1764)繩武堂刻本　八冊

320000-1646-0002624　301914

文獻通考詳節二十四卷　(宋)馬端臨著　(清)嚴虞惇錄　清光緒二十五年(1899)上海著易堂書局鉛印本　四冊

320000-1646-0002625　301915

文獻通考紀要四卷　清光緒二十七年(1901)菁華閣刻本　一冊

320000-1646-0002626　301916

文獻通考正續纂十二卷　(清)周宗濂輯　(清)楊守仁參校　清道光二年(1822)刻本　六冊

320000-1646-0002627　301917

欽定通考考證三卷　清刻本　二冊

320000 - 1646 - 0002628   301919

通志略五十二卷　（宋）鄭樵著　（清）汪啟淑校　清乾隆十四年(1749)飛鴻堂刻本　二十四冊

320000 - 1646 - 0002629   301920

二十四史九通政典類要合編三百二十卷　（清）黃書霖輯　清光緒二十八年(1902)約雅堂石印本　六十冊

320000 - 1646 - 0002630   301921

古今法制表十六卷　（清）孫榮著　清光緒三十二年(1906)刻本　二冊

320000 - 1646 - 0002631   301922

漢制考四卷踐阼篇集解一卷　（元）王應麟著　清刻本　一冊

320000 - 1646 - 0002632   301923

西漢會要七十卷　（宋）徐天麟撰　清道光八年(1828)木活字印本　十冊

320000 - 1646 - 0002633   301924

西漢會要七十卷　（宋）徐天麟撰　清光緒十年(1884)江蘇書局刻本　十冊

320000 - 1646 - 0002634   301925

西漢會要七十卷　（宋）徐天麟撰　清光緒十年(1884)江蘇書局刻本　十冊

320000 - 1646 - 0002635   301926

東漢會要四十卷　（宋）徐天麟撰　清光緒五年(1879)嶺南學海堂刻本　八冊

320000 - 1646 - 0002636   301927

東漢會要四十卷　（宋）徐天麟撰　清刻本　八冊

320000 - 1646 - 0002637   301928

東漢會要四十卷　（宋）徐天麟撰　清光緒十年(1884)江蘇書局刻本　八冊

320000 - 1646 - 0002638   301930

唐會要一百卷　（宋）王溥撰　清乾隆武英殿木活字印本　十六冊　存八十三卷(九至六十九、七十二至七十四、七十七至七十八、八十至八十二、八十七至一百)

320000 - 1646 - 0002639   301931

唐會要一百卷　（宋）王溥撰　清光緒十年(1884)江蘇書局刻本　二十四冊

320000 - 1646 - 0002640   301936

大元聖政國朝典章六十卷　清光緒三十四年(1908)刻本　二十五冊

320000 - 1646 - 0002641   301937

欽定大清會典八十卷圖一百三十二卷事例九百二十卷　（清）托津等重修　清嘉慶二十三年(1818)刻本　二百五十四冊　缺四十五卷(圖一至四十五)

320000 - 1646 - 0002642   301938

欽定大清會典一百卷圖二百七十卷事例一千二百二十卷　（清）崑岡等重修　清光緒刻本　四百九十四冊

320000 - 1646 - 0002643   301939

欽定大清會典一百卷事例一千二百二十卷　（清）崑岡等重修　清宣統元年(1909)商務印書館石印本　二十冊

320000 - 1646 - 0002644   301940

大清會典一百卷　（清）允祹等重修　清光緒刻本　二十冊

320000 - 1646 - 0002645   301941

欽定大清會典四卷　（清）托津等續修　清同治十一年(1872)湖北崇文書局刻本　一冊

320000 - 1646 - 0002646   301942

欽定大清會典四卷　（清）托津等續修　清同治十一年(1872)湖北崇文書局刻本　四冊

320000 - 1646 - 0002647   301943

欽定大清會典一百卷　（清）崑岡等續修　清宣統三年(1911)商務印書館石印本　三冊

320000 - 1646 - 0002648   301944

欽定大清會典一百卷　（清）允祹等纂修　清光緒二十七年(1901)上海文林石印本　六冊

320000 - 1646 - 0002649   301945

欽定大清會典一百卷　（清）允祹等纂修　清光緒十九年(1893)上海图书集成印書局鉛印

本　八冊

320000－1646－0002650　301946
皇朝政典類纂五百卷　清光緒二十八年(1902)上海圖書集成局鉛印本　六十一冊　存二百五十一卷(二百四至三百六十八、四百十五至五百)

320000－1646－0002651　301947
大清通禮五十四卷　(清)恒泰等撰　清道光四年(1824)刻本　三冊

320000－1646－0002652　301948
大清通禮五十四卷　(清)恒泰等撰　清道光四年(1824)刻本　二十冊

320000－1646－0002653　301949
吾學錄初編二十四卷　(清)吳榮光述　清同治九年(1870)江蘇書局刻本　六冊

320000－1646－0002654　301950
吾學錄初編二十四卷　(清)吳榮光述　清同治九年(1870)江蘇書局刻本　六冊

320000－1646－0002655　301951
吾學錄初編二十四卷　(清)吳榮光述　清道光十二年(1832)南海吳氏刻本　七冊

320000－1646－0002656　301952
吾學錄初編二十四卷　(清)吳榮光述　清道光十二年(1832)南海吳氏刻本　八冊

320000－1646－0002657　301953
聖門禮誌一卷聖門樂誌一卷　(清)孔令貽彙輯　清光緒十三年(1887)刻本　二冊

320000－1646－0002658　301954
文廟通考六卷首一卷　(清)牛樹梅校　清同治十一年(1872)浙江書局刻本　一冊　存四卷(一至三、首一卷)

320000－1646－0002659　301955
孔子升大祀考一卷　(清)侯學愈等輯　清宣統三年(1911)木活字印本　一冊

320000－1646－0002660　301956
文廟祀典考五十卷　(清)龐鍾璐編輯　清光緒四年(1878)刻本　八冊

320000－1646－0002661　301957
文廟祀典考五十卷　(清)龐鍾璐編輯　清光緒四年(1878)刻本　八冊

320000－1646－0002662　301958
文廟丁祭譜一卷　清同治七年(1868)江蘇書局刻本　一冊

320000－1646－0002663　301959
欽定中和韶舞舞容譜一卷　(清)楊忠愉繪(清)周貽藻校　清刻本　一冊

320000－1646－0002664　301960
欽定中和韶舞舞容譜一卷　(清)楊忠愉繪(清)周貽藻校　清刻本　一冊

320000－1646－0002665　301961
南巡盛典一百二十卷　(清)高晉等纂輯　清光緒八年(1882)點石齋石印本　八冊

320000－1646－0002666　301962
司馬氏書儀十卷　(宋)司馬光撰　清同治七年(1868)江蘇書局刻本　一冊

320000－1646－0002667　301963
慮得集四卷附錄二卷　(明)華宗韓撰　清同治十一年(1872)刻本　一冊

320000－1646－0002668　301964
慮得集四卷附錄二卷　(明)華宗韓撰　清同治十一年(1872)刻本　一冊

320000－1646－0002669　301965
直省釋奠禮樂記六卷　(清)應寶時輯　清同治十二年(1873)刻本　二冊

320000－1646－0002670　301966
奏議同治大婚禮節一卷　清同治十一年(1872)刻本　一冊

320000－1646－0002671　301967
制服成誦編一卷制服表一卷喪服通釋一卷　(清)周保珪撰　清光緒二十一年(1895)武林王氏紅蝠山房石印本　一冊

320000－1646－0002672　301970
萬壽盛典四卷　清光緒五年(1879)點石齋石印本　四冊

320000－1646－0002673　301971
盛京典制備考八卷　（清）崇厚等輯　清光緒二十五年(1899)刻本　六冊

320000－1646－0002674　301973
廿二史譯略一卷　（清）周榘輯　清光緒五年(1879)嘯園刻本　一冊

320000－1646－0002675　301974
廿二史譯略一卷　（清）周榘輯　清光緒五年(1879)嘯園刻本　一冊

320000－1646－0002676　301976
皇朝謚法考五卷皇朝謚法考續編一卷　（清）鮑康輯　清同治十一年(1872)刻本　二冊

320000－1646－0002677　301977
皇朝謚法考五卷皇朝謚法考續編一卷　（清）鮑康輯　清同治十一年(1872)刻本　二冊

320000－1646－0002678　301978
奏摺譜一卷　（清）饒旬宣纂　清光緒九年(1883)刻本　一冊

320000－1646－0002679　302017
爲政忠告四卷　（元）張養浩著　清光緒三十二年(1906)飆山顧氏石印本　一冊

320000－1646－0002680　301982
春明退朝錄三卷　（宋）宋敏求撰　清光緒五年(1879)畿輔叢書刻本　一冊

320000－1646－0002681　301983
文昌雜錄六卷　（宋）龐元英撰　清乾隆二十一年(1756)盧氏雅雨堂刻本　二冊

320000－1646－0002682　302018
牧民忠告一卷風憲堂忠告一卷廟堂忠告一卷　（元）張養浩著　清味菜廬木活字印本　二冊

320000－1646－0002683　301985
朝野類要五卷　（宋）趙昇撰　清乾隆四十七年(1782)木活字印本　一冊

320000－1646－0002684　301986
典故紀聞十八卷　（明）余繼登輯　清光緒五年(1879)刻本　四冊

320000－1646－0002685　301987
天台治略十卷　（清）戴兆佳著　清道光五年(1825)木活字印本　六冊

320000－1646－0002686　301988
澹餘筆記一卷　（清）曹申吉撰　**山房隨筆一卷**　（元）蔣子正撰　清光緒藕香零拾刻本　一冊

320000－1646－0002687　301989
石渠餘紀六卷　（清）王慶雲述　清刻本　六冊

320000－1646－0002688　301990
吳平贅言八卷　（清）董沛撰　清光緒七年(1881)刻本　二冊

320000－1646－0002689　301991
養吉齋叢錄二十六卷養吉齋餘錄十卷　（清）吳振棫纂　清光緒二十二年(1896)刻本　八冊

320000－1646－0002690　301992
養吉齋叢錄二十六卷養吉齋餘錄十卷　（清）吳振棫纂　清光緒二十二年(1896)刻本　八冊

320000－1646－0002691　301993
養吉齋叢錄二十六卷養吉齋餘錄十卷　（清）吳振棫纂　清光緒二十二年(1896)刻本　八冊

320000－1646－0002692　301994
熙朝紀政六卷　（清）王慶雲述　清光緒二十七年(1901)上海天章書局石印本　六冊

320000－1646－0002693　301995
歷代刑官考二卷　（清）沈家本撰　清宣統元年(1909)修訂法律館鉛印本　一冊

320000－1646－0002694　304701
開有益齋讀書志六卷開有益齋讀書續志一卷開有益齋金石文字記一卷　（清）朱緒曾撰　清光緒六年(1880)金陵翁氏茹古閣刻本　六冊

320000－1646－0002695　302022

入幕須知五種　（清）張廷驤輯　贅言十則一卷　（清）張廷驤撰　清光緒十八年(1892)浙江書局刻本　六冊

320000－1646－0002696　302851

[正德]武功縣志三卷首一卷　（明）康海撰　（清）孫景烈評註　（清）瑪星阿參訂　清同治十二年(1873)湖北崇文書局刻本　一冊

320000－1646－0002697　301999

漢官七種十一卷　（清）孫星衍校集　清光緒十年(1884)白堤孫氏刻本　二冊

320000－1646－0002698　302000

漢官七種十一卷　（清）孫星衍校集　清光緒九年(1883)虞山後知不足齋刻本　二冊

320000－1646－0002699　302001

漢官舊儀二卷補遺一卷　（漢）衛宏撰　清刻本　一冊

320000－1646－0002700　302002

漢官答問五卷　（清）陳樹鏞撰　清宣統二年(1910)鉛印振綺堂叢書本　一冊

320000－1646－0002701　302003

唐折衝府考補一卷　羅振玉撰　隋唐兵符圖錄一卷　羅振玉撰　藝風堂題跋一卷　繆荃孫撰　古劇脚色考一卷　王國維撰　清宣統元年(1909)石印本　一冊

320000－1646－0002702　302008

南省公餘錄八卷　（清）梁章鉅撰　清嘉慶十年(1805)刻本　二冊

320000－1646－0002703　302009

麟臺故事五卷　（宋）程俱撰　清乾隆木活字印本　一冊

320000－1646－0002704　302010

麟臺故事五卷　（宋）程俱撰　清乾隆木活字印本　二冊

320000－1646－0002705　302011

皇朝詞林典故儀式門摘錄一卷　（清）林則徐輯　清光緒七年(1881)刻本　一冊

320000－1646－0002706　302012

詞林典故八卷　（清）張廷玉等編　清乾隆刻本　十冊

320000－1646－0002707　302013

皇朝詞林典故六十四卷　（清）陳希曾等纂　清光緒十三年(1887)刻本　三十四冊

320000－1646－0002708　302014

皇朝詞林典故六十四卷　（清）陳希曾等纂　清光緒十三年(1887)刻本　三十四冊

320000－1646－0002709　302015

皇朝詞林典故六十四卷　（清）陳希曾等纂修　清嘉慶十年(1805)刻本　三十二冊

320000－1646－0002710　302016

爲政忠告四卷　（元）張養浩著　清光緒三十二年(1906)颿山顧氏石印本　一冊

320000－1646－0002711　705289

歷科小題才子書不分卷　（清）金聖嘆選　清刻本　三冊

320000－1646－0002712　705290

趙明遠先生傳稿全集不分卷　（清）張孫鳳選定　清刻本　二冊

320000－1646－0002713　302019

吏治三書三種　（清）劉衡撰　清同治七年(1868)江蘇書局刻本　一冊

320000－1646－0002714　302020

庸吏庸言二卷庸吏餘談一卷讀律心得三卷蜀僚問答二卷　（清）劉衡輯　漁洋山人手鏡一卷　（清）王士禛撰　代直隸總督勸諭牧文一卷　（清）黃輔辰撰　清同治七年(1868)湖北崇文書局刻本　三冊

320000－1646－0002715　302021

牧令全書五種　（清）丁日昌輯　清同治七年(1868)江蘇書局刻本　十四冊

320000－1646－0002716　705291

何屺瞻六部小題文行遠集不分卷　（清）何焯撰　（清）丁圖南刪訂　清康熙三十五年(1696)刻本　四冊

320000－1646－0002717　705292

舉業小題維新一卷 （清）熊京手定 清康熙三十三年(1694)刻本 一冊

320000-1646-0002718　302024

實政錄七卷 （明）呂坤著 清同治十一年(1872)刻本 六冊

320000-1646-0002719　302025

資治新書十四卷資治新書二集二十卷 （清）李漁輯 清康熙二年(1663)經綸堂刻本 二十四冊

320000-1646-0002720　302026

資治新書十四卷資治新書二集二十卷 （清）李漁輯 清光緒二十年(1894)圖書集成局刻本 十二冊

320000-1646-0002721　302027

欽頒州縣事宜一卷 （清）田文鏡 （清）李衛撰 清同治十二年(1873)羊城書局刻本 一冊

320000-1646-0002722　302028

從政遺規四卷 （清）陳弘謀編輯 清謝文藝齋刻本 二冊

320000-1646-0002723　302029

學仕遺規四卷學仕遺規補四卷 （清）陳弘謀輯 清光緒五年(1879)江蘇書局刻本 五冊

320000-1646-0002724　302030

在官法戒錄摘鈔四卷 （清）陳弘謀編輯 清道光三年(1823)石印本 一冊

320000-1646-0002725　302031

在官法戒錄摘鈔四卷 （清）陳弘謀編輯 清同治七年(1868)楚北崇文書局刻本 二冊

320000-1646-0002726　302032

圖民錄四卷 （清）袁守定著 清光緒五年(1879)江蘇書局刻本 一冊

320000-1646-0002727　302033

增刪佐雜須知四卷 題（清）臥牛山人編 州縣須知四卷 清同治元年(1862)刻本 四冊

320000-1646-0002728　302034

福惠全書三十二卷 （清）黃六鴻著 清康熙三十三年(1694)刻本 十冊

320000-1646-0002729　302035

槐廳載筆二十卷 （清）法式善編 清嘉慶刻本 五冊

320000-1646-0002730　302037

鄉守輯要合鈔十卷 （清）許乃貞編 清咸豐、同治間刻本 一冊 存五卷(一至五)

320000-1646-0002731　705293

王篛林四書文句心集不分卷 （清）王澍撰 清刻本 二冊

320000-1646-0002732　302039

庸吏庸言一卷庸吏餘談一卷 （清）劉衡撰 清道光三十年(1850)刻本 一冊

320000-1646-0002733　302040

宦游紀略六卷續宦游紀略一卷 （清）桂超萬撰 清光緒七年(1881)拙修齋木活字印本 四冊

320000-1646-0002734　302041

牧令書二十八卷 （清）徐棟輯 清道光二十八年(1848)刻本 十八冊

320000-1646-0002735　302042

牧令書十四卷 （清）徐棟輯 清同治四年(1865)成都刻本 十冊

320000-1646-0002736　302043

新編吏治懸鏡八卷 （清）徐文弼輯 清乾隆刻本 六冊 存六卷(三至八)

320000-1646-0002737　302044

江西觀政錄一卷 （清）彭壽山記 清道光二十年(1840)文采齋刻本 一冊

320000-1646-0002738　302045

學治一得編不分卷 （清）何耿繩輯 清同治十三年(1874)湖北崇文書局刻本 一冊

320000-1646-0002739　302046

從政聞見錄三卷 （清）甘鴻編 清同治六年(1867)刻本 一冊

320000-1646-0002740　302047

出使須知一卷　（清）蔡鈞輯　清光緒十年（1884）鉛印本　一冊

320000－1646－0002741　302048
出使須知一卷　（清）蔡鈞輯　清光緒十一年（1885）弢園王氏木活字印本　一冊

320000－1646－0002742　302049
求牧芻言八卷　（清）阮本焱撰　清光緒十三年（1887）刻本　二冊

320000－1646－0002743　302050
學治偶存八卷　（清）陸維祺撰　清光緒十九年（1893）刻本　四冊

320000－1646－0002744　302051
俗吏所勉一卷　（清）李秉衡著　清光緒二十年（1894）刻本　一冊

320000－1646－0002745　302052
公門懲勸錄二卷　（清）周炳麟輯　石成金官紳約一卷十反說一卷　（清）石天基撰　清光緒二十六年（1900）吳氏有福讀書堂刻本　一冊

320000－1646－0002746　302053
捐輸實官銜封新章大全一卷　清光緒二十七年（1901）上海古香閣石印本　一冊

320000－1646－0002747　302054
甯津爪印一卷遼東小印一卷　（清）程穌著　清石印本　一冊

320000－1646－0002748　302055
吳門從政錄一卷　（清）陳光淞撰　清宣統三年（1911）江寧印刷廠鉛印本　一冊

320000－1646－0002749　302056
吳門從政錄一卷　（清）陳光淞撰　清宣統三年（1911）江寧印刷廠鉛印本　一冊

320000－1646－0002750　302057
吳門從政錄一卷　（清）陳光淞撰　清宣統三年（1911）江寧印刷廠鉛印本　一冊

320000－1646－0002751　302058
治荷隨筆二卷　（清）胡元吉著　清闇學廬稿石印本　一冊

320000－1646－0002752　302064
治平通考會纂十卷　（清）王汝南纂輯　清康熙三年（1664）刻本　五冊

320000－1646－0002753　302065
富國新典六卷　（清）黃壽袞纂輯　清鉛印本　二冊　存二卷（一至二）

320000－1646－0002754　302066
經世財政學六卷　宋育仁撰　清光緒三十一年（1905）上海同文書社鉛印本　二冊

320000－1646－0002755　302067
中國度支考一卷　（英國）哲美森編輯　林樂知翻譯　清光緒二十三年（1897）圖書集成局鉛印本　一冊

320000－1646－0002756　705297
十一科墨卷仙不分卷　（清）□□輯　（清）謝琬　（清）洪弱生訂　清文盛堂刻本　七冊

320000－1646－0002757　302071
財政四綱四卷　（清）錢恂撰　清光緒二十七年（1901）石印本　四冊

320000－1646－0002758　302072
財政四綱四卷　（清）錢恂撰　清鉛印本　四冊

320000－1646－0002759　302073
度支部試辦宣統三年預算案總表不分卷　清宣統石印本　六冊

320000－1646－0002760　504432
重錄增補經驗喉科紫珍集二卷　（清）黃梅谿秘藏　（清）朱翔宇增補　清末民國千頃堂石印本　一冊

320000－1646－0002761　302075
理財節畧一卷　戴樂爾撰　清光緒二十五年（1899）鉛印本　一冊

320000－1646－0002762　302082
東三省政略十二卷　徐世昌纂輯　清宣統三年（1911）鉛印本　十二冊　存三卷（一至三）

320000－1646－0002763　302084
會議銀價說帖一卷　清鉛印本　一冊

320000-1646-0002764　302086

大美國欽命會議銀價大臣條議中國新圜法覺書一卷　（美國）精琪等撰　清光緒二十九年（1903）上海商務印書館鉛印本　一冊

320000-1646-0002765　302088

大美欽命會議銀價大臣續議一卷　（美國）精琪等撰　清光緒三十一年（1905）鉛印本　一冊

320000-1646-0002766　302089

日本財政考略十四卷　林志道編輯　清宣統二年（1910）鉛印本　三冊　存十卷（一至十）

320000-1646-0002767　302090

續纂淮關統志十四卷　（清）元成纂修　清嘉慶二十一年（1816）刻本　六冊

320000-1646-0002768　302091

續纂淮關統志十四卷　（清）元成纂修　清光緒七年（1881）刻本　六冊

320000-1646-0002769　302092

增修籌餉事例條款不分卷籌餉事例不分卷增修現行常例不分卷海防事例一卷鄭工新列一卷新章大八程一卷　清同治刻本　七冊

320000-1646-0002770　302093

浙省捐釐新章一卷　浙省捐釐總局編　清光緒刻本　一冊

320000-1646-0002771　302094

杭嘉湖三府減漕總記一卷　（清）戴槃撰　清同治七年（1868）刻本　一冊

320000-1646-0002772　302095

折漕彙編六卷　（清）程銛輯　折漕彙編末一卷　（清）楊恒福輯　清光緒六年（1880）刻本　三冊　存五卷（折漕彙編三至六、末一卷）

320000-1646-0002773　302096

全國漕糧雜鈔一卷　清末鈔本　一冊

320000-1646-0002774　302097

奏遵旨覈議總稅務司赫德條陳籌餉節略虛誕太甚室礙難行據實覆陳摺一卷　（清）張之洞撰　清光緒三十年（1904）鉛印本　一冊

320000-1646-0002775　302925

吳地記一卷後集一卷　（唐）陸廣微撰　清同治十二年（1873）江蘇書局刻本　一冊

320000-1646-0002776　302100

聞喜縣新定均減差徭章程一卷　清光緒七年（1881）刻本　一冊

320000-1646-0002777　302101

英國印花稅章程一卷　（清）龔照瑷等編　清光緒二十五年（1899）吳興陸氏刻本　二冊

320000-1646-0002778　302102

紹興府上虞縣弓口魚鱗圖冊不分卷　清刻本　一冊

320000-1646-0002779　302103

蘇松賦役攻略一卷　清刻本　一冊

320000-1646-0002780　302105

賦役全書不分卷　清光緒鉛印本　十三冊

320000-1646-0002781　302927

吳地記一卷　（唐）陸廣微撰　吳地記後集一卷　（宋）□□撰　清同治十二年（1873）江蘇書局刻本　一冊

320000-1646-0002782　302107

山東省泰安府東平州現行簡明賦役全書□□卷　清刻本　一冊　存一卷（一）

320000-1646-0002783　302112

重訂江蘇海運全案原編六卷續編八卷新編六卷　（清）譚鈞培等輯　清光緒十一年（1885）刻本　二十冊

320000-1646-0002784　302931

吳郡圖經續記三卷　（宋）朱長文撰　清同治十二年（1873）江蘇書局刻本　一冊

320000-1646-0002785　302114

兩淮鹽法志五十六卷　（清）單渠等撰　清嘉慶十一年（1806）刻本　十六冊　存三十一卷（一至二、五至十四、十八至二十二、二十五至三十二、四十至四十一、五十至五十一、五十五至五十六）

320000－1646－0002786　302115

淮南鹽法紀略十卷　（清）方濬頤等纂　清同治十二年(1873)淮南書局刻本　六冊

320000－1646－0002787　302116

兩浙鹽法續纂備考十二卷　（清）楊昌濬等撰　清同治十三年(1874)刻本　九冊　存九卷（一至九）

320000－1646－0002788　302117

長蘆鹽務議略一卷　（清）王守基撰　清同治十二年(1873)刻本　一冊

320000－1646－0002789　302118

兩淮歲計志略一卷　（清）程雨亭輯　清光緒二十九年(1903)刻本　一冊

320000－1646－0002790　302122

欽定康濟錄四卷　（清）倪國璉輯　清同治三年(1864)浙江刻本　三冊

320000－1646－0002791　302123

齊豫晉直賑捐徵信錄十二卷首一卷　清光緒刻本　十三冊

320000－1646－0002792　302124

荒政瑣言一卷　（清）萬維𣱛撰　清乾隆十七年(1752)刻本　一冊

320000－1646－0002793　302125

蒲圻縣籌辦積穀保甲章程一卷　清光緒七年(1881)刻本　一冊

320000－1646－0002794　302127

儒寡局徵信錄一卷　清光緒刻本　一冊

320000－1646－0002795　302128

籌濟編三十二卷首一卷　（清）楊景仁輯　清光緒四年(1878)刻本　六冊

320000－1646－0002796　302129

籌濟編三十二卷首一卷　（清）楊景仁輯　清光緒五年(1879)江蘇書局刻本　八冊

320000－1646－0002797　302130

華氏新義莊事略二卷末一卷　（清）華翼綸輯　清光緒二十七年(1901)刻本　二冊

320000－1646－0002798　302131

长元吴豐備倉全案八卷　清光緒三年(1877)刻本　十冊

320000－1646－0002799　504452

藥品丸散說明功用不分卷　清刻本　二冊

320000－1646－0002800　504007

衛生要術一卷　（清）潘霨輯　清末刻本　一冊

320000－1646－0002801　504133

寓意草一卷　（清）喻昌撰　清末刻本　四冊

320000－1646－0002802　302138

行船防備碰撞條款一卷　清同治七年(1868)刻本　一冊

320000－1646－0002803　302140

中國工商業考一卷　（日本）緒方南溟撰（日本）古城方貞譯　清光緒二十三年(1897)時務報館石印本　一冊

320000－1646－0002804　302141

貿易須知一卷　（清）王秉元著　清光緒十八年(1892)三緘室刻本　一冊

320000－1646－0002805　302142

貿易須知一卷　（清）王秉元著　清光緒十八年(1892)三緘室刻本　一冊

320000－1646－0002806　302143

貿易須知一卷　（清）王秉元著　清光緒十八年(1892)三緘室刻本　一冊

320000－1646－0002807　302144

各國度量權衡考一卷　（清）楊模編輯　清光緒二十五年(1899)鉛印本　一冊

320000－1646－0002808　302145

部頒嗣後武職尋常勞績不準保獎優先班次章程一卷　清光緒十年(1884)刻本　一冊

320000－1646－0002809　302146

奏擬編湖北常備軍制分設兩鎮添練兵隊酌擬餉數並設立參謀執法督操經理四項營務處摺一卷　（清）張之洞撰　清光緒三十年(1904)鉛印本　一冊

320000-1646-0002810　302147
奏定北洋練兵營制餉章一卷　袁世凱撰　清光緒二十八年(1902)鉛印本　一冊

320000-1646-0002811　302148
長江水師全案三卷　(清)曾國藩等撰　清刻本　一冊　存二卷(一至二)

320000-1646-0002812　302149
長江水師全案不分卷　(清)曾國藩等撰　清刻本　一冊

320000-1646-0002813　302150
欽定學政全書八十卷　(清)魏晉錫等纂修　清乾隆三十九年(1774)武英殿刻本　二十四冊

320000-1646-0002814　302151
欽定學政全書八十六卷　(清)童璜等纂　清嘉慶十七年(1812)刻本　十二冊

320000-1646-0002815　302152
欽定學政全書八十六卷　(清)童璜等纂修　清刻本　二十四冊

320000-1646-0002816　302153
奏定學堂章程二十種　(清)張百熙等編　清光緒三十年(1904)兩廣學務處鉛印本　五冊

320000-1646-0002817　302154
大學堂章程一卷　(清)張百熙等編　清光緒鉛印本　一冊

320000-1646-0002818　302155
京師大學堂章程一卷　(清)世鐸等撰　清京都琉璃廠石印本　一冊

320000-1646-0002819　302156
南學會章程一卷　清刻本　一冊

320000-1646-0002820　302157
設立存古學堂國文以存國粹咨札稿暨章程一卷　清鉛印本　一冊

320000-1646-0002821　302158
設立存古學堂國文以存國粹咨札稿暨章程一卷　清鉛印本　一冊

320000-1646-0002822　302159
江蘇存古學堂綱要一卷　清木活字印本　一冊

320000-1646-0002823　302160
江蘇存古學堂綱要一卷　清木活字印本　一冊

320000-1646-0002824　302161
崇實書院章程一卷　清光緒十四年(1888)刻本　一冊

320000-1646-0002825　302162
崇實書院章程一卷　清光緒十四年(1888)刻本　一冊

320000-1646-0002826　302163
江蘇學務文牘四編　江蘇學務公所編　清宣統二年(1910)學務公所印刷處鉛印本　七冊

320000-1646-0002827　302164
江蘇師範學堂現行章程一卷　清光緒三十三年(1907)蘇省刷印總局鉛印本　一冊

320000-1646-0002828　302937
[同治]蘇州府志一百五十卷首三卷　(清)馮桂芬等纂修　清光緒九年(1883)江蘇書局刻本　八十冊

320000-1646-0002829　302168
養正義塾章程一卷　清刻本　一冊

320000-1646-0002830　302169
養正義塾章程一卷　清刻本　一冊

320000-1646-0002831　302939
[同治]蘇州府志一百五十卷首三卷　(清)馮桂芬等纂修　清光緒九年(1883)江蘇書局刻本　五十五冊　存一百七卷(十五至十九、二十三至二十四、二十六至二十七、二十九至三十二、三十六至三十八、四十一至四十四、四十六至四十八、五十二至六十七、七十九至一百四十三,首三卷)

320000-1646-0002832　302171
湖南時務學堂初集不分卷　梁啟超等撰　清光緒二十四年(1898)長沙刻本　一冊

320000 - 1646 - 0002833　302172

湖南學政觀風題一卷　清光緒二十年(1894)刻本　一冊

320000 - 1646 - 0002834　302173

日本教育制度一卷日本高等師範學校章程一卷日本華族女學校規則一卷　(日本)古城貞吉譯　清光緒二十四年(1898)時務報館石印本　一冊

320000 - 1646 - 0002835　302174

大清鑛務正章一卷大清鑛務附章一卷　清光緒三十三年(1907)兩江鑛政調查局鉛印本　二冊

320000 - 1646 - 0002836　302175

大清鑛務附章一卷　清刻本　一冊

320000 - 1646 - 0002837　302176

湖北鑛務表不分卷　(清)鄧端黻鈔填　清光緒二十五年(1899)鈔本　一冊

320000 - 1646 - 0002838　302178

旅浙江蘇鐵路協會章程一卷　清宣統元年(1909)鉛印本　一冊

320000 - 1646 - 0002839　302180

星軺攷轍四卷　(清)劉啓彤譯述　清光緒石印本　八冊

320000 - 1646 - 0002840　302181

星軺攷轍四卷　(清)劉啓彤譯述　清光緒十五年(1889)同文書局石印本　四冊

320000 - 1646 - 0002841　302182

倫敦鐵路公司章程一卷　(清)鄧廷鏗譯　奧斯馬加國商辦鐵路條例一卷　(清)黃致堯譯　清石印本　一冊

320000 - 1646 - 0002842　302183

中西關係略論四卷　(美國)林樂知撰　清光緒二年(1876)鉛印本　一冊

320000 - 1646 - 0002843　302188

五千年中外交涉史九十七卷　題(清)屯廬主人輯　清光緒二十九年(1903)上海蜚英書局鉛印本　二十冊

320000 - 1646 - 0002844　302189

十九世紀外交史十七章　(日本)平田久著　(清)張相譯　清光緒二十八年(1902)史學齋刻本　四冊

320000 - 1646 - 0002845　302190

十九世紀外交史十七章　(日本)平田久著　(清)張相譯　清光緒二十八年(1902)史學齋刻本　四冊

320000 - 1646 - 0002846　302191

十九世紀外交史十七章　(日本)平田久著　(清)張相譯　清光緒二十八年(1902)史學齋刻本　四冊

320000 - 1646 - 0002847　302192

萬國公法四卷　(美國)惠頓撰　(美國)丁韙良譯　清同治三年(1864)京都崇實館刻本　四冊

320000 - 1646 - 0002848　302193

萬國公法四卷　(美國)惠頓撰　(美國)丁韙良譯　清同治三年(1864)京都崇實館刻本　四冊

320000 - 1646 - 0002849　502776

一切經音義二十五卷　(唐)釋元應撰　(清)莊炘　(清)錢坫　(清)孫星衍校正　補訂新譯大方廣佛華嚴經音義二卷　(唐)釋慧苑撰　清同治八年(1869)杭州昭慶經房刻本　四冊

320000 - 1646 - 0002850　302195

公法會通十卷　(美國)丁韙良譯　清光緒六年(1880)上海美華書館鉛印本　一冊

320000 - 1646 - 0002851　302196

萬國公法要略四卷　(英國)勞麟賜撰　(美國)林樂知譯　清光緒二十八年(1902)上海廣學會鉛印本　一冊

320000 - 1646 - 0002852　302197

公法新編四卷　(英國)霍珥撰　(美國)丁韙良譯　清光緒二十九年(1903)廣學會鉛印本　一冊

320000 – 1646 – 0002853　302198

各國交涉公法論十六卷　（英國）費利摩羅巴德撰　（英國）傅蘭雅口譯　（清）俞世爵筆述
　　各國交涉公法校勘記一卷　（清）錢國祥撰　清光緒二十一年(1895)石印本　四冊　存十卷(初集三至四,二集五至六,三集九至十、十四至十六;校勘記一卷)

320000 – 1646 – 0002854　302993

[光緒]重修奉賢縣志二十卷首一卷末一卷　（清）韓佩金修　（清）張文虎纂　清光緒四年(1878)刻本　六冊

320000 – 1646 – 0002855　302205

各國條約稅則章程十六種　（清）郭慶藩等校　清光緒刻本　十六冊

320000 – 1646 – 0002856　302206

各種條約不分卷　清上海刻本　六冊

320000 – 1646 – 0002857　302207

各種條約不分卷　清刻本　二十四冊

320000 – 1646 – 0002858　302208

各國約章纂要六卷　勞乃宣等輯　清光緒刻本　二冊　存四卷(二至五)

320000 – 1646 – 0002859　302211

各國立約始末記三十卷首二卷　（清）陸元鼎編　清光緒三十二年(1906)商務印書館鉛印本　二十二冊

320000 – 1646 – 0002860　302212

約章分類輯要三十八卷首一卷　蔡乃煌等纂輯　清光緒二十六年(1900)湖南商務印書館刻本　三十冊

320000 – 1646 – 0002861　302213

約章分類輯要三十八卷首一卷　蔡乃煌等纂輯　清光緒二十六年(1900)湖南商務印書館刻本　三十冊

320000 – 1646 – 0002862　302214

約章成案匯覽甲編十卷約章成案匯覽乙編四十二卷　北洋洋務局纂輯　清光緒三十一年(1905)上海點石齋石印本　四十六冊

320000 – 1646 – 0002863　302215

約章成案匯覽乙編四十二卷　北洋洋務局纂輯　清光緒三十一年(1905)上海點石齋石印本　二十六冊

320000 – 1646 – 0002864　302217

東三省交涉輯要十二卷圖一卷　孫鳳翔等輯　清宣統二年(1910)鉛印本　七冊

320000 – 1646 – 0002865　303076

廣陵通典十卷　（清）汪中撰　清同治八年(1869)揚州書局刻本　二冊

320000 – 1646 – 0002866　303077

廣陵通典十卷　（清）汪中撰　清同治八年(1869)揚州書局刻本　二冊

320000 – 1646 – 0002867　302237

中俄交涉記四卷　（清）楊楷撰　清石印本　一冊　存一卷(二)

320000 – 1646 – 0002868　302238

金韜籌筆四卷　清光緒十三年(1887)刻本　四冊

320000 – 1646 – 0002869　302239

金韜籌筆四卷　清光緒十三年(1887)刻本　一冊

320000 – 1646 – 0002870　302240

金韜籌筆四卷　清光緒十三年(1887)刻本　四冊

320000 – 1646 – 0002871　302241

中俄界約斠注七卷首一卷　（清）錢恂編　清光緒二十年(1894)上海醉六堂刻本　一冊

320000 – 1646 – 0002872　303128

[光緒]嘉定縣志三十二卷首一卷　（清）程其珏修　（清）楊震福纂　清光緒七年(1881)刻本　六冊　缺四卷(二十九至三十二)

320000 – 1646 – 0002873　303139

[光緒]寶山縣志十四卷首一卷　（清）梁蒲貴修　（清）朱延射纂　清光緒八年(1882)學海書院刻本　八冊

320000 – 1646 – 0002874　303140

[光緒]寶山縣志十四卷首一卷 （清）梁蒲貴修 （清）朱延射纂 清光緒八年(1882)學海書院刻本 八冊

320000-1646-0002875 302245

俄租遼東暫行省治律一卷 （清）李家鏊譯 清光緒二十九年(1903)鉛印本 一冊

320000-1646-0002876 302246

中日戰輯六卷 （清）王炳耀輯 清石印本 三冊 存三卷(四至六)

320000-1646-0002877 303219

[光緒]海鹽縣志二十二卷首一卷末一卷 （清）王彬修 （清）徐用儀纂輯 清光緒二年(1876)刻本 十六冊

320000-1646-0002878 302248

五次問答節略一卷 清石印本 一冊

320000-1646-0002879 502706

歷代帝王法帖釋文十卷 （清）徐朝弼集釋 清嘉慶十七年(1812)刻本 一冊

320000-1646-0002880 302252

萬國通商史一卷 （英國）瑣米爾士撰 （日本）古城貞士重譯 清光緒南洋公學譯書院鉛印本 一冊

320000-1646-0002881 302253

通商表四卷 （清）楊楷初輯 （清）錢恂再輯 （清）李圭三輯 清光緒二十一年(1895)刻本 四冊

320000-1646-0002882 302254

修改長江通商章程一卷 清光緒二十四年(1898)刻本 一冊

320000-1646-0002883 302255

通商條約章程成案彙編三十卷 （清）李鴻章編 清光緒十二年(1886)石印本 十二冊

320000-1646-0002884 302256

通商條約章程成案彙編三十卷 （清）李鴻章編 清鐵城廣百宋齋刻本 十二冊

320000-1646-0002885 302257

新定各國通商條約十六卷 清光緒石印本 四冊 存十卷(七至十六)

320000-1646-0002886 302258

各國通商始末記二十卷 （清）王之春編 清光緒二十一年(1895)寶善書局石印本 六冊

320000-1646-0002887 302259

各國通商始末記二十卷 （清）王之春編 清光緒二十一年(1895)寶善書局石印本 六冊

320000-1646-0002888 302260

各國通商始末記二十卷 （清）王之春編 清光緒二十一年(1895)寶善書局石印本 五冊 存十九卷(一至十九)

320000-1646-0002889 302261

中法會議越南邊界通商章程一卷 清光緒十二年(1886)刻本 一冊

320000-1646-0002890 502708

鄭庵所藏泥封一卷 羅振玉輯 清光緒二十九年(1903)石印本 一冊

320000-1646-0002891 302264

教案奏議彙編八卷首一卷 （清）程宗裕編 清光緒二十年(1894)上海書局石印本 六冊

320000-1646-0002892 302265

教案奏議彙編八卷首一卷 （清）程宗裕編 清光緒二十年(1894)上海書局石印本 六冊

320000-1646-0002893 302266

增訂教案彙編六卷 （清）程宗裕輯 清末鉛印本 五冊 存五卷(二至六)

320000-1646-0002894 302267

教務紀略四卷首一卷末一卷 （清）李剛巳輯 清光緒三十一年(1905)南洋官報局刻本 五冊

320000-1646-0002895 302269

直省洋教成案一卷 清光緒刻本 一冊

320000-1646-0002896 305071

續碑傳集八十六卷首二卷 繆荃孫纂錄 清宣統二年(1910)江楚編譯書局刻本 二十四冊

133

320000 – 1646 – 0002897　502716

樗園銷夏錄三卷　（清）郭麐撰　清嘉慶十二年(1807)刻本　二冊

320000 – 1646 – 0002898　302277

廣治平略四十四卷　（清）蔡方炳纂定　清初刻本　三冊　存十七卷(十一至二十一、三十九至四十四)

320000 – 1646 – 0002899　302278

廣治平略三十六卷　（清）蔡方炳輯　清刻本　六冊

320000 – 1646 – 0002900　302279

廣治平略三十六卷廣治平略續集八卷　（清）蔡方炳輯　清光緒十六年(1890)廣百宋齋鉛印本　六冊

320000 – 1646 – 0002901　302283

危言四卷　（清）湯震撰　清光緒二十二年(1896)上海圖書集成印書局鉛印本　一冊　存二卷(一至二)

320000 – 1646 – 0002902　302284

危言四卷　（清）湯震撰　清光緒十六年(1890)石印本　四冊

320000 – 1646 – 0002903　302285

危言四卷　（清）湯震撰　清光緒十六年(1890)石印本　四冊

320000 – 1646 – 0002904　302286

治平通議八卷　（清）陳虬撰　清光緒十九年(1893)甌雅堂刻本　一冊

320000 – 1646 – 0002905　302287

籌洋芻議一卷　（清）薛福成撰　清光緒刻本　一冊

320000 – 1646 – 0002906　302288

盛世危言六卷續編四卷　（清）鄭觀應輯著　清光緒二十二年(1896)上海書局石印本　九冊

320000 – 1646 – 0002907　302289

盛世危言五卷　（清）鄭觀應輯著　清光緒二十二年(1896)上海書局石印本　五冊

320000 – 1646 – 0002908　302290

盛世危言續編三卷　（清）鄭觀應輯著　盛世危言外編二卷　（清）馮桂芬等輯著　清光緒二十一年(1895)上海賜書堂石印本　五冊

320000 – 1646 – 0002909　302291

盛世危言續編四卷　（清）鄭觀應等輯注　清光緒二十二年(1896)上海書局石印本　四冊

320000 – 1646 – 0002910　302292

經世博議二卷　（清）任源祥著　清光緒二十年(1894)經義史館石印本　四冊

320000 – 1646 – 0002911　302293

經世博議二卷　（清）任源祥著　清光緒二十年(1894)經義史館石印本　四冊

320000 – 1646 – 0002912　302294

變法經緯公例論二卷　（清）張鶴齡撰　清光緒二十六年(1900)刻本　二冊

320000 – 1646 – 0002913　302295

求治管見一卷　（清）戴肇辰著　清光緒十二年(1886)同文書局石印本　一冊

320000 – 1646 – 0002914　302297

南海先生五上書記一卷　康有為撰　清光緒二十三年(1897)上海大同譯書局石印本　一冊

320000 – 1646 – 0002915　302298

彭官保洋務要言十三篇　清光緒二十一年(1895)寶善書局石印本　一冊

320000 – 1646 – 0002916　302299

洋務自強新論四卷　（清）管斯駿輯　清光緒二十二年(1896)上海書局石印本　四冊

320000 – 1646 – 0002917　302300

洋務論說新編四卷　（清）袁祖志撰　清光緒二十四年(1898)文苑書局石印本　四冊

320000 – 1646 – 0002918　302301

庸書內篇二卷庸書外篇二卷　（清）陳次亮撰　清光緒二十二年(1896)刻本　四冊

320000 – 1646 – 0002919　302302

庸書內篇二卷庸書外篇二卷　（清）陳次亮撰

清光緒二十三年(1897)豫甯佘氏刻本
四冊

320000-1646-0002920　302303
庸言集□□卷　(清)沈光訓著　清末助進印刷所鉛印本　二冊　存二卷(一、二下)

320000-1646-0002921　302304
覺顛冥齋內言四卷　(清)唐才常著　清光緒二十八年(1902)吳門鉛印本　四冊

320000-1646-0002922　502717
東觀餘論二卷附錄一卷　(宋)黃伯思著　清光緒刻邵武徐氏叢書本　二冊

320000-1646-0002923　302306
中國宜改革新政論議二卷　(清)何啟等輯　清光緒二十一年(1895)石印本　二冊

320000-1646-0002924　302307
新政真詮六編　(清)何啟等撰　清光緒二十七年(1901)浙江書局石印本　六冊

320000-1646-0002925　302308
新政真詮六編　(清)何啟等撰　清光緒二十七年(1901)吳云記廣譯書局石印本　八冊

320000-1646-0002926　302309
新政真詮六編　(清)何啟等撰　清光緒二十七年(1901)格致新報館鉛印本　四冊

320000-1646-0002927　302310
適可齋記言四卷適可齋記行六卷　(清)馬建忠撰　清光緒二十二年(1896)刻本　二冊　存五卷(記言一至二、記行一至三)

320000-1646-0002928　302311
救時要策萬言書二卷　(清)吳廣霈撰　清光緒二十四年(1898)著易堂鉛印本　二冊

320000-1646-0002929　302312
救時要策萬言書二卷　(清)吳廣霈撰　清光緒二十四年(1898)著易堂鉛印本　二冊

320000-1646-0002930　302313
猛回頭一卷　(清)陳天華著　清宣統三年(1911)湖南鉛印本　一冊

320000-1646-0002931　302317
新湖南一卷　(清)楊篤生著　清光緒二十九年(1903)鉛印本　一冊

320000-1646-0002932　502718
食舊悳齋雜箸不分卷　(清)劉嶽雲撰　清光緒八年(1882)自刻本　二冊

320000-1646-0002933　302323
經濟實學考八卷　(清)江標撰　清光緒二十六年(1900)博濟書局石印本　三冊

320000-1646-0002934　302325
國朝洋務新論二卷　清光緒十二年(1886)寄月軒刻本　二冊

320000-1646-0002935　502722
閱微草堂筆記二十四卷　(清)紀昀撰　清道光二十七年至咸豐二年(1847-1852)同文堂刻本　十冊

320000-1646-0002936　302327
實學文導二卷　(清)傅雲龍撰　清光緒二十一年(1895)石印本　二冊

320000-1646-0002937　302329
分類萬國時務策海大成六十四卷首一卷　(清)韓茂棠編輯　清光緒二十九年(1903)著易書局昌明書局石印本　二十八冊

320000-1646-0002938　302330
時務新書八種　(清)鄭觀應輯　清光緒二十三年(1897)梧岡精舍石印本　六冊

320000-1646-0002939　302331
時事新編初集六卷　(清)陳耀卿編輯　清光緒二十一年(1895)鉛印本　六冊

320000-1646-0002940　302332
強學彙編十九卷　(清)馬冠群輯　清光緒二十三年(1897)上海文瑞樓石印本　八冊

320000-1646-0002941　302333
洋務時事彙編八卷　(清)葛子源輯　清光緒二十四年(1898)上海書局石印本　十二冊

320000-1646-0002942　302334
時務通論不分卷　新聞報館輯　清光緒鉛印

本　八冊

320000－1646－0002943　302335
中外事務策學新論合編三種　（清）鄭觀應輯　清光緒二十四年（1898）上海書局石印本　二十四冊

320000－1646－0002944　302336
時務經濟策論統宗二十四卷　題（清）秀湖漁隱編輯　清光緒二十四年（1898）上海文賢閣石印本　十二冊

320000－1646－0002945　302337
時事新論十二卷　（英國）李提摩太著　時事新論圖說一卷　清光緒二十年（1894）上海廣學會刻本　一冊

320000－1646－0002946　502727
嶽雪樓書畫錄五卷　（清）孔廣鏞閱　（清）孔廣陶編　清光緒十五年（1889）三十有三萬卷堂刻本　五冊

320000－1646－0002947　302340
婺學治事文續編二卷　清光緒二十八年（1902）杭州申昌書局鉛印本　二冊

320000－1646－0002948　302341
新輯志士文錄初編二十四卷　清光緒二十七年（1901）上海中西譯書會石印本　四冊

320000－1646－0002949　302342
格致書院課藝不分卷　（清）王韜輯　清光緒十四年（1888）著易堂鉛印本　十三冊

320000－1646－0002950　302343
新學彙編四卷　（美國）林樂知著　蔡爾康編輯　清光緒二十四年（1898）上海光學會鉛印本　四冊

320000－1646－0002951　302344
政學叢書　清光緒二十八年至二十九年（1902－1903）商務印書館鉛印本　七冊　存四種（政治一斑三卷、近世陸軍一至二編、萬國國力比較五至二十三、德國學校制度一至二編）

320000－1646－0002952　302345
中國現勢論一卷　出洋學生編輯所編譯　清光緒二十七年（1901）鉛印本　一冊

320000－1646－0002953　302346
中國現勢論一卷　出洋學生編輯所編譯　清光緒二十七年（1901）鉛印本　一冊

320000－1646－0002954　302347
保華全書四卷保華全書續編一卷　（英國）貝思福著　（美國）林樂知譯意　清光緒二十五年（1899）上海光學會鉛印本　一冊

320000－1646－0002955　302348
新譯萬國垂涎中華近事三卷　（法國）畢龍（法國）馬士克撰　清光緒二十八年（1902）中華編譯印書館鉛印本　一冊

320000－1646－0002956　302349
九九新論二卷　（美國）林樂知著譯　蔡爾康述纂　清光緒二十六年（1900）光學會鉛印本　二冊

320000－1646－0002957　302350
富國養民策一卷　（清）哲分斯撰　清光緒二十四年（1898）上海圖書集成印書局鉛印本　一冊

320000－1646－0002958　302351
局外旁觀論一卷續旁觀論一卷　（清）赫德撰　清光緒二十三年（1897）鉛印本　一冊

320000－1646－0002959　302352
工業興國政相關論二卷　（英國）司旦離遮風司撰　清光緒二十六年（1900）製造局鉛印本　二冊

320000－1646－0002960　302353
十朝聖訓十種九百二十二卷　清光緒石印本　三十四冊　存三百十五卷（聖祖一至十、二十一至五十，世宗一至十、二十三至四十六，高宗一至十二、三十三至八十八、一百十三至一百二十四，仁宗七至二十、四十七至七十、八十七至九十四，宣宗四十七至五十四、六十九至八十二、九十一至九十六、一百五至一百十五，文宗一至八、十九至二十八、七十七至八十六，穆宗一至六、六十五至七十四、九十

五至一百十四、一百四十九至一百六十）

320000－1646－0002961　302354

雍正上諭(雍正元年正月至八年三月)不分卷　（清）胤祿等編　清雍正官刻本　三十二冊

320000－1646－0002962　502728

弈括一卷　（清）黃虬著　清光緒十四年(1888)蝸簃刻本　一冊

320000－1646－0002963　302356

硃批諭旨不分卷　清雍正十年(1732)木活字印本　十九冊

320000－1646－0002964　302357

硃批諭旨不分卷　（清）世宗胤禛敕編　清光緒石印本　六十冊

320000－1646－0002965　302358

硃批諭旨不分卷　（清）世宗胤禛敕編　清光緒石印本　六十冊

320000－1646－0002966　502731

律音彙考八卷　（清）邱之稑著　琴旨申邱一卷　（清）劉人熙著　清宣統三年(1911)瀏陽禮樂局刻本　四冊

320000－1646－0002967　302360

諭摺彙存(同治十三年至光緒二十七年)二十二卷　清光緒二十九年(1903)上海慎記書莊石印本　二十二冊　存二十卷(一至五、七至十五、十七至二十二)

320000－1646－0002968　302361

諭摺彙存不分卷　清光緒三十二年(1906)鉛印本　十二冊

320000－1646－0002969　302362

諭旨(光緒八年至十五年)不分卷　清光緒鉛印本　八冊

320000－1646－0002970　302363

雜抄邸報一卷　清道光至光緒間抄本　一冊

320000－1646－0002971　302365

歷代名臣奏議三百二十卷　（明）黃淮　（明）楊士奇等輯　清刻本　八十冊

320000－1646－0002972　302366

歷代名臣奏議三百十九卷　（明）張溥編　清刻本　一百冊

320000－1646－0002973　302371

聖朝名公奏議八卷　（清）陳弢輯　清光緒元年(1875)上海中西書局石印本　六冊

320000－1646－0002974　302372

聖朝名公奏議八卷　（清）陳弢輯　清光緒元年(1875)上海中西書局石印本　六冊

320000－1646－0002975　302373

皇清奏議六十八卷　題(清)琴川居士編輯　清光緒二十八年(1902)麗澤學會石印本　八冊

320000－1646－0002976　302374

同治中興京外奏議約編八卷　（清）陳弢輯　清光緒小酉山房刻本　六冊

320000－1646－0002977　302375

同治中興京外奏議約編八卷　（清）陳弢輯　清光緒小酉山房刻本　二冊

320000－1646－0002978　302376

奏疏分類便覽不分卷　清末鉛印本　二冊

320000－1646－0002979　302378

註陸宣公奏議十五卷　（唐）陸贄注　清光緒刻本　八冊

320000－1646－0002980　302379

唐陸宣公奏議讀本四卷首一卷　（清）汪銘謙編輯　清宣統元年(1909)會稽馬氏石印本　二冊

320000－1646－0002981　302381

孝肅公奏議十卷　（宋）包拯撰　清同治二年(1863)刻本　四冊

320000－1646－0002982　302382

孝肅公奏議十卷　（宋）包拯撰　清同治二年(1863)刻本　四冊

320000－1646－0002983　302385

趙文毅公奏疏五卷遼事疏一卷　（明）趙用賢撰　清光緒二十二年(1896)常熟趙氏承啟堂

刻本　一册

320000－1646－0002984　302386
趙文毅公奏疏五卷遼事疏一卷　（明）趙用賢撰　清光緒二十二年(1896)常熟趙氏承啟堂刻本　一册

320000－1646－0002985　302387
留垣疏草不分卷　（明）徐憲卿撰　清光緒八年(1882)刻本　二册

320000－1646－0002986　302388
留垣疏草不分卷　（明）徐憲卿撰　清光緒八年(1882)刻本　二册

320000－1646－0002987　302389
留垣疏草不分卷　（明）徐憲卿撰　清光緒八年(1882)刻本　二册

320000－1646－0002988　302391
明大司馬盧公奏議十二卷首一卷　（明）盧象昇著　清光緒元年(1875)施惠刻本　六册

320000－1646－0002989　302392
陳臥子先生兵垣奏議二卷　（明）陳子龍撰　清宣統二年(1910)上海時中書局鉛印本　二册

320000－1646－0002990　302679
漢書地理志校注二卷　（清）王紹蘭著　（清）陳光淞校刊　清光緒二十二年(1896)蕭山陳氏遺經樓刻本　二册

320000－1646－0002991　302396
寒松堂奏疏四卷　（清）魏象樞著　清光緒二十五年(1899)刻本　四册

320000－1646－0002992　302397
黃門奏疏二卷西臺奏議一卷　（清）楊雍建撰　清道光二十五年(1845)楊氏刻本　一册　存二卷(黃門奏疏二、西臺奏議一卷)

320000－1646－0002993　302398
裘文達公奏議不分卷　（清）裘曰修撰　清嘉慶八年(1803)刻本　二册

320000－1646－0002994　302399
那文毅公奏議八十卷　（清）那彥成撰　（清）那容安輯　清道光十四年(1834)刻本　四十八册

320000－1646－0002995　302400
林文忠公政書甲集九卷乙集十七卷丙集十一卷　（清）林則徐撰　清光緒三十二年(1906)刻本　十二册

320000－1646－0002996　302401
林文忠公政書甲集九卷乙集十七卷丙集十一卷　（清）林則徐撰　清光緒三十二年(1906)刻本　十二册

320000－1646－0002997　302403
駱文忠公奏議湘中稿十六卷續刻四川奏議十一卷附錄一卷　（清）駱秉章撰　清光緒四年(1878)刻本　二十六册

320000－1646－0002998　302404
駱文忠公奏議湘中稿十六卷續刻四川奏議十一卷附錄一卷　（清）駱秉章撰　清刻本　九册

320000－1646－0002999　302405
錢敏肅公奏疏七卷　（清）錢鼎銘撰　清光緒六年(1880)存素堂刻本　四册

320000－1646－0003000　302406
錢敏肅公奏疏七卷　（清）錢鼎銘撰　清光緒六年(1880)存素堂刻本　四册

320000－1646－0003001　302407
錢敏肅公奏疏七卷　（清）錢鼎銘撰　清光緒六年(1880)存素堂刻本　四册

320000－1646－0003002　504673
百試百驗神效奇方二卷　清末刻本　一册

320000－1646－0003003　302409
曾文正公奏議十卷首一卷末一卷　（清）曾國藩撰　**曾文正公奏議補編四卷**　（清）曾國藩撰　（清）薛福成編次　清同治十三年(1874)刻本　十册

320000－1646－0003004　302410
曾文正公奏議十卷首一卷　（清）薛福成編　清同治十二年(1873)張氏刻本　三册

320000－1646－0003005　302411

曾文正公奏議十卷首一卷　（清）薛福成編　清同治十二年(1873)張氏刻本　十冊

320000－1646－0003006　302412

左恪靖侯奏稿初編三十八卷續編七十六卷　（清）左宗棠撰　清光緒刻本　七十冊

320000－1646－0003007　302413

左恪靖侯奏稿初編三十八卷續編七十六卷三編六卷　（清）左宗棠撰　清光緒刻本　六十四冊

320000－1646－0003008　302414

左文襄公奏疏續編七十六卷三編六卷　（清）左宗棠撰　清光緒十六年(1890)圖書集成局鉛印本　十四冊

320000－1646－0003009　302680

漢書地理志校注二卷　（清）王紹蘭著　（清）陳光淞校刊　清光緒二十二年(1896)蕭山陳氏遺經樓刻本　二冊

320000－1646－0003010　302416

孤忠錄二卷　（清）袁祖志編輯　清光緒十二年(1886)上海還讀樓刻本　一冊

320000－1646－0003011　302417

劉中丞奏議二十卷　（清）劉蓉著　清光緒十一年(1885)思賢講舍刻本　十冊

320000－1646－0003012　302418

劉武慎公奏稿二十卷首一卷　（清）劉長佑撰　清光緒十七年(1891)金陵刻本　九冊　存十二卷(一、六至十、十六至二十,首一卷)

320000－1646－0003013　302419

彭剛直公奏稿八卷　（清）彭玉麟撰　清光緒十七年(1891)刻本　六冊

320000－1646－0003014　302420

彭剛直公奏稿八卷　（清）彭玉麟撰　清光緒十七年(1891)刻本　六冊

320000－1646－0003015　302421

彭剛直公奏稿八卷　（清）彭玉麟撰　清光緒十七年(1891)刻本　六冊

320000－1646－0003016　302422

彭剛直公奏稿八卷　（清）彭玉麟撰　清光緒十七年(1891)鉛印本　四冊

320000－1646－0003017　302423

丁文誠公奏稿二十六卷　（清）丁寶楨撰　清光緒十九年(1893)京師刻本　二十四冊

320000－1646－0003018　302424

李文忠公全集一百六十五卷　（清）李鴻章撰　（清）吳汝綸編錄　清光緒三十一年(1905)金陵刻光緒三十四年(1908)印本　一百冊

320000－1646－0003019　302681

漢書地理志校注二卷　（清）王紹蘭著　（清）陳光淞校刊　清光緒二十二年(1896)蕭山陳氏遺經樓刻本　二冊

320000－1646－0003020　302426

李文忠公奏稿二十卷　（清）章洪鈞　（清）吳汝綸編輯　清光緒石印本(卷一李肅毅伯奏議配清光緒二十五年上海鴻文書局石印本)　二十冊

320000－1646－0003021　302427

李肅毅伯奏議二十卷　（清）李鴻章撰　（清）章洪鈞　（清）吳汝綸編輯　清光緒二十五年(1899)上海鴻文書局石印本　二十冊

320000－1646－0003022　302685

新斠注地理志十六卷　（清）錢坫著　（清）徐松集釋　清同治十三年(1874)會稽章氏刻本(咫進齋藏本)　一冊　存四卷(一至四)

320000－1646－0003023　303431

赤溪雜志二卷霞城唱和集一卷　金武祥撰　清光緒十七年(1891)刻粟香室叢書本　一冊

320000－1646－0003024　302430

潘文勤公奏疏一卷　（清）潘祖蔭撰　清光緒刻本　一冊

320000－1646－0003025　502732

羣碎錄一卷　（明）陳繼儒撰　明末刻本　一冊

320000－1646－0003026　302432

南皮節相保存國粹疏一卷　（清）張之洞撰　清光緒三十年（1904）木活字印本　一冊

320000－1646－0003027　302433
南皮節相保存國粹疏一卷　（清）張之洞撰　清光緒三十年（1904）木活字印本　一冊

320000－1646－0003028　302434
南皮節相保存國粹疏一卷　（清）張之洞撰　清光緒三十年（1904）木活字印本　一冊

320000－1646－0003029　302437
治平六策一卷　（清）薛福成撰　清光緒元年（1875）刻本　一冊

320000－1646－0003030　302438
治平六策一卷　（清）薛福成撰　清光緒元年（1875）刻本　一冊

320000－1646－0003031　302439
治平六策一卷　（清）薛福成撰　清光緒元年（1875）刻本　一冊

320000－1646－0003032　302440
出使奏疏二卷　（清）薛福成撰　清光緒二十年（1894）刻本　二冊

320000－1646－0003033　502737
貽令堂雜俎一卷　（清）黃保康撰　清光緒三十二年（1906）刻本　一冊

320000－1646－0003034　302448
公車上書記一卷　康有為記　清光緒二十一年（1895）上海石印書局石印本　一冊

320000－1646－0003035　302449
公車上書記一卷　康有為記　清光緒二十一年（1895）上海古香閣石印本　一冊

320000－1646－0003036　302450
南海先生戊戌奏稿一卷　康有為撰　麥仲華編　清宣統三年（1911）廣智書局鉛印本　一冊

320000－1646－0003037　502738
吳門畫舫續錄三卷　（清）箇中生編　清嘉慶十八年（1813）來青閣刻本　一冊

320000－1646－0003038　502739
經餘必讀二卷續編二卷三編二卷　（清）錢樹棠等輯　清光緒二十二年（1896）上海圖書集成印書局鉛印本　五冊

320000－1646－0003039　302459
庸盦尚書奏議十六卷　（清）陳夔龍撰　（清）俞陛雲編輯　清宣統三年（1911）刻本　八冊

320000－1646－0003040　302460
岡州再牘四卷梅關公牘一卷濂江公牘一卷高涼公牘一卷　（清）聶爾康撰　清光緒五年（1879）刻本　十冊

320000－1646－0003041　302461
勉益齋偶存稿八卷　（清）裕謙撰　清道光十二年（1832）刻本　八冊

320000－1646－0003042　302462
勉益齋續存稿十四卷　（清）裕謙撰　清道光刻本　十四冊

320000－1646－0003043　302463
卞制軍政書四卷　（清）卞寶第撰　清光緒刻本　四冊

320000－1646－0003044　302464
沈文肅公政書七卷首一卷　（清）沈葆楨撰　清光緒六年（1880）吳門節署鉛印本　八冊

320000－1646－0003045　302465
沈文肅公政書七卷首一卷　（清）沈葆楨撰　清光緒六年（1880）吳門節署鉛印本　八冊

320000－1646－0003046　302466
沈文肅公政書七卷首一卷　（清）沈葆楨撰　清光緒十八年（1892）刻本　八冊

320000－1646－0003047　302467
左文襄公書牘節要二十六卷　（清）左宗棠撰　清光緒二十八年（1902）刻本　十二冊

320000－1646－0003048　302468
左文襄公書牘節要二十六卷　（清）左宗棠撰　清光緒二十八年（1902）刻本　十二冊

320000－1646－0003049　302469
李文忠公外部函稿二十八卷　（清）吳汝綸編

辑　清光绪二十八年(1902)莲池书社铅印本
十二册　存二十四卷(一至六、九至十二、
十五至二十八)

320000-1646-0003050　302470
恽中丞官书摘钞一卷　清同治四年(1865)刻
本　一册

320000-1646-0003051　302471
谿州官牍三集　清同治四年(1865)刻本　一
册　存一集(甲集)

320000-1646-0003052　302472
岭西公牍彙存十卷　(清)方濬師撰　清刻本
一册　存一卷(三)

320000-1646-0003053　302473
晦闇齋筆語六卷　(清)董沛撰　清光绪十年
(1884)刻本　一册　存三卷(一至三)

320000-1646-0003054　302474
南屏贅語八卷　(清)董沛撰　清光绪十二年
(1886)刻本　二册

320000-1646-0003055　302475
汝東判語六卷　(清)董沛撰　清光绪十三年
(1887)刻本　二册

320000-1646-0003056　302476
出使公牍十卷　(清)薛福成撰　清光绪二十
三年(1897)薛氏傳經樓刻本　八册

320000-1646-0003057　302477
出使公牍十卷　(清)薛福成撰　清光绪二十
三年(1897)薛氏傳經樓刻本　七册　存九卷
(一至九)

320000-1646-0003058　302479
宦吴稟牍不分卷　(清)寶鎮山撰　清光绪刻
本　一册

320000-1646-0003059　502740
經餘必讀八卷續編八卷　(清)錢樹棠等輯
清嘉慶刻本　八册

320000-1646-0003060　302482
許竹篔先生出使函稿十卷　(清)許景澄撰
清末铅印本　一册　存四卷(一至四)

320000-1646-0003061　302483
樊山政書二十卷　樊增祥撰　清宣统二年
(1910)金陵湯明林铅印本　十册

320000-1646-0003062　302484
樊山政書二十卷　樊增祥撰　清宣统二年
(1910)金陵湯明林铅印本　十册

320000-1646-0003063　502743
客牎偶筆四卷二筆一卷　(清)金捧閶著　清
同治十二年(1873)刻本　四册

320000-1646-0003064　302486
文牍偶存一卷　(清)謝希傅著　清铅印本
一册

320000-1646-0003065　302487
奇冤紀聞二卷奇冤紀聞清册一卷　(清)游春
澤編　清光绪二十四年(1898)上海飛鴻閣石
印本　三册

320000-1646-0003066　302488
樊山公牍四卷　樊增祥撰　清宣统三年
(1911)廣益書局石印本　四册

320000-1646-0003067　302705
廣志繹五卷　(明)王士性著　清嘉慶二十二
年(1817)刻台州叢書甲集臨海宋氏本　四册

320000-1646-0003068　302496
東三省蒙務公牍彙編五卷　朱啟鈐撰　清铅
印本　一册　存三卷(三至五)

320000-1646-0003069　302497
北洋公牍類纂二十五卷北洋公牍類纂續編二
十四卷　(清)甘厚慈輯　清光绪三十三年
(1907)京城益森印刷有限公司铅印本(北洋
公牍類纂續編二十四卷爲清宣统二年(1910)
絳雪齋書局石印本)　四十册

320000-1646-0003070　302499
新文牍十卷續新文牍十八卷　清宣统三年
(1911)南洋官書局石印本　三十六册　缺一
卷(憲政部一)

320000-1646-0003071　302500
新文牍十卷　清宣统三年(1911)南洋官書局

石印本　二十冊

320000-1646-0003072　302511
漢律類纂一卷　張鵬一纂　清光緒三十三年(1907)鉛印本　一冊

320000-1646-0003073　302512
漢律類纂一卷　張鵬一纂　清光緒三十三年(1907)鉛印本　一冊

320000-1646-0003074　302513
補宋書刑法志一卷補宋書食貨志一卷　（清）郝懿行撰　清刻本　一冊

320000-1646-0003075　302514
故唐律疏義三十卷　（唐）長孫無忌等撰　律音義一卷　（宋）孫奭等撰　宋提刑洗冤集錄五卷　（宋）宋慈編　清光緒十七年(1891)刻本　八冊

320000-1646-0003076　703638
繡像貫串呼延慶打擂雙鐧記四卷　清末民國上海錦章圖書局石印本　四冊

320000-1646-0003077　302706
廣志繹五卷　（明）王士性著　清嘉慶二十二年(1817)刻台州叢書甲集臨海宋氏本　四冊

320000-1646-0003078　302521
大清律例彙編三十三卷督捕則例附纂二卷　（清）王又槐增輯　清嘉慶十三年(1808)刻本　二十四冊

320000-1646-0003079　302522
大清律例增修統纂集成四十卷　（清）任則珊重輯　清光緒十七年(1891)上海珍藝書局鉛印本　四冊

320000-1646-0003080　302523
大清律講義十七卷　吉同鈞著　清宣統二年(1910)朝記書莊石印本　二冊

320000-1646-0003081　302524
大清律例刑案彙纂集成四十卷　（清）姚潤纂輯　清光緒三年(1877)刻本　二十四冊

320000-1646-0003082　302525
大清律例刑案彙纂集成四十卷督捕則例附纂二卷　（清）陶駿等增修　清光緒二年(1876)刻本　二十四冊

320000-1646-0003083　302526
大清律例彙輯便覽四十卷附錄二卷　（清）三泰等撰　清光緒二十四年(1898)刻本　三十二冊

320000-1646-0003084　302527
大清新法令十三類法典草案二卷釐定官制草案一卷　商務印書館編譯所編纂　清宣統元年(1909)商務印書館鉛印本　二十冊

320000-1646-0003085　302528
大清宣統新法令不分卷　商務印書館編譯所編譯　清宣統二年(1910)商務印書館鉛印本　二十四冊

320000-1646-0003086　302529
大清法規大全一百五十九卷續編一百五十四卷　清政學社石印本　六十六冊

320000-1646-0003087　302532
大清現行刑律三十六卷首一卷禁煙條例一卷秋審條款一卷　沈家本等纂　清宣統二年(1910)鉛印本　四冊

320000-1646-0003088　302533
大清現行刑律三十六卷首一卷禁煙條例一卷秋審條款一卷　沈家本等修訂　清宣統二年(1910)鉛印本　十二冊

320000-1646-0003089　302534
大清現行刑律案語不分卷　沈家本　俞廉三修訂　清宣統三年(1911)普政社鉛印本　十八冊

320000-1646-0003090　302535
大清現行刑律案語不分卷　沈家本　俞廉三修訂　清鉛印本　十二冊

320000-1646-0003091　302536
大清刑律草案第一編十七章第二編三十六章　清鉛印本　一冊

320000-1646-0003092　302537
處分則例圖要六卷　清同治九年(1870)江蘇

書局刻本　二冊

320000－1646－0003093　　302538
處分則例圖要六卷　清同治九年（1870）江蘇書局刻本　二冊

320000－1646－0003094　　302539
律例便覽八卷圖一卷　（清）蔡嵩年　（清）蔡逢年輯　清同治九年（1870）江蘇書局刻本　四冊

320000－1646－0003095　　302708
廣輿記二十四卷　（清）蔡方炳增輯　清康熙二十五年（1686）刻本　十二冊

320000－1646－0003096　　302541
增訂律例圖說十卷　（清）萬維翰纂　清乾隆二十一年（1756）刻本　五冊

320000－1646－0003097　　302542
審看擬式六卷首一卷末一卷　（清）剛毅著　清光緒十五年（1889）江蘇書局刻本　二冊

320000－1646－0003098　　302543
例學新編十六卷　（清）楊士驤輯　清光緒三十二年（1906）明溥書局石印本　三冊

320000－1646－0003099　　302545
通行條例一卷（光緒元年至十四年止）　清光緒十四年（1888）江蘇書局刻本　一冊

320000－1646－0003100　　302546
定列彙編（乾隆十八年至光緒二十年）不分卷　清光緒江西刻本　七十冊

320000－1646－0003101　　302547
讀例存疑五十四卷　（清）薛允升著　清光緒三十一年（1905）京師刻本　十冊　存十三卷（一至四、六至十一、十八至十九、三十九）

320000－1646－0003102　　302548
駁案新編三十二卷駁案續編七卷　（清）全士潮等編　清刻本　三十冊

320000－1646－0003103　　302549
說帖類編三十六卷　律例館編　清道光十五年（1835）刻本　二十八冊　存二十八卷（一、八至三十四）

320000－1646－0003104　　302552
刑案匯覽六十卷首一卷末一卷拾遺備考一卷　（清）祝慶祺編　清光緒十五年（1889）鴻文書局石印本　二十二冊　缺七卷（三至七、四十三至四十四）

320000－1646－0003105　　302553
續增刑案匯覽十六卷　（清）祝松庵輯　清道光二十年（1840）鉛印本　一冊　存二卷（一至二）

320000－1646－0003106　　302554
［各省犯案輯存］不分卷　清刻本　九冊

320000－1646－0003107　　302555
成案備考不分卷　（清）沈廷瑛輯　清嘉慶十三年（1808）刻本　二冊

320000－1646－0003108　　302556
成案質疑□□卷　清雍正刻本　一冊　存一卷（一）

320000－1646－0003109　　302709
廣輿記二十四卷　（清）蔡方炳增輯　清康熙二十五年（1686）刻本　二冊　存十三卷（四至十六）

320000－1646－0003110　　302558
重修名法指掌圖四卷　（清）沈辛田編　（清）徐灝重訂　清同治九年（1870）湖北崇文書局刻本　四冊

320000－1646－0003111　　302559
名法指掌新例增訂四卷　（清）黃魯溪輯　清道光十二年（1832）刻本　四冊

320000－1646－0003112　　302560
續輯明刑圖說一卷　（清）胡鴻澤輯　清光緒二十四年（1898）刻本　一冊

320000－1646－0003113　　302561
折獄龜鑑八卷　（宋）鄭克撰　清刻本　一冊　存四卷（五至八）

320000－1646－0003114　　302562
式敬編五卷　（清）楊景仁輯　清光緒十六年（1890）廣東刻本　一冊　存二卷（一至二）

320000-1646-0003115　302563

陸稼書判牘菁華一卷　襟霞閣主(平襟亞)編纂　清上海東亞書局鉛印本　一冊

320000-1646-0003116　302564

樊山判牘四卷樊山判牘續編四卷　樊增祥撰　清法政學社石印本(樊山判牘續編四卷爲宣統三年法政學社大同書局石印本)　八冊

320000-1646-0003117　302711

歷代輿地沿革險要圖一卷　楊守敬　(清)饒敦秩撰　清光緒五年(1879)東湖饒氏刻本　一冊

320000-1646-0003118　303475

[道光]遵義府志四十八卷　(清)平翰修　(清)鄭珍　(清)莫友芝纂　清光緒十八年(1892)刻本　二十四冊

320000-1646-0003119　303485

滇考二卷　(清)馮甦編　清道光元年(1821)刻本　二冊

320000-1646-0003120　302574

棠陰比事一卷　(宋)桂萬榮撰　清同治六年(1867)木樨山房木活字印本　一冊

320000-1646-0003121　302575

不用刑審判書六卷　(清)魏息園輯　清光緒三十三年(1907)商務印書館鉛印本　一冊

320000-1646-0003122　302576

重刊補注洗冤錄集證六卷　(清)王又槐增輯　(清)李觀瀾補輯　(清)阮其新補注　清光緒三十年(1904)石印本　四冊

320000-1646-0003123　302577

洗冤錄表四卷　(清)曾恒德編次　清嘉慶十三年(1808)刻本　一冊

320000-1646-0003124　302578

重刊補注洗冤錄集證六卷　(清)王又槐增輯　(清)李觀瀾補輯　(清)阮其新補注　清道光二十四年(1844)刻本　一冊

320000-1646-0003125　302579

洗冤錄集證四卷作吏要言一卷　(清)童濂編　清道光二十三年(1843)維揚文元堂王氏刻本　二冊

320000-1646-0003126　302580

洗冤錄詳義四卷首一卷洗冤錄撫遺補一卷　(清)許槤編校　清光緒三年(1877)湖北藩署刻本　六冊

320000-1646-0003127　303486

滇考二卷　(清)馮甦編　清道光元年(1821)刻本　二冊

320000-1646-0003128　302589

欽定禮部則例二百二卷　(清)長秀等纂修　清道光二十四年(1844)刻本　二十四冊

320000-1646-0003129　302590

欽定吏部處分則例五十二卷　清刻本　二十冊

320000-1646-0003130　302591

欽定吏部處分則例五十二卷　清咸豐刻本　二十二冊

320000-1646-0003131　302593

欽定戶部則例一百卷首一卷　(清)載齡等纂修　清同治十三年(1874)刻本　六十冊

320000-1646-0003132　302594

欽定戶部則例一百卷首一卷　(清)載齡等纂修　清同治十三年(1874)刻本　六十冊

320000-1646-0003133　302595

欽定兵部處分則例三十六卷　清刻本　十三冊　缺二卷(二十六、三十二)

320000-1646-0003134　302596

工部續增則例九十五卷　(清)德成等纂修　清乾隆二十四年(1759)刻本　四十三冊

320000-1646-0003135　302597

欽定科場條例六十卷　(清)蔡鑾揚等纂　清嘉慶二十一年(1816)刻本　十六冊

320000-1646-0003136　302598

欽定科場條例六十卷首一卷　(清)麟桂等纂　清道光刻本　二十冊

320000-1646-0003137　302599
續增科場條例(同治元年至三年)不分卷　清刻本　一冊

320000-1646-0003138　302600
上諭條例一卷　清嘉慶江蘇布政使司刻本　一冊

320000-1646-0003139　302601
江蘇省例(同治二年至光緒二十三年)不分卷　清同治八年(1869)江蘇書局刻本　十二冊

320000-1646-0003140　302603
欽定國子監則例四十五卷　(清)汪廷珍等纂修　清道光刻本　一冊　存八卷(十三至二十)

320000-1646-0003141　302604
大清教育新法令二十六章　清末石印本　一冊　存十四章(十三至二十六)

320000-1646-0003142　302609
憲法精理二卷　(清)周逵編譯　清光緒二十八年(1902)上海廣智書局鉛印本　一冊

320000-1646-0003143　302610
憲法古義三卷　(清)銜石生撰　清光緒三十一年(1905)點石齋合記印書局鉛印本　一冊

320000-1646-0003144　502775
本草綱目五十二卷圖三卷奇經八脈考一卷瀕湖脈學一卷脈訣考證一卷　(明)李時珍編輯　本草萬方鍼線八卷　(清)蔡烈先輯　清刻本　四十冊

320000-1646-0003145　302614
公民必讀初稿十章　(清)孟昭常撰　清光緒三十四年(1908)中新書局鉛印本　一冊

320000-1646-0003146　302731
讀史方輿紀要一百三十卷　(清)顧祖禹輯著　方輿全圖總說五卷　(清)顧祖禹輯　(清)浦錫齡校訂　清光緒二十七年(1901)圖書集成局鉛印本　三十二冊

320000-1646-0003147　302617
會議廳審查案不分卷　清宣統二年(1910)油印本　二冊

320000-1646-0003148　302619
江蘇諮議局第一年度報告五類　江蘇諮議局編　清鉛印本　五冊

320000-1646-0003149　302732
讀史方輿紀要一百三十卷　(清)顧祖禹輯著　方輿全圖總說五卷　(清)顧祖禹輯　(清)浦錫齡校訂　清光緒二十七年(1901)圖書集成局鉛印本　三十二冊

320000-1646-0003150　303531
滇緬劃界圖說一卷　(清)薛福成撰　清光緒二十八年(1902)無錫傳經樓刻本　一冊

320000-1646-0003151　502777
元和姓纂十卷　(唐)林寶撰　清光緒六年(1880)金陵書局刻本　四冊

320000-1646-0003152　502778
讀書雜志八十二卷餘編二卷　(清)王念孫著　清同治九年(1870)金陵書局刻本　二十四冊

320000-1646-0003153　302624
廣西諮詢局籌辦處第二次報告書不分卷　清宣統元年(1909)鉛印本　二冊

320000-1646-0003154　302627
中國古世公法論略一卷　(美國)丁韙良撰　清光緒十年(1884)鉛印本　一冊

320000-1646-0003155　502786
陔餘叢考四十三卷　(清)趙翼撰　清乾隆五十五年(1790)湛貽堂刻本　十二冊

320000-1646-0003156　302631
比較國法學四編　(日本)末岡精一撰　清光緒三十二年(1906)上海商務印書館鉛印本　一冊

320000-1646-0003157　302632
法律學綱領六章　(日本)戶水寬人著　清光緒二十七年(1901)刻本　一冊

320000-1646-0003158　302633
法律學研究術三章　(日本)安西興四郎講述

（日本）山田義莊筆記　清光緒傅經樓刻本
一冊

320000－1646－0003159　302634

修訂律例原奏稿一卷　清光緒三十二年（1906）鉛印本　一冊

320000－1646－0003160　302635

寄簃文存八卷寄簃文存二編二卷　沈家本撰　清光緒三十三年（1907）鉛印本　三冊

320000－1646－0003161　302637

日本皇室典範義解一卷　（日本）伊藤博文纂　（清）沈紱譯　清光緒二十七年（1901）金粟齋鉛印本　一冊

320000－1646－0003162　302638

日本法規大全二十五類　劉崇傑等譯　清光緒三十三年（1907）上海商務印書館鉛印本　八十一冊

320000－1646－0003163　302639

日本法規大全二十五類　劉崇傑等譯　清光緒三十三年（1907）上海商務印書館鉛印本　八十一冊

320000－1646－0003164　302640

日本法規解字一卷　錢恂　董鴻煒編纂　清宣統二年（1910）上海商務印書館鉛印本　一冊

320000－1646－0003165　302643

大純機器紡織廠商辦說略十二則　清末鉛印本　一冊

320000－1646－0003166　302644

機器織綢有限公司章程一卷　清光緒二十年（1894）石印本　一冊

320000－1646－0003167　302645

大有榨油公司辛亥年帳略一卷　（清）大有公司編　清宣統三年（1911）鉛印本　一冊

320000－1646－0003168　302646

太倉濟泰公記紡織廠重訂招股開辦章程一卷　清末鉛印本　一冊

320000－1646－0003169　501201

夢溪筆談二十六卷補筆談三卷續筆談一卷　（宋）沈括撰　清光緒三十二年（1906）番禺陶氏刻本　二冊　存四卷（補筆談三卷、續筆談一卷）

320000－1646－0003170　302648

江南製造全案□□卷　清末鉛印本　一冊　存一卷（一）

320000－1646－0003171　302649

江南製造局記十卷　（清）魏允恭等纂修　清末鉛印本　一冊　存一卷（八）

320000－1646－0003172　302650

江南製造局移設蕪湖各疏稿一卷　清光緒二十九年（1903）鉛印本　一冊

320000－1646－0003173　502803

桐園臥游錄一卷　（清）金鳳清撰　清同治十一年（1872）刻本　一冊

320000－1646－0003174　302653

月令粹編二十四卷圖說一卷　（清）秦嘉謨撰　清嘉慶十七年（1812）刻本　八冊

320000－1646－0003175　302657

李氏五種　（清）李兆洛輯　清光緒十四年（1888）上海掃葉山房刻本　三冊

320000－1646－0003176　502804

蘇齋筆記八卷　（清）翁方綱撰　清宣統二年（1910）影印本　二冊

320000－1646－0003177　302660

皇朝藩屬輿地叢書　（清）浦口輯　清光緒二十九年（1903）金匱浦氏靜寄東軒石印本　四十八冊

320000－1646－0003178　302661

問影樓輿地叢書第一集　胡思敬輯　清光緒三十四年（1908）新昌胡氏京師鉛印本　二冊

320000－1646－0003179　302662

問影樓輿地叢書第一集　胡思敬輯　清光緒三十四年（1908）新昌胡氏京師鉛印本　十冊

320000－1646－0003180　302663

小方壺齋叢鈔　（清）王錫祺輯　清光緒六年

(1880)南清河王氏刻本　六冊

320000－1646－0003181　302664

小方壺齋輿地叢鈔十二帙　（清）王錫祺輯
清光緒十七年(1891)上海著易堂鉛印本　六十四冊

320000－1646－0003182　302665

小方壺齋輿地叢鈔十二帙補編十二帙再補編十二帙　（清）王錫祺輯　清光緒上海著易堂鉛印本　三十二冊

320000－1646－0003183　302666

小方壺齋輿地叢鈔十二帙補編十二帙再補編十二帙　（清）王錫祺輯　清光緒上海著易堂鉛印本　八十一冊　存三十五帙(小方壺齋輿地叢鈔十二帙,補編十二帙,再補編一至二、四至十二)

320000－1646－0003184　302671

得一齋雜著四種　（清）黃楙材撰　清光緒二十二年(1896)刻本　一冊

320000－1646－0003185　302676

輿地八種　（清）王錫祺輯　清光緒上海著易堂書局鉛印本　一冊　存二種二卷(各省新建府廳州縣考一卷、各國種類考一卷)

320000－1646－0003186　302677

西湖集覽　（清）丁丙輯　清光緒九年(1883)錢塘丁氏嘉惠堂刻本　十冊

320000－1646－0003187　302678

漢書地理志校注二卷　（清）王紹蘭著　（清）陳光淞校刊　清光緒二十二年(1896)蕭山陳氏遺經樓刻本　二冊

320000－1646－0003188　501803

淞隱漫錄十二卷續錄四卷　（清）王韜撰　清光緒十年(1884)點石齋石印本(淞隱續錄爲光緒十三年石印本)　三冊

320000－1646－0003189　305343

陸清獻公日記十卷(清康熙五年至三十一年)　（清）陸隴其撰　（清）柳樹芳校刊　清道光二十一年(1841)勝溪草堂刻本　四冊

320000－1646－0003190　302682

漢書地理志二卷　（清）汪遠孫校　（清）胡鳳丹重梓　清同治十年(1871)退補齋刻本　一冊

320000－1646－0003191　302683

楚漢諸侯疆域志三卷　（清）劉文淇撰　清光緒十五年(1889)廣雅書局刻本　一冊

320000－1646－0003192　302684

新斠注地理志十六卷　（清）錢坫著　（清）徐松集釋　清同治十三年(1874)會稽章氏刻本(咫進齋藏本)　八冊

320000－1646－0003193　501808

絕妙第一奇書□□卷　（清）樂鈞撰　清光緒石印本　一冊　存一卷(三)

320000－1646－0003194　302687

隋書地理志攷證九卷隋書地理志攷證補遺一卷　楊守敬撰　清光緒二十七年(1901)刻本　六冊

320000－1646－0003195　302689

元和郡縣補志九卷　（清）嚴觀輯　清刻本　一冊　存五卷(五至九)

320000－1646－0003196　302690

元和郡縣圖志闕卷逸文三卷　繆荃孫校輯　清光緒江陰繆氏雲自在堪刻本　一冊

320000－1646－0003197　302691

補元和郡縣志四十七鎮圖說一卷　（清）龐鴻書訂　清光緒三十一年(1905)鉛印本　一冊

320000－1646－0003198　302692

太平寰宇記二百卷目錄二卷　（宋）樂史撰　清末紅杏山房校宋本((原缺卷一百十三至卷一百十九)　四十八冊

320000－1646－0003199　302693

太平寰宇記二百卷目錄二卷　（宋）樂史撰　清嘉慶八年(1803)刻本(原缺卷一百十三至卷一百十九)　三十九冊

320000－1646－0003200　302694

太平寰宇記二百卷目錄二卷　（宋）樂史撰

清光緒八年(1882)金陵書局刻本(原缺卷一百十三至一百十九) 三十六冊

320000-1646-0003201　302695
宋州郡志校勘記一卷　(清)成蓉鏡撰　清光緒成氏遺書刻本　一冊

320000-1646-0003202　302696
元豐九域志十卷　(宋)王存等撰　清光緒八年(1882)金陵書局刻本　四冊

320000-1646-0003203　302697
元豐九域志十卷　(宋)王存等撰　清光緒八年(1882)金陵書局刻本　四冊

320000-1646-0003204　302698
輿地廣記三十八卷　(宋)歐陽忞撰　輿地廣記校勘記二卷　(清)孫星華撰　清光緒二十一年(1895)刻本　四冊

320000-1646-0003205　302699
輿地廣記三十八卷　(宋)歐陽忞撰　輿地廣記校勘記二卷　(清)孫星華撰　清光緒二十一年(1895)刻本　八冊

320000-1646-0003206　302700
輿地廣記三十八卷　(宋)歐陽忞撰　校勘輿地廣記札記二卷　(清)黃丕烈撰　清光緒六年(1880)金陵書局刻本　四冊

320000-1646-0003207　302701
輿地紀勝二百卷　(宋)王象之編　清咸豐五年(1855)南海伍氏粵雅堂刻本　三十二冊　存一百七十六卷(一至十二、十七至五十、五十五至一百三十五、一百四十五至一百六十六、一百七十四至二百)

320000-1646-0003208　302702
輿地紀勝二百卷　(宋)王象之編　清咸豐五年(1855)南海伍氏粵雅堂刻本　二十四冊

320000-1646-0003209　302703
輿地紀勝二百卷　(宋)王象之編　輿地紀勝校勘記五十二卷　(清)劉文淇撰　輿地紀勝補闕十卷　(清)岑建功輯　清道光二十九年(1849)甘泉岑氏懼盈齋刻本　十五冊　存七十一卷(輿地紀勝校勘記一至二十四、三十至五十二，輿地紀勝補闕十卷，輿地紀勝一百八十七至二百)

320000-1646-0003210　302704
廣志繹五卷　(明)王士性著　清嘉慶二十二年(1817)刻台州叢書甲集臨海宋氏本　四冊

320000-1646-0003211　305344
香禪精舍集遊記二卷(清光緒七年三月初四至五月十三日)　(清)潘鍾瑞撰　清光緒長洲潘鍾瑞香禪精舍刻本　一冊

320000-1646-0003212　501812
繪圖游戲奇緣十卷續集二卷　題(清)成上紅雪山莊外史著　清宣統元年(1909)彪蒙書局石印本　一冊

320000-1646-0003213　302707
廣輿記二十四卷　(清)蔡方炳增輯　清康熙二十五年(1686)刻本　十冊

320000-1646-0003214　501816
續板橋雜記三卷雪鴻小記一卷　題(清)珠泉居士著　清乾隆刻本　一冊

320000-1646-0003215　501800
繪圖希奇古怪四卷　(清)李慶辰著　清光緒石印本　三冊　存三卷(二至四)

320000-1646-0003216　302710
歷代輿地沿革險要圖一卷　楊守敬　(清)饒敦秩撰　清光緒五年(1879)東湖饒氏刻本　一冊

320000-1646-0003217　502066
佛說四十二章經解一卷　(明)釋智旭著　唐太宗文皇帝施行遺教經勅一卷　八大覺經略解一卷　(漢)釋安世高譯　(明)釋智旭解　清光緒十一年(1885)金陵刻經處刻本　一冊

320000-1646-0003218　302712
歷代輿地沿革險要圖一卷　楊守敬　熊會貞校　清光緒三十二年(1906)刻本　一冊

320000-1646-0003219　302713
歷代輿地圖不分卷　楊守敬撰　清光緒三十

二年(1906)觀海堂楊氏刻朱墨套印本　三十四冊

320000－1646－0003220　302714
李氏歷代輿地沿革圖校勘記不分卷　(清)惲毓嘉等校繪　清光緒十四年(1888)毘陵惲氏刻本　一冊

320000－1646－0003221　302715
中國歷史戰爭形勢圖說附論二卷　盧彤撰　清宣統二年(1910)集文印書館鉛印本　一冊

320000－1646－0003222　302716
歷代地理沿革圖一卷　(清)馬徵麟訂正　清同治十年(1871)金陵刻本　一冊

320000－1646－0003223　305351
各國立約始末記三十卷首二卷　(清)陸元鼎編　清光緒三十二年(1906)商務印書館鉛印本　二十二冊

320000－1646－0003224　302718
歷代地理韻編今釋二十卷　(清)李兆洛輯　**皇朝輿地韻編二卷**　(清)李兆洛輯　(清)六嚴等編集　清同治九年(1870)合肥李氏刻本　八冊

320000－1646－0003225　501204
避暑錄話二卷　(宋)葉夢得著　清嘉慶照曠樓刻本　一冊　存一卷(上)

320000－1646－0003226　302720
輿地沿革表四十卷　(清)楊丕復著　清光緒十四年(1888)刻本　十八冊　存三十一卷(八至十二、十七至四十二)

320000－1646－0003227　302721
歷代定域史綱四卷　(清)張印西著　清光緒二十九年(1903)蓁碧軒石印本　一冊

320000－1646－0003228　302722
歷代定域史綱四卷　(清)張印西著　清光緒二十九年(1903)蓁碧軒石印本　一冊

320000－1646－0003229　302723
天下郡國利病書一百二十卷　(清)顧炎武輯　(清)龍萬育訂　清光緒五年(1879)蜀南桐華書屋薛氏家塾刻本　五十冊

320000－1646－0003230　302724
天下郡國利病書一百二十卷　(清)顧炎武輯　(清)龍萬育訂　清道光三年(1823)敷文閣木活字印本　四十八冊

320000－1646－0003231　501804
淞隱漫錄十二卷　(清)王韜撰　清光緒十年(1884)石印本　三冊

320000－1646－0003232　302726
天下郡國利病書一百二十卷　(清)顧炎武輯　(清)龍萬育訂　清光緒二十五年(1899)圖書集成書局鉛印本　二十八冊

320000－1646－0003233　501823
新刻京臺公餘勝覽國色天香十卷　(清)吳敬所編輯　清光緒石印本　一冊　存二卷(一至二)

320000－1646－0003234　501824
重訂西青散記八卷　(清)史震林定　(清)裴玠校梓　**西青文略附一卷**　(清)史震林著　(清)王韜校訂　清光緒四年(1878)石印本　四冊

320000－1646－0003235　302729
讀史方輿紀要十卷　(清)顧祖禹著　清道光三十年(1850)刻本　十冊

320000－1646－0003236　302730
讀史方輿紀要一百三十卷　(清)顧祖禹輯著　**方輿全圖總說五卷**　(清)顧祖禹輯　(清)浦錫齡校訂　清光緒二十七年(1901)圖書集成局鉛印本　三十二冊

320000－1646－0003237　501805
淞隱漫錄十二卷　(清)王韜撰　清光緒十年(1884)石印本　一冊　存三卷(一至三)

320000－1646－0003238　501827
淞濱瑣話十二卷　(清)王韜著　清光緒十九年(1893)淞隱廬石印本　四冊

320000－1646－0003239　302733
讀史方輿紀要一百三十卷輿圖要覽四卷

（清）顧祖禹輯著　（清）彭元瑞校定　（清）龍萬育校刊　清光緒二十五年（1899）慎記書莊石印本　三十二冊

320000－1646－0003240　302734

天下山河兩戒考十四卷圖一卷　（清）徐文靖注　清雍正元年（1723）刻本　四冊

320000－1646－0003241　302735

大清一統志表不分卷　（清）陳蘭森撰　清乾隆五十八年（1793）刻本　八冊

320000－1646－0003242　302736

大清一統志五百卷　（清）和珅等纂修　清光緒二十三年（1897）杭州竹簡齋石印本　十八冊

320000－1646－0003243　302737

大清一統志五百卷　（清）和珅等纂修　清光緒二十三年（1897）杭州竹簡齋石印本　六十冊

320000－1646－0003244　302738

大清一統志五百卷　（清）和珅等纂修　清光緒二十八年（1902）上海寶善齋石印本　六十冊

320000－1646－0003245　302739

大清一統志五百卷　（清）和珅等纂修　清光緒二十八年（1902）上海寶善齋石印本　六十冊

320000－1646－0003246　302740

大清一統志輯要五十卷　（清）洪亮吉撰　清光緒二十八年（1902）山左輿圖局石印本　二冊

320000－1646－0003247　302741

乾隆府廳州縣圖志五十卷　（清）洪亮吉撰　清光緒五年（1879）授經堂刻本　十六冊

320000－1646－0003248　705294

增訂陸麟度先生文編不分卷　（清）徐周章校　清康熙四十八年（1709）刻本　二冊

320000－1646－0003249　302743

皇朝輿地通考二十三卷　（清）通文書局輯　清光緒二十九年（1903）上海通文書局石印本　四十冊

320000－1646－0003250　302744

皇朝中外一統輿圖十六卷　（清）胡林翼撰　清光緒二十二年（1896）上海書局石印本　六冊

320000－1646－0003251　302745

皇朝中外一統輿圖三十一卷首一卷　（清）胡林翼撰　清同治二年（1863）湖北撫署景桓樓刻本　三十二冊

320000－1646－0003252　705295

直省考卷錄三集不分卷　（清）何焯等撰　清刻本　二冊

320000－1646－0003253　705296

近科考卷雅潤集不分卷二集不分卷　（清）張溶編次　清乾隆二十一年至二十六年（1756－1761）刻本　八冊

320000－1646－0003254　302748

大清直省全圖二十六幅　清刻本　二十六幅

320000－1646－0003255　302749

皇朝直省地輿全圖不分卷　清光緒十五年（1889）上海點石齋石印本　一冊

320000－1646－0003256　302750

皇朝一統輿地全圖不分卷　題（清）欸乃軒主人編　清光緒二十年（1894）上海鴻寶齋石印本　二冊

320000－1646－0003257　302751

皇清地理圖不分卷　（清）董祐誠繪　清同治十年（1871）番禺俞守義刻本　三冊

320000－1646－0003258　302752

皇清地理圖不分卷　（清）董祐誠繪　清同治十年（1871）番禺俞守義刻本　存一冊

320000－1646－0003259　302755

地輿圖考四卷　（清）龔柴撰　清光緒九年（1883）益聞館鉛印本　一冊

320000－1646－0003260　302756

大清州縣名急就章不分卷　（清）彭翔履述

清嘉慶三年(1798)刻本　一冊

320000－1646－0003261　302758

皇朝輿地略不分卷　(清)六承如輯　(清)六嚴繪圖　清同治七年(1868)惇叙堂刻本　一冊

320000－1646－0003262　302759

皇朝輿地略不分卷　(清)六承如繪　(清)馮焌光增補　(清)六嚴縮摹　清同治二年(1863)廣州寶華坊刻本　八冊

320000－1646－0003263　302760

周行備覽六卷　(清)求放心齋輯　清光緒英德堂刻本　六冊

320000－1646－0003264　302761

京師通各省會城道里記一卷　(清)繆九疇校　清末江楚書局刻本　一冊

320000－1646－0003265　302763

中外地輿圖說集成一百三十卷首三卷皇輿全圖不分卷　題(清)同康廬主人編輯　(清)胡振元等校　清光緒二十年(1894)上海積山書局石印本　二十四冊

320000－1646－0003266　302764

江蘇全省輿圖不分卷　(清)諸可寶輯　清光緒二十一年(1895)刻本　三冊

320000－1646－0003267　302765

江蘇全省輿圖不分卷　(清)諸可寶輯　清光緒二十一年(1895)刻本　三冊

320000－1646－0003268　302766

江寧布政司屬府廳州縣輿圖四十三幅圖說不分卷　(清)李宗羲督繕　清同治刻本　二十二冊　缺(圖二十二幅)

320000－1646－0003269　302767

[蘇省輿地圖說]不分卷　(清)曾國藩等輯　清同治七年(1868)刻本　二十四冊

320000－1646－0003270　302768

浙江全省輿圖並水陸道里記不分卷　(清)宗源瀚撰　清光緒二十年(1894)刻本　二十冊

320000－1646－0003271　302769

浙江全省水陸程圖一幅　(清)書雲繪　清光緒四年(1878)稿本　一幅

320000－1646－0003272　705298

蘇文忠公詩編註集成四十六卷總案四十五卷諸家雜綴酌存一卷蘇海識餘四卷賤詩圖一卷　(宋)蘇軾撰　(清)王文誥輯訂　清嘉慶二十四年(1819)武林韻山堂刻本　三十六冊

320000－1646－0003273　705299

角山樓蘇詩評註彙鈔二十卷附鈔三卷目錄二卷附目一卷　(清)趙克宜輯訂　清咸豐二年(1852)刻本　八冊

320000－1646－0003274　302772

湖南全省輿圖說六卷　(清)左學呂等述　清光緒二十三年(1897)刻本　二冊

320000－1646－0003275　705305

分類尺牘備覽三十卷　(清)王虎榜編　清光緒十九年(1893)袖海山房石印本　七冊　存二十七卷(一至二、六至三十)

320000－1646－0003276　302774

湖南輿圖不分卷　(清)彭清瑋等摹繪　清光緒二十三年(1897)刻本　二冊

320000－1646－0003277　302775

湖南輿圖不分卷　(清)彭清瑋等摹繪　清光緒二十三年(1897)刻本　二冊

320000－1646－0003278　302776

湖南通志輿圖一卷　清刻本　一冊

320000－1646－0003279　302777

臺灣輿圖二卷　(清)王廣文纂校　(清)余寵監制　清光緒五年(1879)福建刻本　二冊

320000－1646－0003280　302778

廣東輿地全圖不分卷　(清)張人駿編　(清)廖廷相纂繪　清光緒二十三年(1897)廣州石經堂石印本　二冊

320000－1646－0003281　302961

[光緒]崑新兩縣續修合志五十二卷首一卷末一卷　(清)金吳瀾修　(清)汪堃纂　清光緒六年(1880)刻本　二十二冊　缺四卷(一至

二、三十七至三十八）

320000－1646－0003282　302780
廣西輿地全圖不分卷　（清）楊絜澧繪　清光緒三十三年(1907)澄天閣石印本　二冊

320000－1646－0003283　302781
[光緒]畿輔通志三百卷首一卷　（清）李鴻章修　（清）黃彭年纂　清光緒十年(1884)刻本　二百四十冊

320000－1646－0003284　302783
[光緒]順天府志一百三十卷附錄一卷　（清）周家楣修　（清）張之洞、繆荃孫纂　清光緒十年(1884)刻本　六十四冊

320000－1646－0003285　302791
[乾隆]獻縣志二十卷圖一卷表一卷　（清）萬廷蘭修　（清）戈濤纂　清乾隆二十六年(1761)刻本　十二冊

320000－1646－0003286　302792
[乾隆]天津縣志二十四卷　（清）朱奎揚修　（清）吳廷華纂　清乾隆四年(1739)刻本　八冊

320000－1646－0003287　302793
[同治]續天津縣志二十卷首一卷　（清）吳惠元修　（清）蔣玉虹、（清）俞樾纂　清同治九年(1870)刻本　八冊

320000－1646－0003288　302795
[光緒]南皮縣志十五卷首一卷末一卷　（清）殷樹森修　（清）汪寶樹、（清）傅金鑅纂　清光緒十四年(1888)刻本　八冊

320000－1646－0003289　302796
[康熙]靈壽縣志十卷圖一卷末一卷　（清）陸隴其纂修　清康熙二十四年(1685)刻本　二冊

320000－1646－0003290　302797
[同治]欒城縣志十四卷首一卷末一卷　（清）陳詠修　（清）張惇德纂　清同治十一年至十二年(1872-1873)刻本　六冊

320000－1646－0003291　302798
[同治]平山縣志八卷　（清）王滌心修　（清）郭程先纂　清咸豐三年(1853)刻本　六冊

320000－1646－0003292　302800
[咸豐]大名府志二十二卷續志六卷首一卷末一卷　（清）何俊修　（清）郭程先纂　清咸豐三年(1853)刻本　六十冊

320000－1646－0003293　302802
[道光]南宮縣志十六卷圖一卷　（清）周棫修　（清）陳柱纂　清道光十一年(1831)刻本　八冊

320000－1646－0003294　302804
[道光]萬全縣志十卷首一卷　（清）左承業纂修　清道光十四年(1834)刻本　四冊

320000－1646－0003295　302805
[道光]保安州志八卷首一卷　（清）楊桂森纂修　清道光十五年(1835)刻本　八冊

320000－1646－0003296　302807
[光緒]延慶州志十二卷首一卷末一卷　（清）何道增修　（清）張惇德纂　清光緒六年(1880)刻本　十冊

320000－1646－0003297　302809
[道光]太原縣志十八卷圖一卷　（清）員佩蘭修　（清）楊國泰纂　清道光六年(1826)刻本　六冊

320000－1646－0003298　302810
[光緒]平遙縣志十二卷圖一卷　（清）林拱樞修　（清）恩端纂　清光緒八年(1882)刻本　八冊

320000－1646－0003299　302812
[乾隆]太谷縣志八卷　（清）郭晉修　（清）管粵秀纂　清乾隆六十年(1795)刻本　八冊

320000－1646－0003300　302813
[乾隆]太谷縣志八卷首一卷末一卷　（清）章青選修　（清）章嗣衡纂　清咸豐五年(1855)刻本　九冊

320000－1646－0003301　302814

[光緒]祁縣志十六卷 (清)劉發岍修 (清)李芬纂 清光緒八年(1882)刻本 十册

320000-1646-0003302 302815
[光緒]太平縣志十四卷首一卷末一卷 (清)勞文慶修 (清)婁道南纂 清光緒八年(1882)刻本 十册

320000-1646-0003303 302816
[嘉慶]長子縣志十六卷首一卷 (清)劉樾修 (清)樊兌纂 清嘉慶二十一年(1816)刻本 六册

320000-1646-0003304 302817
[乾隆]汾州府志三十四卷首一卷 (清)孫和相修 (清)戴震纂 清乾隆三十六年(1771)刻本 十六册

320000-1646-0003305 302818
[乾隆]汾陽縣志十四卷首一卷 (清)李文起修 (清)戴震纂 清乾隆三十七年(1772)刻本 六册

320000-1646-0003306 302819
[光緒]壽陽縣志十三卷首一卷 (清)馬家鼎修 (清)張嘉言纂 清光緒八年(1882)刻本 六册

320000-1646-0003307 302820
[乾隆]解州安邑縣志十六卷首一卷 (清)言如泗修 (清)呂瀶纂 清乾隆二十九年(1764)刻本 八册

320000-1646-0003308 302821
蒙古游牧記十六卷 (清)張穆撰 清同治六年(1867)壽陽祁氏刻本 三册 存十二卷(五至十六)

320000-1646-0003309 302822
蒙古遊牧記十六卷 (清)張穆撰 清光緒二十年(1894)上海復古書局石印本 六册

320000-1646-0003310 302823
[宣統]撫順縣志畧二十二卷 (清)程廷恒纂輯 清宣統三年(1911)石印本 二册

320000-1646-0003311 302826

吉林外記十卷 (清)薩英額撰 清光緒二十一年(1895)漸西村舍刻本 一册

320000-1646-0003312 302827
甯古塔記略一卷 (清)吳桭臣著 (清)顧沅校 清光緒漸西村舍刻本 一册

320000-1646-0003313 302828
黑龍江述略六卷 (清)徐宗亮撰 清光緒十七年(1891)徐氏觀自得齋刻本 二册

320000-1646-0003314 302829
黑龍江外記八卷 (清)西清撰 清漸西村舍刻本 一册

320000-1646-0003315 302830
朝邑韓志一卷武功康志三卷靈壽陸志節本三卷 (清)黃本驥編 清道光二十七年(1847)刻三長物齋叢書本 二册

320000-1646-0003316 302834
[嘉慶]長安縣志三十六卷 (清)張聰賢修 (清)董曾臣纂 清嘉慶二十年(1815)刻本 六册

320000-1646-0003317 302836
[嘉慶]咸寧縣志二十六卷首一卷 (清)高廷法修 (清)陸耀遹 (清)董祐誠纂 清嘉慶二十四年(1819)刻本 八册

320000-1646-0003318 302839
[乾隆]鄠縣新志六卷 (清)孫景烈編 清乾隆四十二年(1777)刻本 四册

320000-1646-0003319 302840
[光緒]三原縣新志八卷 (清)焦雲龍修 (清)賀瑞麟纂 清光緒五年(1879)刻本 四册

320000-1646-0003320 302841
[乾隆]醴泉縣志十四卷 (清)蔣騏昌修 (清)孫星衍纂 清乾隆四十九年(1784)刻本 四册

320000-1646-0003321 302844
[乾隆]鳳翔縣志八卷首一卷 (清)羅鰲修 (清)周方烱纂 清乾隆三十二年(1767)刻本

八冊

320000-1646-0003322　302845

[乾隆]鄜縣志十八卷首一卷　（清）李帶雙修　（清）張若纂　清乾隆四十三年(1778)刻本　四冊

320000-1646-0003323　302846

[光緒]麟遊縣新志草十卷首一卷　（清）彭洵撰次　清光緒九年(1883)刻本　四冊

320000-1646-0003324　302847

[康熙]隴州志八卷首一卷　（清）羅彰彝纂修　清康熙五十二年(1713)刻本　四冊

320000-1646-0003325　302849

[乾隆]澄城縣志二十卷　（清）戴治修　（清）洪亮吉　（清）孫星衍纂　清乾隆四十九年(1784)刻本　九冊

320000-1646-0003326　302850

[正德]武功縣志三卷首一卷　（明）康海撰　（清）孫景烈評註　（清）瑪星阿參訂　清同治十二年(1873)湖北崇文書局刻本　一冊

320000-1646-0003327　300511

天聖明道本國語二十一卷　（三國吳）韋昭解　校刊明道本韋氏解國語札記一卷　（清）黃丕烈撰　國語明道本考異四卷　（清）汪遠孫撰　清同治八年(1869)湖北崇文書局刻本　五冊

320000-1646-0003328　302856

欽定皇輿西域圖志四十八卷首四卷　（清）傅恒修　（清）褚廷璋纂　清光緒十九年(1893)杭州便益書局石印本　十二冊

320000-1646-0003329　302857

漢西域圖考七卷首一卷　（清）李光廷撰　清光緒十九年(1893)寶善書局石印本　七冊

320000-1646-0003330　302858

漢西域圖考七卷首一卷　（清）李光廷撰　清同治十三年(1874)歸無竟齋刻本　四冊

320000-1646-0003331　302859

漢西域圖考七卷首一卷　（清）李光廷撰　清光緒八年(1882)陽湖趙氏壽諼草堂木活字印本　四冊

320000-1646-0003332　302860

漢西域圖考七卷首一卷　（清）李光廷撰　清同治九年(1870)刻本　四冊

320000-1646-0003333　302861

漢西域圖考七卷首一卷　（清）李光廷撰　清同治九年(1870)刻本　二冊

320000-1646-0003334　302862

西域記八卷　（清）七十一著　清嘉慶十九年(1814)味經堂刻本　二冊

320000-1646-0003335　302863

西域聞見錄八卷　（清）七十一著　清乾隆四十二年(1777)刻本　四冊

320000-1646-0003336　302864

新疆輿圖風土攷五卷　（清）七十一著　清上海點石齋石印本　一冊

320000-1646-0003337　302866

欽定新疆識略十二卷首一卷　（清）松筠等纂輯　清道光元年(1821)刻本　十冊

320000-1646-0003338　302194

萬國公法四卷　（美國）惠頓撰　（美國）丁韙良譯　清同治三年(1864)京都崇實館刻本　一冊

320000-1646-0003339　302883

[乾隆]歷城縣志五十卷首一卷　（清）胡德琳修　（清）李文藻纂　清乾隆三十七年(1772)刻本　十六冊

320000-1646-0003340　302885

[嘉慶]長山縣志十六卷首一卷　（清）倪企望修　（清）鍾廷瑛纂　清嘉慶六年(1801)刻本　十冊

320000-1646-0003341　302887

[道光]長清縣志十六卷首一卷末一卷　（清）舒化民修　（清）徐德成纂　清道光十五年(1835)刻本　十六冊

320000-1646-0003342　302891

[乾隆]曲阜縣志一百卷 （清）潘相纂修 清乾隆三十九年(1774)刻本 十二冊

320000－1646－0003343 302892
[康熙]續修汶上縣志六卷 （清）聞元炅編 清康熙五十六年(1717)刻本 四冊

320000－1646－0003344 302897
[道光]重修蓬萊縣志十四卷 （清）王文燾修 （清）張本纂 清道光十九年(1839)刻本 十六冊

320000－1646－0003345 302898
[同治]黃縣志十四卷首一卷末一卷 （清）尹繼美纂修 清同治十年(1871)刻本 四冊

320000－1646－0003346 302902
掖縣全志四種十八卷 （清）魏起鵬編 清光緒十九年(1893)刻本(選舉類舉人、貢生、貢監、武科、將材、藝文類說、辨、議、跋、詩配抄本) 十五冊

320000－1646－0003347 302903
[道光]重修平度州志二十七卷 （清）保忠總修 （清）李圖總纂 清道光二十九年(1849)刻本 八冊

320000－1646－0003348 302905
[乾隆]濰縣志六卷首一卷末一卷 （清）張耀璧修 （清）王誦芬纂 清乾隆二十五年(1760)刻本 六冊

320000－1646－0003349 302913
[光緒]續纂江甯府志十五卷 （清）蔣啟勳修 （清）汪士鐸纂 清光緒六年(1880)刻本 十二冊

320000－1646－0003350 302914
[同治]上江兩縣志二十九卷首一卷 （清）莫祥芝修 （清）汪士鐸纂 清同治十三年(1874)刻本 十二冊

320000－1646－0003351 302988
[光緒]重修華亭縣志二十四卷首一卷末一卷 （清）楊開第修 （清）姚光發纂 清光緒五年(1879)刻本 十冊

320000－1646－0003352 302916
白下瑣言十卷 （清）甘熙輯 清光緒十六年(1890)築野堂刻本 四冊

320000－1646－0003353 302917
上元江甯鄉土合志六卷 陳作霖編 清宣統二年(1910)江楚編譯書局刻本 一冊

320000－1646－0003354 302921
[光緒]溧水縣志二十二卷首一卷 （清）傅觀光等纂修 清光緒九年(1883)刻本 十二冊

320000－1646－0003355 302922
[光緒]六合縣志八卷圖說一卷附錄一卷 （清）謝延庚修 （清）賀延壽纂 清光緒十年(1884)刻本 十冊

320000－1646－0003356 302926
吳地記一卷後集一卷 （唐）陸廣微撰 清同治十二年(1873)江蘇書局刻本 一冊

320000－1646－0003357 302996
[光緒]金山縣志三十卷首一卷 （清）崔廷鏞修 （清）黃厚本纂 清光緒四年(1878)刻本 八冊

320000－1646－0003358 302928
吳郡圖經續記三卷 （宋）朱長文撰 清同治十二年(1873)江蘇書局刻本 一冊

320000－1646－0003359 302929
吳郡圖經續記三卷 （宋）朱長文撰 清同治十二年(1873)江蘇書局刻本 一冊

320000－1646－0003360 302930
吳郡圖經續記三卷 （宋）朱長文撰 清同治十二年(1873)江蘇書局刻本 一冊

320000－1646－0003361 303005
[同治]上海縣志三十二卷首一卷末一卷 （清）葉廷眷修 （清）俞樾纂 清同治十年(1871)刻本 五冊 缺六卷(六至十一)

320000－1646－0003362 302936
[光緒]蘇州府志一百五十卷首三卷 （清）馮桂芬等纂修 清光緒九年(1883)刻本 八十冊

320000－1646－0003363　303027

[光緒]武陽志餘十二卷　（清）莊毓鋐修　（清）陸鼎翰纂　清光緒十四年(1888)木活字印本　十五冊

320000－1646－0003364　303029

錫金識小錄十二卷　（清）黃印輯　清光緒二十二年(1896)木活字印本　六冊

320000－1646－0003365　303030

錫金識小錄十二卷　（清）黃印輯　清光緒二十二年(1896)木活字印本　六冊

320000－1646－0003366　303031

錫金識小錄十二卷　（清）黃印輯　清光緒二十二年(1896)木活字印本　六冊

320000－1646－0003367　302946

周莊鎮志六卷首一卷　（清）陶煦纂輯　清光緒八年(1882)刻本　五冊

320000－1646－0003368　302947

周莊鎮志六卷首一卷　（清）陶煦纂修　清光緒八年(1882)刻本　五冊

320000－1646－0003369　302955

[乾隆]吳郡甫里志二十四卷　（清）彭方周修　（清）顧時鴻纂　清乾隆三十年(1765)刻本　一冊　存五卷(一至五)

320000－1646－0003370　302960

崑新兩縣續修合志五十二卷首一卷末一卷　（清）金吳瀾修　（清）汪堃纂　清光緒六年(1880)刻本　二十四冊

320000－1646－0003371　303038

[光緒]無錫金匱縣志四十卷首一卷附編六卷　（清）裴大中修　（清）秦緗業纂　清光緒七年(1881)刻本　十八冊

320000－1646－0003372　302965

重修琴川志十五卷　（元）盧鎮修　清咸豐八年(1858)殷氏抄本　四冊

320000－1646－0003373　302966

琴川三志補記續八卷　（清）黃廷鑑編輯　清道光十四年(1834)木活字印本　三冊

320000－1646－0003374　302967

常昭合志稿四十八卷首一卷末一卷校勘記一卷　（清）鄭鐘祥修　（清）龐鴻文纂　清光緒三十年(1904)木活字印本　十七冊

320000－1646－0003375　302968

常昭合志稿四十八卷首一卷末一卷　（清）鄭鐘祥修　（清）龐鴻文纂　清光緒三十年(1904)木活字印本　二十冊

320000－1646－0003376　302975

[光緒]吳江縣續志四十卷首一卷　（清）金福曾修　（清）熊其英纂　清光緒五年(1879)刻本　八冊

320000－1646－0003377　302976

[乾隆]震澤縣志三十八卷首一卷　（清）陳和志修　（清）沈彤纂　清光緒十九年(1893)刻本　八冊

320000－1646－0003378　302977

松陵見聞錄十卷首一卷　（清）王鯤輯　清道光九年(1829)話雨樓刻本　四冊

320000－1646－0003379　302982

黎里志十六卷首一卷　（清）徐達源纂輯　清嘉慶十年(1805)禊胡書院刻本　四冊

320000－1646－0003380　302983

黎里續志十六卷首一卷　（清）蔡丙圻纂輯　清光緒二十五年(1899)禊胡書院刻本　六冊

320000－1646－0003381　302984

[紹熙]雲間志三卷　（宋）楊潛纂修　清光緒二十年(1894)刻觀自得齋叢書本　一冊　存二卷(上、中)

320000－1646－0003382　302985

[嘉慶]松江府志八十四卷圖一卷首二卷　（清）宋如林修　（清）孫星衍纂　清嘉慶二十二年(1817)刻本　四十二冊

320000－1646－0003383　302986

[光緒]松江府續志四十卷圖一卷首一卷　（清）博潤修　（清）姚光發纂　清光緒十年(1884)刻本　二十四冊

320000 – 1646 – 0003384　302987

[光緒]重修華亭縣志二十四卷首一卷末一卷　（清）楊開第修　（清）姚光發纂　清光緒五年(1879)刻本　十冊

320000 – 1646 – 0003385　302990

[光緒]婁縣續志二十卷　（清）程其珏修（清）張雲望纂　清光緒五年(1879)刻本　六冊

320000 – 1646 – 0003386　302992

[光緒]重修奉賢縣志二十卷首一卷末一卷（清）韓佩金修　（清）張文虎纂　清光緒四年(1878)刻本　六冊

320000 – 1646 – 0003387　303079

[同治]續纂揚州府志二十四卷　（清）英傑修（清）晏端書纂　清同治十三年(1874)刻本　八冊

320000 – 1646 – 0003388　302995

[光緒]金山縣志三十卷首一卷　（清）崔廷鏞修　（清）黃厚本纂　清光緒四年(1878)刻本　八冊

320000 – 1646 – 0003389　303145

[光緒]羅店鎮志八卷羅溪文徵一卷　（清）王樹棻修　（清）潘履祥纂　清光緒十五年(1889)鉛印本　五冊

320000 – 1646 – 0003390　303003

[同治]上海縣志三十二卷首一卷末一卷（清）葉廷眷修　（清）俞樾纂　清同治十年(1871)刻本　十六冊

320000 – 1646 – 0003391　303004

[同治]上海縣志三十二卷首一卷末一卷（清）葉廷眷修　（清）俞樾纂　清同治十年(1871)刻本　十五冊　缺三卷(九至十一)

320000 – 1646 – 0003392　501205

巖下放言三卷　（宋）葉夢得著　清道光二十六年(1846)葉氏刻本　一冊

320000 – 1646 – 0003393　303011

瀛壖雜誌六卷　（清）王韜撰　清光緒元年(1875)刻本　二冊

320000 – 1646 – 0003394　303012

[光緒]南匯縣志二十二卷首一卷末一卷（清）金福曾修　（清）張文虎纂　清光緒五年(1879)刻本　十二冊

320000 – 1646 – 0003395　501206

猗覺寮雜記二卷　（宋）朱翌撰　清乾隆三十九年(1774)刻本　一冊

320000 – 1646 – 0003396　303014

[光緒]青浦縣志三十卷首二卷末一卷　（清）汪祖綬修　（清）熊其英纂　清光緒五年(1879)刻本　十二冊

320000 – 1646 – 0003397　303015

[光緒]青浦縣志三十卷首二卷末一卷　（清）汪祖綬修　（清）熊其英纂　清光緒五年(1879)刻本　五冊　存二十五卷(一至八、十七至三十,首二卷,末一卷)

320000 – 1646 – 0003398　303018

[宣統]蒸里志略十二卷　（清）葉世熊纂修清宣統二年(1910)鉛印本　一冊　存七卷(一至七)

320000 – 1646 – 0003399　303019

[宣統]蒸里志略十二卷　（清）葉世熊纂修清宣統二年(1910)鉛印本　一冊　存七卷(一至七)

320000 – 1646 – 0003400　303021

[光緒]川沙廳志十四卷首一卷末一卷　（清）陳方瀛修　（清）俞樾纂　清光緒五年(1879)刻本　六冊

320000 – 1646 – 0003401　303024

[康熙]常州府志三十八卷首一卷　（清）于琨修　（清）陳玉璂纂　清光緒十二年(1886)木活字印本　四十冊

320000 – 1646 – 0003402　303025

[光緒]武進陽湖縣志三十卷首一卷　（清）張球修　（清）湯成烈纂　清光緒五年(1879)刻本　二十冊

320000－1646－0003403　303026

[光緒]武陽志餘十二卷武陽團練紀實二卷
（清）莊毓鋐修　（清）陸鼎翰纂　清光緒十四年(1888)木活字印本　十五冊　缺二卷(武陽志餘十一至十二)

320000－1646－0003404　501830

宋艷十二卷　（清）徐士鑾輯　清光緒十七年(1891)蝶園刻本　六冊

320000－1646－0003405　303028

錫金識小錄十二卷　（清）黃印輯　清光緒二十二年(1896)木活字印本　六冊

320000－1646－0003406　501834

一夕話六卷　（清）咄咄夫編　清刻本　一冊　存二卷(二至三)

320000－1646－0003407　501207

雲谷雜紀四卷首一卷末一卷　（宋）張淏撰　清乾隆刻本　一冊

320000－1646－0003408　501208

容齋隨筆十六卷續筆十六卷三筆十六卷四筆十六卷五筆十卷　（宋）洪邁撰　清光緒九年(1883)刻本　十四冊

320000－1646－0003409　303033

錫金志外五卷　（清）秦錫淳纂　清道光二十三年(1843)刻本　一冊　存二卷(一至二)

320000－1646－0003410　303037

[光緒]無錫金匱縣志四十卷首一卷附編六卷　（清）裴大中修　（清）秦緗業纂　清光緒七年(1881)刻本　二十

320000－1646－0003411　501209

容齋隨筆十六卷續筆十六卷三筆十六卷四筆十六卷五筆十卷　（宋）洪邁撰　清光緒九年(1883)刻本(容齋隨筆配民國十年上海掃葉山房石印本)　十三冊

320000－1646－0003412　303040

錫金鄉土歷史二卷　侯鴻鑑輯　清光緒三十二年(1906)無錫藝文齋木活字印本　一冊

320000－1646－0003413　303041

錫金鄉土地理二卷　侯鴻鑑輯　清光緒三十二年(1906)無錫藝文齋木活字印本　一冊

320000－1646－0003414　303042

錫金鄉土地理二卷　侯鴻鑑輯　清光緒三十二年(1906)梁溪文苑閣木活字印本　一冊

320000－1646－0003415　303043

[道光]梅里志四卷首一卷　（清）吳存禮編　清同治八年(1869)刻本　四冊

320000－1646－0003416　303044

[道光]梅里志四卷首一卷　（清）吳存禮編　清同治八年(1869)刻本　四冊

320000－1646－0003417　303045

[光緒]泰伯梅里志八卷　（清）吳熙編輯　清光緒二十三年(1897)泰伯廟刻本　四冊

320000－1646－0003418　303047

[光緒]江陰縣志三十卷首一卷　（清）盧思誠修　（清）季念詒纂　清光緒四年(1878)刻本　二十冊

320000－1646－0003419　303049

[嘉慶]重刊宜興縣舊志十卷首一卷末一卷重刊宜興縣志四卷首一卷　（清）阮升基修　（清）寧楷纂　清光緒八年(1882)刻本　十二冊

320000－1646－0003420　303050

[嘉慶]重刊宜興縣志四卷首一卷　（清）阮升基修　清光緒八年(1882)刻本　二冊

320000－1646－0003421　303051

[嘉慶]重刊宜興縣志四卷首一卷　（清）阮升基修　清光緒八年(1882)刻本　二冊

320000－1646－0003422　303052

[光緒]宜興荊谿縣新志十卷首一卷末一卷　（清）施惠修　（清）吳景牆纂　清光緒八年(1882)刻本　八冊

320000－1646－0003423　303054

[光緒]靖江縣志十六卷首一卷　（清）葉滋森修　（清）褚翔纂　清光緒五年(1879)刻本　八冊

320000 – 1646 – 0003424   303055

[光緒]丹徒縣志六十卷圖一卷首四卷　（清）何紹章修　（清）呂耀斗纂　清光緒五年(1879)刻本　三十二冊

320000 – 1646 – 0003425   501839

新訂解人頤廣集八卷　（清）錢德蒼重訂　清經綸堂刻本　四冊

320000 – 1646 – 0003426   303058

[光緒]丹陽縣志三十六卷首一卷　（清）凌焯修　（清）徐錫麟纂　清光緒十一年(1885)鳴鳳書院刻本　十六冊

320000 – 1646 – 0003427   303061

[光緒]金壇縣志十六卷　（清）丁兆基修　（清）汪國鳳纂　清光緒十一年(1885)木活字印本　十二冊

320000 – 1646 – 0003428   303062

開沙志二卷　（清）王錫極纂輯　（清）丁時霈增修　清宣統三年(1911)鉛印本　二冊

320000 – 1646 – 0003429   303063

[同治]山陽縣志二十一卷　（清）存葆修　（清）何紹基纂　清同治十二年(1873)刻本　八冊

320000 – 1646 – 0003430   501237

七修類藁五十一卷續藁七卷　（明）郎瑛著述　清光緒六年(1880)廣州翰墨園刻本(卷一至十七配清乾隆四十一年耕煙草堂刻本)　十三冊

320000 – 1646 – 0003431   701819

有正味齋駢體文二十四卷　（清）吳錫麒著　清咸豐九年(1859)青箱塾刻本　八冊

320000 – 1646 – 0003432   701841

淡巴菰百詠一卷淡巴菰題辭一卷　（清）朱履中著　清嘉慶刻本　一冊

320000 – 1646 – 0003433   303075

廣陵通典十卷　（清）汪中撰　清同治八年(1869)揚州書局刻本　二冊

320000 – 1646 – 0003434   501210

容齋隨筆十六卷續筆十六卷三筆十六卷四筆十六卷五筆十卷　（宋）洪邁撰　清乾隆五十九年(1794)掃葉山房刻本　十三冊

320000 – 1646 – 0003435   501843

夢筆生花初編八卷二編八卷　（清）繆艮選　清光緒三十三年(1907)上海書局石印本　一冊

320000 – 1646 – 0003436   303078

[同治]續纂揚州府志二十四卷　（清）英傑修　（清）晏端書纂　清同治十三年(1874)刻本　八冊

320000 – 1646 – 0003437   501844

夢筆生花初編八卷夢筆生花二編八卷夢筆生花三編八卷夢筆生花四編八卷　（清）繆艮輯　清光緒二十年(1894)上海積山書局石印本　六冊

320000 – 1646 – 0003438   303080

[嘉慶]江都縣續志十二卷首一卷　（清）王逢源　（清）李保泰輯　清嘉慶二十四年(1819)刻本　四冊

320000 – 1646 – 0003439   303085

北湖小志六卷首一卷　（清）焦循著　清嘉慶十三年(1808)刻本　四冊

320000 – 1646 – 0003440   303087

[乾隆]高郵州志十二卷首一卷　（清）楊宜崙修　（清）夏之蓉纂　（清）馮馨增修　清道光二十五年(1845)刻本　十六冊

320000 – 1646 – 0003441   303088

[道光]續增高郵州志六卷　（清）左輝春修　（清）宋茂初纂　清道光二十三年(1843)刻本　六冊

320000 – 1646 – 0003442   303089

[咸豐]重修興化縣志十卷　（清）梁園棣纂修　清咸豐刻本　八冊

320000 – 1646 – 0003443   303091

[道光]重修寶應縣志二十八卷　（清）孟毓蘭修　清）范士齡纂　清道光二十年(1840)湯

氏沐華堂刻本　六冊

320000-1646-0003444　501211
容齋隨筆十六卷續筆十六卷三筆十六卷四筆十六卷五筆十卷　（宋）洪邁撰　清乾隆五十九年（1794）掃葉山房刻本　十八冊

320000-1646-0003445　303094
寶應圖經六卷首一卷　（清）劉寶楠譔　清光緒九年（1883）淮南書局刻本　四冊

320000-1646-0003446　303096
[道光]泰州志三十六卷首一卷　（清）王有慶修　（清）陳世鎔纂　清光緒三十四年（1908）刻本　十冊

320000-1646-0003447　303099
[嘉慶]東臺縣志四十卷　（清）周右修　（清）蔡復午纂　清嘉慶刻道光十年（1830）增刻本　十冊

320000-1646-0003448　501212
容齋隨筆十六卷續筆十六卷三筆十六卷四筆十六卷五筆十卷　（宋）洪邁撰　清乾隆五十九年（1794）掃葉山房刻本（容齋隨筆一至四配清光緒元年新豐洪氏刻本）　十三冊

320000-1646-0003449　303101
[同治]徐州府志二十五卷　（清）朱忻修　（清）劉庠纂　清同治十三年（1874）刻本　十六冊

320000-1646-0003450　501847
文章游戲初編八卷　（清）繆艮選　（清）李監校　清嘉慶刻本　四冊

320000-1646-0003451　303104
[光緒]豐縣志十六卷首一卷　（清）姚鴻杰修　（清）李運昌纂　清光緒二十年（1894）刻本　八冊

320000-1646-0003452　303106
[咸豐]邳州志二十卷首一卷　（清）魯一同撰　清咸豐元年（1851）刻本　四冊

320000-1646-0003453　303107
[咸豐]邳州志二十卷首一卷　（清）魯一同撰　清咸豐元年（1851）刻光緒二十一年（1895）印本　六冊

320000-1646-0003454　303109
[同治]宿遷縣志十九卷　（清）李德溥修　（清）方駿謨纂　清同治十三年（1874）鐘吾書院刻本　六冊

320000-1646-0003455　501213
齊東野語二十卷　（宋）周密撰　清嘉慶照曠閣刻本（卷九至十二配明末刻本）　二冊　存八卷（五至十二）

320000-1646-0003456　303112
[光緒]睢寧縣志槀十八卷　（清）侯紹瀛修　（清）丁顯纂　清光緒十二年（1886）刻本　六冊

320000-1646-0003457　303113
[弘治]太倉州志十卷　（明）桑悅著　太倉州志校勘記一卷　（清）繆朝荃撰　清宣統元年（1909）太倉繆氏刻　三冊

320000-1646-0003458　303116
壬癸志稿二十八卷　（清）錢寶琛輯　清光緒六年（1880）存素堂刻本　四冊

320000-1646-0003459　303121
彙刻太倉舊志五種　（清）繆朝荃等輯　清宣統元年（1909）太倉繆氏刻本　八冊

320000-1646-0003460　200033
皇清經解一百九十卷　（清）阮元輯　清光緒十七年（1891）上海鴻寶齋石印本　二十六冊

320000-1646-0003461　303126
[光緒]嘉定縣志三十二卷首一卷　（清）程其珏修　（清）楊震福纂　清光緒七年（1881）刻本　十六冊

320000-1646-0003462　305415
金石萃編一百六十卷　（清）王昶撰　清光緒十九年（1893）上海寶善堂石印本　十八冊

320000-1646-0003463　501852
皇極經世書八卷首一卷　（清）王植輯錄　清乾隆二十一年（1756）刻本　八冊

320000-1646-0003464　303138

[光緒]寶山縣志十四卷首一卷　（清）梁蒲貴修　（清）朱延射纂　清光緒八年(1882)學海書院刻本　十冊

320000-1646-0003465　501853

皇極經世緒言九卷首二卷　（宋）邵雍著　（明）黃畿注釋　（清）劉斯組述　（清）包逸菴參校　清光緒善成堂刻本　十二冊

320000-1646-0003466　501214

困學紀聞注二十卷　（元）王應麟撰　（清）翁元圻輯　清道光五年(1825)餘姚守福堂刻本　七冊

320000-1646-0003467　303148

[嘉慶]增修贛榆縣志四卷　（清）周萃元纂修　清嘉慶元年(1796)刻本　四冊

320000-1646-0003468　303149

崇川咫聞錄十二卷　（清）徐縉等輯　清道光十年(1830)徐氏芸暉閣刻本　十二冊

320000-1646-0003469　303151

通州直隸州志十六卷首一卷末一卷　（清）梁悅馨修　（清）季念詒纂　清光緒二年(1876)刻本　十六冊

320000-1646-0003470　303152

[嘉慶]如皋縣志二十四卷　（清）楊受廷修　（清）馬汝舟纂　清嘉慶十三年(1808)刻本　十冊

320000-1646-0003471　303154

[光緒]海門廳圖志二十卷　（清）劉文澂修　（清）周家祿纂　清光緒二十五年(1899)刻本　四冊

320000-1646-0003472　303155

[光緒]泰興縣志二十六卷首一卷末一卷　（清）楊激雲修　（清）顧曾烜纂　清光緒十二年(1886)刻本　十冊

320000-1646-0003473　501215

困學紀聞注二十卷　（元）王應麟撰　（清）翁元圻輯　清道光五年(1825)餘姚守福堂刻本　十六冊

320000-1646-0003474　303157

[光緒]盱眙縣志稾十七卷　（清）王錫元編纂　清光緒二十九年(1903)刻本　八冊

320000-1646-0003475　501216

困學紀聞注二十卷　（元）王應麟撰　（清）翁元圻輯　清道光五年(1825)餘姚守福堂刻本　十二冊

320000-1646-0003476　303159

[光緒]重修安徽通志三百五十卷補遺十卷　（清）沈葆楨修　（清）何紹基纂　清光緒四年(1878)刻本　一百二十冊

320000-1646-0003477　303160

[道光]安徽通志二百六十卷首六卷　（清）鄭廷楨修　（清）李振鏞纂　清刻本　六冊　存十八卷(二百三十九至二百五十六)

320000-1646-0003478　303164

[淳熙]新安志十卷　（宋）羅願撰　清光緒十四年(1888)黟邑李氏刻本　四冊

320000-1646-0003479　303165

[淳熙]新安志十卷　（宋）羅願撰　清光緒十四年(1888)黟邑李氏刻本　四冊

320000-1646-0003480　702024

榕園文鈔不分卷　（清）李彥章撰　清道光刻本　存一冊(第五十七頁至九十五頁)

320000-1646-0003481　303188

[光緒]續修廬州府志一百卷首一卷末一卷　（清）黃雲纂修　清光緒十一年(1885)刻本　四十八冊

320000-1646-0003482　303198

[光緒]滁州志十卷首一卷末一卷　（清）熊祖詒纂修　清光緒二十二年(1896)金陵湯明林刻本　一冊　存二卷(十、末一卷)

320000-1646-0003483　303203

[雍正]勅修浙江通志二百八十卷首三卷　（清）嵇曾筠修　（清）沈翼機纂　清嘉慶十七年(1812)刻本　一百二十冊

320000－1646－0003484　303204

[雍正]勅修浙江通志二百八十卷首三卷　（清）嵇曾筠修　（清）沈翼機纂　清光緒二十五年(1899)浙江書局刻本　一百二十冊

320000－1646－0003485　303206

[咸淳]臨安志一百卷　（宋）潛說友撰　校栞咸淳臨安志札記三卷　（清）黃士珣撰　清道光十年(1830)錢塘汪氏振綺堂刻本（原缺卷六十四、九十、九十八至一百）　二十四冊

320000－1646－0003486　303208

[嘉靖]仁和縣志十四卷　（明）沈朝宣纂　清光緒十九年(1893)丁氏刻本　十冊

320000－1646－0003487　303209

湖墅小志四卷　（清）高鵬年撰　清光緒二十二年(1896)石印本　二冊

320000－1646－0003488　303211

[光緒]富陽縣志二十四卷首一卷　（清）汪文炳等纂修　清光緒二十八年(1902)尊經閣刻本　十六冊

320000－1646－0003489　303213

[光緒]嘉興府志八十八卷首二卷　（清）許瑤光修　（清）吳仰賢纂　清光緒三年至四年(1877－1878)嘉興鴛湖書院刻光緒五年(1879)印本　四十八冊

320000－1646－0003490　303215

梅里志十八卷　（清）楊謙纂　（清）李富孫補輯　清光緒三年(1877)刻本　六冊

320000－1646－0003491　303217

[光緒]海鹽縣志二十二卷首一卷末一卷　（清）王彬修　（清）徐用儀纂輯　清光緒二年(1876)刻本　十六冊

320000－1646－0003492　501860

觀象雜鈔一卷　清光緒三年(1877)抄本　一冊

320000－1646－0003493　501217

困學紀聞注二十卷　（元）王應麟撰　（清）翁元圻輯　清道光五年(1825)餘姚守福堂刻本　十二冊

320000－1646－0003494　303220

[光緒]平湖縣志二十五卷首一卷末一卷平湖殉難錄一卷　（清）彭潤章修　（清）葉廉鍔纂　清光緒十二年(1886)刻本　十三冊

320000－1646－0003495　303221

[光緒]桐鄉縣志二十四卷首四卷　（清）嚴辰輯　楊園淵源錄四卷　（清）沈曰富輯　清光緒十三年(1887)蘇州陶漱藝齋刻本　二十四冊

320000－1646－0003496　303222

吳興記一卷　（南朝宋）山謙之撰　繆荃孫校輯　吳興山墟名一卷　（晉）張元之撰　繆荃孫校集　清光緒刻本　一冊

320000－1646－0003497　303226

[乾隆]湖州府志四十八卷首一卷　（清）胡承謀輯　（清）李堂增刊　清乾隆二十三年(1758)刻本　二十四冊

320000－1646－0003498　303227

[光緒]烏程縣志三十六卷　（清）潘玉璿修　（清）汪曰楨纂　清光緒六年至七年(1880－1881)刻本　十六冊

320000－1646－0003499　303228

南潯鎮志四十卷首一卷　（清）汪曰楨纂修　清同治二年(1863)刻本　五冊

320000－1646－0003500　303234

[光緒]長興縣志三十二卷　（清）趙定邦修　（清）丁寶書纂　清同治十三年至光緒元年(1874－1875)刻光緒十八年(1892)文光齋補刻本　十六冊

320000－1646－0003501　303237

[光緒]孝豐縣志十卷　（清）劉濬等纂修　清光緒三年至五年(1877－1879)刻本　十冊

320000－1646－0003502　303238

[雍正]寧波府志三十六卷首一卷　（清）曹秉仁纂修　清道光二十五年(1845)沈氏介祉堂刻本　十六冊

320000 - 1646 - 0003503　303239

[乾隆]鄞縣志三十卷首一卷　(清)錢大昕等纂修　清乾隆五十三年(1788)刻本　四冊

320000 - 1646 - 0003504　303240

[光緒]鄞縣志七十五卷　(清)張恕修 (清)董沛纂　清光緒三年(1877)刻本　三十四冊

320000 - 1646 - 0003505　303242

[雍正]慈谿縣志十六卷　(清)馮鴻模纂修 (清)楊正筍訂正　清乾隆三年(1738)刻本　二十冊

320000 - 1646 - 0003506　303243

[光緒]奉化縣志四十卷首一卷　(清)李前泮修 (清)張美翊纂　清光緒三十四年(1908)石印本　十二冊

320000 - 1646 - 0003507　303244

[光緒]鎮海縣志四十卷　(清)俞樾等纂修　清光緒五年(1879)刻本　十六冊

320000 - 1646 - 0003508　303246

[道光]象山縣志二十二卷首一卷　(清)童立成修 (清)馮登府纂　清道光十四年(1834)刻本　八冊

320000 - 1646 - 0003509　303253

[嘉慶]山陰縣志三十卷首一卷　(清)朱文翰輯　清嘉慶八年(1803)刻本　八冊

320000 - 1646 - 0003510　303256

[宣統]諸暨縣志六十一卷　(清)陳遹聲修 (清)蔣鴻藻纂　清宣統元年至二年(1909 - 1910)刻本　十八冊

320000 - 1646 - 0003511　501862

新鐫許真君玉匣記增補諸家選擇日用通書六卷　(晉)許真君著　清咸豐十一年(1861)刻本　二冊

320000 - 1646 - 0003512　303258

[光緒]餘姚縣志二十七卷首一卷末一卷　(清)周炳麟修 (清)邵友濂 (清)孫德祖纂　清光緒二十五年(1899)刻本　十六冊

320000 - 1646 - 0003513　303260

[光緒]上虞縣志四十八卷首一卷末一卷　(清)唐煦春修 (清)朱士黻纂　清光緒十七年(1891)刻本　二十冊

320000 - 1646 - 0003514　303261

[同治]嵊縣志二十六卷首一卷末一卷　(清)嚴思忠修 (清)蔡瑞纂　清同治九年(1870)刻本　十二冊

320000 - 1646 - 0003515　303265

[嘉定]赤城志四十卷　(宋)陳耆卿輯　清道光元年(1821)臨海宋氏刻本　八冊

320000 - 1646 - 0003516　303267

台州外書二十卷　(清)戚學標輯　清嘉慶四年(1799)南墅刻本　八冊

320000 - 1646 - 0003517　303268

[康熙]臨海縣志十五卷首一卷　(清)洪若皋編輯　清刻本　八冊

320000 - 1646 - 0003518　303271

[光緒]黃巖縣志四十卷首一卷附錄一卷　(清)陳鍾英修 (清)王詠霓纂　清光緒三年(1877)刻五年(1879)增刻本　十六冊

320000 - 1646 - 0003519　303275

[光緒]蘭谿縣志八卷首一卷補遺一卷　(清)秦簧修 (清)唐壬森纂　清光緒十三年(1887)刻本　十冊

320000 - 1646 - 0003520　501266

古夫于亭雜錄六卷　(清)王士禎著　清乾隆刻本　一冊　存五卷(一至五)

320000 - 1646 - 0003521　303278

[康熙]衢州府志四十卷　(清)楊廷望修 (清)劉國光重刊　清光緒八年(1882)刻本　十二冊

320000 - 1646 - 0003522　303279

[康熙]龍游縣志十二卷　(清)盧燦修 (清)余恂纂輯　清康熙十九年(1680)刻乾隆修補本　六冊

320000 - 1646 - 0003523　303280

[同治]江山縣志十二卷首一卷末一卷　（清）王彬修　（清）朱寶慈纂　清同治十二年(1873)刻本　八冊

320000－1646－0003524　303281

[乾隆]開化縣志十二卷首一卷　（清）范玉衡修　（清）吳淦纂　清乾隆六十年(1795)刻本　一冊　缺十卷(三至十二)

320000－1646－0003525　303283

[乾隆]遂安縣志十卷首一卷　（清）鄒錫疇修　（清）方引彥纂　清乾隆三十二年(1767)刻本　二冊　缺四卷(七至十)

320000－1646－0003526　303284

[乾隆]遂安縣志十卷首一卷　（清）鄒錫疇修　（清）方引彥纂　清光緒十六年(1890)木活字印本　八冊

320000－1646－0003527　303285

[光緒]分水縣志十卷首一卷末一卷　（清）陳常鏵修　（清）臧承宣纂　清光緒三十二年(1906)刻本　六冊

320000－1646－0003528　303287

[乾隆]溫州府志三十卷首一卷　（清）李琬修　（清）齊召南纂　清乾隆二十七年(1762)刻本　二十冊

320000－1646－0003529　303288

[光緒]永嘉縣志三十八卷首一卷　（清）張寶琳修　（清）王棻纂　清光緒八年(1882)刻本　二十四冊

320000－1646－0003530　303290

[嘉慶]瑞安縣志十卷首一卷　（清）王殿金等纂修　清嘉慶十三年(1808)刻本　八冊

320000－1646－0003531　303292

[同治]麗水縣志十五卷　（清）彭潤章等纂修　清同治十三年(1874)刻本　八冊

320000－1646－0003532　303295

[光緒]宣平縣志二十卷首一卷　（清）皮樹棠等修　清光緒四年(1878)刻本　八冊

320000－1646－0003533　701912

揅經室文集十八卷　（清）阮元撰　清嘉慶刻本　一冊　存序、跋、碑

320000－1646－0003534　303300

閩都記三十三卷　（明）王應山纂輯　清道光十一年(1831)求放心齋刻本　六冊

320000－1646－0003535　501864

靈棋經二卷　（晉）顏幼明注　（宋）何承天續注　（明）劉基解注　清張芬抄本　一冊

320000－1646－0003536　303302

閩嶠輶軒錄二卷　（清）卞寶第著　清光緒刻本　一冊

320000－1646－0003537　303304

[弘治]重刊興化府志五十四卷　（明）周瑛著　清同治十年(1871)刻本　二十四冊

320000－1646－0003538　303321

[康熙]寧化縣志七卷　（清）祝文郁修　（清）李世熊纂　清同治八年(1869)刻本　七冊

320000－1646－0003539　303325

[乾隆]祥符縣志二十二卷　（清）張淑載修　（清）魯曾煜纂　清乾隆四年(1739)刻本　十二冊

320000－1646－0003540　303328

[道光]鄢陵縣志十八卷　（清）何鄂聯修　（清）洪符孫纂　清道光十二年(1832)刻本　八冊

320000－1646－0003541　303329

鄢陵文獻志四十卷　（清）蘇源生纂　清同治二年(1863)刻本　二十冊

320000－1646－0003542　303333

[乾隆]汲縣志十四卷首一卷末一卷　（清）徐汝瓚纂修　清乾隆二十年(1755)刻本　十二冊

320000－1646－0003543　303335

[道光]輝縣志二十卷首一卷末一卷　（清）周際華等纂修　清道光十五年(1835)刻本　八冊

320000－1646－0003544　303336

[順治]封丘縣志九卷首一卷　（清）余縉修　（清）李嵩陽纂　清順治十六年(1659)刻本　五冊

320000－1646－0003545　303341

[乾隆]登封縣志三十二卷　（清）陸繼萼修　（清）洪亮吉纂　清咸豐五年(1855)刻本　八冊

320000－1646－0003546　303360

[康熙]公安縣志六卷　（清）楊之駢等纂修　清康熙六十年(1721)刻本　六冊

320000－1646－0003547　303362

[光緒]襄陽府志二十六卷志餘一卷國朝襄郡忠義錄一卷　（清）王萬芳等纂修　清光緒十一年(1885)刻本　十六冊

320000－1646－0003548　303364

[乾隆]東湖縣志三十一卷首一卷　（清）金大鏞修　（清）王柏心纂　清同治三年(1864)刻本　十冊

320000－1646－0003549　303368

[同治]長沙縣志三十六卷首一卷　（清）劉采邦修　（清）張延珂纂　清同治九年至十年(1870－1871)刻本　二十冊

320000－1646－0003550　303369

[光緒]湘潭縣志十二卷　（清）陳嘉榆修　王闓運纂　清光緒十五年(1889)刻本　十冊

320000－1646－0003551　303370

[光緒]湘陰縣圖志三十四卷首一卷末一卷　（清）郭嵩燾纂修　清光緒六年(1880)刻本　十四冊

320000－1646－0003552　303376

[道光]永州府志十八卷首一卷　（清）呂恩湛修　（清）宗績辰纂　清道光二十三年(1843)刻本　四十冊

320000－1646－0003553　303377

[光緒]靖州鄉土志四卷首一卷　（清）金蓉鏡輯　清光緒三十四年(1908)刻本　二冊

320000－1646－0003554　303381

[乾隆]南昌府志七十六卷首一卷末一卷　（清）陳蘭森等纂修　清乾隆五十四年(1789)刻本　三十六冊

320000－1646－0003555　303384

[同治]安仁縣志三十六卷首一卷　（清）徐彥楠等纂修　清同治十一年(1872)刻本　十冊

320000－1646－0003556　303385

[同治]廣信府志十二卷　（清）蔣繼洙纂修　清同治十一年(1872)刻本　三十冊

320000－1646－0003557　303389

[同治]九江府志五十四卷首一卷末一卷　（清）達春布等纂修　清同治十三年(1874)刻本　二十四冊

320000－1646－0003558　303391

[光緒]撫州府志八十六卷首一卷　（清）許應鑅修　（清）謝煌纂　清光緒二年(1876)刻本　三十六冊

320000－1646－0003559　303392

[同治]金谿縣志三十六卷首一卷末一卷　（清）程芳等纂修　清同治九年(1870)刻本　十六冊

320000－1646－0003560　303395

[同治]清江縣志十卷首一卷　（清）潘懿修　（清）朱孫詒纂　清同治九年(1870)刻本　八冊

320000－1646－0003561　303396

[同治]瑞州府志二十四卷首一卷　（清）黃廷金等纂修　清同治十二年(1873)刻本　十四冊

320000－1646－0003562　303399

[乾隆]蓮花廳志八卷首一卷末一卷　（清）李其昌輯　清乾隆二十五年(1760)刻本　一冊　存二卷(八下、末一卷)

320000－1646－0003563　303401

[同治]贛縣志五十四卷首一卷　（清）黃德溥

修　（清）褚景昕纂　清同治十一年(1872)刻本　六册　缺三十二卷(二十一至二十四、二十七至五十四)

320000－1646－0003564　303407

[道光]廣東通志三百三十四卷首一卷　（清）阮元修　（清）陳昌齊　（清）劉彬華纂　清同治三年(1864)刻本　四十册

320000－1646－0003565　501868

焦氏易林四卷　（漢）焦贛著　清嘉慶刻本　四册

320000－1646－0003566　303409

廣東考古輯要四十六卷　（清）周廣等輯　清光緒二十七年(1901)上海點石齋石印本　七册

320000－1646－0003567　303410

[道光]新會縣志十四卷　（清）林星章修　（清）黃培芳纂　清道光二十年(1840)刻本　十二册

320000－1646－0003568　501872

易隱八卷首一卷　（清）曹九錫　（清）橫琴子輯　清蓮溪書屋刻本　四册

320000－1646－0003569　303415

[道光]新寧縣志十卷　（清）張深修　（清）曾釗纂　清道光十九年(1839)刻本　四册

320000－1646－0003570　303422

[雍正]海陽縣志十二卷　（清）張士璉纂　清雍正十二年(1734)刻本　十册

320000－1646－0003571　303430

赤溪雜志二卷　金武祥撰　清光緒十七年(1891)刻粟香室叢書本　一册

320000－1646－0003572　501873

奇門遁甲啟悟一卷　（清）朱榮璪述　清光緒二十一年(1895)皖江別墅刻本　一册

320000－1646－0003573　303437

蜀典十二卷　（清）張澍編輯　清光緒二年(1876)尊經書館刻本　一册

320000－1646－0003574　303452

[道光]蓬溪縣志十六卷首一卷　（清）吳章祁修　（清）顧士英纂　清道光二十四年(1844)刻本　八册

320000－1646－0003575　303453

[嘉慶]羅江縣志三十六卷　（清）李桂林修　（清）鄧林纂　[同治]續修羅江縣志二十四卷　（清）馬傳業修　（清）劉正慧纂　清嘉慶二十年(1815)刻同治四年(1865)續刻本　二册

320000－1646－0003576　303474

[道光]遵義府志四十八卷　（清）平翰修　（清）鄭珍　（清）莫友芝纂　清光緒十八年(1892)刻本　二十

320000－1646－0003577　501874

欽定協紀辨方書三十六卷　（清）允祿等纂修　清乾隆六年(1741)刻朱墨套印本　十六册

320000－1646－0003578　303484

滇考二卷　（清）馮甦編　清道光元年(1821)刻本　六册

320000－1646－0003579　501875

欽定協紀辨方書三十六卷　（清）允祿等纂修　清乾隆六年(1741)刻朱墨套印本　八册　存二十卷(五至十三、二十六至三十六)

320000－1646－0003580　501876

董氏諏吉新書一卷董氏諏吉新書續編一卷　（明）董德彰撰　清光緒二十一年(1895)刻朱墨套印本　二册

320000－1646－0003581　303496

[嘉慶]衛藏通志十六卷首一卷　（清）和琳撰　衛藏通志校字記一卷　（清）袁昶撰　清光緒二十二年(1896)刻漸西村舍彙刊本　八册

320000－1646－0003582　303497

西藏圖考八卷首一卷　（清）黃沛翹輯　清光緒十二年(1886)上海書局石印本　三册

320000－1646－0003583　303509

覆瓿叢談二卷　（清）吳曾英著　清光緒十二年(1886)刻東倉書庫叢刻初編本　一册

320000－1646－0003584　303510

集思廣益編二卷　姚文棟撰　清光緒刻滇南四種本　一冊

320000－1646－0003585　303511
柔遠新書四卷　（清）朱克敬著　清光緒刻本　三冊　存三卷（二至四）

320000－1646－0003586　303513
三省邊防備覽十八卷　（清）嚴如熤輯　清道光十年（1830）來鹿堂刻本　十冊

320000－1646－0003587　303515
皇朝藩部要略十八卷世系表四卷　（清）祁韻士纂　清道光二十六年（1846）筠淥山房刻本　八冊

320000－1646－0003588　501877
參星秘要諏言便覽二卷　（清）俞榮寬編　（清）費淳輯　清光緒三年（1877）刻朱墨套印本　二冊

320000－1646－0003589　703706
精訂綱鑑廿四史通俗衍義六卷四十四回　（清）呂撫輯　清末民國上海錦章圖書局石印本　六冊　缺一回（一）

320000－1646－0003590　703708
精訂繪圖廿四史通俗衍義六卷四十四回　（清）呂撫輯　清末民國上海廣益書局石印本　六冊

320000－1646－0003591　303519
北徼彙編六卷　（清）何秋濤編錄　（清）陳必榮校刊　清同治四年（1865）刻本　六冊

320000－1646－0003592　303520
朔方備乘六十八卷首十二卷　（清）何秋濤纂輯　清光緒石印本　八冊

320000－1646－0003593　501878
選吉便用一卷　清光緒十二年（1886）抄本　一冊

320000－1646－0003594　303522
朔方備乘六十八卷首十二卷　（清）何秋濤纂輯　清光緒刻本（卷四至七、二十八至三十五配清光緒石印本）　二十三冊

320000－1646－0003595　303523
朔方備乘圖說一卷　（清）何秋濤纂輯　清光緒三年（1877）畿輔通志局刻本　一冊

320000－1646－0003596　303524
邊事彙鈔十二卷續鈔八卷　（清）朱克敬編輯　清光緒六年（1880）長沙刻本　八冊

320000－1646－0003597　501879
三才分類粹言十四卷　（清）匡良杞著　清刻本　三冊　存七卷（地學一至二、天學三至五、人學一、星學一）

320000－1646－0003598　303526
帕米爾圖說一卷　（清）許景澄撰　帕米爾輯略一卷　（清）胡祥鑠輯　澳大利亞洲志譯本一卷　沈恩孚編次　清光緒元和胡氏石印漸學廬叢書第一集本　一冊

320000－1646－0003599　303527
俄界譯漢考證二卷　（清）許景澄編訂　清光緒二十八年（1902）上海藻文書局石印本　二冊

320000－1646－0003600　303530
滇緬劃界圖說一卷　（清）薛福成撰　清光緒二十八年（1902）無錫傳經樓刻本　一冊

320000－1646－0003601　501219
困學紀聞注二十卷　（元）王應麟撰　（清）翁元圻輯　清光緒十五年（1889）上海點石齋石印本　六冊

320000－1646－0003602　703728
繪圖封神演義十二卷一百回　（明）許仲琳編　（明）鍾惺評釋　清末民國上海元昌書局石印本　四冊

320000－1646－0003603　303534
防海輯要十八卷首一卷　（清）俞昌會輯　清道光二十二年（1842）百甓山房刻本　十二冊

320000－1646－0003604　303535
防海備覽十卷　（清）薛傳源撰　清刻本　四冊

320000－1646－0003605　303536

海防事例不分卷海防簡明條款不分卷海防新例不分卷　清光緒刻本　一冊

320000－1646－0003606　303537

中國江海險要圖誌二十二卷圖五卷　（英國）英國海軍海圖官局撰　（清）陳壽彭譯　清光緒二十七年(1901)經世文社石印本　十三冊

320000－1646－0003607　501220

困學紀聞注二十卷　（元）王應麟撰　（清）翁元圻輯　清光緒二十七年(1901)刻本　十五冊　缺一卷(三)

320000－1646－0003608　303539

海防策要四卷　清光緒十四年(1888)上海蜚英館石印本　一冊

320000－1646－0003609　303540

新繪沿海長江險要圖不分卷　江震高等學堂編譯所編繪　清末民國上海鴻文書局石印本　一冊

320000－1646－0003610　303541

新編沿海險要圖說十六卷　（清）余宏淦著　清光緒二十九年(1903)上海鴻文書局石印本　三冊

320000－1646－0003611　303542

新編長江險要圖說五卷　（清）余宏淦著　清光緒二十九年(1903)上海鴻文書局石印本　一冊

320000－1646－0003612　303543

江蘇沿海圖說一卷海島表一卷　（清）朱正元撰　清光緒二十五年(1899)上海鉛印本　一冊

320000－1646－0003613　303544

浙江沿海圖說一卷海島表一卷　（清）朱正元撰　清光緒二十五年(1899)上海鉛印本　一冊

320000－1646－0003614　303545

浙東籌防錄四卷　（清）薛福成纂輯　清光緒十三年(1887)刻本　四冊

320000－1646－0003615　303546

羅景山臺灣海防並開山日記一卷　（清）羅大春撰　清末影印本　一冊

320000－1646－0003616　303548

海道圖說十五卷長江圖說一卷　（英國）金約翰輯　清光緒上海書局石印本　八冊

320000－1646－0003617　303549

三輔黃圖六卷補遺一卷　（漢）亡名氏撰　清光緒湖南藝文書局刻本　一冊

320000－1646－0003618　303550

日下尊聞錄五卷　（清）□□輯　清同治三年(1864)刻本　二冊

320000－1646－0003619　303551

圓明園圖詠二卷　（清）高宗弘曆製　清光緒十三年(1887)天津石印書屋石印本　二冊

320000－1646－0003620　303560

竹堂寺志一卷　（清）釋真鑑纂述　清宣統元年(1909)鉛印本　一冊

320000－1646－0003621　303564

澗上草堂紀略不分卷　（清）徐達源編輯　清道光二十年(1840)刻本　一冊

320000－1646－0003622　303572

吾與彙編十卷　（清）吳翌鳳輯　清嘉慶刻本　四冊

320000－1646－0003623　303573

洞書二卷　（清）張鑑撰　清抄本　二冊

320000－1646－0003624　303574

滄浪小志二卷　（清）宋犖編　清光緒十年(1884)江蘇書局刻本　一冊

320000－1646－0003625　303575

滄浪小志二卷　（清）宋犖編　清光緒十年(1884)江蘇書局刻本　一冊

320000－1646－0003626　303578

五畝園小志一卷　（清）朱榮庭撰　清光緒刻本　一冊

320000－1646－0003627　303579

古虞石室記五卷　（清）錢詠輯　清道光十八

年(1838)虞山白雲樓禪院刻本　一冊

320000－1646－0003628　303592
東林書院志二十二卷　（清）高廷等輯　清光緒七年(1881)刻本　八冊

320000－1646－0003629　303593
東林書院志二十二卷　（清）高廷等輯　清光緒七年(1881)刻本　八冊

320000－1646－0003630　303594
東林書院志二十二卷　（清）高廷等輯　清光緒七年(1881)刻本　八冊

320000－1646－0003631　303595
圓津禪院小志六卷　（清）釋覺銘編　清嘉慶四年(1799)刻本　一冊　存三卷(一至三)

320000－1646－0003632　303597
平山堂圖志十卷首一卷　（清）趙之璧編纂　清光緒九年(1883)刻本　三冊　缺一卷(首一卷)

320000－1646－0003633　303598
平山堂圖志十卷首一卷　（清）趙之璧編纂　清光緒九年(1883)刻本　四冊

320000－1646－0003634　303599
平山堂圖志十卷首一卷　（清）趙之璧編纂　清光緒九年(1883)刻本　四冊

320000－1646－0003635　303601
武林理安寺志八卷　（清）釋實月撰　清光緒四年(1878)刻本　四冊　存七卷(一至四、六至八)

320000－1646－0003636　303602
大昭慶律寺志十卷　（清）吳樹虛纂輯　清光緒八年(1882)丁氏刻本　四冊

320000－1646－0003637　303603
天童寺志十卷　（清）聞性道纂修　清咸豐元年(1851)刻本　四冊

320000－1646－0003638　303604
天童寺志十卷　（清）聞性道纂修　清咸豐元年(1851)刻本　四冊

320000－1646－0003639　303606
曹江孝女廟志八卷末一卷補遺一卷　（清）金廷棟編輯　清光緒八年(1882)刻本　二冊

320000－1646－0003640　303607
吳山伍公廟志六卷溧陽縣志一卷首一卷　（清）金文淳等纂輯　清光緒二年(1876)刻本　二冊

320000－1646－0003641　303610
兩浙防護錄不分卷　（清）阮元撰　清光緒十五年(1889)浙江書局刻本　二冊

320000－1646－0003642　303613
古香齋鑒賞袖珍春明夢餘錄七十卷　（清）孫承澤著　清光緒九年(1883)廣西惜分陰館刻本　二十三冊　存六十九卷(一至四十一、四十三至七十)

320000－1646－0003643　303614
日下舊聞四十二卷　（清）朱彝尊輯　清康熙六峰閣刻本　十六冊

320000－1646－0003644　303615
日下舊聞四十二卷　（清）朱彝尊輯　清康熙六峰閣刻本　十四冊

320000－1646－0003645　303616
日下舊聞四十二卷　（清）朱彝尊輯　清康熙六峰閣刻本　二十四冊

320000－1646－0003646　303617
宸垣識略十六卷　（清）吳長元撰　清光緒二年(1876)刻本　八冊

320000－1646－0003647　303618
宸垣識略十六卷　（清）吳長元撰　清光緒二年(1876)刻本　二冊

320000－1646－0003648　303619
藤陰雜記十二卷　（清）戴璐撰　清光緒三年(1877)吳興會館刻本　四冊

320000－1646－0003649　303620
藤陰雜記十二卷　（清）戴璐撰　清光緒三年(1877)吳興會館刻本　二冊

320000－1646－0003650　303621

都門彙纂不分卷　（清）楊靜亭等編輯　清光緒二年(1876)刻本　八冊

320000－1646－0003651　303622

都門彙纂不分卷　（清）楊靜亭等編輯　清光緒二年(1876)刻本　七冊　存(天下全圖、收山全圖、皇城圖說、各衙門地址、都門雜記、都門雜詠、各省會館地址、國朝鼎甲錄、簪纓盛事蹟)

320000－1646－0003652　303623

朝市叢載八卷　（清）李虹若編　清光緒十二年(1886)北京松竹齋刻本　八冊

320000－1646－0003653　303624

朝市叢載八卷　（清）李虹若編　清光緒十二年(1886)北京松竹齋刻本　七冊　存七卷（一至七）

320000－1646－0003654　303625

天咫偶聞十卷　（清）震鈞撰　清光緒三十三年(1907)甘棠轉舍刻本　八冊

320000－1646－0003655　303626

燕京雜記不分卷　（清）□□撰　清抄本　一冊

320000－1646－0003656　303628

京師地名對二卷　（明）巴喇克杏芬輯　清光緒二十七年(1901)刻本　一冊　存一卷（上）

320000－1646－0003657　303630

津門雜記三卷　（清）張燾輯　清光緒十年(1884)刻本　三冊

320000－1646－0003658　303632

三晉見聞錄不分卷　（清）齊翀著　清光緒六年(1880)天空海闊之居刻本　二冊

320000－1646－0003659　303635

輪臺雜記二卷　（清）史善長撰　清光緒番禺刻本　一冊

320000－1646－0003660　303636

西域釋地一卷　（清）祁韻士輯　清道光十六年(1836)筠淥山房刻本　一冊

320000－1646－0003661　303637

兩京新記不分卷　（唐）韋述撰　**李嶠雜詠**（清）李嶠撰　清光緒七年(1881)刻本　一冊

320000－1646－0003662　303638

客座贅語十卷　（明）顧起元輯　清光緒三十年(1904)傅春官刻朱印本　六冊

320000－1646－0003663　303639

金陵歷代建置表不分卷　（清）傅春官纂　清光緒二十三年(1897)晦齋刻本　一冊

320000－1646－0003664　303640

鳳麗小志四卷東城志略一卷　陳作霖編　清光緒二十五年(1899)可園刻本　三冊

320000－1646－0003665　303641

常州賦不分卷　（清）褚邦慶編注　清光緒四年(1878)刻本　一冊

320000－1646－0003666　303642

常州賦不分卷　（清）褚邦慶編注　清光緒四年(1878)刻本　一冊

320000－1646－0003667　303643

桃溪客語五卷　（清）吳騫撰　清乾隆五十三年(1788)刻本　二冊

320000－1646－0003668　303645

中吳紀聞六卷　（宋）龔明之撰　清宣統元年(1909)刻本　一冊

320000－1646－0003669　500614

唐王燾先生外臺祕要方四十卷　（唐）王燾撰　清同治十三年(1874)廣東翰墨園刻本　三十八冊

320000－1646－0003670　303658

揚州畫舫錄十八卷　（清）李斗著　清同治十一年(1872)刻本　六冊

320000－1646－0003671　303659

揚州畫舫錄十八卷　（清）李斗著　清同治十一年(1872)刻本　四冊

320000－1646－0003672　501918

淨土十要十卷　（明）釋智旭等解　清光緒二十年(1894)廣陵藏經院刻本　二冊

320000－1646－0003673　303661

昭陽述舊編三卷　（清）李福祚輯　清咸豐七年(1857)刻本　六冊

320000－1646－0003674　303663

夢梁錄二十卷　（宋）吳自牧撰　清光緒十六年(1890)嘉惠堂丁氏刻本　四冊

320000－1646－0003675　303664

錢唐遺事十卷　（元）劉一清撰　清嘉慶掃葉山房刻本　二冊

320000－1646－0003676　303666

東城雜記二卷　（清）厲鶚著　清光緒七年(1881)刻本　一冊

320000－1646－0003677　303667

東城雜記二卷　（清）厲鶚撰　清道光三十年(1850)刻本　一冊

320000－1646－0003678　303668

北郭詩帳二卷　（清）丁丙著　清光緒二十五年(1899)丁氏正修堂刻本　二冊

320000－1646－0003679　303669

龍井見聞錄十卷宋僧元淨外傳二卷　（清）汪孟鋗纂　清光緒十年(1884)丁丙嘉惠堂刻本　四冊

320000－1646－0003680　303670

吳興合璧四卷　（清）陳文煜編　清光緒四年(1878)聚珍齋木活字印本　一冊

320000－1646－0003681　303671

谿上遺聞別錄二卷　（清）尹元煒撰　清光緒刻本　一冊

320000－1646－0003682　303675

永嘉聞見錄二卷　（清）孫同元撰　清光緒十四年(1888)刻本　二冊

320000－1646－0003683　303676

甌江小記不分卷　（清）郭鍾岳著　清光緒四年(1878)刻本　一冊

320000－1646－0003684　303679

閩產錄異六卷海錯百一錄五卷　（清）郭柏蒼輯　清光緒十二年(1886)影印本　五冊

320000－1646－0003685　303680

東槎紀略五卷　（清）姚瑩著　清道光九年(1829)刻本　二冊

320000－1646－0003686　303682

荊州記三卷　（宋）盛宏之撰　清光緒十九年(1893)刻本　一冊

320000－1646－0003687　303683

荊州記三卷　（宋）盛宏之撰　清光緒十九年(1893)刻本　一冊

320000－1646－0003688　502079

修設瑜伽集要施食壇儀一卷　（明）釋袾宏注　清光緒刻本　一冊

320000－1646－0003689　303685

廣東新語二十八卷　（清）屈大均撰　清末儒雅堂刻本　十二冊

320000－1646－0003690　303686

廣東新語二十八卷　（清）屈大均撰　清水天閣刻本　十冊

320000－1646－0003691　303690

蜀中名勝記三十卷　（明）曹學佺著　清宣統二年(1910)刻本　十冊

320000－1646－0003692　303693

滇粹一卷　（清）呂志伊　（清）李根源輯　清宣統元年(1909)鉛印本　一冊

320000－1646－0003693　303696

楚庭稗珠錄六卷　（清）檀萃錄　清乾隆三十八年(1773)刻本　一冊　存二卷(一至二)

320000－1646－0003694　303697

峒谿纖志三卷志餘一卷　（清）陸次雲著　清康熙刻本　一冊

320000－1646－0003695　303698

山水二經合刻五十八卷　（晉）郭璞注　（北魏）酈道元注　清乾隆天都黃氏槐蔭草堂刻本　十三冊

320000－1646－0003696　303699

天下名山圖詠四卷　（清）沈錫齡輯　清光緒二十一年(1895)石印本　三冊　存三卷(二

至四)

320000－1646－0003697　303700

萬山綱目賸稿二十一卷　（清）李誠纂　清光緒二十六年(1900)長沙刻本　三冊

320000－1646－0003698　303703

恒山志五卷圖一卷　（清）桂敬順撰　清乾隆二十八年(1763)刻本　五冊

320000－1646－0003699　303704

華嶽志八卷首一卷　（清）李榕纂輯　清光緒九年(1883)刻本　四冊

320000－1646－0003700　303705

泰山志二十卷　（清）金棨纂輯　清光緒二十四年(1898)刻本　十冊

320000－1646－0003701　303707

京口山水志十八卷首一卷　（清）楊棨撰　清道光二十七年(1847)刻本　四冊

320000－1646－0003702　303708

京口三山志十卷　（明）張萊輯　清宣統三年(1911)橫山草堂刻本　二冊

320000－1646－0003703　303709

京口三山志七十二卷　（清）陳任暘等纂輯　清光緒三十一年(1905)刻本　二十六冊

320000－1646－0003704　303710

焦山志二十六卷首一卷　（清）吳雲輯　焦山續志八卷　（清）陳任暘輯　清光緒三十一年(1905)刻本　十冊

320000－1646－0003705　303711

焦山志二十六卷首一卷　（清）吳雲輯　焦山續志八卷　（清）陳任暘輯　清光緒三十一年(1905)刻本　十冊

320000－1646－0003706　303712

焦山志二十六卷首一卷　（清）吳雲輯　焦山續志八卷　（清）陳任暘輯　清光緒三十一年(1905)刻本　十冊

320000－1646－0003707　303713

錫山景物略十卷　（清）王永積輯　清光緒二十四年(1898)刻本　五冊

320000－1646－0003708　303714

錫山景物略十卷　（清）王永積輯　清光緒二十四年(1898)刻本　五冊

320000－1646－0003709　303715

錫山景物略十卷　（清）王永積輯　清光緒二十四年(1898)刻本　四冊　存八卷(三至十)

320000－1646－0003710　303716

慧山記四卷　（明）邵憲撰　（明）釋圓顯輯　清咸豐九年(1859)二泉書院刻本　二冊

320000－1646－0003711　303717

慧山記續編三卷首一卷　（清）邵涵初輯　清同治七年(1868)二泉書院刻本　四冊

320000－1646－0003712　303718

歷屆禁山碑文不分卷　（清）范氏義莊輯　清光緒三十二年(1906)刻本　一冊

320000－1646－0003713　503328

芥子園畫傳五卷　（清）王概編摹　清康熙十八年(1679)刻彩色套印本　五冊

320000－1646－0003714　303720

虎阜志十卷首一卷　（清）陸肇域編　清道光二十五年(1845)刻本　十冊

320000－1646－0003715　303722

虎邱山志十卷　（清）顧湄重修　清宣統三年(1911)集群圖書館鉛印本　二冊

320000－1646－0003716　303723

靈巖記略二卷　（明）儲退翁述　（清）殊致輯　清末石印本　一冊

320000－1646－0003717　303724

靈巖志略一卷　（清）王鎬編輯　清末石印本　一冊

320000－1646－0003718　303729

虞山圖不分卷　（清）李有鄰繪　清光緒二十五年(1899)刻本　一冊

320000－1646－0003719　303731

孤嶼志八卷　（清）陳舜咨訂修　清嘉慶十四年(1809)介和堂刻本　五冊

320000－1646－0003720　303733

廣雁蕩山志二十八卷　（清）曾唯著　清乾隆五十五年(1790)依保園刻本　八冊

320000－1646－0003721　303734

廣雁蕩山志二十八卷　（清）曾唯著　清乾隆五十五年(1790)依保園刻本　八冊

320000－1646－0003722　303735

普陀山志二十卷　（清）許琰編輯　清乾隆四年(1739)刻本　四冊

320000－1646－0003723　303739

九峰志四卷　（清）魏杰撰　清同治六年(1867)刻本　一冊　存二卷(三至四)

320000－1646－0003724　303744

說嵩三十二卷　（清）景日昣撰　清康熙六十年(1721)刻本　十冊

320000－1646－0003725　303745

大嶽太和山紀略八卷　（清）王概編　清乾隆九年(1744)刻本　一冊　存一卷(一)

320000－1646－0003726　303746

南嶽志八卷　（清）高自位重編　清乾隆十八年(1753)開雲樓刻本　六冊

320000－1646－0003727　303748

廬山志十五卷　（清）毛德琦重訂　清同治十二年(1873)刻本　十冊

320000－1646－0003728　303750

鼎湖山志八卷　（清）丁易修　（清）釋成鷲纂述　清康熙五十六年(1717)刻本　四冊

320000－1646－0003729　303752

西湖遊覽志二十四卷志餘二十六卷　（明）田汝成撰　清光緒二十二年(1896)嘉惠堂丁氏刻本　十冊

320000－1646－0003730　303753

西湖遊覽志二十四卷志餘二十六卷　（明）田汝成撰　清光緒二十二年(1896)嘉惠堂丁氏刻本　十二冊

320000－1646－0003731　303754

西湖志四十八卷　（清）傅王露等輯修　清光緒四年(1878)浙江書局刻本　二十冊

320000－1646－0003732　303755

西湖志四十八卷　（清）傅王露等輯修　清光緒四年(1878)浙江書局刻本　五冊

320000－1646－0003733　303756

西湖志四十八卷　（清）傅王露等纂修　清雍正十三年(1735)刻本　二十冊

320000－1646－0003734　303757

西湖志纂十五卷首一卷　（清）梁詩正撰　清乾隆二十七年(1762)刻本　八冊

320000－1646－0003735　303758

湖山便覽十二卷　（清）翟灝等輯　清光緒元年(1875)刻本　六冊

320000－1646－0003736　303759

湖山便覽十二卷　（清）翟灝等輯　清光緒元年(1875)刻本　六冊

320000－1646－0003737　303761

莫愁湖志一卷　醉吟館主人續纂　清光緒十一年(1885)刻本　一冊

320000－1646－0003738　303762

莫愁湖志六卷　（清）馬士圖輯　清光緒八年(1882)刻本　二冊

320000－1646－0003739　303763

莫愁湖志六卷　（清）馬士圖輯　清光緒八年(1882)刻本　二冊

320000－1646－0003740　303764

莫愁湖志六卷莫愁湖楹聯一卷　（清）馬士圖輯　清光緒八年(1882)刻本　三冊

320000－1646－0003741　303765

水經注四十卷　（漢）桑欽撰　（北魏）酈道元注　明末刻本　十冊　存三十四卷(七至四十)

320000－1646－0003742　303767

水經注四十卷補遺一卷附錄二卷正誤十卷　(北魏)酈道元注　清光緒十四年(1888)無錫薛氏刻本　十二冊

320000－1646－0003743　303768
水經注四十卷補遺一卷附錄二卷正誤十卷
（北魏）酈道元注　清光緒十四年(1888)無錫薛氏刻本　十二冊

320000－1646－0003744　303769
水經註釋四十卷附錄二卷刊誤十二卷　（清）趙一清録　清光緒六年(1880)花雨樓刻本　二十冊

320000－1646－0003745　303770
水經註釋四十卷附錄二卷刊誤十二卷　（清）趙一清録　清光緒六年(1880)花雨樓刻本　二十冊

320000－1646－0003746　303771
水經注圖一卷附錄一卷　（清）汪士鐸撰　清同治元年(1862)石印本　二冊

320000－1646－0003747　303772
水經注圖四十卷　楊守敬撰　清光緒三十一年(1905)觀海堂刻本　八冊

320000－1646－0003748　303773
水經注疏要刪四十卷補遺一卷　楊守敬撰　清光緒三十一年(1905)觀海堂刻本　六冊

320000－1646－0003749　303776
水經注四十卷　（北魏）酈道元注　清光緒三年(1877)湖北崇文書局刻本　十二冊

320000－1646－0003750　303777
水經注四十卷　（北魏）酈道元注　清光緒三年(1877)湖北崇文書局刻本　十冊

320000－1646－0003751　303778
水經注四十卷附錄二卷　王先謙輯　清光緒十八年(1892)刻本　十六冊

320000－1646－0003752　303779
今水經一卷　（清）黃宗羲撰　清光緒三年(1877)湖北崇文書局刻本　一冊

320000－1646－0003753　303780
漢志水道疏證四卷　（清）洪頤煊撰　清光緒十八年(1892)廣雅書局刻本　一冊

320000－1646－0003754　303781
水道提綱二十八卷　（清）齊召南編録　清乾隆四十一年(1776)傳經書屋刻本　一冊

320000－1646－0003755　303782
水道提綱二十八卷　（清）齊召南編録　清光緒七年(1881)霞城精舍刻本　八冊

320000－1646－0003756　303783
水道提綱二十八卷　（清）齊召南編録　清光緒七年(1881)文瑞樓鉛印本　八冊

320000－1646－0003757　303784
水道提綱二十八卷　（清）齊召南編録　清光緒七年(1881)文瑞樓鉛印本　八冊

320000－1646－0003758　303785
水道提綱二十八卷　（清）齊召南編録　清光緒七年(1881)文瑞樓鉛印本　八冊

320000－1646－0003759　303786
續行水金鑑一百五十六卷　（清）黎世序撰　清道光刻本　十四冊　存三十卷(六十二至七十、九十四至九十六、一百十八至一百三十二、一百五十四至一百五十六)

320000－1646－0003760　303787
五省溝洫圖說一卷　（清）沈夢蘭著　清光緒六年(1880)江蘇書局刻本　一冊

320000－1646－0003761　303788
五省溝洫圖說一卷　（清）沈夢蘭著　清光緒六年(1880)江蘇書局刻本　一冊

320000－1646－0003762　303791
三省黃河全圖不分卷　（清）吳大澂等編　清光緒十六年(1890)上海鴻文書局石印本　五冊

320000－1646－0003763　303792
歷代河防統纂二十八卷　（清）陳璜輯　清光緒十四年(1888)鴻寶齋石印本　四冊

320000－1646－0003764　303793
歷代河防統纂二十八卷　（清）陳璜輯　清光緒十四年(1888)鴻寶齋石印本　四冊

320000－1646－0003765　303794
歷代河防統纂二十八卷　（清）陳璜輯　清光

緒十四年(1888)鴻寶齋石印本　三冊　存二十二卷(七至二十八)

320000－1646－0003766　303795

河工策要四卷　(清)陳彤甫撰　清光緒十四年(1888)蜚英館石印本　一冊

320000－1646－0003767　303796

治河方略十卷　(清)靳輔著　清嘉慶十七年(1812)刻本　八冊

320000－1646－0003768　303797

河防志十二卷　(清)張希良纂　清乾隆刻本　二冊　存二卷(十一至十二)

320000－1646－0003769　303798

疏瀹論一卷　(清)潘欲仁撰　清光緒十四年(1888)刻本　一冊

320000－1646－0003770　303800

長江圖說十二卷　(清)馬徵麟繪　(清)王香倬校　清同治十年(1871)湖北崇文書局刻本　五冊

320000－1646－0003771　303799

長江圖說十二卷　(清)馬徵麟繪　(清)王香倬校　清同治十年(1871)湖北崇文書局刻本　五冊

320000－1646－0003772　303801

長江圖說十二卷　(清)馬徵麟繪　(清)王香倬校　清同治十年(1871)湖北崇文書局刻本　五冊

320000－1646－0003773　303802

長江流域圖一卷　清抄本　一冊

320000－1646－0003774　303803

揚子江流域現勢論一卷　(日本)林繁撰　(清)汪國屏譯　清光緒二十九年(1903)鉛印本　一冊

320000－1646－0003775　303804

揚子江二卷　(日本)林安繁撰　清光緒二十八年(1902)上海商務印書館鉛印本　一冊

320000－1646－0003776　303805

最近揚子江之大勢一卷　(日本)國府犀東著　(清)趙必振譯　清光緒二十八年(1902)廣智書局鉛印本　一冊

320000－1646－0003777　303806

築圩圖說一卷　(清)孫峻繪圖　清末刻本　一冊

320000－1646－0003778　303808

畿輔安瀾志五十六卷　(清)王履泰纂　清嘉慶十三年(1808)木活字印本　十二冊

320000－1646－0003779　303809

畿輔安瀾志十二卷　(清)王履泰纂　清嘉慶十三年(1808)木活字印本　六冊

320000－1646－0003780　303810

畿輔水利輯覽一卷　(清)吳邦慶撰　清道光三年(1823)刻本　一冊

320000－1646－0003781　303811

畿輔水利三案一卷補一卷畿輔水利四案一卷補一卷　(清)吳邦慶撰　清道光刻本　四冊

320000－1646－0003782　303812

畿輔河道管見水利私議一卷　(清)吳邦慶撰　清道光三年(1823)刻本　一冊

320000－1646－0003783　303813

河北采風錄一卷宋州從政錄一卷彰德府七縣水道圖一卷懷慶府八縣水道圖一卷　(清)王鳳生輯　清道光六年(1826)刻本　四冊

320000－1646－0003784　303814

山東運河備覽十二卷　(清)陸燿纂　清乾隆四十年(1775)刻本　六冊

320000－1646－0003785　303815

銅陵江壩錄一卷　(清)陸謹撰　清光緒十四年(1888)同仁局刻本　一冊

320000－1646－0003786　303816

銅陵江壩錄一卷　(清)陸謹撰　清光緒十四年(1888)同仁局刻本　一冊

320000－1646－0003787　303817

銅陵江壩錄一卷　(清)陸謹撰　清光緒十四年(1888)同仁局刻本　一冊

320000-1646-0003788　303818

江北運程四十卷　（清）董恂輯　清咸豐十年(1860)京兆刻本　八冊

320000-1646-0003789　303819

江蘇水利圖說一卷　（清）李慶雲等編　清宣統二年(1910)刻本　一冊

320000-1646-0003790　303820

江蘇水利圖說一卷　（清）李慶雲等編　清宣統二年(1910)刻本　一冊

320000-1646-0003791　303821

續纂江蘇水利全案四十卷首一卷附編十二卷　（清）李慶雲纂　清光緒十五年(1889)水利工程局木活字印本　十七冊　存四十一卷（一至十五、十七下至十九、二十四至四十,附編一至四、九至十）

320000-1646-0003792　303822

江蘇海塘新志八卷　（清）李慶雲纂輯　清光緒十六年(1890)刻本　四冊

320000-1646-0003793　303824

淮陽水利圖說一卷　（清）馮道立著　清道光十九年(1839)西園刻本　一冊

320000-1646-0003794　303825

淮陽水利圖說一卷　（清）馮道立著　清道光十九年(1839)西園刻本　一冊

320000-1646-0003795　303826

揚州水道記不分卷　（清）劉文淇撰　清同治十一年(1872)淮南書局刻本　四冊

320000-1646-0003796　303828

太湖備考十六卷湖程紀略一卷　（清）金友理輯　清乾隆十七年(1752)藝蘭圃刻本　八冊

320000-1646-0003797　303829

太湖備考十六卷　（清）金友理輯　清乾隆十七年(1752)藝蘭圃刻本　八冊

320000-1646-0003798　303830

太湖備考十六卷　（清）金友理纂述　續編四卷　（清）鄭言紹輯　清光緒二十九年(1903)刻本　十二冊

320000-1646-0003799　303831

太湖備考十六卷　（清）金友理纂述　續編四卷　（清）鄭言紹輯　清光緒二十九年(1903)刻本　十二冊

320000-1646-0003800　303834

吳江水考增輯五卷附編二卷　（明）沈啓著　（清）黃象曦輯　清光緒二十年(1894)刻本　四冊

320000-1646-0003801　303836

練湖志十卷　（清）黎世序輯著　清嘉慶十五年(1810)鎮江刻本　四冊

320000-1646-0003802　303843

浙西水利備考不分卷　（清）王鳳生纂　（清）胡德璐繪圖　清道光四年(1824)江聲帆影閣刻本　四冊

320000-1646-0003803　303845

敕修兩浙海塘通志二十卷　（清）方觀承纂修　清乾隆刻本　四冊　存十三卷（一至十、十八至二十）

320000-1646-0003804　303846

海塘新志六卷續四卷　（清）琅玕撰　清道光刻本　八冊

320000-1646-0003805　303847

南湖水利圖考一卷　（明）陳幼學撰　清光緒五年(1879)刻本　一冊

320000-1646-0003806　303848

石磯圖說一卷　（清）任鶚著　清光緒五年(1879)刻本　一冊

320000-1646-0003807　303849

蜀水攷四卷　（清）陳登龍述　清道光五年(1825)刻本　二冊

320000-1646-0003808　303851

西域水道記五卷新疆賦一卷　（清）徐松撰　清光緒二十九年(1903)文瑞樓石印本　四冊

320000-1646-0003809　303852

西域水道記五卷　（清）徐松撰　清上海鴻文書局石印本　三冊

320000－1646－0003810　303854

西遊錄注一卷和林詩一卷　（清）李文田撰　清光緒二十三年(1897)會稽施氏刻本　一冊

320000－1646－0003811　303855

徐霞客遊記十卷　（明）徐宏祖著　遊記補編一卷　（清）葉廷甲輯　清光緒三十四年(1908)上海集成圖書公司鉛印本　八冊

320000－1646－0003812　303856

徐霞客遊記十卷　（明）徐宏祖著　遊記補編一卷　（清）葉廷甲輯　清光緒三十四年(1908)上海集成圖書公司鉛印本　八冊

320000－1646－0003813　303857

徐霞客遊記十卷　（明）徐宏祖著　遊記補編一卷　（清）葉廷甲輯　清光緒三十四年(1908)上海集成圖書公司鉛印本　八冊

320000－1646－0003814　303858

徐霞客遊記十卷　（明）徐宏祖著　遊記補編一卷　（清）葉廷甲輯　清嘉慶十三年(1808)葉氏水心齋刻本(卷一配木活字印本)　十冊

320000－1646－0003815　303859

南遊記一卷　（清）孫嘉淦撰　清嘉慶十年(1805)守意龕刻本　一冊

320000－1646－0003816　303860

南遊記一卷　（清）孫嘉淦撰　清道光二十四年(1844)刻本　一冊

320000－1646－0003817　303861

泛槎圖六卷　（清）張寶撰　清末上海點石齋石印本　三冊　存五卷(一、三至六)

320000－1646－0003818　303862

東還紀略一卷　（清）史善長著　清光緒廣東刻本　一冊

320000－1646－0003819　303864

河海昆侖錄四卷　裴景福著　清宣統元年(1909)鉛印本　一冊

320000－1646－0003820　303865

河海昆侖錄四卷　裴景福著　清宣統元年(1909)鉛印本　四冊

320000－1646－0003821　303866

河海昆侖錄四卷　裴景福著　清宣統元年(1909)鉛印本　四冊

320000－1646－0003822　303867

河海昆侖錄四卷　裴景福著　清宣統元年(1909)鉛印本　四冊

320000－1646－0003823　303869

康輶紀行十六卷　（清）姚瑩著　清同治六年(1867)刻本　七冊

320000－1646－0003824　303870

康輶紀行十六卷　（清）姚瑩著　清同治六年(1867)刻本　六冊

320000－1646－0003825　303880

鳳臺祇謁筆記一卷　（清）董恂撰　清同治九年(1870)刻本　一冊

320000－1646－0003826　303881

公車見聞錄一卷學海堂志一卷　（清）林伯桐撰　清道光十九年(1839)刻本　一冊

320000－1646－0003827　303883

遊滬筆記四卷　（清）鄒弢著　清光緒十四年(1888)詠哦齋刻本　三冊　存三卷(一至二、四)

320000－1646－0003828　303884

滬遊雜記四卷　（清）葛元煦撰　清光緒二年(1876)刻本　四冊

320000－1646－0003829　303885

滬遊雜記四卷　（清）葛元煦撰　清光緒二年(1876)刻本　四冊

320000－1646－0003830　303886

海上冶遊備覽四卷　（清）指迷生輯　清光緒九年(1883)寄月軒刻本　二冊

320000－1646－0003831　303888

上海指南八卷各省旅行須知一卷　商務印書館編　清宣統二年(1910)上海商務印書館鉛印本　一冊

320000－1646－0003832　303889

上海指南八卷各省旅行須知一卷　商務印書

館編　清宣統二年(1910)上海商務印書館鉛印本　一冊

320000－1646－0003833　303900
南越遊記三卷　(清)陳徽言撰　清咸豐元年(1851)刻本　二冊

320000－1646－0003834　303901
粵游小識七卷　(清)張心泰撰　清光緒二十六年(1900)夢楳僊館刻本　四冊

320000－1646－0003835　303902
蜀道紀遊二卷　(清)李德淦著　清嘉慶十三年(1808)學修堂刻本　二冊

320000－1646－0003836　303905
滇軺紀程一卷荷戈紀程一卷政書蒐遺集一卷　(清)林則徐撰　清光緒三年(1877)刻本　一冊

320000－1646－0003837　303906
滇軺紀程一卷荷戈紀程一卷政書蒐遺集一卷　(清)林則徐撰　清光緒三年(1877)刻本　一冊

320000－1646－0003838　303907
滇軺紀程一卷荷戈紀程一卷政書蒐遺集一卷　(清)林則徐撰　清光緒三年(1877)刻本　一冊

320000－1646－0003839　303913
滿洲旅行記二卷　(日本)小越平隆著　(清)克齋翻譯　清光緒二十八年(1902)廣智書局鉛印本　一冊

320000－1646－0003840　303914
滿洲旅行記二卷　(日本)小越平隆著　(清)克齋翻譯　清光緒二十八年(1902)廣智書局鉛印本　一冊

320000－1646－0003841　303915
史學小叢書不分卷　(日本)佐藤弘撰　清光緒二十八年(1902)廣智書局鉛印本　八冊　存八種(俄國蠶食亞洲史略、日本現勢論、亞西里亞巴比倫史、猶太史、腓尼西亞史、波斯史、埃及史、亞剌伯史)

320000－1646－0003842　303916
歸查叢刻七種　(清)謝希傅撰　清光緒二十四年(1898)東山草堂石印本　二冊　存五種五卷(皇華肇要一卷、秘魯出史章程一卷、秘義交犯條約一卷、檀香山群島志一卷、墨西哥述略一卷)

320000－1646－0003843　303917
歷史叢書□種　(清)戴彬編譯　清光緒二十八年(1902)上海商務印書館鉛印本　八冊　存八種(亞美利加州通史、世界近代史、世界文明史、俄羅斯史、希臘史、法蘭西史、日耳曼史、泰西民族文明史)

320000－1646－0003844　303921
外國傳八卷　(清)尤侗纂　清康熙刻本　二冊

320000－1646－0003845　303922
東西洋考十二卷　(明)張燮著　清道光二十六年(1846)三原李氏刻本　一冊

320000－1646－0003846　303923
萬國通史前編十卷　(英國)李思倫撰　清光緒二十六年(1900)廣學會鉛印本　十冊

320000－1646－0003847　303924
萬國通鑑四卷　(美國)謝衛樓撰　清光緒八年(1882)刻本　四冊　存四卷(一至三、四上)

320000－1646－0003848　303925
萬國史鑑□□卷　清光緒石印本　四冊　存十三卷(四至十六)

320000－1646－0003849　303926
萬國史記二十卷　(日本)岡本監輔著　清光緒二十三年(1897)鉛印本　八冊

320000－1646－0003850　303928
萬國新史大事表十八卷　(清)張之洞輯　清末鉛印本　十四冊　存十六卷(三至十八)

320000－1646－0003851　303929
瀛環志略十卷　(清)徐繼畬輯著　清道光二十八年(1848)刻本　六冊

320000－1646－0003852　303930

瀛環志略十卷　（清）徐繼畬輯著　清道光三十年(1850)刻本　八冊

320000－1646－0003853　303931

瀛環志略十卷　（清）徐繼畬輯著　清光緒二十年(1894)鴻寶齋石印本　四冊

320000－1646－0003854　303932

瀛環志略十卷　（清）徐繼畬輯著　清光緒二十三年(1897)廣東書局石印本　四冊

320000－1646－0003855　303933

瀛環志略十卷　（清）徐繼畬輯著　清光緒十年(1884)琉璃廠刻本　六冊

320000－1646－0003856　303934

瀛環志略十卷續五卷　（清）徐繼畬輯　清光緒二十八年(1902)日新書莊石印本　六冊

320000－1646－0003857　303935

瀛環志略十卷　（清）徐繼畬輯著　清同治十二年(1873)淡雲樓刻本　二冊

320000－1646－0003858　303936

續瀛環志略初編不分卷　（清）薛福成鑒定　清光緒二十八年(1902)無錫傳經樓刻本　四冊

320000－1646－0003859　303937

續瀛環志略初編不分卷　（清）薛福成鑒定　清光緒二十八年(1902)無錫傳經樓刻本　四冊

320000－1646－0003860　303938

續瀛環志略初編不分卷　（清）薛福成鑒定　清光緒二十八年(1902)無錫傳經樓刻本　四冊

320000－1646－0003861　303940

海國圖志一百卷　（清）魏源撰　清光緒二年(1876)刻本　二十四冊

320000－1646－0003862　303941

海國圖志一百卷　（清）魏源撰　清光緒二年(1876)刻本　三十二冊

320000－1646－0003863　303942

海國圖志一百卷　（清）魏源撰　清光緒二年(1876)刻本　三十二冊

320000－1646－0003864　303943

海國圖志一百卷　（清）魏源輯　清光緒六年(1880)邵陽急當務齋刻本　二十三冊　缺六卷(二十七至三十二)

320000－1646－0003865　303944

海國圖志一百卷　（清）魏源撰　清光緒二十八年(1902)文賢閣石印本　七冊

320000－1646－0003866　303945

海國圖志續集二十五卷　（英國）麥高爾輯著　（清）瞿昂來譯　清光緒二十一年(1895)上海書局石印本　一冊

320000－1646－0003867　303946

海國圖志續集二十五卷　（英國）麥高爾輯著　（清）瞿昂來譯　清光緒二十一年(1895)上海書局石印本　一冊

320000－1646－0003868　303947

海國圖志徵寶四十卷　（清）孫灝輯　清末石印本　五冊　存三十六卷(五至四十)

320000－1646－0003869　303948

海國聞見錄二卷　（清）陳倫炯著　清道光三年(1823)易理齋刻本　一冊　存一卷(上)

320000－1646－0003870　303949

海國聞見錄二卷　（清）陳倫炯著　清同治七年(1868)粵東三元堂刻本　一冊　存一卷(上)

320000－1646－0003871　303951

環游地球新錄四卷　（清）李圭撰　清光緒四年(1878)刻本　一冊

320000－1646－0003872　303952

漫遊隨錄一卷　（清）王韜撰　清光緒十三年(1887)石印本　一冊

320000－1646－0003873　303953

出洋瑣記一卷附錄一卷　（清）蔡鈞輯述　清光緒十年(1884)鉛印本　一冊

320000－1646－0003874　303954

隨軺筆記四種四卷　吳宗濂著　清光緒二十八年(1902)著易堂鉛印本　四冊

320000－1646－0003875　303955
中外地輿圖說集成一百三十卷　(清)俞正燮著　清光緒石印本　九冊　存四十八卷(一至六、十一至十四、九十三至一百三十)

320000－1646－0003876　303956
地球韻言四卷　(清)張士瀛著　清光緒二十九年(1903)杭州通記編譯局石印本　二冊

320000－1646－0003877　303958
五洲圖考不分卷　(清)龔柴撰　清光緒二十八年(1902)鉛印本　四冊

320000－1646－0003878　303959
五洲地理志略三十六卷　王先謙撰　清宣統二年(1910)湖南學務公所刻本　四冊　存十四卷(七至九、二十四至三十四)

320000－1646－0003879　303960
世界地理志六卷首一卷　(日本)中村五六等編纂　清光緒二十八年(1902)金粟齋譯書社鉛印本　三冊

320000－1646－0003880　303961
世界地理志六卷首一卷　(日本)中村五六等編纂　清光緒二十八年(1902)金粟齋譯書社鉛印本　二冊　存六卷(甲、丙至丁、戊至庚)

320000－1646－0003881　303962
五大洲圖說五卷　(意大利)艾儒略撰　清光緒二十四年(1898)上海書局石印本　二冊

320000－1646－0003882　303963
五大洲圖說五卷　(意大利)艾儒略撰　清光緒二十四年(1898)上海書局石印本　二冊

320000－1646－0003883　303964
三洲遊記一卷　(清)□□撰　清末通學齋鉛印本　二冊

320000－1646－0003884　303965
地理全志一卷　(清)慕維廉纂　清光緒九年(1883)鉛印本　一冊

320000－1646－0003885　303966
地理全志一卷　(清)慕維廉纂　清光緒九年(1883)鉛印本　一冊

320000－1646－0003886　303967
四述奇十六卷　(清)張德彝隨筆　清末著易堂鉛印本　八冊

320000－1646－0003887　303968
外國地理講義三卷　(日本)堀田璋左右述　(清)曹典球譯　清光緒三十三年(1907)湖南思賢書局刻本　二冊

320000－1646－0003888　303969
十九世紀列國政治文編十四卷　(清)邵義選輯　清光緒二十九年(1903)教育世界社鉛印本　三冊

320000－1646－0003889　303970
海國大政記十二卷　(英國)麥丁富得力編纂　清光緒二十三年(1897)上海慎記書莊石印本　八冊　存六卷(一、四、六、八、十、十二)

320000－1646－0003890　303971
新斠五洲列國志彙□□種　(清)謝嘉鎮等輯　清光緒二十八年(1902)麗澤學會石印本　七冊　存五種五卷(荷蘭國志輯要一卷、荷國屬地志略一卷、比利時志譯述一卷、英吉利志一卷、重訂法蘭西志略一卷)

320000－1646－0003891　303972
最新萬國政鑑五十卷　國民叢書社編　清光緒二十九年(1903)商務印書館鉛印本　八冊

320000－1646－0003892　303973
萬國近政考略十六卷　(清)鄒弢編輯　清光緒二十二年(1896)鉛印本　四冊

320000－1646－0003893　303974
列國政治通考二百二十卷　(清)文廷式輯　清光緒二十九年(1903)上海蜚英書局石印本　二十四冊

320000－1646－0003894　303975
星軺日記類編七十六卷　(清)席裕琨輯　清光緒二十八年(1902)麗澤學會石印本　十六冊

320000－1646－0003895　303976
東洋史要二卷　（日本）桑原騭藏著　樊炳清譯　清光緒二十五年(1899)石印本　四冊

320000－1646－0003896　303977
東洋史要二卷　（日本）桑原騭藏著　樊炳清譯　清光緒二十五年(1899)石印本　四冊

320000－1646－0003897　303978
中等東洋歷史地圖一卷　（日本）桑原騭藏編　清光緒二十五年(1899)石印本　一冊

320000－1646－0003898　303982
東亞各港口岸志一卷　（日本）參謀本部編輯　清光緒二十八年(1902)廣智書局鉛印本　一冊

320000－1646－0003899　303983
亞洲商業地理志二卷　（日本）永野耕造著　劉世珩譯　清末五洲艤石印本　二冊

320000－1646－0003900　303984
亞洲商業地理志二卷　（日本）永野耕造著　劉世珩譯　清末五洲艤石印本　二冊

320000－1646－0003901　303985
東南海島圖經六卷　（清）世益譯　清光緒二十六年(1900)上海石印本　三冊

320000－1646－0003902　303986
東南海島圖經六卷　（清）世益譯　清光緒二十六年(1900)上海石印本　三冊

320000－1646－0003903　303987
大東合邦新義一卷　（日本）森本藤吉述　清光緒二十四年(1898)上海大同譯書局石印本　一冊

320000－1646－0003904　503321
新增古今名人畫稿不分卷　清光緒十七年(1891)上海書局石印本　存四冊

320000－1646－0003905　303990
校正三國史記五十卷　（朝鮮）金富軾撰　清末鉛印本　一冊　存十三卷(三十八至五十)

320000－1646－0003906　303993
朝鮮近世史二卷　（日本）林泰輔編修　清光緒二十九年(1903)鴻寶書局石印本　二冊

320000－1646－0003907　303995
東洋古今全史紀傳六十五卷首一卷　（清）項思勳輯著　清光緒二十九年(1903)蘇州困學書社石印本　二冊　存三十七卷(一至三十六、首一卷)

320000－1646－0003908　503322
詩畫舫六卷　清光緒三十年(1904)上海點石齋石印本　四冊　存四卷(一、三、五至六)

320000－1646－0003909　303997
日本新史攬要七卷　（日本）石村貞一編輯　清光緒二十五年(1899)石印本　七冊

320000－1646－0003910　303998
明治政黨小史一卷　出洋學生所編輯　清光緒二十八年(1902)商務印書館鉛印本　一冊

320000－1646－0003911　303999
日本維新慷慨史二卷　（日本）西村三郎編輯　清光緒二十八年(1902)廣智書局鉛印本　二冊

320000－1646－0003912　304000
日本維新三十年史十二編附錄　（日本）博文館編輯　清光緒二十八年(1902)廣智書局鉛印本　六冊

320000－1646－0003913　304001
日本維新三十年史十二編附錄　（日本）博文館編輯　清光緒二十八年(1902)廣智書局鉛印本　六冊

320000－1646－0003914　304006
萬國政治類考不分卷　清光緒二十八年(1902)中西譯書會石印本　十冊

320000－1646－0003915　304007
各國時事類編十八卷　（清）沈純輯　清光緒二十一年(1895)上海書局石印本　四冊

320000－1646－0003916　304008
五洲事類彙表四十八卷通考二卷　（清）孔昭

绂编辑　清光绪二十九年(1903)上海仁记书局石印本　五册

320000－1646－0003917　304009
日本新政考二卷　（清）顾厚焜著　清光绪二十年(1894)上海书局石印本　二册

320000－1646－0003918　304010
日本新政考二卷　（清）顾厚焜著　清末铅印本　一册

320000－1646－0003919　304011
日本变法次第类考三集七十五类　程恩培等集案　清光绪二十八年(1902)政学译社铅印本　三册

320000－1646－0003920　304012
日本帝国近世史不分卷　（日）松井广吉编　清末上海文政记书局铅印本　四册

320000－1646－0003921　304013
日露战争未来记十四章　（英国）木里司著　（清）金开华等译　清光绪二十九年(1903)鸿文编译图书馆铅印本　二册

320000－1646－0003922　304014
日本国志四十卷　（清）黄遵宪编纂　清光绪十六年(1890)羊城富文斋刻本　十册

320000－1646－0003923　304015
日本国志四十卷　（清）黄遵宪编纂　清光绪二十四年(1898)浙江书局刻本　十册

320000－1646－0003924　304016
日本国志四十卷　（清）黄遵宪编纂　清光绪二十四年(1898)上海图书集成印书局刻本　十册

320000－1646－0003925　304017
日本国志四十卷　（清）黄遵宪编纂　清光绪二十四年(1898)上海图书集成印书局刻本　十册

320000－1646－0003926　304019
谈瀛录三卷　（清）王之春著　清光绪六年(1880)刻本　一册　存二卷(一至二)

320000－1646－0003927　501919
净土十要十卷　（明）释智旭等解　清刻本　一册

320000－1646－0003928　304021
日本政治地理七编　（日本）矢津昌永原著　陶镕译　清光绪二十八年(1902)上海商务印书馆铅印本　一册

320000－1646－0003929　304022
使东述略一卷使东杂咏一卷　（清）何如璋著　清光绪刻本　一册

320000－1646－0003930　304024
东游日记一卷(清光绪二十年五月初四至七月初四)　（清）黄庆澄著　清光绪二十年(1894)刻本　一册

320000－1646－0003931　304025
东游日记一卷(清光绪二十年五月初四至七月初四)　（清）黄庆澄著　清光绪二十年(1894)刻本　一册

320000－1646－0003932　304026
扶桑两月记一卷(清光绪二十七年十一月初四至二十八年一月十二日)　罗振玉著　清光绪二十八年(1902)教育世界社石印本　一册

320000－1646－0003933　304027
攷察日本学校记十六卷　（清）李宗棠编译　清光绪二十八年(1902)石印本　十一册　缺五卷(三、八至九、十一至十二)

320000－1646－0003934　304028
东游丛录四卷　（清）章宗祥口译　（清）吴汝纶笔受　清光绪二十八年(1902)铅印本　四册

320000－1646－0003935　304029
东游丛录四卷　（清）章宗祥口译　（清）吴汝纶笔受　清光绪二十八年(1902)铅印本　三册　存三卷(一至二、四)

320000－1646－0003936　304030
癸卯东游日记一卷(清光绪二十九年四月二十五日至六月初四)　（清）张謇著　清光绪

二十九年（1903）通州瀚墨林書局鉛印本
一冊

320000－1646－0003937　304031

癸卯東遊日記一卷（清光緒二十九年四月二十五日至六月初四）　（清）張謇著　清光緒二十九年（1903）通州瀚墨林書局鉛印本
一冊

320000－1646－0003938　304032

嶽雲盦扶桑遊記三卷　吳蔭培撰　清光緒三十二年（1906）刻本　一冊

320000－1646－0003939　304033

東遊偶識一卷　林志道著　清宣統三年（1911）鉛印本　一冊

320000－1646－0003940　304035

琉球國志略十六卷首一卷　（清）周煌輯　清道光刻光緒十九年（1893）補刻本（卷一至二、五至十一配清乾隆刻本）　六冊

320000－1646－0003941　304036

安南志略十九卷首一卷　（元）黎崱輯　清光緒十年（1884）上海樂善堂鉛印本　一冊

320000－1646－0003942　304039

越南地輿圖說六卷首一卷　（清）盛慶紱纂輯　清光緒九年（1883）求忠堂刻本　四冊

320000－1646－0003943　304040

海南雜著一卷　（清）蔡廷蘭撰　清道光十七年（1837）刻本　一冊

320000－1646－0003944　304041

越事備考十二卷首一卷　（清）劉名譽編輯　清光緒二十一年（1895）桂林刻本　二冊

320000－1646－0003945　304042

土耳其國志一卷　（清）薛福成鑒定　清光緒二十八年（1902）石印本　一冊

320000－1646－0003946　304043

土耳其國志一卷　（清）薛福成鑒定　清光緒二十八年（1902）石印本　一冊

320000－1646－0003947　304044

土耳其史一卷　（日本）北村三郎編述　（清）

趙必振譯　清光緒二十八年（1902）鉛印本
一冊

320000－1646－0003948　304045

緬甸國志一卷英領緬甸志一卷緬甸新志一卷暹邏國志一卷布哈爾志一卷　學部圖書局編譯　清光緒三十三年（1907）鉛印本　一冊

320000－1646－0003949　304046

印度新志一卷　學部圖書局編譯　清光緒三十三年（1907）鉛印本　一冊

320000－1646－0003950　304047

大英治理印度新政考六卷　（英國）亨德偉良撰　任保羅譯　清光緒三十年（1904）廣學會鉛印本　一冊

320000－1646－0003951　304048

大英治理印度新政考六卷　（英國）亨德偉良撰　任保羅譯　清光緒三十年（1904）廣學會鉛印本　六冊

320000－1646－0003952　304049

華盛頓泰西史略八卷　（清）黎汝謙　（清）蔡國昭譯　清光緒二十三年（1897）新學會石印本　一冊

320000－1646－0003953　304050

泰西新史攬要二十四卷　蔡爾康述稿　清光緒二十四年（1898）廣學會石印本　二冊

320000－1646－0003954　304051

泰西新史攬要二十四卷　蔡爾康述　清光緒二十一年（1895）美華使館鉛印本　八冊

320000－1646－0003955　304052

節本泰西新史攬要八卷　（英國）李提摩太譯　周慶雲編　清光緒二十七年（1901）南洋書局石印本　二冊

320000－1646－0003956　304053

泰西通史上編不分卷　（清）華文祺譯　（清）李濚譯纂　清光緒二十八年（1902）文明書局鉛印本　四冊

320000－1646－0003957　304054

泰西十八周史攬要十八卷　（英國）雅各偉德

著　（清）李鼎新述稿　清光緒二十七年(1901)上海廣學會鉛印本　六冊

320000－1646－0003958　304055
西洋史要四期　（日本）小川銀次郎著　樊炳清等譯　清光緒二十七年(1901)金粟齋鉛印本　二冊

320000－1646－0003959　304056
西洋史要四期　（日本）小川銀次郎著　樊炳清等譯　清光緒二十七年(1901)金粟齋鉛印本　二冊

320000－1646－0003960　304057
西洋歷史教科書六編　（英國）默爾化著　出洋學生編輯所譯　清光緒二十九年(1903)商務印書館鉛印本　一冊

320000－1646－0003961　304058
歐洲列國變法史二十一卷　（法國）賽那布撰　許士熊譯　清光緒二十九年(1903)鉛印本　六冊　存十五卷(一至十二、十六至十八)

320000－1646－0003962　304059
十九世紀歐洲政治史論一卷　（日本）酒井雄三郎著　（清）華文琪譯　清光緒二十八年(1902)教育世界出版所鉛印本　一冊

320000－1646－0003963　304060
十九世紀歐洲文明進化論一卷二十年來生計界巨變論一卷　（清）陳國鏞譯述　清光緒二十八年(1902)上海廣智書局鉛印本　一冊

320000－1646－0003964　304061
英法義比志譯略四卷　吳宗濂譯　清光緒二十五年(1899)上海石印本　二冊

320000－1646－0003965　304062
英法義比志譯略四卷　吳宗濂譯　清光緒二十五年(1899)上海石印本　二冊

320000－1646－0003966　304063
英法義比志譯略四卷　吳宗濂譯　清光緒二十五年(1899)上海石印本　二冊

320000－1646－0003967　304064
歐美政體通鑑一卷　（日本）上野貞吉著　清光緒二十八年(1902)商務印書館鉛印本　一冊

320000－1646－0003968　304065
歐美政治要義不分卷　（清）戴鴻慈等輯　清光緒三十二年(1906)石印本　四冊

320000－1646－0003969　304066
歐美政治要義不分卷　（清）戴鴻慈等輯　清光緒三十二年(1906)石印本　四冊

320000－1646－0003970　304067
西俗雜誌一卷　（清）袁祖志著　清光緒十年(1884)上海文藝齋刻本　一冊

320000－1646－0003971　304068
泰西各國採風記五卷　（清）宋育仁編　清光緒二十二年(1896)袖海山房石印本　三冊

320000－1646－0003972　304069
泰西各國採風記五卷　（清）宋育仁編　清光緒二十二年(1896)袖海山房石印本　三冊

320000－1646－0003973　304070
歐洲族類源流略五卷　王樹柟撰　清光緒二十八年(1902)中衛縣署刻本　一冊

320000－1646－0003974　304071
初使泰西記一卷　（清）宜垕纂　清光緒十一年(1885)鉛印本　一冊

320000－1646－0003975　304072
使西紀程二卷　（清）郭嵩燾著　清光緒刻本　一冊

320000－1646－0003976　304074
西征紀程四卷　（清）鄒代鈞著　清光緒十七年(1891)鉛印本　一冊

320000－1646－0003977　304075
傅相游歷各國日記二卷(清光緒二十二年正月十八日至二十二年九月十八日)　題（清）桃谿漁隱　題（清）惺新盦主輯　清光緒二十三年(1897)上海石印本　四冊

320000－1646－0003978　304076
傅相游歷各國日記二卷(清光緒二十二年正月十八日至二十二年九月十八日)　題（清）

桃谿漁隱　題(清)惺新盦主輯　清光緒二十三年(1897)上海石印本　四冊

320000－1646－0003979　304077

俄羅斯史二卷　(日本)山利喜雄著　麥鼎華譯　清光緒二十九年(1903)廣智書局鉛印本　二冊

320000－1646－0003980　304078

俄羅斯二卷　(法國)波留著　(日本)林毅陸譯　清光緒三十年(1904)商務印書館鉛印本　一冊

320000－1646－0003981　304079

俄史輯譯四紀七十七章　(英國)闞斐迪譯　清光緒十四年(1888)益智會刻本　三冊　存六十八章(第一紀一至二十八、第三紀三十八至六十、第四紀六十一至七十七)

320000－1646－0003982　304080

俄大彼得帝傳一卷　(日本)山崎敬一著　(清)張櫻光譯　清光緒二十八年(1902)江左書林鉛印本　一冊

320000－1646－0003983　304081

俄土戰紀六卷附錄一卷　(清)湯叡譯　清光緒二十三年(1897)上海大同譯書局石印本　一冊　存三卷(一至三)

320000－1646－0003984　304082

俄事新書不分卷　陳俠君編輯　清光緒石印本　五冊　存五種(俄事新書下、俄羅斯大政記、俄羅斯境內分部表、俄羅斯陸軍制下、俄羅斯叢記)

320000－1646－0003985　304083

俄屬遊記二卷　(英國)蘭士德著　(清)莫鎮藩譯　清光緒二十年(1894)時務報館石印本　二冊

320000－1646－0003986　304084

俄屬遊記二卷　(英國)蘭士德著　(清)莫鎮藩譯　清光緒二十年(1894)時務報館石印本　二冊

320000－1646－0003987　304085

俄游彙編八卷　(清)繆佑孫纂　清光緒二十一年(1895)上海江左書林石印本　二冊

320000－1646－0003988　304086

俄游彙編十二卷　(清)繆佑孫纂　清光緒十五年(1889)上海秀文書局石印本　三冊　存八卷(一至四、九至十二)

320000－1646－0003989　304087

使俄日記八卷(清光緒二十年十月十六日至二十一年閏五月十七日)　(清)王之春撰　清光緒二十二年(1896)上海石印本　二冊　存四卷(一至四)

320000－1646－0003990　304088

使俄草八卷　(清)王之春撰　清光緒石印本　二冊　存二卷(七至八)

320000－1646－0003991　304089

使俄草八卷　(清)王之春撰　清光緒二十一年(1895)上海文藝齋刻本　四冊

320000－1646－0003992　304090

使俄草八卷　(清)王之春撰　清光緒二十一年(1895)上海石印本　四冊

320000－1646－0003993　304091

英興記二卷　(英國)鄧理槎著　(清)林樂知等譯　清光緒二十四年(1898)圖書集成局鉛印本　一冊

320000－1646－0003994　304092

大英國志八卷　(英國)慕維廉譯　清咸豐六年(1856)上海墨海書院刻本　二冊

320000－1646－0003995　304093

大英國志八卷　(英國)慕維廉譯　清光緒七年(1881)刻本　一冊

320000－1646－0003996　304094

法國志略二十四卷　(清)王韜輯撰　清光緒十六年(1890)松隱廬鉛印本　三冊

320000－1646－0003997　304095

法國政教考略四卷　(清)劉式訓編　清末鉛印本　一冊

320000－1646－0003998　304096

德國合盟紀事本末一卷 （清）徐建寅譯述　清光緒刻本　一冊

320000－1646－0003999　304097

普法戰紀二十卷 （清）張宗良等譯輯　清光緒二十一年(1895)弢園王氏鉛印本　三冊

320000－1646－0004000　304098

普法戰紀二十卷 （清）張宗良等譯輯　清光緒二十一年(1895)弢園王氏鉛印本　十冊

320000－1646－0004001　304099

使德日記一卷(清光緒四年十月初二日至四年十一月二十九日) （清）李鳳苞撰　清光緒二十三年(1897)湖南新學書局刻本　一冊

320000－1646－0004002　304100

羅馬史要十三卷首一卷 （英國）艾約瑟原譯　（清）華南圭重譯　清光緒二十八年(1902)上海點石齋石印本　二冊

320000－1646－0004003　304101

意大利獨立戰史六卷附錄一卷 （清）東京留學生譯述　清光緒二十八年(1902)商務印書館鉛印本　一冊

320000－1646－0004004　304102

希臘獨立史一卷 （日本）柳井絅齋著　（清）秦嗣宗譯　清光緒二十八年(1902)廣智書局鉛印本　一冊

320000－1646－0004005　304103

威廉振興荷蘭紀略四卷 （清）上海廣學會校正　清光緒二十七年(1901)上海美華書館鉛印本　二冊

320000－1646－0004006　304104

巴西地理兵要一卷巴西政治考一卷 （清）顧厚焜編　清光緒十五年(1889)石印本　一冊

320000－1646－0004007　304105

遊歷巴西圖經十卷遊歷秘魯圖經四卷遊歷加納大圖經八卷 （清）傅雲龍撰　清光緒二十八年(1902)石印　六冊

320000－1646－0004008　304106

使美紀略一卷 （清）陳蘭彬著　清光緒四年(1878)鉛印本　一冊

320000－1646－0004009　304108

泰西名人事略二卷 （清）王臻善譯　（德國）季理麥鑒定　清光緒二十九年(1903)鉛印本　一冊

320000－1646－0004010　304109

泰西各國名人言行錄十六卷 （清）張兆蓉編纂　清光緒二十九年(1903)石印本　六冊　存十五卷(一至十二、十四至十六)

320000－1646－0004011　304110

泰西各國名人言行錄三十五卷 （清）張兆蓉編纂　清光緒二十九年(1903)上海書局石印本　三冊　存十三卷(一至四、二十七至三十五)

320000－1646－0004012　304111

泰西八愛國者傳一卷 （日本）下里彌生著　清末鉛印本　一冊

320000－1646－0004013　304112

近世偉人傳義集第五編二卷 （日本）蒲生重章撰　清光緒十七年(1891)青天白日樓刻本　二冊

320000－1646－0004014　304113

萬國龜鑑三十卷 （日本）石川利之著　清光緒二十八年(1902)上海會文堂書局石印本　四冊

320000－1646－0004015　304114

開闢美洲閣龍傳一卷航海家獨列幾傳一卷 （日本）橋本海關譯　清末鉛印本　一冊

320000－1646－0004016　304115

拿破崙本紀四十二章 （英國）洛加德著　林紓等譯　清光緒三十一年(1905)京師學務處官書局鉛印本　四冊

320000－1646－0004017　304116

拿破崙本紀四十二章 （英國）洛加德著　林紓等譯　清光緒三十一年(1905)京師學務處官書局鉛印本　一冊

320000－1646－0004018　304118

俾斯麥傳不分卷　廣智書局編譯　清光緒二十八年(1902)廣智書局鉛印本　一冊

320000－1646－0004019　304119

意將軍加里波的傳一卷　上海廣智書局同人編譯　清光緒二十八年(1902)鉛印本　一冊

320000－1646－0004020　304123

行素草堂金石叢書二十一種　（清）朱記榮輯　清光緒十四年(1888)刻本　四十冊

320000－1646－0004021　503329

芥子園畫傳五卷　（清）王概編摹　清康熙十八年(1679)刻彩色套印本　五冊

320000－1646－0004022　304136

金石錄三十卷　（宋）趙明誠編著　清光緒十三年(1887)朱氏槐廬刻本　四冊

320000－1646－0004023　304137

金石錄三十卷札記一卷存目一卷　（宋）趙明誠輯　繆荃孫校　清光緒三十一年(1905)刻本　四冊

320000－1646－0004024　304138

金石錄三十卷札記一卷存目一卷　（宋）趙明誠輯　繆荃孫校　清光緒三十一年(1905)刻本　四冊

320000－1646－0004025　304139

金石錄補二十七卷石門碑醳一卷　（清）葉奕苞著　清道光十八年(1838)別下齋刻本　四冊

320000－1646－0004026　304140

金石錄補二十七卷續跋七卷　（清）葉奕苞著　清道光二十四年(1844)蔣氏別下齋刻本　四冊

320000－1646－0004027　304141

金石彙目分編二十卷　（清）吳式芬輯　清光緒海豐吳氏文錄堂刻本　二十四冊

320000－1646－0004028　304142

金石契不分卷　（清）張燕昌錄　清乾隆四十三年(1778)刻本　四冊

320000－1646－0004029　304143

金石契不分卷　（清）張燕昌錄　清光緒二十二年(1896)刻本　十二冊

320000－1646－0004030　304144

求古精舍金石圖四卷　（清）陳經著　清嘉慶二十三年(1818)刻本　二冊

320000－1646－0004031　304145

金石索十二卷　（清）馮雲鵬輯　清光緒三十三年(1907)上海文新局石印本　二十四冊

320000－1646－0004032　304146

金石索十二卷　（清）馮雲鵬輯　清光緒三十三年(1907)上海文新局石印本　九冊　存六卷(金索一至五、石索六)

320000－1646－0004033　304147

金石索十二卷　（清）馮雲鵬輯　清光緒三十三年(1907)上海文新局石印本　六冊　存六卷(石索一至六)

320000－1646－0004034　304148

金石屑不分卷　（清）鮑昌熙撰　清光緒二年(1876)刻本　存一冊

320000－1646－0004035　304149

金石圖說四卷　劉世珩編補　清光緒二十二年(1896)聚學軒劉氏刻本　二冊

320000－1646－0004036　503330

芥子園畫傳四集四卷　清嘉慶二十三年(1818)金陵抱青閣刻本　四冊

320000－1646－0004037　304154

小蓬萊閣金石文字不分卷　（清）黃易輯　清道光十四年(1834)刻本　八冊

320000－1646－0004038　304155

隨軒金石文字　（清）徐渭仁撰　清同治七年(1868)刻本　存七種(周石鼓文、建昭雁足鐙攷跋攷二卷、漢高陽令楊著碑不全、漢太尉楊震碑、漢圉令趙君碑、漢巴郡太守樊敏碑、隋大業塔盤題字)　存三冊

320000－1646－0004039　304156

望堂金石文字三十四種　楊守敬輯　清光緒三年(1877)刻本　六冊

320000 - 1646 - 0004040　304157

金石存十五卷　（清）吴玉搢纂　清嘉慶二十四年(1819)石印本　四冊

320000 - 1646 - 0004041　304158

金石存十卷　（清）吴玉搢撰　清乾隆刻本　二冊

320000 - 1646 - 0004042　304159

兩漢金石記二十二卷　（清）翁方綱撰　清乾隆五十四年(1789)南昌使院刻本　八冊

320000 - 1646 - 0004043　304160

金石文鈔八卷續鈔二卷　（清）趙紹祖撰　清嘉慶七年(1802)刻本　三冊　存三卷(文鈔八、續鈔二卷)

320000 - 1646 - 0004044　304161

金石萃編一百六十卷　（清）王昶撰　清同治十年(1871)刻本　十六冊

320000 - 1646 - 0004045　304162

金石萃編一百六十卷　（清）王昶撰　清同治十年(1871)刻本　六十四冊

320000 - 1646 - 0004046　304163

金石萃編一百六十卷續編二十一卷　（清）王昶撰　清光緒十九年(1893)醉六堂石印本　二十四冊

320000 - 1646 - 0004047　304164

金石萃編一百六十卷續編二十一卷補正四卷　（清）王昶撰　清光緒十九年(1893)醉六堂石印本　二十八冊

320000 - 1646 - 0004048　503331

芥子園畫傳四集四卷　清嘉慶二十三年(1818)小酉山房刻本　四冊

320000 - 1646 - 0004049　304167

金石續錄四卷　（清）劉青藜著　清乾隆二十年(1755)刻本　二冊

320000 - 1646 - 0004050　304169

古墨齋金石跋六卷涇川金石記一卷　（清）趙紹祖撰　清道光十二年(1832)涇縣趙氏鉛印本　三冊

320000 - 1646 - 0004051　304170

來齋金石刻考略三卷　（清）林侗撰　清道光二十一年(1841)刻本　一冊　存二卷(上、中)

320000 - 1646 - 0004052　304171

清儀閣題跋不分卷　（清）張廷濟撰　清光緒蘇州振新書社石印本　存三冊

320000 - 1646 - 0004053　304172

清儀閣金石題識四卷　（清）陳其榮編輯　清光緒二十一年(1895)觀自得齋刻本　四冊

320000 - 1646 - 0004054　304173

清儀閣金石題識四卷　（清）陳其榮編輯　清光緒二十一年(1895)觀自得齋刻本　四冊

320000 - 1646 - 0004055　304174

集古錄跋尾十卷　（宋）歐陽修著　清光緒刻本　五冊

320000 - 1646 - 0004056　304179

金石學錄補四卷　（清）陸心源撰　清光緒十二年(1886)刻本　二冊

320000 - 1646 - 0004057　304183

京畿金石考二卷　（清）孫星衍撰　清光緒十三年(1887)抱芳閣刻本　二冊

320000 - 1646 - 0004058　304184

常山貞石志二十四卷　（清）沈濤輯　清道光二十二年(1842)刻本　七冊　存二十一卷(四至二十四)

320000 - 1646 - 0004059　304186

山由石刻叢編四十卷　胡聘之撰　清光緒二十七年(1901)刻本　二十四冊

320000 - 1646 - 0004060　304187

山由石刻叢編四十卷　胡聘之撰　清光緒二十七年(1901)刻本　十二冊

320000 - 1646 - 0004061　304188

山右金石記十卷　（清）張煦纂　清光緒十五年(1889)刻本　九冊　存九卷(一至九)

320000 - 1646 - 0004062　304197

關中金石記八卷　（清）華沅撰　清乾隆經訓

堂刻本　八冊

320000-1646-0004063　304198

山左金石志二十四卷　（清）華沅等撰　清嘉慶儀徵阮氏刻本　八冊

320000-1646-0004064　304200

江寧金石記八卷待訪錄二卷　（清）嚴觀輯　清宣統二年(1910)江楚編譯書局刻本　二冊

320000-1646-0004065　304201

楚州金石錄一卷　羅振玉錄　清末石印本　一冊

320000-1646-0004066　304202

江寧金石記八卷　（清）嚴觀輯　清宣統二年(1910)江楚編譯書局刻本　一冊　存六卷（一至六）

320000-1646-0004067　304208

虎丘石刻僅存錄一卷舊佚錄一卷舊存今佚錄一卷　（清）潘鍾瑞編　清光緒十四年(1888)刻本　一冊

320000-1646-0004068　304211

安徽金石略十卷　（清）趙紹祖輯　清光緒貴池劉氏刻本　二冊　存八卷（三至十）

320000-1646-0004069　304213

兩浙金石志十八卷補遺一卷　（清）阮元輯　清光緒十六年(1890)浙江書局刻本　十二冊

320000-1646-0004070　304214

兩浙金石志十八卷　（清）阮元編　清道光四年(1824)刻本　十八冊

320000-1646-0004071　304215

吳興金石記十六卷　（清）陸心源撰　清光緒十六年(1890)刻本　四冊

320000-1646-0004072　304217

東甌金石志十二卷　（清）戴咸弼輯　清光緒九年(1883)石印本　四冊

320000-1646-0004073　304219

括蒼金石志十二卷續四卷　（清）李遇孫輯　（清）鄒柏森增補　清同治十三年(1874)處州刻本　八冊

320000-1646-0004074　304220

括蒼金石記十二卷續四卷　（清）李遇孫輯　（清）鄒柏森增補　清同治十三年(1874)處州刻本　六冊

320000-1646-0004075　304224

洹洛訪古二卷　羅振常撰　清光緒二年(1876)石印本　二冊

320000-1646-0004076　304226

安陽縣金石錄十二卷　（清）武億撰　清嘉慶二十四年(1819)刻本　四冊

320000-1646-0004077　501922

淨土十要十卷　（明）釋袾宏撰　清同治八年至光緒二年(1869-1876)赫舍里如山刻本　二十四冊

320000-1646-0004078　304232

海東金石苑四卷　（清）劉燕庭著錄　清光緒七年(1881)二銘草堂刻本　二冊

320000-1646-0004079　304241

金文四種　清拓本　四張

320000-1646-0004080　304247

續考古圖五卷釋文一卷　（宋）呂大臨撰　（宋）趙九成釋文　清光緒二十八年(1902)刻本　一冊　存二卷（五、釋文一卷）

320000-1646-0004081　304251

西清續鑑甲編二十卷附錄一卷　（清）王傑編　清宣統石印本　十七冊　存十五卷（三至四、七至十二、十四至二十上）

320000-1646-0004082　304252

長安獲古編二卷補遺一卷　（清）劉喜海（劉燕庭）撰　清光緒三十一年(1905)劉氏刻本　二冊

320000-1646-0004083　304254

兩罍軒彝器圖釋十二卷　（清）吳雲撰　清同治十二年(1873)刻本　四冊

320000-1646-0004084　304255

兩罍軒彝器圖釋十二卷　（清）吳雲撰　清同治十二年(1873)刻本　三冊　存六卷（一至

二、五至六、九至十)

320000-1646-0004085　304256
恒軒所見吉金錄一卷　(清)吳大澂著　清光緒十一年(1885)刻本　二冊

320000-1646-0004086　304257
懷米山房吉金圖一卷　(清)曹載奎撰　清道光十九年(1839)拓本　二冊

320000-1646-0004087　304258
陶齋吉金錄八卷　(清)端方編　清光緒三十四年(1908)有正書局影印本　八冊

320000-1646-0004088　304259
陶齋吉金續錄二卷　(清)端方編　清光緒三十四年(1908)有正書局影印本　二冊

320000-1646-0004089　304260
奇觚室吉金文述二十卷　劉心源著　清光緒二十八年(1902)刻本　十冊

320000-1646-0004090　503332
芥子園畫傳□□卷　(清)巢勳重摹　清光緒十三年(1887)上海鴻文書局石印本　五冊　存九卷(一至九)

320000-1646-0004091　304278
宋王復齋鐘鼎款識一卷　(清)阮元輯　清末石印本　一冊

320000-1646-0004092　304279
歷代鐘鼎彝器款識法帖二十卷　(清)嚴可均書　清光緒八年(1882)上海點石齋影印本　四冊

320000-1646-0004093　304280
歷代鐘鼎彝器款識法帖二十卷　(清)嚴可均書　清光緒三十三年(1907)貴池柳氏玉海堂影印本　四冊

320000-1646-0004094　304281
歷代鐘鼎彝器款識法帖二十卷　(清)嚴可均書　清光緒三十三年(1907)貴池柳氏玉海堂影印本　四冊

320000-1646-0004095　304282
歷代鐘鼎彝器款識法帖二十卷　(清)嚴可均書　清光緒三十三年(1907)貴池柳氏玉海堂影印本　四冊

320000-1646-0004096　304283
積古齋鐘鼎彝器款識十卷　(清)阮元編錄　清嘉慶九年(1804)刻本　六冊

320000-1646-0004097　304284
積古齋鐘鼎彝器款識十卷　(清)阮元編錄　清嘉慶九年(1804)刻本　四冊

320000-1646-0004098　304285
積古齋鐘鼎彝器款識十卷　(清)阮元撰　清光緒九年(1883)常熟鮑氏後知不足齋刻本　四冊

320000-1646-0004099　304289
筠清館金石文字五卷　(清)吳榮光撰　清道光二十二年(1842)南海吳氏刻本　四冊　存四卷(二至五)

320000-1646-0004100　503333
真本芥子園畫傳四集六卷　(清)巢勳繪編　清光緒上海碧梧山莊石印本　五冊　存五卷(二至六)

320000-1646-0004101　304291
愙齋集古錄二十六卷集古錄釋文謄稿一卷　(清)吳大澂撰　清涵芬樓影印本　二十八冊

320000-1646-0004102　304297
集古錄目五卷　(宋)歐陽棐撰　(清)黃本驥編　清道光二十四年(1844)刻本　三冊

320000-1646-0004103　304298
集古錄目十卷　(宋)歐陽棐撰　繆荃孫輯　清光緒刻本　一冊　存五卷(一至五)

320000-1646-0004104　304301
寰宇訪碑錄十二卷　(清)孫星衍等撰　清光緒九年(1883)江蘇書局刻本　四冊

320000-1646-0004105　304303
漢魏碑刻紀存一卷　(清)謝道承輯　清嘉慶二十一年(1816)刻本　一冊

320000-1646-0004106　304304
墨妙亭碑目考二卷　(清)張鑑撰　清光緒十

年(1884)江蘇書局刻本　二冊

320000－1646－0004107　304306

陶齋威石記四十四卷藏磚記二卷　（清）端方輯　清宣統元年(1909)有正書局影印本　十二冊

320000－1646－0004108　304307

陶齋威石記四十四卷藏磚記二卷　（清）端方輯　清宣統元年(1909)有正書局影印本　十二冊

320000－1646－0004109　503334

芥子園畫傳□□卷　清光緒石印本　十九冊　存二十八卷(初集六卷、二集九卷、三集六卷、四集四卷、五集一卷、六集一卷、七集三)

320000－1646－0004110　304309

石鼓文定本十卷　（清）沈梧著　清光緒十六年(1890)古華山館刻本　八冊

320000－1646－0004111　304321

古玉圖考一卷　（清）吳大澂輯　清光緒十五年(1889)上海同文書局石印本　二冊

320000－1646－0004112　304322

古玉圖考一卷　（清）吳大澂輯　清光緒十五年(1889)上海同文書局石印本　一冊

320000－1646－0004113　304323

古玉圖考一卷　（清）吳大澂輯　清光緒十五年(1889)上海同文書局石印本　二冊

320000－1646－0004114　304324

陶齋古玉圖一卷　（清）王大隆纂　清末上海來青閣影印本　二冊

320000－1646－0004115　304333

退菴題跋二卷　（清）梁章鉅撰　清末刻本　一冊

320000－1646－0004116　304334

竹雲題跋四卷　（清）王澍著　清道光二十七年(1847)刻本　二冊

320000－1646－0004117　304335

虛舟題跋十卷　（清）王澍撰　清乾隆刻本　一冊　存四卷(六至九)

320000－1646－0004118　304336

平津讀碑記八卷續一卷再續一卷三續二卷　（清）洪頤煊撰　清光緒十一年(1885)木犀軒刻本　六冊

320000－1646－0004119　304341

讀碑小箋一卷　羅振玉撰　清光緒唐風樓刻本　一冊

320000－1646－0004120　304342

杭郡庠得表忠觀碑記事一卷　（清）余懋棨輯　里居雜詩　（清）朱樟著　清波小志　（清）陳景忠輯　清光緒七年(1881)錢塘丁氏刻本　一冊

320000－1646－0004121　304344

石刻鋪敘二卷　（宋）曾宏父纂述　清神州國光社影印本　一冊

320000－1646－0004122　304347

語石十卷　葉昌熾撰　清宣統元年(1909)刻本　四冊

320000－1646－0004123　304348

語石十卷　葉昌熾撰　清宣統元年(1909)刻本　四冊

320000－1646－0004124　304349

語石十卷　葉昌熾撰　清宣統元年(1909)刻本　四冊

320000－1646－0004125　304350

語石十卷　葉昌熾撰　清宣統元年(1909)刻本　一冊

320000－1646－0004126　304351

金石例十卷　（元）潘昂霄著　清乾隆二十年(1755)刻本　二冊

320000－1646－0004127　304352

蒼崖先生金石例十卷札記一卷　（元）潘昂霄撰　（清）楊本編輯　清光緒刻本　二冊

320000－1646－0004128　304353

誌銘廣例二卷　（清）梁玉繩撰　清光緒四年(1878)會稽章氏刻本　一冊

320000－1646－0004129　304354

碑版文廣例十卷　（清）王芑孫輯　清道光二十一年(1841)刻本　五冊

320000－1646－0004130　304355

金石綜例四卷　（清）馮登府纂　清道光刻本　二冊

320000－1646－0004131　304356

金石綜例四卷　（清）馮登府纂　清光緒十三年(1887)朱氏槐盧刻本　二冊

320000－1646－0004132　304359

千甓亭磚錄六卷　（清）陸心源纂　清光緒七年(1881)吳興陸氏十萬卷樓刻本　二冊

320000－1646－0004133　304360

千甓亭古磚圖釋二十卷　（清）陸心源輯　清光緒十七年(1891)吳興陸氏影印本　四冊

320000－1646－0004134　304361

千甓亭古磚圖釋二十卷　（清）陸心源輯　清光緒十七年(1891)吳興陸氏影印本　二冊　存四卷(六至九)

320000－1646－0004135　304366

秦漢瓦當文字一卷　（清）程敦著錄　清石印本　三冊

320000－1646－0004136　503335

芥子園畫傳初集六卷　（清）巢勛重摹增編　清光緒二十二年(1896)上海寶文書局石印本　四冊

320000－1646－0004137　503336

芥子園畫傳六卷　（清）巢勛重摹增編　清光緒石印本　四冊　存五卷(一至五)

320000－1646－0004138　501940

佛說阿彌陀經要解便蒙鈔三卷　（清）釋達默造鈔　清光緒二十三年(1897)刻本　一冊

320000－1646－0004139　503337

芥子園畫傳六卷　（清）巢勛重摹增訂　清光緒石印本　四冊　存五卷(一至五)

320000－1646－0004140　304373

古泉匯貞集十四卷　（清）李佐賢著　清同治三年(1864)刻本　二冊　存七卷(八至十四)

320000－1646－0004141　304375

古金志存四卷　（清）李光庭輯　清咸豐九年(1859)刻本　三冊　存三卷(一至三)

320000－1646－0004142　304377

癖談六卷　（清）蔡雲撰　清光緒十一年(1885)刻本　一冊

320000－1646－0004143　304379

古泉叢話三卷　（清）戴熙撰　清同治十一年(1872)滂喜齋刻本　一冊

320000－1646－0004144　304380

古泉叢話三卷　（清）戴熙撰　清同治十一年(1872)滂喜齋刻本　一冊

320000－1646－0004145　304383

泉布統誌九卷首一卷附錄一卷　（清）孟逸岡撰　清道光三年(1823)刻本　三十冊

320000－1646－0004146　503338

圖案一卷　清刻本　一冊

320000－1646－0004147　304385

泉志十五卷譜雙五卷　（宋）洪遵撰　清同治十三年(1874)隸釋齋刻本　四冊

320000－1646－0004148　304387

制錢通考四卷　（清）唐與崑纂輯　清咸豐三年(1853)刻本　一冊

320000－1646－0004149　503339

木刻花樣不分卷　清刻本　二冊

320000－1646－0004150　304402

殷商貞卜文字考一卷　羅振玉著　清宣統二年(1910)玉簡齋石印本　一冊

320000－1646－0004151　304403

殷商貞卜文字考一卷　羅振玉著　清宣統二年(1910)玉簡齋石印本　一冊

320000－1646－0004152　304404

殷商貞卜文字考一卷　羅振玉著　清宣統二年(1910)玉簡齋石印本　一冊

320000－1646－0004153　304405

契文舉例二卷　（清）孫詒讓著　清光緒三十

年(1904)石印本　二册

320000-1646-0004154　304427
八史經籍志二十九卷　(清)張壽榮輯　清光緒八年(1882)刻本　十六册

320000-1646-0004155　304428
八史經籍志二十九卷　(清)張壽榮輯　清光緒八年(1882)刻本　十五册　缺二卷(明史藝文志三至四)

320000-1646-0004156　501945
佛說觀無量壽佛經一卷　(南朝宋)釋畺良耶舍譯　佛說阿彌陀經一卷　(後秦)鳩摩羅什譯　稱讚淨土佛攝經一卷　(唐)釋玄奘譯　阿彌陀鼓音聲王陀羅尼經一卷　觀世音菩薩得大勢菩薩受記經一卷　(南朝宋)釋曇無竭譯　無量壽優波提舍一卷　(北魏)釋菩提鶹支譯　佛說阿彌陀經疏一卷　(唐)釋元曉述　清光緒七年(1881)金陵刻經處刻本　一册

320000-1646-0004157　304432
江刻書目三種　(清)江標輯　清光緒刻本　四册

320000-1646-0004158　304439
欽定四庫全書總目提要四部類叙一卷　(清)江標輯　清光緒二十一年(1895)刻本　一册

320000-1646-0004159　304441
四庫全書表文箋釋四卷　(清)林鶴年纂　清宣統元年(1909)吳興劉氏求恕齋刻本　一册

320000-1646-0004160　501952
佛說觀無量壽佛經疏鈔宗鈔四卷　(宋)釋知禮鈔　清同治十二年(1873)杭州昭慶寺慧空經房刻本　一册

320000-1646-0004161　503341
精選畫譜采新初集一卷　清光緒十九年(1893)閎文閣石印本　一册

320000-1646-0004162　501954
觀經義疏鈔宗鈔證義二卷　(明)釋廣承集　(明)釋廣印校　清同治十三年(1874)杭州昭慶寺慧空經房刻本　一册

320000-1646-0004163　501957
無量壽經起信論三卷　(清)彭際清述　清乾隆四十年(1775)刻本　一册

320000-1646-0004164　304453
古今偽書考一卷　(清)姚際恒著　清光緒三年(1877)刻本　一册

320000-1646-0004165　304454
古今偽書考一卷　(清)姚際恒著　清末鉛印本　二册

320000-1646-0004166　503340
新增六法留痕畫譜□□卷　清光緒二十二年(1896)上海觀瀾閣石印本　二册　存二卷(一、三)

320000-1646-0004167　501958
無量壽經起信論三卷　(清)彭際清述　清乾隆四十年(1775)刻本　一册

320000-1646-0004168　304461
百宋一廛賦一卷　(清)顧廣圻撰　(清)黃丕烈注　清光緒三年(1877)潘氏刻本　一册

320000-1646-0004169　304462
曝書雜記二卷　(清)錢泰吉著　清道光別下齋刻本　一册

320000-1646-0004170　304463
曝書雜記二卷　(清)錢泰吉著　清同治刻本　二册

320000-1646-0004171　304464
武林藏書錄四卷　(清)丁申撰　清光緒二十六年(1900)刻本　四册

320000-1646-0004172　304465
藏書紀事詩七卷　葉昌熾輯　清宣統二年(1910)文學山房刻本　六册

320000-1646-0004173　304466
藏書紀事詩七卷　葉昌熾輯　清宣統二年(1910)刻本　六册

320000-1646-0004174　503344
點石齋叢畫十卷　題(清)尊聞閣主人編　清光緒十一年(1885)上海點石齋石印本　(拼配)

六册　存八卷(一至二、四至九)

320000－1646－0004175　304477
藏書紀要一卷流通古書約一卷　（清）孫從添著　清刻本　一册

320000－1646－0004176　304479
書林清話十卷　葉德輝述　清宣統三年(1911)刻本　四册

320000－1646－0004177　501221
困學紀聞三箋二十卷　（元）王應麟撰　（清）閻若璩等箋　清嘉慶九年(1804)刻本　六册

320000－1646－0004178　501884
春樹齋叢說不分卷天步真原中卷一卷　（清）溫葆深撰　清光緒二年(1876)金陵溫氏刻本　四册

320000－1646－0004179　501222
校訂困學紀聞集證二十卷　（元）王應麟撰　（清）閻若璩等釋　清嘉慶十二年(1807)山淵堂刻本　十二册

320000－1646－0004180　501223
校訂困學紀聞集證二十卷　（元）王應麟撰　（清）閻若璩等釋　清嘉慶十二年(1807)刻本　十册

320000－1646－0004181　503013
錢母蒯太淑人傳一卷　（清）俞樾撰　黃自元書　清末石印本　一册

320000－1646－0004182　501893
地理錄要四卷　（清）蔣平階撰　清道光二十一年(1841)綠蔭堂刻本　四册

320000－1646－0004183　304489
漢藝文志攷證十卷　（元）王應麟撰　清光緒刻本　二册

320000－1646－0004184　304490
補後漢書藝文志一卷補後漢書藝文志攷十卷　（清）曾樸纂　清光緒二十一年(1895)常熟鉛印本　二册

320000－1646－0004185　304491
史記天官書補目一卷　（清）孫星衍撰　補續

320000－1646－0004185　304491
漢書藝文志一卷　（清）錢大昭撰　清光緒十三年(1887)廣雅書局刻本　一册

320000－1646－0004186　304494
隋經籍志考證十三卷　（清）章宗源撰　清光緒三年(1877)湖北崇文書局刻本　四册

320000－1646－0004187　304495
隋經籍志考證十三卷　（清）章宗源撰　清光緒三年(1877)湖北崇文書局刻本　四册

320000－1646－0004188　304496
隋經籍志考證十三卷　（清）章宗源撰　清光緒三年(1877)湖北崇文書局刻本　四册

320000－1646－0004189　304497
補五代史藝文志一卷　（清）顧櫰三纂　清光緒刻本　一册

320000－1646－0004190　304499
日本國見在書目錄一卷　（日本）藤原佐世撰　清遵義黎氏刻本　一册

320000－1646－0004191　304500
崇文總目五卷　（宋）王堯臣編次　崇文總目補遺一卷　（清）錢侗錄　清咸豐三年(1853)粵雅堂鉛印本　二册

320000－1646－0004192　304506
欽定四庫全書附存目錄十卷　（清）胡虔編　清乾隆五十八年(1793)刻本　四册

320000－1646－0004193　304507
壬子文瀾閣所存書目五卷　清刻本　一册

320000－1646－0004194　304508
壬子文瀾閣所存書目五卷　清刻本　四册

320000－1646－0004195　304509
學古堂捐藏書目一卷學古堂藏書目一卷　清刻本　一册

320000－1646－0004196　304510
學古堂捐藏書目一卷學古堂藏書目一卷　清刻本　一册

320000－1646－0004197　501224
校訂困學紀聞集證二十卷　（元）王應麟撰

(清)閻若璩等釋　清嘉慶二十四年(1819)刻本　十二冊

320000－1646－0004198　501225
敬齋古今黈八卷　(元)李冶撰　清刻本　一冊　存四卷(五至八)

320000－1646－0004199　501226
輟耕錄三十卷　(明)陶宗儀撰　清廣文堂刻本　八冊

320000－1646－0004200　501227
輟耕錄三十卷　(明)陶宗儀撰　清廣文堂刻本　八冊

320000－1646－0004201　304575
日本書目志十五卷　康有為輯　清光緒石印本　七冊　存十三卷(三至十五)

320000－1646－0004202　304578
遂初堂書目一卷　(宋)尤袤輯　江陰李氏得月樓書目摘錄一卷　(明)李鶚翀輯　清光緒二十年(1894)武進盛氏刻本　一冊

320000－1646－0004203　304579
天一閣書目四卷天一閣碑目一卷　(清)阮元輯　清嘉慶十三年(1808)文選樓刻本　二冊

320000－1646－0004204　304580
天一閣見存書目四卷首一卷末一卷　(清)薛福成編次　清光緒十五年(1889)無錫薛氏刻本　四冊

320000－1646－0004205　501910
淨土四經　(清)魏承貫輯　清同治五年(1866)金陵書局刻本　一冊

320000－1646－0004206　502842
明十五完人尺牘　江曲書莊藏　清光緒三十二年(1906)國學保存會石印本　一冊

320000－1646－0004207　304587
上善堂宋元板精鈔舊鈔書目一卷　(清)孫從添輯　清刻本　一冊

320000－1646－0004208　501916
佛祖心髓十卷　(清)釋達如輯　清末木活字印本　一冊　存三卷(三至五)

320000－1646－0004209　304589
藝芸書舍宋元本書目不分卷　(清)汪閬源編　清同治十二年(1873)文學山房刻本　一冊

320000－1646－0004210　304590
海源閣藏書目一卷　(清)楊紹和藏　清光緒十四年(1888)江標刻本　一冊

320000－1646－0004211　501917
淨土十要十卷　(明)釋智旭等解　清光緒二十年(1894)廣陵藏經院刻本　四冊

320000－1646－0004212　502843
明十五完人尺牘　江曲書莊藏　清光緒三十二年(1906)國學保存會石印本　一冊

320000－1646－0004213　304593
古越藏書樓書目二十卷首一卷　(清)徐樹蘭撰　清光緒三十年(1904)崇實書局石印本　八冊

320000－1646－0004214　502844
明十五完人手帖　江曲書莊藏　清光緒三十四年(1908)國學保存會石印本　一冊

320000－1646－0004215　304596
持靜齋書目五卷持靜齋藏書記要二卷　(清)丁日昌輯　清光緒刻本　六冊

320000－1646－0004216　304597
結一廬書目一卷　(清)朱澂編　清刻本　一冊

320000－1646－0004217　304604
醉紅詞館藏書目一卷　清抄本　一冊

320000－1646－0004218　304605
壽盦書目一卷　題(清)壽盦主人編　清抄本　一冊

320000－1646－0004219　304607
希任齋書目一卷　清抄本　一冊

320000－1646－0004220　304610
大清畿輔書徵四十一卷　徐世昌撰　清天津徐氏鉛印本　十六冊

320000－1646－0004221　304612

國朝箸述未刊書目一卷　清光緒十四年(1888)蘇州書局刻本　一冊

320000－1646－0004222　304614
海虞藝文志六卷　(清)姚福均輯　清光緒二十三年(1897)常熟姚氏慕程齋刻本　二冊

320000－1646－0004223　304615
江陰藝文志二卷　金武祥輯　清光緒十七年(1891)粟香室刻本　一冊

320000－1646－0004224　304620
彙刻書目初編十卷　(清)顧修編　清光緒元年(1875)長洲無夢園陳氏刻本　三冊

320000－1646－0004225　304623
彙刻書目二十卷　(清)顧修編　清光緒十二年至十五年(1886－1889)上海福瀛書局刻本　二十冊

320000－1646－0004226　304626
經籍舉要一卷　(清)龍啟瑞輯　清光緒十年(1884)濟南刻本　一冊

320000－1646－0004227　304628
讀書舉要二卷　(清)楊希閔撰　清同治八年(1869)刻本　一冊

320000－1646－0004228　304629
書目答問不分卷　(清)張之洞著　清光緒元年(1875)刻本　二冊

320000－1646－0004229　304630
書目答問不分卷　(清)張之洞著　清光緒元年(1875)刻本　二冊

320000－1646－0004230　304631
書目答問不分卷　(清)張之洞著　清光緒十四年(1888)上海蜚英館石印本　一冊

320000－1646－0004231　304633
書目答問不分卷　(清)張之洞著　清光緒四年(1878)上海淞隱閣鉛印本　一冊

320000－1646－0004232　304634
書目答問不分卷　(清)張之洞著　清光緒四年(1878)四明味海閣刻本　二冊

320000－1646－0004233　304636
正本學社講學類鈔不分卷　清光緒三十一年(1905)同文社鉛印本　一冊

320000－1646－0004234　304638
東西學書錄二卷中國人輯著書一卷東西國人舊譯著書一卷　(清)徐維則輯　清光緒二十五年(1899)石印本　一冊

320000－1646－0004235　304639
讀西學書法一卷　梁啓超撰　清光緒二十二年(1896)時務報館刻本　一冊

320000－1646－0004236　304640
西學書目表三卷附一卷　梁啓超撰　清光緒二十二年(1896)時務報館刻本　一冊

320000－1646－0004237　304641
西學課程彙編一卷　出洋肄業局譯　清光緒十一年(1885)自學廬刻本　一冊

320000－1646－0004238　304642
全燬書目一卷抽燬書目一卷　(清)英廉編　清乾隆四十七年(1782)刻本　一冊

320000－1646－0004239　304643
全燬書目一卷抽燬書目一卷禁書總目一卷　(清)英廉編　清乾隆四十三年至五十三年(1778－1788)歸安姚氏刻本　四冊

320000－1646－0004240　304644
違礙書籍目錄不分卷　清乾隆四十三年(1778)刻本　一冊

320000－1646－0004241　304645
昭德先生郡齋讀書志二十卷首一卷　(宋)晁公武著　清光緒六年(1880)刻本　八冊

320000－1646－0004242　304646
昭德先生郡齋讀書志二十卷首一卷　(宋)晁公武著　清光緒六年(1880)會稽章氏刻本　十冊

320000－1646－0004243　304647
昭德先生郡齋讀書志二十卷趙希弁後志二卷　(宋)晁公武撰　清光緒十年(1884)長沙王氏刻本　十冊

320000－1646－0004244　304648

昭德先生郡齋讀書志五卷後志二卷　（宋）晁公武撰　清刻本　四冊

320000－1646－0004245　304649

直齋書錄解題二十二卷　（宋）陳振孫撰　清江南省刻本　六冊

320000－1646－0004246　304650

直齋書錄解題二十二卷　（宋）陳振孫撰　清光緒九年(1883)江蘇書局刻本　六冊

320000－1646－0004247　304651

直齋書錄解題二十二卷　（宋）陳振孫撰　清刻本　八冊

320000－1646－0004248　304652

讀書敏求記四卷　（清）錢曾撰　清道光二十七年(1847)海山仙館刻本　一冊

320000－1646－0004249　304653

經義考三百卷目錄二卷　（清）朱彝尊錄　清乾隆四十二年(1777)刻本（原缺卷二百九十九至三百）　六十四冊　存三百卷(一至二百九十八、目錄二卷)

320000－1646－0004250　304654

經義考三百卷目錄二卷　（清）朱彝尊錄　清乾隆四十二年(1777)刻本（原缺卷二百九十九至三百）　三十六冊　存二百二十八卷(一至二百二十六、目錄二卷)

320000－1646－0004251　304655

經義考三百卷目錄二卷　（清）朱彝尊錄　清光緒二十三年(1897)浙江書局刻本（原缺卷二百九十九至三百）　五十冊　存三百卷(一至二百九十八、目錄二卷)

320000－1646－0004252　501923

楞嚴摸象記十卷諸經佛說阿彌陀經疏鈔四卷阿彌陀經疏鈔事義三卷阿彌陀經疏鈔問辯一卷續問答一卷答淨土四十八問一卷淨土疑辯一卷往生集三卷　（明）釋袾宏述　清光緒十八年至二十四年(1892－1898)金陵刻經處刻本　七冊

320000－1646－0004253　501928

阿彌陀經一卷　清光緒十五年(1889)金陵刻經處刻本　一冊

320000－1646－0004254　302443

林文直公奏稿八卷首一卷　（清）林紹年撰　清宣統刻本　六冊

320000－1646－0004255　503345

點石齋畫報大全不分卷　清宣統二年(1910)集成圖書公司石印本　二冊

320000－1646－0004256　304661

欽定四庫全書簡明目錄二十卷　（清）紀昀等纂　清光緒十年(1884)上海同文書局石印本　四冊

320000－1646－0004257　304662

欽定四庫全書簡明目錄二十卷　（清）紀昀等纂　清光緒五年(1879)墨潤堂鉛印本　十冊

320000－1646－0004258　304663

欽定四庫全書簡明目錄二十卷　（清）紀昀等纂　清刻本　三冊

320000－1646－0004259　304664

四庫全書簡明目錄二十卷　（清）紀昀等纂　清石印本　四冊

320000－1646－0004260　501933

無量壽如來會二卷　（唐）釋流志譯　佛說大乘無量壽莊嚴經一卷　（宋）釋法賢譯　清光緒十年(1884)金陵刻經處刻本　一冊

320000－1646－0004261　501934

佛說阿彌陀經要解一卷　（明）釋智旭解　清光緒十一年(1885)金陵刻經處刻本　一冊

320000－1646－0004262　304668

四庫未收書目提要五卷　（清）阮元撰　清光緒四年(1878)上海淞隱閣鉛印本　一冊

320000－1646－0004263　304681

春在堂全書錄要一卷　（清）俞樾編　春在堂全書校勘記一卷　（清）蔡啟盛編　清光緒十一年(1885)刻本　一冊

320000－1646－0004264　501938

受持佛說阿彌陀經行願儀一卷　（清）釋成時輯　清同治九年（1870）如皋刻經處刻本　一冊

320000－1646－0004265　501939

佛說阿彌陀經要解便蒙鈔三卷　（清）釋達默造鈔　清光緒二十三年（1897）刻本　三冊

320000－1646－0004266　304685

科學書目提要初編一卷　王景沂述　清光緒二十九年（1903）北洋官報局鉛印本　一冊

320000－1646－0004267　304687

算學書目提要三卷　丁福保述　清光緒二十五年（1899）無錫竢實學堂刻本　一冊

320000－1646－0004268　304689

小學考五十卷　（清）謝啓昆録　清嘉慶二十一年（1816）樹經堂刻本　二十冊

320000－1646－0004269　304690

漁洋書籍跋尾二卷　（清）王士禎撰　清雍正刻本　二冊

320000－1646－0004270　304691

漁洋書籍跋尾二卷　（清）王士禎撰　清光緒四年（1878）葛氏嘯園刻　二冊

320000－1646－0004271　304696

士禮居藏書題跋記六卷　（清）黃丕烈輯　清光緒刻本　四冊

320000－1646－0004272　304699

愛日精廬藏書志三十六卷愛日精廬藏書續志四卷　（清）張今吾撰　清光緒十三年（1887）吳縣靈芬閣徐氏木活字印本　八冊

320000－1646－0004273　304700

開有益齋讀書志六卷開有益齋讀書續志一卷開有益齋金石文字記一卷　（清）朱緒曾撰　清光緒六年（1880）金陵翁氏茹古閣刻本　六冊

320000－1646－0004274　503354

初等小學圖畫教科書不分卷　（清）學部編譯圖書局編　清宣統元年（1909）京華印書局石印本　三冊

320000－1646－0004275　304702

鐵琴銅劍樓藏書目録二十四卷　（清）瞿鏞撰　清光緒二十四年（1898）常熟瞿氏刻本　十冊

320000－1646－0004276　304703

楹書隅録五卷楹書隅録續編四卷　（清）楊紹和輯　清光緒二十年（1894）海源閣刻本　八冊

320000－1646－0004277　304704

宋元舊本書經眼録三卷附録二卷　（清）莫友芝編　清同治十二年（1873）刻本　一冊

320000－1646－0004278　304705

宋元舊本書經眼録三卷附録二卷　（清）莫友芝編　清同治十二年（1873）刻本　二冊

320000－1646－0004279　304707

皕宋樓藏書志一百二十卷　（清）陸心源編　清光緒八年（1882）十萬卷樓刻本　三十二冊

320000－1646－0004280　304708

皕宋樓藏書志一百二十卷　（清）陸心源編　清光緒八年（1882）十萬卷樓刻本　三十二冊

320000－1646－0004281　304709

儀顧堂題跋十六卷儀顧堂續跋十六卷　（清）陸心源著　清光緒十八年（1892）刻本　二冊

320000－1646－0004282　304711

華延年室題跋三卷　（清）傅以禮撰　清宣統元年（1909）鉛印本　三冊

320000－1646－0004283　304712

藝風藏書記八卷　繆荃孫編　清光緒二十六年（1900）刻本　二冊

320000－1646－0004284　304713

藝風藏書記八卷藝風藏書續記八卷　繆荃孫編　清光緒二十六年至民國元年（1900－1912）刻本　一冊

320000－1646－0004285　304714

善本書室藏書志四十卷附録一卷　（清）丁丙輯　清光緒二十七年（1901）錢塘丁氏刻本　十六冊

320000-1646-0004286　501943

佛說阿彌陀經畧解一卷　（明）釋六佑解　清同治十三年(1874)杭州昭慶寺刻本　一冊

320000-1646-0004287　304726

皇清經解敬修堂編目十六卷　（清）陶治元編輯　清光緒十二年(1886)石印本　四冊

320000-1646-0004288　304727

式古堂目錄十七卷　（清）尤瑩編　清光緒十九年(1893)石印本　二冊

320000-1646-0004289　304728

式古堂目錄十七卷　（清）尤瑩編　清光緒十九年(1893)石印本　二冊

320000-1646-0004290　501944

佛說觀無量壽佛經一卷　（南朝宋）釋畺良耶舍譯　佛說阿彌陀經一卷　（後秦）鳩摩羅什譯　稱讚淨土佛攝經一卷　（唐）釋玄奘譯　阿彌陀鼓音聲王陀羅尼經一卷　觀世音菩薩得大勢菩薩受記經一卷　（南朝宋）釋曇無竭譯　無量壽優波提舍一卷　（北魏）釋菩提留支譯　佛說阿彌陀經疏一卷　（唐）釋元曉述　清光緒七年(1881)金陵刻經處刻本　一冊

320000-1646-0004291　501946

佛說觀無量壽佛經略論一卷　（南朝宋）釋畺良耶舍譯　（清）楊文會略論　清金陵刻經處刻本　一冊

320000-1646-0004292　501947

佛說無量壽經義疏六卷　（北魏）釋康僧鎧譯經　（隋）釋慧遠撰疏　清光緒二十年(1894)金陵刻經處刻本　一冊

320000-1646-0004293　501948

佛說觀無量壽佛經一卷　（南朝宋）釋畺良耶舍譯　清同治十年(1871)金陵刻經處刻本　一冊

320000-1646-0004294　305353

續弘簡錄元史類編四十二卷　（清）邵遠平著　清康熙四十五年(1706)繼善堂刻本　十二冊

320000-1646-0004295　305354

繹史一百六十卷　（清）馬驌撰　清光緒十四年(1888)蘇州綠蔭堂刻本　三十六冊

320000-1646-0004296　305406

古玉圖考一卷　（清）吳大澂輯　清光緒十五年(1889)上海同文書局石印本　四冊

320000-1646-0004297　304775

宋金元詞集見存卷目一卷　吳昌綬輯　清光緒三十三年(1907)鴻文書局石印本　一冊

320000-1646-0004298　305407

高士傳三卷　（晉）皇甫謐撰　清光緒木活字印本　三冊

320000-1646-0004299　501228

草木子四卷　（明）葉子奇著　清光緒元年(1875)刻本　二冊

320000-1646-0004300　304787

江蘇書局各書價目一卷　江蘇書局編　清光緒十九年(1893)刻本　一冊

320000-1646-0004301　500651

外科症治全生集四卷　（清）王維德纂輯　清同治八年(1869)長洲蔣氏刻本　一冊

320000-1646-0004302　304793

家刻書目十卷　（清）錢培蓀彙錄　清光緒四年(1878)刻本　四冊

320000-1646-0004303　501956

無量壽經起信論三卷　（清）彭際清述　清乾隆四十年(1775)刻本　一冊

320000-1646-0004304　304822

普通百科新大詞典文科大詞典樣本一卷　國學扶輪社編　清宣統三年(1911)國學扶輪社石印本　一冊

320000-1646-0004305　304836

國朝詩人徵略六十卷　（清）張維屏輯　清道光十年(1830)刻本　十冊

320000-1646-0004306　304837

國朝詩人徵略六十卷　（清）張維屏輯　清道光十年(1830)刻本　十冊

320000－1646－0004307　304839

安道公[陳瑚]年譜二卷　（清）陳溥述　清光緒十八年(1892)東倉書庫刻本　一冊

320000－1646－0004308　304845

南宋雜事詩七卷　（清）沈嘉轍等撰　清同治十一年(1872)刻本　四冊

320000－1646－0004309　304846

南宋雜事詩七卷　（清）沈嘉轍等撰　清同治十一年(1872)淮南書局刻本　四冊

320000－1646－0004310　304850

重刊補註洗冤錄集證六卷　（清）王又槐增輯　（清）李觀瀾補輯　（清）阮其新補注　清光緒三十年(1904)石印本　六冊

320000－1646－0004311　503392

晚笑堂竹莊畫傳一卷　（清）上官周繪　清乾隆八年(1743)刻本　一冊

320000－1646－0004312　501229

草木子四卷　（明）葉子奇著　清光緒元年(1875)刻本　二冊

320000－1646－0004313　502853

欽定三希堂法帖三十二冊御題三希堂續刻法帖四冊　清宣統元年(1909)文盛書局石印本　三十六冊

320000－1646－0004314　304862

印度刑律二卷注二卷　（印度）嘉托瑪　（印度）美巴理著　清光緒二十九年(1903)上海廣學會鉛印本　一冊

320000－1646－0004315　304868

南海百咏一卷　（宋）方信孺撰　清光緒八年(1882)學海堂刻本　一冊

320000－1646－0004316　304869

師友集十卷　（清）梁章鉅撰　清道光二十五年(1845)北東園刻本　二冊

320000－1646－0004317　304870

顏氏家藏尺牘姓氏考一卷　（清）顏光敏輯　清道光二十七年(1847)刻本　一冊

320000－1646－0004318　304871

昭代名人尺牘小傳二十四卷　（清）吳修輯　清光緒石印本　二冊

320000－1646－0004319　304876

選定經濟叢編不分卷　清光緒二十八年(1902)鉛印本　五冊

320000－1646－0004320　304877

中外時務經濟新論六卷　果爾敏編　清光緒二十四年(1898)上海自強齋石印本　六冊

320000－1646－0004321　304878

史論引端一卷　李殿林輯　清光緒二十八年(1902)上海書局石印本　一冊

320000－1646－0004322　304879

新聞報時務通論不分卷　金煦生輯　清上海新聞報館鉛印本　八冊

320000－1646－0004323　304880

明宮詞一卷　（清）程嗣章著　清上海掃葉山房石印本　一冊

320000－1646－0004324　501230

草木子四卷　（明）葉子奇著　清乾隆二十七年(1762)刻本　二冊

320000－1646－0004325　304883

四海鬚眉傳一卷　張麟年撰　清光緒三十二年(1906)崇寔齋刻本　一冊

320000－1646－0004326　304886

陳文忠公奏議二卷　（清）陳寶琛撰　清光緒六年(1880)閩縣螺江陳氏刻本　二冊

320000－1646－0004327　304894

攈古錄金文三卷　（清）吳式芬撰　清光緒二十一年(1895)山陰吳氏刻本　九冊

320000－1646－0004328　304895

從古堂款識學十六卷　（清）徐同柏釋文　清光緒三十二年(1906)蒙學報館影印本　八冊

320000－1646－0004329　304896

攀古廎彝器款識二卷　（清）潘祖蔭撰　清同治十一年(1872)滂喜齋刻本　一冊　存一卷（一）

320000－1646－0004330　304897

敬吾心室識篆圖不分卷　（清）朱之榛輯　清光緒三十四年(1908)石印本　二冊

320000－1646－0004331　501961

妙法蓮華經七卷　（後秦）釋鳩摩羅什譯　清光緒刻本　三冊

320000－1646－0004332　304902

[鄭盦藏金拓本]十張　（清）潘祖蔭藏　清拓本　十張

320000－1646－0004333　304908

華氏通四怡隱公支宗譜十五卷末一卷　華開驥輯　清光緒二十五年(1899)存裕堂義莊木活字印本　六冊

320000－1646－0004334　304916

陳氏宗譜六卷　陳學昌等修　清宣統元年(1909)忠直堂木活字印本　六冊

320000－1646－0004335　304919

太原家譜二十八卷首一卷末一卷　葉耀元編纂　清光緒三十三年至宣統三年(1907－1911)木活字印本　三十冊

320000－1646－0004336　304923

正定王氏家傳六卷後記一卷　（清）王耕心著　清光緒十九年(1893)龍樹精舍刻本　一冊

320000－1646－0004337　304930

毘陵呂氏族譜二十二卷首一卷末一卷　清光緒四年(1878)木活字印本　十二冊

320000－1646－0004338　304940

新安徐氏宗譜不分卷首一卷　（清）徐景京（清）徐禋纂輯　清乾隆刻本　三冊

320000－1646－0004339　304944

生薑滰陳氏宗譜七卷首一卷　（清）陳富教續修　清光緒三十年(1904)崇本堂刻本　一冊

320000－1646－0004340　304945

[同治]湘鄉縣志二十三卷首一卷末一卷　（清）黃楷盛纂修　清同治八年至十三年(1869－1874)刻本　二十四冊

320000－1646－0004341　304948

[光緒]湘潭縣志十二卷　（清）陳嘉榆修（清）王闓運纂　清光緒十五年(1889)刻本　十冊

320000－1646－0004342　304953

[光緒]常昭合志十二卷首一卷　（清）言如泗編纂　清光緒二十四年(1898)木活字印本　十四冊

320000－1646－0004343　304958

[道光]重修平度州志二十七卷　（清）保忠總修　（清）李圖總纂　清道光二十八年(1848)刻本　八冊

320000－1646－0004344　304963

[嘉慶]介休縣志十四卷　（清）徐品山（清）陸元穗纂修　清嘉慶二十四年(1819)刻本　八冊

320000－1646－0004345　304964

深州風土記二十二卷　（清）吳汝綸纂　清光緒二十六年(1900)文瑞書院刻本　八冊

320000－1646－0004346　304968

[乾隆]富順縣志五卷首一卷　（清）段玉裁纂輯　清光緒八年(1882)刻本　五冊

320000－1646－0004347　304972

[光緒]重修彭縣志十三卷　（清）張龍甲總纂　清光緒四年(1878)刻本　十冊

320000－1646－0004348　304988

永曆實錄二十六卷　（清）王夫之撰　清道光二十二年(1842)長沙新化鄧顯鶴刻本　三冊　存二十五卷(一至十五、十七至二十六)

320000－1646－0004349　304993

周吏部[順昌]年譜一卷　（清）殷獻臣述　清刻本　一冊

320000－1646－0004350　304995

閻潛丘先生[若璩]年譜一卷　（清）張穆編　清道光二十七年(1847)壽陽祁氏刻本　一冊

320000－1646－0004351　304996

太常公[錢薇]年譜一卷　（清）錢泰吉輯　清光緒三十年(1904)刻本　一冊

320000－1646－0004352　305003

明史雜詠二卷　（清）柴文杰著　清光緒三年（1877）刻本　一冊

320000－1646－0004353　305004

明史雜詠二卷　（清）柴文杰著　清光緒三年（1877）刻本　一冊

320000－1646－0004354　305007

東遊草一卷　江瀚撰　清光緒三十年（1904）刻本　一冊

320000－1646－0004355　305008

魏書校勘記一卷　（清）李慈銘撰　清光緒九年（1883）長沙王氏刻本　一冊

320000－1646－0004356　305009

國朝掌故講義一卷　趙炳麟擬　清宣統元年（1909）木活字印本　一冊

320000－1646－0004357　305010

陸文慎公奏議一卷　陸寶忠撰　清宣統三年（1911）鉛印本　一冊

320000－1646－0004358　305016

都門竹枝詞一卷　（清）楊靜亭撰　清光緒三年（1877）刻本　一冊

320000－1646－0004359　305026

存古學堂叢刻一卷　王仁俊撰　清光緒三十三年（1907）鉛印本　一冊

320000－1646－0004360　501234

餘冬錄六十一卷　（明）何孟春輯　清光緒二年（1876）刻本　十二冊

320000－1646－0004361　305030

直塘里志六卷　（清）時寶臣編輯　清抄本　三冊

320000－1646－0004362　305031

穎川支譜二十卷首一卷　（清）孫燾總纂　清光緒二十五年（1899）木活字印本　六冊

320000－1646－0004363　305032

婁關蔣氏本支錄右編十二卷首一卷末一卷　（清）蔣德驊輯　清光緒三十一年（1905）刻本　十冊

320000－1646－0004364　305037

句餘土音三卷甬上族望表二卷　（清）全祖望撰　清嘉慶十九年（1814）刻本　二冊

320000－1646－0004365　305040

司馬氏書儀十卷　（宋）司馬光撰　清雍正元年（1723）刻本　二冊

320000－1646－0004366　305041

司馬氏書儀十卷　（宋）司馬光撰　清同治七年（1868）江蘇書局刻本　一冊

320000－1646－0004367　305042

司馬氏書儀十卷　（宋）司馬光撰　清同治七年（1868）江蘇書局刻本　一冊

320000－1646－0004368　305043

歷代服制考原二卷　（清）蔡子嘉撰　清光緒十四年（1888）富文閣石印本　一冊

320000－1646－0004369　305044

王會篇箋釋三卷　（清）何秋濤撰　清光緒十七年（1891）江蘇書局刻本　三冊

320000－1646－0004370　305045

清儀閣題跋一卷　（清）張廷濟撰　清刻本　四冊

320000－1646－0004371　305047

格致書院課藝不分卷　（清）王韜輯　清光緒鉛印本　十七冊

320000－1646－0004372　305396

勝溪竹枝詞一卷　（清）柳樹芳撰　清道光四年（1824）刻本　一冊

320000－1646－0004373　305053

小學考五十卷　（清）謝啓昆錄　清光緒十四年（1888）浙江書局刻本　二十冊

320000－1646－0004374　305054

人壽金鑑二十二卷　（清）程得齡輯　清嘉慶二十五年（1820）柳衣園刻本　四冊　存十四卷（一至十四）

320000－1646－0004375　305055

增廣時務新策彙編四卷　清光緒十四年（1888）石印本　二冊

320000-1646-0004376　305056

保富國論大成四卷保富國策二卷　（清）管斯駿輯　清光緒二十四年（1898）自強齋石印本　六冊

320000-1646-0004377　305057

時務要覽八卷　（清）朱克敬編輯　清光緒二十三年（1897）上海萬選樓石印本　四冊

320000-1646-0004378　305058

新學正規六卷　（清）陳鷗民編　清光緒二十七年（1901）上海書局石印本　六冊

320000-1646-0004379　305060

五洲政治藝學策論二卷　清光緒二十八年（1902）石印本　二冊

320000-1646-0004380　305061

中外經世緒言十六卷續編八卷　清光緒二十三年（1897）石印本　十四冊

320000-1646-0004381　305062

史論正鵠初集四卷二集四卷　（清）王樹敏評點　清光緒二十七年（1901）上海久敬齋石印本　八冊

320000-1646-0004382　305063

廿二史策案十二卷　（清）王鎏輯　清道光十一年（1831）綠蔭山房刻本　四冊

320000-1646-0004383　305073

制服成誦編一卷制服表一卷喪服通釋一卷　（清）周保珪撰　清光緒二十一年（1895）武林王氏紅蝠山房石印本　一冊

320000-1646-0004384　305074

制服成誦編一卷制服表一卷喪服通釋一卷　（清）周保珪撰　清光緒二十一年（1895）武林王氏紅蝠山房石印本　一冊

320000-1646-0004385　305080

長興縣學文牘不分卷　清光緒十六年（1890）刻本　二冊

320000-1646-0004386　305085

辛卯侍行記六卷　陶保廉撰　清光緒二十三年（1897）養樹山房刻本　六冊

320000-1646-0004387　501973

金剛般若波羅密經二卷　（清）俞樾注　清光緒九年（1883）刻本　一冊

320000-1646-0004388　305092

黃忠端公［尊素］年譜二卷　（清）黃炳垕編輯　清光緒元年（1875）留書種閣刻本　一冊

320000-1646-0004389　305096

集帖目三卷　（清）惠兆壬錄　清抄本　一冊　存一卷（一）

320000-1646-0004390　305097

羣碧樓書目初編九卷　鄧邦述編　書衣雜識一卷　正闇學人撰　清宣統三年（1911）鉛印本　四冊

320000-1646-0004391　305102

秦漢十印齋書目四卷　（清）蔣鳳藻輯　清抄本　四冊

320000-1646-0004392　305104

吳門表隱二十卷　（清）顧震濤輯　清光緒二十八年（1902）潘聖一校抄本　十二冊

320000-1646-0004393　305114

大唐開元禮辨證一卷　（清）李璋煜輯　清鈔本　一冊

320000-1646-0004394　502858

昭代名人尺牘二十四卷小傳二十四卷　（清）吳修編　清光緒三十四年（1908）西泠印社石印本　二十六冊

320000-1646-0004395　305117

光緒朝進出口大宗貨價表一卷　張庸輯　清宣統三年（1911）翰墨林書局鉛印本　一冊

320000-1646-0004396　305119

資治通鑑補正二百九十四卷　（宋）司馬光編集　（明）嚴衍補正　清光緒二十八年（1902）上海益智書局石印本　四十八冊

320000-1646-0004397　305132

欽定宗室王公功績表傳十二卷　清京都琉璃廠刻本　九冊　存十卷（一至十）

320000-1646-0004398　305133

唐書二百二十五卷 （宋）歐陽修撰 **唐書釋音二十五卷** （宋）董衝撰 清光緒二十八年(1902)上海文瀾書局石印本 八冊

320000－1646－0004399　305146

史記一百三十卷 （漢）司馬遷撰 （南朝宋）裴駰注 （唐）司馬貞索隱 （唐）張守節正義 清光緒四年(1878)金陵書局仿汲古閣本刻本 十六冊

320000－1646－0004400　305186

官幕同舟錄二卷急救應驗諸方一卷 （清）費山壽撰 清同治六年(1867)笠澤三省書屋刻本 二冊

320000－1646－0004401　305188

蘇州府長元吳三邑諸生譜九卷 （清）錢國祥編 清光緒三十二年(1906)刻本 二冊

320000－1646－0004402　305240

[嘉靖]通州志六卷 （明）林穎重修 清抄本 六冊

320000－1646－0004403　305241

常郡八邑藝文志十二卷 （清）盧文弨纂 清光緒十六年(1890)刻本 十六冊

320000－1646－0004404　305243

檢身錄一卷 （清）朱士端撰 清抄本 四冊

320000－1646－0004405　501976

金剛般若波羅密經石注一卷 （清）石成金注 清刻本 一冊

320000－1646－0004406　305290

平望志十八卷首一卷 （清）翁廣平纂輯 清光緒十二年(1886)刻本 四冊 存十三卷(一至九、十六至十八,首一卷)

320000－1646－0004407　305292

中吳紀聞六卷 （宋）龔明之著 清宣統元年(1909)刻本 二冊

320000－1646－0004408　305293

虎邱山志十卷 （清）顧湄重修 清宣統三年(1911)集群圖書館鉛印本 二冊

320000－1646－0004409　501977

金剛經百家集注大成不分卷 清光緒九年(1883)鉛印本 一冊

320000－1646－0004410　500032

諸子通考三卷 （清）孫德謙撰 清宣統二年(1910)江蘇存古學堂鉛印本 三冊

320000－1646－0004411　500033

諸子通考三卷 （清）孫德謙撰 清宣統二年(1910)江蘇存古學堂鉛印本 三冊

320000－1646－0004412　500038

孔子家語十卷 （三國魏）王肅注 清光緒元年(1875)湖北崇文書局刻本 二冊

320000－1646－0004413　500039

孔氏家語十卷 （三國魏）王肅注 清錢熙振宗氏刻本 四冊 存九卷(一至九)

320000－1646－0004414　500040

孔氏家語十卷 （三國魏）王肅注 清光緒二十四年(1898)武昌貴池劉氏玉海堂刻本 二冊 存六卷(一至六)

320000－1646－0004415　500041

孔聖家語圖十一卷 （明）吳嘉謨撰 清康熙吳郡寶翰樓刻本 四冊

320000－1646－0004416　500042

家語十卷 （清）姜兆錫正義 清雍正十一年(1733)寅清樓刻本 一冊 存五卷(六至十)

320000－1646－0004417　500043

孔子家語疏證十卷 （清）陳士珂輯 清光緒十七年(1891)三餘草堂刻本 八冊

320000－1646－0004418　500044

家語疏證六卷 （清）孫志祖撰 清光緒會稽章氏刻本 二冊

320000－1646－0004419　500046

孔子集語十七卷 （清）孫星衍輯 清光緒二十三年(1897)上海文瑞樓刻本 二冊

320000－1646－0004420　500047

曾子注釋四卷敘錄一卷 （清）阮元輯 清道光二十五年(1845)墨經室刻本 一冊

320000－1646－0004421　500048

曾子注釋四卷　（清）阮元著　清道光九年(1829)廣東學海堂刻本　一冊

320000－1646－0004422　500049

曾子家語六卷　（清）曾國荃審訂　（清）王定安編輯　清光緒十六年(1890)金陵刻本　二冊

320000－1646－0004423　500050

曾子大義述八卷　唐文治編述　清宣統元年(1909)上海文明書局鉛印本　一冊　存一卷（一）

320000－1646－0004424　500052

子思子輯解七卷　（漢）鄭玄注　（清）黃以周輯解　清光緒二十二年(1896)南菁書院刻本　二冊

320000－1646－0004425　500053

荀子二十卷　（戰國）荀況著　（唐）揚倞注　清光緒八年(1882)遵義黎氏影印本　六冊

320000－1646－0004426　500056

荀子補注二卷　（清）郝懿行著　清刻本　一冊

320000－1646－0004427　500058

荀子二十卷校勘補遺一卷　（戰國）荀況著　（唐）楊倞注　清乾隆五十一年(1786)嘉善謝墉安雅堂刻本　四冊

320000－1646－0004428　500059

荀子二十卷校勘補遺一卷　（戰國）荀況撰　（唐）杨倞注　清光緒二年(1876)浙江書局刻本　六冊

320000－1646－0004429　500062

荀子集解二十卷首一卷　王先謙集解　（唐）楊倞注　清光緒十七年(1891)思賢講舍刻本　六冊

320000－1646－0004430　500063

荀子集解二十卷首一卷　王先謙集解　（唐）楊倞注　清光緒十七年(1891)思賢講舍刻本　六冊

320000－1646－0004431　500066

孔叢五卷　（清）姜兆錫正義　清雍正寅清樓刻本　一冊

320000－1646－0004432　500067

鹽鐵論二卷　（漢）桓寬撰　清光緒元年(1875)湖北崇文書局刻本　二冊

320000－1646－0004433　500068

鹽鐵論十卷校勘小識一卷　（漢）桓寬撰　清光緒十七年(1891)思賢講舍刻本　二冊

320000－1646－0004434　500070

說苑二十卷　（漢）劉向撰　清光緒元年(1875)湖北崇文書局刻本　四冊

320000－1646－0004435　500071

新纂門目五臣音注楊子法言十卷　（晉）李軌　（唐）柳宗元註　（宋）司馬光等添註　清嘉慶九年(1804)姑蘇王氏聚文堂刻本　二冊

320000－1646－0004436　500073

潛夫論十卷　（漢）王符撰　（清）王継培箋　清光緒十七年(1891)思賢講舍刻本　四冊

320000－1646－0004437　500076

大學衍義四十三卷　（宋）真德秀著　清同治十三年(1874)金陵書局刻本　八冊

320000－1646－0004438　500077

大學衍義四十三卷　（宋）真德秀著　清同治十三年(1874)金陵書局刻本　八冊

320000－1646－0004439　500078

大學衍義四十三卷　（宋）真德秀撰　清同治十一年(1872)浙江書局刻本　十冊

320000－1646－0004440　500079

大學衍義四十三卷　（宋）真德秀撰　清同治十一年(1872)浙江書局刻本　十冊

320000－1646－0004441　500080

大學衍義輯要六卷補輯要十二卷　（宋）真德秀原本　（清）陳弘謀纂　清乾隆元年(1736)培遠堂刻本　八冊

320000－1646－0004442　500081

大學衍義四十三卷大學衍義補一百六十卷

(宋)真德秀彙輯　(明)陳仁錫評閱　(明)丘濬撰　清道光刻本　四冊　存十七卷(大學衍義三至六,大學義補二十七至三十、五十一至五十五、六十至六十三)

320000－1646－0004443　500082
中庸衍義十七卷　(明)夏良勝撰　清同治十年(1871)刻本　十一冊　存十五卷(一至二、五至十七)

320000－1646－0004444　500083
繹志十九卷　(明)胡承諾撰　清道光十七年(1837)顧氏謏聞書屋刻本　六冊

320000－1646－0004445　500084
繹志十九卷　(明)胡承諾撰　清同治十一年(1872)浙江書局刻本　三冊

320000－1646－0004446　500085
繹志十九卷　(明)胡承諾撰　清光緒十七年(1891)三餘草堂刻本　八冊

320000－1646－0004447　500086
讀書說四卷年譜一卷　(明)胡承諾撰　清光緒十七年(1891)三餘草堂刻本　三冊

320000－1646－0004448　500088
皆窊子三卷越俎卮言二卷　(清)江順詒撰　清同治刻本　一冊

320000－1646－0004449　500089
皆窊子集證五卷　(清)江順詒撰　清同治刻本　一冊

320000－1646－0004450　500090
校邠廬抗議二卷　(清)馮桂芬撰　清光緒九年(1883)津河廣仁堂刻本　一冊

320000－1646－0004451　500091
校邠廬抗議二卷　(清)馮桂芬撰　清光緒二十四年(1898)刻本　二冊

320000－1646－0004452　500092
校邠廬抗議二卷　(清)馮桂芬著　清光緒十八年(1892)敏德堂刻本　二冊

320000－1646－0004453　500093
校邠廬抗議二卷　(清)馮桂芬著　清光緒十八年(1892)敏德堂刻本　二冊

320000－1646－0004454　500094
校邠廬抗議二卷　(清)馮桂芬著　清光緒十八年(1892)敏德堂刻本　二冊

320000－1646－0004455　500095
校邠廬抗議別論一卷　(清)陳鼎撰　清光緒刻本　一冊

320000－1646－0004456　500099
通書述解二卷　(明)曹端撰　清咸豐十一年(1861)刻本　二冊

320000－1646－0004457　500100
正蒙初義十七卷　(清)王植輯錄　清乾隆刻本　三冊　存九卷(一至二、十一至十七)

320000－1646－0004458　500101
近思錄十四卷　(宋)朱熹等著　清光緒刻本　二冊

320000－1646－0004459　500102
近思錄集解十四卷　(宋)葉采集解　清光緒十年(1884)津河廣仁堂刻本　二冊

320000－1646－0004460　500103
近思錄集解十四卷　(宋)葉采集解　清初吳郡邵氏刻本　二冊

320000－1646－0004461　500104
近思錄集注十四卷朱子世家一卷　(清)江永集注　清光緒十四年(1888)廣雅書局刻本　五冊

320000－1646－0004462　500105
近思錄集註十四卷　(清)江永集註　清同治四年(1865)望三益齋刻本　四冊

320000－1646－0004463　500106
近思錄集註十四卷朱子世家一卷　(清)江永集註　清同治八年(1869)江蘇書局刻本　四冊

320000－1646－0004464　500107
近思錄集註十四卷朱子世家一卷　(清)江永集註　清同治八年(1869)江蘇書局刻本　四冊

320000－1646－0004465　500108

五子近思錄發明十四卷　（清）施璜纂注　清末刻本　一冊　存三卷(十至十二)

320000－1646－0004466　500109

廣近思錄十四卷　（清）張伯行輯　清同治五年(1866)正誼書院刻本　一冊　存三卷(一至三)

320000－1646－0004467　500111

朱子全書六十六卷　（宋）朱熹著　清康熙五十三年(1714)刻本　三十六冊

320000－1646－0004468　500112

朱子全書六十六卷　（宋）朱熹著　清末刻本　三十六冊

320000－1646－0004469　500113

朱子語類一百四十卷　（宋）朱熹撰　清刻本　三十二冊

320000－1646－0004470　500114

朱子語類一百四十卷　（宋）朱熹撰　清刻本　十九冊　存六十二卷(二十一至二十八、三十二至四十四、五十二至五十五、六十至六十二、七十一至七十三、七十八至七十九、八十三至八十六、九十至九十七、一百十四至一百二十、一百二十五至一百三十、一百三十四至一百三十七)

320000－1646－0004471　500121

北溪先生四書字義二卷首一卷附一卷　（宋）陳淳撰　（宋）王雋編　清初刻本　二冊

320000－1646－0004472　500122

潛室陳先生木鍾集十一卷　（宋）陳埴撰　清同治六年(1867)東甌郡齋刻本　四冊

320000－1646－0004473　500123

西山先生真文忠公讀書記四十卷　（宋）真德秀撰　清真氏家刻本　一冊

320000－1646－0004474　500127

心經一卷政經一卷　（宋）真德秀輯　清初刻本　一冊

320000－1646－0004475　500128

心政二經二卷[真德秀]年譜一卷　（宋）真德秀著　清乾隆二十九年(1764)刻本　三冊

320000－1646－0004476　500129

濂洛關閩書十九卷　（清）張伯行集解　清同治五年(1866)福州正誼書院刻本　六冊

320000－1646－0004477　500130

性理大全會通七十卷續編四十二卷　（明）胡廣等撰　清刻本　二十二冊　存六十三卷(性理大全會通一至四十八、續編二十八至四十二)

320000－1646－0004478　500131

性理大全七十卷　（明）胡廣等撰　清初青畏堂刻本　二十冊

320000－1646－0004479　500132

讀書錄十一卷讀書續錄十二卷　（明）薛瑄撰　清乾隆刻本　八冊

320000－1646－0004480　500133

讀書續錄十二卷　（明）薛瑄撰　清康熙刻本　二冊

320000－1646－0004481　500134

讀書錄二卷　（清）汪紱著　清光緒二十一年(1895)刻本　二冊

320000－1646－0004482　500135

困知記二卷續記二卷三續一卷四續一卷續補一卷外編一卷附錄一卷　（明）羅欽順撰　清嘉慶四年(1799)闕城房刻本　四冊

320000－1646－0004483　500136

傳習錄一卷　（明）王守仁著　清光緒三十一年(1905)石印本　一冊

320000－1646－0004484　500137

傳習錄一卷　（明）王守仁著　清光緒三十一年(1905)石印本　一冊

320000－1646－0004485　500141

傳習錄偶摘一卷　（清）陸遇霖錄　清康熙三十三年(1694)刻本　一冊

320000－1646－0004486　500142

王陽明先生書疏證四卷　（清）胡泉撰　清咸

豐三年(1853)刻本 一冊

320000-1646-0004487 500149

呻吟語六卷 (明)呂坤著 清同治七年(1868)邵陽曾氏思補山房刻本 六冊

320000-1646-0004488 500150

呻吟語六卷 (明)呂坤著 清同治九年(1870)古吳松茂室刻本 六冊

320000-1646-0004489 500151

呻吟語六卷 (明)呂坤著 清同治九年(1870)古吳松茂室刻本 六冊

320000-1646-0004490 500152

呻吟語節錄六卷 (明)呂坤著 清同治八年(1869)武林刻本 二冊

320000-1646-0004491 500153

呂語集粹四卷 (明)呂坤著 清光緒五年(1879)刻本 二冊

320000-1646-0004492 500154

呂子呻吟語節鈔六卷 (明)呂坤撰 (清)陳弘謀節鈔 清同治十年(1871)刻本 一冊

320000-1646-0004493 500155

呂子節錄四卷理欲生長圖說身家盛衰圖說一卷 (明)呂坤撰 (清)陳弘謀評輯 清光緒九年(1883)津河廣仁堂刻本 二冊

320000-1646-0004494 500156

媿林漫錄二卷 (明)瞿式耜撰 清光緒十六年(1890)江蘇書局刻本 二冊

320000-1646-0004495 500157

媿林漫錄二卷 (明)瞿式耜撰 清光緒十六年(1890)江蘇書局刻本 二冊

320000-1646-0004496 500158

答問三卷 (清)孫奇逢撰 清順治十三年(1656)刻本 一冊

320000-1646-0004497 500159

思辨錄輯要前集二十二卷後集十三卷 (明)陸世儀著 清光緒三年(1877)江蘇書局刻本 八冊

320000-1646-0004498 500161

三魚堂賸言十二卷 (清)陸稼其 (清)陳濟編校 清同治七年(1868)武林薇署刻本 一冊

320000-1646-0004499 500162

螺峰說錄二卷首一卷 (清)毛先舒著 清康熙思古堂刻本 一冊

320000-1646-0004500 500163

顏氏學記十卷 (清)戴望述 清光緒二十年(1894)白巖書院刻本 四冊

320000-1646-0004501 500164

顏氏學記十卷 (清)戴望述 清光緒二十年(1894)白巖書院刻本 一冊

320000-1646-0004502 500166

榕村語錄續集二十卷洛河奏對一卷 (清)李光地撰 清光緒二十年(1894)石印本 十一冊

320000-1646-0004503 500167

性理精義十二卷 (清)李光地等撰 清康熙五十六年(1717)刻本 五冊

320000-1646-0004504 500168

性理精義十二卷 (清)李光地等撰 清康熙五十六年(1717)刻本 五冊

320000-1646-0004505 500169

性理輯要八卷 (清)朱啟昆輯 清康熙二十八年(1689)紫陽書院刻本 三冊 存六卷(一至六)

320000-1646-0004506 500171

樂善集六卷 (清)朱奇生輯 清光緒十年(1884)鄰賢堂刻本 六冊

320000-1646-0004507 500172

二子性理衍義增輯六卷 (清)徐乾若輯 清乾隆三年(1738)垂寶堂刻本 一冊

320000-1646-0004508 500173

習是編二卷屈肖巖[成霖]年譜一卷 (清)屈成霖編 清光緒二年(1876)刻本 二冊

320000-1646-0004509 500174

儒門法語一卷　（清）彭定求原編　（清）湯金釗輯要　清光緒元年(1875)江蘇學政署刻本　一冊

320000－1646－0004510　500175

儒門法語一卷　（清）彭定求原編　（清）湯金釗輯要　清光緒元年(1875)江蘇學政署刻本　一冊

320000－1646－0004511　500176

儒門法語一卷　（清）彭定求編輯　清同治四年(1865)衣言堂刻本　一冊

320000－1646－0004512　500177

居易金箴二卷　（清）潘奕儁輯　清同治七年(1868)刻本　一冊

320000－1646－0004513　500178

居易金箴二卷　（清）潘奕儁輯　清同治七年(1868)刻本　一冊

320000－1646－0004514　500180

儒門語要六卷　（清）倪元坦輯著　清光緒七年(1881)忠恕堂刻本　一冊

320000－1646－0004515　500181

懺摩錄一卷　（清）彭兆蓀著　（清）包祖同校　清光緒五年(1879)葛氏嘯園刻本　一冊

320000－1646－0004516　500182

懺摩錄一卷　（清）彭兆蓀著　幽夢影　（清）張潮著　幽夢續影　（清）夈山草人著　清光緒七年(1881)葛氏嘯園刻本　一冊

320000－1646－0004517　500183

四水子遺著一卷　（清）錢友泗撰　邠農偶吟稿一卷　（清）錢炳森著　清光緒七年(1881)刻本　一冊

320000－1646－0004518　500184

漢學商兌四卷　（清）方東樹撰　清光緒八年(1882)四明花語樓刻本　四冊

320000－1646－0004519　500185

漢學商兌四卷　（清）方東樹撰　清光緒八年(1882)四明花語樓刻本　四冊

320000－1646－0004520　500186

大意尊聞三卷　（清）方東樹著　清同治五年(1866)刻本　一冊

320000－1646－0004521　500187

證學編一卷　（清）彭希洛彙錄　清光緒八年(1882)刻本　一冊

320000－1646－0004522　500188

存立編一卷　（清）李文楷錄　清光緒十八年(1892)朱絲玉壺齋刻本　一冊

320000－1646－0004523　500189

存立編一卷　（清）李文楷錄　清光緒十八年(1892)朱絲玉壺齋刻本　一冊

320000－1646－0004524　500190

正學編一卷　（清）潘世恩輯　清道光三年(1823)鳳池園刻本　一冊

320000－1646－0004525　500191

正學編八卷　（清）潘世恩輯　（清）潘曾瑋疏解　清同治六年(1867)刻本　四冊

320000－1646－0004526　500192

養一齋劄記九卷　（清）潘德輿撰　清同治十一年(1872)刻本　三冊

320000－1646－0004527　500193

文莫書屋詹詹言二卷　（清）陳僅述著　清道光二十五年(1845)四明繼雅堂刻本　一冊

320000－1646－0004528　500194

省身錄十卷　（清）蘇源生撰　清同治刻本　三冊　存七卷(四至十)

320000－1646－0004529　500195

忱行錄一卷　（清）邵懿辰著　清同治五年(1866)當歸草堂刻本　二冊

320000－1646－0004530　500196

訟過齋日記六卷　（清）毛輝鳳著　清同治十一年(1872)求仁堂刻本　二冊

320000－1646－0004531　500197

慎餘錄二卷　（清）鄭言紹編輯　清光緒十五年(1889)刻本　二冊

320000－1646－0004532　500198

慎餘錄二卷　（清）鄭言紹編輯　清光緒十五年(1889)刻本　二冊

320000－1646－0004533　500199

理數合解四卷　（清）王覺一撰　（清）竹坡居士編　清光緒二十一年(1895)刻本　二冊

320000－1646－0004534　500200

客中一得三卷　（清）張堃撰　清光緒二十三年(1897)梯雲山人書屋刻本　一冊

320000－1646－0004535　500201

安徽師範學堂修身教科書十章　（清）胡元吉撰　清光緒三十三年(1907)鉛印本　一冊

320000－1646－0004536　500228

日知薈說四卷　（清）高宗弘曆著　清乾隆元年(1736)刻本　二冊

320000－1646－0004537　500232

顏氏家訓注七卷附錄一卷　（北齊）顏之推撰　（清）趙曦明注　（清）盧文弨補　清同治七年(1868)趙同華刻本　二冊

320000－1646－0004538　900342

顧亭林先生遺書十種　（清）顧炎武著　清蓬瀛閣刻本　八冊

320000－1646－0004539　500237

朱文公家訓一卷　（清）唐英書撰　清乾隆十三年(1748)古柏堂刻本　一冊

320000－1646－0004540　500238

楊忠愍公傳家寶訓一卷　（明）楊繼盛撰　清光緒元年(1875)刻本　一冊

320000－1646－0004541　500239

楊忠愍公家訓衍義一卷　（明）楊繼盛著　（清）藍煦增注　清光緒十九年(1893)刻本　一冊

320000－1646－0004542　500240

孝友堂家規一卷　（清）孫奇逢著　清順治十八年(1661)刻本　一冊

320000－1646－0004543　500241

治家格言釋義二卷　（清）戴翊著　清光緒二十四年(1898)儀許廬刻本　一冊

320000－1646－0004544　500242

治家格言釋義二卷　（清）戴翊清著　清石印本　一冊

320000－1646－0004545　500245

傅氏家訓二卷　（清）傅超撰　清光緒十八年(1892)傅氏演慎齋刻本　一冊

320000－1646－0004546　500246

澄懷園語四卷　（清）張廷玉撰　清光緒二年(1876)葛氏嘯園刻本　二冊

320000－1646－0004547　500247

澄懷園語四卷　（清）張廷玉撰　篤素堂文集四卷　（清）張英著　清光緒十四年(1888)合肥蒯氏鉛印本　一冊

320000－1646－0004548　500248

閑家編八卷　（清）王士俊輯　清道光二十三年(1843)曙海樓刻本　四冊　存五卷（一至三、七至八）

320000－1646－0004549　500249

培根錄初集二卷　（清）鄭太和著　清嘉慶十年(1805)龍游葉質生刻本　二冊

320000－1646－0004550　500250

雙節堂庸訓六卷　（清）汪輝祖纂　清光緒江蘇書局刻本　一冊

320000－1646－0004551　500251

傳家至寶十卷　題（清）與善堂諸子編輯　清光緒刻本　二冊

320000－1646－0004552　500252

梅叟閑評四卷　（清）郝培元著　清光緒十年(1884)刻本　一冊

320000－1646－0004553　500253

聖人家門喻原編一卷　（清）魏象樞輯　聖人家門喻補編一卷　（清）寇守信輯　清光緒十二年(1886)積誠堂刻本　一冊

320000－1646－0004554　500255

裕昆要錄一卷　（清）陳延益撰　清光緒十一年(1885)石印本　一冊

320000－1646－0004555　500257

重刻添補傳家寶俚言新本初集八卷二集八卷
三集八卷四集八卷 （清）石成金撰 清乾隆
四年(1739)愛蓮堂刻本 三十二冊

320000 – 1646 – 0004556   500258

重刻添補傳家寶俚言新本初集八卷二集八卷
三集八卷四集八卷 （清）石成金撰 清乾隆
四年(1739)愛蓮堂刻本 十六冊

320000 – 1646 – 0004557   500259

曹大家女誡一卷 （漢）班昭撰 仁孝文皇后
内訓一卷 （明）徐皇后撰 （清）王相箋注
清光緒二年(1876)上海著易堂石印本 一冊

320000 – 1646 – 0004558   900338

重訂楊園先生全集 （清）張履祥撰 清同治
十年(1871)江蘇書局刻本 十六冊

320000 – 1646 – 0004559   500261

閨範圖說四卷 （明）呂坤撰 清光緒刻本
三冊 存三卷(一至三)

320000 – 1646 – 0004560   500264

閨訓新編十二卷 （清）秦雲爽輯注 新婦譜
一卷 （清）陸麗京輯 清康熙刻本 二冊
存四卷(九至十二)

320000 – 1646 – 0004561   500265

女學言行纂三卷附錄一卷菽堂分田錄一卷
（清）李晚芳撰 清乾隆五十二年(1787)刻本
四冊

320000 – 1646 – 0004562   500266

教女遺規三卷 （清）陳弘謀編輯 清道光十
年(1830)培遠堂刻本 一冊

320000 – 1646 – 0004563   500267

閨門俚訓一卷 （清）田潤撰 清光緒二十七
年(1901)刻本 一冊

320000 – 1646 – 0004564   500269

小學集解六卷 （清）吳訥集解 清同治八年
(1869)江蘇書局刻本 二冊

320000 – 1646 – 0004565   500270

小學纂注六卷 （宋）朱熹撰 （清）高愈纂注
清同治十一年(1872)浙江書局刻本 二冊

320000 – 1646 – 0004566   500271

小學纂註六卷 （宋）朱熹著 （清）高愈注
清乾隆十一年(1746)刻本 四冊

320000 – 1646 – 0004567   500272

小學義疏六卷 （清）尹嘉銓疏 清乾隆四十
年(1775)刻本 二冊

320000 – 1646 – 0004568   500273

小學集註六卷 （宋）朱熹著 （明）陳選集註
清光緒南京李光明莊刻本 二冊

320000 – 1646 – 0004569   500274

小學集註六卷 （宋）朱熹撰 （清）黎兆棠校
刊 清同治八年(1869)黎氏教忠堂刻本
二冊

320000 – 1646 – 0004570   500275

小學集註六卷 （宋）朱熹撰 清同治六年
(1867)金陵書局刻本 二冊

320000 – 1646 – 0004571   500276

小學韻語一卷 （清）羅澤南著 清光緒十二
年(1886)合肥李懋勛刻本 二冊

320000 – 1646 – 0004572   500277

小學韻語一卷 （清）羅澤南著 清光緒五年
(1879)江蘇書局刻本 一冊

320000 – 1646 – 0004573   500278

小學韻語一卷 （清）羅澤南著 清同治十二
年(1873)高郵刻本 一冊

320000 – 1646 – 0004574   500279

蒙養必讀一卷 （清）吳鏡沆輯 清光緒十五
年(1889)刻本 一冊

320000 – 1646 – 0004575   500280

課子隨筆節鈔六卷附錄一卷 （清）張師載輯
（清）徐桐節鈔 續編一卷 （清）徐桐編
清同治十年(1871)刻本 一冊

320000 – 1646 – 0004576   500281

課子隨筆鈔六卷 （清）張師載輯 清同治三
年(1864)文慶堂刻本 二冊

320000 – 1646 – 0004577   500284

人範六卷 （清）蔣元輯 清光緒二十七年

(1901)廣雅書局刻本　一冊　存三卷(四至六)

320000-1646-0004578　500286
蒙筏一卷　題(清)三素居士著　清同治十年(1871)綠蔭山房刻本　一冊

320000-1646-0004579　500287
述訓編二卷蒙養編二卷　(清)薛鼎銘撰　清同治九年(1870)明志堂刻本　一冊

320000-1646-0004580　500288
先正遺規四卷　(清)汪正集錄　清光緒十九年(1893)浙江書局刻本　一冊

320000-1646-0004581　500289
先正遺規四卷　(清)汪正集錄　清光緒十九年(1893)浙江書局刻本　二冊

320000-1646-0004582　500295
三字經一卷　(元)王應麟撰　清益有堂刻本　一冊

320000-1646-0004583　500298
龍文鞭影二卷　(明)楊臣諍增訂　續龍文鞭影三卷　(清)賀鳴鸞撰　清同治十年(1871)刻本　四冊

320000-1646-0004584　500299
龍文鞭影二卷　(明)楊臣諍增訂　續龍文鞭影三卷　(清)賀鳴鸞撰　清同治十年至光緒二年(1871-1876)邘江聚經堂刻本　四冊

320000-1646-0004585　500300
龍文鞭影二卷　(明)楊臣諍增訂　續龍文鞭影三卷　(清)賀鳴鸞撰　清光緒二十五年(1899)邘江文樞堂刻本　二冊

320000-1646-0004586　500301
便蒙叢編一卷　蘇州中西小學堂編　清光緒刻本　一冊

320000-1646-0004587　500302
普通學歌訣一卷　張一鵬撰　清光緒二十六年(1900)蘇州中西小學堂刻本　一冊

320000-1646-0004588　500303
皇朝掌故二卷　張一鵬撰　(清)陳蔚文注

清光緒二十八年(1902)上海書局刻本　一冊

320000-1646-0004589　900344
亭林先生遺書彙輯　(清)顧炎武著　清光緒十一年至三十二年(1885-1906)刻本　六冊

320000-1646-0004590　500305
程氏家塾讀書分年日程三卷首一卷　(元)程端禮述　清同治七年(1868)崇文書局刻本　二冊

320000-1646-0004591　500306
程氏家塾讀書分年日程三卷首一卷　(元)程端禮述　清同治七年(1868)崇文書局刻本　二冊

320000-1646-0004592　500307
程氏家塾讀書分季日程三卷首一卷　(元)程端禮述　清同治八年(1869)江蘇書局刻本　一冊

320000-1646-0004593　500308
程氏家塾讀書分季日程三卷首一卷　(元)程端禮述　清同治八年(1869)江蘇書局刻本　一冊

320000-1646-0004594　500309
聖諭像解二十卷　(清)梁延年編輯　清光緒二十八年(1902)石印本　十冊

320000-1646-0004595　500310
聖諭像解二十卷　(清)梁延年編輯　清光緒二十八年(1902)石印本　八冊　存十六卷(一至五、八至十一、十四至二十)

320000-1646-0004596　500311
教諭語一卷　(清)謝金鑾撰　清同治九年(1870)刻本　一冊

320000-1646-0004597　500312
弟子箴言十六卷　(清)胡達源撰　清道光十五年(1835)胡氏聞妙香軒刻本　三冊　存十二卷(一至八、十三至十六)

320000-1646-0004598　500314
輶軒語一卷　(清)張之洞撰　清光緒三年(1877)濠上書齋刻本　一冊

320000－1646－0004599　500315

輶軒語一卷　（清）張之洞撰　清光緒刻本　一冊

320000－1646－0004600　500316

勸學瑣言二卷　王先謙撰　清光緒十一年(1885)刻本　一冊

320000－1646－0004601　500317

勸學篇內外篇一卷　（清）張之洞撰　清光緒二十四年(1898)兩湖書院石印本　一冊

320000－1646－0004602　500318

勸學篇內外篇一卷　（清）張之洞撰　清光緒二十四年(1898)兩湖書院石印本　一冊

320000－1646－0004603　500319

勸學篇內外篇一卷　（清）張之洞撰　清光緒二十四年(1898)南菁精舍刻本　二冊

320000－1646－0004604　500320

勸學篇二卷　（清）張之洞撰　清光緒二十四年(1898)慎始基齋刻本　一冊

320000－1646－0004605　500321

勸學篇書後一卷　（清）何啟等撰　清光緒二十五年(1899)著易堂鉛印本　二冊

320000－1646－0004606　500325

最新學校管理法一卷　秦寶鐘著　清光緒三十三年(1907)上海文明書局鉛印本　一冊

320000－1646－0004607　500329

古今教育通考一卷　華元培編　清末抄本　一冊

320000－1646－0004608　500332

人譜類記二卷　（明）劉宗周著　清雍正四年(1726)洪正治教忠堂刻本　二冊

320000－1646－0004609　500333

人譜類記二卷　（明）劉宗周撰　清同治七年(1868)戢山書院刻本　一冊

320000－1646－0004610　500334

人譜類記一卷　（明）劉宗周撰　（清）方願瑛輯　清刻本　四冊

320000－1646－0004611　500335

人譜類記六卷　（明）劉宗周撰　清光緒三年(1877)崇文書局刻本　二冊

320000－1646－0004612　500336

陸清獻公治嘉格言一卷　（清）陸隴其撰　清同治十年(1871)上海道署刻本　一冊

320000－1646－0004613　500337

陸清獻公宰嘉訓俗一卷　（清）陸隴其撰　清光緒二十六年(1900)不远復齋刻本　一冊

320000－1646－0004614　500338

梁瀛侯先生日省錄三卷　（清）梁瀛侯輯　清光緒六年(1880)刻本　一冊

320000－1646－0004615　500339

日省錄三卷補遺一卷　（清）梁文科輯　清光緒十七年(1891)江南強恕齋刻本　一冊

320000－1646－0004616　500340

警心錄十卷　（清）錢枝桂輯　清道光六年(1826)刻本　一冊

320000－1646－0004617　500341

六事箴言一卷　（清）葉玉屏撰　清嘉慶二十年(1815)刻本　一冊

320000－1646－0004618　500342

六事箴言一卷　（清）葉玉屏撰　清同治馬寶文抄本　一冊

320000－1646－0004619　500343

處世心箴二卷　（清）黃昌麟著　清咸豐十年(1860)刻本　二冊

320000－1646－0004620　500344

讀書做人譜一卷　（清）龍炳垣輯　清同治十一年(1872)刻本　一冊

320000－1646－0004621　500351

先哲格言四卷　清末刻本　一冊

320000－1646－0004622　500352

古格言十二卷　（清）梁章鉅輯　清道光至同治間刻本　二冊

320000－1646－0004623　500357

格言聯璧二卷 （清）金纓輯 清同治二年(1863)湖南省城府正街道生堂刻本 一冊

320000－1646－0004624　500359

格言要覽四卷 （日本）岡監輔本著 清光緒二十七年(1901)上海書局石印本 一冊

320000－1646－0004625　500360

福澤諭吉談叢一卷 （日本）福澤諭吉撰 （清）馮霈譯 清光緒二十九年(1903)上海廣智書局鉛印本 一冊

320000－1646－0004626　500361

天則百話一卷 （日本）加藤弘之撰 （清）吳建常譯 清光緒二十八年(1902)上海廣智書局鉛印本 一冊

320000－1646－0004627　500362

道德法律進化之理一卷 （日本）加藤弘之撰 （清）楊殿玉譯 清光緒二十九年(1903)上海廣智書局鉛印本 一冊

320000－1646－0004628　500364

修學篇一卷 （日本）飯泉規矩三著 （清）蔣震方譯 清光緒二十八年(1902)廣智書局鉛印本 一冊

320000－1646－0004629　500365

修學篇一卷 （日本）飯泉規矩三著 （清）蔣震方譯 清光緒二十八年(1902)廣智書局鉛印本 一冊

320000－1646－0004630　500366

倫理教科書四卷總說一卷 樊炳清譯 清光緒江楚編譯局石印本 一冊

320000－1646－0004631　500367

國民教育愛國心一卷 （日本）穗積八束著 （清）章起渭譯 清光緒三十一年(1905)兩廣學務處鉛印本 一冊

320000－1646－0004632　500368

二十世紀之怪物帝國主義一卷 （日本）幸德秋水原著 趙必振譯 清光緒二十八年(1902)廣智書局刻本 一冊

320000－1646－0004633　500369

社會主義一卷 （日本）襯井知至著 羅大維譯 清光緒二十九年(1903)廣智書局鉛印本 一冊

320000－1646－0004634　500370

近世社會主義四編 （日本）福井準造著 趙必振譯 清光緒二十九年(1903)廣智書局鉛印本 二冊

320000－1646－0004635　500371

希臘三大哲學家學說一卷 （清）陳鵬譯 清光緒二十九年(1903)廣智書局鉛印本 一冊

320000－1646－0004636　500373

穆勒名學甲部八篇 （英國）穆勒約翰撰 嚴復譯 清光緒二十八年(1902)金粟齋鉛印本 一冊

320000－1646－0004637　500374

穆勒名學甲部八篇 （英國）穆勒約翰撰 嚴復譯 清光緒二十八年(1902)金粟齋鉛印本 二冊

320000－1646－0004638　500375

穆勒名學甲部八篇乙部七篇丙部十三篇 （英國）穆勒約翰撰 嚴復譯 清光緒三十一年(1905)金粟齋刻本 七冊 存二十四篇(甲部八篇,乙部七篇,丙部一至五、十至十三)

320000－1646－0004639　500376

原富八卷 （英國）斯密亞丹著 嚴復譯 清光緒二十七年(1901)刻本 八冊

320000－1646－0004640　500377

原富八卷 （英國）斯密亞丹著 嚴復譯 清光緒二十九年(1903)南洋公學譯書院鉛印本 八冊

320000－1646－0004641　500378

原富八卷 （英國）斯密亞丹著 嚴復譯 清光緒二十九年(1903)南洋公學譯書院鉛印本 八冊

320000－1646－0004642　500379

群學肄言十六卷 （英國）斯賓塞爾撰 嚴復

譯　清光緒二十九年（1903）上海文明翻譯書局鉛印本　四冊

320000－1646－0004643　500380

天演論二卷　（英國）赫胥黎著　嚴復譯　清光緒二十九年（1903）史學齋石印本　一冊

320000－1646－0004644　500381

天演論二卷　（英國）赫胥黎著　嚴復譯　清光緒二十七年（1901）富文書局石印本　一冊

320000－1646－0004645　500382

天演論二卷　（英國）赫胥黎著　嚴復譯　清光緒二十九年（1903）申江同文社鉛印本　二冊

320000－1646－0004646　500383

天演論二卷　（英國）赫胥黎著　嚴復譯　清光緒商務印書館鉛印本　一冊

320000－1646－0004647　900278

玉山朱氏遺書　（清）諸可寶輯　清光緒二十六年（1900）玉山書院刻本　三冊

320000－1646－0004648　500385

哲學論綱四篇　（法國）李奇若著　（清）陳鵬譯　清光緒二十九年（1903）廣智書局鉛印本　一冊

320000－1646－0004649　500386

歷史哲學二篇　（美國）威爾遜原著　（清）羅伯雅譯　清光緒二十九年（1903）廣智書局鉛印本　二冊

320000－1646－0004650　500387

心靈學二卷　（美國）海文著　（清）顏永京譯　清光緒十五年（1889）益智書會刻本　一冊

320000－1646－0004651　500388

心靈學二卷　（美國）海文著　（清）顏永京譯　清光緒十五年（1889）益智書會刻本　二冊

320000－1646－0004652　500390

義務論三篇　（美國）海文著　清光緒二十九年（1903）廣智書局鉛印本　一冊

320000－1646－0004653　500392

教育準繩一卷　（美國）卜舫濟輯　（清）徐雅用筆述　清光緒三十年（1904）上海美華書館鉛印本　一冊

320000－1646－0004654　500393

教育準繩一卷　（美國）卜舫濟輯　（清）徐雅用筆述　清光緒三十年（1904）上海美華書館鉛印本　一冊

320000－1646－0004655　504453

丸散集録不分卷　（清）松壽堂輯　清刻本　一冊

320000－1646－0004656　500400

道德經釋義二卷金玉經一卷　題（唐）純陽真人撰　**道德經轉語二卷**　（元）陳觀吾著　**常清靜經一卷**　（清）牟目源訂　**道德經考正二卷**　清掃葉山房石印本　二冊

320000－1646－0004657　500401

道德經釋義二卷金玉經一卷　題（唐）純陽真人撰　**道德經轉語二卷**　（元）陳觀吾著　**常清靜經一卷**　（清）牟目源訂　**道德經考正二卷**　清掃葉山房石印本　二冊

320000－1646－0004658　500402

老子道德經本義二卷末一卷　（清）董德寧注　清乾隆六十年（1795）集陽樓刻本　一冊　存二卷（下、末一卷）

320000－1646－0004659　500403

道德經評註二卷　（漢）河上公章句　清嘉慶九年（1804）經倫堂刻十子全書本　一冊

320000－1646－0004660　500406

老子道德經二卷釋文一卷　（晉）王弼注　（唐）陸德明釋文　清光緒元年（1875）浙江書局刻本　一冊

320000－1646－0004661　500428

莊子南華真經十卷　（晉）郭象注　清光緒十一年（1885）傳忠書局刻本　七冊　存七卷（一至五、九至十）

320000－1646－0004662　500429

莊子因六卷　（清）林雲銘評述　清康熙刻本（卷三配白雲精舍刻本）　五冊　存五卷（一

至三、五至六）

320000－1646－0004663　500430

莊子因六卷　（清）林雲銘評述　清康熙挹奎樓刻本　四冊

320000－1646－0004664　500431

莊子因六卷　（清）林雲銘評述　清光緒千頃堂書局石印本　四冊

320000－1646－0004665　500432

莊子因六卷　（清）林雲銘評述　清光緒六年(1880)常州語本善堂書局刻本　四冊

320000－1646－0004666　500434

南華發覆八卷　（明）釋性通注　清文秀堂刻本　六冊

320000－1646－0004667　500435

莊子內篇注四卷　（明）釋德清注　清光緒十四年(1888)金陵刻經處刻本　二冊

320000－1646－0004668　500436

莊子內篇注四卷　（明）釋德清注　清光緒十四年(1888)金陵刻經處刻本　二冊

320000－1646－0004669　500437

南華真經旁注五卷　（晉）郭象評　（晉）向秀注　清康熙五十五年(1716)刻本　一冊　存一卷(一)

320000－1646－0004670　500438

南華真經解三卷　（清）宣穎著　清經國堂刻本　二冊　存二卷(一至二)

320000－1646－0004671　500439

莊屈合詁不分卷　（清）錢澄之撰　清同治二年(1863)斅雉堂刻本　一冊　存三篇(莊子內篇、逍遙遊、養生主)

320000－1646－0004672　500440

南華經鈔四卷　（清）徐廷槐鈔閱　清光緒二十年(1894)文瑞樓刻本　三冊　存三卷(一、三至四)

320000－1646－0004673　500441

莊子獨見三十三篇不分卷　（清）胡文英評釋　清乾隆十七年(1752)聚文堂刻本　三冊

存二十七篇(一至十九、二十六至三十三)

320000－1646－0004674　500442

莊子章義五卷附錄一卷　（清）姚鼐撰　清光緒五年(1879)惜抱軒刻本　二冊

320000－1646－0004675　500443

莊子雪三卷　（清）陸樹芝撰　清嘉慶四年(1799)刻本　四冊　存三卷(內篇上、外篇中、雜篇下)

320000－1646－0004676　500444

莊子王注二卷　王闓運注　清同治八年(1869)刻本　二冊

320000－1646－0004677　500445

南華經解三卷　（清）方文通評　清光緒二十二年(1896)桐城方氏刻本　三冊

320000－1646－0004678　500446

莊子集釋十卷　（清）郭慶藩輯　清光緒二十年(1894)思賢講舍刻本　八冊　存九卷(一至四、六至十)

320000－1646－0004679　500447

莊子集釋十卷　（清）郭慶藩輯　清光緒二十年(1894)思賢講舍刻本　八冊

320000－1646－0004680　500448

莊子集釋十卷　（清）郭慶藩輯　清光緒掃葉山房石印本　十冊

320000－1646－0004681　500449

莊子集解八卷　王先謙集解　清宣統元年(1909)思賢書局刻本　四冊

320000－1646－0004682　500451

莊子集解八卷　王先謙集解　清宣統元年(1909)掃葉山房石印本　四冊

320000－1646－0004683　500453

莊子故八卷　（清）馬其昶撰　清光緒二十七年(1901)蕭山陳氏遺經樓刻本　四冊

320000－1646－0004684　500454

莊子故八卷　馬其昶撰　清光緒二十七年(1901)蕭山陳氏遺經樓刻本　五冊　存六卷(一至二、四至七)

320000－1646－0004685　500463

列子八卷釋文二卷　（晉）張湛注　清嘉慶十八年(1813)蕭山陳氏湖海樓刻本　二冊

320000－1646－0004686　500464

列子八卷　（晉）張湛注　（唐）殷敬順釋文　清光緒二年(1876)浙江書局刻本　二冊

320000－1646－0004687　500467

抱朴子內篇二十卷外篇五十卷　（晉）葛洪撰　清嘉慶十八年(1813)蘭陵平津館刻本　四冊

320000－1646－0004688　500468

抱朴子外篇五十卷　（晉）葛洪撰　清光緒十一年(1885)冶城山館刻本　一冊

320000－1646－0004689　500469

抱朴子一卷　（晉）葛洪撰　清光緒行素堂刻本　一冊

320000－1646－0004690　500470

管子二十四卷　（唐）房玄齡注　清光緒二年(1876)浙江書局刻本　六冊

320000－1646－0004691　500471

管子二十四卷　（唐）房玄齡注　清光緒二年(1876)浙江書局刻本　六冊

320000－1646－0004692　500475

管子校正二十四卷　（清）戴望撰　清同治十一年(1872)刻本　四冊

320000－1646－0004693　500476

管子校正二十四卷　（清）戴望纂　清同治十一年(1872)刻本　四冊

320000－1646－0004694　500479

弟子職集解一卷句讀一卷考證一卷補音一卷　（清）莊述祖撰　清光緒十四年(1888)江蘇書局刻本　一冊

320000－1646－0004695　500480

弟子職音誼一卷　（清）鍾廣纂集　清光緒十六年(1890)刻本　一冊

320000－1646－0004696　500483

韓非子二十卷　（戰國）韓非撰　清嘉慶二十三年(1818)全椒吳氏刻本　三冊

320000－1646－0004697　500485

韓非子二十卷　（戰國）韓非撰　（清）董慎行校　清光緒元年(1875)浙江書局刻本　四冊

320000－1646－0004698　500487

韓非子集解二十卷　（戰國）韓非撰　（清）王先慎集解　清光緒二十二年(1896)刻本　二冊

320000－1646－0004699　500488

韓非子集解二十卷　（戰國）韓非撰　（清）王先慎集解　清光緒二十二年(1896)刻本　六冊

320000－1646－0004700　504455

本草通元二卷　（明）李中梓著述　清刻本　二冊

320000－1646－0004701　500494

太公兵法逸文一卷　（清）汪宗沂輯編　清光緒二十年(1894)漸西村舍刻汪氏兵學三書本　一冊

320000－1646－0004702　500500

孫子十家注十三卷遺說一卷敘錄一卷　（清）孫星衍　（清）吳人驥校　清咸豐五年(1855)淡香齋刻本　四冊

320000－1646－0004703　500501

孫子十家注十三卷遺說一卷敘錄一卷　（清）孫星衍　（清）吳人驥校　清光緒二十三年(1897)文瑞樓鉛印本　四冊

320000－1646－0004704　500503

武闈三子全書析疑大全二卷　（清）張權時編輯　清同治二年(1863)文會堂刻本　二冊

320000－1646－0004705　500504

孫子三卷　（春秋）孫武撰　吳子二卷　（戰國）吳起撰　司馬法一卷　（春秋）司馬穰苴撰　清光緒元年(1875)湖北崇文書局刻本　一冊

320000－1646－0004706　500505

司馬法古注三卷　（宋）王盛撰　曹元忠集注

司馬法音義一卷　曹元忠著　荊州記三卷　（清）盛宏文撰　曹元忠輯　清光緒二十年(1894)曹氏箋經室刻本(荊州記三卷配清光緒十九年刻本)　一冊

320000－1646－0004707　500506

司馬法古注三卷　（宋）王盛撰　曹元忠集注　司馬法音義一卷　曹元忠著　清光緒十九年(1893)曹氏箋經室刻本　一冊

320000－1646－0004708　500507

軍禮司馬法考徵二卷　（清）黃以周撰　清光緒十八年(1892)黃氏刻本　一冊

320000－1646－0004709　500508

尉繚子二卷　（戰國）魏尉繚著　素書一卷　（漢）黃石公撰　（宋）張商英注　心書一卷　（三國蜀）諸葛亮撰　清光緒元年(1875)湖北崇文書局刻本　一冊

320000－1646－0004710　500513

練兵實紀九卷　（明）戚繼光撰　清光緒二十一年(1895)上海醉經樓石印本　四冊

320000－1646－0004711　500512

練兵實紀九卷雜集六卷　（明）戚繼光撰　（清）許乃釗校　清道光二十三年(1843)河南聚文齋刻本　四冊

320000－1646－0004712　500514

紀效新書十八卷首一卷　（明）戚繼光撰　清嘉慶九年(1804)照曠閣刻本　六冊

320000－1646－0004713　500515

紀效新書十八卷首一卷　（明）戚繼光撰　清嘉慶九年(1804)照曠閣刻本　四冊　存十八卷(一至四、六至十八、首一卷)

320000－1646－0004714　500516

武備志二百四十卷　（清）茅元儀輯　清末湖南刻本　七十八冊

320000－1646－0004715　500517

金湯借箸十二籌十二卷　（明）李盤撰　清咸豐五年(1855)淮南李氏刻本　八冊　存九卷(一下、四至七、九至十二)

320000－1646－0004716　500518

戊笈談兵九卷補校錄一卷　（清）汪紱撰　（清）戴彭錄　清光緒二十一年(1895)刻本　八冊

320000－1646－0004717　500519

戊笈談兵九卷補校錄一卷　（清）汪紱撰　（清）戴彭錄　清光緒二十一年(1895)刻本　十冊

320000－1646－0004718　500520

洴澼百金方十四卷　題（清）惠麓酒民編　清道光二十年(1840)刻本(卷五至十四配乾隆刻本)　十冊

320000－1646－0004719　500521

武備地利四卷　（清）施永圖撰　清刻本　四冊　存二卷(一至二)

320000－1646－0004720　500522

讀史兵略四十六卷　（清）胡林翼纂　清咸豐十一年(1861)武昌刻本　十六冊

320000－1646－0004721　500523

讀史兵略四十六卷　（清）胡林翼纂　清咸豐十一年(1861)武昌刻本　二十冊

320000－1646－0004722　500525

兵學新書十六卷　（清）徐建寅輯　清光緒二十四年(1898)刻本　二冊

320000－1646－0004723　500526

練勇芻言五卷　（清）王鑫著　清咸豐七年(1857)刻本　一冊

320000－1646－0004724　500527

四翼附編四卷　（清）戴彭述　清光緒二十一年(1895)刻本　一冊

320000－1646－0004725　500528

麟洲兵事芻議一卷　（清）錢麟書著　清光緒三十三年(1907)正誼書局鉛印本　一冊

320000－1646－0004726　500529

兵法史略學八卷　陳慶年纂　清光緒二十九年(1903)濟南明溥書局鉛印本　四冊

320000－1646－0004727　500530

兵法史略學課程八卷補遺一卷　陳慶年纂　清光緒二十五年(1899)兩湖書院刻本　七冊　存八卷(一至二、五至八，年表一卷，補遺一卷)

320000-1646-0004728　500531

決勝祕書十卷　(清)朱墉輯著　清光緒二十五年(1899)刻本　三冊　存六卷(兵制考等一卷、黃石公三略三卷、姜太公六韜二卷)

320000-1646-0004729　500532

中西兵略指掌二十四卷　(清)陳龍昌撰　清光緒二十三年(1897)石印本　七冊　存二十三卷(二至二十四)

320000-1646-0004730　500533

戰術學三卷　(日本)士官學校原編　(日本)細田謙藏譯述　清光緒南洋公學譯書院鉛印本　四冊

320000-1646-0004731　500534

權制八卷　陳澹然述　清光緒二十八年(1902)長沙刻本　六冊

320000-1646-0004732　500536

洋務用軍必讀三卷首一卷　(清)朱克敬著　清光緒十年(1884)挹秀山房刻本　二冊

320000-1646-0004733　500537

近世陸軍二編　陶森甲編輯　清光緒二十八年(1902)商務印書館鉛印本　一冊

320000-1646-0004734　500539

武將金箴□□卷　清末石印本　一冊　存一卷(三)

320000-1646-0004735　500542

火龍經全集五種三卷　(三國蜀)諸葛亮等撰　清咸豐五年(1855)南陽石室刻本　五冊

320000-1646-0004736　500543

火器真訣解證一卷解代數一百十四款一卷　(清)沈善蒸撰　清光緒十八年(1892)刻本　一冊

320000-1646-0004737　500545

外國師船圖表十二卷　(清)許景澄輯　清光緒十四年(1888)上海蜚英館石印本　三冊　存七卷(一至三、九至十二)

320000-1646-0004738　500546

槍礮算法從新三卷　(清)焦震福撰　(清)徐玉彬等編　清光緒二十二年(1896)刻本　一冊

320000-1646-0004739　500547

陸操新義四卷　(德國)康貝著　(清)李丹崖譯　清光緒十年(1884)刻本　二冊

320000-1646-0004740　504456

藥性八略不分卷　清光緒二十一年(1895)語溪張峻豫抄本　一冊

320000-1646-0004741　500549

齊民要術十卷　(北魏)賈思勰撰　清光緒崇文書局刻本　四冊

320000-1646-0004742　500550

農桑輯要七卷　(元)司農司撰　清固始闕平相刻本　一冊　存二卷(三至四)

320000-1646-0004743　500551

農政全書六十卷　(明)徐光啟纂輯　清道光二十三年(1843)曙海樓刻本　六冊

320000-1646-0004744　500552

農政全書六十卷　(明)徐光啟纂輯　清道光十八年(1838)刻本　三十六冊

320000-1646-0004745　500553

農政全書六十卷　(明)徐光啟纂輯　清光緒崑山金嘯山石印本　七冊　存五十三卷(八至六十)

320000-1646-0004746　500554

農書二十二卷　(元)王禎撰　清末石印本　一冊　存十七卷(一至七、十一至二十)

320000-1646-0004747　500556

御製耕織圖二卷　(清)聖祖玄燁御製　清光緒十二年(1886)上海點石齋石印本　二冊

320000-1646-0004748　500557

御製耕織圖二卷　(清)聖祖玄燁御製　清光緒十一年(1885)上海文瑞樓石印本　一冊

存一卷(一)

320000-1646-0004749　500558
御題棉花圖十六首不分卷　(清)高宗弘曆御製　清拓本　一冊

320000-1646-0004750　500559
重訂增補陶朱公致富全書四卷　題(清)石巖逸叟增定　清光緒聚文堂刻本　一冊

320000-1646-0004751　500560
重訂增補陶朱公致富全書六卷附錄一卷　題(清)石巖逸叟增定　清末石印本　一冊

320000-1646-0004752　500561
三農紀十卷　(清)張宗法撰　清光緒刻本　五冊　存五卷(五至九)

320000-1646-0004753　500562
蠶桑說一卷　(清)沈練著　清光緒十六年(1890)溧陽沈氏刻本　一冊

320000-1646-0004754　500563
蠶桑說一卷　(清)沈練著　清光緒十六年(1890)溧陽沈氏刻本　一冊

320000-1646-0004755　500564
蠶桑實濟六卷　(清)屠立咸撰　清光緒四年(1878)滂喜齋刻本　一冊　存二卷(一至二)

320000-1646-0004756　500566
意大利蠶書一卷　(意大利)丹土魯撰　汪振聲筆述　清光緒二十四年(1898)江南製造局石印本　一冊

320000-1646-0004757　500567
藝麻輯要一卷　(清)汪曾保編　清宣統二年(1910)浙江勤業公所鉛印本　一冊

320000-1646-0004758　500568
藝麻輯要一卷　(清)汪曾保編　清宣統二年(1910)浙江勤業公所鉛印本　一冊

320000-1646-0004759　500569
全圖植物學歌略一卷　(清)葉瀾著　清光緒二十四年(1898)石印本　一冊

320000-1646-0004760　500570

南高平物產記二卷　(清)鄒漢勛撰　清末刻本　二冊

320000-1646-0004761　500571
撫郡農產攷略二卷　何剛德撰　種田雜說一卷　(清)江召棠撰　清光緒三十三年(1907)蘇省刷印局鉛印本　一冊

320000-1646-0004762　500575
中國漁業歷史八卷　(清)沈同芳撰　清宣統三年(1911)鉛印本　一冊

320000-1646-0004763　500576
東垣十書　(金)李杲等撰　清光緒七年(1881)上海文盛書局石印本　六冊

320000-1646-0004764　500577
東垣十書　(金)李杲等撰　清光緒七年(1881)羊城雲林閣刻本　十六冊

320000-1646-0004765　500578
徐氏醫書八種　(清)徐大椿撰　清光緒四年(1878)刻本　十冊　存六種(難經經釋、神農本草經百種錄、傷寒類方、蘭台規範、醫學源流、慎疾芻言)

320000-1646-0004766　500579
當歸草堂醫學叢書初編　(清)丁丙輯　清光緒四年(1878)錢塘丁氏當歸草堂刻本　十二冊

320000-1646-0004767　500582
中西匯通醫書五種　唐宗海著　清光緒三十四年(1908)上海千頃堂書局石印本　十一冊　缺一卷(中西匯通醫經精義上)

320000-1646-0004768　500585
補注黃帝內經素問二十四卷　(唐)王冰注　(宋)林億等校正　(宋)孫兆重改誤　黃帝內經素問遺篇一卷　(宋)劉溫舒原本　清光緒三年(1877)浙江書局刻本　十冊

320000-1646-0004769　500587
素問靈樞類纂約註三卷　(清)汪昂纂輯　清光緒七年(1881)蘇州綠蔭堂刻本　三冊

320000-1646-0004770　500588

內經知要二卷　（清）李中梓原稿　清光緒七年（1881）蘇州綠蔭堂刻本　二冊

320000－1646－0004771　500591

難經經釋二卷　（清）徐大椿釋　清雍正五年（1727）刻本　一冊

320000－1646－0004772　500592

類經三十二卷　（明）張介賓類注　明天啟刻本　十六冊

320000－1646－0004773　500593

珍珠囊指掌補遺藥性賦四卷　（金）李杲編輯　增補雷公炮製藥性賦解六卷　（明）李中梓編輯　清光緒十九年（1893）上海珍藝書局鉛印本　四冊

320000－1646－0004774　504457

沈氏藥性賦不分卷　清光緒二十二年（1896）戴書常抄本　一冊

320000－1646－0004775　500596

本草綱目五十二卷圖三卷萬方鍼線八卷　（明）李時珍撰　清道光六年（1826）英德堂刻本　三十五冊

320000－1646－0004776　500597

本草綱目五十二卷圖三卷萬方鍼線八卷　（明）李時珍撰　清道光六年（1826）英德堂刻本　三十六冊

320000－1646－0004777　500598

本草綱目五十二卷圖三卷萬方鍼線八卷　（明）李時珍撰　清光緒十一年（1885）合肥張氏味古齋刻本　三十五冊

320000－1646－0004778　703730

繡像封神演義一百回　（明）許仲琳編　（明）鍾惺評釋　清末民國中新書局鉛印本　十冊

320000－1646－0004779　500603

本草綱目拾遺十卷首一卷　（清）趙學敏撰　清同治十年（1871）吉心堂刻本　八冊

320000－1646－0004780　501362

灃江雜記一卷灃江游草一卷　金武祥撰　清光緒二十三年（1897）刻本　一冊

320000－1646－0004781　500606

本草經疏輯要十卷　（清）吳世鎧纂　清嘉慶十四年（1809）書帶草堂刻本　六冊

320000－1646－0004782　500607

本草匯纂十卷　（清）屠道和輯　清光緒二十九年（1903）思賢書局刻本　四冊

320000－1646－0004783　500608

本草便讀四卷　（清）張秉成選　清光緒上海千頃堂書局石印本　一冊

320000－1646－0004784　500609

食物本草會纂十二卷　（清）沈李龍纂輯　清道光二十三年（1843）尊德堂刻本　六冊　存十一卷（一至二、四至十二）

320000－1646－0004785　500610

食物本草會纂十二卷　（清）沈李龍纂輯　清乾隆二十九年（1764）金閶書業堂刻本　七冊　存八卷（三至十）

320000－1646－0004786　500611

萬國藥方八卷　（美國）洪士提輯譯　清光緒十六年（1890）鉛印本　四冊

320000－1646－0004787　500612

脈經十卷　（晉）王叔和撰　（明）袁表校　清道光二十九年（1849）刻本　一冊

320000－1646－0004788　500613

唐王燾先生外臺祕要方四十卷　（唐）王燾撰　清同治十三年（1874）廣東翰墨園刻本　二十七冊　存三十一卷（一至二、四至八、十三至十五、二十至四十）

320000－1646－0004789　503393

明太祖功臣圖一卷　（清）上官周繪　清乾隆八年（1743）刻本　一冊

320000－1646－0004790　504686

辨證奇聞十五卷　（清）陳士鐸撰　清同治六年（1867）刻本　十冊

320000－1646－0004791　500616

醫方集解二十三卷　（清）汪昂撰　清光緒十三年（1887）鴻文書局石印本　四冊

320000-1646-0004792　500617
醫方湯頭歌訣不分卷　（清）汪昂編輯　清光緒五年(1879)掃葉山房刻本　一冊

320000-1646-0004793　500618
古今良方三十二卷　題（清）墨磨主人編　清十二桐樓刻本　二冊　存二十五卷(八至三十二)

320000-1646-0004794　500619
同壽録四卷末一卷　（清）項天瑞撰　**丹桂籍不分卷**　（清）顔廷表撰　清光緒二年(1876)上海印書局鉛印本　五冊

320000-1646-0004795　500620
濟世養生集一卷便易經驗集一卷　（清）毛世洪輯　清嘉慶九年(1804)刻本　一冊

320000-1646-0004796　500621
驗方新編十六卷　（清）鮑相璈編輯　清同治三年(1864)上海文墨齋刻本　八冊

320000-1646-0004797　500622
增廣驗方新編十六卷　（清）鮑相璈編輯　**女科二卷產後編二卷**　（清）傅山著　**隨緣便録一卷**　（□）□□撰　**婦嬰至寶七卷**　（清）甌齋居士　（清）毓蘭居士　（清）莊一夔等編著　（清）拜松居士增訂　清光緒十一年(1885)藻春堂刻本　十二冊

320000-1646-0004798　500623
驗方新編二十四卷　（清）鮑相璈編輯　清光緒十九年(1893)上海鴻寶齋石印本　六冊

320000-1646-0004799　500624
時方妙用四卷　（清）陳念祖著　清嘉慶八年(1803)橦蒻書屋刻本　二冊

320000-1646-0004800　500625
時方歌括二卷　（清）陳念祖著　清嘉慶六年(1801)刻本　二冊

320000-1646-0004801　500626
慈航集二卷　（清）王於聖輯　清光緒十六年(1890)廣百宋齋鉛印本　二冊

320000-1646-0004802　500627
良方集腋二卷　（清）謝元慶編集　清光緒五年(1879)浙江刻本　四冊

320000-1646-0004803　500628
良方集腋二卷　（清）謝元慶編集　清光緒五年(1879)浙江刻本　四冊

320000-1646-0004804　500629
一枝軒經驗方一卷　清光緒刻本　一冊

320000-1646-0004805　500630
理瀹駢文不分卷　（清）吳師機著　清光緒六年(1880)刻本　四冊

320000-1646-0004806　500631
串雅內編四卷　（清）趙學敏纂輯　清光緒十四年(1888)榆園刻本　二冊

320000-1646-0004807　500633
慈恩玉歷彙録五卷　（清）俞大文輯　清同治八年(1869)刻本　一冊　存二卷(四至五)

320000-1646-0004808　500634
應驗奇方不分卷　（清）許子振等撰　清光緒十七年(1891)刻本　一冊　存(自求齋戒煙指南、應驗奇異仙方)

320000-1646-0004809　500635
[胡慶餘堂等藥房丸散膏丹彙集]不分卷　（清）胡光墉等編　清光緒三年(1877)杭州刻本　五冊

320000-1646-0004810　500637
注解傷寒論十卷　（漢）張機述　（晉）王叔和撰次　（金）成無已注解　**傷寒明理論四卷**　（金）成無已撰　清同治九年(1870)常郡雙白燕堂陸氏刻本　六冊

320000-1646-0004811　500638
陶節菴傷寒全生集四卷　（明）陶華撰　明萬曆刻清印本　六冊

320000-1646-0004812　500639
傷寒論後條辨十五卷　（清）程應旄條註　清乾隆九年(1744)文明閣刻本　十二冊

320000-1646-0004813　500640
傷寒論三註十六卷　（清）周揚俊注　清乾隆

四十五年(1780)松心堂刻本　六冊

320000－1646－0004814　500641

傷寒論註四卷　（清）柯琴編註　（清）馬中驊較訂　清乾隆二十年(1755)文聚堂刻本　四冊

320000－1646－0004815　500642

傷寒附翼二卷　（清）柯琴編　（清）馬中驊較　清乾隆二十年(1755)文聚堂刻本　二冊

320000－1646－0004816　500644

張仲景金匱要畧論註二十四卷　（清）徐彬著　清康熙十年(1671)刻本　四冊

320000－1646－0004817　500645

金匱玉函經二註二十二卷補方一卷十藥神書一卷　（宋）趙以德衍義　（清）周揚俊補註　清道光十三年(1833)刻　六冊

320000－1646－0004818　500646

金匱心典三卷　（漢）張機著　（清）尤怡集註　清同治八年(1869)雙白燕堂刻本　三冊

320000－1646－0004819　500647

金匱心典三卷　（漢）張機著　（清）尤怡集註　清光緒七年(1881)崇德書院刻本　三冊

320000－1646－0004820　500648

温病條辨六卷首一卷　（清）吳瑭著　清嘉慶寧波羣玉山房刻本　六冊

320000－1646－0004821　500649

問心堂温病條辨六卷首一卷　（清）吳瑭著　清同治九年(1870)求我齋刻本　四冊

320000－1646－0004822　500650

外科症治全生集四卷　（清）王維德纂輯　清同治八年(1869)長洲蔣氏刻本　一冊

320000－1646－0004823　501982

金剛經直解一卷　（清）呂純陽撰　清光緒十五年(1889)陽湖惲氏賜福堂刻本　一冊

320000－1646－0004824　500652

銀海指南四卷　（清）顧錫著　清同治三年(1864)刻本　二冊

320000－1646－0004825　500653

喉科秘鑰二卷喉證補編一卷　（清）許佐廷增訂　清光緒十六年(1890)廣百宋齋鉛印本　一冊

320000－1646－0004826　500654

增訂達生編二卷保嬰摘要一卷　（清）王敬山增訂　清同治五年(1866)刻本　一冊

320000－1646－0004827　500655

靜觀堂校正幼科指南家傳秘方二卷　（明）萬全著　（清）鄭鬺校正　清康熙刻本　一冊　存一卷(上)

320000－1646－0004828　500656

濟嬰編一卷　（清）莊一夔著　題（清）求無過生校梓　謹身寶歷戒忌一卷　題（清）求無過生校錄　痘症經驗方一卷　題（清）求無過生校梓　眼科良方一卷　題（清）求無過生校刊　清道光二十一年至二十四年(1841－1844)求無過齋刻本　一冊

320000－1646－0004829　500657

醫林枕秘保赤存真十卷　（清）余含棻著輯　清光緒二十一年(1895)刻本　六冊

320000－1646－0004830　500658

福幼編一卷　（清）莊一夔著　新訂小兒科臍風驚風合編一卷　（清）鮑雲韶輯　時疫白喉捷要一卷　（清）張紹修著　清光緒二十九年(1903)刻本　一冊

320000－1646－0004831　500659

幼童衛生編十二章　（英國）傅蘭雅譯　清光緒二十年(1894)鉛印本　一冊

320000－1646－0004832　500660

孩童衛生編十二章　（英國）傅蘭雅譯　清光緒十九年(1893)鉛印本　一冊

320000－1646－0004833　500661

儒門事親十五卷　（金）張從正著　（明）吳勉學校　清宣統二年(1910)上海國學扶輪社石印本　六冊

320000－1646－0004834　500663

御纂醫宗金鑑九十卷　（清）吳謙等纂修　清乾隆內府刻本　三十二冊　存六十八卷（一至十六、二十至二十三、二十六至二十七、三十至三十八、四十一至四十三、五十至六十五、六十七、六十九至七十一、七十四至八十一、八十五至九十）

320000－1646－0004835　　500664

葉選醫衡二卷　（清）葉桂選定　題（清）伊園主人校刊　（清）彭鳳高　（清）管晏校　（清）張振家　（清）余景和覆校　清光緒二十四年（1898）上海圖書集成印書局鉛印本　二冊

320000－1646－0004836　　500665

醫故二卷古逸方補一卷　鄭文焯撰　清光緒十七年（1891）平江胥門內養育巷梓文閣刻書帶草堂叢書本　二冊

320000－1646－0004837　　500670

老老恒言五卷　（清）曹庭棟著　清末民國上海文瑞樓書局石印本　二冊

320000－1646－0004838　　500671

養病庸言一卷　（清）沈嘉樹撰　清光緒三年（1877）求放心齋刻本　一冊

320000－1646－0004839　　500679

易筋經外經圖說一卷八段錦圖一卷　清末民國上海同文書局石印本　一冊

320000－1646－0004840　　500681

衛生學問答八章　丁福保輯稿　清光緒二十六年（1900）刻本　一冊

320000－1646－0004841　　500682

衛生學問答九章　丁福保纂　清光緒二十七年（1901）疇隱廬石印本　一冊

320000－1646－0004842　　500684

全體功用問答十章　清光緒十四年（1888）上海墨海書局鉛印本　一冊

320000－1646－0004843　　500685

全體通考十八卷　（英國）德貞撰　清光緒十二年（1886）同文館鉛印本　七冊

320000－1646－0004844　　500686

體育圖說二卷　（美國）羅克斯著　（清）姚受庠筆譯　清光緒三十年（1904）上海廣學會鉛印本　一冊

320000－1646－0004845　　500688

高厚蒙求初集一卷二集一卷三集三卷四集三卷五集一卷　（清）徐朝俊撰　清嘉慶十二年（1807）雲間徐氏刻本（五集配清道光九年刻本）　三冊

320000－1646－0004846　　503408

紉齋山水畫賸二卷　（清）陳允升繪　清光緒二年（1876）石印本　二冊

320000－1646－0004847　　500690

星算補遺　（清）董毓琦撰　清同治五年（1866）髀算山房刻光緒十二年（1886）續刻本　二冊　存八種八卷（笠寫壺金一卷、交食南車一卷、髀矩測營一卷、視徑舉隅一卷、籌筆初梯一卷、九環西解一卷、胡氏宕田算稿一卷、梅心集一卷）

320000－1646－0004848　　500691

董方立遺書　（清）董祐誠撰　清同治八年（1869）董貽清成都刻本　四冊　缺一卷（水經注圖說殘槀四）

320000－1646－0004849　　500692

白芙堂算學叢書　（清）丁取忠輯　清同治、光緒間長沙古荷花池精舍刻本　九冊

320000－1646－0004850　　500694

白芙堂算學叢書　（清）丁取忠輯　清同治、光緒間長沙古荷花池精舍刻本　三十二冊

320000－1646－0004851　　500695

白芙堂算學叢書　（清）丁取忠輯　清光緒十七年（1891）上海鴻文書局石印本　四冊

320000－1646－0004852　　500699

中西算學集要三種　（清）周毓英撰　清光緒刻本　六冊

320000－1646－0004853　　500696

衡齋算學遺書合刻　（清）汪萊撰　清咸豐四

年(1854)夏燮鄱陽縣署刻本　四冊

320000-1646-0004854　500697
衡齋算學遺書合刻　（清）汪萊撰　清光緒十八年(1892)汪廷棟聞梅舊塾刻本　二冊

320000-1646-0004855　500698
中西算學集要三種　（清）周毓英撰　清光緒刻本　三冊

320000-1646-0004856　500700
中西算學集要三種　（清）周毓英撰　清光緒七年(1881)聚文堂郁記刻本　六冊

320000-1646-0004857　500701
[謝氏算學三種]　（清）謝家禾撰　清道光十七年(1837)刻本　一冊

320000-1646-0004858　500702
行素軒算稿　（清）華蘅芳撰　清光緒十九年(1893)刻本（算法須知一卷配光緒二十四年浙西璣衡堂石印本）　十冊

320000-1646-0004859　500703
求一得齋算學七種十一卷微積闡詳五卷　（清）陳志堅著　清光緒三十年(1904)松江稊文墨齋刻本　四冊　存六種十二卷(李氏勾股術補一卷、連分數開方一卷、演無定式三卷、粟布術廣一卷、雜題類存一卷、微積闡詳五卷)

320000-1646-0004860　500705
測海山房中西算學叢刻初編　題（清）測海山房主人輯　清光緒二十二年(1896)上海璣衡堂石印本（筆算便覽五卷配光緒二十四年上海理文軒石印本，四元玉鑑細草三卷、四元釋例一卷配光緒二十二年鴻寶齋石印本）　二十冊　存八種六十卷(談天一至四、九至十六，筆算便覽五卷，數學理九卷附一卷，三角數理十二卷，董立方遺書一至四、六至七，四元玉鑑細草三卷，四元釋例一卷，增刪算法統宗十一卷)

320000-1646-0004861　500706
一得齋算草五卷　（清）崔朝慶著　清光緒十七年(1891)刻本　一冊　存四卷(蒲莞竝生草一卷、兩鼠穿垣草一卷、讀四元玉鑑記一卷、讀代數術記一卷)

320000-1646-0004862　703734
繪圖東漢演義四卷六十四回繪圖西漢演義四卷一百回　清末民國上海天寶書局石印本　一冊

320000-1646-0004863　500708
矩齋籌算六種　勞乃宣撰　清光緒刻本　十八冊　存五種十八卷(古籌算考釋六卷、古籌算考釋續編八卷、籌算淺識二卷、籌算分法淺識一卷、籌算蒙課一卷)

320000-1646-0004864　500711
藝經齋西算新法叢書第一集八卷　（清）李慎齋編　**西算初階一卷**　（清）華蘅芳輯　清光緒二十二年(1896)上海賜書堂石印本　八冊

320000-1646-0004865　500712
古今算學叢書　（清）劉鐸編　清光緒二十四年(1898)上海算學書局石印本　二十七冊　存三十二種七十四卷(周牌算經二卷音義一卷，古周牌算經一卷，幾何原本一至四、十至十一，割圜連比例術圖解三卷，割圜密率捷法四卷，勾股六術一卷，勾股術一卷，造整勾股表簡法一卷，天生法定則五卷，綴術釋明二卷，割圓闡率三卷，象數一原三卷，綴術釋戴一卷，割圓八綫綴術四卷，圜率攷真圖解一卷，弧矢啟祕二卷，橢圓求周術一卷，橢圓求周圖解一卷，致曲術一卷，致曲圖解一卷，平三角邊角互求術一卷，三角須知一卷，圜錐曲線說三卷，形學演八卷，形學備旨七至十、補編一卷，遞兼數理一卷，垛積比類四卷，垛積演較一卷，垛積一得一卷，弧角條目一卷，弧三角舉隅一卷，外切密率三至四)

320000-1646-0004866　500713
格物入門七卷　（美國）丁韙良著　清光緒二十二年(1896)上海寶善書局石印本　七冊

320000-1646-0004867　500714
格物入門七卷　（美國）丁韙良著　清光緒二十一年(1895)竹簡齋石印本　三冊

320000－1646－0004868　500715

格物入門七卷　（美國）丁韙良著　清同治七年(1868)同文館刻本　七冊

320000－1646－0004869　500716

增訂格物入門七卷　（美國）丁韙良著　清光緒十五年(1889)同文館鉛印本　二冊

320000－1646－0004870　500717

西法策學滙源二集十四卷　（清）顧其義（清）吳文藻輯　清光緒二十三年(1897)上海鴻寶齋書局石印本　二十二冊　缺三種三卷（泰西藝學四、泰西植物學一卷、泰西動物學一卷）

320000－1646－0004871　500718

格致須知　（英國）傅蘭雅輯　清光緒刻本　二十三冊　存二十三種二十三卷（光學須知一卷、西禮須知一卷、戒禮須知一卷、算法須知一卷、代數須知一卷、三角須知一卷、曲線須知一卷、量法須知一卷、畫器須知一卷、微積須知一卷、天文須知一卷、水學須知一卷、重學須知一卷、力學須知一卷、聲學須知一卷、電學須知一卷、氣學須知一卷、化學須知一卷、礦學須知一卷、地學須知一卷、地理須知一卷、地志須知一卷、全體須知一卷）

320000－1646－0004872　500719

三統術鈐一卷　（清）錢大昕撰　清嘉慶六年(1801)刻本　一冊

320000－1646－0004873　500720

三統麻算式一卷三統麻釋例一卷三統麻學答問一卷　（清）方楷撰　清光緒十四年(1888)刻本　二冊

320000－1646－0004874　500721

翼梅八卷　（清）江永著　清光緒七年(1881)群玉山房刻本　二冊

320000－1646－0004875　500722

星土釋三卷首一卷　（清）李林松編輯　清道光刻本　二冊

320000－1646－0004876　500724

圜天圖說三卷續編二卷首一卷　（清）李明徹述　清嘉慶二十四年(1819)松梅軒刻道光元年(1821)續刻本　三冊　缺一卷(三)

320000－1646－0004877　500725

五緯捷算四卷　（清）黃炳垕撰述　（清）胡士培校梓　清光緒四年(1878)留書種閣刻本　一冊

320000－1646－0004878　500726

天文圖說四卷　（英國）柯雅各撰　（美國）摩嘉立　（美國）薛承恩譯　清光緒九年(1883)益智書會刻本　一冊

320000－1646－0004879　500728

天文圖說四卷　（英國）柯雅各撰　（美國）摩嘉立　（美國）薛承恩譯　清光緒九年(1883)益智書會刻本　一冊

320000－1646－0004880　500730

天文揭要二卷　（美國）赫士口譯　（清）周文源筆述　清光緒二十二年(1896)上海美華書館鉛印本　二冊

320000－1646－0004881　500729

天文揭要二卷　（美國）赫士口譯　（清）周文源筆述　清光緒十七年至十八年(1891－1892)上海美華書館鉛印本　一冊

320000－1646－0004882　502240

佛教初學課本一卷　（清）楊文會述　清光緒三十二年(1906)金陵刻經處刻本　一冊

320000－1646－0004883　500731

天文歌略一卷　（清）葉瀾著　清光緒二十四年(1898)經濟學會刻本　一冊

320000－1646－0004884　500732

天文歌略一卷　（清）葉瀾著　地學歌略一卷　（清）葉瀚　（清）葉瀾著　清光緒二十四年(1898)木活字印本　一冊

320000－1646－0004885　500733

天文歌略圖釋一卷　清光緒二十五年(1899)刻本　一冊

320000－1646－0004886　500734

天文問答六章　（清）佘賓王編　清光緒二十

九年(1903)上海土山灣慈母堂印書館鉛印本　一冊

320000－1646－0004887　500736

天文略解二卷　（美國）李安德著　清光緒二十二年(1896)匯文書院鉛印本　一冊

320000－1646－0004888　500737

新製靈臺儀象志十四卷　（比利時）南懷仁著　清康熙十三年(1674)刻本　十四冊

320000－1646－0004889　500738

御製曆象考成上編十六卷下編十卷　（清）聖祖玄燁敕編　御製曆象考成後編十卷　（清）高宗弘曆敕撰　清光緒二十三年(1897)雙梧書屋石印本(後編爲光緒二十二年上海書局石印本)　十五冊

320000－1646－0004890　500739

御製曆象考成上編十六卷下編十卷　（清）聖祖玄燁敕編　御製曆象考成後編十卷　（清）高宗弘曆敕撰　清光緒二十四年(1898)德記書莊石印本(後編爲光緒二十四年富強齋石印本)　二十六冊

320000－1646－0004891　500743

三才最要圖表一卷　蕭德驥輯　清光緒二十八年(1902)夢孔山房石印本　一冊

320000－1646－0004892　500741

啟悟初津一卷　清光緒刻本　一冊

320000－1646－0004893　500742

三才最要圖表一卷　蕭德驥輯　清光緒二十八年(1902)夢孔山房石印本　一冊

320000－1646－0004894　500752

新編算學啟蒙三卷識誤一卷　（元）朱世傑編撰　（清）羅士琳校　清同治十年(1871)江南機器製造局刻本　二冊

320000－1646－0004895　500744

立成表□□卷　清光緒木活字印本　三冊　存三卷(二至四)

320000－1646－0004896　500749

九章算術九卷　（晉）劉徽注　（唐）李淳風注釋　九章算術音義一卷　（唐）李籍撰　清光緒武英殿木活字印本　四冊

320000－1646－0004897　500751

新編算學啟蒙三卷識誤一卷　（元）朱世傑編撰　（清）羅士琳校　清同治十年(1871)江南機器製造局刻本　一冊

320000－1646－0004898　500753

新編算學啟蒙三卷識誤一卷　（元）朱世傑編撰　（清）羅士琳校　清同治十年(1871)江南機器製造局刻本　二冊

320000－1646－0004899　500754

測圓海鏡細草十二卷　（元）李冶撰　清同治十二年(1873)古荷池精舍刻本　三冊

320000－1646－0004900　500755

四元玉鑑三卷首一卷　（元）朱世傑編述　四象假令細草一卷　（清）丁取忠補草　清光緒元年(1875)古荷池精舍刻本　三冊

320000－1646－0004901　500756

四元玉鑑細草三卷附一卷附增一卷　（元）朱世傑編述　（清）鍾煜校正　（清）羅士琳補草　（清）易之瀚校算　（清）李棠寫樣　清道光十六年(1836)張氏刻本　九冊

320000－1646－0004902　500758

幾何原本十五卷　（意大利）利瑪竇口譯　（明）徐光啟筆受　清同治四年(1865)金陵刻本　八冊

320000－1646－0004903　500759

幾何原本十五卷　（意大利）利瑪竇口譯　（明）徐光啟筆受　清光緒二十二年(1896)上海積山書局石印本　四冊

320000－1646－0004904　500760

數度衍二十三卷首三卷　（清）方中通著　清康熙刻本　十六冊

320000－1646－0004905　500761

御製數理精蘊上編五卷下編四十卷表八卷　（清）聖祖玄燁敕撰　清光緒八年(1882)江寧藩署刻本　三十六冊　缺七卷(上編四,下編

十四至十七、三十至三十一）

320000 - 1646 - 0004906　500774
新纂簡捷易明算法四卷　（清）沈士桂纂輯　清咸豐二年（1852）大文堂刻本　四冊

320000 - 1646 - 0004907　500763
御製數理精蘊上編五卷下編四十卷表八卷　（清）聖祖玄燁敕撰　（清）梅啟照等彙輯　清光緒十四年（1888）上海慎記書局石印本　二十四冊

320000 - 1646 - 0004908　500764
九數通考十一卷首一卷末一卷　（清）屈曾發輯　清同治十一年（1872）刻本　二冊

320000 - 1646 - 0004909　500765
九數通考十一卷首一卷末一卷　（清）屈曾發輯　清同治十一年（1872）刻本　五冊

320000 - 1646 - 0004910　500766
開方釋例四卷　（清）駱騰鳳著　清光緒二十二年（1896）刻本　四冊

320000 - 1646 - 0004911　500767
比例滙通四卷　（清）羅士琳演　清嘉慶二十三年（1818）刻本　四冊

320000 - 1646 - 0004912　500768
倉田通法續編三卷　（清）張作楠學算　（清）俞俊編次　（清）江臨泰補圖　八線類編三卷　（清）張作楠輯　清光緒二十三年（1897）上海鴻寶齋石印本　一冊

320000 - 1646 - 0004913　500769
天元一釋二卷　（清）焦循著　清光緒著易堂鉛印本　一冊

320000 - 1646 - 0004914　500770
天元一釋二卷　（清）焦循著　清嘉慶五年（1800）刻本　一冊

320000 - 1646 - 0004915　500771
弧三角舉隅一卷　（清）江臨泰撰　揣籥小錄一卷揣籥續錄三卷　（清）張作楠著　（清）江臨泰校　清光緒二十三年（1897）上海鴻寶齋石印本　一冊

320000 - 1646 - 0004916　500772
九數存古九卷　（清）顧觀光著　清光緒刻本　一冊　存三卷（六至八）

320000 - 1646 - 0004917　500773
新纂簡捷易明算法四卷　（清）沈士桂纂輯　清咸豐二年（1852）大文堂刻本　四冊

320000 - 1646 - 0004918　500777
割圓密率捷法四卷　（清）明安圖著　（清）陳繼新續　清道光十九年（1839）石梁岑氏刻本　三冊

320000 - 1646 - 0004919　500775
代數學十三卷首一卷　（英國）棣麼甘撰　（英國）偉烈亞力口譯　（清）李善蘭筆受　清咸豐九年（1859）鉛印本　二冊

320000 - 1646 - 0004920　500776
割圓密率捷法四卷　（清）明安圖著　（清）陳繼新續　清道光十九年（1839）石梁岑氏刻本　一冊

320000 - 1646 - 0004921　500779
代微積拾級十八卷　（美國）羅密士撰　（英國）偉烈亞力口譯　（清）李善蘭筆述　清咸豐九年（1859）墨海書館刻本　一冊

320000 - 1646 - 0004922　500778
代微積拾級十八卷　（美國）羅密士撰　（英國）偉烈亞力口譯　（清）李善蘭筆述　清咸豐九年（1859）墨海書館刻本　三冊

320000 - 1646 - 0004923　501672
宋人小說類編四卷　（清）吳餘叟輯　清同治十年（1871）刻本　四冊

320000 - 1646 - 0004924　500780
開方說三卷　（清）李銳著　（清）黎應南補　清同治十二年（1873）長沙古荷花池精舍刻白芙堂算學叢書本　二冊

320000 - 1646 - 0004925　500781
勾股算術細草一卷　（清）李銳撰　清同治十一年（1872）長沙古荷花池精舍刻白芙堂算學叢書本　一冊

320000－1646－0004926　500785

測地志要四卷誦芬詩畧三卷　（清）黃炳垕著　清同治六年(1867)刻本　一冊

320000－1646－0004927　500786

學習測繪說略一卷　清光緒兩湖書院刻本　一冊

320000－1646－0004928　500787

代數術補式二十六卷首一卷　（英國）華里司輯　（英國）傅蘭雅口譯　（清）華蘅芳筆述　（清）解崇輝補　清光緒二十六年(1900)上海順成書局石印本　八冊

320000－1646－0004929　500788

筆算數學二十四章　（美國）狄考文撰　清光緒元年(1875)上海美華印書館鉛印本　二冊　存二十二章(一至十、十三至二十四)

320000－1646－0004930　500789

學算筆談十二卷　（清）華蘅芳著　清光緒鉛印本　四冊

320000－1646－0004931　500790

形學備旨十卷　（美國）狄考文選譯　（清）鄒立文筆述　（清）劉永錫參閱　清光緒十一年(1885)上海美華書館鉛印本　一冊

320000－1646－0004932　500793

決疑數學十卷首一卷　（英國）傅蘭雅口譯　（清）華蘅芳筆述　清光緒二十三年(1897)上海格致書室鉛印本　四冊

320000－1646－0004933　500792

決疑數學十卷首一卷　（英國）傅蘭雅口譯　（清）華蘅芳筆述　清光緒二十三年(1897)上海格致書室鉛印本　四冊

320000－1646－0004934　500873

鐵網珊瑚二十卷　（明）都穆撰　清乾隆二十三年(1758)刻本　四冊

320000－1646－0004935　500795

立方奇法一卷求一捷術一卷　（清）龔傑橐　清光緒二十三年(1897)元和胡氏石印漸學廬叢書本　一冊

320000－1646－0004936　500796

數學理九卷附一卷　（英國）棣麼甘撰　（英國）傅蘭雅口譯　（清）趙元益筆述　清光緒二十二年(1896)上海璣衡堂石印本　一冊

320000－1646－0004937　502268

選佛譜六卷　（明）釋智旭撰　清光緒十七年(1891)金陵刻經處刻本　二冊

320000－1646－0004938　500798

古籌算考釋六卷　勞乃宣著　清光緒二十三年(1897)刻本　二冊

320000－1646－0004939　500799

算學課藝四卷　（清）席淦　（清）貴榮編　清光緒六年(1880)同文館木活字印本　三冊　缺一卷(三)

320000－1646－0004940　500800

算學課藝四卷　（清）席淦　（清）貴榮編　清光緒二十二年(1896)上海著易堂石印本　四冊

320000－1646－0004941　500801

誦芬書屋算稿三卷　（清）蔣士榮著　清光緒十六年(1890)刻本　一冊

320000－1646－0004942　500802

泛倍數衍一卷　（清）王季鍇著　清光緒刻本　一冊

320000－1646－0004943　500803

泛倍數衍一卷　（清）王季鍇撰　勾股拾遺一卷四元演代一卷　（清）范禕撰　清光緒石印本　一冊

320000－1646－0004944　500804

代數通藝錄十六卷　（清）方愷撰　清光緒十六年(1890)刻本　六冊

320000－1646－0004945　500805

代數通藝錄十六卷　（清）方愷撰　清光緒二十二年(1896)時務報館石印本　四冊

320000－1646－0004946　500806

八線備旨四卷　（美國）羅密士撰　（美國）潘慎文譯　謝洪賚校錄　清光緒二十年(1894)

上海美華書館鉛印本　一冊

320000－1646－0004947　500807

八線備旨習題全草四卷　（清）連毓祥著　清光緒三十三年（1907）刻本　五冊

320000－1646－0004948　500808

如積蒙求二卷和較開方式一卷　（清）馮世澂著　清光緒二十三年（1897）刻本　一冊

320000－1646－0004949　500809

代形合參三卷附一卷　（美國）羅密士著　（美國）潘慎文譯文　謝洪賚筆述　清光緒二十四年（1898）上海美華書館鉛印本　一冊

320000－1646－0004950　500810

圓錐曲線一卷　（美國）求德生選評　劉維師筆述　清光緒二十四年（1898）上海美華書局鉛印本　一冊

320000－1646－0004951　500811

割圜通解一卷代數術詳解一卷　（清）吳誠著　清光緒二十四年（1898）江蘇書局刻本　一冊

320000－1646－0004952　500812

算鎊捷訣一卷　題(□)抱拙居士著　清光緒二十五年（1899）石印本　一冊

320000－1646－0004953　500813

平三角和較術圖解二卷　（清）項梅侶撰　（清）張毓瑗圖解　清光緒二十八年（1902）蘇州毛上珍刻本　一冊

320000－1646－0004954　500814

勾股演代五卷　（清）王錫恩輯　清光緒二十九年（1903）上海美華書館鉛印本　一冊

320000－1646－0004955　500815

數學啟蒙二卷　（英國）偉烈亞力著　清光緒二十二年（1896）上海格致書室鉛印本　一冊

320000－1646－0004956　500816

數學啟蒙二卷　（英國）偉烈亞力撰　清光緒十二年（1886）鉛印本　二冊

320000－1646－0004957　500817

簡算略一卷　題(□)學達我天著　清光緒刻本　一冊

320000－1646－0004958　500818

最新小學數學教科書二卷　商務印書館編　清光緒三十三年（1907）上海商務印書館鉛印本　一冊

320000－1646－0004959　500819

江蘇存古學堂算學講義不分卷　江蘇存古學堂編　清光緒鉛印本　三冊

320000－1646－0004960　500820

江蘇存古學堂算學講義不分卷　江蘇存古學堂編　清光緒鉛印本　三冊

320000－1646－0004961　500821

江蘇存古學堂算學講義不分卷　江蘇存古學堂編　清光緒鉛印本　三冊

320000－1646－0004962　500822

求弦矢通術一卷　（清）伊德齡撰　清同治、光緒間刻本　一冊

320000－1646－0004963　500823

譯學館初等代數講義　丁福保撰　清光緒三十年（1904）刻本　一冊

320000－1646－0004964　500824

西算明鏡錄五卷　（清）王韜撰　清光緒二十三年（1897）石印本　四冊

320000－1646－0004965　500825

代數備旨題問細草六卷　（清）袁綱維著　清光緒二十五年（1899）近知書屋刻本　四冊

320000－1646－0004966　500826

代數備旨十三章總答一章　（美國）狄考文譯　（清）鄒立文　（清）生福維筆述　清光緒二十八年（1902）上海美華書館鉛印本　一冊

320000－1646－0004967　502294

一切經音義二十五卷　（唐）釋元應撰　（清）莊炘　（清）錢坫　（清）孫星衍校正　補訂新譯大方廣佛華嚴經音義二卷　（唐）釋慧苑述　清同治八年（1869）杭州昭慶經房刻本　四冊

320000－1646－0004968　500828

形學備旨全草十卷首一卷 （美國）狄考文輯 壽孝天撰　清光緒三十一年(1905)上海會文學社石印本　六冊

320000-1646-0004969　500829
代形合參解法三卷附一卷 （清）王世撰　清光緒三十三年(1907)石印本　二冊

320000-1646-0004970　500830
八線對數表一卷 （美國）路密司編 （清）朱葆琛譯　清光緒鉛印本　一冊

320000-1646-0004971　500831
對數表一卷 （美國）路密司編 （清）朱葆琛譯　清光緒鉛印本　二冊

320000-1646-0004972　500832
開方表一卷 （清）賈步緯算述　清光緒江南製造局鉛印本　一冊

320000-1646-0004973　500833
對數表四卷 （清）賈步緯校述　清光緒十一年(1885)江南製造局鉛印本　二冊

320000-1646-0004974　500834
八線簡表一卷 （清）賈步緯校述　清光緒江南製造局鉛印本　一冊

320000-1646-0004975　500835
八線對數表一卷 （清）賈步緯校述　清光緒江南製造局鉛印本　一冊

320000-1646-0004976　500836
對數表一卷 （美國）赫士口譯 （清）朱葆琛筆述　清光緒十九年(1893)上海美華書館鉛印本　一冊

320000-1646-0004977　500838
中西算學課藝鴻裁四卷 （清）崔朝慶編輯　清光緒二十三年(1897)石印本　四冊

320000-1646-0004978　500839
江南高等學堂算學課藝續編一卷 崔朝慶編輯　清光緒三十二年(1906)刻本　一冊

320000-1646-0004979　500840
形性學要八卷 （清）李杕編譯　清光緒二十五年(1899)徐滙滙報館鉛印本　三冊

320000-1646-0004980　500841
格致讀本二卷 （英國）莫爾顯著 （清）南洋公學譯書院譯　清光緒二十八年(1902)南洋公學譯書院鉛印本　一冊

320000-1646-0004981　500842
格致精華錄四卷德國議院章程合盟紀事本末一卷 （清）江標編　清光緒二十二年(1896)石印本　一冊

320000-1646-0004982　500843
測算舉隅一卷 （美國）丁韙良著　清光緒三十一年(1905)上海美華書館鉛印本　一冊

320000-1646-0004983　500844
物理學算法八卷 （美國）丁韙良撰　清光緒三十年(1904)石印本　八冊

320000-1646-0004984　500845
重學二十卷圓錐曲綫說三卷 （英國）艾約瑟口譯 （清）李善蘭筆述　清光緒二十二年(1896)上海積山書局石印本　二冊

320000-1646-0004985　500846
化學初階四卷 （美國）嘉約翰口譯 （清）何瞭然筆述　清同治九年(1870)羊城博濟醫局刻本　二冊

320000-1646-0004986　500847
化學闡原十五卷 （法國）畢利幹口譯 （清）承霖 （清）王鐘祥筆述　清光緒八年(1882)同文館鉛印本　五冊

320000-1646-0004987　500848
化學辨質七章 （美國）聶會東著　清光緒二十二年(1896)上海美華書館鉛印本　一冊

320000-1646-0004988　500849
化學工藝初集四卷圖一卷二集四卷圖一卷三集二卷圖一卷 （英國）能智著 （英國）傅蘭雅口譯 （清）汪振聲筆述　清光緒鉛印本　三冊　缺一卷(初集一)

320000-1646-0004989　500850
化學指南十卷 （法國）畢利幹著　清同治十二年(1873)鉛印本　十六冊

320000－1646－0004990　500851

普通礦物學二卷附錄一卷　亞泉學館編　清光緒二十九年(1903)上海普通學書室鉛印本　一冊

320000－1646－0004991　500852

質學新編六卷　(美國)衡德生　(美國)吳德赫著　(美國)潘慎文鑒定　謝洪賚譯　清光緒三十年(1904)上海美華書館鉛印本　一冊

320000－1646－0004992　500853

地勢畧解二十章　(美國)李安德著　清光緒十九年(1893)京都滙文書院鉛印本　一冊

320000－1646－0004993　500861

清瘦閣讀畫十八種　(清)徐文清輯　清光緒二十六年(1900)刻本　二冊

320000－1646－0004994　500855

地學指略三卷　(英國)文敎治口譯　(清)李慶軒筆述　清光緒七年(1881)益智書會刻本　一冊

320000－1646－0004995　500856

地學講議一卷　(清)薩端譯　清光緒二十七年(1901)金粟齋鉛印本　一冊

320000－1646－0004996　500857

地理初桄十八章　(美國)卜舫濟譯著　清光緒二十三年(1897)刻本　一冊

320000－1646－0004997　500858

脫影奇觀三卷　清光緒刻本　三冊　存二卷(中之下、下)

320000－1646－0004998　500859

活物學二卷　清光緒上海時務報館石印本　一冊

320000－1646－0004999　502205

宗統編年三十二卷首一卷　(清)釋紀蔭編纂　清光緒十三年(1887)刻本　十冊

320000－1646－0005000　502206

高僧傳初集十五卷　(南朝梁)釋慧皎撰　高僧傳二集四十卷　(唐)釋道宣撰　高僧傳三集三十卷首一卷　(宋)釋通慧撰　高僧傳四集六卷　(明)釋如惺撰　清光緒十年(1884)金陵刻經處刻本(高僧傳二集四十卷爲光緒十六年江北刻經處刻本高僧傳四集六卷爲光緒十八年江北刻經處刻本)　二十四冊

320000－1646－0005001　502207

高僧傳初集十五卷　(南朝梁)釋慧皎撰　清光緒十年(1884)金陵刻經處刻本　四冊

320000－1646－0005002　502209

五燈會元五十七卷　(宋)釋普濟纂　清光緒三十四年(1908)刻本　二十冊

320000－1646－0005003　502210

五燈會元二十卷　(宋)釋普濟纂　清光緒二十八年(1902)貴池劉世珩玉海堂刻本　十二冊

320000－1646－0005004　502212

蓮宗九祖傳畧一卷　(清)釋悟開編　清道光四年(1824)杭州昭慶寺刻本　一冊

320000－1646－0005005　500740

御製曆象考成上編十六卷下編十卷　(清)聖祖玄燁御製　御製曆象考成後編十卷　(清)高宗弘曆敕撰　清光緒二十四年(1898)德記書莊石印本(後編爲光緒二十二年雙梧書屋石印本)　二十六冊

320000－1646－0005006　502216

釋迦如來應化事蹟不分卷　清光緒二十三年(1897)石印本　三冊

320000－1646－0005007　502232

尚直編一卷尚理編一卷　(明)釋景隆纂述　清道光八年(1828)異同堂刻本　一冊

320000－1646－0005008　500762

御製數理精蘊上編五卷下編四十卷表八卷　(清)聖祖玄燁御製　清光緒八年(1882)江寧藩署刻本　十一冊　缺四卷(表五至八)

320000－1646－0005009　502239

佛教初學課本一卷　(清)楊文會述　清光緒三十二年(1906)金陵刻經處刻本　一冊

320000－1646－0005010　501673

酉陽雜俎三十卷 （唐）段成式撰　清道光二十九年(1849)小嬛嬛山館刻本　六冊

320000－1646－0005011　502244

上品資糧一卷 （清）釋古崑集　清光緒二年(1876)杭州昭慶寺刻本　一冊

320000－1646－0005012　502245

念佛四大要訣一卷 （清）釋古崑集　清光緒七年(1881)杭州昭慶慧空經房刻本　一冊

320000－1646－0005013　502246

念佛警策二卷 （清）彭際清纂　清同治十三年(1874)刻本　一冊

320000－1646－0005014　502247

念佛十鏡一卷 （清）釋澄德述　清咸豐十年(1860)江都刻本　一冊

320000－1646－0005015　502248

念佛百問一卷 （清）釋悟開著　清同治五年(1866)刻本　一冊

320000－1646－0005016　502249

禪門日誦不分卷 （清）徐文灝輯　清光緒二十六年(1900)常州天寧寺刻本　一冊

320000－1646－0005017　502250

禪門日誦不分卷 （清）徐文灝輯　清光緒二十六年(1900)常州天寧寺刻本　二冊

320000－1646－0005018　502252

諸經日誦朝時功課集要一卷　清同治十一年(1872)杭州昭慶寺慧空經房刻本　一冊

320000－1646－0005019　502253

法苑珠林一百卷 （唐）釋道世撰　清道光七年(1827)刻本　三十二冊

320000－1646－0005020　502254

北山錄十卷 （唐）釋神清撰 （宋）釋慧寶注　清影宋刻本　二冊　存六卷(一至六)

320000－1646－0005021　502269

選佛譜六卷 （明）釋智旭撰　清光緒十七年(1891)金陵刻經處刻本　一冊

320000－1646－0005022　502258

釋教三字經一卷　題（明）吹萬老人著　題（清）敏修長老注　清同治十一年(1872)慧空經房刻本　一冊

320000－1646－0005023　502267

選佛譜六卷 （明）釋智旭撰　清光緒十七年(1891)金陵刻經處刻本　二冊

320000－1646－0005024　500827

代數備旨十三章總答一章 （美國）狄考文譯　清光緒二十九年(1903)浙紹特別書局石印本　五冊　存十二章(一至十二)

320000－1646－0005025　502295

一切經音義二十五卷 （唐）釋元應撰 （清）莊炘 （清）錢坫 （清）孫星衍校正　補訂新譯大方廣佛華嚴經音義二卷 （唐）釋慧苑述　清道光十一年(1831)古稀堂刻本(卷十四至卷二十五、補訂新譯大方廣佛華嚴經音義配清同治八年杭州昭慶經房刻本)　二冊　存二十卷(一切經音義一至六、十四至二十五,補訂新譯大方廣佛華嚴經音義二卷)

320000－1646－0005026　502270

萬法歸心錄三卷 （清）釋祖源著　清光緒三十四年(1908)揚州刻本　一冊

320000－1646－0005027　502271

禪林頓悟入道要門論二卷 （唐）釋慧海撰　清光緒三十年(1904)常州刻本　一冊

320000－1646－0005028　502272

報恩論二卷首一卷　清光緒二十四年(1898)刻本　一冊　存一卷(首一卷)

320000－1646－0005029　502273

蓮邦消息一卷 （清）釋妙空子撰　清同治十一年(1872)刻本　一冊

320000－1646－0005030　502274

蓮邦消息一卷 （清）釋妙空子撰　清同治十一年(1872)刻本　一冊

320000－1646－0005031　502275

樂邦定課一卷　清光緒十八年(1892)揚州藏經院刻本　一冊

320000－1646－0005032　502276

蓮宗必讀一卷　（清）釋古崑集　清同治七年(1868)杭州昭慶寺刻本　一冊

320000－1646－0005033　502277

蓮修必讀一卷　（清）釋觀如輯　清光緒十二年(1886)揚州藏經院刻本　一冊

320000－1646－0005034　502298

佛爾雅八卷　（清）周春撰　清嘉慶二十一年(1816)刻本　一冊

320000－1646－0005035　502280

慈悲水懺法三卷　（唐）釋知玄撰　清同治十二年(1873)江北刻經處刻本　一冊

320000－1646－0005036　502281

慈悲梁皇寶懺十卷　（南朝梁）蕭衍集　清光緒十二年(1886)姑蘇瑪瑙經房刻本　三冊

320000－1646－0005037　502282

法界聖凡水陸普度大齋勝會儀軌會本六卷　（南朝梁）釋誌公等撰　（宋）釋志磐重訂　（明）釋袾宏補儀　（清）釋儀潤彙刊　清刻本　一冊　存二卷(三至四)

320000－1646－0005038　500854

地勢畧解二十章　（美國）李安德著　清光緒十九年(1893)京都滙文書院鉛印本　一冊

320000－1646－0005039　502284

御選妙覺普度和聖寒山大士詩一卷　（唐）釋寒山撰　御選圓覺慈度合聖拾得大士詩一卷　（唐）釋拾得撰　御選大慈圓通禪仙紫陽真人張平叔語錄一卷　栢堂山居詩一卷　清光緒十一年(1885)金陵刻經處刻本　一冊

320000－1646－0005040　502285

唯心集一卷　（清）釋定慧著　影響集一卷　（清）釋量海撰　二林唱和詩一卷　（清）知歸子集　觀河集節鈔一卷　（清）彭際清著　測海集節鈔一卷　（清）彭紹升著　瓊樓吟稿節鈔一卷　（清）陶善撰　清光緒刻本　一冊

320000－1646－0005041　502287

了凡雜著袁生懺法四卷　（明）袁黃著　淨行別品一卷　（明）袁黃編　河圖洛書解一卷　（明）袁黃注解　明萬曆刻本　一冊

320000－1646－0005042　502289

最上一乘慧命經一卷　（清）柳華陽撰并注　清光緒刻本　一冊

320000－1646－0005043　502290

古今譯經圖記四卷　（唐）釋靖邁撰　續古今譯經圖記一卷　（唐）釋智昇撰　清康熙三年(1664)浙江嘉興府楞嚴寺般若堂刻本　一冊

320000－1646－0005044　502293

一切經音義二十五卷　（唐）釋元應撰　（清）莊炘　（清）錢坫　（清）孫星衍校正　補訂新譯大方廣佛華嚴經音義二卷　（唐）釋慧苑述　清同治八年(1869)杭州昭慶經房刻本　四冊

320000－1646－0005045　500862

四銅鼓齋論畫集刻　（清）張祥河輯　清宣統元年(1909)北京會文齋刻本　四冊

320000－1646－0005046　500864

篆學瑣著　（清）顧湘輯　清道光二十年(1840)海虞顧氏刻本　七冊　缺四種四卷(印說一卷、印言一卷、論印絕句一卷、印學管見一卷)

320000－1646－0005047　502297

佛爾雅八卷　（清）周春撰　清嘉慶二十一年(1816)刻本　一冊

320000－1646－0005048　500865

閒情小錄初集　（清）葛元煦輯　清光緒三年(1877)刻本　三冊　存五種五卷(詩鐘一卷、花間楹貼一卷、酒箴一卷、觴政一卷、集西廂酒籌一卷)

320000－1646－0005049　502301

證道秘書　（清）傅金銓撰　清光緒刻本　十二冊　存八種十四卷(杯溪錄三卷、赤水吟一卷、丹經示讀一卷、外金丹五卷、邱祖全書一卷、內金丹一卷、三峰丹訣一卷、玄微心印一卷)

320000－1646－0005050　502302

劉氏道學大成十四種　（清）劉一民輯　清嘉慶刻本　十六冊

320000－1646－0005051　500906

甌鉢羅室書畫過目攷四卷首一卷附一卷　（清）李玉棻編輯　清光緒二十三年（1897）刻本　四冊

320000－1646－0005052　502304

道統大成不分卷　（清）汪啟濩輯　清光緒二十六年（1900）刻本　十冊

320000－1646－0005053　502305

太上無極總真文昌大洞仙經三卷　（清）劉沅註釋　清同治三年（1864）刻本　一冊

320000－1646－0005054　502306

高上玉皇本行集經註解三卷首一卷　清光緒二十年（1894）同善社刻本　四冊

320000－1646－0005055　500908

澄蘭室古緣萃錄十八卷　（清）邵松年輯　清光緒三十年（1904）上海鴻文書局石印本　六冊

320000－1646－0005056　502310

陰符經釋義一卷　（清）劉光才註釋　清光緒三十三年（1907）刻本　一冊

320000－1646－0005057　500922

冬心先生題畫記五卷　（清）金農撰　清華韵軒刻巾箱小品叢書本　一冊

320000－1646－0005058　502313

呂祖清微三品真經三卷　（唐）呂洞賓撰　清光緒三年（1877）張中間刻本　一冊

320000－1646－0005059　502314

敬竈全書一卷　清咸豐七年（1857）刻本　一冊

320000－1646－0005060　502315

敬竈全書一卷　清咸豐七年（1857）刻本　一冊

320000－1646－0005061　502320

丹桂籍二卷首一卷　（明）顏正廷註釋　清康熙五十七年（1718）刻本　二冊

320000－1646－0005062　502321

丹桂籍四卷　（明）顏正廷註釋　清同治刻本　一冊　存二卷（三至四）

320000－1646－0005063　502322

警心篇一卷　清同治十二年（1873）刻本　一冊

320000－1646－0005064　502323

太上感應篇箋注二卷　（清）惠棟箋注　清光緒十三年（1887）刻本　一冊

320000－1646－0005065　502325

感應篇引經箋注不分卷　（清）惠棟箋注　清光緒十九年（1893）點石齋石印本　一冊

320000－1646－0005066　502327

太上感應篇圖說不分卷　（清）黃正元輯　清光緒十五年（1889）上海六馬路仁濟善堂刻本　八冊

320000－1646－0005067　502328

太上感應篇圖說不分卷　（清）黃正元輯　清光緒十八年（1892）上海同文書局石印本　八冊

320000－1646－0005068　502329

太上感應篇圖說不分卷　（清）黃正元輯　清同治八年（1869）浙江衢州府三餘堂刻本　八冊

320000－1646－0005069　502330

太上感應篇增訂圖說不分卷　（清）朱日豐輯　清同治十三年（1874）刻本　一冊

320000－1646－0005070　502331

陰隲文圖證不分卷　清同治九年（1870）待鶴齋刻本　二冊

320000－1646－0005071　502333

道岸同登集一卷　清光緒元年（1875）東臺邱文照刻本　一冊

320000－1646－0005072　502335

性命雙脩萬神圭旨四卷　清光緒刻本　四冊

320000－1646－0005073　502336

性命雙脩萬神圭旨四卷　清光緒聚一山房刻本　四冊

320000－1646－0005074　502337

性命要旨二卷補遺一卷　（清）汪東亭著　養性編一卷　（清）何懷經著　清光緒十七年（1891）刻本　二冊

320000－1646－0005075　501013

三十五舉一卷　（元）吾邱衍著　續三十五舉一卷　（清）桂馥撰　清光緒三年（1877）刻嘯園叢書本　一冊

320000－1646－0005076　502339

通關文二卷　（清）劉一明著　清道光二年（1822）常郡護國菴刻本　一冊　存一卷（一）

320000－1646－0005077　502340

群仙要語一卷　清京都前門外靈佑宮刻本　一冊

320000－1646－0005078　502341

呂祖彙集三十四卷呂祖彙集附卷十四卷呂祖彙集新附六卷　在壇諸子校字　清道光三十年（1850）崇陽元通場萬壽宮刻本　十三冊　存三十五卷（七至二十六、三十四，附卷七至十四，新附六卷）

320000－1646－0005079　502342

張三丰先生全集不分卷　（清）涵虛子錄　清道光二十四年（1844）刻本　八冊

320000－1646－0005080　502343

心傳韻語五卷　（清）何謙撰　清同治二年（1863）白雲山刻本　二冊

320000－1646－0005081　502346

仙佛合宗語錄不分卷　（明）伍守陽著　（清）汪東亭輯　清宣統三年（1911）中國圖書公司石印本　四冊

320000－1646－0005082　502347

呂祖［巖］年譜海山奇遇七卷　（清）火西月編　清上海江左書林石印本　一冊　存四卷（四至七）

320000－1646－0005083　502348

歷代神仙通鑑四十卷　清刻本（拼配本）　五冊　存四卷（四、二十至二十二）

320000－1646－0005084　502349

醒世金箴六卷　清光緒八年（1882）刻本　五冊　存五卷（二至六）

320000－1646－0005085　502350

質神錄一卷續質神錄一卷　（清）彭紹升編　清道光二十二年（1842）刻本　四冊

320000－1646－0005086　502351

輔化壇鸞鳴錄二集十二卷　厚植總纂　清光緒二十七年（1901）鉛印本　六冊　存九卷（四至十二）

320000－1646－0005087　502355

金仙証論一卷慧命經一卷　（清）柳華陽譔注　清同治九年（1870）刻本　二冊

320000－1646－0005088　502358

歷代仙史八卷　（清）王建章纂輯　清光緒七年（1881）刻本　三冊　存四卷（一至三、八）

320000－1646－0005089　502359

歷代神仙史八卷　（清）王建章纂輯　清江左書林石印本　一冊　存二卷（七至八）

320000－1646－0005090　502361

泰西是非學拾級三卷　（英國）庫全英著　（清）李永慶述　（清）白向義校　清宣統三年（1911）上海廣學會鉛印本　一冊

320000－1646－0005091　501081

水雲笛譜一卷　（清）潘奕雋撰　清光緒十三年（1887）刻本　一冊

320000－1646－0005092　502363

新約全書二十七卷　清光緒十八年（1892）蘇州鉛印本　一冊

320000－1646－0005093　502364

上諭摺示集錄一卷　秀華陽著　清光緒十七年（1891）刻本　一冊

320000－1646－0005094　502365

正教奉褒不分卷　（清）黃伯祿編　清光緒

年(1884)上海慈母堂鉛印本　二册

320000－1646－0005095　502366

正教奉褒不分卷　（清）黃伯祿編　清光緒十年(1884)上海慈母堂鉛印本　二册

320000－1646－0005096　502367

正教奉傳不分卷　（清）黃伯祿編　清光緒三十四年(1908)上海慈母堂鉛印本　一册

320000－1646－0005097　502368

重刻畸人十篇二卷　（意大利）利瑪竇述　清道光二十七年(1847)刻本　一册

320000－1646－0005098　501082

水雲笛譜一卷　（清）潘奕雋撰　清光緒十三年(1887)刻本　一册

320000－1646－0005099　502371

聖書易記□□卷　清光緒三十年(1904)上海美華館鉛印本　一册　存一卷(二)

320000－1646－0005100　502379

衛司理講道真詮一卷　（美國）林樂知選譯　清光緒二十二年(1896)上海美華書館鉛印本　一册

320000－1646－0005101　502380

馬太傳福音書二十七章　清光緒十六年(1890)漢鎮英漢書館鉛印本　一册

320000－1646－0005102　502381

耶穌記略問答一卷　清光緒九年(1883)上海監理公會刻本　一册

320000－1646－0005103　502382

信魁濟犖傳十八章　（英國）鮑康甯譯　清光緒三十年(1904)上海廣學會鉛印本　一册

320000－1646－0005104　502385

真道問答一卷　清光緒二十九年(1903)上海美華書館鉛印本　一册

320000－1646－0005105　502387

基督訓辭彙解十六課　清光緒三十三年(1907)上海美華書館鉛印本　一册

320000－1646－0005106　502388

耶穌記略問答一卷　清光緒二十三年(1897)上海美華書館鉛印本　一册

320000－1646－0005107　502398

格物探源四卷　清光緒六年(1880)刻本　二册

320000－1646－0005108　502399

自西徂東五卷　（德國）花之安撰　清光緒十年(1884)刻本　一册

320000－1646－0005109　502400

天方性理圖傳五卷首一卷　（清）劉智撰　清乾隆二十五年(1760)京江談氏刻本　五册

320000－1646－0005110　502401

清真指南十卷　（清）馬注著　清同治九年(1870)粵東省城濠畔街清真寺刻本　九册　存九卷(一至九)

320000－1646－0005111　502402

真功發微二卷　（清）劉智撰　清咸豐七年(1857)叢善堂刻本　二册

320000－1646－0005112　502403

天方典禮擇要解二十卷歸正儀解一卷　（清）劉智纂述　清乾隆京江童氏刻本　三册　存九卷(天方典禮擇要解一至九)

320000－1646－0005113　502406

文林綺繡　（明）凌迪知輯　清光緒六年至十一年(1880－1885)刻本　十二册

320000－1646－0005114　502407

文林綺繡　（清）鴻寶齋書局輯　清光緒十九年至二十二年(1893－1896)鴻寶齋書局石印本［太史華句八卷、文選錦字二十一卷爲光緒十一年(1885)融經館刻本］　十八册　存八種七十七卷(文選音義八卷、兩漢雋言十六卷、楚騷綺語六卷、左國腴詞八卷、太史華句八卷、文選錦字二十一卷、文選課虛四卷、文選古字通六卷)

320000－1646－0005115　502408

增廣文選　（清）鴻寶齋書局輯　清光緒二十一年(1895)上海鴻寶齋石印本　九册　存五

種五十卷(文選類腋一至十二、文選類雋十四卷、文選集錦七卷、文選鍼度一至九、文選音義八卷)

320000 – 1646 – 0005116   502409
小瑯嬛山館彙刊類書 （清）緯文堂編 清同治六年(1867)刻本 八冊

320000 – 1646 – 0005117   502411
藝文類聚一百卷 （唐）歐陽詢撰 清光緒五年(1879)華陽宏達堂刻本 三十冊

320000 – 1646 – 0005118   502412
藝文類聚一百卷 （唐）歐陽詢撰 清光緒五年(1879)華陽宏達堂刻本 十冊

320000 – 1646 – 0005119   502413
北堂書鈔一百六十卷 （唐）虞世南撰 （清）孔廣陶校注 清光緒十四年(1888)南海孔氏三十有三萬卷堂刻本 二十冊

320000 – 1646 – 0005120   502414
北堂書鈔一百六十卷 （唐）虞世南撰 （清）孔廣陶校注 清光緒十四年(1888)南海孔氏三十有三萬卷堂刻本 八冊

320000 – 1646 – 0005121   502415
初學記三十卷校勘一卷 （宋）徐堅等撰 清光緒十四年(1888)蘊石齋刻本 十六冊

320000 – 1646 – 0005122   502416
古香齋鑒賞袖珍初學記三十卷 （宋）徐堅等撰 清光緒八年至九年(1882 – 1883)古香齋刻本 十一冊 存二十八卷(一至六、九至三十)

320000 – 1646 – 0005123   502417
李氏蒙求註六卷 （晉）李瀚撰 （宋）徐子光注 清同治九年(1870)明辨齋刻本 一冊

320000 – 1646 – 0005124   502418
李氏蒙求補注六卷 （晉）李瀚撰 （清）金三俊輯注 清道光九年(1829)京口敦經堂刻本 二冊

320000 – 1646 – 0005125   502419
李氏蒙求補注六卷 （晉）李瀚撰 （清）金三俊輯注 清道光九年(1829)京口敦經堂刻本 二冊

320000 – 1646 – 0005126   502420
蒙求增輯三卷 （清）唐仲冕撰 （清）劉冕增輯 清同治二年(1863)善化劉氏刻本 二冊

320000 – 1646 – 0005127   502421
王先生十七史蒙求十六卷 （宋）王令撰 清道光二十八年(1848)大文堂刻本 四冊

320000 – 1646 – 0005128   502422
王先生十七史蒙求十六卷 （宋）王令撰 清乾隆刻本 二冊

320000 – 1646 – 0005129   502423
王先生十七史蒙求十六卷 （宋）王令撰 清乾隆刻本 一冊 存八卷(一至八)

320000 – 1646 – 0005130   502424
元和姓纂十卷 （唐）林寶撰 （清）孫星衍（清）洪瑩校 清嘉慶七年(1802)洪氏刻本 六冊

320000 – 1646 – 0005131   502425
廣事類賦四十卷 （清）華希閔著 清康熙三十八年(1699)劍光閣刻本 八冊

320000 – 1646 – 0005132   502426
廣事類賦四十卷 （清）華希閔著 清乾隆二十九年(1764)刻本 八冊

320000 – 1646 – 0005133   502427
廣事類賦四十卷 （清）華希閔著 清乾隆二十九年(1764)刻本 八冊

320000 – 1646 – 0005134   502428
事類賦三十卷 （宋）吳淑撰注 （明）華麟祥校刊 清乾隆二十九年(1764)劍光閣刻本 四冊

320000 – 1646 – 0005135   502429
事類賦三十卷 （宋）吳淑撰注 （明）華麟祥校刊 清康熙劍光閣刻本 四冊

320000 – 1646 – 0005136   502430
續廣事類賦三十卷 （清）王鳳喈撰注 清嘉慶六年(1801)刻本 十八冊

320000 – 1646 – 0005137　502431

廣廣事類賦三十二卷　（清）吳世㫤撰注　清嘉慶元年(1796)敬堂刻本　六冊

320000 – 1646 – 0005138　502432

廣廣事類賦三十二卷　（清）吳世㫤撰注　清嘉慶十三年(1808)經綸堂刻本　八冊

320000 – 1646 – 0005139　502433

事類統編九十三卷　（宋）吳淑等撰注　清道光二十四年(1844)粵東味經堂林氏刻本　六十四冊

320000 – 1646 – 0005140　502434

增補事類統編九十三卷　（清）黃葆真增輯　清光緒十二年(1886)上海同文書局石印本　十二冊

320000 – 1646 – 0005141　502435

增補事類統編九十三卷　（清）黃葆真增輯　清咸豐十年(1860)刻本　四十一冊

320000 – 1646 – 0005142　502436

增補事類統編九十三卷　（清）黃葆真增輯　清道光二十六年(1846)刻本　二十四冊

320000 – 1646 – 0005143　502437

太平御覽一千卷　（宋）李昉等撰　清刻本　二十冊　存二百卷(八十一至一百八十、三百八十一至四百八十)

320000 – 1646 – 0005144　502438

太平御覽一千卷　（宋）李昉等撰　清嘉慶二十三年(1818)刻本　八十冊

320000 – 1646 – 0005145　502439

太平御覽一千卷　（宋）李昉等撰　清光緒二十年(1894)上海積山書局石印本　三十二冊

320000 – 1646 – 0005146　502440

書敘指南二十卷　（宋）任廣編次　清道光二十六年(1846)刻惜陰軒叢書本　二冊

320000 – 1646 – 0005147　502441

書敘指南二十卷　（宋）任廣編　清刻本　二冊

320000 – 1646 – 0005148　502442

新編古今事文類聚前集六十卷後集五十卷續集二十八卷別集三十二卷新集三十六卷外集十五卷遺集十五卷　（宋）祝穆撰　清乾隆二十八年(1763)積秀堂刻本　六十四冊

320000 – 1646 – 0005149　502443

新編古今事文類聚前集六十卷後集五十卷續集二十八卷別集三十二卷新集三十六卷外集十五卷遺集十五卷　（宋）祝穆撰　清乾隆二十八年(1763)積秀堂刻本　二十二冊　存八十三卷(別集三十二卷、新集三十六卷、外集十五卷)

320000 – 1646 – 0005150　502445

姓氏急就篇二卷　（元）王應麟撰　清光緒浙江書局刻本　一冊

320000 – 1646 – 0005151　502446

姓氏急就篇二卷　（元）王應麟撰　清光緒浙江書局刻本　一冊

320000 – 1646 – 0005152　502447

玉海纂二十二卷　（清）劉鴻訓纂　清光緒五年(1879)八杉齋刻本　十六冊

320000 – 1646 – 0005153　502449

新增說文韻府群玉二十卷　（元）陰時夫編輯　明萬曆十八年(1590)聚錦堂刻本　二十冊

320000 – 1646 – 0005154　502454

姓觿十卷　（明）陳士元著　清光緒十七年(1891)三餘草堂刻本　三冊

320000 – 1646 – 0005155　502455

天中記六十卷　（明）陳耀文纂　清刻本　一冊　存一卷(十二)

320000 – 1646 – 0005156　502456

卓氏藻林八卷　（明）卓明卿撰　清光緒刻本　七冊　存七卷(二至八)

320000 – 1646 – 0005157　502457

唐類函二百卷　（明）俞安期彙纂　清養正堂刻本　四十冊

320000 – 1646 – 0005158　502458

潛確居類書一百二十卷　（明）陳仁錫纂輯

明崇禎五年(1632)刻本　五十冊　存九十三卷(十一至二十八、四十六至一百二十)

320000－1646－0005159　502459
新刊校正增補圓機詩韻活法全書十四卷詩學活法全書二十四卷　(明)王世貞增校　清刻本　八冊　存十七卷(詩韻活法全書十四卷，詩學活法全書二十至二十一、二十四)

320000－1646－0005160　502460
古事比五十二卷　(清)方中德著　清光緒十三年(1887)點石齋石印本　六冊

320000－1646－0005161　502461
古事比五十二卷　(清)方中德著　清光緒三十年(1904)點石齋石印本　六冊

320000－1646－0005162　502462
古事比五十二卷　(清)方中德著　清光緒十三年(1887)上海文盛堂石印本　三冊

320000－1646－0005163　502463
古事比五十二卷　(清)方中德輯著　清光緒上海中西五彩書局石印本　六冊

320000－1646－0005164　502465
續廣博物志十六卷　(清)徐壽基編輯　清光緒十二年(1886)刻本　四冊

320000－1646－0005165　502466
表異錄二十卷　(明)王志堅輯　清光緒二年(1876)陳氏庸閒齋刻本　一冊

320000－1646－0005166　502467
表異錄二十卷　(明)王志堅輯　清光緒二年(1876)陳氏庸閒齋刻本　一冊　存九卷(一至九)

320000－1646－0005167　502468
類書纂要三十三卷　(明)周魯輯　清康熙三年(1664)刻本　十六冊

320000－1646－0005168　502469
增補註釋故事白眉十卷　(明)許以忠集　清康熙四十一年(1702)聚錦堂刻本　五冊

320000－1646－0005169　502470
憑山閣增定留青全集二十四卷　(明)陳枚選輯　清康熙二十三年(1684)刻本　十七冊　存十七卷(一至七、九、十二至十五、十八至二十、二十三至二十四)

320000－1646－0005170　502471
憑山閣增定留青全集二十四卷　(明)陳枚輯　清康熙二十三年(1684)刻本　一冊　存二卷(二十三至二十四)

320000－1646－0005171　502472
憑山閣彙輯留青采珍集前函十二卷后函十二卷　(明)陳枚撰　清康熙四十二年(1703)刻本　二十二冊　存二十二卷(前函十二卷，后函一至六、八至九、十一至十二)

320000－1646－0005172　502473
憑山閣增輯留青新集三十卷　(明)陳枚選　清康熙四十七年(1708)刻本　二十四冊

320000－1646－0005173　502474
重編留青新集二十四卷　清光緒十四年(1888)宏文閣鉛印本　十二冊

320000－1646－0005174　502475
重編留青新集二十四卷　清光緒十四年(1888)宏文閣鉛印本　十二冊

320000－1646－0005175　502476
春秋左傳類對賦一卷　(清)高士奇補注　清康熙三十年(1691)刻本　一冊

320000－1646－0005176　502477
春秋左傳類對賦一卷　(清)高士奇補注　清康熙三十年(1691)刻本　一冊

320000－1646－0005177　502478
春秋經傳類聯不分卷　(清)屈作梅補注　清嘉慶七年(1802)紉蘭堂刻本　二冊

320000－1646－0005178　502479
春秋左傳分類賦四卷　(清)夏大觀編撰　清乾隆三十七年(1772)刻本　二冊

320000－1646－0005179　502480
古今類傳四卷　(清)董轂士　(清)董炳文輯　清康熙三十一年(1692)刻本　四冊

320000－1646－0005180　502481

古今類傳四卷　（清）董穀士　（清）董炳文輯
清康熙三十一年（1692）刻本　三冊　存三卷（一至三）

320000－1646－0005181　502482
增訂廣日記故事詳註二卷　（清）王相增註
清光緒刻本　二冊

320000－1646－0005182　502483
類林新咏三十六卷　（清）姚之駰撰　清康熙
四十六年（1707）刻本　十六冊

320000－1646－0005183　502484
類林新咏三十六卷　（清）姚之駰撰　清康熙
文暎書屋刻本　十二冊　存三十五卷（一至三十五）

320000－1646－0005184　502485
讀書紀數略五十四卷　（清）宮夢仁撰　清康熙四十八年（1709）刻本　十冊

320000－1646－0005185　502486
淵鑑類函四百五十卷　（清）張英等輯　清刻本　三十五冊

320000－1646－0005186　502487
淵鑑類函四百五十卷　（清）張英等輯　清清吟堂刻本　一百四十冊

320000－1646－0005187　502488
佩文韻府一百六卷　（清）張玉書等纂修　清康熙刻本　三冊　存五卷（二十七、五十三至五十四、六十四至六十五）

320000－1646－0005188　502489
佩文韻府一百六卷　（清）張玉書等纂修　清光緒石印本　五冊　存六十六卷（十六至二十三、三十一至五十九、六十九至八十九、九十九至一百六）

320000－1646－0005189　502490
韻府拾遺一百六卷　（清）汪灝等纂修　清刻本　二十冊

320000－1646－0005190　502491
佩文韻府一百六卷　（清）張玉書等纂修　韻府拾遺一百六卷　（清）汪灝等纂修　清刻本　一百八十冊

320000－1646－0005191　502492
佩文韻府一百六卷　（清）張玉書等纂修　韻府拾遺一百六卷　（清）汪灝等纂修　清光緒十三年（1887）點石齋石印本　六十冊

320000－1646－0005192　502493
佩文韻府一百六卷　（清）張玉書等纂修　韻府拾遺一百六卷　（清）汪灝等纂修　清光緒二十四年（1898）同文書局石印本　六十二冊

320000－1646－0005193　502494
佩文韻府一百六卷　（清）張玉書等纂修　韻府拾遺一百六卷　（清）汪灝等纂修　清光緒十八年（1892）鴻寶齋石印本　二百冊

320000－1646－0005194　502495
佩文韻府一百六卷　（清）張玉書等纂修　韻府拾遺一百六卷　（清）汪灝等纂修　清光緒十八年（1892）鴻寶齋石印本　二百冊

320000－1646－0005195　502496
御定駢字類編二百四十卷　（清）聖祖玄燁主纂　清光緒十三年（1887）同文書局石印本　四十八冊

320000－1646－0005196　502497
御定駢字類編二百四十卷　（清）聖祖玄燁主纂　清光緒十三年（1887）同文書局石印本　四十八冊

320000－1646－0005197　502498
分類字錦六十四卷　（清）何焯　（清）陳鵬年等撰　清刻本　十六冊　存十六卷（九至二十四）

320000－1646－0005198　502499
分類字錦六十四卷　（清）何焯　（清）陳鵬年等撰　清江蘇刻本　三十五冊　存三十五卷（一至三十、五十九、六十一至六十四）

320000－1646－0005199　502500
唐詩金粉十卷　（清）沈炳震纂輯　清雍正二年（1724）冬讀書齋刻本　四冊

320000－1646－0005200　502501

新纂氏族箋釋八卷　（清）熊峻運著　清雍正二年(1724)寶翰樓刻本　一冊

320000－1646－0005201　502502

新纂氏族箋釋八卷　（清）熊峻運著　清雍正二年(1724)文光堂刻本　四冊

320000－1646－0005202　502503

新纂氏族箋釋八卷　（清）熊峻運著　清務本堂刻本　四冊

320000－1646－0005203　502507

欽定古今圖書集成醫部全錄五百二十卷　（清）蔣廷錫等纂　清光緒二十年(1894)鉛印本　六十冊

320000－1646－0005204　502508

子史精華一百六十卷　（清）吳襄等纂修　清光緒十三年(1887)上海積山書局石印本　五冊

320000－1646－0005205　502509

子史精華一百六十卷　（清）吳襄等纂修　清光緒十二年(1886)上海同文書局石印本　八冊

320000－1646－0005206　502510

子史精華一百六十卷　（清）吳襄等纂修　清光緒十五年(1889)上海蜚英館石印本　八冊

320000－1646－0005207　502511

子史精華一百六十卷　（清）吳襄等纂修　清宣統元年(1909)上海集成圖書公司石印本　八冊

320000－1646－0005208　502512

子史精華一百六十卷　（清）吳襄等纂修　清雍正五年(1727)刻本　三十二冊

320000－1646－0005209　502513

子史精華一百六十卷　（清）吳襄等纂修　清雍正五年(1727)刻本　三十二冊

320000－1646－0005210　502514

格致鏡原一百卷　（清）陳元龍撰　清雍正十三年(1735)刻本　二十四冊

320000－1646－0005211　502515

格致鏡原一百卷　（清）陳元龍撰　清上海大同書局石印本　十二冊　存七十六卷(一至五十四、六十八至七十三、七十九至八十九、九十六至一百)

320000－1646－0005212　502516

省軒考古類編十二卷　（清）柴紹炳纂　清述古山莊刻本　二冊

320000－1646－0005213　502517

省軒考古類編十二卷　（清）柴紹炳纂　清雍正四年(1726)刻本　四冊

320000－1646－0005214　502518

省軒考古類編十二卷　（清）柴紹炳纂　清乾隆二十三年(1758)文盛堂刻本　四冊

320000－1646－0005215　502519

精選標緗大備南陽會海對類二十卷　清雍正七年(1729)刻本　四冊

320000－1646－0005216　502520

四書典林三十卷　（清）江永編　清雍正十三年(1735)刻本　十冊

320000－1646－0005217　502521

四書典林三十卷四書人物典林十二卷　（清）江永編　清光緒小酉山房刻本　十六冊

320000－1646－0005218　502522

初學行文語類四卷　（清）孫埏編輯　清乾隆三年(1738)刻本　二冊

320000－1646－0005219　502523

類腋五十五卷　（清）姚培謙輯　清乾隆七年(1742)欣賞齋刻本　二十四冊　存五十四卷(天部八卷,地部十六卷,人部十五卷,物部一至五、七至十六)

320000－1646－0005220　502524

角山樓增補類腋六十七卷　（清）姚培謙撰　清咸豐刻本　二十四冊

320000－1646－0005221　502525

詩材類對纂要四卷　（清）任德裕　（清）申贊皇箋　清乾隆二十七年(1762)刻本　二冊

320000－1646－0005222　502526

韻府約編二十四卷　（清）鄧愷輯　清乾隆二十四年(1759)刻本　二十四冊

320000 – 1646 – 0005223   502527

韻府約編二十四卷　（清）鄧愷輯　清乾隆二十七年(1762)縮秀閣刻本　二十四冊

320000 – 1646 – 0005224   502528

事物異名錄四十卷　（清）萬荃輯　清乾隆五十三年(1788)粵東刻本　四冊

320000 – 1646 – 0005225   502529

典制類林四卷　（清）唐式南編　清乾隆三十年(1765)刻本　二冊　存二卷(一至二)

320000 – 1646 – 0005226   502530

通俗編三十八卷　（清）翟灝撰　清無不宜齋刻本　十二冊

320000 – 1646 – 0005227   502531

通俗編三十八卷　（清）翟灝撰　清無不宜齋刻本　七冊　存三十四卷(一至四、九至三十八)

320000 – 1646 – 0005228   502533

名疑四卷　（明）陳士元著　清光緒十七年(1891)三餘草堂刻本　二冊

320000 – 1646 – 0005229   502534

史姓韻編六十四卷　（清）汪輝祖輯　清同治九年(1870)金陵書局刻本　二十四冊

320000 – 1646 – 0005230   502535

史姓韻編六十四卷　（清）汪輝祖輯　清同治九年(1870)金陵書局刻本　二十四冊

320000 – 1646 – 0005231   502536

史姓韻編六十四卷　（清）汪輝祖輯　清同治九年(1870)金陵書局刻本　二十冊

320000 – 1646 – 0005232   502537

史姓韻編六十四卷　（清）汪輝祖輯　清光緒十年(1884)耕餘樓書局鉛印本　十六冊

320000 – 1646 – 0005233   502538

史姓韻編二十四卷　（清）汪輝祖輯　清光緒二十九年(1903)上海文瀾書局石印本　三冊

320000 – 1646 – 0005234   502539

姓氏源流一卷　清抄本　一冊

320000 – 1646 – 0005235   502540

史鑑姓氏便檢八卷　（清）日商絳雪齋書局編輯　清光緒二十九年(1903)石印本　二冊

320000 – 1646 – 0005236   502541

史姓韻編六十四卷　（清）汪輝祖輯　清光緒十年(1884)上海中西書局石印本　四冊

320000 – 1646 – 0005237   502542

壹是紀始二十二卷補遺一卷　（清）魏崧著　清光緒十四年(1888)刻本　二冊

320000 – 1646 – 0005238   502543

維揚述古堂新刻增訂釋義經書便用通考雜字二卷外一卷　（清）徐三省編輯　清乾隆六十年(1795)刻本　一冊

320000 – 1646 – 0005239   502544

劍光閣增訂釋義經書便用通考雜字二卷外一卷　（清）徐三省輯　清劍光閣刻本　一冊　存二卷(下、外一卷)

320000 – 1646 – 0005240   502545

義林堂增訂釋義經書便用通考雜字二卷外一卷　（清）徐三省輯　清義林堂刻本　一冊　存二卷(下、外一卷)

320000 – 1646 – 0005241   502546

小知錄十二卷　（清）陸鳳藻輯　清同治十二年(1873)淮南書局刻本　四冊

320000 – 1646 – 0005242   502547

小知錄十二卷　（清）陸鳳藻輯　清嘉慶九年(1804)琴雅堂刻本　六冊

320000 – 1646 – 0005243   502549

分韻子史題解二十卷　（清）費卿庭輯　清嘉慶十九年(1814)山淵堂刻本　六冊

320000 – 1646 – 0005244   502550

清異編珠二卷　（清）福申輯　清嘉慶二十年(1815)刻本　一冊

320000 – 1646 – 0005245   502551

干支便覽四卷　（清）聶銑敏輯　清刻本　三冊　存二卷(一、四)

320000 – 1646 – 0005246   502552

干支集錦二十四卷 （清）秦嘉謨集 清嘉慶二十年(1815)琳瑯仙館刻本 四冊

320000－1646－0005247　502553

記事珠十卷 （清）張以謙編 清嘉慶二十一年(1816)刻本 九冊 存九卷(一至七、九至十)

320000－1646－0005248　502555

雜錦群芳□□卷 清道光六年(1826)傲雪山房刻本 四冊 存七卷(新鐫銀紅發秘二卷、新鐫雜錦群芳尺牘二至四、新鐫雜錦群芳對聯二至三)

320000－1646－0005249　502556

詩賦駢字類珠續集二十四卷 （清）蕭燇（清）蕭培畹輯 清道光十六年(1836)時敏堂刻本 四冊

320000－1646－0005250　502557

增補時用貼式二卷 題（清）蓉湖知非子編 清道光十六年(1836)敦化堂刻本 二冊

320000－1646－0005251　502558

幼學求源三十三卷 （清）程登吉撰 清道光二十二年(1842)刻本 五冊 存二十五卷(一至五、十四至三十三)

320000－1646－0005252　502559

稱謂錄三十二卷 （清）梁章鉅撰 清同治、光緒間刻本 八冊

320000－1646－0005253　502560

異號類編二十卷 （清）史夢蘭輯 清咸豐九年(1859)刻本 八冊

320000－1646－0005254　502564

人鏡類纂四十六卷 （清）程之楨輯 清同治十二年(1873)刻本 六冊 存十七卷(一至八、二十四至二十九、四十二至四十四)

320000－1646－0005255　502565

鑄史駢言十二卷 （清）孫玉田編 清光緒十一年(1885)同文書局石印本 二冊

320000－1646－0005256　502566

鑄史駢言十二卷 （清）孫玉田編 清光緒十一年(1885)同文書局石印本 二冊

320000－1646－0005257　502569

新義錄一百卷 （清）孫壁文撰 清光緒八年(1882)漱石山房刻本 三十九冊 存九十八卷(一至八十二、八十五至一百)

320000－1646－0005258　502570

新刻重校增補日用雜字便覽一卷 清光緒九年(1883)抱芳閣刻本 一冊

320000－1646－0005259　502571

增廣四書五經典林十二卷 題（清）求是齋主人輯 清光緒十五年(1889)積山書局石印本 六冊

320000－1646－0005260　502573

兩漢韻珠十卷 （清）吳章澧著 清光緒十八年(1892)刻本 十冊

320000－1646－0005261　502575

泰西事物起原一卷 （日本）澀江保編纂 清光緒二十八年(1902)廣智書局鉛印本 一冊

320000－1646－0005262　502576

普通百科全書一百編 清光緒二十九年(1903)石印本 四十四冊 存四十八編(一至十二、十五至二十一、二十三至二十八、三十七、四十三至五十六、五十八至六十五)

320000－1646－0005263　502577

海國名人類類韻編二十四卷首二卷 清光緒二十九年(1903)文來書局石印本 八冊

320000－1646－0005264　502578

註釋繪圖六千字文一卷 （清）宋鶴齡增補 清光緒三十二年(1906)滙新書局石印本 一冊

320000－1646－0005265　502580

重訂幼學須知句解四卷 （清）程允升撰 清光緒刻本 一冊

320000－1646－0005266　502581

重訂幼學須知句解四卷 （清）程允升撰 清光緒十六年(1890)善化堂刻本 四冊

320000－1646－0005267　502582

重訂幼學須知句解四卷 （清）程允升撰　清光緒二十四年(1898)懷德堂刻本　四冊

320000－1646－0005268　502583

重訂幼學須知句解四卷 （清）程允升撰　清刻本　一冊

320000－1646－0005269　502584

重訂幼學須知句解四卷 （清）程允升撰　清光緒三十二年(1906)日升山房刻本　四冊

320000－1646－0005270　502585

新增繪圖幼學故事瓊林四卷 （清）程允升撰　清天寶書局石印本　一冊

320000－1646－0005271　502587

文新書局精校新增繪圖幼學故事瓊林四卷 （清）程允升撰　清光緒二十六年(1900)上海文新書局石印本　五冊

320000－1646－0005272　502588

寄傲山房塾課新增幼學故事瓊林四卷 （清）程允升撰　清簡青齋石印本　一冊

320000－1646－0005273　502589

寄傲山房塾課新增幼學故事瓊林四卷 （清）程允升撰　清刻本　一冊

320000－1646－0005274　502590

新體幼學瓊林四卷首一卷 （清）朱樹人編輯　清光緒三十四年(1908)南洋官書局石印本　一冊

320000－1646－0005275　502591

通天秘書要覽五卷 清宣統元年(1909)掃葉山房石印本　二冊

320000－1646－0005276　502593

普通百科新大辭典十二集補遺一卷別集一卷 黃人撰　清宣統三年(1911)上海國學扶輪社鉛印本　十五冊

320000－1646－0005277　502594

普通百科新大辭典十二集補遺一卷別集一卷 黃人撰　清宣統三年(1911)上海國學扶輪社鉛印本　十五冊

320000－1646－0005278　502600

廣學類編十二卷 （英國）唐蘭孟編輯　清光緒二十九年(1903)上海廣學會鉛印本　一冊　存一卷(一)

320000－1646－0005279　502607

畚塘芻論二卷 （清）孫鼎臣輯　清咸豐刻本　一冊　存一卷(一)

320000－1646－0005280　502610

說教一卷 容揆譯　清光緒二十八年(1902)石印本　二冊

320000－1646－0005281　502612

萬世玉衡錄四卷 （清）蔣伊編輯　清乾隆二年(1737)刻本　四冊

320000－1646－0005282　502613

欽定承華事略補圖六卷 （元）王惲撰　（清）徐郙　（清）李文田等補圖　清光緒二十四年(1898)上海掃葉山房石印本　一冊　存三卷(一至三)

320000－1646－0005283　502614

篤素堂集鈔三卷 （清）張英撰　清光緒十七年(1891)江蘇書局刻本　一冊

320000－1646－0005284　502615

普通學歌訣一卷 張一鵬撰　清光緒二十六年(1900)蘇州中西小學堂刻本　一冊

320000－1646－0005285　502616

聖諭廣訓一卷 （清）世宗胤禛編　清同治九年(1870)上海美華書館鉛印本　一冊

320000－1646－0005286　502617

聖諭廣訓一卷 （清）世宗胤禛編　清光緒石印本　一冊

320000－1646－0005287　502618

聖諭廣訓衍一卷 清同治元年(1862)刻本　一冊

320000－1646－0005288　502624

支那教學史略三卷 （日本）狩野良知撰　清光緒二十九年(1903)商務印書館鉛印本　一冊

320000－1646－0005289　502625

文學興國策二卷　（美國）林樂知譯　清光緒二十二年（1896）圖書集成局鉛印本　一冊

320000－1646－0005290　502626

日本遊學指南一卷　章宗祥輯　清光緒二十七年（1901）鉛印本　一冊

320000－1646－0005291　502627

太西教育史二卷　（日本）能勢榮撰　清光緒二十七年（1901）金粟齋鉛印本　一冊

320000－1646－0005292　502628

各國學校制度三卷　（日本）寺田勇吉著　清光緒二十八年（1902）海上譯社鉛印本　三冊

320000－1646－0005293　502629

法國經世輯要一卷　時務書局譯　清光緒時務書局鉛印本　一冊

320000－1646－0005294　502630

法國經世輯要一卷　時務書局譯　清光緒時務書局鉛印本　一冊

320000－1646－0005295　502631

法學通論一卷　（日本）磯谷幸次郎講述　王國維譯　清光緒二十八年（1902）金粟齋鉛印本　一冊

320000－1646－0005296　502632

編譯叢刻　（清）南洋公學譯書院輯　清光緒二十八年（1902）南洋公學譯書院鉛印本　五冊　存十種二十六卷（法學通論一卷、新撰大地志一卷、世界通史一卷、萬國通史一卷、英國樞政志十四卷、作戰糧食給養法概意一卷、日本憲兵制一卷、計學平議二卷、政群源流考二卷、野外要務令二卷）

320000－1646－0005297　502633

政群源流考二卷　（美國）韋爾生著　李維格譯　清光緒二十八年（1902）南洋公學譯書院鉛印本　一冊

320000－1646－0005298　502634

教育學一卷　（日本）立花銑三郎講述　王國維譯　清光緒刻本　一冊

320000－1646－0005299　502635

國家學五卷　（德國）伯崙知理著　（日本）吾妻兵治譯　清光緒二十五年（1899）日本善隣譯書館鉛印本　二冊

320000－1646－0005300　502637

政教進化論一卷　（日本）加藤弘之著　清光緒二十八年（1902）上海廣智書局鉛印本　一冊

320000－1646－0005301　502638

民約通義一卷　（法國）戎雅屈婁騷著　（日本）中江篤介譯解　清光緒二十四年（1898）上海大同譯書局石印本　一冊

320000－1646－0005302　502639

社會黨二卷　（日本）西川光次郎著　（清）周子高譯　清光緒二十九年（1903）廣智書局鉛印本　一冊

320000－1646－0005303　502640

英國憲法史十四編　（日本）松平康國編著　清光緒二十八年（1902）鉛印本　二冊　存七編（一至七）

320000－1646－0005304　502642

近世社會主義四編　（日本）福井準造著　趙必振譯　清光緒二十九年（1903）廣智書局鉛印本　二冊　存三編（一至三）

320000－1646－0005305　502643

新譯日本血性男子一卷　聽雨窗主人編　清光緒二十八年（1902）上海時務書局鉛印本　一冊

320000－1646－0005306　502644

新譯日本血性男子一卷　聽雨窗主人編　清光緒二十八年（1902）上海時務書局鉛印本　一冊

320000－1646－0005307　502650

何博士備論一卷　（宋）何去非撰　清道光十六年（1836）刻指海本　二冊

320000－1646－0005308　501978

金剛經注解不分卷　清同治十三年（1874）浙省昭慶慧空經房刻本　四冊

320000－1646－0005309　502655

礦務叢鈔十二卷　（英國）士密德輯　清光緒二十三年（1897）上海六先書局石印本　二十冊

320000－1646－0005310　502656

輿圖測法繪法條議圖解二卷　清同治四年（1865）蘇州文寶齋刻本　一冊

320000－1646－0005311　502679

萬國分類時務大成四十卷　（清）錢豐選輯　清光緒上海文盛書局石印本　二十八冊

320000－1646－0005312　502680

時務通攷三十一卷續編三十一卷　清光緒二十三年（1897）點石齋石印本（續編爲光緒二十七年上海點石齋石印本）　四十冊

320000－1646－0005313　502681

[陣前軍械圖冊]一卷　（清）張連登等撰　清光緒十三年（1887）抄本　一冊

320000－1646－0005314　502682

陸軍衣制詳晰圖說一卷　（清）奕劻等撰　清光緒石印本　一冊

320000－1646－0005315　502687

長江礮臺芻議一卷　姚錫光撰　清光緒二十五年（1899）鉛印本　一冊

320000－1646－0005316　502688

英國水師考一卷　（英國）巴那比　（美國）克理撰　清光緒上海機器製造局鉛印本　二冊

320000－1646－0005317　502689

太上混元道德真經一卷　題（□）八洞仙祖撰　清宣統三年（1911）上海中正堂刻本　一冊

320000－1646－0005318　502690

算經十書　（清）孔繼涵輯　清乾隆三十八年（1773）微波榭刻本　四冊　存七種十九卷（周髀算經二卷音義一卷、策算一卷、海島算經一卷、孫子算經三卷、五曹算經五卷、夏侯陽算經三卷、張邱建算經三卷）

320000－1646－0005319　502691

兼濟堂纂刻梅勿菴先生曆算全書　（清）梅文鼎撰　清光緒十年（1884）石印本　十六冊　存二十種四十三卷（三角法舉要五卷、曆象本要一卷、環中黍尺一至三、塹堵測量二卷、角即弧解一卷、曆學疑問補二卷、交會管見一卷、揆目候星紀要一卷、發周地度合考一卷、交食蒙求一卷、春秋以來冬至考一卷、諸方節氣加時日軌高度表一卷、五星紀要一卷、火星本法一卷、七政細草補注一卷、曆學駢枝一卷、算學五卷、籌算七卷、方程論六卷、少廣拾遺一卷）

320000－1646－0005320　502692

梅氏叢書輯要　（清）梅文鼎撰　清光緒十四年（1888）上海龍文書局石印本　六冊

320000－1646－0005321　502693

梅氏叢書輯要　（清）梅文鼎撰　清光緒十四年（1888）上海龍文書局石印本　二冊

320000－1646－0005322　502694

里堂學算記　（清）焦循著　清嘉慶四年（1799）刻本　五冊

320000－1646－0005323　502695

翠微山房數學　（清）張作楠撰　清嘉慶二十五年（1820）息園刻本　二十冊

320000－1646－0005324　502696

李氏遺書　（清）李銳撰　清道光三年（1823）刻本　七冊　存十種十九卷（召誥日名攷一卷、漢三統術三卷、漢四分術三卷、乾象術二卷、補修宋奉元術一卷、補修宋占天術一卷、日法朔餘彊弱攷一卷、方程新術草一卷、弧矢算術細草三卷、開方說三卷）

320000－1646－0005325　502697

則古昔齋算學　（清）李善蘭撰　清同治六年（1867）刻本　六冊

320000－1646－0005326　502698

則古昔齋算學　（清）李善蘭撰　清同治六年（1867）刻本　二冊

320000－1646－0005327　502699

則古昔齋算學　（清）李善蘭撰　清同治六年（1867）刻本　六冊

320000－1646－0005328　502704

農務實業新編二卷　（清）王上達撰　清宣統二年(1910)浙江杭州萬春農務局刻本　一冊　存一卷（上）

320000－1646－0005329　502720

萬國分類時務大成四十卷　（清）錢豐選輯　清光緒上海文盛書局石印本　七冊　存九卷（五、七至八、十二、二十二、二十五至二十六、二十九至三十）

320000－1646－0005330　502723

事類賦三十卷　（宋）吳淑撰注　（明）華麟祥校刊　清刻本　二冊

320000－1646－0005331　502724

廣廣事類賦三十二卷　（清）吳世旃撰注　清嘉慶元年(1796)敬堂刻本　八冊

320000－1646－0005332　502725

市隱卮言一卷　（清）亢樹滋撰　清光緒刻本　一冊

320000－1646－0005333　502744

典滙十二卷　清光緒十二年(1886)點石齋石印本　六冊

320000－1646－0005334　502745

四書典林穀二十卷　（清）江永輯　清刻本　六冊

320000－1646－0005335　502746

詩賦類聯采新十二卷　清光緒十三年(1887)上海積山書屋石印本　六冊

320000－1646－0005336　502747

重編留青新集二十四卷　清光緒三十四年(1908)上海廣益書局鉛印本　十二冊

320000－1646－0005337　502752

練勇芻言五卷　（清）王鑫著　清光緒十七年(1891)湘乡王氏金陵刻本　一冊

320000－1646－0005338　502765

十要字集解一卷　（清）費熙撰　清光緒二十八年(1902)刻本　一冊

320000－1646－0005339　502766

女孝經一卷　（唐）鄭氏（陳邈妻）撰　清錫山倫仙館刻本　一冊

320000－1646－0005340　502767

存古約言六卷　（明）呂維祺撰　清乾隆刻本　一冊

320000－1646－0005341　502768

訓學良規書館必備一卷　（清）知非子編　清末刻本　一冊

320000－1646－0005342　502770

校訂女四書集註四卷　（清）王相箋注　清光緒二十六年(1900)江陰寶文堂刻本（宋若昭女論語一卷王節婦女範捷錄一卷配清光緒李光明莊刻本）　二冊

320000－1646－0005343　502783

法學通論一卷　（日本）磯谷幸次郎講述　王國維譯　清光緒二十八年(1902)金粟齋鉛印本　一冊

320000－1646－0005344　502788

四書典類淵海五十二卷　清光緒十四年(1888)上海鴻文書局石印本　十冊　存五十一卷（一至十九、二十一至五十二）

320000－1646－0005345　502789

新學備纂二十六卷　清光緒二十八年(1902)天津開文書局石印本　十六冊

320000－1646－0005346　502790

詩句題解韻編總彙不分卷　清光緒十一年(1885)上海點石齋石印本　八冊

320000－1646－0005347　502791

策學淵萃四十六卷　清光緒四年(1878)藤花小舫刻本　二十二冊

320000－1646－0005348　502792

四書五經類典集成三十四卷　清光緒十四年(1888)上海同文書局石印本　二十三冊　存三十三卷（一至二十八、三十至三十四）

320000－1646－0005349　502793

四書典林三十卷四書古人典林十二卷　（清）江永輯　清光緒十三年(1887)上海積山書局

石印本 四冊

320000－1646－0005350　502805

西學大成 （清）王西清 （清）盧梯青輯 清光緒二十一年(1895)上海醉六堂書坊石印本 十二冊

320000－1646－0005351　301473

[黃熙齡日記]不分卷 稿本 一冊

320000－1646－0005352　503464

古今類傳四卷 （清）董穀士 （清）董炳文輯 清康熙三十一年(1692)未學齋刻本 四冊

320000－1646－0005353　703735

增像全圖西漢演義四卷一百回增像全圖東漢演義四卷六十四回 清末民國上海育文書局石印本(增像全圖西漢演義卷三至四配清末民國上海天寶書局石印本) 五冊

320000－1646－0005354　700002

漢魏六朝百三名家集 （明）張溥輯 清光緒十八年(1892)善化章經濟堂刻本 九十九冊 缺一種一卷(東方大中集一卷)

320000－1646－0005355　700005

山曉閣文選十五種 （清）孫琮輯 清康熙山曉閣刻本 六十冊 缺四卷(左傳選三至四、九至十)

320000－1646－0005356　700006

明選古文神駒六種三十卷 （明）梅之煥編次 清光緒二十七年(1901)鴻文齋石印本 二十冊

320000－1646－0005357　700007

古文七種三十四卷 （清）儲欣評 清光緒九年(1883)刻本 二十四冊

320000－1646－0005358　700008

四忠遺集 （清）□□輯 清光緒二十三年(1897)湘南書局刻本 十六冊

320000－1646－0005359　700009

唐宋十大家全集錄 （清）儲欣輯 清康熙四十四年(1705)刻本 十二冊 存四種二十六卷(昌黎先生全集錄八卷、河東先生全集錄六卷外集錄一卷、習之先生全集錄二卷、東坡先生全集錄九卷)

320000－1646－0005360　700010

唐宋十大家全集錄 （清）儲欣輯 清光緒八年(1882)江蘇書局刻本 三十二冊

320000－1646－0005361　700011

八大家文鈔 （明）茅坤輯 明崇禎四年(1631)刻本 二十三冊 存六種一百十三卷(唐大家韓文公文鈔一至三、九至十六,唐大家柳柳州文鈔十二卷,宋大家歐陽文忠公文鈔三十二卷,宋大家蘇文公文鈔十卷,宋大家蘇文忠公文鈔二十八卷,宋大家蘇文定公文鈔二十卷)

320000－1646－0005362　700012

呂晚村先生八家古文精選八卷 （清）呂留良輯 清康熙四十三年(1704)呂氏刻本 六冊

320000－1646－0005363　700015

三家宮詞三卷二家宮詞二卷 （明）毛晉輯 清同治十二年(1873)淮南書局刻本 一冊

320000－1646－0005364　700016

金元明八大家文選 （清）李祖陶輯 清道光二十五年(1845)刻本 二十六冊 缺二卷(元遺山先生文選六至七)

320000－1646－0005365　700020

十種唐詩選十六卷 （清）王士禎刪纂 清康熙刻本 四冊

320000－1646－0005366　700021

唐人五十家小集 （清）江標輯 清光緒二十一年(1895)元和江氏靈鶼閣刻本 八冊 存二十六種三十四卷(王勃集二卷、楊炯集二卷、盧照鄰集二卷、駱賓王集二卷、唐司空文明詩集二卷、李端詩集三卷、耿湋詩集一卷、嚴維詩集一卷、唐女郎魚玄機詩集一卷、唐貫休詩集一卷、唐齊己詩集一卷、僧無可詩集二卷、劉兼詩集一卷、王周詩集一卷、儲嗣宗詩集一卷、章碣詩集一卷、李遠詩集一卷、會昌進士詩集一卷、林寬詩集一卷、羅鄴詩集一卷、秦韜玉詩集一卷、殷文珪詩集一卷、唐尚

顏詩集一卷、于武陵詩集一卷、無名氏詩集一卷、張司業樂府集一卷)

320000-1646-0005367　700022
唐人五十家小集　(清)江標輯　清光緒二十一年(1895)元和江氏靈鶼閣刻本　三冊　存八種九卷(王勃集二卷、楊炯集上、王周詩集一卷、儲嗣宗詩集一卷、章碣詩集一卷、李遠詩集一卷、無名氏詩集一卷、張司業樂府集一卷)

320000-1646-0005368　700023
唐人五十家小集　(清)江標輯　清光緒二十一年(1895)元和江氏靈鶼閣刻本　五冊　存六種十三卷(王勃集二卷、楊炯集二卷、盧照鄰集二卷、駱賓王集二卷、唐司空文明詩集二卷、李端詩集三卷)

320000-1646-0005369　700024
唐人三家集　(清)秦恩復輯　清道光十年(1830)江都秦氏石研齋刻本　四冊

320000-1646-0005370　700025
唐四家詩　(清)汪立名輯　清康熙三十四年(1695)天都汪氏刻本　六冊

320000-1646-0005371　700026
唐四家詩　(清)汪立名輯　清康熙三十四年(1695)天都汪氏刻本　一冊　存二種四卷(王右丞詩集二卷、孟襄陽詩集二卷)

320000-1646-0005372　700029
宋詩鈔初集　(清)呂留良等輯　清康熙十年(1671)吳氏鑑古堂刻本　二十六冊

320000-1646-0005373　700032
宋詩鈔選初集十七卷二集二十三卷三集二十四卷四集二十九卷　(清)吳孟舉　(清)吳自牧輯　清康熙十年(1671)三餘草堂刻本　三十冊　存七十二卷(初集十七卷,二集二十三卷,三集二十四卷,四集之浪語集一卷、水心集一卷、艾軒集一卷、攻媿集一卷、清苑齋集一卷、葦碧軒集一卷、芳蘭軒集一卷、二薇亭集一卷)

320000-1646-0005374　700034

宋十五家詩選　(清)陳訏輯　清康熙三十二年(1693)刻本　十冊　缺四種四卷(廬陵詩選一卷、南豐詩選一卷、秋崖詩選一卷、文山詩選一卷)

320000-1646-0005375　700037
宋百家詩存二十卷　(清)曹庭棟輯　清乾隆五年至六年(1740-1741)浙江嘉善曹氏刻本　十四冊　存十六卷(一、三至六、八至十一、十四至二十)

320000-1646-0005376　700038
宋百家詩存二十卷　(清)曹庭棟輯　清乾隆五年至六年(1740-1741)浙江嘉善曹氏刻本　二冊　存二卷(十八、二十)

320000-1646-0005377　700039
三宋人集四十五卷　(清)方功惠編　清光緒七年(1881)碧琳瑯館刻本　十六冊

320000-1646-0005378　700040
嘉樂齋三蘇文範十八卷　(明)楊慎選　(明)袁宏道參閱　清康熙二十四年(1685)金閶十乘樓刻本　十六冊

320000-1646-0005379　700041
三蘇全集　(清)弓翊清校刊　清道光十二年(1832)眉州三蘇祠堂刻本　八十冊

320000-1646-0005380　700042
南宋群賢小集　(宋)陳起輯　(清)顧修重輯　清嘉慶六年(1801)石門顧氏讀畫齋刻本　二十二冊　存四十九種八十卷(巽齋小集一卷,雪坡小稿二卷,菊磵小集一卷,梅屋吟一卷,北牕詩藁一卷,殿渚微吟一卷,學吟一卷,雅林小藁一卷,菊潭詩集一卷,庸齋小集一卷,學詩初藁一卷,西麓詩藁一卷,橘潭詩藁一卷,吾竹小藁一卷,竹莊小集一卷,東齋小集一卷,芸隱橫舟藁一卷勌游藁一卷,竹所吟藁一卷,雲臥詩集一卷,適安藏拙餘藁一卷乙藁一卷,疏寮小集一卷,靖逸小集一卷,秋江煙草一卷,雪林刪餘一卷,招山小集一卷,看雲小集一卷,抱拙小藁一卷,檜亭吟稿一卷,骸藁一卷,雲泉詩一卷,葛無懷小集一卷,漁溪詩藁二卷乙藁一卷,小山集一卷,雪牕小集一卷,斗野藁支卷一卷,露香拾藁一卷,竹溪十一藁詩選一卷,朧翁詩集二卷,靜佳乙藁一卷靜佳龍尋藁一卷,山居存藁一卷,端隱吟藁一卷,雪蓬藁一卷,心遊摘藁一卷,雪巖吟草一卷,順適堂吟稿五卷,石屏續集四卷,龍洲道人詩集一卷,白石道人詩集一卷,江湖後集一至三、五至九、十一至十四、十九至二十四)

320000-1646-0005381　700047

元詩選　(清)顧嗣立輯　清康熙長洲顧氏秀野草堂刻本　十六冊

320000-1646-0005382　700048

元詩選癸集十卷　(清)顧嗣立編　(清)席世臣校刊　清嘉慶三年(1798)掃葉山房刻本　十六冊

320000-1646-0005383　700049

元詩選癸集十卷　(清)顧嗣立編　(清)席世臣校刊　清嘉慶三年(1798)掃葉山房刻本　八冊

320000-1646-0005384　700050

元詩選癸集十卷　(清)顧嗣立編　(清)席世臣校刊　清席氏掃葉山房刻光緒十四年(1888)補刻本　十六冊

320000-1646-0005385　700051

明七子詩七卷　(清)顧有孝等纂　清刻本　二冊

320000-1646-0005386　700053

國朝文錄初編八十二卷續編六十九卷　(清)李祖陶輯　清道光十九年(1839)瑞州府鳳儀書院刻同治七年(1868)敖陽李氏續刻本　五十七冊　缺二十二卷(午亭文錄三卷、鄭靜葊先生文錄一卷、榕村全集文錄二卷、西陂類稿文錄一卷、湛園未定稿文錄三卷、居業齋文錄一卷、潛研堂文錄二卷、厚岡文錄三卷、知恥齋文錄一卷、惕園初稿文二卷、改亭文錄三卷)

320000-1646-0005387　700054

國朝文錄初編八十二卷續編六十九卷　(清)李祖陶輯　清道光十九年(1839)瑞州府鳳儀書院刻同治七年(1868)敖陽李氏續刻本　六十四冊　缺四卷(邁堂文略四卷)

320000-1646-0005388　700055

國朝三家文鈔　(清)宋犖　(清)許汝霖輯　清康熙三十三年(1694)刻本　六冊　存二種二十四卷(魏叔子文鈔十二卷、汪鈍翁文鈔十二卷)

320000-1646-0005389　700056

國朝二十四家文鈔二十四卷　(清)徐斐然輯　清嘉慶元年(1796)刻本　八冊

320000-1646-0005390　700057

曹李尺牘二卷　(清)茅靜安輯　清末民國上海仁記同文圖書館石印本　二冊

320000-1646-0005391　700058

八家四六文注八卷首一卷　(清)許貞幹注　清光緒十七年(1891)刻本　十六冊

320000-1646-0005392　700059

八家四六文鈔　(清)吳鼒輯　清嘉慶三年(1798)較經堂刻本　六冊

320000-1646-0005393　700060

八家四六文鈔　(清)吳鼒輯　清嘉慶三年(1798)較經堂刻本　四冊

320000-1646-0005394　700061

國朝十家四六文鈔　王先謙輯　清光緒十五年(1889)長沙王氏刻本　四冊

320000-1646-0005395　700062

國朝十家四六文鈔　王先謙輯　清光緒十五年(1889)長沙王氏刻本　四冊

320000-1646-0005396　700063

汪羅彭薛四家合鈔　國學扶輪社輯　清宣統二年(1910)國學扶輪社鉛印本　六冊

320000-1646-0005397　700064

汪羅彭薛四家合鈔　國學扶輪社輯　清宣統二年(1910)國學扶輪社鉛印本　六冊

320000-1646-0005398　700065

國朝六家詩鈔　(清)劉執玉輯　清乾隆三十二年(1767)詒燕樓刻本　六冊

320000－1646－0005399　700066

國朝六家詩鈔　（清）劉執玉輯　清乾隆三十二年(1767)詒燕樓刻本　六冊

320000－1646－0005400　700067

江左三大家詩鈔　（清）顧有孝　（清）趙澐輯　清康熙六年(1667)刻本（梅村詩鈔配清道光刻本）　六冊

320000－1646－0005401　700068

戴南山文鈔六卷首一卷　（清）戴名世撰　方望溪文鈔六卷首一卷　（清）方苞撰　清末民國蘇州振新書社石印本　八冊

320000－1646－0005402　700069

七子詩選十四卷　（清）沈德潛選　清乾隆十八年(1753)刻本　一冊　存八卷（七至十四）

320000－1646－0005403　700070

戴段合刻二十四卷　（清）張壽榮輯　清光緒十年(1884)鎮海張氏刻本　十二冊

320000－1646－0005404　700071

戴段合刻二十四卷　（清）張壽榮輯　清光緒十年(1884)鎮海張氏刻本　十冊

320000－1646－0005405　700075

鄧林唱和詩詞合刻不分卷　陳潛輯　清宣統元年(1909)江浦陳氏刻本　一冊

320000－1646－0005406　700076

無雙詩合刻不分卷　（清）陶然輯　清同治十一年(1872)刻本　一冊

320000－1646－0005407　700079

章譚合鈔六卷　（清）章太炎　（清）譚嗣同撰　清宣統二年(1910)國學扶輪社鉛印本　五冊

320000－1646－0005408　700081

天南同人集三卷　（清）姚文棟輯　清光緒刻滇南四種本　一冊

320000－1646－0005409　700084

同岑五家詩鈔　（清）曾燠輯　清道光九年(1829)刻本　五冊

320000－1646－0005410　700085

吳會英才集二十四卷　（清）畢沅編　清嘉慶刻本　六冊

320000－1646－0005411　700086

苔岑集初刊　（清）蔣榮渭輯　清道光三十年(1850)吳縣蔣氏昧清堂刻本　八冊

320000－1646－0005412　700090

敦素園七子詩鈔　（清）吳授鳧輯　清乾隆三十四年(1769)刻本　五冊　存五種五卷（花雨香齋集一卷、借樹軒集一卷、拳石山房集一卷、古槐草堂集一卷、深竹閑園集一卷）

320000－1646－0005413　700091

徐州二遺民集十卷　馮煦輯　清光緒十九年(1893)臨川桂中行刻本　五冊

320000－1646－0005414　700092

浙西六家詩鈔　（清）吳應和　（清）馬洵選　清道光七年(1827)紫微山館刻本　六冊

320000－1646－0005415　700093

浙西六家詩鈔　（清）吳應和　（清）馬洵選　清道光七年(1827)紫微山館刻本　六冊

320000－1646－0005416　700094

西泠五布衣遺著　（清）丁丙輯　清同治、光緒間錢塘丁氏當歸草堂刻本　九冊

320000－1646－0005417　700095

西泠五布衣遺著　（清）丁丙輯　清同治、光緒間錢塘丁氏當歸草堂刻本　五冊　存三種十五卷（臨江鄉人詩四卷拾遺一卷、硯林詩集四卷拾遺一卷附硯林印款一卷、冬心先生集四卷）

320000－1646－0005418　700096

魯兩先生合集不分卷　（清）徐中幹輯　清道光十三年(1833)斯未信齋刻本　二冊

320000－1646－0005419　700097

廬陽三賢集　（清）張祥雲輯　清光緒元年(1875)合肥張氏毓秀堂刻本　六冊

320000－1646－0005420　700098

瀏陽二傑遺文二卷　（清）譚嗣同　（清）唐才常撰　題傷心人稿　清光緒鉛印本　二冊

320000－1646－0005421　700099

瀏陽二傑遺文二卷　（清）譚嗣同　（清）唐才常撰　題傷心人稿　清光緒鉛印本　二冊

320000－1646－0005422　700100

瀏陽二傑遺文二卷　（清）譚嗣同　（清）唐才常撰　題傷心人稿　清光緒鉛印本　二冊

320000－1646－0005423　700101

邱海二公合集十六卷　（清）邱啟焜編　清同治十年（1871）邱氏可繼堂刻本　十冊

320000－1646－0005424　700102

樾湖十子詩鈔二十二卷　（清）張凱嵩輯　清同治七年（1868）江夏張氏刻本　六冊

320000－1646－0005425　700105

嶺南三大家詩選二十四卷　（清）王隼撰　清康熙刻本　四冊

320000－1646－0005426　700107

樵川二家詩六卷　（清）徐幹輯　清光緒七年（1881）刻本　二冊

320000－1646－0005427　700108

明滇南五名臣遺集十卷　李根源輯　清宣統二年（1910）刻本　四冊

320000－1646－0005428　700109

[闕里顏氏叢書]　（清）顏光猷　（清）顏光敏撰　清康熙刻本　八冊　存七種（水明樓詩五卷、顏氏家乘一卷、樂圃集七卷、闕里顏太史真稿不分卷、闕里顏太史後稿不分卷、顏學山近稿不分卷、未信堂近稿不分卷）

320000－1646－0005429　700111

繡水王氏家藏集　（清）王相輯　清咸豐六年（1856）刻本　八冊　缺二種二卷（鄉程日記一卷、續鄉程日記一卷）

320000－1646－0005430　700115

寧都三魏全集　（清）林時益輯　清康熙十年（1671）易堂刻本　四十冊

320000－1646－0005431　700116

寧都三魏全集　（清）林時益輯　清道光二十五年（1845）寧都謝庭綬綏園書塾刻本　四十八冊　缺二種七卷（魏叔子文集外篇二、魏興士文集六卷）

320000－1646－0005432　700119

二吳先生唱于集五卷　（清）吳懋清　（清）吳河光著　清光緒九年（1883）吳氏家塾刻本　一冊

320000－1646－0005433　700125

辟疆園遺集十卷　（清）楊芳燦輯　清光緒十八年（1892）木活字印本　四冊

320000－1646－0005434　700126

辟疆園遺集十卷　（清）楊芳燦輯　清光緒十八年（1892）木活字印本　四冊

320000－1646－0005435　700127

辟疆園遺集十卷　（清）楊芳燦輯　清光緒十八年（1892）木活字印本　四冊

320000－1646－0005436　700128

秋水池堂集十二卷　（清）袁棠撰　清嘉慶二十年（1815）刻本　六冊

320000－1646－0005437　700129

項城袁氏家集六十六卷　丁振鐸輯　清宣統三年（1911）清芬閣鉛印本　四十四冊　缺三種九卷（閣學公書札四卷書札錄遺一卷文稿拾遺一卷、中議公事實紀略一卷、自乂瑣言二卷）

320000－1646－0005438　700130

項城袁氏家集六十六卷　丁振鐸輯　清宣統三年（1911）清芬閣鉛印本　五十六冊

320000－1646－0005439　700132

師矩齋詩錄三卷　（清）彭翰孫撰　寫韻樓詩草一卷寫韻樓詞草一卷　（清）吳清蕙撰　意蘭吟賸一卷　（清）吳毓蓀撰　清光緒十七年（1891）刻本　二冊

320000－1646－0005440　700135

寄廬詩遺稿一卷春谷遺草一卷花溪遺草一卷　（清）黃鶴撰　清道光二十年（1840）刻本　一冊

320000－1646－0005441　700139

黃氏三世詩三卷 （清）黃璧 （清）黃徵謀 （清）黃源垕撰 清光緒十五年（1889）刻本 一冊

320000－1646－0005442　700146
趙氏淵源集十卷 （清）趙紹祖手鈔 清光緒十三年（1887）重慶小古墨齋刻本 五冊

320000－1646－0005443　700147
蘭陵三秀集三卷 （清）趙雲卿等撰 清道光十三年（1833）刻本 二冊

320000－1646－0005444　700154
海虞三陶先生集合刻 （清）楊沂孫輯 清光緒七年（1881）海虞楊同福貴池縣署刻本 八冊

320000－1646－0005445　700155
務滋堂集 （清）□□輯 清嘉慶二十二年（1817）同川金氏刻本 一冊 存二種十一卷（其恕齋詩草一至八、聽雨芭蕉館詩草一至三）

320000－1646－0005446　700163
文選李善注六十卷文選考異十卷 （南朝梁）蕭統撰 （唐）李善注 清同治八年（1869）湖北崇文書局刻本 二十四冊

320000－1646－0005447　700164
文選李善注六十卷文選考異十卷 （南朝梁）蕭統撰 （唐）李善注 清嘉慶十四年（1809）胡氏刻本 八冊 存三十三卷（文選注一至十七、五十五至六十，文選考異十卷）

320000－1646－0005448　700166
文選注六十卷文選考異十卷 （南朝梁）蕭統撰 （唐）李善注 清末民國上海著易堂石印本 十六冊

320000－1646－0005449　700167
文選注六十卷文選考異十卷 （南朝梁）蕭統撰 （唐）李善注 清末民國上海鴻文書局石印本 九冊

320000－1646－0005450　700168
文選注六十卷 （南朝梁）蕭統撰 （唐）李善注 清同治八年（1869）金陵書局刻本 十冊

320000－1646－0005451　700169
文選注六十卷 （南朝梁）蕭統撰 （唐）李善注 清同治八年（1869）金陵書局刻本 十冊

320000－1646－0005452　700170
文選注六十卷 （南朝梁）蕭統撰 （唐）李善注 清同治八年（1869）金陵書局刻本 十冊

320000－1646－0005453　700171
文選注六十卷 （南朝梁）蕭統撰 （唐）李善注 清同治八年（1869）金陵書局刻本 十冊

320000－1646－0005454　700172
文選注六十卷 （南朝梁）蕭統撰 （唐）李善注 清同治八年（1869）金陵書局刻本 十冊

320000－1646－0005455　700173
文選注六十卷 （南朝梁）蕭統撰 （唐）李善注 清光緒二十四年（1898）上海古香閣石印本 二冊

320000－1646－0005456　700174
文選注六十卷 （南朝梁）蕭統撰 （唐）李善注 清乾隆三十七年（1772）海錄軒刻朱墨套印本 十二冊

320000－1646－0005457　700175
文選注六十卷 （南朝梁）蕭統撰 （唐）李善注 清乾隆三十七年（1772）海錄軒刻朱墨套印本 十二冊

320000－1646－0005458　700176
文選注六十卷 （南朝梁）蕭統撰 （唐）李善注 清翰墨園刻朱墨套印本 十二冊

320000－1646－0005459　700177
文選注六十卷 （南朝梁）蕭統撰 （唐）李善注 清雙桂堂刻朱墨套印本 十二冊

320000－1646－0005460　700178
文選注六十卷 （南朝梁）蕭統撰 （唐）李善注 清乾隆刻本 十二冊

320000－1646－0005461　700179
文選注六十卷 （南朝梁）蕭統撰 （唐）李善注 清同治十一年（1872）翰墨園刻本 十

二冊

320000－1646－0005462　700180

文選注六十卷　（南朝梁）蕭統撰　（唐）李善注　清光緒十八年(1892)上海廣百宋齋鉛印本　十冊

320000－1646－0005463　700181

文選補遺四十卷　（宋）陳仁子輯　清道光二十五年(1845)刻本　十二冊

320000－1646－0005464　700182

文選各家詩集四卷　（清）陳光明輯　清光緒五年(1879)醉經堂刻本　一冊

320000－1646－0005465　700184

重訂文選集評十五卷　（清）于光華編　清乾隆四十三年(1778)錫山啟秀堂刻本　八冊

320000－1646－0005466　700185

重訂文選集評十五卷　（清）于光華編　清同治十一年(1872)江蘇書局刻本　十六冊

320000－1646－0005467　700186

選學彙函七十五卷　（清）孫志祖編　清嘉慶授經堂刻本　八冊　存十七卷(文選理學權輿一至八、文選理學權輿補一、文選考異一至四、文選李注補正一至四)

320000－1646－0005468　700187

文選理學權輿八卷補一卷　（清）汪師韓撰　考異四卷李注補正四卷　（清）孫志祖輯　清光緒十五年(1889)刻本　八冊

320000－1646－0005469　700188

文選旁證四十六卷　（清）梁章鉅撰　清道光十八年(1838)刻本　十二冊

320000－1646－0005470　700189

文選旁證四十六卷　（清）梁章鉅撰　清道光十八年(1838)刻本　十一冊　存四十三卷(四至四十六)

320000－1646－0005471　700191

玉臺新詠十卷　（南朝梁）徐陵編　清光緒五年(1879)宏達堂刻本　五冊　存九卷(一至九)

320000－1646－0005472　700192

古文苑二十一卷　（宋）章樵注　清光緒十二年(1886)江蘇書局刻本　四冊

320000－1646－0005473　700193

續古文苑二十卷　（清）孫星衍撰　清光緒九年(1883)江蘇書局刻本　六冊

320000－1646－0005474　700194

續古文苑二十卷　（清）孫星衍撰　清光緒九年(1883)江蘇書局刻本　六冊

320000－1646－0005475　700195

文苑英華選六十卷　（清）宮夢仁手訂　清康熙四十三年(1704)思敬堂刻本　二十四冊

320000－1646－0005476　700196

文苑英華選六十卷　（清）宮夢仁手訂　清康熙四十三年(1704)思敬堂刻本　二十三冊　存五十三卷(一至五十三)

320000－1646－0005477　700197

文苑英華辨證十卷　（宋）彭叔夏撰　清刻本　二冊

320000－1646－0005478　700198

文苑英華辨證十卷　（宋）彭叔夏撰　清刻本　二冊

320000－1646－0005479　700199

樂府詩集一百卷　（宋）郭茂倩編　清光緒元年(1875)湖北崇文書局刻本　十六冊

320000－1646－0005480　700201

瀛奎律髓四十九卷　（元）方回選　清康熙五十二年(1713)吳之振刻本　八冊

320000－1646－0005481　700202

西山先生真文忠公文章正宗讀本不分卷　（清）李翰熙編校　清康熙殖學齋刻本　存二十三冊

320000－1646－0005482　700203

全上古三代秦漢三國六朝文七百四十六卷　（清）嚴可均校輯　清光緒十三年至十九年(1887－1893)廣州廣雅書局刻本　一百冊

320000－1646－0005483　700204

全上古三代秦漢三國六朝文七百四十六卷
（清）嚴可均校輯　清光緒十三年至十九年
（1887－1893）廣州廣雅書局刻本　八十冊

320000－1646－0005484　　700207

秦漢文鈔十二卷　（明）馮有翼輯　清木活字
印本　五冊　存十卷（三至十二）

320000－1646－0005485　　700208

六朝文絜四卷　（清）許槤評選　清光緒三年
（1877）讀有用書齋刻朱墨套印本　二冊

320000－1646－0005486　　700209

六朝文絜四卷　（清）許槤評選　清末民國石
印本　二冊

320000－1646－0005487　　700212

南北朝文鈔二卷　（清）彭兆蓀輯　清光緒八
年（1882）紫雲室刻本　二冊

320000－1646－0005488　　700213

古文淵鑒六十四卷　（清）徐乾學編注　清刻
五色套印本　十九冊　存四十六卷（一至十
三、十七至二十、三十四至四十一、四十三至
六十、六十二至六十四）

320000－1646－0005489　　700214

古文淵鑒六十四卷　（清）徐乾學編注　清刻
五色套印本　四十冊

320000－1646－0005490　　700215

古文淵鑒六十四卷　（清）徐乾學編注　清刻
五色套印本　三十二冊

320000－1646－0005491　　700216

古文淵鑒六十四卷　（清）徐乾學編注　清同
治十二年（1873）浙江書局刻本　三十二冊

320000－1646－0005492　　700217

古文淵鑒六十四卷　（清）徐乾學編注　清同
治十二年（1873）浙江書局刻本　三十二冊

320000－1646－0005493　　700218

斯文精萃不分卷　（清）尹繼善編　清乾隆二
十九年（1764）刻本　十二冊

320000－1646－0005494　　700219

斯文精萃不分卷　（清）尹繼善編　清同治七
年（1868）刻本　十一冊　缺一冊（宋文上）

320000－1646－0005495　　700221

評註才子古文二十六卷　（清）王之績評註
清光緒文成堂書坊刻本　十冊

320000－1646－0005496　　700222

詳訂古文評註全集十卷　（清）過珙　（清）黄
越評選　清光緒二十三年（1897）刻本　十冊

320000－1646－0005497　　502037

金剛三昧經通宗記十二卷首一卷末一卷
（清）釋詠震述　清康熙二十七年（1688）梁谿
福城院刻本　二冊

320000－1646－0005498　　700224

古文瀆編二十九卷　（明）王志堅編　清初刻
本　三冊　存三卷（歐陽文忠公集錄三至四、
蘇文定公集錄一）

320000－1646－0005499　　700225

古文合鈔十六卷　（清）魯超編輯　清康熙刻
本　三冊　存五卷（八至九、十二至十四）

320000－1646－0005500　　700226

鐫張太史評選古文正宗十四卷　（明）張鼐評
選　清初刻本　三冊　存九卷（四至十二）

320000－1646－0005501　　700227

古文雅正十四卷　（清）蔡世遠選評　清雍正
三年（1725）刻本　六冊

320000－1646－0005502　　700228

古文一隅三卷　（清）朱宗洛評選　清道光三
十年（1850）刻本　一冊

320000－1646－0005503　　700229

古文一隅三卷　（清）朱宗洛評選　清道光三
十年（1850）刻本　一冊

320000－1646－0005504　　700230

桐城吳氏古文讀本十三卷　（清）吳汝綸評選
　清光緒三十一年（1905）鉛印本　四冊

320000－1646－0005505　　700231

古文近道集八卷　（清）王贊元選　清同治七
年（1868）培槐軒刻本　一冊

320000－1646－0005506　700234

古文翼八卷　（清）唐德宜編　清同治十二年(1873)常熟黄氏藝文堂刻本　八册

320000－1646－0005507　700235

古文翼八卷　（清）唐德宜箋　清光緒二十四年(1898)姑蘇崇德公所刻本　八册

320000－1646－0005508　700236

古文翼八卷　（清）唐德宜編　清宣統二年(1910)三元書局石印本　二册

320000－1646－0005509　700237

古文辭類纂七十四卷　（清）姚鼐纂集　清同治八年(1869)江蘇書局刻本　十二册

320000－1646－0005510　700238

古文辭類纂七十四卷　（清）姚鼐纂集　清同治八年(1869)江蘇書局刻本　十二册

320000－1646－0005511　700239

古文辭類纂七十四卷　（清）姚鼐纂集　清同治八年(1869)江蘇書局刻本　十二册

320000－1646－0005512　700240

古文辭類纂七十四卷　（清）姚鼐纂集　清光緒十九年(1893)思賢講舍刻本　十六册

320000－1646－0005513　700241

古文辭類纂七十五卷　（清）姚鼐纂集　清同治八年(1869)刻本　十六册

320000－1646－0005514　700245

古文辭類纂七十四卷　（清）姚鼐纂集　清光緒三十三年(1907)上海商務印書館鉛印本　八册

320000－1646－0005515　700248

續古文辭類纂三十四卷　王先謙纂集　清光緒八年(1882)長沙王氏刻本　八册

320000－1646－0005516　700249

續古文辭類纂三十四卷　王先謙纂集　清光緒八年(1882)長沙王氏刻本　二册

320000－1646－0005517　700250

續古文辭類纂三十四卷　王先謙纂集　清光緒八年(1882)長沙王氏刻本　八册

320000－1646－0005518　700251

續古文辭類纂三十四卷　王先謙纂集　清光緒十年(1884)行素草堂刻本　八册

320000－1646－0005519　700256

古文辭類纂七十五卷　（清）姚鼐纂集　清光緒二十七年(1901)滁州李氏求要堂刻本　十二册

320000－1646－0005520　700257

古文辭類纂七十五卷　（清）姚鼐纂集　清光緒二十七年(1901)滁州李氏求要堂刻本　十二册

320000－1646－0005521　700258

續古文辭類纂二十八卷　（清）黎庶昌輯　清光緒十六年(1890)金陵書局刻本　十二册

320000－1646－0005522　700259

續古文辭類纂二十八卷　（清）黎庶昌選　清光緒二十一年(1895)金陵狀元閣刻本　三册

320000－1646－0005523　700260

續古文辭類纂二十八卷　（清）黎庶昌選　清光緒二十一年(1895)金陵狀元閣刻本　十二册

320000－1646－0005524　700266

涵芬樓古今文鈔一百卷　吳曾祺纂録　清宣統二年(1910)上海商務印書館鉛印本　一百册

320000－1646－0005525　700268

古文析義十六卷　（清）林雲銘評註　清乾隆三十二年(1767)刻本　十六册

320000－1646－0005526　700269

古文析義六卷二編八卷　（清）林雲銘評注　清光緒二十四年(1898)漢文書局刻本　十四册

320000－1646－0005527　700270

古文析義六卷二編八卷　（清）林雲銘評注　清光緒二十四年(1898)漢文書局刻本　八册　存八卷(二編八卷)

320000－1646－0005528　700271

古文詞略二十四卷　（清）梅曾亮編　清同治六年(1867)合肥李氏刻本　六冊

320000－1646－0005529　700272

古文詞略二十四卷　（清）梅曾亮編　清同治六年(1867)合肥李氏刻本　五冊

320000－1646－0005530　700273

古文眉詮七十九卷首一卷　（清）浦起龍論次　清乾隆九年(1744)刻本　三十二冊

320000－1646－0005531　700274

古文眉詮七十九卷首一卷　（清）浦起龍論次　清乾隆九年(1744)刻本　二十四冊

320000－1646－0005532　700275

古文眉詮七十九卷首一卷　（清）浦起龍論次　清乾隆九年(1744)刻本　十冊

320000－1646－0005533　700276

經史百家雜鈔二十六卷　（清）曾國藩纂　清光緒三十二年(1906)上海商務印書館鉛印本　十二冊

320000－1646－0005534　700279

經史百家雜鈔二十六卷　（清）曾國藩纂　清光緒三十二年(1906)上海商務印書館鉛印本　十二冊

320000－1646－0005535　700281

古文觀止十二卷　（清）吳乘權　（清）吳大職手錄　清李光明莊刻本　二冊

320000－1646－0005536　700282

古文觀止十二卷　（清）吳乘權　（清）吳大職手錄　清光緒十六年(1890)刻本　二冊

320000－1646－0005537　700283

古文觀止十二卷　（清）吳乘權編次　（清）吳大職手錄　清宣統三年(1911)石印本　一冊

320000－1646－0005538　700284

古文觀止十二卷　（清）吳乘權　（清）吳大職手錄　清光緒九年(1883)掃葉山房刻本　二冊

320000－1646－0005539　700287

古文觀止約選十二卷　（清）吳乘權　（清）吳大職輯　清咸豐元年(1851)刻本　六冊

320000－1646－0005540　700293

文苑珠林四卷　（清）蔣超伯輯　清刻本　一冊　存二卷(三至四)

320000－1646－0005541　700294

御選唐宋文醇五十八卷　（清）高宗弘曆選　清乾隆三年(1738)刻本　二十冊

320000－1646－0005542　700295

御選唐宋文醇五十八卷　（清）高宗弘曆選　清光緒二十一年(1895)上海鴻文書局石印本　八冊

320000－1646－0005543　700296

御選唐宋文醇五十八卷　（清）高宗弘曆選　清光緒三年(1877)刻本　二十冊

320000－1646－0005544　700298

唐宋八大家文分體讀本第一集八卷　（清）汪份編　清康熙五十八年(1719)巡喜齋刻本　八冊

320000－1646－0005545　700300

高等學堂國文講義八卷高等國文讀本四卷　唐文治編纂　清宣統二年(1910)上海文明書局鉛印本　六冊　存六卷(高等學堂國文講義五至八,高等國文讀本二、四)

320000－1646－0005546　700303

漁洋山人古詩選三十二卷　（清）王士禛選　清同治五年(1866)金陵書局刻本　八冊

320000－1646－0005547　700304

漁洋山人古詩選三十二卷　（清）王士禛選　清同治五年(1866)金陵書局刻本　八冊

320000－1646－0005548　700305

采菽堂古詩選三十八卷補遺四卷　（清）陳祚明評選　清康熙刻本　五冊　存十七卷(采菽堂古詩選四至十八,補遺一、四)

320000－1646－0005549　700306

古詩箋三十二卷　（清）王士禛選　（清）聞人倓箋　清乾隆芷蘭堂刻本　十六冊

320000－1646－0005550　700307

古詩源十四卷　（清）沈德潛選　清康熙刻本　四冊

320000－1646－0005551　700308

古詩源十四卷　（清）沈德潛選　清光緒十七年(1891)湖南思賢書局刻本　四冊

320000－1646－0005552　700309

古詩源十四卷　（清）沈德潛選　清光緒十七年(1891)湖南思賢書局刻本　四冊

320000－1646－0005553　700311

評選古詩源十四卷　（清）沈德潛選　清光緒上海文瑞樓石印本　一冊

320000－1646－0005554　700312

評選古詩源四卷　（清）沈德潛選　清光緒二十年(1894)上海圖書集成印書局鉛印本　二冊

320000－1646－0005555　700313

古詩賞析二十二卷　（清）張玉轂選解　清乾隆三十七年(1772)姑蘇思義堂刻本　六冊

320000－1646－0005556　700316

三十家詩鈔六卷首一卷末一卷　（清）曾國藩纂　（清）王定安增輯　清同治十三年(1874)刻本　六冊

320000－1646－0005557　700317

惜抱軒今體詩選十八卷　（清）姚鼐選　清同治五年(1866)金陵書局刻本　四冊

320000－1646－0005558　700318

惜抱軒今體詩選十八卷　（清）姚鼐選　清同治五年(1866)金陵書局刻本　二冊

320000－1646－0005559　700319

畬詩泖補四卷續補三卷　（清）范端昂輯　清康熙刻本　四冊　存四卷(畬詩泖補二至三，續補一、三)

320000－1646－0005560　700320

歷朝詩約選九十三卷　（清）劉大櫆纂　清光緒二十一年(1895)文徵閣刻本　二十二冊

320000－1646－0005561　700321

歷朝名媛詩詞十二卷　（清）陸昶評選　清乾隆三十八年(1773)刻本　四冊　缺一卷(九)

320000－1646－0005562　700322

八代詩選二十卷　王闓運撰　清光緒十六年(1890)江蘇書局刻本　八冊

320000－1646－0005563　700323

八代詩選二十卷　王闓運撰　清光緒十六年(1890)江蘇書局刻本　四冊　存十一卷(三至七、十五至二十)

320000－1646－0005564　700324

御選唐宋詩醇四十七卷目錄二卷　（清）高宗弘曆選　清光緒浙江書局刻本　二十冊

320000－1646－0005565　700325

御選唐宋詩醇四十七卷目錄二卷　（清）高宗弘曆選　清光緒七年(1881)江蘇書局刻本　二十冊

320000－1646－0005566　700326

詩林韶濩二十卷　（清）顧嗣立選　清康熙四十四年(1705)刻本　十二冊

320000－1646－0005567　700327

五朝詩別裁集八十一卷　（清）沈德潛輯　清乾隆務本堂刻本　三十六冊　存七十三卷(重訂唐詩別裁集二十卷、元詩別裁集八卷補遺一卷、明詩別裁集十二卷、欽定國朝詩別裁集三十二卷)

320000－1646－0005568　700328

千家詩音釋二卷　清光緒姑蘇綠慎堂刻本　一冊

320000－1646－0005569　700329

增補重訂千家詩註解二卷　（宋）謝枋得選　（清）王相選注　清光緒李光明莊刻本　一冊

320000－1646－0005570　700330

增補重訂千家詩註解二卷新鐫五言千家詩箋註二卷　（宋）謝枋得選　（清）王相選注　清光緒李光明莊刻本　二冊

320000－1646－0005571　700331

增補重訂千家詩註解二卷　（清）任來吉選　（清）王相選注　清同治八年(1869)務本堂刻

本　一冊

320000－1646－0005572　700332
善成堂韻對五七言千家詩輯鈔四卷　（清）善成堂書林輯　清光緒善成堂刻本　二冊

320000－1646－0005573　700334
續刻千家詩二卷　（清）嚴壽彭選　清道光二十九年(1849)刻本　一冊

320000－1646－0005574　700335
新刻續千家詩二卷　題（清）晦齋學人輯　清同治、光緒間姑蘇元妙觀內得見齋刻本　一冊

320000－1646－0005575　700336
新刻續千家詩二卷　題（清）晦齋學人輯　清同治九年(1870)金陵李光明莊刻本　一冊

320000－1646－0005576　700337
宋元明詩約鈔二卷首一卷　（清）朱梓　（清）冷昌言編輯　清咸豐五年(1855)刻本　一冊

320000－1646－0005577　700338
宋元明詩三百首一卷　（清）朱梓　（清）冷昌言編輯　清咸豐三年(1853)虞山顧氏家塾刻本　一冊

320000－1646－0005578　700339
宋元明詩三百首一卷　（清）朱梓　（清）冷昌言編輯　清咸豐三年(1853)虞山顧氏家塾刻本　一冊

320000－1646－0005579　700343
近光集二十八卷　（清）汪士鋐編纂　清康熙五十八年(1719)刻本　八冊

320000－1646－0005580　700344
近光集二十八卷　（清）汪士鋐編纂　清康熙五十八年(1719)保德堂刻本　八冊

320000－1646－0005581　700345
詠物詩選八卷　（清）俞琰輯　清雍正二年(1724)刻本　六冊

320000－1646－0005582　700346
佩文齋詠物詩選四百八十六卷　（清）張玉書等奉敕編　清乾隆刻本　十六冊　存一百二十七卷(一至四十七、二百五十六至三百三十五)

320000－1646－0005583　700347
佩文齋詠物詩選四百八十六卷　（清）張玉書等奉敕編　清乾隆刻本　十二冊　存七十四卷(二十八至三十一、七十九至八十二、九十一至九十六、一百五十八至一百六十六、二百五十六至二百七十五、三百三十至三百三十五、三百五十七至三百六十六、四百三十二至四百三十六、四百四十七至四百五十六)

320000－1646－0005584　700348
佩文齋詠物詩選四百八十六卷　（清）張玉書等奉敕編　清乾隆刻本　八冊　存五十八卷(二百二十四至二百二十六、二百三十一至二百三十五、二百四十一至二百五十五、二百七十六至二百九十四、三百一至三百十六)

320000－1646－0005585　700350
六朝唐賦讀本不分卷　（清）馬傳庚選註　清光緒二年(1876)京都松林齋刻本　四冊

320000－1646－0005586　700351
御定歷代賦彙一百四十卷　（清）陳元龍輯　清乾隆刻本　三冊　存十五卷(一至五、十五至二十四)

320000－1646－0005587　700352
御定歷代賦彙一百四十卷外集二十卷補遺二十二卷　（清）陳元龍輯　清乾隆刻本　二十五冊　存八十六卷(一至三、八至十九、二十六至三十、三十七至四十、四十七至四十八、五十六至六十、六十九至七十六、八十一至八十四、九十六至一百七、一百十三至一百十六、一百二十一至一百二十七,補遺一至二十)

320000－1646－0005588　700353
御定歷代賦彙一百四十卷目錄二卷外集二十卷逸句二卷補遺二十二卷　（清）陳元龍編輯　清光緒十二年(1886)石印本　十五冊　存一百七十三卷(一至七、十九至一百四十,目錄二卷,外集二十卷,補遺二十二卷)

320000－1646－0005589　700354

賦海大觀三十二卷　題(清)鴻寶齋主人編　清光緒二十年(1894)鴻寶齋石印本　二十八冊

320000－1646－0005590　700355

賦海大觀三十二卷　題(清)鴻寶齋主人編　清光緒十六年(1890)鴻寶齋石印本　二十八冊

320000－1646－0005591　700356

增廣賦海大全三十卷　清光緒二十二年(1896)上海慎記書莊石印本　十二冊

320000－1646－0005592　700357

賦學正鵠集釋十一卷　(清)李元度編　清光緒八年(1882)文星堂刻本　八冊

320000－1646－0005593　700358

七十家賦鈔六卷　(清)張惠言選輯　清光緒四年(1878)宏達堂刻本　四冊

320000－1646－0005594　700359

賦鈔箋略十五卷　(清)雷琳　(清)張杏濱箋　清乾隆三十一年(1766)刻本(卷三至十五配清嘉慶二十二年刻)　七冊

320000－1646－0005595　700360

賦鈔箋略十五卷　(清)雷琳　(清)張杏濱箋　清乾隆三十一年(1766)刻本　五冊　存十卷(六至十五)

320000－1646－0005596　700361

賦則四卷　(清)鮑桂星評選　清道光二年(1822)刻本　二冊

320000－1646－0005597　700362

四賦體裁箋註十二卷　(清)何秀毓　(清)王洪序箋註　清乾隆刻本　五冊　存十卷(一至十)

320000－1646－0005598　700363

駢文類纂四十六卷　王先謙纂集　清光緒二十八年(1902)思賢書局刻本　二十四冊

320000－1646－0005599　700364

駢文類纂四十六卷　王先謙纂集　清光緒二十八年(1902)思賢書局刻本　二十四冊

320000－1646－0005600　700365

駢體文鈔三十一卷　(清)李兆洛輯　清道光合河康氏刻本　十冊

320000－1646－0005601　700366

駢體文鈔三十一卷　(清)李兆洛輯　清道光合河康氏刻本　八冊

320000－1646－0005602　700367

駢體文鈔三十一卷　(清)李兆洛輯　清同治六年(1867)婁江徐氏刻本　八冊

320000－1646－0005603　700368

忠雅堂評選四六法海八卷　(清)蔣士銓評選　清光緒元年(1875)寄螺齋刻本　八冊

320000－1646－0005604　700369

四六法海十二卷　(明)王志堅論次　明天啟七年(1627)刻本　十二冊

320000－1646－0005605　700370

四六法海十二卷　(明)王志堅論次　清初禪山金玉樓刻本　十二冊

320000－1646－0005606　700371

忠雅堂評選四六法海八卷　(清)蔣士銓評選　清光緒十八年(1892)湖南書局刻本　八冊

320000－1646－0005607　700372

忠雅堂評選四六法海八卷　(清)蔣士銓評選　清光緒十八年(1892)湖南書局刻本　二冊

320000－1646－0005608　700373

歷代名賢手札八卷　(明)蕭士珂輯　清光緒二十二年(1896)學古齋石印本　八冊

320000－1646－0005609　700381

賴古堂名賢尺牘新鈔十二卷二選十六卷三選十五卷　(清)周亮工輯　清宣統二年(1910)國學扶輪社石印本　六冊

320000－1646－0005610　700382

重刻賴古堂尺牘新鈔三選結鄰集十六卷　(清)周亮工輯　清道光六年(1826)刻本　六冊

320000-1646-0005611　700386

山曉閣西漢文選七卷　（清）孫琮編　清康熙七年(1668)刻本　二冊

320000-1646-0005612　700387

兩漢策要十二卷　（宋）陶叔獻等編　清光緒十三年(1887)上海同文書局石印本　八冊

320000-1646-0005613　700392

唐文粹一百卷補遺二十六卷　（宋）姚鉉纂　清光緒十六年(1890)杭州許氏榆園刻本　二十四冊

320000-1646-0005614　700393

唐文粹一百卷補遺二十六卷　（宋）姚鉉纂　清光緒十六年(1890)杭州許氏榆園刻本　二十四冊

320000-1646-0005615　700394

唐文粹一百卷　（宋）姚鉉纂　清光緒九年(1883)江蘇書局刻本　二十冊

320000-1646-0005616　700395

唐文粹補遺二十六卷　（清）郭麐纂　清嘉慶二十四年(1819)金勇刻本　六冊

320000-1646-0005617　700396

翰林學士集殘卷不分卷　清光緒十九年(1893)貴陽陳矩影刻唐卷子本　一冊

320000-1646-0005618　700401

才調集十卷　（五代）韋縠集　清康熙四十三年(1704)宛委堂刻本　四冊

320000-1646-0005619　700402

才調集十卷　（五代）韋縠集　清康熙四十三年(1704)宛委堂刻本　四冊　缺一卷(二)

320000-1646-0005620　700403

才調集補註十卷　（清）宋邦綏補註　清光緒二十年(1894)江蘇書局刻本　四冊

320000-1646-0005621　700405

唐人萬首絕句選七卷　（清）王士禛選　清雍正刻本　二冊

320000-1646-0005622　700406

唐人萬首絕句選七卷　（清）王士禛選　清雍正十年(1732)刻同治九年(1870)金陵書局印本　二冊

320000-1646-0005623　700407

唐人萬首絕句選七卷　（清）王士禛選　清雍正十年(1732)刻同治九年(1870)金陵書局印本　二冊

320000-1646-0005624　700408

唐人萬首絕句選七卷　（清）王士禛選　清雍正十年(1732)刻同治九年(1870)金陵書局印本　二冊

320000-1646-0005625　700409

唐人萬首絕句選七卷　（清）王士禛選　清宣統元年(1909)掃葉山房石印本　二冊

320000-1646-0005626　700412

唐詩鼓吹十卷　（元）郝天挺注　清康熙五十八年(1719)刻本　六冊

320000-1646-0005627　700414

唐詩解五十卷　（清）唐汝詢選釋　清康熙萬笏堂刻本　十二冊　存二十七卷(十四至二十一、三十二至五十)

320000-1646-0005628　700415

唐詩初選二卷　題（清）蘅塘退士編　清光緒刻本　一冊

320000-1646-0005629　700416

唐詩合選□□卷　（明）李攀龍　（明）鍾惺選評　（明）蔣一葵箋釋　清乾隆金陵孝友堂刻本　六冊　存六卷(一至五、七)

320000-1646-0005630　502045

大佛頂如來密因修證了義諸菩薩萬行首楞嚴經十卷　（唐）釋般剌密帝譯　清光緒刻本　二冊

320000-1646-0005631　700418

唐詩英華二十二卷　（清）顧有孝編　清康熙學海樓刻本　八冊

320000-1646-0005632　700419

唐詩英華二十二卷　（清）顧有孝編　清康熙學海樓刻本　四冊　存十二卷(一至十二)

320000－1646－0005633　700420

唐賢三昧集三卷　（清）王士禎編　清康熙二十七年(1688)刻本　一冊

320000－1646－0005634　700421

唐賢三昧集三卷　（清）王士禎編　清康熙二十七年(1688)刻本　一冊

320000－1646－0005635　700422

唐賢三昧集箋注三卷　（清）王士禎選　（清）吳煊　（清）胡棠輯註　清光緒九年(1883)翰墨園刻朱墨套印本　三冊

320000－1646－0005636　700423

廣唐賢三昧集前編一卷正編一卷續編一卷後編一卷　（清）王士禎輯　（清）文昭補錄　清宣統元年(1909)荊州田氏後博古堂影印本　十冊

320000－1646－0005637　700424

全唐詩三十二卷　（清）曹寅等編　清光緒十三年(1887)上海同文書局石印本　三十二冊

320000－1646－0005638　700425

全唐詩三十二卷　（清）曹寅等編　清光緒十三年(1887)上海同文書局石印本　三十二冊

320000－1646－0005639　700426

全唐詩三十二卷　（清）曹寅等編　清光緒十三年(1887)上海同文書局石印本　二十七冊　存二十七卷(一至二十七)

320000－1646－0005640　700427

全唐詩鈔八十卷補遺十六卷　（清）吳成儀編次　清嘉慶十三年(1808)刻本　十冊　存四十二卷(十九至二十七、三十二至三十五、四十四至四十八、五十三至五十六、六十至六十六、七十一至八十,補遺一至三)

320000－1646－0005641　700428

唐人五言排律詩論三卷　（清）蔣鵬翮編釋　清乾隆二十二年(1757)刻本　三冊

320000－1646－0005642　700429

古唐詩合解十二卷古詩四卷　（清）王堯衢註　清光緒李光明莊刻本　七冊

320000－1646－0005643　700430

古唐詩合解十二卷古詩四卷　（清）王堯衢註　清雍正文英堂刻本　六冊

320000－1646－0005644　700431

古唐詩合解十二卷古詩四卷　（清）王堯衢註　清咸豐、同治間刻本　四冊

320000－1646－0005645　700432

古唐詩合解十二卷古詩四卷　（清）王堯衢註　清咸豐、同治間刻本　六冊

320000－1646－0005646　700433

試體唐詩四卷　（清）毛張健編次　清乾隆刻本　一冊

320000－1646－0005647　700434

唐詩筌蹄集四卷　（清）黃六鴻註釋　清康熙五十四年(1715)刻本　二冊

320000－1646－0005648　700435

重訂唐詩別裁集二十卷　（清）沈德潛選　清乾隆二十八年(1763)教忠堂刻本　四冊　存十二卷(一至十二)

320000－1646－0005649　700436

重訂唐詩別裁集二十卷　（清）沈德潛選　清乾隆二十八年(1763)教忠堂刻本　六冊

320000－1646－0005650　700437

唐詩別裁集引典備註二十卷　（清）沈德潛選　（清）俞汝昌增注　清道光十八年(1838)富春堂刻本　十一冊　存十八卷(一至六、九至二十)

320000－1646－0005651　700438

唐詩別裁集引典備註二十卷　（清）沈德潛選　（清）俞汝昌增注　清道光十八年(1838)資善堂刻本　十二冊

320000－1646－0005652　700439

唐詩別裁集引典備註二十卷　（清）沈德潛選　（清）俞汝昌增注　清光緒二十一年(1895)文海書局石印本　八冊

320000－1646－0005653　700440

唐詩別裁集引典備註二十卷　（清）沈德潛選

（清）俞汝昌增注　清道光十七年(1837)白鹿山房刻本　十二冊

320000－1646－0005654　700441
讀雪山房唐詩三十四卷　（清）管世銘著　清光緒十二年(1886)湖北官書處刻本　十二冊

320000－1646－0005655　700442
讀雪山房唐詩三十四卷　（清）管世銘著　清光緒十二年(1886)湖北官書處刻本　九冊　存二十七卷(三至七、十一至十七、二十至三十四)

320000－1646－0005656　700443
唐詩三百首註疏六卷　（清）孫洙編　（清）章燮註　清道光二十七年(1847)林雲書屋刻本　六冊

320000－1646－0005657　700444
唐詩三百首註疏六卷　（清）孫洙編　（清）章燮註　清光緒十八年(1892)江陰寶文堂刻本　六冊

320000－1646－0005658　700445
唐詩三百首註疏六卷　（清）孫洙編　（清）章燮註　清光緒十八年(1892)江陰寶文堂刻本　六冊

320000－1646－0005659　700448
唐詩三百首註釋六卷　（清）孫洙編　（清）章燮註　清光緒十六年(1890)刻本　六冊

320000－1646－0005660　700449
唐詩三百首不分卷　（清）孫洙編　清道光小石山房刻本　一冊

320000－1646－0005661　700450
唐詩三百首不分卷　（清）孫洙編　清道光、咸豐間虞山覽輝書屋戴氏刻本　一冊

320000－1646－0005662　700451
唐詩三百首不分卷　（清）孫洙編　清光緒十二年(1886)夏氏文星堂刻本　二冊

320000－1646－0005663　700452
唐詩三百首不分卷　（清）孫洙編　清光緒十四年(1888)常郡千秋坊宛委山莊刻本　二冊

320000－1646－0005664　700453
唐詩三百首續選一卷姓氏小傳一卷　（清）于慶元編　清光緒常熟留真堂刻本　二冊

320000－1646－0005665　700454
唐詩三百首續選一卷　（清）于慶元編　清光緒刻本　二冊

320000－1646－0005666　700457
網師園唐詩箋十八卷　（清）宋宗元輯　清乾隆三十二年(1767)刻本　四冊　存十二卷(四至十五)

320000－1646－0005667　700458
文濟堂三蘇經世書十五卷　（宋）蘇洵　（宋）蘇軾　（宋）蘇轍撰　（明）楊慎選　（明）袁宏道評釋　（明）茅坤參訂　明萬曆文濟堂刻本　三冊　存八卷(一至四、十二至十五)

320000－1646－0005668　700459
坡門酬唱二十三卷　（宋）邵浩編　清宣統二年至三年(1910－1911)刻本　六冊

320000－1646－0005669　700461
宋文鑑一百五十卷目錄三卷　（宋）呂祖謙編　清光緒十二年(1886)江蘇書局刻本　二十四冊

320000－1646－0005670　700462
宋文鑑一百五十卷目錄三卷　（宋）呂祖謙編　清光緒十二年(1886)江蘇書局刻本　二十四冊

320000－1646－0005671　700463
宋文鑑一百五十卷目錄三卷　（宋）呂祖謙編　清光緒十二年(1886)江蘇書局刻本　二十四冊

320000－1646－0005672　700464
宋四六選二十四卷　（清）彭元瑞定本　（清）曹振鏞編　清乾隆四十一年(1776)刻本　十二冊

320000－1646－0005673　700465
宋四六選二十四卷　（清）彭元瑞　（清）曹振鏞編　清宣統二年(1910)翰墨林書局鉛印本

十冊

320000－1646－0005674　　700466

千首宋人絕句十卷　（清）嚴長明錄　清乾隆三十五年(1770)刻本　二冊

320000－1646－0005675　　700469

南宋文範七十卷作者考二卷采取書目一卷外編四卷　（清）莊仲方編　清道光十七年(1837)木活字印本　三十六冊　缺八卷(南宋文範一至二、四十九至五十、五十九至六十二)

320000－1646－0005676　　700470

南宋文範七十卷作者考二卷采取書目一卷外編四卷　（清）莊仲方編　清光緒十四年(1888)江蘇書局刻本　十六冊

320000－1646－0005677　　700471

南宋文範七十卷作者考二卷采取書目一卷外編四卷　（清）莊仲方編　清光緒十四年(1888)江蘇書局刻本　十六冊

320000－1646－0005678　　700472

南宋文錄錄二十四卷　（清）董兆熊輯　清光緒十七年(1891)蘇州書局刻本　六冊

320000－1646－0005679　　700473

積書巖宋詩刪二十五卷　（清）顧貞觀選　清康熙刻本　七冊　存二十一卷(四至二十四)

320000－1646－0005680　　502046

大佛頂如來密因修證了義諸菩薩萬行首楞嚴經十卷　（唐）釋般刺密帝譯　清光緒二十五年(1899)瑪瑙經房刻本　一冊

320000－1646－0005681　　700479

金詩選四卷　（清）顧奎光選輯　清乾隆十六年(1751)刻本　二冊

320000－1646－0005682　　700480

金詩選四卷　（清）顧奎光選輯　清乾隆十六年(1751)刻本　二冊

320000－1646－0005683　　700481

金詩選四卷　（清）顧奎光選輯　清乾隆十六年(1751)刻本　二冊

320000－1646－0005684　　700482

金詩選四卷　（清）顧奎光選輯　清乾隆十六年(1751)刻本　二冊

320000－1646－0005685　　700483

金詩選四卷　（清）顧奎光選輯　清乾隆十六年(1751)刻本　一冊　存二卷(三至四)

320000－1646－0005686　　700484

金文雅十六卷　（清）莊仲方編　清光緒十七年(1891)江蘇書局刻本　四冊

320000－1646－0005687　　700485

金文雅十六卷　（清）莊仲方編　清光緒十七年(1891)江蘇書局刻本　四冊

320000－1646－0005688　　700486

金文雅十六卷　（清）莊仲方編　清光緒十七年(1891)江蘇書局刻本　四冊

320000－1646－0005689　　700487

金文最六十卷　（清）張金吾輯　清光緒二十一年(1895)蘇州書局刻本　十六冊

320000－1646－0005690　　700488

金文最一百二十卷　（清）張金吾輯　清光緒八年(1882)粵雅堂刻本　二十四冊

320000－1646－0005691　　700489

元文類七十卷目錄三卷　（元）蘇天爵編　清光緒十五年(1889)江蘇書局刻本　十冊

320000－1646－0005692　　700490

元文類七十卷目錄三卷　（元）蘇天爵編　清光緒十五年(1889)江蘇書局刻本　十冊

320000－1646－0005693　　700491

元詩選六卷補遺一卷　（清）顧奎光選輯　清乾隆十六年(1751)刻本　八冊

320000－1646－0005694　　700492

元詩選六卷補遺一卷　（清）顧奎光選輯　清乾隆十六年(1751)刻本　四冊

320000－1646－0005695　　700493

明文在一百卷　（清）薛熙纂　（清）何潔輯　清光緒十五年(1889)江蘇書局刻本　十冊

320000－1646－0005696　700496

明詩綜一百卷　（清）朱彝尊錄　清康熙四十四年(1705)清来堂刻本　三十二冊

320000－1646－0005697　700497

明詩綜一百卷　（清）朱彝尊錄　清康熙四十四年(1705)清来堂刻本　五十冊

320000－1646－0005698　700498

明人詩鈔正集十四卷　（清）朱琰編次　清乾隆二十五年(1760)樊桐山房刻本　五冊　存十二卷(一至十二)

320000－1646－0005699　700499

明詩別裁集十二卷　（清）沈德潛　（清）周準輯　清乾隆四年(1739)刻本　四冊

320000－1646－0005700　700500

明詩別裁集十二卷　（清）沈德潛　（清）周準輯　清乾隆四年(1739)刻本　六冊

320000－1646－0005701　700501

明詩別裁集十二卷　（清）沈德潛　（清）周準輯　清乾隆四年(1739)刻本　四冊

320000－1646－0005702　700502

明三十家詩選初集八卷二集八卷　（清）汪端輯　清同治十二年(1873)蘊蘭吟館刻本　八冊

320000－1646－0005703　700503

明三十家詩選初集八卷二集八卷　（清）汪端輯　清同治十二年(1873)蘊蘭吟館刻本　八冊

320000－1646－0005704　700507

國朝文錄八十二卷　（清）姚椿輯　清咸豐元年(1851)終南山館刻本　三十二冊

320000－1646－0005705　700508

國朝文匯二百卷　（清）沈粹芬輯　清宣統元年(1909)上海國學扶輪社石印本　九十五冊　缺十二卷(甲前集七至八,甲集十九至二十、二十九至三十,乙集六十一至六十二,丙集十五至十六,丁集三至四)

320000－1646－0005706　700509

國朝文匯二百卷　（清）沈粹芬輯　清宣統元年(1909)上海國學扶輪社石印本　一百一冊

320000－1646－0005707　700510

國朝古文正的五卷附錄二卷　（清）楊彝珍纂輯　清光緒六年(1880)鉛印本　六冊

320000－1646－0005708　700511

國朝古文正的五卷附錄二卷　（清）楊彝珍纂輯　清光緒六年(1880)鉛印本　六冊

320000－1646－0005709　700512

國朝古文彙鈔二集一百卷　（清）朱琦輯　清道光二十六年(1846)刻本　四十冊

320000－1646－0005710　700513

八旗文經五十六卷作者考三卷敘錄一卷　（清）盛昱纂　清光緒二十七年(1901)武昌刻本　十二冊

320000－1646－0005711　700514

八旗文經五十六卷作者考三卷敘錄一卷　（清）盛昱纂　清光緒二十七年(1901)武昌刻本　十二冊

320000－1646－0005712　700515

羣雅集四卷　（清）李振裕鑒定　清康熙二十六年(1687)刻本　三冊　存三卷(一至三)

320000－1646－0005713　700516

切問齋文鈔三十卷　（清）陸燿輯　清嘉慶元年(1796)刻本　十冊

320000－1646－0005714　700517

切問齋文鈔三十卷　（清）陸燿輯　清乾隆四十年(1775)刻本　十冊

320000－1646－0005715　700518

湖海文傳七十五卷　（清）王昶輯　清道光十七年(1837)經訓堂刻本　十六冊

320000－1646－0005716　700519

湖海文傳七十五卷　（清）王昶輯　清道光十七年(1837)經訓堂刻本　十六冊

320000－1646－0005717　700520

湖海文傳七十五卷　（清）王昶輯　清道光十七年(1837)經訓堂刻本　十六冊

320000-1646-0005718　700521

皇朝經世文編一百二十卷　（清）賀長齡輯
清道光七年（1827）刻本　八十一冊

320000-1646-0005719　700522

皇朝經世文編一百二十卷　（清）賀長齡輯
清道光七年（1827）刻本　五十二冊

320000-1646-0005720　700523

皇朝經世文編一百二十卷　（清）賀長齡輯
清光緒十二年（1886）思補樓盛氏石印本　六十冊

320000-1646-0005721　700524

皇朝經世文編一百二十卷　（清）賀長齡輯
清光緒十二年（1886）思補樓盛氏石印本　六十冊

320000-1646-0005722　700525

皇朝經世文編一百二十卷　（清）賀長齡輯
清光緒十七年（1891）上海廣百宋齋鉛印本　二十四冊

320000-1646-0005723　700526

皇朝經世文編一百二十卷　（清）賀長齡輯
清光緒十七年（1891）上海廣百宋齋鉛印本　二十四冊

320000-1646-0005724　700527

皇朝經世文續編一百二十卷　（清）盛康輯
清光緒二十三年（1897）武進盛氏思補樓刻本　八十冊

320000-1646-0005725　700528

皇朝經世文續編一百二十卷　（清）盛康輯
清光緒二十三年（1897）武進盛氏思補樓刻本　八十冊

320000-1646-0005726　700529

皇朝經世文續編一百二十卷　（清）盛康輯
清光緒二十三年（1897）武進盛氏思補樓刻本　八十冊

320000-1646-0005727　700530

皇朝經世文續編一百二十卷　（清）葛士濬輯
清光緒十四年（1888）圖書集成局鉛印本　三十一冊　缺三卷（五至七）

320000-1646-0005728　700532

皇朝經世文三編八十卷　（清）陳忠倚輯　清光緒二十三年（1897）寶善書局石印本　十六冊

320000-1646-0005729　700534

皇朝經世文四編五十二卷　題（清）鴻寶齋主人輯　清光緒二十八年（1902）鴻寶書局石印本　十二冊

320000-1646-0005730　700535

皇朝經世文新增時務續編四十卷洋務八卷
清光緒二十三年（1897）掃葉山房鉛印本　六冊

320000-1646-0005731　700536

皇朝經世文新編三十二卷　（清）麥仲華輯
清光緒石印本　二十三冊　缺一卷（一上）

320000-1646-0005732　200451

東萊先生左氏博議二十五卷　（宋）呂祖謙撰
　虛字註釋備考六卷　（清）張文炳點定　清光緒十四年（1888）雲陽義秀書屋刻本　八冊

320000-1646-0005733　700538

皇朝經世文新編續集二十一卷　（清）甘韓輯
　清光緒二十八年（1902）石印本　十六冊

320000-1646-0005734　700539

皇朝經世文統編一百二十卷　慎記書局輯
清光緒二十七年（1901）上海慎記書局石印本　四十冊

320000-1646-0005735　700540

皇朝古學類編十四卷首一卷　（清）姚燮選
清光緒二十一年（1895）玉軸山房石印本　四冊　存七卷（一、三上、六至九，首一卷）

320000-1646-0005736　700541

皇朝經濟文編一百二十八卷　題（清）求自彊齋主人編輯　清光緒二十七年（1901）慎記書莊石印本　四十七冊　缺一卷（九十九）

320000-1646-0005737　700542

皇朝經濟文新編六十一卷　宜今室主編　清

光緒二十七年(1901)上海宜今室石印本　二十四冊

320000－1646－0005738　700543
皇朝經濟文新編六十一卷　宜今室主編　清光緒二十七年(1901)上海宜今室石印本　二十四冊

320000－1646－0005739　700544
經濟文府一百卷　清光緒二十九年(1903)鴻寶書局石印本　三十九冊　缺二卷(五十八至五十九)

320000－1646－0005740　700545
皇朝蓄艾文編八十卷　(清)于寶軒輯　清光緒二十九年(1903)上海官書局鉛印本　三十九冊　缺二卷(七十三至七十四)

320000－1646－0005741　700546
皇朝蓄艾文編八十卷　(清)于寶軒輯　清光緒二十九年(1903)上海官書局鉛印本　十四冊

320000－1646－0005742　700547
普天忠憤全集十四卷　(清)孔廣德編定　清光緒二十一年(1895)石印本　十二冊

320000－1646－0005743　700548
普天忠憤全集十四卷　(清)孔廣德編定　清光緒二十一年(1895)石印本　十二冊

320000－1646－0005744　700533
皇朝經世文三編八十卷　(清)陳忠倚輯　清光緒二十八年(1902)上海書局石印本　十六冊

320000－1646－0005745　700564
蒙學課本二卷　清光緒二十五年(1899)南洋公學刻本　一冊

320000－1646－0005746　700569
篋衍集十二卷　(清)陳維崧輯　清乾隆二十六年(1761)保元堂刻本　四冊

320000－1646－0005747　700570
篋衍集十二卷　(清)陳維崧輯　清乾隆二十六年(1761)保元堂刻本　三冊　存九卷(一至六、十至十二)

320000－1646－0005748　700537
皇朝經世文新編三十二卷　(清)麥仲華輯　清光緒二十四年(1898)上海譯書局石印本　二十四冊

320000－1646－0005749　700573
清暉贈言十卷　(清)徐永宣等編次　清道光十六年(1836)來青閣刻本　四冊

320000－1646－0005750　700574
清暉贈言十卷　(清)徐永宣等編次　清道光十六年(1836)來青閣刻本　四冊

320000－1646－0005751　700575
國朝詩別裁集三十六卷　(清)沈德潛纂評　清乾隆二十四年(1759)刻本　十八冊

320000－1646－0005752　700576
國朝詩十卷外編一卷補編六卷　(清)吳翌鳳選　清同治十一年(1872)新陽趙氏刻本　十冊

320000－1646－0005753　700577
懷舊集十二卷續集六卷又續集一卷女士詩錄一卷　(清)吳翌鳳輯　清嘉慶十八年(1813)刻本　六冊

320000－1646－0005754　700578
羣雅集四十卷　(清)王豫選　清嘉慶十二年(1807)刻本　十五冊　存三十七卷(一至五、九至四十)

320000－1646－0005755　700579
國朝詩鐸二十六卷　(清)張應昌選輯　清同治八年(1869)永康應氏秀芷堂刻本　十四冊

320000－1646－0005756　700580
國朝閨秀正始集二十卷附錄一卷題詞一卷補遺一卷　(清)惲珠輯　清道光十一年(1831)紅香館刻本　八冊

320000－1646－0005757　700581
國朝閨秀正始續集十卷附錄一卷補遺一卷輓詞一卷　(清)惲珠選　清道光十六年(1836)紅香館刻本　四冊

320000 – 1646 – 0005758　　700582

本朝名媛詩鈔六卷　（清）胡孝思　（清）朱珖評輯　清乾隆三十一年(1766)刻本　二冊

320000 – 1646 – 0005759　　700583

擷芳集八十卷　（清）汪啓淑選　清乾隆刻本　十冊　存四十卷(二十一至六十)

320000 – 1646 – 0005760　　700585

清尊集十六卷　（清）汪遠孫等撰　清道光十九年(1839)振綺堂刻　四冊

320000 – 1646 – 0005761　　700586

湖海詩傳四十六卷　（清）王昶輯　清嘉慶八年(1803)刻本　十二冊

320000 – 1646 – 0005762　　700587

湖海詩傳四十六卷　（清）王昶輯　清嘉慶八年(1803)刻本　十六冊

320000 – 1646 – 0005763　　700588

湖海詩傳四十六卷　（清）王昶輯　清同治四年(1865)亦西齋刻本　十六冊

320000 – 1646 – 0005764　　200464

春秋左傳五十卷　（晉）杜預　（宋）林堯叟注釋　（唐）陸德明音義　（明）鍾惺　（明）孫鑛　（明）韓范評點　**春秋列國圖說一卷**（宋）蘇軾撰　**春秋提要一卷**　清光緒金陵李光明莊刻本　十六冊

320000 – 1646 – 0005765　　200473

左傳事緯十二卷　（清）馬驌　（清）潘霂編論　清光緒四年(1878)潘氏敏德堂刻本　十冊

320000 – 1646 – 0005766　　700593

道咸同光四朝詩史一斑錄十八編　孫雄編　清宣統元年(1909)油印本　二十四冊　存十二編(七至十八)

320000 – 1646 – 0005767　　700598

湘社集四卷　易順鼎　（清）程頌萬編　清光緒十七年(1891)長沙刻本　二冊

320000 – 1646 – 0005768　　700604

玉堂名翰賦不分卷　（清）張賓　（清）程邦勳輯錄　清乾隆十六年(1751)刻本　四冊

320000 – 1646 – 0005769　　700605

國朝駢體正宗十二卷　（清）曾燠輯　清嘉慶十一年(1806)賞雨茆屋刻本　六冊

320000 – 1646 – 0005770　　700606

國朝駢體正宗十二卷　（清）曾燠輯　清嘉慶十一年(1806)賞雨茆屋刻本　四冊

320000 – 1646 – 0005771　　700607

國朝駢體正宗評本十二卷　（清）曾燠選　（清）姚燮評　清光緒十年(1884)花雨樓刻朱墨套印本　六冊

320000 – 1646 – 0005772　　700608

國朝駢體正宗續編八卷　（清）張鳴珂輯　清光緒二十一年(1895)善化章氏刻本　四冊

320000 – 1646 – 0005773　　700609

皇朝駢文類苑十四卷　（清）姚燮選　清光緒七年(1881)刻本　二十四冊

320000 – 1646 – 0005774　　700610

皇朝駢文類苑十四卷　（清）姚燮選　清光緒七年(1881)刻本　二十冊

320000 – 1646 – 0005775　　700614

清暉堂同人尺牘彙存四卷　（清）惲壽平等輯　清咸豐七年(1857)來青閣刻本　一冊

320000 – 1646 – 0005776　　700615

國朝名人書札二卷　吳曾祺輯　清宣統元年(1909)上海商務印書館鉛印本　四冊

320000 – 1646 – 0005777　　700616

國朝名人書札二卷　吳曾祺輯　清宣統元年(1909)上海商務印書館鉛印本　四冊

320000 – 1646 – 0005778　　700618

名賢手札墨蹟八卷　清光緒十一年(1885)點石齋石印本　四冊

320000 – 1646 – 0005779　　700619

名賢手札八卷　清光緒二十四年(1898)上海文盛書局石印本　二冊

320000 – 1646 – 0005780　　700620

五十名家書札不分卷　（清）陸心源撰　清光緒十九年(1893)上海學有根柢齋石印本

一册

320000-1646-0005781　700621
五十名家書札不分卷　（清）陸心源撰　清光緒十九年（1893）上海學有根柢齋石印本　一册

320000-1646-0005782　700622
潛園友朋書問十二卷　（清）李鴻章等撰　清末石印本　二册

320000-1646-0005783　700623
潛園友朋書問十二卷　（清）李鴻章等撰　清末石印本　二册

320000-1646-0005784　700624
袖中書二卷　（清）俞樾編　清同治十年（1871）刻本　一册

320000-1646-0005785　700625
他山賸簡二卷　（清）裴蔭森輯　清光緒二十八年（1902）鉛印本　二册

320000-1646-0005786　700627
蓬萊仙館尺牘六卷　（清）翟國棟編輯　清光緒十二年（1886）涇川半舫草堂刻本　二册

320000-1646-0005787　700629
國朝畿輔詩傳六十卷　（清）陶樑輯　清道光十九年（1839）紅豆樹館刻本　十六册

320000-1646-0005788　700630
國朝滄州詩鈔十二卷　（清）王國鈞纂輯　清道光二十六年（1846）刻本　四册

320000-1646-0005789　700631
津門詩鈔三十卷　（清）梅成棟纂　清道光四年（1824）思誠書屋刻本　十册

320000-1646-0005790　700632
即墨詩乘十二卷　（清）周翕鏞輯　即墨詩乘續一卷　（清）周掄文輯　清道光二十年（1840）小峴山房刻咸豐十一年（1861）續刻本　七册

320000-1646-0005791　700633
國朝山左詩鈔六十卷　（清）盧見曾纂　清乾隆二十三年（1758）雅雨堂刻本　三册　存八卷（一至八）

320000-1646-0005792　700634
山左古文鈔八卷　（清）李景嶧　（清）劉鴻翶輯刊　清道光八年（1828）刻本　八册

320000-1646-0005793　700635
江蘇詩徵一百八十三卷　（清）王豫輯　清道光元年（1821）焦山海西庵詩徵閣刻本　四十册

320000-1646-0005794　700636
江蘇詩徵一百八十三卷　（清）王豫輯　清道光元年（1821）焦山海西庵詩徵閣刻本　三十二册　存一百六十九卷（一至六十四、七十至七十三、七十九至九十一、九十三至一百五十、一百五十三至一百五十八、一百六十至一百八十三）

320000-1646-0005795　700637
國朝金陵文鈔十六卷末一卷　陳作霖輯　清光緒二十三年（1897）刻本　十六册

320000-1646-0005796　700638
金陵詩徵四十四卷　（清）朱緒曾編　清光緒十八年（1892）刻本　十册

320000-1646-0005797　700639
白下愚園集八卷首一卷　（清）胡光國編輯　清光緒二十年（1894）刻本　六册

320000-1646-0005798　700640
京江耆舊集十三卷　（清）張學仁　（清）王豫輯　清嘉慶二十三年（1818）刻本　十二册

320000-1646-0005799　700642
國朝常州駢體文錄三十一卷結一宧駢體文一卷　（清）屠寄輯　清光緒十六年（1890）刻本　八册

320000-1646-0005800　700643
國朝常州駢體文錄三十一卷結一宧駢體文一卷　（清）屠寄輯　清光緒十六年（1890）刻本　八册

320000-1646-0005801　700644
國朝常州駢體文錄三十一卷結一宧駢體文一

卷　（清）屠寄輯　清光緒十六年(1890)刻本　八冊

320000－1646－0005802　700647
梁溪詩鈔五十八卷　（清）顧光旭集　清宣統三年(1911)文苑閣木活字印本　二十四冊

320000－1646－0005803　700648
梁溪詩鈔五十八卷　（清）顧光旭集　清宣統三年(1911)文苑閣木活字印本　二十三冊

320000－1646－0005804　700649
梁溪詩鈔五十八卷　（清）顧光旭集　清宣統三年(1911)文苑閣木活字印本　二十四冊

320000－1646－0005805　700650
梁溪詩鈔五十八卷　（清）顧光旭集　清乾隆五十九年(1794)自刻本　二十冊

320000－1646－0005806　700658
吳都文粹十卷　（宋）鄭虎臣集　清康熙六十年(1721)婁東施氏木活字印本　十冊

320000－1646－0005807　700659
貞豐詩萃五卷　（清）陶煦輯　清同治三年(1864)儀一堂刻本　一冊　存三卷(三至五)

320000－1646－0005808　700660
松陵文錄二十四卷　（清）凌淦輯　清同治十三年(1874)刻本　八冊

320000－1646－0005809　700661
松陵文錄二十四卷　（清）凌淦輯　清同治十三年(1874)刻本　八冊

320000－1646－0005810　700662
松陵文錄二十四卷　（清）凌淦輯　清同治十三年(1874)刻本　三冊

320000－1646－0005811　700664
國朝松陵詩徵二十卷　（清）袁景輅編次　（清）費周仁　（清）周汝雨輯　清乾隆三十二年(1767)刻本　一冊　存三卷(一至三)

320000－1646－0005812　700665
松陵詩徵續編十四卷　（清）陸日愛編次　清咸豐七年(1857)刻本　三冊　存十卷(五至十四)

320000－1646－0005813　700666
婁東詩派二十八卷　（清）汪學金錄　清嘉慶刻本　三冊　存十卷(一至七、二十六至二十八)

320000－1646－0005814　700667
滄江餘韻八卷　（清）周煜輯　清道光二十一年(1841)澹志齋刻本　三冊

320000－1646－0005815　700668
沙溪詩存十卷續編四卷　（清）陸煐等輯　清嘉慶十九年(1814)刻道光十年(1830)續刻本　四冊　存十一卷(一至九、續編一至二)

320000－1646－0005816　700669
沙溪詩存十卷續編四卷　（清）陸煐等輯　清嘉慶十九年(1814)刻道光十年(1830)續刻本　三冊　存十卷(一至六、續編四卷)

320000－1646－0005817　700670
沙溪詩存十卷　（清）陸煐等輯　清嘉慶十九年(1814)刻本　二冊　存四卷(四至七)

320000－1646－0005818　700672
海虞文徵三十卷　邵松年輯　清光緒三十一年(1905)鴻文書局石印本　十六冊

320000－1646－0005819　700673
海虞文徵三十卷　邵松年輯　清光緒三十一年(1905)鴻文書局石印本　十六冊

320000－1646－0005820　700674
海虞詩苑十八卷　（清）王應奎編輯　清乾隆二十四年(1759)古處堂刻本(卷十三至十五配抄本)　六冊

320000－1646－0005821　700675
唐市徵獻錄二卷　（清）倪賜輯　（清）張璐手錄　清光緒二十五年(1899)亭林書院刻本　二冊

320000－1646－0005822　700676
唐市徵獻錄續編二卷　（清）張璐編集　清光緒二十五年(1899)亭林書院刻本　二冊

320000－1646－0005823　700677
唐市徵獻錄續編二卷　（清）張璐編集　清光

緒二十五年(1899)亭林書院刻本　二册

320000-1646-0005824　700678
泖溪詩存二卷　(清)馮景元編次　清光緒二十五年(1899)刻本　二册

320000-1646-0005825　700685
松風餘韻五十卷末一卷　(清)姚弘緒編次　清乾隆八年(1743)寶善堂刻本　十四册　存四十三卷(一至十、十五至二十七、三十二至五十,末一卷)

320000-1646-0005826　700687
國朝練音初集十二卷末一卷補一卷　(清)王輔銘采　清乾隆八年(1743)蘇州刻本　一册　存四卷(七至十)

320000-1646-0005827　700688
白田風雅二十四卷　(清)朱彬武輯　清光緒十二年(1886)金陵刻本　四册

320000-1646-0005828　700689
徐州詩徵八卷　(清)桂中行輯　清光緒十七年(1891)刻本　四册

320000-1646-0005829　700690
師山詩存十卷　(清)茅炳文輯　清咸豐十年(1860)茅齋刻本　二册

320000-1646-0005830　700693
兩浙輶軒錄四十卷補遺十卷　(清)阮元訂　清嘉慶六年(1801)朱氏碧溪草堂、錢唐陳氏種榆仙館合刻本　三十二册

320000-1646-0005831　700694
兩浙輶軒錄補遺十卷　(清)阮元訂　清嘉慶八年(1803)刻本　六册

320000-1646-0005832　700695
兩浙輶軒續錄五十四卷　(清)潘衍桐訂　清光緒十七年(1891)浙江書局刻本　三十六册

320000-1646-0005833　700696
國朝杭郡詩輯三十二卷　(清)吳顥編　(清)吳振域重編　清同治十三年(1874)錢塘丁氏刻本　十六册

320000-1646-0005834　700697
國朝杭郡詩續輯四十六卷　(清)吳振域編　清光緒二年(1876)錢塘丁氏刻本　十六册

320000-1646-0005835　700698
國朝杭郡詩三輯一百卷　(清)丁申　(清)丁丙編　清光緒十九年(1893)刻本　四十册

320000-1646-0005836　700700
西泠酬唱集五卷　(清)秦緗業等撰　清光緒四年(1878)刻本　二册

320000-1646-0005837　700701
西泠酬唱二集五卷　(清)錢國珍等撰　清光緒五年(1879)刻本　二册

320000-1646-0005838　700702
西泠酬唱二集五卷　(清)錢國珍等撰　清光緒五年(1879)刻本　二册

320000-1646-0005839　700703
吳興詩存初集八卷二集十四卷三集六卷四集二十卷　(清)陸心源輯　清光緒十六年(1890)刻本　十六册

320000-1646-0005840　700705
當湖文繫初編二十八卷　(清)朱壬林纂輯　清光緒十五年(1889)刻本　十二册

320000-1646-0005841　700706
竹里詩萃十六卷　(清)李道悠編錄　續編八卷　(清)祝廷錫編錄　清光緒二十一年(1895)刻本　五册　存二十卷(竹里詩萃十六卷、續編一至四)

320000-1646-0005842　700710
甬上耆舊詩三十卷　(清)胡文學輯選　清康熙敬義堂刻本　一册　存一卷(十四)

320000-1646-0005843　700711
續甬上耆舊詩集一百四十卷　(清)全祖望選　清末國學保存會鉛印國粹叢書本　八册

320000-1646-0005844　700716
黃巖集三十二卷　(清)王棻輯　清光緒三年(1877)刻本　十五册　存三十卷(三至三十二)

320000-1646-0005845　700717

赤城集十八卷　（宋）林表民撰　清嘉慶二十三年(1818)临海宋氏刻本　四冊

320000－1646－0005846　700718

東甌先正文録十二卷栝蒼先正文録三卷　（清）陳遇春編輯　清道光十四年(1834)梧竹山房刻本　十五冊

320000－1646－0005847　700719

湖北詩徵傳略四十卷　（清）丁星海輯　清光緒七年(1881)湖北孝感丁氏涇北草堂刻本　十九冊　存三十六卷(一至二十、二十五至四十)

320000－1646－0005848　700720

廣濟耆舊詩集十二卷　（清）夏槐輯　清光緒十三年(1887)松江金山縣署刻本　六冊

320000－1646－0005849　700721

沅湘耆舊集二百卷　（清）鄧顯鶴編輯　清道光二十三年(1843)新化鄧氏南邨草堂刻本　三十五冊　存一百十二卷(一至二十三、二十八至九十八、一百一至一百三、一百十五至一百二十九)

320000－1646－0005850　700722

常德文徵九卷　清嘉慶刻本　二冊　存五卷(一至二、六至八)

320000－1646－0005851　700723

江西詩徵九十四卷附刻一卷補遺一卷　（清）曾燠編輯　清嘉慶九年(1804)賞雨茆屋刻本　五十冊　存七十六卷(一至二十六、三十、三十四至三十五、四十二、四十四至六十、六十三至六十四、七十至九十四,附刻一卷,補遺一卷)

320000－1646－0005852　700724

岡州遺稿六卷　（清）顧嗣協編　岡州遺稿增補一卷續岡州遺稿八卷　（清）言良鈺編集　清道光二十三年(1843)松溪精舍刻本　六冊　缺二卷(岡州遺稿一至二)

320000－1646－0005853　700726

黔詩紀略三十三卷　（清）唐樹義審例　（清）黎兆勳採詩　（清）莫友芝傳證　清同治十二年(1873)遵義唐氏夢研齋刻本　八冊

320000－1646－0005854　700727

黔詩紀略三十三卷　（清）唐樹義審例　（清）黎兆勳採詩　（清）莫友芝傳證　清同治十二年(1873)遵義唐氏夢研齋刻本　四冊　存十七卷(十六至三十二)

320000－1646－0005855　700728

黔詩紀略後編三十卷　（清）莫友芝　（清）黎汝謙輯　清宣統三年(1911)京師刻本　四冊　存十七卷(五至二十一)

320000－1646－0005856　700735

舊德集十四卷　繆荃孫輯　清光緒二十二年(1896)刻本　三冊　存十一卷(一至十一)

320000－1646－0005857　700736

二柳村庄吟社詩二卷　（清）華文彬輯　清道光、咸豐間刻本　一冊

320000－1646－0005858　700737

錫山秦氏詩鈔前集八卷今集十卷　（清）秦彬輯　清道光十九年(1839)刻本　四冊

320000－1646－0005859　700738

錫山秦氏詩鈔前集八卷今集十卷　（清）秦彬輯　清道光十九年(1839)刻本　四冊

320000－1646－0005860　700742

影梅庵悼亡題詠一卷　（明）冒襄撰　清光緒二十六年(1900)刻拜鴛樓校刻四種本　一冊

320000－1646－0005861　700743

宮閨百詠四卷　（清）陳其泰編次　清道光二十五年(1845)海鹽陳氏桐花鳳閣刻本　二冊

320000－1646－0005862　700744

百美新詠一卷集詠一卷圖傳一卷　（清）顏希源撰　清嘉慶九年(1804)刻本　三冊

320000－1646－0005863　700745

卷勺園集三卷壽言一卷　（清）劉茂榕録　清道光元年(1821)刻本　二冊

320000－1646－0005864　700746

江漢贈言一卷　（清）梁芷林録　清道光三年(1823)刻本　一冊

320000－1646－0005865　700747

北行酬唱集四卷　（清）梁章鉅編　清道光十六年(1836)刻本　一冊

320000－1646－0005866　700748

鶴梅留影詩存二卷　（清）周煜輯　清道光二十二年(1842)刻本　一冊　存一卷(下)

320000－1646－0005867　700749

擊鉢吟偶存七集十四卷　（清）曾元海等輯　清道光十一年至同治九年(1831－1870)刻本　九冊　存十一卷(擊鉢吟偶存上、二集二卷、四集二卷、五集二卷、六集二卷、七集二卷)

320000－1646－0005868　700750

槐榆交蔭圖題詠一卷　（清）俞昆田撰　清咸豐元年(1851)環翠書屋刻本　一冊

320000－1646－0005869　700754

蘋花社消寒詩課九集　（清）章安行等撰　清同治六年(1867)刻本　一冊

320000－1646－0005870　700755

碧聲吟館倡酬錄一卷　（清）許善長纂　清光緒四年(1878)碧聲吟館刻本　一冊

320000－1646－0005871　700756

齊太史移居倡訓集四卷首一卷　（清）齊毓川編輯　清光緒十二年(1886)擎古齋木活字印本　一冊

320000－1646－0005872　700757

齊太史移居倡訓集四卷首一卷　（清）齊毓川編輯　清宣統二年(1910)上海國學扶輪社石印本　一冊

320000－1646－0005873　700758

齊太史移居倡訓集四卷首一卷　（清）齊毓川編輯　清宣統二年(1910)上海國學扶輪社石印本　一冊

320000－1646－0005874　700759

伏羌紀事詩一卷　（清）楊芳燦著　清光緒十八年(1892)刻本　一冊

320000－1646－0005875　700760

伏羌紀事詩一卷　（清）楊芳燦著　清光緒十八年(1892)刻本　一冊

320000－1646－0005876　700761

陽羨唱和集二卷　（清）萬立鈞　（清）蔣尊著　清光緒十七年(1891)刻本　二冊

320000－1646－0005877　700762

鄧尉探梅詩四卷　（清）謝家福輯　清光緒二十年(1894)刻本　一冊

320000－1646－0005878　700763

蝶仙小史彙編六卷　（清）延清輯　清光緒刻本　一冊　存二卷(五至六)

320000－1646－0005879　700764

龍湖橋李題詞一卷　（清）李泉石輯　清光緒二十八年(1902)刻本　一冊

320000－1646－0005880　700765

茆桂題襟集二卷　徐兆瑋輯　清光緒二十九年(1903)刻本　一冊

320000－1646－0005881　700766

雙忽雷本事一卷　劉世珩輯　清宣統三年(1911)石印本　一冊

320000－1646－0005882　700769

南沙贈言不分卷　（清）蔣一桂輯　清光緒十六年(1890)金粟山房刻本　二冊

320000－1646－0005883　700836

著涒吟社詩詞鈔五卷　袁祖光等撰　清光緒三十四年(1908)鉛印本　二冊

320000－1646－0005884　700838

同人次韻贈言一卷　（清）周煜輯　清道光十九年(1839)刻本　一冊

320000－1646－0005885　700839

曾文正公六十壽言二卷　（清）李鴻章等撰　清同治十二年(1873)湖南文元書坊刻本　二冊

320000－1646－0005886　700840

繡鐙問字圖題詞一卷　（清）任沛霖等撰　清同治十三年(1874)刻本　一冊

320000－1646－0005887　700841

仙槎自壽徵詩集二卷　（清）胡效騫撰　清光緒三十年(1904)木活字印本　二冊

320000－1646－0005888　700842

重刻勁節樓圖紀三卷首一卷末一卷　（清）徐悳原輯　（清）諸福坤　（清）查德基校勘　清光緒十年(1884)楓江徐氏刻本　一冊

320000－1646－0005889　700844

蔣三烈題辭一卷　（清）周翊鑾輯　清光緒二十五年(1899)刻本　一冊

320000－1646－0005890　700845

百老吟一卷後編一卷三編一卷附編一卷　（清）錢溯耆輯　清宣統二年(1910)刻本　一冊

320000－1646－0005891　700846

百老吟一卷後編一卷三編一卷附編一卷　（清）錢溯耆輯　清宣統二年(1910)刻本　二冊　存二卷(百老吟一卷、三編一卷、附編一卷)

320000－1646－0005892　700857

楚辭十七卷　（戰國）屈原撰　（漢）劉向集　（漢）王逸章句　（宋）洪興祖補註　清光緒二十一年(1895)刻本　六冊

320000－1646－0005893　700858

楚辭十七卷　（戰國）屈原撰　（漢）劉向集　（漢）王逸章句　（宋）洪興祖補註　清吳郡寶翰樓刻本　五冊

320000－1646－0005894　700859

楚辭十七卷　（戰國）屈原撰　（漢）劉向集　（漢）王逸章句　（宋）洪興祖補註　清吳郡寶翰樓刻本　四冊

320000－1646－0005895　700860

楚辭十七卷　（戰國）屈原撰　（漢）劉向集　（漢）王逸章句　（宋）洪興祖補注　清同治十一年(1872)金陵書局刻本　四冊

320000－1646－0005896　700861

楚辭十七卷　（戰國）屈原撰　（漢）劉向編集　（漢）王逸章句　清光緒十七年(1891)三餘堂刻本　三冊

320000－1646－0005897　700864

楚辭集注八卷總評一卷　（宋）朱熹集注　清乾隆五十三年(1788)聽雨齋刻本　四冊

320000－1646－0005898　700865

楚辭集注八卷辯證二卷後語六卷　（宋）朱熹集注　清光緒八年(1882)江蘇書局刻本　四冊

320000－1646－0005899　700866

楚辭通釋十四卷末一卷愚鼓詞一卷　（清）王夫之撰　清同治四年(1865)刻本　三冊

320000－1646－0005900　700867

楚辭燈四卷　（清）林雲銘論述　清康熙三十六年(1697)挹奎樓刻本　二冊

320000－1646－0005901　700868

屈子貫五卷　（清）張詩纂輯　清康熙四十年(1701)孝友堂刻本　一冊

320000－1646－0005902　200475

左傳事緯十二卷　（清）馬驌　（清）潘霽編論　清光緒四年(1878)潘氏敏德堂刻本　六冊

320000－1646－0005903　700875

蔡中郎集十卷外紀一卷外集四卷末一卷　（漢）蔡邕撰　清光緒十六年(1890)番禺陶氏愛盧刻本　六冊

320000－1646－0005904　700876

諸葛丞相集四卷附錄一卷　（三國蜀）諸葛亮撰　（清）朱璘纂輯　清康熙三十七年(1698)萬卷堂刻本　二冊　存二卷(一、三)

320000－1646－0005905　700877

武侯全書二十卷首一卷　（三國蜀）諸葛亮撰　（清）趙承恩編輯　清光緒十年(1884)紅杏山房刻本　十六冊

320000－1646－0005906　700878

曹集銓評十卷逸文一卷魏陳思王[曹植]年譜一卷　（清）丁晏纂　清同治十一年(1872)金陵書局刻本　二冊

320000 - 1646 - 0005907　700879

曹集銓評十卷逸文一卷魏陳思王[曹植]年譜一卷　（清）丁晏纂　清同治十一年(1872)金陵書局刻本　二冊

320000 - 1646 - 0005908　700880

嵇中散集十卷　（三國魏）嵇康撰　明汪士賢刻本　一冊

320000 - 1646 - 0005909　700887

陶淵明詩一卷　（晉）陶潛撰　清光緒刻本　一冊

320000 - 1646 - 0005910　700888

陶淵明詩一卷　（晉）陶潛撰　清光緒刻本　一冊

320000 - 1646 - 0005911　700889

陶淵明詩一卷　（晉）陶潛撰　清光緒刻本　一冊

320000 - 1646 - 0005912　700890

陶靖節先生詩四卷　（晉）陶潛撰　（宋）湯漢補注　附錄一卷　（元）吳師道撰　清光緒十一年(1885)會稽章氏刻本　一冊

320000 - 1646 - 0005913　700891

陶詩彙評四卷　（清）溫汝能纂訂　清光緒十八年(1892)上海五彩公司石印本　二冊

320000 - 1646 - 0005914　700892

陶淵明全集十卷[陶潛]年譜一卷　（晉）陶潛撰　清道光十二年(1832)刻本　一冊　存五卷(一至四、年譜一卷)

320000 - 1646 - 0005915　700893

陶淵明集八卷首一卷末一卷　（晉）陶潛撰　清光緒刻本　二冊

320000 - 1646 - 0005916　700894

靖節先生集十卷[陶潛]年譜考異二卷首一卷　（晉）陶潛撰　（清）陶澎集注　清光緒九年(1883)江蘇書局刻本　四冊

320000 - 1646 - 0005917　700896

梁昭明太子集四卷　（南朝梁）蕭統撰　清宣統三年(1911)上海文明書局鉛印本　一冊

320000 - 1646 - 0005918　700897

梁簡文帝集八卷　（南朝梁）太宗蕭綱撰　清宣統三年(1911)上海文明書局鉛印本　一冊

320000 - 1646 - 0005919　700898

庾子山全集十卷　（北周）庾信撰　（清）吳兆宜箋注　清康熙刻本　六冊

320000 - 1646 - 0005920　700899

庾子山全集十卷　（北周）庾信撰　（清）吳兆宜箋注　清康熙刻本　九冊　存九卷(二至十)

320000 - 1646 - 0005921　700900

庾子山集十六卷[庾信]年譜一卷總釋一卷　（北周）庾信撰　（清）倪璠註釋　清康熙二十六年(1687)崇岫堂刻本　十二冊

320000 - 1646 - 0005922　700901

庾子山集十六卷[庾信]年譜一卷總釋一卷　（北周）庾信撰　（清）倪璠註釋　清道光十九年(1839)善成堂刻本　十二冊

320000 - 1646 - 0005923　700902

庾子山集十六卷[庾信]年譜一卷總釋一卷　（北周）庾信撰　（清）倪璠註釋　清同治八年(1869)廣東刻本　十冊

320000 - 1646 - 0005924　700903

徐孝穆全集六卷備考一卷　（南朝陳）徐陵撰　（清）吳兆宜箋注　（清）徐文炳補輯　清善化經濟書堂刻本　六冊

320000 - 1646 - 0005925　700906

駱臨海集十卷首一卷末一卷　（唐）駱賓王撰　（清）陳熙晉箋注　清咸豐三年(1853)松林宗祠刻本　七冊　存十卷(一至四、七至十、首一卷,末一卷)

320000 - 1646 - 0005926　700907

陳伯玉集目錄二卷文集三卷詩集二卷附錄一卷　（唐）陳子昂撰　清道光二十二年(1842)尊德堂刻本　四冊

320000 - 1646 - 0005927　700908

張說之文集二十五卷補遺五卷　（唐）張說撰

清光緒三十一年(1905)仁和朱氏刻本 四冊

320000-1646-0005928　700909

唐丞相曲江張文獻公集十二卷首一卷附錄一卷　(唐)張九齡撰　清雍正張世緯刻本 五冊

320000-1646-0005929　700915

王右丞集二十八卷首一卷末一卷　(唐)王維撰　(清)趙殿成箋注　清乾隆二年(1737)刻本　十冊

320000-1646-0005930　700922

李太白文集三十卷　(唐)李白撰　清康熙五十六年(1717)吳門繆曰芑刻本　四冊

320000-1646-0005931　700923

李太白文集三十卷　(唐)李白撰　清光緒十四年(1888)湖北官書處刻本　七冊

320000-1646-0005932　700924

李太白文集三十六卷　(唐)李白撰　(清)王琦輯註　清乾隆二十四年(1759)刻本　十二冊

320000-1646-0005933　700925

李太白文集三十六卷　(唐)李白撰　(清)王琦輯註　清光緒三十四年(1908)掃葉山房石印本　二十冊

320000-1646-0005934　700926

李太白文集三十六卷　(唐)李白撰　(清)王琦輯註　清光緒三十四年(1908)掃葉山房石印本　五冊　缺十卷(十七至二十四、三十五至三十六)

320000-1646-0005935　700927

王狀元集百家注編年杜陵詩史三十二卷拾遺一卷　(唐)杜甫撰　(宋)魯訔編年并注　(宋)王十朋集注　清宣統三年(1911)貴池劉氏影印本　六冊　存十八卷(一至十八)

320000-1646-0005936　700932

唱經堂杜詩解四卷　(唐)杜甫撰　(清)金人瑞注　清康熙刻本　一冊　存一卷(三)

320000-1646-0005937　700933

杜工部集二十卷附錄一卷[杜甫]年譜一卷　(唐)杜甫撰　(清)錢謙益箋註　清康熙六年(1667)靜思堂刻本　十冊

320000-1646-0005938　700934

杜工部集二十卷附錄一卷[杜甫]年譜一卷　(唐)杜甫撰　(清)錢謙益箋註　清康熙六年(1667)靜思堂刻本　七冊　存十九卷(一至十八、年譜一卷)

320000-1646-0005939　700935

杜工部集二十卷　(唐)杜甫撰　(清)錢謙益箋註　清宣統二年(1910)上海神州國光社鉛印本(卷十七至二十配清末民國時中書局石印本)　八冊

320000-1646-0005940　700936

辟疆園杜詩注解五言律十二卷　(唐)杜甫撰　(清)顧宸著　清康熙刻本　六冊　存十卷(三至十二)

320000-1646-0005941　700937

杜工部詩集二十卷外詩一卷文集二卷　(唐)杜甫撰　(清)朱鶴齡輯註　清康熙九年(1670)刻本　六冊

320000-1646-0005942　700938

杜工部詩集二十卷外詩一卷文集二卷　(唐)杜甫撰　(清)朱鶴齡輯註　清康熙九年(1670)刻本　十冊　存二十一卷(詩集二至二十、外詩一卷、文集一卷)

320000-1646-0005943　700940

杜詩詳注二十五卷附編二卷首一卷　(唐)杜甫撰　(清)仇兆鰲輯註　清康熙五十二年(1713)刻本　二十八冊

320000-1646-0005944　700941

杜詩詳注二十五卷附編二卷首一卷　(唐)杜甫撰　(清)仇兆鰲輯註　清康熙五十二年(1713)刻本　十三冊　存二十六卷(杜詩詳注二十五卷、首一卷)

320000-1646-0005945　700944

讀杜心解六卷首二卷　(清)浦起龍講解　清

雍正三年(1725)寧我齋刻本　六冊

320000－1646－0005946　700945

讀杜心解六卷首二卷　（清）浦起龍講解　清雍正三年(1725)寧我齋刻本　八冊　缺一卷(六上)

320000－1646－0005947　700946

讀杜心解六卷首二卷　（清）浦起龍講解　清雍正三年(1725)寧我齋刻本　十二冊　缺一卷(六上)

320000－1646－0005948　700947

杜詩集說二十卷目錄一卷末一卷　（唐）杜甫撰　（清）江浩然纂輯　清嘉慶刻本　十冊　存十八卷(一至十、十三至十九，目錄一卷)

320000－1646－0005949　700948

杜詩註釋二十四卷首一卷　（唐）杜甫撰　（清）許寶善編輯　清光緒三年(1877)吳縣朱氏刻本　五冊　存十一卷(一至二、十一至十二、十五至十六、十九至二十、二十三至二十四，首一卷)

320000－1646－0005950　700949

杜詩註釋二十四卷首一卷　（唐）杜甫撰　（清）許寶善編輯　清光緒三年(1877)吳縣朱氏刻本　十二冊

320000－1646－0005951　700950

杜工部集二十卷首一卷　（唐）杜甫撰　（明）王世貞等評　清道光十四年(1834)芸葉盦刻本　八冊

320000－1646－0005952　700951

杜工部集二十卷首一卷　（唐）杜甫撰　（明）王世貞等評　清道光十四年(1834)芸葉盦刻本　八冊

320000－1646－0005953　700952

杜詩鏡銓二十卷年譜一卷　（唐）杜甫撰　（清）楊倫編輯　文集註解二卷　（清）張潛撰　清同治十一年(1872)望三益齋刻本　十冊

320000－1646－0005954　700953

杜詩鏡銓二十卷年譜一卷　（唐）杜甫撰　（清）楊倫編輯　清乾隆五十七年(1792)九柏山房刻本　六冊

320000－1646－0005955　700954

杜詩鏡銓二十卷　（唐）杜甫撰　（清）楊倫編輯　文集註解二卷　（清）張潛撰　清光緒十八年(1892)著易堂鉛印本　六冊

320000－1646－0005956　700956

韋蘇州集十卷　（唐）韋應物撰　清宣統三年(1911)冰雪山房石印本　六冊

320000－1646－0005957　700958

唐陸宣公集二十二卷　（唐）陸贄撰　清雍正元年(1723)刻本　六冊

320000－1646－0005958　700959

唐陸宣公翰苑集二十四卷　（唐）陸贄撰　（清）張佩芳註釋　清乾隆三十三年(1768)希音堂刻本　八冊

320000－1646－0005959　700960

唐陸宣公集二十二卷增輯二卷　（唐）陸贄撰　清道光二十七年(1847)刻本　八冊

320000－1646－0005960　700961

唐陸宣公翰苑集二十二卷　（唐）陸贄撰　清咸豐十一年(1861)崇仁謝氏刻本　四冊

320000－1646－0005961　700962

唐陸宣公集二十二卷　（唐）陸贄撰　清同治五年(1866)楊氏問竹軒家塾刻本　六冊

320000－1646－0005962　700963

唐陸宣公集二十二卷增輯一卷首一卷附錄一卷　（唐）陸贄撰　清光緒二年(1876)江蘇書局刻本　二冊

320000－1646－0005963　700964

唐陸宣公集二十二卷增輯一卷首一卷附錄一卷　（唐）陸贄撰　清光緒二年(1876)江蘇書局刻本　六冊

320000－1646－0005964　700966

昌黎先生集四十卷外集十卷遺文一卷集傳一卷點勘四卷　（唐）韓愈撰　（清）陳景雲點勘　清同治八年(1869)江蘇書局刻本　十一冊

320000－1646－0005965　700968

昌黎先生詩集注十一卷[韓愈]年譜一卷
(唐)韓愈撰　(清)顧嗣立刪補　清康熙三十八年(1699)秀野草堂刻本　二冊

320000－1646－0005966　700969

韓子文鈔十卷　(唐)韓愈撰　清乾隆刻本　三冊　存七卷(一至二、六至十)

320000－1646－0005967　700970

韓昌黎詩集編年箋注十二卷　(唐)韓愈撰　(清)方世舉考訂　清宣統二年(1910)海寧陳氏石印本　四冊

320000－1646－0005968　700971

重刊五百家註音辯昌黎先生文集四十卷　(唐)韓愈撰　(宋)魏仲舉編　清光緒湖南刻本　十六冊

320000－1646－0005969　700972

重刊五百家註音辯昌黎先生文集四十卷　(唐)韓愈撰　(宋)魏仲舉編　清光緒湖南刻本　十二冊

320000－1646－0005970　700973

昌黎先生集四十卷外集十卷集傳一卷遺文一卷　(唐)韓愈撰　(唐)李漢編　清涵芬樓鉛印本(卷一配同治八年江蘇書局刻本)　十冊

320000－1646－0005971　700976

昌黎先生集考異十卷　(宋)朱熹撰　清光緒十一年(1885)新陽趙元益刻本　二冊

320000－1646－0005972　700977

柳柳州外集一卷附錄一卷　(唐)柳宗元撰　清光緒十三年(1887)寶章閣刻本　一冊

320000－1646－0005973　700978

柳柳州外集一卷　(唐)柳宗元撰　清光緒五年(1879)蒯氏刻本　一冊

320000－1646－0005974　700981

柳文四十三卷別集二卷外集二卷附錄一卷　(唐)柳宗元撰　(唐)劉禹錫編　清同治七年(1868)楊季鸞校刻本　八冊

320000－1646－0005975　700983

李文公集十八卷補遺一卷坿錄一卷　(唐)李翱撰　清光緒元年(1875)讀有用齋刻本　四冊

320000－1646－0005976　700984

習之先生文集二卷　(唐)李翱撰　清宣統三年(1911)上海會文堂書局石印本　二冊

320000－1646－0005977　700986

孟東野集十卷附錄一卷追昔遊詩三卷　(唐)孟郊撰　清宣統二年(1910)著易堂石印本　四冊

320000－1646－0005978　700987

孟東野集十卷附錄一卷追昔遊詩三卷　(唐)孟郊撰　清宣統二年(1910)著易堂石印本　四冊

320000－1646－0005979　700988

李長吉歌詩四卷首一卷外集一卷　(唐)李賀撰　(清)王琦彙解　清末民國崇新書局影印本　六冊

320000－1646－0005980　700998

白氏諷諫一卷　(唐)白居易撰　清光緒十九年(1893)費念慈刻本　一冊

320000－1646－0005981　700999

白氏諷諫一卷　(唐)白居易撰　清光緒十九年(1893)費念慈刻本　一冊

320000－1646－0005982　701000

白香山詩集四十卷　(唐)白居易撰　(清)汪立名編訂　清康熙四十二年(1703)一隅草堂刻本　十冊

320000－1646－0005983　701001

白香山詩集四十卷　(唐)白居易撰　(清)汪立名編訂　清康熙四十二年(1703)一隅草堂刻本　十二冊

320000－1646－0005984　701002

白香山詩集四十卷　(唐)白居易撰　(清)汪立名編訂　清康熙四十二年(1703)一隅草堂刻本　十冊

320000－1646－0005985　701011

樊川文集二十卷外集一卷別集一卷　（唐）杜牧撰　清光緒二十二年（1896）景蘇園影印本　六冊

320000－1646－0005986　701012

樊川詩集四卷外集一卷別集一卷補遺一卷　（唐）杜牧撰　（清）馮集梧集注　清光緒十六年（1890）湘南書局刻本　五冊

320000－1646－0005987　701015

李義山詩集三卷詩譜一卷詩評一卷　（唐）李商隱撰　（清）朱鶴齡箋注　清順治十六年（1659）葉永茹刻本　二冊

320000－1646－0005988　701016

李義山詩集三卷詩譜一卷詩評一卷　（唐）李商隱撰　（清）朱鶴齡箋注　（清）沈厚塽輯評　清同治九年（1870）廣州倅署刻本　四冊

320000－1646－0005989　701017

李義山詩集三卷詩譜一卷詩評一卷　（唐）李商隱撰　（清）朱鶴齡箋注　（清）沈厚塽輯評　清同治九年（1870）廣州倅署刻本　四冊

320000－1646－0005990　701018

李義山詩集箋注三卷集外詩一卷詩話一卷〔李商隱〕年譜一卷　（唐）李商隱撰　（清）程夢星刪補　清乾隆八年至十一年（1743－1746）東河草堂刻本　四冊

320000－1646－0005991　701019

李義山文集十卷　（唐）李商隱撰　（清）徐樹穀箋　（清）徐炯註　清康熙四十七年（1708）花谿草堂刻本　四冊

320000－1646－0005992　701020

李義山文集十卷　（唐）李商隱撰　（清）徐樹穀箋　（清）徐炯註　清康熙四十七年（1708）花谿草堂刻本　三冊

320000－1646－0005993　701021

玉溪生詩意八卷　（唐）李商隱撰　（清）屈復著　清乾隆四年（1739）揚州藝古堂刻本　二冊

320000－1646－0005994　701022

玉溪生詩意八卷　（唐）李商隱撰　（清）屈復著　清乾隆四年（1739）揚州藝古堂刻本　八冊　存六卷（一、四至八）

320000－1646－0005995　701023

李義山詩集十六卷　（唐）李商隱撰　（清）姚培謙箋注　清乾隆五年（1740）松桂讀書堂刻本　四冊

320000－1646－0005996　701024

李義山詩集十六卷　（唐）李商隱撰　（清）姚培謙箋注　清乾隆五年（1740）松桂讀書堂刻本　四冊

320000－1646－0005997　701025

玉谿生詩詳註三卷首一卷樊南文集詳註八卷首一卷　（唐）李商隱撰　（清）馮浩編訂　清同治七年（1868）桐鄉馮氏德聚堂刻本　八冊

320000－1646－0005998　701026

玉谿生詩詳註三卷首一卷　（唐）李商隱撰　（清）馮浩編訂　清同治七年（1868）桐鄉馮氏德聚堂刻本　四冊

320000－1646－0005999　701027

玉谿生詩詳註三卷首一卷　（唐）李商隱撰　（清）馮浩編訂　清同治七年（1868）桐鄉馮氏德聚堂刻本　四冊

320000－1646－0006000　701028

義山文集六卷　（唐）李商隱撰　（清）程昌寧等輯　清嘉慶二十二年（1817）揚州王有耀齋刻本　三冊

320000－1646－0006001　701029

樊南文集補編十二卷附錄一卷　（唐）李商隱撰　（清）錢振倫箋　（清）錢振常注　清同治五年（1866）望三益齋刻本　四冊

320000－1646－0006002　701030

樊南文集補編十二卷附錄一卷　（唐）李商隱撰　（清）錢振倫箋　（清）錢振常注　清同治五年（1866）望三益齋刻本　四冊

320000－1646－0006003　701031

溫飛卿詩集九卷詩評一卷　（唐）溫庭筠撰

（清）曾益謙原注　（清）顧予咸補注　清康熙秀野草堂刻本　一冊

320000－1646－0006004　701032

溫飛卿詩集箋注九卷詩評一卷　（唐）溫庭筠撰　（清）曾益謙原注　（清）顧予咸補注　清宣統二年(1910)影印本　四冊

320000－1646－0006005　701039

唐女郎魚玄機詩一卷附錄題跋一卷　（唐）魚玄機撰　清光緒三十三年(1907)觀古堂刻本　一冊

320000－1646－0006006　701040

麟角集一卷　（唐）王棨撰　黃御史集一卷（唐）黃滔撰　（清）陸旦華輯　清咸豐三年(1853)刻本　一冊

320000－1646－0006007　701041

重刊校正笠澤叢書四卷補遺一卷　（唐）陸龜蒙撰　清光緒大疊山房刻本　五冊

320000－1646－0006008　701042

重刊校正笠澤叢書四卷補遺一卷　（唐）陸龜蒙撰　清光緒刻本　四冊

320000－1646－0006009　701043

司空表聖詩集三卷附錄一卷　（唐）司空圖撰　清南林劉氏求恕齋刻本　一冊

320000－1646－0006010　701045

黃御史集一卷別錄一卷附錄一卷殘文一卷（唐）黃滔撰　清光緒十年(1884)王懿榮刻本　一冊

320000－1646－0006011　701046

唐林邵州遺集一卷坿錄一卷　（唐）林蘊撰　清嘉慶十八年(1813)麟后山房王氏刻本　一冊

320000－1646－0006012　701047

碧云集三卷　（五代）李中撰　清上海涵芬樓影印本　一冊

320000－1646－0006013　701048

徐騎省集三十卷補遺一卷校勘記一卷　（宋）徐鉉撰　清光緒十九年(1893)黔南李氏刻本　八冊

320000－1646－0006014　701049

徐騎省集三十卷補遺一卷校勘記一卷　（宋）徐鉉撰　清光緒十九年(1893)黔南李氏刻本　八冊

320000－1646－0006015　701050

鉅鹿東觀集十卷補遺一卷坿錄一卷　（宋）魏野撰　清宣統二年(1910)峭帆樓刻本　一冊

320000－1646－0006016　701052

苕溪集五十五卷　（宋）劉一止撰　清宣統三年(1911)刻本　二冊

320000－1646－0006017　701053

苕溪集五十五卷　（宋）劉一止撰　清宣統三年(1911)刻本　四冊

320000－1646－0006018　701055

林和靖詩集四卷拾遺一卷附錄一卷詩話一卷　（宋）林逋撰　清宣統二年(1910)上海文瑞樓石印本　二冊

320000－1646－0006019　701056

林和靖詩集四卷拾遺一卷附錄一卷詩話一卷　（宋）林逋撰　清同治十二年(1873)長洲朱氏刻本　二冊

320000－1646－0006020　701057

范文正公集四十八卷　（宋）范仲淹撰　清康熙岁寒堂刻本　六冊　存三十八卷(文集二十卷、別集四卷、政府奏議二卷、尺牘三卷、年譜一卷、年譜補遺一卷、言行拾遺事錄四卷、鄱陽遺事錄一卷、遺跡一卷、義莊規矩一卷)

320000－1646－0006021　701058

范文正忠宣二公全集七十二卷　（宋）范仲淹（宋）范統仁撰　清宣統三年(1911)歲寒堂刻本　十六冊

320000－1646－0006022　701059

河南先生文集二十七卷坿錄一卷　（宋）尹洙撰　清嘉慶十三年(1808)晉臺陳氏刻本　六冊

320000－1646－0006023　701061

忠肅集二十卷　（宋）劉摯撰　清光緒五年(1879)刻本　四冊

320000－1646－0006024　701062
伊川擊壤集二十卷　（宋）邵雍撰　清初文靖書院刻本　八冊

320000－1646－0006025　701063
伊川擊壤集二十卷　（宋）邵雍撰　清初文靖書院刻本　六冊

320000－1646－0006026　701064
宋大家歐陽文忠公文鈔三十二卷　（宋）歐陽修撰　（明）茅坤批評　明刻本　六冊　存二十四卷(一至二十四)

320000－1646－0006027　701065
安陽集五十卷家傳十卷別錄三卷遺事一卷附錄一卷　（宋）韓琦撰　清乾隆三十七年(1772)書錦堂刻本　十冊

320000－1646－0006028　701066
安陽集五十卷家傳十卷別錄三卷遺事一卷附錄一卷　（宋）韓琦撰　清乾隆三十七年(1772)書錦堂刻本　九冊　存五十四卷(一至七、十八至六十,別錄三卷,遺事一卷)

320000－1646－0006029　701067
趙清獻公集十卷目錄二卷　（宋）趙抃撰　清光緒三年(1877)刻本　四冊

320000－1646－0006030　701068
元豐類稿五十卷　（宋）曾鞏撰　（清）曾國光重修　清康熙四十九年(1710)南豐長嶺西爽堂刻本　四冊　存二十卷(一至二十)

320000－1646－0006031　701069
元豐類稿五十卷坿錄一卷　（宋）曾鞏撰　清涵芬樓影印本　五冊　存三十卷(二十二至五十、附錄一卷)

320000－1646－0006032　701070
華陽集四十卷　（宋）王珪撰　清光緒刻本　三冊

320000－1646－0006033　701071
司馬溫公文集八十二卷　（宋）司馬光撰　清康熙四十七年(1708)蔣起龍刻本　二十四冊

320000－1646－0006034　701072
司馬溫公文集八十二卷　（宋）司馬光撰　清康熙四十七年(1708)蔣起龍刻本　十六冊　存六十二卷(六至十五、二十六至三十二、三十八至八十二)

320000－1646－0006035　701073
司馬溫公文集十四卷　（宋）司馬光撰　（清）張伯行重訂　清末刻本　八冊

320000－1646－0006036　701074
司馬文正公傳家集八十卷目錄二卷坿錄一卷〔司馬光〕年譜一卷　（宋）司馬光撰　（清）陳弘謀重訂　清乾隆七年(1742)刻本　十二冊

320000－1646－0006037　701075
盱江先生全集三十七卷　（宋）李覯撰　（清）謝甘棠等校　清光緒十九年(1893)盱江書院重刻本　七冊　存三十二卷(一、七至三十七)

320000－1646－0006038　701077
王臨川全集一百卷目錄二卷　（宋）王安石撰　清光緒九年(1883)聽香館刻本　二十冊

320000－1646－0006039　701079
王荊文公詩五十卷　（宋）王安石撰　（宋）李壁箋註　清乾隆六年(1741)武原張宗松清綺齋刻本　七冊　存四十四卷(一至四十四)

320000－1646－0006040　701080
王荊公文集注八卷　（宋）王安石撰　（清）沈欽韓注　清末刻本　八冊

320000－1646－0006041　701081
彭城集四十卷　（宋）劉攽撰　清光緒二十一年(1895)刻本　四冊

320000－1646－0006042　701083
重刊明成化本東坡七集一百十卷校記二卷　（宋）蘇軾撰　清光緒三十四年至宣統元年(1908－1909)寶華盦刻本　四十八冊

320000－1646－0006043　701084
蘇東坡詩集註三十二卷失編一卷〔蘇軾〕年譜一

卷　(宋)蘇軾撰　(清)呂祖謙編　(清)王十朋纂輯　清康熙三十七年(1698)新安朱从延文蔚堂刻本　九冊

320000-1646-0006044　701086

施注蘇詩四十二卷補遺二卷總目二卷　(宋)蘇軾撰　(宋)施元之注　(清)邵長蘅等刪補　清康熙三十八年(1699)蘇州步月樓刻本　十二冊

320000-1646-0006045　701087

東坡先生編年詩五十卷　(宋)蘇軾撰　(清)查慎行補注　清康熙四十一年(1702)香雨齋刻本　十一冊　存三十一卷(一至二、十九至四十七)

320000-1646-0006046　701088

蘇文忠公詩集五十卷目錄二卷　(宋)蘇軾撰　(清)紀昀評點　清同治八年(1869)廣東翰墨園刻本　十二冊

320000-1646-0006047　701089

蘇文忠詩合註五十卷首一卷　(宋)蘇軾撰　(清)馮應榴輯訂　清乾隆五十八年(1793)刻本　三十二冊

320000-1646-0006048　701090

蘇文忠詩合註五十卷首一卷　(宋)蘇軾撰　(清)馮應榴輯訂　清同治九年(1870)踵息齋刻本　二十一冊

320000-1646-0006049　701091

蘇文忠詩合註五十卷首一卷　(宋)蘇軾撰　(清)馮應榴輯訂　清同治九年(1870)踵息齋刻本　二十三冊　存四十八卷(四至五十、首一卷)

320000-1646-0006050　701092

蘇文忠公詩編註集成四十六卷總案四十五卷諸家雜綴酌存一卷蘇海識餘四卷餞詩圖一卷　(宋)蘇軾撰　(清)王文誥輯訂　清光緒十四年(1888)浙江書局刻本　二十四冊

320000-1646-0006051　701093

蘇文忠公詩編註集成四十六卷總案四十五卷諸家雜綴酌存一卷蘇海識餘四卷餞詩圖一卷　(宋)蘇軾撰　(清)王文誥輯訂　清光緒十四年(1888)浙江書局刻本　二十四冊

320000-1646-0006052　701094

東坡全集八十四卷目錄二卷　(宋)蘇軾撰　(宋)王宗稷編　清道光十二年(1832)眉州三蘇祠堂刻本　三十八冊

320000-1646-0006053　701095

角山樓蘇詩評註彙鈔二十卷附鈔三卷目錄二卷附目一卷　(清)趙克宜輯訂　清咸豐二年(1852)刻本　六冊

320000-1646-0006054　701098

陶山集十六卷　(宋)陸佃撰　清乾隆武英殿木活字印本　八冊

320000-1646-0006055　701099

黃詩全集五十八卷　(宋)黃庭堅撰　(宋)任淵等注　清乾隆五十四年(1789)謝啟昆樹經堂刻本　二十冊

320000-1646-0006056　701100

山谷詩鈔五卷　(宋)黃庭堅撰　(清)姚鼐選　清光緒十一年(1885)皖省聚文堂刻本　四冊

320000-1646-0006057　701101

山谷詩集註二十卷外集詩註十七卷別集詩註二卷　(宋)黃庭堅撰　清宣統二年(1910)影印本　二十冊

320000-1646-0006058　701103

聽嚶堂選黃山谷尺牘二卷　(清)黃始箋　清康熙刻本　二冊

320000-1646-0006059　701106

后山詩注十二卷　(宋)陳師道撰　(宋)任淵注　清光緒刻本　六冊

320000-1646-0006060　701108

柯山集五十卷　(宋)張耒撰　清道光十年(1830)刻本　十冊

320000-1646-0006061　701109

淮海集十七卷後集二卷淮海詞一卷補遺一卷　(宋)秦觀撰　淮海文集考證一卷淮海集附

纂一卷　（清）王敬之等纂　重編淮海先生[秦觀]年譜節要一卷　（清）秦瀛編　清道光十七年(1837)刻本　十冊

320000-1646-0006062　701110

淮海集十七卷後集二卷淮海詞一卷補遺一卷　（宋）秦觀撰　淮海文集考證一卷淮海集附纂一卷　（清）王敬之等纂　重編淮海先生[秦觀]年譜節要一卷　（清）秦瀛編　清道光十七年(1837)刻本　六冊

320000-1646-0006063　701111

姑溪居士集七十卷校勘記一卷　（宋）李之儀撰　清宣統三年(1911)金陵督糧道署刻本　八冊

320000-1646-0006064　701112

宋陳忠肅公言行錄八卷　（宋）陳瓘撰　（明）陳載興編輯　清抄本　一冊　存三卷(六至八)

320000-1646-0006065　701113

道鄉公文集四十卷補遺一卷附錄一卷　（宋）鄒浩撰　清道光十一年(1831)鄒氏留餘堂刻本　八冊

320000-1646-0006066　701114

道鄉公文集四十卷補遺一卷附錄一卷　（宋）鄒浩撰　清光緒八年(1882)寶華山房刻本　三冊

320000-1646-0006067　701115

游定夫先生集六卷首一卷末一卷　（宋）游酢撰　清同治六年(1867)和州官舍刻本　二冊

320000-1646-0006068　701116

傅忠肅公文集三卷首一卷末一卷　（宋）傅察撰　清光緒九年(1883)傅氏演慎齋刻本　三冊

320000-1646-0006069　701117

楊龜山先生集六卷　（宋）楊時撰　（清）張伯行重訂　清康熙四十八年(1709)正誼堂刻本　二冊

320000-1646-0006070　701118

楊龜山先生集四十二卷首一卷　（宋）楊時撰　清康熙四十六年(1707)刻本　三冊

320000-1646-0006071　701119

宋李忠定公文集二十九卷首四卷奏議選十五卷　（宋）李綱撰　（明）李春熙輯　（明）左光先選　明末福建青蓮齋刻本　八冊

320000-1646-0006072　701120

宋李忠定公文集二十九卷首四卷奏議選十五卷　（宋）李綱撰　（明）李春熙輯　（明）左光先選　清初刻本　十六冊

320000-1646-0006073　701121

梁溪先生文集一百八十卷[李綱]行狀三卷附錄一卷　（宋）李綱撰　清刻本　三十九冊　存一百八十三卷(二至一百八十、行狀三卷、附錄一卷)

320000-1646-0006074　701122

橫塘集二十卷　（宋）許景衡撰　清光緒二年(1876)刻本　四冊

320000-1646-0006075　701123

增廣箋註簡齋詩集三十卷無住詞一卷附正誤一卷　（宋）陳與義撰　（宋）胡穉箋　清上海涵芬樓影印本　四冊

320000-1646-0006076　701126

陵陽先生詩四卷　（宋）韓駒撰　清宣統二年(1910)姚埭沈氏刻本　一冊

320000-1646-0006077　701127

斜川集六卷附錄二卷　（宋）蘇過撰　清乾隆五十三年(1788)亦有生齋刻本　二冊

320000-1646-0006078　701128

羅豫章先生集十二卷首一卷末一卷　（宋）羅從彥撰　（清）黃植京訂補　清光緒八年(1882)盱江謝氏刻本　四冊

320000-1646-0006079　701129

羅豫章先生集十二卷首一卷末一卷　（宋）羅從彥撰　清光緒九年(1883)延平府署刻本　四冊

320000-1646-0006080　701130

胡少師總集六卷首一卷附錄一卷 （宋）胡舜陟撰 （清）胡培翬編輯 清道光十九年（1839）刻本 二冊

320000-1646-0006081 701131
岳忠武王文集八卷首一卷末一卷 （宋）岳飛撰 清同治十一年（1872）靜海祠堂刻本 四冊

320000-1646-0006082 701132
岳忠武王文集八卷首一卷末一卷 （宋）岳飛撰 清光緒十三年（1887）廣東景岳書屋刻本 四冊

320000-1646-0006083 701133
胡澹庵文集三十二卷 （宋）胡銓撰 （清）龍斯萬校閱 清乾隆二十二年（1757）練月樓刻本 八冊

320000-1646-0006084 701134
晦庵先生朱文公文集一百卷別集七卷續集五卷目錄二卷 （宋）朱熹撰 （清）臧眉錫（清）蔡方炳訂定 清康熙二十七年（1688）刻本 五十冊

320000-1646-0006085 701135
晦庵先生朱文公文集一百卷續集十一卷別集十卷目錄二卷 （宋）朱熹撰 清同治十二年（1873）六安涂氏求我齋刻本 三十二冊

320000-1646-0006086 701136
朱子文集大全類編一百二十三卷 （宋）朱熹撰 清考亭書院刻本 四十八冊

320000-1646-0006087 701137
朱子集一百四卷目錄二卷補遺一卷 （宋）朱熹撰 清同治元年（1862）刻本 五十六冊

320000-1646-0006088 701138
朱子集一百四卷目錄二卷補遺一卷 （宋）朱熹撰 清同治元年（1862）刻本 五十六冊

320000-1646-0006089 701139
朱子古文六卷 （宋）朱熹撰 （清）周大璋輯 清道光二十八年（1848）長沙小瑯嬛山館刻本 六冊

320000-1646-0006090 701140
梁谿遺稾二卷 （宋）尤袤撰 清道光元年（1821）延月舫刻本 一冊

320000-1646-0006091 701141
梁谿遺稾二卷補遺一卷附錄一卷信齋詞一卷 （宋）尤袤撰 清光緒二十三年（1897）刻本 二冊

320000-1646-0006092 701142
宋王忠文公全集五十卷 （宋）王十朋撰 （清）唐傳鉎重編 清同治十年（1871）雁就堂刻本 十二冊

320000-1646-0006093 701143
宋王忠文公全集五十卷 （宋）王十朋撰 （清）唐傳鉎重編 清同治十年（1871）雁就堂刻本 十二冊

320000-1646-0006094 701144
攻媿集一百十二卷 （宋）樓鑰撰 清乾隆武英殿木活字印本 十九冊 存一百五卷（一至四十六、五十四至一百十二）

320000-1646-0006095 701145
陸象山先生全集三十六卷 （宋）陸九淵撰 清雍正二年（1724）刻本 八冊

320000-1646-0006096 701146
陸象山先生全集三十六卷 （宋）陸九淵撰 清宣統二年（1910）江左書林鉛印本 八冊

320000-1646-0006097 701149
絜齋集二十四卷 （宋）袁燮撰 清道光刻本 五冊

320000-1646-0006098 701150
范石湖詩集三十四卷 （宋）范成大撰 （清）顧嗣皋等重訂 清康熙吳郡顧氏依園刻本 四冊

320000-1646-0006099 701151
范石湖詩集注三卷 （清）沈欽韓注 半氈齋題跋二卷 （清）江藩撰 清光緒刻本 一冊

320000-1646-0006100 701152
誠齋集一百三十三卷 （宋）楊萬里撰 清鄂

花書屋抄本　二冊　存十八卷(七至十二、六十二至七十三)

320000-1646-0006101　701153
楊文節公集八十五卷　(宋)楊萬里撰　清乾隆五十九年(1794)帶經軒刻本　四冊　存五十六卷(誠齋文集四十二卷首一卷末一卷,誠齋詩集三十三至四十二、錦繡策二卷)

320000-1646-0006102　701154
渭南文集五十卷　(宋)陸游撰　清虞山詩禮堂印汲古閣刻本　十六冊

320000-1646-0006103　701155
劍南詩鈔六卷　(宋)陸游撰　(清)楊大鶴選　清康熙刻本　八冊

320000-1646-0006104　701156
劍南詩鈔六卷　(宋)陸游撰　(清)楊大鶴選　清康熙二十四年(1685)刻本　六冊

320000-1646-0006105　701157
劍南詩鈔六卷　(宋)陸游撰　(清)楊大鶴選　清木活字印本(五言古配清康熙刻本)　六冊

320000-1646-0006106　701158
劍南詩鈔六卷　(宋)陸游撰　(清)楊大鶴選　清康熙刻本　四冊

320000-1646-0006107　701159
劍南詩鈔六卷　(宋)陸游撰　(清)楊大鶴選　清康熙刻本　六冊　存五卷(七言古、五言律、七言律、五言絕句、七言絕句)

320000-1646-0006108　701160
劍南詩選二卷　(宋)陸游撰　(清)陳訏輯　清康熙三十二年(1693)刻本　一冊

320000-1646-0006109　701161
放翁題跋六卷家訓一卷　(宋)陸游撰　清光緒四年(1878)嘯園刻本　二冊

320000-1646-0006110　701162
水心文鈔十卷　(宋)葉適撰　(清)方桑如選　清乾隆五十五年(1790)希古堂刻本　六冊

320000-1646-0006111　701163
南澗甲乙稿二十二卷　(宋)韓元吉撰　清福建刻本　四冊

320000-1646-0006112　701164
石屏集十卷文則二卷　(宋)戴復古撰　清嘉慶二十二年(1817)刻本　三冊

320000-1646-0006113　701165
南軒先生文集四十四卷　(宋)張栻撰　清康熙四十五年(1706)錫山華氏刻本　十冊

320000-1646-0006114　701166
黃勉齋文集八卷　(宋)黃榦撰　(清)張伯行訂　清康熙四十八年(1709)正誼堂刻本　二冊

320000-1646-0006115　701169
龍川文集三十卷附錄二卷首一卷　(宋)陳亮撰　辨訛考異二卷　(清)胡鳳丹撰　清光緒湖北崇文書局刻本(卷首配同治七年退補齋刻本)　十冊

320000-1646-0006116　701170
陳同甫集三十卷　(宋)陳亮撰　清光緒嶺南壽經堂木活字印本　八冊

320000-1646-0006117　701173
西山先生真文忠公文集五十五卷補遺一卷　(宋)真德秀撰　(明)楊鸑重修　清同治四年(1865)拱極堂刻本　二十八冊

320000-1646-0006118　701174
方泉先生詩集三卷　(宋)周文璞撰　清宣統元年(1909)國光社影印本　一冊

320000-1646-0006119　701175
姜堯章先生集十卷　(宋)姜夔撰　(清)姜熙輯　清道光二十三年(1843)刻本　四冊

320000-1646-0006120　701176
白石道人詩詞合刻六卷歌曲四卷別集一卷　(宋)姜夔撰　清光緒十年(1884)娛園刻本　二冊

320000-1646-0006121　701177
蒙齋集二十卷　(宋)袁甫撰　清乾隆武英殿木活字印本　六冊　存十二卷(九至二十)

320000-1646-0006122　701178

蒙齋集二十卷　（宋）袁甫撰　清光緒福建刻本　八冊

320000-1646-0006123　701179

蒙齋集二十卷　（宋）袁甫撰　清福建刻本　四冊

320000-1646-0006124　701183

廬陵文丞相全集十六卷　（宋）文天祥撰　清道光二十四年至二十五年(1844-1845)文氏五桂堂刻本　十二冊

320000-1646-0006125　701188

晞髮集十卷　（宋）謝翱撰　清康熙刻本　二冊　存九卷(一至九)

320000-1646-0006126　701190

元遺山詩集箋注十四卷首一卷附錄一卷補載一卷　（金）元好問撰　（元）章德輝編　（明）儲瓘輯　清宣統三年(1911)上海掃葉山房石印本　八冊

320000-1646-0006127　701191

湛然居士文集十四卷　（元）耶律楚材撰　清光緒二十一年(1895)漸西村舍刻本　四冊

320000-1646-0006128　701192

湛然居士文集十四卷　（元）耶律楚材撰　清光緒二十一年(1895)漸西村舍刻本　四冊

320000-1646-0006129　701193

郝文忠公陵川文集三十九卷附錄一卷　（元）郝經撰　（清）王鏐編訂　清道光八年(1828)刻本　十冊

320000-1646-0006130　701194

趙文敏公松雪齋全集十卷外集一卷續集一卷　（元）趙孟頫撰　清光緒八年(1882)洞庭楊氏刻本　四冊

320000-1646-0006131　701195

清容居士集五十卷札記一卷　（元）袁桷撰　清道光刻本　十五冊

320000-1646-0006132　701196

清河集七卷附錄一卷　（元）元明善撰　繆荃孫輯　清光緒二十一年(1895)刻本　二冊

320000-1646-0006133　701197

陳定宇先生文集十七卷　（元）陳櫟撰　（清）陳嘉基訂　清康熙三十五年(1696)珠谿德馨堂刻本　八冊

320000-1646-0006134　701198

雁門集六卷附一卷　（元）薩都剌撰　清宣統元年(1909)鉛印本　四冊

320000-1646-0006135　701199

新喻梁石門先生集十卷首一卷末一卷　（明）梁寅撰　清光緒十五年(1889)鍾體志刻本　五冊　存十卷(一至九、首一卷)

320000-1646-0006136　701201

余忠宣公文集六卷　（元）余闕撰　（明）郭奎纂集　清同治六年(1867)刻本　二冊

320000-1646-0006137　701202

梅道人遺墨一卷　（元）吳鎮撰　清光緒二年(1876)仁和葛氏刻本　一冊

320000-1646-0006138　701205

梧溪集七卷補遺一卷雜錄一卷　（元）王逢撰　清同治十三年(1874)思補樓木活字印本　八冊

320000-1646-0006139　701206

九靈山房集三十卷補編二卷　（元）戴良撰　清乾隆三十七年(1772)戴氏刻本　四冊　存十八卷(十五至三十、補編二卷)

320000-1646-0006140　701207

栖碧先生黃楊集三卷　（元）華幼武撰　清同治十二年(1873)詒穀堂刻本　二冊

320000-1646-0006141　701208

黃楊集三卷補遺一卷坿錄一卷　（元）華幼武撰　清同治十三年(1874)木活字印本　二冊

320000-1646-0006142　701210

清閟閣全集十二卷　（元）倪瓚撰　（清）曹培廉校　清康熙城書室刻本　二冊　存六卷(四至九)

320000-1646-0006143　701211

鐵崖詩集三種二十七卷首一卷　（元）楊維禎撰　（清）樓卜瀍注　清光緒十四年(1888)樓氏崇德堂刻本　六冊

320000－1646－0006144　701212

宋學士全集三十二卷坿録一卷　（明）宋濂撰　清康熙四十八年(1709)南陽彭始摶刻本　三十二冊

320000－1646－0006145　701213

太師誠意伯劉文成公集二十卷首一卷　（明）劉基撰　清乾隆十一年(1746)劉元奇刻本　十二冊　存十九卷(一至十九)

320000－1646－0006146　701216

始豐稾十四卷補遺一卷附録一卷　（明）徐一夔撰　清光緒二十年(1894)錢塘丁氏嘉惠堂刻本　四冊

320000－1646－0006147　701217

藍山詩集六卷　（明）藍仁撰　清刻本　二冊

320000－1646－0006148　701218

高季迪先生大全集十八卷　（明）高啓撰　清長洲許氏竹素園刻本　六冊

320000－1646－0006149　701219

高季迪先生大全集十八卷　（明）高啓撰　清長洲許氏竹素園刻本　三冊　存十四卷(一至十四)

320000－1646－0006150　701220

高季迪先生大全集十八卷　（明）高啓撰　清長洲許氏竹素園刻本　三冊

320000－1646－0006151　701223

方正學先生遜志齋集二十四卷拾補一卷外紀一卷校勘記一卷　（明）方孝儒撰　清同治十二年(1873)孫憙刻本　十六冊

320000－1646－0006152　701224

解學士詩集一卷　（明）解縉撰　清光緒武林寶文堂錢氏刻本　一冊

320000－1646－0006153　701225

野古集五卷　（明）龔詡撰　清道光元年(1821)貽安堂刻本　二冊

320000－1646－0006154　701226

野古集五卷　（明）龔詡撰　清道光元年(1821)貽安堂刻本　二冊

320000－1646－0006155　701229

況太守集十六卷補遺一卷　（明）況鍾撰　（清）況廷秀纂輯　清道光二十九年(1849)刻本(卷四至九配復印本)　四冊

320000－1646－0006156　501979

金剛經讀本注解二卷　（後秦）釋鳩摩羅什譯　題（清）僛游翁集英等注　清同治七年(1868)上海文瑞樓書局石印本　一冊

320000－1646－0006157　501980

金剛般若波羅密經宗通九卷　（後秦）釋鳩摩羅什譯　（宋）釋子璿記　（明）曾鳳儀撰　清光緒十一年(1885)金陵刻經處刻本　二冊

320000－1646－0006158　701232

雨谿文集二十四卷　（明）劉球撰　清宣統二年(1910)守政書局木活字印本　四冊

320000－1646－0006159　701233

薛文清集二十四卷　（明）薛瑄撰　清雍正十二年(1734)薛氏刻本　十二冊

320000－1646－0006160　701234

白沙子全集六卷首一卷　（明）陳獻章撰　（清）何九疇重編　清康熙四十九年(1710)理堂刻本　六冊

320000－1646－0006161　701235

白沙子全集十卷首一卷附録一卷古詩教解二卷　（明）陳獻章撰　清乾隆三十六年(1771)碧玉樓刻本　十冊

320000－1646－0006162　701236

謙齋文録八卷　（明）徐溥撰　清道光十一年(1831)刻本　一冊　存二卷(一至二)

320000－1646－0006163　701237

丘文莊公集十卷　（明）丘濬撰　（清）賈棠編次　清康熙四十七年(1708)刻本　二冊　存八卷(一至八)

320000－1646－0006164　701238

丘文莊公集十卷　（明）丘濬撰　（清）賈棠編次　清康熙四十七年(1708)刻本　四冊　存八卷(一至八)

320000－1646－0006165　701239

懷麓堂集一百卷　（明）李東陽撰　清乾隆刻本　一冊　存八卷(文集二十三至三十)

320000－1646－0006166　701240

王文恪公集三十六卷　（明）王鏊撰　白杜詩草一卷鵑音一卷　（明）王禹聲撰　清刻本　十冊　存三十六卷(王文恪公集一至二、五至三十六，白杜詩草一卷，鵑音一卷)

320000－1646－0006167　701244

枝山文集四卷　（明）祝允明撰　清同治十三年(1874)祝氏刻本　二冊

320000－1646－0006168　701245

李空同詩集三十三卷附錄一卷　（明）李夢陽撰　清宣統二年(1910)掃葉山房石印本　十冊

320000－1646－0006169　701246

張龍湖先生文集十五卷　（明）張治撰　（清）彭思耷編　清雍正四年(1726)墨香閣刻本　三冊　存十一卷(一至二、七至十五)

320000－1646－0006170　701247

華泉先生集選四卷　（明）邊貢撰　（明）王士禛選　清乾隆刻本　二冊

320000－1646－0006171　701248

六如居士詩文集七卷補遺一卷花卷聯吟四卷書譜三卷制義一卷外集一卷　（明）唐寅撰　清嘉慶六年(1801)果克山房刻本　四冊

320000－1646－0006172　701249

節本王陽明集十三卷首一卷　（明）王守仁撰　清光緒三十二年(1906)教育圖書館鉛印本　五冊　存十卷(一至五、八至十一，首一卷)

320000－1646－0006173　701250

青湖文集十四卷首一卷末一卷　（明）汪應軫撰　清同治十三年(1874)廣州刻本　六冊

320000－1646－0006174　701251

何大復先生集三十八卷附錄一卷　（明）何景明撰　清乾隆刻本　二冊　存十卷(九至十八)

320000－1646－0006175　701252

鈐山堂集四十卷　（明）嚴嵩撰　清嚴氏祠堂刻本　十冊

320000－1646－0006176　701254

新刻張太岳先生文集四十七卷　（明）張居正撰　清刻本　十六冊

320000－1646－0006177　701255

楊忠愍公全集四卷　（明）楊繼盛撰　（清）章鈺輯　清道光八年(1828)渝州於氏刻本　四冊

320000－1646－0006178　701256

楊忠愍公全集五卷首一卷末一卷　（明）楊繼盛撰　清同治十一年(1872)退補齋刻本　三冊

320000－1646－0006179　701257

楊忠愍公遺書一卷　（明）楊繼盛撰　清光緒二十四年(1898)湘西陳氏澹園刻本　一冊

320000－1646－0006180　701258

楊忠愍公遺書一卷　（明）楊繼盛撰　清光緒二十四年(1898)湘西陳氏澹園刻本　一冊

320000－1646－0006181　701260

弇州山人詩集五十二卷目錄八卷　（明）王世貞撰　清光緒三十三年(1907)渭南嚴氏刻本　十四冊

320000－1646－0006182　701261

震川先生集三十卷別集十卷附錄一卷　（明）歸有光撰　清光緒元年(1875)常熟歸氏刻本　十二冊

320000－1646－0006183　701263

歸震川書牘一卷　（明）歸有光撰　清宣統三年(1911)商務印書館鉛印本　二冊

320000－1646－0006184　701267

青籐書屋文集三十卷補遺一卷　（明）徐渭撰　（明）袁宏道編　清宣統三年(1911)石印本

八册　缺一卷(補遺一卷)

320000－1646－0006185　701274

荆川文集十八卷　(明)唐順之撰　清康熙五十一年(1712)二南堂刻本　八册

320000－1646－0006186　701275

重刊校正唐荆川先生文集十二卷新刊外集三卷附錄一卷補遺五卷　(明)唐順之撰　清光緒三十年(1904)江南書局刻本　十册

320000－1646－0006187　701278

龍田存筆二卷附錄一卷　(明)周照撰　清乾隆十二年(1747)溯濂堂刻本　一册

320000－1646－0006188　701279

王龍谿先生全集二十卷　(明)王畿撰　清道光二年(1822)莫晉刻本　十册

320000－1646－0006189　701285

王遵巖先生文集四十二卷　(明)王慎中撰　(清)李先塽　(清)李先型編　清康熙五十年(1711)刻本　十册

320000－1646－0006190　701287

呂新吾先生去僞齋文集十卷　(明)呂坤撰　清光緒十五年(1889)刻本　十册

320000－1646－0006191　701288

松石齋文集二十五卷松石齋詩集六卷趙文毅公奏疏五卷附錄一卷　(明)趙用賢撰　清光緒二十八年(1902)刻本　十册

320000－1646－0006192　701289

漱玉齋類詩三卷　(明)鄧雲霄撰　明天啟刻本　一册　存一卷(漱玉齋類詩上)

320000－1646－0006193　701290

華豫菴先生集不分卷　(明)華啟直撰　清宣統三年(1911)存裕堂刻本　二册

320000－1646－0006194　701292

孫宗伯集十卷　(明)孫繼皋撰　清光緒十八年(1892)鼎元堂木活字印本　十二册　缺三卷(原缺四至六)

320000－1646－0006195　701294

瓶花齋集十卷　(明)袁宏道撰　清宣統三年(1911)石印本　四册

320000－1646－0006196　701295

袁中郎狂言二卷　(明)袁宏道撰　明萬曆繡水周氏刻本　一册　存一卷(一)

320000－1646－0006197　701296

熊襄愍公集十卷首一卷末一卷　(明)熊廷弼撰　清嘉慶十八年(1813)退補齋刻本　十册

320000－1646－0006198　701297

熊襄愍公集十卷首一卷末一卷　(明)熊廷弼撰　清同治三年(1864)刻本　九册　存十一卷(一至十、首一卷)

320000－1646－0006199　701298

增訂徐文定公集六卷首二卷　(明)徐光啟撰　清宣統元年(1909)上海慈母堂鉛印本　四册

320000－1646－0006200　701299

高宗憲公詩集八卷　(明)高攀龍撰　清同治十二年(1873)木活字印本　一册

320000－1646－0006201　701301

鹿忠節公集二十一卷　(明)鹿善繼撰　清同治五年(1866)刻本　五册　存十八卷(四至二十一)

320000－1646－0006202　701302

楊忠烈公文集五卷　(明)楊漣撰　清宣統三年(1911)文盛書局石印本　五册

320000－1646－0006203　701304

落落齋遺集十卷附錄一卷　(明)李應昇撰　清光緒二十二年(1896)盛氏刻本　八册

320000－1646－0006204　701305

浮槎閣集十七卷附錄二卷　(明)鄢鳴雷撰　清光緒二十三年(1897)環江書屋木活字印本　六册

320000－1646－0006205　701307

從野堂存稿八卷補遺一卷附錄一卷　(明)繆昌期撰　文貞公[繆昌期]年譜一卷　(清)繆之鎔輯　清光緒二十二年(1896)刻本　八册

320000－1646－0006206　701308

從野堂存稿八卷補遺一卷附錄一卷　（明）繆昌期撰　文貞公[繆昌期]年譜一卷　（清）繆之鎔輯　清光緒二十二年(1896)刻朱印本　四冊

320000－1646－0006207　701309

重刻天傭子全集十卷首一卷末一卷　（明）艾南英撰　清道光十六年(1836)艾舟刻本　十冊

320000－1646－0006208　701312

周忠介公燼餘集三卷　（明）周順昌撰　周吏部[順昌]年譜一卷　（明）殷獻臣編　忠介遺事一卷　清光緒二十九年(1903)唐文治等刻本　二冊

320000－1646－0006209　701313

周忠介公燼餘集三卷　（明）周順昌撰　周吏部[順昌]年譜一卷　（明）殷獻臣編　忠介遺事一卷　清光緒二十九年(1903)唐文治等刻本　二冊

320000－1646－0006210　701314

周忠介公燼餘集三卷　（明）周順昌撰　周吏部[順昌]年譜一卷　（明）殷獻臣編　忠介遺事一卷　清光緒二十九年(1903)唐文治等刻本　二冊

320000－1646－0006211　701315

高陽集二十卷　（明）孫承宗撰　清順治十二年(1655)刻嘉慶十二年(1807)補刻本　十三冊　缺五卷(一至五)

320000－1646－0006212　701316

汲古堂集二十八卷　（明）何白撰　清道光十六年(1836)董登瀛刻本　十冊

320000－1646－0006213　701319

疑雨集四卷　（明）王彥泓著　清宣統二年(1910)石印本　一冊

320000－1646－0006214　701322

紫栢老人集二十九卷首一卷　（明）釋真可撰　清光緒刻本　十冊

320000－1646－0006215　701323

黃石齋先生文集十三卷　（明）黃道周撰　（清）鄭玫編　清康熙五十三年(1714)刻本　六冊

320000－1646－0006216　701326

祁忠惠公遺集十卷　（明）祁彪佳撰　清道光十五年(1835)刻本　六冊

320000－1646－0006217　701327

嶠雅二卷　（明）鄺露撰　清末石印本　二冊

320000－1646－0006218　701328

方孩未先生集十六卷　（明）方震孺撰　清同治七年(1868)樹德堂刻本　六冊

320000－1646－0006219　701330

金忠節公文集八卷首一卷　（明）金聲撰　清光緒十四年(1888)黟邑李氏刻本　四冊

320000－1646－0006220　701332

悟秋草堂詩集十卷　（明）顧杲撰　清光緒元年(1875)木活字印本　二冊

320000－1646－0006221　701335

明大司馬盧公集十三卷　（明）盧象昇撰　清光緒元年(1875)施惠刻本　八冊

320000－1646－0006222　701336

瞿忠宣公集十卷　（明）瞿式耜撰　清道光蔣因培等刻本　六冊

320000－1646－0006223　701341

陳忠裕全集三十卷首一卷末一卷　（明）陳子龍撰　清嘉慶刻本　十冊

320000－1646－0006224　701342

陳臥子先生安雅堂稿十五卷　（明）陳子龍撰　清宣統元年(1909)時中書局鉛印本　六冊

320000－1646－0006225　701343

陳臥子先生安雅堂稿十五卷　（明）陳子龍撰　清宣統元年(1909)時中書局鉛印本　六冊

320000－1646－0006226　701344

堵文忠公集十卷[堵允錫]年譜一卷附錄一卷　（明）堵允錫撰　清光緒十三年(1887)刻本　五冊　缺一卷(附錄一卷)

320000－1646－0006227　701345
張忠敏公遺集十卷首一卷附錄六卷　（明）張國維撰　清光緒五年(1879)江蘇書局刻本　六冊

320000－1646－0006228　701347
蔡忠烈公遺集六卷　（明）蔡道憲撰　清道光二十六年(1846)刻本　六冊

320000－1646－0006229　701348
蔡忠烈公遺集六卷　（明）蔡道憲撰　清道光二十六年(1846)刻本　五冊　缺一卷(五)

320000－1646－0006230　701351
宮詹司馬張公別山遺詩一卷　（明）張同敞撰　（清）孔自來訂選　素風堂彙編瞿張兩先生浩氣吟一卷　（明）瞿式耜　（明）張同敞撰　清光緒二十七年(1901)荊州刻本　一冊

320000－1646－0006231　701353
張蒼水集二卷附錄一卷　（明）張煌言撰　清光緒鉛印本　二冊

320000－1646－0006232　701357
辛齋遺稿二十卷　（明）陸嘉淑撰　（清）蔣光煦等編　清道光十三年(1833)刻本　八冊

320000－1646－0006233　701358
延平二王遺集一卷　（明）鄭成功　（明）鄭經撰　清抄本　一冊

320000－1646－0006234　701359
牧齋初學集詩註二十卷　（清）錢謙益撰　（清）錢曾箋註　清乾隆春暉堂刻本　八冊

320000－1646－0006235　701360
牧齋有學集詩註十四卷　（清）錢謙益撰　（清）錢曾箋註　清乾隆春暉堂刻本　十四冊

320000－1646－0006236　701361
錢牧齋文鈔不分卷　（清）錢謙益撰　清宣統元年(1909)上海國學扶輪社鉛印本　四冊

320000－1646－0006237　701362
錢牧齋文鈔不分卷　（清）錢謙益撰　清宣統元年(1909)上海國學扶輪社鉛印本　四冊

320000－1646－0006238　701363
牧齋晚年家乘文一卷　（清）錢謙益撰　錢牧翁先生[謙益]年譜一卷　（清）彭城退士撰　清宣統三年(1911)上海國學扶輪社鉛印本　一冊

320000－1646－0006239　701365
牧齋集外詩一卷牧齋集外詩補一卷　（清）錢謙益撰　柳如是詩一卷　（清）柳如是撰　清光緒三十三年(1907)鉛印本　一冊

320000－1646－0006240　701366
牧齋集外詩一卷牧齋集外詩補一卷　（清）錢謙益撰　柳如是詩一卷　（清）柳如是撰　清光緒三十三年(1907)鉛印本　一冊

320000－1646－0006241　701367
投筆集一卷　（清）錢謙益撰　清刻本　一冊

320000－1646－0006242　701373
夏峰先生集十四卷補遺二卷首一卷　（清）孫奇逢撰　清道光二十五年(1845)大梁書院刻本　十二冊　缺二卷(十三至十四)

320000－1646－0006243　701375
默庵遺集八卷　（清）馮舒撰　清光緒二十六年(1900)翁之廉刻朱印本　一冊

320000－1646－0006244　701376
默庵遺集八卷　（清）馮舒撰　清光緒二十六年(1900)翁之廉刻朱印本　一冊

320000－1646－0006245　701380
梅村集四十卷　（清）吳偉業撰　清順治刻本　四冊　存二十卷(一至二十)

320000－1646－0006246　701381
梅村詩集箋注十八卷　（清）吳偉業撰　（清）吳翌鳳箋注　清嘉慶十九年(1814)滄浪吟榭刻本　八冊

320000－1646－0006247　701383
梅村詩集箋注十八卷　（清）吳偉業撰　（清）吳翌鳳箋注　清光緒十年(1884)湖北官書處刻本　八冊

320000－1646－0006248　701384
梅村詩集箋注十八卷　（清）吳偉業撰　（清）

吳翌鳳箋注　清光緒十年(1884)湖北官書處刻本　十二冊

320000－1646－0006249　701385

吳詩集覽二十卷吳詩談藪二卷　（清）吳偉業撰　（清）靳榮藩輯　清乾隆四十六年(1781)凌雲亭刻本　十二冊

320000－1646－0006250　701386

吳詩集覽二十卷吳詩談藪二卷　（清）吳偉業撰　（清）靳榮藩輯　清乾隆四十六年(1781)凌雲亭刻本　十六冊

320000－1646－0006251　701388

黃梨洲先生南雷文約四卷　（清）黃宗羲撰　清宣統二年(1910)石印本　一冊

320000－1646－0006252　701389

南雷文定前集十一卷後集四卷三集三卷四集四卷附錄一卷　（清）黃宗羲撰　清黃氏家塾耕餘樓刻本　八冊

320000－1646－0006253　701390

彭躬菴文鈔六卷　（清）彭士望撰　清道光十七年(1837)彭氏刻本　三冊

320000－1646－0006254　701391

九煙先生遺集六卷　（清）黃周星撰　清道光二十九年(1849)揚州寓館刻本　二冊

320000－1646－0006255　701392

陸桴亭先生文集五卷　（清）陸世儀撰　清康熙五十三年(1714)正誼堂刻本　五冊　缺一卷(三)

320000－1646－0006256　701393

桴亭先生文集六卷補遺一卷　（清）陸世儀撰　清光緒二十五年(1899)刻　四冊

320000－1646－0006257　701394

變雅堂文集八卷詩集十卷附錄二卷　（清）杜濬撰　清同治九年(1870)劉維禎刻本　四冊　存四卷(文集一至四)

320000－1646－0006258　701395

變雅堂遺集十八卷附錄二卷　（清）杜濬撰　清光緒二十年(1894)黃岡沈氏刻本　六冊

320000－1646－0006259　701396

樸巢詩選二卷　（清）冒襄撰　（清）張明弼等評選　清光緒二十年(1894)冒廣生刻本　二冊

320000－1646－0006260　701410

歸玄恭文續鈔七卷附錄一卷　（清）歸莊撰　清光緒三十四年(1908)國學保存會鉛印本　一冊

320000－1646－0006261　701411

確庵先生詩鈔八卷　（清）陳瑚撰　（清）葉裕仁編　清光緒二年(1876)合肥蒯德模安道書院刻本　二冊

320000－1646－0006262　701414

亭林詩文集十二卷　（清）顧炎武撰　清光緒上海文瑞樓石印本　四冊

320000－1646－0006263　701415

亭林詩集五卷　（清）顧炎武撰　清光緒二年(1876)湖南書局刻本　一冊

320000－1646－0006264　701416

顧亭林先生詩箋註十七卷　（清）顧炎武撰　（清）徐嘉輯　校補一卷　李詳　段朝端撰　清光緒二十三年(1897)徐氏味靜齋刻本　六冊

320000－1646－0006265　701417

顧亭林先生詩箋註十七卷　（清）顧炎武撰　（清）徐嘉輯　校補一卷　李詳　段朝端撰　清光緒二十三年(1897)徐氏味靜齋刻本　六冊

320000－1646－0006266　701418

顧亭林先生詩箋註十七卷　（清）顧炎武撰　（清）徐嘉輯　校補一卷　李詳　段朝端撰　清光緒二十三年(1897)徐氏味靜齋刻本　六冊　缺一卷(校補一卷)

320000－1646－0006267　701419

安雅堂未刻稿八卷　（清）宋琬撰　清乾隆三十一年(1766)宋氏刻本　八冊　缺二卷(四、八)

320000 – 1646 – 0006268　701420
邱邦士文集十八卷首一卷　（清）邱維屏撰
清光緒元年(1875)刻本　八冊

320000 – 1646 – 0006269　701421
定山堂遺書六十四卷　（清）龔鼎孳撰　清光緒九年(1883)聽彝書屋刻本　二十六冊

320000 – 1646 – 0006270　701422
定山堂古文小品二卷　（清）龔鼎孳撰　清宣統二年(1910)國學昌明社石印本　二冊

320000 – 1646 – 0006271　701423
定山堂詩集四十三卷詩餘四卷　（清）龔鼎孳撰　清康熙刻本　十八冊　缺九卷(詩集一、八至九、二十六至二十九,詩餘三至四)

320000 – 1646 – 0006272　701424
芝麓詩鈔三卷　（清）龔鼎孳撰　清康熙六年(1667)刻本　一冊

320000 – 1646 – 0006273　701425
兼濟堂文集二十四卷　（清）魏裔介撰　清康熙三十九年(1700)刻本　二十四冊

320000 – 1646 – 0006274　701426
兼濟堂文集選二十卷　（清）魏裔介撰　清康熙五十年(1711)福建漳州龍江書院刻本　十六冊

320000 – 1646 – 0006275　701427
寒松堂全集十二卷[魏象樞]年譜一卷　（清）魏象樞撰　清嘉慶十六年(1811)刻本　十二冊　缺一卷(三)

320000 – 1646 – 0006276　701428
街南文集二十卷補一卷續集七卷　（清）吳肅公撰　清味尘軒木活字印本　四冊　存八卷(十五至十八、續集一至四)

320000 – 1646 – 0006277　701433
壯悔堂文集十卷　（清）侯方域撰　（清）賈開宗等評點　清嘉慶十七年(1812)方氏刻本　四冊

320000 – 1646 – 0006278　701434
壯悔堂文集十卷遺稿一卷　（清）侯方域撰　（清）賈開宗等評點　清同治十二年(1873)紅杏山房刻本　六冊

320000 – 1646 – 0006279　701435
壯悔堂文集十卷遺稿一卷　（清）侯方域撰　（清）賈開宗等評點　清同治十二年(1873)紅杏山房刻本　六冊

320000 – 1646 – 0006280　701436
壯悔堂文集十卷遺稿一卷四憶堂詩集六卷詩集遺稿一卷　（清）侯方域撰　清宣統二年(1910)上海掃葉山房石印本　六冊

320000 – 1646 – 0006281　701438
東淘吳野人先生詩集十二卷　（清）吳嘉紀撰　清嘉慶十九年(1814)一草亭刻本　四冊

320000 – 1646 – 0006282　701441
春酒堂文集一卷　（清）周容撰　清宣統二年(1910)國學扶輪社鉛印本　一冊

320000 – 1646 – 0006283　701443
薑齋文集十卷　（清）王夫之撰　清同治四年(1865)金陵湘鄉曾氏刻本　二冊

320000 – 1646 – 0006284　701444
湘中草六卷　（清）湯傳楹撰　清康熙二十四年(1685)刻本　一冊

320000 – 1646 – 0006285　701447
魏叔子文集外編二十二卷　（清）魏禧撰　清光緒刻本　一冊　存一卷(八)

320000 – 1646 – 0006286　701449
堯峰文鈔四十卷　（清）汪琬撰　清宣統二年(1910)集成圖書公司石印本　八冊

320000 – 1646 – 0006287　701450
蓮龕集十六卷首一卷　（清）李來泰撰　（清）李盛泰輯　清雍正十三年(1735)刻本　五冊　缺三卷(十四至十六)

320000 – 1646 – 0006288　701451
湖海樓全集五十一卷　（清）陳維崧撰　清乾隆六十年(1795)刻本　三十冊

320000 – 1646 – 0006289　701452
湖海樓全集五十一卷　（清）陳維崧撰　清光

绪十八年(1892)弇山铎署刻本 十六册

320000-1646-0006290　701453
陈检讨集二十卷　（清）陈维崧撰　（清）程师恭注　清康熙三十二年(1693)刻本　四册

320000-1646-0006291　701454
湖海楼诗集八卷　（清）陈维崧撰　（清）叶方恒等选　清康熙二十八年(1689)患立堂刻本　二册

320000-1646-0006292　701456
思绮堂文集十卷　（清）章藻功撰　清康熙六十一年(1722)刻本　十册

320000-1646-0006293　701457
鸣鹤堂文集十卷　（清）任源祥撰　清光绪十五年(1889)刻本　二册

320000-1646-0006294　701458
金门稿六卷　（清）钱芳标撰　清康熙刻本　一册

320000-1646-0006295　701459
六是堂诗选一卷文稿略编一卷附录一卷　（清）顾如华撰　清光绪十八年(1892)汉川甑山书院刻本　一册

320000-1646-0006296　701460
汤子遗书十卷年谱一卷附录二卷　（清）汤斌撰　清康熙四十二年(1703)刻本　六册

320000-1646-0006297　701461
汤子遗书十卷首一卷续编二卷　（清）汤斌撰　清同治九年(1870)苏廷魁等刻本　十一册　缺二卷(一至二)

320000-1646-0006298　701462
汤子遗书节要八卷　（清）汤斌撰　（清）彭定求编辑　清道光八年(1828)休阳程芝云刻本　二册

320000-1646-0006299　701463
潜庵文正公家书　（清）汤斌撰　清乾隆十七年(1752)贻安堂刻本　一册

320000-1646-0006300　701464
苇间诗集五卷　（清）姜宸英撰　（清）唐执玉

编辑　清道光四年(1824)叶元墀刻本　四册

320000-1646-0006301　701465
曝书亭集八十卷附录一卷　（清）朱彝尊撰　清光绪十五年(1889)陶阆寒梅馆刻本　十六册

320000-1646-0006302　701466
曝书亭集八十卷附录一卷　（清）朱彝尊撰　清光绪十五年(1889)陶阆寒梅馆刻本　十六册

320000-1646-0006303　701467
曝书亭集八十卷附录一卷　（清）朱彝尊撰　清刻本　十二册

320000-1646-0006304　701468
曝书亭集笺注二十三卷　（清）朱彝尊撰　（清）孙银槎辑注　清嘉庆五年(1800)三有堂刻本　十六册　缺五卷(十八、二十至二十三)

320000-1646-0006305　701469
曝书亭集诗注二十二卷[朱彝尊]年谱一卷　（清）朱彝尊撰　（清）杨谦纂　清乾隆木山阁刻本　八册

320000-1646-0006306　701470
曝书亭集诗注二十二卷[朱彝尊]年谱一卷　（清）朱彝尊撰　（清）杨谦纂　清乾隆木山阁刻本　八册

320000-1646-0006307　701471
曝书亭诗录笺注十二卷　（清）朱彝尊撰　（清）江浩然笺注　清乾隆三十年(1765)惇裕堂刻本　六册

320000-1646-0006308　701472
曝书亭集外诗八卷　（清）朱彝尊撰　（清）冯登府编辑　清道光二年(1822)刻本　二册

320000-1646-0006309　701474
保素堂稿十卷　（清）钱金甫撰　清雍正九年(1731)刻本　二册

320000-1646-0006310　701475
丛碧山房诗初集十四卷　（清）庞垲撰　清康

熙十八年(1679)刻本　二冊　存六卷(一至六)

320000－1646－0006311　701476

三魚堂文集十二卷外集六卷附錄二卷　（清）陸隴其撰　清康熙四十年(1701)刻本　十冊

320000－1646－0006312　701477

三魚堂集四十三卷　（清）陸隴其撰　清同治七年(1868)武林薇署刻本　十一冊

320000－1646－0006313　701478

三魚堂文集十二卷附錄一卷外集六卷全集附錄一卷　（清）陸隴其撰　清康熙掃葉山房刻本　八冊

320000－1646－0006314　701479

三魚堂文集十二卷附錄一卷外集六卷全集附錄一卷膳言十二卷　（清）陸隴其撰　清掃葉山房石印本　六冊

320000－1646－0006315　701480

聊齋先生文集二卷　（清）蒲松齡撰　清宣統元年(1909)國學扶輪社鉛印本　二冊

320000－1646－0006316　701482

翁山詩外十九卷　（清）屈大均撰　清宣統二年(1910)國學扶輪社鉛印本　十一冊　缺二卷(五至六)

320000－1646－0006317　701483

道援堂詩集十二卷詞一卷　（清）屈大均撰　清嘉慶刻本　六冊

320000－1646－0006318　701484

松桂堂全集三十七卷南淮集三卷延露詞三卷　（清）彭孫遹撰　清宣統三年(1911)掃葉山房石印本　十二冊

320000－1646－0006319　701485

南淮集三卷　（清）彭孫遹撰　清康熙三年(1664)刻本　一冊

320000－1646－0006320　701486

葉忠節公遺稿十二卷　（清）葉映榴撰　（清）葉芳輯錄　清宣統元年(1909)刻本　四冊

320000－1646－0006321　701487

憺園全集三十六卷　（清）徐乾學撰　清光緒九年(1883)鉏月唫館刻本　十二冊

320000－1646－0006322　701488

墨井集五卷　（清）吳歷撰　清宣統元年(1909)上海徐傢滙印書館鉛印本　一冊

320000－1646－0006323　701489

安序堂文鈔三十卷　（清）毛際可撰　清康熙二十八年(1689)刻本　十冊

320000－1646－0006324　701491

帶經堂集九十二卷　（清）王士禎撰　（清）程哲編　清乾隆十二年(1747)黃晟刻本　十八冊

320000－1646－0006325　701492

帶經堂集九十二卷　（清）王士禎撰　（清）程哲編　清乾隆十二年(1747)黃晟刻本　二十二冊　缺七卷(詩集一至三、文集十一至十四)

320000－1646－0006326　701493

漁洋山人詩集二十二卷　（清）王士禎撰　清康熙刻本　五冊

320000－1646－0006327　701495

漁洋山人精華錄訓纂十卷　（清）王士禎撰　（清）惠棟編　清康熙惠氏紅豆齋刻本　十二冊

320000－1646－0006328　701496

漁洋山人精華錄訓纂十卷　（清）王士禎撰　（清）惠棟編　清康熙惠氏紅豆齋刻本　十二冊

320000－1646－0006329　701498

虛直軒文集十卷外集三卷首一卷　（清）姚文然撰　清光緒津河廣仁堂刻本　六冊

320000－1646－0006330　701499

抱經齋詩集十四卷文集六卷焚餘草一卷　（清）徐嘉炎撰　（清）徐肇森撰　清康熙三十八年(1699)刻本　六冊

320000－1646－0006331　701500

清溪草堂文二卷首一卷　（清）蔣錫震撰

（清）任光奇校訂　清光緒十年(1884)太倉張文藝齋刻本　一冊

320000－1646－0006332　701501

繡虎軒尺牘八卷　（清）曹煜撰　清康熙十七年(1678)傳萬堂刻本　二冊　存四卷(五至八)

320000－1646－0006333　701510

古歡堂詩集十五卷　（清）田雯撰　清康熙刻本　三冊

320000－1646－0006334　701511

邵子湘全集三十卷　（清）邵長蘅撰　清光緒二十二年(1896)刻本　十二冊

320000－1646－0006335　701512

邵子湘全集三十卷　（清）邵長蘅撰　清光緒二十二年(1896)刻本　十二冊

320000－1646－0006336　701513

邵子湘全集三十卷　（清）邵長蘅撰　清康熙二十二年(1683)刻本　十一冊　缺三卷(青門賸稿六至八)

320000－1646－0006337　701516

篤素堂文集十六卷　（清）張英撰　清乾隆刻本　五冊

320000－1646－0006338　701517

篤素堂文集十六卷　（清）張英撰　清乾隆刻本　二冊　存四卷(一至四)

320000－1646－0006339　701518

存誠堂詩集二十五卷篤素堂詩集七卷文集十六卷　（清）張英撰　清光緒二十三年(1897)桐城張氏刻本　十四冊　缺四卷(篤素堂詩集四至七)

320000－1646－0006340　701519

浮園詩集一卷　（清）朱慎撰　清康熙刻本　一冊

320000－1646－0006341　701520

文陵文鈔十六卷　（清）雷士俊撰　清刻本　一冊　存二卷(十五至十六)

320000－1646－0006342　701521

北廬詩鈔二卷　（清）陸毅撰　清乾隆貴巳堂刻本　二冊

320000－1646－0006343　701524

定峰文選二卷　（清）沙張白撰　（清）王家枚輯　清光緒二十四年(1898)江陰王氏重思齋刻本　二冊

320000－1646－0006344　701525

定峰文選二卷　（清）沙張白撰　（清）王家枚輯　清光緒二十四年(1898)江陰王氏重思齋刻本　二冊

320000－1646－0006345　701526

定峰文選二卷　（清）沙張白撰　（清）王家枚輯　清光緒二十四年(1898)江陰王氏重思齋刻本　二冊

320000－1646－0006346　701527

定峰樂府十卷諸公論樂府書一卷定律軼詩一卷　（清）沙張白撰　清光緒二十四年(1898)刻本　二冊

320000－1646－0006347　701528

定峰樂府十卷諸公論樂府書一卷定律軼詩一卷　（清）沙張白撰　清光緒二十四年(1898)刻本　二冊

320000－1646－0006348　701529

定峰樂府十卷諸公論樂府書一卷定律軼詩一卷　（清）沙張白撰　清光緒二十四年(1898)刻本　二冊

320000－1646－0006349　701530

北墅緒言五卷　（清）陸次雲撰　清康熙二十二年(1683)宛羽齋刻本　二冊

320000－1646－0006350　701531

臨野堂集詩集十三卷詩餘二卷　（清）鈕琇撰　清康熙刻本　一冊　存八卷(臨野堂集詩集八至十三、詩餘二卷)

320000－1646－0006351　701532

午亭文編五十卷　（清）陳廷敬撰　（清）林佶輯錄　清乾隆四十三年(1778)刻本　十六冊

320000－1646－0006352　701533

溉堂集二十八卷 （清）孫枝蔚撰 清康熙刻本 四冊 存十八卷（前集五至九、續集六卷、文集五卷、詩餘二卷）

320000－1646－0006353　701543

遂初堂別集四卷 （清）潘耒撰 清康熙四十九年(1710)刻本 二冊 存三卷（一至三）

320000－1646－0006354　701546

有懷堂文稿二十二卷詩稿六卷 （清）韓菼撰 清康熙四十二年(1703)刻本 十冊

320000－1646－0006355　701547

有懷堂文稿二十二卷詩稿六卷 （清）韓菼撰 清康熙四十二年(1703)刻本 八冊 缺六卷（詩稿六卷）

320000－1646－0006356　701548

受祺堂文集四卷續集四卷 （清）李因篤撰 清道光十年(1830)關中書院刻本 八冊

320000－1646－0006357　701552

直廬集一卷 （清）喬萊撰 清康熙刻本 一冊

320000－1646－0006358　701553

文貞公集十二卷 （清）張玉書撰 **年譜一卷** 丁傳靖輯 清光緒二十七年(1901)木活字印本 八冊 缺五卷（一、三、七、九、十一）

320000－1646－0006359　701554

居業堂文集二十卷首一卷 （清）王源撰 清光緒十一年(1885)刻本 四冊

320000－1646－0006360　701555

居業堂文集二十卷首一卷 （清）王源撰 清光緒十一年(1885)刻本 四冊

320000－1646－0006361　701556

振經堂彙編詩最一卷 （清）孔尚任撰 （清）倪永清選 清抄本 一冊

320000－1646－0006362　701557

正誼堂文集四十卷 （清）張伯行撰 清康熙刻本 十二冊 存二十五卷（十六至四十）

320000－1646－0006363　701558

善卷堂四六十卷 （清）陸繁弨撰 （清）吳自高注 清乾隆三十五年(1770)刻本 六冊

320000－1646－0006364　701559

善卷堂四六十卷 （清）陸繁弨撰 （清）吳自高注 清乾隆三十五年(1770)刻本 六冊

320000－1646－0006365　701560

遂寧張文端公全集七卷首一卷 （清）張鵬翮撰 清光緒八年(1882)刻本 八冊

320000－1646－0006366　701561

徐烈婦詩鈔二卷吳絳雪年譜一卷 （清）吳宗愛撰 （清）俞樾等編 清光緒元年(1875)刻本 一冊

320000－1646－0006367　701563

南山集十四卷補遺三卷 （清）戴名世撰 清光緒二十八年(1902)刻本 八冊

320000－1646－0006368　701564

戴南山文鈔六卷 （清）戴名世撰 清宣統二年(1910)上海國學扶輪社鉛印本 三冊

320000－1646－0006369　701565

御製文初集四十卷二集五十卷三集五十卷 （清）聖祖玄燁撰 （清）張玉書等編 清康熙刻本 二十三冊 存八十九卷（初集總目一至五，文一至六、九至十八、二十至四十；二集文三至七、二十一至二十二、二十五至二十六、二十九至三十四、三十七至四十六；三集總目一至四，文九至十、十五至十六、三十一至三十二、三十七至三十八、四十一至五十）

320000－1646－0006370　701566

御製避暑山莊圖詠一卷 （清）聖祖玄燁撰 （清）揆敘等注 清末民國大同書局石印本 一冊

320000－1646－0006371　701567

匪莪堂文集四卷駢文一卷 （清）劉巖撰 清光緒二年(1876)復廬刻本 一冊

320000－1646－0006372　701568

自怡軒雜文二卷 （清）周夢顏撰 清咸豐七年(1857)琳瑯秘室鉛印本 一冊

320000－1646－0006373　701569

竹巖文集三卷 （清）阮文茂撰 清康熙刻本 三冊

320000－1646－0006374　701570

魏昭士文集十卷 （清）魏世俲撰 清光緒刻本 三冊

320000－1646－0006375　701576

魏敬士文集八卷 （清）魏世儼撰 清光緒刻本 三冊

320000－1646－0006376　701586

義門先生集十二卷家書四卷 （清）何焯撰 （清）韓崇等輯 清宣統元年(1909)廣州刻本 六冊

320000－1646－0006377　701587

飴山詩文集三十八卷 （清）趙執信撰 清乾隆三十九年(1774)因園刻本 十冊

320000－1646－0006378　701588

飴山詩集二十卷 （清）趙執信撰 清刻本 一冊 存十卷(十一至二十)

320000－1646－0006379　701590

道榮堂文集六卷首一卷 （清）陳鵬年撰 清乾隆二十七年(1762)刻本 十二冊

320000－1646－0006380　701591

桐埜詩集四卷 （清）周起渭撰 清咸豐二年(1852)世恩堂陳氏刻本 二冊

320000－1646－0006381　701592

朱文端公集四卷補四卷 （清）朱軾撰 清同治十二年(1873)古權齋刻本 三冊

320000－1646－0006382　701594

望溪先生文集十八卷集外文十卷補遺二卷[方苞]年譜二卷 （清）方苞撰 （清）戴鈞衡編校 清咸豐元年(1851)戴氏刻本 十四冊

320000－1646－0006383　701595

虛直堂文集二十四卷 （清）劉榛撰 （清）田蘭芳選 清康熙二十七年(1688)刻本 六冊

320000－1646－0006384　701596

白田草堂存稿二十四卷附錄二卷 （清）王懋竑撰 清乾隆二十七年(1762)刻本 六冊

320000－1646－0006385　701597

白田草堂存稿二十四卷附錄二卷 （清）王懋竑撰 清乾隆二十七年(1762)刻本 六冊

320000－1646－0006386　701598

牡丹百詠一卷 （清）蔣廷錫撰 清同治十三年(1874)刻本 一冊

320000－1646－0006387　701599

清芬樓遺稿四卷 （清）任啟運撰 清光緒十四年(1888)刻本 四冊

320000－1646－0006388　701600

秋影樓詩集九卷 （清）汪繹撰 清光緒二十三年(1897)鐵琴銅劍樓刻本 一冊

320000－1646－0006389　701601

秋影樓詩集九卷 （清）汪繹撰 清光緒二十三年(1897)鐵琴銅劍樓刻本 二冊

320000－1646－0006390　701602

澄懷園文存八卷 （清）張廷玉撰 清光緒十七年(1891)張氏刻本 五冊

320000－1646－0006391　701603

松筠小草 （清）侯承恩撰 清乾隆刻本 一冊 存三卷(五至七)

320000－1646－0006392　701605

穆堂初稿五十卷 （清）李紱撰 清乾隆二年(1737)無怒軒王恕刻本 十二冊

320000－1646－0006393　701606

延綠閣集十二卷 （清）華希閔撰 清光緒二十二年(1896)刻本 六冊

320000－1646－0006394　701607

延綠閣集十二卷 （清）華希閔撰 清光緒二十二年(1896)刻本 四冊 缺四卷(四至五、十一至十二)

320000－1646－0006395　701608

延綠閣集十二卷 （清）華希閔撰 清光緒二十二年(1896)刻本 六冊

320000－1646－0006396　701609

歸愚文鈔十二卷文續十二卷餘集七卷 （清）沈德潛撰 清乾隆刻本 十一冊

320000－1646－0006397　701610

歸愚文鈔十二卷文續十二卷餘集七卷　（清）沈德潛撰　清乾隆刻本　九冊　缺二卷(文續十一至十二)

320000－1646－0006398　701611

歸愚文續十二卷　（清）沈德潛撰　清乾隆刻本　二冊　存五卷(一至五)

320000－1646－0006399　701612

竹嘯軒詩鈔十八卷　（清）沈德潛撰　清乾隆教忠堂刻本　三冊

320000－1646－0006400　701613

歸愚詩鈔二十卷　（清）沈德潛撰　清康熙刻本　三冊

320000－1646－0006401　701614

歸愚詩鈔十四卷　（清）沈德潛撰　清乾隆二十三年(1758)刻本　四冊

320000－1646－0006402　701615

矢音集四卷　（清）沈德潛撰　清乾隆十八年(1753)刻本　一冊

320000－1646－0006403　701616

歸田集不分卷　（清）沈德潛撰　清乾隆刻本　一冊

320000－1646－0006404　701618

天鑒堂一集二卷首一卷　（清）沈近思撰　（清）朱珪訂　清光緒二十五年(1899)刻本　一冊

320000－1646－0006405　701619

退菴文集不分卷　（清）陶貞一撰　清刻本　一冊

320000－1646－0006406　701620

陶退菴文集二卷首一卷　（清）陶貞一撰　清光緒六年(1880)刻本　二冊

320000－1646－0006407　701623

柳南文鈔六卷詩鈔十卷　（清）王應奎撰　清刻本　四冊

320000－1646－0006408　701624

柳南詩鈔十卷　（清）王應奎撰　清刻本　二冊

320000－1646－0006409　701625

柳南詩鈔十卷　（清）王應奎撰　清刻本　二冊

320000－1646－0006410　701626

四焉齋文集八卷詩集六卷　（清）曹一士撰　**梯仙閣餘課一卷**　（清）陸鳳池撰　清宣統二年(1910)刻本　六冊

320000－1646－0006411　701627

四焉齋文集八卷詩集六卷　（清）曹一士撰　**梯仙閣餘課一卷**　（清）陸鳳池撰　清宣統二年(1910)刻本　二冊　存五卷(文集三至四、詩集一至三)

320000－1646－0006412　701628

二希堂文集十一卷首一卷　（清）蔡世遠撰　清乾隆四十八年(1783)刻本　四冊　缺五卷(一至五)

320000－1646－0006413　701629

翰村詩稿行卷六集　（清）仲昰保撰　（清）趙執信鑒定　清乾隆十九年(1754)因園趙氏刻本　一冊

320000－1646－0006414　701630

敬亭文稿九卷　（清）沈起元撰　清刻本　三冊　存五卷(二、六至九)

320000－1646－0006415　701632

香樹齋文集二十八卷文集續鈔五卷詩集十八卷詩續集三十六卷年譜三卷　（清）錢陳群撰　清光緒二十年(1894)刻本　二十六冊

320000－1646－0006416　701633

香樹齋詩續集十四卷　（清）錢陳群撰　清乾隆二十四年(1759)刻本　四冊

320000－1646－0006417　701635

健餘先生文集十卷　（清）尹會一撰　（清）王擊瑢編　清乾隆刻本　一冊　存四卷(一至四)

320000－1646－0006418　701636

樊榭山房全集　（清）厲鶚撰　清光緒十年

(1884)汪氏振綺堂刻本　十二册

320000-1646-0006419　701637

樊榭山房文集八卷　（清）厲鶚撰　清乾隆四十三年(1778)汪氏刻本　二册

320000-1646-0006420　701639

板橋詩鈔二卷　（清）鄭燮撰　清乾隆刻本　二册

320000-1646-0006421　701640

板橋題畫一卷家書一卷　（清）鄭燮撰　清乾隆刻本　一册

320000-1646-0006422　701641

硯林詩集四卷拾遺一卷印款一卷　（清）丁敬撰　清同治十年(1871)錢塘丁氏當歸草堂刻本　二册

320000-1646-0006423　701642

香屑集十八卷首一卷末一卷　（清）黃之雋集（清）陳邦直校注　清康熙遂初園刻本　四册

320000-1646-0006424　701643

香屑集十八卷首一卷末一卷　（清）黃之雋集（清）陳邦直校注　清宣統二年(1910)掃葉山房石印本　四册

320000-1646-0006425　701644

香屑集十八卷首一卷末一卷　（清）黃之雋集（清）陳邦直校注　清宣統二年(1910)上海文瑞樓石印本　四册

320000-1646-0006426　701645

香屑集十八卷首一卷末一卷　（清）黃之雋集（清）陳邦直校注　清宣統二年(1910)上海文瑞樓石印本　四册

320000-1646-0006427　701646

存研樓文集十六卷　（清）儲大文撰　（清）張耀先編校　清乾隆九年(1744)刻本　十二册

320000-1646-0006428　701647

雲海詩集一卷　（清）趙廷珂撰　清光緒九年(1883)木活字印本　一册

320000-1646-0006429　701648

石笥山房集二十四卷　（清）胡天游撰　清咸豐二年(1852)刻本　二十册

320000-1646-0006430　701649

石笥山房集二十四卷　（清）胡天游撰　清咸豐二年(1852)刻本　九册　缺四卷(詩集三至六)

320000-1646-0006431　701650

胡天游文集五卷補遺一卷　（清）胡天游撰　清宣統元年(1909)國學扶輪社鉛印本　四册

320000-1646-0006432　501981

金剛經直解一卷　（清）呂純陽撰　清光緒二十三年(1897)陽湖惲氏賜福堂刻本　一册

320000-1646-0006433　702322

慊齋詩鈔二卷文鈔一卷　（清）劉廷枚撰　清光緒十八年(1892)刻本　一册

320000-1646-0006434　702323

遲鴻軒詩棄四卷文棄二卷　（清）楊峴撰　清光緒十三年(1887)刻本　二册

320000-1646-0006435　702324

籀書内篇二卷外篇二卷續編四卷　（清）曹金籀纂　清同治九年(1870)刻本　四册

320000-1646-0006436　702325

籀書詩篇四卷詞集一卷　（清）曹金籀纂　清同治十二年(1873)名山堂刻本　二册

320000-1646-0006437　702326

農慶堂詩稿一卷　（清）袁蘭升撰　清末抄本　一册

320000-1646-0006438　702329

七經樓文鈔六卷　（清）蔣湘南撰　清道光二十七年(1847)刻本　四册

320000-1646-0006439　702330

七經樓文鈔六卷　（清）蔣湘南撰　清同治九年(1870)刻本　四册

320000-1646-0006440　702332

清抱居詩稿一卷後録一卷　（清）畢庭杰著　清光緒二十四年(1898)刻本　一册

320000－1646－0006441　702333

讀選樓詩稿十卷　（清）王采頻撰　清光緒二十年(1894)東河督署刻本　二冊

320000－1646－0006442　702335

梅花山館詩鈔不分卷　（清）徐光發著　清光緒三十一年(1905)鐵沙徐氏怡安堂石印本　二冊

320000－1646－0006443　702336

好雲樓初集二十八卷首一卷二集十六卷首一卷臨川答問一卷　（清）李聯琇撰　清咸豐十一年(1861)恩養堂刻光緒八年(1882)印本　十一冊　缺三卷(初集八至十)

320000－1646－0006444　702337

市隱書屋文稿十一卷詩稿五卷市隱卮言二卷　（清）亢樹滋撰　清同治六年(1867)刻本　四冊

320000－1646－0006445　702338

斸硯山房詩鈔八卷　（清）沈炳垣撰　清道光六年(1826)刻本　一冊

320000－1646－0006446　702339

天岳山館文鈔四十卷　（清）李元度撰　清光緒六年(1880)爽豀精舍刻本　二十冊

320000－1646－0006447　702340

賓萌集五卷外集四卷　（清）俞樾撰　清光緒刻春在堂全書本　三冊

320000－1646－0006448　702341

春在堂詩編十二卷詞錄三卷　（清）俞樾撰　清同治七年(1868)刻本　五冊

320000－1646－0006449　702342

曲園自述詩一卷補一卷　（清）俞樾撰　清光緒十五年(1889)刻春在堂全書本　一冊

320000－1646－0006450　702343

曲園自述詩一卷補一卷　（清）俞樾撰　清光緒十五年(1889)刻春在堂全書本　一冊

320000－1646－0006451　702344

春在堂襍文二卷續編五卷三編四卷四編八卷五編八卷六編十卷補遺六卷　（清）俞樾撰　清光緒刻本　十四冊　存十五卷(五編一至五、七至八,六編一至三、六至十)

320000－1646－0006452　702345

春在堂尺牘六卷　（清）俞樾撰　清光緒二十一年(1895)刻本　四冊

320000－1646－0006453　702346

春在堂尺牘六卷　（清）俞樾撰　清光緒刻春在堂全書本　一冊　存五卷(一至五)

320000－1646－0006454　702348

慧福樓幸草一卷附錄一卷　（清）俞繡孫撰　清光緒九年(1883)吳下刻本　一冊

320000－1646－0006455　702349

有恒心齋前集一卷文十一卷詩七卷駢體文六卷外集二卷　（清）程鴻詔撰　清同治十一年(1872)休寧吳文楷刻本　八冊　缺二卷(外集二卷)

320000－1646－0006456　702350

養拙齋詩十四卷附錄一卷　（清）王必達撰　桂隱詩存一卷　（清）王必蕃撰　清光緒二十年(1894)刻本　四冊

320000－1646－0006457　702351

倚雲樓古今體詩一卷試帖一卷詩餘一卷　（清）金其恕撰　清光緒七年(1881)金瀾刻本　一冊

320000－1646－0006458　702358

退菴詩稿三卷　（清）聞福增撰　清光緒三十二年(1906)素美軒刻本　二冊

320000－1646－0006459　702359

雲臥山莊詩集八卷首一卷末一卷　（清）郭崑燾撰　清光緒十一年(1885)岵瞻堂刻本　四冊

320000－1646－0006460　702360

玉笙樓詩錄十二卷詩續錄一卷　（清）沈壽榕撰　清光緒九年至十年(1883－1884)自刻本　七冊

320000－1646－0006461　702361

胠餘集四卷雜存一卷　（清）黃鐸撰　清宣統

三年(1911)鉛印本　二冊

320000-1646-0006462　702362

退補齋文存十二卷首一卷詩存十六卷首一卷　（清）胡鳳丹撰　清同治十二年(1873)鄂州退補齋刻本　八冊

320000-1646-0006463　702363

一鐙精舍甲部藁五卷　（清）何秋濤撰　清光緒五年(1879)淮南書局刻本　一冊

320000-1646-0006464　702364

小酉腴山館詩鈔二卷補錄一卷續鈔二卷詩鈔三編二卷四編二卷文鈔九卷集外文四卷福建票鹽志略一卷　（清）吳大廷撰　清同治三年(1864)杭州刻本　十冊

320000-1646-0006465　702365

王壯武公遺集二十四卷[王鑫]年譜二卷首一卷　（清）王鑫撰　清光緒十八年(1892)刻本　十二冊

320000-1646-0006466　702366

王壯武公遺集二十四卷[王鑫]年譜二卷首一卷　（清）王鑫撰　清光緒十八年(1892)刻本　二十冊　缺三卷(二至四)

320000-1646-0006467　702367

寶墨樓詩冊十卷　（清）蘇時學撰　清咸豐十一年(1861)寶墨樓刻本　一冊　存六卷(一至六)

320000-1646-0006468　702370

金粟山房古今體詩初集□□卷　（清）蔣一桂撰　清光緒刻本　一冊　存三卷(一至三)

320000-1646-0006469　702371

鶴沙雜詠一卷　清末刻本　一冊

320000-1646-0006470　702372

濂亭文集八卷　（清）張裕釗撰　清光緒八年(1882)查氏木漸齋刻本　二冊

320000-1646-0006471　702373

濂亭文集八卷　（清）張裕釗撰　清光緒八年(1882)查氏木漸齋刻本　二冊

320000-1646-0006472　702374

濂亭遺文五卷遺詩二卷　（清）張裕釗撰　清光緒二十一年(1895)遵義黎氏刻本　二冊

320000-1646-0006473　702376

寄鷗遊草十一卷　（清）任道鎔撰　清光緒十三年(1887)刻本　一冊

320000-1646-0006474　702377

汲庵文存六卷　（清）楊象濟撰　清光緒七年(1881)杭州刻本　四冊

320000-1646-0006475　702394

古紅梅閣集八卷坿錄一卷　（清）劉履芬撰　紫藤花館詩餘一卷　（清）劉觀藻撰　清光緒六年(1880)蘇州刻本　二冊

320000-1646-0006476　702381

覺峰賸藁四卷　（清）余祥鍾著　清同治七年(1868)刻本　一冊

320000-1646-0006477　702383

函樓詩鈔九卷因遇詩一卷詞鈔二卷　（清）易佩紳撰　清光緒八年(1882)刻本　三冊

320000-1646-0006478　702384

函樓文鈔九卷奏稿一卷制義一卷　（清）易佩紳著　清光緒二十年(1894)刻本　四冊

320000-1646-0006479　702385

傳忠堂學古文一卷　（清）周星譽撰　鷗堂賸藁一卷東鷗堂詞二卷　（清）周星譽撰　清光緒十二年(1886)江陰金氏刻粟香室叢書本　一冊

320000-1646-0006480　702386

鷗堂賸藁一卷東鷗草堂詞二卷　（清）周星譽撰　清光緒十二年(1886)江陰金氏刻粟香室叢書本　一冊

320000-1646-0006481　702387

海棠春曉樓唫草一卷詩草續刻一卷　（清）武淑儀撰　清光緒二十三年(1897)刻本　一冊

320000-1646-0006482　702388

龍岡山人詩鈔十五卷　（清）洪良品撰　清光緒五年(1879)刻本　六冊

320000-1646-0006483　702389

心潛書屋詩存一卷詞賸一卷 （清）陳亮疇撰 清光緒三十二年(1906)杭州刻本 一冊

320000-1646-0006484　702390

䒢菴退叟詩賸一卷 （清）耿蒼齡撰 清光緒三十年(1904)石印本 一冊

320000-1646-0006485　702392

謫麐堂遺集四卷補遺一卷 （清）戴望撰 清宣統三年(1911)上海國光印刷所鉛印本 一冊

320000-1646-0006486　702393

古紅梅閣集八卷坿錄一卷 （清）劉履芬撰 紫藤花館詩餘一卷 （清）劉觀藻撰 清光緒六年(1880)蘇州刻本 二冊

320000-1646-0006487　501983

金剛經直解一卷 （清）呂純陽撰 清光緒二十三年(1897)陽湖惲氏賜福堂刻本 一冊

320000-1646-0006488　702396

讀選樓詩稿十卷 （清）王采蘋撰 清光緒二十年(1894)東河督署刻本 一冊

320000-1646-0006489　702397

寫韻樓遺草一卷 （清）吳麗珍撰 竹韻樓詩鈔二卷琴趣一卷 （清）王淑撰 金海樓合稿二卷綠窗吟草女史題詞一卷 （清）王之孚（清）吳椀桃撰 綠筠軒詩草一卷 （清）梅芬撰 清末刻本 一冊

320000-1646-0006490　702398

舫廬文存四卷外集一卷餘集一卷 （清）張壽榮撰 清光緒九年(1883)蛟川張氏秋樹根齋刻本 四冊

320000-1646-0006491　702399

虛白室詩鈔十卷 （清）方昌翰撰 清光緒十三年(1887)皖城刻本 二冊

320000-1646-0006492　702400

存齋古文一卷 （清）黃懷孝撰 傳忠堂學古文一卷 （清）周星譽撰 清光緒十四年(1888)江陰金氏梧州刻本 一冊

320000-1646-0006493　702401

隨山館詩簡編四卷 （清）汪瑔撰 清光緒十七年(1891)刻本 二冊

320000-1646-0006494　702402

白香亭詩三卷 （清）鄧輔綸著 清光緒十九年(1893)東河督署刻本 二冊

320000-1646-0006495　702403

弢園文錄外編十二卷 （清）王韜撰 清光緒九年(1883)鉛印本 六冊

320000-1646-0006496　702404

弢園文錄外編十二卷 （清）王韜撰 清光緒九年(1883)鉛印本 五冊

320000-1646-0006497　702405

弢園尺牘十二卷續鈔六卷 （清）王韜撰 清光緒六年(1880)鉛印本(續鈔配光緒十五年鉛印本) 六冊

320000-1646-0006498　702406

弢園尺牘續鈔六卷 （清）王韜撰 清光緒十五年(1889)鉛印本 二冊

320000-1646-0006499　702533

青萍軒文錄二卷詩錄一卷 （清）薛福保撰 清光緒八年(1882)刻本 二冊

320000-1646-0006500　702408

弢園尺牘續鈔六卷 （清）王韜撰 清光緒十五年(1889)鉛印本 二冊

320000-1646-0006501　702409

弢園尺牘續鈔六卷 （清）王韜撰 清光緒十五年(1889)鉛印本 二冊

320000-1646-0006502　702412

息養廬文集十一卷 （清）徐錦華著 清光緒二十五年(1899)寶善堂刻本 一冊

320000-1646-0006503　702418

越縵堂駢體文四卷散體文一卷 （清）李慈銘著 （清）曾之撰編次 清光緒二十三年(1897)常熟曾氏虛霩居刻本 二冊

320000-1646-0006504　702419

越縵堂駢體文四卷散體文一卷 （清）李慈銘著 （清）曾之撰編次 清光緒二十三年

(1897)常熟曾氏虛霩居刻本　四冊

320000－1646－0006505　702420
白華絳柎閣詩集十卷　（清）李慈銘撰　清光緒十六年(1890)刻本　二冊

320000－1646－0006506　702534
青萍軒文錄二卷詩錄一卷　（清）薛福保撰　清光緒八年(1882)刻本　二冊

320000－1646－0006507　305383
理財攷鏡十卷　孫德全著　清宣統二年(1910)鉛印本　四冊

320000－1646－0006508　702426
寒松閣詩八卷詞四卷駢體文一卷續駢體文一卷　（清）張鳴珂撰　清光緒十年至三十年(1884－1904)刻本　四冊　缺一卷(寒松閣詩四)

320000－1646－0006509　702427
寒松閣詩不分卷　（清）張鳴珂撰　清光緒三十年(1904)石印本　一冊

320000－1646－0006510　702428
芸香館遺詩二卷　（清）那遜蘭保著　清同治十三年(1874)刻本　一冊

320000－1646－0006511　702429
縵雅堂駢體文八卷　（清）王詒壽著　清光緒六年(1880)娛園刻本　二冊

320000－1646－0006512　702430
蘇盦集十六卷　（清）楊葆光撰　清光緒九年(1883)杭州刻本　五冊

320000－1646－0006513　702431
傳樸堂詩稿四卷補遺一卷　（清）葛金烺著　弢華館詩稿一卷　（清）葛嗣溁著　清光緒二十一年(1895)刻本　二冊

320000－1646－0006514　702442
退一步齋詩集十六卷文集四卷　（清）方濬師著　呂景端編校　清光緒三十年(1904)刻本　十冊

320000－1646－0006515　702443
王孟調明經西崑草一卷補錄一卷坿詞一卷　（清）王星誠撰　清末吳縣潘氏刻本　一冊

320000－1646－0006516　702444
食古齋詩錄四卷詩餘一卷文錄一卷　（清）柳以蕃撰　清光緒十九年(1893)刻本　二冊

320000－1646－0006517　702445
食古齋詩錄四卷詩餘一卷文錄一卷　（清）柳以蕃撰　清光緒十九年(1893)刻本　三冊

320000－1646－0006518　702446
退思齋詩集二卷雜著一卷　（清）吳中彥著　清光緒聊城馬鎮刻本　一冊

320000－1646－0006519　702447
行素軒文存一卷詩存一卷　（清）華蘅芳撰　清末刻本　一冊

320000－1646－0006520　702449
谷盦燹賸一卷續集一卷補遺一卷　（清）張鴻猷著　清光緒二十年(1894)刻本　一冊

320000－1646－0006521　702450
翠螺閣詩稾三卷詞稾一卷　（清）凌祉媛撰　舞鏡集一卷　（清）丁丙撰　清咸豐四年(1854)武林倪廷蘭香谷刻本　一冊

320000－1646－0006522　702454
蘇鄰遺詩續集一卷　（清）李鴻裔撰　清光緒十七年(1891)李氏石印本　一冊

320000－1646－0006523　702456
悔初廬詩稿十一卷別集一卷明史雜詠二卷　（清）柴文杰著　清光緒二十一年(1895)刻本　四冊

320000－1646－0006524　702457
悔初廬詩稿十一卷別集一卷明史雜詠二卷　（清）柴文杰著　清光緒二十一年(1895)刻本　四冊

320000－1646－0006525　702458
雙桐書屋詩賸七卷　（清）李應莘著　清光緒十四年(1888)刻本　四冊

320000－1646－0006526　702463
璜豀遺詩一卷　（清）姜渭撰　清末刻本　一冊

320000－1646－0006527　702464

吟香室詩草二卷續刻一卷附刻一卷　（清）楊蘊輝撰　清光緒二十三年(1897)南海縣署刻本　二冊

320000－1646－0006528　702465

吟香室詩草二卷續刻一卷附刻一卷　（清）楊蘊輝撰　清光緒二十三年(1897)南海縣署刻本　二冊

320000－1646－0006529　702466

吟香室詩草二卷續刻一卷附刻一卷　（清）楊蘊輝撰　清光緒二十三年(1897)南海縣署刻本　二冊　存三卷(吟香室詩草二卷、附刻一卷)

320000－1646－0006530　702467

玉餘尺牘續編四卷　（清）莊士敏撰　清光緒十年(1884)吳門刻本　四冊

320000－1646－0006531　702468

儀顧堂集十六卷　（清）陸心源撰　清同治十三年(1874)福州刻本　六冊

320000－1646－0006532　702469

儀顧堂集十六卷　（清）陸心源撰　清同治十三年(1874)福州刻本　四冊

320000－1646－0006533　702470

儀顧堂集二十卷　（清）陸心源撰　清光緒二十四年(1898)刻本　六冊

320000－1646－0006534　702471

松夢寮詩稿六卷　（清）丁丙撰　清光緒二十五年(1899)刻本　二冊

320000－1646－0006535　702472

松夢寮詩稿六卷　（清）丁丙撰　清光緒二十五年(1899)刻本　二冊

320000－1646－0006536　702474

樂道堂文鈔五卷詩鈔十卷　（清）奕訢著　清同治六年(1867)刻本　八冊　缺七卷(詩鈔三、五至十)

320000－1646－0006537　702475

萃錦吟八卷　（清）奕訢著　清光緒十一年(1885)刻本　五冊

320000－1646－0006538　702476

聽香仙館詩鈔一卷詞鈔一卷　（清）許巨楫撰　清光緒二十年(1894)刻本　一冊

320000－1646－0006539　702477

雪青閣詩集四卷　（清）謝維藩撰　清光緒九年(1883)開封刻本　四冊

320000－1646－0006540　702478

茶磨山人詩鈔八卷　（清）汪芑著　清光緒十年(1884)刻本　四冊

320000－1646－0006541　702480

蒙廬詩存四卷外集一卷　（清）沈景脩撰　清光緒二十一年(1895)杭州刻本　一冊

320000－1646－0006542　702481

匏齋遺稿五卷　（清）李齡壽撰　清光緒二十二年(1896)五畝園刻本　二冊

320000－1646－0006543　702482

博約堂文鈔十卷瑞芝室家傳一卷望雲寄廬讀史記臆說五卷　（清）楊琪光著　清光緒十一年(1885)　六冊

320000－1646－0006544　702483

敬孚類藁十六卷　（清）蕭穆撰　清光緒三十二年(1906)刻本　四冊

320000－1646－0006545　702486

陶堂遺文一卷恂誦一卷　（清）高心夔著　清光緒刻本　一冊

320000－1646－0006546　702492

恥不逮齋集三卷補遺一卷首一卷附錄一卷　（清）熊其英撰　清光緒十六年(1890)蘇州五畝園刻本　四冊

320000－1646－0006547　502859

昭代名人尺牘續編六卷　題（清）抉隱主人輯　清宣統元年(1909)抉隱室石印本　六冊

320000－1646－0006548　702494

廣雅堂詩集不分卷　（清）張之洞撰　清末石印本　二冊

320000 – 1646 – 0006549　702495
廣雅堂詩集不分卷　（清）張之洞撰　清末石印本　二冊

320000 – 1646 – 0006550　702496
廣雅碎金四卷附錄一卷　（清）張之洞撰　清光緒二十三年(1897)刻本　二冊

320000 – 1646 – 0006551　702499
庸盦文別集六卷　（清）薛福成著　清光緒二十九年(1903)石印本　六冊

320000 – 1646 – 0006552　702500
庸盦文別集六卷　（清）薛福成著　清光緒二十九年(1903)石印本　六冊

320000 – 1646 – 0006553　702501
庸盦文別集六卷　（清）薛福成著　清光緒二十九年(1903)石印本　六冊

320000 – 1646 – 0006554　702504
傳紅寫翠室賸稿一刻一卷　（清）鄔銓撰　清光緒十年(1884)刻本　一冊

320000 – 1646 – 0006555　702507
拙尊園叢稿六卷　（清）黎庶昌撰　清光緒十九年(1893)李光明莊刻本　四冊

320000 – 1646 – 0006556　702508
拙尊園叢稿六卷　（清）黎庶昌撰　清光緒十九年(1893)李光明莊刻本　一冊

320000 – 1646 – 0006557　702509
扁善齋文存二卷　（清）鄧嘉緝撰　清光緒二十七年(1901)刻本　一冊　存一卷(上)

320000 – 1646 – 0006558　702511
怡雲堂詩集四卷　（清）王錫晉撰　清光緒九年(1883)長社署刻本　一冊

320000 – 1646 – 0006559　702512
鞠隱山莊遺詩一卷附錄一卷　（清）吳寶三撰　清光緒十八年(1892)鉛印本　一冊

320000 – 1646 – 0006560　702513
佩秋閣詩稾二卷詞稾一卷駢文稾一卷　（清）吳藻撰　清光緒元年(1875)刻本　一冊

320000 – 1646 – 0006561　702517
簺韻盦詩鈔六卷　（清）顧森書撰　清光緒三十二年(1906)刻本　二冊

320000 – 1646 – 0006562　702519
寄龕文存四卷　（清）孫德祖撰　清光緒十年(1884)刻本　四冊

320000 – 1646 – 0006563　702520
寄龕文存四卷　（清）孫德祖撰　清光緒刻本　一冊　存二卷(一至二)

320000 – 1646 – 0006564　702521
鴻城集三卷附錄一卷　（清）李超瓊撰　清光緒二十年(1894)刻石船居賸稾叢書本　一冊

320000 – 1646 – 0006565　702524
夢影盦遺集四卷詩補一卷玉京詞一卷　（清）嚴以盛撰　清宣統元年(1909)鉛印本　一冊

320000 – 1646 – 0006566　702525
夢影盦遺集四卷詩補一卷玉京詞一卷　（清）嚴以盛撰　清宣統元年(1909)鉛印本　一冊

320000 – 1646 – 0006567　702527
吳摯甫文集四卷吳摯甫詩集一卷　（清）吳汝綸撰　清宣統元年(1909)國學扶輪社石印本　六冊

320000 – 1646 – 0006568　702528
吳摯甫尺牘五卷補遺一卷諭兒書一卷　（清）吳汝綸撰　清宣統二年(1910)國學扶輪社石印本　十二冊

320000 – 1646 – 0006569　702529
吳摯甫尺牘五卷補遺一卷諭兒書一卷　（清）吳汝綸撰　清宣統二年(1910)國學扶輪社石印本　十二冊

320000 – 1646 – 0006570　702530
桐城吳先生尺牘七卷　（清）吳汝綸撰　清光緒二十九年(1903)吳氏刻本　三冊

320000 – 1646 – 0006571　702532
青萍軒文錄二卷詩錄一卷　（清）薛福保撰　清光緒八年(1882)刻本　二冊

320000 – 1646 – 0006572　501235

餘冬敘錄六十五卷 （明）何孟春著　清光緒六年(1880)守約齋刻本　十三冊

320000－1646－0006573　501985

金剛般若波羅密經句解易知二卷 （後秦）釋鳩摩羅什譯　（南朝梁）蕭統分章　（清）王澤泩注解　清光緒二年(1876)刻本　一冊

320000－1646－0006574　702537

簫雲書屋詩鈔六卷 （清）鍾景撰　清咸豐八年(1858)刻本　二冊

320000－1646－0006575　702539

玉通詩選二卷拾遺一卷蘋香遺詩一卷 （清）劉心珤著　清光緒二十七年(1901)木活字印本　一冊

320000－1646－0006576　702544

椒生詩草六卷續草三卷 （清）王之春著　清光緒十年(1884)上洋文藝齋刻本　三冊

320000－1646－0006577　702545

待輶集一卷且甌歌一卷 （清）石方洛著　清光緒三十年(1904)刻本　一冊

320000－1646－0006578　702546

寄影軒詩鈔六卷暗香疏影齋詞鈔一卷 （清）志潤撰　清光緒三十年(1904)上海新昌書局鉛印本　四冊　缺三卷(寄影軒詩鈔四至六)

320000－1646－0006579　702552

俞俞齋詩稿初集二卷文稿初集四卷 （清）史念祖撰　清光緒三十二年(1906)刻本　六冊

320000－1646－0006580　702553

霜傑齋詩二卷補遺一卷 （清）秦寶瓛撰　清光緒十二年(1886)刻本　一冊

320000－1646－0006581　702554

霜傑齋詩二卷補遺一卷 （清）秦寶瓛撰　清光緒十二年(1886)刻本　一冊　缺一卷(補遺一卷)

320000－1646－0006582　702557

漱青閣賦鈔一卷 （清）錢祿泰撰　清光緒九年(1883)刻本　一冊

320000－1646－0006583　702564

孤鸞吟一卷 （清）郭鍾岳著　清光緒六年(1880)刻本　一冊

320000－1646－0006584　702565

學圃詩槀不分卷詞賸 （清）鄭德璜撰　清光緒二十六年(1900)遺經樓刻本　一冊

320000－1646－0006585　501988

金剛經解義二卷心經解義一卷 （清）徐槐廷解義　清咸豐八年(1858)刻本　一冊

320000－1646－0006586　501990

金剛般若波羅密經講義一卷 （後秦）釋鳩摩羅什譯　（清）王何功纂輯　金剛經受持靈驗記一卷 （清）吳尚采編次　心經合參一卷 （清）王何功纂輯　清光緒二年(1876)化山傳燈寺刻本　一冊

320000－1646－0006587　702568

愛吾廬詩鈔六編 （清）張洵佳著　清宣統二年(1910)鉛印本　四冊

320000－1646－0006588　702569

璞齋集詩六卷詞一卷 （清）諸可寶撰　清光緒二十二年(1896)刻本(詩卷四配木活字印本、詞一卷配光緒十四年吳下黃氏流芳閣木活字印本)　一冊　缺二卷(詩五至六)

320000－1646－0006589　702571

曼盦詩稿四卷首一卷 （清）歐陽述撰　清光緒三十四年(1908)刻本　二冊

320000－1646－0006590　702572

湘麐閣遺詩四卷 （清）陶方琦撰　清光緒十六年(1890)湖北刻本　一冊

320000－1646－0006591　702573

天弢閣詩鈔四卷 （清）李寶翰著　清光緒十四年(1888)木活字印本　二冊

320000－1646－0006592　702574

佩弦齋尺牘一卷 （清）朱一新著　清宣統三年(1911)上海文明書局鉛印本　一冊

320000－1646－0006593　702575

菁莪軒詩稿六卷 （清）匡飛儀著　清光緒十五年(1889)上海珍藝書局鉛印本　二冊

320000－1646－0006594　305379

孔門師弟年表一卷孟子時事年表一卷孔門師弟年表後說一卷孟子時事年表後說一卷孔子世家補訂一卷孟子列傳纂一卷　（清）林春溥編　清嘉慶二十一年(1816)刻道光十四年(1834)侯官林春溥竹柏山房續刻本　一冊

320000－1646－0006595　305355

鐵雲藏陶一卷　（清）劉鶚輯　清光緒三十年(1904)丹徒劉鶚抱殘守缺齋石印本　四冊

320000－1646－0006596　702580

漸西村人初集詩十三卷安般簃集詩續十卷春闈雜詠一卷附錄一卷　（清）袁昶撰　清光緒二十年(1894)避舍蓋公堂刻本　六冊

320000－1646－0006597　702581

水明樓集一卷朝隱卮衍二卷　（清）袁昶撰　清宣統元年(1909)鉛印本　一冊

320000－1646－0006598　702582

誰園詩鈔六卷　（清）阮焱撰　清光緒十九年(1893)刻本　二冊

320000－1646－0006599　702584

寶笏樓詩集二卷　（清）徐敦穆撰　清宣統三年(1911)太倉俞少園刻本　一冊

320000－1646－0006600　702585

紅梅山館存稿一卷　（清）沈士綸撰　清光緒二十九年(1903)刻本　一冊

320000－1646－0006601　702586

韻香閣詩草一卷　（清）孔祥淑撰　清光緒十三年(1887)石印本　一冊

320000－1646－0006602　702591

人境廬詩草十一卷　（清）黃遵憲撰　清宣統三年(1911)鉛印本　四冊

320000－1646－0006603　702593

養自然齋詩鈔三卷　（清）鍾駿聲撰　清同治九年(1870)刻本　二冊

320000－1646－0006604　702594

幼林遺稿一卷　（清）蔣家騏撰　清光緒二十二年(1896)刻本　一冊

320000－1646－0006605　702597

南湖詩集十一卷　（清）張雲驤撰　清光緒十四年(1888)刻本　二冊

320000－1646－0006606　702598

崔翰林遺集二卷　（清）崔舜球撰　清光緒十四年(1888)刻本　一冊

320000－1646－0006607　703739

至治新刊全相平話三國志三卷　清末民國上海涵芬樓影印本　三冊

320000－1646－0006608　702603

槃薖文甲集三卷乙集二卷文別錄一卷　（清）湯紀尚撰　清光緒十八年(1892)刻本　三冊

320000－1646－0006609　702604

也儂詩草十卷　（清）王慶善撰　清光緒二十七年(1901)刻本　四冊

320000－1646－0006610　702614

范伯子詩集十九卷　（清）范當世撰　清光緒三十四年(1908)刻本　四冊

320000－1646－0006611　702618

劉葆真太史遺稿二卷　（清）劉可毅撰　清宣統二年(1910)刻本　一冊

320000－1646－0006612　702624

陸湖老漁行吟草一卷　（清）沈成章撰　清光緒二十五年(1899)富文書局石印本　一冊

320000－1646－0006613　702629

尊聞堂古今體詩十六卷　（清）胡兆春撰　清同治六年(1867)刻本　二冊

320000－1646－0006614　702630

汶民叢稿不分卷　（清）孫傳鳳撰　清光緒二十二年(1896)味經廬刻本　一冊

320000－1646－0006615　301409

鴻雪因緣圖不分卷　清刻本　一冊

320000－1646－0006616　702636

沈觀齋詩一卷　周樹模撰　清宣統二年(1910)龍江節署石印本　一冊

320000－1646－0006617　702638

圭盦詩録不分卷 （清）吳觀禮撰 清光緒五年(1879)賫齋刻本 二冊

320000－1646－0006618 702641

西湖櫂歌一卷 （清）陳祖昭撰 清光緒刻本 一冊

320000－1646－0006619 702642

孟和詩草二卷 （清）范鈞撰 清光緒十六年(1890)梁溪華氏文苑閣刻本 一冊

320000－1646－0006620 702643

孟和詩草二卷 （清）范鈞撰 清光緒十六年(1890)梁溪華氏文苑閣刻本 一冊

320000－1646－0006621 702644

孟和詩草二卷 （清）范鈞撰 清光緒十六年(1890)梁溪華氏文苑閣刻本 一冊

320000－1646－0006622 702645

水流雲在館詩詞不分卷 （清）周天麟書 清光緒十六年(1890)石印本 二冊

320000－1646－0006623 702647

艾廬遺槀六卷 （清）邵曾鑑撰 清光緒二十三年(1897)刻本 二冊

320000－1646－0006624 702648

鵬南文鈔十五卷首一卷末一卷 （清）胡嗣運撰 清光緒二十四年(1898)刻本 二冊 存五卷(一至二、五至七)

320000－1646－0006625 702649

銅劍堂存槀一卷斑箱唱和詩一卷 （清）王佑曾撰 清光緒二十八年(1902)刻本 一冊

320000－1646－0006626 702653

柿影樓詩稿不分卷 （清）顧錫汾撰 清光緒三十年(1904)鉛印本 一冊

320000－1646－0006627 702654

柿影樓詩稿不分卷 （清）顧錫汾撰 清光緒三十年(1904)鉛印本 一冊

320000－1646－0006628 703753

繡像繪圖西晉演義四卷繡像繪圖東晉演義八卷 （明）陳氏尺蠖齋評釋 清末民國上海進步書局石印本 六冊

320000－1646－0006629 702656

補籬遺稿八卷 （清）姚福均著 （清）王伊編次 清光緒三十一年(1905)木活字印本 二冊

320000－1646－0006630 702658

沈北山哀思録一卷 （清）王夢蘭編次 清宣統元年(1909)上海羣益印刷編輯局鉛印本 一冊

320000－1646－0006631 702319

郭侍郎奏疏十二卷養知書屋文集二十八卷養知書屋詩集十五卷 （清）郭嵩燾撰 清光緒十八年(1892)刻本 二十八冊

320000－1646－0006632 702660

瀏陽二傑文二卷 （清）唐才常撰 清末鉛印本 一冊 存一卷(二)

320000－1646－0006633 702661

養心光室詩槀八卷 （清）顧福仁撰 清光緒十四年(1888)刻本 二冊

320000－1646－0006634 702662

胡蝶詩三百六十首 （清）金文樑著 清光緒二十五年(1899)刻本 一冊

320000－1646－0006635 702663

曼殊沙館初集五卷 （清）程士經著 清光緒三十三年(1907)武昌程氏刻本 一冊

320000－1646－0006636 702664

董廬遺稿二卷 （清）王賓基撰 清宣統二年(1910)鉛印本 一冊

320000－1646－0006637 702665

養花軒詩集一卷 （清）徐官海撰 清宣統元年(1909)鉛印本 一冊

320000－1646－0006638 702666

梅庵詩草一卷 （清）釋續亮著 清宣統元年(1909)妙高寺覺幻刻本 一冊

320000－1646－0006639 702667

引玉編一卷 孫瑞撰 清宣統二年(1910)上海集成公司鉛印本 一冊

320000－1646－0006640 702672

寥天一閣文二卷 （清）譚嗣同撰 清光緒二十三年(1897)金陵刻東海褰冥氏三十以前舊學四種本 一冊

320000-1646-0006641 702674
朱強甫集三卷 （清）朱克柔撰 清光緒三十二年(1906)武昌心不滅齋刻本 一冊

320000-1646-0006642 702677
晚香館遺詩一卷 （清）陳菊貞著 （清）蔣宗城輯 清光緒吳縣蔣氏刻本 一冊

320000-1646-0006643 702678
蝸隱廬詩鈔二卷 （清）汪貢著 清宣統三年(1911)鉛印本 一冊

320000-1646-0006644 702679
蝸隱廬詩鈔二卷 （清）汪貢著 清宣統三年(1911)鉛印本 一冊

320000-1646-0006645 702681
小雅樓遺文二卷 （清）鄧方著 清末刻本 一冊

320000-1646-0006646 702689
滄江稿十四卷 （朝鮮）金澤榮著 清宣統三年(1911)江蘇通州翰墨林書局鉛印本 六冊

320000-1646-0006647 702692
湘綺樓全集三十卷 王闓運撰 清宣統二年(1910)上海國學扶輪社石印本 十二冊

320000-1646-0006648 702693
湘綺樓全集三十卷 王闓運撰 清宣統二年(1910)上海國學扶輪社石印本 三冊

320000-1646-0006649 702694
湘綺樓全集三十卷 王闓運撰 清宣統二年(1910)上海國學扶輪社石印本 十二冊

320000-1646-0006650 702695
湘綺樓全集三十卷 王闓運撰 （清）陳兆奎 （清）陳兆璇校刊 清光緒三十三年(1907)長沙劉氏刻本 二冊 存八卷(文集八卷)

320000-1646-0006651 702696
湘綺樓箋啟八卷 王闓運撰 清宣統三年(1911)上海國學扶輪社石印本 一冊

320000-1646-0006652 702703
粟香室文稿一卷 金武祥撰 清光緒三十年(1904)木活字印本 一冊

320000-1646-0006653 702705
虛受堂文集十六卷 王先謙撰 清宣統二年(1910)國學書社石印本 六冊

320000-1646-0006654 702706
虛受堂書札二卷 王先謙撰 清光緒三十三年(1907)長沙王氏刻本 一冊

320000-1646-0006655 702707
虛受堂書札二卷 王先謙撰 清末民國上海掃葉山房石印本 一冊 存一卷(二)

320000-1646-0006656 702708
徹香堂經史論一卷 鄒福保著 清宣統元年(1909)江蘇存古學堂鉛印本 一冊

320000-1646-0006657 702720
秋華堂詩一卷 丁傳靖撰 清宣統三年(1911)鉛印本 一冊

320000-1646-0006658 702722
藝風堂文集七卷外篇一卷文續集八卷 繆荃孫撰 清光緒二十六年(1900)刻宣統二年(1910)續刻本 八冊

320000-1646-0006659 702723
藝風堂文集七卷外篇一卷附錄一卷 繆荃孫撰 清光緒二十七年(1901)刻本 四冊

320000-1646-0006660 702724
藝風堂文集七卷外篇一卷 繆荃孫撰 清光緒二十七年(1901)刻本 三冊 存六卷(文集一至六)

320000-1646-0006661 702725
缶廬詩四卷別存一卷 吳俊卿撰 清光緒十九年(1893)刻本 一冊

320000-1646-0006662 702731
蝸園詩鈔一卷梅隱廬楹聯一卷 吳光奇著 清宣統二年(1910)石印本 一冊

320000－1646－0006663　702745

知止軒文草二卷辛壬雜筆一卷　（清）朱鎮撰　清宣統二年至民國四年(1910－1915)存古學社刻本　一冊

320000－1646－0006664　702750

陶廬箋牘四卷　王樹枏撰　清刻本　二冊

320000－1646－0006665　702760

八指頭陀襟文一卷詩集十卷　釋敬安撰　清光緒十四年(1888)刻本　二冊

320000－1646－0006666　702763

漪香山館文集不分卷　吳曾祺著　清宣統二年(1910)商務印書館鉛印本　一冊

320000－1646－0006667　702779

抱潤軒文集十卷　馬其昶撰　清宣統元年(1909)安徽官紙印刷局石印本　一冊

320000－1646－0006668　702796

王德森賸稿一卷習醫心得一卷　王德森撰　清光緒三十四年(1908)稿本　一冊

320000－1646－0006669　702798

松壽堂詩鈔十卷　陳夔龍撰　清宣統三年(1911)刻本　四冊

320000－1646－0006670　702799

石遺室詩文集三十卷　陳衍撰　清光緒至民國武昌刻本　十冊

320000－1646－0006671　702812

尊瓠室詩不分卷　陳詩撰　清光緒三十四年(1908)鉛印本　一冊

320000－1646－0006672　702831

賦梅書屋詩初集六卷　宋廷樑撰　清光緒十七年(1891)西江刻本　二冊

320000－1646－0006673　702866

章太炎文鈔四卷　章炳麟著　清宣統二年(1910)國學扶輪社鉛印本　三冊　存三卷(一至二、四)

320000－1646－0006674　702882

楚望閣詩集十卷　程頌萬撰　清光緒二十七年(1901)刻十髮盦類稿本　三冊

320000－1646－0006675　702887

復盦文集二十三卷　曹允源撰　清光緒二十二年至民國十一年(1896－1922)青州刻本　三冊

320000－1646－0006676　702888

鶚字齋詩畧四卷　曹允源撰　清光緒二十二年(1896)刻本　一冊

320000－1646－0006677　702889

淮南雜箸二卷　曹允源撰　清光緒十七年(1891)刻本　二冊

320000－1646－0006678　702902

鄭齋類稿一卷　孫雄撰　清光緒石印本　一冊

320000－1646－0006679　702920

戊丁詩存一卷　陳霞章撰　清宣統元年(1909)鉛印本　一冊

320000－1646－0006680　702921

戊丁詩存一卷　陳霞章撰　清宣統元年(1909)鉛印本　一冊

320000－1646－0006681　702949

飲冰室文集十三卷　梁啓超撰　清宣統元年(1909)普新書局石印本　二十冊

320000－1646－0006682　702993

小沖言事三卷　黃壽袞撰　清光緒至民國鉛印本　二冊　存二卷(一、三)

320000－1646－0006683　702999

靜盦文集一卷靜盦詩稿一卷　王國維著　清光緒三十一年(1905)鉛印本　一冊

320000－1646－0006684　702378

汲庵文存六卷　（清）楊象濟撰　清光緒七年(1881)杭州刻本　三冊　存五卷(一至五)

320000－1646－0006685　305432

兵垣奏議一卷　（明）陳子龍著　清光緒二十三年(1897)刻本　二冊

320000－1646－0006686　502016

維摩詰所說經注八卷　（後秦）釋鳩摩羅什譯　（後秦）釋僧肇注　清光緒十三年(1887)金

陵刻經處刻本　二冊

320000－1646－0006687　703170

歷朝詞綜一百六卷　（清）朱彝尊　（清）王昶輯　清光緒二十八年(1902)金匱浦氏刻本　九冊

320000－1646－0006688　502019

般若綱要十卷卷前一卷　（清）釋通門閱正　（清）葛鼒提綱　清光緒二十二年(1896)揚州藏經禪院刻本　一冊

320000－1646－0006689　703176

宋元名家詞　（清）江標輯　清光緒二十一年(1895)刻本　四冊

320000－1646－0006690　703177

宋元名家詞　（清）江標輯　清光緒二十一年(1895)湖南思賢書局刻本　四冊

320000－1646－0006691　703183

宋六十名家詞　（明）毛晉輯　清光緒十四年(1888)錢塘汪氏刻本　二十四冊

320000－1646－0006692　703184

宋六十一家詞選十二卷　馮煦編　清宣統二年(1910)上海掃葉山房石印本　一冊

320000－1646－0006693　703185

名家詞鈔三十卷　（清）聶先　（清）曾王孫輯　清康熙刻本　二冊　存八卷（青城詞一卷、南溪詞一卷、百末詞一卷、碧巢詞一卷、秋澗詞一卷、衍波詞一卷、柳塘詞一卷、藕花詞一卷）

320000－1646－0006694　703187

小檀欒室彙刻閨秀詞　徐乃昌輯　清光緒二十一年至二十二年(1895－1896)南陵徐氏刻本　二十八冊

320000－1646－0006695　703188

小檀欒室彙刻閨秀詞　徐乃昌輯　清光緒二十一年至二十二年(1895－1896)南陵徐氏刻本　二十冊　缺一種十七卷（閨秀詞鈔十六卷補遺一卷）

320000－1646－0006696　703189

西泠詞萃　（清）丁丙輯　清光緒錢塘丁氏刻本　四冊

320000－1646－0006697　703190

西泠詞萃　（清）丁丙輯　清光緒錢塘丁氏刻本　四冊

320000－1646－0006698　703193

名家詞　繆荃孫輯　清光緒江陰繆氏刻本　二冊　存八種十一卷（立山詞一卷、竹鄰詞一卷、齊物論齋詞一卷、香草詞二卷、洞簫詞一卷、碧雲盦詞二卷、樂府餘論一卷、柳下詞一卷、萬善花室詞一卷）

320000－1646－0006699　703194

詞學叢書　（清）秦恩復輯　清嘉慶、道光間江都秦氏享帚精舍刻本　六冊

320000－1646－0006700　703199

詞綜三十六卷　（清）朱彝尊輯　清康熙十七年(1678)刻本（卷一至四、二十六至三十六配複印本）　十冊

320000－1646－0006701　703200

國朝詞綜四十八卷　（清）王昶纂　清光緒二十八年(1902)金匱浦氏刻本　五冊

320000－1646－0006702　703201

國朝詞綜續編二十四卷　（清）黃燮清編纂　清同治十二年(1873)鄂垣刻本　八冊

320000－1646－0006703　703202

詞選二卷　（清）張惠言輯　續詞選二卷　（清）董毅輯　附錄一卷　（清）鄭善長輯　清同治十一年(1872)會稽章氏刻本　一冊

320000－1646－0006704　703203

詞選二卷　（清）張惠言輯　續詞選二卷　（清）董毅輯　附錄一卷　（清）鄭善長輯　清同治十一年(1872)會稽章氏刻本　二冊

320000－1646－0006705　703204

清綺軒詞選十三卷　（清）夏秉衡編　清乾隆十六年(1751)自刻本　六冊

320000－1646－0006706　703206

清綺軒詞選十三卷　（清）夏秉衡編　清光緒

二十一年(1895)刻本　四册

320000 - 1646 - 0006707　703210
花間集十卷　(五代)趙崇祚編　清光緒十九年(1893)刻本　一册

320000 - 1646 - 0006708　703211
花間集十卷　(五代)趙崇祚編　清光緒十九年(1893)刻本　一册

320000 - 1646 - 0006709　703216
絕妙好詞箋七卷　(宋)周密輯　(清)查爲仁(清)厲鶚箋　續鈔二卷　(清)徐楙(清)余集輯　清同治十一年(1872)會稽章氏刻本　三册

320000 - 1646 - 0006710　703218
絕妙好詞箋七卷　(宋)周密輯　(清)查爲仁(清)厲鶚箋　續鈔二卷　(清)徐楙(清)余集輯　清同治十一年(1872)會稽章氏刻本　二册

320000 - 1646 - 0006711　502020
摩詰般若波羅密經三十卷　(後秦)釋鳩摩羅什譯　清光緒十三年(1887)如皋刻經處刻本　二册

320000 - 1646 - 0006712　703219
樂府補題一卷　(元)陳恕可輯　清乾隆至道光長塘鮑氏刻知不足齋叢書本　一册

320000 - 1646 - 0006713　703220
宋七家詞選七卷　(清)戈載輯　清光緒十一年(1885)刻本　二册　存五卷(一至五)

320000 - 1646 - 0006714　703223
自怡軒詞選四卷　(清)許寶善評選　(清)俞鼇輯　清嘉慶元年(1796)刻本　一册

320000 - 1646 - 0006715　703224
詞辨二卷介存齋論詞雜箸一卷　(清)周濟輯　清光緒四年(1878)刻本　一册

320000 - 1646 - 0006716　703225
詞辨二卷介存齋論詞雜箸一卷　(清)周濟輯　清光緒四年(1878)刻本　一册

320000 - 1646 - 0006717　703228
粵西詞見二卷　況周儀撰錄　清光緒二十二年(1896)金陵刻本　一册

320000 - 1646 - 0006718　703229
國朝金陵詞鈔八卷閨秀一卷　陳作霖輯　清光緒二十八年(1902)刻本　四册

320000 - 1646 - 0006719　703235
皖詞紀勝一卷　徐乃昌輯　清光緒三十年(1904)南陵徐氏小檀欒室刻本　一册

320000 - 1646 - 0006720　703236
和珠玉詞一卷　(清)張祥齡　(清)王鵬運(清)況周頤撰　清光緒二十年(1894)刻本　一册

320000 - 1646 - 0006721　703243
珠玉詞鈔一卷補鈔一卷　(宋)晏殊撰　清光緒十一年(1885)揚州刻本　一册

320000 - 1646 - 0006722　703244
小山詞鈔一卷補鈔一卷　(宋)晏幾道撰　清光緒十一年(1885)揚州刻本　一册

320000 - 1646 - 0006723　703259
樵歌三卷　(宋)朱敦儒撰　清光緒二十年(1894)刻本　一册

320000 - 1646 - 0006724　703274
元遺山先生新樂府四卷　(金)元好問撰　清光緒七年(1881)讀書山房刻本　一册

320000 - 1646 - 0006725　703276
百末詞五卷詞餘一卷　(清)尤侗撰　清康熙刻本　一册

320000 - 1646 - 0006726　703277
珂雪詞二卷補遺一卷　(清)曹貞吉撰　清末麋研盦刻朱印本　二册

320000 - 1646 - 0006727　703279
曝書亭集詞註七卷　(清)朱彝尊撰　(清)李富孫纂　清道光九年(1829)刻本　四册

320000 - 1646 - 0006728　703283
琴畫樓詞鈔二十五卷　(清)王又曾撰　(清)王昶纂　清乾隆四十三年(1778)刻本　一册　存六卷(七至十二)

320000 – 1646 – 0006729　703284

籜仙詞稿五卷　（清）吳寶書撰　清光緒八年（1882）木活字印本　一冊

320000 – 1646 – 0006730　703285

靈芬館詞四種七卷　（清）郭麐著　清光緒五年(1879)娛園刻本　二冊

320000 – 1646 – 0006731　703286

捧月樓詞二卷　（清）袁通撰　飲水詞鈔二卷　（清）納蘭性德著　清嘉慶小倉山房刻本　一冊

320000 – 1646 – 0006732　703287

紅雪詞甲集二卷乙集二卷詞餘一卷　（清）馮雲鵬撰　清嘉慶刻本　二冊　存二卷(甲集二、乙集一)

320000 – 1646 – 0006733　703289

琴隱園詞集四卷　（清）湯貽汾撰　清光緒上元宗氏心遠樓刻本　一冊

320000 – 1646 – 0006734　703290

聽雨小樓詞稿二卷　（清）楊英燦著　清光緒十七年(1891)西溪草堂木活字印本　一冊

320000 – 1646 – 0006735　502022

大方廣佛華嚴經六十卷　（晉）釋跋陀羅等譯　清光緒七年(1881)常熟刻經處刻本　十六冊

320000 – 1646 – 0006736　502023

大方廣佛華嚴經八十卷　（唐）釋實叉難陀譯　清同治七年(1868)杭州昭慶慧空經房刻本（卷七十三至七十八配抄本）　二十七冊

320000 – 1646 – 0006737　703393

詞律二十卷　（清）萬樹論次　（清）吳興祚鑒定　（清）姜垚　（清）吳秉鈞仝条　（清）吳秉仁　（清）吳棠禎校閱　清康熙二十六年(1687)萬氏堆絮園刻保滋堂印本　四冊

320000 – 1646 – 0006738　502025

大方廣佛華嚴經著述集要二十七種三十九卷　清光緒二十二年(1896)金陵刻經處刻本　十二冊

320000 – 1646 – 0006739　501801

繪圖希奇古怪四卷　（清）李慶辰著　清光緒石印本　三冊　存三卷(二至四)

320000 – 1646 – 0006740　703296

真松閣詞六卷　（清）楊夔生撰　清光緒元年(1875)心禪室刻本　二冊

320000 – 1646 – 0006741　703297

真松閣詞六卷　（清）楊夔生撰　清光緒元年(1875)心禪室刻本　二冊

320000 – 1646 – 0006742　703298

真松閣詞六卷　（清）楊夔生撰　清光緒元年(1875)心禪室刻本　二冊

320000 – 1646 – 0006743　703299

夢春廬詞一卷亡婦吳筠小傳一卷　（清）李貽德撰　早花集一卷　（清）吳筠撰　清同治六年(1867)刻本　一冊

320000 – 1646 – 0006744　703301

清夢盦二白詞五卷　（清）沈傳桂撰　清道光二十五年(1845)刻本　一冊

320000 – 1646 – 0006745　703302

拜石山房詞鈔四卷　（清）顧翰撰　清光緒二年(1876)心禪室刻本　一冊

320000 – 1646 – 0006746　703303

拜石山房詞鈔四卷　（清）顧翰撰　清光緒二年(1876)心禪室刻本　一冊

320000 – 1646 – 0006747　703304

拜石山房詞鈔四卷　（清）顧翰撰　清光緒十五年(1889)榆園刻本　一冊

320000 – 1646 – 0006748　703305

拜石山房詞鈔四卷　（清）顧翰撰　清光緒十五年(1889)榆園刻本　一冊

320000 – 1646 – 0006749　703306

茂陵秋雨詞四卷　（清）王錫振撰　清咸豐九年(1859)京師刻本　一冊

320000 – 1646 – 0006750　703308

眉綠樓詞不分卷跨鶴吹笙續譜不分卷　（清）顧文彬撰　清光緒刻民國續刻本　四冊

320000 – 1646 – 0006751　703309

眉綠樓詞不分卷　（清）顧文彬撰　清光緒刻本　一冊　存蜨板新聲

320000 – 1646 – 0006752　703310

荔牆詞一卷　（清）汪曰楨撰　清同治二年(1863)刻本　一冊

320000 – 1646 – 0006753　703311

采香詞四卷　（清）杜文瀾撰　清同治四年(1865)秀水杜文瀾曼陀羅華閣刻本　一冊

320000 – 1646 – 0006754　703312

水雲樓詞二卷續一卷　（清）蔣春霖撰　清光緒三十四年(1908)鉛印本　一冊

320000 – 1646 – 0006755　703313

水雲樓詞二卷續一卷　（清）蔣春霖撰　清光緒三十四年(1908)鉛印本　一冊

320000 – 1646 – 0006756　703315

荔園詞二卷　（清）徐本立撰　清同治十年(1871)刻本　一冊

320000 – 1646 – 0006757　703316

鴛鴦宜福館吹月詞二卷　（清）陳元鼎撰　清同治元年(1862)刻本　一冊

320000 – 1646 – 0006758　703317

江南好詞一卷　（清）張汝南撰　清宣統元年(1909)上海著易堂書局石印本　一冊

320000 – 1646 – 0006759　703318

約園詞稿十卷　（清）趙起撰　清光緒二十六年(1900)刻本　二冊

320000 – 1646 – 0006760　703319

還山臥月軒詞一卷　（清）許巨楫撰　清末鉛印本　一冊

320000 – 1646 – 0006761　703320

墨壽閣詞鈔一卷續鈔一卷　（清）汪承慶撰　清光緒二十八年(1902)山陽刻本　一冊

320000 – 1646 – 0006762　703324

笙月詞四卷花影詞一卷　（清）王詒壽撰　清同治十一年(1872)杭州刻本　二冊

320000 – 1646 – 0006763　703326

三十六湖漁唱不分卷漁唱乙稿一卷　（清）王敬之撰　清道光二十六年(1846)刻本　一冊

320000 – 1646 – 0006764　703329

半塘丙丁戊稿三卷　（清）王鵬運撰　清光緒刻本　二冊　存二卷(半塘丁稿一卷、半塘戊稿一卷)

320000 – 1646 – 0006765　703330

比竹餘音四卷絕妙好詞校錄一卷　鄭文焯撰　清光緒二十八年(1902)刻本　二冊

320000 – 1646 – 0006766　703331

冷紅詞四卷　鄭文焯撰　清光緒二十二年(1896)歸安潘氏耦園刻本　一冊

320000 – 1646 – 0006767　703334

瘦碧詞二卷　鄭文焯撰　清光緒十四年(1888)大鶴山房自刻本　一冊

320000 – 1646 – 0006768　703755

四雪草堂重訂通俗隋唐演義二十卷一百回　(明)羅貫中撰　(明)林瀚彙輯　(清)褚人獲編　清四雪草堂刻本(九至二十回、三十一至八十回配清末石印本)　七冊　缺三十八回(一至八、二十一至三十、八十一至一百)

320000 – 1646 – 0006769　703337

濯絳宧存橐一卷　劉毓盤撰　清宣統元年(1909)刻本　一冊

320000 – 1646 – 0006770　703339

樂府補亡一卷　曹元忠撰　清光緒二十七年(1901)刻本　一冊

320000 – 1646 – 0006771　703340

樂府補亡一卷　曹元忠撰　清光緒二十七年(1901)刻本　一冊

320000 – 1646 – 0006772　703341

彊邨詞四卷　朱祖謀撰　清光緒三十一年(1905)刻本　一冊

320000 – 1646 – 0006773　703344

苾芻館詞集六卷　（清）胡延撰　清光緒二十九年(1903)金陵糧儲道廨刻本　四冊

320000－1646－0006774　703347

紅蕉詞一卷　（清）江標撰　鶴緣詞一卷　（清）呂耀斗撰　清末元和江氏師鄦室刻本　一冊

320000－1646－0006775　703217

絕妙好詞箋七卷　（宋）周密輯　（清）查爲仁（清）厲鶚箋　續鈔二卷　（清）徐楙（清）余集輯　清同治十一年(1872)會稽章氏刻本　四冊

320000－1646－0006776　703352

映盦詞三卷　夏敬觀撰　清光緒三十三年(1907)刻本　一冊　存二卷(一至二)

320000－1646－0006777　703390

詞學集成八卷　（清）江順詒纂輯　清光緒七年(1881)刻本　一冊

320000－1646－0006778　703392

詞譜四十卷　（清）王奕清等敕纂　清末石印本　二冊　存四卷(九至十、十九至二十)

320000－1646－0006779　305414

金石續編二十一卷　（清）陸耀遹纂　清光緒十九年(1893)上海善寶齋石印本　六冊

320000－1646－0006780　703394

詞律二十卷　（清）萬樹論次　詞律拾遺八卷　（清）徐本立纂　詞律補遺一卷　（清）杜文瀾編　清光緒二年(1876)吳下刻本　十六冊

320000－1646－0006781　703396

碎金詞譜十四卷　（清）謝元淮輯　清道光二十四年(1844)刻朱墨套印本　六冊　存六卷(九至十四)

320000－1646－0006782　703397

白香詞譜一卷　（清）舒夢蘭輯　清同治七年(1868)刻本　一冊

320000－1646－0006783　703400

白香詞譜箋四卷　（清）舒夢蘭輯　（清）謝朝徵箋　（清）張蔭桓校　清宣統二年(1910)上海掃葉山房石印本　四冊

320000－1646－0006784　703470

增像第六才子書五卷首一卷　（元）王實甫撰　（清）金聖歎評　清光緒十五年(1889)上海鴻寶齋石印本　六冊

320000－1646－0006785　703402

選聲集三卷詞韻簡一卷　（清）吳綺選　清康熙刻本　一冊　存二卷(長調一卷、詞韻簡一卷)

320000－1646－0006786　703403

詞林正韻三卷發凡一卷　（清）戈載撰　清光緒十七年(1891)思賢講舍刻本　二冊

320000－1646－0006787　703404

樂府小令　（清）□□輯　清刻本　三冊　存三種四卷(張小山小令二卷、喬夢符小令一卷、葉兒樂府一卷)

320000－1646－0006788　703421

元曲選　（明）臧懋循輯　明萬曆吳興臧氏刻本　三冊　存七種七卷(荊楚臣重對玉梳記雜劇一卷、逞風流王煥百花亭雜劇一卷、謝金蓮詩酒紅梨花雜劇一卷、鐵拐李度金童玉女雜劇一卷、宜秋山趙李讓肥雜劇一卷、玉簫女兩世姻緣雜劇一卷、桃花女破法嫁周公雜劇一卷)

320000－1646－0006789　703423

奢摩他室曲叢第一集　吳梅輯　清宣統二年(1910)長洲吳氏靈鶼刻本　一冊　存二種二卷(通天臺一卷、煖香樓雜劇一卷)

320000－1646－0006790　703428

玉茗堂四種　（明）湯顯祖撰　清文立堂刻本　十冊

320000－1646－0006791　703429

玉茗堂四種　（明）湯顯祖撰　清文立堂刻本　二冊　存一種二卷(邯鄲記二卷)

320000－1646－0006792　703430

笠翁傳奇十種　（清）李漁撰　清刻本　十冊

320000－1646－0006793　703431

玉燕堂四種曲　（清）張堅撰　清乾隆刻本　八冊

320000－1646－0006794　703432
玉燕堂四種曲　（清）張堅撰　清乾隆刻本
　三册　存二種二卷（夢中緣上、懷沙記下）

320000－1646－0006795　703433
藏園九種曲　（清）蔣士銓填詞　清經綸堂刻
本　六册

320000－1646－0006796　703434
藏園九種曲　（清）蔣士銓填詞　清漁古堂刻
本　八册

320000－1646－0006797　703435
清容外集　（清）蔣士銓撰　清乾隆紅雪樓刻
本　十册　缺一卷（香祖樓下）

320000－1646－0006798　703436
清容外集　（清）蔣士銓撰　清乾隆紅雪樓刻
本　十册　缺一種二卷（香祖樓二卷）

320000－1646－0006799　703437
惺齋五種續編一種　（清）夏綸撰　清乾隆十
六年（1751）世光堂刻本　十册　缺二種四卷
（無瑕璧傳奇二卷、廣寒梯傳奇二卷）

320000－1646－0006800　703438
倚晴樓七種曲　（清）黃燮清撰　清光緒七年
（1881）刻本　十册

320000－1646－0006801　703439
吟風閣四卷　（清）楊潮觀撰　清嘉慶二十五
年（1820）刻本　二册　存二卷（一、三）

320000－1646－0006802　703440
玉獅堂傳奇十種　（清）陳烺填詞　清光緒十
一年（1885）武林刻本　十二册

320000－1646－0006803　703441
茗雪山房二種曲　（清）彭劍南撰　清道光六
年（1826）彭氏茗雪山房刻本　四册

320000－1646－0006804　703442
六觀樓北曲五種　（清）許鴻磐著　清道光二
十六年（1846）刻本　六册

320000－1646－0006805　703443
庶幾堂今樂　（清）余治撰　清光緒六年
（1880）蘇州得見齋書坊刻本　一册　存二種
二卷（同科報一卷、福善圖一卷）

320000－1646－0006806　703471
增像第六才子書五卷首一卷　（元）王實甫撰
　（清）金聖歎評　清光緒十五年（1889）上海
鴻寶齋石印本　六册

320000－1646－0006807　501238
穀山筆塵十八卷　（明）于慎行著　清抄本
十册

320000－1646－0006808　703472
增像第六才子書五卷首一卷　（元）王實甫撰
　（清）金聖歎評　清光緒十五年（1889）上海
潤寶齋石印本　二册

320000－1646－0006809　703475
貫華堂第六才子書西廂記八卷　（元）王實甫
撰　（清）金聖歎評　清初貫華堂刻本　六册

320000－1646－0006810　703489
成裕堂繪像第七才子書六卷　（元）高則誠撰
　清英德堂刻本　六册

320000－1646－0006811　703490
第七才子書琵琶記二卷釋義一卷　（元）高則
誠撰　才子琵琶寫情篇一卷　（清）陳方評彙
輯　清映秀堂刻本　一册　存三卷（第七才
子書琵琶記下、釋義一卷、才子琵琶寫情篇一
卷）

320000－1646－0006812　703491
荊釵記二卷　（明）朱權撰　清初刻本　一册
　存一卷（下）

320000－1646－0006813　703492
千金記二卷　（明）沈采撰　清初刻本　二册

320000－1646－0006814　703495
吳吳山三婦合評牡丹亭還魂記二卷或問一卷
附錄一卷　（明）湯顯祖撰　（清）陳同
（清）談則評點　（清）錢宜參評　清夢園刻本
　二册

320000－1646－0006815　703496
吳吳山三婦合評牡丹亭還魂記二卷　（明）湯
顯祖撰　（清）陳同　（清）談則評點　（清）

錢宜參評　清刻本　一冊　存一卷(下)

320000-1646-0006816　703497

還魂記二卷　(明)湯顯祖撰　清刻本　一冊　存一卷(下)

320000-1646-0006817　703500

新刻出相音注勸善目連救母行孝戲文三卷　(明)鄭之珍編　清種福堂刻本　四冊

320000-1646-0006818　703501

紅梨記二卷　(明)徐復祚撰　清初刻本　二冊

320000-1646-0006819　703502

紅梨記二卷　(明)徐復祚撰　清初刻本　一冊　存一卷(上)

320000-1646-0006820　703503

錦箋記二卷　(明)周履靖撰　清初刻本　二冊

320000-1646-0006821　703505

燕子箋二卷　(明)阮大鋮撰　(明)雪韻堂批點　清同治十三年(1874)寄傲山房刻本　一冊

320000-1646-0006822　703506

金雀記二卷　(明)□□撰　清初刻本　一冊　存一卷(上)

320000-1646-0006823　703570

納書楹曲譜正集四卷續集四卷外集二卷補遺四卷四夢全譜八卷　(清)葉堂訂譜　(清)王文治參訂　清道光二十八年(1848)刻本　二十冊

320000-1646-0006824　703508

揚州夢二卷　(清)嵇永仁填詞　清同治十一年(1872)永州刻本　二冊

320000-1646-0006825　703509

桃花扇傳奇二卷　(清)孔尚任編　清康熙二十三年(1684)刻本　四冊

320000-1646-0006826　703510

桃花扇四卷首一卷　(清)孔尚任編　清光緒二十一年(1895)蘭雪堂刻本　五冊

320000-1646-0006827　703511

桃花扇傳奇二卷　(清)孔尚任編　清康熙、雍正間西園刻本　四冊

320000-1646-0006828　703512

桃花扇傳奇四卷　(清)孔尚任編　清末刻本　三冊　存三卷(二至四)

320000-1646-0006829　703514

長生殿二卷　(清)洪昇填詞　清嘉慶十九年(1814)從溪靜深書屋刻本　四冊

320000-1646-0006830　703515

長生殿傳奇二卷　(清)洪昇填詞　清光緒十三年(1887)上海蜚英館石印本　四冊

320000-1646-0006831　703517

長生殿二卷　(清)洪昇撰　清刻本　一冊　存一卷(上)

320000-1646-0006832　703518

花萼吟傳奇二卷　(清)夏綸撰　(清)徐夢元評　清乾隆十六年(1751)世光堂刻本　二冊

320000-1646-0006833　703519

冬青樹一卷四弦秋一卷　(清)蔣士銓填詞　清乾隆紅雪樓刻本　一冊

320000-1646-0006834　703520

報恩緣二卷　(清)沈起鳳著　清古香林刻本　一冊　存一卷(下)

320000-1646-0006835　703521

義貞記二卷　(清)吳恒宣填詞　清光緒五年(1879)文奎堂刻本　二冊

320000-1646-0006836　703522

石榴記傳奇四卷　(清)黃振填詞　清乾隆三十七年(1772)如皋黃氏柴灣村舍刻本　四冊

320000-1646-0006837　703523

石榴記傳奇四卷　(清)黃振填詞　清乾隆三十七年(1772)如皋黃氏柴灣村舍刻本　四冊

320000-1646-0006838　703524

漁邨記二卷　(清)韓錫胙撰　(清)湘巖居士評點　清光緒二年(1876)括郡照水堂刻本　二冊

320000－1646－0006839　703526
桃谿雪二卷　（清）黃憲清填詞　（清）李光溥評文　（清）瞿傳鼎　（清）余炘正譜　清道光二十七年(1847)馴雲閣刻本　一冊

320000－1646－0006840　703527
梅花夢二卷　（清）張道填詞　清光緒二十年(1894)刻本　二冊

320000－1646－0006841　703528
風雲會傳奇二卷　（清）許善長填詞　（清）高映斗訂譜　清光緒三年(1877)刻碧聲吟館叢書本　二冊

320000－1646－0006842　703529
芙蓉碣傳奇二卷　（清）張雲驤填詞　（清）王以慜評點　清光緒九年(1883)刻本　一冊

320000－1646－0006843　703530
異方便淨土傳燈歸元鏡三祖錄二卷　（清）釋智達拈頌　清刻本　一冊　存一卷(上)

320000－1646－0006844　703540
粵謳不分卷　清末刻本　存一冊

320000－1646－0006845　703553
綴白裘新集合編十二集　題（清）玩花主人輯　（清）錢德蒼增輯　清道光十年(1830)刻本　四十八冊

320000－1646－0006846　703554
綴白裘新集合編十二集　題（清）玩花主人輯　（清）錢德蒼增輯　清道光十年(1830)嘉興吟樨山房刻本　二十四冊

320000－1646－0006847　703555
重訂綴白裘全編十二集　題（清）玩花主人輯　（清）錢德蒼增輯　清桂月樓刻本　二十冊

320000－1646－0006848　703556
繪圖綴白裘十二集四十八卷　題（清）玩花主人輯　（清）錢德蒼增輯　清光緒二十一年(1895)上海書局石印本　十一冊　缺四卷(一集四卷)

320000－1646－0006849　703557
繪圖綴白裘十二集四十八卷　題（清）玩花主人輯　（清）錢德蒼增輯　清光緒石印本　九冊　缺十二卷(一集四卷、三集四卷、四集四卷)

320000－1646－0006850　703567
納書楹曲譜正集四卷續集四卷外集二卷補遺四卷四夢全譜八卷　（清）葉堂訂譜　（清）王文治參訂　清乾隆五十七年(1792)長洲葉氏納書楹刻本　二十二冊

320000－1646－0006851　703568
納書楹曲譜正集四卷續集四卷外集二卷補遺四卷四夢全譜八卷　（清）葉堂訂譜　（清）王文治參訂　清道光二十八年(1848)文德堂刻本　二十二冊

320000－1646－0006852　703569
納書楹曲譜正集四卷續集四卷外集二卷補遺四卷四夢全譜八卷　（清）葉堂訂譜　（清）王文治參訂　清道光二十八年(1848)刻本　二十冊

320000－1646－0006853　703336
濯絳宦存槀一卷　劉毓盤撰　清宣統元年(1909)刻本　一冊

320000－1646－0006854　703571
納書楹南柯記全譜二卷　（清）葉堂訂譜　（清）王文治參訂　清乾隆五十七年(1792)長洲葉氏納書楹刻本　一冊

320000－1646－0006855　703572
納書楹邯鄲記全譜二卷　（清）葉堂訂譜　（清）王文治參訂　清乾隆五十七年(1792)長洲葉氏納書楹刻本　一冊

320000－1646－0006856　703575
霓裳文藝全譜四卷　（清）王慶華校　清光緒二十二年(1896)石印本　四冊

320000－1646－0006857　501239
菜根譚一卷　（明）洪應明著　清光緒元年(1875)南京流通經處刻本　一冊

320000－1646－0006858　501240
菜根譚一卷　（明）洪應明著　清光緒十七年

(1891)刻本　一冊

320000－1646－0006859　501809
無稽讕語四卷　題(清)蘭皋居士撰　清咸豐四年(1854)刻本　三冊

320000－1646－0006860　501246
曇瓦二編十二卷　(明)吳安國著　清嘉慶、道光間刻本　一冊　存六卷(七至十二)

320000－1646－0006861　501250
燕寓偶談六卷　(明)楊繼益著　清嘉慶、道光間刻本　一冊　存三卷(四至六)

320000－1646－0006862　501817
吳門畫舫錄二卷　題(清)西溪山人編　清嘉慶十一年(1806)紅樹山房刻本　三冊

320000－1646－0006863　703605
繡像孝義真蹟珍珠塔六卷二十四回　(清)周殊士編　清同治刻本　六冊

320000－1646－0006864　703606
繡像十五貫十六卷　(清)馬永清撰　清同治六年(1867)刻本　三冊　缺二卷(一至二)

320000－1646－0006865　703607
繪真記四十卷　(清)朱素仙撰　清刻本　六冊　存三十一卷(六至三十六)

320000－1646－0006866　703608
繪圖足本大字果報錄十二卷一百回　(清)海芝濤撰　清光緒二十年(1894)上海書局石印本　十二冊　缺六回(九十五至一百)

320000－1646－0006867　703609
再生緣全傳二十卷　(清)陳端生撰　清光緒二年(1876)世德堂刻本　二十冊

320000－1646－0006868　703610
繡像說唱麒麟豹傳十卷六十回　題(清)鴛湖逸史撰　清道光二年(1822)刻本　九冊　缺六回(五十五至六十)

320000－1646－0006869　703611
安邦誌二十卷　清道光二十九年(1849)學海主人刻本　二十冊

320000－1646－0006870　703612
安邦誌二十卷　清道光二十九年(1849)學海主人刻本　二十五冊

320000－1646－0006871　703613
定國誌安邦中集二十卷　清末刻本　二十冊

320000－1646－0006872　703614
定國誌安邦中集二十卷　清末刻本　二十冊

320000－1646－0006873　703615
定國誌安邦中集二十卷　清末刻本　二十一冊

320000－1646－0006874　703616
定國誌安邦中集二十卷　清末刻本　二十冊

320000－1646－0006875　703617
繪圖文武香毬三十六卷七十二回　(清)二樂軒主人撰　清宣統二年(1910)上海龍文書局石印本　八冊　缺七卷(三至九)

320000－1646－0006876　703618
來生福彈詞三十六回　題(清)橘中逸叟撰　清末刻本　二十三冊　缺一回(三十)

320000－1646－0006877　703619
來生福彈詞八卷三十六回　題(清)橘中逸叟原詞　(清)錢黎民補填　清末鑄記書局石印本　八冊

320000－1646－0006878　703620
娛萱草彈詞三十二篇　題(清)橘道人撰　清光緒二十年(1894)木活字印本　六冊

320000－1646－0006879　703621
繡像六美圖三十卷　(清)朱鏡江　(清)章惟善撰　清同治刻本　四冊　缺八卷(一至八)

320000－1646－0006880　703622
鳳凰山七十二卷　清末刻本　三十一冊　缺二卷(七十一至七十二)

320000－1646－0006881　703623
繡像百花臺全集四卷　題(清)鴛水主人撰　清光緒元年(1875)刻本　四冊

320000－1646－0006882　703624

新刻真本唱口雙珠球全傳十二卷四十九回
（清）黃子貞著　清光緒三年（1877）刻本　十一冊　缺八回（十三至十六、二十九至三十二）

320000－1646－0006883　703625
新刻鳳雙飛全傳五十二卷　（清）程蕙英撰　清光緒二十六年（1900）上海江南書局石印本　二十六冊

320000－1646－0006884　703626
新刻鳳雙飛全傳五十二卷　（清）程蕙英撰　清光緒二十五年（1899）上海書局石印本　二十六冊

320000－1646－0006885　703627
繡像夢影緣四十八回　（清）钀下生撰　清光緒二十一年（1895）竹簡齋石印本　十五冊　缺三回（二十三至二十五）

320000－1646－0006886　703628
繡像雙帥印十四卷　清末刻本　一冊　存七卷（八至十四）

320000－1646－0006887　703629
繡像鬧盧莊十六卷　清末刻本　二冊　存八卷（五至十二）

320000－1646－0006888　703630
新刻秘本雲中落繡鞋九卷　（清）隱釣客撰　清光緒二十年（1894）上海書局鉛印本　四冊

320000－1646－0006889　703631
繡像描金鳳十二卷四十六回　（清）馬如飛編　清光緒二十一年（1895）上海石印本　六冊

320000－1646－0006890　703632
繡像前後玉蜻蜓前傳六卷二十八回後傳六卷三十二回　清宣統二年（1910）上海書局石印本　六冊

320000－1646－0006891　703633
繡像前後玉蜻蜓前傳八卷二十八回後傳八卷三十二回　清末石印本　二冊

320000－1646－0006892　703634
繡像義俠九絲繮全傳十二卷　清光緒二十三年（1897）上海書局石印本　八冊

320000－1646－0006893　703635
庚子國變彈詞四十卷　（清）李寶嘉撰　清光緒二十八年（1902）上海世界繁華報館鉛印本　四冊

320000－1646－0006894　703640
梁皇寶卷全集一卷　（清）□□撰　清刻本　一冊

320000－1646－0006895　703641
重刻觀世音菩薩本行經簡集二卷　（宋）釋普明撰　清同治十年（1871）世家堂刻本　一冊

320000－1646－0006896　703643
目蓮三世寶卷三卷　清光緒十二年（1886）常州培本堂善書局刻本　一冊

320000－1646－0006897　703644
達摩祖卷一卷　清光緒三十年（1904）蘇州瑪瑙經房刻本　一冊

320000－1646－0006898　703645
如如老祖化度眾生指往西方寶卷全集一卷　清光緒杭州瑪瑙寺經房刻本　一冊

320000－1646－0006899　703646
五祖黃梅寶卷二卷　清光緒元年（1875）杭州瑪瑙經房刻本　一冊

320000－1646－0006900　703647
五祖黃梅寶卷二卷　清末石印本　一冊　存一卷（下）

320000－1646－0006901　703648
太華山紫金嶺兩世修行劉香寶卷全集二卷　（□）釋休菴校對增補　清光緒元年（1875）浙甯縣三餘堂書坊刻本　二冊

320000－1646－0006902　703649
延壽寶卷一卷　清宣統元年（1909）上海翼化堂善書局刻本　一冊

320000－1646－0006903　501818
吳門畫舫續錄三卷　題（清）箇中生手編　清嘉慶十八年（1813）來青閣刻本　一冊

320000－1646－0006904　703652

真修寶卷一卷　清光緒二年（1876）刻本　一冊

320000－1646－0006905　703654

江南松江府華亭縣白沙邨孝修回郎寶卷一卷七七寶卷一卷喫齋經一卷花名寶卷一卷法船經一卷　清光緒十九年（1893）蘇城瑪瑙經房刻本　一冊

320000－1646－0006906　703655

江南松江府華亭縣白沙村孝修回郎寶卷二卷七七寶卷一卷知遇必改一卷　清宣統三年（1911）上海文益書局石印本　一冊

320000－1646－0006907　703657

浙江溫州府平陽縣白梅村七世修行玉英寶卷一卷　清光緒越郡剡北刻本　一冊

320000－1646－0006908　703658

潘公免災救難寶卷三卷　清咸豐五年（1855）上海城隍廟內翼化堂刻本　一冊

320000－1646－0006909　703661

湖廣荆州府永慶縣修行梅氏花稠寶卷二卷　清光緒三十二年（1906）杭州昭慶慧空經房刻本　二冊

320000－1646－0006910　703664

繡像秀英寶卷碧玉簪一卷　清宣統三年（1911）上海聚元堂石印本　一冊

320000－1646－0006911　703668

妙英寶卷全集一卷　清光緒杭州昭慶慧空經房刻本　一冊

320000－1646－0006912　703676

新刻黃糠寶卷二卷　清末刻本　一冊

320000－1646－0006913　703682

江南松江府上海縣太平邨蘭英寶卷二卷　清光緒十年（1884）杭州瑪瑙經房刻本　一冊

320000－1646－0006914　703684

珍珠塔寶卷全集二卷　清宣統元年（1909）杭州聚元堂書庄石印本　一冊

320000－1646－0006915　501820

吳門百艷圖五卷　題（清）司香舊尉評花　題（清）花下解人寫艷　清光緒六年（1880）刻本　一冊　存三卷（三至五）

320000－1646－0006916　703705

精訂綱鑑廿四史通俗衍義六卷四十四回　（清）呂撫輯　清光緒二十一年（1895）珍藝書局鉛印本　六冊　缺一回（三十二）

320000－1646－0006917　501821

花間笑語五卷　題（清）釀花使者纂著　清道光元年（1821）粵東余氏刻本　四冊　缺一卷（二）

320000－1646－0006918　501822

國色天香十卷　（清）吳敬所輯　清道光刻本　一冊　存一卷（四）

320000－1646－0006919　703710

西湖佳話古今遺跡十六卷　題（清）墨浪子編輯　清刻本　十冊

320000－1646－0006920　703711

西湖佳話古今遺跡十六卷　題（清）墨浪子編輯　清荷香小榭刻本　六冊

320000－1646－0006921　703712

今古奇觀四十卷　題（明）抱甕老人輯　清初刻本　六冊　存十六卷（六至十、十四至十七、二十一至二十三、三十至三十三）

320000－1646－0006922　703714

改良今古奇觀六卷四十回　題（明）抱甕老人輯　題（清）曲園老人鑒定　清末民國上海沈鶴記書局石印本　六冊

320000－1646－0006923　703715

繪圖今古奇觀六卷四十回　題（明）抱甕老人輯　清光緒二十八年（1902）石印本　六冊

320000－1646－0006924　501251

千百年眼十二卷　（明）張燧纂　清光緒鉛印本　四冊　缺三卷（一、九至十）

320000－1646－0006925　703717

繪圖續今古奇觀六卷三十回　清光緒二十年（1894）石印本　六冊

320000－1646－0006926　703719

東周列國全志二十三卷一百八回　（明）馮夢龍編　（清）蔡奡評點　清光緒刻本　十二冊

320000－1646－0006927　703720

東周列國全志二十三卷一百八回　（明）馮夢龍編　（清）蔡奡評點　清刻本　二十三冊

320000－1646－0006928　703721

東周列國全志二十三卷一百八回　（明）馮夢龍編　（清）蔡奡評點　清經綸堂刻本　二十四冊

320000－1646－0006929　703722

東周列國志二十七卷一百八回　（明）馮夢龍編　（清）蔡奡評點　清光緒十四年(1888)上海萬選局石印本　七冊

320000－1646－0006930　703723

東周列國志二十七卷一百八回　（明）馮夢龍編　（清）蔡奡評點　清光緒十七年(1891)五色石印本　八冊

320000－1646－0006931　703726

東周列國全志二十七卷一百八回　（明）馮夢龍編　（清）蔡奡評點　清光緒三十一年(1905)上海章福記書局石印本(卷二至二十七配清末民國上海中新書局鉛印本)　十六冊

320000－1646－0006932　703727

繪圖封神演義八卷一百回　（明）許仲琳編　清光緒三十二年(1906)上海文興書局石印本　八冊

320000－1646－0006933　501825

夢花雜志五卷　（清）李澄述　清道光六年(1826)刻本　一冊　存二卷(四至五)

320000－1646－0006934　703731

繡像封神演義一百回　（明）許仲琳編　清光緒十六年(1890)珍藝書局鉛印本　九冊

320000－1646－0006935　703732

鬼谷四友志三卷　（清）楊景淐評輯　清咸豐十一年(1861)刻本　二冊

320000－1646－0006936　501253

四千年史論驚奇十二卷　（明）張燧纂　清光緒鉛印本　二冊

320000－1646－0006937　501828

蓉湖春色四卷　（清）安掘生戲筆　清光緒十一年(1885)木活字印本　一冊　存一卷(一)

320000－1646－0006938　703737

爭春園全傳四十八回　（清）□□撰　清道光十七年(1837)大盛堂刻本　十冊

320000－1646－0006939　703738

繪圖雙鳳奇緣四卷八十回　（清）□□撰　清末石印本　四冊

320000－1646－0006940　501829

艷異新編五卷　（清）俞宗駿輯　清同治刻本　二冊　存三卷(三至五)

320000－1646－0006941　703741

四大奇書第一種十九卷首一卷一百二十回　（明）羅貫中撰　（清）毛宗崗評　清大魁堂刻本　二十冊

320000－1646－0006942　703742

第一才子書六十卷首一卷一百二十回　（明）羅貫中撰　（清）毛宗崗評　清善成堂刻朱墨套印本(首一卷配道光四年裕文堂刻本)　二十四冊

320000－1646－0006943　703743

四大奇書第一種十九卷首一卷一百二十回　（明）羅貫中撰　（清）毛宗崗評　清刻本　二十冊

320000－1646－0006944　703744

四大奇書第一種三國志一百二十回　（明）羅貫中撰　（清）毛宗崗評　清刻本　二十六冊

320000－1646－0006945　703745

四大奇書第一種十九卷首一卷一百二十回　（明）羅貫中撰　（清）毛宗崗評　清善成堂刻本　二十三冊　缺七回(一至七)

320000－1646－0006946　703746

第一才子書六十卷首一卷一百二十回　（明）

羅貫中撰 （清）毛宗崗評 清光緒十六年(1890)廣百宋齋石印本 十三冊

320000-1646-0006947 703747

圖像三國志演義第一才子書六十卷一百二十回 （明）羅貫中撰 （清）毛宗崗評 清末上海同文書局石印本 十二冊

320000-1646-0006948 703748

增像全圖三國演義十六卷一百二十回 （明）羅貫中撰 （清）毛宗崗評 清光緒三十三年(1907)廈門文德堂書局石印本 四冊

320000-1646-0006949 703749

增像全圖三國志演義第一才子書八卷一百二十回 （明）羅貫中撰 （清）毛宗崗評 清光緒三十三年(1907)上海久敬齋石印本 八冊

320000-1646-0006950 703750

增像全圖三國演義一百二十回 （明）羅貫中撰 （清）毛宗崗評 清光緒十四年(1888)石印本 十七冊

320000-1646-0006951 703751

增像全圖三國演義一百二十回 （明）羅貫中撰 （清）毛宗崗評 清光緒十四年(1888)石印本 十七冊

320000-1646-0006952 703752

第一才子書六十卷一百二十回 （明）羅貫中撰 （清）毛宗崗評 清末民國上海同文書局鉛印本(八十九至九十六回、一百十三至一百二十回配清末民國上海會文書局鉛印本) 十五冊

320000-1646-0006953 501254

嗇菴隨筆六卷末一卷 （清）陸文衡著 清光緒二十三年(1897)木活字印本 二冊

320000-1646-0006954 703754

四雪草堂重訂通俗隋唐演義一百回 （明）羅貫中撰 （明）林瀚彙輯 （清）褚人獲編 清道光三十年(1850)刻本(九至一百回配清末石印本) 十冊

320000-1646-0006955 502866

詞林墨妙初集一卷 題（清）眉壽室主人藏 清光緒十四年(1888)鴻文書局石印本 一冊

320000-1646-0006956 501836

改良繪圖解人頤廣集二卷 （清）錢德蒼重訂 清光緒石印本 二冊

320000-1646-0006957 703757

第九才子書斬鬼傳四卷十回 題（清）樵雲山人編次 清末仁壽堂刻本 四冊

320000-1646-0006958 703761

繡像後西遊記六卷四十回 （清）□□撰 清宣統三年(1911)上海江左書林石印本 五冊

320000-1646-0006959 703763

繡像綠牡丹全傳六卷六十四回 清末石印本 四冊 缺二十三回(七至二十、三十九至四十七)

320000-1646-0006960 703764

忠孝節義二度梅全傳六卷四十回 題（清）惜陰堂主人編輯 清光緒十八年(1892)上海袖海山房石印本 二冊

320000-1646-0006961 501837

改良繪圖解人頤廣集二卷 （清）錢德蒼重訂 清光緒石印本 一冊

320000-1646-0006962 703771

鐫玉茗堂批點殘唐五代史演義傳六卷六十回 （明）羅貫中編輯 （明）湯顯祖批評 清漁古山房刻本 六冊

320000-1646-0006963 703772

鏡花緣二十卷一百回 （清）李汝珍撰 清道光元年(1821)刻本 十冊

320000-1646-0006964 703773

鏡花緣二十卷一百回 （清）李汝珍撰 清刻本 二十冊

320000-1646-0006965 703774

鏡花緣二十卷一百回 （清）李汝珍撰 清懷德堂刻本 十九冊 缺一卷(二)

320000-1646-0006966 703775

圖像鏡花緣全傳六卷一百回 （清）李汝珍撰

清光緒三十年(1904)上海書局石印本(卷二至六配清末民國普新端記書局石印本) 六冊

320000－1646－0006967　501838
新訂解人頤廣集八卷　（清）錢德蒼重訂　清文富堂刻本　三冊

320000－1646－0006968　502026
大方廣佛華嚴經普賢行願品疏科文一卷（唐）釋宗密撰集　大方廣佛華嚴經普賢行願品別行疏鈔十五卷　（唐）釋宗密疏鈔　清光緒三十二年(1906)金陵刻經處刻本　五冊

320000－1646－0006969　703778
南北宋演義全傳二十卷　題(明)研石山樵訂正　題(明)織里畸人校閱　清集文堂刻本　十冊

320000－1646－0006970　703780
評論出像水滸傳二十卷七十回　（元）施耐庵撰　（清）金聖嘆評　清咸豐、同治間刻本　十一冊

320000－1646－0006971　703781
第五才子書水滸傳七十五卷七十回　（元）施耐庵撰　（清）金聖嘆評　清光緒湖南刻本　二十冊

320000－1646－0006972　703756
繡像說唐征西全傳六卷九十回　（清）□□撰　清末民國上海大成書局石印本　六冊

320000－1646－0006973　703291
聽雨小樓詞稿二卷　（清）楊英燦著　清光緒十七年(1891)西溪草堂木活字印本　一冊

320000－1646－0006974　703292
聽雨小樓詞稿二卷　（清）楊英燦著　清光緒十七年(1891)西溪草堂木活字印本　一冊

320000－1646－0006975　703293
聽雨小樓詞稿二卷　（清）楊英燦著　清光緒十七年(1891)西溪草堂木活字印本　一冊

320000－1646－0006976　703294
聽雨小樓詞稿二卷　（清）楊英燦著　清光緒十七年(1891)西溪草堂木活字印本　一冊

320000－1646－0006977　703797
繡像金臺全傳六卷六十回　清光緒三十二年(1906)上海書局石印本　五冊　存五十回(一至七、十八至六十)

320000－1646－0006978　703798
繡像飛仙劍俠奇緣四卷三十回　清石印本　四冊

320000－1646－0006979　703800
飛龍傳六十回　（清）吳璿編　清文德堂刻本　二十冊

320000－1646－0006980　703801
飛龍全傳六十回　（清）吳璿編　清同治九年(1870)翠隱山房刻本　十一冊

320000－1646－0006981　703802
結水滸全傳七十回附結子一卷　（清）俞萬春撰　清俞渡刻本　二十四冊

320000－1646－0006982　703803
結水滸全傳七十回附結子一卷　（清）俞萬春撰　清咸豐七年(1857)文聚堂刻本(卷九十一至一百二十補配清石印本)　二十六冊

320000－1646－0006983　703805
繪圖結水滸全傳八卷七十回附結子一卷（清）俞萬春撰　清光緒三十四年(1908)上海書局石印本　八冊

320000－1646－0006984　703806
增訂繪圖精忠說岳全傳八卷八十回　（清）錢彩撰　清光緒三十二年(1906)上海書局石印本　八冊

320000－1646－0006985　703807
繪圖評點女僊外史一百回　（清）呂熊撰　清石印本　八冊　存五十四回(四十七至一百)

320000－1646－0006986　703808
繪圖評點女僊外史八卷一百回　（清）呂熊撰　清宣統元年(1909)章福記石印本　一冊　存五十回(五十一至一百)

320000－1646－0006987　703809

新鐫濟顛大師醉菩提全傳二十回　（清）天花藏主人編　清集文堂刻本　三冊　存十五回（一至五、十一至二十）

320000－1646－0006988　703810
新刊繡像評講濟公傳四卷一百二十回繡像評演接續後部濟公傳四卷一百二十回　（清）郭小亭撰　清光緒三十二年（1906）簡青齋書局石印本　七冊

320000－1646－0006989　703811
新刊繡像評講濟公傳四卷一百二十回繡像評演接續後部濟公傳四卷一百二十回　（清）郭小亭撰　清光緒三十二年（1906）簡青齋書局石印本　五冊　缺二十八回（後部濟公傳一至二十八）

320000－1646－0006990　703812
皋鶴堂批評第一奇書金瓶梅一百回　題（明）蘭陵笑笑生撰　清湖南刻本　三十二冊

320000－1646－0006991　703813
皋鶴堂批評第一奇書金瓶梅一百回　題（明）蘭陵笑笑生撰　清湖南刻本　九冊　存三十八回（四至六、九至十四、十八至二十四、三十五至三十七、四十二至四十九、五十二至六十二）

320000－1646－0006992　703815
醒世姻緣傳一百回　題（清）西周生輯撰　清同治九年（1870）刻本　十六冊

320000－1646－0006993　703295
聽雨小樓詞稿二卷　（清）楊英燦著　清光緒十七年（1891）西溪草堂木活字印本　一冊

320000－1646－0006994　501255
薔菴隨筆六卷末一卷　（清）陸文衡著　清光緒二十三年（1897）木活字印本　二冊

320000－1646－0006995　703818
新刻天花藏批評玉嬌梨四卷二十回　題（清）荻岸散人編次　清文光堂刻本　四冊

320000－1646－0006996　703819
燕山外史註釋八卷　（清）陳球撰　清上海袖海山房石印本　二冊

320000－1646－0006997　703820
燕山外史註釋八卷　（清）陳球著　清上海袖海山房石印本（卷一至四補配清光緒三十三年上海書局石印本）　二冊

320000－1646－0006998　703821
燕山外史註釋八卷　（清）陳球著　清光緒三十二年（1906）上海海左書局石印本　一冊

320000－1646－0006999　703822
燕山外史註釋八卷　（清）陳球著　清光緒三十二年（1906）上海海左書局石印本　二冊

320000－1646－0007000　703823
燕山外史註釋八卷　（清）陳球著　清光緒三十二年（1906）上海海左書局石印本　四冊

320000－1646－0007001　703824
燕山外史註釋八卷　（清）陳球著　清光緒三十三年（1907）上海書局石印本　四冊

320000－1646－0007002　703825
于少保萃忠全傳十卷四十傳　（明）孫高亮撰　清鉛印本　四冊　存八卷（一至八）

320000－1646－0007003　703826
第一奇書野叟曝言二十卷一百五十四回　（清）夏敬渠撰　清光緒八年（1882）石印本　十八冊　缺十六回（四十九至五十六、六十五至七十二）

320000－1646－0007004　703827
興替金鑑二十卷一百五十四回　（清）夏敬渠撰　清光緒八年（1882）石印本　四冊

320000－1646－0007005　502031
華嚴一乘十玄門一卷　（唐）釋智儼撰　華嚴五十要問答二卷　（唐）釋智儼集　清光緒二十二年（1896）金陵刻經處刻本　一冊

320000－1646－0007006　703830
檮杌閒評五十卷首一卷　清京都藏板坊刻本　九冊　存三十八卷（一至三十七、首一卷）

320000－1646－0007007　501258
東山談苑八卷　（清）余懷編纂　清光緒三年

(1877)鉛印本　二冊

320000－1646－0007008　　305416
望堂金石文字不分卷　楊守敬摹　清光緒二年(1876)楊氏激素飛青閣刻本　一冊

320000－1646－0007009　　703842
紅樓夢一百二十卷　（清）曹雪芹撰　清光緒三年(1877)上浣刻本　二十四冊

320000－1646－0007010　　703843
增評補圖石頭記一百二十卷　（清）曹雪芹撰　清光緒二十六年(1900)鉛印本　四冊

320000－1646－0007011　　501260
因樹屋書影十卷　（清）周亮工撰　清雍正三年(1725)刻本　一冊　存一卷(一)

320000－1646－0007012　　501261
蒿菴閒話二卷　（清）張爾岐撰　清道光刻本　一冊

320000－1646－0007013　　703847
紅樓夢一百二十卷　（清）曹雪芹撰　清刻本　二十二冊

320000－1646－0007014　　703848
增評補像全圖金玉緣一百二十回　（清）曹雪芹撰　清光緒十五年(1889)上海石印本(卷一至八、三十七至五十二配增評加註全圖紅樓夢,六十一至八十配評註全圖金玉緣)　十六冊　缺一回(三十六)

320000－1646－0007015　　703849
後紅樓夢三十回附刻二卷　清刻本　十二冊

320000－1646－0007016　　703850
續紅樓夢三十卷　（清）秦子忱撰　清光緒八年(1882)經訓堂刻本　十六冊

320000－1646－0007017　　501262
毋欺錄一卷　（清）朱用純著　清同治八年(1869)木活字印本　一冊

320000－1646－0007018　　703853
繡像新紅樓夢六卷四十八回　清宣統二年(1910)石印本　一冊　存二十四回(一至二十四)

320000－1646－0007019　　703857
增刻紅樓夢圖詠不分卷　（清）王芸階繪　清光緒八年(1882)上海點石齋石印本　二冊

320000－1646－0007020　　703858
風月夢三十二回　題（清）邘上蒙人撰　清光緒十年(1884)上海江左書林刻本　四冊

320000－1646－0007021　　703859
品花寶鑑六十回　（清）陳森撰　清刻本(卷十一至十六、五十三至五十五配清石印本)　十七冊　缺四回(一至四)

320000－1646－0007022　　703860
品花寶鑑六十回　（清）陳森撰　清光緒三十四年(1908)石印本　八冊

320000－1646－0007023　　703861
品花寶鑑八卷六十回　（清）陳森撰　清光緒三十四年(1908)石印本　八冊

320000－1646－0007024　　501263
無欺錄二卷　（清）朱用純著　清光緒二十六年(1900)玉山書院刻本　一冊

320000－1646－0007025　　502050
大佛頂首楞嚴經疏解蒙鈔六十卷首一卷　（清）蒙叟撰　清光緒十五年(1889)姑蘇瑪瑙經房刻本　二十冊

320000－1646－0007026　　502051
大佛頂首楞嚴經正脉疏四十卷首一卷　（明）釋真鑑述　（明）釋福登校　清光緒二十二年(1896)金陵刻經處刻本　四冊

320000－1646－0007027　　502053
顯密圓通成佛心要集二卷　（唐）釋道殿集　清同治十一年(1872)金陵刻經處刻本　一冊

320000－1646－0007028　　501264
潛書四卷　（清）唐甄著　清光緒九年(1883)中江李氏刻本　二冊

320000－1646－0007029　　501265
潛書四卷　（清）唐甄著　清光緒九年(1883)中江李氏刻本　一冊

320000－1646－0007030　　501267

古夫于亭雜錄六卷　（清）王士禛著　清光緒三年(1877)刻本　二冊

320000－1646－0007031　　703874

花月痕全書十六卷五十二回　（清）魏秀仁撰　清光緒三十四年(1908)詠記書莊石印本　二冊

320000－1646－0007032　　703875

繪圖花月因緣十六卷五十二回　（清）魏秀仁撰　清光緒十九年(1893)上海書局鉛印本　六冊

320000－1646－0007033　　703876

繪圖花月因緣十六卷五十二回　（清）魏秀仁撰　清光緒十九年(1893)上海書局鉛印本（一至十二回配著清易堂仿聚珍版鉛印本）　六冊

320000－1646－0007034　　703877

花月痕全書十六卷五十二回　（清）魏秀仁撰　清光緒十八年(1892)上海圖書集成印書局鉛印本　四冊　缺三回(三十八至四十)

320000－1646－0007035　　501268

池北偶談二十六卷　（清）王士禛著　清光緒二十二年(1896)慎記書莊石印本　八冊

320000－1646－0007036　　703879

中東大戰演義四卷三十三回　（清）洪子式輯　清光緒二十六年(1900)香港中華印務總局鉛印本　一冊　存二十一回(一至二十一)

320000－1646－0007037　　703880

海游記六卷三十回　題（清）觀書人撰　清嘉慶刻本　四冊

320000－1646－0007038　　703881

青樓夢六十四回　（清）俞達著　清光緒十四年(1888)申江文魁堂刻本　九冊　缺六回(七至十二)

320000－1646－0007039　　305418

高士像傳不分卷　（晉）皇甫謐撰　（清）任熊繪　清咸豐七年(1857)蕭山王氏養和堂刻本　一冊　存一卷(上)

320000－1646－0007040　　501269

池北偶談二十六卷　（清）王士禛著　清光緒二十年(1894)桐陰山館刻本　四冊

320000－1646－0007041　　703886

轟天雷一卷十四回　孫景賢著　清光緒三十年(1904)海虞文社鉛印本　一冊

320000－1646－0007042　　703888

繡像海上繁華夢新書二集六卷三十回　題孫家振撰　清光緒二十九年(1903)上海笑林報館鉛印本　六冊

320000－1646－0007043　　703889

繪圖粵東繁華夢三卷四十回　黃小配撰　清光緒三十三年(1907)石印本　二冊

320000－1646－0007044　　703890

情天外史續冊一卷　清光緒二十一年(1895)石印本　一冊

320000－1646－0007045　　703891

第八才子書白圭志四卷十六回　（清）崔象川輯　清道光刻本　三冊　存十二回(五至十六)

320000－1646－0007046　　703892

畫圖緣全傳四卷十六回　題（清）天花藏主人撰　清刻本　二冊

320000－1646－0007047　　703893

繪像鐵花仙史二十六回　題（清）云封山人編次　清鉛印本　三冊　存二十一回(六至二十六)

320000－1646－0007048　　703894

繪圖官場現形計六十卷　（清）李寶嘉著　清崇本堂石印本　十四冊　缺四卷(四十九至五十二)

320000－1646－0007049　　703900

小眼觀世一卷　題（清）土屋靜觀氏著　行腳山東記一卷　（清）釋無辨和尚著　清石印本　一冊

320000－1646－0007050　　501270

居易錄三十四卷　（清）王士禛著　清乾隆刻

本　八冊

320000－1646－0007051　501271

居易錄三十四卷　（清）王士禛著　清乾隆刻本　七冊　存二十九卷(一至二十九)

320000－1646－0007052　305419

於越先賢像傳不分卷　（清）王齡撰　（清）任熊繪　清咸豐六年(1856)蕭山王氏養和堂刻本　一冊

320000－1646－0007053　501272

香祖筆記十二卷　（清）王士禛著　清康熙四十四年(1705)刻本　三冊

320000－1646－0007054　703914

女子救國美談七回　熱誠愛國人編譯　清光緒二十八年(1902)新民社鉛印本　一冊

320000－1646－0007055　703916

繪圖啼猩淚□□章　蔣景緘譯　清宣統元年(1909)時事報石印本　一冊　存十三章(三十三至四十五)

320000－1646－0007056　703917

巴黎茶花女遺事不分卷　（法國）小仲馬撰　林紓譯　清光緒二十五年(1899)素隱書屋託昌言報館鉛印本　一冊

320000－1646－0007057　703918

重譯外國小說昕夕閒談後編二十四回　（英國）李約瑟筆述　清光緒三十年(1904)上海文寶書局鉛印本　一冊

320000－1646－0007058　703919

續譯華生包探案不分卷　（英國）柯南道爾撰　清光緒二十八年(1902)上海文明書局鉛印本　一冊

320000－1646－0007059　703920

黑奴籲天錄四卷　（美國）斯土活著　清光緒二十七年(1901)武林魏氏刻本　三冊　存三卷(一、三至四)

320000－1646－0007060　502071

佛說梵網經菩薩心地品玄義一卷　（明）釋智旭述　（明）釋道昉訂　佛說梵網經菩薩心地品合注七卷　（後秦）釋鳩摩羅什譯　（明）釋智旭注　（明）釋道昉訂　菩薩戒羯磨文釋一卷　（唐）釋玄奘譯　（明）釋智旭釋　重定授菩薩戒法一卷學菩薩戒法一卷　（明）釋智旭述　菩薩戒本經一卷　（北涼）釋曇無讖第二譯　梵網經懺悔行法一卷毘尼後集問辯一卷　（明）釋智旭述　清同治十三年(1874)金陵刻經處刻本　一冊

320000－1646－0007061　703923

古今詩話八卷　清刻本　四冊　存四卷(三、五至六、八)

320000－1646－0007062　703939

文心雕龍十卷　（南朝梁）劉勰著　清刻本　一冊

320000－1646－0007063　703940

文心雕龍十卷　（南朝梁）劉勰撰　清乾隆三年(1738)刻本　二冊

320000－1646－0007064　703941

文心雕龍十卷　（南朝梁）劉勰撰　清光緒十九年(1893)思賢講舍刻本　四冊

320000－1646－0007065　703942

文心雕龍十卷　（南朝梁）劉勰撰　清道光十三年(1833)兩廣節署刻本　四冊

320000－1646－0007066　703943

文心雕龍十卷　（南朝梁）劉勰撰　清道光十三年(1833)兩廣節署刻本　四冊

320000－1646－0007067　703944

文心雕龍十卷　（南朝梁）劉勰撰　清道光十三年(1833)兩廣節署刻本　四冊

320000－1646－0007068　703945

文心雕龍十卷　（南朝梁）劉勰撰　清光緒十八年(1892)上海書局石印本　四冊

320000－1646－0007069　703946

文心雕龍十卷　（南朝梁）劉勰撰　清乾隆六年(1741)養素堂刻本　四冊

320000－1646－0007070　502072

佛說梵網經直解十卷　（後秦）釋鳩摩羅什譯

（明）釋寂光直解　清刻本　一冊　存五卷（一至五）

320000－1646－0007071　703953
詩品詩課鈔一卷　（清）鍾寶學課　清刻本　一冊

320000－1646－0007072　703954
司空表聖詩品一卷　（唐）司空圖撰　清抄本　一冊

320000－1646－0007073　703955
司空詩品注釋一卷　（唐）司空圖撰　清光緒十六年(1890)綠蔭堂刻本　一冊

320000－1646－0007074　703956
司空詩品注釋一卷　（唐）司空圖撰　清光緒李光明莊刻本　一冊

320000－1646－0007075　703959
新編宋文忠公蘇學士東坡詩話三卷　清金閶文業堂刻本　一冊

320000－1646－0007076　501273
香祖筆記十二卷　（清）王士禛著　清康熙四十四年(1705)刻本　四冊

320000－1646－0007077　703967
漁隱叢話前集六十卷漁隱叢話後集四十卷　（宋）胡仔纂集　清耘經樓刻本　十冊

320000－1646－0007078　703969
滄浪詩話註五卷　（宋）嚴羽撰　清光緒七年(1881)石印本　三冊

320000－1646－0007079　703970
浩然齋雅談三卷　（宋）周密撰　清仿武英殿聚珍版刻本　一冊

320000－1646－0007080　703971
浩然齋雅談三卷　（宋）周密撰　清仿武英殿聚珍版刻本　一冊

320000－1646－0007081　502078
修設瑜伽集要施食壇儀一卷　（明）釋袾宏補注　（清）福聚梓　清同治八年(1869)刻本　一冊

320000－1646－0007082　703978
詩藪內編六卷　（明）胡應麟撰　清光緒廣雅書局刻本　二冊

320000－1646－0007083　703979
梅村詩話一卷　（清）吳偉業撰　清宣統三年(1911)上海掃葉山房石印本　一冊

320000－1646－0007084　703980
詩體明辯十卷　（明）徐師曾纂　清刻本　三冊　存八卷(三至十)

320000－1646－0007085　703981
能文要訣一卷　（清）周夢顏著　清戴繩武抄本　一冊

320000－1646－0007086　703982
詩倫二卷　（清）汪薇輯　清刻本　一冊　存一卷(上)

320000－1646－0007087　703983
漁洋詩話三卷　（清）王士禛撰　清雍正三年(1725)刻本　一冊

320000－1646－0007088　703985
漁洋詩話二卷　（清）王士禛撰　清宣統元年(1909)掃葉山房石印本　一冊

320000－1646－0007089　501274
香祖筆記十二卷　（清）王士禛著　清康熙四十四年(1705)刻本　四冊

320000－1646－0007090　703987
帶經堂詩話三十卷首一卷　（清）王士禛撰　清同治十二年(1873)廣州藏修堂刻本　八冊

320000－1646－0007091　703988
帶經堂詩話三十卷首一卷　（清）王士禛撰　清同治十二年(1873)廣州藏修堂刻本　九冊　缺四卷(二十七至三十)

320000－1646－0007092　703991
說詩樂趣類編二十卷　（清）伍涵芬定　清乾隆、嘉慶間刻本　七冊

320000－1646－0007093　501275
香祖筆記十二卷　（清）王士禛著　清宣統三年(1911)上海掃葉山房石印本　四冊

320000－1646－0007094　305420

列仙酒牌一卷　（清）任熊繪　清咸豐刻本　二冊

320000－1646－0007095　703994

論文偶記一卷惜抱軒語一卷　（清）劉大櫆撰　清光緒十八年(1892)金匱廉氏刻本　一冊

320000－1646－0007096　703995

論文偶記一卷惜抱軒語一卷　（清）劉大櫆撰　清光緒十八年(1892)金匱廉氏刻本　一冊

320000－1646－0007097　501840

新訂解人頤廣集八卷　（清）錢德蒼重訂　清會友堂刻本　一冊

320000－1646－0007098　703997

伯山詩話後集四卷　（清）康發祥編輯　清道光二十七年(1847)泰州康氏刻本　二冊

320000－1646－0007099　703998

西圃文說三卷西圃詩說一卷西圃詞說一卷　（清）田同之纂　清刻本　一冊

320000－1646－0007100　501841

新鎸笑林廣記十二卷　題（清）遊戲主人纂輯　題（清）粲然居士參訂　清連元閣刻本　一冊　存一卷(三)

320000－1646－0007101　704000

隨園詩話十六卷補遺十卷　（清）袁枚著　清乾隆五十七年(1792)刻本　六冊

320000－1646－0007102　704003

北江詩話四卷　（清）洪亮吉著　清刻本　二冊

320000－1646－0007103　305421

列仙酒牌一卷　（清）任熊繪　清咸豐刻本　二冊

320000－1646－0007104　704005

唐律消夏錄五卷　（清）顧安輯　清乾隆二十七年(1762)何文煥刻本　二冊

320000－1646－0007105　305422

列仙酒牌一卷　（清）任熊繪　清咸豐刻本　二冊

320000－1646－0007106　501845

文章游戲初編八卷二編八卷三編八卷四編八卷　（清）繆艮輯　清道光元年至同治十一年(1821－1872)刻本　三十冊

320000－1646－0007107　704008

藝苑名言八卷　（清）蔣瀾纂輯　清乾隆四十年(1775)嘉平刻本　四冊

320000－1646－0007108　704009

藝苑名言八卷　（清）蔣瀾纂輯　清乾隆四十年(1775)嘉平刻本　四冊

320000－1646－0007109　704011

四六叢話三十三卷選詩叢話一卷　（清）孫梅輯　清光緒七年(1881)吳下刻本　十二冊

320000－1646－0007110　704012

四六叢話三十三卷選詩叢話一卷　（清）孫梅輯　清光緒七年(1881)吳下刻本　十二冊

320000－1646－0007111　704013

賦學蕡錦八卷　（清）翁天游編　清藕花溪草堂刻本　二冊　存六卷(一至六)

320000－1646－0007112　704014

星湄詩話二卷　（清）徐傳詩撰　清宣統三年(1911)峭帆樓刻本　一冊

320000－1646－0007113　704017

分類詩腋八卷　（清）李楨編　清道光五年(1825)刻本　四冊

320000－1646－0007114　704018

耐冷譚十六卷耐冷續譚六卷　（清）宋咸熙撰　清道光九年至十四年(1829－1834)刻本　六冊

320000－1646－0007115　704019

點勘記二卷省堂筆記一卷　（清）歐陽泉撰　清光緒四年(1878)江蘇書局刻本　二冊

320000－1646－0007116　704020

緣葊詩話二卷　（清）李堂撰　清刻本　一冊

320000－1646－0007117　704021

鐙窗瑣話八卷　（清）于源撰　清道光二十七

年(1847)刻本　二册

320000-1646-0007118　704022
小滄浪詩話四卷　（清）張燮承纂　清咸豐九年(1859)古汲郡賀氏刻本　二册

320000-1646-0007119　704023
古今詩話選雋二卷　（清）盧衍仁輯　清乾隆刻本　一册

320000-1646-0007120　704024
餘墨偶談八卷續集八卷　（清）孫橒編　清光緒七年(1881)刻本　十二册　缺三卷(正集六至八)

320000-1646-0007121　704026
文通十卷　（清）馬建忠撰　清光緒二十四年(1898)上海商務印書館鉛印本　十册

320000-1646-0007122　704027
文通十卷　（清）馬建忠撰　清光緒二十四年(1898)上海商務印書館鉛印本　三册

320000-1646-0007123　704028
蘭修庵消寒錄□□卷　（清）王道徵纂　清刻本　一册　存三卷(四至六)

320000-1646-0007124　704029
論文集要四卷　（清）薛福成纂　清光緒二十八年(1902)農學報館石印本　二册

320000-1646-0007125　704034
觀我生齋詩話四卷　（清）鍾秀撰　清光緒五年(1879)刻本　二册

320000-1646-0007126　704036
藝苑叢話十六卷　陳琰編輯　清宣統三年(1911)上海六藝書局石印本　四册

320000-1646-0007127　704037
藝苑叢話十六卷　陳琰編輯　清宣統三年(1911)上海六藝書局石印本　四册

320000-1646-0007128　501846
文章游戲初編八卷二編八卷三編八卷四編八卷　（清）繆艮輯　清道光元年至同治十一年(1821-1872)刻本　十二册　存二十七卷(初編一至二、五至六、八,二編一至四、六、八,三編一至八,四編一至八)

320000-1646-0007129　305423
列仙酒牌一卷　（清）任熊繪　清咸豐刻本　一册

320000-1646-0007130　704057
雜錄不分卷　清抄本　一册

320000-1646-0007131　704058
古文筆法百篇二十卷　（清）李扶九選　清光緒八年(1882)滇南書局刻本　六册

320000-1646-0007132　501849
天花亂墜八卷　題（清）寅半生選輯　清光緒二十九年(1903)崇寔齋刻本　三册　存六卷(一至二、五至八)

320000-1646-0007133　704070
漢文教授法十二卷　偉廬主人編輯　清光緒二十九年(1903)商務印書館鉛印本　一册

320000-1646-0007134　704077
宋詩紀事一百卷　（清）厲鶚輯　清乾隆十一年(1746)刻本　二十三册　存九十三卷(一至九十三)

320000-1646-0007135　704078
宋詩紀事補遺一百卷　（清）陸心源輯　清光緒十九年(1893)刻本　二十四册

320000-1646-0007136　502082
大乘起信論疏彙集八種三十六卷　清光緒金陵刻經處刻本　十二册

320000-1646-0007137　704087
明詩紀事甲籤三十卷乙籤二十二卷丙籤十二卷丁籤十七卷戊籤二十二卷己籤二十卷庚籤三十卷辛籤三十四卷　陳田輯　清光緒二十五年至宣統三年(1899-1911)貴陽陳氏聽詩齋刻本　二十四册　缺六十八卷(甲籤三至七,乙籤一至二十二,丙籤六至十二,己籤一至二十,辛籤九至十九、二十六至二十八)

320000-1646-0007138　704092
廣陵詩事十卷　（清）阮元撰　清光緒十六年(1890)刻本　二册

320000 – 1646 – 0007139　704096

全閩詩話十二卷　（清）鄭方坤編輯　清乾隆刻本　六冊　缺三卷(七至九)

320000 – 1646 – 0007140　704097

楚天樵話二卷　（清）張清標著　清光緒十八年(1892)甑山書院刻本　一冊

320000 – 1646 – 0007141　704098

湘上詩緣錄四卷新安詩萃一卷　（清）張修府輯　清光緒十四年(1888)長沙刻本　四冊

320000 – 1646 – 0007142　704099

中國文學史不分卷　黃人撰　清國學扶輪社鉛印本　三十冊

320000 – 1646 – 0007143　704100

中國文學史不分卷　黃人撰　清國學扶輪社鉛印本　二十八冊

320000 – 1646 – 0007144　501276

堅瓠集十集　（清）褚人獲纂輯　清刻本　六冊　存三集(三至五)

320000 – 1646 – 0007145　305424

卅三劍客圖一卷　（清）任熊繪　清咸豐六年(1856)刻本　二冊

320000 – 1646 – 0007146　704118

古今集聯不分卷　（清）莫子偲集　清同治十三年(1874)刻本　四冊

320000 – 1646 – 0007147　704123

楹聯叢話十二卷楹聯續話四卷　（清）梁章鉅輯　清道光二十六年(1846)刻本　六冊

320000 – 1646 – 0007148　704124

楹聯叢話十二卷楹聯續話四卷　（清）梁章鉅輯　清道光二十六年(1846)刻本　四冊

320000 – 1646 – 0007149　305425

卅三劍客圖一卷　（清）任熊繪　清咸豐六年(1856)刻本　一冊

320000 – 1646 – 0007150　704126

巧對錄八卷　（清）梁章鉅輯　清道光二十二年(1842)刻本　二冊

320000 – 1646 – 0007151　704127

巧對錄八卷　（清）梁章鉅輯　清道光二十九年(1849)甌城文華堂刻本　二冊

320000 – 1646 – 0007152　704129

楹聯新話八卷　（清）朱應鎬輯　清光緒十八年(1892)刻本　二冊　缺一卷(五)

320000 – 1646 – 0007153　704130

楹聯錄存五卷　（清）俞樾輯　清光緒二十一年(1895)刻本　四冊

320000 – 1646 – 0007154　704132

楹聯集帖不分卷　（清）何紹基集　清同治二年(1863)二百蘭亭齋刻本　一冊

320000 – 1646 – 0007155　704135

衲蘇集二卷　（清）何栻纂　清同治元年(1862)章門刻本　二冊

320000 – 1646 – 0007156　704137

邵子擊壤集摘聯六卷　邵同珩輯　清光緒二十三年(1897)經世山房刻本　一冊

320000 – 1646 – 0007157　502089

大乘起信論科注一卷　（南朝梁）釋真諦譯　（清）桂伯華注　清光緒三十年(1904)武昌廬陵黃氏刻本　一冊

320000 – 1646 – 0007158　704139

梡鞠錄二卷　朱祖謀編　清小扶風館刻本　二冊

320000 – 1646 – 0007159　704141

鞠傲軒集聯新語一卷　劉傳福集　清宣統元年(1909)木活字印本　一冊

320000 – 1646 – 0007160　704142

吳下諺聯四卷　題（清）北莊素史集　清刻本　二冊　存二卷(三至四)

320000 – 1646 – 0007161　502104

唯識二十論述記四卷　（唐）釋窺基撰　清宣統二年(1910)江西刻經處刻本　一冊

320000 – 1646 – 0007162　704145

聯珠集二卷　紅藕山莊主人編　清管可壽齋刻本　一冊　存一卷(下)

320000-1646-0007163　704147

商頌遺音不分卷　清抄本　一册

320000-1646-0007164　704148

詩夢鐘聲録不分卷　（清）李嘉樂等撰　清光緒刻本　一册

320000-1646-0007165　704149

詩夢鐘聲録不分卷　（清）李嘉樂等撰　清光緒刻本　一册

320000-1646-0007166　704150

詩夢鐘聲録不分卷　（清）李嘉樂等撰　清光緒刻本　一册

320000-1646-0007167　502105

唯識開蒙問答二卷　（元）釋雲峰輯　清宣統三年(1911)揚州藏經禪院刻本　一册

320000-1646-0007168　704152

璇璣碎錦二卷　（清）萬樹著　清光緒十三年(1887)漱霞仙館刻本　二册

320000-1646-0007169　704153

璇璣碎錦二卷　（清）萬樹著　清光緒十三年(1887)漱霞仙館刻本　二册

320000-1646-0007170　704154

璇璣碎錦二卷　（清）萬樹著　清光緒十四年(1888)似靜齋石印本　二册

320000-1646-0007171　704155

回文類聚四卷　（宋）桑世昌纂次　續編十卷　（清）朱象賢集　清刻本　四册

320000-1646-0007172　704156

回文類聚四卷　（宋）桑世昌纂次　續編十卷　（清）朱象賢集　清刻本　四册

320000-1646-0007173　704158

古諺十一卷　（清）林伯桐編　清道光十八年(1838)修本堂刻本　一册

320000-1646-0007174　704159

增廣越諺正續全集三卷　（清）范寅編　清光緒二十四年(1898)石印本　一册

320000-1646-0007175　704160

越諺三卷　（清）范寅輯　清光緒八年(1882)谷應山房刻本　三册

320000-1646-0007176　704161

越諺三卷　（清）范寅輯　清光緒八年(1882)谷應山房刻本　一册

320000-1646-0007177　704162

繪圖孩兒説笑話□□卷　（清）悟癡生輯　清石印本　一册　存一卷(一)

320000-1646-0007178　501279

螺江日記八卷　（清）張文虤稿　清乾隆十七年(1752)二銘軒刻本　四册

320000-1646-0007179　704164

蓮廊雅集二卷　（清）江峰青等撰　清光緒二十年(1894)刻本　一册

320000-1646-0007180　704166

經藝獵豔五十品不分卷　（清）陸潤庠選定　清光緒二年(1876)刻本　二册

320000-1646-0007181　704167

經藝獵豔五十品不分卷　（清）陸潤庠選定　清光緒五年(1879)鉛印本　二册

320000-1646-0007182　704168

經文囊括統編十卷　清同治元年(1862)京都刻本　十册

320000-1646-0007183　704169

鴻寶齋經義彙纂六十卷　（清）何瑞堂編　清光緒二十八年(1902)鴻寶齋石印本　二十册

320000-1646-0007184　704170

縮本精選經藝淵海五卷　題（清）常安室主人輯　清光緒十一年(1885)上海點石齋石印本　十册

320000-1646-0007185　704171

經文求是五卷　（清）求是軒編　清同治六年(1867)刻本　十册

320000-1646-0007186　704172

經藝權五卷　（清）劉芷人選　清同治十二年(1873)刻本　十册

320000 – 1646 – 0007187　704173

經藝璆琳不分卷　（清）汪承元彙輯　清同治三年（1864）琉璃廠刻本　四冊

320000 – 1646 – 0007188　704174

經藝璆琳不分卷　（清）汪承元彙輯　清咸豐二年（1852）安和軒刻本　四冊

320000 – 1646 – 0007189　704175

經藝璆琳不分卷　（清）汪承元彙輯　清咸豐二年（1852）安和軒刻本　五冊

320000 – 1646 – 0007190　704176

經義大醇初編十卷二編五卷　（清）黃彝輯　清同治元年（1862）刻本　十五冊

320000 – 1646 – 0007191　704177

經藝莘新不分卷　題（清）荊花館主人編　清同治四年（1865）荊花館刻本　四冊

320000 – 1646 – 0007192　704178

經文精選不分卷　題（清）蘭馨主人錄　清光緒元年（1875）常熟蘭馨室刻本　四冊

320000 – 1646 – 0007193　704179

五經文府五卷　（清）同文局主人輯　清光緒十九年（1893）鴻寶齋石印本　二十冊

320000 – 1646 – 0007194　704180

漢儒易義針度四卷卦圖解一卷　（清）朱昌壽學　清同治九年（1870）刻本　二冊

320000 – 1646 – 0007195　704181

四書五經義不分卷　題（清）曠園居士選　清光緒二十七年（1901）上海書局石印本　二冊

320000 – 1646 – 0007196　704182

近科五經文鈔五卷　（清）林端輯　清嘉慶二十三年（1818）刻本　五冊

320000 – 1646 – 0007197　704183

經畲新編不分卷　題（清）樗園學人輯　清同治五年（1866）藝香居刻本　四冊

320000 – 1646 – 0007198　704184

經藝備格不分卷　（清）藝園主人彙輯　清光緒二十年（1894）上海積山書局石印本　四冊

320000 – 1646 – 0007199　704185

五經文海五卷　題（清）敬齋主人編　清光緒十四年（1888）上海大同書局石印本　二十冊

320000 – 1646 – 0007200　704186

詩經文治不分卷　清刻本　一冊

320000 – 1646 – 0007201　704187

經文五萬選五卷　題（清）求志齋主人編　清光緒十九年（1893）上海書局石印本　六十四冊

320000 – 1646 – 0007202　704188

經義模範一卷　清光緒二十八年（1902）陽湖汪模署刻本　一冊

320000 – 1646 – 0007203　704189

經義初編二卷　（清）劉可毅編　清光緒二十七年（1901）常州刻本　二冊

320000 – 1646 – 0007204　704190

仁在堂全集十一集續刻三集　（清）路德評選　清道光十八年（1838）同文堂刻本　二十七冊

320000 – 1646 – 0007205　704191

小題三萬選不分卷　題（清）求是齋主人選　清光緒十四年（1888）鴻寶齋書局石印本　四十冊

320000 – 1646 – 0007206　704192

大題文府不分卷　題（清）退菴居士編　清光緒十九年（1893）上海鴻寶齋石印本　三十六冊

320000 – 1646 – 0007207　704193

張謇批選四書義六卷張謇批選續四書義六卷　張謇評選　清光緒二十八年至三十年（1902 – 1904）申江石印本　十二冊

320000 – 1646 – 0007208　704194

張謇批選四書義六卷　張謇評選　清光緒二十七年（1901）上海書局石印本　六冊

320000 – 1646 – 0007209　704195

大題雋快初編不分卷二編不分卷　（清）翁同龢鑒定　清光緒五年（1879）常熟漱石山房刻

本　六册

320000-1646-0007210　704196

精選經藝鼓吹初編不分卷　（清）翁同龢選　清光緒九年(1883)鉛印本　二册

320000-1646-0007211　704197

大題求是不分卷　（清）王金銛編次　清同治六年(1867)刻本　四册

320000-1646-0007212　704198

藝林珠玉初編四卷二編不分卷三編不分卷四編不分卷　題（清）玉玲瓏山館主人編　清同治四年(1865)刻本　二十六册

320000-1646-0007213　704199

時墨采新不分卷　（清）杜聯選　清光緒元年(1875)刻本　四册

320000-1646-0007214　704200

瘴鱷集不分卷　（清）杜聯編　清同治十二年(1873)刻本　四册

320000-1646-0007215　704201

文壇博鈔四卷　清刻本　四册　存三卷（二至四）

320000-1646-0007216　704202

鋤經堂搭題文初集不分卷二集不分卷　（清）李湘選　清同治十年(1871)鋤經堂刻本　二册

320000-1646-0007217　704203

小搭文華不分卷　題（清）青雲居士輯　清光緒六年(1880)刻本　二册

320000-1646-0007218　704204

小不其山房課徒草不分卷　（清）徐有珂評閱　清光緒五年(1879)刻本　四册

320000-1646-0007219　704205

續選尊經課藝不分卷　（清）盧崟選定　清光緒十五年(1889)上海珍藝書局鉛印本　六册

320000-1646-0007220　704206

各省課藝匯海不分卷　題（清）擷雲腴山館主人輯　清光緒十一年(1885)上海同文書局石印本　八册

320000-1646-0007221　704207

各省課藝匯海七卷　題（清）擷雲腴山館主人輯　清光緒八年(1882)擷雲腴山館刻本　六十册

320000-1646-0007222　704208

窗稿不分卷　清抄本　四册

320000-1646-0007223　704209

兩論聯章合璧不分卷　（清）汪鳴鑾鑒定　清同治十二年(1873)樹蘭書屋刻本　二册

320000-1646-0007224　704210

制藝偶見初集不分卷　（清）曹樸亭編　清光緒五年(1879)上海美華書館鉛印本　一册

320000-1646-0007225　704211

虛靈選雋不分卷　題（清）屈蠖齋主人輯　清光緒十一年(1885)屈蠖齋刻本　一册

320000-1646-0007226　704212

窗課不分卷　（清）硯銘錄　清硯銘抄本　四册

320000-1646-0007227　704213

國朝文才調集不分卷　許振褘選評　清光緒二十六年(1900)上海富文書局石印本　四册

320000-1646-0007228　704214

近科鄉會墨選清腴初集六卷二集二卷　清同治元年(1862)小藜山館刻本　十册

320000-1646-0007229　704215

增選加註能與集不分卷　（清）李秬香輯　清道光二十八年(1848)古越聚奎堂刻本　二册

320000-1646-0007230　704216

如舫軒墨選二卷　清抄本　二册

320000-1646-0007231　704217

文腋類編十卷　（清）周岱編　清同治十一年(1872)三餘書舍刻本　十一册

320000-1646-0007232　704218

校正四書新論四卷　（清）俞樾選　清光緒二十七年(1901)石印本　四册

320000-1646-0007233　704219

校正四書新論四卷　（清）俞樾選　清光緒二十七年（1901）石印本　四冊

320000－1646－0007234　704220

桂杏聯芳不分卷　（清）薛時雨評選　清光緒五年（1879）刻本　四冊

320000－1646－0007235　704221

四書論義四卷　深柳堂主人編　清光緒二十六年（1900）上海文華書局石印本　四冊

320000－1646－0007236　704222

新增虎嚳集不分卷　題（清）秋蘭若主人撰　清同治十二年（1873）叢蘭吟館刻本　二冊

320000－1646－0007237　704223

省園會藝不分卷　（清）許松漁選定　清道光二十四年（1844）上海王氏刻本　二冊

320000－1646－0007238　704224

屑瓊集課藝不分卷　（清）黃硯北　（清）潘衡齋選定　清道光二十五年（1845）刻本　二冊

320000－1646－0007239　704225

一隅集不分卷　（清）鄒映泉改選　（清）程瑤楨錄　清光緒十六年（1890）程瑤楨抄本　一冊

320000－1646－0007240　704226

文稿不分卷　（清）悅孫重訂　清光緒十八年（1892）抄本　四冊

320000－1646－0007241　704227

觀善齋會課同人試藝不分卷　（清）李錫瓚錄　清觀善齋刻本　一冊

320000－1646－0007242　704228

所知集時文不分卷　（清）殷如珠編　清光緒十一年（1885）金匱學刻本　四冊

320000－1646－0007243　704229

所知集時文不分卷　（清）殷如珠編　清光緒十一年（1885）金匱學刻本　四冊

320000－1646－0007244　704230

雲間小課三卷　（清）趙粹甫選　清光緒四年（1878）刻本　五冊

320000－1646－0007245　704231

陰隲文制藝試帖合璧不分卷　（清）徐炳炎編　清光緒五年（1879）刻本　二冊

320000－1646－0007246　704232

沅湘攬秀集六卷　（清）陸寶忠編　清光緒十四年（1888）湖南學院刻本　五冊

320000－1646－0007247　704233

典文精萃不分卷　清抄本　七冊

320000－1646－0007248　704234

八銘堂塾鈔初集六卷二集六卷　（清）吳蘭陔編　清道光漁古山房刻本　八冊

320000－1646－0007249　704235

鐵網珊瑚初集不分卷二集不分卷三集不分卷　（清）沈鏡堂編　清同治九年（1870）石室山房刻本　六冊

320000－1646－0007250　704236

小題正鵠全集三卷訓蒙草一卷養正草一卷　（清）李元度編輯　清光緒八年（1882）務本書局刻本　八冊

320000－1646－0007251　704237

塾課小題正鵠初集一卷二集一卷三集一卷　（清）李元度編輯　清同治十二年（1873）李氏家塾刻本　六冊

320000－1646－0007252　704238

塾課小題正鵠初集一卷二集一卷三集一卷訓蒙草一卷　（清）李元度編輯　清光緒十五年（1889）上海蟾桂閣鉛印本　四冊

320000－1646－0007253　704239

紺雪齋塾鈔式集一卷　（清）徐廷璋編　清道光二十一年（1841）維物文盛堂刻本　一冊

320000－1646－0007254　704240

八銘文衡指要不分卷　（清）龔文藻編　清同治九年（1870）萬卷樓刻本　四冊

320000－1646－0007255　704241

小題文津迎機合選不分卷　（清）龔文藻編　清同治七年（1868）刻本　二冊

320000－1646－0007256　704242

小題文津迎機合選不分卷　（清）龔文藻編　清光緒九年(1883)京口文成堂刻本　四冊

320000－1646－0007257　　704243

小題文八集　（清）王步青編　清乾隆五年(1740)刻嘉慶、道光間印本　十五冊

320000－1646－0007258　　704244

似儑集不分卷　清乾隆十九年(1754)抄本　一冊

320000－1646－0007259　　704245

巧搭最新不分卷　題(清)八杉齋主人編　清光緒六年(1880)刻本　四冊

320000－1646－0007260　　704246

巧搭最新不分卷　題(清)八杉齋主人編　清光緒六年(1880)刻本　四冊

320000－1646－0007261　　704247

彙刻小題雋快新編六編　（清）季成銑等編次　清道光二十一年(1841)善美堂刻本　十八冊

320000－1646－0007262　　704248

中鋒集初編不分卷　（清）蔡鼎昌等編校　清同治八年(1869)文光堂刻本　二冊

320000－1646－0007263　　704249

中鋒集初編不分卷　（清）蔡鼎昌等編校　清同治八年(1869)文光堂刻本　二冊

320000－1646－0007264　　704250

文矩百篇四卷　（清）潘晴皋評定　清光緒十年(1884)刻本　四冊

320000－1646－0007265　　704251

初學文引不分卷　（清）葉勤諏選註　清同治十二年(1873)刻本　一冊

320000－1646－0007266　　704252

小題文滙合編不分卷　（清）師竹軒編次　清同治五年(1866)振宜堂吳氏刻本　四冊

320000－1646－0007267　　704253

小題清華集初集不分卷二集不分卷　（清）沈菊泉編　清同治十一年至十三年(1872－1874)學歐室刻本　四冊

320000－1646－0007268　　704254

小題清華集初集不分卷　（清）沈菊泉編　清同治十一年(1872)學歐室刻本　二冊

320000－1646－0007269　　704255

啟秀新編不分卷　（清）沈菊泉編　清同治十三年(1874)學歐室刻本　一冊

320000－1646－0007270　　704256

啟秀新編不分卷　（清）沈菊泉編　清光緒三年(1877)學歐室刻本　二冊

320000－1646－0007271　　704257

小題金粉不分卷　（清）林志澄選評　清道光二十九年(1849)亦政堂刻本　二冊

320000－1646－0007272　　704258

小題正軌初集不分卷二集不分卷　（清）袁廷璜編　清光緒元年(1875)修齋堂刻本　四冊

320000－1646－0007273　　704259

孟子文楖七卷　題(清)求古齋主人編　清同治九年(1870)求古齋刻本　八冊

320000－1646－0007274　　704260

杏花樓試藝不分卷　（清）繆文溶著　時藝數珍不分卷　（清）任泰選　清道光八年至十五年(1828－1835)刻本　二冊

320000－1646－0007275　　704261

心香閣墨商不分卷　（清）郁鼎鐘編次　清道光十一年(1831)掃葉山房刻本　四冊

320000－1646－0007276　　704262

啟禎大小題移人集不分卷　（清）唐冠賢評選　清乾隆十二年(1747)刻本　四冊

320000－1646－0007277　　704263

搭截共賞初集不分卷二集不分卷　（清）呂元錦編　清同治四年(1865)綠蔭堂刻本　四冊

320000－1646－0007278　　704264

搭截大觀不分卷　（清）章第榮編　清同治四年(1865)豫園刻本　二冊

320000－1646－0007279　　704265

搭截新編不分卷　（清）繆文溶編　清光緒十五年(1889)來青閣刻本　四冊

320000－1646－0007280　704266

時文小題約鈔二卷　（清）顧調元訂　清咸豐五年(1855)宜稼堂刻本　八冊

320000－1646－0007281　704267

時文小題約鈔二卷　（清）顧調元訂　清光緒三年(1877)上海印書局鉛印本　四冊

320000－1646－0007282　704268

明文明初集不分卷二集不分卷　（清）路德註釋　清光緒六年至八年(1880－1882)掃葉山房刻本　六冊

320000－1646－0007283　704269

匯學讀本不分卷　（清）鄭之琼輯　清光緒十二年(1886)上海海昌莊刻本　四冊

320000－1646－0007284　704270

國朝小題文瀋靈集甲乙丙丁戊己編不分卷　（清）張躍鱗編　清嘉慶十二年(1807)李賡芸刻本　十二冊

320000－1646－0007285　704271

國朝名文春霆集不分卷　（清）李鳴謙　（清）吳承緒選　清刻本　一冊

320000－1646－0007286　704272

小試拾芥編初集不分卷二集不分卷　（清）宋清壽　（清）吳鍾駿編輯　清道光十二年(1832)刻本　四冊

320000－1646－0007287　704273

新選小題銳鋒初集不分卷　（清）張鱗編次　新選小題銳鋒二集不分卷　（清）汪世恬編次　清道光十九年(1839)文英堂刻道光二十三年(1843)純德堂續刻本　二冊

320000－1646－0007288　704274

小題極品不分卷　清刻本　一冊

320000－1646－0007289　704275

制義蜚英四書義一卷五經義五卷　（清）胡之泰等編輯　清光緒二十八年(1902)夢孔山房石印本　三冊

320000－1646－0007290　704276

清嘉集初編不分卷二編三卷三編二卷　王先謙編　清光緒十二年至十四年(1886－1888)南菁書院刻本　十冊

320000－1646－0007291　704277

攢花小堂讀本初集不分卷　（清）李烈編次　攢花小堂讀本二集不分卷　（清）項兆蓮等編次　清同治六年(1867)刻本　六冊

320000－1646－0007292　704278

攢花小堂讀本初編不分卷　（清）李烈編次　清光緒二十年(1894)文海肇記書局石印本　一冊

320000－1646－0007293　704279

江漢炳靈集二卷　（清）張之洞編　清光緒十九年(1893)上海書局石印本　四冊

320000－1646－0007294　704280

江漢炳靈集二卷　（清）張之洞編　清同治九年(1870)刻本　四冊

320000－1646－0007295　704281

三江邁倫集不分卷　（清）杜聯輯選　清光緒二年(1876)刻本　八冊

320000－1646－0007296　704282

近科鄉會墨僅見不分卷　（清）謝輔坫選評　清同治六年(1867)舊雨草堂刻本　六冊

320000－1646－0007297　704283

對山樓小題文鈔不分卷　題（清）訥訥軒主人編　清咸豐、同治間訥訥軒刻本　四冊

320000－1646－0007298　704284

還讀軒墨選新編不分卷二編不分卷　（清）馮可錂　（清）馮可鏞評輯　清同治七年(1868)慈谿馮氏刻本　八冊

320000－1646－0007299　704285

近科通雅集初編不分卷續編不分卷三編不分卷　（清）蒯光典鑒定　清光緒二十三年(1897)復古書齋石印本　六冊

320000－1646－0007300　704286

近科通雅集初編不分卷　清光緒二十年(1894)刻本　一冊

320000－1646－0007301　704287

新選時文備格不分卷　題(清)還讀山房主人編　清光緒六年(1880)京都還讀山房刻本　八冊

320000－1646－0007302　704288

啜茗軒小題文不分卷　(清)何澂　(清)何炳榮編輯　清同治十年(1871)刻本　四冊

320000－1646－0007303　704289

小試正軌一卷　(清)束季符撰　清光緒二十二年(1896)上海書局石印本　一冊

320000－1646－0007304　704290

小搭制勝集一卷　清同治、光緒間鎮海朱理泗刻本　一冊

320000－1646－0007305　704291

小題鴛繡不分卷　(清)屠恂卿輯　清光緒十一年(1885)刻本　一冊

320000－1646－0007306　704292

小題靈秀集不分卷　題(清)愛吾主人編　清光緒元年(1875)刻本　二冊

320000－1646－0007307　704293

小題拔幟初編不分卷　(清)吳牧騮鑒定　清同治八年(1869)林本立刻本　二冊

320000－1646－0007308　704294

塾課小題文鈔不分卷　(清)屈爲彝評選　清道光十四年(1834)安石山房刻本　二冊

320000－1646－0007309　704295

小題大觀不分卷　(清)陳其泰評選　清同治三年(1864)刻本　二冊

320000－1646－0007310　704296

四書義初集不分卷　(清)俞甯世等評　清刻本　二冊

320000－1646－0007311　704297

國初文不分卷　(清)五華書院定本　清五華書院刻本　一冊

320000－1646－0007312　704299

墨卷脫穎不分卷續刻不分卷三續不分卷　(清)李錫瓚編　清道光二年至九年(1822－1829)濯錦軒刻本　三冊

320000－1646－0007313　704300

墨卷約選不分卷附補編一卷　(清)李錫恭編　清嘉慶五年(1800)映雪齋刻本　一冊

320000－1646－0007314　704301

新科墨卷約選不分卷墨約續刻不分卷　(清)李錫瓚編　清嘉慶二十四年(1819)淵淵堂刻本　三冊

320000－1646－0007315　704302

目耕齋讀本不分卷目耕齋二刻不分卷目耕小題偶編不分卷　(清)沈叔眉編　清光緒十七年(1891)鎮江文成堂刻本　七冊

320000－1646－0007316　704303

新選時文摘豔初集一卷二集一卷三集一卷　(清)蕭禹堂編輯　清同治五年(1866)小玲瓏館刻本　三冊

320000－1646－0007317　704304

大題饋貧集鈔不分卷　(清)錢樹本編次　清此木軒刻本　四冊

320000－1646－0007318　704305

高歌集不分卷　(清)張祥河選　清道光二十四年(1844)刻本　一冊

320000－1646－0007319　704306

引階合編不分卷　清同治、光緒間刻本　三冊

320000－1646－0007320　704307

近墨花樣一新不分卷　(清)林簡錄　清咸豐十年(1860)刻本　二冊

320000－1646－0007321　704308

小題文津初集不分卷　題(清)水鏡山房主人集評　清同治、光緒間家塾刻本　一冊

320000－1646－0007322　704309

小題文粹初編不分卷補編不分卷小題文粹二集不分卷補編不分卷　(清)許大鋐鑒定　清道光七年(1827)掃葉山房刻本　二冊

320000－1646－0007323　704310

小題文選不分卷　(清)陸震編　清刻本　四冊

320000 – 1646 – 0007324　704311

五經樓小題拆字不分卷　（清）樊璉輯選　清光緒五年(1879)紫文閣刻本　二冊

320000 – 1646 – 0007325　704312

分類典搭新樣四卷　題（清）紅杏莊主編　清光緒十二年(1886)積山書局石印本　四冊

320000 – 1646 – 0007326　704313

小題清新集不分卷　清同治、光緒間刻本　四冊

320000 – 1646 – 0007327　704314

登瀛仙館會課文存三卷　題（清）芸香閣主人編　清光緒五年(1879)芸香閣鉛印本　二冊

320000 – 1646 – 0007328　704315

制藝聲調譜不分卷　題（清）鷗波氏編　清光緒十三年(1887)上海點石齋石印本　二冊

320000 – 1646 – 0007329　704316

雲程畢備十卷　題（清）望棵道人選　清光緒十二年(1886)上海點石齋石印本　十冊

320000 – 1646 – 0007330　704317

格局一新不分卷　清光緒十三年(1887)上海點石齋石印本　二冊

320000 – 1646 – 0007331　704318

孟題一新不分卷　題（清）湖濱野史編　清光緒二年(1876)問心居刻本　四冊

320000 – 1646 – 0007332　704319

三江文纘初編不分卷　（清）沈定年輯　清光緒五年(1879)鉛印本　四冊

320000 – 1646 – 0007333　704320

兩論聯章採風集不分卷　題（清）靜香館主人編　清同治十二年(1873)古香齋袖珍刻本　二冊

320000 – 1646 – 0007334　704321

一言錄不分卷　清同治九年(1870)雅賞堂刻本　二冊

320000 – 1646 – 0007335　704322

巧搭從新不分卷　題（清）游藝軒主人編輯　清同治、光緒間刻本　四冊

320000 – 1646 – 0007336　704323

連章鈞雋珠聯不分卷　題（清）玉局山房主人編　清光緒十三年(1887)上海積山書局石印本　五冊

320000 – 1646 – 0007337　704324

雲路仙丹四卷　（清）李郁華鑒定　清同治十二年(1873)樂道山房刻本　四冊

320000 – 1646 – 0007338　704325

文藝英華三十二卷　題（清）環珮山房主人選　清群玉山房刻本　三十二冊

320000 – 1646 – 0007339　704326

墨選欣賞不分卷　題（清）鐵梅居士編　清道光二十三年(1843)紅桂山房刻本　四冊

320000 – 1646 – 0007340　704327

時藝清雅不分卷　（清）丁紹周選評　清同治十二年(1873)舊雨堂刻本　四冊

320000 – 1646 – 0007341　704328

宋二十名家四書義二卷附曲園論一卷　（清）俞樾選　清光緒二十七年(1901)上海書局石印本　二冊

320000 – 1646 – 0007342　704329

制藝約鈔四種四卷　（清）齊長庚編次　清同治二年(1863)除莠精舍刻本　八冊

320000 – 1646 – 0007343　704330

欽定明清四書文不分卷　（清）高宗弘曆選　清光緒二年(1876)崇文書局刻本　十六冊

320000 – 1646 – 0007344　704331

考卷雋快合選不分卷　題（清）海禺山人選　清咸豐二年(1852)刻本　二冊

320000 – 1646 – 0007345　704332

明文才調集不分卷　（清）許振禕編集　清光緒二十年(1894)海上復古書齋石印本　四冊

320000 – 1646 – 0007346　704333

時文正宗不分卷　（清）潘世恩選評　清道光二十三年(1843)刻本　八冊

320000 – 1646 – 0007347　704334

明文必自集讀本不分卷　（清）王惟梅選　清

光緒十一年(1885)宜興道生堂刻本　四冊

320000－1646－0007348　704335

四書論經正篇二卷首一卷　清光緒二十七年(1901)石印本　四冊

320000－1646－0007349　704336

天崇文英不分卷　(清)石韞玉評選　清嘉慶二十三年(1818)刻本　一冊

320000－1646－0007350　704337

天崇讀本百篇不分卷　(清)吳懋政選輯　清乾隆五十年(1785)吳氏刻本　一冊

320000－1646－0007351　704338

國朝歷科發蒙小品不分卷　(清)唐惟懋評選　清道光元年(1821)掃葉山房刻本　四冊

320000－1646－0007352　704339

江南鄉試硃卷光緒壬午科不分卷　清式訓堂刻本　一冊

320000－1646－0007353　704340

慶歷文讀本新編不分卷　(清)江份　(清)汪鈞編　清乾隆十五年(1750)遄喜齋刻本　八冊

320000－1646－0007354　704341

縮本增選多寶船不分卷　題(清)點石齋主人選　精選多寶船二集不分卷　題(清)日新居士選　清光緒八年至十三年(1882－1887)上海點石齋積石書局石印本　十六冊

320000－1646－0007355　704342

縮本小題文藪初集不分卷二集不分卷　(清)沈荷汀選　清光緒九年至十二年(1883－1886)上海點石齋積石書局石印本　十二冊

320000－1646－0007356　704343

小題文府六卷　題(清)同文書局主人編　清光緒十二年(1886)上海同文書局石印本　二十冊

320000－1646－0007357　704344

大題金丹四卷　(清)傅鼎乾編　清同治十三年(1874)刻本　二冊

320000－1646－0007358　704345

制藝萃珍七卷　題(清)懷芳居士選　清道光二十八年(1848)京都琉璃廠刻本　十冊

320000－1646－0007359　704346

制藝輯錄不分卷　題(清)鷗閒館主人選　清抄本　三冊

320000－1646－0007360　704347

制義約選初編不分卷二編不分卷三編不分卷　(清)李錫瓚編　清道光掃葉山房刻本　六冊

320000－1646－0007361　704348

制義靈樞初編一卷二編一卷三編一卷四編一卷　(清)周銘恩評選　清光緒八年(1882)刻本　四冊

320000－1646－0007362　704349

小題味新五卷　(清)李蕘雲編　清光緒十五年(1889)廣百宋齋石印本　八冊

320000－1646－0007363　704350

小題饗雋初集六卷　題(清)品蘭軒主人編　小題饗雋二集六卷　題(清)臥龍山人編　清光緒八年(1882)上海精一閣鉛印本　八冊

320000－1646－0007364　704351

小搭春華五卷　(清)彭蘊氏編　清同治七年(1868)造鳳樓刻本　四冊

320000－1646－0007365　704352

崇辨堂墨選四卷　(清)胡希周評選　清道光二十七年(1847)崇辨堂刻本　六冊

320000－1646－0007366　704353

鄉墨精銳不分卷　(清)梁葆慶評選　清道光十二年(1832)京都琉璃廠刻本　六冊

320000－1646－0007367　704354

四書經義初桄四卷　(清)蔡啟盛選編　清光緒二十七年(1901)上海石印書局石印本　四冊

320000－1646－0007368　704355

吳顧賦合刻二卷　(清)吳錫麒　(清)顧元熙撰　清光緒元年(1875)刻本　二冊

320000－1646－0007369　704356

343

長沙王氏塾課二卷　王先謙編　清光緒十一年(1885)上海著易堂鉛印本　二冊

320000－1646－0007370　704357
絳雪軒會藝不分卷試藝不分卷　（清）許味蘦鑒定　清咸豐二年(1852)刻本　四冊

320000－1646－0007371　704358
三山合刻不分卷　（清）陳兆崙等撰　清光緒十九年(1893)上海寶文書局石印本　四冊

320000－1646－0007372　704359
先正制義靖紛集二卷　（清）朱柱編定　清康熙五十九年(1720)刻本　四冊

320000－1646－0007373　704360
雙湖翹秀集三卷　（清）陳康祺選　清同治十年(1871)詒研室刻本　四冊

320000－1646－0007374　704361
三吳翹秀集三卷　（清）孫傳鶴選　清同治十二年(1873)刻本　四冊

320000－1646－0007375　704362
十二種文萃十二卷　（清）丁善寶編　清同治九年(1870)六齋刻本　十二冊

320000－1646－0007376　704363
江浙四名家時文稿不分卷　（清）李小湖鑒定　清同治十一年(1872)刻本　四冊

320000－1646－0007377　704364
珠樹七排不分卷　（清）華學烋等著　清道光十二年(1832)鴛湖小綠天刻本　一冊

320000－1646－0007378　704365
樂安同懷遺稿不分卷　（清）孫壽祺　（清）孫壽銘著　清光緒十七年(1891)太倉張蘭坡刻本　一冊

320000－1646－0007379　704366
生香閣同裦試藝不分卷　（清）顧福謙等撰　清道光刻本　一冊

320000－1646－0007380　704367
常熟張氏時文不分卷　（清）張璐等撰　清同治三年(1864)刻本　一冊

320000－1646－0007381　704368
詩課合存不分卷　清道光至同治間刻本　一冊

320000－1646－0007382　704369
虞山七家試律鈔不分卷　（清）錢祿泰輯　清同治十二年(1873)常熟錢氏刻本　二冊

320000－1646－0007383　704370
惜陰書院課藝不分卷　（清）褚成博編　清光緒二十七年(1901)李光明莊刻本　四冊

320000－1646－0007384　704371
致用書院文集光緒辛丑年不分卷光緒壬寅年不分卷　（清）致用書院編　清致用堂惟半室刻本　二冊

320000－1646－0007385　704372
致用書院文集光緒壬寅年不分卷　（清）致用書院編　清致用堂惟半室刻本　一冊

320000－1646－0007386　704373
致用書院文集光緒壬寅年不分卷　（清）致用書院編　清致用堂惟半室刻本　一冊

320000－1646－0007387　704374
龍城書院課藝不分卷　繆荃孫　（清）華若谿鑒定　清光緒二十七年(1901)木活字印本　十四冊

320000－1646－0007388　704375
龍城書院課藝不分卷　繆荃孫　（清）華若谿鑒定　清光緒二十七年(1901)木活字印本　十六冊

320000－1646－0007389　704376
紹興府學堂課藝不分卷　清石印本　一冊

320000－1646－0007390　704377
登瀛社槀一卷登瀛社槀續刊一卷　（清）曾之撰輯　清同治七年至九年(1868－1870)吳下刻本　二冊

320000－1646－0007391　704378
登瀛社槀一卷登瀛社槀續刊一卷　（清）曾之撰輯　清同治七年至九年(1868－1870)吳下刻本　六冊

320000－1646－0007392　704379

成均課士錄不分卷　清同治、光緒間刻本
　二冊

320000－1646－0007393　704380

賢益堂試藝不分卷　（清）龔汝霖等撰　清光緒七年(1881)刻本　二冊

320000－1646－0007394　704381

會課不分卷　（清）吳炳生　（清）吳孫同評定　清光緒十七年(1891)抄本　一冊

320000－1646－0007395　704382

正誼書院小課四卷首一卷　（清）朱珔選　清道光十八年(1838)正誼書院刻本　九冊

320000－1646－0007396　704383

正誼書院課選初集不分卷二集不分卷三集不分卷　（清）朱珔選　清道光十四年至光緒二十年(1834－1894)正誼書院刻本　十九冊

320000－1646－0007397　704384

正誼書院課選三集不分卷　（清）朱珔選　清光緒二十年(1894)正誼書院刻本　八冊

320000－1646－0007398　704385

紫陽書院課選不分卷　（清）朱珔選　清道光二十一年(1841)紫陽書院刻本　一冊

320000－1646－0007399　704386

紫陽書院課藝六編不分卷　（清）許郊編次
紫陽書院課藝九編不分卷　（清）沈壽慈（清）楊振鑣編　清光緒十一年至二十年(1885－1894)刻本　八冊

320000－1646－0007400　704387

紫陽正誼課藝合選不分卷　題(清)雪岑氏編　清道光二十二年(1842)古香齋刻本　二冊

320000－1646－0007401　704388

安定書院課藝不分卷　（清）周縵雲選定　清刻本　四冊

320000－1646－0007402　704389

麗澤課藝選二卷　（清）姚瑩俊選評　清光緒二十一年(1895)蕭山陳氏木活字印本　二冊

320000－1646－0007403　704390

麗澤課藝選二卷　（清）姚瑩俊選評　清光緒二十一年(1895)蕭山陳氏木活字印本　二冊

320000－1646－0007404　704391

詁經精舍文集十四卷　（清）阮元訂　詁經精舍文續集八卷　（清）羅文俊續訂　清嘉慶六年(1801)揚州阮氏琅嬛仙館刻同治十二年(1873)錦江書院續刻本　十冊

320000－1646－0007405　704392

詁經精舍文續集八卷　（清）羅文俊訂　清道光二十二年(1842)本衙刻本　四冊

320000－1646－0007406　704393

詁經精舍三集二卷　（清）俞樾編　清同治七年(1868)刻本　二冊

320000－1646－0007407　704394

詁經精舍四集十六卷　（清）俞樾編　清光緒十一年(1885)刻本　八冊

320000－1646－0007408　704395

詁經精舍四集十六卷　（清）俞樾編　清光緒五年(1879)刻本　八冊

320000－1646－0007409　704396

詁經精舍課藝六集十二卷　（清）俞樾編次　清光緒十一年(1885)刻本　四冊

320000－1646－0007410　502110

相宗八要解八卷　（明）釋明昱輯　清光緒二十八年(1902)金陵刻經處刻本　三冊

320000－1646－0007411　501280

言鯖二卷　（清）呂種玉著　清康熙五十一年(1712)刻本　一冊

320000－1646－0007412　501281

廣陽雜記五卷　（清）劉獻廷撰　無事爲福齋隨筆二卷　（清）韓泰華撰　清光緒刻本　四冊

320000－1646－0007413　704400

詁經精舍課藝八集十二卷　（清）俞樾編次　清光緒二十三年(1897)刻本　四冊

320000－1646－0007414　704401

學海堂集十六卷　（清）阮元編　清道光五年

(1825)啓秀山房刻本　七冊　存十三卷(一至六、九至十、十二至十六)

320000－1646－0007415　704402
學海堂課藝六集　（清）陸漁笙鑒定　清光緒十四年(1888)刻本　三冊

320000－1646－0007416　704403
游文書院課藝二卷　（清）李芝綬編　清同治十三年(1874)蘇城傳文齋刻本　二冊

320000－1646－0007417　704404
湖舫文會課藝八卷　（清）薛時雨評定　清同治八年(1869)刻本　二冊

320000－1646－0007418　704405
當湖書院試卷不分卷　清稿本　一冊

320000－1646－0007419　704406
當湖書院課藝不分卷　（清）張浩選　當湖書院課藝二編不分卷三編不分卷　（清）楊恒福編次　清同治七年至光緒二十二年(1868-1896)當湖書院刻本　十二冊

320000－1646－0007420　704407
尊經書院初集十二卷　王闓運閱定　清光緒十年(1884)四川刻本　十二冊

320000－1646－0007421　704408
尊經書院課藝三刻不分卷　（清）薛時雨鑒定　清同治十二年(1873)刻本　六冊

320000－1646－0007422　704409
尊經書院課藝四刻六卷　（清）薛時雨鑒定　清光緒五年(1879)刻本　三冊　存二卷(一至二)

320000－1646－0007423　704410
尊經書院課藝七刻不分卷　（清）盧雲谷鑒定　清光緒十五年(1889)李光明莊刻本　六冊

320000－1646－0007424　704411
崇實齋初編不分卷　（清）陸鍾渭評選　清光緒二十九年(1903)崇實齋刻本　六冊

320000－1646－0007425　704412
校經堂二集九卷　（清）陸寶忠訂　清光緒十四年(1888)刻本　四冊

320000－1646－0007426　704413
東城講舍課藝續編不分卷　（清）陳魯選　清同治十三年(1874)刻本　四冊

320000－1646－0007427　704414
嘉會堂課選不分卷　（清）蕭治輝選　清光緒二十六年(1900)刻本　二冊

320000－1646－0007428　704418
蕊珠課藝不分卷　（清）張修府錄　清光緒五年(1879)刻本　二冊

320000－1646－0007429　704419
山左校士錄不分卷　（清）黃體芳編　清光緒二年(1876)刻本　八冊

320000－1646－0007430　704420
江左校士錄六卷　（清）黃體芳編　清光緒十一年(1885)鉛印本　四冊

320000－1646－0007431　704421
江左制義輯存三卷　王先謙選　清光緒十四年(1888)刻本　一冊　存一卷(一)

320000－1646－0007432　704422
江蘇校士館變法課藝四卷　（清）鄒福保選　江蘇校士館變法課藝續集二卷　（清）鄒鳳標續選　清光緒二十八年(1902)鎔鑄書齋石印本　六冊

320000－1646－0007433　704423
江蘇校士館變法課藝四卷　（清）鄒福保選　清光緒二十八年(1902)石印本　四冊

320000－1646－0007434　704424
江左校士錄四卷　李殿林選　清光緒二十九年(1903)上海書局石印本　四冊

320000－1646－0007435　704425
精選江南全省大學堂課藝初編四卷　（清）俞樾鑒定　清光緒二十八年(1902)上海森記書莊石印本　四冊

320000－1646－0007436　704426
江南學堂課藝內編不分卷外編不分卷　（清）劉坤一鑒定　清光緒石印本(外編配清刻本)　二冊

320000－1646－0007437　704427

兩江課藝匯編五卷　（清）劉坤一鑒定　清光緒二十七年(1901)實學書社鉛印本　四冊

320000－1646－0007438　704428

新選淮陽課士錄不分卷　（清）周鈞輯　清光緒三十年(1904)上海書局石印本　一冊

320000－1646－0007439　704429

課藝彙編四卷　題（清）竹虛室主編　清光緒二十八年(1902)蟾香山房刻本　四冊

320000－1646－0007440　704430

浙西校士錄不分卷　（清）浙江提督學院錄　清光緒三十年(1904)石印本　四冊

320000－1646－0007441　704431

浙東課士錄四卷　（清）薛福成輯　清光緒二十年(1894)甬上崇實書院刻本　四冊

320000－1646－0007442　704432

浙東課士錄四卷　（清）薛福成輯　清光緒二十年(1894)甬上崇實書院刻本　四冊

320000－1646－0007443　502121

大乘止觀法門釋要六卷　（明）釋智旭述　清光緒二十三年(1897)刻本　一冊

320000－1646－0007444　704434

梁溪務實學堂課文一編九種九卷　（清）尤侗存選　清光緒二十八年(1902)鉛印本　二冊　存一卷（一）

320000－1646－0007445　704435

金陵奎光書院課藝不分卷　（清）葉廷琦編次　清光緒十九年(1893)望三益齋鉛印本　一冊

320000－1646－0007446　704436

養賢堂彙鈔不分卷　（清）秦幹臣評選　清光緒二十二年(1896)江陰府署刻本　一冊

320000－1646－0007447　704437

越輶采風錄二卷　瞿鴻機輯　清光緒二十四年(1898)漱石山館石印本　二冊

320000－1646－0007448　704438

越輶采風錄四卷　瞿鴻機輯　清光緒十四年(1888)刻本　四冊

320000－1646－0007449　704439

南菁講舍文集七卷　（清）黃以周編　清光緒十八年(1892)上海石印本　四冊

320000－1646－0007450　704440

南菁講舍文集六卷　（清）黃以周輯　清光緒十五年(1889)刻本　四冊

320000－1646－0007451　502122

釋禪波羅密次第法門十卷　（隋）釋智者大師說　（隋）釋法慎記　（隋）釋灌頂再治　清光緒三十四年(1908)揚州藏經院刻本　一冊

320000－1646－0007452　502123

摩訶止觀輔行傳弘決四十卷　（隋）釋智都大師說　（隋）釋灌頂記　（唐）釋湛然傳弘決　（明）釋傳燈增科　清光緒刻本　十八冊　存三十六卷（三至三十八）

320000－1646－0007453　704443

南菁文鈔二集六卷　（清）黃以周輯　清光緒二十年(1894)刻本　四冊

320000－1646－0007454　704444

南菁文鈔三集十六卷　（清）丁立鈞編　清光緒二十七年(1901)刻本　八冊

320000－1646－0007455　704445

昭代名人論策讀本十三卷　（清）王長纂集　清光緒二十八年(1902)古吳袁氏傳經塾石印本　十冊　存十二卷（一至四、六至十三）

320000－1646－0007456　704446

四書五經義策論初編不分卷續編三卷　（清）崇實學社編輯　清光緒二十七年(1901)文彙書局鉛印光緒二十八年(1902)浙杭編譯局續補鉛印本　六冊

320000－1646－0007457　704447

新政應試必讀六卷　（清）顧厚焜鑒定　清光緒二十七年(1901)石印本　三冊

320000－1646－0007458　704448

古今經世策論舉隅八卷　（清）邵恒照輯　清光緒二十四年(1898)蘇州毛上珍木活字印本

七冊

320000－1646－0007459　704449
古今經世策論舉隅八卷　（清）邵恒照輯　清光緒二十四年(1898)蘇州毛上珍木活字印本　八冊

320000－1646－0007460　704450
富國強兵安民策三卷　（宋）呂祖謙撰　學庸沿革論一卷　（宋）王柏撰　清光緒二十七年(1901)湖州皕宋樓石印本　四冊

320000－1646－0007461　704451
歷科試策大成初編十卷二編十卷　清光緒二十五年(1899)慎記書莊石印本　六冊

320000－1646－0007462　704452
策學舉隅二卷論學舉隅二卷　（清）兩部鼓吹軒編　清光緒二十六年(1900)文瑞樓石印本　四冊

320000－1646－0007463　704453
論義不猶人初集四卷　（清）方家澍選　清光緒二十八年(1902)擷新書莊石印本　四冊

320000－1646－0007464　704454
試策類鈔不分卷　題（清）聯郄軒主人纂　清光緒二年(1876)鉛印本　六冊

320000－1646－0007465　704455
策論採新十二卷　（清）陸讓之編　清光緒二十八年(1902)石印本　十二冊

320000－1646－0007466　704456
古今四大家策論十卷　題（清）南浦子選　清光緒二十七年(1901)紹興會文堂石印本　六冊

320000－1646－0007467　704457
義論合編不分卷　清光緒三十年(1904)刻本　一冊

320000－1646－0007468　704458
金正希先生傳稿初集不分卷　（明）金聲撰　清光緒二年(1876)崇蘭草堂刻本　四冊

320000－1646－0007469　704459
敦化堂新刻藏稿不分卷　（明）項煜撰　清乾隆九年(1744)敦化堂刻本　二冊

320000－1646－0007470　704460
徐思曠先生文鈔不分卷　（明）徐方廣撰　（清）王步青編　清雍正十二年(1734)映旭齋刻本　二冊

320000－1646－0007471　704461
艾千子先生文鈔不分卷　（明）艾南英撰　（清）王步青編　清雍正十二年(1734)映旭齋刻本　一冊

320000－1646－0007472　704462
羅文止先生文鈔不分卷　（明）羅萬藻撰　（清）王步青編　清雍正十二年(1734)映旭齋刻本　二冊

320000－1646－0007473　704463
楊維節先生稿不分卷　（明）楊以任撰　清刻本　一冊

320000－1646－0007474　704464
楊維節先生文鈔不分卷　（明）楊以任撰　（清）王步青編　清雍正十二年(1734)映旭齋刻本　一冊

320000－1646－0007475　704465
黃陶菴先生文鈔不分卷　（明）黃淳耀撰　（清）王步青編　清雍正十二年(1734)映旭齋刻本　一冊

320000－1646－0007476　704466
黃陶菴先生全稿不分卷　（明）黃淳耀著　清乾隆四十二年(1777)刻本　二冊

320000－1646－0007477　704467
黃陶菴先生全稿八卷　（明）黃淳耀撰　（清）王步青鑒定　清道光二十二年(1842)金陵寶文堂刻本　八冊

320000－1646－0007478　704468
華亭董思白先生全稿不分卷　（明）董其昌撰　清刻本　一冊

320000－1646－0007479　704469
胡思泉先生全藁不分卷　（明）胡友信著　清康熙四十四年(1705)務本堂刻本　二冊

320000－1646－0007480　704470
戚价人先生傳文不分卷　（明）戚藩撰　清刻本　一冊

320000－1646－0007481　704471
王邁人稿不分卷　（清）王庭撰　（清）張景陽編　清古音堂刻本　一冊

320000－1646－0007482　704472
李石臺稿不分卷　（清）李來泰撰　（清）張景陽編　清古音堂刻本　一冊

320000－1646－0007483　704473
曠視山房制藝一卷制藝續一卷山房小題文一卷曠視山房三續集一卷　（清）丁守存撰　清同治三年至光緒十年（1864－1884）刻本　八冊

320000－1646－0007484　704474
羅浮室遺槀不分卷　（清）陳焴章撰　清光緒八年（1882）繼美堂刻本　一冊

320000－1646－0007485　704475
家蔭堂文抄不分卷　（清）周際華撰　清道光十四年（1834）刻本　一冊

320000－1646－0007486　704476
守約齋課藝不分卷　（清）陸奭棠著　清同治六年（1867）刻本　一冊

320000－1646－0007487　704477
叢桂堂時文不分卷　（清）崔迺疁著　清光緒十九年（1893）刻本　八冊

320000－1646－0007488　704478
清遠山房賦鈔二卷賦鈔箋注一卷　（清）錢士枂著　（清）沙元炳箋注　清光緒二年（1876）刻本　一冊

320000－1646－0007489　704479
汪逸雲先生時文鈔不分卷　（清）汪士進撰　清光緒七年（1881）不遠復齋刻本　一冊

320000－1646－0007490　704480
潄青閣賦鈔一卷　（清）錢祿泰撰　清光緒九年（1883）刻本　一冊

320000－1646－0007491　704481
補拙廬試帖二卷　（清）張定鋆撰　清同治十年（1871）刻本　一冊

320000－1646－0007492　704482
治經齋稿不分卷　（清）費庚吉著　清同治二年（1863）刻本　一冊

320000－1646－0007493　704483
心遠齋賸稿不分卷　（清）徐準宜著　樂在堂賸稿不分卷　（清）何逢辰著　清光緒八年（1882）不遠復齋刻本　一冊

320000－1646－0007494　704484
愛棠先生制藝不分卷　（清）周蔭南撰　清光緒刻本　一冊

320000－1646－0007495　704485
沁香書屋制藝不分卷　（清）錢祖亮著　清道光二十九年（1849）刻本　一冊

320000－1646－0007496　704486
行素軒時文不分卷　（清）華蘅芳著　清光緒十年（1884）刻本　一冊

320000－1646－0007497　704487
可自怡齋試帖詩注釋二卷　（清）顧文彬著　清同治十三年（1874）刻本　二冊

320000－1646－0007498　704488
可自怡齋試帖詩注釋二卷　（清）顧文彬著　清同治十三年（1874）刻本　二冊

320000－1646－0007499　704489
可自怡齋試帖輯註一卷　（清）顧文彬著　辛田試帖一卷　（清）張用禧著　清刻本　一冊

320000－1646－0007500　704490
愛虞堂稿不分卷　（清）徐兆英編　清光緒十年（1884）刻本　二冊

320000－1646－0007501　704491
小題金鍼初集不分卷二集不分卷　（清）倪倬著　清道光五年至十六年（1825－1836）我我書屋刻本　二冊

320000－1646－0007502　704492
經義論策錄存不分卷　（清）程紀侯撰　清抄本　一冊

320000-1646-0007503　704493

耕巖書屋試帖詩鈔二卷　(清)劉堃著　清光緒十四年(1888)胥門内道前街李鈫芳齋刻本　一冊

320000-1646-0007504　704494

章雲李先生遺文一卷　(清)章金牧撰　清光緒二十一年(1895)木活字印本　一冊

320000-1646-0007505　704495

章雲李先生時文稿一卷　(清)章金牧撰　清光緒十九年(1893)福山王氏古家塾刻本　一冊

320000-1646-0007506　704496

館課存藁四卷　(清)紀昀撰　清刻本　一冊

320000-1646-0007507　704497

河間試律矩二卷　(清)紀昀撰　清同治五年(1866)錫山文雅堂刻本　二冊

320000-1646-0007508　704498

我法集二卷　(清)紀昀撰　清乾隆六十年(1795)刻本　二冊

320000-1646-0007509　704499

望古齋課徒草一卷　(清)錢襄著　清同治十二年(1873)刻本　一冊

320000-1646-0007510　704500

讀均軒館賦偶存一卷　(清)龐鍾璐著　清光緒十一年(1885)刻本　一冊

320000-1646-0007511　704501

讀均軒館賦偶存一卷　(清)龐鍾璐著　清光緒十一年(1885)刻本　一冊

320000-1646-0007512　704502

先祖雪廬公大考卷一卷　(清)顏宗儀撰　清刻本　一冊

320000-1646-0007513　704504

齋莊中正堂制義十二卷　(清)殷兆鏞撰　清光緒五年(1879)鴛湖齋翰林家刻本　四冊

320000-1646-0007514　704505

讀易齋塾課初編一卷續編一卷附編二卷　(清)王鉅著　清同治十二年(1873)刻本　四冊

320000-1646-0007515　704506

然後知齋四書文不分卷　(清)陳圻著　清同治九年(1870)聚芝堂刻本　四冊

320000-1646-0007516　704507

[延桂山房制藝集]十二卷　(清)王惟成著　(清)王繼善等編輯　清光緒十九年(1893)刻本　七冊

320000-1646-0007517　704508

棣華齋小題文不分卷　(清)胡廷琮著　清光緒七年(1881)刻本　二冊

320000-1646-0007518　704509

尤西堂文選一卷　(清)尤侗撰　清刻本　二冊

320000-1646-0007519　704510

尤西堂稿一卷　(清)尤侗撰　清末鉛印本　一冊

320000-1646-0007520　704511

李範蓮遺藁一卷　(清)李杜詩撰　(清)黃叔琳鑒定　清雍正十年(1732)李尚美刻本　二冊

320000-1646-0007521　704512

裘學樓時文不分卷　(清)楊延俊著　清道光二十九年(1849)刻本　一冊

320000-1646-0007522　704513

裘學樓小題文不分卷　(清)楊延俊著　清咸豐八年(1858)眠琴仙館刻本　二冊

320000-1646-0007523　704514

栢蘊臯全稿五卷　(清)栢謙撰　清道光二十四年(1844)掃葉山房刻本　七冊

320000-1646-0007524　704515

觀權居時文一卷　(清)陸文彬撰　清道光十八年(1838)刻本　一冊

320000-1646-0007525　704516

葵青居試律二卷　(清)石渠撰　清同治七年(1868)刻本　一冊

320000－1646－0007526　704517

聲遠堂稿一卷　（清）王廷棟著　清嘉慶十八年（1813）刻本　一冊

320000－1646－0007527　704518

杏花樓試藝不分卷　（清）繆文溶著　清道光八年（1828）刻本　一冊

320000－1646－0007528　704519

惟是堂四書文鈔不分卷　（清）潘欲仁著　清同治十二年（1873）明瑟山莊刻本　二冊

320000－1646－0007529　704520

養雲山館試帖二卷　（清）許球撰　清光緒刻本　一冊

320000－1646－0007530　704521

養雲山館試帖四卷　（清）許球著　清咸豐六年（1856）聚文堂刻本　四冊

320000－1646－0007531　704522

竹虛小題鈔不分卷　（清）潘謙受著　清光緒五年（1879）仁記刻本　二冊

320000－1646－0007532　704523

食德齋小題文一卷　（清）葛起鵬著　清光緒十七年（1891）濤閣刻本　一冊

320000－1646－0007533　704524

陶蘭皋先生時文一卷　（清）陶沆撰　清光緒十年（1884）松月齋刻本　一冊

320000－1646－0007534　704525

舊雨草堂時文不分卷　（清）陳康祺撰　清同治九年（1870）刻本　三冊

320000－1646－0007535　704526

桐雲閣試帖詩評一卷　（清）楊庚著　清嘉慶二十五年（1820）刻本　一冊

320000－1646－0007536　704527

薑園課蒙草初編一卷二編一卷　童琮撰　清光緒二十九年（1903）刻本　二冊

320000－1646－0007537　704528

頤道堂帖體詩一卷　（清）宋清壽撰　清末刻本　一冊

320000－1646－0007538　704529

小論指蒙初集二卷　（清）徐元福稿　清光緒二十七年（1901）刻本　一冊

320000－1646－0007539　704530

怡軒課徒草初集不分卷二集不分卷　（清）胡淦撰　清道光十九年（1839）養和堂刻本　四冊

320000－1646－0007540　704531

籀鄦誃經藝五卷　（清）王仁俊撰　清光緒二十三年（1897）寔學報館石印本　二冊

320000－1646－0007541　704532

管靜山先生全稿三卷　（清）管靜山撰　清光緒二年（1876）四明茹古齋鉛印本　四冊

320000－1646－0007542　704533

小蓬壺仙館賦鈔一卷　（清）姚濟雯著　清光緒五年（1879）上海張善善堂鉛印本　一冊

320000－1646－0007543　704534

丁心齋時文續集一卷　（清）丁守存撰　清末刻本　一冊

320000－1646－0007544　704535

馮夔颸稿一卷　（清）馮詠撰　清末鉛印本　一冊

320000－1646－0007545　704536

江解元全稿不分卷　（清）江璧撰　清同治十二年（1873）京都琉璃廠刻本　二冊

320000－1646－0007546　704537

江南春稿一卷　（清）江璧撰　清同治十一年（1872）磨鋊山房刻本　一冊

320000－1646－0007547　704538

蘭脩館賦稿一卷　（清）顧元熙撰　簡學齋賦鈔一卷　（清）陳沆撰　清末鉛印本　一冊

320000－1646－0007548　704539

離騷經舍分韻試帖一卷　（清）屈采麟著　清光緒五年（1879）常熟漱芳齋刻本　一冊

320000－1646－0007549　704540

鄒詠春時文一卷　（清）鄒福保撰　清光緒十三年（1887）石印本　一冊

320000－1646－0007550　704541

芸碧巢時藝一卷　（清）鄒福保著　清光緒十三年(1887)鉛印本　一冊

320000－1646－0007551　704542

馮林一稿一卷　（清）馮桂芬著　清光緒二年(1876)鉛印本　一冊

320000－1646－0007552　704543

會試硃卷道光庚子科一卷　（清）馮桂芬撰　清道光刻本　一冊

320000－1646－0007553　704544

許竹篔時文一卷　（清）許景澄著　清同治九年(1870)刻本　一冊

320000－1646－0007554　704545

半讀齋課徒草一卷　（清）榮汝楫撰　清光緒十三年(1887)宿遷學舍刻本　一冊

320000－1646－0007555　704546

陳世培批改集一卷　稿本　一冊

320000－1646－0007556　704547

江蘇選拔貢卷光緒丁酉科一卷　（清）華彥鈺撰　清光緒二十三年(1897)刻本　一冊

320000－1646－0007557　704548

藤花吟館試帖二卷　（清）梁章鉅撰　清嘉慶刻本　一冊

320000－1646－0007558　704549

守身執玉軒遺文一卷　（清）袁世紀撰　清光緒二十年(1894)刻本　一冊

320000－1646－0007559　704550

燭理堂試帖五卷　（清）崔樹基著　清道光二十六年(1846)敦本堂刻本　一冊

320000－1646－0007560　704551

退知齋稿一卷　（清）張瑛撰　清光緒十八年(1892)刻本　一冊

320000－1646－0007561　704552

館課賦稿一卷　（清）吳廷珍著　清道光十一年(1831)墖影樓刻本　一冊

320000－1646－0007562　704553

玉壺冰館分韻試帖二卷　（清）王貽清著　清光緒十八年(1892)刻本　二冊

320000－1646－0007563　704554

水流雲在軒試帖二卷　（清）鄭啟掄撰　清光緒八年(1882)石印本　二冊

320000－1646－0007564　704555

熊敬修先生稿一卷　（清）熊賜履撰　熊教綏稿一卷　（清）熊賜瓚撰　清光緒八年(1882)熊賓國刻本　二冊

320000－1646－0007565　704556

課徒草一卷　（清）仲如玉著　清光緒十一年(1885)毘陵麟玉山房刻本　二冊

320000－1646－0007566　704557

課徒草不分卷　（清）陸心竹著　清光緒元年(1875)刻本　二冊

320000－1646－0007567　704558

寶素堂時文不分卷　（清）鄒鳴鶴著　清同治元年(1862)刻本　二冊

320000－1646－0007568　704559

集虛齋全稿不分卷　（清）方裦如撰　清光緒二十年(1894)浙江書局刻本　四冊

320000－1646－0007569　704560

湘洲文前後集不分卷　（清）顧沅撰　稿本　二冊

320000－1646－0007570　704561

韞山堂時文初集一卷二集二卷三集一卷　（清）管世銘著　清光緒六年(1880)湖南書局刻本　四冊

320000－1646－0007571　704562

韞山堂時文初集一卷二集二卷三集一卷　（清）管世銘著　清光緒十七年(1891)上海掃葉山房刻本　四冊

320000－1646－0007572　704563

管稿初集□□卷二集□□卷三集□□卷　（清）管世銘撰　清末刻本　一冊　存四卷（初集二、二集五至六、三集八）

320000－1646－0007573　704564

塾課文約鈔不分卷 （清）毛猷撰 清道光二十一年(1841)刻本 四冊

320000-1646-0007574 704565
天藜閣評選熊劉合稿一卷 （清）劉子莊撰 （清）熊伯龍撰 清刻本 一冊

320000-1646-0007575 704566
熊鍾陵先生稿不分卷 （清）熊伯龍撰 清光緒十六年(1890)綠陰書屋刻本 四冊

320000-1646-0007576 704567
熊鍾陵先生稿不分卷 （清）熊伯龍撰 清乾隆刻本 一冊

320000-1646-0007577 704568
頤園制藝初編不分卷二編二卷三編二卷四編一卷 （清）史孟和撰 清道光、咸豐間刻本 四冊

320000-1646-0007578 704569
石壽山房賦稿一卷 （清）盧崟著 清末刻本 一冊

320000-1646-0007579 704570
雙桂堂時文稿一卷 （清）紀大奎撰 清光緒十八年(1892)會輔堂刻本 一冊

320000-1646-0007580 704571
陳子惠先生制藝一卷江南鄉試硃卷一卷 (清)陳榮紹著 清光緒二年(1876)刻本 一冊

320000-1646-0007581 704572
吟薇山館制藝一卷 （清）蔣宸楓撰 清同治七年(1868)刻本 一冊

320000-1646-0007582 704573
惜抱軒稿時文一卷 （清）姚鼐撰 清光緒二年(1876)桐城劉氏刻本 一冊

320000-1646-0007583 704574
聞喜堂存稿一卷 （清）陳新楷撰 清道光十九年(1839)刻本 一冊

320000-1646-0007584 704575
香溪文稿不分卷 （清）宋煥撰 清乾隆四十年(1775)擁書堂刻本 一冊

320000-1646-0007585 704576
愛吾廬時文一卷 （清）張姚成著 清嘉慶六年(1801)刻本 一冊

320000-1646-0007586 704577
朱鄧雲時文二刻一卷 （清）朱林著 清乾隆二十二年(1757)裕德坊刻本 一冊

320000-1646-0007587 704578
朱茲泉稿不分卷 （清）朱兆熊輯 清嘉慶二年(1797)刻本 二冊

320000-1646-0007588 704579
荊溪任太史稿不分卷 （清）任啟運著 清雍正十年(1732)郁文堂刻本 二冊

320000-1646-0007589 704580
尚絅堂制藝不分卷尚絅堂律賦一卷尚絅堂試帖二卷 （清）劉嗣綰撰 清同治八年(1869)辰州官署刻本 六冊

320000-1646-0007590 704581
星齋文稿初刻三卷二刻四卷補遺一卷紫竹山房塾課文稿一卷 （清）陳兆崙撰 清光緒十八年(1892)廣州文英閣刻本 八冊

320000-1646-0007591 704582
陳勾山先生課孫草一卷 （清）陳兆崙著 清同治五年(1866)文华堂刻本 一冊

320000-1646-0007592 704583
訓蒙草詳註一卷 （清）路慎興撰 清同治四年(1865)蒲編堂刻本 一冊

320000-1646-0007593 704584
式詰堂時文一卷 （清）錢國祥著 清光緒十六年(1890)刻本 一冊

320000-1646-0007594 704585
時晴齋試帖一卷 （清）張集馨著 清同治刻本 一冊

320000-1646-0007595 704586
藏雲館試律一卷 （清）龔其相著 清光緒三年(1877)刻本 一冊

320000-1646-0007596 704587
存素堂試律二卷 （清）錢寶琛著 清咸豐、

同治間刻本　一冊

320000－1646－0007597　704588

初學求源啓蒙捷訣集二卷　（清）曹原亮著　清嘉慶二十五年(1820)李光明家刻本　一冊

320000－1646－0007598　704589

虞東制藝二卷　（清）顧鎮著　清乾隆十一年(1746)刻本　一冊

320000－1646－0007599　704590

犢山文稿不分卷　（清）周鎬撰　清光緒十八年(1892)學庫山房刻本　四冊

320000－1646－0007600　704591

周犢山文稿不分卷　（清）周鎬撰　清光緒十九年(1893)宜興文德堂刻本　一冊

320000－1646－0007601　704592

麗澤堂制藝遺稿二卷　（清）姚丙禧著　清同治九年(1870)刻本　二冊

320000－1646－0007602　704593

麗澤堂遺稿二卷　（清）姚丙禧著　清光緒五年(1879)鉛印本　二冊

320000－1646－0007603　704594

棲雲樓制藝不分卷　（清）戴鴻恩稿　清同治六年(1867)刻本　四冊

320000－1646－0007604　704595

師竹齋賦鈔不分卷　（清）鄭德璜　（清）鄭德璇撰　清同治十年(1871)刻本　三冊

320000－1646－0007605　704596

丁裴卿制藝不分卷　（清）丁煥文著　清光緒九年(1883)刻本　二冊

320000－1646－0007606　704597

蝶庵賦鈔二卷　（清）楊榮著　清咸豐十年(1860)刻本　二冊

320000－1646－0007607　704598

棣萼山房試帖四卷　（清）王葆修著　清同治十二年(1873)刻本　二冊

320000－1646－0007608　704599

耕心廬遺稿不分卷　（清）錢亦昌撰　清同治十一年(1872)刻本　四冊

320000－1646－0007609　704600

王農山稿一卷　（清）王廣心撰　清光緒九年(1883)上海著易堂鉛印本　一冊

320000－1646－0007610　704601

莫寶齋稿一卷　（清）莫晉撰　清光緒五年(1879)上海淞隱閣鉛印本　一冊

320000－1646－0007611　704602

希鄭堂四書文一卷　（清）潘任撰　清末錫山文苑閣木活字印本　一冊

320000－1646－0007612　704603

示樸齋制藝不分卷　（清）錢振倫撰　清同治五年(1866)袁浦講舍刻本　四冊

320000－1646－0007613　704604

琴鶴軒遺文不分卷　（清）趙榮撰　清光緒十八年(1892)刻本　二冊

320000－1646－0007614　704605

海秋稿初集一卷二集一卷　（清）湯鵬撰　清光緒二十二年(1896)上海文盛書局石印本　四冊

320000－1646－0007615　704606

文法入門醒一卷　（清）喬峰秀著　清同治六年(1867)宏文堂刻本　二冊

320000－1646－0007616　704607

童子問路四卷　（清）鄭之琮輯　清同治刻本　二冊

320000－1646－0007617　704608

陳厚甫先生全稿不分卷續稿不分卷　（清）陳鍾麟著　清道光八年(1828)聽雨軒刻本　六冊

320000－1646－0007618　704609

味閒堂課鈔五卷味閒堂課鈔三刻二卷　（清）陶然著　清同治五年(1866)長洲刻本　六冊

320000－1646－0007619　704610

生花草堂試藝一卷　（清）李嗣彬撰　清同治十年(1871)唐子仙寫刻本　一冊

320000－1646－0007620　704611

藤香館啓蒙草一卷　（清）薛時雨撰　清同治七年（1868）梧竹山房刻本　一冊

320000－1646－0007621　704612

藤香館啓蒙草一卷　（清）薛時雨撰　清同治七年（1868）梧竹山房刻本　一冊

320000－1646－0007622　704613

課徒草不分卷　（清）錢召懷著　清光緒十年（1884）刻本　一冊

320000－1646－0007623　704614

碧山堂全稿一卷　（清）柏謙著　清乾隆四十八年（1783）綠蔭堂刻本　一冊

320000－1646－0007624　704615

玉笥山房試帖一卷　（清）孔傳授著　清光緒二年（1876）刻本　一冊

320000－1646－0007625　704616

濯錦軒制藝一卷　（清）李錫瓚撰　清末刻本　一冊

320000－1646－0007626　704617

翠堂遺文一卷　（清）洪守樾撰　清道光八年（1828）四焉居刻本　一冊

320000－1646－0007627　704618

莪園白話一卷　（清）彭澧著　清光緒八年（1882）三省書屋刻　二冊

320000－1646－0007628　704619

紫荆吟館試帖二卷　（清）曹秉哲撰　清光緒十五年（1889）汴垣家塾刻本　二冊

320000－1646－0007629　704620

紅蕉館遺稿不分卷　（清）周兆勳著　清咸豐二年（1852）湯晉苑刻本　二冊

320000－1646－0007630　704621

徵獻堂四書小題文鈔一卷徵獻堂四書文鈔一卷　（清）管高福著　清光緒十九年（1893）陳涇徐氏刻本　二冊

320000－1646－0007631　704622

怡軒課徒草初集不分卷二集不分卷　（清）胡淦撰　清道光十九年（1839）養和堂刻本　六冊

320000－1646－0007632　704623

馮夔颸稿四卷　（清）馮詠撰　清同治十一年（1872）文奎堂刻本　五冊

320000－1646－0007633　704624

曹寅谷制藝不分卷續編一卷三編一卷詩賦一卷　（清）曹之升撰　清同治十二年（1873）味經堂刻本　八冊

320000－1646－0007634　704625

曹寅谷制藝不分卷續編一卷三編一卷詩賦一卷　（清）曹之升撰　清同治十二年（1873）味經堂刻本　五冊

320000－1646－0007635　704626

思樂書屋截搭不分卷　（清）李應詔撰　清同治十一年（1872）京都琉璃廠刻本　二冊

320000－1646－0007636　704627

裘學樓大題文三卷　（清）楊延俊著　清光緒三年（1877）四明茹古齋鉛印本　六冊

320000－1646－0007637　704628

求知齋經解試藝一卷　（清）金蓮溪撰　清光緒十六年（1890）上海廣百宋齋鉛印本　一冊

320000－1646－0007638　704629

桂馨書屋遺文不分卷　（清）陳孝恭著　清咸豐四年（1854）刻本　一冊

320000－1646－0007639　704630

古芬書屋律賦二卷　（清）姚伊憲撰　清同治、光緒間刻本　一冊

320000－1646－0007640　704631

佇鶴巢試藝一卷　（清）貝信三撰　清道光十年（1830）佇鶴巢刻本　一冊

320000－1646－0007641　704632

佇鶴巢試藝一卷　（清）貝信三撰　清道光十年（1830）佇鶴巢刻本　一冊

320000－1646－0007642　704633

寶墨庵槀三卷　（清）貝信三著　清咸豐九年（1859）刻本　三冊

320000－1646－0007643　704634

稺堂試體詩二卷　（清）吳省蘭撰　清乾隆勤補堂刻本　一冊

320000－1646－0007644　704635

校經齋試帖二卷　（清）丁培著　清同治十年(1871)刻本　二冊

320000－1646－0007645　704636

夢花居文存不分卷　（清）張汝梅著　清光緒二十五年(1899)張葆芬刻本　二冊

320000－1646－0007646　704637

還雲館四書文鈔二卷　（清）張聰賢著　清同治十一年(1872)守素軒刻本　二冊

320000－1646－0007647　704638

浮玉山房時文鈔一卷續編一卷試帖一卷續編一卷　（清）丁紹周著　清同治九年(1870)刻本　四冊

320000－1646－0007648　704639

浮玉山房賦鈔一卷試帖一卷　（清）丁紹周著　清同治十年(1871)刻本　一冊

320000－1646－0007649　704640

石南書院課士草不分卷　（清）鍾聲著　清同治四年(1865)禪山翰寶樓刻本　二冊

320000－1646－0007650　704641

道生堂制藝不分卷道生堂稿一卷二集一卷三集不分卷　（清）鍾聲著　清同治七年至八年(1868－1869)刻本　四冊

320000－1646－0007651　704642

道生堂初集不分卷二集二卷三集不分卷　（清）鍾聲著　清光緒十五年(1889)兩儀書局刻本　八冊

320000－1646－0007652　704643

道生堂初集不分卷二集二卷三集不分卷　（清）鍾聲著　清光緒十五年(1889)兩儀書局刻本　八冊

320000－1646－0007653　704644

薇雲小舍試帖詩課二卷薇雲小舍詩課續編二卷　（清）吳之俊著　清道光三年(1823)夢花館刻本　一冊

320000－1646－0007654　704645

有正味齋試帖詩註八卷　（清）吳錫麒著　清嘉慶二十三年(1818)孫洪琦刻本　八冊

320000－1646－0007655　704646

有正味齋試帖詩註八卷　（清）吳錫麒著　清嘉慶二十三年(1818)孫洪琦刻本　八冊

320000－1646－0007656　704647

有正味齋賦四卷　（清）吳錫麒著　清道光六年(1826)一枝山房刻本　一冊

320000－1646－0007657　704648

[有正味齋時文]一卷　（清）吳錫麒撰　清嘉慶、道光間刻本　一冊

320000－1646－0007658　704649

耐寒樓試帖註釋八卷　（清）盧孝曾撰　清道光十三年(1833)寶仁堂刻本　二冊

320000－1646－0007659　704650

芝亭賦草箋註不分卷　（清）孫炳榮著　（清）馬湘帆鑒定　清道光二十四年(1844)漱石山房刻本　四冊

320000－1646－0007660　704651

梅花溪試帖爐餘草四卷律賦爐餘草一卷　（清）朱梓撰　清同治六年(1867)怡怡堂刻本　三冊

320000－1646－0007661　704652

十杉亭帖體詩鈔五卷續編二卷　（清）吳楷著　清道光三年(1823)夢花館刻本　二冊

320000－1646－0007662　704653

帖體詩存詳注八卷　（清）宓如椿著　清嘉慶二十一年(1816)英德堂刻本　八冊

320000－1646－0007663　704654

抗希堂自訂全稿不分卷　（清）方苞撰　清乾隆、嘉慶間麟元堂刻本　二冊

320000－1646－0007664　704655

四書義正鵠不分卷　（清）朱鈞著　清光緒二十七年(1901)煥文書局石印本　四冊

320000－1646－0007665　704656

五柳堂窗課一卷　（清）陶聘侯撰　稿本
一冊

320000－1646－0007666　704657

聽缾笙館遺稿一卷　（清）吳保和撰　清光緒
十五年(1889)刻本　一冊

320000－1646－0007667　704658

宛志摘題試帖二卷　（清）王鏊撰　清同治十
三年(1874)懷芳精舍刻本　一冊

320000－1646－0007668　704659

錢叔雲遺文一卷　（清）錢襄撰　清嘉慶、道
光間刻本　一冊

320000－1646－0007669　704660

無俗聲室試帖二卷　（清）楊敬傳著　清光緒
元年(1875)畫荻書屋刻本　一冊

320000－1646－0007670　704661

張雨棠先生課徒草一卷　（清）張若曾撰　史
洵侯先生課徒草一卷　（清）史洵侯撰　清同
治五年(1866)狀元第莊刻本　一冊

320000－1646－0007671　704662

一經軒制藝不分卷　（清）徐鳳鳴著　清光緒
十三年(1887)泰興學署刻本　二冊

320000－1646－0007672　704663

延經堂塾課不分卷二集不分卷　（清）朱鴻儒
著　清同治七年(1868)刻本　二冊

320000－1646－0007673　704664

註釋水竹居賦不分卷　（清）盛觀潮著　清道
光二十八年(1848)巽記刻本　二冊

320000－1646－0007674　704665

註釋水竹居賦不分卷　（清）盛觀潮著　清同
治六年(1867)掃葉山房刻本　四冊

320000－1646－0007675　704666

歸愚齋四書文不分卷　（清）沈德潛撰　清刻
本　二冊

320000－1646－0007676　704667

紫薇仙館遺藁五卷　（清）曾日章撰　清道光
二十七年(1847)刻本　三冊

320000－1646－0007677　704668

潘芝軒中堂稿一卷　（清）潘世恩撰　清末抄
本　一冊

320000－1646－0007678　704669

廖靜淵窗稿一卷　（清）廖靜淵撰　清末抄本
一冊

320000－1646－0007679　704670

陶允清先生時文一卷　（清）陶允清撰　清末
抄本　一冊

320000－1646－0007680　704671

課徒草一卷　（清）陸錫眉著　清末抄本
一冊

320000－1646－0007681　704672

後七家詩選一卷　（清）薛春黎輯　清光緒二
年(1876)張兆蘭鉛印本　一冊

320000－1646－0007682　704673

能自彊齋制藝一卷　（清）汪鳴鑾著　清同治
十二年(1873)刻本　一冊

320000－1646－0007683　704674

崔蘭生汪柳門先生合稿二卷　（清）崔國琚
（清）汪鳴鑾撰　清同治十三年(1874)刻本
二冊

320000－1646－0007684　704675

舊雨草堂時文一卷　（清）陳康祺撰　清同治
十一年(1872)磨鋊山房刻本　一冊

320000－1646－0007685　704676

劍虹居三十藝一卷　（清）秦煥著　清光緒二
年(1876)京都琉璃廠刻本　二冊

320000－1646－0007686　704677

劍虹居制義續刻一卷　（清）秦煥著　清光緒
六年(1880)揚州鎔鑄樓鉛印本　一冊

320000－1646－0007687　704678

西漚制藝一卷　（清）李惺撰　清光緒四年
(1878)鉛印本　一冊

320000－1646－0007688　704679

秦狀元稿一卷　（清）秦大士著　清末鉛印本
一冊

320000－1646－0007689　704680

俞蔭甫先生課孫草一卷　（清）俞樾撰　清光緒十三年（1887）上海鴻文書局石印本　一冊

320000－1646－0007690　704681

蒙香草堂時文全集不分卷　（清）周景益著　清同治、光緒間刻本　二冊

320000－1646－0007691　704682

先得月樓課草不分卷　（清）潘江著　清光緒十年（1884）刻本　二冊

320000－1646－0007692　704683

書畫舫文稿初集一卷二集一卷　（清）高鳳臺著　清光緒七年（1881）四明茹古齋鉛印本　四冊

320000－1646－0007693　704684

綠香山館小題六卷　（清）來鴻瑨撰　清光緒六年（1880）京都刻本　六冊

320000－1646－0007694　704685

江南鄉試同門錄不分卷　（清）陳懋治　（清）徐繼聲等撰　清光緒十九年（1893）刻本　一冊

320000－1646－0007695　704686

江南歲試卷一卷　夏津等撰　清刻本　一冊

320000－1646－0007696　704687

安徽試牘不分卷次刻不分卷　（清）汪守和訂　清道光六年（1826）刻本　一冊

320000－1646－0007697　704688

浙江闈墨一卷　（清）陳岱等撰　清嘉慶六年（1801）聚奎堂刻本　一冊

320000－1646－0007698　704689

山東闈墨一卷　（清）杜光斗等撰　清光緒二十三年（1897）聚奎堂刻本　一冊

320000－1646－0007699　704690

山東闈墨一卷　（清）杜光斗等撰　清光緒二十三年（1897）聚奎堂刻本　一冊

320000－1646－0007700　704692

［當湖書院試卷］一卷　清末抄本　一冊

320000－1646－0007701　704693

江南闈墨一卷　（清）劉黃鑒定　清同治十二年（1873）衡鑑堂刻本　一冊

320000－1646－0007702　704694

郵傳部高等實業學堂試卷一卷　陳其鹿撰　清宣統抄本　一冊

320000－1646－0007703　704695

［試卷］不分卷　清抄本　二十四冊

320000－1646－0007704　704696

湖北闈墨一卷　（清）毛蔭桐等撰　清刻本　一冊

320000－1646－0007705　704697

湖北闈墨一卷　錢桂笙等撰　清光緒二十年（1894）衡鑒堂刻本　一冊

320000－1646－0007706　704698

湖北試牘六卷　（清）陳曾望等撰　清光緒十七年（1891）刻本　六冊

320000－1646－0007707　704699

福建闈墨一卷　（清）鄭懷陔等撰　清光緒十四年（1888）衡鑑堂刻本　一冊

320000－1646－0007708　704700

福建闈墨不分卷　（清）陳君耀等撰　清光緒十七年（1891）刻本　一冊

320000－1646－0007709　704701

江蘇試牘十四卷　（清）盧志古等撰　清光緒二十年（1894）江陰使署刻本　四冊

320000－1646－0007710　704702

分韻試帖精華十四卷目錄一卷仄韻易檢一卷　毋不敬齋選輯　清光緒十八年（1892）石倉書局石印本　八冊

320000－1646－0007711　704703

乙酉戊子墨選不分卷　知止主人訂　清抄本　二冊

320000－1646－0007712　704704

春明鄉會墨選不分卷二編一卷　（清）陳榮紹評選　清同治九年（1870）龍威閣刻本　三冊

320000－1646－0007713　704705

福建鄉試闈墨一卷　清光緒二十三年(1897)圖書集成書局鉛印本　一冊

320000－1646－0007714　704706

福建鄉試闈墨一卷　(清)鄭書祥等撰　清光緒上海著易堂鉛印本　一冊

320000－1646－0007715　704707

福建闈墨一卷　清光緒二十九年(1903)鉛印本　一冊

320000－1646－0007716　704708

福建闈墨一卷　清光緒十五年(1889)鉛印本　一冊

320000－1646－0007717　704709

福建闈墨一卷　清光緒二十八年(1902)上海敬久齋石印本　一冊

320000－1646－0007718　704710

江南闈墨十卷　清光緒鉛印本　十冊

320000－1646－0007719　704711

江西闈墨八卷　清光緒鉛印本　八冊

320000－1646－0007720　704712

湖北闈墨五卷　清光緒鉛印本　五冊

320000－1646－0007721　502126

天台四教儀一卷　(高麗)釋諦觀録　始終心要一卷　(唐)釋湛然述　(宋)釋從義注　清刻本　一冊

320000－1646－0007722　704714

浙江闈墨三卷　清光緒鉛印本　三冊

320000－1646－0007723　704715

近科墨卷大觀不分卷　(清)許球評選　清道光十八年(1838)刻本　二冊

320000－1646－0007724　704716

批選直省闈墨十三卷目録一卷　(清)馮一梅　(清)劉鯤校訂　清光緒三十年(1904)上海書局刻本　十冊

320000－1646－0007725　704717

己卯直省鄉墨十七卷　(清)張正堉等撰　清光緒六年(1880)鉛印本　四冊

320000－1646－0007726　704718

辛卯直省闈墨不分卷辛卯科直省鄉試試帖一卷　(清)俞培元選　清末圖書集成局鉛印本　四冊

320000－1646－0007727　704719

光緒甲午科直省鄉墨十七卷甲午科直省鄉試試帖一卷　(清)李荔邨評選　清光緒二十一年(1895)鉛印本　四冊

320000－1646－0007728　704720

三朝墨準新編不分卷　(清)翁心存等撰　清光緒元年(1875)京都聯步軒刻本　四冊

320000－1646－0007729　704721

浙江闈墨六卷　清末鉛印本　六冊

320000－1646－0007730　704722

新科松郡考卷一卷　(清)沈惟賢等撰　清光緒十二年(1886)鉛印本　一冊

320000－1646－0007731　704723

丁酉順天闈墨一卷　(清)沈輝曾撰　清光緒二十三年(1897)圖書集成局鉛印本　一冊

320000－1646－0007732　704724

新科考卷一卷　(清)金賢賚等撰　清光緒三十年(1904)知新書局石印本　一冊

320000－1646－0007733　704725

新科考卷一卷　(清)黃福元等撰　清末上海著易堂書局鉛印本　一冊

320000－1646－0007734　704726

新科考卷一卷　(清)吳曾源等撰　清光緒二十一年(1895)石印本　一冊

320000－1646－0007735　704727

庚寅恩科會墨一卷　(清)夏曾佑等撰　清末上海著易堂書局鉛印本　一冊

320000－1646－0007736　704728

溥大宗師江蘇試牘一卷　(清)陸炳麟等撰　清光緒十八年(1892)鉛印本　一冊

320000－1646－0007737　704729

廣東闈墨四卷　（清）楊裕芬等撰　清鉛印本　四冊

320000－1646－0007738　704730
庚辰會墨一卷己卯科直省鄉墨十七卷　清鉛印本　一冊

320000－1646－0007739　704731
光緒丁酉科浙江闈墨不分卷　（清）鄭永禧等撰　清聚奎堂刻本　一冊

320000－1646－0007740　704732
光緒癸巳恩科浙江闈墨不分卷　（清）王夢魁等撰　清聚奎堂刻本　一冊

320000－1646－0007741　704733
湖北試牘六卷　（清）陳曾望等撰　清光緒十七年(1891)刻本　一冊　存一卷(一)

320000－1646－0007742　704734
戊戌會墨一卷　（清）陸曾煒等撰　清末圖書集成局鉛印本　一冊

320000－1646－0007743　704735
成均課士錄不分卷　（清）沈桂芬鑒定　清光緒六年(1880)鉛印本　二冊

320000－1646－0007744　704736
策論範圍二卷　（清）趙蘭皋　（清）陳正學鑒定　清夢孔山房石印本　一冊

320000－1646－0007745　704738
試策珍珠船不分卷　（清）辛紹業選　清嘉慶五年(1800)刻本　二冊

320000－1646－0007746　704739
近科試策法程一卷　清刻本　一冊

320000－1646－0007747　704740
墨卷約選不分卷　（清）劉鑑等撰　清刻本　二冊

320000－1646－0007748　704741
墨卷雜選不分卷　清刻本　一冊

320000－1646－0007749　704742
新科墨商不分卷　（清）汪立權等撰　清刻本　一冊

320000－1646－0007750　704743
新科考卷五卷　清刻本　五冊

320000－1646－0007751　704744
直省鄉墨不分卷　（清）顧遜之編　清咸豐元年(1851)同文堂刻本　二冊

320000－1646－0007752　704745
狀元策三十八卷　清京都琉璃廠文琳堂書坊刻本　十一冊

320000－1646－0007753　704746
歷科朝元卷十卷　（清）蒯光典等撰　清光緒刻本　一冊

320000－1646－0007754　704747
欽定朝考卷十卷　（清）陳與冏等撰　清松竹齋刻本　一冊

320000－1646－0007755　704748
歷科狀元策五卷　（清）于建章等撰　清刻本　一冊

320000－1646－0007756　704749
會試硃卷十三卷　（清）梁鴻翯等撰　清光緒刻本　一冊

320000－1646－0007757　704750
[朱賡颺劉至健試卷]一卷　（清）朱賡颺（清）劉至健撰　清抄本　一冊

320000－1646－0007758　704751
館律鴐鋮四卷　（清）蔣圻編次　清刻本　二冊

320000－1646－0007759　704752
春雲詩鈔六卷　（清）張襄綸原輯　（清）張維城編次　清道光十二年(1832)選桂堂刻本　四冊

320000－1646－0007760　704753
春明盦簪集試帖八卷　（清）蔡壽祺等撰　清同治元年(1862)刻本　四冊

320000－1646－0007761　704754
夢蘭室試帖鈔初集二卷　（清）余紹經輯　清道光十九年(1839)刻本　二冊

320000－1646－0007762　704755

玉堂試帖振采集六卷　（清）潘曾瑩編輯　清道光二十三年(1843)刻本　二冊

320000－1646－0007763　704756

試帖錦機六卷　（清）蔣賓編　清道光六年(1826)刻本　二冊

320000－1646－0007764　704757

試帖金鍼八卷　（清）陸文彬編注　清嘉慶二十三年(1818)戲墨齋刻本　一冊

320000－1646－0007765　704758

試帖心賞二卷　（清）唐彥槐輯　清道光二十八年(1848)刻本　二冊

320000－1646－0007766　704759

河南試牘一卷　（清）姚文田評定　清嘉慶十七年(1812)刻本　一冊

320000－1646－0007767　704760

四川闈墨不分卷　（清）羅鍾玉等撰　清光緒二年(1876)衡文堂刻本　一冊

320000－1646－0007768　704761

廣東闈墨不分卷　（清）傅維森等撰　清光緒十七年(1891)刻本　一冊

320000－1646－0007769　704762

廣東闈墨一卷　梁錫祥撰　清光緒二十年(1894)刻本　一冊

320000－1646－0007770　704763

江蘇考卷經正集不分卷　（清）張良鯤撰　清乾隆四十年(1775)刻本　一冊

320000－1646－0007771　704765

江蘇詩賦經正集一卷　清刻本　一冊

320000－1646－0007772　704766

江蘇試牘四卷　清嘉慶、道光間刻本　四冊

320000－1646－0007773　704767

壬寅直省闈藝四卷　清光緒二十八年(1902)上海書局石印本　四冊

320000－1646－0007774　704768

安徽試牘存真制義不分卷策論一卷律賦一卷

古今體詩一卷　（清）殷兆鏞鑒定　清同治九年(1870)刻本　四冊

320000－1646－0007775　704769

江西試牘一卷　（清）龍湛霖選定　清光緒二十年(1894)石印本　二冊

320000－1646－0007776　704770

恩正併科會試闈墨一卷　周蘊良等撰　清光緒二十九年(1903)上海同文書社鉛印本　二冊

320000－1646－0007777　704771

夏大宗師試卷一卷　清光緒六年(1880)揚州鎔鑄樓鉛印本　二冊

320000－1646－0007778　704772

辛丑壬寅會試闈墨一卷　周蘊良等撰　清光緒二十九年(1903)汴省書局石印本　二冊

320000－1646－0007779　704773

癸巳直省鄉墨一卷　（清）汪蓉洲評選　清光緒二十年(1894)上海寶文書局石印本　二冊

320000－1646－0007780　704774

直省闈墨精萃一卷　（清）馮文蔚評選　清光緒十四年(1888)上海鴻文書局石印本　二冊

320000－1646－0007781　704775

鄉會墨選二卷　（清）徐樹銘編　清同治四年(1865)刻本　四冊

320000－1646－0007782　704776

繩正堂墨繩不分卷庚午科直省試帖一卷　（清）傅鼎乾評選　清同治十年(1871)刻本　四冊

320000－1646－0007783　704777

丙子科直省鄉墨金聲不分卷　（清）施有奎等撰　清光緒三年(1877)刻本　四冊

320000－1646－0007784　704778

精選直省闈藝九卷　（清）梁庭華等撰　清光緒二十九年(1903)時中書局鉛印本　四冊

320000－1646－0007785　704779

順天鄉試闈墨十卷　清鉛印本　十冊

320000-1646-0007786　704780

江蘇新政新科考卷一卷　（清）尹聘三等撰　清光緒二十八年（1902）上海書局石印本　一冊

320000-1646-0007787　704781

會試闈墨二卷　（清）許葉芬等撰　清石印本　二冊

320000-1646-0007788　704782

壬辰會墨一卷　（清）劉可毅等撰　清末圖書集成局鉛印本　一冊

320000-1646-0007789　704783

欽取朝考卷七卷　（清）莊鍾濟等撰　清光緒刻本　一冊

320000-1646-0007790　704784

分韻四景詩四卷　清光緒十三年（1887）上海鴻文書局石印本　一冊

320000-1646-0007791　704785

新選館課秋景試帖二卷　彭述等撰　清末鉛印本　一冊

320000-1646-0007792　704786

試律金鍼二卷　寄廬主人輯　清光緒十三年（1887）石印本　二冊

320000-1646-0007793　704787

新選春秋明景詩二卷　清光緒二年（1876）崇蘭草堂刻本　二冊

320000-1646-0007794　704788

近科館閣分類詩選二卷　（清）張之洞選　清光緒十二年（1886）上海點石齋石印本　二冊

320000-1646-0007795　704789

試帖詩鏡二卷　（清）宜南紫藤花館校訂　清同治十二年（1873）紫藤花館刻本　六冊

320000-1646-0007796　704790

同館試帖分韻合選四卷　清道光十七年（1837）京都鬱鬱堂刻本　一冊

320000-1646-0007797　704791

國朝長律同音四卷　（清）陳彭齡　（清）陳景良編次　清光緒七年（1881）刻本　四冊

320000-1646-0007798　704792

試律大觀三十二卷　（清）王家相定　清光緒九年（1883）聚玉堂刻本　十二冊

320000-1646-0007799　704793

子史試帖彙鈔十卷　（清）屈宗談編　清道光元年（1821）刻本　二冊

320000-1646-0007800　704794

青雲集補注六卷　（清）楊逢春　（清）蕭應樾輯　清光緒二十一年（1895）復古齋鉛印本　六冊

320000-1646-0007801　704795

登瀛試律初編二卷　清光緒二年（1876）常熟曾氏明瑟山莊刻本　二冊

320000-1646-0007802　502128

修習止觀坐禪法要二卷　（隋）釋智顗述　六妙法門一卷　（隋）釋智者大師撰　清光緒十八年（1892）金陵刻經處刻本　一冊

320000-1646-0007803　704796

秋詩又新集二卷西湖名勝試帖補編一卷　（清）葉乃喜輯　清光緒元年（1875）刻本　二冊

320000-1646-0007804　704797

試帖詩鈔不分卷　清末抄本　二冊

320000-1646-0007805　704798

十二瓊室試帖一卷　清抄本　一冊

320000-1646-0007806　704799

試帖精選一卷　清抄本　一冊

320000-1646-0007807　704800

唐人律箋一卷　清抄本　一冊

320000-1646-0007808　704801

南梁詩課不分卷　仇竹屏評定　清抄本　一冊

320000-1646-0007809　704802

詩賦謌論一卷　（清）嚴元增輯　清抄本　一冊

320000-1646-0007810　704803

詩以言情一卷　（清）嚴元增輯　清光緒二十八年（1902）抄本　一冊

320000－1646－0007811　704804

城北詩卷一卷　繆竹亦　徐頌平等撰　清抄本　一冊

320000－1646－0007812　704805

精選試帖一卷　（清）左泉抄　清光緒二十一年（1895）左泉抄本　一冊

320000－1646－0007813　704806

詩課一卷　龔仲韜等撰　清抄本　一冊

320000－1646－0007814　704807

試帖讀本二卷　（清）朱棆輯注　清道光十八年（1838）刻本　一冊

320000－1646－0007815　704808

排律初津四卷　（清）金鳳沼編注　清光緒七年（1881）刻本　一冊

320000－1646－0007816　704809

韻律新編四卷　（清）劉執玉　（清）華乾泰輯　清乾隆二十六年（1761）詒燕樓刻本　二冊

320000－1646－0007817　704810

金鈴集十卷　（清）朱文杏輯　清道光二十年（1840）刻本　四冊

320000－1646－0007818　704811

金鈴集十二卷　（清）張綸編次　清道光二年（1822）秀溪山房刻本　二冊

320000－1646－0007819　704812

唐人試帖四卷　（清）毛奇齡論定　清書帶草堂刻本　二冊

320000－1646－0007820　704813

葵青居分韻試帖讀本二卷　（清）石渠編　清光緒十七年（1891）刻本　二冊

320000－1646－0007821　704814

館律分韻初編六卷　題（清）春暉閣主人編　清光緒十四年（1888）上海漱六山莊石印本　六冊

320000－1646－0007822　704815

館律分韻初編六卷　題（清）春暉閣主人編　清光緒十四年（1888）上海鴻寶齋石印本　六冊

320000－1646－0007823　704816

庚辰集五卷　（清）紀昀編　清三槐堂刻本　六冊

320000－1646－0007824　704817

庚辰集五卷　（清）紀昀編　清三槐堂刻本　四冊

320000－1646－0007825　704818

書畫舫試帖詩課十一卷　（清）高鳳臺選刊　清嘉慶二十四年（1819）刻本　二冊

320000－1646－0007826　704819

應試五排精選五卷　（清）吳昌宗　（清）申贊皇箋　清乾隆二十六年（1761）刻本　二冊

320000－1646－0007827　704820

本朝館閣詩二十卷附錄一卷續附錄一卷　（清）阮學浩　（清）阮學濬等編次　清乾隆二十三年（1758）刻本　十六冊

320000－1646－0007828　704821

本朝館閣詩二十卷附錄一卷續附錄一卷　（清）阮學浩　（清）阮學濬等編次　清乾隆二十三年（1758）刻本　六冊　存十一卷（六至九、十二至十八）

320000－1646－0007829　704822

宣南鴻雪集二卷　（清）潘曾瑩輯　清末刻本　一冊

320000－1646－0007830　704823

新刻江南試帖二卷　清李光明莊刻本　一冊

320000－1646－0007831　704825

寄嶽雲齋試體詩選詳注四卷　（清）聶銑敏蒓　清嘉慶九年（1804）經綸堂刻本　二冊

320000－1646－0007832　704826

近四科同館試帖鳴盛集四卷　（清）陳枚　（清）高遠詢編輯　清道光二十九年（1849）綺霞閣刻本　四冊

320000－1646－0007833　704827

三十科鄉會試詩墨鈔十卷 （清）馮晉昌編次 清同治十一年（1872）刻本　四冊

320000－1646－0007834　704828

試帖紫雲僊館初集八卷二集八卷三集八卷 （清）高敏輯　清嘉慶二十五年至道光八年（1820－1828）姑蘇愛蓮室刻本　十二冊

320000－1646－0007835　704829

國朝七排詩鈔四卷 （清）顧元愷編次　清道光七年（1827）三槐堂刻本　二冊

320000－1646－0007836　704830

瀛海探驪集八卷 （清）朱埏之輯　清嘉慶十九年（1814）萼怡山館刻本　八冊

320000－1646－0007837　704831

試帖詩十卷 （清）鄧雲航輯　清光緒十六年（1890）上洋袖海山房石印本　十二冊

320000－1646－0007838　704832

試帖玉芙蓉集四卷 題（清）同文書局主人選輯　清光緒十年（1884）上海同文書局石印本　四冊

320000－1646－0007839　704833

增廣試帖玉芙蓉五卷續集二卷三集四卷　清光緒十三年（1887）同文書局石印本（三集爲光緒十五年鴻寶齋書局石印本）　十二冊

320000－1646－0007840　704834

十九科同館試帖選四卷 （清）邵承照等編　清同治元年（1862）刻本　四冊

320000－1646－0007841　704835

國朝館閣九家詩箋九卷 （清）吳錫麒等撰　清嘉慶五年（1800）刻本　五冊

320000－1646－0007842　704836

增注七家詩彙鈔七卷 （清）王植桂輯注　清光緒十八年（1892）上海圖書集成印書局鉛印本　四冊

320000－1646－0007843　704837

江蘇試牘不分卷　清刻本　一冊

320000－1646－0007844　704838

詠物排律詩一卷 （清）吳中順著　清道光十九年（1849）刻本　一冊

320000－1646－0007845　704839

國朝律賦新機初集不分卷二集一卷續集一卷 （清）孫理評輯　清嘉慶十六年（1811）刻本　四冊

320000－1646－0007846　704840

味閒堂課鈔四卷續刻一卷三刻二卷 （清）陶然撰　清同治五年至光緒五年（1866－1879）刻本　四冊　存四卷（初刻二、續刻一卷、三刻二卷）

320000－1646－0007847　704841

賦學正鵠集釋四卷續集八卷三集二卷四集四卷　清光緒二十五年（1899）上海慎記書莊石印本　八冊

320000－1646－0007848　704842

埽紅僊館彙刻賦鈔不分卷二集一卷 （清）胡金瑞 （清）席振起編次　清道光五年（1825）刻本　二冊

320000－1646－0007849　704843

律賦雲璈初集一卷二集一卷 （清）邵涵初編次　清道光元年（1821）刻本　二冊

320000－1646－0007850　704844

浣花初集不分卷 （清）雷對編次　清道光二十二年（1842）刻本　二冊

320000－1646－0007851　704845

瀛奎玉律二集四卷 （清）高敏編次　清道光十八年（1838）刻本　二冊

320000－1646－0007852　704846

得月樓賦四卷 （清）張元灝選評　清同治十年（1871）潄芳書屋刻本　八冊

320000－1646－0007853　704847

律賦英華初集不分卷 （清）許澦 （清）汪榮等編次　清道光三年（1823）刻本　一冊

320000－1646－0007854　704848

頤典齋賦讀本一卷 （清）王家相 （清）陳裴之等撰　清刻本　一冊

320000－1646－0007855　704849

六朝唐賦約編一卷　（清）華文模　（清）華文械輯　清咸豐二年(1852)刻本　一冊

320000－1646－0007856　704850

湖南試牘一卷　（清）趙啟霖　（清）潘學海等撰　清刻本　一冊

320000－1646－0007857　704851

翦雨樓彙刻賦鈔不分卷　（清）吳慶集　（清）許元愷等編次　清道光二十四年(1844)刻本　一冊

320000－1646－0007858　704852

翦雨樓彙刻賦鈔不分卷　（清）吳慶集　（清）許元愷等編次　清抄本　一冊

320000－1646－0007859　704853

婁東書院小課一卷　（清）莊東來選　清道光九年(1829)刻本　一冊

320000－1646－0007860　704854

唐律賦鈔一卷　（清）潘遵祁箋　清道光二十八年(1848)刻本　一冊

320000－1646－0007861　704855

書經集句賦稿選本一卷易經試帖選本一卷　（清）戴槃著　清咸豐二年(1852)刻本　一冊

320000－1646－0007862　704856

詩賦楷模一卷　清光緒十二年(1886)刻本　一冊

320000－1646－0007863　704857

掃紅仙館賦選二卷　（清）歸令瑜　（清）歸令符等撰　清鉛印本　二冊

320000－1646－0007864　704858

掃紅仙館賦選二卷　（清）歸令瑜　（清）歸令符等撰　清光緒二年(1876)上海印書局鉛印本　二冊

320000－1646－0007865　704859

律賦選青四卷　（清）任聘三纂註　清同治八年(1869)刻本　二冊

320000－1646－0007866　704860

律賦鳴盛箋注不分卷　（清）顧鶴評輯　清道光三年(1823)經國堂刻本　四冊

320000－1646－0007867　704861

同館詩賦補鈔二卷　（清）王家相編輯　清嘉慶二十年(1815)刻本　二冊

320000－1646－0007868　704862

國朝律賦新機初集一卷　（清）孫理評輯　清嘉慶十一年(1806)刻本　一冊

320000－1646－0007869　704863

國朝律賦新機續鈔四卷　（清）胡玉樹　（清）葛其仁等編註　清嘉慶二十二年(1817)刻本　二冊

320000－1646－0007870　704864

律賦剪紅集不分卷　（清）陳若蘭　（清）張維城等商訂　清道光十六年(1836)刻本　二冊

320000－1646－0007871　704865

律賦新編不分卷　（清）趙楫　（清）趙霖輯　清道光十年(1830)毘陵宏文堂刻本　二冊

320000－1646－0007872　704866

金陵惜陰書舍賦鈔四卷　（清）陳兆熙輯　清同治十二年(1873)刻本　四冊

320000－1646－0007873　704867

知止居賦鈔不分卷　清抄本　二冊

320000－1646－0007874　704868

律賦青雲集不分卷　（清）夏同善鑒定　清光緒六年(1880)刻本　四冊

320000－1646－0007875　704869

分類賦學雞跖集三十卷附錄一卷　（清）張維城選編　清光緒十七年(1891)刻本　四冊

320000－1646－0007876　704870

雞跖賦續刻二十八卷擬古二卷　（清）應心香　（清）應泰泉等編輯　清同治十三年(1874)蘭言室刻本　八冊

320000－1646－0007877　704871

新註得月樓賦鈔四卷　（清）張元灝選評　清光緒十三年(1887)石印本　四冊

320000－1646－0007878　704872

新註得月樓賦鈔四卷　（清）張元灝選評　清光緒七年(1881)刻本　四冊

320000－1646－0007879　704873

夢華廬賦海三十卷　題(清)夢華廬主人選　清光緒十二年(1886)上海點石齋石印本　八冊

320000－1646－0007880　704874

分類賦學十二卷　(清)張維城編　清光緒十二年(1886)上海點石齋石印本　三冊

320000－1646－0007881　704875

分類賦學續刻十二卷　(清)陸漁笙鑒定　清光緒十二年(1886)上海點石齋石印本　三冊

320000－1646－0007882　704876

賦琛不分卷　題(清)□滿書愡主人訂　清光緒四年(1878)刻本　二冊

320000－1646－0007883　704877

本朝律賦集腋八卷　(清)馬俊良輯　清嘉慶十四年(1809)大酉山房刻本　八冊

320000－1646－0007884　704878

正誼院課新鈔不分卷　(清)包祖同抄編　清光緒三年(1877)鉛印本　四冊

320000－1646－0007885　704879

正誼書院賦選一卷　(清)汪芑等撰　清光緒三年(1877)上海印書局鉛印本　二冊

320000－1646－0007886　704880

本朝館閣賦前集十二卷後集七卷後集補遺一卷後集附錄一卷　(清)阮芝生　(清)葉抱崧等編錄　稻香樓試帖二卷　(清)程琰著　清乾隆二十九年至三十三年(1764-1768)困學齋刻本　十冊

320000－1646－0007887　704881

制義叢話二十四卷　(清)梁章鉅撰　清咸豐九年(1859)刻本　二冊

320000－1646－0007888　704882

制義叢話二十四卷　(清)梁章鉅撰　清咸豐九年(1859)刻本　八冊

320000－1646－0007889　704883

制義叢話二十四卷　(清)梁章鉅撰　清咸豐九年(1859)刻本　四冊

320000－1646－0007890　704884

匯學讀本上集二卷下集二卷　(清)徐滙書塾增輯　清光緒十四年(1888)滬城土山灣慈母堂鉛印本　四冊

320000－1646－0007891　704886

增訂初學起講秘訣一卷　(清)盛元均輯　清光緒五年(1879)刻本　一冊

320000－1646－0007892　704887

增訂初學起講秘訣一卷　(清)盛元均輯　清光緒七年(1881)刻本　一冊

320000－1646－0007893　704888

初學啟悟集二卷　(清)汪承忠評選　清同治七年(1868)刻本　一冊

320000－1646－0007894　704889

五經文料大成四卷　(清)朱迺紱編纂　清光緒十九年(1893)同文書局石印本　四冊

320000－1646－0007895　704890

四書典制類聯音注　閻其淵編輯　清光緒十八年(1892)上海鴻寶齋石印本　四冊

320000－1646－0007896　704891

經場捷訣十八卷　清光緒十九年(1893)上海蜚英書局石印本　六冊

320000－1646－0007897　704892

增廣四書典腋二十卷　題(清)松軒主人編集　清光緒二年(1876)四明茹古齋鉛印本　六冊

320000－1646－0007898　704893

五經集句類聯五卷　(清)朱伯倩編　清光緒十七年(1891)上海書局石印本　二冊

320000－1646－0007899　704894

分經集句儷典五卷　(清)朱伯倩編　清光緒十五年(1889)上海鴻文書局石印本　二冊

320000－1646－0007900　704895

典制駢儷集成五卷　清光緒十四年(1888)上海點石齋石印本　二冊

320000－1646－0007901　704896

詩文錦繡四卷　清光緒十二年(1886)上海積

山書局石印本　四冊

320000－1646－0007902　704897

文料大成四卷　清光緒十三年(1887)上海大同書局石印本　二冊

320000－1646－0007903　704898

五經文苑攟華八卷　(清)朱迺紱編纂　清光緒十五年(1889)上海鴻文書局石印本　二冊

320000－1646－0007904　704899

文料觸機二卷　清光緒十年(1884)著易堂鉛印本　二冊

320000－1646－0007905　704900

續刻文料觸機二卷　清光緒十年(1884)著易堂鉛印本　二冊

320000－1646－0007906　704901

策學纂要正續編十六卷　(清)萬南泉　(清)戴筦圃編　清同治九年(1870)刻本　四冊

320000－1646－0007907　704902

古諷箝齋目耕脞錄三十二卷　題(清)泖畔閑鷗霞逸甫纂輯　清同治十二年(1873)刻本　十冊

320000－1646－0007908　704903

四六新策二卷　清同治三年(1864)刻本　二冊

320000－1646－0007909　704904

增廣群策匯源五十卷　清光緒十五年(1889)上海檢古齋石印本　四冊

320000－1646－0007910　704905

空策一卷　清光緒二十年(1894)甲午書局石印本　一冊

320000－1646－0007911　704906

試策便覽十六卷　(清)王統　(清)王誥纂　清同治七年(1868)世順堂刻本　八冊

320000－1646－0007912　704909

明選古文神駒六種三十卷　(明)梅之煥編次　清光緒二十七年(1901)鴻文齋石印本　二十冊

320000－1646－0007913　704910

本事詩十二卷　(清)徐釚編輯　清光緒刻本　四冊

320000－1646－0007914　704911

詩比興箋四卷　(清)陳沆撰　清光緒九年(1883)刻本　二冊

320000－1646－0007915　704914

古詩賞析二十二卷　(清)張玉穀選解　清乾隆三十七年(1772)姑蘇思義堂刻本　三冊　存十二卷(十一至二十二)

320000－1646－0007916　704916

閨秀詩選六卷　(清)王謹編　清光緒二十年(1894)鉛印本　二冊

320000－1646－0007917　704917

醉園詩存二十六卷閏集一卷醉園齋臼詞一卷　(清)蔣萼著　次園詩存六卷替竹盦詞五卷　(清)蔣彬若著　哦月樓詩存三卷附詩餘一卷詩餘續一卷　(清)儲慧著　清光緒三十一年(1905)鉛印本　八冊

320000－1646－0007918　704918

湘社集四卷　易順鼎　(清)程頌萬編　清光緒十七年(1891)長沙刻本　二冊

320000－1646－0007919　704924

含真仙蹟圖二卷　(清)陳夔龍編撰　清光緒三十二年(1906)鉛印本　一冊

320000－1646－0007920　704938

十友草堂詩集四卷　(清)劉永濱著　清光緒三十四年(1908)刻本　二冊

320000－1646－0007921　704944

文料大成四卷　清光緒十五年(1889)上海石印本　二冊

320000－1646－0007922　704946

繡鐙問字圖題詞一卷　(清)任沛霖等撰　清同治十三年(1874)刻本　一冊

320000－1646－0007923　704947

欽定全唐文一千卷　(清)董誥等編　清嘉慶二十三年(1818)刻本　二百五十二冊

320000－1646－0007924　704948

國朝三家文鈔　（清）宋犖　（清）許汝霖輯　清康熙三十三年（1694）刻本　二十四冊

320000－1646－0007925　704949

女才子十二卷　題（清）鴛湖煙水散人著　清末刻本　一冊　存四卷（六至九）

320000－1646－0007926　704952

吳學士文集四卷吳學士詩集四卷　（清）吳鼒撰　清光緒十四年（1888）江寧藩署刻本　六冊

320000－1646－0007927　704953

秋江集註六卷　（清）黃任著　（清）王元麟注　清道光二十三年（1843）東山家塾刻本　六冊

320000－1646－0007928　704954

藝風堂文集七卷外篇一卷文續集八卷　繆荃孫撰　清光緒二十六年（1900）刻宣統二年（1910）續刻本　八冊

320000－1646－0007929　704958

忠雅堂詩集二十七卷忠雅堂補遺二卷忠雅堂詞集二卷　（清）蔣士銓撰　清敬書堂刻本　十冊

320000－1646－0007930　704961

餐霞閣㚻人二卷　沈修著　稿本　一冊

320000－1646－0007931　704965

朋舊遺詩合鈔二十二卷　（清）曾燠輯　清嘉慶十四年（1809）賞雨茆屋刻本　三冊

320000－1646－0007932　704966

金忠節公文集四卷　（明）金聲撰　清嘉慶五年（1800）刻本　四冊

320000－1646－0007933　501850

歡喜果一卷　清光緒石印本　一冊

320000－1646－0007934　704974

維周詩鈔十六卷　（清）程之楨撰　清同治十一年（1872）刻本　四冊

320000－1646－0007935　704975

惜抱先生尺牘八卷　（清）姚鼐撰　清宣統元年（1909）小萬柳堂刻本　四冊

320000－1646－0007936　704983

雲臥山莊詩集八卷首一卷末一卷雲臥山莊家訓二卷末一卷　（清）郭崑燾撰　清光緒十一年（1885）岵瞻堂刻本　四冊

320000－1646－0007937　704985

瓶隱山房詩鈔十二卷　（清）黃曾撰　清同治刻本　六冊

320000－1646－0007938　704989

小匏庵詩存六卷末一卷　（清）吳仰賢撰　清光緒四年（1878）刻本　三冊

320000－1646－0007939　704990

兩當軒詩鈔十四卷悔存詞鈔二卷　（清）黃景仁著　清嘉慶二十三年（1818）鄭氏書帶草堂補刻本　二冊

320000－1646－0007940　705002

遲鴻軒詩存一卷文存一卷　（清）楊峴撰　清光緒二年（1876）刻本　一冊

320000－1646－0007941　705003

嫰隅集十卷　（清）趙文哲撰　清乾隆五十四年（1789）刻本　二冊

320000－1646－0007942　705007

峰泖去思集一卷　（清）劉有光撰　清光緒二十六年（1900）刻本　一冊

320000－1646－0007943　705010

唐人試律說一卷　清抄本　一冊

320000－1646－0007944　705011

重訂昭陽扶雅集六卷　（清）徐榦編輯　清光緒八年（1882）刻本　六冊

320000－1646－0007945　501851

集注太玄十卷　（漢）揚雄撰　（宋）司馬光集注　清道光二十四年（1844）五柳居陶氏刻本　四冊

320000－1646－0007946　705014

增評補像全圖金玉緣不分卷一百二十回　（清）曹雪芹撰　清光緒十四年（1888）石印本　十六冊

320000 – 1646 – 0007947　　705018

碧聲吟館倡酬錄一卷　（清）許善長纂　清光緒四年(1878)碧聲吟館刻本　一冊

320000 – 1646 – 0007948　　705019

雲林別墅繪像妥注第六才子書六卷首一卷　（元）王實甫撰　清末刻本　六冊

320000 – 1646 – 0007949　　705044

漢魏六朝女子文選二卷　（清）張維輯　清宣統三年(1911)海鹽朱是刻本　一冊

320000 – 1646 – 0007950　　705047

韓文百篇編年三卷　（清）劉成忠選評　清光緒二十六年(1900)食舊堂石印本　三冊

320000 – 1646 – 0007951　　705048

惲子居文鈔四卷　（清）惲敬撰　清宣統二年(1910)國學扶輪社石印本　一冊

320000 – 1646 – 0007952　　705050

姑誦草堂遺藁二卷　（清）胡鼎臣著　清同治十二年(1873)刻本　一冊

320000 – 1646 – 0007953　　705051

杉蔭橋邊舊草堂詩鈔二卷　（清）翁壽麐撰　清咸豐三年(1853)刻本　二冊

320000 – 1646 – 0007954　　705052

石谿詩集四卷　（清）潘元達著　清光緒十一年(1885)刻本　一冊

320000 – 1646 – 0007955　　705053

繡墨軒詩稿一卷詞稿一卷　（清）俞慶曾撰　清光緒二十三年(1897)刻本　一冊

320000 – 1646 – 0007956　　705058

嚶鳴館百疊集一卷　（清）孫點著　清光緒十六年(1890)鉛印本　一冊

320000 – 1646 – 0007957　　501282

人海記二卷　（清）查慎行編輯　清宣統二年(1910)掃葉山房石印本　二冊

320000 – 1646 – 0007958　　501283

人海記二卷　（清）查慎行編輯　清光緒七年(1881)刻本　二冊

320000 – 1646 – 0007959　　705071

同人詩錄初編六卷　（清）劉繹等纂著　清同治十一年(1872)京師娜嬛別館刻本　六冊

320000 – 1646 – 0007960　　705072

皇朝經世文續編一百二十卷　（清）葛士濬輯　清光緒十四年(1888)圖書集成局鉛印本　三十二冊

320000 – 1646 – 0007961　　705073

皇朝經世文三編八十卷　（清）陳忠倚輯　清光緒二十四年(1898)浙江書局石印本　十六冊

320000 – 1646 – 0007962　　705074

皇朝經世文新編三十二卷　（清）麥仲華輯　清光緒二十七年(1901)上海書局石印本　十六冊

320000 – 1646 – 0007963　　705075

宋宗忠簡公集八卷首一卷　（宋）宗澤著　清咸豐元年(1851)刻本　四冊

320000 – 1646 – 0007964　　705078

四憶堂詩集六卷遺稿一卷　（清）侯方域撰　清宣統元年(1909)上海掃葉山房石印本　二冊

320000 – 1646 – 0007965　　705079

捧月樓綺語八卷　（清）袁通撰　清嘉慶二十年(1815)刻本　一冊

320000 – 1646 – 0007966　　705080

遂園詩鈔六卷　（清）夏味堂撰　清咸豐元年(1851)刻本　二冊

320000 – 1646 – 0007967　　705081

琴隱園詩集三十六卷詞集四卷　（清）湯貽芬撰　清光緒元年(1875)刻本　八冊

320000 – 1646 – 0007968　　705082

仰蕭樓文集一卷　（清）張星鑑著　清光緒六年(1880)刻本　二冊

320000 – 1646 – 0007969　　705085

藏山閣詩存十四卷文存六卷　（清）錢秉鐙著　清光緒三十四年(1908)鉛印本　三冊

320000－1646－0007970　705091

花宜館詩鈔十六卷詩鈔續存一卷無腔村笛二卷　（清）吳振棫撰　清同治四年(1865)刻本　六冊

320000－1646－0007971　705098

寄龕詩質十二卷文存四卷　（清）孫德祖撰　清光緒刻本　七冊

320000－1646－0007972　705099

韻麋詞一卷後韻麋詞一卷　（清）經半園撰　清道光十九年(1839)刻本　一冊

320000－1646－0007973　705113

玉山草堂續集六卷　（清）錢林撰　清道光二十九年(1849)刻本　一冊

320000－1646－0007974　705114

韻香閣詩草一卷　（清）孔祥淑撰　清光緒十三年(1887)石印本　一冊

320000－1646－0007975　705117

趙裘萼公賸藁四卷　（清）趙鳳詔撰　清光緒浙江書局刻本　二冊

320000－1646－0007976　705118

固菴自定草四卷人天清籟集一卷養初子筆記一卷　（清）舒紹基著　清宣統元年(1909)曼陀羅花室鉛印本　二冊

320000－1646－0007977　705119

春林僊館遺稿一卷　（清）張大鑑撰　醉吟樓遺稿一卷　（清）張繼英撰　清光緒十四年(1888)呆軒刻本　二冊

320000－1646－0007978　705120

西漚外集八卷　（清）李惺撰　清同治七年(1868)刻本　八冊

320000－1646－0007979　705125

李義山詩集二卷　（唐）李商隱撰　清初刻本　二冊

320000－1646－0007980　705126

范文正忠宣二公全集七十二卷　（宋）范仲淹（宋）范純仁撰　清宣統三年(1911)歲寒堂刻本　十六冊

320000－1646－0007981　705127

閑閑老人滏水文集二十卷　（金）趙秉文撰　清末抄本　二冊

320000－1646－0007982　705128

青邱高季迪先生詩集十八卷補遺一卷詩餘一卷附錄一卷鳧藻集五卷　（明）高啟撰　（清）金檀注　清雍正六年(1728)墨華池館刻本　七冊　存十八卷（一至十、補遺一卷、詩餘一卷、附錄一卷、鳧藻集五卷）

320000－1646－0007983　705129

莽蒼蒼齋詩二卷　（清）譚嗣同撰　清光緒二十三年(1897)石印本　一冊

320000－1646－0007984　705130

苕溪漁隱叢話前集六十卷後集四十卷　（宋）胡仔纂集　清耘經樓刻本　十冊

320000－1646－0007985　705139

六朝文絜四卷　（清）許槤評選　清光緒三年(1877)刻朱墨套印本　二冊

320000－1646－0007986　705141

明文在一百卷　（清）薛熙纂　（清）何潔輯　清康熙三十二年(1693)姑蘇刻本　十冊

320000－1646－0007987　705142

明詩綜一百卷　（清）朱彝尊錄　清康熙六峰閣刻本　三十二冊

320000－1646－0007988　705144

國朝駢體正宗十二卷　（清）曾燠輯　清嘉慶十一年(1806)賞雨茆屋刻本　四冊

320000－1646－0007989　705146

杜工部集二十卷　（唐）杜甫撰　（清）錢謙益箋註　清宣統二年(1910)上海神州國光社鉛印本　四冊

320000－1646－0007990　705147

唐陸宣公集二十二卷　（唐）陸贄撰　清康熙六十一年(1722)年羹堯刻本　六冊

320000－1646－0007991　705148

重刊五百家註音辯昌黎先生文集四十卷　（唐）韓愈撰　清乾隆二十八年(1763)經綸堂

刻本　十六冊

320000-1646-0007992　705150

重刊明成化本東坡七集一百十卷校記二卷（宋）蘇軾撰　清光緒三十四年至宣統元年(1908-1909)寶華盦刻本　四十八冊

320000-1646-0007993　705151

黃詩全集五十八卷　（宋）黃庭堅撰　（宋）任淵等注　清乾隆五十四年(1789)謝啟昆樹經堂刻本　十冊

320000-1646-0007994　705152

帶經堂集九十二卷　（清）王士禛撰　（清）程哲編　清乾隆十二年(1747)黃晟刻本　二十四冊

320000-1646-0007995　705159

詞林正韻三卷　（清）戈載輯　清道光元年(1821)翠薇花館刻本　三冊

320000-1646-0007996　705160

詞律二十卷　（清）萬樹論次　詞律拾遺八卷（清）徐本立纂　詞律補遺一卷　（清）杜文瀾編　清光緒二年(1876)吳下刻本　十六冊

320000-1646-0007997　705161

香雪亭新編耆英會記二卷　（清）喬萊撰　清道光十年(1830)刻本　二冊

320000-1646-0007998　705162

遏雲閣曲譜　（清）王錫純輯　清末上海著易堂鉛印本　十二冊

320000-1646-0007999　705169

陳太僕批選八家文鈔　（清）陳兆崙輯　清光緒二十六年(1900)天津文美齋石印本　六冊

320000-1646-0008000　705170

金元明八大家文選　（清）李祖陶輯　清道光二十五年(1845)刻本　十六冊

320000-1646-0008001　705171

明四子詩集　（清）嚴嶽蓮輯　清光緒三十三年(1907)渭南嚴氏刻本　二十八冊

320000-1646-0008002　705172

國朝八家四六文鈔　（清）吳鼒輯　清嘉慶二十四年(1819)紫文閣刻本　四冊

320000-1646-0008003　705173

續古文苑二十卷　（清）孫星衍撰　清嘉慶十七年(1812)冶城山館刻本　六冊

320000-1646-0008004　705174

采菽堂古詩選三十八卷補遺四卷　（清）陳祚明評選　清乾隆刻本　十二冊

320000-1646-0008005　705175

古文辭類纂七十五卷　（清）姚鼐纂集　清同治八年(1869)刻本　二十冊

320000-1646-0008006　705176

文選類雋十四卷　（清）何松新編　清光緒十六年(1890)珍藝書局鉛印本　二冊

320000-1646-0008007　705177

古今文致十卷　（明）劉士鏻選　清光緒十年(1884)文玉山房刻本　十冊

320000-1646-0008008　705178

松陵文集初編四卷二編六卷　陳去病輯　清宣統三年(1911)鉛印本　二冊

320000-1646-0008009　705179

貞豐詩萃五卷　（清）陶煦輯　清咸豐十一年至同治三年(1861-1864)儀一堂刻本　二冊

320000-1646-0008010　705181

唐詩三百首註疏六卷　（清）章燮注　清道光十五年(1835)近仁堂刻本　四冊

320000-1646-0008011　705182

唐中興間氣集二卷　（唐）高仲武輯　清末武進費氏刻本　一冊

320000-1646-0008012　705183

唐駢體文鈔十七卷　（清）陳均輯　清嘉慶二十五年(1820)刻本　六冊

320000-1646-0008013　705184

宋詩略十八卷　（清）汪景龍（清）姚壎輯　清乾隆三十五年(1770)姚氏竹雨山房刻本　六冊

320000-1646-0008014　705185

宋四六選二十四卷　（清）彭元瑞定本　（清）曹振鏞編　清乾隆四十一年(1776)刻本　十二冊

320000－1646－0008015　705186
遼文存六卷　繆荃孫輯　清光緒二十二年(1896)來青閣影印本　二冊

320000－1646－0008016　705190
蘇學士文集十六卷　（宋）蘇舜欽撰　清康熙三十八年(1699)刻本　一冊　存九卷(一至九)

320000－1646－0008017　705191
文信國公集二十卷首一卷　（宋）文天祥撰　清光緒二十三年(1897)湖南書局刻本　十二冊

320000－1646－0008018　705192
蘇文忠公詩集五十卷目錄二卷　（宋）蘇軾撰　（清）紀昀評點　清道光十四年(1834)兩廣節署刻本　十二冊

320000－1646－0008019　705193
滄浪先生吟卷二卷　（宋）嚴羽撰　清抄本　一冊

320000－1646－0008020　705194
水心先生文集二十九卷補遺一卷別集十六卷　（宋）葉適撰　清光緒八年(1882)瑞安孫氏刻本　十六冊

320000－1646－0008021　705196
疑雨集四卷　（明）王彥泓著　清刻本　三冊　存三卷(二至四)

320000－1646－0008022　705197
梅花詠一卷　（清）釋心空著　清道光八年(1828)刻本　一冊

320000－1646－0008023　705198
二林居集二十四卷　（清）彭紹升撰　清嘉慶四年(1799)味初堂刻本　四冊

320000－1646－0008024　705199
心止居詩集四卷　（清）楊夢符撰　清嘉慶十四年(1809)刻本　二冊　存二卷(一至二)

320000－1646－0008025　705200
經韻樓集十二卷　（清）段玉裁撰　清光緒十年(1884)秋樹根齋刻本　八冊

320000－1646－0008026　705201
袁文合箋十六卷　（清）袁枚著　清光緒八年(1882)刻本　四冊

320000－1646－0008027　705202
孟塗文集十卷駢體文二卷　（清）劉開撰　清光緒十一年(1885)刻本　四冊

320000－1646－0008028　705203
尊聞居士集八卷　（清）羅有高著　清乾隆四十七年(1782)蘇州彭紹升刻本　四冊

320000－1646－0008029　705204
玉笙樓詩錄十二卷　（清）沈壽榕撰　清光緒九年(1883)刻本　六冊

320000－1646－0008030　705205
蘅華館詩錄六卷　（清）王韜撰　清末鉛印本　二冊

320000－1646－0008031　705206
清風室詩鈔五卷文鈔十二卷　（清）錢保塘撰　清宣統三年(1911)清風室刻本　二冊　存八卷(詩鈔五卷、文鈔四至六)

320000－1646－0008032　705207
四憶堂詩集六卷遺稿一卷　（清）侯方域撰　清光緒十年(1884)刻本　二冊　存三卷(二至三、遺稿一卷)

320000－1646－0008033　705208
養餘齋初集四卷二集四卷三集六卷　（清）柳樹芳撰　清道光二十七年(1847)吳江勝谿草堂刻本　四冊

320000－1646－0008034　705209
通隱堂詩存四卷　（清）張京度撰　清同治六年(1867)五百梅花草堂刻本　一冊

320000－1646－0008035　705210
結鐵網齋詩集十卷補鈔一卷　（清）汪元治撰　清光緒二十一年(1895)刻本　二冊

320000－1646－0008036　705211

慎盦文鈔二卷詩鈔二卷　（清）左宗植著　清光緒元年(1875)刻本　四冊

320000-1646-0008037　705212

梵隱堂詩存十卷　（清）釋祖觀著　清同治五年(1866)通濟盦刻本　二冊

320000-1646-0008038　705213

因寄軒文初集十卷二集六卷補遺一卷　（清）管同撰　小異遺文一卷　（清）管嗣復著　清光緒五年(1879)刻本　四冊

320000-1646-0008039　705214

增像第六才子書五卷首一卷　（元）王實甫撰　（清）金聖歎評　清末石印本　三冊　存三卷(三、五，首一卷)

320000-1646-0008040　705215

厴樓外史四十回　題(清)夢花居士輯　清字林滬報館鉛印本　一冊　存十回(二十一至三十回)

320000-1646-0008041　705216

養春齋詩鈔二卷　（清）涂以輈撰　清道光四年(1824)三餘書屋刻本　一冊

320000-1646-0008042　705217

定盦文集三卷續集四卷　（清）龔自珍撰　清同治七年(1868)吳煦刻本　四冊

320000-1646-0008043　705219

寫韻樓詩集五卷首一卷末一卷　（清）吳瓊仙撰　清末刻本　二冊

320000-1646-0008044　705221

唐昌攀轅集二卷　（清）曾福謙輯　清光緒三十一年(1905)鉛印本　一冊

320000-1646-0008045　705228

歸高士遺集十卷　（清）歸莊撰　清宣統元年(1909)油印本　二冊

320000-1646-0008046　705229

清綺軒詞選十三卷　（清）夏秉衡編　清乾隆十六年(1751)聚英堂刻本　六冊　存七卷(一至六、十三)

320000-1646-0008047　705231

詞苑叢談十二卷　（清）徐釚撰　清康熙二十七年(1688)溫陵丁煒蛾朮齋刻本　四冊

320000-1646-0008048　705232

增像全圖三國演義十六卷　（明）羅貫中撰　（清）毛宗崗評　清光緒二十九年(1903)上海錦章書局石印本　八冊

320000-1646-0008049　705233

味菜室吳諺詩一卷　（清）王頌清編　清宣統三年(1911)鉛印本　一冊

320000-1646-0008050　705234

談藝珠叢　（清）王啟原輯　清光緒十一年(1885)長沙玉尺山房刻本　十六冊

320000-1646-0008051　703759

增像全圖加批西遊記八卷一百回　（明）吳承恩撰　（清）陳士斌詮評　清宣統二年(1910)上海龍文書局石印本(卷二至八配清末民國上海文華書局石印本)　八冊

320000-1646-0008052　703770

新刻繪圖粉妝樓全傳六卷八十回　（清）□□撰　清末民國上海廣益書局石印本　六冊

320000-1646-0008053　705257

蘭言詩鈔二十卷　（清）陳永昌等輯　清光緒上海中西五彩書局石印本　四冊

320000-1646-0008054　705258

青虛山房集十一卷　（清）王太岳撰　清光緒十九年(1893)定興鹿氏刻本　六冊

320000-1646-0008055　705273

百美新詠一卷集詠一卷圖傳一卷　（清）顏希源撰　清嘉慶集腋軒刻本　四冊

320000-1646-0008056　705283

本朝考卷欣賞集二卷　（清）朱芬選　清乾隆四十六年(1781)刻本　二冊

320000-1646-0008057　900003

說郛　（明）陶宗儀輯　說郛續　（明）陶珽輯　清順治三年(1646)李氏宛委山堂刻本　六十冊　存一百二十二種一百二十三卷(詩傳一卷、詩說一卷、周易略例一卷、壺中贅錄一卷、研北雜志一卷、緗素雜記一卷、女俠傳一卷、誠齋雜記一卷、溫公瑣語一卷、蔣氏日錄一卷、剡溪野語一卷、釣磯立談一卷、盛事美談一卷、衣冠盛事一卷、硯岡筆志一卷、窗間記聞一卷、翰墨叢記一卷、備忘小抄一卷、舥艒日疏一卷、輶軒雜錄一卷、獨醒雜志一卷、姚氏殘語一卷、有宋佳話一卷、采蘭雜志一卷、嘉蓮燕語一卷、戊辰雜抄一卷、真率筆記一卷、蕓窗私志一卷、致虛雜俎一卷、內觀日疏一卷、漂粟手牘一卷、奚囊橘柚一卷、玄池說林一卷、然藜餘筆一卷、荻樓雜抄一卷、客退紀談一卷、潛居錄一卷、傳載略一卷、北山錄一卷、野雪瑕排雜說一卷、玉照新志六、醉翁寱語一卷、錦里新聞一卷、清尊錄一卷、昨夢錄一卷、就日錄一卷、漫笑錄一卷、天定錄一卷、吳郡諸山錄一卷、海內十洲記一卷、六一居士詩話一卷、筆髓論一卷、五十六種書法一卷、書評一卷、翰墨志一卷、歐公試筆一卷、法帖刊誤二卷、寶章待訪錄一卷、古畫品錄一卷、后畫品錄一卷、畫論一卷(宋郭思)、林泉高致一卷、紀藝一卷、畫史一卷、畫品一卷、畫鑒一卷、畫論一卷(宋湯垕)、宣和北苑貢茶錄一卷、北苑別錄一卷、本朝茶法一卷、酒經一卷(宋蘇軾)、酒經一卷(宋朱肱)、續北山酒經一卷、酒譜一卷、安雅堂觥律一卷、刀劍錄一卷、洞天清錄一卷、玉璽譜一卷、相貝經一卷、相手板經一卷、帶格一卷、三器圖義一卷、蜀牋譜一卷、漢雜事秘辛一卷、大業雜記一卷、大業拾遺記一卷、元氏掖庭記一卷、魏王花木志一卷、洛陽花木記一卷、禽獸決錄一卷、麟書一卷、相馬書一卷、相牛經一卷、霍小玉傳一卷、秘錄一卷、造邦賢勳錄略一卷、備遺錄一卷、明輔起家考一卷、掾操名臣錄一卷、擁絮迂談一卷、制府雜錄一卷、平夏錄一卷、平夷錄一卷、平定交南錄一卷、撫安東夷記一卷、雞山余話一卷、見聞紀訓一卷、先進遺風一卷、武夷游記一卷(明吳拭)、茶疏一卷、觴政一卷、兼三圖一卷、六博譜一卷、運掌經一卷、嘉賓心令一卷、馬吊腳例一卷、牡丹八書一卷、瓶史月表一卷、瓶史一卷、瓶花譜一卷、花小名一卷、花疏一卷)

320000-1646-0008058 900005

廣漢魏叢書 （明）何允中輯 明萬曆刻配清乾隆本 八十冊 缺一種十卷(新序十卷)

320000-1646-0008059 900006

增訂漢魏叢書 （清）王謨輯 清乾隆五十六年(1791)刻本 八十冊

320000-1646-0008060 900007

增訂漢魏叢書 （清）王謨輯 清光緒六年(1880)練江三餘堂刻本 八十冊 缺一種二卷(毛詩草木鳥獸蟲魚疏二卷)

320000-1646-0008061 900008

增訂漢魏叢書 （清）王謨輯 清光緒六年(1880)練江三餘堂刻本 八十冊

320000-1646-0008062 900009

增訂漢魏叢書 （清）王謨輯 清宣統三年(1911)上海大通書局石印本 六冊 缺十六種一百十五卷(孝傳一卷、華陽國志十四卷、十六國春秋十六卷、三國志辨誤一卷、元經薛氏傳十卷、群輔錄一卷、英雄記鈔一卷、高士傳三卷、蓮社高賢傳一卷、神僊傳十卷、孔叢二卷附詰墨一卷、新語二卷、新書十卷、新序十卷、說苑二十卷、鹽鐵論十二卷)

320000-1646-0008063 900011

居家必備 （明）□□輯 明刻本 一冊 存四種四卷(種樹書一卷、果疏一卷、瓜蔬疏一卷、鹽經一卷)

320000-1646-0008064 900013

秘書廿一種 （清）汪士漢輯 清康熙刻本 十二冊

320000-1646-0008065 900014

秘書廿一種 （清）汪士漢輯 清乾隆七年(1742)汪氏文盛堂刻本(竹書紀年二卷配清刻本) 十七冊

320000-1646-0008066 900015

秘書廿一種 （清）汪士漢輯 清嘉慶三年(1798)菁華書屋刻本 十六冊 缺二種十卷(汲冢周書五至十、劍俠傳四卷)

320000－1646－0008067　900016

檀几叢書五十卷二集五十卷　（清）王晫
（清）張潮輯　清刻本　七冊　存六十六卷
（檀几叢書三十五至五十、二集五十卷）

320000－1646－0008068　900017

昭代叢書　（清）張潮等輯　清光緒二年
（1876）刻本　一百六十冊

320000－1646－0008069　900018

昭代叢書　（清）張潮等輯　清光緒二年
（1876）刻本　一百十五冊

320000－1646－0008070　900019

正誼堂全書　（清）張伯行撰輯　（清）楊浚重
輯　清同治五年（1866）福州正誼書院刻同治
八年至九年（1869－1870）續刻本　二百十九
冊　缺三種十八卷（楊大洪先生文集二卷、海
剛峰先生集二卷、續近思錄十四卷）

320000－1646－0008071　900020

正誼堂全書　（清）張伯行撰輯　（清）楊浚重
輯　清同治五年（1866）福州正誼書院刻同治
八年至九年（1869－1870）續刻本　一百六十
冊　缺二種四卷（楊大洪先生文集二卷、海剛
峰先生集二卷）

320000－1646－0008072　900023

楝亭藏書十二種　（清）曹寅輯　清康熙四十
五年（1706）揚州詩局刻本　四冊　存六種十
九卷（釣磯立談一卷、新編錄鬼簿二卷、墨經
一卷、禁扁甲至丙、聲畫集一至四、後村千家
詩八至十五）

320000－1646－0008073　900024

說鈴　（清）吳震方輯　清同治六文堂刻本
三十冊

320000－1646－0008074　900025

說鈴　（清）吳震方輯　清康熙刻本（奉使俄
羅斯日記一卷、西征紀略一卷、絕域紀略一
卷、揚州鼓吹詞序一卷、尊鄉贅筆中下卷配清
刻本）　二十五冊　缺一種二卷（讀書質疑二
卷）

320000－1646－0008075　900029

武英殿聚珍版書　清乾隆武英殿木活字印本
（易緯十三卷、老子道德經二卷、敬齋古今黈
八卷、考古質疑六卷、澗泉日記三卷、云谷雜
記四卷首一卷末一卷、麟臺故事五卷、魏鄭公
諫續錄二卷、甕牖閑評八卷、歲寒堂詩話二
卷、茶山集卷一至四配清木活字印本，農桑輯
要七卷配清乾隆間浙江刻本）　三十九冊
存二十三種一百十九卷（禹貢指南四卷、漢官
舊儀二卷補遺一卷、絜齋毛詩經筵講義四卷、
融堂書解二十卷、春秋辨疑四卷、儀禮識誤三
卷、海島算經一卷、夏侯陽算經三卷、傅子一
卷、帝範四卷、拙軒集六卷、農桑輯要七卷、易
緯十三卷、老子道德經二卷、敬齋古今黈八
卷、考古質疑六卷、澗泉日記三卷、云谷雜記
四卷首一卷末一卷、麟臺故事五卷、魏鄭公諫
續錄二卷、甕牖閑評八卷、歲寒堂詩話二卷、
茶山集一至四）

320000－1646－0008076　900030

雅雨堂藏書　（清）盧見曾輯　清乾隆二十一
年（1756）德州盧氏刻本　二十八冊

320000－1646－0008077　900032

知不足齋叢書　（清）鮑廷博輯　清同治十一
年（1872）嶺南蘇氏刻本（二十八、三十集配民
國十年上海古書流通處影印本）　二百四
十冊

320000－1646－0008078　900034

重刊拜經樓叢書七種　（清）吳騫輯　清光緒
十一年（1885）會稽章氏鄂渚刻本　六冊

320000－1646－0008079　900035

函海　（清）李調元輯　清道光五年（1825）李
朝夔刻本　一百六十冊

320000－1646－0008080　900036

經訓堂叢書　（清）畢沅輯　清乾隆四十九年
（1784）靈巖山館刻本　二十四冊

320000－1646－0008081　900037

經訓堂叢書　（清）畢沅輯　清乾隆鎮洋畢氏
刻本　十七冊　缺三種二十六卷（山海經十
八卷、夏小正考注一卷、三輔黃圖六卷補遺一
卷）

320000 – 1646 – 0008082　900038

抱經堂叢書　（清）盧文弨輯　清乾隆、嘉慶間餘姚盧氏刻本　六十四冊

320000 – 1646 – 0008083　900040

貸園叢書初集　（清）周永年輯　清乾隆五十四年(1789)歷城周氏竹西書屋刻本　十六冊

320000 – 1646 – 0008084　900041

貸園叢書初集　（清）周永年輯　清乾隆五十四年(1789)歷城周氏竹西書屋刻本　十六冊

320000 – 1646 – 0008085　900042

紫藤書屋叢刻　（清）陳□輯　清乾隆五十七年(1792)秀水陳氏刻本　三冊　存六種十三卷（五代史補五卷、五代史闕文一卷、五代春秋二卷、五國故事二卷、詩品二卷、詩品一卷）

320000 – 1646 – 0008086　900043

龍威祕書　（清）馬俊良輯　清乾隆五十九年(1794)石門馬氏大酉山房刻本　八十冊　缺一種一卷（小娥傳一卷）

320000 – 1646 – 0008087　900044

岱南閣叢書　（清）孫星衍輯　清乾隆、嘉慶間蘭陵孫氏刻本　六十四冊

320000 – 1646 – 0008088　900045

平津館叢書　（清）孫星衍輯　清嘉慶蘭陵孫氏刻本　六十四冊

320000 – 1646 – 0008089　900046

平津館叢書　（清）孫星衍輯　清嘉慶蘭陵孫氏刻本（魏武帝註孫子三卷、吳子二卷、司馬遷三卷、尸子二卷、燕丹子三卷、牟子一卷、魏三體石經遺字考一卷、琴操二卷附補遺一卷、穆天子傳六卷附補遺一卷、竹書紀年二卷、物理論一卷、譙周古史考一卷、華氏中藏經三卷、素女方一卷、寰宇訪碑錄四至十一、古刻叢鈔一卷、建立伏博士始末二卷、渚宮舊事五卷附補遺一卷、尚書考異六卷、抱朴子內篇二十卷外篇五十卷附篇十卷、尚書今古文注疏三十卷、芳茂山人詩錄九卷、長離閣詩集一卷配清光緒十一年吳縣朱氏槐廬家塾刻本）　四十三冊　缺四種二十七卷（六韜六卷附逸文一卷,三輔黃圖一卷,說文解字十五卷,寰宇訪碑錄一至三、十二）

320000 – 1646 – 0008090　900047

問經堂叢書　（清）孫馮翼輯　清嘉慶中承德孫氏刻本　二冊　存六種七卷（淮南萬畢術一卷、許慎淮南子注一卷、桓子新論一卷、典論一卷、皇覽一卷、司馬彪莊子注一卷莊子注考逸一卷）

320000 – 1646 – 0008091　900048

讀畫齋叢書　（清）顧修輯　清嘉慶四年(1799)桐川顧氏刻本　六十四冊

320000 – 1646 – 0008092　900049

士禮居黃氏叢書　（清）黃丕烈輯　清光緒十三年(1887)上海蜚英館石印本　二十九冊

320000 – 1646 – 0008093　900052

藝海珠塵　（清）吳省蘭輯　清嘉慶南匯吳氏聽彝堂刻本　六十四冊

320000 – 1646 – 0008094　900053

藝海珠塵　（清）吳省蘭輯　清嘉慶南匯吳氏聽彝堂刻本　十五冊

320000 – 1646 – 0008095　900054

湖海樓叢書　（清）陳春輯　清嘉慶蕭山陳氏湖海樓刻本　三十二冊

320000 – 1646 – 0008096　900055

湖海樓叢書　（清）陳春輯　清嘉慶蕭山陳氏湖海樓刻本　三十六冊

320000 – 1646 – 0008097　900056

藝苑捃華　（清）顧之逵輯　清同治七年(1868)序刻本　十八冊　存三十一種五十二卷（小爾雅一卷、西京雜記六卷、海內十洲記一卷、羣輔錄一卷、云溪友議一卷、酉陽雜俎二卷、杜子春傳一卷、龍女傳一卷、妙女傳一卷、神女傳一卷、楊太真外傳二卷、長恨歌傳一卷、梅妃傳一卷、紅線傳一卷、劉無雙傳一卷、霍小玉傳一卷、牛應貞傳一卷、謝小娥傳一卷、李娃傳一卷、章臺柳傳一卷、非煙傳一卷、江淮異人錄一卷、離騷草木疏四卷、農書三卷、蠶書一卷、於潛令樓公進耕織圖詩一

卷、本朝詩鈔小傳三卷、國朝麗體金膏一至三、說鈴一卷、竟山樂録四卷、八紘譯史三卷）

320000－1646－0008098　900057

賜硯堂叢書新編　（清）顧沅輯　清道光十年（1830）長洲顧氏刻本　一冊　存八種八卷（七頌堂詞繹一卷、花草蒙拾一卷、遠志齋詞衷一卷、金粟詞話一卷、西河詞話一卷、吳蕈譜一卷、徐園秋花譜一卷、續蟹譜一卷）

320000－1646－0008099　900058

惜陰軒叢書　（清）李錫齡輯　清道光二十六年（1846）宏道書院刻咸豐八年（1858）續刻本　一百二十四冊

320000－1646－0008100　900061

宜稼堂叢書　（清）郁松年輯　清道光上海郁氏刻本　六十冊　缺二種五卷（續後漢書札記四卷、詳解九章算法一卷）

320000－1646－0008101　900062

宜稼堂叢書　（清）郁松年輯　清道光上海郁氏刻本　八十冊

320000－1646－0008102　900063

春暉堂叢書　（清）徐渭仁輯　清道光、咸豐間上海徐氏寒木春華館刻本　二十冊

320000－1646－0008103　900064

春暉堂叢書　（清）徐渭仁輯　清道光、咸豐間上海徐氏寒木春華館刻本　十冊

320000－1646－0008104　900065

春暉堂叢書　（清）徐渭仁輯　清道光、咸豐間上海徐氏刻同治補刻本　十二冊

320000－1646－0008105　900066

守山閣叢書　（清）錢熙祚輯　清光緒十五年（1889）上海鴻文書局石印本　一百冊

320000－1646－0008106　900067

守山閣叢書　（清）錢熙祚輯　清光緒十五年（1889）上海鴻文書局石印本　七十八冊　缺二十三種一百二十七卷（古微書二十八至三十六、尊辨三卷續辨二卷別録一卷、四書箋義纂要十二卷補遺一卷續遺一卷、大金弔伐録四卷、平宋録三卷、元朝征緬録一卷、招捕總録一卷、九國志十二卷附拾遺一卷、越史略三卷、脈經十卷、古今姓氏書辯證二十二至四十校勘記上、萍洲可談三卷附校勘記一卷、高齋漫録一卷、張氏可書一卷、步里客談二卷、東南紀聞三卷、菽園雜記十五卷、漢武帝內傳一卷附録一卷附校勘記一卷、大方廣佛華嚴經音義四卷、文子二卷附校勘記一卷、觀林詩話一卷、餘師録四卷、詞源二卷）

320000－1646－0008107　900069

三長物齋叢書　（清）黃本驥編　清道光刻本　一百冊

320000－1646－0008108　900070

海山仙館叢書　（清）潘仕成輯　清道光、咸豐間番禺潘氏刻光緒補刻本　一百二十冊

320000－1646－0008109　900071

海山仙館叢書　（清）潘仕成輯　清道光、咸豐間番禺潘氏刻光緒補刻本　二十九冊　缺十一種九十四卷（二十二史感應録二卷、廣名將傳二十卷、慎守要録九卷、考古質疑六卷、隱居通議三十一卷、洞天清禄集一卷、敬齋古今黈八卷、婦人集一卷附補一卷、女科二卷產後編二卷、海録一卷、全體新論十卷）

320000－1646－0008110　900072

粵雅堂叢書初編二編　（清）伍崇曜輯　粵雅堂叢書續集五十種　（清）伍崇曜輯　清道光至光緒間南海伍氏刻本　二百八十冊

320000－1646－0008111　900073

粵雅堂叢書一百六十八種　（清）伍崇曜輯　清咸豐刻本　三百二十冊

320000－1646－0008112　900074

長恩書室叢書　（清）莊肇麟輯　清咸豐四年（1854）新昌莊氏過客軒刻本　十八冊

320000－1646－0008113　900075

小萬卷樓叢書　（清）錢培名輯　清光緒四年（1878）金山錢氏刻本　十二冊

320000－1646－0008114　900076

當歸草堂叢書　（清）丁丙輯　清同治錢塘丁

氏刻本　八冊

320000－1646－0008115　900077

天壤閣叢書　（清）王懿榮輯　清同治、光緒間福山王氏刻本　三冊　存二種四卷（說文逸字二卷附錄一卷、聲調三譜一卷）

320000－1646－0008116　900078

滂喜齋叢書　（清）潘祖蔭輯　清同治、光緒間吳縣潘氏京師刻本　三十二冊

320000－1646－0008117　900079

滂喜齋叢書　（清）潘祖蔭輯　清同治、光緒間吳縣潘氏京師刻本（沈四山人詩錄六卷附錄一卷、吳郡金石目一卷配清光緒三年八囍齋刻本）　三十二冊

320000－1646－0008118　900080

功順堂叢書　（清）潘祖蔭輯　清光緒吳縣潘氏刻本　三十二冊

320000－1646－0008119　900081

功順堂叢書　（清）潘祖蔭輯　清光緒吳縣潘氏刻本　三十二冊

320000－1646－0008120　900082

荔墻叢刻　（清）汪曰楨輯　清光緒五年（1879）刻本　十六冊

320000－1646－0008121　900083

小石山房叢書　（清）顧湘輯　清同治十三年（1874）虞山顧氏刻本　十六冊

320000－1646－0008122　900084

小石山房叢書　（清）顧湘輯　清同治十三年（1874）虞山顧氏刻本　六冊

320000－1646－0008123　900085

小石山房叢書　（清）顧湘輯　清同治十三年（1874）虞山顧氏刻本　五冊

320000－1646－0008124　900086

式訓堂叢書初集二集　（清）章壽康輯　清光緒會稽章氏刻本　二十四冊

320000－1646－0008125　900087

式訓堂叢書初集二集　（清）章壽康輯　清光緒會稽章氏刻本　二十四冊

320000－1646－0008126　900088

十萬卷樓叢書　（清）陸心源輯刻　清光緒歸安陸氏刻本　四十一冊

320000－1646－0008127　900089

十萬卷樓叢書　（清）陸心源輯刻　清光緒歸安陸氏刻本　四十冊　存二十種二百七卷（初編十六種一百八十一卷，二編存明本排字九經直音二卷補遺一卷，三編存宋徽宗聖濟經十卷、衡生家寶產科備要八卷、麟臺故事四卷補遺一卷）

320000－1646－0008128　900090

仰視千七百二十九鶴齋叢書　（清）趙之謙輯　清光緒會稽趙氏刻本　三十六冊

320000－1646－0008129　900091

後知不足齋叢書　（清）鮑廷爵輯　清光緒常熟鮑氏刻本　四十冊　存十七種八十一卷（鄭氏遺書五種九卷、沈氏經學六種二十卷、五經文字三卷、新加九經字樣一卷、石經殘字考一卷、干祿字書一卷、班馬字類二卷、九經韻補一卷附錄一卷、許氏說文解字雙聲疊韻譜一卷、積古齋鐘鼎彝器款識十卷、兩漢五經博士考三卷、漢魏六朝志墓金石例三卷唐人志墓諸例一卷、金石訂例四卷、稽瑞一卷、崇文總目五卷補遺一卷附錄一卷、第六絃溪文鈔四卷、駢雅訓纂七卷首一卷）

320000－1646－0008130　900092

月河精舍叢鈔　（清）丁寶書輯　清光緒六年（1880）苕溪丁氏刻本　二十冊

320000－1646－0008131　900093

大亭山館叢書　（清）楊葆彝輯　清光緒陽湖楊氏刻本　六冊　存十四種三十卷（六書叚借經徵四卷、六書例解一卷、形聲類篇五卷、東南紀略一卷、夏蟲自語一卷、曼先生語錄一卷、青囊天玉通義五卷、區田圖說一卷、握廳經定本一卷正義一卷圖一卷、劉海峰文鈔一卷、玉餘外編文鈔一卷、柏堂賸稿三卷、匪石山房詩鈔一卷、南蘭紀事詩鈔二卷）

320000－1646－0008132　900094

邵武徐氏叢書　（清）徐榦輯　清光緒刻本

二十七冊　存十八種一百九卷

320000－1646－0008133　900095

半厂叢書初編　（清）譚獻輯　清光緒仁和譚氏刻本　十六冊

320000－1646－0008134　702251

胡文忠公遺集八十六卷首一卷　（清）胡林翼撰　（清）鄭敦謹　（清）曾國荃編輯　清同治六年(1867)刻本　三十二冊

320000－1646－0008135　900097

心矩齋叢書　（清）蔣鳳藻輯　清光緒長洲蔣氏刻本　十四冊　存五種二十八卷(漢志水道疏證四卷、姑蘇名賢小記二卷、蘇詩查注補正四卷、鐵橋漫稿八卷、札樸十卷)

320000－1646－0008136　900098

咫進齋叢書　（清）姚覲元輯　清光緒九年(1883)歸安姚氏刻本　二十四冊

320000－1646－0008137　900099

咫進齋叢書　（清）姚覲元輯　清光緒九年(1883)歸安姚氏刻本　二十四冊

320000－1646－0008138　900100

咫進齋叢書　（清）姚覲元輯　清光緒九年(1883)歸安姚氏刻本　二十四冊

320000－1646－0008139　900101

鐵華館叢書　（清）蔣鳳藻輯　清光緒蔣氏刻本　六冊

320000－1646－0008140　900104

花雨樓叢鈔　（清）張壽榮輯　清光緒蛟川張氏花雨樓刻本　二冊　存三種四卷(虞氏易禮二卷、易學闡元一卷、說雅一)

320000－1646－0008141　900105

嘯園叢書　（清）葛元煦輯　清光緒九年(1883)序仁和葛氏刻本　十八冊

320000－1646－0008142　900106

學海堂叢刻　（清）□□輯　清光緒刻本　五冊　存六種十一卷(石畫記五卷、供冀小言一卷、聽松廬詩略二卷、續三十五舉一卷、讀律提綱一卷、桐花閣詞鈔一卷)

320000－1646－0008143　900107

國朝名人著述叢編　（清）□□輯　清光緒五年(1879)上海淞隱閣鉛印本　二冊　存六種七卷(救文格論一卷、金石要例一卷、師友詩傳錄一卷續錄一卷、漫堂說詩一卷、論學三說一卷、詞統源流一卷)

320000－1646－0008144　900108

王益吾所刻書　王先謙輯　清光緒九年(1883)長沙王氏刻本　六冊　存六種三十五卷(魏鄭公諫錄五卷、魏鄭公諫錄續錄二卷、魏文貞公故事拾遺三卷、魏文貞公年譜一卷、西垣詩鈔二卷、西垣黔苗竹枝詞一卷、郡齋讀書志二十卷附志五)

320000－1646－0008145　900109

南菁書院叢書　王先謙輯　清光緒十四年(1888)南菁書院刻本　二十八冊

320000－1646－0008146　900110

南菁書院叢書　王先謙輯　清光緒十四年(1888)南菁書院刻本　四十冊

320000－1646－0008147　900111

木犀軒叢書　（清）李盛鐸輯　清光緒德化李氏木犀軒刻本　三十六冊　缺六種十一卷(穀梁大義述一卷、孝經徵文一卷、春秋平議一卷、有不爲齋算學四卷、珠神真經二卷、東潛文稿二卷)

320000－1646－0008148　900112

木犀軒叢書　（清）李盛鐸輯　清光緒德化李氏木犀軒刻本　二十一冊　存十六種九十一卷(詩攷異字箋餘十四卷、荀勗笛律圖注一卷、管色攷一卷、律呂臆說一卷、說文聲類二卷、諧聲補逸十四卷、續方言疏證二卷、漢書音義三卷補遺一卷、孫氏祠堂書目內編四卷外編三卷、平津館鑒藏書籍記三卷補遺一卷續編一卷、廉石居藏書記二卷、平津讀碑記八卷續記一卷再續一卷三續二卷、海東金石存攷一卷待訪目一卷、易餘龠錄二十卷、群書答問二卷補遺一卷、心得要旨一卷)

320000－1646－0008149　900329

陶菴集　（明）黃淳耀撰　清道光二十四年

（1844）嘉定尊經閣刻本　四冊

320000－1646－0008150　900114

申報館叢書　題（清）尊聞閣主輯　清光緒申報館鉛印本　三百四十六冊　存一百七十四種（甲申傳信錄十卷，吳中平寇記八卷，平浙紀略一至四，中東和約一卷附中英南京舊約一卷，有正味齋日記一至三，甕牖餘談八卷，十三日備嘗記一卷，小家語四卷，梟林小史一卷，蠻史四十八卷，文苑菁華不分卷（缺第一冊），談古偶錄一，宮閨聯名譜一至三，揚州畫舫錄六至十，十洲春語三卷，吳門畫舫錄二卷，吳門畫舫續錄二卷，清暉閣贈貽尺牘二卷，遯窟讕言十二卷，六合內外瑣言二十卷，庸閒齋筆記八卷，印雪軒隨筆四卷，螢窗異草二編四、三編四，夜雨秋燈錄一、三至六、八，儒林外史五十六回，水滸後傳四至十一、二十四至四十，快心編初集十回二集十回三集十二回，返魂香傳奇四卷，瀛寰瑣記一至二、十九至二十八，四溟瑣紀七至八、十二，寰宇瑣紀（殘亂），曾文正公年譜十二卷，桯史十五卷附錄一卷，野記三至四，綏寇紀略三至十二，補遺二至三，紀載彙編十卷，嘯亭雜錄十卷續錄三卷，聖武記十四卷，春融堂雜記六種六卷，三岡識略十卷，景船齋雜記二卷，滬城備考四至六，閩雜記一至九，豫軍紀略五至六，淮軍平捻記十二卷，山東軍興紀略二十二卷，歷代陵寢備考五十卷歷代宗廟附考八卷，史餘萃覽四卷，勝國文徵四卷，和約彙抄六卷首一卷，點勘記一，文海披沙八卷，柳南隨筆六卷續筆四卷，夢園叢說內編八卷，燕京雜記一卷，營口雜記一卷，越州紀略一卷，常熟紀變始末二卷，守虞日記一卷，海天餘話一卷，物類相感志一卷，蜂房春秋一卷，花史一卷，羅浮夢記一卷，四海記一卷，科場焰口一卷，秋紅霓詠一卷，霜猿集二卷，仙闈集二卷，山曉閣詞集一卷，廿二史發蒙一卷附錄一卷，攤飯續談一卷，南遊記一卷，黃山紀遊一卷，豐暇筆談一卷，緒南筆談一卷，小螺盦病榻憶語一卷，杭俗遺風一卷附錄一卷，五石瓠一卷，存是錄一卷，復社紀事一卷，秤海紀遊一卷，偽鄭逸事一卷，番境補遺一卷，海上紀略一卷，晉人麈一卷，西征日記一卷，晉藏小錄一卷，旃林紀略一卷，拉薹四境一卷，應差蠻族一卷，煙話一卷，茶餘漫錄二卷，瑪瑢山房紅樓夢詞一卷，如是觀園記一卷，園居錄詩鑑一卷，餞月樓詩鈔一卷，二十四畫品一卷，笠夫雜錄一卷，楊氏雜錄一卷，客中異聞錄一卷，三湘從事紀一卷，田家五行一卷，延露詞一卷，都公談纂二卷，明良記一卷，北牕瑣語一卷，顧曲雜言一卷，南中紀聞一卷，耳新八卷，屏居十二課一卷，夢憶一卷，汴京勾異記五至八，小隱書全帖一卷，嶠南瑣記二卷，揮麈詩話一卷，敝帚齋餘談一卷，長物志十二卷，槎上老舌一卷，冷賞八卷，香飲樓賓談二卷，妒律一卷，癡說四種四卷，饋貧糧一卷，夢花亭尺牘一卷，澆愁集五至八，山中一夕話十二卷，雪月梅傳四十一至四十五，青樓夢六十四回，兩漢博聞三至四，篤素堂文集四卷，澄懷園語四卷，漫遊紀略四卷，重修滬游雜記四卷，滇南雜志二十四卷，顧陸遺詩一卷，平定粵匪紀略十八卷附錄四卷，中西紀事二十四卷，萬國史記二十卷，使琉球記六卷，東藩紀要一至九，續編綏寇紀略五卷，音注小倉山房尺牘八卷，董露菴雜記六卷，在園雜誌四卷，壺天錄三卷，蕉軒摭錄十二卷，薈蕞編二十卷，三異筆談一至二，笑笑錄五至六，四夢彙談四卷，小豆棚十六卷，新刻三寶太監西洋通俗演義一至二、九至十、十九至二十，結水滸全傳四至七十卷末一卷，小五義二十一至三十六、四十九至七十二、八十六至一百二十四續十二至二十三、三十六至一百二十四，鏡花緣八十六至九十二，繪芳錄六至八十，筆生花三十二回，醒睡錄初集四至五，讀史探驪錄五卷，稟啟零紈一至二，記聞類編三至十四，靈檀碎金二十至二十七，一草亭目科全書一卷，異授眼科一卷，三借廬贅譚十二卷，蟬史二十卷，此中人語六卷，思益堂日札五卷，野叟曝言四十一至一百十九，江左校士錄七卷，曾文正公家書十卷附家書二卷，幾輔文粹（殘），獨悟庵叢抄三卷，求闕齋日記十卷）

320000－1646－0008151　900115

榆園叢刻　（清）許增輯　清同治、光緒間刻

本　十二冊　缺三種五卷(微波詞一卷、松壺畫贅二卷、松壺畫憶二卷)

320000－1646－0008152　900116

正覺樓叢刻　(清)崇文書局輯　清光緒湖北崇文書局刻本　三十六冊

320000－1646－0008153　900117

正覺樓叢刻　(清)崇文書局輯　清光緒湖北崇文書局刻本　三十六冊

320000－1646－0008154　900118

三餘書屋叢書　(清)蔡學蘇輯　清光緒刻本　三冊　存三種八卷(六書辨偽輯要三卷、四書章次串聯三卷、養春齋詩鈔二卷)

320000－1646－0008155　900119

漸西村舍彙刊　(清)袁昶輯　清光緒桐廬袁氏刻本　三十冊　存十八種九十二卷(黑龍江外記八卷、吉林外記十卷、寧古塔記略一卷、齊民要術一至六、農桑輯要七卷、鹽事要略一卷、汪氏兵學三書七卷、會典簡明錄一卷、湛然居士文集十四卷、浙西村人初集十三卷、安般簃集十卷、春闈雜詠一卷附錄一卷、于湖小集一至五、經籍舉要一卷附錄一卷、家塾課程一卷、尊經閣募捐藏書章程一卷祀典錄一卷、中江尊經閣藏書目一卷、中江講院建立經誼治事兩齋章程一卷)

320000－1646－0008156　900120

雲自在龕叢書　繆荃孫輯　清光緒二十五年(1899)江陰繆氏刻本　二十四冊

320000－1646－0008157　900121

藕香零拾　繆荃孫輯　清宣統繆氏刻本　三十二冊

320000－1646－0008158　900122

槐廬叢書　(清)朱記榮輯　清光緒吳縣朱氏刻本　三十二冊　存二十七種一百三卷(李氏易解賸義三卷、尚書餘論一卷、詩辨說一卷、饗禮補亡一卷、公羊逸禮攷徵一卷、弟子職集解一卷、皷經筆記一卷、世本二卷、楚漢春秋一卷疑義十一卷考證一卷、楚漢諸侯疆域志三卷、括地志八卷補遺一卷、金石三例續編十卷、九經古義十六卷、十三經詁答問六卷、古易音訓二卷、京畿金石考二卷、平津讀碑記八卷續記一卷、周髀算經二卷音義一卷校勘記一卷、數術記遺一卷、九數外錄一卷、呂子校補二卷續補一卷、問字堂文集六卷、問字堂贈言一卷、岱南閣文集二卷、平津館文稿二卷、五松園文稿一卷、嘉穀堂集一卷)

320000－1646－0008159　900123

求寶齋叢書　(清)蔣德鈞輯　清光緒湘鄉蔣氏刻本　十二冊

320000－1646－0008160　900124

知服齋叢書　(清)龍鳳鑣輯　清光緒刻本　十九冊　缺五卷(陶庵集二至六)

320000－1646－0008161　900125

廣雅書局叢書　(清)廣雅書局輯　清光緒廣雅書局刻本　三百九十四冊　存六十一種九百四十四卷(爾雅匡名二十卷,說文引經證例二十四卷,小爾雅訓纂六卷,釋名疏證八卷續釋名一卷補遺一卷附校勘記一卷,釋穀四卷,汗簡七卷,句溪雜箸六卷,劉氏遺書一至四,愈愚錄六卷,東塾遺書九卷,無邪堂答問五卷,人範六卷,小學集解六卷,少室山房筆叢四十八卷,詩藪內編六卷外編四卷雜編六卷,史記志疑三十六卷附錄三卷,史記三書正譌三卷,史表功比說一卷,史記注補正一卷,史漢駢枝一卷,漢書辨疑二十二卷,漢書注校補五十六卷,漢志水道疏證四卷,人表攷九卷補一卷附錄一卷,後漢書辨疑十一卷,續漢書辨疑九卷,後漢書注補正八卷,後漢書注又補一卷,後漢郡國令長攷一卷,三國志攷證八卷,三國志旁證三十卷,三國志補注續一卷,晉書校勘記四卷,晉書校勘記三卷,宋州郡志校勘記錄一卷,新舊唐書互證二十卷,史記天官書補目一卷,楚漢諸侯疆域志三卷,補續漢書藝文志一卷,補三國藝文志四卷,補三國疆域志二卷,三國紀年表一卷,十六國疆域志一至二,補梁疆域志四卷,補宋書刑法志一卷,補宋書食貨志一卷,南北史年表一卷,南北史世系表五卷,南北史帝王世系表一卷,五代紀年表一卷,宋史藝文志補一卷,補遼金元藝文志一卷,補三史藝文志一卷,十七史商榷一百卷,廿二史劄記一至三十一、三十五至三十六、補遺一卷,諸史考異十八卷,歷代年表五十九卷,十六國春秋輯補一至十五、四十一至一百、年表一卷,建炎以來繫年要錄二百卷,吉林外記十卷,范石湖詩集注三卷)

320000－1646－0008162　900126

南菁札記　(清)溥良輯　清光緒二十年(1894)江陰使署刻本　六冊

320000－1646－0008163　900127

振綺堂叢書　(清)汪康年輯　清宣統二年(1910)汪氏鉛印本(二集爲清光緒二十年刻本)　十四冊

320000－1646－0008164　900128

振綺堂叢書初集　(清)汪康年輯　清宣統二年(1910)鉛印本　六冊

320000－1646－0008165　900130

靈鶼閣叢書　(清)江標輯　清光緒湖南使署刻本　二十四冊　存三十九種六十二卷(韓詩遺說二卷訂譌一卷、尚書大傳七卷、皇象本急就章一卷、說文解字索隱一卷補例一卷、漢事會最人物志三卷、菉友肊說一卷附錄一卷、教童子法一卷、洨民遺文一卷、欽定四庫全書總目提要四部類敘一卷、先正讀書訣一卷、朔方備乘札記一卷、使德日記一卷、德國議院章程一卷、英軺私記一卷、新嘉坡風土記一卷、中西度量權衡表一卷、光論一卷、人參攷一卷、積古齋藏器目一卷、平安館藏器目一卷、清儀閣藏器目一卷、懷米山房藏器目一卷、兩罍軒藏器目一卷、木庵藏器目一卷、梅花草盦藏器目一卷、篘齋藏器目一卷、窓齋藏器目一卷、天壤閣雜記一卷、董華亭書畫錄一卷、畫友詩一卷、士禮居藏書題跋記續一卷、江寧金石待訪目二卷、山左南北朝石刻存目一卷、漢鼓吹鐃歌十八曲集解一卷、碧城仙館詩鈔八卷、聽園西疆雜述詩四卷、瓊州雜事詩一卷、匪石山人詩一卷、衍波詞一卷)

320000－1646－0008166　900131

靈鶼閣叢書　(清)江標輯　清光緒湖南使署刻本　十一冊　缺五種六卷(董華亭書畫錄一卷、畫友詩一卷、士禮居藏書題跋記續一卷、江寧金石待訪目二卷、山左南北朝石刻存目一卷)

320000－1646－0008167　900132

觀古堂彙刻書　葉德輝輯　清光緒二十八年(1902)湘潭葉氏刻本　十二冊　缺一種十卷(嚴冬有詩集十卷)

320000－1646－0008168　900133

觀古堂彙刻書　葉德輝輯　清光緒二十八年(1902)湘潭葉氏刻本　十六冊　存六種三十一卷(沈下賢文集十二卷、金陵百詠一卷、嘉禾百詠一卷、曝書亭刪餘詞一卷手稿原目一卷校勘記一卷、嚴冬在詩集十卷、疑雨集四卷)

320000－1646－0008169　900134

麗廔叢書　葉德輝輯　清光緒長沙葉氏刻本　五冊

320000－1646－0008170　900136

聚學軒叢書　劉世珩輯　清光緒二十二年(1896)貴池劉氏刻本　二十冊　存八種三十九卷(毛詩草木鳥獸蟲魚疏校正二卷、晉泰始笛律匡謬一卷、古經天象考十二卷圖說一卷緒說一卷、國志蒙拾二卷、金石文字辨異十二卷、歲星表一卷、質疑刪存三卷、清白士集校補四卷)

320000－1646－0008171　900137

聚學軒叢書　劉世珩輯　清光緒二十二年(1896)貴池劉氏刻本　十六冊　存八種三十九卷(毛詩草木鳥獸蟲魚疏校正二卷、晉泰始笛律匡謬一卷、古經天象考十二卷圖說一卷緒說一卷、國志蒙拾二卷、金石文字辨異十二卷、歲星表一卷、質疑刪存三卷、清白士集校補四卷)

320000－1646－0008172　900138

積學齋叢書　徐乃昌輯　清光緒南陵徐氏刻本　十六冊

320000－1646－0008173　900139

鄦齋叢書 徐乃昌輯 清光緒二十六年(1900)刻本 二十冊

320000－1646－0008174 900140

鄦齋叢書 徐乃昌輯 清光緒二十六年(1900)刻本 二十冊

320000－1646－0008175 900141

懷幽雜俎 徐乃昌輯 清光緒、宣統間南陵徐氏刻本 六冊 缺四種四卷(念宛齋詞鈔一卷、海漚漁唱一卷、雲起軒詞鈔一卷、新聲譜一卷)

320000－1646－0008176 900142

暢園叢書甲函 (清)張邁輯 清光緒二十年(1894)始豐張氏四明刻本 一冊 存三種三卷(志遠齋史話六、止焚稿一卷、雌雄淵一卷)

320000－1646－0008177 900143

粟香室叢書 金武祥輯 清光緒金氏刻本 三十四冊 缺二十七種八十一卷(陽羨風土記一卷附校刊記一卷補輯一卷續補輯一卷考證一卷;宜齋野乘一卷;北郭集一至三、續補遺一卷;滄螺集六卷;青暘集四卷補遺一卷;陽羨茗壺系一卷;洞山岕茶系一卷;江陰李氏得月樓書目摘錄一卷;延州筆記四卷;名家詞十種十卷;江南春詞集一卷附錄一卷附考一卷;江上遺聞一卷;李仲達被逮紀略一卷;荔支譜一卷附錄一卷;春及堂藁一卷;開方之分還原術一卷;緯青遺稿一卷;澹盦自娛草二卷詞賸一卷附錄一卷;仲安遺草一卷;沈子磻遺文正編一卷外編一卷;東鷗草堂詞附錄一卷;水雲樓賸藁一卷;玉紀一卷;玉紀補一卷;教孝編一卷;表忠錄一卷附錄一卷;粟香隨筆一至六,二筆一至三、五至六,三筆一至二,四筆三至六,五筆七至八)

320000－1646－0008178 900144

[味菜廬彙刻書] 清末味菜廬刻本 六冊 存十種十二卷(石湖詞一卷、石湖詞補遺一卷、和石湖詞一卷、風憲忠告一卷、廟堂忠告一卷、八矢注字圖說一卷、鍾律陳數一卷、牧民忠告一卷、內則章句一卷、聖學入門書三卷)

320000－1646－0008179 900148

國學叢刊 羅振玉輯 清宣統三年(1911)國學叢刊出版部石印本 三冊 存十三種二十卷(周易王弼注唐寫本校字記一卷,殷虛書契前編一至三,折衝府考補一卷,隋唐兵符圖錄一卷,藝風堂題跋一卷,古劇脚色考一卷,隸古定尚書孔氏傳校字記一卷,清真先生遺事一卷,蒿里遺文目錄一至二,佚籍叢殘二至四、十五、十八,隸古定尚書孔傳殘卷商書校字記一卷,附說隋唐兵符圖錄一卷,傅青主先生年譜一)

320000－1646－0008180 301547

李氏先賢集覽不分卷 清刻本 一冊 存一冊

320000－1646－0008181 900155

張氏適園叢書初集 張鈞衡輯 清宣統三年(1911)國學扶輪社鉛印本 十五冊 存十五種四十六卷(今古學考二卷、殘明紀事一卷、清賢記六卷、棗林雜俎六卷附錄一卷、尖陽叢筆十卷、陳一齋先生文集六卷、傅徵君霜紅龕詩鈔一卷、淥水亭雜識四卷、棗林詩集一卷、禮耕堂叢說一卷、史論五答一卷、吉貝居暇唱一卷、釣磯立譚一卷、勾餘土音三卷、全謝山先生遺詩一卷)

320000－1646－0008182 900156

張氏適園叢書初集 張鈞衡輯 清宣統三年(1911)國學扶輪社鉛印本 十五冊 存七種二十八卷(今古學考二卷、殘明紀事一卷、清賢記六卷、棗林雜俎六卷附錄一卷、尖陽叢筆十卷、棗林詩集一卷、釣磯立譚一卷)

320000－1646－0008183 504687

老學荋讀書記四卷 (清)彭蘊章撰 清同治、光緒間刻本 一冊

320000－1646－0008184 503707

論衡三十卷 (漢)王充著 清刻本 六冊

320000－1646－0008185 503708

老子翼八卷 (明)焦竑輯 清光緒二十一年(1895)桐廬袁氏漸西村舍刻本 四冊

320000－1646－0008186　201212

孟子集註七卷　（宋）朱熹集註　清光緒金陵李光明莊刻本　七册

320000－1646－0008187　201213

爾雅郭註義疏二十卷　（清）郝懿行著　清同治四年(1865)刻本　八册

320000－1646－0008188　201214

廣雅疏證十卷　（清）王念孫撰　博雅音十卷　（清）王念孫校　清光緒五年(1879)淮南書局刻本　八册

320000－1646－0008189　201215

廣雅疏證十卷　（清）王念孫撰　博雅音十卷　（清）王念孫校　清光緒五年(1879)淮南書局刻本　八册

320000－1646－0008190　201216

急就篇補註四卷　（元）王應麟補註　清刻本　二册

320000－1646－0008191　201217

經籍纂詁一百六卷首一卷　（清）阮元譔集　清嘉慶四年(1799)揚州阮氏琅嬛仙館刻本　六十四册

320000－1646－0008192　201225

釋名疏證八卷　（漢）劉熙撰　續釋名一卷補遺一卷　（清）阮元撰　清乾隆三十年(1765)靈巖山館刻本　二册

320000－1646－0008193　201226

說文解字通釋四十卷　（宋）徐鍇傳釋　清光緒九年(1883)江蘇書局刻本　八册

320000－1646－0008194　900221

萬國政治藝學全書　（清）朱大文　（清）凌賡颺編輯　清光緒二十八年(1902)上海鴻文書局石印本　五十四册

320000－1646－0008195　900222

西政叢書　梁啓超編　清光緒二十三年(1897)慎記書莊石印本　二十五册　存二十一種八十六卷(希臘國志略七卷、工程致富論略十三卷、考工記要十七卷、富國養民策一卷、保富述要一卷、生利分利之別二卷、法國海軍職要一卷、德國軍制述要一卷、自強軍詳操課程十卷、英政概一卷、法政概一卷、英藩政概四卷、日本雜事詩二卷、日本新政考二卷、適可齋記言四卷、南海先生四上書記四卷、庸書內編四卷、庸書外編四至八、續富國策四卷、中外交涉類要表一卷、光緒通商綜覈表一卷)

320000－1646－0008196　900223

中西學門徑書　梁啓超輯　清光緒二十四年(1898)上海大同譯書局石印本　一册

320000－1646－0008197　900224

五洲政藝叢編　何滃洲輯　清光緒上海鴻寶書局石印本　五十六册

320000－1646－0008198　900225

五洲政藝叢編　何滃洲輯　清光緒上海鴻寶書局石印本　五十六册

320000－1646－0008199　900226

政藝叢書　（清光緒二十八年至三十三年）鄧實輯　清光緒石印本　二十五册

320000－1646－0008200　900227

十種古逸書　（清）茆泮林輯　清道光十四年(1834)梅瑞軒刻本　十册

320000－1646－0008201　900228

玉函山房輯佚書　（清）馬國翰輯　清光緒九年(1883)長沙嫏嬛館刻本　一百册

320000－1646－0008202　900229

玉函山房輯佚書　（清）馬國翰輯　清光緒十八年(1892)湖南思賢書局刻本　一百二十册

320000－1646－0008203　900230

玉函山房輯佚書　（清）馬國翰輯　清光緒十五年(1889)繡江李氏刻本　八十四册

320000－1646－0008204　900231

漢學堂叢書　（清）黃奭輯　清光緒十九年(1893)刻本　六十二册　缺六十六種七十卷(易言一卷、易注一卷(虞翻)、易注一卷(姚信)、易注一卷(干寶)、易傳一卷、易音注一卷、莊氏易義一卷、盧氏易注一卷、易雜家注一卷、韓詩內傳一卷、禮記音義隱一卷、儀禮喪服經傳略注一卷、明堂月令論一卷、五經要義一卷、五經然否論一卷、五經疑問一卷、規過一卷、孟子注一卷、倉頡訓纂一卷、三倉解詁一卷、倉頡解詁一卷、廣倉一卷、纂文一卷、纂要一卷、文字指歸一卷、韻集一卷、河圖一卷、河圖握矩記一卷、河圖祿運法一卷、河圖挺佐輔一卷、河圖玉版一卷、易辨終備鄭氏注一卷、易稽覽圖鄭氏注一卷、易通卦驗鄭氏注一卷、尚書緯一卷、尚書攷靈曜一卷、尚書中候一卷、詩汎歷樞一卷、禮斗威儀一卷、樂動聲儀一卷、樂稽耀嘉一卷、河圖聖洽符一卷、法訓一卷、洪範五行傳一卷、易雜占條例法一卷、易洞林一卷、淮南子注一卷、國語注一卷(虞翻)、古史考一卷、後漢書一卷(謝承)、晉紀一卷(曹嘉之)、郭氏玄中記一卷、諸宮舊事一卷、周易注一卷、尚書古文注一卷、箴左氏膏肓一卷、釋穀梁廢疾一卷、發公羊墨守一卷、六藝論一卷、鄭志一卷、不波山房詩鈔一卷、聽秋山房賸稿一卷、雲史日記一卷、逸珊王公(甲曾)行略一卷、宋史李重進列傳注一卷、懷荃室詩存五卷)

320000－1646－0008205　900232
高密遺書　（清）黃奭輯　清光緒十九年(1893)漢學堂刻本　十冊

320000－1646－0008206　501115
文房肆攷圖說八卷　（清）唐秉鈞纂　清乾隆四十三年(1778)刻本　四冊

320000－1646－0008207　900238
金陵叢刻　（清）傅春宮輯　清光緒江寧傅氏晦齋刻本　十二冊

320000－1646－0008208　900242
酌古準今　（清）□□輯　清光緒十二年(1886)崑陵瑞雲堂謝氏刻本　八冊　存八種二十卷(懷古錄三卷、辨惑編三卷、踵息廬粹語一卷三近齋語錄一卷易學贅言二卷、謝氏源流一卷、詠梅軒仰觀錄二卷、十家語錄摘要二卷、詠格軒搭記一卷詠格軒搭記賸稿一卷詠格軒搭記增訂一卷詠格軒搭記存要一卷、輿圖總論注釋一卷)

320000－1646－0008209　501116
文房肆攷圖說八卷　（清）唐秉鈞纂　清乾隆四十三年(1778)刻本　四冊　存六卷(一至六)

320000－1646－0008210　504321
女科二卷產後編二卷　（清）傅山著　清翰墨園刻本　四冊

320000－1646－0008211　900247
婁東雜著　（清）邵廷烈輯　清道光十三年(1833)太倉東陵氏刻本　六冊

320000－1646－0008212　504322
婦科秘方一卷　題（清）竹林寺僧編　**胎產護生篇一卷**　（清）李長科輯　清光緒十二年(1886)維揚翰雅齋刻本　二冊

320000－1646－0008213　900252
涇川叢書　（清）趙紹祖　（清）趙繩祖輯　清道光十二年(1832)涇縣趙氏古墨齋刻本　二十四冊

320000－1646－0008214　900253
武林掌故叢編　（清）丁丙輯　清光緒九年(1883)嘉惠堂刻本　七十六冊　存九十六種二百五十二卷(乾道臨安志十五卷(原缺卷四至十五)、都城紀勝一卷、錢塘西湖百詠一卷、錢塘先賢傳贊一卷附錄一卷、古杭雜記一卷、新刻古杭雜記詩集四卷、西湖韻事一卷、不繫園集一卷、隨喜庵集一卷、流香一覽一卷、武林理安寺志八卷、廣福廟志一卷、武林舊事十卷附錄一卷、重陽庵集一卷附刻一卷附錄一卷、西湖紀述一卷、慧因寺志十二卷附錄一卷、杭郡庠得表忠觀碑記事一卷、西湖修禊詩一卷、唐棲志略藁二卷、吳山遺事詩一卷、南屏百詠一卷、崔府君祠錄一卷、御覽孤山志一卷、七述一卷、錢塘湖山勝槩詩文二卷、西湖臥遊圖題跋一卷、西谿梵隱志四卷、南宋古蹟考二卷、雲樓紀事一卷、孝義無礙庵錄一卷、南湖倡和集一卷、崇福寺志四卷續志一卷、湖墅雜詩二卷、淳祐臨安志殘六卷(存卷五至十)、游明聖湖日記一卷、客越志略一卷、清波小志二卷、清波小志補一卷、大昭慶律寺志十卷、定鄉雜著二卷、金牛湖漁唱一卷、西湖遊記一卷、銀瓶徵一卷、龍進顯應胡公墓錄一卷、西湖百詠二卷、客杭日記一卷、西湖八社詩帖一卷、湖山敘遊一卷、養素園詩四卷、武林元妙觀志四卷、西泠仙詠三卷、北隅掌錄二卷、西湖雜詩一卷、揚清祠志一卷、武林西湖高僧事略一卷續一卷、西湖竹枝集一卷、西村十記一卷附錄一卷、西湖夢尋五卷、韜光庵紀遊集一卷、鳳皇山聖果寺志一卷、南漳子二記一卷首一卷、武林怡老會詩集一卷、西湖月觀記一卷、鼇峯倡和詩一卷、橫山遊記一卷、孝慈庵集一卷、武林草一卷附刻一卷、里居雜詩一卷、金鼓洞志八卷首一卷、新門散記一卷、城北天后宮志一卷、湖壖雜記一卷、西湖百詠一卷、春草園小記一卷、武林新年雜詠一卷、復園紅板橋詩一卷、東郊土物詩一卷、江鄉節物詩一卷、蘭因集二卷、定鄉小識十六卷、紫陽庵集一卷、南宋館閣錄十卷續錄十卷、宋中興學士院題名一卷、月會約一卷、讀書社約一卷、勝蓮社約一卷、西溪百詠二卷、臨平記補遺四卷續一卷、增修雲林寺志八卷、續修雲林寺誌五至八、續東河櫂歌一卷、于公祠墓錄末一卷、三塘漁唱三卷）

320000-1646-0008215　900254
武林往哲遺箸　（清）丁丙輯　武林往哲遺箸後編十種　（清）丁立中編　清光緒錢塘丁氏嘉惠堂刻本　九十六冊

320000-1646-0008216　900255
武林往哲遺箸　（清）丁丙輯　清光緒錢塘丁氏嘉惠堂刻本　六十三冊　缺三種三卷（褚亮集一卷、褚遂良集一卷、鄭巢詩集一卷）

320000-1646-0008217　900256
檇李遺書　（清）孫福清輯　清光緒四年（1878）孫氏望雲仙館刻本　三十冊

320000-1646-0008218　900257
湖州叢書　（清）陸心源輯　清光緒湖城義塾刻本　二十四冊

320000-1646-0008219　504323
女科指掌五卷　（清）葉其蓁輯　清光緒十五年（1889）蘇州來青閣刻本　四冊

320000-1646-0008220　900260
越中文獻輯存書　（清）紹興公報社編　清宣統二年至宣統三年（1910-1911）紹興公報社鉛印本　二冊　存三種三卷（蘇甘室讀說文小識一卷、俛東餓夫傳一卷、越縵堂日記一卷）

320000-1646-0008221　900261
金華叢書　（清）胡鳳丹輯　清光緒胡氏退補齋刻本　八十一冊　存十九種二百四十七卷（詩疑二卷，書疑九卷，讀書叢說六卷，東萊先生左氏博議二十五卷，讀中庸叢說二卷，龍門子凝道記三卷，禪月集十二卷，呂東萊先生文集二十卷首一卷，忠簡公集七卷宗忠簡集辨譌考異一卷，黃文獻公集十卷首一卷補遺一卷附錄一卷，日損齋筆記一卷日損齋筆記考證一卷，淵穎集十二卷，龍川文集三十卷首一卷附錄一卷辨譌考異二卷，楓山先生集九卷楓山先生實紀八卷，九靈山房集一至二十五，九靈山房遺稿四卷，左氏傳說二十卷首一卷，西漢年紀卷八至十、十四至十六，唐鑑二十四卷音注考異一卷）

320000-1646-0008222　900262
永嘉叢書　（清）孫衣言輯　清同治、光緒間瑞安孫氏詒善祠塾刻本　十四冊　存四種七十六卷（劉給諫文集五卷、水心先生別集十六卷、橫塘集二十卷、艮齋先生薛常州浪語集三十五卷）

320000-1646-0008223　900265
宋元明儒十八種全集　（清）祝昌泰等輯　清道光十二年（1832）刻本　三十六冊　存十五種一百三卷（武夷新集二十卷、西昆酬唱集二卷、春渚紀聞十卷、忘筌書十卷、詹元善先生遺集二卷、大學集編二卷、中庸集編三卷、論語集編十卷、孟子集編十四卷、西山文鈔八卷、真山民集一卷、四朝聞見錄五卷、楊仲宏集八卷、春秋四傳私考二卷、梅莊遺艸六卷）

320000-1646-0008224　900266

湖北叢書　（清）趙尚輔輯　清光緒十七年(1891)三餘草堂刻本　一百冊

320000-1646-0008225　900267

湖北叢書　（清）趙尚輔輯　清光緒十七年(1891)三餘草堂刻本　六十八冊

320000-1646-0008226　900269

豫章叢書　（清）陶福履輯　清光緒十九年(1893)新建陶氏刻本　四冊　存七種十二卷（春秋四傳異同辨一卷、冬官旁求二卷、周禮釋文問答一卷、夏小正解一卷附徐本夏小正舉異一卷、敬堂文稿一卷，交食經二卷日食一貫歌一卷月食一貫歌一卷、讀舊唐書隨筆一卷）

320000-1646-0008227　900270

嶺南遺書　（清）伍元薇　（清）伍宗曜輯　清道光十一年至同治二年(1831-1863)南海伍氏粵雅堂文字歡娛室刻本　八十一冊

320000-1646-0008228　900271

嶺南遺書　（清）伍元薇　（清）伍宗曜輯　清道光十一年至同治二年(1831-1863)南海伍氏粵雅堂文字歡娛室刻本　七十七冊　存二百八十七卷（第一集七十九卷，第二集劉希仁文集一卷、理學簡言一卷、郭給諫疏稿二卷、算迪八卷、春秋詩話五卷，第三集昭代經濟言十四卷，第四集三十六卷，第五集五山志林八卷、測天約術一卷、呂氏春香精正誤一卷、楚詞辨韻一卷、袁督師事蹟一卷、嶺南荔支譜六卷、南漢紀五卷、南漢地理志一卷、南漢金石志二卷、春秋古經說二卷、穀梁禮證二卷、補後漢書藝文志四卷、補三國藝文志四卷，第六集一百三卷）

320000-1646-0008229　900277

玉山朱氏遺書　（清）諸可寶輯　清光緒二十六年(1900)玉山書院刻本　三冊

320000-1646-0008230　900348

施愚山全集　（清）施閏章著　清康熙至乾隆刻本　十六冊

320000-1646-0008231　504459

藥性指要一卷　清抄本　一冊

320000-1646-0008232　900281

如皋冒氏叢書　冒廣生輯　清光緒至民國如皋冒氏刻本　一冊　存三種五卷（謝康樂集拾遺一卷、冠柳集一卷、小三吾亭詞二卷附一卷）

320000-1646-0008233　900282

富陽夏氏叢刻　（清）夏震武　（清）夏鼎武撰　清光緒刻本　四冊

320000-1646-0008234　900283

晁氏叢書四種　（清）晁詒端輯　清道光待學堂刻本　八冊

320000-1646-0008235　900285

江都陳氏叢書　（清）陳本禮　（清）陳逢衡撰　清嘉慶刻本　十八冊　存三種五十九卷（竹書紀年集證五十卷首一卷、漢樂府三歌箋注三卷、屈辭精義二至六）

320000-1646-0008236　900286

左海全集續集　（清）陳壽祺著　清嘉慶、道光間三山陳氏刻本　五十冊　缺七種五十卷（今文尚書經說攷四至三十二、禮記鄭讀攷一至二、毛詩鄭箋改字說四卷、齊詩翼氏學疏證二卷叙錄一卷、詩緯集證四卷附錄一卷、禮堂經說二卷、禮堂遺集三卷補遺一卷詩一卷）

320000-1646-0008237　900287

長洲彭氏家集　（清）彭祖賢輯　清同治、光緒間刻本　四十一冊　存十種一百三十七卷（南畇詩槀十卷南畇續槀十七卷文槀十二卷、芝庭先生集十八卷附錄一卷、二林居集二十四卷、蘭臺遺槀一卷附錄一卷續編一卷、芸暉小閣吟草一卷、測海集六卷、詒穀老人自訂年譜一卷、歸朴龕叢稿十二卷續編四卷、松風閣詩抄二十六卷、鶴和樓制義一卷補編一卷）

320000-1646-0008238　504460

藥性必讀不分卷　清抄本　三冊

320000-1646-0008239　504462

雷公炮制藥性解六卷　（明）李中梓編輯

（清）王子接重訂　清文成堂刻本　二冊

320000－1646－0008240　504463
雷公炮制藥性解六卷　（明）李中梓編輯
（清）王子接重訂　清群玉山房刻本　二冊

320000－1646－0008241　504464
珍珠囊指掌補遺藥性賦四卷　（金）李杲編輯
（清）王子接重訂　清光緒三十二年(1906)掃葉山房刻本　二冊

320000－1646－0008242　900296
[江南製造局翻譯各種西書]　（清）馮焌光譯輯　清末刻本　二百六十三冊

320000－1646－0008243　900297
河南程氏全書(二程全書)　（宋）朱熹輯　清星沙小嫏嬛山館刻本　十八冊

320000－1646－0008244　900298
周子全書　（宋）周敦頤撰　（清）董榕輯　清乾隆二十三年(1758)刻本　十冊

320000－1646－0008245　900299
歐陽文忠公全集　（宋）歐陽修撰　清乾隆五十七年(1792)惇敘堂刻本　三十二冊

320000－1646－0008246　900300
歐陽文忠公全集　（宋）歐陽修撰　清光緒十九年(1893)澹雅書局刻本　三十九冊　缺六卷(七十三至七十八)

320000－1646－0008247　900301
石林遺書　（宋）葉夢得撰　清宣統三年(1911)觀古堂校刻本　十六冊

320000－1646－0008248　900302
石林遺書　（宋）葉夢得撰　清宣統三年(1911)觀古堂校刻本　十六冊

320000－1646－0008249　900303
真西山全集　（宋）真德秀撰　清同治三年(1864)刻本　一百冊

320000－1646－0008250　900304
白石道人四種　（宋）姜夔撰　清同治十年(1871)桂林倪鴻野水閒鷗館刻本　二冊

320000－1646－0008251　900305
姜白石全集　（宋）姜夔著　清宣統二年(1910)掃葉山房石印本　三冊

320000－1646－0008252　900306
玉海　（元）王應麟撰　清嘉慶十一年(1806)序刻本　一百冊

320000－1646－0008253　900307
玉海　（元）王應麟撰　清光緒九年(1883)浙江書局刻本　一百二十一冊　存二百六十八卷(一至四十一、四十一至二百四,校補玉海瑣記二卷,附刻六十一卷)

320000－1646－0008254　900308
許文正公遺書　（元）許衡撰　清乾隆五十五年(1790)刻本　八冊

320000－1646－0008255　900309
曹月川先生遺書　（明）曹端著　清咸豐十一年(1861)刻本　九冊

320000－1646－0008256　900311
王陽明先生全集十六卷　（明）王守仁撰　清道光六年(1826)刻本　十五冊

320000－1646－0008257　900312
六如居士全集　（明）唐寅著　清嘉慶六年(1801)果克山房刻本　五冊　存十一卷(全集七卷、外集一至四)

320000－1646－0008258　900314
孫文恭公遺書　（明）孫應鰲撰　清宣統二年(1910)南洋官書局鉛印本　八冊

320000－1646－0008259　900315
孫文恭公遺書　（明）孫應鰲撰　清宣統二年(1910)南洋官書局鉛印本　七冊　缺二種四卷(學孔精舍詩鈔四至六、補輯雜文一卷)

320000－1646－0008260　900316
呂子遺書九種四十一卷　（明）呂新吾著　清道光刻本　二十六冊

320000－1646－0008261　900317
顧端文公遺書　（明）顧憲成著　清光緒三年(1877)涇里宗祠刻本(附刻配光緒十二年涇

里宗祠刻本) 十八冊

320000－1646－0008262　900318

高子遺書十二卷附錄一卷 （明）高攀龍撰 **高忠憲公[攀龍]年譜一卷** （明）華允誠述 清光緒二年(1876)刻本 八冊

320000－1646－0008263　900320

高子遺書十二卷附錄一卷 （明）高攀龍撰 **高忠憲公[攀龍]年譜一卷** （明）華允誠述 清光緒二年(1876)刻本 十冊

320000－1646－0008264　900328

陶菴集 （明）黃淳耀撰 清寶山學刻本 四冊

320000－1646－0008265　900324

劉子全書四十卷首一卷 （明）劉宗周著 （清）董瑒編 清道光四年(1824)刻本 二十四冊

320000－1646－0008266　900325

劉子全書遺編二十四卷首一卷 （明）劉宗周撰 （清）沈復粲編輯 清光緒十八年(1892)刻本 八冊

320000－1646－0008267　900326

陶菴集 （明）黃淳耀撰 清光緒五年(1879)刻本 八冊

320000－1646－0008268　900327

陶菴集 （明）黃淳耀撰 清道光二十四年(1844)嘉定尊經閣刻本 四冊

320000－1646－0008269　900336

陸桴亭先生遺書 （清）陸世儀著 清光緒二十五年(1899)京師太倉唐受祺刻本 二十八冊 存二十三種七十五卷(尊道先生年譜一卷、桴亭先生文集六卷補遺一卷、桴亭先生詩集十卷、論學酬答四卷、志學錄一卷、性善圖說一卷、虛齋格致傳補注一卷、四書講義輯存一卷、淮雲問答輯存一卷、八陣發明一卷、月道疏一卷、分野說一卷、治鄉三約一卷、制科議一卷、甲申臆議一卷、蘇松浮糧考一卷、婁江條議一卷、桑梓五防一卷、常平權法一卷、家祭禮一卷、支更說一卷、避地三策一卷、思辨錄輯要前集二十二卷、思辨錄輯要後集十三卷)

320000－1646－0008270　504594

觀聚方要補十卷 （日本）丹波元簡輯 （清）孫元昕參訂 清上洋江左書林刻本 十冊

320000－1646－0008271　900332

黃梨洲遺書 （清）黃宗羲撰 清光緒三十一年(1905)杭州群學社石印本 十冊 存九種三十六卷(南雷文定前集十一卷、南雷文定後集四卷、南雷文定三集三卷附錄一卷、南雷詩歷四卷、今水經一卷表一卷、賜姓始末一卷、明儒學案三至八、明夷待訪錄一卷、黃梨洲先生年譜三卷)

320000－1646－0008272　900333

梨洲遺著彙刊 （清）黃宗羲著 清宣統二年(1910)上海時中書局鉛印本 二十冊

320000－1646－0008273　900334

梨洲遺著彙刊 （清）黃宗羲著 清宣統二年(1910)掃葉山房鉛印本 二十冊

320000－1646－0008274　900335

陸桴亭先生遺書 （清）陸世儀著 清光緒二十五年(1899)京師太倉唐受祺刻本 八冊

320000－1646－0008275　504595

男科二卷 （清）傅山著 清光緒八年(1882)刻本 二冊

320000－1646－0008276　900337

重訂楊園先生全集 （清）張履祥撰 清同治十年(1871)江蘇書局刻本 十六冊

320000－1646－0008277　504367

嬰童百問十卷 （明）魯伯嗣著 （明）王肯訂 清枕松堂刻本 六冊

320000－1646－0008278　900341

顧亭林先生遺書十種 （清）顧炎武著 清蓬瀛閣刻本 八冊

320000－1646－0008279　504368

幼科鐵鏡六卷 （清）夏鼎著 清道光十年(1830)綠蔭堂刻本 二冊

320000－1646－0008280　900343

亭林先生遺書彙輯　（清）顧炎武著　清光緒十一年至三十二年（1885－1906）刻本　二十四冊

320000－1646－0008281　504369

活幼珠璣二卷補編一卷　（清）許佐廷編輯　清同治十二年（1873）刻本　三冊

320000－1646－0008282　900345

西堂全集　（清）尤侗著　清康熙刻本　三十冊　缺七種十一卷（讀離騷一卷、弔琵琶一卷、桃花源一卷、黑白衛一卷、李白登科記一卷、鈞天樂一卷、藝文志五卷）

320000－1646－0008283　900346

施愚山全集　（清）施閏章著　清宣統二年至三年（1910－1911）上海國學扶輪社石印本　二十冊

320000－1646－0008284　900347

施愚山全集　（清）施閏章著　清康熙至乾隆刻本　二十冊

320000－1646－0008285　504465

太醫院增補青囊藥性賦直解十卷　（清）羅必煒參訂　清光緒二十三年（1897）經綸元記刻本　二冊

320000－1646－0008286　900349

船山遺書　（清）王夫之撰　清同治四年（1865）湘鄉曾國荃金陵刻本　三十冊

320000－1646－0008287　900351

王船山先生經史論八種　（清）王夫之撰　清光緒二十七年（1901）上海簡青書局石印本（宋論十五卷配清末民國商務印書館鉛印本）　十四冊

320000－1646－0008288　900352

唱經堂才子書　（清）金人瑞撰　清順治十六年（1659）刻本　一冊　存六種六卷（唱經堂古詩解一卷、唱經堂釋小雅一卷、唱經堂釋孟子四章一卷、唱經堂批歐陽永叔詞十二首一卷、唱經堂通宗易論一卷、唱經堂語錄纂一）

320000－1646－0008289　900353

西河合集　（清）毛奇齡撰　清嘉慶元年至十六年（1796－1811）刻本　八十一冊　缺三卷（四書改錯二十至二十二）

320000－1646－0008290　900354

湯文正公全集　（清）湯斌著　清同治九年（1870）蘇廷魁等刻本　三十三冊

320000－1646－0008291　900355

二程全書　（宋）程顥　（宋）程頤撰　（宋）朱熹輯　清光緒三十四年（1908）澹雅局刻本　十六冊

320000－1646－0008292　900356

二曲集二十八卷　（清）李顒著　清末民國上海文瑞樓石印本　六冊

320000－1646－0008293　900357

李徵君二曲全集二十六卷　（清）李顒著　清嘉慶十五年（1810）蘭山書院刻本　八冊

320000－1646－0008294　900358

二曲集二十六卷　（清）李顒著　惲逐庵先生遺集一卷　（清）惲日初撰　（清）惲珠錄存　清道光八年（1828）刻本　九冊

320000－1646－0008295　900359

李二曲先生全集　（清）李顒著　清光緒二十六年（1900）湖南刻本　十冊　存二種三十五卷（二曲全集二十六卷、四書反身錄八卷首一卷）

320000－1646－0008296　900360

陸子全書　（清）陸隴其著　清光緒十六年（1890）宗培等刻本　三十六冊

320000－1646－0008297　900361

王漁洋遺書　（清）王士禛撰　清刻本　八十七冊

320000－1646－0008298　900362

榕村全書　（清）李光地撰　清道光九年（1829）李維迪刻本　一百二十二冊　缺一種一卷（性理一卷）

320000－1646－0008299　900363

楊氏全書　（清）楊名時撰　清乾隆五十九年(1794)江陰葉廷甲水心草堂刻本　八冊

320000－1646－0008300　900364

楊氏全書　（清）楊名時撰　清光緒三十四年至宣統元年(1908－1909)刻本　三冊　存四種十一卷(易經劄記三卷、詩經劄記一卷、四書劄記四卷、文集三至五)

320000－1646－0008301　900365

徐位山六種　（清）徐文靖撰　清光緒二年(1876)刻本　三十二冊

320000－1646－0008302　900366

徐位山六種　（清）徐文靖撰　清雍正、乾隆間志寧堂刻本　十六冊

320000－1646－0008303　900367

文道十書　（清）陳景雲撰　清乾隆十九年(1754)陳黃中樸茂齋刻本　六冊

320000－1646－0008304　900368

沈歸愚詩文全集　（清）沈德潛撰　清乾隆教忠堂刻本　二十八冊　缺一種一卷(歸愚詩餘一卷)

320000－1646－0008305　900369

鹿洲全集　（清）藍鼎元撰　清光緒五年(1879)藍謙修補刻本　二十五冊

320000－1646－0008306　900370

鹿洲全集　（清）藍鼎元撰　清同治四年(1865)廣東緯文堂刻本　二十冊　缺一種一卷(鹿洲奏疏一卷)

320000－1646－0008307　900373

板橋集　（清）鄭燮撰　清乾隆刻本　四冊

320000－1646－0008308　900374

板橋集　（清）鄭燮撰　清清暉書屋刻本　六冊

320000－1646－0008309　900375

杭大宗七種叢書　（清）杭世駿撰　清乾隆杭賓仁羊城刻本　六冊

320000－1646－0008310　900377

隨園三十八種　（清）袁枚撰　清宣統二年(1910)上海鴻文書局石印本　十一冊

320000－1646－0008311　900378

隨園三十八種　（清）袁枚撰　清光緒十八年(1892)勤裕堂鉛印本　四十冊

320000－1646－0008312　900379

隨園三十六種　（清）袁枚撰　清光緒十八年(1892)上海圖書集成印書局鉛印本(綠秋草堂詞一卷、玉山堂詞一卷、崇睦山房詞一卷、過雲精舍詞二卷、碧梧山館詞二卷、隨園瑣記二卷、涉洋管見一卷、閩南雜詠一卷配民國二年上海中華圖書館鉛印本)　五十冊

320000－1646－0008313　900380

頻羅庵遺集　（清）梁同書撰　清嘉慶二十二年(1817)仁和陸貞一刻本　五冊　缺五卷(詩三卷集杜二卷)

320000－1646－0008314　900381

春融堂集　（清）王昶撰　清光緒十八年(1892)刻本　十六冊

320000－1646－0008315　900383

甌北全集　（清）趙翼著　清光緒三年(1877)刻本　四十八冊

320000－1646－0008316　900384

甌北全集　（清）趙翼撰　清乾隆、嘉慶間湛貽堂刻本　四十六冊

320000－1646－0008317　900388

嘉定錢氏潛研堂全書　（清）錢大昕撰　清光緒十年(1884)長沙龍氏家塾刻本　六十冊　缺一種一卷(風俗通逸文一卷)

320000－1646－0008318　900386

汪龍莊先生遺書　（清）汪輝祖纂　清同治十年(1871)慎間堂刻本　六冊

320000－1646－0008319　900387

嘉定錢氏潛研堂全書　（清）錢大昕撰　清光緒十年(1884)長沙龍氏家塾刻本　六十四冊

320000－1646－0008320　900389

嘉定錢氏潛研堂全書　（清）錢大昕撰　清光緒十年(1884)長沙龍氏家塾刻本(十駕齋養

新録卷一至六、潛研堂詩集卷一至六配清刻本) 六十一冊 缺三種十七卷(廿二史攷異九十八至一百、潛研堂詩集七至十、潛研堂詩續集十卷)

320000－1646－0008321　900391
惜抱軒全集　(清)姚鼐撰　清同治五年(1866)省心閣刻本　二十冊

320000－1646－0008322　900390
惜抱軒全集　(清)姚鼐撰　清同治五年(1866)省心閣刻本　十六冊

320000－1646－0008323　900401
授堂遺書　(清)武億撰　清道光二十三年(1843)偃師武氏刻本　十六冊

320000－1646－0008324　900392
惜抱軒全集　(清)姚鼐撰　清光緒三十三年(1907)上海校經山房刻本　十六冊

320000－1646－0008325　900393
經韻樓叢書　(清)段玉裁撰　清乾隆至道光金壇段氏刻本　二十三冊　缺一種四卷(聲韻考四卷)

320000－1646－0008326　900394
王文成公全書　(明)王守仁撰　清同治、光緒間刻本　二十四冊

320000－1646－0008327　900405
黃勤敏公全集　(清)黃鉞撰　禮部遺集九卷　(清)黃富民撰　清咸豐、同治間刻本　十四冊　存九種五十七卷(壹齋集四十卷、奏御集二卷、兩朝恩賚記一卷、壹齋集賦一卷、二十四畫品一卷、畫友錄一卷、壹齋集遊記一卷、蕭湯二老遺詩合編一卷、禮部遺集九卷)

320000－1646－0008328　900399
有竹居集　(清)任兆麟撰　清嘉慶二十四年(1819)兩廣節署刻本　七冊　缺一種一卷(蒼頡篇一卷)

320000－1646－0008329　900400
授堂遺書　(清)武億撰　清道光二十三年(1843)偃師武氏刻本　十六冊

320000－1646－0008330　900413
不遠復齋遺書　(清)潘世璜撰　清光緒六年(1880)潘遵祁刻本　六冊

320000－1646－0008331　900402
洪北江全集　(清)洪亮吉撰　清光緒洪用懃授經堂刻本　八十四冊

320000－1646－0008332　900409
郝氏遺書　(清)郝懿行撰　清嘉慶至光緒刻本　六十五冊　缺八種三十一卷(逸書一卷、曬書堂文集十二卷外集二卷別集一卷、曬書堂閨中文存一卷、曬書堂筆記二卷、曬書堂時文一卷、曬書堂筆錄六卷、曬書堂詩鈔二卷試帖一卷詩餘一卷、和鳴集一卷)

320000－1646－0008333　900404
黃勤敏公全集　(清)黃鉞撰　禮部遺集九卷　(清)黃富民撰　清咸豐、同治間刻光緒七年(1881)印本　十四冊　存十種五十七卷(壹齋集四十卷、奏御集二卷、兩朝恩賚記一卷、壹齋集賦一卷、二十四畫品一卷、畫友錄一卷、壹齋集遊記一卷、泛漿錄二卷、蕭湯二老遺詩合編一卷、禮部遺集一至七)

320000－1646－0008334　900414
不遠復齋遺書　(清)潘世璜撰　清光緒六年(1880)潘遵祁刻本　六冊

320000－1646－0008335　900406
顨軒孔氏所著書　(清)孔廣森撰　清嘉慶二十二年(1817)曲阜孔氏儀鄭堂刻本　十六冊

320000－1646－0008336　900421
春草堂集　(清)謝堃撰　清道光二十年(1840)曲邑奎文齋刻二十五年(1845)印本　二十冊　存十一種三十一卷(春草堂駢體文一卷、古近體詩五卷、詞錄一卷,春草堂詩話五卷、黃河遠二卷、十二金錢二卷,繡帕記二卷、血梅記二卷、花木小志一卷、書畫所見錄三卷、金玉瑣碎二卷,雨窗記所記一、三至四、雨窗隨筆二卷)

320000－1646－0008337　900408
郝氏遺書　(清)郝懿行撰　清嘉慶至光緒刻

本　六十八冊　缺八種三十一卷(逸書一卷、曬書堂文集十二卷外集二卷別集一卷、曬書堂閨中文一卷、曬書堂筆記二卷、曬書堂時文一卷、曬書堂筆錄六卷、曬書堂詩鈔二卷試帖一卷詩餘一卷、和鳴集一卷)

320000－1646－0008338　305439

洗冤錄義證四卷校記四卷經驗方一卷歌訣一卷　（清）剛毅編輯　（清）諸可寶校　清光緒十七年(1891)江蘇書局刻本　四冊

320000－1646－0008339　900403

洪北江全集　（清）洪亮吉撰　清光緒洪用懃授經堂刻本　六十四冊

320000－1646－0008340　900411

焦氏叢書　（清）焦循撰　清光緒二年(1876)衡陽魏氏刻本　四十冊

320000－1646－0008341　900412

不遠復齋遺書　（清）潘世璜撰　清光緒六年(1880)潘遵祁刻本　二冊

320000－1646－0008342　305440

補注洗冤錄集證四卷　（清）董濂輯　作吏要言一卷　（清）葉鎮撰　清道光二十三年(1843)江都鍾氏刻三色套印本　四冊

320000－1646－0008343　305441

律例館校正洗冤錄四卷　（清）律例館輯　清刻本　四冊

320000－1646－0008344　900415

靈芬館集　（清）郭麐撰　清嘉慶、道光間刻本　十二冊　缺五種二十六卷(靈芬館集續集九卷、靈芬館雜著三編八卷、爨餘集一卷、國志蒙拾二卷、爨餘叢話六卷)

320000－1646－0008345　900416

甘泉鄉人稿　（清）錢泰吉撰　清同治十一年(1872)刻本　六冊

320000－1646－0008346　900417

槐軒全書　（清）劉沅撰　清咸豐至民國刻本　二十二冊

320000－1646－0008347　900418

安吳四種　（清）包世臣撰　清光緒十四年(1888)刻本　九冊

320000－1646－0008348　900419

顧端文公遺書　（明）顧憲成撰　清光緒三年(1877)涇里宗祠刻本　十五冊　缺一種八卷(小辨齋偶存八卷)

320000－1646－0008349　900420

春草堂集　（清）謝堃撰　清道光二十年(1840)曲邑奎文齋刻二十五年(1845)印本(書畫所見錄三卷、雨窗記所記卷一配清光緒六年刻掃葉山房叢鈔本)　十八冊　存八種二十三卷(春草堂駢體文一卷、古近體詩五卷、詞錄一卷、春草堂詩話五卷、黃河遠二卷、十二金錢二卷、繡帕記二卷、血梅記一卷、書畫所見錄三卷、雨窗記所記一卷)

320000－1646－0008350　305442

洗冤錄詳義四卷　（清）許槤輯　清光緒二年(1876)潘氏滂喜齋刻本　四冊

320000－1646－0008351　900422

中復堂全集　（清）姚瑩撰　清同治六年(1867)姚濬昌安福縣署刻本　二十冊　存六種四十二卷(東溟奏稿四卷、識小錄八卷、東槎紀略五卷、寸陰叢錄四卷、康輶紀行十六卷、中復堂遺稿五卷)

320000－1646－0008352　900423

啖蔗軒全集　（清）方士淦撰　清同治十一年(1872)兩淮運署刻本　一冊　缺二種二卷(啖蔗軒詩存下、啖蔗軒自訂年譜一卷)

320000－1646－0008353　900424

朱氏羣書　（清）朱駿聲撰　清光緒八年(1882)臨嘯閣刻本　三冊　缺一種十八卷(說文通訓定聲補遺十八卷)

320000－1646－0008354　900425

儆居遺書　（清）黃式三撰　清同治、光緒間刻本　十五冊　存四種三十二卷(尚書啓幪五卷、春秋釋四卷、論語後案二十卷、黃氏塾課三卷)

320000－1646－0008355　305443

檢驗集証一卷檢驗合參一卷　（清）郎錦騏纂輯　清道光十六年（1836）北平羅氏刻本　二冊

320000－1646－0008356　900427

藤花亭十七種　（清）梁廷枏撰　清光緒二十一年（1895）刻本　八冊　存四種四十二卷（南漢書十八卷、南漢書考異十八卷、南漢文字略四卷、南漢叢錄二卷）

320000－1646－0008357　900428

李文恭公遺集　（清）李星沅撰　清同治四年（1865）芋香山館刻本　三十三冊

320000－1646－0008358　900429

李文清公遺書　（清）李棠階撰　清光緒八年（1882）河北道署刻本　三冊　缺一種二卷（志節編二卷）

320000－1646－0008359　900430

袖海樓雜箸　（清）黃汝成撰　清道光十八年（1838）嘉定黃氏西谿草盧刻本　四冊

320000－1646－0008360　900431

武陵山人遺書　（清）顧觀光撰　清光緒九年（1883）獨山莫祥芝上海刻本　十二冊

320000－1646－0008361　900435

羅忠節公遺集　（清）羅澤南撰　清咸豐、同治間長沙刻本　十冊

320000－1646－0008362　900436

覆瓿集　（清）張文虎撰　清同治、光緒間刻本　十二冊

320000－1646－0008363　900437

覆瓿集　（清）張文虎撰　清同治、光緒間刻本　十冊

320000－1646－0008364　900438

覆瓿集　（清）張文虎撰　清同治、光緒間刻本　十三冊　存五種二十八卷（舒藝室隨筆六卷續筆一卷餘集三卷、舒藝室雜著甲編二卷乙編二卷賸稿一卷、舒藝室詩存七卷索笑詞二卷、懷舊雜記三卷、撰聯偶記一卷）

320000－1646－0008365　900439

番禺陳氏東塾叢書　（清）陳澧撰　清咸豐至光緒刻本　十冊

320000－1646－0008366　900440

番禺陳氏東塾叢書　（清）陳澧撰　清咸豐至光緒刻本　八冊

320000－1646－0008367　900441

曾文正公全集　（清）曾國藩撰　清同治、光緒間傳忠書局刻本　一百三十冊

320000－1646－0008368　900442

曾文正公全集　（清）曾國藩撰　清同治、光緒間傳忠書局刻本　一百二十八冊

320000－1646－0008369　900443

曾文正公全集　（清）曾國藩撰　清同治、光緒間傳忠書局刻本　一百三十五冊

320000－1646－0008370　900444

曾文正公全集　（清）曾國藩撰　清同治、光緒間傳忠書局刻本　一百三十冊

320000－1646－0008371　900446

［曾文正公七種］　（清）曾國藩撰　清同治、光緒間醉六堂刻本　二十四冊

320000－1646－0008372　900447

［曾文正公七種］　（清）曾國藩撰　清同治、光緒間醉六堂刻本　二十六冊

320000－1646－0008373　900453

影山草堂六種　（清）莫友芝撰　清咸豐至光緒刻本　四冊　存四種二十七卷（宋元舊本書經眼錄三卷附錄二卷、邵亭遺文八卷、邵亭遺詩八卷、邵亭詩鈔六卷）

320000－1646－0008374　305444

讀通鑑論十卷　（清）王夫之撰　清光緒二十九年（1903）上海官書局鉛印本　七冊　存九卷（一至九）

320000－1646－0008375　900455

左文襄公全集　（清）左宗棠撰　清光緒刻本　一百四冊　存十種一百十卷（左文襄公全集首一卷、左文襄公奏稿六十四卷、左文襄公書牘二十六卷、左文襄公批札七卷、左文襄公

咨札一卷告示(諭閩六禁)一卷、左文襄公謝摺二卷、左文襄公詩集一卷、左文襄公聯語一卷、藝學說帖一卷、左文襄公文集五卷)

320000－1646－0008376　900456

息柯居士全集　(清)楊翰撰　清同治、光緒間刻本　五冊　存五種十二卷(歸石軒畫談一至二、息柯雜著六卷、集浯溪碑字聯語一卷、浯溪考二卷、紀游詩一卷)

320000－1646－0008377　900457

古桐書屋六種　(清)劉熙載撰　清同治、光緒間刻本　十一冊

320000－1646－0008378　900458

古桐書屋六種續刻三種　(清)劉熙載撰　清同治、光緒間刻本　九冊　存八種二十三卷(四音定切四卷、說文雙聲二卷、說文疊韻二卷首一卷續編一卷、藝概六卷、昨非集四卷、續刻三種三卷)

320000－1646－0008379　900459

煙嶼樓集　(清)徐時棟撰　清同治、光緒間刻本　十二冊　存三種五十九卷(煙嶼樓文集四十卷、詩集十八卷、重刻遊杭合集一卷)

320000－1646－0008380　900460

悔餘菴集　(清)何栻撰　清同治四年(1865)鳩江戎幄刻本　九冊　存三種二十四卷(悔餘菴文稿九卷、悔餘菴詩稿十三卷、衲蘇集二卷)

320000－1646－0008381　900461

柏堂遺書　(清)方宗誠撰　清光緒桐城方氏刻本　二十四冊　存十二種一百卷(書傳補義三卷、讀學庸筆記二卷、禮記集說補義一卷、論文本原三卷、說詩章義三卷、陶詩真詮一卷、讀宋鑑論三卷、讀史雜記一卷、讀諸子諸儒書雜記一卷、讀文雜記一卷、俟命錄十卷、柏堂集前編十四卷次編十三卷續編二十二卷后編二十二卷)

320000－1646－0008382　900462

劉武慎公遺書　(清)劉長佑撰　清光緒二十六年(1900)鉛印本　二十八冊

320000－1646－0008383　900463

鄒徵君遺書　(清)鄒伯奇撰　清同治十二年(1873)鄒達泉拾芥園刻本　六冊　缺一種(輿地全圖)

320000－1646－0008384　900464

春在堂全書　(清)俞樾撰　清光緒刻本　八十四冊

320000－1646－0008385　900465

春在堂全書　(清)俞樾撰　清光緒刻本　一百四十四冊　存四十種四百六十二卷(群經平議三十五卷、諸子平議三十五卷，易貫五卷，玩易篇一卷，論語小言一卷，春秋名字解詁補義一卷，古書疑義舉例七卷，兒笘錄四卷，讀書余錄二卷，詁經精舍自課文二卷，湖樓筆談七卷，曲園雜纂五十卷，俞樓雜纂五十卷，賓萌集六卷外集四卷，春在堂雜文二卷續編五卷三編四卷四編八卷五編八卷六編十卷補遺六卷，春在堂詩編一至十二、二十一、二十三，春在堂詞錄三卷，春在堂隨筆十卷，春在堂尺牘一至五，楹聯錄存五卷附一卷，曲園四書文一卷，右臺仙館筆記十六卷，茶香室叢鈔二十三卷續鈔二十五卷三鈔二十九卷四鈔一至十五，茶香室經說十六卷，經課續編八卷，九九銷夏錄十四卷，金剛般若波羅密經注二卷，太上感應篇纘義二卷，游藝錄六卷，小蓬萊謠一卷，袖中書二卷，東瀛詩紀二卷，慧福樓幸草一卷，曲園自述詩一卷補一卷，新定牙牌數一卷，曲園墨戲一卷，曲園三耍一卷，春在堂全書錄要一卷，春在堂全書校勘記一卷，春在堂挽言一卷)

320000－1646－0008386　900466

春在堂全書　(清)俞樾撰　清光緒二十三年(1897)石印本　三十一冊　存三十一種四百十六卷(群經平議一至十八、二十四至三十五，諸子平議三十五卷，第一樓叢三十卷，書曲園雜纂五十卷，俞樓雜纂五十卷，賓萌集六卷外集四卷，春在堂雜文二卷續編五卷三編四卷四編八卷，春在堂詩編一至十五，春在堂詞錄三卷，春在堂隨筆十卷，春在堂尺牘六卷，楹聯錄存三卷，四書文一卷，右臺仙館筆

記十六卷,茶香室叢鈔三鈔七十七卷,茶香室經說十六卷,經課續編八卷,九九銷夏錄十四卷,金剛般若波羅密經注二卷,太上感應篇纘義二卷,游藝錄六卷,小蓬萊謠一卷,袖中書二卷,東瀛詩紀二卷,慧福樓幸草一卷,曲園自述詩一卷補一卷,新定牙牌數一卷,曲園墨戲一卷,瓊英小錄一卷,春在堂全書錄要一卷,春在堂全書校勘記一卷)

320000-1646-0008387　900467

求益齋全集　(清)強汝詢撰　清光緒二十四年(1898)江蘇書局刻本　四冊　存二種八卷(讀書記六卷、隨筆二卷)

320000-1646-0008388　900468

菱園叢書　(清)張慎儀撰　清光緒至民國刻本　十六冊

320000-1646-0008389　900469

談瀛錄　(清)袁祖志撰　清光緒十七年(1891)同文書局石印本　二冊

320000-1646-0008390　900470

寶韋齋類稿　(清)李桓撰　清光緒六年(1880)武林趙寶墨齋刻本　十三冊　存五種三十卷(奏疏三至四,官書十六至二十四,尺牘一至九、三十二,文錄中、下,賓退紀談七卷)

320000-1646-0008391　900471

橘蔭軒全集　(清)陳錦撰　清光緒山陰陳氏橘蔭軒刻本　九冊　存二種二十六卷(補勤詩存一至九、十三至二十四,補勤詩存續編五卷)

320000-1646-0008392　900472

春雨樓叢書　(清)朱士端撰　清同治寶應朱氏刻本　六冊　缺一種一卷(棗花書屋詩集一卷)

320000-1646-0008393　900473

適園叢稿　(清)袁學潤撰　清同治十一年(1872)序香溪草堂刻本　一冊　存二種三卷(虎邱雜事詩一卷、姑蘇竹枝詞二卷)

320000-1646-0008394　900474

高陶堂遺集　(清)高心夔撰　清光緒八年(1882)平湖朱氏經注經齋刻本　四冊

320000-1646-0008395　900475

儆季雜著　(清)黃以周撰　清光緒二十年(1894)江蘇南菁講舍刻本　十冊

320000-1646-0008396　900476

賭棋山莊全集　(清)謝章鋌撰　清光緒至民國刻本　三十三冊

320000-1646-0008397　900477

庸菴全集　(清)薛福成撰　清光緒無錫薛氏刻本　四十四冊

320000-1646-0008398　900478

庸菴全集　(清)薛福成撰　清光緒無錫薛氏刻本　四十四冊

320000-1646-0008399　900479

庸菴全集　(清)薛福成撰　清光緒無錫薛氏刻本　四十四冊

320000-1646-0008400　900480

庸菴全集　(清)薛福成撰　清光緒二十七年(1901)上海書局石印本　十二冊

320000-1646-0008401　900482

曾惠敏公遺集　(清)曾紀澤撰　清光緒十九年(1893)江南製造總局鉛印本　八冊

320000-1646-0008402　900483

曾惠敏公遺集　(清)曾紀澤撰　清光緒十九年(1893)江南製造總局鉛印本　八冊

320000-1646-0008403　900484

曾惠敏公遺集　(清)曾紀澤撰　清光緒十九年(1893)江南製造總局鉛印本　八冊

320000-1646-0008404　900485

曾惠敏公全集　(清)曾紀澤撰　清光緒二十年(1894)上海石印本　四冊

320000-1646-0008405　900486

留書種閣集　(清)黃炳垕撰　清同治、光緒間餘姚黃氏留書種閣刻本　二冊　存三種十一卷(存育芬詩略三卷八旬附自述百韻詩一卷、黃黎洲先生年譜三卷、測地志要四卷)

320000－1646－0008406　900487

桐城吳先生全書　（清）吳汝綸撰　清光緒三十年(1904)王恩紱刻本　二十一冊

320000－1646－0008407　900489

坦園全集　（清）楊恩壽撰　清光緒長沙楊氏刻本　二十冊

320000－1646－0008408　900490

拙盦叢稿　（清）朱一新著　清光緒二十二年(1896)順德龍氏葆真堂刻本　十六冊

320000－1646－0008409　900493

師伏堂叢書　（清）皮錫瑞撰　清光緒善化皮氏刻本　十四冊　存八種二十八卷(經學通論五卷、尚書中侯疏證一卷、古文尚書冤詞平議二卷、鄭志疏證八卷附鄭記考證一卷、聖證論補評二卷、六藝論疏證一卷、魯禮禘祫義疏證一卷、漢碑引經考六卷附漢碑引緯考一卷)

320000－1646－0008410　900494

志學齋集　（清）徐壽基撰　清光緒武進徐氏刻本　八冊

320000－1646－0008411　900495

志學齋集　（清）徐壽基撰　清光緒武進徐氏刻本　十四冊

320000－1646－0008412　900496

京塵雜錄　（清）楊懋建撰　清光緒十二年(1886)上海同文書局石印本　一冊

320000－1646－0008413　900497

尚志齋集　（清）左欽敏撰　清尚志齋刻本　十三冊　存七種七十六卷(古學編七卷、湘陽人物傳一卷、大學約說一卷、西銘約說一卷、尚志齋雜記三卷、尚志齋文編六十卷目錄一卷、性理字訓二卷)

320000－1646－0008414　900498

新民叢書　梁啟超編撰　清光緒二十九年(1903)味新學社刻本　五冊

320000－1646－0008415　900499

菱湖沈氏叢書　（清）沈夢蘭撰　清光緒五年至八年(1879－1882)刻本　六冊

320000－1646－0008416　900500

東海褰冥氏三十以前舊學四種　（清）譚嗣同撰　清光緒二十三年(1897)石印本　二冊　存三種六卷(寥天一閣文二卷、莽蒼蒼齋詩二卷、石菊影廬筆識二卷)

320000－1646－0008417　900504

陳澹然三種　陳澹然撰　清光緒二十八年(1902)長沙刻本　十冊　存二種二十八卷(權制八卷、江表忠略二十卷)

320000－1646－0008418　900505

香禪精舍集　（清）潘鍾瑞輯　清光緒長洲潘氏香禪精舍刻本　四冊

320000－1646－0008419　900506

香禪精舍集　（清）潘鍾瑞輯　清光緒長洲潘氏香禪精舍刻本　十六冊

320000－1646－0008420　900508

萬物炊累室纇稿　（清）沈同芳撰　清宣統三年(1911)中國圖書公司鉛印本　五冊

320000－1646－0008421　900509

萬物炊累室纇稿　（清）沈同芳撰　清宣統三年(1911)中國圖書公司鉛印本　四冊　存三種十五卷(中國漁業歷史一卷、公言集三卷續編一卷、秘書集十卷)

320000－1646－0008422　900518

觀古堂所著書　葉德輝撰　清光緒長沙葉氏刻本　十八冊　缺一種四卷(覺迷要錄四卷)

320000－1646－0008423　900523

大鶴山房全書　鄭文焯撰　清光緒三十年(1904)蘇州周氏刻本　八冊

320000－1646－0008424　900524

大鶴山房全書　鄭文焯撰　清光緒三十年(1904)蘇州周氏刻本　七冊　缺一種三卷(醫故二卷附錄一卷)

320000－1646－0008425　900525

大鶴山房全書　鄭文焯撰　清光緒三十年(1904)蘇州周氏刻本　六冊　缺一種二卷(瘦碧詞二卷)

320000 – 1646 – 0008426　900529

訒盦叢稿　顧鳴鳳撰　清宣統三年(1911)刻本　六冊

320000 – 1646 – 0008427　900530

訒盦叢稿　顧鳴鳳撰　清宣統三年(1911)刻本　六冊

320000 – 1646 – 0008428　504466

本草分經一卷　(清)姚瀾編輯　清光緒十四年(1888)刻本　一冊

320000 – 1646 – 0008429　900557

玉海　(元)王應麟撰　清嘉慶十一年(1806)刻本　一百冊

320000 – 1646 – 0008430　900559

犢山類藁　(清)周鎬撰　清光緒十年(1884)榮汝楫木活字印本　八冊

320000 – 1646 – 0008431　900560

犢山類藁　(清)周鎬撰　清光緒十年(1884)榮汝楫木活字印本　八冊　存五種十一卷(犢山詩稿四卷、犢山文稿三至六、課易存商一卷、讀書雜記一卷、隨筆雜記一卷)

320000 – 1646 – 0008432　900561

吉貝居叢刻　(金)元好問撰　(清)施國祁研箋　清道光二年(1822)南潯瑞松堂蔣氏刻本　六冊　存五種二十一卷(元遺山詩集箋注十四卷首一卷末一卷、吉貝居暇唱一卷、金源劄記二卷、金源又劄一卷、史論五答一卷)

320000 – 1646 – 0008433　900563

羅忠節公遺集　(清)羅澤南撰　清咸豐、同治間長沙刻本　八冊　存七種十五卷(羅忠節公遺集八卷、西銘講義一卷、人極衍義一卷、姚江學辨一卷、讀孟子劄記一卷、周易附說一卷、年譜二卷)

320000 – 1646 – 0008434　900564

大梅山館集　(清)姚燮撰　清道光咸豐間鎮海姚氏刻本　十六冊

320000 – 1646 – 0008435　900570

原學三種　陳澹然撰　清宣統三年(1911)安慶桐城陳氏鉛印本　一冊

320000 – 1646 – 0008436　900571

原學三種　陳澹然撰　清宣統三年(1911)安慶桐城陳氏鉛印本　一冊

320000 – 1646 – 0008437　900572

魏叔子日錄　(清)魏禧撰　清道光二十五年(1845)寧都刻本　二冊

320000 – 1646 – 0008438　900573

龍莊遺書　(清)汪輝祖纂　清道光八年(1828)勤補堂刻本　六冊

320000 – 1646 – 0008439　900575

小四書　(明)朱升輯　清同治三年(1864)文會堂刻本　四冊

320000 – 1646 – 0008440　900576

小四書　(明)朱升輯　清光緒十九年(1893)贛縣學屬刻本　四冊

320000 – 1646 – 0008441　900577

中西學門徑書　梁啓超輯　清光緒二十四年(1898)上海大同譯書局石印本　一冊　存六種(長興學記、輶軒今語、時務學堂學約、讀春秋界說、讀孟子界說、幼學通義)

320000 – 1646 – 0008442　900578

南菁札記　(清)溥良輯　清光緒二十年(1894)江陰使署刻本　六冊

320000 – 1646 – 0008443　900579

玉山朱氏遺書　(清)諸可寶輯　清光緒二十六年(1900)玉山書院刻本　三冊

320000 – 1646 – 0008444　900580

原學三種　陳澹然撰　清宣統三年(1911)安慶桐城陳氏鉛印本　二冊

320000 – 1646 – 0008445　900581

格致啓蒙　(英國)艾約瑟譯　清光緒十二年(1886)總稅務司署刻本　十六冊

320000 – 1646 – 0008446　900582

正蒙同人集　(清)任壽華講　清光緒二十七年(1901)刻本　二冊　存九種十卷(桂花廳課蹟述存一卷、咄咄經編一卷、正蒙四書文一

卷、原草三卷、三餘草堂集一卷、問機一得一卷、遊藝小記一卷、電學問答一卷)

320000－1646－0008447　900583

硯云甲乙編　(清)金忠淳輯　清道光二十年(1840)蔡氏紫梨華館刻本　十二冊

320000－1646－0008448　900586

毋不敬齋全書　(清)方潛撰　清光緒十五年(1889)刻本　五冊　存五種六卷(心述中編四、心述後編五、性述中編七、性述後編八、述餘十三至十四)

320000－1646－0008449　900588

袖海樓雜箸　(清)黃汝成撰　清道光十八年(1838)西谿草盧刻本　四冊

320000－1646－0008450　900589

釀齋訓蒙雜編　(清)鮑東里著　清光緒二十八年(1902)雲南官書局刻本　一冊

320000－1646－0008451　900590

林文忠公遺集　(清)林則徐撰　清光緒二十四年(1898)天津文德堂石印本　七冊　存十一種四十一卷(江蘇奏稿八卷、湖廣奏稿五卷、使粵奏稿八卷、兩廣奏稿四卷、陝甘奏稿一卷、雲貴奏稿十卷、畿輔水利議一卷、國史本傳一卷、滇軺紀程一卷、荷戈紀程一卷、政書蒐遺一卷)

320000－1646－0008452　900591

林文忠公遺集　(清)林則徐撰　清光緒三十二年(1906)刻本　十三冊

320000－1646－0008453　900592

寒松閣集　(清)張鳴珂撰　清光緒嘉興張氏刻本　六冊

320000－1646－0008454　900594

述記　(清)任兆麟輯　清上海袖海山房石印本　三冊

320000－1646－0008455　900595

述記　(清)任兆麟輯　清上海袖海山房石印本　三冊

320000－1646－0008456　900599

西政叢書　梁啓超編　清光緒二十三年(1897)慎記書莊石印本　六冊

320000－1646－0008457　900601

富強齋叢書　(清)袁俊德輯　清光緒石印本　四十八冊　存五十九種二百八十九卷(測侯叢談四卷、金石識別十二卷附一卷、地學淺釋三十八卷、匠海輿規三卷、回特活德鋼礟一卷、造管之法一卷、回熱爐法一卷、鎔金類罐一卷、造硫强水法一卷、色相留真一卷、鍍金四卷、電氣鍍金略法一卷、列國歲計政要十二卷、光緒戊戌年列國歲計表一卷、萬國總說三卷、化學求數九下至十五、各國交涉公法論二集五至八、冶金論三卷、銀礦指南一卷附圖一卷、鍊鋼要言一卷附錄試驗各法一卷、開煤要法十二卷、井礦工程三卷、兵船汔機六卷附一卷、佐治芻言一卷、電氣鍍鎳一卷、列國陸軍制一至九、營城揭要二卷附圖一卷、海軍調度要言三卷附圖一卷、兵船礟法六卷、克虜伯礟準心法一卷附圖一卷、克虜伯礟法四卷、克虜伯礟操法四卷、克虜伯礟表八卷、製火藥法三卷、船塢論略一卷附圖一卷、俄史輯譯一至二、海軍調度要言三卷附圖一卷、南北花旗戰紀十八卷、公法總論一卷、前敵須知四卷附圖一卷、船塢論略一卷附圖一卷、英國水師考一卷、法國水師考一卷、美國水師考一卷、海塘輯要十卷、行軍鐵路工程二卷附圖一卷、鍊石編三卷圖一卷、周冪知裁一卷、水衣全論一卷、垸髹致美一卷、製肥皂法二卷、造玻璃法二卷、回熱爐法一卷附圖一卷、製油燭法一卷、機動圖說一卷、輪船布陣十二卷附圖一卷、行軍測繪十卷首一卷附圖一卷、臨陣管見九卷、談天十八卷首一卷附表一卷)

320000－1646－0008458　900602

重訂楊園先生全集　(清)張履祥著　(清)姚璉輯　清同治十年(1871)江蘇書局刻本　十六冊

320000－1646－0008459　900604

惜抱軒全集　(清)姚鼐撰　清同治五年(1866)省心閣刻本　十六冊

320000－1646－0008460　900605

吉貝居叢刻 （金）元好問撰 （清）施國祁研箋 清道光二年(1822)南潯瑞松堂蔣氏刻本 五冊 存五種二十一卷(金源剳記二卷、金源又剳一卷、史論五答一卷、吉貝居暇唱一卷、元遺山詩集箋注十四卷首一卷末一卷)

320000-1646-0008461　900702
何文貞公遺書 （清）何桂貞撰 清光緒十年(1884)六安求我齋刻本 二冊

320000-1646-0008462　900608
林文忠公遺集 （清）林則徐撰 清光緒三十二年(1906)刻本 十三冊 存十種四十卷(江蘇奏稿八卷、湖廣奏稿五卷、使粵奏稿八卷、兩廣奏稿四卷、陝甘奏稿一卷、雲貴奏稿十卷、滇軺紀程一卷、荷戈紀程一卷、畿輔水利議一卷、國史本傳一卷)

320000-1646-0008463　900610
蛾術堂集 （清）沈豫撰 清道光十八年(1838)刻本 四冊

320000-1646-0008464　900611
敝帚齋遺書 （清）徐鼒撰 清光緒三年(1877)刻本 三十六冊 存四種四十三卷(小腆紀年坿考二十卷、未灰齋文集八卷、未灰齋文外集一卷、讀書雜釋十四卷)

320000-1646-0008465　900612
庸盦全集 （清）薛福成撰 清光緒二十三年(1897)上海醉六堂石印本 十一冊 存四種十四卷(庸盦文編四卷、文續編二卷、文外編四卷、海外文編四卷)

320000-1646-0008466　900703
徐靈胎先生雜著三種 （清）徐大椿撰 清光緒十四年(1888)江左書林刻本 二冊

320000-1646-0008467　900614
侯官嚴氏叢刻 嚴復撰 清光緒二十八年(1902)上海書局石印本 一冊

320000-1646-0008468　900615
樂志簃筆記 （清）沈祥龍撰 清光緒二十七年(1901)刻本 一冊

320000-1646-0008469　900621
侯官嚴氏叢刻 嚴復撰 清光緒二十八年(1902)上海書局石印本(原強一卷救亡決論一卷斯賓塞爾勸學篇一卷配光緒二十七年(1901)南昌讀有用之書齋本) 四冊

320000-1646-0008470　900622
惜陰軒叢書 （清）李錫齡輯 清光緒十四年(1888)長沙惜陰書局刻本 一百冊

320000-1646-0008471　900623
增訂漢魏叢書 （清）王謨輯 清光緒藝文書局刻本 八冊 存十種四十卷(新語二卷、獨斷一卷、忠經一卷、枕中書一卷、還冤記一卷、風俗通十卷、博物志十卷、白虎通四卷、釋名八卷、人物誌二卷)

320000-1646-0008472　900625
宣古愚叢刊 宣古愚編輯 清鉛印本 七冊 存二十六卷(笠澤叢書甲至丁、白石道人詩集二卷集外詩一卷附錄一卷詩說一卷白石道人歌曲四卷別集一卷、梅花字字香二卷、梅苑十卷)

320000-1646-0008473　900628
高郵王氏四種 （清）王念孫 （清）王引之撰 清上海文瑞樓書局石印本 六十四冊

320000-1646-0008474　900634
笠翁一家言全集 （清）李漁撰 清雍正八年(1730)芥子園刻本 十五冊 存四種十五卷(笠翁文集四卷、笠翁詩集三卷、笠翁別集二卷、笠翁偶集六卷)

320000-1646-0008475　900635
板橋集 （清）鄭燮撰 清乾隆刻本 五冊

320000-1646-0008476　900636
板橋集 （清）鄭燮著 清鑄記書局石印本 四冊

320000-1646-0008477　900637
汪子遺書 （清）汪縉著 清光緒八年(1882)刻民國三年(1914)蘇州瑪瑙經房印本 七冊

320000-1646-0008478　900638

安雅堂全集 （清）宋琬撰 清順治、乾隆間刻本 十八冊

320000-1646-0008479　900639
援鶉堂遺集 （清）姚範撰 清嘉慶十七年(1812)刻本(援鶉堂筆記配清嘉慶二十四年刻本) 七冊 存三種四十一卷(詩集七卷,文集六卷,筆記經部甲三卷乙一卷丙一卷丁二卷戊六卷、史部甲三卷乙三卷丙三卷丁一卷、集部甲四卷、子部甲一卷)

320000-1646-0008480　900641
庸菴全集 （清）薛福成撰 清光緒無錫薛氏刻本 四十四冊

320000-1646-0008481　900642
錢頤壽中丞全集 （清）錢寶琛撰 清同治光緒間錢鼎銘刻本 十三冊

320000-1646-0008482　900643
錢頤壽中丞全集 （清）錢寶琛撰 清同治光緒間錢鼎銘刻本 十三冊

320000-1646-0008483　900644
養雲山莊遺稿 （清）劉瑞芬撰 清光緒刻本 八冊

320000-1646-0008484　900649
適園叢稿 （清）袁學潤撰 清同治十一年(1872)香溪草堂刻本 一冊 存二種二卷(虎丘雜事詩一卷、姑蘇竹枝詞一卷)

320000-1646-0008485　900652
古歡堂集 （清）田雯撰 清刻本 十冊

320000-1646-0008486　900669
中西學門徑書 梁啓超輯 清光緒二十四年(1898)上海大同譯書局石印本 三冊

320000-1646-0008487　900670
中西學門徑書 梁啓超輯 清光緒二十四年(1898)上海大同譯書局石印本 三冊

320000-1646-0008488　500548
農學叢書□□卷 羅振玉編 清末石印本 十一冊 存三十三種五十三卷(人工孵卵法一卷、馬糞孵卵法一卷、家禽飼養法一卷、家禽疾病法一卷、水產學四卷、奧國飼蠶法一卷、蠶體解剖講義一卷、膿蠶一卷、蠶桑實驗說一卷、飼育野蠶識略一卷、蠶書一卷、湖蠶述四卷、養蠶成法一卷、粵東飼八蠶法一卷、製絮說一卷、肥料效用篇一卷、人造肥料品目效用及用法一卷、啤嚕國雀糞論一卷、耕土試驗成蹟一卷、農業本論二卷、螟蟲驅除法一卷、寄生蟲學一卷、驅除害蟲全書一卷、農業綱要一卷、第五回內國勸業博覽會規則一卷、穡者傳十卷、除蟲菊栽培製造法一卷、農業黴菌論二卷、造林學各論二卷、日本昆蟲學二編、寄生蟲學一卷、理化示教二編、近世博物教科書一卷)

320000-1646-0008489　500493
太公望六韜六卷 （三國蜀）諸葛亮注 （清）王廷學校 清光緒刻兵書五種本 二冊 存二卷(二至三)

320000-1646-0008490　900687
鄒徵君遺書 （清）鄒伯奇撰 清同治十二年(1873)鄒達泉拾芥園刻本 四冊 存八種十二卷(學計一得二卷、補小爾雅釋度量衡一卷、格術補一卷、對數尺記一卷、乘方捷算三卷、鄒徵君存稿一卷、少廣縋鑿一卷、洞方術圖解二卷)

320000-1646-0008491　900692
裕德堂一家言 （清）王廷鼎輯 清光緒十七年(1891)刻本 一冊

320000-1646-0008492　501855
參兩正義四卷 （清）張受祺纂著 清刻本 一冊

320000-1646-0008493　501285
遯齋偶筆二卷 （清）徐昆撰 清光緒六年(1880)刻本 一冊 存一卷(下)

320000-1646-0008494　502135
徑中徑又徑四卷 （清）張師誠輯 清光緒二十九年(1903)揚州藏經院刻本 一冊

320000-1646-0008495　500693
白芙堂算學叢書 （清）丁取忠輯 清同治、

光緒間長沙古荷花池精舍刻本　三十二冊
缺一種一卷(格術補一卷)

320000－1646－0008496　502139

高峰大師語錄一卷　（元）高峰撰　參學門人
編　清光緒十五年(1889)金陵刻經處刻本
一冊

320000－1646－0008497　502140

靈峰蕅益大師梵室偶談一卷　（明）釋蕅益撰
　徹悟禪師語錄二卷　（清）釋了亮等集　清
同治十年(1871)金陵刻經處刻本　一冊

320000－1646－0008498　502141

徹悟禪師遺稿二卷　（清）釋際醒撰　（清）釋
了亮　（清）釋了梅等集　清同治七年(1868)
刻本　一冊

320000－1646－0008499　502142

靈峰蕅益大師宗論十卷首一卷　（明）成時編
輯　闢邪集一卷　（明）鍾始聲著　（明）程智
用評　見聞錄一卷　（明）釋智旭隨筆　清光
緒元年(1875)江北刻經處刻本　十冊

320000－1646－0008500　502147

淨土晨鐘不分卷　（清）周克復纂　（清）陳濟
生參　清乾隆五十七年(1792)刻本　二冊

320000－1646－0008501　501885

春樹齋叢說不分卷　（清）溫葆深撰　清光緒
二年(1876)金陵溫氏刻本　二冊

320000－1646－0008502　501287

隨園隨筆二十八卷　（清）袁枚撰　清刻本
四冊　存十七卷(十二至二十八)

320000－1646－0008503　502151

淨土警語一卷　（清）釋截流述　清光緒六年
(1880)常熟刻經處刻本　一冊

320000－1646－0008504　502152

淨業知津一卷　（清）釋悟開述　清同治十三
年(1874)金陵刻經處刻本　一冊

320000－1646－0008505　502153

淨土承恩集一卷　釋芳慧編　清光緒二年
(1876)杭州昭慶寺刻本　一冊

320000－1646－0008506　501856

星經二卷　（漢）甘公　（漢）石申著　清刻本
一冊

320000－1646－0008507　501858

大唐開元占經一百二十卷　（唐）瞿曇悉達等
撰　清恒德堂刻本　二十三冊　缺六卷(九
十八至一百三)

320000－1646－0008508　503011

費屺懷太史書王可莊殿撰傳一卷　（清）費念
慈書　清光緒石印本　一冊

320000－1646－0008509　501861

新鐫許真君玉匣記增補諸家選擇日用通書六
卷　（晉）許真君著　清咸豐十一年(1861)刻
本　二冊

320000－1646－0008510　503014

錢母蒯太淑人傳一卷　（清）俞樾撰　黃自元
書　清末石印本　一冊

320000－1646－0008511　501863

靈棋經二卷　（晉）顏幼明注　（宋）何承天注
（元）陳師凱　（明）劉基解　清同治九年
(1870)古岡劉氏藏修書屋刻述古叢抄本
二冊

320000－1646－0008512　503016

盛旭人行述一卷　盛宣懷　盛善懷述　清末
石印本　一冊

320000－1646－0008513　503203

劉靜皆書道德經一卷　清光緒北京榮寶齋石
印本　一冊

320000－1646－0008514　501870

六壬神定經二卷　（宋）楊惟德撰集　清光緒
刻本　一冊

320000－1646－0008515　500602

本草備要八卷　（清）汪昂撰　清光緒十三年
(1887)鴻文書局石印本　二冊

320000－1646－0008516　503209

王文慇與李子丹太史書一卷　（清）王懿榮撰
書　清光緒三十三年(1907)石印本　一冊

320000－1646－0008517　503221

張文襄公手札一卷　（清）張之洞撰書　清宣統二年(1910)石印本　一冊

320000－1646－0008518　503222

陸文慎公墨蹟一卷　（清）陸定廬書　清宣統元年(1909)婁東唐氏石印本　一冊

320000－1646－0008519　501361

粟香隨筆八卷二筆八卷三筆八卷四筆八卷五筆八卷　金武祥撰　清光緒七年至二十一年(1881－1895)刻本　二十冊

320000－1646－0008520　500604

本草綱目拾遺十卷首一卷　（清）趙學敏撰　清同治十年(1871)吉心堂刻本　十冊

320000－1646－0008521　503324

御製耕織圖二卷　清光緒十二年(1886)上海點石齋石印本　二冊

320000－1646－0008522　503325

芥子園畫傳五卷　（清）王概編摹　清康熙十八年(1679)刻彩色套印本　五冊

320000－1646－0008523　501880

太清神鑒六卷　（明）劉伯溫著　清刻本　一冊　存一卷(三)

320000－1646－0008524　501881

星命須知一卷　清刻本　一冊

320000－1646－0008525　501883

新刻楷書官板音義評注合併淵海子平五卷　(宋)徐升編次　（明）楊淙增校　（清）王汝衡校字　清咸豐二年(1852)丹陽雙井巷內周萃雅堂刻本　一冊

320000－1646－0008526　503326

芥子園畫傳五卷　（清）王概編摹　清康熙十八年(1679)刻彩色套印本　五冊

320000－1646－0008527　503327

芥子園畫傳五卷　（清）王概編摹　清康熙十八年(1679)刻彩色套印本　五冊

320000－1646－0008528　501889

大清神鑒二卷　清光緒十年(1884)刻本　一冊

320000－1646－0008529　501891

葬經內篇一卷　（晉）郭璞撰　黃帝宅經二卷　清光緒三年(1877)湖北崇文書局刻本　一冊

320000－1646－0008530　501986

金剛般若波羅密經句解易知二卷　（後秦）釋鳩摩羅什譯　（南朝梁）蕭統分章　（清）王澤洼注注解　清光緒二年(1876)刻本　一冊

320000－1646－0008531　501894

安居金鏡八卷　（清）周南　（清）呂臨輯　清道光十七年(1837)刻本　六冊

320000－1646－0008532　501898

風水袪惑一卷　（清）丁芮樸著　清光緒六年(1880)莒溪丁氏月河刻精舍叢鈔本　一冊

320000－1646－0008533　501900

夢占逸旨八卷　（明）陳士元纂　清嘉慶南匯吳氏刻藝海珠塵本　四冊

320000－1646－0008534　501907

淨土傳燈二十六種四十六卷　釋如如子輯　清光緒二十三年(1897)延古齋刻本　八冊

320000－1646－0008535　501989

金剛經解義二卷心經解義一卷　（清）徐槐廷解義　太上老君說常清靜經一卷　（清）徐槐廷注　清咸豐八年(1858)刻本　一冊

320000－1646－0008536　501911

佛說無量壽經二卷御製無量壽佛贊一卷佛說阿彌陀經一卷大方廣佛華嚴經入不思議解脫境界普賢行願品一卷　清同治十三年(1874)金陵刻經處刻本　一冊

320000－1646－0008537　501516

世說新語八卷補四卷　（南朝宋）劉義慶撰　(明)何良俊補　清光緒十一年(1885)觀樓書室刻本　六冊

320000－1646－0008538　501521

世說新語三卷　（南朝宋）劉義慶撰　（南朝梁）劉孝標注　清光緒二十二年(1896)刻惜

陰軒叢書本　四冊

320000－1646－0008539　501522

今世說八卷　（清）王晫撰　清光緒刻本
二冊

320000－1646－0008540　501523

今世說八卷　（清）王晫撰　清光緒刻本
二冊

320000－1646－0008541　501525

摭言十五卷　（唐）王定保撰　清乾隆二十一
年(1756)雅雨堂刻本　二冊

320000－1646－0008542　501527

北夢瑣言二十卷逸文四卷　（宋）孫光憲纂集
　繆荃孫校刊　清光緒二十五年(1899)云自
在龕刻本　三冊

320000－1646－0008543　501529

玉照新志五卷　（宋）王明清撰　（清）張海鵬
訂　清嘉慶十年(1805)照曠樓刻本　一冊

320000－1646－0008544　501530

河南邵氏聞見前錄二十卷　（宋）邵伯溫撰
河南邵氏聞見後錄十卷　（宋）邵博撰　清嘉
慶十年(1805)照曠樓刻本　五冊

320000－1646－0008545　501931

佛說阿彌陀經二卷　（三國吳）釋支謙譯　清
同治十三年(1874)金陵刻經處刻本　一冊

320000－1646－0008546　501531

桯史十五卷附錄一卷　（宋）岳珂著　（明）毛
晉訂　清光緒四年(1878)申報館鉛印本
一冊

320000－1646－0008547　501532

愧郯錄十五卷　（宋）岳珂撰　清乾隆至道光
長塘鮑氏刻知不足齋叢書本　四冊

320000－1646－0008548　501535

涉覽瑣記一卷　題（清）滄江散吏編　清道光
十五年(1835)刻本　一冊

320000－1646－0008549　501937

佛說阿彌陀經疏鈔擷一卷　（清）徐槐廷擷
清同治六年(1867)刻本　一冊

320000－1646－0008550　501536

瑯嬛襮錄第二輯□□卷　清光緒抄本　一冊
存一卷(□)

320000－1646－0008551　501537

醉夢錄一卷　（清）遐齡撰　清光緒石印本
一冊

320000－1646－0008552　501539

碧珊館瑣記一卷　清末抄本　一冊

320000－1646－0008553　501942

彌陀畧解圓中鈔二卷　（明）釋六佑解　清同
治十年(1871)刻本　一冊

320000－1646－0008554　501540

蕙風簃隨筆二卷二筆二卷　況周儀撰　清光
緒刻本　一冊

320000－1646－0008555　501541

泖東草堂筆記二十卷　沈宗祉撰　清宣統二
年(1910)上海集成圖書公司鉛印本　四冊

320000－1646－0008556　501542

泖東草堂筆記二十卷　沈宗祉撰　清宣統二
年(1910)上海集成圖書公司鉛印本　三冊
存十四卷(一至十四)

320000－1646－0008557　500689

高厚蒙求　（清）徐朝俊撰　清嘉慶十二年
(1807)雲間徐氏刻本(五集配清道光九年刻
本)　一冊

320000－1646－0008558　501548

海外拾遺一卷　梅侶女史撰　清光緒石印本
一冊

320000－1646－0008559　501551

雜抄存覽一卷　清同治抄本　一冊

320000－1646－0008560　501949

佛說觀無量壽佛經一卷　（南朝宋）釋畺良耶
舍譯　清刻本　一冊

320000－1646－0008561　501950

佛說觀無量壽經疏鈔宗鈔四卷　（宋）釋知禮
抄　清刻本　二冊

320000－1646－0008562　501951

佛說觀無量壽佛經疏鈔宗鈔四卷　（宋）釋知禮抄　清同治十二年(1873)杭州昭慶寺慧空經房刻本　三册

320000－1646－0008563　501557

弦雪居重訂遵生八牋十八卷　（明）鍾惺校閱　清乾隆課花書屋刻本　十二册　存十三卷(一至二、五至九、十二至十六、十八)

320000－1646－0008564　501953

觀經義疏鈔宗鈔證義二卷　（明）釋廣承集　（明）釋廣印校　清同治十三年(1874)杭州昭慶寺慧空經房刻本　一册

320000－1646－0008565　501559

弦雪居重訂遵生八牋十九卷目錄一卷　（明）鍾惺校閱　清刻本　十六册

320000－1646－0008566　501560

古今秘苑三十二卷　題(清)墨磨主人編　清乾隆十二桐樓刻本　二册　存二十六卷(七至三十二)

320000－1646－0008567　501561

古今秘苑二集四卷　清同治、光緒間刻本　一册

320000－1646－0008568　501562

益智新囊三十四卷　清光緒二十九年(1903)鉛印本　八册

320000－1646－0008569　501959

佛說無量清淨平等覺經三卷　（漢）釋支婁迦讖譯　清同治十年(1871)金陵刻經處刻本　一册

320000－1646－0008570　501960

妙法蓮華經七卷　（後秦）釋鳩摩羅什譯　清同治九年(1870)刻本　一册

320000－1646－0008571　501563

異聞益智叢錄三十四卷　清光緒二十六年(1900)江南書局鉛印本　六册　存二十卷(一至十三、二十八至三十四)

320000－1646－0008572　501963

妙法蓮華經玄義釋籤四十卷　（唐）釋湛然釋　清光緒七年(1881)慧空經房刻本　三册　存三十卷(一至十、二十一至四十)

320000－1646－0008573　501964

妙法蓮華經觀世音菩薩普門品一卷　清刻本　一册

320000－1646－0008574　501564

幸勿見哂云爾一卷　清抄本　一册

320000－1646－0008575　501975

金剛經詳釋二卷　（清）歐陽泰著　清光緒二十四年(1898)鄂垣宏道堂刻本　二册

320000－1646－0008576　501565

志餘筆談一卷　清光緒襖雲閣錢氏刻本　一册

320000－1646－0008577　501566

兩山墨談十八卷　（明）陳霆著　（清）李錫齡校刊　清道光二十六年(1846)刻惜陰軒叢書本　四册

320000－1646－0008578　501568

續談助五卷　（宋）晁載之輯　清光緒十三年(1887)歸安陸氏刻本　二册

320000－1646－0008579　501569

增廣智囊補二十八卷　（明）馮夢龍輯　清光緒三十四年(1908)上海文盛書局石印本　五册

320000－1646－0008580　501571

智囊全集□□卷　明末刻本　一册　存四卷(二十五至二十八)

320000－1646－0008581　501573

玉芝堂談薈三十六卷　（清）徐應秋輯　清光緒元年(1875)刻本　三十四册

320000－1646－0008582　501574

玉芝堂談薈三十六卷　（清）徐應秋輯　清康熙刻本　二十九册　缺二卷(四至五)

320000－1646－0008583　501984

金剛般若波羅密經句解易知二卷　（後秦）釋鳩摩羅什譯　（南朝梁）蕭統分章　（清）俞樾

參戡另注　（清）王澤洰注解　（清）姚文柟重刻　清光緒二十九年(1903)嘉興北門內大落北寶泉齋刻本　一冊

320000－1646－0008584　501575
寄園寄所寄十二卷　（清）趙吉士輯　清三益堂刻本　四冊

320000－1646－0008585　501576
寄園寄所寄十二卷　（清）趙吉士輯　清光緒文德堂刻本　十二冊　存十一卷(一至三、五至十二)

320000－1646－0008586　501577
寄園寄所寄十二卷　（清）趙吉士輯　清鑄記書局石印本　一冊　存二卷(一至二)

320000－1646－0008587　501578
寄園寄所寄十二卷　（清）趙吉士輯　清康熙刻本　九冊　存十卷(二至三、五至十二)

320000－1646－0008588　501997
金剛經鐵鋑錎句解二卷　（後秦）釋鳩摩羅什譯　（南朝梁）蕭統分章　（清）王澤注句解　（清）徐慎增解　（清）屠垠直注　清光緒十九年(1893)石印本　一冊　存一卷(上)

320000－1646－0008589　502004
般若波羅蜜多心經注解一卷金剛般若波羅蜜經注解一卷　（唐）釋玄奘譯　（明）釋宗泐注　（明）釋如玘注　清光緒二年(1876)長沙刻經處刻本　一冊

320000－1646－0008590　502014
維摩詰所說經三卷　（後秦）釋鳩摩羅什譯　清同治九年(1870)金陵刻經處刻本　一冊

320000－1646－0008591　501579
消暑隨筆四卷　（清）潘世恩撰　清宣統三年(1911)海左書局石印本　二冊　存二卷(三至四)

320000－1646－0008592　501580
玉錞于四卷　（清）吳元樞輯　清同治、光緒間刻本　三冊　存三卷(二至四)

320000－1646－0008593　501581
縹緗新記十六卷　（清）曾興仁輯　清道光刻本　二冊　存八卷(九至十六)

320000－1646－0008594　501582
片玉山房花箋錄二十卷　（清）孫兆溎輯　（清）孫啓楸訂　清同治四年(1865)景福堂刻本　十二冊

320000－1646－0008595　501583
退菴隨筆二十二卷　（清）梁章鉅編　清道光十九年(1839)刻本　八冊

320000－1646－0008596　501584
退菴隨筆二十二卷　（清）梁章鉅編　清道光十九年(1839)刻本　五冊　存十八卷(五至二十二)

320000－1646－0008597　501585
北埜閒抄四卷　（清）婁謙著　（清）車瀛訂　清道光十年(1830)刻本　四冊

320000－1646－0008598　502027
大方廣佛華嚴經入不思議解脫境界普賢行願品四十卷　（唐）釋般若譯　普賢行願品校勘記一卷　（清）釋聖量述　清同治十三年(1874)雞園刻經處刻本(普賢行願品校勘記配民國八年刻本)　十一冊

320000－1646－0008599　502030
略釋新華嚴經修行次第決疑論四卷　（唐）李通玄撰　清同治九年(1870)如皋刻經處刻本　一冊

320000－1646－0008600　501586
經餘必讀八卷續編八卷三集四卷　（清）錢樹棠等輯　（清）胡鳳丹校刊　清光緒二年(1876)退補齋刻本　十冊

320000－1646－0008601　502032
華嚴法界玄鏡三卷　（唐）釋澄觀述　注華嚴法界觀門一卷　（唐）宗密注　清光緒二十一年(1895)金陵刻經處刻本　一冊

320000－1646－0008602　502034
復菴和尚華嚴綸貫一卷　華嚴普賢行願懺儀一卷　（晉）釋淨源編集　清刻本　一冊

320000－1646－0008603　502035
維摩經疏八卷　（後秦）釋鳩摩羅什譯　（元）釋湛然略　維摩經玄疏四卷　（隋）釋智顗撰　清光緒八年(1882)長沙刻經處刻本　十冊

320000－1646－0008604　502036
金剛三昧經通宗記十二卷首一卷末一卷　（清）釋詠震述　清光緒十三年(1887)杭州昭慶寺慧空經房刻本　一冊

320000－1646－0008605　502042
大方廣圓覺脩多羅了義經近釋六卷　（明）釋通潤述　清光緒十二年(1886)金陵刻經處刻本　二冊

320000－1646－0008606　502044
大佛頂如來密因脩證了義諸菩薩萬行首楞嚴經十卷　（唐）釋般剌密帝譯　清光緒元年(1875)刻本　二冊　存七卷（四至十）

320000－1646－0008607　501587
池上草堂筆記六卷續錄六卷三錄六卷四錄六卷　（清）梁恭辰撰　清光緒味經堂刻本　八冊

320000－1646－0008608　501588
策學備纂三百八十八卷目錄三十二卷　（清）吳穎炎等輯　清光緒十九年(1893)上海點石齋石印本　四十八冊

320000－1646－0008609　501589
策學備纂三百八十八卷目錄三十二卷　（清）吳穎炎等輯　清光緒十四年(1888)上海點石齋石印本　四十八冊

320000－1646－0008610　502054
楞伽阿跋多羅寶經會譯四卷　（南朝宋）釋求那跋陀羅初譯　（魏）釋菩提留支再譯　（唐）釋實叉難陀後譯　（明）釋員珂會譯　清光緒三十四年(1908)金陵刻經處刻本　一冊

320000－1646－0008611　502055
楞伽阿跋多羅寶經玄義一卷　（明）釋智旭撰述　楞伽阿跋多羅寶經義疏四卷　（南朝宋）釋求那跋陀羅譯經　（明）釋智旭疏義　清宣統元年(1909)常州天寧寺刻本　一冊

320000－1646－0008612　502057
大般涅槃經四十卷　（北涼）釋曇無讖譯　大般涅槃經後分二卷　（唐）釋若那跋陀羅等譯　清同治十三年(1874)刻本　二冊　存二十六卷（大般涅槃經卷十七至四十、大般涅槃經後分二卷）

320000－1646－0008613　502058
大方廣三戒經三卷　（北涼）釋曇無讖譯　清光緒五年(1879)常熟刻經處刻本　一冊

320000－1646－0008614　502063
佛說觀彌勒菩薩上生兜率陀天經一卷　（南朝宋）沮渠京聲譯　佛說彌勒下生經一卷　（後秦）釋鳩摩羅什第三譯　佛說觀彌勒菩薩下生經一卷　（晉）釋竺法護譯　清光緒三年(1877)金陵刻經處刻本　一冊

320000－1646－0008615　502064
四十二章經一卷　（漢）釋迦葉摩勝譯　（漢）釋竺法蘭譯　佛遺教經一卷　（後秦）釋鳩摩羅什譯　清同治五年(1866)昭慶寺刻本　一冊

320000－1646－0008616　503409
紉齋山水畫賸二卷　（清）陳允升繪　清光緒二年(1876)石印本　一冊　存一卷（地卷）

320000－1646－0008617　503410
陳紉齋山水畫譜□□卷　（清）陳允升繪　清光緒石印本　一冊　存二卷（三至四）

320000－1646－0008618　502067
大乘密嚴經三卷　（唐）釋大廣智不空譯　清光緒二十三年(1897)金陵刻經處刻本　一冊

320000－1646－0008619　502069
大乘本生心地觀經八卷　（唐）釋般若等譯　清康熙十六年(1677)刻本　二冊

320000－1646－0008620　501590
策學備纂三百八十八卷目錄三十二卷　（清）吳穎炎等輯　清光緒十四年(1888)上海點石齋石印本　四十八冊

320000－1646－0008621　501591

策學備纂續集四卷　（清）樓守愚等輯　清光緒二十年(1894)上海點石齋石印本　十二冊

320000－1646－0008622　502077

瑜伽施食儀觀一卷　（清）釋福聚重訂　清乾隆刻本　一冊

320000－1646－0008623　501592

新增廣廣策府統宗□□卷　題（清）頌芬室主人輯　清光緒二十年(1894)上海鴻文書局石印本　四十六冊　存七十九卷(一至七十九)

320000－1646－0008624　502080

阿毗達磨俱舍論三十卷　（唐）釋玄奘譯　清宣統三年(1911)刻本　二冊

320000－1646－0008625　502081

大乘起信論一卷　（南朝梁）釋真諦譯　清光緒二十四年(1898)金陵刻經處刻本　一冊

320000－1646－0008626　501593

讀書樂趣□□卷　清光緒刻本　一冊　存一卷(二)

320000－1646－0008627　502084

大乘起信論直解二卷　（唐）釋法藏造疏　（明）釋德清直解　清光緒十六年(1890)金陵刻經處刻本　一冊

320000－1646－0008628　502085

大乘起信論纂注二卷　（南朝梁）釋真諦譯　（明）釋真界纂注　清光緒十一年(1885)金陵刻經處刻本　一冊

320000－1646－0008629　502086

大乘起信論義記七卷大乘起信論別記一卷　（唐）釋法藏撰　清光緒二十三年至二十四年(1897-1898)金陵刻經處刻本　二冊

320000－1646－0008630　501594

旅津摘錦六卷　題（清）行方便人輯　清同治七年(1868)刻本　四冊

320000－1646－0008631　501600

懿行編八卷　（清）汪燮元編次　清乾隆十五年(1750)玉樹堂刻本　六冊　存六卷(一至五、七)

320000－1646－0008632　501602

身世準繩一卷　（清）李迪光纂輯　清道光二十七年(1847)刻本　一冊

320000－1646－0008633　502109

唐玄奘法師八識規矩母頌一卷　（清）釋性起論釋　（清）釋善漳等錄　清光緒三年(1877)刻本　一冊

320000－1646－0008634　501603

全人矩矱摘抄六卷　（清）孫念劬編　清同治七年(1868)槐陰書屋刻本　一冊

320000－1646－0008635　502112

相宗八要直解八卷　（明）釋智旭輯　清同治九年(1870)金陵刻經處刻本　二冊

320000－1646－0008636　502117

華嚴原人論合解二卷　（唐）釋宗密論　（元）釋圓覺解　（明）楊嘉祚刪合　清同治十一年(1872)杭州昭慶經房刻本　一冊

320000－1646－0008637　501604

慈恩玉歷鈔傳警世原本一卷經驗良方一卷　（清）呂祖師音義　清光緒七年(1881)刻本　一冊

320000－1646－0008638　501606

感善梯航一卷　清光緒二十二年(1896)刻本　一冊

320000－1646－0008639　501607

醒世良言一卷　清光緒元年(1875)姑蘇得見齋刻本　一冊

320000－1646－0008640　502136

徑中徑又徑四卷　（清）張師誠輯　清光緒二十九年(1903)揚州藏經院刻本　一冊

320000－1646－0008641　501608

孚佑帝王功過格一卷　清光緒十五年(1889)刻本　一冊

320000－1646－0008642　502133

龍舒淨土文十卷首一卷末一卷　（宋）王日休撰　清光緒九年(1883)金陵刻經處刻本　一冊

320000－1646－0008643　501609

得一錄八卷　（清）余蓮村輯　清光緒十一年(1885)寶善堂刻本　八冊

320000－1646－0008644　501610

二十二史感應錄二卷　（清）彭希涑輯　清光緒二十二年(1896)刻本　一冊

320000－1646－0008645　501611

二十二史感應錄二卷　（清）彭希涑錄　清光緒八年(1882)刻本　一冊

320000－1646－0008646　501613

活世生機四卷　（清）邵紀棠輯　清光緒十七年(1891)上海著易書局鉛印本　一冊

320000－1646－0008647　501614

活世生機四卷　（清）邵紀棠輯　清光緒十七年(1891)上海著易書局鉛印本　一冊

320000－1646－0008648　501615

活世生機四卷　（清）邵紀棠輯　清光緒十七年(1891)上海著易書局鉛印本　一冊

320000－1646－0008649　502167

異方便淨土傳燈歸元鏡三祖實錄二卷歸元鏡圖一卷　（清）釋智達撰　清光緒二十三年(1897)揚州刻本　一冊

320000－1646－0008650　501616

宣講集要十五卷　（清）吳華民編　清光緒三十二年(1906)刻本　四冊

320000－1646－0008651　501617

學堂日記一卷　（清）余治編　清宣統二年(1910)上海春記書莊石印本　一冊

320000－1646－0008652　501618

學堂日記一卷　（清）余治編　清同治七年(1868)刻本　一冊

320000－1646－0008653　501619

學堂日記一卷　（清）余治編　清同治、光緒間刻本　一冊

320000－1646－0008654　501620

關聖帝君覺世格言一卷　清同治七年(1868)刻本　一冊

320000－1646－0008655　501621

覺世經圖說四卷　清道光刻本　二冊　存二卷(二至三)

320000－1646－0008656　502148

淨土神珠一卷　（清）釋古崑集　清同治十三年(1874)杭州昭慶寺刻本　一冊

320000－1646－0008657　502149

淨土自警錄一卷　（清）釋古崑編　清同治十一年(1872)杭州昭慶寺刻本　一冊

320000－1646－0008658　501622

增訂敬信錄四卷　清道光二十七年(1847)刻本　四冊

320000－1646－0008659　501623

人鑑立身三卷　（清）湯自銘纂　清同治十三年(1874)刻本　一冊　存二卷(二至三)

320000－1646－0008660　501624

勸戒錄五十四卷　（清）梁恭辰撰　清光緒二十四年(1898)順成書局石印本　八冊

320000－1646－0008661　502154

憨山大師淨宗法要一卷憨山大師進修法要一卷　（清）趙鍼輯　清道光二十四年(1844)杭州昭慶寺刻本　一冊

320000－1646－0008662　502157

淨土生無生論親聞記二卷　（明）釋受教記　清光緒二十七年(1901)揚州藏經院刻本　一冊

320000－1646－0008663　502165

西歸直指四卷首一卷　（清）周夢顔彙輯　清光緒十二年(1886)金陵刻經處刻本　一冊

320000－1646－0008664　502166

欲海回狂集三卷　（清）周安士著　清光緒三年(1877)昭慶慧空經房刻本　一冊

320000－1646－0008665　501625

勸戒錄五十四卷　（清）梁恭辰撰　清同治五年(1866)刻本　二十冊

320000－1646－0008666　502174

刪定止觀三卷　（唐）梁肅撰　清宣統三年

(1911)石印本　一冊

320000-1646-0008667　502177
西方確指一卷　(清)釋常攝集　清光緒五年(1879)刻本　一冊

320000-1646-0008668　502178
西歸行儀一卷　(清)釋古崑錄集　清光緒九年(1883)杭州昭慶寺刻本　一冊

320000-1646-0008669　503490
清河書畫舫十二卷　(明)張丑撰　清乾隆二十八年(1763)池北草堂刻本　十二冊

320000-1646-0008670　502183
修西輯要一卷　(清)釋信庵輯　清光緒十年(1884)江北刻經處刻本　一冊

320000-1646-0008671　501627
音釋坐花誌果八卷　(清)汪道鼎著　(清)鷲峰樵者音釋　清光緒十四年(1888)鉛印本(卷五至八配光緒二十二年刻本)　二冊

320000-1646-0008672　502187
天目中峰和尚廣錄三十卷　(元)釋明本撰　(元)釋慈寂輯　清光緒七年(1881)姑蘇刻經處刻本　六冊

320000-1646-0008673　502188
六祖大師法寶壇經一卷　(唐)釋法海集　清刻本　一冊

320000-1646-0008674　502189
永嘉直覺大師證道歌一卷　(元)釋宏德注　(元)釋德弘編　清光緒三十四年(1908)金陵刻經處刻本　一冊

320000-1646-0008675　501628
音釋坐花誌果八卷　(清)汪道鼎著　(清)鷲峰樵者音釋　清光緒二十二年(1896)廣百宋齋刻本　二冊

320000-1646-0008676　501629
觀世音經果報圖證二卷　清光緒二十一年(1895)上海書局石印本　二冊

320000-1646-0008677　501630
陰隲果報圖註一卷　清光緒十七年(1891)仁濟堂石印本　一冊

320000-1646-0008678　501631
陰隲果報圖註一卷　清光緒十七年(1891)仁濟堂石印本　一冊

320000-1646-0008679　502198
勸發菩提心文一卷　(清)釋實賢撰　清光緒刻省庵法師語錄本　一冊

320000-1646-0008680　501632
孝弟忠義圖說四卷　清光緒三十二年(1906)刻本　二冊

320000-1646-0008681　502200
指月錄三十二卷　(明)瞿汝稷撰　明萬曆三十年(1602)刻本(卷四至六配清同治十一年水月齋刻本)　二冊　存五卷(四至六、三十一至三十二)

320000-1646-0008682　502201
指月錄三十二卷　(明)瞿汝稷集　(明)嚴澂道校　清同治十一年(1872)杭州昭慶寺前慧空經房刻本　十冊

320000-1646-0008683　501633
孝弟忠義圖說四卷　清光緒三十二年(1906)刻本　一冊　存二卷(一至二)

320000-1646-0008684　501634
增訂棘闈奪命錄二卷　清同治八年(1869)刻本　二冊

320000-1646-0008685　501640
孝行錄不分卷　清道光二十四年(1844)萊香堂刻本　二冊

320000-1646-0008686　501641
孝子錄一卷續錄一卷　清嘉慶刻本　一冊

320000-1646-0008687　502182
修西定課一卷　(清)釋澂德撰　清光緒二十四年(1898)金陵刻經處刻本　一冊

320000-1646-0008688　501643
二十四孝圖說一卷　(□)□□撰　勸世詩一卷　(清)鄭仲賢選　清光緒石印本　一冊

320000-1646-0008689　500001

子書百家　（清）崇文書局輯　清光緒元年(1875)湖北崇文書局刻本　一百十冊

320000-1646-0008690　501644

孝友圖說一卷　（清）程汝鏡撰　清同治十二年(1873)刻本　一冊

320000-1646-0008691　501645

孝經傳說圖解□□卷　清同治、光緒間梅溪書院刻本　一冊　存一卷(二)

320000-1646-0008692　501648

風雷集一卷　清咸豐十一年(1861)刻本　一冊

320000-1646-0008693　502190

御選語錄十九卷　（清）世宗胤禛選　清光緒四年(1878)金陵刻經處刻本　三冊

320000-1646-0008694　502192

大覺普濟玉林禪師語錄十二卷　（清）釋音緯等編　（清）釋超琦彙　大覺普濟能仁國師[楊通琇]年譜二卷　（清）釋超琦集　清同治十三年(1874)刻本　六冊

320000-1646-0008695　502193

天童密雲禪師語錄二十二卷　（清）釋道忞編　清光緒二十五年(1899)刻本　四冊

320000-1646-0008696　502194

雪鑑和尚語錄□□卷　（清）釋法真記錄　清康熙刻本　一冊　存四卷(二至五)

320000-1646-0008697　501650

三害質言一卷　（清）丘煒菱撰　清光緒二十六年(1900)刻本　一冊

320000-1646-0008698　502199

省庵法師語錄二卷　（清）彭際清重訂　西方發願文注一卷　（明）雲棲蓮池大師作　（清）釋實賢注　東海若解一卷　（唐）柳宗元著　（清）釋實賢解　清道光十九年(1839)刻本　一冊

320000-1646-0008699　501651

古今說海　（明）陸楫輯　清道光元年(1821)刻本　十九冊　缺四種六卷(孫內翰北里誌一卷、青樓集一卷、雜纂三卷、損齋備忘錄一卷)

320000-1646-0008700　501658

香豔叢書二十集　題（清）蟲天子輯　清宣統國學扶輪社鉛印本　六十四冊　存十六集(一至十、十四至十五、十七至二十)

320000-1646-0008701　502202

續指月錄二十卷首一卷　（清）聶光編集　（清）江湘參訂　清光緒十二年(1886)金陵刻經處刻本　三冊　存十卷(一、十三至二十，首一卷)

320000-1646-0008702　502204

宗教律諸家演派一卷　（清）釋守一重編　佛祖心燈一卷　摘錄聖武記之卷五溯查西藏剌麻來源一卷　（清）釋守一編輯　清光緒十六年(1890)金陵刻經處刻本　一冊

320000-1646-0008703　501659

香豔叢書二十集　題（清）蟲天子輯　清宣統國學扶輪社鉛印本　八冊　存二集(八、二十)

320000-1646-0008704　501661

唐代叢書六集　（清）王文浩輯　清嘉慶十一年(1806)刻本　二十四冊

320000-1646-0008705　501662

唐代叢書六集　（清）王文浩輯　清嘉慶十一年(1806)刻本　三十六冊

320000-1646-0008706　501668

金壺七墨　（清）黃鈞宰撰　清同治十二年(1873)刻本　三冊　缺四卷(金壺浪墨五至八)

320000-1646-0008707　501669

香豔小品　（清）沈宗畸輯　清宣統元年(1909)石印本　五冊

320000-1646-0008708　502015

維摩詰所說經三卷　（後秦）釋鳩摩羅什譯　清同治九年(1870)金陵刻經處刻本　一冊

320000-1646-0008709　502017

維摩詰所說經注八卷　（後秦）釋鳩摩羅什譯　（後秦）釋僧肇注　清光緒十三年（1887）金陵刻經處刻本　二冊

320000-1646-0008710　503411

普門大士現相一卷　（清）謝文翰鑴　清光緒刻本　一冊

320000-1646-0008711　503725

豫醫雙璧二種　（清）吳重熹輯　清宣統元年（1909）海豐吳氏鉛印本　八冊

320000-1646-0008712　503414

埭溪樵子蘭竹譜□□卷　（清）王覺予繪　清光緒文來書局石印本　一冊　存一冊（下）

320000-1646-0008713　503415

歷代名將圖□□卷　（清）任薰繪　清光緒十八年（1892）上海書局石印本　一冊　存一卷（上）

320000-1646-0008714　503419

姚叔平山水畫冊二卷　（清）姚鍾葆繪　清光緒二十九年（1903）上海讀畫齋石印本　一冊

320000-1646-0008715　503726

扁鵲心書三卷神方一卷　（宋）竇材重集　（清）胡珏参論　清光緒上洋江左書林刻本　二冊

320000-1646-0008716　503421

新增百美圖說□□卷　（清）邱壽年繪　清光緒十三年（1887）上海積山書局石印本　一冊　存一卷（上）

320000-1646-0008717　503728

編註醫學入門七卷首一卷　（明）李梴撰　清廣城書林青云樓刻本　十冊

320000-1646-0008718　503730

醫法心傳一卷　（清）程芝田撰　清光緒十三年（1887）三衢雷慎修堂養鶴山房刻醫學三書本　二冊

320000-1646-0008719　503732

明醫雜著六卷　（明）王綸撰　（明）薛己注　（明）吳玄有校　清嘉慶刻本　四冊　存五卷（一至四、六）

320000-1646-0008720　503731

徐氏醫書八種　（清）徐大椿撰　清光緒十八年（1892）湖北官書處刻本　十一冊　存七種十卷（難經經釋二卷、醫學源流論二卷、神農本草經百種錄一卷、醫貫砭二卷、傷寒論類方一卷、蘭臺軌範一卷、洄溪醫案一卷）

320000-1646-0008721　504467

本草問答二卷　（清）唐宗海著　（清）張士讓參　清光緒十九年（1893）善成裕記刻本　二冊

320000-1646-0008722　504468

神農本經經釋不分卷　（清）姜國伊著　清刻本　二冊

320000-1646-0008723　504469

本經疏證十二卷本經續疏六卷本經序疏要八卷　（清）鄒澍學　清道光二十九年（1849）刻本　十二冊

320000-1646-0008724　503424

王冶梅石譜一卷　（清）王寅繪　清光緒刻本　一冊

320000-1646-0008725　503495

墨緣彙觀四卷　（清）安岐輯　清宣統元年（1909）刻本　四冊

320000-1646-0008726　503496

桐陰論畫初編二卷首一卷附錄一卷畫訣二卷二編二卷三編二卷　（清）秦祖永著　清同治三年（1864）刻光緒八年（1882）續刻朱墨套印本　四冊

320000-1646-0008727　503516

明夷待訪錄一卷　（清）黃宗羲著　清光緒二十三年（1897）上海鴻文局石印本　一冊

320000-1646-0008728　503517

新纂門目五臣音注揚子法言十卷　（晉）李軌　（唐）柳宗元註　（宋）司馬光等添註　清嘉慶九年（1804）寶慶經綸堂刻本　二冊

320000-1646-0008729　503518

揚子法言十卷 （明）吳勉學校 清刻本
二冊

320000－1646－0008730　503521
農雅六卷 （清）倪倬撰 清嘉慶十八年
(1813)刻本 二冊

320000－1646－0008731　503522
無邪堂答問五卷 （清）朱一新撰 清光緒二
十二年(1896)上海鴻寶齋石印本 五冊

320000－1646－0008732　503524
庸閒齋筆記十二卷 （清）陳其元著 清同治
十三年(1874)蘇州刻本 六冊

320000－1646－0008733　503526
唐詩金粉十卷 （清）沈炳震纂輯 清光緒十
二年(1886)嶺南集成書局石印本 二冊

320000－1646－0008734　503527
小學紺珠十卷 （元）王應麟撰 明汲古閣刻
清初印本 八冊

320000－1646－0008735　503529
觚賸八卷續編四卷 （清）鈕琇輯 清宣統三
年(1911)上海國學扶輪社鉛印本 六冊

320000－1646－0008736　503531
孝經一卷附詛楚文一卷 （清）吳大澂篆書
清光緒十一年(1885)石印本 一冊

320000－1646－0008737　503533
世說新語補二十卷 （明）何良俊增 明萬曆
古吳麟瑞堂刻本 五冊

320000－1646－0008738　503534
南華真經解三卷 （清）宣穎著 清康熙六十
年(1721)積秀堂刻本 三冊

320000－1646－0008739　503535
陳清瀾先生學蔀通辨前編三卷后編三卷續編
三卷終編三卷 （明）陳建撰 清康熙正誼堂
刻本 二冊

320000－1646－0008740　503537
兵鑑四卷 （清）徐宗幹輯 清咸豐二年
(1852)斯未信齋刻本 四冊

320000－1646－0008741　503540
讀書鐙一卷 （清）鄒福保纂 清宣統元年
(1909)江蘇存古學堂鉛印本 一冊

320000－1646－0008742　503551
古佛應驗明聖經三卷 清光緒十四年(1888)
刻本 一冊

320000－1646－0008743　503560
亦若是齋隨筆十二卷 （清）鄭敦曜撰 清同
治十一年(1872)長沙星藪園刻本 六冊

320000－1646－0008744　503566
名畫集錦二卷 （清）朱偁等繪 清光緒二十
三年(1897)上海順成書局石印本 一冊

320000－1646－0008745　503582
耕煙散人倣古山水集一卷 清宣統三年
(1911)上海文明書局影印本 一冊

320000－1646－0008746　503624
吳友如畫寶十三集 （清）吳友如繪 清宣統
元年(1909)上海碧園石印本 八冊 存十二
集(一上、二至四、六至十三)

320000－1646－0008747　503646
芥子園畫傳初集五卷 （清）巢勛重摹增編
清光緒石印本 一冊 存一卷(四)

320000－1646－0008748　503674
玉煙堂董帖四卷 （明）董其昌書 清拓本
四冊

320000－1646－0008749　503675
欽定三希堂法帖不分卷御題三希堂續刻法帖
不分卷 清宣統元年(1909)上海中國畫書公
司石印本 二十九冊 存二十九冊(一至三、
十至三十一,續刻四冊)

320000－1646－0008750　503685
神州國光集二十一集 鄧實輯 清光緒三十
四年至民國元年(1908－1912)神州國光社珂
羅版影印本 二十一冊

320000－1646－0008751　503698
御題三希堂續刻法帖不分卷 清宣統元年
(1909)上海中國畫書公司石印本 三冊 存

三冊(二至四)

320000-1646-0008752　503699

神州國光集二十一集　鄧實輯　清光緒三十四年至民國元年(1908-1912)神州國光社珂羅版影印本　十冊　存十集(一至二、四、七、十、十四、十六至十八、二十一)

320000-1646-0008753　503700

撫郡農產攷略二卷　何剛德撰　種田雜說一卷　(清)江召棠撰　清光緒三十三年(1907)蘇省刷印局鉛印本　二冊

320000-1646-0008754　503702

蟲薈五卷　(清)方旭撰　清光緒十六年(1890)刻本　四冊

320000-1646-0008755　503703

海錯百一錄五卷　(清)郭柏蒼輯　清光緒十二年(1886)刻本　三冊

320000-1646-0008756　503704

閩產錄異六卷　(清)郭柏蒼輯　清光緒十二年(1886)刻本　五冊

320000-1646-0008757　503709

中外農學合編十二卷　(清)楊鞏編輯　清光緒三十四年(1908)刻本　十冊

320000-1646-0008758　503710

子史精華一百六十卷　(清)吳襄等纂修　清宣統元年(1909)上海集成圖書公司石印本　八冊

320000-1646-0008759　503713

農書二十二卷　(元)王禎撰　清末石印本　四冊

320000-1646-0008760　503714

欽定授時通考七十八卷　(清)鄂爾泰撰　清光緒二十八年(1902)富文局石印本　六冊

320000-1646-0008761　503715

齊民要術十卷　(北魏)賈思勰撰　清光緒二十二年(1896)桐廬袁氏刻漸西村舍彙刊本　四冊

320000-1646-0008762　503716

山海經廣注十八卷圖五卷　(清)吳任臣注　清乾隆五十一年(1786)姑蘇金閶書業堂刻本　六冊

320000-1646-0008763　503717

山海經箋疏十八卷圖贊一卷訂偽一卷敘錄一卷　(清)郝懿行箋疏　清嘉慶十四年(1809)儀徵阮氏琅嬛仙館刻郝氏遺書本　四冊

320000-1646-0008764　500707

一得齋算草五卷　(清)崔朝慶著　清光緒十七年(1891)刻本　一冊　存三卷(蒲莞竝生草一卷、兩鼠穿垣草一卷、計息一得一卷)

320000-1646-0008765　502196

三峰藏禪師開發工夫語錄二卷　(清)釋弘璧等錄　清康熙刻本　一冊

320000-1646-0008766　503425

冶梅梅譜二卷　(清)王寅繪　清光緒上海朝記書莊石印本　二冊

320000-1646-0008767　503426

蘭譜一卷　(清)王寅繪　清光緒八年(1882)合肥李氏刻本　一冊

320000-1646-0008768　503427

竹譜一卷　(清)王寅繪　清末石印本　一冊

320000-1646-0008769　503429

醉墨軒畫稿正集四卷續集四卷　(清)胡郯卿繪　清宣統石印本　五冊　存五卷(正集一至二、四,續集一至二)

320000-1646-0008770　503428

醉墨軒畫稿四卷　(清)胡郯卿繪　清末石印本　四冊

320000-1646-0008771　500727

天文圖說四卷　(英國)柯雅各撰　(美國)摩嘉立　(美國)薛承恩譯　清光緒九年(1883)益智書會刻本　一冊

320000-1646-0008772　501674

酉陽雜俎三十卷　(唐)段成式撰　清道光二十九年(1849)小嫏嬛山館刻本　六冊

320000-1646-0008773　501676

三水小牘二卷 （唐）皇甫枚撰 清乾隆五十七年(1792)抱經堂刻本 一冊

320000－1646－0008774 501677

鑑誡錄十卷 （五代）何光遠編 清同治、光緒間刻本 二冊

320000－1646－0008775 501681

太平廣記五百卷 （宋）李昉等編 清道光二十六年(1846)刻本 六十四冊

320000－1646－0008776 501683

庚巳編四卷 （明）陸粲編 異林一卷 （明）徐禎卿著 清光緒石印本 一冊 存四卷(庚巳編二至四、異林一卷)

320000－1646－0008777 501684

高坡異纂三卷 （明）楊儀撰 說聽二卷 （明）陸廷枝撰 清光緒石印本 一冊 存二卷(高坡異纂下、說聽下)

320000－1646－0008778 501685

遣愁集□□卷 （清）張貴勝纂輯 清康熙刻本 一冊 存四卷(九至十二)

320000－1646－0008779 501687

說部精華十二卷 （清）王士禎撰 （清）劉堅類次 清乾隆刻本 二冊 存八卷(五至十二)

320000－1646－0008780 501689

虞初新志二十卷 （清）張潮輯 虞初續志十二卷 （清）鄭澍若編 清咸豐元年(1851)小嫏嬛山館刻本 十六冊

320000－1646－0008781 501690

瓊林霏屑八卷 題（清）望海樓主人編輯 清光緒三十二年(1906)上海鴻文書局石印本 四冊

320000－1646－0008782 501691

廣虞初新志四十卷 （清）黃承增輯 （清）周磻校 清嘉慶八年(1803)寄鷗閒舫刻本 十九冊 存三十八卷(三至四十)

320000－1646－0008783 501694

漁磯漫鈔十卷 （清）雷琳等輯 清乾隆五十九年(1794)刻本 四冊

320000－1646－0008784 501288

簷曝雜記六卷 （清）趙翼撰 清光緒三年(1877)刻本 二冊

320000－1646－0008785 501289

簷曝雜記六卷 （清）趙翼撰 清乾隆刻本 一冊 存四卷(一至四)

320000－1646－0008786 501292

遜志堂雜鈔十集 （清）吳翌鳳著 清光緒十四年(1888)朱氏槐盧刻本 二冊

320000－1646－0008787 501293

履園叢話二十四卷 （清）錢泳輯 清道光十八年(1838)述德堂刻本 十二冊

320000－1646－0008788 501294

履園叢話二十四卷 （清）錢泳輯 清同治古虞石室刻本 十二冊

320000－1646－0008789 501295

定香亭筆談四卷 （清）阮元記 清嘉慶五年(1800)揚州琅嬛仙館刻本 四冊

320000－1646－0008790 501296

定香亭筆談四卷 （清）阮元記 清光緒二十五年(1899)浙江書局刻本(卷二配鉛印本) 四冊

320000－1646－0008791 501297

瀛舟筆談十二卷 （清）阮亨記 清嘉慶二十五年(1820)刻本 六冊

320000－1646－0008792 501298

瀛舟筆談十二卷 （清）阮亨記 清嘉慶二十五年(1820)刻本 八冊

320000－1646－0008793 501299

非石子一卷 （清）鈕樹玉撰 清光緒二十六年(1900)經香閣刻本 一冊

320000－1646－0008794 501300

佔畢叢談六卷勸學卮言一卷時文蠡測一卷 （清）袁守定撰 清嘉慶十九年(1814)刻本 四冊

320000－1646－0008795　501301

樞言一卷續一卷　（清）王柏心撰　清光緒十七年(1891)刻本　一冊

320000－1646－0008796　501302

樞言一卷續一卷　（清）王柏心撰　清光緒七年(1881)補讀書齋鉛印本　一冊

320000－1646－0008797　501303

約書十二卷　（清）謝階樹撰　清道光二十四年(1844)刻本　二冊

320000－1646－0008798　501304

一斑錄五卷附編一卷雜述八卷　（清）鄭光祖著　清道光三十年(1850)刻本　十冊

320000－1646－0008799　501306

捫燭脞存十二卷　（清）陳僅著　清光緒繼雅堂木活字印本　一冊　存二卷(三至四)

320000－1646－0008800　501307

蕙櫋雜記一卷　（清）嚴元照著　清光緒十一年(1885)新陽趙氏刻本　一冊

320000－1646－0008801　501308

家蔭堂一瞬錄一卷　（清）周際華著　清道光十九年(1839)家蔭堂刻本　一冊

320000－1646－0008802　501309

浪跡叢談十一卷續談八卷　（清）梁章鉅撰　清光緒、宣統間掃葉山房石印本　六冊

320000－1646－0008803　501310

浪跡叢談十一卷續談八卷　（清）梁章鉅撰　清道光二十七年(1847)亦東園刻本　二冊

320000－1646－0008804　501311

浪跡三談六卷　（清）梁章鉅撰　清道光刻本　三冊　存四卷(三至六)

320000－1646－0008805　501312

歸田瑣記八卷　（清）梁章鉅撰　清道光二十五年(1845)刻本　四冊

320000－1646－0008806　501313

恩福堂筆記二卷　（清）英和撰　清道光十七年(1837)刻本　二冊

320000－1646－0008807　501314

恩福堂筆記二卷　（清）英和撰　清道光刻本　一冊

320000－1646－0008808　501315

思補齋筆記八卷　（清）潘世恩撰　清咸豐刻本　一冊

320000－1646－0008809　501316

淮南雜識四卷　（清）聞益編　清同治刻本　三冊　存三卷(二至四)

320000－1646－0008810　501317

識小錄八卷　（清）姚瑩著　清道光二十九年(1849)刻本　三冊

320000－1646－0008811　501318

寸陰叢錄四卷　（清）姚瑩撰　清同治六年(1867)姚氏刻本　一冊

320000－1646－0008812　501319

蔗餘偶筆一卷　（清）方士淦撰　鮑覺生先生未刻詩一卷　（清）鮑桂星撰　梁聞山先生評書帖一卷　（清）梁巘撰　清同治十一年(1872)兩淮運署刻本　一冊

320000－1646－0008813　501320

交翠軒筆記四卷　（清）沈濤著　清道光二十八年(1848)刻本　一冊

320000－1646－0008814　501321

吹網錄六卷　（清）葉廷琯著　清同治八年(1869)刻本　四冊

320000－1646－0008815　501322

吹網錄六卷　（清）葉廷琯著　清同治八年(1869)刻本　二冊

320000－1646－0008816　501323

鷗陂漁話六卷　（清）葉廷琯撰　清同治八年(1869)刻本　二冊

320000－1646－0008817　501324

鷗陂漁話六卷　（清）葉廷琯撰　清同治八年(1869)刻本　一冊　存三卷(四至六)

320000－1646－0008818　501326

平書八卷　（清）秦篤輝著　清光緒十七年

(1891)刻本　三冊

320000－1646－0008819　501327
斯未信齋語録三卷　（清）徐宗幹撰　清咸豐五年(1855)刻本　一冊

320000－1646－0008820　501328
冷廬雜識八卷　（清）陸以湉撰　清咸豐六年(1856)刻本　八冊

320000－1646－0008821　501329
冷廬雜識八卷　（清）陸以湉撰　清咸豐六年(1856)刻本　二冊

320000－1646－0008822　501330
冷廬雜識八卷　（清）陸以湉撰　清光緒十九年(1893)烏程龐氏刻本　八冊

320000－1646－0008823　501331
十二硯齋隨録四卷　（清）汪鋆撰　清同治十一年(1872)刻本　一冊　存二卷(三至四)

320000－1646－0008824　501333
麗廔薈録十四卷　（清）蔣超伯著　清同治六年(1867)刻本　一冊　存二卷(十三至十四)

320000－1646－0008825　501334
嘐嘐言六卷　（清）郭柏蔭撰　清道光三十年(1850)刻本　一冊

320000－1646－0008826　501335
嘐嘐言六卷　（清）郭柏蔭撰　清道光三十年(1850)刻本　一冊

320000－1646－0008827　501336
思益堂日札十卷　（清）周壽昌撰　清光緒十四年(1888)刻本　二冊

320000－1646－0008828　501337
夢園叢説内篇八卷外篇八卷　（清）方濬頤撰　清同治十三年(1874)揚州刻本　四冊

320000－1646－0008829　501338
夢園叢説内篇八卷外篇八卷　（清）方濬頤撰　清同治十三年(1874)揚州刻本　四冊

320000－1646－0008830　501339
雞澤脞録一卷迎霜筆記二卷　（清）程鴻詔撰　清同治刻本　一冊

320000－1646－0008831　501340
茶香室叢鈔二十三卷　（清）俞樾撰　清光緒九年(1883)刻本　八冊

320000－1646－0008832　501341
石船居雜鈔賸稾一卷　（清）李超瓊撰　清光緒木活字印本　一冊

320000－1646－0008833　501342
仁學一卷　（清）譚嗣同撰　清光緒國民社鉛印本　一冊

320000－1646－0008834　501343
仁學一卷　（清）譚嗣同撰　清光緒國民社鉛印本　一冊

320000－1646－0008835　501344
仁學一卷　（清）譚嗣同撰　清光緒二十五年(1899)鉛印本　一冊

320000－1646－0008836　501345
燕下鄉脞録四卷　（清）陳康祺著　清光緒二十九年(1903)掃葉山房石印本　一冊

320000－1646－0008837　501346
郎潛紀聞七卷二筆八卷三筆六卷　（清）陳康祺著　清宣統二年(1910)掃葉山房石印本　十冊

320000－1646－0008838　501347
郎潛紀聞十四卷二筆十六卷　（清）陳康祺著　清光緒六年(1880)琴川刻本　八冊

320000－1646－0008839　501348
郎潛紀聞十四卷二筆十六卷　（清）陳康祺著　清光緒六年至十一年(1880－1885)舊雨草堂刻本(初筆配光緒六年琴川刻本)　十二冊

320000－1646－0008840　501349
暝庵雜識四卷　（清）朱克敬著　清光緒四年(1878)刻本　一冊　存二卷(一至二)

320000－1646－0008841　501350
浮邱子十二卷　（清）湯鵬著　清宣統二年(1910)掃葉山房石印本　六冊

320000－1646－0008842　501351

讀書偶筆二十卷　（清）董桂新撰　清同治五年(1866)賜硯堂刻本　四冊

320000－1646－0008843　501352

竹葉亭雜記八卷　（清）姚元之撰　清光緒十九年(1893)刻本　四冊

320000－1646－0008844　501353

竹葉亭雜記八卷　（清）姚元之撰　清宣統二年(1910)掃葉山房石印本　二冊　存四卷(一至四)

320000－1646－0008845　501354

椒生隨筆八卷　（清）王之春撰　清光緒七年(1881)上洋文藝齋刻本　四冊

320000－1646－0008846　501355

椒生隨筆八卷　（清）王之春撰　清光緒七年(1881)上洋文藝齋刻本　一冊　存二卷(七至八)

320000－1646－0008847　501356

麟洲雜著四卷　（清）錢贊黃撰　清光緒二十四年(1898)木活字印本　四冊

320000－1646－0008848　501357

鑄鼎餘聞四卷　（清）姚福均輯　清光緒二十五年(1899)常熟劉氏達經堂朱印本　一冊　存一卷(二)

320000－1646－0008849　501358

侯鯖新錄□□卷　（清）□□輯　清光緒二年(1876)上海機器印書局鉛印本　一冊　存一卷(四)

320000－1646－0008850　501359

王志二卷　（清）陳兆奎編輯　清光緒三十三年(1907)刻本　一冊

320000－1646－0008851　501360

粟香隨筆八卷二筆八卷三筆八卷　金武祥著　清光緒七年至十一年(1881-1885)刻本　十冊　存二十二卷(隨筆八卷、二筆八卷、三筆一至六)

320000－1646－0008852　501375

訄書一卷　章炳麟撰　清光緒刻本　一冊

320000－1646－0008853　501376

訄書一卷　章炳麟撰　清光緒刻本　一冊

320000－1646－0008854　501380

新學商兌一卷　（清）張德謙辨證　張采田申義　清光緒三十四年(1908)多伽羅香館叢書木活字印本　一冊

320000－1646－0008855　501382

中華古今注三卷　（五代）馬縞集　清刻本　一冊

320000－1646－0008856　501383

能改齋漫錄十八卷　（宋）吳曾撰　清嘉慶十三年(1808)刻昭文張氏墨海金壺叢書本　四冊

320000－1646－0008857　501384

能改齋漫錄十八卷　（宋）吳曾撰　清末刻本　八冊

320000－1646－0008858　501386

學林十卷　（宋）王觀國撰　清光緒刻本　八冊

320000－1646－0008859　501387

甕牖閒評八卷　（宋）袁文撰　清乾隆武英殿木活字印本　一冊

320000－1646－0008860　501389

項氏家說十卷附錄二卷　（宋）項安世撰　清光緒福建刻本　三冊

320000－1646－0008861　501390

履齋示兒編二十三卷　（宋）孫奕撰　清嘉慶十五年(1810)刻知不足齋叢書本　六冊

320000－1646－0008862　501391

習學記言序目五十卷　（宋）葉適撰　清光緒九年(1883)刻本　十二冊

320000－1646－0008863　501392

習學記言序目五十卷　（宋）葉適撰　清光緒九年(1883)刻本　七冊　存三十四卷(一至三十四)

320000－1646－0008864　501395

考古質疑六卷　（宋）葉大慶撰　清光緒四年(1878)葛氏嘯園刻本　二冊

320000－1646－0008865　501396

考古質疑六卷　（宋）葉大慶撰　清光緒四年(1878)葛氏嘯園刻本　一冊

320000－1646－0008866　501397

次黃氏日抄分類九十七卷　（宋）黃震編輯　清乾隆三十二年(1767)刻本　二十冊

320000－1646－0008867　501398

慈溪黃氏日抄分類九十七卷古今紀要十九卷　（宋）黃震編輯　清乾隆三十二年(1767)珠樹堂覆元刻本　五十冊

320000－1646－0008868　501399

升菴外集一百卷　（明）楊慎著　清道光二十四年(1844)刻本　十五冊　存六十三卷（一至四十九、八十七至一百）

320000－1646－0008869　501400

丹鉛總錄二十七卷　（明）楊慎著　清乾隆三十年(1765)楊昶刻本　十冊

320000－1646－0008870　501402

少室山房筆叢四十八卷　（明）胡應麟撰　清光緒二十二年(1896)廣雅書局刻本　六冊

320000－1646－0008871　501403

通雅五十二卷首一卷　（清）方以智輯著　清康熙五年(1666)浮山此藏軒刻本　十六冊

320000－1646－0008872　501404

通雅五十二卷首一卷　（清）方以智輯著　清立教館刻本　二十冊

320000－1646－0008873　501405

日知錄三十二卷　（清）顧炎武著　清康熙三十四年(1695)刻本　八冊

320000－1646－0008874　501406

日知錄三十二卷　（清）顧炎武著　清經義齋刻本　十冊

320000－1646－0008875　501407

日知錄集釋三十二卷刊誤二卷續刊誤二卷　（清）顧炎武著　（清）黃汝成集釋　清同治八年(1869)刻本　十六冊

320000－1646－0008876　501408

日知錄集釋三十二卷刊誤二卷續刊誤二卷　（清）顧炎武著　（清）黃汝成集釋　清同治十一年(1872)湖北崇文書局刻　十六冊

320000－1646－0008877　501409

日知錄集釋三十二卷刊誤二卷續刊誤二卷　（清）顧炎武著　（清）黃汝成集釋　清同治十一年(1872)湖北崇文書局刻　十六冊

320000－1646－0008878　501411

日知錄集釋三十二卷刊誤二卷續刊誤二卷　（清）顧炎武著　（清）黃汝成集釋　清光緒三年(1877)刻本　十六冊

320000－1646－0008879　501412

日知錄集釋三十二卷刊誤二卷　（清）顧炎武著　（清）黃汝成集釋　清道光十四年(1834)黃氏西谿艸廬刻本　十二冊

320000－1646－0008880　501416

日知錄之餘四卷　（清）顧炎武著　清宣統二年(1910)吳中刻本　二冊

320000－1646－0008881　501417

日知錄之餘四卷　（清）顧炎武著　清宣統二年(1910)吳中刻本　二冊

320000－1646－0008882　501418

菰中隨筆一卷　（清）顧炎武著　清道光十二年(1832)長白鄂山刻本　二冊

320000－1646－0008883　501419

倘湖樵書十二卷　（清）來集之撰　清乾隆倘湖小筑刻本　一冊　存一卷（九）

320000－1646－0008884　501420

湛園札記四卷　（清）姜宸英撰　清嘉慶鶴麓山房刻本　二冊

320000－1646－0008885　501421

讀書記疑十六卷　（清）王懋竑著　清同治十一年(1872)福建撫屬刻本　八冊

320000－1646－0008886　501422

潛邱劄記六卷左汾近稿一卷 （清）閻詠撰 清乾隆大成齋刻本 六冊

320000－1646－0008887　501423

潛邱劄記六卷左汾近稿一卷 （清）閻詠撰 清乾隆眷西堂刻本 五冊 缺一卷(潛邱劄記一)

320000－1646－0008888　501424

義門讀書記五十八卷 （清）何焯著 清乾隆三十四年(1769)刻本 十冊

320000－1646－0008889　501425

義門讀書記五十八卷 （清）何焯著 清光緒六年(1880)刻本 十冊

320000－1646－0008890　501426

蛾術編八十二卷 （清）王鳴盛撰 清道光二十一年(1841)世楷堂刻本 二十四冊

320000－1646－0008891　501427

蛾術編八十二卷 （清）王鳴盛撰 清道光二十一年(1841)世楷堂刻本 二十四冊

320000－1646－0008892　501428

訂譌雜錄十卷 （清）胡鳴玉撰 清乾隆二十三年(1758)戬箴書屋刻本 二冊

320000－1646－0008893　501429

全謝山先生經史問答十卷 （清）全祖望撰 （清）史夢蛟重校 清刻本 二冊

320000－1646－0008894　501430

全謝山先生經史問答十卷 （清）全祖望撰 （清）王廷學重校 清上海王氏刻本 三冊 缺三卷(三至五)

320000－1646－0008895　501431

鍾山札記四卷龍城札記三卷 （清）盧文弨著 清光緒刻會稽章氏式訓堂叢書本 二冊

320000－1646－0008896　501432

鍾山札記四卷 （清）盧文弨著 清乾隆五十五年(1790)餘姚盧氏刻抱經堂叢書本 一冊

320000－1646－0008897　501433

群書拾補三十九卷 （清）盧文弨等著 清光緒十三年(1887)上海蜚英館石印本 八冊

320000－1646－0008898　501434

香墅漫鈔四卷續四卷又續六卷 （清）曾廷枚輯 清乾隆刻本 二冊 存二卷(香墅漫鈔三至四)

320000－1646－0008899　501435

陔餘叢考四十三卷 （清）趙翼著 清乾隆五十五年(1790)湛貽堂刻本 八冊

320000－1646－0008900　501436

陔餘叢考四十三卷 （清）趙翼著 清乾隆五十五年(1790)湛貽堂刻本 十冊

320000－1646－0008901　501437

援鶉堂筆記五十卷 （清）姚範著 清道光十五年(1835)刻本 十冊 存四十二卷(一至四十二)

320000－1646－0008902　501438

潛研堂答問十二卷 （清）錢大昕撰 清光緒刻本 一冊 存三卷(五至七)

320000－1646－0008903　501439

十駕齋養新錄二十卷餘錄三卷［錢大昕］年譜一卷 （清）錢大昕撰 清咸豐十年(1860)刻本 八冊

320000－1646－0008904　501440

十駕齋養新錄二十卷餘錄三卷［錢大昕］年譜一卷 （清）錢大昕著 清光緒二年(1876)浙江書局刻本 八冊

320000－1646－0008905　501441

十駕齋養新錄二十卷餘錄三卷［錢大昕］年譜一卷 （清）錢大昕著 清光緒二年(1876)浙江書局刻本 八冊

320000－1646－0008906　501442

十駕齋養新錄二十卷餘錄三卷［錢大昕］年譜一卷 （清）錢大昕著 清光緒二年(1876)浙江書局刻本 一冊 存四卷(餘錄三卷、年譜一卷)

320000－1646－0008907　501443

讀書脞錄七卷 （清）孫志祖撰 清光緒十三年(1887)醉六堂刻本 四冊

320000－1646－0008908　501444

札樸十卷　（清）杜馥著　清嘉慶十八年(1813)山陰小李山房刻本　八冊

320000－1646－0008909　501445

札樸十卷　（清）杜馥著　清光緒九年(1883)心矩齋刻本　二冊

320000－1646－0008910　501446

札樸十卷　（清）杜馥著　清光緒九年(1883)心矩齋刻本　十冊

320000－1646－0008911　501447

群書札記十六卷　（清）朱亦棟著　清光緒四年(1878)刻本　五冊　存十三卷(一至十三)

320000－1646－0008912　501448

曉讀書齋雜錄八卷　（清）洪亮吉撰　清嘉慶刻本　二冊

320000－1646－0008913　501450

質疑刪存三卷　（清）張宗泰撰　劉世珩校刊　清光緒十九年(1893)刻聚學軒叢書本　一冊

320000－1646－0008914　501451

濼源問答十二卷　（清）沈可培撰　清嘉慶十七年(1812)雪浪齋刻本　二冊

320000－1646－0008915　501452

濼源問答十二卷　（清）沈可培撰　清道光六年(1826)刻本　四冊

320000－1646－0008916　501453

讀書雜志八十二卷餘編二卷　（清）王念孫著　清同治九年(1870)金陵書局刻本　二十四冊

320000－1646－0008917　501454

讀書雜志八十二卷餘編二卷　（清）王念孫著　清同治九年(1870)金陵書局刻本（晏子春秋二卷配清掃葉山房刻本）　二十四冊

320000－1646－0008918　501455

讀書雜志八十二卷餘編二卷　（清）王念孫著　清道光、咸豐間刻本　二十四冊

320000－1646－0008919　501457

覺非盦筆記八卷　（清）顧堃集　清光緒八年(1882)刻本　四冊

320000－1646－0008920　501458

經史管窺六卷　（清）蕭曇撰　清嘉慶二十三年(1818)讀五千卷齋刻本　二冊

320000－1646－0008921　501459

經史管窺六卷　（清）蕭曇撰　清嘉慶二十三年(1818)讀五千卷齋刻本　二冊

320000－1646－0008922　501460

讀書叢錄二十四卷　（清）洪頤煊著　清光緒十三年(1887)醉六堂刻本　六冊

320000－1646－0008923　501461

讀書叢錄二十四卷　（清）洪頤煊著　清光緒十三年(1887)醉六堂刻本　六冊

320000－1646－0008924　501462

潘瀾筆記二卷　（清）彭兆蓀著　清光緒二十四年(1898)東倉書庫刻本　八冊

320000－1646－0008925　501463

潘瀾筆記二卷　（清）彭兆蓀著　清光緒二十四年(1898)刻鵠齋刻本　二冊

320000－1646－0008926　501464

知新錄三十二卷　（清）王棠彙訂　（清）黃晟校刊　清乾隆刻本　八冊　存十六卷(十七至三十二)

320000－1646－0008927　501465

娛親雅言六卷　（清）嚴元照著　清光緒十一年(1885)王氏木活字印本　四冊

320000－1646－0008928　501466

娛親雅言六卷　（清）嚴元照著　清光緒十一年(1885)王氏木活字印本　四冊

320000－1646－0008929　501467

癸巳類稿十五卷　（清）俞正燮著　清道光十三年(1833)刻本　六冊

320000－1646－0008930　501468

癸巳類稿十五卷　（清）俞正燮著　清道光十三年(1833)刻本　三冊

320000－1646－0008931　501469

癸巳類稿十五卷　（清）俞正燮著　清光緒五年(1879)會稽章氏刻本　十二冊

320000－1646－0008932　501470

癸巳存稿十五卷　（清）俞正燮著　清光緒十年(1884)刻本　六冊

320000－1646－0008933　501471

癸巳存稿十五卷　（清）俞正燮著　清光緒十年(1884)刻本　六冊

320000－1646－0008934　501473

考辨隨筆二卷　（清）黃定宜著　清道光二十七年(1847)刻本　一冊

320000－1646－0008935　501475

開卷偶得十卷　（清）林春溥撰　清道光二十九年(1849)竹柏山房刻本　一冊　存三卷（八至十）

320000－1646－0008936　501477

三餘雜志八卷辨誣二卷　（清）張定鋆輯　清咸豐元年(1851)刻本　二冊

320000－1646－0008937　501478

懷小編二十卷　（清）沈濂著　清咸豐四年(1854)始言堂刻本　六冊

320000－1646－0008938　501479

讀書雜釋十四卷　（清）徐鼒著　清咸豐十一年(1861)福寧郡齋刻本　四冊

320000－1646－0008939　501480

三冬識餘二卷　（清）劉希向著　清咸豐八年(1858)刻本　二冊

320000－1646－0008940　501482

東塾讀書記十五卷　（清）陳澧撰　清光緒二十四年(1898)上海江左書林石印本　四冊

320000－1646－0008941　501484

東塾讀書記十五卷　（清）陳澧撰　清光緒刻本　六冊

320000－1646－0008942　501485

東塾讀書記十五卷　（清）陳澧撰　清光緒刻本　四冊

320000－1646－0008943　501487

讀書雜識十二卷　（清）勞格著　（清）丁寶書述　清光緒四年(1878)吳興丁氏刻本　四冊

320000－1646－0008944　501488

讀書雜識十二卷　（清）勞格著　（清）丁寶書述　風水袪惑一卷　（清）丁芮樸著　清光緒四年(1878)吳興丁氏刻本　四冊

320000－1646－0008945　501489

讀書雜識十二卷　（清）勞格著　（清）丁寶書述　清光緒四年(1878)吳興丁氏刻本　一冊

320000－1646－0008946　501490

南漘楛語八卷　（清）蔣超伯輯　清同治十年(1871)刻本　二冊

320000－1646－0008947　501491

群書校補一百卷　（清）陸心源輯　清光緒刻本　二十冊　存八十二卷（十二至二十六、三十四至一百）

320000－1646－0008948　501492

悔翁筆記六卷　（清）汪士鐸撰　清光緒合肥味古齋刻本　一冊

320000－1646－0008949　501493

札迻十二卷　（清）孫詒讓著　清光緒二十年(1894)刻本　四冊

320000－1646－0008950　501494

札迻十二卷　（清）孫詒讓著　清光緒二十年(1894)刻本　三冊　存九卷（一至三、七至十二）

320000－1646－0008951　501496

無邪堂答問五卷　（清）朱一新撰　清光緒二十一年(1895)朱氏刻本　五冊

320000－1646－0008952　501497

格致古微六卷　（清）王仁俊述　清光緒二十二年(1896)刻本　四冊

320000－1646－0008953　501498

孔子改制考二十一卷　康有為撰　清光緒二十年(1894)刻本　十冊

320000－1646－0008954　501499

黃學廬雜述三卷　陳士芑撰　清宣統元年(1909)鉛印本　一冊

320000－1646－0008955　501500

儉德堂讀書隨筆二卷　劉庠著　清宣統二年(1910)鉛印本　二冊

320000－1646－0008956　501503

菽園贅談七卷　(清)邱煒萲輯著　清光緒二十三年(1897)鉛印本　四冊

320000－1646－0008957　501508

分類考古捷徑一卷　(清)史子彬校　清光緒二十八年(1902)石印本　一冊

320000－1646－0008958　501509

靜軒筆記一百二十卷　(清)劉秉璋撰　清石印劉文莊公遺書本　四冊　存十九卷(一至十九)

320000－1646－0008959　501510

靜軒筆記一百二十卷　(清)劉秉璋撰　清石印劉文莊公遺書本　四冊　存十九卷(一至十九)

320000－1646－0008960　501512

竹軒摭錄八卷　郭則澐撰　清宣統刻本　四冊

320000－1646－0008961　200077

四書自課錄三十卷　(清)任時懋撰　清乾隆刻本　二冊　存五卷(論語五至七、十四至十五)

320000－1646－0008962　501695

茶餘客話二十二卷　(清)阮葵生著　清光緒十四年(1888)鉛印本　四冊

320000－1646－0008963　501699

夜譚隨錄十二卷　(清)和邦額著　清光緒三十三年(1907)育文書局石印本　三冊

320000－1646－0008964　501700

遺珠貫索八卷　(清)張純照寫　清同治三年(1864)刻本　四冊

320000－1646－0008965　501701

芝盦雜記四卷　(清)陸雲錦撰　清嘉慶刻本　一冊　存一卷(二)

320000－1646－0008966　501702

夢廠雜著十卷　(清)俞蛟撰　清光緒上海古今書室石印本　一冊

320000－1646－0008967　501704

豈有此理四卷更豈有此理四卷　清嘉慶刻本　五冊　缺三卷(更豈有此理一、三至四)

320000－1646－0008968　501705

諧鐸十二卷　(清)沈起鳳著　清嘉慶二十五年(1820)問奇齋刻本　六冊

320000－1646－0008969　501706

瑣蛣雜記十二卷　題(清)竹勿山石道人著　清乾隆五十八年(1793)刻本　一冊　存二卷(十一至十二)

320000－1646－0008970　501707

質直談耳八卷　(清)錢兆鵲撰　清乾隆五十九年(1794)刻本　五冊　存六卷(一、三、五至八)

320000－1646－0008971　501708

續秋雨四卷　題(清)垣赤道人著　清嘉慶刻本　三冊　存三卷(二至四)

320000－1646－0008972　501709

客牕偶筆四卷二筆一卷　(清)金捧閶著　清同治十二年(1873)刻本　五冊

320000－1646－0008973　501710

諧史四卷　(清)程森泳輯　清嘉慶五年(1800)刻本　一冊　存二卷(三至四)

320000－1646－0008974　501711

亦復如是八卷　題(清)青城子編　清光緒上海會文書局石印本　六冊

320000－1646－0008975　501712

實存四卷　(清)胡式鈺著　清道光二十一年(1841)刻本　二冊

320000－1646－0008976　501713

塗說四卷　(清)繆良輯　清道光八年(1828)如此草堂刻本　四冊

320000－1646－0008977　501714

瑣事閒錄二卷續編二卷　（清）張林西輯　清咸豐元年(1851)刻本　四冊

320000－1646－0008978　501715

北東園筆錄二十四卷　（清）梁恭辰撰　清同治五年(1866)刻本　八冊

320000－1646－0008979　501716

祇可自怡一卷　（清）吉珩輯　清光緒四年(1878)刻本　一冊

320000－1646－0008980　501717

談徵五卷　題(清)外方山人輯　清道光三十年(1850)刻本　六冊

320000－1646－0008981　501719

兩般秋雨盦隨筆八卷　（清）梁紹壬纂　清光緒同文堂刻本　八冊

320000－1646－0008982　501720

兩般秋雨盦隨筆八卷　（清）梁紹壬纂　清光緒十年(1884)錢塘徐氏吉莘室刻本　八冊

320000－1646－0008983　501721

常談叢錄九卷　（清）李元復撰　清道光二十八年(1848)刻本　一冊　存一卷(八)

320000－1646－0008984　501722

金壺七墨十八卷　（清）黃鈞宰著　清光緒二十一年(1895)上海進步書局鉛印本　四冊

320000－1646－0008985　501723

右臺仙館筆記十二卷　（清）俞樾撰　清光緒刻本　四冊

320000－1646－0008986　501724

右臺仙館筆記十六卷　（清）俞樾撰　清光緒刻本　八冊

320000－1646－0008987　501726

埋憂集十卷續集二卷　（清）朱翊清撰　清同治十三年(1874)刻本　六冊

320000－1646－0008988　501728

蕉軒隨錄十二卷　（清）方濬師著　清同治十一年(1872)退一步齋刻本　十二冊

320000－1646－0008989　501729

蕉軒隨錄二卷　（清）方濬師著　清光緒十八年(1892)鉛印本　二冊

320000－1646－0008990　501731

對山書屋墨餘錄十六卷　（清）毛祥麟撰　清同治九年(1870)刻本　四冊

320000－1646－0008991　501732

對山書屋墨餘錄十六卷　（清）毛祥麟撰　清同治九年(1870)刻本　七冊　存十四卷(一至十四)

320000－1646－0008992　501733

見聞隨筆二十六卷　（清）齊學裘著　清同治十年(1871)天空海闊之居刻本　八冊

320000－1646－0008993　501734

見聞續筆二十四卷　（清）齊學裘著　清光緒二年(1876)天空海闊之居刻本　八冊

320000－1646－0008994　501736

里桀十卷　（清）許奉恩撰　清同治十三年(1874)刻本　十冊

320000－1646－0008995　501737

里桀十卷　（清）許奉恩撰　清同治十三年(1874)刻本　九冊　存九卷(一至二、四至十)

320000－1646－0008996　501738

寄蝸殘贅十六卷　（清）汪堃著　清同治十一年(1872)不懼無悶齋刻本　七冊

320000－1646－0008997　501739

庸閒齋筆記十二卷　（清）陳其元著　清同治十三年(1874)蘇州刻本　六冊

320000－1646－0008998　501741

碧聲唫館談塵四卷　（清）許善長纂　清光緒四年(1878)碧聲吟館刻本　二冊

320000－1646－0008999　501742

續太平廣記八卷　（清）陸壽名輯　清嘉慶刻本　一冊　存一卷(三)

320000－1646－0009000　501743

庸盦筆記六卷　（清）薛福成著　清光緒二十

四年(1898)進步書局石印本　四冊

320000－1646－0009001　501744

庸盦筆記六卷　(清)薛福成著　清光緒二十三年(1897)遺經樓刻本　六冊

320000－1646－0009002　501745

庸盦筆記六卷　(清)薛福成著　清光緒二十三年(1897)遺經樓刻本　六冊

320000－1646－0009003　501746

庸盦筆記六卷　(清)薛福成著　清光緒二十三年(1897)遺經樓刻本　六冊

320000－1646－0009004　501747

客窗閒話八卷續集四卷　(清)吳熾昌撰　清光緒石印本　二冊　存六卷(初集三至四、續集四卷)

320000－1646－0009005　501748

客窗閒話八卷　(清)吳熾昌著　清光緒二年(1876)刻本　四冊

320000－1646－0009006　501749

珊瑚舌雕談初筆八卷　(清)許起著　清光緒十一年(1885)弢園刻本　四冊

320000－1646－0009007　501750

珊瑚舌雕談初筆八卷　(清)許起著　清光緒十一年(1885)弢園刻本　四冊

320000－1646－0009008　501751

拍案驚異□□卷　(清)補留生輯　清光緒三十三年(1907)石印本　二冊　存十四卷(一、三至四、八至十八)

320000－1646－0009009　501761

山海經十八卷　(晉)郭璞傳　(明)吳中珩校　明萬曆刻本　一冊

320000－1646－0009010　501762

山海經十八卷　(晉)郭璞傳　清乾隆槐蔭草堂刻本　一冊

320000－1646－0009011　501763

山海經圖贊二卷爾雅圖贊一卷　(晉)郭璞撰　(清)嚴可均集　龔定盦說文段注札記一卷　徐星伯說文段注札記一卷　(清)劉肇隅編校

朱氏結一廬書目三卷　葉德輝手錄　清光緒二十一年(1895)長沙葉氏刻本　一冊

320000－1646－0009012　501764

山海經十八卷　(晉)郭璞傳　(清)畢沅校正　清乾隆四十八年(1783)靈岩山館刻本　二冊

320000－1646－0009013　501765

山海經十八卷　(晉)郭璞傳　清聚錦堂刻本　四冊

320000－1646－0009014　501767

搜神記二十卷後記十卷　(晉)干寶撰　清宣統三年(1911)知新社石印本　四冊

320000－1646－0009015　501768

劇談錄二卷　(宋)康駢述　清光緒四年(1878)仁和葛氏刻嘯園叢書本　二冊

320000－1646－0009016　501772

閱微草堂筆記二十四卷　(清)紀昀撰　清道光二十七年(1847)小蓬萊山館刻本　十二冊

320000－1646－0009017　501773

閱微草堂筆記二十四卷　(清)紀昀撰　清光緒上海鍊石書局石印本　一冊

320000－1646－0009018　501774

閱微草堂筆記二十四卷　(清)紀昀撰　清光緒二十四年(1898)上海圖書集成局鉛印本　四冊

320000－1646－0009019　501775

閱微草堂筆記二十四卷　(清)紀昀撰　清光緒二十四年(1898)上海圖書集成局鉛印本　四冊

320000－1646－0009020　501778

紀氏嘉言四卷　(清)徐春輯　清道光二十六年(1846)刻本　一冊　存二卷(一至二)

320000－1646－0009021　501779

閱微草堂筆記擇要二卷　題(清)籜園居士選　清光緒十五年(1889)泉唐沈氏刻本　二冊

320000－1646－0009022　501783

聊齋誌異新評十六卷　(清)蒲松齡著　(清)

王士禎評 （清)但明倫新評 清道光二十二年(1842)刻本 十六冊

320000－1646－0009023　501784
聊齋誌異新評十六卷 （清)蒲松齡著 （清)王士禎評 清江左書林鉛印本 七冊 缺二卷(九至十)

320000－1646－0009024　501785
聊齋誌異十六卷 （清)蒲松齡著 （清)王士禎評 清乾隆青柯亭刻本 十四冊

320000－1646－0009025　501786
詳注聊齋誌異圖詠十六卷 （清)蒲松齡著 （清)呂湛恩注 清光緒十九年(1893)上海寶文書局石印本 八冊

320000－1646－0009026　501787
詳注聊齋誌異圖詠十六卷 （清)蒲松齡著 （清)呂湛恩注 清光緒上海同文書局石印本 七冊 存十四卷(一至十四)

320000－1646－0009027　501788
詳注聊齋誌異圖詠十六卷 （清)蒲松齡著 （清)呂湛恩注 清光緒交通圖書館石印本 十冊

320000－1646－0009028　501791
三續聊齋誌異十卷 （清)王弢撰 （清)吳友如繪圖 清光緒二十年(1894)袖海山房石印本 二冊 存四卷(一至二、九至十)

320000－1646－0009029　501793
聊齋志奇初集□□卷 （清)宣鼎著 清光緒刻本 一冊 存一卷(六)

320000－1646－0009030　501795
續新齊諧十卷 （清)袁枚編 清乾隆、嘉慶間刻本 三冊

320000－1646－0009031　501796
翼駉稗編八卷 （清)湯用中著 清同治八年(1869)刻本 八冊

320000－1646－0009032　501797
科場異聞錄二十一卷附一卷 （清)呂相燮輯 清光緒二十四年(1898)石印本 四冊

320000－1646－0009033　501798
夜雨秋燈錄初集四卷續集四卷三集四卷 （清)宣鼎著 清光緒石印本 四冊 存七卷(初集三至四、續集一至三、三集三至四)

320000－1646－0009034　501799
南窗雜志□□卷 （清)宣鼎撰 清光緒刻本 一冊 存二卷(三至四)

320000－1646－0009035　504324
女科指掌五卷 （清)葉其蓁輯 清刻本 五冊

320000－1646－0009036　500791
形學備旨十卷 （美國)狄考文選譯 （清)鄒立文筆述 （清)劉永錫參閱 清光緒三十一年(1905)上海美華書館鉛印本 二冊

320000－1646－0009037　500874
畫禪室隨筆四卷 （明)董其昌著 （清)楊補編次 清大魁堂刻本 二冊

320000－1646－0009038　500875
董文敏公畫禪隨筆四卷 （明)董其昌著 （清)汪汝祿編次 清乾隆十八年(1753)刻本 一冊 存一卷(一)

320000－1646－0009039　500876
畫禪室隨筆四卷 （明)董其昌著 （清)董紹敏校 清乾隆刻本 一冊 存三卷(二至四)

320000－1646－0009040　500878
清河書畫舫十二卷 （明)張丑撰 清乾隆二十八年(1763)池北草堂刻本 十二冊

320000－1646－0009041　500880
庚子銷夏記八卷 （清)孫承澤著 清乾隆二十六年(1761)刻本 二冊

320000－1646－0009042　500881
庚子銷夏記八卷 （清)孫承澤著 清光緒四年(1878)知不足齋刻本 一冊 存二卷(一至二)

320000－1646－0009043　500929
瞎牛菴題畫詩一卷 （清)金彩著 清光緒二十五年(1899) 一冊

320000－1646－0009044　500884

江邨銷夏錄三卷　（清）高士奇輯　清康熙三十二年(1693)刻本　三冊

320000－1646－0009045　500886

佩文齋書畫譜一百卷　（清）孫岳頒等撰　清康熙四十七年(1708)刻本　四十八冊

320000－1646－0009046　500887

佩文齋書畫譜一百卷　（清）孫岳頒等撰　清康熙四十七年(1708)刻本　一冊　存一卷（五十一）

320000－1646－0009047　500888

佩文齋書畫譜一百卷　（清）孫岳頒等撰　續書畫譜十六卷　（□）□□撰　清光緒九年(1883)上海同文書局石印本（續書畫譜配民國九年上海同文圖書館石印本）　二十四冊

320000－1646－0009048　500890

佩文齋書畫譜一百卷　（清）孫岳頒等撰　清光緒九年(1883)上海同文書局石印本（卷一至六、二十四至二十九配民國八年掃葉山房石印本）　十八冊　缺七卷（四十三至四十九）

320000－1646－0009049　500892

吳越所見書畫錄六卷　（清）陸時化編輯　清光緒刻本　八冊

320000－1646－0009050　500931

師二雲居畫贅四卷　（清）顧森書撰　清光緒三十二年(1906)石印本　一冊

320000－1646－0009051　500894

須靜齋雲煙過眼錄一卷　（清）潘奕雋撰　清宣統三年(1911)吳縣潘氏刻本　一冊

320000－1646－0009052　500895

須靜齋雲煙過眼錄一卷　（清）潘奕雋撰　清宣統三年(1911)吳縣潘氏刻本　一冊

320000－1646－0009053　500896

須靜齋雲煙過眼錄一卷　（清）潘奕雋撰　清宣統三年(1911)吳縣潘氏刻本　一冊

320000－1646－0009054　500897

須靜齋雲煙過眼錄一卷　（清）潘奕雋撰　清宣統三年(1911)吳縣潘氏刻本　一冊

320000－1646－0009055　500898

西清劄記四卷　（清）胡敬輯　清嘉慶二十一年(1816)刻本　四冊

320000－1646－0009056　500899

過雲樓書畫記十卷　（清）顧文彬著　清光緒九年(1883)顧氏刻本　四冊

320000－1646－0009057　500981

國朝書畫家筆錄四卷　（清）竇鎮輯　清宣統三年(1911)蘇州文學山房木活字印本　八冊

320000－1646－0009058　500902

穰梨館過眼錄四十卷續錄十六卷　（清）陸心源編　清光緒十七年(1891)吳興陸氏刻本　十六冊

320000－1646－0009059　500903

穰梨館過眼錄四十卷續錄十六卷　（清）陸心源編　清光緒十七年(1891)吳興陸氏刻本　十三冊　缺二十卷（二十一至四十）

320000－1646－0009060　500904

嶽雪樓書畫錄五卷　（清）孔廣鏞閱　（清）孔廣陶編　清光緒十五年(1889)三十有三萬卷堂刻本　三冊　存三卷（一、三至四）

320000－1646－0009061　500905

甌鉢羅室書畫過目攷四卷首一卷附一卷　（清）李玉棻編輯　清光緒二十三年(1897)刻本　四冊

320000－1646－0009062　501003

墨香居畫識十卷　（清）馮金伯撰　清道光十一年(1831)江左書林刻本　四冊

320000－1646－0009063　500907

澄蘭室古緣萃錄十八卷　（清）邵松年輯　清光緒三十年(1904)上海鴻文書局石印本　二冊

320000－1646－0009064　501004

墨香居畫識十卷　（清）馮金伯撰　清道光十

一年(1831)江左書林刻本　三冊

320000－1646－0009065　500910
前塵夢影錄二卷　（清）徐康撰　清光緒二十三年(1897)據稿本刻元和江氏叢書本　一冊

320000－1646－0009066　500912
廣川書跋六卷　（宋）董逌撰　清光緒歸安陸氏刻十萬卷樓叢書本　二冊

320000－1646－0009067　500915
麓臺題畫稿一卷　（清）王原祁著　墨井畫跋一卷　（清）吳歷著　清末民國上海有正書局鉛印本　一冊

320000－1646－0009068　500920
書畫跋跋三卷續三卷　（清）孫鑛著　（清）孫宗溥　（清）孫宗濂校刻　清乾隆五年(1740)居業堂刻本　四冊

320000－1646－0009069　500921
冬心先生題畫記五卷　（清）金農撰　王笠甫先生畫鐘進士像題記一卷　（清）王鴻朗撰　清光緒潘氏桐西書屋刻本　一冊

320000－1646－0009070　504326
仁壽鏡四卷　（清）孟葑輯　清光緒十八年(1892)鉛印本　二冊

320000－1646－0009071　500923
讀畫齋偶輯不分卷　（清）顧修輯　清嘉慶東山草堂刻本　存一冊

320000－1646－0009072　500924
畫耕偶錄四卷　（清）邵梅臣撰　清刻本　四冊

320000－1646－0009073　500925
畫餘偶存二卷　（清）段永源撰　清咸豐六年(1856)刻本　一冊

320000－1646－0009074　500926
賜硯齋題畫補錄一卷　（清）戴熙著　（清）許英輯　清光緒十二年(1886)蘇城壽石齋許氏刻本　一冊

320000－1646－0009075　500927
賜硯齋題畫偶錄一卷　（清）戴熙著　清光緒

三年(1877)嘯園刻本　一冊

320000－1646－0009076　500928
瞎牛菴題畫詩一卷　（清）金彰著　清光緒二十五年(1899)刻本　一冊

320000－1646－0009077　504328
婦嬰至寶八卷　題（清）巫齋居士原編　題（清）拜松居士增訂　清光緒二十九年(1903)刻本　二冊

320000－1646－0009078　500930
師二雲居畫贅四卷　（清）顧森書撰　清光緒三十二年(1906)石印本　一冊

320000－1646－0009079　504329
產科不分卷　（英國）密爾纂　（清）舒高第口譯　（清）鄭昌棪筆述　清光緒江南機器制造局鉛印本　四冊

320000－1646－0009080　500934
淳化祕閣法帖考正十二卷　（清）王澍詳定　（清）汪玉球參正　清雍正天都汪玉球秋藕花居刻本　四冊

320000－1646－0009081　500935
字學津梁不分卷　（清）傅起儒輯　清康熙二十六年(1687)刻本　存一冊

320000－1646－0009082　500936
歷代帝王法帖釋文十卷　（清）徐朝弼集釋　清嘉慶十七年(1812)刻本　一冊

320000－1646－0009083　500937
書法正宗四卷　（清）蔣和撰　清乾隆四十七年(1782)刻本　一冊

320000－1646－0009084　500938
書法正宗四卷　（清）蔣和撰　清光緒影刻本　一冊

320000－1646－0009085　500939
書法正宗四卷　（清）蔣和撰　清宣統二年(1910)掃葉山房石印本　一冊

320000－1646－0009086　504332
素女經一卷素女方一卷玉房祕訣一卷洞玄子一卷天地陰陽交歡大樂賦一卷　葉德輝輯

清光緒二十九年至三十四年(1903－1908)長沙葉氏郎園刻雙楳景閣叢書本　一冊

320000－1646－0009087　500942

廣藝舟雙楫六卷　康有為撰　清光緒十五年(1889)刻本　二冊

320000－1646－0009088　504333

產寶百問二卷　（明)鄭文康撰　清抄本　一冊

320000－1646－0009089　504335

女科萬金方一卷　清抄本　一冊

320000－1646－0009090　500950

六如居士畫譜三卷　（明)唐寅輯　（清)唐仲冕訂　清嘉慶唐仲冕果克山房刻本　一冊

320000－1646－0009091　500951

六如居士畫譜三卷　（明)唐寅輯　（清)唐仲冕訂　清末民國上海國學昌明社石印本　一冊

320000－1646－0009092　500952

唐六如畫譜二卷　（明)唐寅輯　（明)何大成校　清木活字印本　一冊

320000－1646－0009093　500797

數學理九卷附一卷　（英國)棣麼甘撰　（英國)傅蘭雅口譯　（清)趙元益筆述　清光緒二十二年(1896)上海璣衡堂石印本　一冊

320000－1646－0009094　500866

賞奇軒合編　（清)□□輯　清光緒十二年(1886)上海同文書局石印本　五冊

320000－1646－0009095　500953

寶繪錄二十卷　（明)張泰階評訂　清知不足齋刻本　十冊

320000－1646－0009096　500954

松壺畫贅二卷　（清)錢杜著　清同治謝氏刻本　一冊　存一卷(下)

320000－1646－0009097　500956

谿山臥游錄四卷　（清)盛大士著　清道光刻本　一冊　存二卷(三至四)

320000－1646－0009098　500957

習苦齋畫絮十卷　（清)戴熙記　清光緒十九年(1893)石印本　三冊　存八卷(三至十)

320000－1646－0009099　500958

澹復虛齋畫緣錄一卷　（清)金鳳清撰　清咸豐八年(1858)澹復虛齋家刻本　一冊

320000－1646－0009100　500959

桐陰論畫初編二卷首一卷附錄一卷畫訣二卷二編二卷三編二卷　（清)秦祖永著　清同治三年(1864)刻光緒八年(1882)續刻朱墨套印本　四冊

320000－1646－0009101　500961

畫學心印八卷桐陰論畫初編二卷首一卷附錄一卷畫訣二卷二編二卷三編二卷　（清)秦祖永評輯　清光緒四年(1878)刻朱墨套印本　三冊

320000－1646－0009102　500962

畫學心印八卷　（清)秦祖永評輯　清光緒四年(1878)刻朱墨套印本　八冊

320000－1646－0009103　500963

畫學心印八卷　（清)秦祖永評輯　清光緒四年(1878)刻朱墨套印本　七冊　存七卷(二至八)

320000－1646－0009104　500964

虛齋名畫錄十六卷　龐元濟撰　清宣統元年(1909)龐氏申江刻本　十六冊

320000－1646－0009105　500965

虛齋名錄十六卷　龐元濟撰　清宣統元年(1909)龐氏申江刻本　十五冊　缺一卷(五)

320000－1646－0009106　500971

寫竹簡明法二卷　（清)蔣和輯　清光緒十五年(1889)上海秀文書局石印本　一冊　存一卷(上)

320000－1646－0009107　500976

墨林今話十八卷　（清)蔣寶齡撰　清咸豐二年(1852)刻本　五冊　存十四卷(一至十四)

320000－1646－0009108　500979

墨緣小錄一卷　（清）潘曾瑩撰　清刻本　一冊

320000-1646-0009109　500980

國朝書畫家筆錄四卷　（清）竇鎮輯　清宣統三年(1911)蘇州文學山房木活字印本　二冊

320000-1646-0009110　504337

女科輯要八卷　（清）周紀常纂輯　清同治四年(1865)刻本　三冊

320000-1646-0009111　500982

國朝書畫家筆錄四卷　（清）竇鎮輯　清宣統三年(1911)木活字印本　一冊

320000-1646-0009112　500989

國朝書人輯略十一卷首一卷　（清）震鈞輯　清光緒三十四年(1908)金陵刻本　八冊

320000-1646-0009113　500990

圖繪寶鑑八卷補遺一卷　（元）夏文彥纂　清刻本　六冊

320000-1646-0009114　500991

歷代畫史彙傳七十二卷首一卷附錄二卷　（清）彭蘊璨編　清道光五年(1825)吳門彭氏尚志堂刻本　三十二冊

320000-1646-0009115　500994

歷代畫史彙傳七十二卷首一卷附錄二卷　（清）彭蘊璨編　清宣統二年(1910)上海文瑞樓書局石印本(卷八至二十四配清末民國上海廣雅書局石印本、卷二十五至二十八配清末民國上海錦章圖書局石印本)　七冊

320000-1646-0009116　502111

相宗八要解八卷　（明）釋明昱輯　清光緒二十八年(1902)金陵刻經處刻本　一冊

320000-1646-0009117　500996

國朝院畫錄二卷　（清）胡敬輯　清嘉慶二十一年(1816)刻本　二冊

320000-1646-0009118　500997

國朝畫徵錄三卷續錄二卷附錄一卷　（清）張庚著　清同治八年(1869)刻本　二冊

320000-1646-0009119　500998

國朝畫徵錄三卷續錄二卷附錄一卷　（清）張庚著　清末民國萃文書局刻本　二冊

320000-1646-0009120　500999

國朝畫識十七卷　（清）馮金伯纂輯　（清）吳晉參訂　清道光十一年(1831)雲間文萃堂刻本　六冊

320000-1646-0009121　501000

國朝畫識十七卷　（清）馮金伯纂輯　（清）吳晉參訂　清道光十一年(1831)江左書林刻本　八冊

320000-1646-0009122　501001

國朝畫識十七卷　（清）馮金伯纂輯　（清）吳晉參訂　清乾隆五十六年(1791)墨香居刻本　四冊

320000-1646-0009123　501002

墨香居畫識十卷　（清）馮金伯撰　清道光十一年(1831)江左書林刻本　四冊

320000-1646-0009124　504338

胎產秘書三卷保嬰要訣一卷　（清）郭慶藩輯　清光緒元年(1875)鉛印本　一冊

320000-1646-0009125　504341

達生胎產心法驗方合編三卷　清光緒五年(1879)笠澤三省書屋刻本　一冊

320000-1646-0009126　501006

越畫見聞三卷　（清）陶元藻著　清乾隆怡雲閣刻本　一冊

320000-1646-0009127　501012

三十五舉一卷　（元）吾邱衍著　續三十五舉一卷　（清）桂馥撰　清光緒三年(1877)刻嘯園叢書本　二冊

320000-1646-0009128　504342

產科心法二卷　（清）汪喆撰　清光緒十一年(1885)刻本　一冊

320000-1646-0009129　501014

三十五舉一卷　（元）吾丘衍撰　三十五舉校勘記一卷　（清）姚觀元撰　續三十五舉一卷　（清）桂馥撰　再續三十五舉一卷　（清）姚

晏撰　清光緒九年(1883)歸安姚氏刻咫進齋叢書本　一冊

320000-1646-0009130　501015

印典八卷　(清)朱象賢編　清康熙六十一年(1722)朱氏刻本　一冊　存四卷(五至八)

320000-1646-0009131　501016

篆刻鍼度八卷　(清)陳克恕撰　清光緒三年(1877)刻嘯園叢書本　二冊

320000-1646-0009132　501019

印選□□卷　(明)知希齋編輯　明萬曆鈐印本　一冊　存一卷(二)

320000-1646-0009133　501020

醉愛居印賞□□卷　(清)王睿章編輯　清乾隆鈐印本　一冊　存一卷(上)

320000-1646-0009134　501021

坤皋鐵筆□□卷　(清)鞠履厚輯　清乾隆鈐印本　一冊　存一卷(上)

320000-1646-0009135　501022

小石山房印存□□卷　(清)顧湘編輯　清光緒鈐印本　二冊　存二卷(一至二)

320000-1646-0009136　501023

名印傳真□□卷　(清)顧湘編輯　清光緒鈐印本　三冊　存三卷(三、五至六)

320000-1646-0009137　504343

產科心法二卷　(清)汪喆撰　清刻本　一冊

320000-1646-0009138　501027

學鐫印譜□□卷　葉金貴編輯　清光緒十三年(1887)鈐印本　一冊　存一卷(一)

320000-1646-0009139　501028

[薛文麟印稿]不分卷　薛文麟輯　清光緒二十二年(1896)鈐印本　三冊

320000-1646-0009140　504346

福幼編一卷遂生編一卷廣生編一卷　(清)莊一夔著　清同治六年(1867)則古昔齋刻本　一冊

320000-1646-0009141　501030

匋齋藏印□□集　清末民國有正書局鈐印本　二冊　存二集(一、四)

320000-1646-0009142　504348

保生彙編二十卷　題(清)味琴氏撰　清光緒二年(1876)刻本　四冊

320000-1646-0009143　504351

述古齋幼科新書六卷　(清)張振鋆纂輯　清光緒十八年(1892)刻本　六冊

320000-1646-0009144　501033

舊端居室印存不分卷　李鍾篆　清宣統二年(1910)鈐印本　存一冊

320000-1646-0009145　501034

蘭石軒印草□□卷　(清)龐絅量輯　清鈐印本　五冊　存五卷(殘石二卷、仿古二卷、詩品上)

320000-1646-0009146　501035

師米齋所藏古銅印不分卷　沈煦孫輯　清宣統三年(1911)鈐印本　存二冊

320000-1646-0009147　504352

幼科醫學指南四卷　(清)周震撰　清乾隆五十四年(1789)刻本　四冊

320000-1646-0009148　504353

保赤要言五卷　(清)王德森編輯　清宣統二年(1910)蘇城笪錦和刻本　一冊

320000-1646-0009149　504356

保嬰易知錄二卷　(清)王熾昌輯　清光緒二十九年(1903)刻本　一冊

320000-1646-0009150　504357

翁仲仁先生原本幼科七種大全　(清)許豫和輯撰　清末民國上海受古書店石印本　八冊

320000-1646-0009151　504360

推拿廣意三卷　(清)熊應雄輯　(清)陳世凱重訂　清金閶同文堂刻本　二冊

320000-1646-0009152　504362

詳註足本全鏡錄三卷增補保赤心法二卷續增金鏡錄西法治小兒考略一卷　(明)翁仲仁著　(清)喬來初注釋　清光緒十七年(1891)常

熟抱芳閣刻本　四冊

320000－1646－0009153　504364

痧證彙要四卷 （清）孫玘編輯　痧證指微一卷 （清）釋普淨著　清光緒五年(1879)刻本　一冊

320000－1646－0009154　504365

兒科治一卷　清光緒二十三年(1897)語溪張峻豫抄本　一冊

320000－1646－0009155　504366

麻科保赤金丹四卷邵氏痘科一卷 （清）謝玉瓊 （清）劉齊珍撰　清光緒十七年(1891)刻本　四冊

320000－1646－0009156　501057

封泥攷略十卷 （清）吳式芬 （清）陳介祺輯　清光緒三十年(1904)刻本　十冊

320000－1646－0009157　501060

印人傳三卷 （清）周亮工撰　清道光刻本　一冊

320000－1646－0009158　501061

印人傳三卷 （清）周亮工撰　清道光刻本　一冊

320000－1646－0009159　501062

續印人傳八卷 （清）汪啟淑撰　清乾隆五十四年(1789)刻本　一冊　存四卷(一至四)

320000－1646－0009160　501065

樂律考二卷 （清）徐灝著　清光緒十三年(1887)石印本　一冊

320000－1646－0009161　501066

樂律考二卷 （清）徐灝著　清光緒十三年(1887)石印本　一冊

320000－1646－0009162　501067

樂律考二卷 （清）徐灝著　清光緒十三年(1887)石印本　一冊

320000－1646－0009163　501070

五知齋琴譜八卷 （清）周魯封撰　清乾隆二年(1737)刻本　一冊　存一卷(八之後半部)

320000－1646－0009164　501071

蓼懷堂琴譜不分卷 （清）雲志高撰　清乾隆刻本　存一冊

320000－1646－0009165　501072

自遠堂琴譜十二卷 （清）吳灴彙輯　清嘉慶六年(1801)刻本　十二冊

320000－1646－0009166　501073

自遠堂琴譜十二卷 （清）吳灴彙輯　清嘉慶六年(1801)刻本　六冊　存六卷(一至六)

320000－1646－0009167　501074

琴學入門二卷 （清）張鶴輯 （清）陸琮校刊　清同治六年(1867)刻本　三冊

320000－1646－0009168　501076

蕉庵琴譜四卷 （清）秦維瀚撰　清光緒三年(1877)刻本　三冊　存三卷(一、三至四)

320000－1646－0009169　501077

天聞閣琴譜十六卷首三卷琴式一卷琴況一卷琴賦一卷琴學一卷琴約一卷曲名一卷參考一卷名錄一卷手錄一卷紀事一卷 （清）唐彝銘輯　清光緒二年(1876)成都葉氏刻本　七冊　缺十三卷(天聞閣琴譜四至十六)

320000－1646－0009170　501078

山門新語五卷 （清）周贇著　清光緒三十三年(1907)刻本　一冊　存一卷(二)

320000－1646－0009171　501080

水雲笛譜一卷 （清）潘奕雋撰　清光緒十三年(1887)刻本　一冊

320000－1646－0009172　504370

保赤彙編 （清）朱之榛輯　清光緒五年(1879)蘇州刻本　四冊

320000－1646－0009173　504372

天花精言六卷 （清）袁大宣撰　清嘉慶十八年(1813)刻本　四冊

320000－1646－0009174　501088

奕理指歸圖三卷 （清）錢長澤繪　清光緒七年(1881)刻本　六冊

320000－1646－0009175　501089

奕理指歸圖三卷　（清）錢長澤繪　清乾隆三十六年（1771）笙雅堂刻本（卷上配民國三年上海文瑞樓石印本）　二冊　存二卷（上、中）

320000－1646－0009176　501094

奕理金鍼一卷　（清）劉福山撰　清光緒刻本　一冊

320000－1646－0009177　501095

陳方七局一卷　（清）陳子仙　（清）方秋客撰　清光緒金陵李光明莊刻本　一冊

320000－1646－0009178　501097

四大家棋譜不分卷　（清）鄧元鏸輯　清光緒九年（1883）上海點石齋石印本　二冊

320000－1646－0009179　504373

醫林枕秘保赤存真十卷　（清）余含棻著輯　脉理存真三卷　（元）滑壽著　（清）余顯廷校訂　河洛精蘊一卷　（清）江永著　清光緒二年（1876）慎德堂刻本　八冊

320000－1646－0009180　501102

韜略元機八卷　題（清）三樂居士輯　清刻本　一冊　存二卷（七至八）

320000－1646－0009181　501104

紅樓觚史二卷　題（清）蓮海居士撰　清道光元年（1821）遊藝山人刻本　一冊

320000－1646－0009182　504374

幼科折衷二卷　清抄本　二冊

320000－1646－0009183　501108

鵝幻彙編十二卷　（清）唐再豐著　清光緒石印本　三冊　缺四卷（五至八）

320000－1646－0009184　501109

鵝幻續編十二卷　（清）唐再豐著　清光緒二十年（1894）上海晉記書莊石印本　四冊　存八卷（一至四、七至十）

320000－1646－0009185　501111

益智圖二卷　（清）童葉庚著　益智續圖一卷　（清）童葉庚刪定編次　（清）童昂等著　益智字圖一卷附一卷　（清）史梅君著　益智燕几圖不分卷　題（清）籴道人著　清光緒四年（1878）刻本（續圖、字圖、燕几圖配民國八年上海商務印書館石印本）　六冊

320000－1646－0009186　501112

七巧圖字略一卷　題（清）雙桂齋主人小鶴氏撰　清道光十一年（1831）雙桂齋刻本　一冊

320000－1646－0009187　501113

文房四譜五卷　（宋）蘇易簡集　（清）陸心源校　清光緒七年（1881）陸氏十萬卷樓刻本　二冊

320000－1646－0009188　501114

文房肆攷圖說八卷　（清）唐秉鈞纂　清乾隆四十三年（1778）刻本　四冊

320000－1646－0009189　504375

鄭氏瘄科保赤金丹四卷　（清）鄭行彰撰　清光緒二十六年（1900）刻本　四冊

320000－1646－0009190　504377

痘科金針圖說九卷首一卷　（清）吳儀輯　清咸豐元年（1851）刻本　六冊

320000－1646－0009191　501117

文美齋詩箋譜不分卷　題（清）文美齋主人輯　清光緒刻朱印本　二冊

320000－1646－0009192　501122

端石擬三卷　（清）陳齡著　清同治十二年（1873）刻本　一冊

320000－1646－0009193　501125

端溪硯史三卷圖一卷　（清）吳蘭修編次　（清）葉硯農重刊　清咸豐九年（1859）刻本　三冊

320000－1646－0009194　501130

湖船錄一卷　（清）厲鶚輯　清同治九年（1870）退補齋刻本　一冊

320000－1646－0009195　501131

新刻京板工師雕鏤正式魯班經匠家鏡□卷　（清）午榮彙編　（清）章嚴集　（清）周言校正　清光緒刻本　一冊　存二卷（一至二）

320000－1646－0009196　501132

味塵軒書櫥圖說一卷李氏先賢紀年集覽一卷

（清）李文瀚撰　清道光二十八年(1848)刻本　一冊

320000－1646－0009197　501137

景德鎮陶錄十卷　（清）藍浦著　（清）鄭廷桂輯　清光緒十七年(1891)書業堂刻本　二冊

320000－1646－0009198　501139

陶說六卷　（清）朱琰述　清道光至同治刻本　一冊　存三卷(一至三)

320000－1646－0009199　501142

匋雅三卷　（清）陳瀏撰　清宣統二年(1910)鉛印寂園叢書本(原缺卷下)　二冊

320000－1646－0009200　501145

隨園食單四卷　（清）袁枚撰　清光緒刻本　一冊

320000－1646－0009201　501146

隨息居飲食譜一卷　（清）王士雄纂　清同治二年(1863)上海刻本　一冊

320000－1646－0009202　501148

二如亭群芳譜三十卷首十三卷　（明）王象晉纂輯　明末清初刻本　五冊

320000－1646－0009203　501149

二如亭群芳譜三十卷首十三卷　（明）王象晉纂輯　清康熙書業堂刻本　二十四冊

320000－1646－0009204　501151

秘傳花鏡六卷　（清）陳淏子輯　清康熙刻本　三冊

320000－1646－0009205　501152

秘傳花鏡六卷　（清）陳淏子輯　清乾隆兩儀堂刻本　六冊

320000－1646－0009206　501154

問秋館菊錄一卷霜圃識餘二卷　（清）臧穀撰　清光緒十四年(1888)刻本　一冊

320000－1646－0009207　501156

觀物博異八卷　（法國）普謝撰　（英國）裴成章譯詞　李鼎星述稿　清光緒三十年(1904)上海廣學會鉛印本　一冊

320000－1646－0009208　501157

百鳥圖說一卷　（英國）韋門道氏撰　清光緒八年(1882)益智書會刻本　一冊

320000－1646－0009209　501159

功蟲錄二卷　（清）秦偶僧述　鬥蟋蟀賦一卷　（清）楊擂撰　清光緒梁溪余一鰲校抄本　一冊　缺一卷(功蟲錄下)

320000－1646－0009210　501160

蠕範八卷　（清）李元撰　清光緒十七年(1891)三餘草堂刻湖北叢書本　四冊

320000－1646－0009211　501163

諸子碎金四卷　（清）柴梁輯　清乾隆十六年(1751)刻本　二冊

320000－1646－0009212　501167

墨子斠注補正二卷　王樹枏撰　清光緒十三年(1887)文莫室刻陶廬叢刻本　一冊

320000－1646－0009213　501180

鬼谷子三卷　（南朝梁）陶宏景注　（清）秦恩復校　鬼谷子篇目考一卷附錄一卷　（清）秦恩復輯　清嘉慶十年(1805)江都秦氏刻石研齋四種本　一冊

320000－1646－0009214　501181

呂氏春秋二十六卷攷一卷　（秦）呂不韋撰　（漢）高誘注　（清）畢沅校　清光緒元年(1875)浙江書局刻本　三冊

320000－1646－0009215　501182

呂氏春秋二十六卷攷一卷　（秦）呂不韋撰　（漢）高誘注　（清）畢沅輯校　清乾隆五十三年(1788)靈巖山館刻本　四冊

320000－1646－0009216　501190

淮南鴻烈閒詁二卷　（漢）許慎記　葉德輝輯刊　淮南萬畢術二卷　（漢）劉安纂　葉德輝輯刊　清光緒二十一年(1895)葉氏郎園刻本　一冊

320000－1646－0009217　501195

風俗通義十卷　（漢）應劭著　（清）陳嘉猷校清刻本　二冊

320000 – 1646 – 0009218　501196

人物志三卷　（漢）劉邵著　（清）羅蘭玉校　清光緒文選樓刻本　一冊

320000 – 1646 – 0009219　501197

封氏聞見記十卷　（唐）封演著　清乾隆二十一年(1756)雅雨堂刻本　一冊

320000 – 1646 – 0009220　501198

譚子化書六卷　（五代）譚峭著　（清）譚炳　（清）譚金城校　清咸豐元年(1851)譚炳刻本　一冊

320000 – 1646 – 0009221　501199

化書六卷　（五代）譚峭撰　清光緒崇文書局刻正覺樓叢刻本　一冊

320000 – 1646 – 0009222　501200

夢溪筆談二十六卷補筆談三卷續筆談一卷　（宋）沈括撰　夢溪筆談校字記一卷　（清）陶福祥訂　清光緒三十二年(1906)番禺陶氏刻本　四冊

320000 – 1646 – 0009223　503953

脉經十卷　（晉）王叔和撰　（明）袁表校　清道光二十九年(1849)奉新廖積性刻本　七冊

320000 – 1646 – 0009224　503954

經脈圖考四卷　（清）陳惠疇著　清光緒二十年(1894)刻本　四冊

320000 – 1646 – 0009225　503957

脈學四種　（清）周學海撰　清光緒二十二年(1896)刻周氏醫學叢書本　八冊

320000 – 1646 – 0009226　503958

脈經十卷　（晉）王熙撰　脈訣刊誤集解二卷　（元）戴起宗著　附錄一卷　（明）汪機輯　清光緒二十二年(1896)池陽周氏刻本　六冊

320000 – 1646 – 0009227　503959

丹溪朱氏脈因證治二卷　（元）朱震亨撰　清末民國上海江左書林石印本　四冊

320000 – 1646 – 0009228　503961

脈訣歌括一卷　（清）黃序撰　（清）馬覺輯　清湄陽馬應奎抄本　一冊

320000 – 1646 – 0009229　503962

脈鏡須知二卷　（清）梅江村著　清光緒八年(1882)鉛印本　一冊

320000 – 1646 – 0009230　503964

脈訣刊誤集解二卷　（元）戴起宗著　附錄一卷　（明）汪機輯　清光緒十七年(1891)池陽周氏刻周澂之校刻醫學叢書本　二冊

320000 – 1646 – 0009231　503966

脈法彙編三卷　（清）葛效績纂　清葛氏抄本　一冊

320000 – 1646 – 0009232　503969

軒轅碑記醫學祝由十三科二卷增補一卷　題（清）涵谷山人撰　清西蜀青城山空青洞天刻朱墨套印本　二冊

320000 – 1646 – 0009233　503970

理瀹駢文一卷　（清）吳師機著　清同治四年(1865)刻本　四冊

320000 – 1646 – 0009234　503971

理瀹駢文一卷存濟堂藥局修合施送方并加藥法一卷略言一卷續增略言二卷文帝蕉窗十則一卷淨心說總論一卷附一卷　（清）吳師機著　清光緒五年(1879)刻本　六冊

320000 – 1646 – 0009235　503972

理瀹駢文摘要二卷　（清）吳尚先著　（清）□□輯錄　清光緒三年(1877)吳縣潘敏德堂刻本　二冊

320000 – 1646 – 0009236　503973

理瀹駢文摘要二卷　（清）吳尚先著　（清）□□輯錄　清光緒刻本　二冊

320000 – 1646 – 0009237　503976

推拿揉穴秘書不分卷　清光緒二十一年(1895)抄本　一冊

320000 – 1646 – 0009238　503977

[中西醫學九種]十卷　清光緒石印本　十冊

320000 – 1646 – 0009239　503980

備急灸法一卷竹閣經驗備急藥方一卷騎竹馬灸法一卷　（宋）聞人耆年述　清宣統二年

(1910)上海六藝書局石印本　一冊

320000－1646－0009240　504378
痘科類編釋意三卷　（明）翟良輯　清康熙六十年(1721)刻本　四冊

320000－1646－0009241　503982
鍼灸擇日編集一卷　（明）金循義　（明）金義孫撰　清宣統二年(1910)上海六藝書局石印本　一冊

320000－1646－0009242　503983
新刊補註銅人腧穴鍼灸圖經五卷　（宋）王惟一撰　清光緒三十三年至宣統元年(1907－1909)刻本　二冊

320000－1646－0009243　503984
新刊補註銅人腧穴鍼灸圖經五卷　（宋）王惟一撰　清光緒三十三年至宣統元年(1907－1909)刻本　二冊

320000－1646－0009244　503991
鍼灸大成十卷　（明）楊繼洲撰　（清）李月桂重訂　清乾隆綠蔭山房刻本　十冊

320000－1646－0009245　503992
鍼灸大成十卷　（明）楊繼洲撰　（清）章廷珪重修　清光緒十二年(1886)上洋江左書林刻本　十冊

320000－1646－0009246　503996
中外衛生要旨四卷　（清）鄭官應編輯　清光緒十六年(1890)木活字印本　四冊

320000－1646－0009247　503997
濟生養生經驗集三卷　（清）毛世洪輯　清道光十八年(1838)壽萱堂刻本　三冊

320000－1646－0009248　503998
濟生養生經驗集三卷　（清）毛世洪輯　清道光十八年(1838)壽萱堂刻本　一冊

320000－1646－0009249　503999
濟生養生經驗集三卷　（清）毛世洪輯　清同治十一年(1872)刻本　一冊

320000－1646－0009250　504003
筆花醫鏡四卷　（清）江涵暾著　清同治五年(1866)崇仁謝氏刻本　二冊

320000－1646－0009251　504006
衛生要術一卷　（清）潘霨輯　清光緒二年(1876)刻本　一冊

320000－1646－0009252　502124
摩訶止觀輔行傳弘決四十卷　（隋）釋智都大師說　（隋）釋灌頂記　（唐）釋湛然傳弘決　（明）釋傳燈增科　清光緒刻本　五冊　存十卷(一至十)

320000－1646－0009253　504379
治痘對癥說要二卷　（清）孫豐年著　清乾隆五十年(1785)刻本　三冊

320000－1646－0009254　504008
頤養詮要四卷　（清）馮曦纂輯　清光緒二十四年(1898)刻蒙香室叢書本　一冊

320000－1646－0009255　504009
老老恒言五卷　（清）曹庭棟著　清光緒四年(1878)秀水孫氏刻檇李叢書本　二冊

320000－1646－0009256　504010
壽親養老新書四卷　（元）鄒鉉編次　清同治九年(1870)刻本　三冊

320000－1646－0009257　504011
拳家須知十戒論不分卷　清抄本　一冊

320000－1646－0009258　504013
衛生鴻寶六卷　（清）高味卿增補　清咸豐七年(1857)上海寶賢堂刻本　六冊

320000－1646－0009259　504014
弦雪居重訂遵生八牋十九卷目錄一卷　（明）鍾惺校閱　清光緒十年(1884)刻本　二十冊

320000－1646－0009260　504016
易臨診醫案不分卷　（清）易思蘭撰　清光緒三十四年(1908)抄本　一冊

320000－1646－0009261　504023
臨證指南醫案十卷種福堂公選溫熱論醫案四卷　（清）葉桂著　（清）華南田　（清）李大瞻校　清道光二十四年(1844)蘇州經鉏堂刻本　十二冊

320000－1646－0009262　504024

臨證指南醫案十卷種福堂公選溫熱論醫案四卷　（清）葉桂著　（清）華南田　（清）李大瞻校　清乾隆三十一年至四十二年(1766－1777)刻本　十二冊

320000－1646－0009263　504029

醫林指月　（清）王琦輯　清乾隆三十二年(1767)寶笏樓刻本　三冊　存六種十卷(易氏醫案一卷、芷園臆草存案一卷、傷寒金鏡錄一卷、芷園素社痎瘧論疏一卷疏方一卷、達生篇一卷、扁鵲心書三卷神方一卷)

320000－1646－0009264　504030

傷寒金鏡錄一卷　（元）杜本撰　易氏醫按一卷　（明）易大艮錄　芷園臆草存案一卷　（明）盧復著　清乾隆三十二年(1767)寶笏樓刻本　一冊

320000－1646－0009265　504034

冷廬醫話五卷　（清）陸以湉著　清光緒二十三年(1897)烏程龐氏刻本　四冊

320000－1646－0009266　504037

臨癥經驗方一卷　（清）張仲華輯　清道光二十六年(1846)刻本　二冊

320000－1646－0009267　504040

類證治裁八卷　（清）林珮琴著　清光緒十年(1884)丹陽楊氏研經堂刻本　八冊

320000－1646－0009268　504042

證治明辨五卷　（清）王毓銜編輯　清光緒十三年(1887)抄本　六冊

320000－1646－0009269　504043

陳莘田先生外科臨證不分卷　清光緒十七年(1891)范良臣抄本　四冊

320000－1646－0009270　504047

五家醫案六卷　（清）曹存心等撰　清光緒十五年(1889)俞壽田抄本　一冊

320000－1646－0009271　504049

臨證醫案不分卷　清光緒二十六年(1900)抄本　一冊

320000－1646－0009272　504051

維揚王九峰先生醫案不分卷　（清）王九峰撰　清抄本　一冊

320000－1646－0009273　504054

汪子敬方案不分卷　清光緒二十四年至民國八年(1898－1919)抄本　十六冊

320000－1646－0009274　504055

古今醫案按十卷　（清）俞震纂輯　清宣統元年(1909)上海會文堂書局石印本　十冊

320000－1646－0009275　504056

古今醫案按十卷　（清）俞震纂輯　清宣統元年(1909)上海會文堂書局石印本　十冊

320000－1646－0009276　504057

古今醫案按十卷　（清）俞震纂輯　清宣統元年(1909)上海會文堂書局石印本　十冊

320000－1646－0009277　504058

[顧少蘭金燊堂方案]不分卷　（清）顧少蘭等撰　清宣統三年(1911)槐廬主人抄本　一冊

320000－1646－0009278　504060

齊氏醫案六卷　（清）齊秉慧著　清道光十三年(1833)刻本　六冊

320000－1646－0009279　504063

臨症經驗方一卷　（清）張仲華輯　清光緒八年(1882)刻本　一冊

320000－1646－0009280　504064

醫門補要三卷採集先哲察生死秘法一卷　（清）趙濂著　清光緒九年(1883)刻本　三冊

320000－1646－0009281　504065

青囊立效秘方二卷　（清）李彭年輯　清光緒九年(1883)刻本　一冊

320000－1646－0009282　504067

薛氏醫案二十四種　（明）吳琯輯　清刻本　六十冊　缺五卷(明醫雜著一至四、六)

320000－1646－0009283　504069

葉氏醫案存真三卷馬氏醫案一卷　（清）葉萬青輯　清光緒十二年(1886)常熟抱芳閣刻本　四冊

320000 – 1646 – 0009284　　504076

延陵弟子紀略一卷　（清）曹存心撰　（清）吳元善錄　清咸豐九年(1859)吳郡吳文瀾刻本　一冊

320000 – 1646 – 0009285　　504080

三家醫案合刻三卷　（清）吳金壽輯　清道光十一年(1831)吳氏貯春僊館刻本　二冊

320000 – 1646 – 0009286　　504081

三家醫案合刻三卷醫效秘傳三卷　（清）吳金壽輯　清光緒三十三年(1907)上洋海左書局石印本　一冊

320000 – 1646 – 0009287　　504082

醫效秘傳三卷　（清）葉桂述　（清）吳金壽校　清道光十一年(1831)吳氏貯春僊館刻本　三冊

320000 – 1646 – 0009288　　504083

溫熱贅言一卷　題(清)寄瓢子述　清道光十一年(1831)靈鶴山房吳氏刻本　一冊

320000 – 1646 – 0009289　　504086

各案存真不分卷　（清）張慎甫等撰　清光緒抄本　二冊

320000 – 1646 – 0009290　　504089

醫門精華六卷　（清）徐召思等撰　清光緒王福照抄本　五冊

320000 – 1646 – 0009291　　504095

過庭錄存一卷　（清）曹存心著　清咸豐九年(1859)吳郡吳文瀾刻本　一冊

320000 – 1646 – 0009292　　504096

過庭錄存一卷　（清）曹存心著　樂山先生遺案一卷　（清）吳元善錄　清咸豐九年(1859)吳郡吳文瀾刻本　一冊

320000 – 1646 – 0009293　　504097

丹溪先生治驗醫案不分卷　（明）戴原禮編　清吳中徐海鷗抄本　二冊

320000 – 1646 – 0009294　　504098

柳選四家醫案十二種　（清）柳寶詒選輯　清光緒三十年(1904)江陰柳氏惜餘小舍刻本　六冊

320000 – 1646 – 0009295　　504104

橫山北墅醫案不分卷　清抄本　二冊

320000 – 1646 – 0009296　　504107

王氏醫案二卷　（清）王士雄著　（清）周鑅輯錄　清光緒十八年(1892)上海醉六堂刻本　一冊

320000 – 1646 – 0009297　　504108

王氏醫案續編八卷　（清）張鴻等輯　清光緒十八年(1892)上海醉六堂刻本　三冊

320000 – 1646 – 0009298　　504110

曹氏醫案不分卷　（清）惠卿錄　清惠卿抄本　五冊

320000 – 1646 – 0009299　　504111

繩孝堂錄肘后全書四卷　（清）朱尊聖纂　清抄本　八冊

320000 – 1646 – 0009300　　504112

仿寓意草二卷　（清）李文榮著　清光緒十三年(1887)刻本　二冊

320000 – 1646 – 0009301　　504113

洄溪醫案一卷附一卷慎疾芻言一卷　（清）徐大椿著　清光緒四年(1878)仁和葛氏刻嘯園叢書本　二冊

320000 – 1646 – 0009302　　504114

名醫類案十二卷　（明）江瓘集　（明）江應宿增補　清光緒二十年(1894)著易堂刻本　十二冊

320000 – 1646 – 0009303　　504115

續名醫類案三十六卷　（清）魏之琇編集　清光緒二十年(1894)上海著易堂刻本　三十六冊

320000 – 1646 – 0009304　　504118

原體醫話良方一卷　（清）史典著　（清）王士雄校訂　柳州醫話良方一卷　（清）魏之琇著　（清）王士雄輯　潛齋簡效方一卷　（清）楊照藜鑒定　（清）王士雄輯　清咸豐元年(1851)刻本　一冊

320000－1646－0009305　504120

邵杏泉醫案二卷　（清）邵杏泉撰　俞壽田抄編　清光緒十四年(1888)吳縣俞壽田抄本　二冊

320000－1646－0009306　504123

冷廬醫話五卷　（清）陸以湉著　清光緒二十三年(1897)烏程龐氏刻本　四冊

320000－1646－0009307　504380

引種牛痘方書不分卷　（清）邱熺輯　清光緒二十五年(1899)刻本　一冊

320000－1646－0009308　502129

修習止觀坐禪法要二卷　（隋）釋智顗述　六妙法門一卷　（隋）釋智者大師撰　清光緒十八年(1892)金陵刻經處刻本　一冊

320000－1646－0009309　502134

龍舒淨土文十卷　（宋）王日休撰　清咸豐、同治間刻本　一冊

320000－1646－0009310　503733

景岳全書　（明）張介賓著　清光緒二十年(1894)上海圖書集成印書局鉛印本　十六冊

320000－1646－0009311　503735

新刊醫林狀元壽世保元十集十卷　（明）龔廷賢編　清經綸堂刻本　十冊

320000－1646－0009312　503736

新刊醫林狀元壽世保元十集十卷　（明）龔廷賢編　清經綸堂刻本　十冊

320000－1646－0009313　503740

儒門事親十五卷　（金）張從正著　（明）吳勉學校　清宣統二年(1910)上海國學扶輪社石印本　六冊

320000－1646－0009314　503741

瘍醫大全四十卷　（清）顧世澄纂輯　清末民國上海廣益書局石印本　十六冊

320000－1646－0009315　503744

備急千金要方三十卷考異一卷　（唐）孫思邈撰　（宋）林億等校正　清光緒四年(1878)刻本　十二冊

320000－1646－0009316　503745

千金翼方三十卷　（唐）孫思邈撰　（宋）林億等校正　清光緒四年(1878)影刻元大德本　八冊

320000－1646－0009317　503746

張氏醫通十六卷本經逢原四卷石頑老人診宗三昧一卷傷寒緒論二卷傷寒纘論二卷傷寒舌鑑一卷傷寒兼證析義一卷　（清）張璐纂述　清光緒三十三年(1907)上海書局石印本　十六冊

320000－1646－0009318　503747

張氏醫通十六卷　（清）張璐纂述　清文德堂刻本　十六冊

320000－1646－0009319　503750

訂補明醫指掌十卷　（明）皇甫中撰注　訂補明醫指掌附刻診家樞要一卷　（元）滑壽編纂　清道光二十三年(1843)維揚寶翰樓刻本　十冊

320000－1646－0009320　503751

訂補明醫指掌十卷　（明）皇甫中撰注　訂補明醫指掌附刻診家樞要一卷　（元）滑壽編纂　清光緒二十一年(1895)學庫山房刻本　十冊

320000－1646－0009321　503754

喻氏醫書四種　（清）喻昌著　清末民國上海校經山房石印本　六冊

320000－1646－0009322　503755

醫門法律六卷　（清）喻昌著　清末民國上海簡青齋書局石印本　一冊

320000－1646－0009323　503756

喻氏醫書三種　（清）喻昌著　清光緒三十一年(1905)經元書室刻本　十二冊

320000－1646－0009324　503758

醫林纂要探源十卷附一卷　（清）汪紱輯　清光緒二十三年(1897)刻汪雙池先生叢書本　十冊

320000－1646－0009325　503761

世補齋醫書　（清）陸懋修撰　清光緒十二年（1886）山左書局刻宣統二年（1910）陸潤庠續刻本　十八冊

320000－1646－0009326　503762

世補齋醫書　（清）陸懋修撰　清光緒十二年（1886）山左書局刻宣統二年（1910）陸潤庠續刻本　十八冊

320000－1646－0009327　503763

醫學心悟六卷　（清）程國彭著　清光緒六年（1880）校經山房刻本　六冊

320000－1646－0009328　503764

醫學心悟六卷　（清）程國彭著　清光緒六年（1880）掃葉山房刻本　六冊

320000－1646－0009329　503765

醫學心悟六卷　（清）程國彭著　清末民國上海章福記書局石印本　四冊

320000－1646－0009330　503768

華氏中藏經三卷　（漢）華佗撰　（清）孫星衍輯　清嘉慶十三年（1808）孫氏刻平津館叢書本　一冊

320000－1646－0009331　503769

華氏中藏經三卷　（漢）華佗撰　（清）孫星衍輯　清光緒十一年（1885）吳縣朱氏槐廬家塾刻本　二冊

320000－1646－0009332　503770

景岳全書　（明）張介賓撰　清經綸堂刻本　三十二冊

320000－1646－0009333　503771

景岳全書　（明）張介賓撰　清刻本　二十四冊

320000－1646－0009334　503772

景岳全書　（明）張介賓著　清刻本　三冊　存四卷（三十八至三十九、四十八至四十九）

320000－1646－0009335　503776

周氏醫學叢書　（清）周學海輯　清光緒、宣統間池陽周氏刻宣統三年（1911）彙印本　七十二冊

320000－1646－0009336　503777

驗方新編十六卷　（清）鮑相璈編輯　清道光至同治海山仙館刻本　十冊

320000－1646－0009337　503779

陳修園五十四種　（清）陳念祖撰　清光緒三十四年（1908）章福記書局石印本　九冊　存十九種四十五卷（女科要旨四卷、景岳新方砭四卷、增廣大生要旨一卷、增廣保嬰要旨一卷、王洪緒先生外科證治全生一卷、傷寒醫訣串解六卷、傷寒真方歌括六卷、十藥神書注解一卷、金匱方歌括六卷、長沙方歌括六卷、引痘略一卷、濕熱條辨一卷、醫家心法一卷、秘本眼科捷徑一卷、傷寒舌鑒一卷、達生編一卷、易氏醫按一卷、醫壘元戎一卷、局方發揮一卷）

320000－1646－0009338　503784

黃氏醫書八種　（清）黃元御撰　清宣統元年（1909）上海江左書林石印本　八冊

320000－1646－0009339　503785

御纂醫宗金鑑九十卷首一卷　（清）吳謙等輯　清刻本　四十八冊　存七十五卷（一至七十四、首一卷）

320000－1646－0009340　503786

御纂醫宗金鑑九十卷首一卷　（清）吳謙等輯　清光緒十八年（1892）上海圖書集成印書局石印本　二十四冊

320000－1646－0009341　503787

御纂醫宗金鑑九十卷首一卷　（清）吳謙等輯　清光緒二年（1876）江西書局刻本　六十冊

320000－1646－0009342　503789

黃氏醫書八種　（清）黃元御撰　清咸豐十年（1860）長沙變穌精舍刻本　二十冊

320000－1646－0009343　503790

黃氏醫書八種　（清）黃元御撰　清咸豐十年（1860）長沙變穌精舍刻本　十二冊

320000－1646－0009344　503791

四聖心源十卷　（清）黃元御著　清咸豐十年（1860）長沙變穌精舍刻黃氏醫書八種本

六册

320000 - 1646 - 0009345　503792

周澂之評注醫書八種　（清）周學海注　清光緒池陽周氏刻本　六册

320000 - 1646 - 0009346　503793

類證活人書二十二卷　（宋）朱肱著　清光緒三十三年（1907）京師醫局刻古今醫統正脈全書本　四册

320000 - 1646 - 0009347　503794

中西匯通醫書五種　（清）唐宗海著　清光緒三十四年（1908）上海千頃堂書局石印本　十二册

320000 - 1646 - 0009348　503795

醫學集成四卷　（清）劉仕廉纂輯　清同治十二年（1873）刻本　四册

320000 - 1646 - 0009349　503796

外科正宗十二卷　（明）陳實功著　（清）徐大椿評　清咸豐十年（1860）掃葉山房刻本　六册

320000 - 1646 - 0009350　503797

徐氏醫書八種　（清）徐大椿撰　清光緒十五年（1889）上海江左書林刻本　十二册

320000 - 1646 - 0009351　503799

韓園醫學六種　（清）潘霨輯　清光緒九年（1883）江西書局刻本　十二册

320000 - 1646 - 0009352　503803

東垣十書　（金）李杲等撰　清萃華堂刻本　七册　存八種十五卷（脉訣一卷、局方發揮一卷、脾胃論三卷、格致餘論一卷、蘭室秘藏三卷、內外傷辨惑論三卷、李果先生此事難知集二卷、醫經溯洄集一卷）

320000 - 1646 - 0009353　503804

當歸草堂醫學叢書初編　（清）丁丙輯　清光緒四年（1878）錢塘丁氏當歸草堂刻本　八册

320000 - 1646 - 0009354　503806

潛參醫書五種　（清）王士雄撰　清光緒十八年（1892）上海醉六堂刻本　十册

320000 - 1646 - 0009355　503807

潛參醫書五種　（清）王士雄撰　清光緒三十年（1904）石印本　八册

320000 - 1646 - 0009356　503809

欽定古今圖書集成醫部全錄五百二十卷　（清）蔣廷錫等纂　清光緒二十年（1894）鉛印本　六十册

320000 - 1646 - 0009357　503810

欽定古今圖書集成醫部全錄五百二十卷　（清）蔣廷錫等纂　清光緒二十年（1894）鉛印本　六十册

320000 - 1646 - 0009358　503811

六醴齋醫書　（清）程永培輯　清刻本　三十二册

320000 - 1646 - 0009359　503816

醫法心傳一卷　（清）程芝田遺著　清光緒十三年（1887）雷慎修堂養鶴山房刻雷氏慎修堂醫書三種本　一册

320000 - 1646 - 0009360　503820

醫門小學快讀二卷　（清）趙亮采撰　清末民國石印本　一册

320000 - 1646 - 0009361　503827

絳囊撮要一卷　題（清）雲川道人輯　**達生篇三卷**　題（清）亟齋居士編　清同治七年（1868）刻本　二册

320000 - 1646 - 0009362　503830

一得集三卷　（清）僧心禪著　清光緒十六年（1890）永禪室刻本　二册

320000 - 1646 - 0009363　503831

筆花醫鏡四卷　（清）江涵暾著　清光緒十一年（1885）刻本　一册

320000 - 1646 - 0009364　503833

醫宗備要三卷　（清）曾鼎撰　清同治八年（1869）楚北崇文書局刻本　一册

320000 - 1646 - 0009365　503834

讀醫隨筆六卷　（清）周學海著　清光緒二十四年（1898）池陽周氏刻周氏醫學叢書本

四册

320000－1646－0009366　503838

簡明中西匯參醫學圖說二編　（清）王有忠編輯　清光緒三十二年(1906)上海廣益書局石印本　二册

320000－1646－0009367　503842

醫宗必讀五卷首一卷　（明）李中梓著　清盛德堂刻本　五册

320000－1646－0009368　503843

詳校醫宗必讀十卷　（明）李中梓著　清蘇州綠蔭堂刻本　六册

320000－1646－0009369　503844

群玉山房重校醫宗必讀十卷　（明）李中梓著　清江陰寶文堂書莊刻本　五册

320000－1646－0009370　503846

醫學窮源集六卷　（明）王肯堂著　清嘉慶二十二年(1817)金閶書業堂刻本　八册

320000－1646－0009371　503848

醫宗說約五卷首一卷　（清）蔣示吉撰　清乾隆六十年(1795)刻本　二册

320000－1646－0009372　503850

全體闡微三卷　（美國）柯為良譯　清光緒二十四年(1898)鉛印本　三册

320000－1646－0009373　503851

醫學實在易八卷　（清）陳念祖著　清桂薈堂刻本　四册

320000－1646－0009374　503852

琉球百問一卷　（清）曹存心著　清末刻本　一册

320000－1646－0009375　503853

保身必覽二卷　（清）錢嚮杲著　清光緒二十七年(1901)刻本　二册

320000－1646－0009376　503854

洞天奧旨十六卷　（清）陳士鐸著　清大雅堂刻本　八册

320000－1646－0009377　503857

醫略十三卷　（清）蔣寶素撰　清道光快志堂刻本　三册

320000－1646－0009378　503859

證治彙補八卷　（清）李用粹撰　清康熙三十年(1691)舊德堂刻本　八册

320000－1646－0009379　503860

傳忠錄三卷類經附翼一卷　（明）張介賓撰　清光緒二十九年(1903)抄本　一册

320000－1646－0009380　503861

新訂醫理元樞十二卷附二卷　（清）朱音恬編輯　清三益堂刻本　十六册

320000－1646－0009381　503862

困學隨筆十三卷　（清）朱恩著　清光緒二十三年(1897)上海寶善書局石印本　四册

320000－1646－0009382　503863

重慶堂隨筆二卷　（清）王學權著　清光緒三十一年(1905)上海書局石印本　二册

320000－1646－0009383　503865

王氏醫存十七卷　（清）王燕昌述　清同治十三年(1874)皖城黃竹友齋刻本　八册

320000－1646－0009384　503866

玉函真義天元歌一卷　（明）蔣平階撰　（清）尹有本發義　清同治六年(1867)尹氏刻四秘全書本　一册

320000－1646－0009385　503867

玉函真義古鏡歌一卷　（明）蔣平階撰　（清）尹有本發義　清同治六年(1867)尹氏刻四秘全書本　一册

320000－1646－0009386　503868

補注黃帝內經素問二十四卷　（唐）王冰注　（宋）林億等校正　（宋）孫兆重改誤　黃帝內經素問遺篇一卷　（宋）劉溫舒原本　清光緒三年(1877)浙江書局刻本　八册

320000－1646－0009387　503870

醫貫六卷　（明）趙獻可著　清刻本　六册

320000－1646－0009388　503871

醫悟十二卷　（清）馬冠群述　清光緒十九年

(1893)木活字印本　四冊

320000-1646-0009389　504381
引種牛痘方書不分卷　（清）邱熺輯　清光緒二十年(1894)江西書局刻本　一冊

320000-1646-0009390　503873
馮氏錦囊秘錄雜症大小合叅二十卷首二卷痘疹全集十五卷痘疹藥性主治合叅十二卷首一卷　（清）馮兆張纂輯　清大文堂刻本　三十二冊

320000-1646-0009391　503874
馮氏錦囊秘錄雜症大小合叅二十卷首二卷痘疹全集十五卷　（清）馮兆張纂輯　清刻本　九冊

320000-1646-0009392　503876
嵩厓尊生書十五卷　（清）景日昣纂著　清刻本　八冊

320000-1646-0009393　503877
嵩厓尊生書十五卷　（清）景日昣纂著　清刻本　八冊

320000-1646-0009394　503878
沈氏尊生書五種　（清）沈金鰲撰　清光緒二十一年(1895)上海圖書集成局鉛印本　六冊

320000-1646-0009395　503879
醫原二卷　（清）石壽棠著　清咸豐十一年(1861)留耕書屋刻本　四冊

320000-1646-0009396　503881
赤水玄珠三十卷醫旨緒餘二卷醫案五卷　（明）孫一奎著　清刻本　三十二冊

320000-1646-0009397　503882
士材三書　（明）李中梓撰　清光緒十三年(1887)上海江左書林刻本　六冊

320000-1646-0009398　503883
醫學讀書記三卷續記一卷靜香樓醫案一卷　（清）尤怡著　清光緒十四年(1888)朱氏刻槐廬叢書本　二冊

320000-1646-0009399　503887
徐靈胎醫學全書　（清）徐大椿撰　清光緒三十三年(1907)上海六藝書局石印本　七冊　存十二種十三卷（難經經釋二卷、神農本草經百種錄一卷、傷寒論類方一卷、洄溪醫案一卷、傷寒約編一、脈訣啟悟注釋一卷、雜病源一卷、洄溪脈學一卷、六經病解一卷、舌鑒總論一卷、女科醫案一卷、內經詮釋一卷）

320000-1646-0009400　503888
醫經溯洄集一卷　（元）王履著　清光緒三十四年(1908)上海章福記石印本　一冊

320000-1646-0009401　503889
醫學篇四卷又四卷　（清）曾懿著　清光緒三十三年(1907)長沙刻古歡室全集本　二冊

320000-1646-0009402　503890
女學篇一卷　（清）曾懿著　清光緒三十三年(1907)長沙刻古歡室全集本　一冊

320000-1646-0009403　503891
中饋錄一卷　（清）曾懿著　清光緒三十三年(1907)長沙刻本　一冊

320000-1646-0009404　503892
景岳全書發揮四卷　（清）葉桂著　清道光二十四年(1844)刻本　四冊

320000-1646-0009405　503894
劉河間傷寒六書　（金）劉完素撰　（明）吳勉學校　清刻本　十冊

320000-1646-0009406　503895
全體通考十八卷附圖二卷　（英國）德貞子固撰　清光緒十二年(1886)鉛印本　四冊

320000-1646-0009407　503896
醫學指歸二卷　（清）趙術堂編輯　清同治元年(1862)旌孝堂刻本　二冊

320000-1646-0009408　503897
補注黃帝內經素問二十四卷靈樞十二卷　（宋）孫兆重改誤　黃帝內經素問遺篇一卷　（宋）劉溫舒原本　清光緒三年(1877)浙江書局刻本　十冊

320000-1646-0009409　503898
素問靈樞類纂約註三卷　（清）汪昂纂輯　清

光緒七年(1881)蘇州綠蔭堂刻本　三冊

320000－1646－0009410　503900

重訂駱龍吉內經拾遺方論四卷　（宋）駱龍吉撰　（明）劉裕德　（明）朱練訂　清刻本　三冊

320000－1646－0009411　503901

素問靈樞類纂約註三卷　（清）汪昂纂輯　清江陰寶文堂書莊刻本　三冊

320000－1646－0009412　503902

內經論治一卷　清光緒二十一年(1895)張慶龍抄本　一冊

320000－1646－0009413　503903

靈樞經九卷　（清）張志聰集註　清光緒十六年(1890)浙江書局刻本　八冊

320000－1646－0009414　503904

黃帝內經素問九卷　（清）張志聰集註　清光緒十六年(1890)浙江書局刻本　六冊

320000－1646－0009415　503905

內經知要二卷　（清）李中梓原輯　清光緒九年(1883)上洋江左書林刻本　二冊

320000－1646－0009416　502137

徑中徑又徑四卷　（清）張師誠輯　清光緒二十九年(1903)揚州藏經院刻本　二冊

320000－1646－0009417　503906

靈樞經十卷　（清）張志聰集註　清光緒三年(1877)刻本　十一冊

320000－1646－0009418　503907

黃帝內經素問九卷　（清）張志聰集註　清光緒三年(1877)刻本　九冊

320000－1646－0009419　503910

黃帝內經靈樞十二卷　（宋）孫兆重改誤　清光緒三年(1877)浙江書局刻本　二冊

320000－1646－0009420　503917

增輯難經本義二卷彙考一卷　（元）滑壽本義　（清）周學海增輯　清光緒十七年(1891)池陽周氏刻本　二冊

320000－1646－0009421　503918

古本難經闡注二卷　（清）丁錦集注　清同治三年(1864)刻本　二冊

320000－1646－0009422　503919

古本難經闡注二卷　（清）丁錦集注　清同治三年(1864)刻本　二冊

320000－1646－0009423　503920

圖註難經脈訣六種　（明）張世賢註　清掃葉山房刻本　五冊

320000－1646－0009424　504382

痘疹會通五卷　（清）曾鼎纂述　清光緒抄本　四冊

320000－1646－0009425　503924

巢氏諸病源候總論五十卷　（隋）巢元方撰　清光緒池州周氏刻本　十冊

320000－1646－0009426　503926

醫方簡義六卷　（清）王清源著　清光緒二十四年(1898)杭州同善堂刻本　四冊

320000－1646－0009427　503928

杜清碧驗證舌法一卷　（元）杜清碧撰　清光緒二十一年(1895)語溪張峻抄本　一冊

320000－1646－0009428　503930

醫門棒喝四卷二集九卷　（清）章楠著　清同治六年(1867)聚文堂刻本　十冊

320000－1646－0009429　503932

傷寒舌鑑一卷　（清）張登彙纂　清同治九年(1870)上海大魁楨記刻本　二冊

320000－1646－0009430　503933

傷寒舌鑑一卷　（清）張登彙纂　清刻本　二冊

320000－1646－0009431　503934

三指禪三卷　（清）周學霆撰　清光緒二十一年(1895)澹雅書局刻本　二冊

320000－1646－0009432　503935

醫門棒喝四卷二集九卷　（清）章楠著　清宣統元年(1909)石印本　十冊

320000－1646－0009433　503936

漢譯診病奇侅二卷　（日本）丹波茞庭類次（日本）松井操子漢譯　清光緒十四年（1888）四明王氏鉛印本　二冊

320000－1646－0009434　503937

舌鑑辨正二卷　（清）梁玉瑜傳　陶保廉錄　清光緒二十三年（1897）蘭州固本堂書局刻本　二冊

320000－1646－0009435　503938

奪命金鑑一卷　清光緒抄本　一冊

320000－1646－0009436　503947

白胎總論一卷　（清）滕德先錄　清道光九年（1829）滕建侯抄本　一冊

320000－1646－0009437　500867

睫巢鏡影　（清）童葉庚撰　清光緒十六年（1890）武林任有容齋刻本　一冊　存四種四卷（靜觀自得錄一卷、說快又續筆一卷、雕玉雙聯一卷、醉月隱語一卷）

320000－1646－0009438　504135

內科辨症用藥法不分卷　（清）金小春錄　清抄本　三冊

320000－1646－0009439　504383

種痘新書十二卷　（清）張琰編輯　清寶文堂刻本　六冊

320000－1646－0009440　504137

內科心典不分卷　（清）徐時進編　清抄本　四冊

320000－1646－0009441　504138

貫唯集內科不分卷　題□）河南布衣均望錄　清抄本　一冊

320000－1646－0009442　504139

類傷寒辨四卷九方便覽一卷　題（清）平昌穀人錄　清光緒三十一年（1905）怡怡堂平昌氏穀人抄本　五冊

320000－1646－0009443　504140

陶節菴傷寒全生集四卷　（明）陶華撰　（清）葉天士評　清嘉慶十五年（1810）葉眉壽堂刻本　四冊

320000－1646－0009444　504142

傷寒綱領不分卷　清抄本　一冊

320000－1646－0009445　504143

何氏傷寒纂要不分卷　（清）何汝閎集　清光緒九年（1883）醉書廬主人抄本　二冊

320000－1646－0009446　504144

傷寒得心錄不分卷　清抄本　二冊

320000－1646－0009447　504145

新編張仲景註解發微論二卷　（宋）許叔微述　清抄本　二冊

320000－1646－0009448　504146

內科新說二卷　（英國）合信氏著　（清）管茂材撰　清咸豐八年（1858）仁濟醫館刻本　一冊

320000－1646－0009449　504147

傷寒補天石二卷續二卷　（明）戈維城著　（清）朱陶性校　清嘉慶十六年（1811）汲綆齋刻本　二冊

320000－1646－0009450　504148

傷寒第一書四卷　（清）車宗輅述　（清）胡憲豐述　清乾隆四十五年（1780）刻本　四冊

320000－1646－0009451　504149

傷寒兼證析義一卷　（清）張倬著　清乾隆、嘉慶間刻張氏醫書七種本　二冊

320000－1646－0009452　504151

儒門醫學三卷附一卷　（英國）海得蘭撰　（英國）傅蘭雅口譯　（清）趙元益筆述　清同治六年（1867）刻本　四冊

320000－1646－0009453　504152

傷寒指南不分卷　清抄本　一冊

320000－1646－0009454　504153

診餘舉隅錄二卷　（清）陳廷儒撰　清光緒二十四年（1898）鉛印本　二冊

320000－1646－0009455　504154

傷寒方法二卷　（清）王子接注　（清）顧滄籌

校　清古吳金丹成等刻本　一冊

320000－1646－0009456　504155
劉河間傷寒三書劉河間傷寒六書　（金）劉完素撰　清宣統元年(1909)上海千頃堂石印本　二冊

320000－1646－0009457　504157
傷寒尋源三卷　（清）呂震名著　清抄本　三冊

320000－1646－0009458　504160
傷寒論七卷　（漢）張機著　（金）成無己注　清文翰樓刻本　六冊

320000－1646－0009459　504163
傷寒論淺注補正七卷　（清）陳念祖注　（清）唐宗海補正　清光緒三十四年(1908)千頃堂書局石印本　三冊

320000－1646－0009460　504164
注解傷寒論十卷　（漢）張機述　（晉）王熙撰次　（金）成無己注解　傷寒明理論四卷（宋）金聊攝　（金）成無己撰　清光緒六年(1880)掃葉山房刻本　六冊

320000－1646－0009461　504166
傷寒論三注十六卷　（清）丁思孔定　（清）周揚俊輯　清光緒十三年(1887)漁古山房刻本　六冊

320000－1646－0009462　504169
傷寒論注四卷傷寒附翼二卷　（清）柯琴編注　清掃葉山房刻本　六冊

320000－1646－0009463　504171
余注傷寒論翼四卷　（清）余景和重訂　清光緒十九年(1893)蘇州綠蔭堂刻本　二冊

320000－1646－0009464　504172
尚論篇四卷首一卷後篇四卷　（清）喻昌著　清宣統元年(1909)掃葉山房石印本　二冊

320000－1646－0009465　504173
尚論篇四卷首一卷後篇四卷　（清）喻昌著　清光緒、宣統間上海簡青齋書局石印本　二冊

320000－1646－0009466　504174
寓意草一卷　（清）喻昌著　清光緒、宣統間上海簡青齋書局石印本　一冊

320000－1646－0009467　504175
[傷寒論辨]不分卷　（清）汪闇如選　清抄本　二冊

320000－1646－0009468　504176
張仲景傷寒論貫珠集八卷　（清）尤怡注　清嘉慶十五年(1810)朱陶性木活字印本　四冊

320000－1646－0009469　504178
余注傷寒論翼四卷　（清）柯琴　（清）余景和重訂　清光緒十九年(1893)蘇城謝文翰齋刻本　二冊

320000－1646－0009470　504179
余注傷寒論翼四卷　（清）柯琴　（清）余景和重訂　清光緒十九年(1893)蘇城謝文翰齋刻本　四冊

320000－1646－0009471　504184
內科傷寒論講義三卷　（清）徐定超編輯　清光緒三十二年(1906)刻本　三冊

320000－1646－0009472　504186
金匱要略淺注補正九卷　（清）陳念祖淺註　（清）唐宗海補正　清光緒三十四年(1908)上海千頃堂石印本　三冊

320000－1646－0009473　504187
金匱心典三卷　（清）尤怡集註　清光緒七年(1881)刻本　三冊

320000－1646－0009474　504188
金匱心典三卷　（清）尤怡集註　清光緒七年(1881)刻本　三冊

320000－1646－0009475　504189
金匱懸解二十二卷　（清）黃元御著　清長沙徐氏燮穌精舍刻本　四冊

320000－1646－0009476　504190
張仲景金匱要略論註二十四卷　（清）徐彬著　清光緒五年(1879)掃葉山房刻本　六冊

320000－1646－0009477　504192

四時病機十四卷　（清）邵登瀛輯　清宣統元年(1909)江南醫學公會石印本　三冊

320000－1646－0009478　504193
邵氏醫書三種　（清）邵登瀛撰　清光緒六年(1880)刻本　六冊

320000－1646－0009479　504194
疫證集說四卷補遺一卷　（清）余德壎編　清宣統三年(1911)素盦鉛印本　四冊

320000－1646－0009480　504196
廣瘟疫論四卷　（清）戴天章著　清刻本　二冊

320000－1646－0009481　504197
痢疾論四卷　（清）孔毓禮著輯　清道光二十七年(1847)謙益堂刻本　五冊

320000－1646－0009482　504198
溫疫論補注二卷　（明）吳有性著　（清）鄭重光補注　清光緒二十一年(1895)揚州文富堂刻本　二冊

320000－1646－0009483　504199
溫疫論補注二卷　（明）吳有性著　（清）鄭重光補注　清同治三年(1864)文成堂刻本　二冊

320000－1646－0009484　504201
溫熱暑疫全書四卷　（清）周揚俊輯　（清）薛雪等重校　清刻本　二冊

320000－1646－0009485　504202
瘟疫論類編五卷　（明）吳有性著　（清）劉奎訂正　清羊城味經堂刻本　二冊

320000－1646－0009486　504203
溫病近格不分卷　（清）張峻豫輯　清光緒二十一年(1895)語溪張峻豫抄本　一冊

320000－1646－0009487　504204
養生鏡一卷　（清）陸樂山撰　清刻本　一冊

320000－1646－0009488　504205
鼠疫彙編不分卷　（清）吳宣崇　（清）羅汝蘭著　清光緒二十六年(1900)刻本　一冊

320000－1646－0009489　504206
爛喉痧痧輯要一卷　（清）金德鑑撰　清光緒十七年(1891)刻本　一冊

320000－1646－0009490　504207
爛喉痧痧輯要一卷　（清）金德鑑撰　清光緒十八年(1892)海上陸氏刻本　一冊

320000－1646－0009491　504210
痧症全書三卷　（明）林森傳授　（清）王凱編輯　清光緒四年(1878)都門慈幼堂刻本　二冊

320000－1646－0009492　504212
痧脹玉衡書二卷後一卷　（清）郭志邃著　清康熙十七年(1678)刻本　四冊

320000－1646－0009493　504213
痲科活人全書四卷　（清）謝玉瓊纂輯　清光緒十九年(1893)豐城李氏刻本　四冊

320000－1646－0009494　504214
痲科活人全書四卷　（清）謝玉瓊纂輯　清咸豐十一年(1861)刻本　八冊

320000－1646－0009495　504216
隨息居重訂霍亂論不分卷　（清）王士雄纂　清末民國上海文瑞樓石印本　一冊

320000－1646－0009496　504217
隨息居重訂霍亂論四卷　（清）王士雄纂　清光緒十八年(1892)上海醉六堂刻本　一冊

320000－1646－0009497　504218
隨息居重訂霍亂論四卷　（清）王士雄纂　清光緒十三年(1887)刻本　二冊

320000－1646－0009498　504219
重訂霍亂論四卷　（清）王士雄纂　良方選錄一卷掩埋備覽一卷　（清）談熊江輯　清光緒二十八年(1902)儀徵吳氏有福讀書堂刻本　一冊

320000－1646－0009499　504220
痧書三卷　（明）林森傳授　（清）王凱編輯　清光緒四年(1878)刻本　一冊

320000－1646－0009500　504222

溫熱經緯五卷　（清）王士雄纂　清末民國上海錦章書局石印本　二冊

320000－1646－0009501　504223

溫熱經緯五卷　（清）王士雄纂　清末民國上海錦章書局石印本　二冊

320000－1646－0009502　504224

溫熱經緯五卷　（清）王士雄纂　清末民國上海錦章書局石印本　一冊

320000－1646－0009503　504225

溫熱經緯五卷　（清）王士雄纂　清同治二年(1863)刻本　四冊

320000－1646－0009504　504226

溫熱經緯五卷　（清）王士雄纂　清同治二年(1863)刻本　一冊

320000－1646－0009505　504227

痢證匯參十卷　（清）吳道源纂輯　清經綸堂刻本　四冊

320000－1646－0009506　504231

陰證略例一卷　（元）王好古撰　清光緒五年(1879)吳興陸氏十萬卷樓刻本　一冊

320000－1646－0009507　504235

溫病條辨六卷首一卷　（清）吳瑭著　清嘉慶十八年(1813)刻本　六冊

320000－1646－0009508　504236

神授急救異痧奇方一卷　清光緒二十七年(1901)鉛印本　一冊

320000－1646－0009509　504238

咳嗽治法一卷　（清）沈漢澄述　清道光八年(1828)刻本　一冊

320000－1646－0009510　504239

血證論八卷　（清）唐宗海著　清光緒三十四年(1908)千頃堂石印本　二冊

320000－1646－0009511　504243

腳氣類方一卷　（清）源養德輯　清光緒二十五年(1899)上海古香閣刻本　四冊

320000－1646－0009512　504245

傷寒補天石二卷　（明）戈維城著　清光緒三十三年(1907)抄本　二冊

320000－1646－0009513　504246

感證集腋二卷　（清）茅鍾盈選輯　清道光十六年(1836)補刻本　四冊

320000－1646－0009514　504247

血症良方一卷　（清）潘爲縉著　清光緒二十八年(1902)長沙葉氏刻本　一冊

320000－1646－0009515　504250

外科證治全書五卷末一卷　（清）許克昌（清）畢法輯　清同治六年(1867)刻本　五冊

320000－1646－0009516　504251

瘡瘍經驗全書六卷　（宋）竇漢卿輯著　清末民國上海錦章圖書局石印本　四冊

320000－1646－0009517　504252

外證醫案彙編四卷　（清）余景和編輯　清末民國上海文瑞樓石印本　一冊

320000－1646－0009518　504255

外科症治全生集四卷　（清）王維德纂輯　清光緒四年(1878)潘敏德堂刻本　二冊

320000－1646－0009519　504256

外科症治全生集四卷　（清）王維德纂輯　清光緒四年(1878)潘敏德堂刻本　二冊

320000－1646－0009520　504257

外科症治全生集四卷　（清）王維德纂輯　清光緒九年(1883)掃葉山房刻本　二冊

320000－1646－0009521　504258

外科圖說六卷　（清）高文晉輯　清道光十四年(1834)刻本　十二冊

320000－1646－0009522　504259

瘍醫大全四十卷　（清）顧世澄纂輯　清光緒二十年(1894)刻本　四十冊

320000－1646－0009523　504260

瘍醫大全四十卷　（清）顧世澄纂輯　清同治九年(1870)敦仁堂刻本　四十冊

320000－1646－0009524　504261

外科正宗十二卷　（明）陳實功著　清光緒八年(1882)刻本　十二冊

320000－1646－0009525　504262

外科正宗十二卷　（明）陳實功著　清咸豐十年(1860)刻本　六冊

320000－1646－0009526　504263

外科正宗十二卷　（明）陳實功著　清咸豐十年(1860)刻本　十二冊

320000－1646－0009527　504264

重訂外科正宗十二卷　（明）陳實功撰　清光緒二年(1876)敦元堂刻本　六冊

320000－1646－0009528　504267

枕藏外科必用諸方一卷　清葉凌氏抄本　一冊

320000－1646－0009529　504270

外科集腋八卷　（清）張景顏纂輯　清嘉慶十九年(1814)刻本　十六冊

320000－1646－0009530　504271

瘍科臨證心得集三卷　（清）高秉鈞纂輯　清光緒二十七年(1901)刻本　三冊

320000－1646－0009531　504272

瘍科臨證心得集三卷　（清）高秉鈞纂輯　清嘉慶十一年(1806)刻本　四冊

320000－1646－0009532　504273

黴瘡秘錄二卷　（明）陳司成著　清光緒十一年(1885)刻本　二冊

320000－1646－0009533　504285

瘍科捷徑秘本不分卷　清光緒十五年(1889)靈胎廬抄本　一冊

320000－1646－0009534　504287

外科真詮二卷　（清）鄒岳著　清同治十一年(1872)刻本　四冊

320000－1646－0009535　504288

外科真詮二卷　（清）鄒岳著　清同治十一年(1872)刻本　四冊

320000－1646－0009536　504289

瘍科秘方大全一卷　清光緒二十七年(1901)苕溪管蓮洲抄本　一冊

320000－1646－0009537　504296

外科理例七卷附方一卷　（明）汪機編輯　清末民國上海千頃堂石印本　一冊

320000－1646－0009538　504297

外科灰餘集不分卷　（清）程國彭撰　清抄本　二冊

320000－1646－0009539　504298

外科醫案彙編四卷　（清）余景和編輯　清光緒二十年(1894)刻本　四冊

320000－1646－0009540　504304

傷科補要四卷　（清）錢秀昌編輯　清光緒三十二年(1906)春暉堂李氏抄本　四冊

320000－1646－0009541　504306

婦科寶案一卷　（清）葉桂著　四言脈訣一卷　（明）李士材著　清學林堂吳錫麒抄本　一冊

320000－1646－0009542　504307

萬氏女科三卷　（明）萬全撰　清刻本　二冊

320000－1646－0009543　504308

萬氏女科三卷　（明）萬全撰　清愛日堂刻本　二冊

320000－1646－0009544　504309

婦人良方二十四卷　（宋）陳自明編　（明）薛己註　清漁古山房刻本　十冊

320000－1646－0009545　504311

女科秘笈一卷　（清）鄭昭山輯　清光緒三十二年(1906)語溪張峻豫抄本　一冊

320000－1646－0009546　504315

竹林女科證治四卷　題(清)竹林寺僧撰　清光緒十七年(1891)皖江節署刻本　六冊

320000－1646－0009547　504316

竹林女科證治四卷　題(清)竹林寺僧撰　清光緒九年(1883)刻本　六冊

320000－1646－0009548　504318

女科切要八卷　（清）吳道源纂輯　清乾隆三十八年(1773)刻本　二冊

320000－1646－0009549　504319

女科良方三卷　（清）傅山著　清光緒三十二年(1906)掃葉山房刻本　三冊

320000－1646－0009550　504320

小蓬萊山館方鈔二卷　題（清）竹林寺僧傳　清光緒元年(1875)刻本　一冊

320000－1646－0009551　504384

種痘新書十二卷　（清）張琰編輯　清乾隆四十二年(1777)刻本　四冊

320000－1646－0009552　504385

痘疹正宗二卷　（清）宋麟祥著　清乾隆八年(1743)刻本　四冊

320000－1646－0009553　504386

新刻秦景明先生痘疹折衷二卷　（明）秦昌遇撰　（清）夏之翼訂　清刻本　二冊

320000－1646－0009554　504387

痘疹百問秘本不分卷　（清）吳學損校訂　清刻本　二冊

320000－1646－0009555　504389

幼科心鑑二卷　（清）劉行周錄　清光緒抄本　二冊

320000－1646－0009556　504390

幼科總要一卷　清光緒二十四年(1898)念慈抄本　一冊

320000－1646－0009557　504391

痘學真傳八卷　（清）葉大椿著　清嘉慶二十五年(1820)刻本　四冊

320000－1646－0009558　504392

新刻補遺秘傳痘疹金嬰金鏡錄三卷　（明）翁仲仁輯著　（清）陸道元補遺　清刻本　三冊

320000－1646－0009559　504394

詹氏痘科一卷　（清）詹思益著　清光緒五年(1879)養餘書屋刻本　一冊

320000－1646－0009560　504395

幼科痘期施治要略一卷　（清）邵星森撰　清光緒三十一年(1905)刻本　一冊

320000－1646－0009561　504397

增補秘傳痘疹玉髓金鏡錄三卷補遺一卷　（明）翁仲仁輯著　清文瑞樓刻本　二冊

320000－1646－0009562　504399

痘疹活幼心法一卷　（清）聶尚恒撰　清刻本　一冊

320000－1646－0009563　504401

究心編痘科二卷　（清）朱希鎬輯　清道光十年(1830)刻本　一冊

320000－1646－0009564　504402

痘疹正宗二卷　（清）宋麟祥著　清刻本　二冊

320000－1646－0009565　504403

疫疹一得二卷　（清）余霖輯著　清光緒十年(1884)刻本　二冊

320000－1646－0009566　504404

痘疹定論四卷　（清）朱純嘏編輯　清咸豐四年(1854)角山樓刻本　四冊

320000－1646－0009567　504406

痘疹心法十二卷首一卷　（清）段希孟撰　清光緒二十五年(1899)木活字印本　二冊

320000－1646－0009568　504407

重刊俞天池先生痧痘集解六卷　（清）俞茂鯤集解　清光緒十一年(1885)刻本　四冊

320000－1646－0009569　504408

痘科紅爐點雪二卷　（清）葉向春著　清嘉慶十三年(1808)刻本　二冊

320000－1646－0009570　504409

急慢驚風不分卷　清咸豐六年(1856)霞鑫抄本　一冊

320000－1646－0009571　504412

咽喉經驗秘傳一卷　（清）程瘦樵撰　清光緒十四年(1888)淮南韓氏刻本　一冊

320000－1646－0009572　504415

喉科秘旨二卷　清同治十三年(1874)紅杏山房刻本　二冊

320000－1646－0009573　504416

喉科秘旨二卷　清巴蜀傅氏刻本　二冊

320000－1646－0009574　504418

白喉治法忌表抉微不分卷　題(清)耐修子撰　清光緒二十五年(1899)鉛印本　一冊

320000－1646－0009575　504421

喉科尤氏秘書一卷　(清)尤乘原編　(清)華文棫校訂　清嘉慶刻本　一冊

320000－1646－0009576　504422

重樓玉鑰二卷　(清)鄭梅澗著　清道光十九年(1839)刻本　一冊

320000－1646－0009577　504423

喉痧正的一卷　(清)曹心怡著　清光緒十六年(1890)刻本　一冊

320000－1646－0009578　504425

喉科四卷　(清)包永泰著　清光緒八年(1882)資善堂刻本　一冊

320000－1646－0009579　504426

白喉證治通考一卷　(清)張采田著　清光緒二十九年(1903)刻本　一冊

320000－1646－0009580　504427

時疫白喉捷要一卷　(清)張紹修著　清光緒三十年(1904)浙江官書局刻本　一冊

320000－1646－0009581　504428

喉科秘鑰二卷　(清)許佐廷增訂　清光緒十年(1884)粹文堂刻本　二冊

320000－1646－0009582　504430

急救喉證刺疔合編二卷　(清)費山壽彙輯　清光緒十年(1884)刻本　四冊

320000－1646－0009583　504431

囊秘喉書一卷　(清)楊龍九著　清光緒二十八年(1902)刻本　一冊

320000－1646－0009584　504434

重刻咽喉脈證通論一卷　(清)許梿輯校　清咸豐七年(1857)刻本　一冊

320000－1646－0009585　504436

傅氏眼科審視瑤函六卷　(明)傅仁宇纂輯　明崇禎十七年(1644)刻本　六冊

320000－1646－0009586　504437

啟蒙真諦不分卷　(清)鄧苑撰　清光緒三十年(1904)鉛印本　一冊

320000－1646－0009587　504441

林氏眼科簡便驗方□□卷　(明)林士編著　清光緒十九年(1893)刻本　一冊　存一卷(上)

320000－1646－0009588　504443

銀海精微四卷　(唐)孫思邈輯　(清)周亮工校正　清刻本　二冊

320000－1646－0009589　504444

銀海指南四卷　(清)顧錫著　清嘉慶十四年(1809)刻本　四冊

320000－1646－0009590　504445

眼科百問二卷　(清)王行沖纂輯　清光緒十年(1884)三義堂刻本　二冊

320000－1646－0009591　504446

校刊目經大成三卷　(清)黃庭鏡筆乘　清嘉慶兩儀堂刻本　八冊

320000－1646－0009592　504451

[馮存仁堂丸散集錄]不分卷　(清)馮存仁堂輯　清同治元年(1862)刻本　一冊

320000－1646－0009593　504470

本草分經一卷　(清)姚瀾編輯　清光緒十四年(1888)刻本　二冊

320000－1646－0009594　504472

本草從新十八卷　(清)吳儀洛著　清光緒六年(1880)紫文閣刻本　六冊

320000－1646－0009595　504473

本草從新十八卷　(清)吳儀洛著　清宣統二年(1910)上海章福記石印本　四冊

320000－1646－0009596　504474

本草綱目五十二卷　(明)李時珍撰　清同治

十一年（1872）刻本　四十冊

320000－1646－0009597　504475

本草綱目五十二卷奇經八脈一卷脈學考證一卷　（明）李時珍編輯　**本草萬方鍼線八卷**（清）蔡烈先輯　**本草綱目拾遺十卷**　（清）趙學敏輯　清光緒十一年（1885）刻本　四十冊

320000－1646－0009598　504477

本草綱目五十二卷奇經八脈一卷奇經八脈考一卷　（明）李時珍編輯　**本草萬方鍼線八卷**（清）蔡烈先輯　**本草綱目拾遺十卷**　（清）趙學敏輯　清光緒十九年（1893）鴻寶齋石印本　十六冊

320000－1646－0009599　504478

本草便讀二卷　（清）張秉成集選　清光緒二十二年（1896）毗陵張氏刻本　四冊

320000－1646－0009600　504479

本草求真九卷首一卷本草求真主治二卷脈理求真三卷　（清）黃宮繡編著　清文奎堂刻本　十二冊　缺一卷（脈理求真三）

320000－1646－0009601　504480

本草撮要十卷　（清）陳其瑞輯　清光緒二十八年（1902）資生堂刻本　二冊

320000－1646－0009602　504481

本草撮要十卷　（清）陳其瑞輯　清光緒二十八年（1902）資生堂刻本　二冊

320000－1646－0009603　504482

本草崇原集說三卷　（清）張志聰註釋　（清）高世栻纂集　（清）仲學輅集說　清宣統二年（1910）刻本　四冊

320000－1646－0009604　504483

本草述三十二卷　（清）劉若金著　清光緒二年（1876）姑蘇來青閣刻本　二十冊

320000－1646－0009605　504484

本草綱目拾遺十卷首一卷　（清）趙學敏撰　清同治十年（1871）吉心堂刻本　八冊

320000－1646－0009606　504486

增訂本草備要四卷　（清）汪昂著輯　清刻本　四冊

320000－1646－0009607　504488

本經逢原四卷　（清）張璐纂述　清刻本　四冊

320000－1646－0009608　504493

符東善堂經驗良方四卷　（清）符伯庸撰　清光緒三十年（1904）南海蔡忠善堂刻本　四冊

320000－1646－0009609　504494

千金寶要六卷　（宋）郭思編選　（清）孫星衍校　清嘉慶十二年（1807）刻本　一冊

320000－1646－0009610　504495

千金寶要六卷素女方一卷　（宋）郭思編選　（清）孫星衍校　清嘉慶十五年（1810）刻本　二冊

320000－1646－0009611　504496

葛仙翁肘後奇方八卷　（晉）葛洪輯　（清）程永培校　清光緒二十二年（1896）上海圖書集成印書局鉛印本　四冊

320000－1646－0009612　504497

醫方論四卷　（清）費伯雄著　清同治四年（1865）刻本　二冊

320000－1646－0009613　504498

急救應驗良方一卷　（清）徐榦選　（清）費山壽纂輯　清光緒七年（1881）江右樹德書屋刻本　一冊

320000－1646－0009614　504499

胡慶餘堂丸散膏丹全集五卷　（清）胡雪巖輯　清光緒三年（1877）抄本　五冊

320000－1646－0009615　504504

行軍方便便方三卷　（清）羅世瑤集編　清咸豐二年（1852）刻本　二冊

320000－1646－0009616　504506

保貽堂信驗良方一卷　（清）任道源撰　清光緒三十二年（1906）上海時中書局鉛印本　一冊

320000－1646－0009617　504507

衛濟餘編十八卷　（清）王纘堂編　清道光二

十二年(1842)經國堂刻本　六冊

320000－1646－0009618　504508

衛濟餘編五卷　(清)王纕堂編　清同治十三年(1874)三和堂刻本　六冊

320000－1646－0009619　504509

集驗良方六卷　(清)年希堯輯　清刻本　八冊

320000－1646－0009620　504512

醫林改錯二卷　(清)王清任著　清光緒十七年(1891)刻本　一冊

320000－1646－0009621　504514

醫藥家枕六卷　(清)王銓撰　清抄本　二冊

320000－1646－0009622　504515

蘭臺軌範八卷醫貫砭二卷　(清)徐大椿著　清光緒石印本　三冊

320000－1646－0009623　504521

醫方集解三卷　(清)汪昂著輯　清三槐堂刻本　三冊

320000－1646－0009624　504523

唐王燾先生外臺秘要方四十卷　(唐)王燾著　清同治十三年(1874)廣東翰墨園刻本　四十冊

320000－1646－0009625　504524

唐王燾先生外臺秘要方四十卷　(唐)王燾著　清光緒二十四年(1898)上海圖書集成印書局鉛印本　十六冊

320000－1646－0009626　504525

經驗良方三卷　(清)邵綬名輯　清咸豐三年(1853)北平恭壽堂刻本　八冊

320000－1646－0009627　504526

曹氏平遠樓秘方四卷　(清)曹維坤著　清光緒抄本　四冊

320000－1646－0009628　504527

經驗單方彙編不分卷　(清)錢峻編輯　(清)俞煥增補　清懷德堂刻本　二冊

320000－1646－0009629　504529

絳雪園古方選註不分卷　(清)王子接註　(清)葉桂校　清綠蔭堂刻本　四冊

320000－1646－0009630　504530

絳雪園古方選註不分卷　(清)王子接註　(清)葉桂校　清行素堂刻本　八冊

320000－1646－0009631　504531

桃塢謝氏彙刻方書九種　(清)謝元慶輯　清光緒二十一年(1895)蘇州桃花塢望炊樓謝氏刻本　九冊

320000－1646－0009632　504532

桃塢謝氏彙刻方書九種　(清)謝元慶輯　清光緒二十一年(1895)蘇州桃花塢望炊樓謝氏刻本　七冊　存八種十一卷(慎疾芻言一卷、世補齋不謝方一卷、良方集腋上、浦江本產寶一卷、癆瘵十藥神書一卷、外科瘍治全集二卷、拔萃良方一卷、良方合璧二卷附一卷)

320000－1646－0009633　504533

增廣太平惠民和劑局方十卷　(宋)陳師文等編　(清)高承勳校梓　清刻續鮑叢書本　六冊

320000－1646－0009634　504534

古方彙精五卷　題(清)愛虛老人輯　清嘉慶九年(1804)京江尊仁堂刻本　五冊

320000－1646－0009635　504535

孫真人千金言衍義三十卷　(清)張璐著　清嘉慶五年(1800)刻本　三十二冊

320000－1646－0009636　504536

攢花易簡良方四卷　(清)徐文弼原本　(清)吳章侯重校　清咸豐五年(1855)延陵攢花刻本　二冊

320000－1646－0009637　504537

醫方易簡新編六卷　(清)方鼎銳編校　清同治十二年(1873)刻本　六冊

320000－1646－0009638　504538

備急千金要方三十卷　(唐)孫思邈撰　(清)林億等校正　清光緒四年(1878)影印本　十二冊

320000－1646－0009639　　504539
經驗良方一卷　清同治十三年(1874)刻本　二冊

320000－1646－0009640　　504541
經驗良方二卷　(清)周其芬輯　(清)梁思淇增輯　清光緒三十三年(1907)上海校經山房石印本　二冊

320000－1646－0009641　　504545
醫方集解不分卷　(清)汪昂撰　清光緒十三年(1887)掃葉山房刻本　六冊

320000－1646－0009642　　504546
濟世良方四卷　清刻本　四冊

320000－1646－0009643　　504547
應驗簡便良方二卷　(清)孫克任編集　清嘉慶二十一年(1816)刻本　二冊

320000－1646－0009644　　504548
良方便檢不分卷　(清)彭翰孫輯　清光緒五年(1879)羊城郡齋刻本　一冊

320000－1646－0009645　　504549
洪氏集驗方五卷　(宋)洪文安輯　清光緒元年(1875)刻本　一冊

320000－1646－0009646　　504550
怪疾奇方一卷　(清)費伯雄編　清光緒十年(1884)刻本　一冊

320000－1646－0009647　　504551
集驗良方一卷　(清)王熾昌輯　清光緒二十八年(1902)刻本　一冊

320000－1646－0009648　　504552
普濟應驗良方不分卷　(清)楊逢辰集　清道光十四年(1834)思齊軒刻本　一冊

320000－1646－0009649　　504553
成方切用十二卷首一卷末一卷　(清)吳儀洛輯　清乾隆二十六年(1761)硤川利濟堂刻本　四冊

320000－1646－0009650　　504555
增訂醫方易簡十卷　(清)龔自璋撰　清光緒九年(1883)刻本　三冊

320000－1646－0009651　　504556
課姪心法不分卷　(清)華仁基錄　清金匱湄生華仁基抄本　二冊

320000－1646－0009652　　504557
經驗良方二卷　(清)劉起堂纂集　清康熙四十六年(1707)刻本　二冊

320000－1646－0009653　　504560
醫方集解二十一卷　(清)汪昂撰　清光緒十三年(1887)鴻文書局石印本　二冊

320000－1646－0009654　　504561
醫寄伏陰論二卷　(清)田宗漢著　清光緒三十三年(1907)江寧府署刻本　一冊

320000－1646－0009655　　504564
石室秘錄六卷　(清)陳士鐸習　清經元升刻本　六冊

320000－1646－0009656　　504565
石室秘錄六卷　(清)陳士鐸習　清文淵堂刻本　六冊

320000－1646－0009657　　504566
醫方論四卷　(清)費伯雄著　清光緒三年(1877)刻本　二冊

320000－1646－0009658　　504567
醫方論四卷　(清)費伯雄著　清同治五年(1866)耕心堂刻本　四冊

320000－1646－0009659　　504572
類證普濟本事方十卷　(清)葉桂釋義　清嘉慶十九年(1814)掃葉山房刻本　六冊

320000－1646－0009660　　504574
本草備要八卷　(清)汪昂撰　清光緒十三年(1887)鴻文書局石印本　一冊

320000－1646－0009661　　504575
增訂醫方易簡十卷　(清)龔自璋撰　清光緒二十八年(1902)刻本　十冊

320000－1646－0009662　　504576
記憶方詩十二卷　(清)孔廣福著　(清)張壽昌　(清)吳文烜編次　清光緒三十年(1904)桐鄉徐氏頤園鉛印本　二冊

320000－1646－0009663 504581

長沙藥解四卷 （清）黃元御著 清同治元年（1862）刻本 二冊

320000－1646－0009664 504584

四科簡效方三卷 （清）王士雄選 （清）徐樹蘭校刊 清光緒十一年（1885）越州徐氏刻本 二冊

320000－1646－0009665 504585

四科簡效方三卷 （清）王士雄選 （清）徐樹蘭校刊 清光緒十一年（1885）越州徐氏刻本 四冊

320000－1646－0009666 504586

四科簡效方三卷 （清）王士雄選 （清）徐樹蘭校刊 清光緒十一年（1885）越州徐氏刻本 二冊

320000－1646－0009667 504588

傷寒古方通二卷 （清）王子接註 清上海樂善堂刻本 二冊

320000－1646－0009668 504589

醫方叢話八卷 （清）徐士鑾輯 清光緒十五年（1889）津門徐氏蜨園刻本 四冊

320000－1646－0009669 504590

理瀹外治方要一卷應驗諸方一卷 （清）吳尚先著 清光緒九年（1883）江西書局刻本 一冊

320000－1646－0009670 504591

醫方論四卷 （清）費伯雄著 清光緒三年（1877）刻本 二冊

320000－1646－0009671 504592

醫醇賸義四卷 （清）費伯雄著 清光緒三年（1877）刻本 四冊

320000－1646－0009672 504593

增訂醫方易簡十卷 （清）黃統編輯 清光緒九年（1883）刻本 十冊

320000－1646－0009673 900350

船山遺書 （清）王夫之撰 清同治四年（1865）湘鄉曾國荃金陵刻本 九十二冊 缺三種十八卷（禮記章句六至十、二十至三十，張子正蒙注七上,瀟湘怨詞一卷）

320000－1646－0009674 504597

壽世新編不分卷 題（清）方內散人撰 清光緒十八年（1892）道合山房刻本 三冊

320000－1646－0009675 504598

醫方捷徑指南全書二卷 （清）王宗顯輯 清宏道堂刻本 二冊

320000－1646－0009676 504599

史載之方二卷 （宋）史堪撰 清光緒二年（1876）歸安陸氏刻十萬卷樓叢書初編本 二冊

320000－1646－0009677 504600

因症用藥諸方不分卷 清抄本 四冊

320000－1646－0009678 504601

回生集二卷 （清）陳杰輯 附二卷 （清）陳體仁等輯 清同治五年（1866）刻本 六冊

320000－1646－0009679 504602

明吳又可先生溫疫論醫門普度二卷 （明）吳有性撰 （清）李硯莊重訂 痢疾論四卷 （清）孔毓禮著輯 清道光十二年（1832）刻本 四冊

320000－1646－0009680 504603

增補醫方一盤珠全集十卷 （清）洪金鼎纂 清光緒二十四年（1898）澹雅書局刻本 六冊

320000－1646－0009681 504605

醫林繩墨大全九卷 （明）方穀著 清嘉慶二十年（1815）亦政堂刻本 六冊

320000－1646－0009682 504606

千金翼方三十卷 （唐）孫思邈撰 （宋）林億校正 清光緒四年（1878）刻本 八冊

320000－1646－0009683 504608

醫門集錦不分卷 清同治三年（1864）程文波抄本 一冊

320000－1646－0009684 504612

靈驗良方不分卷 清光緒二十七年（1901）抄本 一冊

320000－1646－0009685　504613
驗方新編八卷增補二卷　（清）鮑相璈輯
清光緒三十年（1904）揚州益智社鉛印本
十冊

320000－1646－0009686　504614
村居急救方七卷附餘一卷　（清）魏東瀾輯
清嘉慶六年（1801）樹蕙堂刻本　一冊

320000－1646－0009687　504615
內外彙錄良方一卷　清光緒七年（1881）汪厚德抄本　一冊

320000－1646－0009688　504616
萬應膏方不分卷　清抄本　一冊

320000－1646－0009689　504617
華陀良方不分卷　（清）華家駒抄訂　清道光十九年（1839）華家駒抄本　一冊

320000－1646－0009690　504618
壽世彙編　（清）祝韻梅輯　清光緒元年（1875）海寧祝氏連理薇館刻本　一冊

320000－1646－0009691　504619
幾希錄良方合璧二卷　（清）張惟善輯　清同治八年（1869）姑蘇得見齋刻本　二冊

320000－1646－0009692　504620
應驗良方不分卷　（清）娛拙齋輯　清道光十七年（1837）潘道根抄本　一冊

320000－1646－0009693　504622
良方彙錄　（清）汪君　（清）俞大文編著　清同治刻本　一冊

320000－1646－0009694　504623
良方彙錄　（清）汪君　（清）俞大文編著　清同治、光緒間刻本　一冊　存四種四卷（經驗百方一卷、良方續錄之內科外感門一卷、內科內傷門一卷、外科統治門一卷）

320000－1646－0009695　504625
驗方錄要八卷　清咸豐四年（1854）刻本　二冊

320000－1646－0009696　504631
玉壺金冊一卷　清光緒二十六年（1900）苕溪惠卿抄本　一冊

320000－1646－0009697　504632
醫方彙存不分卷　（清）湯崇伊增訂　清光緒四年（1878）孫曾潤抄本　一冊

320000－1646－0009698　504633
集驗簡易良方四卷　（清）德豐輯　清道光七年（1827）樂只堂刻本　四冊

320000－1646－0009699　504635
易簡方便醫書六卷　（清）周茂五輯　清咸豐十一年（1861）刻本　六冊

320000－1646－0009700　504639
掃花儂館抄方不分卷　清同治楊氏抄本　一冊

320000－1646－0009701　504642
醫門彙選不分卷　（清）汪宗淦編輯　清抄本　一冊

320000－1646－0009702　504644
青囊奇秘不分卷　清抄本　一冊

320000－1646－0009703　504645
是亦良方一卷　（清）醫俗子輯　清光緒十五年（1889）刻本　一冊

320000－1646－0009704　504646
醫藥湯頭類賦二十一卷　（清）楊杏峰編註　清光緒二十一年（1895）張峻豫抄本　一冊

320000－1646－0009705　504649
回春集不分卷　清光緒百忍堂張峻豫抄本　一冊

320000－1646－0009706　504650
新增醫方湯頭歌訣一卷　（清）汪昂編輯　（清）錢榮國改增　清宣統元年（1909）刻本　一冊

320000－1646－0009707　504655
青囊萃穎不分卷續編不分卷　清光緒二十四年（1898）毘陵劉行周抄本　二冊

320000－1646－0009708　504071
臨證經驗方二卷　（清）張大燨輯　清道二

十五年(1845)古吳張氏抄本　一冊　存一卷(上)

320000－1646－0009709　504554

驗方選易三卷　(清)鄒文翰輯　清光緒十三年(1887)思誠齋刻本　二冊　存二卷(上、中)

320000－1646－0009710　504657

經驗方四卷　(清)時元福輯　清抄本　四冊

320000－1646－0009711　504667

增輯普濟應驗良方八卷　(清)錢康榮輯　清光緒二十四年(1898)刻本　一冊

320000－1646－0009712　504675

萬國藥方八卷　(美國)洪士提輯譯　清光緒二十四年(1898)美華書館石印本　八冊

320000－1646－0009713　504676

萬國藥方八卷　(美國)洪士提輯譯　清光緒二十四年(1898)美華書館石印本　八冊

320000－1646－0009714　504677

萬國藥方八卷　(美國)洪士提輯譯　清光緒二十四年(1898)美華書館石印本　八冊

320000－1646－0009715　504666

急救應驗良方一卷　(清)陳建西輯　清光緒三年(1877)上海嘯園書局刻本　一冊

320000－1646－0009716　504665

膏方存查不分卷　清光緒三十二年(1906)允常氏抄本　一冊

320000－1646－0009717　504660

新編醫方湯頭歌訣一卷　(清)方仁淵編輯　清光緒三十四年(1908)刻本　一冊

320000－1646－0009718　504679

東醫寶鑑二十三卷目錄二卷　(朝鮮)許浚撰　清光緒十六年(1890)刻本　二十五冊

320000－1646－0009719　504678

東醫寶鑑二十三卷目錄二卷　(朝鮮)許浚撰　清嘉慶二年(1797)刻本　二十五冊

320000－1646－0009720　504669

叢桂堂集驗良方一卷　(清)叢桂山房輯　清嘉慶十四年(1809)刻本　一冊

320000－1646－0009721　504659

東海最樂堂刊布應驗神方不分卷　(清)李歲昌輯　清康熙四十二年(1703)刻本　二冊

320000－1646－0009722　504674

應驗簡便良方二卷摘要經驗良方一卷　(清)黃翼升撰　清同治十年(1871)刻本　一冊

320000－1646－0009723　504656

經驗良方一卷　(清)毛楓山編纂　清武林大有堂刻本　一冊

320000－1646－0009724　504668

慈濟方一卷　(明)釋景隆編集　清宣統二年(1910)刻本　一冊

320000－1646－0009725　503753

徐靈胎十二種全集　(清)徐大椿撰　清同治刻本　十六冊　存九種十九卷(難經經釋二卷、醫學源流論二卷、神農本草經百種錄一卷、醫貫砭二卷、蘭臺軌范八卷、洄溪醫案一卷、慎疾芻言一卷、洄溪道情一卷、樂府傳聲一卷)

320000－1646－0009726　503752

徐氏醫書八種　(清)徐大椿撰　清光緒刻本　十七冊

320000－1646－0009727　504681

麻疹闡注三卷附一卷　(清)張廉撰　清光緒元年(1875)刻本　一冊

320000－1646－0009728　504682

傷寒雜症女幼痘科丹丸方論一卷　(清)雷升(清)謝鍔撰　清蘇州雷允上刻本　一冊

320000－1646－0009729　900382

春融堂集　(清)王昶撰　清光緒十八年(1892)刻本　二十冊

320000－1646－0009730　900385

甌北全集　(清)趙翼撰　清乾隆、嘉慶間湛貽堂刻本　四十六冊

320000－1646－0009731　701230

況太守集十六卷補遺一卷　（明）況鍾撰（清）況廷秀纂輯　清道光二十九年(1849)刻本　四冊

320000－1646－0009732　500002

子書百家　（清）崇文書局輯　清光緒元年(1875)湖北崇文書局刻本　一百十冊

320000－1646－0009733　500003

子書百家　（清）崇文書局輯　清光緒元年(1875)湖北崇文書局刻本　一百七冊

320000－1646－0009734　500004

子書二十五種　（清）育文書店輯　清光緒上海育文書局石印本(韓非子二十卷識誤三卷配光緒二十三年圖書集成鉛印本、賈子新書十卷配光緒二十三年文瑞樓鉛印本、鶡冠子三卷配民國二年育文書局石印本、列子八卷配光緒二十三年文瑞樓鉛印本、孫子十家注十三卷配光緒二十三年文瑞樓鉛印本、墨子閒詁十五卷附錄一卷后語二卷配上海掃葉山房石印本、黃帝內經素問合纂十卷配民國上海掃葉山房石印本)　三十七冊　存二十四種二百七十五卷(老子道德經二卷、孔子集語十七卷、呂氏春秋二十六卷、董子春秋繁露十七卷、晏子春秋七卷音義二卷、揚子法言一卷、尸子二卷、韓非子二十卷識誤三卷、賈子新書十卷、鶡冠子三卷、商君書五卷、列子八卷、孫子十家注十三卷、山海經十七卷、文中子中說十卷、竹書紀年統箋十二卷、淮南子二十卷、荀子二十卷、墨子閒詁十五卷附錄一卷后語二卷、管子二十四卷、黃帝內經素問合纂十卷、文子纘義七至十二、鬼穀子一卷、尉繚子一卷)

320000－1646－0009735　500005

續二十五子彙函二十五卷　（清）鴻文書局輯　清光緒二十四年(1898)上海鴻文書局石印本　二冊

320000－1646－0009736　500006

子書二十三種　（清）浙江書局輯　清光緒二十三年(1897)上海圖書集成局鉛印本　十七冊

320000－1646－0009737　500007

二十二子　（清）浙江書局輯　清光緒浙江書局刻本　八十三冊

320000－1646－0009738　500008

二十二子　（清）浙江書局輯　清光緒浙江書局刻本　八十三冊

320000－1646－0009739　500009

十子全書　（清）王子興輯　清嘉慶九年(1804)姑蘇王氏聚文堂刻本　二十四冊

320000－1646－0009740　500010

桐城吳先生點勘諸子一百一卷　（清）吳汝綸著　清宣統元年(1909)鉛印本　十二冊

320000－1646－0009741　500016

性理四書注釋七卷　（清）華希閔輯釋　清雍正刻本　二冊

320000－1646－0009742　500017

呂書四種　（明）呂坤撰　清光緒三十三年(1907)鉛印本　四冊

320000－1646－0009743　500018

沈余遺書　（清）趙舒翹輯　清光緒二十二年(1896)江蘇書局刻本　四冊

320000－1646－0009744　500020

正蒙必讀十二卷　（清）陳慰文編　清光緒二十八年(1902)刻本　六冊

320000－1646－0009745　500022

五種遺規　（清）陳弘謀編　清同治七年(1868)湖北崇文書局刻本　八冊

320000－1646－0009746　500023

求是於古齋三種　（清）周耿光著　清同治五年(1866)問竹軒刻本　一冊

320000－1646－0009747　500024

求是於古齋三種　（清）周耿光著　清同治五年(1866)問竹軒刻本　一冊

320000－1646－0009748　500025

四語彙編　（清）詹守白輯　清光緒二十四年(1898)揚州府學刻本　三冊　存三種四卷(儒門法語一卷、聰訓齋語二卷、示兒長語一

卷)

320000－1646－0009749　500027

教育叢書　教育世界社輯　清光緒二十四年(1898)教育世界社石印本　二十四冊　存二十三種二十六卷(內外教育小史二卷、國民教育資料二卷、教育學一卷、教授學一卷、學校管理法一卷、算術條目及教授法二卷、法國鄉學章程一卷、十九世紀教育史一卷、日本教育家福澤諭吉傳一卷、日本文部省沿革略一卷、女子教育論一卷、歐美教育觀一卷、心裡的教育原則一卷、日本近世教育概覽一卷、孔門之德育一卷、讀書法一卷、二十世紀之家庭一卷、愛美耳沙一卷、日本現時教育一卷、日本高等學校規則要覽一卷、幼稚教育恩物圖說一卷、斯邁爾斯自助論一卷、學校衛生書一卷)

320000－1646－0009750　500028

教育世界文譯篇十八卷　羅振玉編　清光緒二十七年(1901)刻本　四冊

320000－1646－0009751　500029

擬彙刊周秦諸子校注輯補善本敍錄一卷　(清)王仁俊纂　清光緒三十四年(1908)存古學堂鉛印本　一冊

320000－1646－0009752　500510

心書一卷　(三國蜀)諸葛亮撰　清光緒刻本　一冊

320000－1646－0009753　500384

吳氏節本天演論一卷　嚴復譯　清末抄本　一冊

320000－1646－0009754　304230

[福州碑刻記]不分卷　清刻本　存一冊

320000－1646－0009755　304440

欽定四庫全書總目提要四部類叙一卷　(清)江標輯　清光緒二十一年(1895)刻本　一冊

320000－1646－0009756　304308

石鼓文定本一卷　(清)古華山館校　清古華山館刻本　一冊

320000－1646－0009757　503422

百尺樓叢畫八卷　(清)汪鏐繪　清上海朝記書莊石印本　三冊　存三卷(三、五、七)

320000－1646－0009758　503225

周布衣書魏碑感應篇一卷　(清)周毓仁書　清宣統二年(1910)拙齋石印本　一冊

320000－1646－0009759　503227

曲園先生篆書一卷　(清)俞樾書　清光緒三十三年(1907)蘇省刷印局石印本　一冊

320000－1646－0009760　503229

姚選唐人絕句詩鈔二卷　(清)馮文蔚書　清末石印本　一冊

320000－1646－0009761　503230

[殿試策]一卷　清末寫本　一冊　存(沛父老留漢高祖賦、宣尼宅聞金石絲竹之聲賦)

320000－1646－0009762　503231

樂毅論一卷　(晉)王羲之書　(清)賦棠臨　清寫本　一冊　存三頁

320000－1646－0009763　503142

明王守仁高攀龍兩大儒手帖一卷　江曲書莊藏　清光緒三十四年(1908)國學保存會石印本　一冊

320000－1646－0009764　503206

張廉卿墨迹一卷　(清)張裕釗書　清末石印本　一冊

320000－1646－0009765　503260

龍門二十品不分卷　清拓本　二冊

320000－1646－0009766　503262

唐襄陽郡張氏墓碑十幅跋尾一幅　清拓本　十一幅　存十幅(二至十、跋尾一幅)

320000－1646－0009767　503264

[黃自元體千字文稿]不分卷　清末民國初寫本　一冊

320000－1646－0009768　701231

況太守集十六卷補遺一卷　(明)況鍾撰　(清)況廷秀纂輯　清道光二十九年(1849)刻本　四冊

320000－1646－0009769　503143

明王守仁高攀龍兩大儒手帖一卷　江曲書莊藏　清光緒三十二年(1906)國學保存會石印本　一冊

320000－1646－0009770　503151

呂晚村手書家訓五卷　(清)呂留良撰並書　清光緒三十三年(1907)國學保存會石印本　一冊　存三卷(三至五)

320000－1646－0009771　503152

呂留良先生家書真蹟四卷　(清)呂留良撰並書　清光緒三十四年(1908)澄衷學堂石印本　二冊

320000－1646－0009772　503166

清愛堂法帖　(清)劉墉書　清宣統元年(1909)北京天津保定官書局石印本　四冊

320000－1646－0009773　503174

完白山民古篆金人金銘八分豳風詩合冊一卷　(清)鄧石如書　清光緒十一年(1885)石印本　一冊

320000－1646－0009774　503181

陳曼生手札墨迹一卷　(清)陳鴻壽撰書　清光緒有正書局石印本　一冊

320000－1646－0009775　300968

中興名臣事略八卷　(清)朱孔彰撰　清光緒二十五年(1899)上海圖書集成印書局鉛印本(卷五至八配清末石印本)　十六冊

320000－1646－0009776　100001

周易傳義二十四卷　(宋)程頤　(宋)朱熹撰　明崇禎四年(1631)汪應魁貽經堂刻本　四冊

320000－1646－0009777　100203

易傳八卷　(宋)程頤撰　清同治五年(1866)金陵書局刻本　三冊

320000－1646－0009778　100202

東坡先生易傳九卷　(宋)蘇軾撰　明萬曆二十五年(1597)焦竑刻二蘇經解本　三冊　存七卷(一至四、七至九)

320000－1646－0009779　100003

誠齋先生易傳二十卷　(宋)楊萬里撰　明抄本　八冊　存十九卷(一至十九)

320000－1646－0009780　100004

周易傳義大全二十四卷綱領一卷朱子圖說一卷　(明)胡廣等輯　明刻本　四冊　存十六卷(一至二、八至十一、十七至二十四,綱領一卷,朱子圖說一卷)

320000－1646－0009781　100205

像象管見四卷　(明)錢一本著　明萬曆四十二年(1614)錢氏家刻本　八冊

320000－1646－0009782　100820

新鐫繆當時先生周易九鼎十六卷首一卷　(明)繆昌期撰　明末刻本　七冊　存十四卷(一至六、九至十六)

320000－1646－0009783　100201

周易孔義三卷　(明)高攀龍著　清抄本　二冊

320000－1646－0009784　100204

兒易外儀十五卷　(明)倪元璐著　明崇禎十四年(1641)刻本　二冊　存八卷(八至十五)

320000－1646－0009785　100002

易經註疏大全合纂六十四卷首一卷周易繫辭註疏大全合纂四卷　(明)張溥撰　明末刻本　十一冊　存六十八卷(易經註疏大全合纂六十四卷、周易繫辭註疏大全合纂四卷)

320000－1646－0009786　100005

周易補註十一卷　(清)德沛輯　清乾隆六年(1741)刻本　八冊

320000－1646－0009787　100206

易學圖說會通八卷　(清)楊方達撰　清乾隆三年(1738)楊氏復初堂刻楊符蒼七種本　四冊

320000－1646－0009788　100006

書經集傳六卷　(宋)蔡沈撰　明崇禎四年(1631)汪應魁貽經堂刻本　三冊

320000－1646－0009789　100207

尚書彙纂必讀十二卷　（清）陸士楷纂輯　清康熙十二年(1673)陸氏居敬堂刻本　四冊

320000－1646－0009790　100208

尚書微一卷　（清）劉光蕡撰　稿本　一冊

320000－1646－0009791　100209

尚書微一卷　（清）劉光蕡撰　稿本　一冊

320000－1646－0009792　100007

毛詩註疏十二卷　（漢）毛亨傳　（漢）鄭玄箋　（唐）孔穎達疏　（唐）陸德明音義　明嘉靖李元陽刻十三經注疏本　四十冊

320000－1646－0009793　100210

詩經集傳八卷　（宋）朱熹集傳　明崇禎十四年(1641)汲古閣刻本　四冊

320000－1646－0009794　100211

詩箋別疑一卷　（清）姜宸英撰　清抄本　一冊

320000－1646－0009795　100212

周禮集註七卷　（明）何喬新撰　明隆慶刻本　一冊　存一卷(二)

320000－1646－0009796　100213

周禮註疏十八卷　（明）張采輯　明末刻本　四冊

320000－1646－0009797　100821

周官祿田考三卷　（清）沈彤著　清乾隆十六年(1751)吳江沈氏果堂刻本　一冊

320000－1646－0009798　100008

周禮輯要六卷　（清）鄭文蘭輯　清乾隆木活字印本　三冊

320000－1646－0009799　100009

考工記圖二卷　（清）戴震撰　清乾隆紀氏閱微草堂刻本　四冊

320000－1646－0009800　100214

儀禮注疏十七卷　（漢）鄭玄注　（唐）賈公彥疏　（唐）陸德明釋文　明萬曆二十一年(1593)北京國子監刻十三經注疏本　八冊

320000－1646－0009801　100010

附釋音禮記註疏六十三卷　（漢）鄭玄注　（唐）孔穎達疏　（唐）陸德明釋文　元刻明修本　六冊　存三十一卷(二十七至五十七)

320000－1646－0009802　100215

禮記註疏六十三卷　（漢）鄭玄注　（唐）孔穎達疏　（唐）陸德明釋文　明嘉靖李元陽刻十三經注疏本　十二冊

320000－1646－0009803　100807

禮記二十卷　（漢）鄭玄注　**撫本禮記鄭注考異二卷**　（清）張敦仁撰　清同治九年(1870)湖北崇文書局刻本　八冊

320000－1646－0009804　100216

禮記集說十六卷　（元）陳澔撰　明正統十二年(1447)司禮監刻本　一冊　存一卷(九)

320000－1646－0009805　100217

禮記集說三十卷　（元）陳澔撰　明嘉靖吉澄刻本　二冊　存七卷(一至三、十九至二十二)

320000－1646－0009806　100808

禮記集說十卷　（元）陳澔撰　清同治五年(1866)金陵書局刻本　五冊

320000－1646－0009807　100012

禮記課兒述注十八卷　（明）沈一中撰　明末刻本　四冊　存十五卷(四至十八)

320000－1646－0009808　100218

新定三禮圖二十卷　（宋）聶崇義集注　清康熙刻通志堂經解本　二冊

320000－1646－0009809　100219

五禮通考二百六十二卷讀禮通考一百二十卷　（清）秦蕙田編輯　清乾隆二十八年(1763)味經窩刻本　六十六冊　存三百二十六卷(五禮通考三十一至二百三十六、讀禮通考一百二十卷)

320000－1646－0009810　100220

春秋經傳集解三十卷　（晉）杜預撰　（唐）陸德明釋文　明嘉靖刻本　五冊　存九卷(十八、二十一至二十六、二十九至三十)

320000－1646－0009811　100221

春秋左傳三十卷　（晉）杜預集解　明末汲古閣刻本　十一冊　存二十八卷(三至三十)

320000－1646－0009812　100223

春秋左傳五十卷　（晉）杜預集解　（宋）林堯叟注釋　明崇禎十七年(1644)刻本　九冊　存四十四卷(一至四、十一至五十)

320000－1646－0009813　100743

增補春秋左傳杜林合注二十卷　（晉）杜預撰　（宋）林堯叟注釋　清初金陵抱青閣十乘樓刻本　十冊

320000－1646－0009814　100222

春秋左傳杜註三十卷　（清）姚培謙輯　清乾隆十一年(1746)刻本　九冊　存二十六卷(一至二十六)

320000－1646－0009815　100226

春秋公羊傳十二卷　（戰國齊）公羊高撰　明天啟元年(1621)閔齊伋刻本　二冊

320000－1646－0009816　100011

春秋公羊經傳解詁十二卷　（漢）何休撰　清道光四年(1824)汪氏問禮堂刻本　二冊

320000－1646－0009817　100809

春秋繁露十七卷附錄一卷　（漢）董仲舒著　明天啟五年(1625)沈氏花齋刻本　四冊

320000－1646－0009818　100224

春秋四傳三十八卷提要一卷春秋二十國年表一卷諸國興廢說一卷　明嘉靖吉澄刻本　四冊　存十五卷(春秋四傳一至九、二十至二十二,提要一卷,春秋二十國年表一卷,諸國興廢說一卷)

320000－1646－0009819　100013

春秋三書三十二卷　（明）張溥撰　明刻本(春秋書法解配清抄本)　十冊

320000－1646－0009820　100225

春秋指掌三十卷附二卷　（清）儲欣　（清）蔣景祁撰輯　清康熙二十七年(1688)天藜閣刻本　六冊

320000－1646－0009821　100811

春秋世族譜一卷　（清）陳厚耀撰　清雍正三年(1725)底稿本　一冊

320000－1646－0009822　100810

春秋大事表五十卷春秋輿圖一卷附錄一卷　（清）顧棟高纂輯　清乾隆十三年至十四年(1748－1749)顧氏萬卷樓刻本　二十四冊

320000－1646－0009823　100227

論語注疏解經二十卷　（三國魏）何晏集解　（宋）邢昺疏　清末民國抄本　九冊　存十八卷(一至十二、十五至二十)

320000－1646－0009824　100228

論語時習錄五卷　（清）劉光蕡撰　稿本　五冊

320000－1646－0009825　100229

孟子集註十四卷　（宋）朱熹撰　明嘉靖刻本　二冊　存十卷(一至六、十一至十四)

320000－1646－0009826　100812

四書述朱大全四十卷　（宋）周必大彙輯　清康熙六十一年(1722)刻本　十一冊　存二十三卷(大學三卷、論語二十卷)

320000－1646－0009827　100813

新訂四書直解正字全編二十六卷　（明）張居正直解　（明）沈鯉正字　明崇禎七年(1634)方奇峋刻本　十四冊　存二十三卷(一至二十一、二十五至二十六)

320000－1646－0009828　100230

刪補陸聚岡先生四書講意□□卷　（明）陸南陽撰　明天啟四年(1624)刻本　一冊　存二卷(大學一卷、中庸一卷)

320000－1646－0009829　100824

四書考二十八卷　（明）陳仁錫增訂　明崇禎七年(1634)刻本　十三冊　存二十五卷(一至十八、二十二至二十八)

320000－1646－0009830　100231

五經圖十二卷　（清）王皡等編　清乾隆刻本　三冊　存六卷(三至四、七至八、十一至十

二)

320000－1646－0009831　100750

讀書小記三十一卷　（清）范爾梅著　清雍正七年(1729)敬恕堂刻本　十六冊

320000－1646－0009832　100014

群經平議三十五卷　（清）俞樾撰　清同治五年(1866)杭州刻本　六冊

320000－1646－0009833　100234

爾雅三卷　（晉）郭璞注　清嘉慶十一年(1806)顧氏思適齋刻本　一冊

320000－1646－0009834　100966

爾雅翼三十二卷　（宋）羅願撰　明刻本　十三冊

320000－1646－0009835　100235

五雅全書四十一卷　（明）郎奎金糾譌　明天啟六年(1626)武林郎氏堂策檻刻本　二冊　存二十卷(爾雅二卷、廣雅十卷、逸雅八卷)

320000－1646－0009836　100838

通雅五十二卷首三卷　（明）方以智輯著　清康熙五年(1666)浮山此藏軒刻本　十六冊

320000－1646－0009837　100015

爾雅郭注義疏二十卷　（清）郝懿行撰　清同治四年(1865)刻本　十冊

320000－1646－0009838　100236

孝經音訓一卷爾雅音訓一卷　（清）楊國楨撰　清道光十年(1830)大梁書院刻十一經音訓本　一冊

320000－1646－0009839　100237

湖雅九卷　（清）汪曰楨輯　清光緒六年(1880)刻本　四冊

320000－1646－0009840　100016

說文解字十五卷　（漢）許慎撰　清嘉慶九年(1804)孫氏五松書屋刻平津館叢書本　三冊　存十一卷(一至十一)

320000－1646－0009841　100017

說文解字十五卷　（漢）許慎撰　清嘉慶十二年(1807)藤花樹刻本　二冊

320000－1646－0009842　100018

說文解字五音韻譜十二卷　（宋）李燾撰　明萬曆刻本　六冊

320000－1646－0009843　100232

重刊許氏說文解字五音韻譜十二卷　（宋）李燾撰　明刻本　二冊　存三卷(一至三)

320000－1646－0009844　100243

篆法偏旁點畫辨一卷　（元）應在撰　明刻本　一冊

320000－1646－0009845　100245

翰林筆削字義韻律鰲頭海篇心鏡二十卷　（明）蕭良有撰　明末刻本　三冊　存五卷(六至十)

320000－1646－0009846　100815

字彙十二卷首一卷末一卷　（明）梅膺祚撰　明刻清印本　十四冊

320000－1646－0009847　100233

說文長箋一百卷　（明）趙宧光撰　明萬曆三十四年(1606)劉應遇刻本　二十七冊　存九十二卷(一至十二、十七至七十五、八十至一百)

320000－1646－0009848　100019

新校經史海篇直音五卷　明刻本　五冊

320000－1646－0009849　100239

鐘鼎字源一卷古文備考一卷　（清）汪立名輯　清抄本　一冊

320000－1646－0009850　100240

六書準四卷　（清）馮鼎調撰　清順治十七年(1660)傳忠堂刻本　一冊　存三卷(一至三)

320000－1646－0009851　100967

六書通十卷　（清）畢弘述　清康熙五十九年(1720)刻本　五冊

320000－1646－0009852　100242

康熙字典十二集三十六卷總目一卷檢字一卷辨似一卷等韻一卷補遺一卷備考一卷　（清）張玉書等撰　清康熙五十五年(1716)內府刻本　四十冊

320000－1646－0009853　100244

隸辨八卷　（清）顧藹吉撰　清康熙五十七年(1718)項氏玉淵堂刻本　八冊

320000－1646－0009854　100247

千字文一卷　（清）汪璂注　清康熙十一年(1672)刻本　一冊

320000－1646－0009855　100238

說文拈字七卷補遺一卷　（清）王玉樹著　清嘉慶八年(1803)芳椒堂刻本　四冊

320000－1646－0009856　100246

新編併音連聲韻學集成十三卷　（明）章黼撰　明天順刻萬曆六年(1578)遞修本　五冊　存五卷(九至十三)

320000－1646－0009857　100020

詩韻釋要五卷　（明）潘雲傑　（明）陸鑨撰　明萬曆刻本　二冊

320000－1646－0009858　100021

併音連聲字學集要四卷　（明）毛曾撰　明萬曆刻本　三冊　存三卷(一至三)

320000－1646－0009859　100241

古今韻會舉要小補三十卷　（明）方日升編　明萬曆二十四年(1596)刻本　九冊　存二十四卷(七至三十)

320000－1646－0009860　100022

史記二十四卷　（漢）司馬遷撰　（明）鍾鳴陛校　明刻本　二十四冊

320000－1646－0009861　100250

史記一百三十卷　（漢）司馬遷撰　（南朝宋）裴駰集解　（唐）司馬貞索隱　（唐）張守節正義　明萬曆二年至三年(1574－1575)南京國子監刻本　一冊　存七卷(五十一至五十七)

320000－1646－0009862　100249

史記索隱三十卷　（唐）司馬貞撰　明末毛氏汲古閣刻本　二冊

320000－1646－0009863　100251

百大家評注史記十卷　（明）朱之蕃輯　明萬曆刻本　一冊　存一卷(十)

320000－1646－0009864　100023

史記評林一百三十卷　（明）凌稚隆輯　明萬曆五年(1577)凌稚隆刻本　四十八冊

320000－1646－0009865　100252

史記評林一百三十卷　（明）凌稚隆輯　明萬曆五年(1577)凌稚隆刻本　二十冊

320000－1646－0009866　100253

史記題評一百三十卷　（明）楊慎　（明）李元陽輯　明嘉靖十六年(1537)胡有恒刻本　四冊　存十七卷(二至四、七至八、三十一至三十四、四十七至五十四)

320000－1646－0009867　100254

史漢方駕三十五卷　（明）許相卿撰輯　明萬曆十三年(1585)徐禾刻本　四冊　存十二卷(二至四、九至十五、二十七至二十八)

320000－1646－0009868　100255

函史上編八十一卷下編二十一卷　（明）鄧元錫撰　明天啟刻本　二十八冊　存四十卷(上編八至九、十二至十三、十四至二十二、二十五至二十六、二十九至三十、三十三至三十八、六十二至六十五、六十九，下編一至五、八至十五)

320000－1646－0009869　100248

十七史一千五百七十四卷　（明）毛晉編　明崇禎十四年至清順治十三年(1641－1656)汲古閣刻本　二百三十五冊

320000－1646－0009870　100025

漢書一百卷　（漢）班固撰　（唐）顏師古注　明嘉靖八年至九年(1529－1530)南京國子監刻本　二十六冊

320000－1646－0009871　100257

漢書一百卷　（漢）班固撰　（唐）顏師古注　明嘉靖八年至九年(1529－1530)南京國子監刻本　四冊　存十三卷(八十八至一百)

320000－1646－0009872　100256

漢書一百卷　（漢）班固撰　（唐）顏師古注　明嘉靖汪文盛等刻本　十五冊　存八十一卷(六至二十四、三十一至七十六、八十五至

百）

320000-1646-0009873　100026

漢書一百卷　（漢）班固撰　（唐）顏師古注　明崇禎十五年（1642）毛氏汲古閣刻本　四十冊

320000-1646-0009874　100027

漢書一百卷　（漢）班固撰　（唐）顏師古注　明崇禎十五年（1642）毛氏汲古閣刻本　十八冊

320000-1646-0009875　100258

漢書一百卷　（漢）班固撰　（唐）顏師古注　明崇禎十五年（1642）毛氏汲古閣刻本　二十四冊

320000-1646-0009876　100259

漢書一百卷　（漢）班固撰　（唐）顏師古注　明崇禎十五年（1642）毛氏汲古閣刻本　十六冊

320000-1646-0009877　100763

漢書一百卷　（漢）班固撰　明末葛鼎刻本　二十冊　存九十九卷（一至四、六至一百）

320000-1646-0009878　100764

漢書一百卷　（漢）班固撰　（唐）顏師古注　（明）陳仁錫評　明崇禎刻本（卷一至五配萬曆四十七年鍾人傑刻本）　二十三冊　存九十八卷（一至六十一、六十四至一百）

320000-1646-0009879　100029

班馬異同三十五卷　（宋）倪思編　（元）劉辰翁評　明嘉靖十六年（1537）李元陽刻本　六冊

320000-1646-0009880　100032

三國志注六十五卷　（晉）陳壽撰　（南朝宋）裴松之注　明萬曆二十四年（1596）南京國子監刻本　十一冊　存六十一卷（魏志五至三十、蜀書十五卷、吳書二十卷）

320000-1646-0009881　100033

三國志注六十五卷　（晉）陳壽撰　（南朝宋）裴松之注　明萬曆二十四年（1596）南京國子監刻本　三十冊

320000-1646-0009882　100031

後漢書一百二十卷　（南朝宋）范曄撰　（明）金蟠　（明）葛鼎訂閱　明崇禎十六年（1643）葛鼎刻本　十六冊

320000-1646-0009883　100765

後漢書一百二十卷　（南朝宋）范曄撰　（明）金蟠　（明）葛鼎訂閱　明崇禎十六年（1643）葛鼎刻本（卷八至十三配清光緒點石齋石印本）　二十三冊

320000-1646-0009884　100260

後漢書九十卷　（南朝宋）范曄撰　（唐）李賢注　**志三十卷**　（晉）司馬彪撰　（南朝梁）劉昭注　明嘉靖汪文盛刻本　四冊　存二十二卷（五至十、三十三至四十八）

320000-1646-0009885　100261

後漢書九十卷　（南朝宋）范曄撰　（唐）李賢注　**志三十卷**　（晉）司馬彪撰　（南朝梁）劉昭注　明嘉靖八年（1529）南京國子監刻本　六冊　存四十三卷（一至二、四十至八十上）

320000-1646-0009886　100262

後漢書九十卷　（南朝宋）范曄撰　（唐）李賢注　**志三十卷**　（晉）司馬彪撰　（南朝梁）劉昭注　明崇禎十六年（1643）毛氏汲古閣刻本　十六冊

320000-1646-0009887　100030

後漢書九十卷　（南朝宋）范曄撰　（唐）李賢注　**志三十卷**　（晉）司馬彪撰　（南朝梁）劉昭注　明崇禎十六年（1643）毛氏汲古閣刻本　十四冊

320000-1646-0009888　100263

東漢史刪三十三卷　（明）茅國縉刪次　明萬曆十三年（1585）刻本　一冊　存八卷（二十六至三十三）

320000-1646-0009889　100028

漢書評林一百卷　（明）凌稚隆輯　明萬曆九年（1581）凌稚隆刻本　二十四冊

320000－1646－0009890　100264

周書五十卷　（唐）令狐德棻撰　明崇禎五年（1632）毛氏汲古閣刻本　六冊

320000－1646－0009891　100766

宋書一百卷　（南朝梁）沈約撰　明萬曆二十二年（1594）刻本　二十冊

320000－1646－0009892　100767

南齊書五十九卷　（南朝梁）蕭子顯撰　明萬曆十六年至十七年（1588－1589）南京國子監刻清順治、康熙間遞修本　十冊

320000－1646－0009893　100768

北齊書五十卷　（唐）李百藥撰　明萬曆十六年至十七年（1588－1589）南京國子監刻清順治、康熙間遞修本　八冊

320000－1646－0009894　100769

南史八十卷　（唐）李延壽撰　明萬曆三十一年（1603）刻本（卷三十二至三十四、六十六至六十八配汲古閣刻本）　二十四冊

320000－1646－0009895　100024

南史八十卷　（唐）李延壽撰　明萬曆十六年至十九年（1588－1591）南京國子監刻本　二十冊

320000－1646－0009896　100770

唐書二百二十五卷　（宋）歐陽修（宋）宋祁等撰　**補音二十五卷**　（宋）董衡撰　明初南監刻成化嘉靖萬曆崇禎清順治遞修本（卷三十六至四十五配汲古閣刻本）　四十四冊

320000－1646－0009897　100265

五代史七十四卷　（宋）歐陽修撰　（宋）徐無黨注　明崇禎三年（1630）毛氏汲古閣刻本　一冊　存十四卷（一至十四）

320000－1646－0009898　100266

宋史新編二百卷　（明）柯維騏編　明嘉靖三十六年（1557）刻本　一冊　存五卷（一百七十一至一百七十五）

320000－1646－0009899　100771

金史一百三十五卷　（元）脫脫等修　明嘉靖刻清康熙修補本（卷八至十二配汲古閣刻本）　二十四冊

320000－1646－0009900　100034

續藏書二十七卷　（明）李贄輯著　明刻本　八冊

320000－1646－0009901　100035

資治通鑑二百九十四卷　（宋）司馬光撰　（元）胡三省音注　元刻明修本　五十八冊　存一百四十卷（一百三十五至一百五十二、一百五十四至二百六十、二百六十三至二百七十七）

320000－1646－0009902　100267

資治通鑑二百九十四卷　（宋）司馬光撰　明嘉靖孔天胤刻萬曆十四年（1586）蘇濬重修本　九冊　存三十七卷（一至三十二、三十六至四十）

320000－1646－0009903　100036

資治通鑑考異三十卷　（宋）司馬光撰　明嘉靖刻本　八冊

320000－1646－0009904　100269

資治通鑑綱目五十九卷　（宋）朱熹撰　明成化內府刻本　二十八冊　存五十六卷（二至五、八至五十九）

320000－1646－0009905　100270

資治通鑑綱目五十九卷首一卷　（宋）朱熹撰　（宋）尹起莘發明　（元）劉友益書法　（元）汪克寬考異　（元）徐昭文考證　（元）王幼學集覽　（明）陳濟正誤　（明）馮智舒質實　明嘉靖十三年（1534）江西按察司刻十四年（1535）張鯤修補本　四十七冊　存四十七卷（一至六、八至二十三、二十五至二十七、二十九至四十三、四十六至五十、五十四，首一卷）

320000－1646－0009906　100271

資治通鑑綱目五十九卷首一卷　（宋）朱熹撰　（宋）尹起莘發明　（元）劉友益書法　（元）汪克寬考異　（元）徐昭文考證　（元）王幼學集覽　（明）陳濟正誤　（明）馮智舒質

實　明正德八年(1513)福州劉繼善刻本　十六冊　存四十六卷(一至十一、十五至十七、二十二至五十三)

320000－1646－0009907　100038
重刻資治通鑑綱目全書一百十三卷　(宋)朱熹等撰　明萬曆金陵唐翀宇刻本　六十四冊

320000－1646－0009908　100274
御批資治通鑑綱目一百九卷　(宋)朱熹等撰　清康熙四十六年(1707)內府刻本　六十冊

320000－1646－0009909　100275
御批資治通鑑綱目一百九卷　(宋)朱熹等撰　清康熙四十六年(1707)內府刻本　四十七冊　存一百四卷(御批資治通鑒綱目二至二十九、三十三至四十一、四十三至五十九、首一卷,御批資治通鑒綱目前編十八卷、舉要三卷、外紀一卷,御批續資治通鑒綱目二十七卷)

320000－1646－0009910　100272
資治通鑑綱目前編十八卷舉要三卷　(元)金履祥撰　明萬曆建陽楊氏歸仁齋刻本　四冊　存十八卷(前編四至十八、舉要三卷)

320000－1646－0009911　100273
續編資治宋元綱目大全二十七卷　(明)商輅等撰　明萬曆建陽楊氏清江堂刻本　三冊　存十四卷(一至十四)

320000－1646－0009912　100037
續資治通鑑六十四卷　(明)王宗沐輯　明萬曆刻本　三十二冊

320000－1646－0009913　100277
稽古編大政記綱目八卷　(明)姜寶編纂　明萬曆十五年(1587)刻本　一冊　存四卷(五至八)

320000－1646－0009914　100039
鼎鍥葉太史彙纂玉堂鑑綱七十二卷　(明)葉向高撰　明萬曆三十年(1602)劉朝箴、熊體忠等刻本　二十四冊

320000－1646－0009915　100268
鼎鍥葉太史彙纂玉堂鑑綱七十二卷　(明)葉向高撰　明萬曆三十年(1602)劉朝箴、熊體忠等刻本　二十冊

320000－1646－0009916　100276
綱鑑要編二十四卷　(明)陳臣忠撰　明萬曆刻套印本　二冊　存四卷(三至四、七至八)

320000－1646－0009917　100278
新刻世史類編四十五卷首一卷　(明)李純卿草創　(明)謝遷補遺　(明)王守仁覆詳　(明)王世貞會纂　(明)李槃增修　明萬曆三十四年(1606)書林張起鵬刻本　十三冊　存四十三卷(一至四十三)

320000－1646－0009918　100040
夢松軒訂正綱鑑玉衡七十二卷　(明)劉孔敬輯　明崇禎刻本　二十冊

320000－1646－0009919　100279
御定歷代記事年表一百卷首一卷　(清)王之樞撰　清康熙五十四年(1715)內府刻本　一冊　存三卷(一至二、首一卷)

320000－1646－0009920　100280
通鑑紀事本末四十二卷　(宋)袁樞編　(清)蔣先庚校訂　清鬱岡山房刻本　六十五冊

320000－1646－0009921　100285
通鑑紀事本末四十二卷　(宋)袁樞撰　明萬曆刻本　三十五冊　存三十五卷(二至八、十至二十四、二十六至二十七、二十九至三十二、三十四至三十六、三十八至四十一)

320000－1646－0009922　100281
通鑑紀事本末前編十二卷　(明)沈朝陽編　(清)蔣先庚校訂　清鬱岡山房刻本　十冊

320000－1646－0009923　100284
通鑑紀事本末前編十二卷　(明)沈朝陽編　(明)焦竑校正　明萬曆四十五年(1617)刻本　六冊

320000－1646－0009924　100282
宋史紀事本末十卷　(明)馮琦編　(清)蔣先庚校訂　清鬱岡山房刻本　十五冊

320000 - 1646 - 0009925   100286
宋史紀事本末十卷　（明）馮琦編　（明）陳邦瞻補　明萬曆三十三年(1605)刻本　九冊　存九卷(一至六、八至十)

320000 - 1646 - 0009926   100041
宋史紀事本末一百九卷　（明）馮琦編　（明）陳邦瞻補　（明）張溥論正　明末刻本　十二冊

320000 - 1646 - 0009927   100283
元史紀事本末四卷　（明）陳邦瞻編　（明）臧懋循補　清鬱岡山房刻本　五冊

320000 - 1646 - 0009928   100287
元史紀事本末四卷　（明）陳邦瞻編　（明）臧懋循補　明萬曆刻本　二冊

320000 - 1646 - 0009929   100042
元史紀事本末二十七卷　（明）陳邦瞻撰　（明）臧懋循補　（明）張溥論正　明末刻本　二冊

320000 - 1646 - 0009930   100288
綏寇紀略十二卷補遺三卷　（清）吳偉業撰　清嘉慶張氏照曠閣刻學津討原本　十冊

320000 - 1646 - 0009931   100289
繹史一百六十卷　（清）馬驌撰　清康熙九年(1670)刻本　三十六冊

320000 - 1646 - 0009932   100043
逸周書十卷　（晉）孔晁注　明萬曆程榮刻漢魏叢書本　二冊

320000 - 1646 - 0009933   100292
逸周書十卷　（晉）孔晁注　清乾隆五十一年(1786)盧氏刻抱經堂叢書本　二冊

320000 - 1646 - 0009934   100823
逸周書十卷　（晉）孔晁注　清刻本　二冊

320000 - 1646 - 0009935   100772
越絕書十五卷　（漢）袁康撰　（宋）劉辰翁評　（明）閻光表訂　明刻本　二冊

320000 - 1646 - 0009936   100290
戰國策十卷　（宋）鮑彪校注　（元）吳師道補正　明萬曆吳勉學刻本　四冊　存五卷(一至三、六至七)

320000 - 1646 - 0009937   100291
戰國策四卷　（明）陸樹聲評注　明末刻本　一冊　存一卷(四)

320000 - 1646 - 0009938   100293
十六國春秋一百卷　（北魏）崔鴻撰　明萬曆三十七年(1609)屠喬孫刻本　十六冊

320000 - 1646 - 0009939   100294
貞觀政要集論十卷　（元）戈直撰　明成化元年(1465)内府刻本　二冊　存三卷(四、七至八)

320000 - 1646 - 0009940   100188
震澤紀聞二卷　（明）王鏊撰　明嘉靖三十年(1551)刻本　二冊

320000 - 1646 - 0009941   100295
弇州史料前集三十卷後集七十卷　（明）王世貞纂撰　（明）董復表彙次　明萬曆刻本　六冊　存十一卷(前集十二至十四、十八至二十一，後集六十四至六十七)

320000 - 1646 - 0009942   100296
建文書法儗前編一卷正編二卷附編二卷　（明）朱鷺撰　明萬曆四十三年(1615)刻本　一冊　存三卷(正編下、附編二卷)

320000 - 1646 - 0009943   100297
北征錄一卷北征後錄一卷　（明）金幼孜撰　北征記一卷　（明）楊榮撰　明嘉靖陸楫刻古今說海本　一冊

320000 - 1646 - 0009944   100298
頌天臚筆二十四卷　（明）金日升撰　明崇禎刻本　二冊　存二卷(一至二)

320000 - 1646 - 0009945   100299
陸雲士雜著二十一卷　（清）陸次雲撰　清康熙二十二年(1683)刻本　一冊　存二卷(八紘荒史一卷、譯史紀餘一卷)

320000 - 1646 - 0009946   100300
尚史七十卷　（清）李鍇纂　清嘉慶十九年

(1814)晚香草堂刻本　二十四冊

320000－1646－0009947　100301
海角遺編一卷　題(清)漫遊野史撰　清乾隆抄本　一冊

320000－1646－0009948　100044
蒙難瑣言不分卷　(清)張紹良撰　稿本　二冊

320000－1646－0009949　100302
[幫會材料]一卷　清光緒二十九年(1903)抄本　一冊

320000－1646－0009950　100826
同里先哲志四卷　(明)吳驥撰　續同里先哲志十卷　(清)章夢易輯　清末民國抄本　二冊

320000－1646－0009951　100303
列女傳十六卷　(明)仇英繪圖　明萬曆刻本　二冊　存二卷(一至二)

320000－1646－0009952　100304
國寶新編一卷　(明)顧璘撰　明嘉靖十五年(1536)刻顧氏明朝四十家小說本　一冊

320000－1646－0009953　100305
新鐫旁批詳注總斷廣名將譜十九卷　(明)黃道周撰　明崇禎十六年(1643)刻本　四冊　存八卷(一至二、十一至十二、十五至十八)

320000－1646－0009954　100045
錢牧齋先生列朝詩集小傳十卷　(清)錢謙益撰　(清)錢陸燦輯　清康熙三十七年(1698)誦芬堂刻本　八冊

320000－1646－0009955　100306
東林列傳二十四卷末二卷　(清)陳鼎輯　清康熙刻本　十冊

320000－1646－0009956　100307
晏子春秋四卷　明萬曆吳勉學刻二十子本　一冊

320000－1646－0009957　100308
項羽本紀一卷霍光金日磾傳一卷　清乾隆硃絲格抄本　一冊

320000－1646－0009958　100309
蘇長公外紀十二卷　(明)王世貞輯　(明)璩之璞校補　明萬曆二十二年(1594)璩氏燕石齋刻二十三年(1595)重修本　三冊　存五卷(四至五、九至十一)

320000－1646－0009959　100310
蘇米志林三卷　(明)毛晉撰　明天啟五年(1625)毛氏綠君亭刻本　二冊　存二卷(蘇子瞻二卷)

320000－1646－0009960　100311
蘇米志林三卷　(明)毛晉撰　明天啟五年(1625)毛氏綠君亭刻本　二冊　存二卷(蘇子瞻二卷)

320000－1646－0009961　100046
昭忠錄一卷　(清)徐景嵩輯　清乾隆刻本　二冊

320000－1646－0009962　100312
完節錄不分卷　(清)毛輝鳳編　清道光二十年(1840)稿本　一冊

320000－1646－0009963　100313
楊文憲公升庵先生年譜一卷　(明)簡紹芳編次　(清)程封改輯　(清)孫鋘補訂　清強學簃抄本　一冊

320000－1646－0009964　100831
駒光留影錄一卷　范煙橋撰　稿本　一冊

320000－1646－0009965　100047
杭湖掃墓記三卷　(清)陸懋修撰　稿本　一冊

320000－1646－0009966　100830
汴梁遊記一卷都門遊記一卷　范葵忱撰　稿本　一冊

320000－1646－0009967　100314
國朝歷科館選錄不分卷　(清)沈廷芳輯　(清)陸費墀訂　清同治抄本　一冊

320000－1646－0009968　100315
[吳中官紳癸酉同年齒錄]不分卷　(清)童寶善輯　清光緒八年(1882)稿本　一冊

320000－1646－0009969　100316

松江科甲考(明洪武至崇禎)一卷　清抄本　一冊

320000－1646－0009970　100048

張陸二先生批評戰國策抄四卷　(明)阮宗孔刪注　(明)張居正　(明)陸深評　明萬曆王篆刻本　四冊

320000－1646－0009971　100318

唐荊川批選史記十二卷　(明)唐順之輯　明天啟三年(1623)刻本　三冊　存六卷(一至六)

320000－1646－0009972　100317

東萊先生增入正義音注史記詳節二十卷　(宋)呂祖謙輯　元刻明修本　二冊　存十一卷(十至二十)

320000－1646－0009973　100050

鹿門先生批點漢書九十三卷　(漢)班固撰　(明)茅坤輯　明崇禎八年(1635)茅琛徵刻本　二十四冊

320000－1646－0009974　100319

前漢書文鈔二十六卷　(漢)班固撰　(明)戴羲摘抄　明崇禎三年(1630)刻本　八冊

320000－1646－0009975　100320

兩漢雋言十六卷　(宋)林鉞撰　(明)凌迪知輯　明萬曆四年(1576)凌氏刻文林綺繡本　三冊　存十三卷(一至四、八至十六)

320000－1646－0009976　100324

兩晉南北合纂四十卷　(明)錢岱纂　明萬曆四十一年(1613)刻清康熙海虞錢氏樂志堂遞修本　九冊　存十九卷(晉書纂一至二、南宋纂三至四、南齊纂一至三、南梁纂一至四、北魏纂四至五、北齊纂一至三、北周纂二、隋纂一至二)

320000－1646－0009977　100052

歐陽文忠公新唐書抄二卷　(宋)歐陽修等撰　(明)茅坤批評　明末刻本　一冊

320000－1646－0009978　100053

歐陽文忠公五代史抄二十卷　(宋)歐陽修撰　(明)茅坤批評　明末刻本　三冊

320000－1646－0009979　100054

歐陽文忠公五代史抄二十卷　(宋)歐陽修撰　(明)茅坤批評　明末刻本　四冊

320000－1646－0009980　100049

十七史詳節二百七十三卷　(宋)呂祖謙輯　明正德劉弘毅慎獨齋刻本　三十七冊　存二百五十四卷(東萊先生史記詳節二十卷,東萊先生西漢詳節一至十六、二十二至三十,東萊先生東漢詳節三十卷,東萊先生三國志詳節卷七至十三,東萊先生晉書詳節三十卷,東萊先生南史詳節二十五卷,東萊先生北史詳節二十八卷,東萊先生隋書詳節二十卷,諸儒唐書詳節六十卷,東萊先生五代史詳節一至九)

320000－1646－0009981　100051

讀史備忘八卷　(明)范理編　明嘉靖十二年(1533)鍾錫、郟鼎刻本　三冊　存六卷(一至二、五至八)

320000－1646－0009982　100325

歷代史纂左編一百四十二卷　(明)唐順之輯　明萬曆刻本(卷三至四配清抄本)　七冊　存十八卷(三至十、十四至二十三)

320000－1646－0009983　100321

左國腴詞八卷　(明)凌迪知輯　明萬曆五年(1577)刻文林綺繡本　一冊　存四卷(五至八)

320000－1646－0009984　100322

讀史管見三十卷　(宋)胡寅撰　清康熙五十三年(1714)古並居刻本　十六冊

320000－1646－0009985　100323

廿一史彈詞注十一卷　(明)楊慎撰　(清)張三異增定　清康熙四十九年(1710)樹玉堂刻本　十冊

320000－1646－0009986　100744

新鐫全補標題音注歷朝捷錄四卷　(明)顧充編著　明崇禎刻本　二冊

320000-1646-0009987　100329

捷録法原旁註十二卷　（明）顧充撰　（清）錢烓重輯　清康熙二十五年(1686)錢增刻本　六冊

320000-1646-0009988　100330

新鐫全補標題音注歷朝捷録四卷　（明）顧充編著　明崇禎刻本　一冊　存二卷(一至二)

320000-1646-0009989　100745

新刻全補標題音注元朝捷録四卷　（明）湯賓尹編彙　明崇禎刻本　一冊

320000-1646-0009990　100326

史龥二十五卷　（明）余文龍輯　明萬曆四十六年(1618)刻本　四冊　存七卷(二至三,七下,八至十,二十二中、下)

320000-1646-0009991　100055

史懷十七卷　（明）鍾惺撰　明末刻本　六冊

320000-1646-0009992　100056

史懷十七卷　（明）鍾惺撰　（明）陶珽評　明末刻本　六冊

320000-1646-0009993　100327

史懷十七卷　（明）鍾惺撰　（明）陶珽評　明末刻本　三冊　存十二卷(一至七、十三至十七)

320000-1646-0009994　100328

讀史集四卷　（明）楊以任輯　明末蔡益所書坊刻本　三冊　存三卷(快下、瞻、識下)

320000-1646-0009995　100779

二十一史論贊三十六卷　（明）沈國元閱　明崇禎九年(1636)大來堂刻本　九冊　存十七卷(六至七、十三、二十三至三十六)

320000-1646-0009996　100332

鑑語經世編二十七卷　（清）魏裔介撰　清康熙十四年(1675)刻本　十冊

320000-1646-0009997　100331

讀史鏡古編三十二卷　（清）潘世恩輯　清同治十三年(1874)刻本　六冊

320000-1646-0009998　100333

通典二百卷　（唐）杜佑撰　明延瑞堂抄本　一冊　存一卷(八十一)

320000-1646-0009999　100334

杜氏通典二百卷　（唐）杜佑撰　明嘉靖福州李元陽刻本　三冊　存十二卷(一百一至一百五、一百八十至一百八十六)

320000-1646-0010000　100335

通志略五十二卷　（宋）鄭樵撰　明刻本　十冊　存二十四卷(氏族二至六、六書一至五、天文一至二、謚法一、器服一至二、職官四至五、刑法一、食貨一至二、藝文三至六)

320000-1646-0010001　100336

續文獻通考二百五十四卷　（明）王圻撰　明萬曆三十一年(1603)刻本　三冊　存五卷(三至七)

320000-1646-0010002　100337

文獻通考纂二十四卷　（明）胡震亨撰　明萬曆刻本　三冊　存八卷(十一至十八)

320000-1646-0010003　100338

文獻通考鈔二十四卷　（明）史以遇抄　清康熙四年(1665)刻本　一冊　存三卷(一至三)

320000-1646-0010004　100339

續文獻通考鈔三十卷　（明）史以甲抄　清康熙四年(1665)美延堂刻本　一冊　存三卷(一至三)

320000-1646-0010005　100340

彙草堂治平類纂三十卷　（明）朱健著　清康熙二年(1663)刻本　四冊

320000-1646-0010006　100341

南巡盛典一百二十卷　（清）高晉等輯　清乾隆三十六年(1771)刻本　三十六冊　存八十六卷(一至五十九、九十四至一百二十)

320000-1646-0010007　100342

南巡盛典一百二十卷　（清）高晉等輯　清乾隆三十六年(1771)刻本　十五冊　存三十四卷(一至十五、二十四至二十六、三十二至三十九、九十五至九十八、一百二至一百五)

320000－1646－0010008　100343

南巡盛典一百二十卷　（清）高晉等輯　清乾隆三十六年(1771)刻本　七冊　存十七卷（十一至十二、三十二至四十六）

320000－1646－0010009　100344

文廟禮樂器圖考二卷首一卷末一卷　（清）蕭大成撰　清康熙五十七年(1718)刻本　十冊

320000－1646－0010010　100345

[康熙]魚鱗清冊一卷　清康熙十五年(1676)填寫刻本　一冊

320000－1646－0010011　100346

蘇松財賦考圖說一卷　（清）周夢顏輯　清道光九年(1829)程丕纘刻本　一冊

320000－1646－0010012　100347

賑紀八卷　（清）方觀承撰　清乾隆十九年(1754)刻本　一冊　存二卷(三至四)

320000－1646－0010013　100057

鄭開陽雜著十一卷　（明）鄭若曾撰　清康熙三十九年(1700)刻本　八冊　缺一卷(江防圖考一卷)

320000－1646－0010014　100352

督捕則例二卷　（清）唐紹祖等撰　清乾隆八年(1743)刻本　二冊

320000－1646－0010015　100349

東坡奏議十五卷　（宋）蘇軾撰　明嘉靖刻本　一冊　存三卷(七至九)

320000－1646－0010016　100350

御選明臣奏議四十卷　（清）蔡新等輯　清乾隆四十七年(1782)武英殿木活字印本　四冊　存十六卷(二十一至三十六)

320000－1646－0010017　100348

[雍正上諭(雍正元年七月至三年十二月)]不分卷　（清）世宗胤禛撰　清雍正刻本　六冊

320000－1646－0010018　100351

[護理陝西巡撫陶奏稿]不分卷　清光緒抄本　一冊

320000－1646－0010019　100353

物料價值則例□□卷　清乾隆刻本　十三冊　存十三卷（二、五、七至九、十一至十四、十八、二十、二十三至二十四）

320000－1646－0010020　100058

月令廣義二十四卷首一卷　（明）馮應京纂輯　（明）戴任增釋　明萬曆二十九年(1601)陳邦泰刻本　三冊

320000－1646－0010021　100354

月令廣義二十四卷首一卷　（明）馮應京纂輯　（明）戴任增釋　明萬曆三十年(1602)刻本　八冊

320000－1646－0010022　100355

清嘉錄十二卷　（清）顧祿撰　清道光十年(1830)刻本　四冊

320000－1646－0010023　100356

輿地廣記三十八卷札記二卷　（宋）歐陽忞撰　（清）黃丕烈校　清嘉慶十七年(1812)黃丕烈刻士禮居叢書本　四冊

320000－1646－0010024　100357

廣輿記二十四卷　（明）陸應陽撰　明刻本　二冊　存四卷(十五至十八)

320000－1646－0010025　100358

日下舊聞四十二卷　（清）朱彝尊撰　（清）朱昆田補遺　清康熙二十七年(1688)刻本　二十四冊

320000－1646－0010026　100359

欽定日下舊聞考一百六十卷　（清）高宗弘曆敕撰　（清）于敏中　（清）英廉總裁　清乾隆三十九年(1774)刻本　四十八冊

320000－1646－0010027　100360

舟車所至二十卷　（清）鄭光祖輯　一斑錄五卷附編三卷雜述八卷河工記瑣一卷　（清）鄭光祖撰　清道光琴川鄭氏青玉山房刻本　十四冊

320000－1646－0010028　100362

[康熙]蘇州府志八十二卷　（清）盧騰龍　（清）寧雲鵬等纂修　清康熙三十年(1691)刻

本 十八冊 存四十四卷(十五至十六、三十一至三十二、三十八至四十一、四十七至八十二)

320000-1646-0010029 100363

[康熙]蘇州府志八十二卷 （清）盧騰龍（清）寧雲鵬等纂修 清康熙三十年(1691)刻本(卷八十一配清抄本) 十冊 存十三卷(五十九至六十五、六十八至六十九、七十三至七十四、八十至八十一)

320000-1646-0010030 100364

[乾隆]蘇州府志八十卷 （清）雅爾哈善（清）習寯纂修 清乾隆十三年(1748)刻本 四十冊

320000-1646-0010031 100365

[乾隆]蘇州府志八十卷 （清）雅爾哈善（清）習寯纂修 清乾隆十三年(1748)刻本 四十冊

320000-1646-0010032 100366

[道光]蘇州府志一百五十卷首十卷 （清）石韞玉 （清）宋如林纂修 清道光四年(1824)刻本 六十四冊

320000-1646-0010033 100367

[道光]蘇州府志一百五十卷首十卷 （清）石韞玉 （清）宋如林纂修 清道光四年(1824)刻本 七十七冊 存一百五十四卷(一至七十一、七十四至七十九、八十四至一百五十，首十卷)

320000-1646-0010034 100370

[崇禎]太倉州志十五卷 （明）錢肅樂（明）張采編 明崇禎十五年(1642)刻清康熙十七年(1678)增修本 一冊 存三卷(五至七)

320000-1646-0010035 100059

橫山志略六卷 （清）顧嘉譽撰 清乾隆十三年(1748)顧氏香雪巢刻本 三冊

320000-1646-0010036 100368

[道光]滸墅關志十八卷 （清）凌壽祺纂修 清道光七年(1827)刻本 六冊

320000-1646-0010037 100369

光福志十二卷 （清）徐傅編 稿本 六冊

320000-1646-0010038 100060

東山雜錄不分卷 （清）秦長焜輯 稿本 四冊

320000-1646-0010039 100361

[乾隆]江南通志二百卷 （清）尹繼善（清）黃之雋等纂修 清乾隆元年(1736)刻本 一百二十冊

320000-1646-0010040 100371

[康熙]徽州府志十八卷圖一卷 （清）趙吉士（清）丁廷楗纂修 清康熙三十八年(1699)萬春閣刻本 十冊

320000-1646-0010041 100372

[雍正]江西通志一百六十二卷 （清）謝旻（清）陶成纂修 清雍正十年(1732)刻本 六十冊

320000-1646-0010042 100061

滄浪小志二卷 （清）宋犖輯 清康熙刻本 一冊

320000-1646-0010043 100062

廬山歸宗寺志四卷 （明）釋德清撰 明天啟刻本 四冊

320000-1646-0010044 100063

帝京景物畧八卷 （明）劉侗 （明）于奕正撰 明崇禎七年(1634)刻本 八冊

320000-1646-0010045 100373

潮災紀略一卷 題(清)古虞野史氏撰 清乾隆抄本 一冊

320000-1646-0010046 100377

名山勝概記四十八卷 （明）何鏜輯 明刻本 六冊 存四卷(二十五至二十六、三十四至三十五)

320000-1646-0010047 100064

武夷志畧四卷 （明）徐表然撰 明萬曆四十七年(1619)孫世昌刻本 四冊

320000-1646-0010048 100374

水經注四十卷　（漢）桑欽撰　（北魏）酈道元注　明萬曆十三年(1585)吳琯刻清文樞堂印本　十二冊

320000－1646－0010049　100376

西湖志四十八卷　（清）傅王露總修　清雍正十三年(1735)殿刻本　二十冊

320000－1646－0010050　100375

山東運河備覽十二卷　（清）陸耀纂　清乾隆四十年(1775)刻本　六冊

320000－1646－0010051　100378

南遊記一卷　（清）孫嘉淦撰　清嘉慶十年(1805)守意龕刻套印本　一冊

320000－1646－0010052　100379

皇明四夷考二卷　（明）鄭曉撰　明嘉靖四十三年(1564)刻吾學編本　一冊　存一卷（上）

320000－1646－0010053　100835

西清古鑑四十卷錢錄十六卷　（清）梁詩正（清）蔣溥等輯　清乾隆十六年(1751)武英殿銅版印本　二十四冊　存三十六卷（西清古鑑一至五、七至十二、十四至二十二、二十五、三十一至三十八,錢錄十至十六）

320000－1646－0010054　100380

長安獲古編二卷補一卷　（清）劉喜海輯　清同治刻本　二冊

320000－1646－0010055　100381

隸釋二十七卷隸續二十一卷　（宋）洪适撰　清乾隆四十三年(1778)汪日秀樓松書屋刻本　十二冊

320000－1646－0010056　100065

補寰宇訪碑錄五卷失編一卷　（清）趙之謙撰　清同治三年(1864)自刻本　二冊

320000－1646－0010057　100382

印法參同四十二卷　（明）徐上達輯　明萬曆刻本　二冊　存一卷（六）

320000－1646－0010058　100066

集古官印考十七卷附一卷　（清）瞿中溶撰稿本　四冊　存七卷（一至七）

320000－1646－0010059　100383

十六金符齋印存不分卷　（清）吳大澂輯　清光緒鈐印巾箱本　二冊

320000－1646－0010060　100384

十六金符齋印存不分卷　（清）吳大澂輯　清光緒二十九年(1903)鈐印本　二冊

320000－1646－0010061　100385

元史藝文志四卷　（清）錢大昕補輯　清嘉慶五年(1800)黃丕烈刻本　二冊

320000－1646－0010062　100816

經義考三百卷目錄二卷　（清）朱彝尊音釋　清康熙曝書亭刻乾隆二十一年(1756)盧氏續刻本　三十八冊　存二百八十八卷（一至二百五十八、二百七十至二百八十五、二百八十七至二百九十八,目錄二卷）

320000－1646－0010063　100187

古今說海　（明）陸楫等編　明嘉靖二十三年(1544)陸楫儼山書院、雲山書院刻本　四十冊

320000－1646－0010064　100738

稗海　（明）商濬輯　清康熙刻本　十一冊　存八種五十五卷（齊東野語一至三、十七至二十,龍城錄二卷,北夢瑣言一至三,鶴林玉露十六卷補遺一卷,儒林公議二卷,玉泉子一卷,遊宦紀聞十卷,東軒筆錄三至十五）

320000－1646－0010065　100739

皇明百家小說　（明）沈廷松編　明末刻本　二十四冊　存一百十八種一百十八卷（皇明盛事一卷、菽園雜記一卷、客座新聞一卷、枝山前聞一卷、莘野纂聞一卷、駒陰冗記一卷、中洲野錄一卷、長安客話一卷、古穰雜錄一卷、後渠雜識一卷、懸笥瑣探一卷、南翁夢錄一卷、碧里雜存一卷、田居乙記一卷、西樵野記一卷、二西委譚一卷、三餘贅筆一卷、聽雨紀談一卷、劉氏雜志一卷、推篷寤語一卷、寒檠膚見一卷、書肆說鈴一卷、語窾今古一卷、新知錄一卷、識小編一卷、庚巳編一卷、續巳編一卷、涉異志一卷、蘇談一卷、墨畦一卷、陝洛日記一卷、意見一卷、否泰錄一卷、遇恩錄

一卷、天順日錄一卷、今言一卷、彭公筆記一卷、琅琊漫抄一卷、震澤紀聞一卷、震澤長語一卷、病逸漫記一卷、高坡異纂一卷、豫章漫抄一卷、蓬軒吳記一卷、蓬軒別記一卷、蓬窓續錄一卷、青巖叢錄一卷、東谷贅言一卷、閒中今古錄一卷、春風堂隨筆一卷、簷曝偶談一卷、雨航雜錄一卷、農田餘話一卷、水南翰記一卷、甗采清課一卷、吳風錄一卷、君子堂日詢手鏡一卷、篷櫳夜話一卷、寶橫記一卷、脚氣集一卷、續志林一卷、寓圃雜記一卷、青溪暇筆一卷、庭聞述略一卷、近峰聞略一卷、近峰記略一卷、翦勝野聞一卷、觚不觚錄一卷、溪山餘話一卷、清暑筆談一卷、甲乙剩言一卷、百可漫志一卷、見聞紀訓一卷、先進遺風一卷、擁爐迁談一卷、遼邸記聞一卷、北使錄一卷、西征記一卷、北征事蹟一卷、醫閒漫志一卷、渰泥入貢記一卷、琉球使略一卷、雲中事記一卷、南巡日錄一卷、朝鮮紀事一卷、平定交南錄一卷、撫安東夷記一卷、哈密國王記一卷、安南水程日記一卷、雲林遺事一卷、國寶新編一卷、仰山脞錄一卷、新倩籍一卷、吳中往哲記一卷、武功縣官師志一卷、綠雪亭雜言一卷、雲夢藥溪談一卷、蒹葭堂雜抄一卷、快雪堂漫錄一卷、天爵堂筆餘一卷、逌徇編一卷、雪濤談叢一卷、委巷叢談一卷、前定錄補一卷、譚輅一卷、戲瑕一卷、語怪一卷、異林一卷、西州合譜一卷、海味索隱一卷、笑禪錄一卷、雜纂三續一卷、洞簫記一卷、廣寒殿記一卷、周顛僊人傳一卷、李公子傳一卷、阿寄傳一卷、義虎傳一卷）

320000－1646－0010066　100386

諸子品節五十卷　（明）陳深編　明萬曆十八年（1590）金陵周竹潭刻本　一冊　存二卷（三十三至三十四）

320000－1646－0010067　100387

二十九子品彙釋評二十卷首一卷　（明）焦竑校正　明萬曆刻本　十五冊　存九卷（十至十五、十七至十九）

320000－1646－0010068　100388

諸子品彙五十卷　明萬曆刻本　十八冊　存四十二卷（九至五十）

320000－1646－0010069　100389

諸子奇賞前集五十一卷後集六十卷　（明）陳仁錫評選　明天啟六年（1626）刻本　四十冊　存七十三卷（前集十三至十六、二十二至二十六、二十九、三十六至四十四、四十九至五十一，後集一至二十九、三十九至六十）

320000－1646－0010070　100390

合諸名家批點諸子全書　明天啟刻本　一冊　存四卷（黃帝陰符經一卷、關尹子二卷、黃石公素書一卷）

320000－1646－0010071　100391

孔叢四卷　（漢）孔鮒著　（明）鍾惺評　**新語二卷**　（漢）陸賈著　（明）鍾惺評　明刻秘書九種本　二冊

320000－1646－0010072　100836

鹽鐵論十二卷　（漢）恒寬著　（明）張之象注　明嘉靖三十三年（1554）張氏猗蘭堂刻程榮重修本　十冊

320000－1646－0010073　100392

鹽鐵論十二卷　（漢）恒寬著　（明）鍾惺評　明刻秘書九種本　四冊

320000－1646－0010074　100070

劉向說苑二十卷　（漢）劉向撰　明初內府刻本　五冊

320000－1646－0010075　100393

新序十卷　（漢）劉向著　（明）鍾惺評　明刻秘書九種本　二冊

320000－1646－0010076　100394

新序十卷　（漢）劉向著　明崇禎刻本　一冊

320000－1646－0010077　100068

孔子家語十卷　（三國魏）王肅注　明嘉靖三十三年（1554）黃魯曾刻本　三冊　存六卷（三至四、七至十）

320000－1646－0010078　100069

孔子家語十卷　（三國魏）王肅注　明隆慶六年（1572）徐祚錫刻本　六冊

320000－1646－0010079　100773
荀子二十卷　（唐）楊倞注　（明）錢受益（明）鍾人傑訂　明末刻本　六冊

320000－1646－0010080　100395
近思錄集解十四卷　（宋）朱熹編　（宋）葉采集解　清康熙刻本　二冊

320000－1646－0010081　100402
慈溪黃氏日抄分類九十七卷古今紀要十九卷　（宋）黃震撰　明刻本　二十七冊　存五十八卷（日抄分類十至二十、二十三至二十五、三十至三十六、六十七至八十、九十三至九十七，紀要一至十六、十八至十九）

320000－1646－0010082　100071
類編標註文公先生經濟文衡前集二十五卷後集二十五卷續集二十二卷　（宋）馬季機輯　明正德四年(1509)趙俊遞修本　五冊　存三十一卷（前集六至十一、十九至二十五，後集八至二十五）

320000－1646－0010083　100397
新刊性理大全七十卷　（明）胡廣等撰　明永樂十三年(1415)刻本　二冊　存一卷（大學章句一卷）

320000－1646－0010084　100398
新刊群書考正性理大全七十卷　（明）胡廣等撰　明嘉靖刻本　十二冊　存三十九卷（二十至五十五、六十八至七十）

320000－1646－0010085　100073
新刻九我李太史校正大方性理全書七十卷　（明）胡廣等撰　明萬曆吳勉學刻本　十六冊

320000－1646－0010086　100399
性理會通七十卷續編四十二卷　（明）胡廣等撰　（明）鍾人傑訂正　明崇禎刻本　二十冊　存五十七卷（一至五、十三至十五、二十三至二十四、三十四至三十六、四十三至四十五、四十九至七十，續編一至十九）

320000－1646－0010087　100074
大學衍義補一百六十卷　（明）丘濬撰　明刻本　三十二冊

320000－1646－0010088　100075
王陽明先生傳習錄四卷　（明）王守仁撰　明萬曆二十一年(1593)刻本　四冊

320000－1646－0010089　100067
孔子家語八卷　（明）何孟春注　明正德十六年(1521)張文麟刻本　四冊

320000－1646－0010090　100072
朱子大全私抄十二卷　（明）王宗沐輯　明嘉靖三十二年(1553)自刻本　十二冊

320000－1646－0010091　100400
翠娛閣增訂宗方城先生性理抄八卷　（明）宗臣纂輯　明崇禎八年(1635)刻本　四冊　存四卷（一至二、七至八）

320000－1646－0010092　100401
御纂性理精義十二卷　清康熙五十四年(1715)刻本　六冊

320000－1646－0010093　100403
閑辟錄十卷　（明）程曈輯　清康熙刻本　四冊

320000－1646－0010094　100396
淵鑒齋御纂朱子全書六十六卷　（清）李光地等編　清康熙五十三年(1714)內府刻本　三十六冊

320000－1646－0010095　100404
學案一卷　（清）王甡審定　清初刻本　一冊

320000－1646－0010096　100405
市隱卮言一卷　（清）亢樹滋撰　稿本　一冊

320000－1646－0010097　100406
修齋直指評一卷　（清）劉光賁撰　稿本　一冊

320000－1646－0010098　100407
修齋直指評一卷　（清）劉光賁撰　稿本　一冊

320000－1646－0010099　100076
南華真經評註十卷　（晉）郭象輯注　明天啟文氏竺塢山堂刻本　四冊

320000－1646－0010100　100408

莊子南華真經十卷　（晉）郭象注　明末刻本　六冊

320000－1646－0010101　100409

劉辰翁點校三子七卷　（宋）劉辰翁撰　明崇禎刻本　五冊　存六卷(老子二卷、莊子南華真經內篇一卷、莊子南華真經雜篇一卷、列子二卷)

320000－1646－0010102　100410

管子二十四卷　（唐）房玄齡注釋　（明）劉績增注　明天啟五年(1625)花齋刻本　二冊

320000－1646－0010103　100411

韓非子二十卷　明萬曆十年(1582)趙用賢刻管韓合刻本　二冊　存五卷(一至五)

320000－1646－0010104　100077

韓子迂評二十卷　題(明)門無子撰　明刻套印本　六冊

320000－1646－0010105　100412

韓子刪評四卷　（明）孫鑛撰　明末刻本　三冊　存三卷(二至四)

320000－1646－0010106　100414

登壇必究四十卷　（明）王鳴鶴編輯　明萬曆二十七年(1599)刻本　三冊　存三卷(太乙一卷、奇門一卷、六壬一卷)

320000－1646－0010107　100413

武備志二百四十卷　（明）茅元儀輯　清道光木活字印本　二十八冊　存六十三卷(一百四至一百二十三、一百二十七至一百二十九、一百三十三至一百三十五、一百七十一至一百七十四、一百七十七至一百八十九、一百九十二至一百九十八、二百至二百一十、二百一十三至二百一十四)

320000－1646－0010108　100841

農政全書六十卷　（明）徐光啟撰　清道光刻本　二十冊

320000－1646－0010109　100840

三農紀十卷　（清）張宗法著　清乾隆十五年(1750)刻本　十冊

320000－1646－0010110　100857

東垣十書三十二卷　（金）李杲等撰　明嘉靖八年(1529)刻本　十二冊

320000－1646－0010111　100853

劉河間醫學六種附二種　（金）劉完素述　（明）吳勉學校　明刻本　三冊　存七種二十六卷(素問病機氣宜保命集三卷，黃帝素問宣明論方十五卷，劉河間傷寒直格論方三卷，河間傷寒心要一卷，張子和心鏡別集一卷，傷寒標本心法類粹二卷，劉河間傷寒醫鑒一卷)

320000－1646－0010112　100419

玉機微義五十卷　（明）徐用誠撰　（明）劉純輯　清康熙四十二年(1703)沈氏紫來堂刻本　六冊　存三十八卷(六至二十七、三十五至五十)

320000－1646－0010113　100856

古今醫統正脈全書四十四種二百五卷　（明）王肯堂彙輯　明萬曆二十九年(1601)吳勉學刻清初金陵蘊古堂重修本　三十八冊

320000－1646－0010114　100776

醫林指月二十三卷　（清）王琦輯　清乾隆三十二年(1767)寶笏樓刻本　十二冊

320000－1646－0010115　100854

醫學折衷八十四卷　（清）方孝基輯　清抄本　六十四冊

320000－1646－0010116　100855

證治理會十卷　清抄本　二十六冊

320000－1646－0010117　100415

重廣補注黃帝內經素問二十四卷　（唐）王冰注　明嘉靖二十九年(1550)顧從德刻本　二冊　存三卷(一至二、二十一)

320000－1646－0010118　100416

黃帝內經三十六卷　（唐）王冰注　明吳勉學刻古今醫統本　五冊　存二十九卷(素問一至六、十四至二十四,靈樞一至十二)

320000－1646－0010119　100868

黃帝內經素問二十四卷　（明）吳崐注　明萬曆三十七年（1609）刻本　八冊

320000－1646－0010120　100869

黃帝內經素問二十四卷　（明）吳崐注　明萬曆三十七年（1609）刻本　八冊

320000－1646－0010121　100870

黃帝內經素問二十四卷　（明）吳崐注　明萬曆三十七年（1609）刻本　十四冊

320000－1646－0010122　100417

黃帝素問靈樞經合注十八卷　（清）張志聰撰　清康熙十七年（1678）刻本　十二冊

320000－1646－0010123　100867

素問靈樞類纂約注三卷　（清）汪昂纂輯　清康熙二十八年（1689）日新書莊刻本　三冊

320000－1646－0010124　100871

類經三十二卷圖翼十一卷附翼四卷　（明）張介賓輯　明天啟四年（1624）刻本　二十冊

320000－1646－0010125　100863

醫經原旨六卷　（清）薛雪集注　清乾隆十九年（1754）刻本　六冊

320000－1646－0010126　100864

醫經原旨六卷　（清）薛雪集注　清乾隆十九年（1754）刻本　六冊

320000－1646－0010127　100865

醫經原旨六卷　（清）薛雪集注　清乾隆十九年（1754）刻本　六冊

320000－1646－0010128　100866

醫經原旨六卷　（清）薛雪集注　清乾隆十九年（1754）刻本　五冊　存五卷（一至四、六）

320000－1646－0010129　100941

神農本草經疏三十卷　（明）繆希雍著　明天啟五年（1625）毛氏綠君亭刻清蘊古堂印本　十二冊

320000－1646－0010130　100944

本草彙言二十卷　（明）倪朱謨選集　（明）湯國華繪圖　清順治二年（1645）刻康熙三十三年（1694）重修本　二十八冊

320000－1646－0010131　100943

食物本草會纂十二卷　（清）沈李龍纂輯　清乾隆四十八年（1783）金閶書業堂刻本　六冊

320000－1646－0010132　100945

本草詩箋十卷　（清）朱鑰著　清乾隆二十二年（1757）刻本　六冊

320000－1646－0010133　100942

本草觀止二卷　稿本　四冊

320000－1646－0010134　100873

學古診則四卷　（清）盧之頤輯正　侶山堂類辯二卷　（清）張志聰撰　清乾隆三十五年（1770）刻本　五冊

320000－1646－0010135　100875

脈要圖注四卷　（清）賀昇平輯　清乾隆刻本　四冊

320000－1646－0010136　100876

丹溪朱氏脈因症治二卷　（清）湯望久輯　清乾隆四十年（1775）刻本　四冊

320000－1646－0010137　100874

醫學正脈不分卷　（清）潘道根撰　稿本　一冊

320000－1646－0010138　100872

重刊巢氏諸病源候總論五十卷　（隋）巢元方撰　明方東雲聚奎堂刻本　十六冊

320000－1646－0010139　100957

唐王燾先生外臺秘要方四十卷　（唐）王燾撰　清初經餘居刻本　十六冊

320000－1646－0010140　100965

蘇沈良方八卷　（宋）蘇軾　（宋）沈括著　清乾隆刻本　一冊

320000－1646－0010141　100851

儒門事親十五卷　（金）張從正撰　明嘉靖二十年（1541）刻本　五冊

320000－1646－0010142　100418

新刊丹溪心法五卷附錄一卷　（元）朱震亨撰　（明）程衍道校　明嘉靖三十三年（1554）刻清謙則堂印本　八冊

320000－1646－0010143　100964

醫學綱目四十卷　（明）樓英撰　明嘉靖四十四年(1565)曹灼、邵弁刻本　十四冊　存三十七卷(一至三十七)

320000－1646－0010144　100958

金鏡內臺方議十二卷　（明）許弘撰　清抄本　二冊

320000－1646－0010145　100932

經驗全方四卷　（明）薛己輯　明刻本　二冊　存二卷(二至三)

320000－1646－0010146　100774

赤水玄珠三十卷　（明）孫一奎著輯　明萬曆刻本　十八冊

320000－1646－0010147　100963

醫旨緒餘二卷　（明）孫一奎著輯　明孫泰來、孫朋來刻本　六冊

320000－1646－0010148　100950

新刊增補萬病回春原本八卷　（明）龔廷賢編　明萬曆四十三年(1615)經綸堂刻本　八冊

320000－1646－0010149　100951

新刊萬病回春八卷　（明）龔廷賢編　明萬曆十六年(1588)蘇州閶門葉龍溪刻本　八冊

320000－1646－0010150　100953

名醫方論四卷　（清）羅美評定　清康熙十四年(1675)刻　四冊

320000－1646－0010151　100959

新刻攝生總妙方十二卷　（清）張時徹編輯　清康熙王梅刻本　八冊

320000－1646－0010152　100952

奇方類編二卷　（清）吳世昌抄輯　附錄經驗秘方一卷　（清）王遠輯　清康熙五十八年(1719)刻　二冊

320000－1646－0010153　100749

絳雪園古方選註三卷　（清）王子接注　清雍正介景樓刻本　六冊

320000－1646－0010154　100946

絳雪園古方選注三卷　（清）王子接注　清雍正十年(1732)年介景樓刻本　六冊

320000－1646－0010155　100960

經驗廣集四卷附一卷　（清）李文炳彙纂　（清）李友洙參訂　清乾隆四十三年(1778)椿蔭堂刻本　四冊

320000－1646－0010156　100947

留石軒良方一卷痘科方一卷　（清）錢青掄撰　清咸豐四年(1854)潘道根抄本　二冊

320000－1646－0010157　100948

徐村老農手鈔方不分卷　（清）潘道根輯　清咸豐二年(1852)潘道根抄本　三冊

320000－1646－0010158　100962

臨證度鍼六卷　（清）潘道根輯　清咸豐三年(1853)稿本　五冊　存五卷(二至六)

320000－1646－0010159　100949

濟人自濟經驗諸方三卷　（清）王夢蘭　（清）梁憲纂輯　清刻本　六冊

320000－1646－0010160　100954

醫學蒙引六卷　（清）徐時進編　清末民國抄本　六冊

320000－1646－0010161　100956

紅爐點雪十八卷　王奇弢編輯　清末民國抄本　八冊

320000－1646－0010162　100906

注解傷寒論十卷　（漢）張機述　（晉）王熙撰次　（金）成無己注解　明萬曆刻古今醫統正脈全書本　三冊

320000－1646－0010163　100907

註解傷寒論十卷　（漢）張機述　（晉）王熙撰次　（金）成無己註解　清吳翊隆抄本　四冊

320000－1646－0010164　100909

傷寒論直解六卷　（漢）張機撰　（清）張錫駒注解　清康熙五十一年(1712)刻本　六冊

320000－1646－0010165　100910

傷寒卒病論不分卷　（漢）張機著　（清）沈又彭抄讀　清乾隆三十年(1765)刻本　四冊

320000－1646－0010166　100913

金匱要略直解三卷　（漢）張機述　（清）程林注　清康熙十二年(1673)刻本　三冊

320000－1646－0010167　100896

傷寒總病論六卷　（宋）龐安時撰　清末民國抄本　四冊

320000－1646－0010168　100903

劉河間傷寒三書二十卷　（金）劉完素撰集　明末吳繼宗刻本　十冊

320000－1646－0010169　100904

傷寒六書六卷　（明）陶華撰　明步月樓刻本　六冊

320000－1646－0010170　100912

傷寒貫珠集七卷　（清）尤怡注　清道光潘道根抄本　六冊

320000－1646－0010171　100894

傷寒大白四卷總論一卷　（清）秦之楨纂著　清康熙五十三年(1714)其順堂刻本　十冊

320000－1646－0010172　100897

傷寒大白四卷總論一卷　（清）秦之楨纂著　清康熙五十三年(1714)其順堂刻本　八冊

320000－1646－0010173　100915

傷寒溫病條辨六卷　（清）楊璿撰　清乾隆四十九年(1784)刻本　六冊

320000－1646－0010174　100895

傷寒指掌四卷　（清）吳貞撰　清光緒二十一年(1895)王鴻鈞抄本　四冊

320000－1646－0010175　100901

傷寒證治明條八卷　（清）馬中驊著　（清）丁忠達編錄　清丁忠達抄本　六冊

320000－1646－0010176　100911

讀傷寒論二卷　（清）潘道根撰　清道光稿本　四冊

320000－1646－0010177　100900

傷寒雜病論指歸六卷　（清）戈頌平撰　清末民國抄本　十冊

320000－1646－0010178　100899

陶節菴全生集四卷　（明）陶華撰　明崇禎十三年(1640)吳門寶鴻堂刻本　八冊

320000－1646－0010179　100898

先醒齋筆記十四卷炮灸大法一卷用藥凡例一卷　（明）繆希雍撰　（明）丁元薦輯　明崇禎十五年(1642)刻本　六冊　存十五卷(一至九,十一至十四,炮灸大法一卷,用藥凡例一卷)

320000－1646－0010180　100917

溫疫論二卷　（明）吳有性著　明崇禎十五年(1642)吳郡書業堂刻本　二冊

320000－1646－0010181　100916

瘟疫明辨四卷瘟疫明辨方一卷　（清）鄭奠一撰　清乾隆十六年(1751)刻本　四冊

320000－1646－0010182　100902

沈朗仲先生病機彙論十八卷　（清）沈頲撰　（清）馬俶校定　清咸豐七年(1857)潘道根抄本　九冊　存十七卷(二至十八)

320000－1646－0010183　100914

松峰說疫六卷備用良方一卷　（清）劉奎著輯　瘟疫論類編五卷　（明）吳有性著　（清）劉奎訂正　清乾隆五十二年(1787)刻本　六冊

320000－1646－0010184　100919

瘡瘍經驗全書十三卷　（宋）竇漢卿輯著　清康熙五十六年(1717)洪氏浩然樓刻本　十二冊

320000－1646－0010185　100918

外科大成四卷　（清）祁坤輯著　清康熙四年(1665)古雪堂刻本　十冊

320000－1646－0010186　100940

秘傳眼科龍木醫書總論十卷首一卷　題(明)葆光道人撰　明萬曆三年(1575)刻本　六冊

320000－1646－0010187　100939

眼科傳心錄不分卷　（清）裘岳著　稿本　四冊

320000－1646－0010188　100921

濟陰綱目十四卷 （明）武之望輯著　（清）汪淇箋釋　清康熙四年(1665)小酉山房刻本　八冊

320000－1646－0010189　100922

重訂宜麟策一卷 （明）張介賓撰　（清）王珠（清）錢大治校訂　**祈嗣真詮一卷** （明）袁黃編　（清）王珠（清）錢大治校訂　清乾隆四十五年(1780)慎齋刻本　二冊

320000－1646－0010190　100920

女科經綸八卷 （清）蕭壎纂著　清康熙二十三年(1684)燕貽堂刻本　八冊

320000－1646－0010191　100923

產科心法二卷 （清）汪喆撰　清末民國抄本　二冊

320000－1646－0010192　100924

鄭氏女科不分卷　清陳臨久抄本　三冊

320000－1646－0010193　100925

鄭氏產科補亡不分卷 （明）鄭敷政輯　清咸豐五年(1855)潘道根抄本　二冊

320000－1646－0010194　100933

嬰童百問十卷 （明）魯伯嗣撰　明末聚錦堂刻本　十冊

320000－1646－0010195　100929

重刻活幼心法大全二卷 （明）聶尚恒著　清康熙十五年(1676)刻本　四冊

320000－1646－0010196　100078

嬰童類萃三卷 （明）王大綸撰　明刻本　六冊

320000－1646－0010197　100930

小兒雜症便蒙不分卷　稿本　四冊

320000－1646－0010198　100931

錢氏家寶不分卷　清末民國抄本　四冊

320000－1646－0010199　100936

痘疹心法二十四卷 （明）萬全撰　稿本　三冊

320000－1646－0010200　100938

痘疹世醫心法十二卷 （明）萬全集　明萬曆三十八年(1610)彭端吾刻本　八冊

320000－1646－0010201　100935

痘疹全嬰金鏡錄三卷小兒雜症秘傳便蒙捷法一卷 （明）翁仲仁輯著　（明）陸道元補遺　明萬曆抄本　三冊

320000－1646－0010202　100937

疹科真傳一卷 （明）呂坤輯　明萬曆奎照樓刻本　二冊

320000－1646－0010203　100934

痘科類編釋意三卷疹科纂要一卷 （明）翟良輯　清康熙五十九年(1720)刻本　八冊

320000－1646－0010204　100927

抱乙子幼科指掌遺藁五卷 （清）葉其蓁編輯　清乾隆八年(1743)書業堂刻本　五冊

320000－1646－0010205　100928

增訂保赤金丹四卷 （清）呂紹先編輯　（清）黃邦寧增訂　清乾隆三十四年(1769)中震堂刻本　八冊

320000－1646－0010206　100884

薛氏醫案二十四種 （明）薛己校　明刻本　三十冊　存十八種九十八卷（難經本義二卷,本草發揮四卷,平治會萃三卷,內科摘要二卷,明醫雜著六卷,保嬰撮要二十卷,錢氏小兒直訣四卷,婦人良方二十四卷,女科撮要二卷,立齋外科發揮八卷,外科心法七卷,外科樞要四卷,外科精要三卷,癰疽神秘驗方一卷,外科驗方一卷,正體類要三卷,口齒類要一卷,癘瘍機要三卷）

320000－1646－0010207　100880

名醫類案十二卷 （明）江瓘集　清乾隆三十五年(1770)知不足齋刻本　六冊

320000－1646－0010208　100882

名醫類案十二卷 （明）江瓘集　清乾隆三十五年(1770)知不足齋刻本　十二冊

320000－1646－0010209　100775

醫案三吳治驗五卷 （明）孫一奎輯　明萬曆

二十四年(1596)刻本　一冊　存一卷(二)

320000－1646－0010210　100886
赤水元珠醫案不分卷　(明)孫一奎著　清道光十六年(1836)潘道根抄本　三冊

320000－1646－0010211　100879
臨證指南醫案十卷種福堂公選良方兼刻古吳名醫精論四卷　(清)葉桂著　清乾隆三十一年(1766)刻本　十二冊

320000－1646－0010212　100885
印機草不分卷　(清)馬俶著　清咸豐張芸軒抄本　三冊

320000－1646－0010213　100890
青浦何元長先生醫案不分卷　(清)何元長撰　清咸豐元年(1851)潘道根抄本　二冊

320000－1646－0010214　100887
吳門曹氏醫案四卷　(清)曹存心撰　(清)姜問岐述　清咸豐七年(1857)潘道根抄本　四冊

320000－1646－0010215　100891
曹樂山先生醫案不分卷　(清)曹存心撰　清咸豐二年(1852)潘道根抄本　一冊

320000－1646－0010216　100888
陳士蘭先生醫案不分卷　(清)陳元凱撰　清嘉慶九年(1804)潘道根抄本　三冊

320000－1646－0010217　100889
飯香道人醫案不分卷　(清)潘道根撰　清道光潘道根稿本　二冊

320000－1646－0010218　100892
張氏醫案不分卷　(清)張省齊撰　清嘉慶十四年(1809)鄧珩抄本　三冊

320000－1646－0010219　100893
硯北方案不分卷　(清)吳蒙撰　清乾隆四十一年(1776)葉孝慶抄本　六冊

320000－1646－0010220　100877
黃帝神聖工巧甲乙經二卷　(晉)皇甫謐撰　清咸豐七年(1857)潘道根抄本　一冊

320000－1646－0010221　100878
同壽錄四卷尾一卷　(清)項天瑞編　清嘉慶二十一年(1816)刻本　四冊

320000－1646－0010222　100961
新刊仁齋直指附遺方論二十六卷附小兒附遺方論五卷傷寒類書活人總括七卷新刊仁齋直指方論醫脈真經一卷新刊仁齋直指附遺方論藥象一卷　(宋)楊士瀛編撰　明嘉靖二十九年(1550)朱崇正刻本　二十冊　缺一卷(新刊仁齋直指附遺方論二十六)

320000－1646－0010223　100862
醫鏡四卷　(明)王肯堂著　清道光二十八年(1848)潘道根抄本　四冊

320000－1646－0010224　100861
病機部二卷　(明)張三錫纂　(明)張維藩等重訂　明崇禎刻本　八冊

320000－1646－0010225　100858
性命圭旨四集　題(明)尹真人秘授　清康熙八年(1669)一山房刻本　四冊

320000－1646－0010226　100859
性命圭旨四集　題(明)尹真人秘授　清康熙八年(1669)一山房刻本　四冊

320000－1646－0010227　100852
證治合參十八卷　(清)葉盛纂輯　清雍正七年(1729)刻本　十八冊

320000－1646－0010228　100860
濟衆新編八卷　(朝鮮)康命吉撰　清抄本　九冊

320000－1646－0010229　100746
開方說三卷　(清)李銳撰　(清)黎應南補　清嘉慶刻本　一冊

320000－1646－0010230　100788
大清光緒時憲書　清欽天監刻朱墨套印本　十二冊　存(清光緒十八年至二十一年、二十五年、二十八年至三十四年)

320000－1646－0010231　100789
大清宣統時憲書　清欽天監刻朱墨套印本

三冊

320000-1646-0010232　100424

新增格古要論十三卷　（明）曹昭撰　（明）王佐校增　（明）黃正位重校　清康熙淑躬堂重修本　二冊　存六卷（一至二、十至十三）

320000-1646-0010233　100425

寓意編一卷　（明）都穆撰　明嘉靖十五年（1536）陽山顧氏刻明朝四十家小說本　一冊

320000-1646-0010234　100970

明拓小銀錠淳化閣帖十卷　明拓本　十冊

320000-1646-0010235　100968

快雪堂法書　清初拓本　五冊

320000-1646-0010236　100969

草聖彙辯不分卷　（明）白芬彙編　（清）朱宗文摹辯　清順治九年（1652）嘉禾問業堂刻本　八冊

320000-1646-0010237　100421

草訣辨疑一卷　（明）范文明撰　清乾隆三十五年（1770）程紹伯抄本　一冊

320000-1646-0010238　100079

讀畫錄四卷　（清）周亮工撰　清康熙十二年（1673）周氏煙雲過眼堂刻本　一冊

320000-1646-0010239　100423

御刻三希堂石渠寶笈法帖釋文十六卷　（清）陳焯撰　清乾隆六十年（1795）刻本　四冊

320000-1646-0010240　100426

江邨銷夏錄三卷　（清）高士奇輯　清康熙三十三年（1694）高氏朗潤堂刻本　三冊

320000-1646-0010241　100427

雲湘畫譜二卷　（清）鄒駿著　清抄本　一冊

320000-1646-0010242　100428

青在堂梅譜二卷　（清）王蓍輯　清康熙四十年（1701）刻彩色套印本　三冊

320000-1646-0010243　100751

吳越所見書畫錄六卷書畫說鈐一卷　（清）陸時化編輯　清乾隆四十一年（1776）陸氏懷煙閣刻本　五冊　存五卷（吳越所見書畫錄一至三、五至六）

320000-1646-0010244　100422

八法分藝生化之圖一卷　（清）管世昌撰　稿本　一冊

320000-1646-0010245　100747

飛白錄二卷　（清）陸紹曾　（清）張燕昌輯　清嘉慶九年（1804）黃氏擘荔軒刻本　二冊

320000-1646-0010246　100429

後梅花喜神譜不分卷　（清）鄭淳撰　清道光竹波軒刻本　一冊

320000-1646-0010247　100430

後梅花喜神譜不分卷　（清）鄭淳撰　清道光竹波軒刻本　一冊

320000-1646-0010248　100825

蝯叟臨漢張遷碑　（清）何紹基寫　清抄本　一冊

320000-1646-0010249　100431

望岳圖江標唐才常二賢遺跡不分卷　（清）江標繪圖　清光緒二十六年（1900）稿本　一冊

320000-1646-0010250　100971

趙撝叔印譜初集二集　（清）吳隱石編　清鈐印本　八冊

320000-1646-0010251　100972

吳讓之印存　西泠印社輯　清末民國鈐印本　十冊

320000-1646-0010252　100973

吳讓之印存　西泠印社輯　清末民國鈐印本　存一冊

320000-1646-0010253　100432

律呂解註二卷　（明）鄧文憲撰　明嘉靖十八年（1539）曹迠補刻本　一冊　存一卷（上）

320000-1646-0010254　100434

欽定詩經樂譜全書三十卷　（清）高宗弘曆撰　清乾隆木活字朱墨套印本　十冊　存十六卷（一至十六）

320000－1646－0010255　100433

水雲笛譜一卷　（清）潘奕雋撰　清光緒十三年(1887)刻本　一冊

320000－1646－0010256　100435

亦政堂重修宣和博古圖錄三十卷　（宋）王黼等撰　清乾隆黃晟刻本　九冊　存十五卷(六至二十)

320000－1646－0010257　100436

亦政堂重修宣和博古圖錄三十卷　（宋）王黼等撰　清乾隆黃晟刻本　五冊　存九卷(十三至十四、十六至十九、二十四至二十六)

320000－1646－0010258　100437

至大重修宣和博古圖錄三十卷　（宋）王黼等撰　明刻本　二冊　存二卷(七至八)

320000－1646－0010259　100080

泉志十五卷　（宋）洪遵撰　明末毛氏汲古閣刻津逮秘書本　一冊　存十卷(六至十五)

320000－1646－0010260　100843

天工開物三卷　（明）宋應星著　明崇禎十年(1637)刻本　九冊

320000－1646－0010261　100839

文房肆攷圖說八卷　（清）唐秉鈞纂　（清）康愷繪圖　清乾隆四十三年(1778)竹暎山莊刻本　二冊

320000－1646－0010262　100438

酒經一卷附一卷　（宋）朱肱撰　明萬曆刻夷門廣牘本　一冊

320000－1646－0010263　100837

海錯圖贊不分卷　（清）陳元登撰　清初雙泉居刻本　一冊

320000－1646－0010264　100439

呂氏春秋二十六卷　（秦）呂不韋撰　（宋）陸遊評　明萬曆十七年(1589)淩毓枬刻套印本　一冊　存七卷(一至七)

320000－1646－0010265　100440

呂氏春秋二十六卷　（秦）呂不韋撰　明萬曆宋邦義刻本　四冊　存十八卷(五至十四、十九至二十六)

320000－1646－0010266　100441

呂氏春秋二十六卷　（秦）呂不韋撰　明刻竹冊本　二冊　存七卷(十二至十八)

320000－1646－0010267　100443

夢溪筆談二十六卷　（宋）沈括撰　明崇禎四年(1631)汲古閣刻清三槐堂印本　二冊　存九卷(一至七、十九至二十)

320000－1646－0010268　100081

履齋示兒編二十三卷　（宋）孫奕撰　清抄本　六冊

320000－1646－0010269　100442

鶴林玉露十六卷　（宋）羅大經著　明萬曆商濬刻稗海本　六冊

320000－1646－0010270　100444

燕泉何先生餘冬序錄六十五卷　（明）何孟春撰　明萬曆十二年(1584)黃齊賢刻本　一冊　存四卷(五十一至五十四)

320000－1646－0010271　100082

金罍子四十四卷　（明）陳絳撰　明萬曆三十四年(1606)自刻本　九冊　存三十九卷(上篇一至二、八至二十，中篇一至十二，下篇一至十二)

320000－1646－0010272　100083

認字測三卷　（明）周宇撰　明萬曆三十九年(1611)周傳誦刻本　二冊　存二卷(中、下)

320000－1646－0010273　100445

鴻苞集四十八卷　（明）屠隆撰　明萬曆屠充符刻本　十二冊　存十四卷(十七至二十、二十五至二十六、三十七至四十四)

320000－1646－0010274　100448

百家類纂四十卷　（明）沈津編　明萬曆七年(1579)刻本　七冊　存八卷(三、六、十二至十四、十六、二十八、三十五)

320000－1646－0010275　100447

柳南隨筆六卷　（清）王應奎撰　清乾隆五年(1740)刻本　二冊

320000－1646－0010276　100446

校邠廬抗議二卷　（清）馮桂芬著　清末抄本　二冊

320000－1646－0010277　100827

百尺樓脞錄不分卷　陳去病撰　稿本　一冊

320000－1646－0010278　100084

新刻白虎通德論二卷　（漢）班固撰　（明）胡文煥校正　明萬曆胡文煥刻格致叢書本　二冊

320000－1646－0010279　100085

白虎通德論二卷　（漢）班固撰　明萬曆俞元符刻本　一冊　存一卷（上）

320000－1646－0010280　100449

野客叢書三十卷野老紀聞一卷　（宋）王楙著　明嘉靖四十一年（1562）王穀祥刻本　四冊　存十六卷（野客叢書一至十五、野老紀聞一卷）

320000－1646－0010281　100086

古今攷三十八卷　（宋）魏了翁撰　明崇禎九年（1636）謝三賓刻本　八冊

320000－1646－0010282　100450

困學紀聞二十卷　（元）王應麟撰　（元）方回續　清乾隆三年（1738）馬氏叢書樓刻本（卷一至三配同治九年刻本）　十冊

320000－1646－0010283　100087

丹鉛總錄二十七卷　（明）楊慎撰　明嘉靖三十三年（1554）梁佐刻本　五冊

320000－1646－0010284　100088

通雅五十二卷首三卷　（清）方以智撰　清康熙五年（1666）浮山此藏軒刻本　十六冊

320000－1646－0010285　100189

書隱叢說十九卷　（清）袁棟撰　清乾隆九年（1744）鋤經樓刻本　四冊

320000－1646－0010286　100451

韓門綴學五卷續編一卷　（清）汪師韓撰　清乾隆刻本　四冊

320000－1646－0010287　100452

蛾術編八十二卷　（清）王鳴盛撰　清道光二十一年（1841）沈氏世楷堂刻本　十六冊

320000－1646－0010288　100453

二初齋讀書記十卷首一卷　（清）倪思寬撰　清嘉慶八年（1803）刻本　二冊

320000－1646－0010289　100090

水東日記四十卷　（明）葉盛撰　明末重華賜書樓刻清康熙十九年（1680）葉方尉重修本　六冊

320000－1646－0010290　100089

何氏語林三十卷　（明）何良俊撰並注　明嘉靖二十九年（1550）何氏清森閣刻本　十冊

320000－1646－0010291　100454

雅尚齋遵生八牋十九卷　（明）高濂編次　明萬曆十九年（1591）自刻本　二冊　存二卷（四、十四）

320000－1646－0010292　100092

增刪陶朱公奇書類纂六卷　（明）陳繼儒輯　明崇禎刻本　四冊

320000－1646－0010293　100091

經世環應編八卷　（明）錢繼登撰　明刻本　四冊

320000－1646－0010294　100455

月滿樓甄藻錄四卷　（清）顧宗泰撰　清乾隆二十八年（1763）刻本　一冊

320000－1646－0010295　100456

芝菴雜記四卷　（清）陸雲錦撰　清嘉慶八年（1803）刻　二冊

320000－1646－0010296　100762

世說新語八卷釋名一卷　（南朝宋）劉義慶撰　明崇禎刻本　四冊

320000－1646－0010297　100457

世說新語六卷　（南朝宋）劉義慶撰　明萬曆吳勉學刻本　五冊　存五卷（一至五）

320000－1646－0010298　100458

世說新語六卷　（南朝宋）劉義慶撰　明萬曆吳勉學刻本　六冊

320000－1646－0010299　100459

輟耕錄三十卷　（明）陶宗儀撰　明末汲古閣刻津逮秘書本（卷三十配抄本）　六冊

320000－1646－0010300　100460

穀山筆麈十八卷　（明）于慎行著　明天啟五年（1625）于緯刻本　一冊　存四卷（九至十二）

320000－1646－0010301　100791

說鈴一卷　（清）汪琬撰　清乾隆十三年（1748）刻本　一冊

320000－1646－0010302　100461

觚賸八卷續編四卷　（清）鈕琇輯　清康熙三十九年（1700）鈕氏臨野堂刻本　三冊

320000－1646－0010303　100462

味閒所寄不分卷　稿本　三冊

320000－1646－0010304　100463

自警錄二卷　（清）俞承萊記　稿本　一冊

320000－1646－0010305　100464

王子年拾遺記六卷　（後秦）王嘉撰　清抄本　一冊

320000－1646－0010306　100465

太平廣記五百卷　（宋）李昉等編　明萬曆許自昌刻本　五冊　存二十六卷（三百四十七至三百五十三、四百四十五至四百五十三、四百六十三至四百七十二）

320000－1646－0010307　100466

虞初志八卷　（明）湯顯祖評點　明末鍾人傑刻本　一冊　存三卷（一至三）

320000－1646－0010308　100754

情史類略二十四卷　（明）馮夢龍撰　題（明）江南詹詹外史評輯　明萬曆刻本　十六冊

320000－1646－0010309　100467

太玄經十卷釋文一卷說玄一卷　（漢）揚雄撰　（晉）范望解贊　明嘉靖三年（1524）郝梁刻本　一冊　存四卷（太玄經九至十、釋文一卷、說玄一卷）

320000－1646－0010310　100468

重校刊官板地理玉髓真經二十八卷後卷一卷　（宋）張洞玄著　（宋）劉允中注　明天啟七年（1627）陳孫賢書林刻本　十五冊　存二十八卷（一至十一、十三至二十八，後卷一卷）

320000－1646－0010311　100752

羅經秘竅圖書十卷新鐫唐氏壽域一卷　（明）甘霖著　明唐鯉躍文林閣刻五種秘竅全書本　十冊

320000－1646－0010312　100472

觀所緣緣論集解一卷　（唐）釋玄奘譯　（明）釋真界集解　明萬曆二十七年（1599）徑山興聖萬壽禪寺刻本　一冊

320000－1646－0010313　100093

大方廣圓覺修多羅了義經二卷　（唐）釋佛陀多羅譯　明刻本　二冊

320000－1646－0010314　100469

宗鏡錄一百卷　（宋）釋延壽集　清雍正十二年（1734）內府刻本　十九冊　存九十二卷（一至三、六至五十九、六十一至七十七、七十六至一百）

320000－1646－0010315　100470

寶顏堂訂正羅湖野錄四卷　（宋）釋曉瑩撰　明刻寶顏堂秘笈本　二冊

320000－1646－0010316　100471

山菴雜錄二卷　（明）釋無慍述　明崇禎刻本　一冊

320000－1646－0010317　100473

物不遷論辯解一卷　（明）釋真界解　明萬曆二十七年（1599）徑山興聖萬壽禪寺刻本　與320000－1646－0010312觀所緣緣論集解合冊

320000－1646－0010318　100475

列仙傳二卷　（漢）劉向撰　明萬曆吳琯刻古今逸史本　一冊

320000－1646－0010319　100474

雲笈七籤一百二十二卷　（宋）張君房輯　明張萱刻本　二冊　存九卷（五至八、四十九至

五十三)

320000－1646－0010320　100476

上清梅仙正法四卷　清盛金鼎抄本　一冊

320000－1646－0010321　100094

陰符經考異一卷　（宋）朱熹撰　清光緒二十一年(1895)抄本　一冊

320000－1646－0010322　100095

朱子周易參同契考異一卷　（宋）朱熹撰　（元）黃瑞節附錄　清光緒十八年(1892)袁氏漸西村舍抄本　一冊

320000－1646－0010323　100096

寱言錄三卷　（明）卓晚春　（明）林兆恩撰　明萬曆刻本　一冊

320000－1646－0010324　100477

北堂書鈔一百六十卷　（唐）虞世南輯　明萬曆二十八年(1600)陳禹謨刻本　十五冊　存一百四十一卷(一至十七、三十七至一百六十)

320000－1646－0010325　100478

初學記三十卷　（唐）徐堅等撰　明萬曆二十五年(1597)陳大科刻本　八冊　存二十四卷(一至八、十二至二十七)

320000－1646－0010326　100479

冊府元龜一千卷　（宋）王欽若等輯　明崇禎十五年(1642)黃國琦刻本　三十冊　存一百三十五卷(三百八十一至三百八十七、三百九十四至四百十三、四百二十一至四百三十二、四百三十四至四百六十一、四百六十三至五百三十)

320000－1646－0010327　100480

［冊府元龜序文］一卷　清抄本　二冊

320000－1646－0010328　100481

古今合璧事類備要別集九十四卷　（宋）虞載撰　明刻本　一冊　存十卷(一至十)

320000－1646－0010329　100097

聯新事備詩學大成三十卷　（元）林禎編集　明內府刻本　十冊

320000－1646－0010330　100098

謝華啟秀七卷　（明）楊慎編　明刻本　一冊

320000－1646－0010331　100482

新刊唐荊川先生稗編一百二十卷　（明）唐順之輯　明萬曆九年(1581)茅一相刻本　十七冊　存八十九卷(一至二十八、三十二至三十五、四十二至四十三、四十八至五十、六十三至一百、一百七至一百二十)

320000－1646－0010332　100483

新刊唐荊川先生稗編一百二十卷　（明）唐順之輯　明萬曆九年(1581)茅一相刻本　十一冊　存二十四卷(一至七、十一至二十六、四十三)

320000－1646－0010333　100099

圖書編一百二十七卷　（明）章潢編　明天啟刻本　六十三冊　缺一卷(又五十三)

320000－1646－0010334　100100

古今萬姓統譜一百四十卷　（明）凌迪知編　明萬曆刻本　二十八冊

320000－1646－0010335　100487

古今萬姓統譜一百四十卷　（明）凌迪知編　明萬曆刻本　一冊　存二卷(六至七)

320000－1646－0010336　100488

古今萬姓統譜一百四十卷　（明）凌迪知編　明萬曆刻本　二十一冊　存九十三卷(七至十、二十八至三十四、四十至五十六、六十八至一百二十二、一百三十一至一百四十)

320000－1646－0010337　100490

增訂二三場群書備考四卷續三卷　（明）袁黃著　明崇禎五年(1632)刻本　四冊　存六卷(一至三、續三卷)

320000－1646－0010338　100757

新刻本寧李先生詳訓對類二十卷　（明）李維楨輯　明刻本　六冊

320000－1646－0010339　100486

唐類函二百卷　（明）俞安期彙纂　明萬曆三十一年(1603)刻本　十八冊　存六十八卷

(十六、二十九至四十、五十一至五十二、五十七至六十、八十一至八十四、一百四十一至一百四十五、一百五十九至一百六十七、一百七十三至二百)

320000－1646－0010340　100485

堯山堂外紀一百卷　（明）蔣一葵編　明萬曆三十四年(1606)刻本　十二冊　存七十六卷（一至十七、二十四至五十四、六十七至八十、八十七至一百）

320000－1646－0010341　100777

名句文身表異錄二十卷　（明）王志堅輯　清康熙四十七年(1708)漱六閣刻本　二冊

320000－1646－0010342　100484

潛確居類書一百二十卷　（明）陳仁錫纂輯　明崇禎刻本　十五冊

320000－1646－0010343　100834

廣博物志五十卷　（明）董斯張纂　明末吳興蔣氏刻本　十四冊　存二十四卷（一至十三、四十至五十）

320000－1646－0010344　100842

物理小識十二卷　（明）方以智集　清康熙三年(1664)宛平於藻刻本　八冊

320000－1646－0010345　100748

新鐫雅俗通用珠璣藪八卷　題（明）西湖散人集　明刻本　四冊

320000－1646－0010346　100756

省軒考古類編十二卷　（清）柴紹炳纂　清雍正四年(1726)澹成堂刻本　四冊

320000－1646－0010347　100790

經濟類考約編不分卷　（清）顧九錫撰　清康熙刻本　四冊

320000－1646－0010348　100491

三才藻異三十三卷　（清）屠粹忠著　清康熙洵梄園刻本　十三冊　存十九卷（十五至三十三）

320000－1646－0010349　100492

三才彙編六卷　（清）龔在升纂輯　清康熙五年(1666)刻本　三冊　存四卷（一至四）

320000－1646－0010350　100489

佩文韻府一百六卷　（清）張玉書　（清）蔡升元等輯　清康熙五十年(1711)內府刻本（卷十四、六十至六十二、九十六至九十七、一百二配清刻本）　九十六冊　存一百四卷（一至一百四）

320000－1646－0010351　100494

宋稗類鈔八卷　（清）潘永因編輯　清乾隆三年(1738)錦雲齋刻本　八冊

320000－1646－0010352　100758

讀書紀數略五十四卷　（清）宮夢仁輯　清康熙四十八年(1709)刻本　八冊

320000－1646－0010353　100493

分類字錦六十四卷　（清）何焯　（清）張緇等纂　清康熙六十一年(1722)內府刻本　一冊　存二卷（一至二）

320000－1646－0010354　100495

穀玉類編五十卷　（清）汪兆舒輯　清乾隆二十二年(1757)資履堂刻本　九冊　存四十六卷（五至五十）

320000－1646－0010355　100755

通俗編三十八卷　（清）翟灝輯　清乾隆無不宜齋刻本　十冊

320000－1646－0010356　100101

文選六十卷　（南朝梁）蕭統輯　（唐）李善注　明嘉靖四年(1525)晉府養德書院刻本　二十四冊

320000－1646－0010357　100496

文選六十卷　（南朝梁）蕭統撰　明嘉靖刻本　十一冊　存三十五卷（八至二十七、三十四至四十二、四十六至四十八、五十二至五十四）

320000－1646－0010358　100497

文選六十卷　（南朝梁）蕭統撰　（唐）李善注　明末毛氏汲古閣刻本　十冊

320000－1646－0010359　100498

文選六十卷　（南朝梁）蕭統撰　（唐）李善注　明汲古閣刻清康熙印本　十二冊

320000－1646－0010360　100499

文選瀹注三十卷　（南朝梁）蕭統撰　（明）閔齊華注　明閔氏刻清康熙柯維楨修訂本　二十四冊

320000－1646－0010361　100500

文選章句二十八卷　（明）陳與郊編　明萬曆二十五年(1597)刻本　八冊　存十七卷(十至二十一、二十四至二十八)

320000－1646－0010362　100501

文選纂注評林十二卷　（南朝梁）蕭統選　（明）張鳳翼纂注　明萬曆刻清康熙五十五年(1716)劍光閣重修本　十一冊　存十一卷(一至二、四至十二)

320000－1646－0010363　100502

文選纂注評林十二卷　（南朝梁）蕭統選　（明）張鳳翼纂注　明萬曆刻本　十二冊

320000－1646－0010364　100833

文選纂注評林十二卷　（南朝梁）蕭統選　（明）張鳳翼纂注　明萬曆八年(1580)刻本　十二冊

320000－1646－0010365　100710

樂府詩集一百卷　（宋）郭茂倩輯　明末毛氏汲古閣刻本(卷六十至七十三、八十六至一百配清抄本)　六冊　存八十二卷(五至十五，三十至一百)

320000－1646－0010366　100817

東萊先生古文關鍵二卷　（宋）呂祖謙評　（清）徐樹屏考異　清康熙冠山堂刻本　二冊

320000－1646－0010367　100505

兩漢策要十二卷　（宋）陶叔獻等編　清乾隆五十六年(1791)張朝樂刻本　一冊　存一卷(十二)

320000－1646－0010368　100509

古文苑二十一卷　（宋）章樵注　明成化刻本　五冊　存十八卷(四至二十一)

320000－1646－0010369　100512

集録真西山文章正宗三十卷　（宋）真德秀編　明嘉靖二十三年(1544)孔天胤刻本　五冊　存九卷(二至四、二十五至三十)

320000－1646－0010370　100513

西山先生真文忠公文章正宗二十四卷　（宋）真德秀編　明正德十五年(1520)刻本　十二冊　存二十二卷(一至二十二上)

320000－1646－0010371　100514

西山先生真文忠公文章正宗二十四卷　（宋）真德秀編　（清）李開鄴　（清）盛符升評訂　明末刻本　十冊　存二十卷(一至十、十五至二十四)

320000－1646－0010372　100803

四大家文選四十二卷　（明）歸有光選輯　（明）顧錫疇評閱　明崇禎四年(1631)刻本　二十四冊　存四十一卷(韓文一至六、八，柳文八卷，歐文十卷，蘇文十六卷)

320000－1646－0010373　100508

詩紀一百五十六卷　（明）馮惟訥編　明萬曆吳琯等刻本　十四冊　存五十九卷(九十八至一百五十六)

320000－1646－0010374　100517

名世文宗三十卷　（明）胡時化編　明崇禎刻本　十冊　存十卷(二十一至三十)

320000－1646－0010375　100103

八代詩乘四十五卷附二卷　（明）梅鼎祚輯　明萬曆刻本　十冊

320000－1646－0010376　100515

六朝詩乘二十五卷目録二卷末一卷　（明）梅鼎祚選輯　明萬曆三十三年(1605)刻本　十六冊　存二十三卷(一至六、八至九、十二至十六、十八、二十至二十五，目録二卷，末一卷)

320000－1646－0010377　100503

古文品外録十二卷　（明）陳繼儒選評　明天啟朱蔚然刻本　六冊

320000－1646－0010378　100793

翰海十二卷　（明）陳繼儒鑒定　明崇禎刻本
　　四冊　存十卷(三至十二)

320000－1646－0010379　100541

陶石簣先生批選唐宋六家表啟□□卷　（明）
陶望齡輯　明崇禎刻本　二冊　存四卷(柳
宗元一卷、歐陽修一卷、王安石二卷)

320000－1646－0010380　100104

古詩歸十五卷唐詩歸三十六卷　（明）鍾惺
（明）譚元春選定　明末刻本　二十冊

320000－1646－0010381　100504

國語文歸六卷　（明）鍾惺選　明末刻本　二
冊　存二卷(一至二)

320000－1646－0010382　100516

南北朝文歸四卷　（明）鍾惺評次　明末古香
齋刻本　二冊

320000－1646－0010383　100557

名媛詩歸三十六卷　（明）鍾惺點次　明刻本
　　十一冊　存三十三卷(一至三、七至三十
六)

320000－1646－0010384　100102

古文瀾編二十卷　（明）王志堅編次　明崇禎
刻本　二十冊

320000－1646－0010385　100550

列朝詩集八十一卷　（清）錢謙益輯　清順治
錢氏絳雲樓刻本　六冊　存十六卷(乾集二
卷,甲集前編一至三、乙集六至八,丙集一至
三、十至十二,丁集十一,閏集一)

320000－1646－0010386　100506

東漢文二十卷　（明）張采輯　明崇禎刻本
　二冊　存五卷(十四至十六、十九至二十)

320000－1646－0010387　100797

麗句集不分卷　（明）許之吉選　明萬曆刻本
　　四冊

320000－1646－0010388　100507

三國兩晉南北朝文選不分卷　（明）錢士馨
（清）陸上瀾選　明末刻本　四冊　存(蜀漢
文、魏文、兩晉文、宋文、南齊文、梁文、北齊
文、北周文)

320000－1646－0010389　100742

漢魏名文乘　（明）張運泰　（明）余元熹輯
清初刻本　十冊　存十卷(西漢文一至十)

320000－1646－0010390　100715

詩詞雜俎二十四卷　（明）毛晉輯　明汲古閣
刻清古松堂印本　六冊

320000－1646－0010391　100759

古文正集二編二十二集　（明）葛鼏編　明末
刻本　二十二冊

320000－1646－0010392　100778

二十一史文鈔五十八卷　（明）沈國元選　明
末大來堂刻本　十二冊　存二十三卷(十一
至十六、二十、二十六至二十九、三十二至三
十三、三十九至四十、四十三至四十五、四十
八至五十一、五十四)

320000－1646－0010393　100511

古文警怡六卷　（清）施友筠輯　清初施希賢
抄本　九冊

320000－1646－0010394　100760

聞鶴軒酬應全集二十四卷　（清）盧犇編輯
清康熙刻本　六冊

320000－1646－0010395　100780

樂府廣序三十卷　（清）朱嘉徵論正　清康熙
清遠堂刻本　一冊

320000－1646－0010396　100549

今體台閣集十卷　（清）顧有孝　（清）趙沄選
定　清康熙刻本　四冊

320000－1646－0010397　100109

宋金元詩永二十卷補遺二卷　（清）吳綺選
清康熙刻本　十

320000－1646－0010398　100105

采菽堂古詩選三十八卷補遺四卷　（清）陳祚
明選　清乾隆十三年(1748)翁嵩年刻本
十冊

320000－1646－0010399　100798

聽嚶堂四六新書八卷　（清）黃始選評　（清）何棟輯　清康熙刻本　八冊

320000－1646－0010400　100800

分類尺牘新語二編四卷　（清）汪淇箋定　（清）徐士俊評　清康熙六年(1667)刻本　一冊

320000－1646－0010401　100106

詩原五集二十五卷　（清）顧大申輯　清順治刻本　五冊　存十九卷（一集四卷、二集五卷、三集一至三、五集七卷）

320000－1646－0010402　100107

五朝詩善鳴集十二卷　（清）陸次雲輯　清康熙二十六年(1687)蓉江懷古堂刻本　二十二冊

320000－1646－0010403　100734

本事詩十二卷　（清）徐釚編輯　清乾隆二十二年(1757)半松書屋刻本　三冊

320000－1646－0010404　100727

詩倫二卷　（清）汪薇輯　清康熙五十六年(1717)寒木堂刻本　二冊

320000－1646－0010405　100108

榕村詩選八卷首一卷　（清）李光地輯　清雍正七年(1729)方觀刻本　四冊

320000－1646－0010406　100796

古文未曾有集八卷　（清）王復禮評選　清康熙十九年(1680)刻本　四冊

320000－1646－0010407　100510

古文彙編六十三卷目錄二卷　（清）李之鼎輯　清光緒宜秋館抄本　六十五冊

320000－1646－0010408　100110

兩漢文四十卷　（明）張采輯　明崇禎刻本　三十五冊　存三十九卷（西漢文一至十三、十五至二十,東漢文二十卷）

320000－1646－0010409　100529

岑嘉州集八卷　（唐）岑參撰　明刻本　一冊

320000－1646－0010410　100540

河岳英靈集三卷　（唐）殷璠集　明崇禎毛氏汲古閣刻唐人選唐詩八種本　二冊

320000－1646－0010411　100111

重校正唐文粹一百卷　（宋）姚鉉纂　明嘉靖三年(1524)徐焴刻本　四十八冊

320000－1646－0010412　100795

唐詩鼓吹十卷　（元）郝天挺注　清順治十六年(1659)陸貽典刻本　八冊

320000－1646－0010413　100528

唐人選唐詩六種　（明）□□輯　明嘉靖刻本　二冊　存三種四卷（中興間氣集二卷、篋中集一卷、搜玉小集一卷）

320000－1646－0010414　100532

唐詩正聲二十二卷　（明）高棅編選　明萬曆吳勉學刻本　二冊　存九卷（一至九）

320000－1646－0010415　100531

刪補唐詩選脈箋釋會通評林六十卷　（明）周敬編　（明）周珽補輯　明崇禎八年(1635)穀采齋刻本　二十二冊　存四十七卷（一至十五、二十至三十七、四十一至五十四）

320000－1646－0010416　100112

唐詩紀一百七十卷目錄四十六卷　（明）黃德水　（明）吳琯輯　明萬曆十三年(1585)吳琯刻本（初唐詩紀卷十六至二十二、盛唐詩紀目錄一至二十三配清抄本）　三十冊

320000－1646－0010417　100537

唐詩紀一百七十卷　（明）黃德水　（明）吳琯輯　明刻清文樞堂重修本　三十冊　存七十二卷（初唐一至二十一、三十一至六十,盛唐一至二十一）

320000－1646－0010418　100975

唐詩類選六卷　（明）張居仁輯　明萬曆二十四年(1596)刻本　六冊

320000－1646－0010419　100533

盛唐彙詩一百二十四卷目錄二十二卷　（明）吳勉學編輯　明萬曆三十年(1602)刻本　四冊　存二十二卷（二十二至四十三）

320000－1646－0010420　100115

唐人六集四十三卷　（明）毛晉編　明末毛氏汲古閣刻本　五冊

320000－1646－0010421　100527

唐人選唐詩八種　（明）毛晉輯　明崇禎毛氏汲古閣刻本　七冊　存七種十七卷（御覽詩一卷、篋中集一卷、國秀集三卷、河嶽英靈集三卷、中興間氣集二卷、搜玉小集一卷、才調集一至六）

320000－1646－0010422　100539

唐詩解五十卷　（清）唐汝詢選釋　清萬笈堂刻本　八冊

320000－1646－0010423　100536

貫華堂選批唐才子詩甲集八卷　（清）金人瑞批選　清順治貫華堂刻本　六冊

320000－1646－0010424　100114

中晚唐詩紀六十二卷　（清）龔賢輯　清初貞隱堂刻本　二十冊　缺十一卷（李嘉祐一卷、秦系一卷、韓翃一卷、溫庭筠一卷、朱慶餘一卷、楊巨源一卷、楊衡一卷、方干一卷、項斯一卷、于鄴一卷、張夫人一卷）

320000－1646－0010425　100518

唐詩百名家全集　（清）席啟萬編　清康熙席氏琴川書屋刻本　十六冊　存十一種三十四卷（鹿門詩集三卷拾遺一卷續補一卷,朱慶餘詩集一卷,渭南詩集二卷,姚少監詩集十卷,唐英歌詩三卷,雲臺編三卷,黃滔詩集一至二,楊少尹詩集一卷,陳嵩伯詩集一卷,呂衡州詩集一至二、補遺一卷,李才江詩集三卷）

320000－1646－0010426　100534

唐音戊籤二百一卷餘閏六十四卷　（明）胡震亨輯　清康熙二十四年(1685)海鹽胡氏南益堂刻本　二十八冊　存七十三卷（戊籤三至七十五）

320000－1646－0010427　100535

唐詩定編十四卷　（清）金是瀛　（清）宋慶長輯　清康熙宋氏刻本　五冊　存六卷（一至六）

320000－1646－0010428　100113

御選唐詩三十二卷目錄三卷　（清）聖祖玄燁選　清康熙五十二年(1713)內府刻套印本　二十六冊

320000－1646－0010429　100538

全唐詩九百卷　（清）曹寅等編　清康熙四十六年(1707)內府刻本　二十八冊　存一百八十六卷（十至二十六、三十至九十八、一百十三至一百六十八、一百七十八、一百九十六至二百一、二百十六至二百二十、三百五十九至三百六十五、三百八十七至三百九十五、四百四十八至四百五十二、四百九十六至五百二、五百十至五百十三）

320000－1646－0010430　100543

校正重刊官板宋朝文鑑一百五十卷目錄三卷　（宋）呂祖謙輯　明末刻本　十七冊　存九十八卷（一至三、二十六至五十二、六十至七十五、八十三至九十五、一百四至一百十五、一百二十二至一百二十九、一百三十五至一百五十,目錄三卷）

320000－1646－0010431　100542

蘇門六君子文粹七十卷　（宋）陳亮輯　明崇禎六年(1633)新安胡氏刻本　五冊　存二十四卷（豫章先生文粹四卷、濟北先生文粹一至十六、後山居士文粹四卷）

320000－1646－0010432　100530

御選唐宋文醇五十八卷　（清）聖祖玄燁選　清乾隆三年(1738)武英殿刻三色套印本　二十冊

320000－1646－0010433　100116

宋百家詩存二十卷　（清）曹庭棟輯　清乾隆六年(1741)曹氏二六書堂刻本　二十冊

320000－1646－0010434　100544

南宋群賢詩選十二卷　（清）陸鍾輝甄錄　清雍正九年(1731)晚清書屋刻本　四冊

320000－1646－0010435　100117

宋詩選二十卷　（清）吳曹直　（清）儲右文選輯　清康熙二十六年(1687)刻本　十六冊

320000－1646－0010436　100118

宋十五家詩選十五卷　（清）陳訏輯　清康熙刻本　六冊

320000－1646－0010437　100119
中州集十卷首一卷樂府一卷　（金）元好問輯　明末毛氏汲古閣刻本　十冊

320000－1646－0010438　100545
御訂全金詩增補中州集七十二卷首二卷（金）元好問原本　（清）郭元釪補輯　清康熙內府刻乾隆五十四年(1789)西爽閣重修本　十六冊　存五十八卷（一至二十三、三十七至六十四、六十八至七十二，首二卷）

320000－1646－0010439　100782
元詩選初集一百十四卷首一卷二集一百三卷三集一百三卷　（清）顧嗣立編　清康熙秀野草堂刻本　三十二冊　缺九種九卷（二集甲：山邨遺稿一卷、湛淵集一卷、存悔齋稿一卷、石塘稿一卷、竹素山房詩一卷、習嬾齋稿一卷、立雪稿一卷、青山稿一卷、水雲邨稿一卷）

320000－1646－0010440　100120
金蘭集三卷畊漁軒遺書一卷　（明）徐達左撰輯　金蘭續集一卷　（清）徐堅輯　清乾隆二十四年至二十五年(1759－1760)徐堅澣溪草堂刻本　一冊

320000－1646－0010441　100546
明詩選十二卷　（明）李攀龍編選　明崇禎刻本　二冊　存三卷（四至六）

320000－1646－0010442　100554
小窗豔紀十四卷　（明）吳從先選　明萬曆四十二年(1614)刻本　四冊　存八卷（五至十二）

320000－1646－0010443　100832
小窗別紀四卷豔紀十四卷　（明）吳從先評選　明萬曆四十二年(1614)刻本　四冊　存八卷（別紀四卷、艷紀九至十二）

320000－1646－0010444　100121
梁園風雅二十七卷　（明）趙彥複輯　清康熙四十三年(1704)刻本　十二冊

320000－1646－0010445　100547
明文奇賞四十卷　（明）陳仁錫評選　明天啟三年(1623)刻本　四冊　存八卷（十三至十八、三十三至三十四）

320000－1646－0010446　100548
明文奇賞四十卷　（明）陳仁錫評選　明天啟三年(1623)刻本　十七冊　存三十二卷（五至六、十一至四十）

320000－1646－0010447　100551
列朝詩集八十一卷　（清）錢謙益輯　清順治錢氏絳雲樓刻本　十七冊　存七十卷（甲集前編四至十一,甲集五至八、十一至二十二,乙集一至八,丙集一至十六,丁集一至十六,閏集一至六）

320000－1646－0010448　100555
皇明經世文編五百八卷　（明）陳子龍　（清）徐孚遠等選輯　明崇禎陳氏平露堂刻本　九冊　存十四卷（一至十二、十六至十七）

320000－1646－0010449　100556
明文英華十卷　（清）顧有孝纂　清康熙寶翰樓刻本　六冊　存七卷（四至十）

320000－1646－0010450　100553
明詩綜一百卷　（清）朱彝尊錄　清康熙四十四年(1705)白蓮涇刻本　二十六冊

320000－1646－0010451　100801
明文在一百卷　（清）薛熙纂　清康熙三十二年(1693)姑蘇刻本　十冊　存九十九卷（一至九十九）

320000－1646－0010452　100552
御選明詩一百二十卷姓名爵里八卷　（清）聖祖玄燁輯　清康熙四十八年(1709)內府刻本（卷六十五至六十九配鈔本）　四十五冊　存一百十四卷（御選明詩一至九、十三至八十九、一百一至一百二十,姓名爵里八卷）

320000－1646－0010453　100122
小南邨集七卷二集八卷　（清）徐昂發　（清）金國棟輯　清康熙四十九年(1710)金氏芳潤堂刻本　二冊

320000－1646－0010454　100563

停雲集十一卷方外詩二卷　（清）顧宗泰選　清乾隆三十四年(1769)刻本　三冊　存八卷（停雲集一至八）

320000－1646－0010455　100558

國初十大家詩鈔七十五卷　（清）王相輯　清道光十年(1830)秀水王氏信芳閣刻木活字印本　二十七冊　存六十九卷（靜惕堂詩八卷、賴古堂詩十二卷、南田詩五卷、采山堂詩八卷、十笏堂詩四卷、青門詩三至十、陋軒詩六卷、畏壘山人詩十卷、弱水詩八卷）

320000－1646－0010456　100561

江左十五子詩選十五卷　（清）宋犖選　清康熙四十二年(1703)刻本　四冊

320000－1646－0010457　100562

江左十五子詩選十五卷　（清）宋犖選　清康熙四十二年(1703)刻本　六冊

320000－1646－0010458　100565

江左十子詩鈔二十卷　（清）王鳴盛采錄　清道光四年(1824)刻本　四冊

320000－1646－0010459　100566

松陵集十卷　（唐）陸龜蒙編　明末毛氏汲古閣刻本　二冊　存八卷（一至二、五至十）

320000－1646－0010460　100567

國朝松陵詩徵二十卷　（清）袁景輅編次　清乾隆三十二年(1767)袁氏愛吟齋刻本　四冊

320000－1646－0010461　100125

太倉十子詩選十卷　（清）吳偉業輯　清順治刻本　二冊

320000－1646－0010462　100123

采風類記十卷　（清）張大純編　清康熙刻本　八冊

320000－1646－0010463　100753

半園唱和詩一卷　（清）孫錦榮編　清康熙刻本　一冊

320000－1646－0010464　100124

七十二峰足徵集八十八卷文集十五卷　（清）吳定璋輯　清乾隆十年(1745)吳氏依綠園刻本（原缺文集卷三）　七十二冊

320000－1646－0010465　100569

沙溪詩存十卷續集四卷　清嘉慶、道光間刻本　四冊

320000－1646－0010466　100568

毗陵六逸詩鈔二十三卷　（清）莊令輿　（清）徐永宣輯　清康熙五十六年(1717)孫讜敬義堂刻本　四冊

320000－1646－0010467　100564

沈南疑先生檇李詩繫四十二卷　（清）沈季友編　清康熙四十九年(1710)敦素堂刻本　二冊　存三卷（一至三）

320000－1646－0010468　100126

思圃錄一卷　（清）范光啟輯　清康熙刻本　一冊

320000－1646－0010469　100571

楚辭章句十七卷附錄一卷　（漢）王逸撰　明萬曆十四年(1586)觀妙齋刻本　一冊　存一卷（附錄一卷）

320000－1646－0010470　100570

楚辭集注八卷後語八卷辯證二卷　（宋）朱熹集注　明天啟六年(1626)蔣之翹刻本　六冊

320000－1646－0010471　100572

楚辭燈四卷　（清）林雲銘論述　清康熙三十六年(1697)挹奎樓自刻本　一冊

320000－1646－0010472　100573

蔡中郎集二卷　（漢）蔡邕著　明末張溥刻漢魏百三名家集本　二冊

320000－1646－0010473　100574

陶靖節集十卷　（晉）陶潛撰　（宋）湯漢等箋注　明嘉靖刻本　一冊　存四卷（一至四）

320000－1646－0010474　100575

陶靖節集二卷　（晉）陶潛撰　明萬曆何湛之刻本　一冊

320000－1646－0010475　100576

陶淵明全集四卷　（晉）陶潛撰　明白鹿齋刻

竹冊本　一冊　存二卷(三至四)

320000－1646－0010476　100580

盧照鄰集二集　(唐)盧照鄰撰　明萬曆許自昌刻前唐十二家詩本　一冊

320000－1646－0010477　100581

駱賓王集二卷　(唐)駱賓王撰　明萬曆許自昌刻前唐十二家詩本　一冊

320000－1646－0010478　100579

高常侍集二卷　(唐)高適撰　明萬曆許自昌刻前唐十二家詩本　一冊

320000－1646－0010479　100577

分類補注李太白詩三十卷　(唐)李白撰　(宋)楊齊賢集注　(元)蕭士贇補注　明嘉靖二十二年(1543)郭雲鵬寶善堂刻本　一冊　存三卷(十一至十三)

320000－1646－0010480　100578

分類補注李太白詩二十五卷年譜一卷　(唐)李白撰　(宋)楊齊賢集注　(元)蕭士贇補注　明萬曆二十一年(1593)許自昌刻本　四冊　存十七卷(三至十五、二十二至二十五)

320000－1646－0010481　100582

杜詩論文五十六卷　(清)吳見思注　(清)潘眉評　清康熙十一年(1672)常州岱淵堂刻本　十一冊　存五十五卷(二至五十六)

320000－1646－0010482　100583

讀杜心解六卷　(清)浦起龍講解　清雍正三年(1725)寧我齋刻本　四冊

320000－1646－0010483　100584

杜詩提要十四卷　(唐)杜甫著　(清)吳瞻泰評選　清乾隆刻本　四冊

320000－1646－0010484　100128

元次山集十二卷　(唐)元結撰　清兩間書屋刻本　二冊

320000－1646－0010485　100600

顧華陽集三卷　(唐)顧況撰　鈔本　三冊

320000－1646－0010486　100585

唐陸宣公翰苑集二十四卷　(唐)陸贄撰　明嘉靖刻本　一冊　存七卷(制誥七至十、奏草一至三)

320000－1646－0010487　100129

陸宣公集十八卷　(唐)陸贄著　明刻本　四冊

320000－1646－0010488　100130

陸宣公集二十四卷　(唐)陸贄撰　(明)陳仁錫評　明末刻本　三冊

320000－1646－0010489　100131

唐陸宣公集二十二卷　(唐)陸贄撰　清康熙六十一年(1722)年羹堯刻本　六冊

320000－1646－0010490　100594

昌黎先生詩集注十一卷　(唐)韓愈撰　(清)顧嗣立刪補　清康熙顧氏秀野草堂自刻本　四冊

320000－1646－0010491　100595

昌黎先生詩集注十一卷　(唐)韓愈撰　(清)顧嗣立刪補　清康熙顧氏秀野草堂自刻本　一冊　存四卷(八至十一)

320000－1646－0010492　100596

韓文起十二卷　(清)林雲銘評注　清康熙三十二年(1693)挹奎樓自刻本　四冊

320000－1646－0010493　100587

白氏長慶集七十一卷目錄二卷　(唐)白居易著　明萬曆三十四年(1606)馬調元刻本　十五冊　存六十六卷(一至六十六)

320000－1646－0010494　100829

白香山詩後集十七卷別集一卷補遺二卷　(唐)白居易撰　清康熙一隅草堂刻本　四冊

320000－1646－0010495　100132

柳文四十三卷別集二卷外集二卷附錄一卷　(唐)柳宗元撰　明嘉靖十六年(1537)游居敬刻韓柳文本　六冊

320000－1646－0010496　100597

唐柳先生集四十五卷外集二卷附錄二卷龍城錄二卷傳一卷　(唐)柳宗元撰　明天啟二年(1622)刻本　八冊　存四十四卷(九至四十

五、外集二卷、附錄二卷、龍城錄二卷、傳一卷)

320000-1646-0010497　100598
唐柳河東集四十五卷外集五卷遺文一卷
(唐)柳宗元撰　明崇禎刻本　八冊　存四十四卷(八至四十五、外集五卷、遺文一卷)

320000-1646-0010498　100586
元氏長慶集六十卷　(唐)元稹著　明萬曆三十二年(1604)馬元調刻本　三冊　存三十卷(一至五、十九至二十八、四十一至五十五)

320000-1646-0010499　100134
李衛公文集二十卷別集十卷外集四卷　(唐)李德裕撰　明末刻本　三冊

320000-1646-0010500　100133
李長吉歌詩四卷外卷一卷　(唐)李賀撰　(宋)吳正子箋注　(宋)劉辰翁評點　明刻本　一冊

320000-1646-0010501　100588
李長吉昌谷集句解定本四卷　(唐)李賀撰　(清)姚佺箋閱　(清)丘象升等評　清初梅村書院刻本　一冊

320000-1646-0010502　100589
昌谷集四卷　(唐)李賀著　(清)姚文燮釋　清康熙五年(1666)建陽同文書院刻本　二冊

320000-1646-0010503　100135
李義山詩集三卷　(唐)李商隱撰　(清)朱鶴齡箋注　清順治十六年(1659)刻本　六冊

320000-1646-0010504　100590
李義山詩集三卷　(唐)李商隱撰　(清)朱鶴齡箋注　清順治十六年(1659)刻本　三冊　存二卷(中、下)

320000-1646-0010505　100591
李義山詩集三卷　(唐)李商隱撰　(清)朱鶴齡箋注　清順治十六年(1659)刻本　四冊

320000-1646-0010506　100592
李義山文集十卷　(唐)李商隱撰　(清)徐樹穀箋　(清)徐炯注　清康熙四十七年(1708)徐氏刻本　一冊　存五卷(六至十)

320000-1646-0010507　100127
寒山詩集一卷豐干詩一卷拾得詩一卷　(唐)釋寒山子撰　明吳春明刻本　一冊

320000-1646-0010508　100136
唐甫里先生集二十卷　(唐)陸龜蒙著　明萬曆三十一年(1603)許自昌刻本　二冊

320000-1646-0010509　100593
重刊校正笠澤叢書四卷補遺詩一卷　(唐)陸龜蒙撰　清顧氏碧筠草堂刻本　二冊

320000-1646-0010510　100828
重刊校正笠澤叢書四卷補遺一卷續補遺一卷　(唐)陸龜蒙撰　清光緒大疊山房刻本　一冊

320000-1646-0010511　100599
浣花集十卷　(唐)韋莊撰　清潘氏抄本　一冊

320000-1646-0010512　100806
宛陵先生文集六十卷　(宋)梅堯臣撰　清宣統二年(1910)上海石印本　十冊

320000-1646-0010513　100137
蘇老泉文集十三卷　(宋)蘇洵撰　明凌蒙初刻套印本　十冊　存十一卷(一至十一)

320000-1646-0010514　100601
歐陽文忠公全集一百五十三卷附錄五卷　(宋)歐陽修撰　明隆慶五年(1571)邵廉刻本(卷一百八至一百三十三配清初鈔本)　二十四冊　存一百四卷(一至七十八、一百八至一百三十三)

320000-1646-0010515　100602
臨川先生文集一百卷　(宋)王安石撰　明嘉靖二十五年(1546)應天鷟刻本　八冊　存三十二卷(一至三十二)

320000-1646-0010516　100783
王荊文公詩五十卷　(宋)李壁箋注　清乾隆五年至六年(1740-1741)張宗松清綺齋刻本　十二冊

320000-1646-0010517　100603

宋大家蘇文忠公文鈔二十八卷　（宋）蘇軾撰
（明）茅坤批評　明萬曆七年(1579)刻本
二冊　存四卷(一至四)

320000-1646-0010518　100605

坡仙集十六卷　（宋）蘇軾撰　（明）李贄評
明萬曆二十八年(1600)繼志齋刻本　二冊
存七卷(十至十六)

320000-1646-0010519　100604

蘇長公合作內篇不分卷外篇不分卷　（宋）蘇
軾撰　（明）鄭之惠評選　明萬曆三十年
(1602)刻本　四冊　存(內篇不分卷)

320000-1646-0010520　100139

東坡文選二十卷　（宋）蘇軾撰　（明）鍾惺定
　明刻本　四冊

320000-1646-0010521　100138

蘇文忠公詩編註集成四十六卷總案四十五卷
諸家雜綴酌存一卷蘇海識餘四卷賤詩圖一卷
　（宋）蘇軾撰　（清）王文誥輯　清嘉慶二十
四年(1819)王氏韻山堂刻本　十冊　存六十
四卷(蘇文忠公詩編註集成三十四至四十六、
集成總案四十五卷、諸家雜綴酌存一卷、蘇海
識餘四卷、賤詩圖一卷)

320000-1646-0010522　100606

蘇文六卷　（宋）蘇軾撰　（明）茅坤等評　明
末淩氏刻三色套印本　一冊　存一卷(四)

320000-1646-0010523　100140

淮海集四十卷後集六卷又三卷　（宋）秦觀撰
　明萬曆四十六年(1618)李之藻刻本　十冊

320000-1646-0010524　100608

石門文字禪三十卷　（宋）釋德洪著　明萬曆
二十五年(1597)徑山興聖萬壽禪寺刻本　四
冊　存九卷(二至十)

320000-1646-0010525　100141

斜川集六卷附錄二卷　（宋）蘇過撰　清乾隆
五十三年(1788)趙氏亦有生齋刻本　二冊

320000-1646-0010526　100609

宋孫仲益內簡尺牘十卷　（宋）孫覿撰　（宋）
李祖堯編註　清乾隆十二年(1747)錫山蔡煒
等刻本　二冊

320000-1646-0010527　100607

毗陵集十六卷　（宋）張守撰　清乾隆四十四
年(1779)武英殿聚珍版叢書本　六冊

320000-1646-0010528　100142

韋齋集十二卷　（宋）朱松撰　玉瀾集一卷
（宋）朱槔撰　蜀中草一卷　（清）朱昇撰　清
康熙四十九年(1710)朱昌辰刻本　八冊

320000-1646-0010529　100615

渭南文集五十二卷　（宋）陸遊撰　明萬曆刻
本　二冊　存五卷(四十八至五十二)

320000-1646-0010530　100610

陸放翁全集一百五十八卷　（宋）陸遊撰　明
末汲古閣刻本　四十七冊

320000-1646-0010531　100611

劍南詩稿八十五卷放翁逸稿二卷　（宋）陸遊
撰　明末汲古閣刻本　二十七冊　存八十五
卷(劉南詩稿三至八十五、放翁逸稿二卷)

320000-1646-0010532　100612

劍南詩稿八十五卷放翁逸稿二卷　（宋）陸遊
撰　明末汲古閣刻本　十九冊　存六十三卷
(劉南詩稿二十五至八十五、放翁逸稿二卷)

320000-1646-0010533　100613

劍南詩稿八十五卷放翁逸稿二卷　（宋）陸遊
撰　明末汲古閣刻本　十四冊　存三十二卷
(劉南詩稿五十四至八十五)

320000-1646-0010534　100614

渭南文集五十卷　（宋）陸遊撰　明末汲古閣
刻本　二十冊

320000-1646-0010535　100190

石湖居士詩集三十四卷　（清）顧嗣臬等重訂
　清康熙二十七年(1688)顧氏依園刻本
四冊

320000-1646-0010536　100143

龍川文集三十卷　（宋）陳亮撰　明崇禎六年

(1633)刻本　六冊

320000－1646－0010537　100144
海瓊玉蟾先生文集六卷續集二卷　（宋）葛長庚撰　明刻本　八冊　存七卷（一、三至六，續集二卷）

320000－1646－0010538　100145
秋崖先生小藁四十五卷又三十八卷　（宋）方岳撰　明嘉靖五年(1526)方謙刻本　八冊

320000－1646－0010539　100784
晞髮集十卷遺集二卷遺集補一卷天地間集一卷登西臺慟哭記注一卷冬青樹引注一卷　（宋）謝翱撰　清康熙陸大業刻本　六冊

320000－1646－0010540　100146
栲栳山人詩集三卷　（元）岑安卿撰　清乾隆四十七年(1782)寶墨齋刻本　一冊

320000－1646－0010541　100616
麗則遺音四卷附錄一卷　（元）楊維楨撰　明末毛氏汲古閣刻本　一冊　存三卷（三至四、附錄一卷）

320000－1646－0010542　100617
清閟閣全集十二卷　（元）倪瓚著　清康熙五十二年(1713)曹培廉城書室刻本　四冊

320000－1646－0010543　100147
北郭詩集六卷補遺一卷　（元）許恕撰　清抄本　一冊

320000－1646－0010544　100153
王忠文公文集二十四卷　（明）王褘撰　明嘉靖元年(1522)張齊刻本　十二冊

320000－1646－0010545　100619
高季迪先生大全集十八卷　（明）高啟撰　清長洲許氏竹素園刻本　四冊

320000－1646－0010546　100620
青丘高季迪先生詩集十八卷首一卷遺詩一卷扣舷集一卷附錄一卷　（明）高啟撰　清墨華池館刻本　五冊　存十六卷（一至十一、十八，首一卷，遺詩一卷，扣舷集一卷，附錄一卷）

320000－1646－0010547　100621
青丘高季迪先生詩集十八卷　（明）高啟撰　清雍正六年(1728)金氏文瑞樓刻本　一冊　存二卷（十五至十六）

320000－1646－0010548　100618
遜志齋集二十四卷外紀二卷　（明）方孝孺撰　明萬曆三十七年(1609)孫如遊刻本　八冊　存十七卷（七至十七、二十一至二十四，外紀二卷）

320000－1646－0010549　100631
平橋稿十八卷附錄一卷　（明）鄭文康著　清康熙三十三年(1694)鄭定遠刻本　一冊　存三卷（一至三）

320000－1646－0010550　100629
昆山顧桂軒先生鼇峰稿五卷　（明）顧恂撰　清雍正十年(1732)昆山顧氏桂堂刻玉峰雍裏顧氏六世詩文集本　一冊　存二卷（二至三）

320000－1646－0010551　100636
葉文莊公全集三十卷　（明）葉盛著　清康熙賜書樓刻本　一冊　存二卷（涇東小稿七至八）

320000－1646－0010552　100149
沈石田先生集十二卷　（明）沈周撰　明萬曆四十三年(1615)陳仁錫刻本　二冊

320000－1646－0010553　100623
西村集八卷　（明）史鑒撰　清乾隆十二年(1747)史開基刻本　三冊　存六卷（三至八）

320000－1646－0010554　100622
楓山張先生文集九卷　（明）章懋撰　明嘉靖九年(1530)張大綸刻章有成片玉齋重修本　五冊　存八卷（二至九）

320000－1646－0010555　100148
王文恪公集三十六卷名公筆記一卷　（明）王鏊著　**白社詩草一卷**　（明）王禹聲撰　明萬曆王氏三槐堂刻本　十六冊

320000－1646－0010556　100150
祝氏集畧三十卷　（明）祝允明撰　明嘉靖三

十六年(1557)張景賢刻本(卷一至五、十至十七配抄本)　十四冊

320000－1646－0010557　100151
懷星堂全集三十卷　（明）祝允明撰　明萬曆三十九年(1611)陳以聞刻本　六冊

320000－1646－0010558　100152
唐伯虎先生集二卷外編五卷續刻十二卷六如唐先生畫譜三卷　（明）唐寅著　明萬曆何大成刻本　六冊　存十九卷(唐伯虎先生集二卷、外編五卷、續刻一至九、畫譜三卷)

320000－1646－0010559　100625
甫田集三十六卷　（明）文徵明撰　清康熙文然刻本　六冊

320000－1646－0010560　100154
李崆峒先生詩集三十三卷　（明）李夢陽撰　明萬曆刻李何二先生詩集本　五冊

320000－1646－0010561　100627
王陽明先生全集二十二卷　（明）王守仁撰　清康熙十二年(1673)俞嶙刻本　四冊　存四卷(十九至二十二)

320000－1646－0010562　100191
周恭肅公集十六卷附錄一卷　（明）周用撰　明嘉靖周國南川上草堂刻本　五冊

320000－1646－0010563　100624
鳥鼠山人小集十六卷後集二卷　（明）胡纘宗撰　明嘉靖三十六年(1557)刻本　六冊　存八卷(一至七、後集一)

320000－1646－0010564　100628
何大復先生集三十八卷　（明）何景明撰　明嘉靖十年(1531)刻本　一冊　存七卷(十九至二十五)

320000－1646－0010565　100630
舒梓溪文鈔外集十卷內集八卷　（明）舒芬著　明萬曆四十八年(1620)刻本　一冊　存一卷(外集一)

320000－1646－0010566　100632
葛端肅公文集十八卷　（明）葛守禮撰　（明）宋應昌編　明萬曆十年(1582)刻清乾隆五十六年(1791)鍾大受重修本　八冊

320000－1646－0010567　100156
歸先生文集三十二卷附錄一卷　（明）歸有光撰　明萬曆三年(1575)書林翁良瑜雨金堂刻本　八冊

320000－1646－0010568　100637
震川先生集三十卷別集十卷附錄一卷　（明）歸有光著　清康熙十四年(1675)歸莊、歸玠刻本　八冊

320000－1646－0010569　100786
震川先生集三十卷別集十卷　（明）歸有光著　清康熙十四年(1675)歸莊、歸玠刻本　八冊

320000－1646－0010570　100155
滄溟先生集三十一卷附錄一卷附錄補遺一卷　（明）李攀龍撰　明萬曆二十六年(1598)刻本　四冊

320000－1646－0010571　100785
補注李滄溟先生文選四卷　（明）李攀龍著　明刻本　二冊　存二卷(三至四)

320000－1646－0010572　100626
滄溟先生集三十一卷附錄一卷附錄補遺一卷　（明）李攀龍撰　明萬曆二十六年(1598)刻本　六冊　存十七卷(八至十六、二十六至三十一,附錄一卷,附錄補遺一卷)

320000－1646－0010573　100647
楊椒山先生集四卷　（明）楊繼盛撰　清咸豐墨格抄本　二冊　存二卷(三至四)

320000－1646－0010574　100159
天隱子遺稿十七卷　（明）嚴果撰　明悟澹齋刻本　六冊

320000－1646－0010575　100158
徐文長逸稿二十四卷畸譜一卷　（明）徐渭撰　明天啟三年(1623)張維城刻本　八冊

320000－1646－0010576　100635
續王鳳洲集二卷　（明）王世貞撰　明隆慶五

年(1571)刻盛明百家詩本　二冊　存一卷(上)

320000－1646－0010577　　100638

弇州山人四部稿一百七十四卷續稿二百七卷　（明）王世貞著　明世經堂刻本　四冊　存十一卷(一百三十三至一百三十八、續稿一百六十一至一百六十五)

320000－1646－0010578　　100633

王文肅公文草十四卷　（明）王錫爵撰　明萬曆四十三年(1615)王時敏刻本　一冊　存二卷(十一至十二)

320000－1646－0010579　　100634

王奉常集六十九卷目錄三卷　（明）王世懋撰　明萬曆十七年(1589)刻本　二十冊　存五十三卷(詩部一至十、文部二至四十四)

320000－1646－0010580　　100157

來禽館集二十九卷　（明）邢侗撰　明萬曆刻清康熙十九年(1680)重修本　十二冊

320000－1646－0010581　　100642

容台集二十卷　（明）董其昌著　明崇禎三年(1630)董庭刻本　五冊　存四卷(二至三、六至七)

320000－1646－0010582　　100643

眉公先生晚香堂小品二十四卷　（明）陳繼儒著　明末湯大節簡綠居刻本　七冊　存二十二卷(一至二十二)

320000－1646－0010583　　100645

高子全書五十一卷　（明）高攀龍撰　清乾隆七年(1742)華希閔刻本　十一冊　存二十八卷(二程節錄一至四、程子文集抄一卷、周易孔義一至三、春秋孔義八至十二、四書講義一卷、就正錄一卷、東林書院會語一卷、高子文集三至六、高子詩集一至八)

320000－1646－0010584　　100640

天全堂集四卷附錄一卷　（明）安希範撰　清康熙安氏刻本　一冊　存三卷(三至四、附錄一卷)

320000－1646－0010585　　100198

綠滋館藁九卷考信編二卷徵信編五卷　（明）吳士奇撰　明刻清印本　六冊

320000－1646－0010586　　100160

睡庵稿四十九卷　（明）湯賓尹撰　明萬曆刻本　九冊　存四十七卷(一至三十六、三十九至四十九)

320000－1646－0010587　　100639

瀟碧堂集二十卷　（明）袁宏道撰　明萬曆三十六年(1608)刻本　一冊　存五卷(六至十)

320000－1646－0010588　　100646

石倉四稿□□卷　（明）曹學佺撰　明末刻本　一冊　存二卷(西峰六一文二至三)

320000－1646－0010589　　100641

檀園集十二卷　（明）李流芳著　清康熙二十八年(1689)陸廷燦刻嘉定四先生集本　二冊

320000－1646－0010590　　100644

陶菴文集七卷吾師錄一卷擬古樂府一卷　（明）黃淳耀著　清康熙十五年(1676)刻本　六冊

320000－1646－0010591　　100648

愁言一卷返生香一卷　（明）葉紈紈　（明）葉小鸞著　明崇禎九年(1636)刻午夢堂集本　一冊

320000－1646－0010592　　100649

春浮園文集二卷附錄一卷　（明）蕭士瑋撰　清康熙刻本　一冊　存二卷(下、附錄一卷)

320000－1646－0010593　　100162

錢牧齋先生尺牘三卷　（清）錢謙益撰　清康熙三十八年(1699)如月樓刻本　四冊

320000－1646－0010594　　100200

錢牧齋先生尺牘三卷　（清）錢謙益撰　清康熙三十八年(1699)如月樓刻本　四冊

320000－1646－0010595　　100161

偶諧舊草一卷西廬詩草一卷詞曲一卷雜文一卷　（清）王時敏撰　清抄本　一冊

320000－1646－0010596　　100660

爲可堂初集四十二卷　（清）朱一是撰　清康熙六年(1667)刻本　二冊　存十卷(六至十、二十六至三十)

320000－1646－0010597　100164

梅村集四十卷　（清）吳偉業撰　清康熙刻本　十四冊

320000－1646－0010598　100165

梅村先生詩集□□卷　（清）吳偉業著　（清）劉絿等選　清初抄本　一冊　存三卷(六至七、九)

320000－1646－0010599　100787

[陳璧詩文集殘稿]□□卷　（清）陳璧撰　清抄本　一冊　存二卷(四至五)

320000－1646－0010600　100650

確庵文稿不分卷　（清）陳瑚撰　清初汲古閣刻本　二冊

320000－1646－0010601　100652

懷古堂詩選十二卷　（清）楊炤撰　清康熙五十一年(1712)刻本　一冊　存七卷(六至十二)

320000－1646－0010602　100673

託素齋文集六卷詩集四卷　（清）黎士弘著　清雍正二年(1724)刻本　十冊

320000－1646－0010603　100655

忍菴集二十六卷又編十二卷　（清）黃與堅著　清康熙十六年(1677)刻本　二冊　存十四卷(文稿一至二、五至十、十二至十四、十八、二十一至二十二)

320000－1646－0010604　100675

陳檢討集二十卷　（清）陳維崧撰　（清）程師恭注　清康熙三十二年(1693)有美堂刻本　四冊

320000－1646－0010605　100676

湖海樓詩集八卷　（清）陳維崧著　清康熙二十八年(1689)患立堂刻本　四冊

320000－1646－0010606　100653

湯子遺書八卷　（清）湯斌撰　清康熙山門堂刻本　六冊

320000－1646－0010607　100663

愧訥集十二卷　（明）朱用純撰　清乾隆刻本　一冊　存三卷(七至九)

320000－1646－0010608　100172

湛園未定藁不分卷　（清）姜宸英撰　清康熙刻本　八冊

320000－1646－0010609　100781

挹奎樓選稿十二卷　（清）林雲銘著　清康熙三十五年(1696)陳一夔刻本　四冊　存八卷(三至八、十一至十二)

320000－1646－0010610　100680

高雲堂文集十六卷　（清）釋曉青著　清康熙刻本　七冊　存十四卷(一至十四)

320000－1646－0010611　100704

璿璣碎錦二卷　（清）萬樹著　清乾隆五年(1740)柏香堂刻本　一冊　存一卷(上)

320000－1646－0010612　100802

繡虎軒尺牘八卷二集八卷三集八卷　（清）曹煜著　清康熙十七年(1678)傳萬堂刻本　十二冊

320000－1646－0010613　100192

秋笳集八卷　（清）吳兆騫撰　清康熙徐乾學刻雍正四年(1726)吳振臣增修本　二冊

320000－1646－0010614　100651

莘田文集十八卷　（清）蔣伊撰　清康熙刻本　三冊　存六卷(四至九)

320000－1646－0010615　100669

漁洋文集十四卷　（清）王士禎撰　清康熙程哲七略書堂刻帶經堂集本　五冊

320000－1646－0010616　100671

漁洋詩集二十二卷　（清）王士禎撰　清康熙八年(1669)吳郡沂詠堂刻本　二冊

320000－1646－0010617　100672

帶經堂集九十二卷　（清）王士禎撰　清乾隆十二年(1747)黃晟刻本　二十四冊

320000－1646－0010618　100166

漁洋山人精華錄箋註十二卷補一卷　（清）王士禎撰　（清）金榮箋注　年譜一卷附錄一卷　清金氏鳳翽堂刻本　六冊

320000－1646－0010619　100668

漁洋山人精華錄箋注十二卷補一卷續補一卷續錄箋注一卷年譜一卷附錄一卷　（清）金榮箋注　清金氏鳳翽堂刻乾隆二年(1737)續刻本　四冊　存十五卷（箋注十二卷、補一卷、年譜一卷、附錄一卷）

320000－1646－0010620　100761

漁洋山人精華錄箋注十二卷補一卷續補一卷續錄箋注一卷年譜一卷附錄一卷　（清）金榮箋注　清金氏鳳翽堂刻乾隆二年(1737)續刻本　六冊　存十三卷（箋注十二卷、補一卷）

320000－1646－0010621　100173

欣然堂集十卷　（清）陶孚尹撰　清康熙刻本　三冊　存八卷（一至六、九至十）

320000－1646－0010622　100163

楊仲子小宛集不分卷　（明）楊無咎撰　清初遙集居刻本　一冊

320000－1646－0010623　100167

抱犢山房集六卷　（清）嵇永仁撰　清康熙四十三年(1704)嵇曾筠刻本　四冊

320000－1646－0010624　100654

古雪堂詩集十六卷　（清）金露著　清康熙四十三年(1704)嘉蔭堂刻本　一冊　存八卷（一至八）

320000－1646－0010625　100656

燕山草堂集五卷　（清）陳僖著　清康熙刻本　一冊　存一卷（二）

320000－1646－0010626　100657

霞舉堂集三十五卷　（清）王晫著　清康熙刻本　一冊　存七卷（一至七）

320000－1646－0010627　100674

百尺梧桐閣文集十卷　（清）汪懋麟撰　清康熙十七年(1678)刻本　一冊　存三卷（一至三）

320000－1646－0010628　100679

蓮洋集十二卷補遺一卷　（清）吳雯著　清乾隆十五年(1750)劉組曾刻本　六冊

320000－1646－0010629　100659

白漊集十二卷　（清）沈受宏撰　清康熙刻本　一冊　存六卷（七至十二）

320000－1646－0010630　100658

冰庵詩鈔□□卷補遺一卷　（清）王吉武著　清釋澹持抄本　一冊　存一卷（十）

320000－1646－0010631　100792

集前赤壁不分卷　（清）徐基撰　清康熙四十三年(1704)刻本　一冊

320000－1646－0010632　100168

遂初堂集四十卷　（清）潘耒撰　清康熙四十九年(1710)刻雍正三年(1725)補刻本　十二冊

320000－1646－0010633　100169

樸村文集二十四卷詩集十三卷　（清）張雲章撰　清康熙五十三年(1714)刻本　五冊　存三十一卷（文集六至十六、十八至二十四，詩集十三卷）

320000－1646－0010634　100677

敬業堂集五十卷　（清）查慎行撰　清康熙五十八年(1719)刻本　七冊　存四十三卷（一至六、十四至五十）

320000－1646－0010635　100176

愛日堂詩二十七卷　（清）陳元龍撰　清乾隆元年(1736)刻本　五冊

320000－1646－0010636　100683

匠門書屋文集三十卷　（清）張大受撰　清雍正七年(1729)顧詒祿刻本　三冊　存十八卷（一至十五、二十四至二十六）

320000－1646－0010637　100685

石桴詩鈔二卷　（清）戴勝徵著　清乾隆十六年(1751)刻本　一冊　存一卷（上）

320000－1646－0010638　100688

柯庭餘習十二卷　（清）汪文柏撰　清乾隆六年(1741)自刻本　一冊　存六卷(一至六)

320000－1646－0010639　100692

飴山詩集二十卷　（清）趙執信撰　清乾隆十七年(1752)因園刻本　四冊

320000－1646－0010640　100171

七峰艸堂詩稿十卷首一卷　（清）洪鉽撰　清康熙刻本　一冊

320000－1646－0010641　100681

雲川閣詩集十四卷詞七卷　（清）杜詔撰　清雍正九年(1731)刻本　一冊　存十三卷(詩九至十四、詞七卷)

320000－1646－0010642　100178

弱水集二十二卷　（清）屈復著　清乾隆七年(1742)刻本　十冊

320000－1646－0010643　100664

畏壘山人詩集四卷　（清）徐昂發撰　清乾隆刻本　一冊　存一卷(一)

320000－1646－0010644　100170

依歸集十卷　（清）薛熙著　清康熙刻本　一冊

320000－1646－0010645　100661

若菴集五卷　（清）程庭撰　清康熙六十年(1721)刻本　一冊　存一卷(五)

320000－1646－0010646　100662

扣舷集四卷　（清）胡師瑗撰　清初刻本　一冊　存三卷(二至四)

320000－1646－0010647　100194

微塵集二卷　（清）陳沂震著　（清）朱春生校　清抄本　一冊

320000－1646－0010648　100689

竹嘯軒詩鈔十八卷　（清）沈德潛撰　清乾隆十六年(1751)刻本　二冊

320000－1646－0010649　100678

竹素園詩鈔八卷　（清）許廷鑅撰　清乾隆二十四年(1759)刻本　二冊

320000－1646－0010650　100684

陳司業先生集十一卷　（清）陳祖範撰　清乾隆二十九年(1764)日華堂刻本　五冊　存七卷(經咡一卷、掌錄二卷、文集四卷)

320000－1646－0010651　100181

敬亭詩草八卷　（清）沈起元著　清乾隆十九年(1754)刻本　二冊

320000－1646－0010652　100686

果堂集十二卷　（清）沈彤撰　清乾隆十九年(1754)刻本　二冊

320000－1646－0010653　100195

果堂集十二卷　（清）沈彤撰　清乾隆十四年(1749)刻本　四冊

320000－1646－0010654　100690

生香書屋詩文集九卷　（清）陳浩撰　清乾隆刻本　八冊　存七卷(恩光集一卷、詩集一至二、文集四卷)

320000－1646－0010655　100179

弢甫集十四卷　（清）桑調元撰　清乾隆七年(1742)蘭陔草堂刻本　六冊

320000－1646－0010656　100687

補瓢存稿六卷　（清）韓騏著　清乾隆二十三年(1758)南蔭書屋刻本　二冊　存四卷(二至五)

320000－1646－0010657　100670

漁洋山人精華錄訓纂十卷年譜二卷　（清）惠棟撰　清乾隆紅豆齋自刻本　二十一冊　存十二卷(一至十上、年譜二卷)

320000－1646－0010658　100174

海峰文集不分卷　（清）劉大櫆著　清康熙縹碧軒刻本　二冊

320000－1646－0010659　100175

海峰文集八卷　（清）劉大櫆撰　清乾隆刻本　四冊　存六卷(二至四、六至八)

320000－1646－0010660　100177

硯北詩草一卷半緣詞一卷　（清）查學撰　清乾隆刻本　一冊

320000－1646－0010661　100180

愚畦詩鈔八卷　（清）呂琳撰　清乾隆九桂軒刻本　二冊

320000－1646－0010662　100682

御製盛京賦一卷　（清）高宗弘曆撰　清乾隆八年(1743)內府刻套印本　一冊

320000－1646－0010663　100691

隱拙齋集二十二卷　（清）沈廷芳撰　清乾隆二十二年(1757)則經堂刻本　六冊

320000－1646－0010664　100693

孟晉齋詩集二十四卷　（清）陳章撰　清乾隆二十年(1755)勤有堂刻本　五冊　存十五卷（一至十五）

320000－1646－0010665　100695

西莊始存稿三十卷附一卷　（清）王鳴盛撰　清乾隆三十年(1765)刻本　三冊　存二十四卷（八至三十、附一卷）

320000－1646－0010666　100696

西莊始存稿四十卷附一卷　（清）王鳴盛撰　清乾隆三十一年(1766)刻本　十二冊　存三十九卷（一至三十九）

320000－1646－0010667　100193

小桐廬詩草十卷　（清）袁景輅撰　清乾隆愛吟齋刻本　一冊

320000－1646－0010668　100698

夢樓詩集二十四卷　（清）王文治撰　清乾隆六十年(1795)刻本　一冊　存六卷（十九至二十四）

320000－1646－0010669　100665

三松堂集三十一卷　（清）潘奕雋撰　清嘉慶八年(1803)潘氏刻本　九冊

320000－1646－0010670　100666

三松堂集三十一卷　（清）潘奕雋撰　清同治九年(1870)潘氏刻本　十冊

320000－1646－0010671　100694

崇雅堂詩鈔五卷　（清）楊汝諧撰　清乾隆二十六年(1761)刻本　二冊　存四卷（一至四）

320000－1646－0010672　100697

笠亭詩集十二卷　（清）朱琰撰　清乾隆三十年(1765)刻本　六冊

320000－1646－0010673　100199

啣遠樓詩稿二卷　（清）金廷炳撰　清乾隆三十九年(1774)素位堂刻本　二冊

320000－1646－0010674　100703

南江文鈔四卷南江札記四卷　（清）邵晉涵撰　清嘉慶九年(1804)邵氏面水層軒刻本　四冊

320000－1646－0010675　100699

有正味齋駢體文二十四卷　（清）吳錫麒撰　清嘉慶十三年(1808)刻本　二冊

320000－1646－0010676　100667

靜厓詩續稿六卷　（清）汪學金撰　清嘉慶刻本　二冊　存三卷（一至三）

320000－1646－0010677　100700

詒晉齋集八卷後集一卷隨筆一卷　（清）永瑆撰　清嘉慶載銳刻本　四冊　存八卷（三至八、後集一卷、隨筆一卷）

320000－1646－0010678　100701

詒晉齋後集一卷　（清）永瑆撰　清嘉慶載銳刻本　一冊

320000－1646－0010679　100182

揅經室詩錄五卷　（清）阮元撰　清道光十三年(1833)琅嬛仙館刻本　一冊

320000－1646－0010680　100705

易齋詩稿六卷　（清）凌鎬撰　清末抄本　一冊

320000－1646－0010681　100706

聽蛙舊廬詩存四卷　清五枚軒藍格抄本　一冊

320000－1646－0010682　100707

玉塵山房詩集四卷　（清）蔡燮昌撰　清稿本　一冊

320000－1646－0010683　100708

小官梅閣集不分卷　（清）鄧還撰　稿本

四册

320000－1646－0010684　100709

南海先生詩集四卷　康有為撰　清宣統三年(1911)影印本　一册

320000－1646－0010685　100716

花韻菴詩餘一卷微波詞三卷　（清）石韞玉著　清乾隆刻本　一册

320000－1646－0010686　100719

苦海杭一卷　（清）姚燮撰　清光緒三十四年(1908)抄本　一册

320000－1646－0010687　100717

井眉居詞鈔六卷　（清）吳曾源撰　稿本　一册

320000－1646－0010688　100718

井眉居詞鈔二卷喜雪消寒詞一卷槐吟消夏詞一卷消寒詞一卷　（清）吳曾源撰　稿本　一册

320000－1646－0010689　100196

鶴巢小詞一卷　（清）許廎颺撰　稿本　一册

320000－1646－0010690　100711

中興以來絕妙詞選十卷附錄一卷　（宋）黃昇輯　明末毛氏汲古閣刻詞苑英華本　一册　存三卷(一至三)

320000－1646－0010691　100712

草堂詩餘十六卷　（明）陳繼儒評選　明末刻本　四册　存十一卷(一至十一)

320000－1646－0010692　100183

草堂詩餘正集六卷續集二卷別集四卷新集五卷　（明）顧從敬類選　（明）沈際飛評正　明末刻本　四册

320000－1646－0010693　100713

草堂詩餘正集六卷續集二卷別集四卷新集五卷　（明）顧從敬類選　（明）沈際飛評正　明末刻本　六册　存十四卷(正集四至六、續集二卷、別集四卷、新集五卷)

320000－1646－0010694　100184

詞的四卷　（明）茅暎評選　明刻套印本

四册

320000－1646－0010695　100714

草堂詩餘四卷　題(明)武陵逸史輯　明末毛氏汲古閣刻詞苑英華本　一册　存二卷(三至四)

320000－1646－0010696　100794

詞選二卷　（清）張惠言錄　續詞選二卷　（清）董毅錄　清同治六年至十一年(1867－1872)刻本　二册

320000－1646－0010697　100721

笠翁傳奇十種二十卷　（清）李漁編　清康熙七年(1668)虞鏤書聯屋刻本(蜃樓志下卷配清刻本)　二十册

320000－1646－0010698　100185

吟風閣四卷　（清）楊潮觀撰　清嘉慶二十五年(1820)屋外山房刻本　四册

320000－1646－0010699　100720

新鐫古今大雅南宮詞紀六卷　（明）陳所聞粹選　明萬曆三十三年(1605)刻本　四册

320000－1646－0010700　100722

審音鑑古錄十四卷續五卷　清乾隆、嘉慶間刻道光十四年(1834)王繼善修補本　十六册

320000－1646－0010701　100186

新定九宮大成南北詞宮譜八十一卷閏一卷總目三卷　（清）周祥鈺　（清）鄒金生等撰　清乾隆十一年(1746)允祿刻套印本　五十册

320000－1646－0010702　100723

評論出像水滸傳二十卷七十回　（元）施耐庵撰　（清）王望如評注　清初同志堂刻本　十六册

320000－1646－0010703　100197

鐫李卓吾批點殘唐五代史演義傳八卷六十回　（明）羅貫中輯　（明）李贄批評　明崇禎周之標刻本　八册

320000－1646－0010704　100724

花陣綺言十二卷　題(明)楚江仙隱石公纂輯　題(明)吳門翰史茂生評校　明末刻本　二

册　存二卷(十一至十二)

320000－1646－0010705　100725

楊升菴先生批點文心雕龍十卷　（南朝梁）劉勰著　（明）楊慎批點　（明）梅慶生音注　明天啟二年(1622)古吳陳長卿刻本　四冊

320000－1646－0010706　100726

文心雕龍十卷　（南朝梁）劉勰著　（明）鍾惺評　明萬曆刻本　二冊

320000－1646－0010707　100740

漁隱叢話後集四十卷　（宋）胡仔纂集　清刻本　四冊

320000－1646－0010708　100730

全唐詩話六卷　（宋）尤袤撰　明末毛氏汲古閣刻津逮秘書本　二冊

320000－1646－0010709　100728

詩林廣記四卷　（宋）蔡正孫輯　明刻本　一冊　存一卷(四)

320000－1646－0010710　100729

文體明辯六十一卷附錄十四卷　（明）徐師曾纂　明萬曆十九年(1591)刻本　一冊　存一卷(三十一)

320000－1646－0010711　100731

唐音癸籤三十三卷　（明）胡震亨著　清康熙五十七年(1718)刻本　一冊　存十七卷(十七至三十三)

320000－1646－0010712　100732

唐風懷十卷詩話一卷　（清）張惣選定　清順治十七年(1660)雨花草堂刻本　一冊　存二卷(唐風懷一、詩話一卷)

320000－1646－0010713　100733

宋詩紀事一百卷　（清）厲鶚（清）馬曰琯輯　清乾隆十一年(1746)厲氏刻本　二十四冊

320000－1646－0010714　100799

尺牘輯要八卷　（清）虞世英輯　清初刻本　二冊

320000－1646－0010715　100814

陳大樽先生全稿不分卷　（明）陳子龍著　（清）呂留良評點　清康熙二十九年(1690)天蓋樓刻本　四冊

320000－1646－0010716　100819

南陽講習堂課藝小品竿木集不分卷　（清）呂葆中著　清康熙刻本　二冊

320000－1646－0010717　100818

秦狀元稿不分卷　（清）秦大士著　清乾隆刻本　一冊

320000－1646－0010718　100822

可儀堂一百二十名家制義不分卷　（清）俞長城輯　清康熙三十八年(1699)可儀堂自刻本　三十四冊

320000－1646－0010719　100735

百川學海　（宋）左圭編　明弘治十四年(1501)華珵刻本　十二冊　存二十種四十卷(厚德錄四卷、畫簾緒論一卷、官箴一卷、袪疑說一卷、因論一卷、宋景文公筆記三卷、春明退朝錄三卷、淳熙玉堂雜記三卷、揮塵錄二卷、丁晉公談錄一卷、王文正公筆錄一卷、開天傳信記一卷、珊瑚鉤詩話三卷、東谷所見一卷、雞肋一卷、庚溪詩話二卷、孫公談圃三卷、宋朝燕翼詒謀錄五卷、翰林志一卷、螢雪叢說二卷)

320000－1646－0010720　100736

漢魏叢書　（明）程榮輯　明萬曆新安程氏刻本　二十一冊　存二十一種九十三卷(古三墳一卷、詩說一卷、韓詩外傳十卷、大戴禮記十三卷、元經薛氏傳七至十、西京雜記六卷、新語二卷、法言十卷、潛夫論一至三、申鑒五卷、中論二卷、顏氏家訓二卷、神異經一卷、別國洞冥記四卷、通占大象曆星經二卷、古今刀劍錄一卷、述異記二卷、獨斷二卷、新序十卷、新書十卷附錄一卷、趙飛燕外傳一卷)

320000－1646－0010721　100737

寶顏堂秘笈　（明）陳繼儒編　明萬曆刻本　二冊　存六種十一卷(玉照新志六卷、樂郊私語一卷、煮泉小品一卷、皇明吳郡丹青志一卷、畫說一卷、耄餘雜識一卷)

320000－1646－0010722　100741

津逮秘書　（明）毛晉輯　明末汲古閣刻本　十九冊　存十九種六十五卷（周易集解一至三、八至九,唐國史補三卷,淳熙玉堂雜記三卷,玉藻辨證一卷,歲華紀麗四卷,歷代名畫記一至三,酉陽雜俎十四至二十、續集十卷,東觀餘論上,四十二章經一卷,胎息經一卷,丸經二卷,道德指歸論一至三,焦氏易林三至四,滄浪詩話一卷,中山詩話一卷,後山詩話一卷,竹坡詩話一卷,泉志七至十五,全唐詩話六卷）

320000－1646－0010723　100559

王漁洋遺書　（清）王士禛編撰　清康熙刻本　十六冊　存十四種四十三卷（雍益集一卷、古歡錄八卷、蕭亭詩選六卷、徐詩二卷、考功集選四卷、迪功集選一卷、蘇門集選一卷、古鉢集選一卷、浯溪考二卷、隴首集一卷、抱山集選一卷、華泉先生集選四卷、睡足軒詩選一卷、蠶尾集十卷）

320000－1646－0010724　100560

王漁洋遺書　（清）王士禛編撰　清康熙刻本　五冊　存五種十四卷（蕭亭詩選六卷、徐詩二卷、考功集選四卷、抱山集選一卷、古鉢集選一卷）

320000－1646－0010725　100805

獨學廬全稿　（清）石韞玉著　清乾隆至道光刻本　十六冊　存五種四十三卷（初稿詩八卷文三卷、讀左卮言一卷、漢書刊訛一卷,二稿詩三卷、詞二卷、文四卷,三稿詩四至六、文五卷,四稿文五卷詩四卷,五稿一至四）

書名筆畫字頭索引

一畫

一 529
乙 529

二畫

二 529
十 529
丁 530
七 530
卜 530
八 531
人 531
入 531
九 531
了 531

三畫

三 531
干 532
于 532
工 532
士 533
土 533
大 533
才 534
寸 534
上 534
山 535
千 535
川 535
丸 535
己 535
也 535

女 535
小 536
子 537

四畫

王 537
井 538
天 538
元 539
廿 539
木 540
五 540
支 540
卅 540
不 540
太 540
尤 541
友 541
比 541
切 541
少 541
日 541
中 542
內 543
内 543
午 543
毛 543
壬 543
升 543
长 543
仁 543
片 543
化 543
介 543
今 543
分 543

公	544
月	544
丹	544
勾	544
卞	544
六	544
文	544
方	546
火	546
心	546
尺	546
引	546
巴	546
孔	546
毋	547
水	547

五畫

玉	547
未	548
示	548
巧	548
正	548
功	548
甘	548
世	548
艾	548
古	548
本	550
札	551
可	551
丙	551
左	551
石	551
右	552
戊	552
平	552
北	552
目	552
甲	552

申	552
冊	553
史	553
四	553
生	555
矢	555
丘	555
代	555
仙	556
白	556
他	556
印	556
句	556
外	556
冬	557
市	557
立	557
半	557
永	557
司	557
民	557
弘	557
出	557
台	557
幼	557

六畫

式	557
刑	558
圭	558
吉	558
考	558
老	558
地	558
芝	558
臣	558
吏	558
再	558
西	558
在	559

百	559
有	559
存	560
匠	560
列	560
成	560
扣	560
攷	560
至	560
光	560
早	560
曲	560
同	560
因	560
回	560
朱	561
缶	561
先	561
舌	561
竹	561
休	561
伏	561
延	561
任	561
仰	562
仿	562
自	562
伊	562
血	562
似	562
后	562
行	562
肎	562
舟	562
全	562
合	562
邠	562
危	562
各	562
名	563
交	563

亦	563
羊	563
州	563
次	563
汗	563
江	563
汲	564
池	564
汝	564
守	564
安	564
冰	564
字	564
祁	565
防	565
那	565
如	565
好	565

七畫

形	565
攻	565
赤	565
孝	565
志	565
芙	565
芸	565
芷	565
花	565
芥	566
芳	566
克	566
杜	566
村	566
杏	566
杉	566
李	566
甫	567
吾	567
酉	567

邪	567	角	570
扶	567	言	570
批	567	辛	570
抄	567	忱	570
折	567	快	570
投	567	弟	570
抗	567	冷	570
求	567	汪	570
里	567	沅	571
見	567	沙	571
助	567	汾	571
男	567	泛	571
困	567	汴	571
串	568	沈	571
呂	568	沁	571
吟	568	決	571
吹	568	完	571
吳	568	宋	571
映	569	究	572
別	569	冶	572
刪	569	良	572
岑	569	初	572
牡	569	社	572
我	569	即	572
兵	569	壯	572
邱	569	局	572
何	569	改	572
佔	569	阿	572
作	569	附	572
伯	569	妙	572
佇	569	邵	572
身	569	忍	573
佛	569	甬	573
近	570		
余	570		
希	570	**八畫**	
谷	570		
豸	570	奉	573
孚	570	武	573
含	570	青	573
劬	570	表	573
		長	573

坦	574		昌	578
坤	574		明	578
幸	574		易	579
坡	574		典	579
亞	574		固	579
耶	574		忠	579
取	574		呻	580
苦	574		邵	580
若	574		狀	580
茂	574		咄	580
英	574		帖	580
茆	574		帕	580
范	574		岡	580
苾	574		制	580
直	574		知	580
茗	574		牧	580
苔	574		物	580
林	574		和	580
枝	574		岳	580
板	574		使	580
來	574		例	581
松	575		岱	581
杭	575		兒	581
述	575		佩	581
枕	575		依	581
東	575		併	581
事	576		欣	581
兩	576		征	581
雨	577		所	581
奇	577		金	581
拍	577		采	582
抱	577		受	582
拙	577		爭	583
非	577		念	583
卓	577		朋	583
虎	577		周	583
尚	577		匋	584
盱	578		京	584
果	578		夜	584
味	578		庚	584
昆	578		放	584

於	584	珊	588
性	584	封	588
怪	584	城	588
怡	584	政	588
卷	584	郝	588
炎	584	荊	588
法	584	草	588
河	585	茶	588
況	585	苟	588
泖	585	茗	589
注	585	荒	589
治	585	故	589
宗	585	胡	589
定	585	茹	589
宜	585	荔	589
官	586	南	589
空	586	柯	590
宛	586	相	590
郎	586	柏	590
祈	586	柳	590
建	586	柿	590
居	586	样	590
屈	586	勅	590
弧	586	咸	590
弦	586	威	591
弢	586	耐	591
陔	586	尷	591
姑	586	持	591
姓	586	括	591
始	586	拾	591
孟	586	指	591
孤	586	貞	591
函	586	省	591
		是	591
		則	591
## 九畫		星	591
		昨	591
契	587	昭	591
奏	587	畏	591
春	587	毗	591
珂	588	毘	591
珍	588		

514

虹 …… 591	訂 …… 596
思 …… 591	哀 …… 596
韋 …… 592	亭 …… 596
品 …… 592	度 …… 597
咽 …… 592	疫 …… 597
咳 …… 592	施 …… 597
峒 …… 592	弈 …… 597
幽 …… 592	奕 …… 597
拜 …… 592	音 …… 597
矩 …… 592	帝 …… 597
香 …… 592	恆 …… 597
秋 …… 592	恪 …… 597
科 …… 592	姜 …… 597
重 …… 592	前 …… 597
段 …… 594	逆 …… 597
便 …… 594	洪 …… 597
修 …… 594	洹 …… 597
保 …… 594	洞 …… 597
侶 …… 594	迥 …… 597
俄 …… 594	洗 …… 597
俗 …… 594	活 …… 597
信 …… 594	洛 …… 597
皇 …… 594	浹 …… 597
鬼 …… 595	洋 …… 597
泉 …… 595	洴 …… 597
禹 …… 595	津 …… 597
侯 …… 595	宣 …… 598
盾 …… 596	宦 …… 598
衍 …… 596	宮 …… 598
待 …… 596	客 …… 598
律 …… 596	冠 …… 598
後 …… 596	軍 …… 598
俞 …… 596	扁 …… 598
弇 …… 596	衲 …… 598
食 …… 596	祇 …… 598
胠 …… 596	神 …… 598
脉 …… 596	祝 …… 598
胎 …… 596	為 …… 598
勉 …… 596	退 …… 598
風 …… 596	咫 …… 598
急 …… 596	陣 …… 598

眉 ……………………… 598	栘 ……………………… 601
姚 ……………………… 598	校 ……………………… 601
飛 ……………………… 598	梡 ……………………… 601
癸 ……………………… 598	軒 ……………………… 601
柔 ……………………… 598	連 ……………………… 601
孩 ……………………… 598	酌 ……………………… 601
紅 ……………………… 598	夏 ……………………… 601
約 ……………………… 598	原 ……………………… 602
紀 ……………………… 599	烈 ……………………… 602
紉 ……………………… 599	振 ……………………… 602

十畫

	捐 ……………………… 602
	挹 ……………………… 602
	哲 ……………………… 602
耕 ……………………… 599	致 ……………………… 602
馬 ……………………… 599	晉 ……………………… 602
秦 ……………………… 599	時 ……………………… 602
泰 ……………………… 599	財 ……………………… 602
珠 ……………………… 599	眠 ……………………… 602
班 ……………………… 599	晁 ……………………… 602
素 ……………………… 599	晏 ……………………… 602
匪 ……………………… 599	哦 ……………………… 602
埋 ……………………… 599	恩 ……………………… 602
貢 ……………………… 599	豈 ……………………… 602
袁 ……………………… 599	峰 ……………………… 602
都 ……………………… 599	郵 ……………………… 602
恥 ……………………… 599	秫 ……………………… 602
華 ……………………… 599	秘 ……………………… 602
莽 ……………………… 600	倚 ……………………… 602
莫 ……………………… 600	倘 ……………………… 602
莊 ……………………… 600	倭 ……………………… 602
莪 ……………………… 600	俾 ……………………… 602
莘 ……………………… 600	倫 ……………………… 602
真 ……………………… 600	健 ……………………… 603
桂 ……………………… 600	皋 ……………………… 603
栲 ……………………… 600	躬 ……………………… 603
栖 ……………………… 600	息 ……………………… 603
栯 ……………………… 600	師 ……………………… 603
栢 ……………………… 600	徑 ……………………… 603
桐 ……………………… 600	徐 ……………………… 603
桃 ……………………… 601	殷 ……………………… 603
格 ……………………… 601	般 ……………………… 603

字	頁	字	頁
舫	603	袖	608
拿	603	祥	608
倉	603	書	608
翁	603	屑	608
脈	603	弱	608
烏	603	陸	608
狷	603	陵	608
留	603	陳	608
託	603	陰	609
訓	603	陶	609
記	604	娛	609
高	604	畚	609
郭	604	通	609
病	604	能	610
疹	604	桑	610
唐	604	務	610
部	606	孫	610
旅	606	納	610

十一畫

字	頁
悟	606
悔	606
瓶	606
拳	606
益	606
兼	606
朔	606
淨	606
涑	606
酒	606
浙	606
涇	606
涉	606
消	607
浩	607
海	607
浮	607
浣	607
浪	607
宸	607
家	607
宮	608
容	608

理	610
琉	611
堵	611
埤	611
教	611
培	611
埽	611
埭	611
基	611
聊	611
菁	611
黃	611
著	612
菘	612
菫	612
黃	612
菽	612
萸	612
菜	612
萃	612

菩	……	612	略	…… 614
乾	……	612	鄂	…… 614
菰	……	612	唱	…… 614
梵	……	612	婁	…… 614
梧	……	612	國	…… 614
桯	……	612	唯	…… 616
梅	……	612	啖	…… 616
桴	……	612	啜	…… 616
梯	……	612	崑	…… 616
曹	……	612	崔	…… 616
敕	……	612	崇	…… 616
堅	……	612	過	…… 616
戚	……	612	梨	…… 616
帶	……	612	移	…… 616
硃	……	612	笙	…… 616
匏	……	612	符	…… 616
奢	……	613	笠	…… 616
盛	……	613	笱	…… 616
雪	……	613	第	…… 616
捧	……	613	敏	…… 616
捷	……	613	偶	…… 616
排	……	613	停	…… 616
捫	……	613	得	…… 616
推	……	613	從	…… 616
授	……	613	船	…… 616
掖	……	613	斜	…… 616
掃	……	613	欲	…… 616
救	……	613	鳥	…… 617
虛	……	613	脫	…… 617
虗	……	613	魚	…… 617
處	……	613	象	…… 617
敝	……	613	逸	…… 617
常	……	613	猗	…… 617
野	……	613	猛	…… 617
眼	……	613	訥	…… 617
問	……	613	許	…… 617
曼	……	613	訟	…… 617
晦	……	613	設	…… 617
睎	……	614	庶	…… 617
晚	……	614	麻	…… 617
異	……	614	庚	…… 617

產	617
庸	617
康	617
鹿	618
旌	618
章	618
商	618
望	618
情	618
惜	618
惕	618
惟	618
清	618
淞	619
淮	619
淨	619
淳	619
淡	619
深	619
梁	619
涵	619
寄	619
宿	619
啟	619
啓	619
尉	619
張	619
強	620
隋	620
郾	620
陽	620
婌	620
娜	620
婦	620
習	620
參	620
貫	620
鄉	620
紺	620
紹	620
巢	620

十二畫

貳	620
絜	620
琴	620
堯	620
塔	620
項	620
越	621
博	621
彭	621
報	621
達	621
壹	621
斯	621
葉	621
葬	621
萬	621
葛	621
董	622
敬	622
落	622
葦	622
朝	622
喪	622
葵	622
焚	622
椒	622
棲	622
棣	622
粟	622
甛	622
硯	622
雁	622
雲	622
搭	622
揚	622
提	622
揖	622
揣	623

搜	623
援	623
揮	623
雅	623
啙	623
紫	623
虛	623
棠	623
掌	623
晴	623
最	623
敤	623
貽	623
鼎	623
開	623
閑	623
間	623
遏	623
景	623
違	623
啣	623
喉	623
喻	624
黑	624
圍	624
無	624
餅	624
智	624
稌	624
程	624
等	624
筑	624
策	624
答	624
筆	624
備	624
傅	624
貸	624
順	624
集	624
焦	625
皖	625
街	625
御	625
復	626
須	626
舒	626
鉅	626
鈴	626
欽	626
番	627
舜	627
飯	627
飲	627
勝	627
觚	627
然	627
貿	627
鄒	627
詁	627
評	627
診	627
詅	627
註	627
詠	627
詞	627
詒	628
敦	628
痘	628
痢	628
痧	628
遊	628
童	628
惺	628
愧	628
惲	628
善	628
普	628
尊	629
道	629
遂	629
曾	629

520

馮	630	夢	633
湛	630	蒼	633
湖	630	蓬	633
湘	630	蒿	633
湯	631	蒲	633
測	631	蓉	633
溫	631	蒙	633
渭	631	蒸	633
淵	631	楚	633
游	631	楝	634
滋	631	楷	634
溉	631	楊	634
滁	631	楞	634
割	631	槐	634
寒	631	榆	634
富	631	嗇	634
寓	631	楓	634
窗	631	槎	634
甯	631	楹	634
補	631	較	634
裕	632	蜃	634
畫	632	感	634
費	632	孳	634
疏	632	碑	634
登	632	碎	634
婺	632	匯	634
鄉	632	鄂	634
結	632	雷	634
絳	632	裘	634
絕	632	督	634
幾	632	虞	634
		當	635
		睫	635

十三畫

瑞	632	睡	635
瑜	632	睢	635
鄢	632	愚	635
遠	632	路	635
聖	632	遣	635
鄞	633	蛾	635
蓮	633	農	635
		嗣	635

521

罪	……	635
蜀	……	635
嵊	……	635
嵩	……	635
圓	……	635
稗	……	635
愁	……	635
筠	……	635
節	……	635
與	……	635
傳	……	635
鼠	……	635
傷	……	635
像	……	636
粵	……	636
奥	……	636
微	……	636
會	……	636
愛	……	636
亂	……	636
飴	……	636
頌	……	636
腳	……	636
詹	……	636
解	……	636
試	……	636
詩	……	636
誠	……	637
詳	……	637
痳	……	637
瘍	……	638
靖	……	638
新	……	638
意	……	640
雍	……	640
慎	……	640
慊	……	640
義	……	640
慈	……	640
煙	……	640
資	……	640

滿	……	641
滇	……	641
溥	……	641
溧	……	641
溫	……	641
塗	……	641
滄	……	641
滂	……	641
窟	……	641
福	……	641
群	……	641
羣	……	641
彙	……	642
殿	……	642
辟	……	642
媿	……	642
遜	……	642
經	……	642
綏	……	643
彚	……	643

十四畫

駁	……	643
瑣	……	643
碧	……	643
瑤	……	643
趙	……	643
嘉	……	643
臺	……	643
壽	……	643
聚	……	643
蔣	……	643
蔡	……	643
蔗	……	643
菱	……	643
熙	……	643
蔚	……	644
蓼	……	644
薌	……	644
槍	……	644

榕	644	膏	646
輔	644	墊	646
監	644	廣	646
奩	644	瘍	647
爾	644	瘟	647
奪	644	瘦	647
摭	644	廖	647
摘	644	端	647
蜚	644	適	647
對	644	齊	647
賑	644	精	647
暢	644	鄭	647
閨	644	榮	648
聞	644	漢	648
閩	644	滿	648
瞑	644	漸	648
蜻	644	漱	648
蝸	644	漫	649
鳴	644	漁	649
嘯	644	漪	649
嘐	644	滸	649
圖	644	滬	649
鄄	645	賓	649
舞	645	寤	649
種	645	寧	649
稱	645	寥	649
箧	645	實	649
算	645	隨	649
管	645	熊	649
儆	645	鄧	649
槃	645	翠	649
銅	645	骶	649
銀	645	綺	649
遜	645	綱	649
鳳	645	網	650
疑	645	維	650
誌	645	綴	650
語	645	綠	650
說	645		
認	646	**十五畫**	
誦	646	慧	650

璜	650		稷	653
璇	650		稻	653
璟	650		黎	653
駒	650		篁	653
增	650		篆	653
穀	651		儉	653
蕙	651		儀	653
蕉	651		質	654
蕩	651		德	654
蕊	651		衛	654
樞	651		徵	654
樗	651		徹	654
樊	651		鋤	654
輪	652		劍	654
輟	652		餘	654
甌	652		魯	654
歐	652		劉	654
賢	652		請	654
醉	652		諸	654
遼	652		課	654
確	652		誰	655
震	652		論	655
撫	652		談	655
劇	652		摩	655
慮	652		瘴	655
鄲	652		瘡	655
輝	652		慶	655
賞	652		憫	655
賦	652		養	655
賭	653		翦	655
賜	653		遵	655
瞎	653		潮	655
閱	653		潛	655
影	653		潤	656
遺	653		澗	656
蝶	653		澂	656
嬡	653		澳	656
數	653		潘	656
嶠	653		澄	656
墨	653		寫	656
稽	653		審	656

憨 … 656	盧 … 659
履 … 656	曉 … 659
遲 … 656	戰 … 659
選 … 656	還 … 659
豫 … 656	圜 … 659
樂 … 656	默 … 659
練 … 657	黔 … 659
緬 … 657	積 … 659
編 … 657	穆 … 659
緣 … 657	篤 … 659
畿 … 657	篠 … 660
	舉 … 660
十六畫	興 … 660
	學 … 660
璞 … 657	儒 … 660
靜 … 657	衡 … 660
隸 … 657	衛 … 660
駱 … 657	錢 … 660
駢 … 657	錫 … 660
燕 … 657	錦 … 661
薑 … 657	館 … 661
薛 … 657	鮑 … 661
薇 … 657	穎 … 661
蕻 … 657	獨 … 661
翰 … 657	鴛 … 661
頤 … 657	諫 … 661
薩 … 658	諧 … 661
橫 … 658	諭 … 661
樸 … 658	憑 … 661
橋 … 658	辨 … 661
樵 … 658	龍 … 661
橘 … 658	憺 … 661
機 … 658	懷 … 661
輶 … 658	義 … 661
賴 … 658	澹 … 661
醒 … 658	濂 … 661
歷 … 658	濂 … 661
霓 … 659	憲 … 661
頻 … 659	寰 … 661
餐 … 659	禪 … 661
虜 … 659	閻 … 661

525

避	661
彊	661
隱	661

十七畫

麗	661
環	661
賸	661
幫	661
戴	661
聲	662
聯	662
鞠	662
藍	662
藏	662
舊	662
韓	662
隸	662
檢	662
檀	662
櫬	662
擊	662
臨	662
磵	662
霜	662
霞	662
擬	662
嬰	663
螺	663
嶺	663
嶽	663
點	663
魏	663
輿	663
徽	663
鍼	663
豁	663
鮎	663
謝	663
謙	663

襄	663
應	663
縻	663
齋	663
甕	663
燭	663
鴻	663
濟	663
濱	664
濯	664
濰	664
遽	664
禮	664
彌	664
翼	664
縹	664
縵	664
縮	664
繆	664

十八畫

駿	664
璿	664
瓊	664
藕	664
藝	664
藤	665
藥	665
檮	665
覆	665
醫	665
鬱	666
擷	666
豐	666
叢	666
瞿	666
闕	666
曠	666
蟲	666
韞	666

簡 ……………………………………… 666	韃 ……………………………………… 668
鵝 ……………………………………… 666	韜 ……………………………………… 668
雙 ……………………………………… 666	羅 ……………………………………… 668
邊 ……………………………………… 666	犢 ……………………………………… 668
歸 ……………………………………… 666	籀 ……………………………………… 668
鎮 ……………………………………… 666	簪 ……………………………………… 668
雞 ……………………………………… 666	鏡 ……………………………………… 668
謹 ……………………………………… 666	鵬 ……………………………………… 668
謫 ……………………………………… 666	譚 ……………………………………… 668
顏 ……………………………………… 666	識 ……………………………………… 668
雜 ……………………………………… 667	證 ……………………………………… 668
離 ……………………………………… 667	廬 ……………………………………… 668
癖 ……………………………………… 667	韻 ……………………………………… 669
燼 ……………………………………… 667	懷 ……………………………………… 669
瀏 ……………………………………… 667	類 ……………………………………… 669
濼 ……………………………………… 667	瀟 ……………………………………… 669
隴 ……………………………………… 667	瀛 ……………………………………… 669
繞 ……………………………………… 667	寶 ……………………………………… 669
	繩 ……………………………………… 669
	繹 ……………………………………… 669
十九畫	繪 ……………………………………… 669
	繡 ……………………………………… 670
難 ……………………………………… 667	
攆 ……………………………………… 667	**二十畫**
蘋 ……………………………………… 667	
邊 ……………………………………… 667	蘭 ……………………………………… 670
勸 ……………………………………… 667	醴 ……………………………………… 670
蘅 ……………………………………… 667	獻 ……………………………………… 670
蘇 ……………………………………… 667	闞 ……………………………………… 670
警 ……………………………………… 668	蠔 ……………………………………… 670
疆 ……………………………………… 668	嚶 ……………………………………… 670
蘊 ……………………………………… 668	籌 ……………………………………… 670
麓 ……………………………………… 668	爾 ……………………………………… 670
攀 ……………………………………… 668	纂 ……………………………………… 670
麗 ……………………………………… 668	覺 ……………………………………… 670
礦 ……………………………………… 668	鐫 ……………………………………… 671
攏 ……………………………………… 668	鐘 ……………………………………… 671
贈 ……………………………………… 668	鐙 ……………………………………… 671
曝 ……………………………………… 668	釋 ……………………………………… 671
關 ……………………………………… 668	護 ……………………………………… 671
疇 ……………………………………… 668	譯 ……………………………………… 671
嚴 ……………………………………… 668	

懺	671
寶	671
竇	671
響	671

二十一畫

歡	671
權	671
櫻	671
轟	671
覇	671
纍	671
鐵	671
爛	671
灘	671
顧	671
鶴	671
續	672

二十二畫

懿	673
聽	673
鷗	673
囊	673
攢	673
巖	673
體	673

穰	673
籜	673
鑄	673
鑑	673
讀	673
龔	674
鬻	674

二十三畫

驗	674
顯	674
黴	674
麟	674
欒	674
變	675

二十四畫

觀	675
鹽	675
釀	675
靈	675
蠱	675
鬭	675
艷	675
衢	675
贛	675

書名筆畫索引

一畫

一夕話六卷 …………………… 158
一切經音義二十五卷 ………… 131
一切經音義二十五卷 ………… 230
一切經音義二十五卷 ………… 233
一切經音義二十五卷 ………… 234
一言錄不分卷 ………………… 342
一枝軒經驗方一卷 …………… 222
一拳石山房存稿三卷 ………… 8
一得集三卷 …………………… 441
一得齋算草五卷 ……………… 225
一得齋算草五卷 ……………… 414
一隅集不分卷 ………………… 338
一斑錄五卷附編一卷雜述八卷 … 416
一斑錄五卷附編三卷雜述八卷河工記瑣
 一卷 ………………………… 472
一經軒制藝不分卷 …………… 357
一經軒詩存一卷 ……………… 24
一鐙精舍甲部藁五卷 ………… 303
乙巳年交涉要覽上編二卷下編三卷 …… 108
乙巳年調查印錫茶務日記一卷（清光緒三
 十一年四月初九至八月二十七日）…… 108
乙酉戊子墨選不分卷 ………… 358

二畫

二十一史文鈔五十八卷 ……… 490
二十一史論贊三十六卷 ……… 471
二十一史彈詞輯注十卷 ……… 120
二十二子 ……………………… 458
二十二子 ……………………… 458
二十二史感應錄二卷 ………… 409
二十二史感應錄二卷 ………… 409
二十九子品彙釋評二十卷首一卷 … 475
二十世紀之怪物帝國主義一卷 … 214

二十四史 ……………………… 65
二十四史 ……………………… 65
二十四史 ……………………… 65
二十四史 ……………………… 65
二十四史 ……………………… 65
二十四史 ……………………… 65
二十四史人物類考四十六卷 … 93
二十四史九通政典類要合編三百二十卷
 ……………………………… 122
二十四史文鈔二十二卷 ……… 114
二十四史精華二十四卷 ……… 114
二十四孝圖說一卷 …………… 410
二子性理衍義增輯六卷 ……… 208
二申野錄八卷 ………………… 84
二申野錄八卷 ………………… 84
二申野錄八卷 ………………… 84
二曲集二十八卷 ……………… 390
二曲集二十六卷 ……………… 390
二曲歷年紀略一卷 …………… 104
二如亭群芳譜三十卷首十三卷 … 434
二如亭群芳譜三十卷首十三卷 … 434
二吳先生唱于集五卷 ………… 253
二希堂文集十一卷首一卷 …… 300
二初齋讀書記十卷首一卷 …… 485
二林居集二十四卷 …………… 5
二林居集二十四卷 …………… 5
二林居集二十四卷 …………… 5
二林居集二十四卷 …………… 372
二林唱和詩一卷 ……………… 234
二知軒詩鈔十四卷 …………… 24
二南詩續鈔二卷 ……………… 13
二南詩續鈔二卷 ……………… 13
二柳村庄吟社詩二卷 ………… 273
二娛小廬詩鈔五卷詞鈔二卷 … 11
二程全書 ……………………… 390
十一科墨卷仙不分卷 ………… 127
十一朝東華約錄二百三十卷 … 77

十一朝東華録分類輯要二十四卷	77
十一朝東華録分類輯要二十四卷	77
十一經音訓	28
十二朝東華録八百十三卷	77
十二朝東華録八百八十二卷	77
十二朝東華録八百八十二卷	77
十二硯齋隨録四卷	417
十二種文萃十二卷	344
十二瓊室試帖一卷	362
十七史一千五百七十四卷	464
十七史商榷一百卷	118
十七史商榷一百卷	118
十七史商榷一百卷	118
十七史商榷一百卷	118
十七史詳節	113
十七史詳節二百七十三卷	470
十九世紀外交史十七章	131
十九世紀外交史十七章	131
十九世紀外交史十七章	131
十九世紀列國政治文編十四卷	180
十九世紀歐洲文明進化論一卷二十年來生計界巨變論一卷	184
十九世紀歐洲政治史論一卷	184
十九科同館試帖選四卷	364
十三經札記	27
十三經音略十二卷附録二卷	62
十三經策案二十二卷	51
十三經集字音釋四卷	51
十三經註疏	25
十三經註疏	25
十三經註疏附考證	25
十三經註疏附考證	25
十三經讀本	26
十子全書	458
十友草堂詩集四卷	367
十六金符齋印存不分卷	474
十六金符齋印存不分卷	474
十六國春秋一百卷	83
十六國春秋一百卷	468
十六國春秋十六卷	83
十杉亭帖體詩鈔五卷續編二卷	356
十要字集解一卷	248
十通十種	120
十國春秋一百十六卷	70
十國春秋一百十六卷	70
十國春秋一百十六卷	70
十萬卷樓叢書	378
十萬卷樓叢書	378
十朝東華録五百二十五卷東華續録一百卷（天命朝至咸豐朝）	77
十朝聖訓十種九百二十二卷	136
十種古逸書	384
十種唐詩選十六卷	249
十駕齋養新録二十卷餘録三卷［錢大昕］年譜一卷	420
十駕齋養新録二十卷餘録三卷［錢大昕］年譜一卷	420
十駕齋養新録二十卷餘録三卷［錢大昕］年譜一卷	420
十駕齋養新録二十卷餘録三卷［錢大昕］年譜一卷	420
丁文誠公奏稿二十六卷	139
丁心齋時文續集一卷	351
丁亥入都紀程二卷（清光緒十三年三月二十六日至七月初十）	107
［丁守存］編年自記一卷	106
丁酉順天闈墨一卷	359
丁裴卿制藝不分卷	354
七十二峰足徵集八十八卷文集十五卷	494
七十家賦鈔六卷	261
七子詩選十四卷	252
七巧圖字略一卷	433
七修類藁五十一卷續藁七卷	92
七修類藁五十一卷續藁七卷	159
七峰艸堂詩稿十卷首一卷	503
七家後漢書二十一卷	80
七經孟子考文並補遺二百卷	50
七經紀聞四卷	50
七經精義	27
七經精義	27
七經樓文鈔六卷	301
七經樓文鈔六卷	301
卜硯齋集六卷	8

八大家文鈔	249
八大覺經一卷	68
八大覺經略解一卷	148
八史經籍志二十九卷	193
八史經籍志二十九卷	193
八代詩乘四十五卷附二卷	489
八代詩選二十卷	259
八代詩選二十卷	259
八法分藝生化之圖一卷	483
八指頭陀襮文一卷詩集十卷	312
八家四六文注八卷首一卷	251
八家四六文鈔	251
八家四六文鈔	251
八銘文衡指要不分卷	338
八銘堂塾鈔初集六卷二集六卷	338
八旗文經五十六卷作者考三卷敘錄一卷	266
八旗文經五十六卷作者考三卷敘錄一卷	266
八線備旨四卷	229
八線備旨習題全草四卷	230
八線對數表一卷	231
八線對數表一卷	231
八線簡表一卷	231
八線類編三卷	228
人物志三卷	435
人海記二卷	369
人海記二卷	369
人境廬詩草十一卷	309
人壽金鑑二十二卷	94
人壽金鑑二十二卷	202
人範六卷	211
人鏡類纂四十六卷	244
人譜類記一卷	213
人譜類記二卷	213
人譜類記二卷	213
人譜類記六卷	213
人鑑立身三卷	409
入幕須知五種	125
九九新論二卷	136

[同治]九江府志五十四卷首一卷末一卷	165
九峰志四卷	173
九通九種	98
九通九種	98
九通九種	120
九通序不分卷	120
九通序不分卷	120
九通序不分卷	120
九通通二百四十八卷	121
九通提要十二卷	120
九國志十二卷	83
九章算術九卷	227
九章算術音義一卷	227
九朝野記四卷	84
九朝野記四卷	84
九煙先生遺集六卷	293
九經補韻一卷	60
九數存古九卷	228
九數通考十一卷首一卷末一卷	228
九數通考十一卷首一卷末一卷	228
九靈山房集三十卷補編二卷	287
了凡雜著袁生懺法四卷	234

三畫

三十五舉一卷	236
三十五舉一卷	430
三十五舉一卷	430
三十五舉校勘記一卷	430
三十六湖漁唱不分卷漁唱乙稿一卷	316
三十科鄉會試詩墨鈔十卷	364
三十家詩鈔六卷首一卷末一卷	259
三才分類粹言十四卷	167
三才最要圖表一卷	227
三才最要圖表一卷	227
三才彙編六卷	488
三才藻異三十三卷	488
三山合刻不分卷	344
三五本紀補不分卷	81
三水小牘二卷	415

三史拾遺五卷諸史拾遺五卷	118	三國志六十五卷	68
三史拾遺五卷諸史拾遺五卷	118	三國志六十五卷	69
三冬識餘二卷	422	三國志六十五卷	69
三芝山房讀史隨筆二卷	118	三國志考證二卷	69
三江文纘初編不分卷	342	三國志注六十五卷	465
三江邁倫集不分卷	340	三國志注六十五卷	465
三字經一卷	212	三國志注證遺四卷	69
三吳翹秀集三卷	344	三國志證聞二卷	69
三宋人集四十五卷	250	三國兩晉南北朝文選不分卷	490
三長物齋叢書	377	三國郡縣表補正八卷	69
三松[潘奕雋]自訂年譜一卷	105	三國疆域志補注十九卷	69
三松堂集十六卷三松堂續集六卷	5	三國疆域志補注十九卷	69
三松堂集三十一卷	504	三魚堂文集十二卷外集六卷附錄二卷	296
三松堂集三十一卷	504	三魚堂文集十二卷附錄一卷外集六卷全集附錄一卷	296
三松堂集三十卷[潘奕雋]年譜一卷	5		
三松堂集三十卷[潘奕雋]年譜一卷	5	三魚堂文集十二卷附錄一卷外集六卷全集附錄一卷賸言十二卷	296
三松堂集三十卷[潘奕雋]年譜一卷	5		
三刻忠經體註大全說約凌雲解十八卷三刻孝經體註大全說約凌雲解十八卷	44	三魚堂集四十三卷	296
		三魚堂賸言十二卷	208
三指禪三卷	444	三朝北盟會編二百五十卷	76
三省黃河全圖不分卷	174	三朝北盟會編二百五十卷	76
三省樓賸稿一卷	25	三朝北盟會編二百五十卷	76
三省樓賸稿一卷	25	三朝墨準新編不分卷	359
三省樓賸稿一卷	25	三統術鈐一卷	226
三省邊防備覽十八卷	167	三統厤算式一卷三統厤釋例一卷三統厤學答問一卷	226
三洲遊記一卷	180		
[光緒]三原縣新志八卷	153	三農紀十卷	220
三晉見聞錄不分卷	170	三農紀十卷	477
三峰藏禪師開發工夫語錄二卷	414	三輔黃圖六卷補遺一卷	168
三害質言一卷	411	三餘書屋叢書	381
三家宮詞三卷二家宮詞二卷	249	三餘雜志八卷辨誣二卷	422
三家醫案合刻三卷	438	三藩紀事本末四卷	79
三家醫案合刻三卷醫效秘傳三卷	438	三蘇全集	250
三通三種	121	三續聊齋誌異十卷	426
三通考輯要七十六卷	102	三續疑年錄十卷	94
三通考輯要七十六卷	120	干支便覽四卷	243
三通序不分卷	121	干支集錦二十四卷	244
三通序不分卷	121	干祿字書一卷	58
三通原序合刻不分卷	121	于少保萃忠全傳十卷四十傳	327
三國志六十五卷	68	工部續增則例九十五卷	144
三國志六十五卷	68	工業興國政相關論二卷	136

士材三書	443	法覺書一卷	78
士禮居黃氏叢書	376	大美國欽命會議銀價大臣條議中國新圜	
士禮居藏書題跋記六卷	198	法覺書一卷	128
土耳其史一卷	183	大美欽命會議銀價大臣續議一卷	128
土耳其國志一卷	183	大乘止觀法門釋要六卷	347
土耳其國志一卷	183	大乘本生心地觀經八卷	407
大元聖政國朝典章六十卷	122	大乘起信論一卷	408
大方廣三戒經三卷	407	大乘起信論直解二卷	408
大方廣佛華嚴經八十卷	315	大乘起信論科注一卷	334
大方廣佛華嚴經入不思議解脫境界普賢		大乘起信論疏彙集八種三十六卷	333
行願品四十卷	406	大乘起信論義記七卷大乘起信論別記一	
大方廣佛華嚴經六十卷	315	卷	408
大方廣佛華嚴經著述集要二十七種三十		大乘起信論纂注二卷	408
九卷	315	大乘密嚴經三卷	407
大方廣佛華嚴經普賢行願品別行疏鈔十		大般涅槃經四十卷	407
五卷	326	大般涅槃經後分二卷	407
大方廣佛華嚴經普賢行願品疏科文一卷		大唐開元占經一百二十卷	402
	326	大唐開元禮辨證一卷	203
大方廣圓覺修多羅了義經二卷	486	大唐創業起居注三卷	76
大方廣圓覺脩多羅了義經近釋六卷	407	大純機器紡織廠商辦說略十二則	146
大有榨油公司辛亥年帳略一卷	146	大梅山館集	398
[咸豐]大名府志二十二卷續志六卷首		大清一統志五百卷	150
一卷末一卷	152	大清一統志五百卷	150
大佛頂如來密因脩證了義諸菩薩萬行首		大清一統志五百卷	150
楞嚴經十卷	407	大清一統志五百卷	150
大佛頂如來密因修證了義諸菩薩萬行首		大清一統志表不分卷	150
楞嚴經十卷	262	大清一統志輯要五十卷	150
大佛頂如來密因修證了義諸菩薩萬行首		大清中樞備覽二卷	112
楞嚴經十卷	265	大清中樞備覽二卷	113
大佛頂首楞嚴經正脉疏四十卷首一卷	328	大清中樞備覽二卷	113
大佛頂首楞嚴經疏解蒙鈔六十卷首一卷		大清中樞備覽二卷	113
	328	大清中樞備覽二卷	113
大英治理印度新政考六卷	183	大清刑律草案第一編十七章第二編三十	
大英治理印度新政考六卷	183	六章	142
大英國志八卷	185	大清光緒時憲書	482
大英國志八卷	185	大清州縣名急就章不分卷	150
大東合邦新義一卷	181	大清直省全圖二十六幅	150
大易闡微錄十二卷首一卷	32	大清法規大全一百五十九卷續編一百五	
大昭慶律寺志十卷	169	十四卷	142
大亭山館叢書	378	大清律例刑案彙纂集成四十卷	142
大美國欽命會議銀價大臣條議中國新圜		大清律例刑案彙纂集成四十卷督捕則例	

| 附纂二卷 …………………………… 142
| 大清律例彙編三十三卷督捕則例附纂二
| 卷 ……………………………………… 142
| 大清律例彙輯便覽四十卷附錄二卷 … 142
| 大清律例增修統纂集成四十卷 ……… 142
| 大清律講義十七卷 …………………… 142
| 大清宣統時憲書 ……………………… 482
| 大清宣統新法令不分卷 ……………… 142
| 大清神鑒二卷 ………………………… 403
| 大清通禮五十四卷 …………………… 123
| 大清通禮五十四卷 …………………… 123
| 大清現行刑律三十六卷首一卷禁煙條例
| 一卷秋審條款一卷 ………………… 142
| 大清現行刑律三十六卷首一卷禁煙條例
| 一卷秋審條款一卷 ………………… 142
| 大清現行刑律案語不分卷 …………… 142
| 大清現行刑律案語不分卷 …………… 142
| 大清教育新法令二十六章 …………… 145
| 大清搢紳全書不分卷 ………………… 112
| 大清搢紳全書四卷 …………………… 112
| 大清搢紳全書四卷 …………………… 112
| 大清搢紳全書四卷 …………………… 112
| 大清搢紳全書四卷 …………………… 112
| 大清搢紳全書四卷 …………………… 112
| 大清搢紳全書四卷 …………………… 112
| 大清搢紳全書四卷 …………………… 112
| 大清搢紳全書四卷 …………………… 113
| 大清搢紳全書四卷 …………………… 113
| 大清搢紳全書四卷 …………………… 113
| 大清搢紳全書四卷 …………………… 113
| 大清搢紳全書四卷 …………………… 113
| 大清搢紳全書四卷 …………………… 113
| 大清搢紳全書四卷 …………………… 113
| 大清會典一百卷 ……………………… 122
| 大清新法令十三類法典草案二卷釐定官
| 制草案一卷 ………………………… 142
| 大清畿輔書徵四十一卷 ……………… 195
| 大清鑛務正章一卷大清鑛務附章一卷 … 131
| 大清鑛務附章一卷 …………………… 131
| 大雲山房文稿初集四卷二集四卷 …… 8

大雲山房文稿初集四卷二集四卷言事二
  卷續刻一卷 ………………………… 8
大意尊聞三卷 ………………………… 209
大獄記一卷 …………………………… 85
大廣益會玉篇三十卷 ………………… 57
大學思辨錄五卷 ……………………… 45
大學衍義四十三卷 …………………… 205
大學衍義四十三卷 …………………… 205
大學衍義四十三卷 …………………… 205
大學衍義四十三卷 …………………… 205
大學衍義四十三卷大學衍義補一百六十
  卷 …………………………………… 205
大學衍義補一百六十卷 ……………… 476
大學衍義輯要六卷補輯要十二卷 …… 205
大學通義一卷 ………………………… 45
大學通義一卷 ………………………… 45
大學堂章程一卷 ……………………… 130
大學章句一卷中庸章句一卷 ………… 45
大戴禮記十三卷 ……………………… 40
大戴禮記十三卷 ……………………… 40
大戴禮記補註十三卷序錄一卷 ……… 40
大戴禮記解詁十三卷 ………………… 40
大嶽太和山紀略八卷 ………………… 173
大題文府不分卷 ……………………… 336
大題求是不分卷 ……………………… 337
大題金丹四卷 ………………………… 343
大題雋快初編不分卷二編不分卷 …… 336
大題饋貧集鈔不分卷 ………………… 341
大覺普濟玉林禪師語錄十二卷 ……… 411
大覺普濟能仁國師[楊通琇]年譜二卷 … 411
大鶴山房全書 ………………………… 397
大鶴山房全書 ………………………… 397
大鶴山房全書 ………………………… 397
才子琵琶寫情篇一卷 ………………… 318
才調集十卷 …………………………… 262
才調集十卷 …………………………… 262
才調集補註十卷 ……………………… 262
寸陰叢錄四卷 ………………………… 416
上元江甯鄉土合志六卷 ……………… 155
[同治]上江兩縣志二十九卷首一卷 … 106
[同治]上江兩縣志二十九卷首一卷 … 155

上品資糧一卷	233	山海經廣注十八卷	88
上海指南八卷各省旅行須知一卷	177	山海經廣注十八卷圖五卷	414
上海指南八卷各省旅行須知一卷	177	[嘉慶]山陰縣志三十卷首一卷	163
[同治]上海縣志三十二卷首一卷末一卷	155	山菴雜錄二卷	486
[同治]上海縣志三十二卷首一卷末一卷	157	[同治]山陽縣志二十一卷	108
[同治]上海縣志三十二卷首一卷末一卷	157	[同治]山陽縣志二十一卷	159
上清梅仙正法四卷	487	山曉閣文選十五種	249
上善堂宋元板精鈔舊鈔書目一卷	195	山曉閣西漢文選七卷	262
[光緒]上虞縣志四十八卷首一卷末一卷	163	山礬書屋詩初集十卷	11
上諭條例一卷	145	千百年眼十二卷	323
上諭摺示集錄一卷	236	千字文一卷	464
山水二經合刻五十八卷	171	千金記二卷	318
山左古文鈔八卷	270	千金翼方三十卷	439
山左金石志二十四卷	189	千金翼方三十卷	455
山左校士錄不分卷	346	千金寶要六卷	452
山右金石記十卷	188	千金寶要六卷素女方一卷	452
山由石刻叢編四十卷	188	千首宋人絕句十卷	265
山由石刻叢編四十卷	188	千家詩音釋二卷	259
山谷詩集註二十卷外集詩註十七卷別集詩註二卷	283	千甓亭古磚圖釋二十卷	192
山谷詩鈔五卷	283	千甓亭古磚圖釋二十卷	192
山東省泰安府東平州現行簡明賦役全書□□卷	128	千甓亭磚錄六卷	192
山東運河備覽十二卷	175	[光緒]川沙廳志十四卷首一卷末一卷	157
山東運河備覽十二卷	474	丸散集錄不分卷	215
山東闈墨一卷	358	己未詞科錄十二卷	112
山東闈墨一卷	358	己卯直省鄉墨十七卷	359
山門新語五卷	432	也儂詩草十卷	309
山房隨筆一卷	124	女才子十二卷	368
山居新話一卷	84	女子救國美談七回	330
山海經十八卷	425	女孝經一卷	248
山海經十八卷	425	女科二卷產後編二卷	222
山海經十八卷	425	女科二卷產後編二卷	385
山海經十八卷	425	女科切要八卷	450
山海經圖贊二卷爾雅圖贊一卷	425	女科良方三卷	450
山海經箋疏十八卷圖贊一卷訂偽一卷敘錄一卷	414	女科指掌五卷	386
		女科指掌五卷	426
		女科秘笈一卷	449
		女科萬金方一卷	429
		女科經綸八卷	481
		女科輯要八卷	430
		女學言行纂三卷附錄一卷菽堂分田錄一卷	211

女學篇一卷	443
小山詞鈔一卷補鈔一卷	314
小不其山房課徒草不分卷	337
小方壺齋輿地叢鈔十二帙	147
小方壺齋輿地叢鈔十二帙補編十二帙再補編十二帙	147
小方壺齋輿地叢鈔十二帙補編十二帙再補編十二帙	147
小方壺齋叢鈔	146
小石山房印存□□卷	431
小石山房叢書	378
小石山房叢書	378
小石山房叢書	378
小四書	398
小四書	398
小安樂窩文集四卷小安樂窩詩存一卷南池唱和詩存一卷	14
小安樂窩文集四卷小安樂窩詩存一卷南池唱和詩存一卷	14
小西腴山館詩鈔二卷補錄一卷續鈔二卷詩鈔三編二卷四編二卷文鈔九卷集外文四卷福建票鹽志略一卷	303
小沙子史略一卷	119
小沙子史略一卷	119
小沖言事三卷	312
小知錄十二卷	243
小知錄十二卷	243
小兒雜症便蒙不分卷	481
小官梅閣集不分卷	504
小草庵詩鈔一卷	20
小南邨集七卷二集八卷	493
小重山房詩續錄十二卷張溫和公［祥河］年譜一卷	15
小桐廬詩草十卷	504
小桃溪館文鈔不分卷小桃溪館詩鈔九卷	22
小倉山房尺牘八卷	1
小倉山房四百六十八卷	1
小倉山房詩集三十七卷小倉山房詩集補遺二卷小倉山房文集三十五卷小倉山房外集八卷	3
小倉山房詩集三十三卷小倉山房詩集補遺二卷小倉山房文集三十五卷小倉山房外集八卷	3
小倉山房詩集三十五卷小倉山房詩集補遺二卷小倉山房文集三十五卷	4
小浮山人閉門集六卷	18
小匏庵詩存六卷末一卷	368
小眼觀世一卷	329
小異遺文一卷	373
小瑯嬛山館彙刊類書	238
小萬卷樓叢書	377
小萬卷齋文稿二十四卷	12
小萬卷齋文稿二十四卷經進稿四卷詩稿三十二卷詩續稿十二卷	12
小搭文華不分卷	337
小搭制勝集一卷	341
小搭春華五卷	343
小雅樓遺文二卷	311
小腆紀年附考二十卷	85
小腆紀年附考二十卷	85
小腆紀傳六十五卷補遺一卷	96
小腆紀傳補遺五卷考異一卷	96
小窗別紀四卷豔紀十四卷	493
小窗豔紀十四卷	493
小蓬萊山館方鈔二卷	450
小蓬萊閣金石文字不分卷	187
小蓬壺仙館賦鈔一卷	351
小試正軌一卷	341
小試拾芥編初集不分卷二集不分卷	340
小滄浪詩話四卷	333
小爾雅疏八卷	52
小論指蒙初集二卷	351
小學考五十卷	198
小學考五十卷	202
小學紺珠十卷	413
小學集註六卷	211
小學集註六卷	211
小學集註六卷	211
小學集解六卷	211
小學義疏六卷	211
小學歷史讀本一卷	91

小學韻語一卷	211
小學韻語一卷	211
小學韻語一卷	211
小學類編	30
小學纂注六卷	211
小學纂註六卷	211
小檀欒室彙刻閨秀詞	313
小檀欒室彙刻閨秀詞	313
小種字林集字偶語四種	58
小謨觴館詩集八卷文集四卷詩餘附錄一卷	11
小謨觴館詩集八卷文集四卷詩餘附錄一卷	12
小謨觴館詩集注八卷續二卷文集注四卷續二卷詩餘附錄注一卷	12
小謨觴館詩集注八卷續二卷文集注四卷續二卷詩餘附錄注一卷	12
小題三萬選不分卷	336
小題大觀不分卷	341
小題文八集	339
小題文府六卷	343
小題文津迎機合選不分卷	338
小題文津迎機合選不分卷	339
小題文津初集不分卷	341
小題文滙合編不分卷	339
小題文粹初編不分卷補編不分卷小題文粹二集不分卷補編不分卷	341
小題文選不分卷	341
小題正軌初集不分卷二集不分卷	339
小題正鵠全集三卷訓蒙草一卷養正草一卷	338
小題拔幟初編不分卷	341
小題味新五卷	343
小題金粉不分卷	339
小題金鍼初集不分卷二集不分卷	349
小題清華集初集不分卷	339
小題清華集初集不分卷二集不分卷	339
小題清新集不分卷	342
小題極品不分卷	340
小題駕繡不分卷	341
小題靈秀集不分卷	341

小題黌雋二集六卷	343
小題黌雋初集六卷	343
子史試帖彙鈔十卷	362
子史精華一百六十卷	242
子史精華一百六十卷	242
子史精華一百六十卷	242
子史精華一百六十卷	242
子史精華一百六十卷	242
子史精華一百六十卷	242
子史精華一百六十卷	414
子良詩錄十卷摘句一卷	19
子思子輯解七卷	205
子書二十三種	458
子書二十五種	458
子書百家	411
子書百家	458
子書百家	458

四畫

王子年拾遺記六卷	486
王仁堪傳一卷	103
王氏醫存十七卷	442
王氏醫案二卷	438
王氏醫案續編八卷	438
王文成公全書	392
王文恪公集三十六卷	289
王文恪公集三十六卷名公筆記一卷	498
王文肅公文草十四卷	500
王文愍與李子丹太史書一卷	402
王本史記一百三十卷	65
王右丞集二十八卷首一卷末一卷	277
王先生十七史蒙求十六卷	238
王先生十七史蒙求十六卷	238
王先生十七史蒙求十六卷	238
王先謙自定年譜三卷	106
王艮齋詩集十卷	1
王志二卷	418
王冶梅石譜一卷	412
王壯武公遺集二十四卷[王鑫]年譜二卷首一卷	303

王壯武公遺集二十四卷[王鑫]年譜二卷首一卷 ……	303
王奉常集六十九卷目錄三卷 ……	500
王忠文公文集二十四卷 ……	498
王狀元集百家注編年杜陵詩史三十二卷拾遺一卷 ……	277
王孟調明經西崑草一卷補錄一卷坿詞一卷 ……	305
王荊公文集注八卷 ……	282
王荊文公詩五十卷 ……	282
王荊文公詩五十卷 ……	496
王笈甫先生畫鐘進士像題記一卷 ……	428
王益吾所刻書 ……	379
王船山先生經史論八種 ……	390
王深寧先生[應麟]年譜一卷 ……	104
王陽明先生全集二十二卷 ……	499
王陽明先生全集十六卷 ……	388
王陽明先生書疏證四卷 ……	207
王陽明先生傳習錄四卷 ……	476
王農山稿一卷 ……	354
王會篇箋釋三卷 ……	202
王鳳洲先生綱鑑正約會纂三十六卷 ……	74
王鳳洲先生綱鑑正約會纂三十六卷 ……	74
王漁洋遺書 ……	390
王漁洋遺書 ……	507
王漁洋遺書 ……	507
王邁人稿不分卷 ……	349
王德森賸稿一卷習醫心得一卷 ……	312
王遵巖先生文集四十二卷 ……	290
王篛林四書文句心集不分卷 ……	126
王龍谿先生全集二十卷 ……	290
王臨川全集一百卷目錄二卷 ……	282
井眉居詞鈔二卷喜雪消寒詞一卷槐吟消夏詞一卷消寒詞一卷 ……	505
井眉居詞鈔六卷 ……	505
天一閣見存書目四卷首一卷末一卷 ……	195
天一閣書目四卷天一閣碑目一卷 ……	195
天工開物三卷 ……	484
天下山河兩戒考十四卷圖一卷 ……	150
天下名山圖詠四卷 ……	171
天下郡國利病書一百二十卷 ……	102
天下郡國利病書一百二十卷 ……	105
天下郡國利病書一百二十卷 ……	149
天下郡國利病書一百二十卷 ……	149
天下郡國利病書一百二十卷 ……	149
天子肆獻祼饋食禮纂三卷朝廟宮室考一卷 ……	39
天元一釋二卷 ……	228
天元一釋二卷 ……	228
天中記六十卷 ……	239
天文問答六章 ……	226
天文略解二卷 ……	227
天文揭要二卷 ……	226
天文揭要二卷 ……	226
天文歌略一卷 ……	226
天文歌略一卷 ……	226
天文歌略圖釋一卷 ……	226
天文圖說四卷 ……	226
天文圖說四卷 ……	226
天文圖說四卷 ……	414
天方典禮擇要解二十卷歸正儀解一卷 ……	237
天方性理圖傳五卷首一卷 ……	237
天目中峰和尚廣錄三十卷 ……	410
天聖明道本國語二十一卷 ……	81
天聖明道本國語二十一卷 ……	154
天台四教儀一卷 ……	359
天台治略十卷 ……	124
天全堂集四卷附錄一卷 ……	500
天花亂墜八卷 ……	333
天花精言六卷 ……	432
天岳山館文鈔四十卷 ……	302
天發閣詩鈔四卷 ……	308
天南同人集三卷 ……	252
天則百話一卷 ……	214
[乾隆]天津縣志二十四卷 ……	152
天咫偶聞十卷 ……	170
天真閣集五十四卷外集六卷 ……	9
天真閣集五十四卷外集六卷 ……	9
天真閣集五十四卷外集六卷 ……	9
天崇文英不分卷 ……	343
天崇文欣賞集不分卷 ……	106
天崇讀本百篇不分卷 ……	343

天童寺志十卷	169
天童寺志十卷	169
天童密雲禪師語錄二十二卷	411
天聖明道本國語二十一卷	81
天聖明道本國語二十一卷	81
天聖明道本國語二十一卷	82
天蓋樓四書語錄四十六卷	47
天聞閣琴譜十六卷首三卷琴式一卷琴況一卷琴賦一卷琴學一卷琴約一卷曲名一卷參考一卷名錄一卷手錄一卷紀事一卷	432
天演論二卷	215
天演論二卷	215
天演論二卷	215
天演論二卷	215
天隱子遺稿十七卷	499
天藜閣評選熊劉合稿一卷	353
天壤閣叢書	378
天鑒堂一集二卷首一卷	300
元氏長慶集六十卷	496
元文類七十卷目錄三卷	265
元文類七十卷目錄三卷	265
元史二百十卷	71
元史二百十卷	71
元史二百十卷	71
元史氏族表三卷	71
元史紀事本末二十七卷	78
元史紀事本末二十七卷	468
元史紀事本末四卷	468
元史紀事本末四卷	468
元史語解二十四卷	71
元史藝文志四卷	71
元史藝文志四卷	474
元史譯文證補三十卷	71
元史譯文證補三十卷	71
元史譯文證補三十卷	71
元史譯文證補三十卷	71
元曲選	317
元次山集十二卷	495
元和姓纂十卷	145
元和姓纂十卷	238
元和郡縣補志九卷	147
元和郡縣圖志闕卷逸文三卷	147
元祕史山川地名考十二卷	83
元書一百二卷	71
元朝名臣事略十五卷	95
元朝秘史十五卷	83
元詩選	251
元詩選六卷補遺一卷	265
元詩選六卷補遺一卷	265
元詩選初集一百十四卷首一卷二集一百三卷三集一百三卷	493
元詩選癸集十卷	251
元詩選癸集十卷	251
元詩選癸集十卷	251
元經十卷	72
元經十卷	72
元遺山先生新樂府四卷	314
元遺山詩集箋注十四卷首一卷附錄一卷補載一卷	287
元豐九域志十卷	148
元豐九域志十卷	148
元豐類稿五十卷	282
元豐類稿五十卷坿錄一卷	282
廿一史四譜五十四卷	115
廿一史四譜五十四卷	115
廿一史四譜五十四卷	115
廿一史約編八卷首一卷	114
廿一史約編八卷首一卷	114
廿一史彈詞注十一卷	470
廿二史考異一百卷	118
廿二史紀事提要八卷	114
廿二史策案十二卷	203
廿二史劄記三十六卷	118
廿二史劄記三十六卷	118
廿二史劄記三十六卷	118
廿二史劄記三十六卷	118
廿二史劄記三十六卷	118
廿二史譯略一卷	124
廿二史譯略一卷	124
廿四史三表二十卷	72
廿四史經濟掌故彙編二十八卷	116

廿四史論海三十二卷	117
木刻花樣不分卷	192
木犀軒叢書	379
木犀軒叢書	379
五十名家書札不分卷	269
五十名家書札不分卷	270
五大洲圖說五卷	180
五大洲圖說五卷	180
五千年中外交涉史九十七卷	131
五子近思錄發明十四卷	207
五方元音十二卷	62
五代史七十四卷	66
五代史七十四卷	66
五代史七十四卷	67
五代史七十四卷	466
五代史記注七十四卷	67
五代史記纂誤續補六卷	67
五代紀年表一卷	67
五百四峰堂詩鈔二十五卷	7
[五百名賢像贊]不分卷	98
五次問答節略一卷	133
五知齋琴譜八卷	432
五柳堂窗課一卷	357
五省溝洫圖說一卷	174
五省溝洫圖說一卷	174
五洲地理志略三十六卷	180
五洲事類彙表四十八卷通考二卷	181
五洲政治藝學策論二卷	203
五洲政藝叢編	384
五洲政藝叢編	384
五洲圖考不分卷	180
五祖黃梅寶卷二卷	322
五祖黃梅寶卷二卷	322
五畝園小志一卷	168
五家醫案六卷	437
五朝詩別裁集八十一卷	259
五朝詩善鳴集十二卷	491
五雅全書四十一卷	463
五經	26
五經	26
五經大全四十六卷	26
五經大全□□卷	26
五經文字三卷	49
五經文苑攟華八卷	367
五經文府五卷	336
五經文料大成四卷	366
五經文海五卷	336
五經合纂大成四十四卷	26
五經味根錄四十二卷	26
五經揭要	26
五經備旨	27
五經備旨	27
五經備旨	27
五經集句類聯五卷	366
五經圖十二卷	462
五經樓小題拆字不分卷	342
五經類編二十八卷	50
五經類編二十八卷	50
五經類編二十八卷	50
五經體註□□卷	26
五種遺規	90
五種遺規	458
五緯捷算四卷	226
五燈會元二十卷	232
五燈會元五十七卷	232
五禮通考二百六十二卷首四卷	41
五禮通考二百六十二卷首四卷	41
五禮通考二百六十二卷讀禮通考一百二十卷	461
支那文明史論十卷	91
支那通史七卷	90
支那通史七卷	90
支那教學史略三卷	245
卅三劍客圖一卷	334
卅三劍客圖一卷	334
不用刑審判書六卷	144
不遠復齋遺書	392
不遠復齋遺書	392
不遠復齋遺書	393
不遠復齋雜鈔二卷	114
太乙舟文集八卷	11
太乙舟文集八卷	11

太上老君說常清靜經一卷	403
太上混元道德真經一卷	247
太上無極總真文昌大洞仙經三卷	235
太上感應篇圖說不分卷	235
太上感應篇圖說不分卷	235
太上感應篇圖說不分卷	235
太上感應篇箋注二卷	235
太上感應篇增訂圖說不分卷	235
太公兵法逸文一卷	217
太公望六韜六卷	401
太平御覽一千卷	239
太平御覽一千卷	239
太平御覽一千卷	239
太平廣記五百卷	415
太平廣記五百卷	486
[光緒]太平縣志十四卷首一卷末一卷	153
太平寰宇記二百卷目錄二卷	147
太平寰宇記二百卷目錄二卷	147
太平寰宇記二百卷目錄二卷	147
太玄經十卷釋文一卷說玄一卷	486
太西教育史二卷	246
[乾隆]太谷縣志八卷	152
[乾隆]太谷縣志八卷首一卷末一卷	152
太華山紫金嶺兩世修行劉香寶卷全集二卷	322
太原家譜二十八卷首一卷末一卷	201
[道光]太原縣志十八卷圖一卷	152
太師誠意伯劉文成公集二十卷首一卷	288
太倉十子詩選十卷	494
[崇禎]太倉州志十五卷	473
[弘治]太倉州志十卷	160
太倉州志校勘記一卷	160
太倉濟泰公記紡織廠重訂招股開辦章程一卷	146
太常公[錢薇]年譜一卷	201
太清神鑒六卷	403
太湖備考十六卷	176
太湖備考十六卷	176
太湖備考十六卷	176
太湖備考十六卷湖程紀略一卷	176
太醫院增補青囊藥性賦直解十卷	390
太鎮忠義姓氏錄六卷	98
尤西堂文選一卷	350
尤西堂稿一卷	350
友蓮詩稿二卷詞稿一卷	12
比竹餘音四卷絕妙好詞校錄一卷	316
比例滙通四卷	228
比較國法學四編	145
切問齋文鈔三十卷	266
切問齋文鈔三十卷	266
切問齋集十六卷	1
切韻指掌圖一卷	62
少室山房筆叢四十八卷	419
日下尊聞錄五卷	168
日下舊聞四十二卷	169
日下舊聞四十二卷	169
日下舊聞四十二卷	169
日下舊聞四十二卷	472
日本金石考一卷	20
日本法規大全二十五類	146
日本法規大全二十五類	146
日本法規解字一卷	146
日本政治地理七編	182
日本皇室典範義解一卷	146
日本帝國近世史不分卷	182
日本財政考略十四卷	128
日本書目志十五卷	195
日本教育制度一卷日本高等師範學校章程一卷日本華族女學校規則一卷	131
日本國志四十卷	182
日本國志四十卷	182
日本國志四十卷	182
日本國志四十卷	182
日本國見在書目錄一卷	194
日本遊學指南一卷	246
日本新史攬要七卷	181
日本新政考二卷	182
日本新政考二卷	182
日本維新三十年史十二編附錄	181
日本維新三十年史十二編附錄	181
日本維新慷慨史二卷	181
日本變法次第類考三集七十五類	182

日知薈說四卷	210	中州人物考八卷	99
日知錄三十二卷	419	中州集十卷首一卷樂府一卷	493
日知錄三十二卷	419	中吳紀聞六卷	170
日知錄之餘四卷	419	中吳紀聞六卷	204
日知錄之餘四卷	419	中東大戰演義四卷三十三回	329
日知錄集釋三十二卷刊誤二卷	419	中東戰紀本末八卷續編四卷三編四卷	89
日知錄集釋三十二卷刊誤二卷續刊誤二卷	419	中東戰紀本末八卷續編四卷三編四卷	89
日知錄集釋三十二卷刊誤二卷續刊誤二卷	419	中東戰紀本末八卷續編四卷三編四卷	89
日知錄集釋三十二卷刊誤二卷續刊誤二卷	419	中東戰紀本末八卷續編四卷三編四卷	89
日省錄三卷補遺一卷	213	中法會議越南邊界通商章程一卷	133
日露戰爭未來記十四章	182	中俄交涉記四卷	132
中日戰輯六卷	133	中俄界約斠注七卷首一卷	132
中外地輿圖說集成一百三十卷	180	中華古今注三卷	418
中外地輿圖說集成一百三十卷首三卷皇輿全圖不分卷	151	中晚唐詩紀六十二卷	492
中外事務策學新論合編三種	136	中國工商業考一卷	129
中外紀年通表□□卷	115	中國女史二十一卷	92
中外時務經濟新論六卷	200	中國文明小史一卷	91
中外農學合編十二卷	414	中國文學史不分卷	334
中外經世緒言十六卷續編八卷	203	中國文學史不分卷	334
中外衛生要旨四卷	436	中國古世公法論略一卷	145
中西兵略指掌二十四卷	219	中國江海險要圖誌二十二卷圖五卷	53
中西紀事二十四卷	80	中國江海險要圖誌二十二卷圖五卷	168
中西紀事二十四卷	80	中國宜改革新政論議二卷	135
中西匯通醫書五種	220	中國度支考一卷	127
中西匯通醫書五種	441	中國現勢論一卷	136
中西算學集要三種	224	中國現勢論一卷	136
中西算學集要三種	225	中國漁業歷史八卷	220
中西算學集要三種	225	中國歷史問答十六卷	91
中西算學課藝鴻裁四卷	231	中國歷史戰爭形勢圖說附論二卷	149
中西學門徑書	384	中庸本文一卷	45
中西學門徑書	398	中庸直指一卷	45
中西學門徑書	401	中庸注一卷	46
中西學門徑書	401	中庸指掌二卷	45
[中西醫學九種]十卷	435	中庸指掌二卷	45
中西關係略論四卷	131	中庸衍義十七卷	206
		中庸通義二卷	45
		中庸章句一卷	45
		中庸章句一卷	45
		中等東洋歷史地圖一卷	181
		中復堂全集	393
		中鋒集初編不分卷	339

中鋒集初編不分卷 … 339	长元吴豐備倉全案八卷 … 129
中興以來絕妙詞選十卷附錄一卷 … 505	仁在堂全集十一集續刻三集 … 336
中興名臣事略八卷 … 96	仁孝文皇后内訓一卷 … 211
中興名臣事略八卷 … 97	[嘉靖]仁和縣志十四卷 … 162
中興名臣事略八卷 … 97	仁壽鏡四卷 … 428
中興名臣事略八卷 … 460	仁學一卷 … 417
中興名將傳略不分卷 … 97	仁學一卷 … 417
中興戰功錄一卷 … 83	仁學一卷 … 417
中興蘇浙表忠錄三十六卷續錄八卷 … 99	片玉山房花箋錄二十卷 … 406
中饋錄一卷 … 443	化書六卷 … 435
内外彙錄良方一卷 … 456	化學工藝初集四卷圖一卷二集四卷圖一卷三集二卷圖一卷 … 231
内科心典不分卷 … 445	化學初階四卷 … 231
内科傷寒論講義三卷 … 446	化學指南十卷 … 231
内科新說二卷 … 445	化學辨質七章 … 231
内科辨症用藥法不分卷 … 445	化學闡原十五卷 … 231
内經知要二卷 … 444	[嘉慶]介休縣志十四卷 … 201
内經論治一卷 … 444	今水經一卷 … 174
内閣漢票簽中書舍人題名一卷 … 111	今世說八卷 … 404
内閣漢票簽中書舍人題名一卷 … 111	今世說八卷 … 404
内閣漢票簽中書舍人題名續編一卷 … 111	今古奇觀四十卷 … 323
内經知要二卷 … 221	今體台閣集十卷 … 490
午亭文編五十卷 … 297	[光緒]分水縣志十卷首一卷末一卷 … 164
毛詩名物解二十卷 … 36	分經集句儷典五卷 … 366
毛詩名物圖說九卷 … 37	分課小題續編□□卷 … 106
毛詩昀訂十卷 … 37	分韻子史題解二十卷 … 243
毛詩故訓傳鄭箋三十卷 … 35	分韻四景詩四卷 … 362
毛詩故訓傳鄭箋三十卷 … 35	分韻試帖精華十四卷目錄一卷仄韻易檢一卷 … 358
毛詩要義二十卷毛詩序要義譜一卷 … 36	分類尺牘備覽三十卷 … 151
毛詩音義三卷 … 36	分類尺牘新語二編四卷 … 491
毛詩音義三卷 … 36	分類考古捷徑一卷 … 423
毛詩註疏十二卷 … 461	分類字錦六十四卷 … 241
毛詩補禮六卷 … 37	分類字錦六十四卷 … 241
毛詩傳箋二十卷 … 36	分類字錦六十四卷 … 488
毛詩稽古編三十卷 … 36	分類典搭新樣四卷 … 342
毛詩讀三十卷 … 37	分類政治史事論滙海二十卷 … 117
壬子文瀾閣所存書目五卷 … 194	分類萬國時務策海大成六十四卷首一卷 … 135
壬子文瀾閣所存書目五卷 … 194	
壬辰會墨一卷 … 362	分類補注李太白詩二十五卷年譜一卷 … 495
壬癸志稿二十八卷 … 160	
壬寅直省闈藝四卷 … 361	
升菴外集一百卷 … 419	分類補註李太白詩三十卷 … 495

分類詩腋八卷	332
分類賦學十二卷	366
分類賦學雞跖集三十卷附錄一卷	365
分類賦學續刻十二卷	366
公民必讀初稿十章	145
[康熙]公安縣志六卷	165
公車上書記一卷	140
公車上書記一卷	140
公車見聞錄一卷學海堂志一卷	177
公門懲勸錄二卷	127
公法會通十卷	131
公法新編四卷	131
公侯鑒三卷	92
月令廣義二十四卷首一卷	472
月令廣義二十四卷首一卷	472
月令粹編二十四卷圖說一卷	146
月河精舍叢鈔	378
月滿樓甄藻錄四卷	485
丹桂籍二卷首一卷	235
丹桂籍不分卷	222
丹桂籍四卷	235
[光緒]丹徒縣志六十卷圖一卷首四卷	159
[光緒]丹陽縣志三十六卷首一卷	159
丹魁堂[季芝昌]自訂年譜一卷感遇錄一卷遺愛錄一卷	105
丹魁堂詩集七卷	16
丹鉛總錄二十七卷	419
丹鉛總錄二十七卷	485
丹溪朱氏脈因症治二卷	478
丹溪朱氏脈因證治二卷	435
丹溪先生治驗醫案不分卷	438
勾股拾遺一卷四元演代一卷	229
勾股算術細草一卷	228
勾股演代五卷	230
卞制軍政書四卷	140
六壬神定經二卷	402
[光緒]六合縣志八卷圖說一卷附錄一卷	155
六如居士全集	388
六如居士畫譜三卷	429
六如居士畫譜三卷	429
六如居士詩文集七卷補遺一卷花卷聯吟四卷書譜三卷制義一卷外集一卷	289
六妙法門一卷	362
六妙法門一卷	439
六事箴言一卷	213
六事箴言一卷	213
六是堂詩選一卷文稿略編一卷附錄一卷	295
六祖大師法寶壇經一卷	410
六書分類十二卷首一卷	59
六書正譌五卷	59
六書正譌五卷	59
六書通十卷	59
六書通十卷	59
六書通十卷	463
六書通十卷增附百體福壽全圖	59
六書通十卷增附百體福壽全圖	59
六書通十卷增附百體福壽全圖	59
六書通十卷增附百體福壽全圖	59
六書通十卷增附百體福壽全圖	59
六書通續集十卷	59
六書準四卷	463
六朝文絜四卷	256
六朝文絜四卷	256
六朝文絜四卷	370
六朝唐賦約編一卷	365
六朝唐賦讀本不分卷	260
六朝詩乘二十五卷目錄二卷末一卷	489
六經圖二十四卷	49
六經圖考不分卷	49
六醴齋醫書	441
六觀樓北曲五種	318
文公家禮儀節八卷首一卷	41
文心雕龍十卷	330
文心雕龍十卷	330
文心雕龍十卷	330
文心雕龍十卷	330
文心雕龍十卷	330
文心雕龍十卷	330
文心雕龍十卷	330

文心雕龍十卷	506
文史通義八卷	116
文史通義八卷校讎通義三卷	116
文史通義八卷校讎通義三卷	116
文字蒙求四卷	54
文字蒙求四卷	54
文字蒙求廣義四卷	54
文字蒙求廣義四卷	54
文字蒙求廣義四卷	54
文字蒙求廣義四卷	55
文字蒙求廣義四卷	55
文苑英華選六十卷	255
文苑英華選六十卷	255
文苑英華辨證十卷	255
文苑英華辨證十卷	255
文苑珠林四卷	258
文林綺繡	237
文林綺繡	237
文昌雜錄六卷	124
文法入門醒一卷	354
文房四譜五卷	433
文房肆攷圖說八卷	385
文房肆攷圖說八卷	385
文房肆攷圖說八卷	433
文房肆攷圖說八卷	484
文貞公集十二卷	298
文貞公［繆昌期］年譜一卷	290
文貞公［繆昌期］年譜一卷	291
文矩百篇四卷	339
文信國公集二十卷首一卷	372
文美齋詩箋譜不分卷	433
文莫書屋詹詹言二卷	209
文料大成四卷	367
文料大成四卷	367
文料觸機二卷	367
文陵文鈔十六卷	297
文通十卷	333
文通十卷	333
文章游戲初編八卷	160
文章游戲初編八卷二編八卷三編八卷四編八卷	332
文章游戲初編八卷二編八卷三編八卷四編八卷	333
文章練要十卷	43
文集註解二卷	278
文集註解二卷	278
文腋類編十卷	337
文道十書	391
文新書局精校新增繪圖幼學故事瓊林四卷	245
文稿不分卷	338
文廟丁祭譜一卷	123
文廟祀典考五十卷	123
文廟祀典考五十卷	123
文廟通考六卷首一卷	123
文廟禮樂器圖考二卷首一卷末一卷	472
文選切葉直音五卷	63
文選六十卷	488
文選六十卷	488
文選六十卷	488
文選六十卷	489
文選各家詩集四卷	255
文選李善注六十卷文選考異十卷	254
文選李善注六十卷文選考異十卷	254
文選注六十卷	254
文選注六十卷	254
文選注六十卷	254
文選注六十卷	254
文選注六十卷	254
文選注六十卷	254
文選注六十卷	254
文選注六十卷	254
文選注六十卷	254
文選注六十卷	254
文選注六十卷	254
文選注六十卷	255
文選注六十卷文選考異十卷	254
文選注六十卷文選考異十卷	254
文選旁證四十六卷	255
文選旁證四十六卷	255
文選理學權輿八卷補一卷	255

文選章句二十八卷 …………… 489	心香閣墨商不分卷 …………… 339
文選補遺四十卷 ……………… 255	心書一卷 ……………………… 218
文選類雋十四卷 ……………… 371	心書一卷 ……………………… 459
文選纂注評林十二卷 ………… 489	心遠齋賸稿不分卷 …………… 349
文選纂注評林十二卷 ………… 489	心傳韻語五卷 ………………… 236
文選纂注評林十二卷 ………… 489	心經一卷政經一卷 …………… 207
文選瀹注三十卷 ……………… 489	心經合參一卷 ………………… 308
文壇博鈔四卷 ………………… 337	心潛書屋詩存一卷詞賸一卷 … 304
文學興國策二卷 ……………… 246	心盦詩存十二卷 ………………… 22
文濟堂三蘇經世書十五卷 …… 264	心靈學二卷 …………………… 215
文藝英華三十二卷 …………… 342	心靈學二卷 …………………… 215
文牘偶存一卷 ………………… 141	尺雲軒詩略二卷 ………………… 8
文獻通考三百四十八卷 ……… 121	尺牘輯要八卷 ………………… 506
文獻通考三百四十八卷 ……… 121	引玉編一卷 …………………… 310
文獻通考三百四十八卷 ……… 121	引階合編不分卷 ……………… 341
文獻通考正續纂十二卷 ……… 121	引種牛痘方書不分卷 ………… 439
文獻通考紀要四卷 …………… 121	引種牛痘方書不分卷 ………… 443
文獻通考鈔二十四卷 ………… 471	巴西地理兵要一卷巴西政治考一卷 … 186
文獻通考詳節二十四卷 ……… 121	巴黎茶花女遺事不分卷 ……… 330
文獻通考詳節二十四卷 ……… 121	孔子升大祀考一卷 …………… 123
文獻通考詳節二十四卷 ……… 121	孔子改制考二十一卷 ………… 422
文獻通考纂二十四卷 ………… 471	孔子門人考一卷 ………………… 95
文獻徵存錄十卷 ………………… 97	孔子家語十卷 ………………… 204
文獻徵存錄十卷 ………………… 97	孔子家語十卷 ………………… 475
文體明辯六十一卷附錄十四卷 … 506	孔子家語十卷 ………………… 475
方氏左傳評點二卷 ……………… 43	孔子家語八卷 ………………… 476
方正學先生遜志齋集二十四卷拾補一卷 外紀一卷校勘記一卷 ……… 288	孔子家語疏證十卷 …………… 204
	孔子集語十七卷 ……………… 204
方泉先生詩集三卷 …………… 286	孔子編年五卷 ………………… 103
方孩未先生集十六卷 ………… 291	孔子編年五卷 ………………… 103
方望溪文鈔六卷首一卷 ……… 252	孔子編年五卷 ………………… 103
方輿全圖總說五卷 …………… 145	孔氏家語十卷 ………………… 204
方輿全圖總說五卷 …………… 145	孔氏家語十卷 ………………… 204
方輿全圖總說五卷 …………… 149	孔宅志八卷末一卷 ……………… 99
火器真訣解證一卷解代數一百十四款一卷 …………………………… 219	孔門師弟年表一卷孟子時事年表一卷孔門師弟年表後說一卷孟子時事年表後說一卷孔子世家補訂一卷孟子列傳纂一卷 ……………………………… 309
火龍經全集五種三卷 ………… 219	
心止居詩集四卷 ……………… 372	
心白日齋集四卷 ………………… 23	孔孟編年八卷 ………………… 91
心政二經二卷[真德秀]年譜一卷 … 207	孔聖家語圖十一卷 …………… 204
心矩齋叢書 …………………… 379	孔叢五卷 ……………………… 205

孔叢四卷	475
毋不敬齋全書	399
毋欺錄一卷	328
水心文鈔十卷	286
水心先生文集二十九卷補遺一卷別集十六卷	372
水東日記四十卷	485
水明樓集一卷朝隱卮衍二卷	309
水流雲在軒試帖二卷	352
水流雲在館詩詞不分卷	310
水雲笛譜一卷	236
水雲笛譜一卷	237
水雲笛譜一卷	432
水雲笛譜一卷	484
水雲樓詞二卷續一卷	316
水雲樓詞二卷續一卷	316
水道提綱二十八卷	174
水道提綱二十八卷	174
水道提綱二十八卷	174
水道提綱二十八卷	174
水道提綱二十八卷	174
水經注四十卷	173
水經注四十卷	174
水經注四十卷	174
水經注四十卷	474
水經注四十卷附錄二卷	174
水經注四十卷補遺一卷附錄二卷正誤十卷	173
水經注四十卷補遺一卷附錄二卷正誤十卷	174
水經注疏要刪四十卷補遺一卷	174
水經注圖一卷附錄一卷	174
水經注圖四十卷	174
水經註釋四十卷附錄二卷刊誤十二卷	174
水經註釋四十卷附錄二卷刊誤十二卷	174

五畫

玉山朱氏遺書	215
玉山朱氏遺書	387
玉山朱氏遺書	398

玉山草堂續集六卷	370
玉山閣古文選四卷	10
玉芝堂文集六卷	1
玉芝堂談薈三十六卷	405
玉芝堂談薈三十六卷	405
玉池老人自叙一卷	101
玉池老人自叙一卷	101
玉函山房輯佚書	384
玉函山房輯佚書	384
玉函山房輯佚書	384
玉函真義天元歌一卷	442
玉函真義古鏡歌一卷	442
玉茗堂四種	317
玉茗堂四種	317
玉海	388
玉海	388
玉海	398
玉海六經天文編二卷周易鄭康成注一卷	49
玉海纂二十二卷	239
玉通詩選二卷拾遺一卷蘋香遺詩一卷	308
玉堂名翰賦不分卷	269
玉堂試帖振采集六卷	361
玉堂鑑綱七十二卷	74
玉笙樓詩錄十二卷	372
玉笙樓詩錄十二卷詩續錄一卷	302
玉笥山房試帖一卷	355
玉壺冰館分韻試帖二卷	352
玉壺金冊一卷	456
玉照新志五卷	404
玉獅堂傳奇十種	318
玉煙堂董帖四卷	413
玉溪生詩意八卷	280
玉溪生詩意八卷	280
玉臺新詠十卷	255
玉塵山房詩集四卷	504
玉篇三十卷	57
玉餘尺牘續編四卷	306
玉燕堂四種曲	317
玉燕堂四種曲	318
玉機微義五十卷	477

玉錞于四卷	406	功順堂叢書	378
玉谿生詩詳註三卷首一卷	280	功順堂叢書	378
玉谿生詩詳註三卷首一卷	280	功蟲錄二卷	434
玉谿生詩詳註三卷首一卷樊南文集詳註八卷首一卷	280	甘泉鄉人稿	393
玉蘭山房詩鈔四卷	11	世界地理志六卷首一卷	180
玉瀾集一卷	497	世界地理志六卷首一卷	180
玉鑑堂詩存一卷櫟寄詩存一卷	24	世界百傑略傳一卷	94
玉鑑堂詩存一卷櫟寄詩存一卷	24	世補齋醫書	440
未谷詩集四卷	5	世補齋醫書	440
示樸齋制藝不分卷	354	世說新語八卷補四卷	403
巧搭從新不分卷	342	世說新語八卷釋名一卷	485
巧搭最新不分卷	339	世說新語三卷	403
巧搭最新不分卷	339	世說新語六卷	485
巧搭經腴集不分卷	105	世說新語六卷	485
巧對錄八卷	334	世說新語補二十卷	413
巧對錄八卷	334	艾千子先生文鈔不分卷	348
正三通目錄九卷續三通目錄十四卷	120	艾廬遺槀六卷	310
正本學社講學類鈔不分卷	196	古夫于亭雜錄六卷	163
正字略一卷	58	古夫于亭雜錄六卷	329
正定王氏家傳六卷後記一卷	201	古今人物論三十六卷	117
正氣集十卷	93	古今文字通釋十四卷	55
正教奉傳不分卷	237	古今文致十卷	371
正教奉褒不分卷	236	古今史論大觀前編十五卷後編十七卷	117
正教奉褒不分卷	237	古今史論類纂十四卷	117
正蒙必讀十二卷	458	古今史學萃珍十七卷	72
正蒙同人集	398	古今四大家策論十卷	348
正蒙初義十七卷	206	古今玫三十八卷	485
正誼院課新鈔不分卷	366	古今合璧事類備要別集九十四卷	487
正誼書院小課四卷首一卷	345	古今良方三十二卷	222
正誼書院賦選一卷	366	古今法制表十六卷	122
正誼書院課選三集不分卷	345	古今秘苑二集四卷	405
正誼書院課選初集不分卷二集不分卷三集不分卷	345	古今秘苑三十二卷	405
正誼堂文集四十卷	298	古今教育通考一卷	213
正誼堂全書	375	古今偽書考一卷	193
正誼堂全書	375	古今偽書考一卷	193
正學編一卷	209	古今萬姓統譜一百四十卷	487
正學編八卷	209	古今萬姓統譜一百四十卷	487
正覺樓叢刻	381	古今萬姓統譜一百四十卷	487
正覺樓叢刻	381	古今集聯不分卷	334
		古今詩話八卷	330
		古今詩話選雋二卷	333

古今經世策論舉隅八卷	347	古文詞略二十四卷	258
古今經世策論舉隅八卷	348	古文淵鑒六十四卷	256
古今算學叢書	225	古文淵鑒六十四卷	256
古今說海	411	古文淵鑒六十四卷	256
古今說海	474	古文淵鑒六十四卷	256
古今戰事圖說平定粵匪之部二卷	88	古文淵鑒六十四卷	256
古今彝語十二卷	113	古文彙編六十三卷目錄二卷	491
古今醫案按十卷	437	古文審八卷	56
古今醫案按十卷	437	古文翼八卷	257
古今醫案按十卷	437	古文翼八卷	257
古今醫統正脈全書四十四種二百五卷	477	古文翼八卷	257
古今韻略五卷例言一卷	60	古文瀆編二十九卷	256
古今韻略五卷例言一卷	60	古文警怡六卷	490
古今韻略五卷例言一卷	61	古文辭類纂七十五卷	257
古今韻會舉要小補三十卷	464	古文辭類纂七十五卷	257
古今類傳四卷	240	古文辭類纂七十五卷	257
古今類傳四卷	241	古文辭類纂七十五卷	371
古今類傳四卷	249	古文辭類纂七十四卷	257
古今譯經圖記四卷	234	古文辭類纂七十四卷	257
古月軒詩存彙槀九卷首一卷	20	古文辭類纂七十四卷	257
古文一隅三卷	256	古文辭類纂七十四卷	257
古文一隅三卷	256	古文辭類纂七十四卷	257
古文七種三十四卷	249	古文瀾編二十卷	490
古文未曾有集八卷	491	古文觀止十二卷	258
古文正集二編二十二集	490	古文觀止十二卷	258
古文合鈔十六卷	256	古文觀止十二卷	258
古文近道集八卷	256	古文觀止十二卷	258
古文苑二十一卷	255	古文觀止約選十二卷	258
古文苑二十一卷	489	古方彙精五卷	453
古文析義十六卷	257	古玉圖考一卷	191
古文析義六卷二編八卷	257	古玉圖考一卷	191
古文析義六卷二編八卷	257	古玉圖考一卷	191
古文尚書攷二卷	35	古玉圖考一卷	199
古文品外錄十二卷	489	古本難經闡注二卷	444
古文眉詮七十九卷首一卷	258	古本難經闡注二卷	444
古文眉詮七十九卷首一卷	258	古芬書屋律賦二卷	355
古文眉詮七十九卷首一卷	258	古佛應驗明聖經三卷	413
古文原始一卷	59	古杼秋館遺集三卷	20
古文雅正十四卷	256	古杼秋館遺集三卷	20
古文筆法百篇二十卷	333	古事比五十二卷	240
古文詞略二十四卷	258	古事比五十二卷	240

古事比五十二卷	240
古事比五十二卷	240
古金志存四卷	192
古品節錄六卷	93
古香齋鑒賞袖珍初學記三十卷	238
古香齋鑒賞袖珍春明夢餘錄七十卷	169
古泉匯貞集十四卷	192
古泉叢話三卷	192
古泉叢話三卷	192
古紅梅閣集八卷坿錄一卷	303
古紅梅閣集八卷坿錄一卷	304
古桐書屋六種	395
古桐書屋六種續刻三種	395
古格言十二卷	213
古唐詩合解十二卷古詩四卷	263
古唐詩合解十二卷古詩四卷	263
古唐詩合解十二卷古詩四卷	263
古唐詩合解十二卷古詩四卷	263
古雪堂詩集十六卷	502
古越藏書樓書目二十卷首一卷	120
古越藏書樓書目二十卷首一卷	195
古虞石室記五卷	168
古微書三十六卷	30
古微書三十六卷	30
古微書三十六卷	30
古微堂內集二卷外集八卷	18
古微堂內集三卷古微堂外集七卷	18
古微堂內集三卷古微堂外集七卷	18
古微堂內集三卷古微堂外集七卷	18
古微堂內集三卷古微堂外集七卷	18
古微堂內集三卷古微堂外集七卷	18
古詩源十四卷	259
古詩源十四卷	259
古詩源十四卷	259
古詩箋三十二卷	258
古詩賞析二十二卷	259
古詩賞析二十二卷	367
古詩歸十五卷唐詩歸三十六卷	490
古經解鉤沉三十卷	50
古經解彙函	27
古劇腳色考一卷	125
古墨齋金石跋六卷涇川金石記一卷	188
古諷籀齋目耕胠錄三十二卷	367
古諺十一卷	335
古檀詩草一卷	1
古籀餘論三卷	56
古籀餘論三卷	56
古韻通說二十卷	63
古籌算考釋六卷	229
古歡堂集	401
古歡堂詩集十五卷	297
本事詩十二卷	367
本事詩十二卷	491
本草分經一卷	398
本草分經一卷	451
本草求真九卷首一卷本草求真主治二卷脈理求真三卷	452
本草述三十二卷	452
本草便讀二卷	452
本草便讀四卷	221
本草通元二卷	217
本草問答二卷	412
本草崇原集說三卷	452
本草從新十八卷	451
本草從新十八卷	451
本草萬方鍼線八卷	145
本草萬方鍼線八卷	452
本草萬方鍼線八卷	452
本草備要八卷	402
本草備要八卷	454
本草匯纂十卷	221
本草詩箋十卷	478
本草經疏輯要十卷	221
本草彙言二十卷	478
本草綱目五十二卷	451
本草綱目五十二卷奇經八脈一卷奇經八脈考一卷	452
本草綱目五十二卷奇經八脈一卷脈學考證一卷	452
本草綱目五十二卷圖三卷奇經八脈考一卷瀕湖脈學一卷脈訣考證一卷	145

本草綱目五十二卷圖三卷萬方鍼線八卷 …… 221	左文襄公榮哀錄一卷 …… 100
本草綱目五十二卷圖三卷萬方鍼線八卷 …… 221	左恪靖侯奏稿初編三十八卷續編七十六卷 …… 139
本草綱目五十二卷圖三卷萬方鍼線八卷 …… 221	左恪靖侯奏稿初編三十八卷續編七十六卷三編六卷 …… 139
本草綱目拾遺十卷 …… 452	左海文集十卷 …… 13
本草綱目拾遺十卷 …… 452	左海全集續集 …… 387
本草綱目拾遺十卷首一卷 …… 221	左海經辨二卷 …… 50
本草綱目拾遺十卷首一卷 …… 403	左通補釋三十二卷 …… 44
本草綱目拾遺十卷首一卷 …… 452	左國腴詞八卷 …… 470
本草撮要十卷 …… 452	左傳史論二卷 …… 116
本草撮要十卷 …… 452	左傳史論二卷 …… 116
本草觀止二卷 …… 478	左傳史論二卷 …… 116
本朝考卷欣賞集二卷 …… 373	左傳杜林統箋三十五卷 …… 43
本朝名媛詩鈔六卷 …… 269	左傳事緯十二卷 …… 43
本朝律賦集腋八卷 …… 366	左傳事緯十二卷 …… 43
本朝館閣詩二十卷附錄一卷續附錄一卷 …… 363	左傳事緯十二卷 …… 43
本朝館閣詩二十卷附錄一卷續附錄一卷 …… 363	左傳事緯十二卷 …… 269
	左傳事緯十二卷 …… 275
本朝館閣賦前集十二卷後集七卷後集補遺一卷後集附錄一卷 …… 366	左傳事緯前書八卷 …… 43
	左傳紀事本末五十三卷 …… 77
本經逢原四卷 …… 452	左傳紀事本末五十三卷 …… 77
本經疏證十二卷本經續疏六卷本經序疏要八卷 …… 412	左傳博議三編二卷 …… 42
	左傳博議續編二卷 …… 42
札迻十二卷 …… 422	左傳義法舉要一卷 …… 44
札迻十二卷 …… 422	左傳經世鈔二十三卷 …… 43
札樸十卷 …… 421	左傳樂府一卷徐石渠文鈔四卷 …… 9
札樸十卷 …… 421	左繡三十卷首一卷 …… 43
札樸十卷 …… 421	石成金官紳約一卷十反說一卷 …… 127
可自怡齋試帖詩注釋二卷 …… 349	石林遺書 …… 388
可自怡齋試帖詩注釋二卷 …… 349	石林遺書 …… 388
可自怡齋試帖輯註一卷 …… 349	石門文字禪三十卷 …… 497
可儀堂一百二十名家制義不分卷 …… 506	石刻鋪敘二卷 …… 191
丙子科直省鄉墨金聲不分卷 …… 361	石南書院課士草不分卷 …… 356
左文襄公全集 …… 394	石室秘錄六卷 …… 454
左文襄公奏疏續編七十六卷三編六卷 …… 139	石室秘錄六卷 …… 454
左文襄公書牘節要二十六卷 …… 140	石屏集十卷文則二卷 …… 286
左文襄公書牘節要二十六卷 …… 140	石倉四稿□□卷 …… 500
左文襄公詩集一卷文集五卷聯語一卷 …… 23	石桴詩鈔二卷 …… 502
	石笥山房集二十四卷 …… 301
	石笥山房集二十四卷 …… 301

書名	頁碼
石船居雜鈔賸槀一卷	417
石渠意見四卷拾遺二卷補缺一卷	49
石渠餘紀六卷	124
石湖居士詩集三十四卷	497
石鼓文定本一卷	459
石鼓文定本十卷	191
石鼓文音訓考正不分卷	64
石經彙函四十五卷	30
石壽山房賦稿一卷	353
石榴記傳奇四卷	319
石榴記傳奇四卷	319
石遺室詩文集三十卷	312
石磯圖說一卷	176
石谿詩集四卷	369
石齋先生經傳九種五十六卷	26
右臺仙館筆記十二卷	424
右臺仙館筆記十六卷	424
戊丁詩存一卷	312
戊丁詩存一卷	312
戊壬錄二卷	89
戊戌政變記六卷附錄三卷	88
戊戌會墨一卷	360
戊笈談兵九卷補校錄一卷	218
戊笈談兵九卷補校錄一卷	218
平三角和較術圖解二卷	230
平山堂圖志十卷首一卷	169
平山堂圖志十卷首一卷	169
平山堂圖志十卷首一卷	169
[同治]平山縣志八卷	152
平江李氏家狀一卷	101
平苗紀略一卷	79
平定粵匪紀略十八卷附記四卷	79
平定粵匪紀略十八卷附記四卷	79
平定粵匪紀略十八卷附記四卷	79
平定粵匪紀略十八卷附記四卷	79
平定粵匪紀略十八卷附記四卷	79
平定關隴紀略十三卷	80
平津館叢書	376
平津館叢書	376
平津讀碑記八卷續一卷再續一卷三續二卷	191
平匪紀略摘抄六卷臨清寇略一卷平定猺匪趙金龍紀略一卷勦逆說一卷	86
平原宗譜二十卷	110
平書八卷	416
平望志十八卷首一卷	204
平湖殉難錄一卷	99
[光緒]平湖縣志二十五卷首一卷末一卷平湖殉難錄一卷	162
[光緒]平遙縣志十二卷圖一卷	152
平橋稿十八卷附錄一卷	498
北山錄十卷	233
北行日記一卷(清光緒六年六月至十月二十一日)	107
北行酬唱集四卷	274
北江詩話四卷	332
北東園筆錄二十四卷	424
北征記一卷	84
北征記一卷	468
北征錄一卷北征後錄一卷	468
北洋公牘類纂二十五卷北洋公牘類纂續編二十四卷	141
北郭詩帳二卷	171
北郭詩集六卷補遺一卷	498
北垞閒抄四卷	406
北堂書鈔一百六十卷	238
北堂書鈔一百六十卷	238
北堂書鈔一百六十卷	487
北湖小志六卷首一卷	159
北夢瑣言二十卷逸文四卷	404
北溪先生四書字義二卷首一卷附一卷	207
北墅緒言五卷	297
北齊書五十卷	466
北徼彙編六卷	167
北廬詩鈔二卷	297
目耕齋讀本不分卷目耕齋二刻不分卷目耕小題偶編不分卷	341
目蓮三世寶卷三卷	322
甲子會紀一卷歷代國都一卷	119
甲子會紀不分卷	73
申報館叢書	380

冊府元龜一千卷 ……	487
［冊府元龜序文］一卷 ……	487
史目表一卷 ……	116
史目表一卷 ……	116
史外八卷 ……	95
史序録一卷 ……	119
史表功比說一卷 ……	66
史姓韻編二十四卷 ……	243
史姓韻編六十四卷 ……	243
史姓韻編六十四卷 ……	243
史姓韻編六十四卷 ……	243
史姓韻編六十四卷 ……	243
史姓韻編六十四卷 ……	243
史洵侯先生課徒草一卷 ……	357
史記一百三十卷 ……	65
史記一百三十卷 ……	65
史記一百三十卷 ……	65
史記一百三十卷 ……	65
史記一百三十卷 ……	65
史記一百三十卷 ……	204
史記一百三十卷 ……	464
史記二十四卷 ……	464
史記三書正譌三卷 ……	66
史記天官書補目一卷 ……	194
史記天官書補目一卷 ……	66
史記月表正譌一卷 ……	66
史記志疑三十六卷 ……	66
史記志疑三十六卷 ……	66
史記索隱三十卷 ……	66
史記索隱三十卷 ……	464
史記菁華録六卷 ……	114
史記菁華録六卷 ……	114
史記菁華録六卷 ……	114
史記菁華録六卷 ……	114
史記集解索隱正義合刻本一百三十卷 ……	65
史記集解索隱正義合刻本一百三十卷 ……	66
史記評林一百三十卷 ……	464
史記評林一百三十卷 ……	464
史記題評一百三十卷 ……	464
史記蠡測一卷供冀小言一卷 ……	66
史案二十卷 ……	119
史案二十卷 ……	119
史通削繁四卷 ……	115
史通削繁四卷 ……	115
史通削繁四卷 ……	116
史通削繁四卷 ……	116
史通通釋二十卷 ……	115
史通通釋二十卷 ……	115
史略八十七卷 ……	114
史筏不分卷 ……	119
史載之方二卷 ……	455
史傳三編五十六卷 ……	91
史微四卷 ……	119
史漢方駕三十五卷 ……	464
史論五種十一卷 ……	72
史論引端一卷 ……	118
史論引端一卷 ……	118
史論引端一卷 ……	200
史論正鵠初集四卷二集四卷 ……	117
史論正鵠初集四卷二集四卷 ……	203
史緯三百三十卷 ……	114
史學小叢書不分卷 ……	178
史學叢書 ……	72
史學叢書 ……	72
史闕十四卷 ……	116
史懷十七卷 ……	471
史懷十七卷 ……	471
史懷十七卷 ……	471
史鑑年表彙編十四卷 ……	115
史鑑姓氏便檢八卷 ……	243
史鑑節要便讀七卷 ……	113
史鑑節要便讀六卷 ……	113
史鑑節要便讀六卷 ……	113
史鑑節要便讀六卷 ……	113
史鑑節要便讀六卷 ……	113
史籥二十五卷 ……	471
四十二章經一卷 ……	407
四大奇書第一種十九卷首一卷一百二十回 ……	324
四大奇書第一種十九卷首一卷一百二十回 ……	324

553

四大奇書第一種十九卷首一卷一百二十回	324
四大奇書第一種三國志一百二十回	324
四大家文選四十二卷	489
四大家棋譜不分卷	433
四千年史論驚奇十二卷	324
四川闈墨不分卷	361
四子書二十九卷	29
四子書二十九卷	63
四子書十九卷	29
四子書圖考□□卷	64
四元玉鑑三卷首一卷	227
四元玉鑑細草三卷附一卷附增一卷	227
四六法海十二卷	261
四六法海十二卷	261
四六新策二卷	367
四六叢話三十三卷選詩叢話一卷	332
四六叢話三十三卷選詩叢話一卷	332
四水子遺著一卷	209
四史	65
四史	65
四史發伏十卷	69
四聖心源十卷	440
四言脈訣一卷	449
四述奇十六卷	180
四明朱氏支譜內外編二十六卷	109
四忠遺集	249
四科簡效方三卷	455
四科簡效方三卷	455
四科簡效方三卷	455
四洪年譜四卷	91
四洪年譜四卷	91
四為堂焚餘草二卷	24
四時病機十四卷	447
四庫未收書目提要五卷	197
四庫全書表文箋釋四卷	193
四庫全書簡明目錄二十卷	197
四海鬢眉傳一卷	200
四書十九卷	29
四書十九卷	29
四書人物類典串珠四十卷	47
四書人物類典串珠四十卷	63
四書大成不分卷	47
四書大全三十六卷	28
四書大全三十六卷	28
四書大全說約合糸正解□□卷	47
四書五經義不分卷	336
四書五經義策論初編不分卷續編三卷	347
四書五經類典集成三十四卷	248
四書不二字音釋不分卷	49
四書反身錄八卷	48
四書反身錄八卷	48
四書反身錄六卷	48
四書反身錄六卷	48
四書古人典林十二卷	48
四書古註羣義彙解	28
四書古註羣義彙解	29
四書古註羣義彙解	29
四書左國彙纂四卷	48
四書左國輯要四卷	48
四書考二十八卷	462
四書考輯要二十卷	48
四書地理考十五卷	49
四書朱子大全精言四十一卷	28
四書朱子本義匯參四十七卷	28
四書朱子本義匯參四十七卷	28
四書朱子本義匯參四十七卷	28
四書自課錄三十卷	423
四書合講十九卷	28
四書合講十九卷	30
四書合講十九卷	30
四書名物考二十四卷	47
四書字詁七十八卷	48
四書改錯平十四卷	49
四書改錯平十四卷	49
四書述朱大全四十卷	462
四書或問語類集解釋註大全四十一卷	28
四書味根錄三十七卷	30
四書味根錄三十七卷	30
四書典林三十卷	242
四書典林三十卷四書人物典林十二卷	242
四書典林三十卷四書古人典林十二卷	248

四書典林穀二十卷	248
四書典制彙編八卷	47
四書典制類聯音注	366
四書典制類聯音註三十三卷	48
四書典制類聯音註四卷	64
四書典故辨正二十卷附錄一卷	49
四書典類淵海五十二卷	248
四書晰疑三卷	48
四書集註二十九卷	29
四書集註十九卷	29
四書集註十九卷	29
四書集註十九卷	29
四書集註十九卷	29
四書集註十九卷	29
四書集註大全	28
四書集註闡微直解二十七卷	28
四書詮義□□卷	29
四書義正鵠不分卷	356
四書義初集不分卷	341
四書義問答二十四卷	48
四書經史摘證七卷	49
四書經註集證十九卷	29
四書經註集證十九卷	29
四書經義初桄四卷	343
四書摭餘說七卷	48
四書摭餘說七卷	48
四書疑題解六卷	48
四書說苑十一卷首一卷補遺一卷續遺一卷	49
四書精要大全□□卷	28
四書精義四十一卷	30
四書精義或問大全集說合參十八卷	47
四書隨見錄四十二卷	29
四書論不分卷	49
四書論不分卷	49
四書論義四卷	338
四書論經正篇二卷首一卷	343
四書講義四十三卷	47
四書講義尊聞錄二十卷	47
四書翼註論文三十八卷	48
四書題鏡不分卷	48
四書題鏡六卷	48
四書類典賦二十四卷	48
四書闡註十九卷	28
四書纂言四十卷	49
四書釋地補一卷續補一卷又續補一卷三續補一卷	48
四書襯十九卷	47
四書襯十九卷	47
四書襯十九卷	47
四書體味錄殘槀五卷坿刻二卷	49
四焉齋文集八卷詩集六卷	300
四焉齋文集八卷詩集六卷	300
四雪草堂重訂通俗隋唐演義一百回	325
四雪草堂重訂通俗隋唐演義二十卷一百回	316
四象假令細草一卷	227
四朝聞見錄五卷	83
四裔編年表四卷	115
四銅鼓齋論畫集刻	234
四語彙編	458
四賦體裁箋註十二卷	261
四憶堂詩集六卷遺稿一卷	369
四憶堂詩集六卷遺稿一卷	372
四聲易知錄四卷	62
四雛吟草四卷	10
四禮翼四卷	41
四翼附編四卷	218
生花草堂試藝一卷	354
生香書屋詩文集九卷	503
生香閣同衾試藝不分卷	344
生薑漕陳氏宗譜七卷首一卷	201
矢音集四卷	300
丘文莊公集十卷	288
丘文莊公集十卷	289
代形合參三卷附一卷	230
代形合參解法三卷附一卷	231
代直隸總督勸諭牧文一卷	125
代微積拾級十八卷	228
代微積拾級十八卷	228
代數通藝錄十六卷	229
代數通藝錄十六卷	229

代數術補式二十六卷首一卷	229
代數備旨十三章總答一章	230
代數備旨十三章總答一章	233
代數備旨題問細草六卷	230
代數學十三卷首一卷	228
仙佛合宗語錄不分卷	236
仙槎自壽徵詩集二卷	275
白下愚園集八卷首一卷	270
白下瑣言十卷	155
白氏長慶集七十一卷目錄二卷	495
白氏諷諫一卷	279
白氏諷諫一卷	279
白石鈍樵遺稿一卷雙紅豆館詞草一卷	14
白石道人四種	388
白石道人詩詞合刻六卷歌曲四卷別集一卷	286
白田草堂存稿二十四卷附錄二卷	299
白田草堂存稿二十四卷附錄二卷	299
白田風雅二十四卷	272
白圭榭古文遺藁一卷附錄一卷	22
白芙堂算學叢書	224
白芙堂算學叢書	224
白芙堂算學叢書	224
白芙堂算學叢書	401
白杜詩草一卷鵑音一卷	289
白沙子全集十卷首一卷附錄一卷古詩教解二卷	288
白沙子全集六卷首一卷	288
白社詩草一卷	498
白虎通四卷校勘補遺一卷闕文一卷	102
白虎通疏證十二卷	107
白虎通德論二卷	485
白香山詩後集十七卷別集一卷補遺二卷	495
白香山詩集四十卷	279
白香山詩集四十卷	279
白香山詩集四十卷	279
白香亭詩三卷	304
白香詞譜一卷	317
白香詞譜箋四卷	317
白胎總論一卷	445
白華山人詩集十六卷白華山人詩說二卷	19
白華前稿六十卷	4
白華絳柎閣詩集十卷	14
白華絳柎閣詩集十卷	15
白華絳柎閣詩集十卷	305
白雲文集五卷詩集二卷續集八卷	8
白喉治法忌表抉微不分卷	451
白喉證治通考一卷	451
白湖文藁八卷	8
白話痛史四卷	90
白漊集十二卷	502
他山賸簡二卷	270
印人傳三卷	432
印人傳三卷	432
印月樓藁四卷	20
印典八卷	431
印法參同四十二卷	474
印度刑律二卷注二卷	200
印度新志一卷	183
印選□□卷	431
印機草不分卷	482
句溪雜著二卷	22
句溪雜著六卷	22
句餘土音三卷甬上族望表二卷	202
外科大成四卷	480
外科正宗十二卷	441
外科正宗十二卷	449
外科正宗十二卷	449
外科正宗十二卷	449
外科灰餘集不分卷	449
外科真詮二卷	449
外科真詮二卷	449
外科症治全生集四卷	199
外科症治全生集四卷	223
外科症治全生集四卷	448
外科症治全生集四卷	448
外科症治全生集四卷	448
外科理例七卷附方一卷	449
外科集腋八卷	449
外科圖說六卷	448

| 外科醫案彙編四卷 …………… 449
| 外科證治全書五卷末一卷 …… 448
| 外國地理講義三卷 …………… 180
| 外國師船圖表十二卷 ………… 219
| 外國傳八卷 …………………… 178
| 外證醫案彙編四卷 …………… 448
| 冬心先生題畫記五卷 ………… 235
| 冬心先生題畫記五卷 ………… 428
| 冬青樹一卷四弦秋一卷 ……… 319
| 冬榮草堂詩集六卷 …………… 14
| 市隱卮言一卷 ………………… 248
| 市隱卮言一卷 ………………… 476
| 市隱書屋文稿十一卷詩稿五卷市隱卮言二卷 …………………… 302
| 立方奇法一卷求一捷術一卷 … 229
| 立成表□□卷 ………………… 227
| 半厂叢書初編 ………………… 379
| 半舫齋古文八卷 ……………… 1
| 半塘丙丁戊稿三卷 …………… 316
| 半園唱和詩一卷 ……………… 494
| 半氍齋題跋二卷 ……………… 285
| 半讀齋課徒草一卷 …………… 352
| [道光]永州府志十八卷首一卷 … 165
| 永嘉直覺大師證道歌一卷 …… 410
| 永嘉聞見錄二卷 ……………… 171
| [光緒]永嘉縣志三十八卷首一卷 … 164
| 永嘉叢書 ……………………… 386
| 永曆實錄二十六卷 …………… 85
| 永曆實錄二十六卷 …………… 201
| 司空表聖詩品一卷 …………… 331
| 司空表聖詩集三卷附錄一卷 … 281
| 司空詩品注釋一卷 …………… 331
| 司空詩品注釋一卷 …………… 331
| 司馬氏書儀十卷 ……………… 123
| 司馬氏書儀十卷 ……………… 202
| 司馬氏書儀十卷 ……………… 202
| 司馬氏書儀十卷 ……………… 202
| 司馬文正公傳家集八十卷目錄二卷坿錄一卷[司馬光]年譜一卷 …… 282
| 司馬法一卷 …………………… 217
| 司馬法古注三卷 ……………… 217

司馬法古注三卷 ……………… 218
司馬法音義一卷 ……………… 217
司馬法音義一卷 ……………… 218
司馬溫公文集十四卷 ………… 282
司馬溫公文集八十二卷 ……… 282
司馬溫公文集八十二卷 ……… 282
民約通義一卷 ………………… 246
弘簡錄二百五十四卷 ………… 81
弘簡錄二百五十四卷 ………… 81
出使公牘十卷 ………………… 141
出使公牘十卷 ………………… 141
出使英法日記一卷(清光緒四年九月初一日至五年三月二十六日) …… 107
出使英法義比日記六卷(清光緒十六年一月十一日至十七年二月三十日) …… 107
出使英法義比四國日記六卷(清光緒十六年一月十一日至十七年二月三十日) …………………………………… 107
出使英法義比四國日記六卷(清光緒十六年一月十一日至十七年二月三十日) …………………………………… 107
出使奏疏二卷 ………………… 140
出使須知一卷 ………………… 127
出使須知一卷 ………………… 127
出使疏稿二卷 ………………… 90
出使疏稿二卷 ………………… 90
出洋瑣記一卷附錄一卷 ……… 179
台州外書二十卷 ……………… 163
幼林遺稿一卷 ………………… 309
幼科心鑑二卷 ………………… 450
幼科折衷二卷 ………………… 433
幼科痘期施治要略一卷 ……… 450
幼科鎞鏡六卷 ………………… 389
幼科總要一卷 ………………… 450
幼科醫學指南四卷 …………… 431
幼雅十五卷 …………………… 52
幼童衛生編十二章 …………… 223
幼學求源三十三卷 …………… 244

六畫

式古堂目錄十七卷 …………… 199

式古堂目錄十七卷	199
式訓堂叢書初集二集	378
式訓堂叢書初集二集	378
式敬編五卷	143
式詁堂時文一卷	353
刑案匯覽六十卷首一卷末一卷拾遺備考一卷	143
圭盦詩錄不分卷	310
吉貝居叢刻	398
吉貝居叢刻	400
吉林外記十卷	153
考工記圖二卷	461
考工記論文二卷首一卷	38
考古質疑六卷	419
考古質疑六卷	419
考卷雋快合選不分卷	342
考訂朱子世家一卷	103
考訂朱子世家一卷	103
考察政治日記一卷(清光緒三十一年六月十四日至三十二年六月初四)	108
考辨隨筆二卷	422
老子道德經二卷釋文一卷	215
老子道德經本義二卷末一卷	215
老子翼八卷	383
老父雲遊始末一卷	85
老老恒言五卷	224
老老恒言五卷	436
老學菴讀書記四卷	383
地球韻言四卷	180
地理全志一卷	180
地理全志一卷	180
地理初桄十八章	232
地理錄要四卷	194
地勢畧解二十章	232
地勢畧解二十章	234
地學指略三卷	232
地學歌略一卷	226
地學講議一卷	232
地輿圖考四卷	150
芝亭賦草箋註不分卷	356
芝庭先生集十八卷附錄一卷	2
芝庭詩稿十卷	2
芝菴雜記四卷	423
芝菴雜記四卷	485
芝麓詩鈔三卷	294
臣鑒錄二十卷	92
吏治三書三種	125
再生緣全傳二十卷	321
再續三十五舉一卷	430
西山先生真文忠公文章正宗二十四卷	489
西山先生真文忠公文章正宗二十四卷	489
西山先生真文忠公文章正宗讀本不分卷	255
西山先生真文忠公文集五十五卷補遺一卷	286
西山先生真文忠公讀書記四十卷	207
西方發愿文注一卷	411
西方確指一卷	410
西巡大事本末記六卷	89
西巡回鑾始末記六卷	90
西村集八卷	498
西青文略附一卷	149
西征紀略一卷	90
西征紀程四卷	107
西征紀程四卷	184
西法策學滙源二集十四卷	226
西河合集	390
西泠五布衣遺著	252
西泠五布衣遺著	252
西泠詞萃	313
西泠詞萃	313
西泠酬唱二集五卷	272
西泠酬唱二集五卷	272
西泠酬唱集五卷	272
西政叢書	384
西政叢書	399
西俗雜誌一卷	184
西洋史要四期	184
西洋史要四期	184
西洋歷史教科書六編	184
西莊始存稿三十卷附一卷	504
西莊始存稿四十卷附一卷	504

西夏紀事本末三十六卷	79
西夏紀事本末三十六卷	79
西夏紀事本末三十六卷	79
西圃文說三卷西圃詩說一卷西圃詞說一卷	332
西圃集二十四卷	21
西圃集二十四卷	21
西圃集二十四卷	21
西圃集二十四卷	21
西圃集二十四卷	21
西圃集十卷	21
西域水道記五卷	176
西域水道記五卷新疆賦一卷	176
西域記八卷	154
西域聞見錄八卷	154
西域釋地一卷	170
西堂全集	390
西清古鑑四十卷錢錄十六卷	474
西清劄記四卷	427
西清續鑑甲編二十卷附錄一卷	189
西遊錄注一卷和林詩一卷	177
西湖志四十八卷	173
西湖志四十八卷	173
西湖志四十八卷	173
西湖志四十八卷	474
西湖志纂十五卷首一卷	173
西湖佳話古今遺跡十六卷	323
西湖佳話古今遺跡十六卷	323
西湖集覽	147
西湖遊覽志二十四卷志餘二十六卷	173
西湖遊覽志二十四卷志餘二十六卷	173
西湖櫂歌一卷	310
西算初階一卷	225
西算明鏡錄五卷	230
西漢會要七十卷	122
西漢會要七十卷	122
西漢會要七十卷	122
西漚外集八卷	370
西漚制藝一卷	357
西學大成	249
西學書目表三卷附一卷	196
西學課程彙編一卷	196
西藏圖考八卷首一卷	166
西魏書二十四卷	69
西歸行儀一卷	410
西歸直指四卷首一卷	409
在官法戒錄摘鈔四卷	126
在官法戒錄摘鈔四卷	126
在野邇言八卷	112
百大家評注史記十卷	464
百川學海	506
百尺梧桐閣文集十卷	502
百尺樓脞錄不分卷	485
百尺樓叢畫八卷	459
百末詞五卷詞餘一卷	314
百老吟一卷後編一卷三編一卷附編一卷	275
百老吟一卷後編一卷三編一卷附編一卷	275
百宋一廛賦一卷	193
百美新詠一卷集詠一卷圖傳一卷	273
百美新詠一卷集詠一卷圖傳一卷	373
百家類纂四十卷	484
百鳥圖說一卷	434
百試百驗神效奇方二卷	138
百福山房詩鈔二卷百福山房詩餘一卷	14
有正味齋日記一卷(清乾隆五十八年至嘉慶二年)	106
有正味齋日記一卷(清乾隆五十八年至嘉慶二年)	106
有正味齋尺牘一卷	7
有正味齋尺牘二卷	7
有正味齋合課詩鈔箋略二卷外集詩續鈔箋略二卷	7
[有正味齋時文]一卷	356
有正味齋試帖詩註八卷	356
有正味齋試帖詩註八卷	356
有正味齋賦四卷	356
有正味齋駢體文二十四卷	159
有正味齋駢體文二十四卷	504
有正味齋駢體文二十四卷詩集十六卷詞集八卷外集五卷	6

有竹石軒經句說二十四卷	50	扣舷集一卷題詞二卷	17
有竹居集	392	扣舷集四卷	503
有恒心齋前集一卷文十一卷詩七卷駢體		攷正玉堂字彙四集	57
文六卷外集二卷	302	攷察日本學校記十六卷	182
有懷堂文稿二十二卷詩稿六卷	298	至大重修宣和博古圖錄三十卷	484
有懷堂文稿二十二卷詩稿六卷	298	至治新刊全相平話三國志三卷	309
存古約言六卷	248	光福志十二卷	473
存古學堂叢刻一卷	202	[光緒乙酉科十八省優貢同年全錄]不分	
存立編一卷	209	卷	112
存立編一卷	209	[光緒乙酉科齒錄]不分卷	112
存存堂詩草十卷	8	光緒十一年乙酉正科浙江鄉試錄一卷	112
存研樓文集十六卷	301	光緒丁酉科浙江闈墨不分卷	360
存是錄一卷	84	光緒甲午科直省鄉墨十七卷甲午科直省	
存素堂試律二卷	353	鄉試試帖一卷	359
存素堂詩稿十三卷存素堂文稿四卷存素		光緒政要三十四卷	77
堂文稿補遺一卷	15	光緒癸巳恩科浙江闈墨不分卷	360
存悔齋集二十八卷存悔齋外集四卷	8	光緒朝進出口大宗貨價表一卷	203
存誠堂詩集二十五卷篤素堂詩集七卷文		早花集一卷	315
集十六卷	297	曲江書屋新訂批註左傳快讀十八卷首一	
存齋古文一卷	304	卷	43
匠門書屋文集三十卷	502	[乾隆]曲阜縣志一百卷	155
列女傳十六卷	469	曲園先生篆書一卷	459
列女傳集注十卷	92	曲園自述詩一卷補一卷	302
列女傳補注八卷	91	曲園自述詩一卷補一卷	302
列子八卷	217	同人次韻贈言一卷	274
列子八卷釋文二卷	217	同人詩錄初編六卷	369
列仙酒牌一卷	332	同里先哲志四卷	469
列仙酒牌一卷	332	同岑五家詩鈔	252
列仙酒牌一卷	332	同治中興京外奏議約編八卷	137
列仙酒牌一卷	333	同治中興京外奏議約編八卷	137
列仙傳二卷	486	同治蜀軍平黔記一卷	88
列國政治通考二百二十卷	180	同壽錄四卷末一卷	222
列朝詩集八十一卷	490	同壽錄四卷尾一卷	482
列朝詩集八十一卷	493	同館試帖分韻合選四卷	362
成仁譜二十六卷	92	同館詩賦補鈔二卷	365
成方切用十二卷首一卷末一卷	454	同歸集十六卷	93
成均課士錄不分卷	345	因症用藥諸方不分卷	455
成均課士錄不分卷	360	因寄軒文初集十卷二集六卷補遺一卷	373
成案備考不分卷	143	因樹屋書影十卷	328
成案質疑□□卷	143	回文類聚四卷	335
成裕堂繪像第七才子書六卷	318	回文類聚四卷	335

回生集二卷	455
回春集不分卷	456
朱九江先生集十卷首四卷	21
朱九江先生講學記一卷	21
朱子大全私抄十二卷	476
朱子文集大全類編一百二十三卷	285
朱子古文六卷	285
朱子古文書疑一卷	34
朱子全書六十六卷	207
朱子全書六十六卷	207
朱子周易參同契考異一卷	487
朱子集一百四卷目錄二卷補遺一卷	285
朱子集一百四卷目錄二卷補遺一卷	285
朱子語類一百四十卷	207
朱子語類一百四十卷	207
朱子綱目輯畧四卷	74
朱子論語集注訓詁攷二卷	46
朱子[熹]年譜四卷考異四卷附錄二卷	103
朱子[熹]年譜四卷考異四卷附錄二卷	103
朱子[熹]年譜四卷考異四卷附錄二卷	104
朱氏結一廬書目三卷	425
朱氏羣書	393
朱文公家訓一卷	210
朱文端公集四卷補四卷	299
朱秀坤先生家傳一卷	102
朱茲泉稿不分卷	353
朱柏廬先生大學講義一卷朱柏廬先生中庸講義二卷	45
朱柏廬先生大學講義一卷朱柏廬先生中庸講義二卷	45
朱柏廬先生編年毋欺錄三卷	104
朱強甫集三卷	311
[朱鼎甫先生輓聯]不分卷	103
朱鄧雲時文二刻一卷	353
[朱賡颿劉至健試卷]一卷	360
缶廬詩四卷別存一卷	311
先正制義靖紛集二卷	344
先正遺規四卷	212
先正遺規四卷	212
先祖雪廬公大考卷一卷	350
先哲格言四卷	213

先得月樓課草不分卷	358
先醒齋筆記十四卷炮炙大法一卷用藥凡例一卷	480
先儒趙子言行錄二卷	100
舌擊編四卷	87
舌鑑辨正二卷	445
竹里詩萃十六卷	272
竹林女科證治四卷	449
竹林女科證治四卷	449
竹素園詩鈔八卷	503
竹軒摭錄八卷	423
竹書紀年集證五十卷	72
竹書紀年集證五十卷	72
竹書紀年補證四卷竹書後案一卷	72
竹書紀年統箋十二卷	72
竹書紀年統箋十二卷	72
竹堂寺志一卷	168
竹葉亭雜記八卷	418
竹葉亭雜記八卷	418
竹雲題跋四卷	191
竹虛小題鈔不分卷	351
竹嘯軒詩鈔十八卷	300
竹嘯軒詩鈔十八卷	503
竹譜一卷	414
竹韻樓詩鈔二卷琴趣一卷	304
竹巖文集三卷	299
休甯率溪程氏三烈婦合傳一卷	108
伏羌紀事詩一卷	7
伏羌紀事詩一卷	274
伏羌紀事詩一卷	274
伏敔堂詩錄十五卷續錄四卷首一卷	25
延平二王遺集一卷	292
[延桂山房制藝集]十二卷	350
延陵弟子紀略一卷	438
延經堂塾課不分卷二集不分卷	357
延壽寶卷一卷	322
延綠閣集十二卷	299
延綠閣集十二卷	299
延綠閣集十二卷	299
[光緒]延慶州志十二卷首一卷末一卷	152
任午橋存稿三卷	11

任午橋存稿三卷	11
任學士功續錄不分卷	102
仰視千七百二十九鶴齋叢書	378
仰蕭樓文集一卷	369
仿宋相臺五經附考證	25
仿寓意草二卷	438
自西徂東五卷	237
自怡軒詞選四卷	314
自怡軒詩十二卷	4
自怡軒雜文二卷	298
自遠堂琴譜十二卷	432
自遠堂琴譜十二卷	432
自警錄二卷	486
伊川擊壤集二十卷	282
伊川擊壤集二十卷	282
伊洛淵源錄十四卷	95
血症良方一卷	448
血證論八卷	448
似僎集不分卷	339
后山詩注十二卷	283
行年紀略一卷	105
行軍方便便方三卷	452
行素草堂金石叢書二十一種	187
行素軒文存一卷詩存一卷	305
行素軒時文不分卷	349
行素軒算稿	225
行素齋雜記二卷	87
行素齋雜記二卷	87
行船防備碰撞條款一卷	129
行腳山東記一卷	329
肎齋文集文八卷肎齋詩集四卷	20
舟車所至二十卷	472
全人矩矱摘抄六卷	408
全上古三代秦漢三國六朝文七百四十六卷	255
全上古三代秦漢三國六朝文七百四十六卷	256
全史宮詞二十卷	120
全唐詩九百卷	492
全唐詩三十二卷	263
全唐詩三十二卷	263
全唐詩三十二卷	263
全唐詩鈔八十卷補遺十六卷	263
全唐詩話六卷	506
全國漕糧雜鈔一卷	128
全閩詩話十二卷	334
全圖植物學歌略一卷	220
全謝山文鈔十六卷	2
全謝山先生經史問答十卷	420
全謝山先生經史問答十卷	420
全燬書目一卷抽燬書目一卷	196
全燬書目一卷抽燬書目一卷禁書總目一卷	196
全體功用問答十章	224
全體通考十八卷	224
全體通考十八卷附圖二卷	443
全體闡微三卷	442
合肥相國七十賜壽圖壽言全集不分卷	101
合肥相國七十賜壽圖壽言全集不分卷	101
合肥相國七十賜壽圖壽言全集不分卷	101
合諸名家批點諸子全書	475
邠农偶吟稿一卷	209
危言四卷	134
危言四卷	134
危言四卷	134
[各省犯案輯存]不分卷	143
各省課藝匯海七卷	337
各省課藝匯海不分卷	337
各案存真不分卷	438
各國立約始末記三十卷首二卷	132
各國立約始末記三十卷首二卷	149
各國交涉公法校勘記一卷	132
各國交涉公法論十六卷	132
各國度量權衡考一卷	129
各國約章纂要六卷	132
各國條約稅則章程十六種	132
各國時事類編十八卷	181
各國通商始末記二十卷	133
各國通商始末記二十卷	133
各國通商始末記二十卷	133
各國學校制度三卷	246
各種條約不分卷	132

各種條約不分卷	132
名山勝概記四十八卷	473
名世文宗三十卷	489
名印傳真□□卷	431
名句文身表異錄二十卷	488
名法指掌新例增訂四卷	143
名原二卷	56
名原二卷	56
名家詞	313
名家詞鈔三十卷	313
名畫集錦二卷	413
名媛詩歸三十六卷	490
名疑四卷	243
名賢手札八卷	269
名賢手札墨蹟八卷	269
名醫方論四卷	479
名醫類案十二卷	438
名醫類案十二卷	481
名醫類案十二卷	481
交翠軒筆記四卷	416
亦青山館詩鈔二卷亦青山館續詩鈔一卷	17
亦青山館詩鈔二卷亦青山館續詩鈔一卷	17
亦若是齋隨筆十二卷	413
亦政堂重修宣和博古圖錄三十卷	484
亦政堂重修宣和博古圖錄三十卷	484
亦復如是八卷	423
[羊城馬氏所著書]三種	41
州縣須知四卷	126
次黃氏日抄分類九十七卷	419
次園詩存六卷替竹盦詞五卷	367
汗簡箋正七卷目錄一卷	58
[同治]江山縣志十二卷首一卷末一卷	164
江左十子詩鈔二十卷	494
江左十五子詩選十五卷	494
江左十五子詩選十五卷	494
江左三大家詩鈔	252
江左制義輯存三卷	346
江左校士錄六卷	346
江左校士錄四卷	346

江北運程四十卷	176
[雍正]江西通志一百六十二卷	473
江西試牘一卷	361
江西詩徵九十四卷附刻一卷補遺一卷	273
江西闈墨八卷	359
江西觀政錄一卷	126
江邨銷夏錄三卷	427
江邨銷夏錄三卷	483
江忠烈公遺集二卷首一卷附錄一卷[江忠源]行狀一卷	23
江刻書目三種	193
江南北大營紀事本末	80
江南好詞一卷	316
江南松江府上海縣太平邨蘭英寶卷二卷	323
江南松江府華亭縣白沙邨孝修回郎寶卷一卷七七寶卷一卷喫齋經一卷花名寶卷一卷法船經一卷	323
江南松江府華亭縣白沙村孝修回郎寶卷二卷七七寶卷一卷知遇必改一卷	323
江南春稿一卷	351
江南高等學堂算學課藝續編一卷	231
[乾隆]江南通志二百卷	473
江南鄉試同門錄不分卷	358
江南鄉試硃卷光緒壬午科不分卷	343
江南歲試卷一卷	358
江南製造全案□□卷	146
江南製造局記十卷	146
江南製造局移設蕪湖各疏稿一卷	146
[江南製造局翻譯各種西書]	388
江南學堂課藝內編不分卷外編不分卷	346
江南闈墨一卷	358
江南闈墨十卷	359
江都陳氏叢書	387
[嘉慶]江都縣續志十二卷首一卷	159
江浙四名家時文稿不分卷	344
江陰李氏得月樓書目摘錄一卷	195
江陰倭寇舊聞一卷	84
江陰章氏支譜十六卷	110
[光緒]江陰縣志三十卷首一卷	158
江陰藝文志二卷	196

江解元全稿不分卷	351
江漢炳靈集二卷	340
江漢炳靈集二卷	340
江漢贈言一卷	273
江寧布政司屬府廳州縣輿圖四十三幅圖說不分卷	151
江寧金石記八卷	189
江寧金石記八卷待訪錄二卷	189
江蘇水利圖說一卷	176
江蘇水利圖說一卷	176
江蘇考卷經正集不分卷	361
江蘇存古學堂算學講義不分卷	230
江蘇存古學堂算學講義不分卷	230
江蘇存古學堂算學講義不分卷	230
江蘇存古學堂綱要一卷	130
江蘇存古學堂綱要一卷	130
江蘇全省輿圖不分卷	151
江蘇全省輿圖不分卷	151
江蘇沿海圖說一卷海島表一卷	168
江蘇省例(同治二年至光緒二十三年)不分卷	145
江蘇校士館變法課藝四卷	346
江蘇校士館變法課藝四卷	346
江蘇校士館變法課藝續集二卷	346
江蘇師範學堂現行章程一卷	130
江蘇海塘新志八卷	176
江蘇書局各書價目一卷	199
江蘇試牘十四卷	358
江蘇試牘不分卷	364
江蘇試牘四卷	361
江蘇詩賦經正集一卷	361
江蘇詩徵一百八十三卷	270
江蘇詩徵一百八十三卷	270
江蘇新政新科考卷一卷	362
江蘇選拔貢卷光緒丁酉科一卷	352
江蘇學務文牘四編	130
江蘇諮議局第一年度報告五類	145
汲古堂集二十八卷	291
汲古閣說文訂一卷	53
汲庵文存六卷	303
汲庵文存六卷	312
[乾隆]汲縣志十四卷首一卷末一卷	164
池上草堂筆記六卷續錄六卷三錄六卷四錄六卷	407
池北偶談二十六卷	329
池北偶談二十六卷	329
汝東判語六卷	141
守山閣叢書	377
守山閣叢書	377
守身執玉軒遺文一卷	352
守約齋課藝不分卷	349
守蒙紀略一卷	88
[同治]安仁縣志三十六卷首一卷	165
安邦誌二十卷	321
安邦誌二十卷	321
安危注四卷	92
安吳四種	393
安我素先生[希範]年譜一卷	104
安序堂文鈔三十卷	296
安定言行錄二卷	100
安定書院課藝不分卷	345
安居金鏡八卷	403
安南志略十九卷首一卷	183
安陸集一卷	58
安陸集一卷	58
安陽集五十卷家傳十卷別錄三卷遺事一卷附錄一卷	282
安陽集五十卷家傳十卷別錄三卷遺事一卷附錄一卷	282
安陽縣金石錄十二卷	189
安雅堂未刻稿八卷	293
安雅堂全集	401
安道公[陳瑚]年譜二卷	200
安徽同官錄一卷	112
安徽金石略十卷	189
安徽師範學堂修身教科書十章	210
[道光]安徽通志二百六十卷首六卷	161
安徽試牘不分卷次刻不分卷	358
安徽試牘存真制義不分卷策論一卷律賦一卷古今體詩一卷	361
冰庵詩鈔□□卷補遺一卷	502
字林考逸八卷補本一卷補附錄一卷	56

字彙十二卷首一卷末一卷	463
字說一卷	56
字學七種二卷	30
字學七種二卷	30
字學津梁不分卷	428
字學舉隅一卷	58
字學舉隅一卷	58
字學舉隅一卷	58
字學舉隅一卷	58
字學舉隅一卷	58
字類標韻六卷	58
字類標韻六卷	62
字類標韻六卷	62
字類標韻六卷	62
字類標韻六卷	64
字鑑五卷	58
祁忠惠公遺集十卷	291
［光緒］祁縣志十六卷	153
防海備覽十卷	167
防海輯要十八卷首一卷	167
那文毅公奏議八十卷	138
如如老祖化度眾生指往西方寶卷全集一卷	322
如皋冒氏叢書	387
［嘉慶］如皋縣志二十四卷	161
如舫軒墨選二卷	337
如積蒙求二卷和較開方式一卷	230
好雲樓初集二十八卷首一卷二集十六卷首一卷臨川答問一卷	302

七畫

形性學要八卷	231
形學備旨十卷	229
形學備旨十卷	426
形學備旨全草十卷首一卷	231
攻媿集一百十二卷	285
赤水元珠醫案不分卷	482
赤水玄珠三十卷	479
赤水玄珠三十卷醫旨緒餘二卷醫案五卷	443

［嘉定］赤城志四十卷	163
赤城集十八卷	273
赤溪雜志二卷	166
赤溪雜志二卷霞城唱和集一卷	139
赤霞吟草二卷	13
孝子錄一卷續錄一卷	410
孝友堂家規一卷	210
孝友圖說一卷	411
孝行錄不分卷	410
孝弟忠義圖說四卷	410
孝弟忠義圖說四卷	410
孝肅公奏議十卷	137
孝肅公奏議十卷	137
孝經一卷	44
孝經一卷	45
孝經一卷	45
孝經一卷	45
孝經一卷	45
孝經一卷附詛楚文一卷	413
孝經音訓一卷爾雅音訓一卷	463
孝經集注一卷	63
孝經傳說圖解□□卷	411
孝經徵文一卷	45
孝經學七卷	45
孝經學七卷	45
［光緒］孝豐縣志十卷	162
志餘筆談一卷	405
志學齋集	397
志學齋集	397
芙蓉山館文鈔不分卷	7
芙蓉山館詩鈔八卷補鈔一卷詞鈔二卷附鈔一卷	7
芙蓉山館詩稿八卷	7
芙蓉碣傳奇二卷	320
芸香館遺詩二卷	305
芸碧巢時藝一卷	352
芷園臆草存案一卷	437
花月痕全書十六卷五十二回	329
花月痕全書十六卷五十二回	329
花甲閒談十六卷	105
花雨樓叢鈔	379

| 花宜館詩鈔十六卷詩鈔續存一卷無腔村笛二卷 …… 370
| 花南詩集二卷 …… 6
| 花陣綺言十二卷 …… 505
| 花萼吟傳奇二卷 …… 319
| 花間笑語五卷 …… 323
| 花間集十卷 …… 314
| 花間集十卷 …… 314
| 花隱盦遺稿一卷詩餘一卷花隱盦遺稿補一卷詩餘補一卷 …… 22
| 花隱盦遺稿一卷詩餘一卷花隱盦遺稿補一卷詩餘補一卷 …… 22
| 花隱盦遺稿一卷詩餘一卷花隱盦遺稿補一卷詩餘補一卷 …… 22
| 花韻菴詩餘一卷微波詞三卷 …… 505
| 芥子園畫傳五卷 …… 172
| 芥子園畫傳五卷 …… 187
| 芥子園畫傳五卷 …… 403
| 芥子園畫傳五卷 …… 403
| 芥子園畫傳五卷 …… 403
| 芥子園畫傳六卷 …… 192
| 芥子園畫傳六卷 …… 192
| 芥子園畫傳四集四卷 …… 187
| 芥子園畫傳四集四卷 …… 188
| 芥子園畫傳初集五卷 …… 413
| 芥子園畫傳初集六卷 …… 192
| 芥子園畫傳□□卷 …… 190
| 芥子園畫傳□□卷 …… 191
| 芳茂山人文集十二卷贈言一卷 …… 8
| 克復金陵勳德記一卷 …… 88
| 杜工部集二十卷 …… 277
| 杜工部集二十卷 …… 370
| 杜工部集二十卷附錄一卷[杜甫]年譜一卷 …… 277
| 杜工部集二十卷附錄一卷[杜甫]年譜一卷 …… 277
| 杜工部集二十卷首一卷 …… 278
| 杜工部集二十卷首一卷 …… 278
| 杜工部詩集二十卷外詩一卷文集二卷 …… 277
| 杜工部詩集二十卷外詩一卷文集二卷 …… 277
| 杜氏通典二百卷 …… 471

杜清碧驗證舌法一卷 …… 444
杜詩提要十四卷 …… 495
杜詩集說二十卷目錄一卷末一卷 …… 278
杜詩註釋二十四卷首一卷 …… 278
杜詩註釋二十四卷首一卷 …… 278
杜詩詳注二十五卷附編二卷首一卷 …… 277
杜詩詳注二十五卷附編二卷首一卷 …… 277
杜詩論文五十六卷 …… 495
杜詩鏡銓二十卷 …… 278
杜詩鏡銓二十卷年譜一卷 …… 278
杜詩鏡銓二十卷年譜一卷 …… 278
村居急救方七卷附餘一卷 …… 456
杏花樓試藝不分卷 …… 339
杏花樓試藝不分卷 …… 351
杉蔭橋邊舊草堂詩鈔二卷 …… 369
李二曲先生全集 …… 390
李大宗師史論引端一卷 …… 118
李太白文集三十六卷 …… 277
李太白文集三十六卷 …… 277
李太白文集三十六卷 …… 277
李太白文集三十卷 …… 277
李太白文集三十卷 …… 277
李氏五種 …… 81
李氏五種 …… 115
李氏五種 …… 146
李氏先賢集覽不分卷 …… 383
李氏音鑑六卷首一卷 …… 63
李氏倡隨集四卷 …… 24
李氏蒙求註六卷 …… 238
李氏蒙求補注六卷 …… 238
李氏蒙求補注六卷 …… 238
李氏遺書 …… 247
李氏歷代輿地沿革圖校勘記不分卷 …… 149
李文公集十八卷補遺一卷坿錄一卷 …… 279
李文忠公外部函稿二十八卷 …… 140
李文忠公全集一百六十五卷 …… 89
李文忠公全集一百六十五卷 …… 139
李文忠公奏稿二十卷 …… 139
李文恭公遺集 …… 394
李文清公遺書 …… 394
李石臺稿不分卷 …… 349

566

| 李長吉昌谷集句解定本四卷 …………… 496
| 李長吉歌詩四卷外卷一卷 …………… 496
| 李長吉歌詩四卷首一卷外集一卷 ……… 279
| 李忠定公別集十卷………………………… 83
| 李空同詩集三十三卷附錄一卷 ………… 289
| 李崆峒先生詩集三十三卷 ……………… 499
| 李傅相歷聘歐美記二卷 ………………… 101
| 李義山文集十卷 ………………………… 280
| 李義山文集十卷 ………………………… 280
| 李義山文集十卷 ………………………… 496
| 李義山詩集二卷 ………………………… 370
| 李義山詩集十六卷 ……………………… 280
| 李義山詩集十六卷 ……………………… 280
| 李義山詩集三卷 ………………………… 496
| 李義山詩集三卷 ………………………… 496
| 李義山詩集三卷 ………………………… 496
| 李義山詩集三卷詩譜一卷詩評一卷 …… 280
| 李義山詩集三卷詩譜一卷詩評一卷 …… 280
| 李義山詩集三卷詩譜一卷詩評一卷 …… 280
| 李義山詩集箋注三卷集外詩一卷詩話一
　卷[李商隱]年譜一卷 ………………… 280
| 李肅毅伯奏議二十卷……………………… 89
| 李肅毅伯奏議二十卷……………………… 139
| 李嶠雜詠 ………………………………… 170
| 李範蓮遺藁一卷 ………………………… 350
| 李衛公文集二十卷別集十卷外集四卷 … 496
| 李徵君二曲全集二十六卷 ……………… 390
| 李養一先生詩集四卷詩餘一卷賦一卷 …… 12
| 李養一先生詩集四卷詩餘一卷賦一卷 …… 12
| 李養一先生詩集四卷詩餘一卷賦一卷 …… 12
| 李鴻章十二章 …………………………… 101
| 李鴻章十二章 …………………………… 101
| 甫田集三十六卷 ………………………… 499
| 吾與彙編十卷 …………………………… 168
| 吾學錄初編二十四卷 …………………… 123
| 吾學錄初編二十四卷 …………………… 123
| 吾學錄初編二十四卷 …………………… 123
| 吾學錄初編二十四卷 …………………… 123
| 酉陽雜俎三十卷 ………………………… 233
| 酉陽雜俎三十卷 ………………………… 414
| [咸豐]邳州志二十卷首一卷 …………… 160

[咸豐]邳州志二十卷首一卷 …………… 160
扶桑兩月記一卷(清光緒二十七年十一月
　初四至二十八年一月十二日) ……… 108
扶桑兩月記一卷(清光緒二十七年十一月
　初四至二十八年一月十二日) ……… 182
批選直省闈墨十三卷目錄一卷 ………… 359
抄報隨聞錄十卷 …………………………… 88
折獄龜鑑八卷 …………………………… 143
折漕彙編六卷 …………………………… 128
折漕彙編卷末一卷 ……………………… 128
投筆集一卷 ……………………………… 292
抗希堂自訂全稿不分卷 ………………… 356
求一得齋算學七種十一卷微積闡詳五卷
　………………………………………… 225
求古精舍金石圖四卷 …………………… 187
求古錄禮說十六卷補遺一卷……………… 41
求古錄禮說校勘記三卷 ………………… 41
求知齋經解試藝一卷 …………………… 355
求牧芻言八卷 …………………………… 127
求治管見一卷 …………………………… 134
求弦矢通術一卷 ………………………… 230
求是於古齋三種 ………………………… 458
求是於古齋三種 ………………………… 458
求是堂詩集二十二卷求是堂詩餘一卷 …… 14
求真是齋詩草二卷 ……………………… 21
求益齋全集 ……………………………… 396
求闕齋日記類鈔二卷 …………………… 111
求闕齋文鈔八卷 ………………………… 22
求闕齋弟子記三十二卷 ………………… 95
求寶齋叢書 ……………………………… 381
里居雜詩 ………………………………… 191
里堂學算記 ……………………………… 247
里乘十卷 ………………………………… 424
里乘十卷 ………………………………… 424
見聞隨筆二十六卷 ……………………… 424
見聞錄一卷 ……………………………… 402
見聞續筆二十四卷 ……………………… 424
助字辨略五卷 ……………………………… 58
助字辨略五卷 ……………………………… 58
男科二卷 ………………………………… 389
困知記二卷續記二卷三續一卷四續一卷

續補一卷外編一卷附錄一卷	207		169
困學紀聞二十卷	485	吳子二卷	217
困學紀聞三箋二十卷	194	吳友如畫寶十三集	413
困學紀聞注二十卷	161	吳中平寇記八卷	88
困學紀聞注二十卷	161	[吳中官紳癸酉同年齒錄]不分卷	469
困學紀聞注二十卷	161	吳中葉氏族譜六十六卷末一卷	109
困學紀聞注二十卷	162	吳氏節本天演論一卷	459
困學紀聞注二十卷	167	吳文節公遺集八十卷	17
困學紀聞注二十卷	168	吳平贅言八卷	124
困學隨筆十三卷	442	吳地記一卷	128
串雅內編四卷	222	吳地記一卷後集一卷	128
呂子呻吟語節鈔六卷	208	吳地記一卷後集一卷	155
呂子節錄四卷理欲生長圖說身家盛衰圖說一卷	208	吳地記後集一卷	128
呂子遺書九種四十一卷	388	吳江水考增輯五卷附編二卷	176
呂氏春秋二十六卷	484	[光緒]吳江縣續志四十卷首一卷	117
呂氏春秋二十六卷	484	[光緒]吳江縣續志四十卷首一卷	156
呂氏春秋二十六卷	484	吳吳山三婦合評牡丹亭還魂記二卷	318
呂氏春秋二十六卷攷一卷	434	吳吳山三婦合評牡丹亭還魂記二卷或問一卷附錄一卷	318
呂氏春秋二十六卷攷一卷	434	吳君小棠家傳一卷	101
呂祖[嚴]年譜海山奇遇七卷	236	吳門百艷圖五卷	323
呂祖清微三品真經三卷	235	吳門表隱二十卷	203
呂祖彙集三十四卷呂祖彙集附卷十四卷呂祖彙集新附六卷	236	吳門曹氏醫案四卷	482
呂留良先生家書真蹟四卷	460	吳門從政錄一卷	127
呂書四種	458	吳門從政錄一卷	127
呂晚村手書家訓五卷	460	吳門從政錄一卷	127
呂晚村先生八家古文精選八卷	249	吳門畫舫錄二卷	321
呂新吾先生去偽齋文集十卷	290	吳門畫舫續錄三卷	140
呂語集粹四卷	208	吳門畫舫續錄三卷	322
吟香室詩草二卷續刻一卷附刻一卷	306	吳門銷夏記三卷	117
吟香室詩草二卷續刻一卷附刻一卷	306	吳郡名賢圖傳贊二十卷	98
吟香室詩草二卷續刻一卷附刻一卷	306	[乾隆]吳郡甫里志二十四卷	156
吟風閣四卷	318	吳郡圖經續記三卷	128
吟風閣四卷	505	吳郡圖經續記三卷	155
吟紅閣詩鈔五卷	23	吳郡圖經續記三卷	155
吟薇山館制藝一卷	353	吳郡圖經續記三卷	155
吹網錄六卷	416	吳都文粹十卷	271
吹網錄六卷	416	吳越所見書畫錄六卷	427
吳下諺聯四卷	334	吳越所見書畫錄六卷書畫說鈐一卷	483
吳山伍公廟志六卷溧陽縣志一卷首一卷		吳園周易解九卷附錄一卷	31
		吳會英才集二十四卷	252

| 吳詩集覽二十卷吳詩談藪二卷 …… 293
| 吳詩集覽二十卷吳詩談藪二卷 …… 293
| 吳摯甫文集四卷吳摯甫詩集一卷 …… 307
| 吳摯甫尺牘五卷補遺一卷諭兒書一卷 … 307
| 吳摯甫尺牘五卷補遺一卷諭兒書一卷 … 307
| 吳縣董瑞椿讀爾雅日記一卷吳縣董瑞椿
　讀爾雅補記一卷 …… 52
| 吳興山墟名一卷 …… 162
| 吳興合璧四卷 …… 171
| 吳興金石記十六卷 …… 189
| 吳興科第表不分卷 …… 111
| 吳興記一卷 …… 162
| 吳興詩存初集八卷二集十四卷三集六卷
　四集二十卷 …… 272
| 吳學士文集四卷吳學士詩集四卷 …… 368
| 吳顧賦合刻二卷 …… 343
| 吳讓之印存 …… 483
| 吳讓之印存 …… 483
| 映盦詞三卷 …… 23
| 映盦詞三卷 …… 317
| 別雅五卷 …… 52
| 刪刻林阜間集一卷 …… 20
| 刪定止觀三卷 …… 409
| 刪補唐詩選脉箋釋會通評林六十卷 …… 491
| 刪補陸聚岡先生四書講意□□卷 …… 462
| 岑春萱十九章 …… 103
| 岑嘉州集八卷 …… 491
| 牡丹百詠一卷 …… 299
| 我法集二卷 …… 350
| 兵法史略學八卷 …… 218
| 兵法史略學課程八卷補遺一卷 …… 219
| 兵垣奏議一卷 …… 312
| 兵學新書十六卷 …… 218
| 兵鑑四卷 …… 413
| 邱邦士文集十八卷首一卷 …… 294
| 邱海二公合集十六卷 …… 253
| 何大復先生集三十八卷 …… 499
| 何大復先生集三十八卷附錄一卷 …… 289
| 何氏傷寒纂要不分卷 …… 445
| 何氏語林三十卷 …… 485
| 何氏學四卷 …… 13

何文貞公遺書 …… 400
何屺瞻六部小題行遠集不分卷 …… 125
何博士備論一卷 …… 246
佔畢叢談六卷勸學卮言一卷時文蠡測一
　卷 …… 415
作吏要言一卷 …… 393
伯山詩話後集四卷 …… 332
佇鶴巢試藝一卷 …… 355
佇鶴巢試藝一卷 …… 355
身世準繩一卷 …… 408
佛祖心燈一卷 …… 411
佛祖心髓十卷 …… 195
佛教初學課本一卷 …… 226
佛教初學課本一卷 …… 232
佛爾雅八卷 …… 234
佛爾雅八卷 …… 234
佛說大乘無量壽莊嚴經一卷 …… 197
佛說四十二章經一卷 …… 68
佛說四十二章經解一卷 …… 148
佛說阿彌陀經一卷 …… 193
佛說阿彌陀經一卷 …… 199
佛說阿彌陀經二卷 …… 404
佛說阿彌陀經要解一卷 …… 197
佛說阿彌陀經要解便蒙鈔三卷 …… 192
佛說阿彌陀經要解便蒙鈔三卷 …… 198
佛說阿彌陀經畧解一卷 …… 199
佛說阿彌陀經疏一卷 …… 193
佛說阿彌陀經疏一卷 …… 199
佛說阿彌陀經疏鈔擷一卷 …… 404
佛說梵網經直解十卷 …… 330
佛說梵網經菩薩心地品玄義一卷 …… 330
佛說梵網經菩薩心地品合注七卷 …… 330
佛說無量清淨平等覺經三卷 …… 405
佛說無量壽經二卷御製無量壽佛贊一卷
　佛說阿彌陀經一卷大方廣佛華嚴經入
　不思議解脫境界普賢行願品一卷 …… 403
佛說無量壽經義疏六卷 …… 199
佛說彌勒下生經一卷 …… 407
佛說觀無量壽佛經一卷 …… 193
佛說觀無量壽佛經一卷 …… 199
佛說觀無量壽佛經一卷 …… 199

佛說觀無量壽佛經一卷	404	希臘三大哲學家學說一卷	214
佛說觀無量壽佛經略論一卷	199	希臘獨立史一卷	186
佛說觀無量壽佛經疏鈔宗鈔四卷	193	谷盦燹賸一卷續集一卷補遺一卷	305
佛說觀無量壽佛經疏鈔宗鈔四卷	405	豸華堂文鈔八卷	17
佛說觀無量壽經疏鈔宗鈔四卷	404	孚佑帝王功過格一卷	408
佛說觀彌勒菩薩下生經一卷	407	含真仙蹟圖二卷	367
佛說觀彌勒菩薩上生兜率陀天經一卷	407	劬書室遺集十六卷坿理學庸言二卷	15
佛遺教經一卷	407	角山樓增補類腋六十七卷	242
佛遺教經行勒一卷	68	角山樓蘇詩評註彙鈔二十卷附鈔三卷目錄二卷附目一卷	151
近世社會主義四編	214	角山樓蘇詩評註彙鈔二十卷附鈔三卷目錄二卷附目一卷	283
近世社會主義四編	246	言子文學錄三卷首一卷末一卷	100
近世陸軍二編	219	言鯖二卷	345
近世偉人傳義集第五編二卷	186	辛壬癸甲吟草四卷味外味軒吟草八卷	18
近四科同館試帖鳴盛集四卷	363	辛丑壬寅會試闈墨一卷	361
近光集二十八卷	260	辛田試帖一卷	349
近光集二十八卷	260	辛卯直省闈墨不分卷辛卯科直省鄉試試帖一卷	359
近思錄十四卷	206	辛卯侍行記六卷	203
近思錄集注十四卷	206	辛亥殉難記五卷	98
近思錄集注十四卷朱子世家一卷	206	辛齋遺稿二十卷	292
近思錄集注十四卷朱子世家一卷	206	忱行錄一卷	209
近思錄集解十四卷	206	快雪堂法書	483
近思錄集解十四卷	206	弟子箴言十六卷	212
近思錄集解十四卷	476	弟子職音誼一卷	217
近科五經文鈔五卷	336	弟子職集解一卷句讀一卷考證一卷補音一卷	217
近科考卷雅潤集不分卷二集不分卷	150	冷紅詞四卷	316
近科通雅集初編不分卷	340	冷廬醫話五卷	437
近科通雅集初編不分卷續編不分卷三編不分卷	340	冷廬醫話五卷	439
近科鄉會墨僅見不分卷	340	冷廬雜識八卷	417
近科鄉會墨選清腴初集六卷二集二卷	337	冷廬雜識八卷	417
近科試策法程一卷	360	冷廬雜識八卷	417
近科墨卷大觀不分卷	359	汪子敬方案不分卷	437
近科館閣分類詩選二卷	362	汪子遺書	400
近墨花樣一新不分卷	341	［汪叔明行述］一卷	101
余忠宣公文集六卷	287	汪逸雲先生時文鈔不分卷	349
余注傷寒論翼四卷	446	汪龍莊先生遺書	391
余注傷寒論翼四卷	446	汪羅彭薛四家合鈔	251
余注傷寒論翼四卷	446	汪羅彭薛四家合鈔	251
希任齋書目一卷	195		
希鄭堂四書文一卷	354		

沅湘耆舊集二百卷	273	宋王忠文公全集五十卷	285
沅湘攬秀集六卷	338	宋王忠文公全集五十卷	285
沙溪詩存十卷	271	宋王復齋鐘鼎款識一卷	190
沙溪詩存十卷續集四卷	494	宋元名家詞	313
沙溪詩存十卷續編四卷	271	宋元名家詞	313
沙溪詩存十卷續編四卷	271	宋元明清學案一百七十六卷	91
[乾隆]汾州府志三十四卷首一卷	153	宋元明詩三百首一卷	260
[乾隆]汾陽縣志十四卷首一卷	153	宋元明詩三百首一卷	260
泛倍數衍一卷	229	宋元明詩約鈔二卷首一卷	260
泛倍數衍一卷	229	宋元明儒十八種全集	386
泛槎圖六卷	177	宋元學案一百卷首一卷	95
汴梁遊記一卷都門遊記一卷	469	宋元學案一百卷首一卷	95
汴圍濕襟錄一卷	84	宋元舊本書經眼錄三卷附錄二卷	198
沈氏尊生書五種	443	宋元舊本書經眼錄三卷附錄二卷	198
沈氏藥性賦不分卷	221	宋六十一家詞選十二卷	313
沈文忠公集十卷沈文忠公[兆霖]自訂年譜一卷	19	宋六十名家詞	313
沈文肅公政書七卷首一卷	140	宋文鑑一百五十卷目錄三卷	264
沈文肅公政書七卷首一卷	140	宋文鑑一百五十卷目錄三卷	264
沈文肅公政書七卷首一卷	140	宋文鑑一百五十卷目錄三卷	264
沈石田先生集十二卷	498	宋本十三經註疏	25
沈北山哀思錄一卷	310	宋本十三經註疏	25
沈余遺書	458	宋史四百九十六卷	70
沈南疑先生檇李詩繫四十二卷	494	宋史紀事本末一百九卷	78
沈朗仲先生病機彙論十八卷	480	宋史紀事本末一百九卷	78
沈歸愚詩文全集	391	宋史紀事本末一百九卷	78
沈觀齋詩一卷	309	宋史紀事本末一百九卷	108
沁香書屋制藝不分卷	349	宋史紀事本末一百九卷	468
決勝祕書十卷	219	宋史紀事本末十卷	467
決疑數學十卷首一卷	229	宋史紀事本末一百九卷	468
決疑數學十卷首一卷	229	宋史新編二百卷	466
完白山民古篆金人金銘八分豳風詩合冊一卷	460	宋四六選二十四卷	264
完節錄不分卷	469	宋四六選二十四卷	264
宋二十名家四書義二卷附曲園論一卷	342	宋四六選二十四卷	372
宋十五家詩選	250	宋百家詩存二十卷	250
宋十五家詩選十五卷	493	宋百家詩存二十卷	250
宋七家詞選七卷	314	宋百家詩存二十卷	492
宋人小說類編四卷	228	宋名臣言行錄七十五卷	91
宋大家歐陽文忠公文鈔三十二卷	282	宋名臣言行錄七十五卷	91
宋大家蘇文忠公文鈔二十八卷	497	宋名臣言行錄七十五卷	91
		宋名臣言行錄七十五卷	91
		宋名臣言行錄前集十卷後集十四卷	95

宋州郡志校勘記一卷	148
宋李忠定公文集二十九卷首四卷奏議選十五卷	284
宋李忠定公文集二十九卷首四卷奏議選十五卷	284
宋金元詞集見存卷目一卷	199
宋金元詩永二十卷補遺二卷	490
宋宗忠簡公集八卷首一卷	369
宋重修廣韻五卷	60
宋重修廣韻五卷	60
宋書一百卷	466
宋陳忠肅公言行錄八卷	284
宋孫仲益內簡尺牘十卷	497
宋提刑洗冤集錄五卷	142
宋稗類鈔八卷	488
宋詩紀事一百卷	333
宋詩紀事一百卷	506
宋詩紀事補遺一百卷	333
宋詩略十八卷	371
宋詩鈔初集	250
宋詩鈔選初集十七卷二集二十三卷三集二十四卷四集二十九卷	250
宋詩選二十卷	492
宋瑣語不分卷	70
宋瑣語不分卷	70
宋學士全集三十二卷坿錄一卷	288
宋艷十二卷	158
究心編痘科二卷	450
冶梅梅譜二卷	414
良方便檢不分卷	454
良方集腋二卷	222
良方集腋二卷	222
良方彙錄	456
良方彙錄	456
良方選錄一卷掩埋備覽一卷	447
初月樓文鈔十卷初月樓詩鈔四卷	19
初月樓文鈔十卷初月樓續鈔八卷	19
初使泰西記一卷	184
初等小學圖畫教科書不分卷	198
初學文引不分卷	339
初學行文語類四卷	242
初學求源啓蒙捷訣集二卷	354
初學記三十卷	487
初學記三十卷校勘一卷	238
初學啓悟集二卷	366
初學檢韻袖珍十二集	62
初學檢韻袖珍十二集	63
社會主義一卷	214
社會黨二卷	246
即墨詩乘十二卷	270
即墨詩乘續一卷	270
壯悔堂文集十卷	294
壯悔堂文集十卷遺稿一卷	294
壯悔堂文集十卷遺稿一卷	294
壯悔堂文集十卷遺稿一卷四憶堂詩集六卷詩集遺稿一卷	294
局外旁觀論一卷續旁觀論一卷	136
改良今古奇觀六卷四十回	323
改良繪圖今古奇觀二卷四十回	114
改良繪圖解人頤廣集二卷	325
改良繪圖解人頤廣集二卷	325
阿文成公[桂]年譜三十四卷	104
阿毗達磨俱舍論三十卷	408
阿彌陀鼓音聲王陀羅尼經一卷	193
阿彌陀鼓音聲王陀羅尼經一卷	199
阿彌陀經一卷	197
附釋音禮記註疏六十三卷	461
妙吉祥室詩鈔十三卷妙吉祥室詩餘一卷妙吉祥室雜存一卷	15
妙英寶卷全集一卷	323
妙法蓮華經七卷	201
妙法蓮華經七卷	405
妙法蓮華經玄義釋籤四十卷	405
妙法蓮華經觀世音菩薩普門品一卷	405
邵子湘全集三十卷	297
邵子湘全集三十卷	297
邵子湘全集三十卷	297
邵子擊壤集摘聯六卷	334
邵氏醫書三種	447
邵杏泉醫案二卷	439
邵位西遺文一卷	22

邵武徐氏叢書 …… 378
忍菴集二十六卷又編十二卷 …… 501
甬上耆舊詩三十卷 …… 272

八畫

[光緒]奉化縣志四十卷首一卷 …… 163
奉思錄三卷 …… 104
[正德]武功縣志三卷首一卷 …… 125
武功縣志三卷首一卷 …… 154
武夷志畧四卷 …… 473
武英殿聚珍版書 …… 375
武林往哲遺箸 …… 386
武林往哲遺箸 …… 386
武林往哲遺箸後編十種 …… 386
武林理安寺志八卷 …… 169
武林掌故叢編 …… 385
武林藏書錄四卷 …… 193
武侯全書二十卷首一卷 …… 275
武陵山人遺書 …… 394
[光緒]武進陽湖縣志三十卷首一卷 …… 157
武將金箴□□卷 …… 219
[光緒]武陽志餘十二卷 …… 156
[光緒]武陽志餘十二卷武陽團練紀實二卷 …… 158
武備地利四卷 …… 218
武備志二百四十卷 …… 218
武備志二百四十卷 …… 477
武闈三子全書析疑大全二卷 …… 217
青丘高季迪先生詩集十八卷 …… 498
青丘高季迪先生詩集十八卷首一卷遺詩一卷扣舷集一卷附錄一卷 …… 498
青芝山館駢體文集二卷 …… 11
青在堂梅譜二卷 …… 483
青邱高季迪先生詩集十八卷補遺一卷詩餘一卷附錄一卷鳧藻集五卷 …… 370
青岩禦寇錄三卷 …… 88
青浦入泮錄不分卷 …… 109
青浦何元長先生醫案不分卷 …… 482
[光緒]青浦縣志三十卷首二卷末一卷 …… 157
[光緒]青浦縣志三十卷首二卷末一卷 …… 157

青萍軒文錄二卷詩錄一卷 …… 304
青萍軒文錄二卷詩錄一卷 …… 305
青萍軒文錄二卷詩錄一卷 …… 307
青雲集補注六卷 …… 362
青虛山房集十一卷 …… 373
青湖文集十四卷首一卷末一卷 …… 289
青嶁遺稿二卷 …… 3
青樓夢六十四回 …… 329
青谿舊屋文集十卷青谿舊屋詩集一卷 …… 16
青谿舊屋文集十卷青谿舊屋詩集一卷 …… 16
青藤書屋文集三十卷補遺一卷 …… 289
青囊立效秘方二卷 …… 437
青囊奇秘不分卷 …… 456
青囊萃穎不分卷續編不分卷 …… 456
表忠錄一卷 …… 101
表異錄二十卷 …… 240
表異錄二十卷 …… 240
[嘉慶]長山縣志十六卷首一卷 …… 154
[嘉慶]長子縣志十六卷首一卷 …… 153
長生殿二卷 …… 319
長生殿二卷 …… 319
長生殿傳奇二卷 …… 319
長江水師全案三卷 …… 130
長江水師全案不分卷 …… 130
長江流域圖一卷 …… 175
長江圖說十二卷 …… 175
長江圖說十二卷 …… 175
長江圖說十二卷 …… 175
長江礮臺芻議一卷 …… 247
[嘉慶]長安縣志三十六卷 …… 153
長安獲古編二卷補一卷 …… 474
長安獲古編二卷補遺一卷 …… 189
長沙王氏塾課二卷 …… 344
[同治]長沙縣志三十六卷首一卷 …… 165
長沙藥解四卷 …… 455
長洲彭氏家集 …… 387
長真閣集七卷 …… 9
長真閣集七卷 …… 9
長恩書室叢書 …… 377
[道光]長清縣志十六卷首一卷末一卷 …… 154
[光緒]長興縣志三十二卷 …… 162

573

長興縣學文牘不分卷	203
長離閣集一卷	8
長離閣集一卷	8
長蘆鹽務議略一卷	129
坦園全集	397
坤臯鐵筆□□卷	431
幸勿見哂云爾一卷	405
坡仙集十六卷	497
坡門酬唱二十三卷	264
亞洲商業地理志二卷	181
亞洲商業地理志二卷	181
耶穌記略問答一卷	237
耶穌記略問答一卷	237
[取義圖題辭彙鈔]不分卷	102
苦海杭一卷	505
若菴集五卷	503
茂陵秋雨詞四卷	315
英人強賣鴉片記八卷	86
英字入門二卷	63
英字入門二卷	63
英法義比志譯略四卷	184
英法義比志譯略四卷	184
英法義比志譯略四卷	184
英國水師考一卷	247
英國印花稅章程一卷	128
英國憲法史十四編	246
英軺日記十二卷(清光緒二十七年十二月十二日至光緒二十八年八月二十四日)	108
英軺日記十二卷(清光緒二十七年十二月十二日至光緒二十八年八月二十四日)	108
英語正音不分卷	63
英興記二卷	185
茆桂題襟集二卷	274
范氏三種	27
范文正公集四十八卷	281
范文正忠宣二公全集七十二卷	281
范文正忠宣二公全集七十二卷	370
范石湖詩集三十四卷	285
范石湖詩集注三卷	285

范伯子詩集十九卷	309
苾芻館詞集六卷	316
直省考卷錄三集不分卷	150
直省同年全錄不分卷	112
直省洋教成案一卷	133
直省鄉試同年齒錄不分卷	112
直省鄉墨不分卷	360
直省闈墨精萃一卷	361
直省釋奠禮樂記六卷	123
直塘里志六卷	202
直齋書錄解題二十二卷	197
直齋書錄解題二十二卷	197
直齋書錄解題二十二卷	197
直廬集一卷	298
苕溪集五十五卷	281
苕溪集五十五卷	281
苕谿漁隱叢話前集六十卷後集四十卷	370
苕岑集初刊	252
林氏眼科簡便驗方□□卷	451
林文直公奏稿八卷首一卷	197
林文忠公政書甲集九卷乙集十七卷丙集十一卷	138
林文忠公政書甲集九卷乙集十七卷丙集十一卷	138
林文忠公遺集	399
林文忠公遺集	399
林文忠公遺集	400
林和靖詩集四卷拾遺一卷附錄一卷詩話一卷	281
林和靖詩集四卷拾遺一卷附錄一卷詩話一卷	281
枝山文集四卷	289
板橋集	391
板橋集	391
板橋集	400
板橋集	400
板橋詩鈔二卷	301
板橋題畫一卷家書一卷	301
來生福彈詞八卷三十六回	321
來生福彈詞三十六回	321
來禽館集二十九卷	500

來齋金石刻考略三卷	188
來瞿唐先生易註十五卷首一卷末一卷	31
松心詩錄十卷	15
松石齋文集二十五卷松石齋詩集六卷趙文毅公奏疏五卷附錄一卷	290
[嘉慶]松江府志八十四卷圖一卷首二卷	156
[光緒]松江府續志四十卷圖一卷首一卷	156
松江科甲考(明洪武至崇禎)一卷	470
松風閣詩鈔二十六卷	17
松風閣詩鈔二十六卷	17
松風餘韻五十卷末一卷	272
松桂堂全集三十七卷南淮集三卷延露詞三卷	296
松峰說疫六卷備用良方一卷	480
松陵文集初編四卷二編六卷	371
松陵文錄二十四卷	271
松陵文錄二十四卷	271
松陵文錄二十四卷	271
松陵見聞錄十卷首一卷	156
松陵集十卷	494
松陵詩徵續編十四卷	271
松陽講義十二卷	47
松陽講義十二卷	47
松陽講義十二卷	47
松壺畫贅二卷	429
松夢寮詩稿六卷	306
松夢寮詩稿六卷	306
松筠小草	299
松壽堂詩鈔十卷	312
杭大宗七種叢書	391
杭郡庠得表忠觀碑記事一卷	191
杭湖掃墓記三卷	469
杭嘉湖三府減漕總記一卷	128
述古堂文集十二卷	6
述古堂文集十二卷	6
述古齋幼科新書六卷	431
述訓編二卷蒙養編二卷	212
述記	399
述記	399
述學內篇三卷外篇一卷補遺一卷別錄一卷校勘記一卷附錄一卷	6
述學內篇三卷外篇一卷補遺一卷別錄一卷校勘記一卷附錄一卷	6
述學內篇三卷外篇一卷補遺一卷別錄一卷校勘記一卷附錄一卷	6
枕琴山館詩稿四卷	20
枕藏外科必用諸方	449
東三省交涉輯要十二卷圖一卷	132
東三省政略十二卷	127
東三省蒙務公牘彙編五卷	141
東山孝貞節烈編八卷補遺一卷	98
東山談苑八卷	327
東山雜錄不分卷	473
東井詩鈔四卷	7
東方兵事紀略六卷	89
東方兵事紀略六卷	89
東西年表一卷	115
東西洋考十二卷	178
東西學書錄二卷中國人輯著書一卷東西國人舊譯著書一卷	196
東牟守城紀略一卷	88
東坡文選二十卷	497
東坡先生易傳九卷	460
東坡先生編年詩五十卷	283
東坡全集八十四卷目錄二卷	283
東坡奏議十五卷	472
東亞各港口岸志一卷	181
東林列傳二十四卷末二卷	469
東林同難列傳一卷	95
東林同難錄一卷	95
東林書院志二十二卷	169
東林書院志二十二卷	169
東林書院志二十二卷	169
東周列國全志二十七卷一百八回	324
東周列國全志二十三卷一百八回	324
東周列國全志二十三卷一百八回	324
東周列國全志二十三卷一百八回	324
東周列國志二十七卷一百八回	324
東周列國志二十七卷一百八回	324
東垣十書	220

| 東垣十書 …………………………… 220
| 東垣十書 …………………………… 441
| 東垣十書三十二卷 ………………… 477
| 東城講舍課藝續編不分卷 ………… 346
| 東城雜記二卷 ……………………… 171
| 東城雜記二卷 ……………………… 171
| 東南海島圖經六卷 ………………… 181
| 東南海島圖經六卷 ………………… 181
| 東洋古今全史紀傳六十五卷首一卷 … 181
| 東洋史要二卷 ……………………… 181
| 東洋史要二卷 ……………………… 181
| 東洲草堂詩鈔二十七卷詩餘一卷 … 18
| 東洲草堂詩鈔三十卷詩餘一卷 …… 18
| 東都事略一百三十卷 ……………… 70
| 東都事略一百三十卷 ……………… 70
| 東都事略一百三十卷 ……………… 70
| 東都事略一百三十卷 ……………… 70
| 東華全錄四百九十四卷 …………… 76
| 東華錄十六卷（天命朝至雍正朝） … 76
| 東華錄八百四十五卷（天命朝至光緒朝）
| …………………………………… 77
| 東華錄三十二卷（天命朝至雍正朝）… 76
| 東華錄三十二卷（天命朝至雍正朝）… 76
| 東華錄四百九十四卷（天命朝至道光朝）
| …………………………………… 77
| 東華錄詳節二十四卷 ……………… 77
| 東華錄擥要一百十四卷 …………… 77
| 東海若解一卷 ……………………… 411
| 東海最樂堂刊布應驗神方不分卷 … 457
| 東海褰冥氏三十以前舊學四種 …… 397
| 東萊先生古文關鍵二卷 …………… 489
| 東萊先生左氏博議二十五卷 ……… 42
| 東萊先生左氏博議二十五卷 ……… 267
| 東萊先生增入正義音注史記詳節二十卷
| …………………………………… 470
| 東萊博議四卷 ……………………… 42
| 東萊博議四卷 ……………………… 42
| 東淘吳野人先生詩集十二卷 ……… 294
| 東越文苑六卷 ……………………… 99
| 東遊日記一卷（清光緒二十年五月初四至
| 七月初四）……………………… 182

東遊日記一卷（清光緒二十年五月初四至
　七月初四）……………………… 182
東遊草一卷 ………………………… 202
東遊偶識一卷 ……………………… 183
東遊叢錄四卷 ……………………… 182
東遊叢錄四卷 ……………………… 182
［乾隆］東湖縣志三十一卷首一卷 … 165
東槎紀略五卷 ……………………… 171
東溟文集六卷東溟外集四卷 ……… 15
［嘉慶］東臺縣志四十卷 …………… 83
［嘉慶］東臺縣志四十卷 …………… 160
東語入門二卷 ……………………… 63
東塾集六卷申範一卷 ……………… 22
東塾讀書記十五卷 ………………… 422
東塾讀書記十五卷 ………………… 422
東塾讀書記十五卷 ………………… 422
東漢文二十卷 ……………………… 490
東漢史刪三十三卷 ………………… 465
東漢會要四十卷 …………………… 122
東漢會要四十卷 …………………… 122
東漢會要四十卷 …………………… 122
東甌先正文錄十二卷栝蒼先正文錄三卷
　………………………………… 273
東歐金石志十二卷 ………………… 189
東潛文稿二卷 ……………………… 4
東還紀略一卷 ……………………… 177
東醫寶鑑二十三卷目錄二卷 ……… 457
東醫寶鑑二十三卷目錄二卷 ……… 457
東觀漢記二十四卷 ………………… 68
東觀漢記二十四卷 ………………… 68
東觀餘論二卷附錄一卷 …………… 135
事物異名錄四十卷 ………………… 243
事類統編九十三卷 ………………… 239
事類賦三十卷 ……………………… 238
事類賦三十卷 ……………………… 238
事類賦三十卷 ……………………… 248
兩山墨談十八卷 …………………… 405
兩江課藝匯編五卷 ………………… 347
兩京新記不分卷 …………………… 170
兩晉南北合纂四十卷 ……………… 470
兩般秋雨盦隨筆八卷 ……………… 424

兩般秋雨盦隨筆八卷	424	奇觚室吉金文述二十卷	190
兩浙防護錄不分卷	169	拍案驚異□□卷	425
兩浙金石志十八卷	189	抱乙子幼科指掌遺藁五卷	481
兩浙金石志十八卷補遺一卷	189	抱朴子一卷	217
兩浙輶軒錄四十卷補遺十卷	272	抱朴子内篇二十卷外篇五十卷	217
兩浙輶軒錄補遺十卷	272	抱朴子外篇五十卷	217
兩浙輶軒續錄五十四卷	272	抱素堂詩六卷補遺一卷	7
兩浙鹽法續纂備考十二卷	129	抱經堂叢書	376
兩淮歲計志略一卷	129	抱經齋詩集十四卷文集六卷	296
兩淮戰亂記一卷	88	抱潤軒文集十卷	312
兩淮鹽法志五十六卷	128	抱犢山房集六卷	502
兩朝剝復錄校證六卷	84	拙修集十卷	17
兩朝評鑑彙錄十二卷	117	拙修集十卷拙修集續編四卷拙修集補編一卷	17
兩朝評鑑彙錄十二卷	117		
兩朝評鑑彙錄十二卷	119	拙尊園叢稿六卷	307
兩湖文高等學校經學課程三卷	35	拙尊園叢稿六卷	307
兩當軒詩鈔十四卷悔存詞鈔二卷	368	拙盦叢稿	397
兩當軒詩鈔十四卷悔存詞鈔二卷	7	非石子一卷	415
兩當軒詩鈔十四卷悔存詞鈔二卷	7	卓氏藻林八卷	239
兩漢文四十卷	491	虎丘石刻僅存錄一卷舊佚錄一卷舊存今佚錄一卷	189
兩漢刊誤補遺十卷	67		
兩漢金石記二十二卷	188	虎邱山志十卷	172
兩漢紀六十卷校記一卷	72	虎邱山志十卷	204
兩漢紀六十卷校記二卷	72	虎阜志十卷首一卷	172
兩漢紀六十卷異同考一卷	72	尚友錄二十二卷	94
兩漢書辨疑四十二卷	67	尚友錄二十二卷	94
兩漢策要十二卷	262	尚友錄二十二卷	94
兩漢策要十二卷	489	尚史七十卷	468
兩漢雋言十六卷	470	尚志齋集	397
兩漢韻珠十卷	244	尚直編一卷尚理編一卷	232
兩論聯章合璧不分卷	337	尚書古文疏證八卷	34
兩論聯章採風集不分卷	342	尚書考辨四卷	35
兩疊軒尺牘十二卷	23	尚書要義二十卷	34
兩疊軒尺牘十二卷	23	尚書後案三十卷	34
兩疊軒尺牘十二卷	23	尚書後案三十卷	34
兩疊軒彝器圖釋十二卷	189	尚書約注四卷末一卷	34
兩疊軒彝器圖釋十二卷	189	尚書約注四卷末一卷	34
雨豁文集二十四卷	288	尚書集注述疏三十二卷首一卷末二卷	35
奇方類編二卷	479	尚書集注音疏十二卷	35
奇門遁甲啟悟一卷	166	尚書微一卷	461
奇冤紀聞二卷奇冤紀聞清册一卷	141	尚書微一卷	461

尚書彙纂必讀十二卷	34
尚書彙纂必讀十二卷	461
尚書讀本二卷	35
尚絅堂制藝不分卷尚絅堂律賦一卷尚絅堂試帖二卷	353
尚論篇四卷首一卷後篇四卷	446
尚論篇四卷首一卷後篇四卷	446
盱江先生全集三十七卷	282
[光緒]盱眙縣志槀十七卷	161
[光緒]盱眙縣志槀十七卷續補遺四卷校勘記一卷	87
果堂集十二卷	503
果堂集十二卷	503
味水軒日記八卷(明萬曆三十七年至四十四年)	106
味菜室吳諺詩一卷	373
[味菜廬彙刻書]	383
味閒所寄不分卷	486
味閒堂課鈔五卷味閒堂課鈔三刻二卷	354
味閒堂課鈔四卷續刻一卷三刻二卷	364
味經山館文鈔四卷味經山館詩鈔六卷	24
味經齋文集六卷	16
味經齋遺書	27
味塵軒書櫥圖說一卷李氏先賢紀年集覽一卷	433
昆山顧桂軒先生鼇峰稿五卷	498
昌谷集四卷	496
昌黎先生集四十卷外集十卷集傳一卷遺文一卷	279
昌黎先生集四十卷外集十卷遺文一卷集傳一卷點勘四卷	278
昌黎先生集考異十卷	279
昌黎先生詩集注十一卷	495
昌黎先生詩集注十一卷	495
昌黎先生詩集注十一卷[韓愈]年譜一卷	279
明十五完人手帖	195
明十五完人尺牘	195
明十五完人尺牘	195
明七子詩七卷	251
明人詩鈔正集十四卷	266
明三十家詩選初集八卷二集八卷	266
明三十家詩選初集八卷二集八卷	266
明大司馬盧公集十三卷	291
明大司馬盧公奏議十二卷首一卷	138
明王守仁高攀龍兩大儒手帖一卷	459
明王守仁高攀龍兩大儒手帖一卷	460
明太祖功臣圖一卷	221
明文才調集不分卷	342
明文必自集讀本不分卷	342
明文在一百卷	265
明文在一百卷	370
明文在一百卷	493
明文英華十卷	493
明文奇賞四十卷	493
明文奇賞四十卷	493
明文明初集不分卷二集不分卷	340
明末野史二卷	85
明史紀事本末八十卷	78
明史紀事本末八十卷	78
明史紀事本末八十卷	78
明史綱目管窺三卷	116
明史論四卷	116
明史論四卷	116
明史論四卷	116
明史緯六十八卷	114
明史藁三百十卷	71
明史藁三百十卷	71
明史雜詠二卷	202
明史雜詠二卷	202
明四子詩集	371
明夷待訪錄一卷	412
明李文正公[東陽]年譜七卷	104
明吳又可先生溫疫論醫門普度二卷	455
明拓小銀錠淳化閣帖十卷	483
明季三朝野史四卷	81
明季南北略四十二卷	78
明季南北略四十二卷	78
明季南北略四十二卷	78
明季南北略四十二卷	78
明季南北略四十二卷	78
明季稗史正編	80

明季稗史彙編	81
明季稗史彙編	81
明季稗史彙編	81
明季稗史彙編	81
明季續聞一卷	85
明治政黨小史一卷	181
明紀六十卷	76
明紀六十卷	76
明紀六十卷	76
明紀六十卷	76
明紀綱目二十卷	76
明紀綱目二十卷	76
明宮史一卷	84
明宮詞一卷	200
明通鑑一百卷	76
明通鑑一百卷	76
明通鑑九十卷坿記六卷	76
明堂大道錄八卷禘說二卷	41
明詩別裁集十二卷	266
明詩別裁集十二卷	266
明詩別裁集十二卷	266
明詩紀事甲籤三十卷乙籤二十二卷丙籤十二卷丁籤十七卷戊籤二十二卷己籤二十卷庚籤三十卷辛籤三十四卷	333
明詩綜一百卷	266
明詩綜一百卷	266
明詩綜一百卷	370
明詩綜一百卷	493
明詩選十二卷	493
明滇南五名臣遺集十卷	253
明選古文神駒六種三十卷	249
明選古文神駒六種三十卷	367
明儒學案十六卷	96
明儒學案六十二卷	96
明儒學案六十二卷	96
明醫雜著六卷	412
明鑑紀事本末八十卷	78
易氏醫按一卷	437
易通六卷	33
易堂問目四卷	50
易筋經外經圖說一卷八段錦圖一卷	224
易傳十七卷	31
易傳八卷	460
易經八卷	31
易經八卷	31
易經八卷	31
易經大全會解四卷	32
易經大全會解四卷	32
易經本義十二卷	31
易經本義十二卷首一卷	31
易經本義十二卷首一卷	31
易經本義十二卷首一卷末一卷	31
易經旁訓三卷	31
易經集粹不分卷	31
易經註疏大全合纂六十四卷首一卷周易繫辭註疏大全合纂四卷	460
易經解注傳義辨正四十四卷首二卷末二卷	33
易說醒四卷	31
易漢學八卷	32
易學提綱一卷	33
易學圖說會通八卷	32
易學圖說會通八卷	460
易憲四卷	32
易隱八卷首一卷	166
易臨診醫案不分卷	436
易齋詩稿六卷	504
易翼述信十二卷	32
易簡方便醫書六卷	456
易讀四卷	32
典文精萃不分卷	338
典制駢儷集成五卷	366
典制類林四卷	243
典故紀聞十八卷	124
典故烈女傳四卷	91
典滙十二卷	248
固菴自定草四卷人天清籟集一卷養初子筆記一卷	370
忠介遺事一卷	291
忠介遺事一卷	291
忠介遺事一卷	291

| 忠孝節義二度梅全傳六卷四十回 ……… 325
忠雅堂文集十二卷忠雅堂詩集二十七卷
　忠雅堂補遺二卷忠雅堂詞集二卷附南
　北曲 ……………………………………… 4
忠雅堂評選四六法海八卷 ……………… 261
忠雅堂評選四六法海八卷 ……………… 261
忠雅堂評選四六法海八卷 ……………… 261
忠雅堂詩集二十七卷忠雅堂補遺二卷忠
　雅堂詞集二卷 …………………………… 4
忠雅堂詩集二十七卷忠雅堂補遺二卷忠
　雅堂詞集二卷 ………………………… 368
忠義紀聞錄三十卷 ……………………… 97
忠肅集二十卷 …………………………… 282
忠經一卷 ………………………………… 44
呻吟語六卷 ……………………………… 208
呻吟語六卷 ……………………………… 208
呻吟語六卷 ……………………………… 208
呻吟語節錄六卷 ………………………… 208
邵亭遺文八卷 …………………………… 22
狀元策三十八卷 ………………………… 360
狀元閣十三經集字一卷 ………………… 51
咄咄吟二卷 ……………………………… 86
帖體詩存詳注八卷 ……………………… 356
帕米爾圖說一卷 ………………………… 167
帕米爾輯畧一卷 ………………………… 167
岡州再牘四卷梅關公牘一卷濂江公牘一
　卷高涼公牘一卷 ……………………… 140
岡州遺稿六卷 …………………………… 273
岡州遺稿增補一卷續岡州遺稿八卷 …… 273
制服成誦編一卷制服表一卷喪服通釋一
　卷 ……………………………………… 123
制服成誦編一卷制服表一卷喪服通釋一
　卷 ……………………………………… 203
制服成誦編一卷制服表一卷喪服通釋一
　卷 ……………………………………… 203
制義約選初編不分卷二編不分卷三編不
　分卷 …………………………………… 343
制義蜚英四書義一卷五經義五卷 ……… 340
制義叢話二十四卷 ……………………… 366
制義叢話二十四卷 ……………………… 366
制義叢話二十四卷 ……………………… 366 | 制義靈樞初編一卷二編一卷三編一卷四
　編一卷 ………………………………… 343
制錢通考四卷 …………………………… 192
制藝約鈔四種四卷 ……………………… 342
制藝萃珍七卷 …………………………… 343
制藝偶見初集不分卷 …………………… 337
制藝輯錄不分卷 ………………………… 343
制藝聲調譜不分卷 ……………………… 342
知不足齋叢書 …………………………… 375
知止居賦鈔不分卷 ……………………… 365
知止軒文草二卷辛壬雜筆一卷 ………… 312
知止齋詩集十六卷 ……………………… 16
知足知不足齋詩存一卷 ………………… 20
知足齋詩集二十卷知足齋文集六卷知足
　齋進呈文稿二卷知足齋詩續集四卷 … 4
知服齋叢書 ……………………………… 381
知新錄三十二卷 ………………………… 421
牧令全書五種 …………………………… 125
牧令書二十八卷 ………………………… 126
牧令書十四卷 …………………………… 126
牧民忠告一卷風憲堂忠告一卷廟堂忠告
　一卷 …………………………………… 124
牧庵雜記六卷 …………………………… 10
牧齋有學集詩註十四卷 ………………… 292
牧齋初學集詩註二十卷 ………………… 292
牧齋晚年家乘文一卷 …………………… 292
牧齋集外詩一卷牧齋集外詩補一卷 …… 292
牧齋集外詩一卷牧齋集外詩補一卷 …… 292
物不遷論辯解一卷 ……………………… 486
物料價值則例□□卷 …………………… 472
物理小識十二卷 ………………………… 488
物理學算法八卷 ………………………… 231
和文漢譯讀本八卷 ……………………… 63
和珠玉詞一卷 …………………………… 314
岳忠武王文集八卷首一卷末一卷 ……… 285
岳忠武王文集八卷首一卷末一卷 ……… 285
使西紀程二卷 …………………………… 184
使東述略一卷使東雜詠一卷 …………… 182
使俄日記八卷（清光緒二十年十月十六日
　至二十一年閏五月十七日）…………… 185
使俄草八卷 ……………………………… 185 |

使俄草八卷	185
使俄草八卷	185
使美紀略一卷	186
使德日記一卷(清光緒四年十月初二日至四年十一月二十九日)	186
例學新編十六卷	143
岱南閣叢書	376
兒易外儀十五卷	460
兒科治一卷	432
佩文詩韻釋要五卷	61
佩文詩韻釋要五卷	61
佩文詩韻釋要五卷	61
佩文詩韻釋要五卷辨正補遺一卷	61
佩文詩韻釋要五卷辨正補遺一卷	61
佩文齋書畫譜一百卷	427
佩文齋書畫譜一百卷	427
佩文齋書畫譜一百卷	427
佩文齋書畫譜一百卷	427
佩文齋詠物詩選四百八十六卷	260
佩文齋詠物詩選四百八十六卷	260
佩文齋詠物詩選四百八十六卷	260
佩文韻府一百六卷	241
佩文韻府一百六卷	241
佩文韻府一百六卷	241
佩文韻府一百六卷	241
佩文韻府一百六卷	241
佩文韻府一百六卷	241
佩文韻府一百六卷	241
佩文韻府一百六卷	488
佩弦齋尺牘一卷	308
佩秋閣詩槀二卷詞槀一卷駢文槀一卷	307
佩蘅詩鈔十二卷	21
依舊草堂遺稿一卷詞一卷	19
依歸集十卷	503
併音連聲字學集要四卷	464
欣然堂集十卷	502
征剿紀略四卷	87
征緬紀略一卷商洛行程紀一卷	86
所知集時文不分卷	338
所知集時文不分卷	338
[光緒]金山縣志三十卷首一卷	155
[光緒]金山縣志三十卷首一卷	157
金元明八大家文選	249
金元明八大家文選	371
金文四種	189
金文雅十六卷	265
金文雅十六卷	265
金文雅十六卷	265
金文最一百二十卷	265
金文最六十卷	265
金文靖公前北征錄一卷金文靖公後北征錄一卷	84
金正希先生傳稿初集不分卷	348
金石文鈔八卷續鈔二卷	188
金石存十五卷	188
金石存十卷	188
金石例十卷	191
金石契不分卷	187
金石契不分卷	187
金石索十二卷	187
金石索十二卷	187
金石索十二卷	187
金石屑不分卷	187
金石萃編一百六十卷	160
金石萃編一百六十卷	188
金石萃編一百六十卷	188
金石萃編一百六十卷續編二十一卷	188
金石萃編一百六十卷續編二十一卷補正四卷	188
金石彙目分編二十卷	187
金石圖說四卷	187
金石綜例四卷	192
金石綜例四卷	192
金石學錄補四卷	188
金石錄三十卷	187
金石錄三十卷札記一卷存目一卷	187
金石錄三十卷札記一卷存目一卷	187
金石錄補二十七卷石門碑醳一卷	187
金石錄補二十七卷續跋七卷	187
金石續編二十一卷	317
金石續錄四卷	188
金史一百三十五卷	71

金史一百三十五卷	466	金雀記二卷	319
金史詳校十卷史論五答一卷	71	金壺七墨	411
金仙証論一卷慧命經一卷	236	金壺七墨十八卷	424
金門稿六卷	295	金韜籌筆四卷	132
金忠節公文集八卷首一卷	291	金韜籌筆四卷	132
金忠節公文集四卷	368	金韜籌筆四卷	132
金華徵獻略二十卷	99	金粟山房古今體詩初集□□卷	303
金華叢書	386	金湯借箸十二籌十二卷	218
金剛三昧經通宗記十二卷首一卷末一卷	256	金鈴集十二卷	363
金剛三昧經通宗記十二卷首一卷末一卷	407	金鈴集十卷	363
金剛般若波羅密經二卷	203	金詩選四卷	265
金剛般若波羅密經石注一卷	204	金詩選四卷	265
金剛般若波羅密經句解易知二卷	308	金詩選四卷	265
金剛般若波羅密經句解易知二卷	403	金詩選四卷	265
金剛般若波羅密經句解易知二卷	405	金詩選四卷	265
金剛般若波羅密經宗通九卷	288	金源紀事詩八卷	120
金剛般若波羅密經講義一卷	308	金源紀事詩八卷	120
金剛經百家集注大成不分卷	204	金匱心典三卷	223
金剛經直解一卷	223	金匱心典三卷	223
金剛經直解一卷	301	金匱心典三卷	446
金剛經直解一卷	304	金匱心典三卷	446
金剛經受持靈驗記一卷	308	金匱玉函經二註二十二卷補方一卷十藥神書一卷	223
金剛經注解不分卷	246	金匱要略直解三卷	480
金剛經解義二卷心經解義一卷	308	金匱要略淺注補正九卷	446
金剛經解義二卷心經解義一卷	403	金匱懸解二十二卷	446
金剛經詳釋二卷	405	［光緒］金壇縣志十六卷	159
金剛經鐵錂銘句解二卷	406	［同治］金豁縣志三十六卷首一卷末一卷	165
金剛經讀本注解二卷	288	金鏡內臺方議十二卷	479
金海樓合稿二卷綠窗吟草女史題詞一卷	304	金蘭集三卷畊漁軒遺書一卷	493
金陵兵事彙略四卷	88	金蘭續集一卷	493
金陵奎光書院課藝不分卷	347	金罍子四十四卷	484
金陵癸甲摭談一卷	87	采香詞四卷	316
金陵癸甲摭談一卷粵逆名目錄一卷	87	采風類記十卷	494
金陵惜陰書舍賦鈔四卷	365	采菽堂古詩選三十八卷補遺四卷	258
金陵詩徵四十四卷	270	采菽堂古詩選三十八卷補遺四卷	371
金陵歷代建置表不分卷	170	采菽堂古詩選三十八卷補遺四卷	490
金陵舉義文存一卷	88	受持佛說阿彌陀經行願儀一卷	198
金陵叢刻	385	受恒受漸齋集十二卷	21
		受祺堂文集四卷續集四卷	298

| 爭春園全傳四十八回 …………… 324
| 念佛十鏡一卷 ………………… 233
| 念佛四大要訣一卷 …………… 233
| 念佛百問一卷 ………………… 233
| 念佛警策二卷 ………………… 233
| 朋舊遺詩合鈔二十二卷 ……… 368
| 周子全書 ……………………… 388
| 周氏家譜十卷 ………………… 108
| 周氏醫學叢書 ………………… 440
| 周文忠公尺牘二卷雜文一卷 … 13
| 周布衣書魏碑感應篇一卷 …… 459
| 周吏部[順昌]年譜一卷 ……… 201
| 周吏部[順昌]年譜一卷 ……… 291
| 周吏部[順昌]年譜一卷 ……… 291
| 周吏部[順昌]年譜一卷 ……… 291
| 周行備覽六卷 ………………… 151
| 周易口訣義六卷 ……………… 31
| 周易引經通釋十卷 …………… 32
| 周易孔義三卷 ………………… 460
| 周易孔義集說二十卷 ………… 32
| 周易本義十二卷 ……………… 27
| 周易本義十二卷 ……………… 30
| 周易本義十二卷 ……………… 30
| 周易本義四卷 ………………… 31
| 周易本義辯證五卷 …………… 32
| 周易四卷 ……………………… 30
| 周易附說一卷讀孟子劄記一卷 … 33
| 周易玩辭十六卷 ……………… 31
| 周易要義二卷 ………………… 64
| 周易音義一卷 ………………… 31
| 周易姚氏學十六卷 …………… 33
| 周易校辨三卷 ………………… 33
| 周易理數貫四卷 ……………… 33
| 周易理數貫四卷 ……………… 33
| 周易參同契發揮三卷釋疑一卷 … 31
| 周易補註十一卷 ……………… 460
| 周易虞氏略例一卷 …………… 33
| 周易虞氏義九卷周易虞氏消息二卷 … 32
| 周易虞義直解十一卷 ………… 32
| 周易傳義二十四卷 …………… 460
| 周易傳義大全二十四卷 ……… 31

周易傳義大全二十四卷綱領一卷朱子圖說一卷 …………… 460
周易傳義合訂十二卷 ………… 32
周易傳義音訓八卷首一卷末一卷 … 31
周易義海撮要十二卷 ………… 31
周易經典證略十卷末一卷 …… 33
周易鄭氏注箋釋十六卷首一卷考證一卷 …………………… 33
周易鄭氏注箋釋十六卷首一卷考證一卷 …………………… 34
周易審義四卷 ………………… 33
周易審義四卷 ………………… 33
周易臆解四卷圖說二卷 ……… 33
周易翼十卷 …………………… 33
周易翼釋義一卷 ……………… 33
周易闡真四卷首一卷 ………… 33
周易讀翼揆方十卷舉要一卷 … 32
周忠介公爐餘集三卷 ………… 291
周忠介公爐餘集三卷 ………… 291
周忠介公爐餘集三卷 ………… 291
周季編略九卷 ………………… 75
周季編略九卷 ………………… 75
周官地圖一卷賦一卷 ………… 38
周官故書考四卷論語魯讀考一卷 … 38
周官參證二卷 ………………… 38
周官參證二卷 ………………… 38
周官集注十二卷 ……………… 38
周官祿田考三卷 ……………… 461
周官精義十二卷 ……………… 38
周官辨一卷 …………………… 37
周恭肅公集十六卷附錄一卷 … 499
周莊鎮志六卷首一卷 ………… 156
周莊鎮志六卷首一卷 ………… 156
周烈士傳一卷 ………………… 95
周烈士傳一卷 ………………… 95
周書五十卷 …………………… 466
周書斠補四卷 ………………… 69
周澂之評注醫書八種 ………… 441
周憩亭集十卷首一卷 ………… 16
[周憲曾行述行狀]不分卷 …… 101
周禮十二卷 …………………… 37

周禮十二卷	37
周禮六卷	37
周禮六卷	37
周禮正義八十六卷	38
周禮正義八十六卷	38
周禮折衷四卷師友雅言一卷	37
周禮述注二十四卷	37
周禮注疏刪翼三十卷	37
周禮政要二卷	38
周禮指掌七卷	38
周禮集註七卷	461
周禮註疏十八卷	461
周禮節訓六卷	64
周禮疑義舉要八卷	38
周禮精華六卷	38
周禮輯要六卷	461
周禮輯義十二卷	38
周禮學一卷	38
周禮總義六卷首一卷	38
周犢山文稿不分卷	354
匌雅三卷	434
匌齋藏印□□集	431
京口三山志十卷	172
京口三山志七十二卷	172
京口山水志十八卷首一卷	172
京江耆舊集十三卷	270
京師大學堂章程一卷	130
京師地名對二卷	170
京師通各省會城道里記一卷	151
京塵雜錄	397
京畿金石考二卷	188
夜雨秋燈錄初集四卷續集四卷三集四卷	426
夜譚隨錄十二卷	423
庚巳編四卷	415
庚子赴行在日記一卷(清光緒二十六年十二月二十一日至光緒二十七年一月二十八日)	108
庚子赴行在日記一卷(清光緒二十六年十二月二十一日至光緒二十七年一月二十八日)	108
庚子赴行在日記一卷(清光緒二十六年十二月二十一日至光緒二十七年一月二十八日)	108
庚子海外紀事四卷	90
庚子海外紀事四卷	90
庚子國變彈詞四十卷	322
庚子銷夏記八卷	426
庚子銷夏記八卷	426
庚辰集五卷	363
庚辰集五卷	363
庚辰會墨一卷己卯科直省鄉墨十七卷	360
庚辛泣杭錄十六卷	87
庚寅恩科會墨一卷	359
放翁題跋六卷家訓一卷	286
於越先賢像傳不分卷	330
於越先賢像傳贊二卷	99
性命圭旨四集	482
性命圭旨四集	482
性命要旨二卷補遺一卷	236
性命雙脩萬神圭旨四卷	235
性命雙脩萬神圭旨四卷	236
性理大全七十卷	207
性理大全會通七十卷續編四十二卷	207
性理四書注釋七卷	458
性理會通七十卷續編四十二卷	476
性理精義十二卷	208
性理精義十二卷	208
性理輯要八卷	208
怪疾奇方一卷	454
怡軒課徒草初集不分卷二集不分卷	351
怡軒課徒草初集不分卷二集不分卷	355
怡雲堂詩集四卷	307
卷勺園集三卷壽言一卷	273
炎徼紀聞四卷	78
法苑珠林一百卷	233
法界聖凡水陸普度大齋勝會儀軌會本六卷	234
法律學研究術三章	145
法律學綱領六章	145
法國志略二十四卷	185
法國政教考略四卷	185

法國經世輯要一卷	246	治平通議八卷	134
法國經世輯要一卷	246	治河方略十卷	175
法學通論一卷	246	治荷隨筆二卷	127
法學通論一卷	248	治浙成規八卷	65
河工策要四卷	175	治家格言釋義二卷	210
河上易註八卷圖說二卷	32	治家格言釋義二卷	210
河北采風錄一卷宋州從政錄一卷彰德府七縣水道圖一卷懷慶府八縣水道圖一卷	175	治痘對癥說要二卷	436
河防志十二卷	175	治經齋稿不分卷	349
河東君傳一卷	100	宗教律諸家演派一卷	411
河岳英靈集三卷	491	宗統編年三十二卷首一卷	232
河南先生文集二十七卷坿錄一卷	281	宗鏡錄一百卷	486
河南邵氏聞見後錄十卷	404	定山堂古文小品二卷	294
河南邵氏聞見前錄二十卷	404	定山堂詩集四十三卷詩餘四卷	294
河南程氏全書(二程全書)	107	定山堂遺書六十四卷	294
河南程氏全書(二程全書)	388	定列彙編不分卷(乾隆十八年至光緒二十年)	143
河南試牘一卷	361	定香亭筆談四卷	415
河洛精蘊一卷	433	定香亭筆談四卷	415
河洛精蘊九卷	32	定峰文選二卷	297
河海昆侖錄四卷	177	定峰文選二卷	297
河海昆侖錄四卷	177	定峰文選二卷	297
河海昆侖錄四卷	177	定峰樂府十卷諸公論樂府書一卷定律軼詩一卷	297
河海昆侖錄四卷	177	定峰樂府十卷諸公論樂府書一卷定律軼詩一卷	297
河間試律矩二卷	350	定峰樂府十卷諸公論樂府書一卷定律軼詩一卷	297
河圖洛書解一卷	234	定國誌安邦中集二十卷	321
況太守集十六卷補遺一卷	288	定國誌安邦中集二十卷	321
況太守集十六卷補遺一卷	458	定國誌安邦中集二十卷	321
況太守集十六卷補遺一卷	459	定國誌安邦中集二十卷	321
泖東草堂筆記二十卷	404	定盦文集十六卷	17
泖東草堂筆記二十卷	404	定盦文集三卷定盦續集一卷定盦別集一卷定盦文集補編四卷	17
泖溪詩存二卷	272	定盦文集三卷定盦續集四卷定盦文集補五卷	17
注華嚴法界觀門一卷	406	定盦文集三卷續集四卷	373
注解傷寒論十卷	222	定盦文集補編四卷	17
注解傷寒論十卷	446	定盦文集補編四卷	17
注解傷寒論十卷	479	定盦全集十六卷	17
注釋古周禮五卷考工記一卷	37	宜稼堂叢書	377
治平六策一卷	140		
治平六策一卷	140		
治平六策一卷	140		
治平通考會纂十卷	127		

宜稼堂叢書	377	姑溪居士集七十卷校勘記一卷	284
[光緒]宜興荆谿縣新志十卷首一卷末一卷	158	姑誦草堂遺藁二卷	369
官幕同舟錄二卷急救應驗諸方一卷	204	姓氏急就篇二卷	239
空策一卷	367	姓氏急就篇二卷	239
宛志摘題試帖二卷	357	姓氏源流一卷	243
宛陵先生文集六十卷	496	姓觿十卷	239
郎潛紀聞十四卷二筆十六卷	417	始終心要一卷	359
郎潛紀聞十四卷二筆十六卷	417	始豐稾十四卷補遺一卷附錄一卷	288
郎潛紀聞七卷二筆八卷三筆六卷	417	孟久初敦詩一卷	22
祈嗣真詮一卷	481	孟子文椒七卷	339
建文年譜四卷	104	孟子正義三十卷	47
建文書法儗前編一卷正編二卷附編二卷	468	孟子音義二卷	46
		孟子音義二卷	46
建威將軍徐軍門生傳不分卷	102	孟子集註十四卷	462
建康實錄二十卷	66	孟子集註七卷	46
居易金箴二卷	209	孟子集註七卷	384
居易金箴二卷	209	孟子集註大全十四卷	47
居易錄三十四卷	329	孟子疏畧七卷	47
居易錄三十四卷	330	孟子編年四卷	103
居家必備	374	孟子學一卷	47
居業堂文集二十卷首一卷	298	孟子雜記四卷	47
居業堂文集二十卷首一卷	298	孟志編略六卷	100
屈子貫五卷	275	孟東野集十卷附錄一卷追昔遊詩三卷	279
屈宋古音義三卷	62	孟東野集十卷附錄一卷追昔遊詩三卷	279
弧三角舉隅一卷	228	孟和詩草二卷	310
弦雪居重訂遵生八牋十八卷	405	孟和詩草二卷	310
弦雪居重訂遵生八牋十九卷目錄一卷	405	孟和詩草二卷	310
弦雪居重訂遵生八牋十九卷目錄一卷	436	孟亭居士文稿五卷	1
弢甫集十四卷	503	孟晉齋詩集二十四卷	504
弢華館詩稿一卷	305	孟晉齋詩集四卷	8
弢園文錄外編十二卷	304	孟塗文集十卷駢體文二卷	372
弢園文錄外編十二卷	304	孟題一新不分卷	342
弢園尺牘十二卷續鈔六卷	304	孤忠錄二卷	100
弢園尺牘續鈔六卷	10	孤忠錄二卷	100
弢園尺牘續鈔六卷	304	孤忠錄二卷	139
弢園尺牘續鈔六卷	304	孤嶼志八卷	172
弢園尺牘續鈔六卷	304	孤鷰吟一卷	308
陔餘叢考四十三卷	145	函史上編八十一卷下編二十一卷	464
陔餘叢考四十三卷	420	函海	375
陔餘叢考四十三卷	420	函樓文鈔九卷奏稿一卷制義一卷	303
		函樓詩鈔九卷因遇詩一卷詞鈔二卷	303

九畫

契丹國志二十七卷 …………… 83
契文舉例二卷 ……………… 192
奏定北洋練兵營制餉章一卷 …… 130
奏定學堂章程二十種 ………… 130
奏疏分類便覽不分卷 ………… 137
奏摺譜一卷 ………………… 124
奏遵旨覈議總稅務司赫德條陳籌餉節略
　虛誕太甚窒礙難行據實覆陳摺一卷 … 128
奏擬編湖北常備軍制分設兩鎮添練兵隊
　酌擬餉數並設立參謀執法督操經理四
　項營務處摺一卷 …………… 129
奏議同治大婚禮節一卷 ……… 123
春在堂尺牘六卷 …………… 302
春在堂尺牘六卷 …………… 302
春在堂全書 ………………… 395
春在堂全書 ………………… 395
春在堂全書 ………………… 395
春在堂全書校勘記一卷 ……… 197
春在堂全書錄要一卷 ………… 197
春在堂詩編十二卷詞錄三卷 …… 302
春在堂襍文二卷續編五卷三編四卷四編
　八卷五編八卷六編十卷補遺六卷 …… 302
春林僊館遺稿一卷 ………… 370
春雨樓叢書 ………………… 396
春明退朝錄三卷 …………… 124
春明盍簪集試帖八卷 ………… 360
春明鄉會墨選不分卷二編一卷 … 358
春草堂集 …………………… 392
春草堂集 …………………… 393
春秋三書三十二卷 …………… 462
春秋大事表五十卷春秋輿圖一卷附錄一
　卷 ……………………… 462
春秋大事表五十卷輿圖一卷附錄一卷 … 43
春秋大事表五十卷輿圖一卷附錄一卷 … 43
春秋王霸列國世紀編三卷 ……… 42
春秋五種五十六卷 …………… 41
春秋不傳十二卷 …………… 44
春秋比事參義十六卷 ………… 44

春秋公羊傳二十八卷 ………… 44
春秋公羊傳十二卷 …………… 44
春秋公羊傳十二卷 ………… 462
春秋公羊經傳解詁十二卷 …… 462
春秋公法比義發微六卷 ……… 44
春秋正辭十一卷春秋舉例一卷春秋要指
　一卷 ……………………… 44
春秋世族譜一卷 …………… 462
春秋左氏傳事類始末五卷附錄一卷 … 42
春秋左氏傳補注十二卷 ……… 44
春秋左氏傳賈服輯述二十卷 …… 44
春秋左氏傳賈服註輯述二十卷 … 44
春秋左傳三十卷 …………… 462
春秋左傳五十卷 …………… 42
春秋左傳五十卷 …………… 42
春秋左傳五十卷 …………… 42
春秋左傳五十卷 …………… 42
春秋左傳五十卷 …………… 42
春秋左傳五十卷 ………… 269
春秋左傳五十卷 ………… 462
春秋左傳分類賦四卷 ………… 240
春秋左傳杜註三十卷 ……… 462
春秋左傳杜註三十卷首一卷 …… 43
春秋左傳杜註三十卷首一卷 …… 43
春秋左傳詁二十卷 …………… 43
春秋左傳類對賦一卷 ………… 240
春秋左傳類對賦一卷 ………… 240
春秋平議一卷 ……………… 45
春秋四傳三十八卷提要一卷春秋二十國
　年表一卷諸國興廢說一卷 ……… 462
春秋列國圖說一卷 …………… 42
春秋列國圖說一卷 …………… 42
春秋列國圖說一卷 ………… 269
春秋年表一卷 ……………… 41
春秋名號歸一圖二卷 ………… 41
春秋春王正月考一卷辨疑一卷 … 42
春秋胡傳三十卷首一卷 ……… 42
春秋指掌三十卷附二卷 …… 462
春秋皇綱論五卷 …………… 41
春秋師說三卷附錄二卷 ……… 42
春秋董氏學八卷 …………… 44

春秋提要一卷	42	政學錄初稿八卷	97
春秋提要一卷	42	政學叢書	136
春秋提要一卷	269	政藝叢書	384
春秋詠事詩三卷	120	郝氏遺書	392
春秋詠事詩三卷	120	郝氏遺書	392
春秋匯四卷	44	郝文忠公陵川文集三十九卷附錄一卷	287
春秋經傳比事二十二卷	44	荆川文集十八卷	290
春秋經傳集解三十卷	41	荆州記三卷	171
春秋經傳集解三十卷	461	荆州記三卷	171
春秋經傳類聯不分卷	240	荆州記三卷	218
春秋箋例三十卷首一卷	44	荆釵記二卷	318
春秋算法題目一卷	44	荆溪任太史稿不分卷	353
春秋穀梁傳十二卷	44	荆駝逸史	80
春秋辨疑四卷	42	荆駝逸史	80
春秋繁露十七卷	44	荆駝逸史	80
春秋繁露十七卷附錄一卷	462	草木子四卷	199
春秋類對賦一卷	42	草木子四卷	200
春秋權衡十七卷	41	草木子四卷	200
春秋體註大全四卷	44	草字彙十二卷	58
春酒堂文集一卷	294	草字彙十二卷	64
春浮園文集二卷附錄一卷	500	草字彙十二卷	64
春雲詩鈔六卷	360	草字彙十二卷	64
春暉堂叢書	377	草堂詩餘十六卷	505
春暉堂叢書	377	草堂詩餘正集六卷續集二卷別集四卷新集五卷	505
春暉堂叢書	377		
春樹齋叢說不分卷	402	草堂詩餘正集六卷續集二卷別集四卷新集五卷	505
春樹齋叢說不分卷天步真原中卷一卷	194		
春融堂集	391	草堂詩餘四卷	505
春融堂集	457	草訣辨疑一卷	483
珂雪詞二卷補遺一卷	314	草聖彙辯不分卷	483
珍珠塔寶卷全集二卷	323	草韻彙編二十六卷首一卷	57
珍珠囊指掌補遺藥性賦四卷	221	草韻彙編二十六卷首一卷	64
珍珠囊指掌補遺藥性賦四卷	388	茶香室經說十六卷	51
珊瑚舌雕談初筆八卷	425	茶香室叢鈔二十三卷	417
珊瑚舌雕談初筆八卷	425	茶餘客話二十二卷	423
封氏聞見記十卷	435	茶磨山人詩鈔八卷	306
[順治]封丘縣志九卷首一卷	165	荀子二十卷	205
封泥攷略十卷	432	荀子二十卷	476
城北詩卷一卷	363	荀子二十卷校勘補遺一卷	205
政教進化論一卷	246	荀子二十卷校勘補遺一卷	205
政群源流考二卷	246	荀子集解二十卷首一卷	205

荀子集解二十卷首一卷	205
荀子補注二卷	205
茗柯文四編五卷	9
茗柯文四編五卷	9
茗柯文四編五卷	9
茗雪山房二種曲	318
茗韻軒遺詩一卷	16
荒政瑣言一卷	129
故唐律疏義三十卷	142
故清遺老嚴雁峰先生行狀一卷	103
胡天游文集五卷補遺一卷	301
胡少師總集六卷首一卷附錄一卷	285
胡文忠公遺集十卷首一卷	23
胡文忠公遺集十卷首一卷	23
胡文忠公遺集八十六卷首一卷	23
胡文忠公遺集八十六卷首一卷	23
胡文忠公遺集八十六卷首一卷	379
胡思泉先生全藁不分卷	348
胡蝶詩三百六十首	310
胡慶餘堂丸散膏丹全集五卷	452
[胡慶餘堂等藥房丸散膏丹彙集]不分卷	222
胡澹庵文集三十二卷	285
茹氏經學十二種	27
荔雨軒文集六卷續集八卷詩集十二卷詩餘一卷	22
荔園詞二卷	316
荔墙叢刻	378
荔牆詞一卷	316
南山集十四卷補遺三卷	298
南天痕二十六卷	85
南天痕二十六卷	85
南北史捃華八卷	114
南北史補志十四卷	66
南北史識小錄二十八卷	114
南北史識小錄二十八卷	114
南北宋演義全傳二十卷	326
南北朝文鈔二卷	256
南北朝文歸四卷	490
南田志略	68
南史八十卷	66
南史八十卷	466
南史八十卷	466
南皮節相保存國粹疏一卷	140
南皮節相保存國粹疏一卷	140
南皮節相保存國粹疏一卷	140
[光緒]南皮縣志十五卷首一卷末一卷	152
南江文鈔十卷	6
南江文鈔四卷南江札記四卷	504
南巡盛典一百二十卷	123
南巡盛典一百二十卷	471
南巡盛典一百二十卷	471
南巡盛典一百二十卷	472
南沙贈言不分卷	274
南宋文範七十卷作者考二卷采取書目一卷外編四卷	265
南宋文範七十卷作者考二卷采取書目一卷外編四卷	265
南宋文範七十卷作者考二卷采取書目一卷外編四卷	265
南宋文錄錄二十四卷	265
南宋書六十八卷	70
南宋書六十八卷	70
南宋群賢小集	250
南宋群賢詩選十二卷	492
南宋雜事詩七卷	200
南宋雜事詩七卷	200
[乾隆]南昌府志七十六卷首一卷末一卷	165
南省公餘錄八卷	125
南屏贅語八卷	141
南華真經旁注五卷	216
南華真經評註十卷	476
南華真經解三卷	216
南華真經解三卷	413
南華發覆八卷	216
南華經鈔四卷	216
南華經解三卷	216
南軒先生文集四十四卷	286
南軒先生孟子說七卷	46
南軒先生孟子說七卷	47
南軒先生孟子說七卷	47

南軒先生論語解十卷	46
南高平物產記二卷	220
南海九江朱氏家譜十二卷	108
南海百咏一卷	200
南海先生五上書記一卷	134
南海先生戊戌奏稿一卷	140
南海先生詩集四卷	505
[道光]南宮縣志十六卷圖一卷	152
南菁文鈔二集六卷	347
南菁文鈔三集十六卷	347
南菁札記	382
南菁札記	398
南菁書院叢書	379
南菁書院叢書	379
南菁講舍文集七卷	347
南菁講舍文集六卷	28
南菁講舍文集六卷	32
南菁講舍文集六卷	347
南淮集三卷	296
南梁詩課不分卷	362
南陽講習堂課藝小品竿木集不分卷	506
南越遊記三卷	178
南遊記一卷	177
南遊記一卷	177
南遊記一卷	474
南湖水利圖考一卷	176
南湖詩集十一卷	309
南渡錄四卷	83
[光緒]南匯縣志二十二卷首一卷末一卷	157
南雷文定前集十一卷後集四卷三集三卷四集四卷附錄一卷	293
南齊書五十九卷	69
南齊書五十九卷	69
南齊書五十九卷	466
南漢書十八卷考異十八卷文字略四卷叢錄二卷	83
南漘楛語八卷	422
南澗甲乙稿二十二卷	286
南潯鎮志四十卷首一卷	162
南學會章程一卷	130
南窗雜志□□卷	426
南嶽志八卷	173
南疆繹史五十六卷	71
南疆繹史五十六卷	71
柯山集五十卷	283
柯庭餘習十二卷	503
柯家山館遺詩六卷詞三卷	13
相宗八要直解八卷	408
相宗八要解八卷	345
相宗八要解八卷	430
相臺書塾刊正九經三傳沿革例一卷	49
柏梘山房文集十六卷柏梘山房文續集一卷柏梘山房駢體文二卷柏梘山房詩集十卷柏梘山房詩續集二卷	15
柏梘山房全集三十一卷	15
柏梘山房全集三十一卷	15
柏堂遺書	395
柳文四十三卷別集二卷外集二卷附錄一卷	279
柳文四十三卷別集二卷外集二卷附錄一卷	495
柳州醫話良方一卷	438
柳如是詩一卷	292
柳如是詩一卷	292
柳南文鈔六卷詩鈔十卷	300
柳南詩鈔十卷	300
柳南詩鈔十卷	300
柳南隨筆六卷	484
柳柳州外集一卷	279
柳柳州外集一卷附錄一卷	279
柳選四家醫案十二種	438
柹影樓詩稿不分卷	310
柹影樓詩稿不分卷	310
栟湖文集十二卷	20
栟湖文錄八卷	20
[雍正]勅修浙江通志二百八十卷首三卷	161
[雍正]勅修浙江通志二百八十卷首三卷	162
[嘉慶]咸寧縣志二十六卷首一卷	153
咸豐以來功臣別傳三十卷	97

咸豐以來功臣別傳三十卷	97
咸豐以來功臣別傳三十卷	97
咸豐象山粵氛紀實一卷	88
威廉振興荷蘭紀略四卷	186
耐冷譚十六卷耐冷續譚六卷	332
耐寒樓試帖註釋八卷	356
尨書一卷	418
尨書一卷	418
持靜齋書目五卷持靜齋藏書記要二卷	195
括蒼金石志十二卷續四卷	189
括蒼金石記十二卷續四卷	189
拾雅二十卷	52
拾雅二十卷	52
指月錄三十二卷	410
指月錄三十二卷	410
貞烈編不分卷	103
貞豐詩萃五卷	271
貞豐詩萃五卷	371
貞觀政要十卷	83
貞觀政要集論十卷	468
省身錄十卷	209
省軒考古類編十二卷	242
省軒考古類編十二卷	242
省軒考古類編十二卷	242
省軒考古類編十二卷	488
省庵法師語錄二卷	411
省園會藝不分卷	338
是中國民覆南皮張尚書書一卷	88
是亦良方一卷	456
則古昔齋算學	247
則古昔齋算學	247
則古昔齋算學	247
則堂先生春秋集傳詳說三十卷綱領一卷	42
星土釋三卷首一卷	226
星命須知一卷	403
星軺日記類編七十六卷	180
星湄詩話二卷	332
星經二卷	402
星算補遺	224
星軺玫轍四卷	131
星軺玫轍四卷	131
星齋文稿初刻三卷二刻四卷補遺一卷紫竹山房塾課文稿一卷	353
昨夢齋文集四卷	19
昭代名人尺牘二十四卷小傳二十四卷	203
昭代名人尺牘小傳二十四卷	200
昭代名人尺牘續編六卷	306
昭代名人論策讀本十三卷	347
昭代叢書	375
昭代叢書	375
昭忠錄一卷	469
昭忠錄九十卷前編六卷補遺三十卷再續九卷	99
昭忠錄補遺四續十卷	99
昭陽述舊編三卷	171
昭德先生郡齋讀書志二十卷首一卷	196
昭德先生郡齋讀書志二十卷首一卷	196
昭德先生郡齋讀書志二十卷趙希弁後志二卷	196
昭德先生郡齋讀書志五卷後志二卷	197
畏壘山人詩集四卷	503
毗陵六逸詩鈔二十三卷	494
毗陵集十六卷	497
毘陵左氏識字書不分卷	53
毘陵呂氏族譜二十二卷首一卷末一卷	201
毘陵科第考八卷	111
虹橋老屋遺稿九卷	24
思忠錄不分卷	100
思亭文鈔二卷	3
思圃錄一卷	494
思益堂日札十卷	417
思益堂詩鈔六卷詞鈔一卷古文二卷日札十卷	24
思貽堂詩集十二卷思貽堂詩續存八卷	19
思痛記二卷	87
思補齋文集四卷	1
思補齋筆記八卷	416
思補齋詩集六卷	12
思誠堂集八卷	8
思誤齋詩鈔二卷思誤齋詩餘一卷	16
思誤齋詩鈔二卷思誤齋詩餘一卷	16

思綺堂文集十卷 ………………………… 295	秋士先生遺集六卷 ……………………… 6
思樂書屋截搭不分卷 …………………… 355	秋水邨莊詩鈔四卷 ……………………… 8
思辨錄輯要前集二十二卷後集十三卷 … 208	秋水池堂集十二卷 ……………………… 253
韋齋集十二卷 …………………………… 497	秋水軒詩選一卷秋水軒詞一卷………… 19
韋蘇州集十卷 …………………………… 278	秋江集註六卷 …………………………… 368
品花寶鑑八卷六十回 …………………… 328	秋江游艸一卷 …………………………… 1
品花寶鑑六十回 ………………………… 328	秋華堂詩一卷 …………………………… 311
品花寶鑑六十回 ………………………… 328	秋崖先生小藁四十五卷又三十八卷 …… 498
咽喉經驗秘傳一卷 ……………………… 450	秋笻集八卷 ……………………………… 501
咳嗽治法一卷 …………………………… 448	秋詩又新集二卷西湖名勝試帖補編一卷
峒谿織志三卷志餘一卷 ………………… 171	…………………………………………… 362
幽夢影 …………………………………… 209	秋影樓詩集九卷 ………………………… 299
幽夢續影 ………………………………… 209	秋影樓詩集九卷 ………………………… 299
拜石山房詞鈔四卷 ……………………… 315	秋潭外集十六卷 ………………………… 6
拜石山房詞鈔四卷 ……………………… 315	秋樹讀書樓遺集十六卷 ………………… 14
拜石山房詞鈔四卷 ……………………… 315	科場異聞錄二十一卷附一卷 …………… 426
拜石山房詞鈔四卷 ……………………… 315	科學書目提要初編一卷 ………………… 198
矩齋籌算六種 …………………………… 225	重刊五百家註音辯昌黎先生文集四十卷
香祖筆記十二卷 ………………………… 330	…………………………………………… 370
香祖筆記十二卷 ………………………… 331	重刊五百家註音辯昌黎先生文集四十卷
香祖筆記十二卷 ………………………… 331	…………………………………………… 279
香祖筆記十二卷 ………………………… 331	重刊五百家註音辯昌黎先生文集四十卷
香屑集十八卷首一卷末一卷 …………… 301	…………………………………………… 279
香屑集十八卷首一卷末一卷 …………… 301	重刊史鑑節要便讀六卷 ………………… 113
香屑集十八卷首一卷末一卷 …………… 301	重刊宋本十三經註疏附校勘記 ………… 25
香屑集十八卷首一卷末一卷 …………… 301	重刊明成化本東坡七集一百十卷校記二
香雪文鈔十二卷 ………………………… 2	卷 ………………………………………… 282
香雪亭新編耆英會記二卷 ……………… 371	重刊明成化本東坡七集一百十卷校記二
香溪文稿不分卷 ………………………… 353	卷 ………………………………………… 371
香墅漫鈔四卷續四卷又續六卷 ………… 420	[嘉慶]重刊宜興縣志四卷首一卷 ……… 158
香樹齋文集二十八卷文集續鈔五卷詩集	[嘉慶]重刊宜興縣志四卷首一卷 ……… 158
十八卷詩續集三十六卷年譜三卷 …… 300	[嘉慶]重刊宜興縣舊志十卷首一卷末一
香樹齋詩續集十四卷 …………………… 300	卷重刊宜興縣志四卷首一卷 ………… 158
香禪精舍集 ……………………………… 397	重刊官話合聲字母序例及關係論說不分
香禪精舍集 ……………………………… 397	卷 ………………………………………… 63
香禪精舍集遊記二卷(清光緒七年三月初	重刊拜經樓叢書七種 …………………… 375
四至五月十三日)……………………… 148	重刊俞天池先生痧痘集解六卷 ………… 450
香豔小品 ………………………………… 411	重刊校正唐荊川先生文集十二卷新刊外
香豔叢書二十集 ………………………… 411	集三卷附錄一卷補遺五卷 …………… 290
香豔叢書二十集 ………………………… 411	重刊校正笠澤叢書四卷補遺一卷 ……… 281
秋士先生遺集六卷 ……………………… 6	重刊校正笠澤叢書四卷補遺一卷 ……… 281

重刊校正笠澤叢書四卷補遺一卷續補遺一卷	496
重刊校正笠澤叢書四卷補遺詩一卷	496
重刊許氏說文解字五音韻譜十二卷	64
重刊許氏說文解字五音韻譜十二卷	463
重刊巢氏諸病源候總論五十卷	478
重刊補注洗冤錄集證六卷	144
重刊補注洗冤錄集證六卷	144
重刊補註洗冤錄集證六卷	200
[弘治]重刊興化府志五十四卷	164
重刻天俿子全集十卷首一卷末一卷	291
重刻勁節樓圖紀三卷	101
重刻勁節樓圖紀三卷首一卷末一卷	275
重刻咽喉脈證通論一卷	451
重刻活幼心法大全二卷	481
重刻徐筆峒先生遵註參訂詩經八卷	36
重刻剡川姚氏本戰國策札記三卷	82
重刻剡川姚氏本戰國策札記三卷	82
重刻剡川姚氏本戰國策札記三卷	82
重刻剡川姚氏本戰國策札記三卷	82
重刻剡川姚氏本戰國策札記三卷	82
重刻添補傳家寶俚言新本初集八卷二集八卷三集八卷四集八卷	211
重刻添補傳家寶俚言新本初集八卷二集八卷三集八卷四集八卷	211
重刻游杭合集一卷	24
重刻畸人十篇二卷	237
重刻資治通鑑綱目全書一百十三卷	467
重刻賴古堂尺牘新鈔三選結鄰集十六卷	261
重刻觀世音菩薩本行經簡集二卷	322
重定授菩薩戒法一卷學菩薩戒法一卷	330
[道光]重修平度州志二十七卷	155
[道光]重修平度州志二十七卷	201
重修名法指掌圖四卷	143
[光緒]重修安徽通志三百五十卷補遺十卷	161
[光緒]重修奉賢縣志二十卷首一卷末一卷	132
[光緒]重修奉賢縣志二十卷首一卷末一卷	157
[光緒]重修華亭縣志二十四卷首一卷末一卷	155
[光緒]重修華亭縣志二十四卷首一卷末一卷	157
重修唯亭顧氏家譜十四卷莊規三卷	109
重修琴川志十五卷	156
[光緒]重修彭縣志十三卷	201
[道光]重修蓬萊縣志十四卷	155
[咸豐]重修興化縣志十卷	159
[道光]重修寶應縣志二十八卷	83
[道光]重修寶應縣志二十八卷	159
重訂王鳳洲先生綱鑑會纂四十六卷	74
重訂文選集評十五卷	255
重訂文選集評十五卷	255
重訂外科正宗十二卷	449
重訂幼學須知句解四卷	90
重訂幼學須知句解四卷	244
重訂幼學須知句解四卷	244
重訂幼學須知句解四卷	245
重訂幼學須知句解四卷	245
重訂幼學須知句解四卷	245
重訂西青散記八卷	149
重訂江蘇海運全案原編六卷續編八卷新編六卷	128
重訂宜麟策一卷	481
重訂空谷傳聲不分卷	63
重訂昭陽扶雅集六卷	368
重訂唐詩別裁集二十卷	263
重訂唐詩別裁集二十卷	263
重訂楊園先生全集	211
重訂楊園先生全集	389
重訂楊園先生全集	399
重訂綴白裘全編十二集	320
重訂增補陶朱公致富全書六卷附錄一卷	220
重訂增補陶朱公致富全書四卷	220
重訂駱龍吉內經拾遺方論四卷	444
重訂霍亂論四卷	447
重校五經體註四十卷	65
重校刊官板地理玉髓真經二十八卷後卷一卷	486

593

重校正唐文粹一百卷	491
重校增訂初學檢韻十二集	62
重廣補注黃帝內經素問二十四卷	477
重樓玉鑰二卷	451
重慶堂隨筆二卷	442
重編留青新集二十四卷	240
重編留青新集二十四卷	240
重編留青新集二十四卷	248
重編淮海先生[秦觀]年譜節要一卷	284
重編淮海先生[秦觀]年譜節要一卷	284
重學二十卷圜錐曲綫說三卷	231
重錄增補經驗喉科紫珍集二卷	127
重雕嘉靖本校宋周禮札記一卷	37
重譯外國小說昕夕閒談後編二十四回	330
段氏說文注訂八卷	54
段氏說文注訂八卷	54
段氏說文注訂八卷	54
便蒙記略一卷	113
便蒙說文舉隅不分卷	60
便蒙叢編一卷	212
修西定課一卷	410
修西輯要一卷	410
修改長江通商章程一卷	133
修訂律例原奏稿一卷	146
修設瑜伽集要施食壇儀一卷	171
修設瑜伽集要施食壇儀一卷	331
修習止觀坐禪法要二卷	362
修習止觀坐禪法要二卷	439
修學篇一卷	214
修學篇一卷	214
修齋直指評一卷	476
修齋直指評一卷	476
保生彙編二十卷	431
[道光]保安州志八卷首一卷	152
保赤要言五卷	431
保赤彙編	432
保身必覽二卷	442
保素堂稿十卷	295
保華全書四卷保華全書續編一卷	136
保貽堂信驗良方一卷	452
保富國論大成四卷保富國策二卷	203
保嬰易知錄二卷	431
侶山堂類辯二卷	478
俄土戰紀六卷附錄一卷	185
俄大彼得帝傳一卷	185
俄史輯譯四紀七十七章	185
俄事新書不分卷	185
俄界譯漢考證二卷	167
俄租遼東暫行省治律一卷	133
俄游彙編十二卷	185
俄游彙編八卷	185
俄羅斯二卷	185
俄羅斯史二卷	185
俄屬遊記二卷	185
俄屬遊記二卷	185
俗吏所勉一卷	127
信魁濟鎣傳十八章	237
皇明四夷考二卷	474
皇明百家小說	474
皇明經世文編五百八卷	493
皇清地理圖不分卷	150
皇清地理圖不分卷	150
皇清奏議六十八卷	137
皇清經解一千四百十二卷	26
皇清經解一千四百八卷	26
皇清經解一百八十種	27
皇清經解一百九十卷	160
皇清經解敬修堂編目十六卷	199
皇清經解續編一千四百三十卷	27
皇清經解續編一千四百三十卷	27
皇清誥封宜人先慈蔣太恭人事狀一卷	101
皇清誥授朝議大夫顯考篴秋府君[華翼綸]行述一卷	101
皇朝一統輿地全圖不分卷	150
皇朝三通識要類編六十五卷	121
皇朝三通識要類編六十五卷	121
皇朝五經彙解二百七十卷	51
皇朝中外一統輿圖十六卷	150
皇朝中外一統輿圖三十一卷首一卷	99
皇朝中外一統輿圖三十一卷首一卷	100
皇朝中外一統輿圖三十一卷首一卷	150
皇朝古學類編十四卷首一卷	267

皇朝四書彙解七十五卷	29
皇朝武功紀盛四卷	85
皇朝直省地輿全圖不分卷	150
皇朝政典挈要六卷	80
皇朝政典挈要六卷	80
皇朝政典挈要六卷	80
皇朝政典類纂五百卷	123
皇朝貞孝節烈文編六卷	92
皇朝通典一百卷	121
皇朝掌故二卷	212
皇朝掌故彙編內編六十卷首一卷外編四十卷首一卷	85
皇朝掌故彙編內編六十卷首一卷外編四十卷首一卷	85
皇朝掌故彙編內編六十卷首一卷外編四十卷首一卷	85
皇朝開國方略三十二卷	79
皇朝詞林典故六十四卷	125
皇朝詞林典故六十四卷	125
皇朝詞林典故六十四卷	125
皇朝詞林典故儀式門摘錄一卷	125
皇朝蓄艾文編八十卷	268
皇朝蓄艾文編八十卷	268
皇朝經世文三編八十卷	267
皇朝經世文三編八十卷	268
皇朝經世文三編八十卷	369
皇朝經世文四編五十二卷	267
皇朝經世文統編一百二十卷	267
皇朝經世文新增時務續編四十卷洋務八卷	267
皇朝經世文新編三十二卷	267
皇朝經世文新編三十二卷	268
皇朝經世文新編三十二卷	369
皇朝經世文新編續集二十一卷	267
皇朝經世文編一百二十卷	267
皇朝經世文編一百二十卷	267
皇朝經世文編一百二十卷	267
皇朝經世文編一百二十卷	267
皇朝經世文編一百二十卷	267
皇朝經世文編一百二十卷	267
皇朝經世文續編一百二十卷	42
皇朝經世文續編一百二十卷	267
皇朝經世文續編一百二十卷	267
皇朝經世文續編一百二十卷	267
皇朝經世文續編一百二十卷	267
皇朝經世文續編一百二十卷	369
皇朝經濟文新編六十一卷	267
皇朝經濟文新編六十一卷	268
皇朝經濟文編一百二十八卷	267
皇朝駢文類苑十四卷	269
皇朝駢文類苑十四卷	269
皇朝諡法考五卷皇朝諡法考續編一卷	124
皇朝諡法考五卷皇朝諡法考續編一卷	124
皇朝輿地通考二十三卷	150
皇朝輿地略不分卷	151
皇朝輿地略不分卷	151
皇朝輿地韻編二卷	102
皇朝輿地韻編二卷	149
皇朝藩部要略十八卷世系表四卷	117
皇朝藩部要略十八卷世系表四卷	167
皇朝藩屬輿地叢書	146
皇極經世書八卷首一卷	160
皇極經世緒言九卷首二卷	161
鬼谷子三卷	434
鬼谷子篇目考一卷附錄一卷	434
鬼谷四友志三卷	324
泉布統誌九卷首一卷附錄一卷	192
泉志十五卷	484
泉志十五卷譜雙五卷	192
禹貢因一卷	35
禹貢易知編十二卷	35
禹貢班義述三卷	35
禹貢註節讀一卷	35
禹貢會箋十二卷圖一卷	35
禹貢新圖說二卷	35
禹貢圖說一卷禹貢註節讀一卷	35
禹貢說二卷	35
禹貢錐指二十卷略例一卷禹貢圖一卷	35
禹貢讀本二卷	35
侯官嚴氏叢刻	400
侯官嚴氏叢刻	400
侯鯖集十卷	3

侯鯖新錄□□卷	418
盾鼻隨聞錄八卷	88
衍石齋記事稿十卷	15
待輶集一卷且甌歌一卷	308
律呂解註二卷	483
律例便覽八卷圖一卷	110
律例便覽八卷圖一卷	143
律例館校正洗冤錄四卷	393
律音義一卷	142
律音彙考八卷	137
律賦青雲集不分卷	365
律賦英華初集不分卷	364
律賦剪紅集不分卷	365
律賦雲璈初集一卷二集一卷	364
律賦新編不分卷	365
律賦鳴盛箋注不分卷	365
律賦選青四卷	365
後七家詩選一卷	357
後知不足齋叢書	378
後紅樓夢三十回附刻二卷	328
後梅花喜神譜不分卷	483
後梅花喜神譜不分卷	483
後漢三公年表一卷	68
後漢書一百二十卷	465
後漢書一百二十卷	465
後漢書九十卷	68
後漢書九十卷	68
後漢書九十卷	68
後漢書九十卷	465
後漢書九十卷	465
後漢書九十卷	465
後漢書補表八卷	68
後漢書補表校錄一卷	68
俞氏宗譜八卷	109
俞南莊先生四書評本十九卷	29
俞南莊先生四書評本十九卷	29
俞俞齋詩稿初集二卷文稿初集四卷	308
俞蔭甫先生課孫草一卷	358
弇山畢公[沅]年譜一卷	104
弇山畢公[沅]年譜一卷	104

弇山堂別集一百卷	84
弇州山人四部稿一百七十四卷續稿二百七卷	500
弇州山人詩集五十二卷目錄八卷	289
弇州史料前集三十卷後集七十卷	468
食古齋詩錄四卷詩餘一卷文錄一卷	305
食古齋詩錄四卷詩餘一卷文錄一卷	305
食物本草會纂十二卷	221
食物本草會纂十二卷	221
食物本草會纂十二卷	478
食德齋小題文一卷	351
食舊惪齋雜箸不分卷	135
肷餘集四卷雜存一卷	302
脉理存真三卷	433
脉經十卷	435
胎產秘書三卷保嬰要訣一卷	430
胎產護生篇一卷	385
勉益齋偶存稿八卷	140
勉益齋續存稿十四卷	140
勉齋吳公行略一卷	105
風月夢三十二回	328
風水袪惑一卷	403
風水袪惑一卷	422
風俗通義十卷	434
風雲會傳奇二卷	320
風雷集一卷	411
急救喉證刺疔合編二卷	451
急救應驗良方一卷	452
急救應驗良方一卷	457
急就篇四卷	60
急就篇四卷周書王會補注一卷	63
急就篇補註四卷	384
急慢驚風不分卷	450
訂補明醫指掌十卷	439
訂補明醫指掌十卷	439
訂補明醫指掌附刻診家樞要一卷	439
訂補明醫指掌附刻診家樞要一卷	439
訂譌雜錄十卷	420
哀生閣初稿四卷哀生閣續稿三卷	22
亭林先生遺書彙輯	212
亭林先生遺書彙輯	390

亭林詩文集十二卷	293
亭林詩集五卷	293
度支部試辦宣統三年預算案總表不分卷	127
疫疹一得二卷	450
疫證集說四卷補遺一卷	447
施注蘇詩四十二卷補遺二卷總目二卷	283
施愚山先生[閏章]年譜四卷	104
施愚山全集	387
施愚山全集	390
施愚山全集	390
弈括一卷	137
奕理金鍼一卷	433
奕理指歸圖三卷	432
奕理指歸圖三卷	433
音同義異辨一卷	53
音學五書三十八卷	30
音學五書三十八卷	30
音學辨微附錄不分卷	63
音韻輯要不分卷	61
音韻闡微十八卷	60
音釋坐花誌果八卷	410
音釋坐花誌果八卷	410
帝京景物畧八卷	473
恒山志五卷圖一卷	172
恒軒所見吉金錄一卷	190
恪靖侯盾鼻餘瀋一卷聯語一卷	23
恪靖侯盾鼻餘瀋一卷聯語一卷	23
姜白石全集	388
姜堯章先生集十卷	286
前川詩稿二卷	20
前後漢書疏證六十六卷	67
前塵夢影錄二卷	428
前漢匈奴表三卷附錄一卷	68
前漢書一百二十卷	67
前漢書一百二十卷	67
前漢書一百二十卷	67
前漢書一百二十卷	67
前漢書一百二十卷	67
前漢書一百二十卷	67
前漢書文鈔二十六卷	470

逆臣傳四卷	96
逆臣傳四卷	96
逆臣傳四卷	96
逆臣傳四卷	96
逆黨禍蜀記一卷	88
洪氏集驗方五卷	454
洪北江全集	392
洪北江全集	393
洪稚存先生評史四卷	117
洪經略奏對筆記二卷	86
洪經略奏對筆記二卷	86
洪經略奏對筆記二卷	86
洹洛訪古二卷	189
洞天奧旨十六卷	442
洞庭孝弟編一卷	98
洞庭忠義編一卷	98
洞庭集詩十八卷	15
洞書二卷	168
洄溪醫案一卷附一卷慎疾芻言一卷	438
洗冤錄表四卷	144
洗冤錄集證四卷作吏要言一卷	144
洗冤錄詳義四卷	393
洗冤錄詳義四卷首一卷洗冤錄摭遺補一卷	144
洗冤錄義證四卷校記四卷經驗方一卷歌訣一卷	393
活世生機四卷	409
活世生機四卷	409
活世生機四卷	409
活幼珠璣二卷補編一卷	390
活物學二卷	232
洛學編四卷	99
洨民叢稿不分卷	309
洋務用軍必讀三卷首一卷	219
洋務自強新論四卷	134
洋務時事彙編八卷	135
洋務論說新編四卷	134
洴澼百金方十四卷	218
津門詩鈔三十卷	270
津門雜記三卷	170
津逮秘書	507

宣古愚叢刊	400
[光緒]宣平縣志二十卷首一卷	164
宣南鴻雪集二卷	363
宣講集要十五卷	409
宦吳稟牘不分卷	141
宦游紀略六卷續宦游紀略一卷	126
宮閨百詠四卷	273
客中一得三卷	210
客座贅語十卷	170
客窗閒話八卷	425
客窗閒話八卷續集四卷	425
客牕偶筆四卷二筆一卷	141
客牕偶筆四卷二筆一卷	423
冠昏喪祭儀考十二卷	41
軍禮司馬法考徵二卷	218
扁善齋文存二卷	307
扁鵲心書三卷神方一卷	412
衲蘇集二卷	334
祇可自怡一卷	424
神州國光集二十一集	413
神州國光集二十一集	414
神授急救異痧奇方一卷	448
神農本草經疏三十卷	478
神農本經經釋不分卷	412
祝氏集畧三十卷	498
為可堂初集四十二卷	501
為政忠告四卷	124
為政忠告四卷	125
退一步齋詩集十六卷文集四卷	305
退知齋稿一卷	352
退思齋詩集二卷雜著一卷	305
退菴文集不分卷	300
退菴詩稿三卷	302
退菴隨筆二十二卷	406
退菴隨筆二十二卷	406
退菴題跋二卷	191
退庵詩存二十五卷	14
退補齋文存十二卷首一卷詩存十六卷首一卷	303
咫進齋叢書	379
咫進齋叢書	379
咫進齋叢書	379
[陣前軍械圖冊]一卷	247
眉公先生晚香堂小品二十四卷	500
眉綠樓詞不分卷	316
眉綠樓詞不分卷跨鶴吹笙續譜不分卷	315
姚公要略彙編不分卷	101
姚叔平山水畫冊二卷	412
姚選唐人絕句詩鈔二卷	459
飛白錄二卷	483
飛龍全傳六十回	326
飛龍傳六十回	326
癸巳存稿十五卷	422
癸巳存稿十五卷	422
癸巳直省鄉墨一卷	361
癸巳類稿十五卷	421
癸巳類稿十五卷	421
癸巳類稿十五卷	422
癸卯東遊日記一卷(清光緒二十九年四月二十五日至六月初四)	182
癸卯東遊日記一卷(清光緒二十九年四月二十五日至六月初四)	183
柔遠新書四卷	167
孩童衛生編十二章	223
紅杏山房詩鈔十四卷	7
紅杏山房詩鈔五卷	7
紅豆村人詩稿十四卷	4
紅梅山館存稿一卷	309
紅雪山房詩鈔十二卷	9
紅雪詞甲集二卷乙集二卷詞餘一卷	315
紅梨記二卷	319
紅梨記二卷	319
紅蕉詞一卷	317
紅蕉館遺稿不分卷	355
紅樓夢一百二十卷	328
紅樓夢一百二十卷	328
紅樓觚史二卷	433
紅爐點雪十八卷	479
約書十二卷	416
約章分類輯要三十八卷首一卷	132
約章分類輯要三十八卷首一卷	132
約章成案匯覽乙編四十二卷	132

| 約章成案匯覽甲編十卷約章成案匯覽乙編四十二卷 …………………… 132
| 約園詞稿十卷 …………………………… 316
| 紀元編三卷 ……………………………… 75
| 紀元編三卷 ……………………………… 75
| 紀氏嘉言四卷 …………………………… 425
| 紀文達公遺集三十二卷 ………………… 1
| 紀事本末五種 …………………………… 77
| 紀效新書十八卷首一卷 ………………… 218
| 紀效新書十八卷首一卷 ………………… 218
| 紉齋山水畫賸二卷 ……………………… 46
| 紉齋山水畫賸二卷 ……………………… 224
| 紉齋山水畫賸二卷 ……………………… 407

十畫

耕心廬遺稿不分卷 ……………………… 354
耕煙散人倣古山水集一卷 ……………… 413
耕巖書屋試帖詩鈔二卷 ………………… 350
馬太傳福音書二十七章 ………………… 237
秦川焚餘草六卷補遺一卷首一卷附刻一卷 ……………………………………… 22
秦狀元稿一卷 …………………………… 357
秦狀元稿不分卷 ………………………… 506
秦漢十印齋書目四卷 …………………… 203
秦漢瓦當文字一卷 ……………………… 192
秦漢文鈔十二卷 ………………………… 256
秦輈日記一卷（清咸豐八年六月二十二日至十月十七日）………………… 106
泰山志二十卷 …………………………… 172
泰西十八周史攬要十八卷 ……………… 183
泰西八愛國者傳一卷 …………………… 186
泰西各國名人言行錄十六卷 …………… 186
泰西各國名人言行錄三十五卷 ………… 186
泰西各國採風記五卷 …………………… 184
泰西各國採風記五卷 …………………… 184
泰西名人事略二卷 ……………………… 186
泰西事物起原一卷 ……………………… 244
泰西是非學拾級三卷 …………………… 236
泰西通史上編不分卷 …………………… 183
泰西新史攬要二十四卷 ………………… 183

泰西新史攬要二十四卷 ………………… 183
［道光］泰州志三十六卷首一卷 ……… 160
［光緒］泰伯梅里志八卷 ……………… 158
［光緒］泰興縣志二十六卷首一卷末一卷 ……………………………………… 87
［光緒］泰興縣志二十六卷首一卷末一卷 ……………………………………… 161
珠玉詞鈔一卷補鈔一卷 ………………… 314
珠樹七排不分卷 ………………………… 344
班馬字類二卷 …………………………… 53
班馬字類五卷 …………………………… 53
班馬異同三十五卷 ……………………… 465
素女經一卷素女方一卷玉房祕訣一卷洞玄子一卷天地陰陽交歡大樂賦一卷 … 428
素風堂彙編瞿張兩先生浩氣吟一卷 …… 292
素書一卷 ………………………………… 218
素問靈樞類纂約注三卷 ………………… 478
素問靈樞類纂約註三卷 ………………… 220
素問靈樞類纂約註三卷 ………………… 443
素問靈樞類纂約註三卷 ………………… 444
匪莪堂文集四卷駢文一卷 ……………… 298
埋憂集十卷續集二卷 …………………… 424
貢舉考略五卷 …………………………… 110
貢舉考略五卷 …………………………… 110
袁王綱鑑合編三十九卷 ………………… 74
袁王綱鑑合編三十九卷 ………………… 74
袁中郎狂言二卷 ………………………… 290
袁文合箋十六卷 ………………………… 372
袁文箋正十六卷補注一卷 ……………… 1
袁文箋正十六卷補注一卷小傳一卷 …… 1
袁文箋正十六卷補注一卷小傳一卷 …… 17
都門竹枝詞一卷 ………………………… 202
都門彙纂不分卷 ………………………… 170
都門彙纂不分卷 ………………………… 170
恥不逮齋集三卷補遺一卷首一卷附錄一卷 ……………………………………… 26
恥不逮齋集三卷補遺一卷首一卷附錄一卷 ……………………………………… 306
華氏中藏經三卷 ………………………… 440
華氏中藏經三卷 ………………………… 440
華氏宗譜十二卷首一卷末一卷 ………… 109

華氏宗譜十五卷首一卷末一卷華氏傳芳	
集九卷	109
華氏通四怡隱公支宗譜十五卷末一卷	201
華氏新義莊事略二卷末一卷	109
華氏新義莊事略二卷末一卷	129
華延年室題跋三卷	198
華陀良方不分卷	456
華泉先生集選四卷	289
華亭董思白先生全稿不分卷	348
華盛頓泰西史略八卷	183
華陽國志十二卷	83
華陽散稿二卷	3
華陽集四十卷	282
華豫菴先生集不分卷	290
華嶽志八卷首一卷	172
華嚴一乘十玄門一卷	327
華嚴五十要問答二卷	327
華嚴法界玄鏡三卷	406
華嚴原人論合解二卷	408
華嚴普賢行願懺儀一卷	406
莽蒼蒼齋詩二卷	370
莫愁湖志一卷	173
莫愁湖志六卷	173
莫愁湖志六卷	173
莫愁湖志六卷莫愁湖楹聯一卷	173
莫寶齋稿一卷	354
莊子王注二卷	216
莊子內篇注四卷	216
莊子內篇注四卷	216
莊子因六卷	215
莊子因六卷	216
莊子因六卷	216
莊子因六卷	216
莊子故八卷	216
莊子故八卷	216
莊子南華真經十卷	215
莊子南華真經十卷	477
莊子雪三卷	216
莊子章義五卷附錄一卷	216
莊子集解八卷	216
莊子集解八卷	216
莊子集釋十卷	216
莊子集釋十卷	216
莊子集釋十卷	216
莊子獨見三十三篇不分卷	216
莊屈合詁不分卷	216
莪園白話一卷	355
莘田文集十八卷	501
真功發微二卷	237
真本芥子園畫傳四集六卷	190
真西山全集	388
真松閣詞六卷	315
真松閣詞六卷	315
真松閣詞六卷	315
真修寶卷一卷	323
真息齋詩鈔四卷真息齋詩續鈔一卷	15
真道問答一卷	237
桂杏聯芳不分卷	338
桂留山房詩集十二卷桂留山房詞集一卷	
	16
桂隱詩存一卷	302
桂馨書屋遺文不分卷	355
桂馨堂集十三卷	11
桂巖小隱集一卷	5
栲栳山人詩集三卷	498
栖飲草堂詩鈔六卷	9
栖碧先生黃楊集三卷	287
桷堂山居詩一卷	234
栢蘊枲全稿五卷	350
桐城吳先生点勘史記一百三十卷附錄一	
卷桐城吳先生彙録諸家史記評語一卷	
桐城吳先生史記初校本点識一卷	66
桐城吳氏古文讀本十三卷	256
桐城吳先生尺牘七卷	307
桐城吳先生全書	397
桐城吳先生點勘諸子一百一卷	458
桐城耆舊傳十二卷	99
桐陰論畫初編二卷首一卷附錄一卷畫訣	
二卷二編二卷三編二卷	412
桐陰論畫初編二卷首一卷附錄一卷畫訣	
二卷二編二卷三編二卷	429
桐埜詩集四卷	299

[光緒]桐鄉縣志二十四卷首四卷	162	校正四書新論四卷	337
桐雲閣試帖詩評一卷	351	校正四書新論四卷	338
桐園臥游錄一卷	146	校正尚友錄統編二十四卷	94
桐谿草堂詩九卷	6	校正尚友錄續集二十二卷	94
桃花扇四卷首一卷	319	校正重刊官板宋朝文鑑一百五十卷目錄三卷	492
桃花扇傳奇二卷	319	校邠廬抗議二卷	206
桃花扇傳奇二卷	319	校邠廬抗議二卷	206
桃花扇傳奇四卷	319	校邠廬抗議二卷	206
桃塢謝氏彙刻方書九種	453	校邠廬抗議二卷	206
桃塢謝氏彙刻方書九種	453	校邠廬抗議二卷	206
桃溪客語五卷	170	校邠廬抗議二卷	485
桃谿雪二卷	320	校邠廬抗議別論一卷	206
格天集六卷	113	校訂女四書集註四卷	248
格言要覽四卷	214	校訂困學紀聞集證二十卷	194
格言聯璧二卷	214	校訂困學紀聞集證二十卷	194
格局一新不分卷	342	校訂困學紀聞集證二十卷	194
格物入門七卷	225	校栞咸淳臨安志札記三卷	162
格物入門七卷	225	校勘輿地廣記札記二卷	148
格物入門七卷	226	校補廿一史約編八卷首一卷	114
格物探源四卷	237	校經堂二集九卷	346
格致古微六卷	422	校經齋試帖二卷	356
格致書院課藝不分卷	136	校漢書八表八卷	67
格致書院課藝不分卷	202	梡鞠錄二卷	334
格致啓蒙	398	軒轅碑記醫學祝由十三科二卷增補一卷	435
格致須知	226	連章鈞雋珠聯不分卷	342
格致精華錄四卷德國議院章程合盟紀事本末一卷	231	酌中志二十四卷	85
格致鏡原一百卷	242	酌古準今	385
格致鏡原一百卷	242	酌雅齋四書選註合講十九卷圖考一卷	65
格致讀本二卷	231	夏大宗師試卷一卷	361
梣華館駢體文四卷	11	夏小正通釋一卷	40
校刊目經大成三卷	451	夏小正通釋一卷	40
校刊史記集解索隱正義札記五卷	66	夏小正集說四卷	40
校刊史記集解索隱正義札記五卷	66	夏小正集說四卷	40
校刊明道本韋氏解國語札記一卷	81	夏小正戴氏傳四卷考異一卷別錄一卷	40
校刊明道本韋氏解國語札記一卷	81	夏小正戴氏傳訓解四卷考異一卷通論一卷	40
校刊明道本韋氏解國語札記一卷	81		
校刊明道本韋氏解國語札記一卷	81		
校刊明道本韋氏解國語札記一卷	82	夏小正戴氏傳訓解四卷考異一卷通論一卷	40
校刊明道本韋氏解國語札記一卷	154		
校正三國史記五十卷	181	夏時攷六卷	40

夏峰先生集十四卷補遺二卷首一卷 …… 292	時務通論不分卷 …… 135
夏書禹貢不分卷 …… 34	時務新書八種 …… 135
原富八卷 …… 214	時務經濟策論統宗二十四卷 …… 136
原富八卷 …… 214	時晴齋試帖一卷 …… 353
原富八卷 …… 214	時墨采新不分卷 …… 337
原學三種 …… 398	時藝清雅不分卷 …… 342
原學三種 …… 398	時藝數珍不分卷 …… 339
原學三種 …… 398	財政四綱四卷 …… 127
原體醫話良方一卷 …… 438	財政四綱四卷 …… 127
烈士秋瑾女史傳略一卷 …… 103	眠琴閣遺文一卷眠琴閣遺詩二卷 …… 18
振經堂彙編詩最一卷 …… 298	晁氏叢書四種 …… 387
振綺堂叢書 …… 382	晏子春秋七卷 …… 100
振綺堂叢書初集 …… 382	晏子春秋七卷 …… 100
捐輸實官銜封新章大全一卷 …… 127	晏子春秋四卷 …… 469
挹奎樓選稿十二卷 …… 501	哦月樓詩存三卷附詩餘一卷詩餘續一卷
哲學論綱四篇 …… 215	…… 367
致用書院文集光緒壬寅年不分卷 …… 344	恩正併科會試闈墨一卷 …… 361
致用書院文集光緒壬寅年不分卷 …… 344	恩福堂筆記二卷 …… 416
致用書院文集光緒辛丑年不分卷光緒壬	恩福堂筆記二卷 …… 416
寅年不分卷 …… 344	豈有此理四卷更豈有此理四卷 …… 423
晉宋書故一卷 …… 118	峰泖去思集一卷 …… 368
晉宋書故一卷 …… 118	郵傳部高等實業學堂試卷一卷 …… 358
晉書校文五卷 …… 69	秣陵集六卷表一卷圖考一卷 …… 13
晉略六十六卷 …… 69	秣陵集六卷表一卷圖考一卷 …… 13
晉略六十六卷 …… 69	秣陵集六卷表一卷圖考一卷 …… 13
晉略六十六卷 …… 69	秘書廿一種 …… 374
時文小題約鈔二卷 …… 340	秘書廿一種 …… 374
時文小題約鈔二卷 …… 340	秘書廿一種 …… 374
時文正宗不分卷 …… 342	秘傳花鏡六卷 …… 434
時方妙用四卷 …… 222	秘傳花鏡六卷 …… 434
時方歌括二卷 …… 222	秘傳眼科龍木醫書總論十卷首一卷 …… 480
時事新論十二卷 …… 87	倚雲樓古今體詩一卷試帖一卷詩餘一卷
時事新論十二卷 …… 87	…… 302
時事新論十二卷 …… 136	倚晴樓七種曲 …… 318
時事新論圖說一卷 …… 87	倘湖樵書十二卷 …… 419
時事新論圖說一卷 …… 136	倭文端公遺書八卷首二卷末一卷倭文端
時事新編初集六卷 …… 135	公遺書續刊四卷 …… 19
時疫白喉捷要一卷 …… 223	倭文端公遺書八卷首二卷末一卷倭文端
時疫白喉捷要一卷 …… 451	公遺書續刊四卷 …… 19
時務要覽八卷 …… 203	俾斯麥傳不分卷 …… 187
時務通攷三十一卷續編三十一卷 …… 247	倫理教科書四卷總說一卷 …… 214

倫敦鐵路公司章程一卷	131
健餘先生文集十卷	300
皋鶴堂批評第一奇書金瓶梅一百回	327
皋鶴堂批評第一奇書金瓶梅一百回	327
躬厚堂全集二十五卷	20
躬恥齋詩鈔十四卷躬恥齋詩鈔後編七卷	16
息柯居士全集	395
息養廬文集十一卷	304
師二雲居畫贅四卷	427
師二雲居畫贅四卷	428
師山詩存十卷	272
師友集十卷	200
師竹齋賦鈔不分卷	354
師伏堂叢書	397
師米齋所藏古銅印不分卷	431
師矩齋詩錄三卷	253
徑中徑又徑四卷	401
徑中徑又徑四卷	408
徑中徑又徑四卷	444
徐氏醫書八種	220
徐氏醫書八種	412
徐氏醫書八種	441
徐氏醫書八種	457
徐文長逸稿二十四卷畸譜一卷	499
徐州二遺民集十卷	252
[同治]徐州府志二十五卷	84
[同治]徐州府志二十五卷	160
徐州詩徵八卷	272
徐孝穆全集六卷備考一卷	276
徐村老農手鈔方不分卷	479
徐位山六種	391
徐位山六種	391
[徐宗幹年譜]一卷	106
徐思曠先生文鈔不分卷	348
徐烈婦詩鈔二卷吳絳雪年譜一卷	298
徐霞客遊記十卷	177
徐霞客遊記十卷	177
徐霞客遊記十卷	177
徐霞客遊記十卷	177
徐騎省集三十卷補遺一卷校勘記一卷	281
徐騎省集三十卷補遺一卷校勘記一卷	281
徐靈胎十二種全集	457
徐靈胎先生雜著五種	400
徐靈胎醫學全書	443
殷商貞卜文字考一卷	192
殷商貞卜文字考一卷	192
殷商貞卜文字考一卷	192
般若波羅蜜多心經注解一卷金剛般若波羅蜜經注解一卷	406
般若綱要十卷卷前一卷	313
舫廬文存四卷外集一卷餘集一卷	304
拿破崙本紀四十二章	186
拿破崙本紀四十二章	186
倉田通法續編三卷	228
倉頡篇三卷	60
翁山詩外十九卷	296
翁仲仁先生原本幼科七種大全	431
脈法彙編三卷	435
脈要圖注四卷	478
脈訣刊誤集解二卷	435
脈訣刊誤集解二卷	435
脈訣歌括一卷	435
脈經十卷	221
脈經十卷	435
脈學四種	435
脈鏡須知二卷	435
烏目山房詩存六卷	11
[光緒]烏程縣志三十六卷	162
狷齋遺稿五卷	18
留石軒良方一卷痘科方一卷	479
留村文集四卷	10
留春草堂詩鈔七卷	7
留春草堂詩鈔七卷附錄一卷	7
留垣疏草不分卷	138
留垣疏草不分卷	138
留垣疏草不分卷	138
留耕書屋詩鈔十二卷	12
留書種閣集	396
託素齋文集六卷詩集四卷	501
訓蒙草詳註一卷	353
訓學良規書館必備一卷	248

603

記事珠十卷	244	卷養知書屋詩集十五卷	25
記憶方詩十二卷	454	郭侍郎奏疏十二卷養知書屋文集二十八	
高士傳三卷	92	卷養知書屋詩集十五卷	310
高士傳三卷	92	病榻夢痕錄二卷錄餘一卷	105
高士傳三卷	199	病榻夢痕錄二卷錄餘一卷	105
高士像傳不分卷	329	病榻夢痕錄二卷錄餘一卷	105
高上玉皇本行集經註解三卷首一卷	235	病機部二卷	482
高山堂詩文鈔四卷	5	疹科真傳一卷	481
高子全書五十一卷	500	唐人三家集	250
高子遺書十二卷附錄一卷	389	唐人五十家小集	249
高子遺書十二卷附錄一卷	389	唐人五十家小集	250
高安三傳合編五十六卷	91	唐人五十家小集	250
高安三傳合編五十六卷	91	唐人五言排律詩論三卷	263
高坡異纂三卷	415	唐人六集四十三卷	492
高忠憲公[攀龍]年譜一卷	389	唐人律箋一卷	362
高忠憲公[攀龍]年譜一卷	389	唐人萬首絕句選七卷	262
高季迪先生大全集十八卷	288	唐人萬首絕句選七卷	262
高季迪先生大全集十八卷	288	唐人萬首絕句選七卷	262
高季迪先生大全集十八卷	288	唐人萬首絕句選七卷	262
高季迪先生大全集十八卷	498	唐人萬首絕句選七卷	262
高宗憲公詩集八卷	290	唐人試帖四卷	363
高厚蒙求	404	唐人試律說一卷	368
高厚蒙求初集一卷二集一卷三集三卷四		唐人選唐詩八種	492
集三卷五集一卷	224	唐人選唐詩六種	491
高峰大師語錄一卷	402	唐女郎魚玄機詩一卷附錄題跋一卷	281
高郵王氏四種	400	唐王燾先生外臺祕要方四十卷	170
[乾隆]高郵州志十二卷首一卷	159	唐王燾先生外臺祕要方四十卷	221
高陶堂遺集	396	唐王燾先生外臺秘要方四十卷	453
高常侍集二卷	495	唐王燾先生外臺秘要方四十卷	453
高密遺書	385	唐王燾先生外臺秘要方四十卷	478
高陽集二十卷	291	唐太宗文皇帝施行遺教經勅一卷	148
高雲堂文集十六卷	501	唐中興間氣集二卷	371
高等學堂國文講義八卷高等國文讀本四		唐六如畫譜二卷	429
卷	258	唐文粹一百卷	262
高歌集不分卷	341	唐文粹一百卷補遺二十六卷	262
高僧傳二集四十卷	232	唐文粹一百卷補遺二十六卷	262
高僧傳三集三十卷首一卷	232	唐文粹補遺二十六卷	262
高僧傳四集六卷	232	唐四家詩	250
高僧傳初集十五卷	232	唐四家詩	250
高僧傳初集十五卷	232	唐代叢書六集	411
郭侍郎奏疏十二卷養知書屋文集二十八		唐代叢書六集	411

唐市徵獻錄二卷	271
唐市徵獻錄續編二卷	271
唐市徵獻錄續編二卷	271
唐玄奘法師八識規矩母頌一卷	408
唐丞相曲江張文獻公集十二卷首一卷附錄一卷	277
唐甫里先生集二十卷	496
唐折衝府考補一卷	125
唐伯虎先生集二卷外編五卷續刻十二卷六如唐先生畫譜三卷	499
唐宋十大家全集錄	249
唐宋十大家全集錄	249
唐宋八大家文分體讀本第一集八卷	258
唐林邵州遺集一卷坿錄一卷	281
唐昌攀轅集二卷	373
唐荊川批選史記十二卷	470
唐柳先生集四十五卷外集二卷附錄二卷龍城錄二卷傳一卷	495
唐柳河東集四十五卷外集五卷遺文一卷	496
唐律消夏錄五卷	332
唐律賦鈔一卷	365
唐風懷十卷詩話一卷	506
唐音戊籤二百一卷餘閏六十四卷	492
唐音癸籤三十三卷	506
唐書二百二十五卷	204
唐書二百二十五卷	466
唐書西域傳注四卷	70
唐書直筆四卷	116
唐書釋音二十五卷	204
唐陸宣公奏議讀本四卷首一卷	137
唐陸宣公集二十二卷	278
唐陸宣公集二十二卷	278
唐陸宣公集二十二卷	370
唐陸宣公集二十二卷	495
唐陸宣公集二十二卷增輯一卷首一卷附錄一卷	278
唐陸宣公集二十二卷增輯一卷首一卷附錄一卷	278
唐陸宣公集二十二卷增輯二卷	278
唐陸宣公翰苑集二十二卷	278
唐陸宣公翰苑集二十四卷	278
唐陸宣公翰苑集二十四卷	495
唐御史臺精舍題名考三卷	110
唐會要一百卷	122
唐會要一百卷	122
唐詩三百首不分卷	264
唐詩三百首不分卷	264
唐詩三百首不分卷	264
唐詩三百首不分卷	264
唐詩三百首註疏六卷	264
唐詩三百首註疏六卷	264
唐詩三百首註疏六卷	264
唐詩三百首註疏六卷	371
唐詩三百首註釋六卷	264
唐詩三百首續選一卷	264
唐詩三百首續選一卷姓氏小傳一卷	264
唐詩正聲二十二卷	491
唐詩百名家全集	492
唐詩合選□□卷	262
唐詩別裁集引典備註二十卷	263
唐詩別裁集引典備註二十卷	263
唐詩別裁集引典備註二十卷	263
唐詩別裁集引典備註二十卷	263
唐詩初選二卷	262
唐詩英華二十二卷	262
唐詩英華二十二卷	262
唐詩金粉十卷	241
唐詩金粉十卷	413
唐詩定編十四卷	492
唐詩紀一百七十卷	491
唐詩紀一百七十卷目錄四十六卷	491
唐詩筌蹄集四卷	263
唐詩鼓吹十卷	262
唐詩鼓吹十卷	491
唐詩解五十卷	262
唐詩解五十卷	492
唐詩類選六卷	491
唐賢三昧集三卷	263
唐賢三昧集三卷	263
唐賢三昧集箋注三卷	263
唐確慎公集十卷首一卷末一卷	15

唐寫本唐韻去入二卷	60
唐寫本說文解字木部箋異一卷仿唐寫本說文解字木部一卷	55
唐寫本說文解字木部箋異一卷仿唐寫本說文解字木部一卷	55
唐駢體文鈔十七卷	371
唐襄陽郡張氏墓碑十幅跋尾一幅	459
唐類函二百卷	239
唐類函二百卷	487
唐鑑二十四卷	75
唐鑑二十四卷	75
部頒嗣後武職尋常勞績不準保獎優先班次章程一卷	129
旅津摘錦六卷	408
旅浙江蘇鐵路協會章程一卷	131
悟秋草堂詩集十卷	291
悔初廬詩稿二卷	120
悔初廬詩稿十一卷別集一卷明史雜詠二卷	305
悔初廬詩稿十一卷別集一卷明史雜詠二卷	305
悔翁筆記六卷	422
悔翁詩鈔十五卷補遺一卷筆記六卷	20
悔過齋文集七卷劄記一卷	18
悔庵學文八卷補遺一卷	13
悔餘菴集	395
瓶花齋集十卷	290
瓶隱山房詩鈔十二卷	368
拳匪紀事六卷	89
拳匪紀略正編八卷前編二卷後編二卷	89
拳匪紀略正編八卷前編二卷後編二卷	89
拳家須知十戒論不分卷	436
拳案三種五卷	90
拳教析疑說一卷	89
益智字圖一卷附一卷	433
益智新囊三十四卷	405
益智圖二卷	433
益智燕几圖不分卷	433
益智續圖一卷	433
兼濟堂文集二十四卷	294
兼濟堂文集選二十卷	294
兼濟堂纂刻梅勿菴先生曆算全書	247
朔方備乘六十八卷首十二卷	97
朔方備乘六十八卷首十二卷	167
朔方備乘六十八卷首十二卷	167
朔方備乘圖說一卷	167
淨土十要十卷	170
淨土十要十卷	182
淨土十要十卷	189
淨土十要十卷	195
淨土生無生論親聞記二卷	409
淨土自警錄一卷	409
淨土承恩集一卷	402
淨土神珠一卷	409
淨土晨鐘不分卷	402
淨土傳燈二十六種四十六卷	403
淨土警語一卷	402
淨業知津一卷	402
涑水紀聞十六卷	83
酒經一卷附一卷	484
浙西六家詩鈔	252
浙西六家詩鈔	252
浙西水利備考不分卷	176
浙西校士錄不分卷	347
浙江全省水陸程圖一幅	151
浙江全省輿圖並水陸道里記不分卷	151
浙江忠義錄十卷駐防表六卷	99
浙江沿海圖說一卷海島表一卷	168
浙江溫州府平陽縣白梅村七世修行玉英寶卷一卷	323
浙江闈墨一卷	358
浙江闈墨三卷	359
浙江闈墨六卷	359
浙東課士錄四卷	347
浙東課士錄四卷	347
浙東籌防錄四卷	168
浙省同官錄一卷	112
浙省捐釐新章一卷	128
浙省蘇郡同官錄一卷	112
涇川叢書	385
涉史隨筆一卷	116
涉覽瑣記一卷	404

消暑隨筆四卷	406
浩然齋雅談三卷	331
浩然齋雅談三卷	331
海上冶遊備覽四卷	177
海山仙館叢書	377
海山仙館叢書	377
海外拾遺一卷	404
海防事例不分卷海防簡明條款不分卷海防新例不分卷	168
海防策要四卷	168
海角遺編一卷	469
海東金石苑四卷	189
海東逸史十八卷	85
海東逸史十八卷	85
[光緒]海門廳圖志二十卷	161
海南雜著一卷	183
海秋詩集二十六卷評跋一卷	19
海秋稿初集一卷二集一卷	354
海峰文集八卷	503
海峰文集不分卷	503
海峰先生文十卷詩六卷	2
海峰先生文十卷詩六卷	2
海峰詩集十一卷文集八卷	2
海國大政記十二卷	180
海國名人類類韻編二十四卷首二卷	244
海國聞見錄二卷	179
海國聞見錄二卷	179
海國圖志一百卷	179
海國圖志一百卷	179
海國圖志一百卷	179
海國圖志一百卷	179
海國圖志一百卷	179
海國圖志徵實四十卷	179
海國圖志續集二十五卷	179
海國圖志續集二十五卷	179
[雍正]海陽縣志十二卷	166
海雲堂詩鈔十四卷補遺一卷金粟香盦詞鈔二卷海雲堂文鈔二卷	13
海雲堂詩鈔十四卷補遺一卷金粟香盦詞鈔二卷海雲堂文鈔二卷	13
海棠春曉樓唸草一卷詩草續刻一卷	303
海道圖說十五卷長江圖說一卷	168
海游記六卷三十回	329
海塘新志六卷續四卷	176
海虞三陶先生集合刻	254
海虞文徵三十卷	271
海虞文徵三十卷	271
海虞詩苑十八卷	271
海虞慈邨金氏家乘□□卷	109
海虞藝文志六卷	196
海虞龐氏家譜二十四卷附錄一卷	109
海源閣藏書目一卷	118
海源閣藏書目一卷	119
海源閣藏書目一卷	195
海錯百一錄五卷	414
海錯圖贊不分卷	484
海霞詩鈔八卷	14
海瓊玉蟾先生文集六卷續集二卷	498
[光緒]海鹽縣志二十二卷首一卷末一卷	87
[光緒]海鹽縣志二十二卷首一卷末一卷	133
[光緒]海鹽縣志二十二卷首一卷末一卷	162
浮玉山房時文鈔一卷續編一卷試帖一卷續編一卷	356
浮玉山房賦鈔一卷試帖一卷	356
浮邱子十二卷	417
浮槎閣集十七卷附錄二卷	290
浮園詩集一卷	297
浣月樓遺詩二卷	18
浣玉軒集四卷	3
浣花初集不分卷	364
浣花集十卷	496
浣香園筆記一卷	117
浪跡三談六卷	416
浪跡叢談十一卷續談八卷	416
浪跡叢談十一卷續談八卷	416
宸垣識略十六卷	169
宸垣識略十六卷	169
家刻書目十卷	199
家蔭堂一瞬錄一卷	416

家蔭堂文抄不分卷	349
家語十卷	204
家語疏證六卷	204
宮太保忠烈程公遺像不分卷	102
宮詹司馬張公別山遺詩一卷	292
容台集二十卷	500
容齋隨筆十六卷續筆十六卷三筆十六卷四筆十六卷五筆十卷	158
容齋隨筆十六卷續筆十六卷三筆十六卷四筆十六卷五筆十卷	158
容齋隨筆十六卷續筆十六卷三筆十六卷四筆十六卷五筆十卷	159
容齋隨筆十六卷續筆十六卷三筆十六卷四筆十六卷五筆十卷	160
容齋隨筆十六卷續筆十六卷三筆十六卷四筆十六卷五筆十卷	160
袖中書二卷	270
袖海樓雜箸	394
袖海樓雜箸	399
[乾隆]祥符縣志二十二卷	164
書目答問不分卷	196
書目答問不分卷	196
書目答問不分卷	196
書目答問不分卷	196
書衣雜識一卷	203
書林清話十卷	194
書法正宗四卷	428
書法正宗四卷	428
書法正宗四卷	428
書敘指南二十卷	239
書敘指南二十卷	239
書集傳六卷	34
書畫舫文稿初集一卷二集一卷	358
書畫舫試帖詩課十一卷	363
書畫跋跋三卷續三卷	428
書傳音釋六卷首一卷末一卷	34
書傳音釋六卷首一卷末一卷	34
書經六卷	34
書經六卷首一卷末一卷	34
書經六卷首一卷末一卷	34
書經六卷首一卷末一卷	34
書經六卷首一卷末一卷	34
書經集句賦稿選本一卷易經試帖選本一卷	365
書經集傳六卷	460
書蔡氏傳旁通六卷	34
書隱叢說十九卷	485
屑瓊集課藝不分卷	338
弱水集二十二卷	503
陸子全書	390
陸文慎公奏議一卷	202
陸文慎公墨蹟一卷	403
陸放翁全集一百五十八卷	497
陸宣公集二十四卷	495
陸宣公集十八卷	495
陸軍衣制詳晰圖說一卷	247
陸桴亭先生文集五卷	293
陸桴亭先生遺書	389
陸桴亭先生遺書	389
陸象山先生全集三十六卷	285
陸象山先生全集三十六卷	285
陸清獻公日記十卷(清康熙五年至三十一年)	106
陸清獻公日記十卷(清康熙五年至三十一年)	147
陸清獻公治嘉格言一卷	213
陸清獻公蒞嘉遺蹟三卷	101
陸清獻公蒞嘉遺蹟三卷	101
陸清獻公宰嘉訓俗一卷	213
陸雲士雜著二十一卷	468
陸湖老漁行吟草一卷	309
陸稼書判牘菁華一卷	144
陸操新義四卷	219
陵陽先生詩四卷	284
陳士蘭先生醫案不分卷	482
陳大樽先生全稿不分卷	506
陳子惠先生制藝一卷江南鄉試硃卷一卷	353
陳太僕批選八家文鈔	371
陳氏易說四卷附錄一卷	33
陳氏易說四卷附錄一卷	64

陳氏宗譜六卷	201
陳勾山先生課孫草一卷	353
陳文忠公奏議二卷	200
陳文恭公手札節要一卷	1
陳文恭公手札節要三卷	1
陳文肅公遺集二卷	2
陳方七局一卷	433
陳世培批改集一卷	352
陳司業先生集十一卷	503
陳同甫集三十卷	286
陳安道先生[瑚]年譜二卷	104
陳安道先生[瑚]年譜二卷	104
陳伯玉集目錄二卷文集三卷詩集二卷附錄一卷	276
陳臥子先生安雅堂稿十五卷	291
陳臥子先生安雅堂稿十五卷	291
陳臥子先生兵垣奏議二卷	138
陳忠裕全集三十卷首一卷末一卷	291
陳定宇先生文集十七卷	287
陳厚甫先生全稿不分卷續稿不分卷	354
陳修園五十四種	440
陳紉齋山水畫譜□□卷	407
陳莘田先生外科臨證不分卷	437
陳曼生手札墨迹一卷	460
陳清瀾先生學蔀通辨前編三卷后編三卷續編三卷終編三卷	413
陳澹然三種	397
陳檢討集二十卷	295
陳檢討集二十卷	501
[陳璧詩文集殘稿]□□卷	501
陰符經考異一卷	487
陰符經釋義一卷	235
陰隲文制藝試帖合璧不分卷	338
陰隲文圖證不分卷	235
陰隲果報圖註一卷	410
陰隲果報圖註一卷	410
陰證略例一卷	448
陶山集十六卷	283
陶山詩錄二十八卷	7
陶氏家譜六卷	109
陶文毅公全集六十四卷首一卷末一卷	14
陶允清先生時文一卷	357
陶石簣先生批選唐宋六家表啟□□卷	490
[陶仲平家傳]一卷祭文一卷哀辭一卷挽辭一卷	102
陶退菴文集二卷首一卷	300
陶菴文集七卷吾師錄一卷擬古樂府一卷	500
陶菴集	379
陶菴集	389
陶菴集	389
陶菴集	389
陶堂遺文一卷恤誦一卷	306
陶淵明全集十卷[陶潛]年譜一卷	276
陶淵明全集四卷	494
陶淵明集八卷首一卷末一卷	276
陶淵明詩一卷	276
陶淵明詩一卷	276
陶淵明詩一卷	276
陶節菴全生集四卷	480
陶節菴傷寒全生集四卷	222
陶節菴傷寒全生集四卷	445
陶詩彙評四卷	276
陶靖節先生詩四卷	276
陶靖節集二卷	494
陶靖節集十卷	494
陶說六卷	434
陶齋古玉圖一卷	191
陶齋吉金錄八卷	190
陶齋吉金續錄二卷	190
陶齋藏石記四十四卷藏磚記二卷	191
陶齋藏石記四十四卷藏磚記二卷	191
陶廬箋牘四卷	312
陶蘭皋先生時文一卷	351
娛萱草彈詞三十二篇	321
娛親雅言六卷	421
娛親雅言六卷	421
畚塘芻論二卷	245
通天秘書要覽五卷	245
通行條例(光緒元年至十四年止)一卷	143
[嘉靖]通州志六卷	204
通州直隸州志十六卷首一卷末一卷	161

通志二百卷	121
通志堂經解	26
通志堂經解	26
通志略五十二卷	122
通志略五十二卷	471
通甫類稿十三卷	20
通典二百卷	471
通典二百卷考證一卷	121
通省團練章程一卷	87
通俗編三十八卷	243
通俗編三十八卷	243
通俗編三十八卷	488
通紀會纂十卷	74
通書述解二卷	206
通商表四卷	133
通商條約章程成案彙編三十卷	133
通商條約章程成案彙編三十卷	133
通雅五十二卷首一卷	419
通雅五十二卷首一卷	419
通雅五十二卷首三卷	463
通雅五十二卷首三卷	485
通義堂集二卷	25
通隱堂詩存四卷	372
通藝閣詩遺編一卷	14
通藝閣詩續錄八卷	14
通藝錄	27
通闗文二卷	236
通鑒釋文辨誤十二卷	73
通鑒釋文辨誤十二卷	73
通鑑外紀十卷目錄五卷	73
通鑑地理今釋十六卷	73
通鑑紀事本末二百三十九卷	78
通鑑紀事本末二百三十九卷	78
通鑑紀事本末四十二卷	467
通鑑紀事本末四十二卷	467
通鑑紀事本末前編十二卷	467
通鑑紀事本末前編十二卷	467
通鑑答問五卷	73
通鑑綱目分註補遺四卷書法存疑一卷	74
通鑑論三卷	116
通鑑辨誤十二卷	73
通鑑釋文辨誤十二卷	73
通鑑釋文辨誤十二卷	73
能一編一卷	85
能文要訣一卷	331
能自彊齋制藝一卷	357
能改齋漫錄十八卷	418
能改齋漫錄十八卷	418
桑梓潛德錄五卷續四卷三集六卷	99
桑梓潛德錄五卷續四卷三集六卷	99
務滋堂集	254
孫子十家注十三卷遺說一卷敘錄一卷	217
孫子十家注十三卷遺說一卷敘錄一卷	217
孫子三卷	217
孫文恭公遺書	388
孫文恭公遺書	388
孫宗伯集十卷	290
孫柏潭行狀一卷	100
孫柏潭行狀一卷	100
孫退谷手寫山居隨筆一卷	117
孫退谷手寫山居隨筆一卷	117
孫真人千金言衍義三十卷	453
孫淵如先生全集二十三卷	8
孫淵如先生全集二十三卷	8
孫淵如先生[星衍]年譜二卷	105
孫淵如[星衍]年譜二卷	105
納書楹曲譜正集四卷續集四卷外集二卷補遺四卷四夢全譜八卷	319
納書楹曲譜正集四卷續集四卷外集二卷補遺四卷四夢全譜八卷	320
納書楹曲譜正集四卷續集四卷外集二卷補遺四卷四夢全譜八卷	320
納書楹曲譜正集四卷續集四卷外集二卷補遺四卷四夢全譜八卷	320
納書楹邯鄲記全譜二卷	320
納書楹南柯記全譜二卷	320

十一畫

理財攻鏡十卷	305
理財節畧一卷	127
理數合解四卷	210

理學宗傳二十六卷	93
理學宗傳二十六卷	93
理學宗傳二十六卷	93
理學宗傳辨正十六卷	93
理瀹外治方要一卷應驗諸方一卷	455
理瀹駢文一卷	435
理瀹駢文一卷存濟堂藥局修合施送方并加藥法一卷略言一卷續增略言二卷文帝蕉窗十則一卷淨心說總論一卷附一卷	435
理瀹駢文不分卷	222
理瀹駢文摘要二卷	435
理瀹駢文摘要二卷	435
琉球百問一卷	442
琉球國志略十六卷首一卷	183
堵文忠公集十卷[堵允錫]年譜一卷附錄一卷	291
埤雅二十卷	52
埤雅二十卷	52
教女遺規三卷	211
教育世界文譯篇十八卷	459
教育準繩一卷	215
教育準繩一卷	215
教育學一卷	246
教育叢書	459
教案奏議彙編八卷首一卷	133
教案奏議彙編八卷首一卷	133
教務紀略四卷首一卷末一卷	133
教諭語一卷	212
培根錄初集二卷	210
培遠堂手札節存三卷	1
埽紅僊館彙刻賦鈔不分卷二集一卷	364
埭溪樵子蘭竹譜□□卷	412
基督訓辭彙解十六課	237
聊齋先生文集二卷	296
聊齋志奇初集□□卷	426
聊齋誌異十六卷	426
聊齋誌異新評十六卷	425
聊齋誌異新評十六卷	426
菁莪軒詩稿六卷	7
菁莪軒詩稿六卷	9

菁莪軒詩稿六卷	308
黃氏家乘不分卷	109
黃氏醫書八種	440
黃氏醫書八種	440
黃氏醫書八種	440
[黃自元體千字文稿]不分卷	459
黃門奏疏二卷西臺奏議一卷	138
黃忠端公[尊素]年譜二卷	203
黃勉齋文集八卷	286
黃帝內經三十六卷	477
黃帝內經素問二十四卷	478
黃帝內經素問二十四卷	478
黃帝內經素問二十四卷	478
黃帝內經素問九卷	444
黃帝內經素問九卷	444
黃帝內經素問遺篇一卷	220
黃帝內經素問遺篇一卷	442
黃帝內經素問遺篇一卷	443
黃帝內經靈樞十二卷	444
黃帝神聖工巧甲乙經二卷	482
黃帝素問靈樞經合注十八卷	478
黃陶菴先生文鈔不分卷	348
黃陶菴先生全稿八卷	348
黃陶菴先生全稿不分卷	348
黃梨洲先生南雷文約四卷	293
黃梨洲先生遺書一卷	88
黃梨洲遺書	389
黃御史集一卷	281
黃御史集一卷別錄一卷附錄一卷殘文一卷	281
黃勤敏公全集	392
黃勤敏公全集	392
黃楊集三卷補遺一卷坿錄一卷	287
黃詩全集五十八卷	283
黃詩全集五十八卷	371
[黃熙齡日記]不分卷	249
[同治]黃縣志十四卷首一卷末一卷	155
黃學廬雜述三卷	423
黃巖集三十二卷	272
[光緒]黃巖縣志四十卷首一卷附錄一卷	163

著湖吟社詩詞鈔五卷	274	[道光]梅里志四卷首一卷	158
菘耘文鈔四卷	16	[道光]梅里志四卷首一卷	158
菘耘文鈔四卷	16	梅叟閑評四卷	210
菘耘文鈔四卷	16	梅崖居士文集三十卷外集八卷首一卷	3
菫廬遺稿二卷	310	梅崖居士全集三十九卷	3
黃氏三世詩三卷	254	梅庵詩草一卷	310
黃石齋先生文集十三卷	291	梅道人遺墨一卷	287
黃帝宅經二卷	403	梅麓詩鈔十八卷	6
菽園贅談七卷	423	桴亭先生文集六卷補遺一卷	293
萸菴退叟詩賸一卷	304	梯仙閣餘課一卷	300
菜香書屋詩草	24	梯仙閣餘課一卷	300
菜根譚一卷	320	曹大家女誡一卷	211
菜根譚一卷	320	曹月川先生遺書	388
萃錦吟八卷	306	曹氏平遠樓秘方四卷	453
菩薩戒本經一卷	330	曹氏醫案不分卷	438
菩薩戒羯磨文釋一卷	330	曹江孝女廟志八卷末一卷補遺一卷	169
乾坤兩卦解一卷	32	曹李尺牘二卷	251
乾隆府廳州縣圖志五十卷	150	曹寅谷制藝不分卷續編一卷三編一卷詩賦一卷	355
菰中隨筆一卷	419	曹寅谷制藝不分卷續編一卷三編一卷詩賦一卷	355
梵網經懺悔行法一卷毘尼後集問辯一卷	330	曹集銓評十卷逸文一卷魏陳思王[曹植]年譜一卷	275
梵隱堂詩存十卷	373	曹集銓評十卷逸文一卷魏陳思王[曹植]年譜一卷	276
梧溪集七卷補遺一卷雜錄一卷	287	曹樂山先生醫案不分卷	482
桯史十五卷附錄一卷	404	敕修兩浙海塘通志二十卷	176
梅氏叢書輯要	247	堅瓠集十集	334
梅氏叢書輯要	247	戚少保[繼光]年譜耆編十二卷	104
梅州興頌四卷	101	戚价人先生傳文不分卷	349
梅花山館詩鈔不分卷	302	帶經堂集九十二卷	296
梅花詠一卷	372	帶經堂集九十二卷	296
梅花夢二卷	320	帶經堂集九十二卷	371
梅花溪試帖爐餘草四卷律賦爐餘草一卷	356	帶經堂集九十二卷	501
梅花溪詩草四卷續草三卷	10	帶經堂詩話三十卷首一卷	331
梅村先生詩集□□卷	501	帶經堂詩話三十卷首一卷	331
梅村集四十卷	292	硃批諭旨不分卷	137
梅村集四十卷	501	硃批諭旨不分卷	137
梅村詩集箋注十八卷	292	硃批諭旨不分卷	137
梅村詩集箋注十八卷	292	鮑隱廬詩文合稿二卷	21
梅村詩集箋注十八卷	292	鮑齋遺稿五卷	306
梅村詩話一卷	331		
梅里志十八卷	162		

| 奢摩他室曲叢第一集 …………… 317
| 盛世元音不分卷…………………… 62
| 盛世危言五卷 …………………… 134
| 盛世危言六卷續編四卷 ………… 134
| 盛世危言外編二卷 ……………… 134
| 盛世危言續編三卷 ……………… 134
| 盛世危言續編四卷 ……………… 134
| 盛旭人行述一卷 ………………… 402
| 盛京典制備考八卷 ……………… 124
| 盛唐彙詩一百二十四卷目錄二十二卷 … 491
| 雪青閣詩集四卷 ………………… 306
| 雪門詩艸十四卷 …………………… 25
| 雪門詩艸十四卷 …………………… 25
| 雪泥鴻爪三編 …………………… 106
| 雪樵經解三十三卷………………… 51
| 雪鑑和尚語錄□□卷 …………… 411
| 捧月樓詞二卷 …………………… 315
| 捧月樓綺語八卷 ………………… 369
| 捷錄法原旁註十二卷 …………… 471
| 排律初津四卷 …………………… 363
| 捫燭脞存十二卷 ………………… 416
| 推拿揉穴秘書不分卷 …………… 435
| 推拿廣意三卷 …………………… 431
| 授堂遺書 ………………………… 392
| 授堂遺書 ………………………… 392
| 掖縣全志四種十八卷 …………… 155
| 掃花僊館抄方不分卷 …………… 456
| 掃紅仙館賦選二卷 ……………… 365
| 掃紅仙館賦選二卷 ……………… 365
| 掃紅亭吟稿十四卷 ………………… 10
| 掃蕩倭寇紀要初集不分卷 ……… 89
| 救時要策萬言書二卷 …………… 135
| 救時要策萬言書二卷 …………… 135
| 救濟日記一卷(清光緒二十六年八月二十
| 二日至十月二十六日) ………… 107
| 虛受堂文集十六卷 ……………… 311
| 虛受堂書札二卷 ………………… 311
| 虛受堂書札二卷 ………………… 311
| 虛直軒文集十卷外集三卷首一卷 ……… 296
| 處分則例圖要六卷 ……………… 142
| 處分則例圖要六卷 ……………… 143

處世心箴二卷 …………………… 213
敝帚齋遺書 ……………………… 400
常山貞石志二十四卷 …………… 188
[康熙]常州府志三十八卷首一卷 … 157
常州賦不分卷 …………………… 170
常州賦不分卷 …………………… 170
[光緒]常昭合志十二卷首一卷 … 201
常昭合志稿四十八卷首一卷末一卷 … 156
常昭合志稿四十八卷首一卷末一卷校勘
  記一卷 ………………………… 156
常郡八邑藝文志十二卷 ………… 204
常清靜經一卷 …………………… 215
常清靜經一卷 …………………… 215
常德文徵九卷 …………………… 273
常談叢錄九卷 …………………… 424
常熟丁氏叢書 …………………… 72
常熟孫氏宗譜不分卷 …………… 110
常熟張氏時文不分卷 …………… 344
常熟慈村金氏家乘□□卷金氏文苑內外
  集二卷 ………………………… 109
野古集五卷 ……………………… 288
野古集五卷 ……………………… 288
野客叢書三十卷野老紀聞一卷 … 485
野記四卷 …………………………… 84
野獲編三十卷補遺四卷………………… 76
野獲編三十卷補遺四卷………………… 76
眼科百問二卷 …………………… 451
眼科良方一卷 …………………… 223
眼科傳心錄不分卷 ……………… 480
問心堂溫病條辨六卷首一卷 …… 223
問秋館菊錄一卷霜圃識餘二卷 ……… 434
問經堂叢書 ……………………… 376
問影樓輿地叢書第一集 ………… 146
問影樓輿地叢書第一集 ………… 146
曼殊沙館初集五卷 ……………… 310
曼盦詩稿四卷首一卷 …………… 308
晦庵先生朱文公文集一百卷別集七卷續
  集五卷目錄二卷 ……………… 285
晦庵先生朱文公文集一百卷續集十一卷
  別集十卷目錄二卷 …………… 285
晦闇齋筆語六卷 ………………… 141

| 晞髮集十卷遺集二卷遺集補一卷天地間集一卷登西臺慟哭記注一卷冬青樹引注一卷 …… 498
| 晞髮集十卷 …… 287
| 晚香亭詩鈔不分卷 …… 18
| 晚香堂詩鈔二卷晚香堂詩續鈔二卷 …… 14
| 晚香館遺詩一卷 …… 311
| 晚笑堂竹莊畫傳一卷 …… 200
| 晚笑堂畫傳二卷 …… 94
| 晚笑堂畫傳二卷 …… 95
| 晚書訂疑三卷 …… 35
| 晚學集八卷 …… 5
| 晚學集八卷 …… 5
| 晚學齋文集十二卷 …… 15
| 異方便淨土傳燈歸元鏡三祖實錄二卷歸元鏡圖一卷 …… 409
| 異方便淨土傳燈歸元鏡三祖錄二卷 …… 320
| 異林一卷 …… 415
| 異號類編二十卷 …… 244
| 異聞益智叢錄三十四卷 …… 405
| 略釋新華嚴經修行次第決疑論四卷 …… 406
| 鄂江潮一卷 …… 90
| 鄂宰四稟四卷 …… 27
| 鄂國金佗稡編二十八卷續編三十卷 …… 100
| 鄂國金佗稡編二十八卷續編三十卷 …… 100
| 唱經堂才子書 …… 390
| 唱經堂杜詩解四卷 …… 277
| 婁東書院小課一卷 …… 365
| 婁東詩派二十八卷 …… 271
| 婁東雜著 …… 385
| [光緒]婁縣續志二十卷 …… 108
| [光緒]婁縣續志二十卷 …… 157
| 婁關蔣氏本支錄右編十二卷首一卷末一卷 …… 202
| 國史文苑傳二卷 …… 96
| 國史考異六卷 …… 119
| 國史循吏傳一卷 …… 96
| 國史賢良祠王大臣小傳二卷 …… 96
| 國史儒林傳二卷 …… 96
| 國民教育愛國心一卷 …… 214
| 國色天香十卷 …… 323

| 國初十大家詩鈔七十五卷 …… 494
| 國初文不分卷 …… 341
| 國家學五卷 …… 246
| 國朝二十四家文鈔二十四卷 …… 251
| 國朝十家四六文鈔 …… 251
| 國朝十家四六文鈔 …… 251
| 國朝七排詩鈔四卷 …… 364
| 國朝八家四六文鈔 …… 371
| 國朝三家文鈔 …… 251
| 國朝三家文鈔 …… 368
| 國朝山左詩鈔六十卷 …… 270
| 國朝小題文瀋靈集甲乙丙丁戊己編不分卷 …… 340
| 國朝小題文攬勝不分卷 …… 106
| 國朝太鎮諸生譜二卷 …… 111
| 國朝六家詩鈔 …… 251
| 國朝六家詩鈔 …… 252
| 國朝文才調集不分卷 …… 337
| 國朝文匯二百卷 …… 266
| 國朝文匯二百卷 …… 266
| 國朝文錄八十二卷 …… 266
| 國朝文錄初編八十二卷續編六十九卷 …… 251
| 國朝文錄初編八十二卷續編六十九卷 …… 251
| 國朝古文正的五卷附錄二卷 …… 266
| 國朝古文正的五卷附錄二卷 …… 266
| 國朝古文彙鈔二集一百卷 …… 266
| 國朝先正事略六十卷 …… 96
| 國朝先正事略六十卷 …… 96
| 國朝先正事略六十卷 …… 96
| 國朝先正事略六十卷中興名臣事略八卷 …… 97
| 國朝先正事略六十卷補編二卷 …… 96
| 國朝先正事略續編八卷 …… 97
| 國朝名人書札二卷 …… 269
| 國朝名人書札二卷 …… 269
| 國朝名人著述叢編 …… 379
| 國朝名文春霆集不分卷 …… 340
| 國朝名臣言行錄十六卷 …… 96
| 國朝名家詩鈔小傳四卷 …… 98
| 國朝宋學淵源記二卷附一卷國朝經師經義目錄一卷 …… 97

國朝長律同音四卷	362
國朝松陵詩徵二十卷	271
國朝松陵詩徵二十卷	494
國朝杭郡詩三輯一百卷	272
國朝杭郡詩輯三十二卷	272
國朝杭郡詩續輯四十六卷	272
國朝金陵文鈔十六卷末一卷	270
國朝金陵詞鈔八卷閨秀一卷	314
國朝律賦新機初集一卷	365
國朝律賦新機初集不分卷二集一卷續集一卷	364
國朝律賦新機續鈔四卷	365
國朝洋務新論二卷	135
國朝院畫錄二卷	430
國朝貢舉年表三卷	110
國朝貢舉年表三卷	110
國朝書人輯略十一卷首一卷	430
國朝書畫家筆錄四卷	427
國朝書畫家筆錄四卷	430
國朝書畫家筆錄四卷	430
國朝常州駢體文錄三十一卷結一宧駢體文一卷	270
國朝常州駢體文錄三十一卷結一宧駢體文一卷	270
國朝常州駢體文錄三十一卷結一宧駢體文一卷	270
國朝崑新青衿錄一卷	111
國朝掌故講義一卷	202
國朝詞綜四十八卷	313
國朝詞綜續編二十四卷	313
國朝畫徵錄三卷續錄二卷附錄一卷	430
國朝畫徵錄三卷續錄二卷附錄一卷	430
國朝畫識十七卷	430
國朝畫識十七卷	430
國朝畫識十七卷	430
國朝虞陽科名錄四卷	111
國朝虞陽科名錄四卷	111
國朝詩十卷外編一卷補編六卷	268
國朝詩人徵略六十卷	199
國朝詩人徵略六十卷	199
國朝詩別裁集三十六卷	268
國朝詩鐸二十六卷	268
國朝滄州詩鈔十二卷	270
國朝歷科館選錄不分卷	110
國朝閨秀正始集二十卷附錄一卷題詞一卷補遺一卷	268
國朝閨秀正始續集十卷附錄一卷補遺一卷輓詞一卷	268
國朝箸述未刊書目一卷	196
國朝漢學師承記八卷國朝經師經義目錄一卷國朝宋學淵源記二卷附一卷	97
國朝練音初集十二卷末一卷補一卷	272
國朝畿輔詩傳六十卷	270
國朝駢體正宗十二卷	269
國朝駢體正宗十二卷	269
國朝駢體正宗十二卷	370
國朝駢體正宗評本十二卷	269
國朝駢體正宗續編八卷	269
國朝歷科發蒙小品不分卷	343
國朝歷科館選錄不分卷	110
國朝歷科館選錄不分卷	469
國朝歷科題名碑錄初集不分卷(清順治三年至光緒九年附明洪武至崇禎各科)	111
國朝歷科題名碑錄初集不分卷(清順治三年至嘉慶十三年附明洪武至崇禎各科)	111
國朝館閣九家詩箋九卷	364
國朝館選爵里諡法考七卷國朝館職補選爵里諡法考一卷國朝翰詹源流編年二卷	110
國朝館選爵里諡法考六卷(清初至光緒九年)	110
國朝蘇州長元吳三邑科第譜四卷	111
國朝蘇州長元吳三邑科第譜四卷	111
國聞備乘四卷	87
國語二十一卷	81
國語二十一卷	82
國語二十一卷	82
國語二十一卷	82
國語九卷	82
國語九卷	82
國語文歸六卷	490

書名	頁碼	書名	頁碼
國語明道本考異四卷	81	移芝室全集二十五卷	21
國語明道本考異四卷	81	笙月詞四卷花影詞一卷	316
國語明道本考異四卷	81	符東善堂經驗良方四卷	452
國語明道本考異四卷	82	笠亭詩集十二卷	504
國語明道本考異四卷	154	笠翁一家言全集	400
國語韋解補正二十一卷	82	笠翁偶集□□卷	112
國語韋解補正二十一卷	82	笠翁傳奇十種	317
國語韋解補正二十一卷	82	笠翁傳奇十種二十卷	505
國學叢刊	383	笥河文鈔二卷	4
國寶新編一卷	469	第一才子書六十卷一百二十回	325
唯心集一卷	234	第一才子書六十卷首一卷一百二十回	324
唯識二十論述記四卷	334	第一才子書六十卷首一卷一百二十回	324
唯識開蒙問答二卷	335	第一奇書野叟曝言二十卷一百五十四回	327
啖蔗軒全集	393	第七才子書琵琶記二卷釋義一卷	318
啜茗軒小題文不分卷	341	第八才子書白圭志四卷十六回	329
[光緒]崑新兩縣續修合志五十二卷首一卷末一卷	151	第九才子書斬鬼傳四卷十回	325
崑新兩縣續修合志五十二卷首一卷末一卷	156	第五才子書水滸傳七十五卷七十回	326
崔翰林遺集二卷	309	敏求軒述記十六卷	98
崔蘭生汪柳門先生合稿二卷	357	敏求軒述記十六卷	98
崇川咫聞錄十二卷	161	偶諧舊草一卷西廬詩草一卷詞曲一卷雜文一卷	500
崇文總目五卷	194	停雲集十一卷方外詩二卷	494
崇文總目補遺一卷	194	得一錄八卷	409
崇百藥齋文集二十卷續集四卷三集四卷	12	得一齋雜著四種	147
崇百藥齋文集二十卷續集四卷三集四卷	12	得月樓賦四卷	364
崇祀錄一卷	108	從古堂款識學十六卷	200
崇雅堂文鈔四卷	12	從征圖記不分卷	87
崇雅堂詩鈔五卷	504	從政聞見錄三卷	126
崇禎朝記事四卷	84	從政遺規四卷	126
崇實書院章程一卷	130	從野堂存稿八卷補遺一卷附錄一卷	290
崇實書院章程一卷	130	從野堂存稿八卷補遺一卷附錄一卷	291
崇實齋初編不分卷	346	船山師友記十七卷首一卷	97
崇辨堂墨選四卷	343	船山詩草二十卷	10
過庭錄存一卷	438	船山詩草二十卷	10
過庭錄存一卷	438	船山詩草二十卷補遺六卷	10
過雲樓書畫記十卷	427	船山遺書	390
梨洲遺著彙刊	389	船山遺書	455
梨洲遺著彙刊	389	斜川集六卷附錄二卷	284
		斜川集六卷附錄二卷	497
		欲海回狂集三卷	409

| 鳥鼠山人小集十六卷後集二卷 …………… 499
| 脱影奇觀三卷 ……………………… 232
| [康熙]魚鱗清冊一卷 ……………… 472
| [道光]象山縣志二十二卷首一卷 …… 163
| 逸周書十卷 ………………………… 468
| 逸周書十卷 ………………………… 468
| 逸周書十卷 ………………………… 468
| 猗覺寮雜記二卷 …………………… 157
| 猛回頭一卷 ………………………… 135
| 訒盦叢稿 …………………………… 398
| 訒盦叢稿 …………………………… 398
| 許氏說文解字雙聲叠韻譜一卷 ……… 56
| 許氏說文解字雙聲叠韻譜一卷 ……… 56
| 許氏說文解字雙聲叠韻譜一卷 ……… 56
| 許文正公遺書 ……………………… 388
| 許竹篔先生出使函稿十卷 …………… 141
| 許竹篔時文一卷 …………………… 352
| 許學叢書 ……………………………… 30
| 訟過齋日記六卷 …………………… 209
| 設立存古學堂國文以存國粹咨札稿暨章程一卷 …………………………… 130
| 設立存古學堂國文以存國粹咨札稿暨章程一卷 …………………………… 130
| 庶幾堂今樂 ………………………… 318
| 麻科保赤金丹四卷邵氏痘科一卷 …… 432
| 麻疹闡注三卷附一卷 ……………… 457
| 庾子山全集十卷 …………………… 276
| 庾子山全集十卷 …………………… 276
| 庾子山集十六卷[庾信]年譜一卷總釋一卷 ………………………………… 276
| 庾子山集十六卷[庾信]年譜一卷總釋一卷 ………………………………… 276
| 庾子山集十六卷[庾信]年譜一卷總釋一卷 ………………………………… 276
| 產科不分卷 ………………………… 428
| 產科心法二卷 ……………………… 430
| 產科心法二卷 ……………………… 431
| 產科心法二卷 ……………………… 481
| 產寶百問二卷 ……………………… 429
| 庸吏庸言一卷庸吏餘談一卷 ………… 126
| 庸吏庸言二卷庸吏餘談一卷讀律心得三卷蜀僚問答二卷 ……………………… 125
| 庸言集□□卷 ……………………… 135
| 庸書内篇二卷庸書外篇二卷 ………… 134
| 庸書内篇二卷庸書外篇二卷 ………… 134
| 庸菴全集 …………………………… 396
| 庸菴全集 …………………………… 396
| 庸菴全集 …………………………… 396
| 庸菴全集 …………………………… 396
| 庸菴全集 …………………………… 400
| 庸菴全集 …………………………… 401
| 庸閒老人自叙一卷 ………………… 95
| 庸閒齋筆記十二卷 ………………… 413
| 庸閒齋筆記十二卷 ………………… 424
| 庸盦文別集六卷 …………………… 307
| 庸盦文別集六卷 …………………… 307
| 庸盦文別集六卷 …………………… 307
| 庸盦尚書奏議十六卷 ……………… 140
| 庸盦筆記六卷 ……………………… 424
| 庸盦筆記六卷 ……………………… 425
| 庸盦筆記六卷 ……………………… 425
| 庸盦筆記六卷 ……………………… 425
| 康熙甲子史館新刊古今通韻十二卷論例一卷 ………………………………… 60
| 康熙字典十二集 ……………………… 64
| 康熙字典十二集三十六卷總目一卷檢字一卷辨似一卷等韻一卷補遺一卷備考一卷 ……………………………… 463
| 康熙字典十二集等韻一卷備考一卷補遺一卷 ………………………………… 57
| 康熙字典十二集檢字一卷辨似一卷等韻一卷補遺一卷備考一卷 …………… 57
| 康熙字典十二集檢字一卷辨似一卷等韻一卷補遺一卷備考一卷 …………… 57
| 康熙字典十二集檢字一卷辨似一卷等韻一卷補遺一卷備考一卷 …………… 57
| 康熙字典十二集檢字一卷辨似一卷等韻一卷補遺一卷備考一卷 …………… 57
| 康熙字典十二集檢字一卷辨似一卷等韻一卷補遺一卷備考一卷 …………… 57

康熙字典十二集檢字一卷辨似一卷備考一卷補遺一卷等韻一卷 …… 57	
康熙字典十二集總目一卷檢字一卷辨似一卷等韻一卷備考一卷補遺一卷 …… 57	
康熙政要二十四卷 …… 71	
康輶紀行十六卷 …… 177	
康輶紀行十六卷 …… 177	
鹿文端公榮哀錄八卷 …… 102	
鹿門先生批點漢書九十三卷 …… 470	
鹿忠節公集二十一卷 …… 290	
鹿洲全集 …… 391	
鹿洲全集 …… 391	
旌孝錄一卷 …… 101	
旌孝錄一卷 …… 101	
旌孝錄一卷 …… 101	
章太炎文鈔四卷 …… 312	
章雲李先生時文稿一卷 …… 350	
章雲李先生遺文一卷 …… 350	
章實齋先生遺書六卷附錄一卷 …… 5	
章譚合鈔六卷 …… 252	
商頌遺音不分卷 …… 335	
望古齋課徒草一卷 …… 350	
望岳圖江標唐才常二賢遺跡不分卷 …… 483	
望堂金石文字三十四種 …… 187	
望堂金石文字不分卷 …… 328	
望溪先生文集十八卷集外文十卷補遺二卷[方苞]年譜二卷 …… 299	
情天外史續冊一卷 …… 329	
情史類略二十四卷 …… 486	
惜抱先生尺牘八卷 …… 368	
惜抱軒今體詩選十八卷 …… 259	
惜抱軒今體詩選十八卷 …… 259	
惜抱軒尺牘八卷 …… 4	
惜抱軒外稿不分卷 …… 4	
惜抱軒全集 …… 392	
惜抱軒全集 …… 392	
惜抱軒全集 …… 392	
惜抱軒全集 …… 399	
惜抱軒稿時文一卷 …… 353	
惜陰軒叢書 …… 377	
惜陰軒叢書 …… 400	
惜陰書院課藝不分卷 …… 344	
惕甫未定藁十六卷淵雅堂文外集四卷 …… 8	
惟是堂四書文鈔不分卷 …… 351	
清史藝文志四卷 …… 71	
[同治]清江縣志十卷首一卷 …… 165	
清芬樓遺稿四卷 …… 299	
清芬錄一卷 …… 108	
清初三大疑案考實三卷 …… 85	
清抱居詩稿一卷後錄一卷 …… 301	
清河書畫舫十二卷 …… 410	
清河書畫舫十二卷 …… 426	
清河集七卷附錄一卷 …… 287	
清波小志 …… 191	
清風室詩鈔五卷文鈔十二卷 …… 372	
清真指南十卷 …… 237	
清秘史二卷 …… 86	
清秘述聞十六卷 …… 110	
清秘述聞續八卷 …… 110	
清容外集 …… 318	
清容外集 …… 318	
清容居士集五十卷札記一卷 …… 287	
清異編珠二卷 …… 243	
清朝史略十一卷 …… 115	
清尊集十六卷 …… 269	
清遠山房賦鈔二卷賦鈔箋注一卷 …… 349	
清夢盦二白詞五卷 …… 315	
清閟閣全集十二卷 …… 287	
清閟閣全集十二卷 …… 498	
清暉堂同人尺牘彙存四卷 …… 269	
清暉贈言十卷 …… 268	
清暉贈言十卷 …… 268	
清愛堂法帖 …… 460	
清溪草堂文二卷首一卷 …… 296	
清嘉集初編不分卷二編三卷三編二卷 …… 340	
清嘉錄十二卷 …… 472	
清瘦閣讀畫十八種 …… 232	
清綺軒詞選十三卷 …… 313	
清綺軒詞選十三卷 …… 313	
清綺軒詞選十三卷 …… 373	
清儀閣金石題識四卷 …… 188	
清儀閣金石題識四卷 …… 188	

清儀閣題跋一卷	202
清儀閣題跋不分卷	188
淞南顧氏世系一卷	104
淞隱漫録十二卷	113
淞隱漫録十二卷	149
淞隱漫録十二卷	149
淞隱漫録十二卷續録四卷	147
淞濱瑣話十二卷	149
淮城日記一卷	84
淮南萬畢術二卷	434
淮南鴻烈閒詁二卷	434
淮南雜箸二卷	312
淮南雜識四卷	416
淮南鹽法紀略十卷	129
淮軍平捻記十二卷	79
淮軍平捻記十二卷	79
淮海文集考證一卷淮海集附篡一卷	283
淮海文集考證一卷淮海集附篡一卷	284
淮海集十七卷後集二卷淮海詞一卷補遺一卷	283
淮海集十七卷後集二卷淮海詞一卷補遺一卷	284
淮海集四十卷後集六卷又三卷	497
淮陽水利圖說一卷	176
淮陽水利圖說一卷	176
淨土四經	195
淨行別品一卷	234
淳化祕閣法帖考正十二卷	428
淡巴菰百詠一卷淡巴菰題辭一卷	159
深州風土記二十二卷	201
梁文莊國史列傳一卷	101
梁昭明太子集四卷	276
梁皇寶卷全集一卷	322
梁園風雅二十七卷	493
梁溪先生文集一百八十卷[李綱]行狀三卷附録一卷	284
梁溪務實學堂課文一編九種九卷	347
梁溪詩鈔五十八卷	271
梁溪詩鈔五十八卷	271
梁溪詩鈔五十八卷	271
梁溪詩鈔五十八卷	271
梁聞山先生評書帖一卷	416
梁谿遺槀二卷	285
梁谿遺槀二卷補遺一卷附録一卷信齋詞一卷	285
梁簡文帝集八卷	276
梁瀛侯先生日省録三卷	213
涵芬樓古今文鈔一百卷	257
寄閒小草三卷	8
寄閒詩草二卷教子篇戒作佛事文請免賀節啟	3
寄傲山房塾課新增幼學故事瓊林四卷	245
寄傲山房塾課新增幼學故事瓊林四卷	245
寄園寄所寄十二卷	406
寄園寄所寄十二卷	406
寄園寄所寄十二卷	406
寄園寄所寄十二卷	406
寄蝸殘贅十六卷	424
寄影軒詩鈔六卷暗香疏影齋詞鈔一卷	308
寄嶽雲齋試體詩選詳注四卷	363
寄簃文存八卷寄簃文存二編二卷	146
寄廬詩遺稿一卷春谷遺草一卷花溪遺草一卷	253
寄鷗遊草十一卷	303
寄龕文存四卷	307
寄龕文存四卷	307
寄龕詩質十二卷文存四卷	370
[同治]宿遷縣志十九卷	84
[同治]宿遷縣志十九卷	160
啟悟初津一卷	227
啟蒙真諦不分卷	451
啟禎大小題移人集不分卷	339
啟禎兩朝剝復録十卷	84
啓秀新編不分卷	339
啓秀新編不分卷	339
尉繚子二卷	218
張三丰先生全集不分卷	236
張之洞一卷	102
張氏適園叢書初集	383
張氏適園叢書初集	383
張氏醫案不分卷	482
張氏醫通十六卷	439

張氏醫通十六卷本經逢原四卷石頑老人
　診宗三昧一卷傷寒緒論二卷傷寒續論
　二卷傷寒舌鑑一卷傷寒兼證析義一卷
　……………………………………… 439
張文襄公手札一卷 ……………………… 403
張文襄幕府紀聞二卷 ……………………… 88
張文襄幕府紀聞二卷 ……………………… 89
張仲景金匱要畧論註二十四卷 ………… 223
張仲景金匱要略論註二十四卷 ………… 446
張仲景傷寒論貫珠集八卷 ……………… 446
張雨棠先生課徒草一卷 ………………… 357
張尚書勸戒原文一卷 ……………………… 88
張忠敏公遺集十卷首一卷附錄六卷 …… 292
張陸二先生批評戰國策抄四卷 ………… 470
張蒼水集二卷附錄一卷 ………………… 292
張廉卿墨迹一卷 ………………………… 459
張說之文集二十五卷補遺五卷 ………… 276
張龍湖先生文集十五卷 ………………… 289
張謇批選四書義六卷 …………………… 336
張謇批選四書義六卷張謇批選續四書義
　六卷 …………………………………… 336
強學彙編十九卷 ………………………… 135
隋唐兵符圖錄一卷 ……………………… 125
隋書地理志攷證九卷隋書地理志攷證補
　遺一卷 ………………………………… 147
隋經籍志考證十三卷 …………………… 194
隋經籍志考證十三卷 …………………… 194
隋經籍志考證十三卷 …………………… 194
[乾隆]鄖縣志十八卷首一卷 …………… 154
陽羨唱和集二卷 ………………………… 274
陽湖史氏家藏左文襄公手札一卷 ……… 23
媕陬集十卷 ……………………………… 368
娵嬛小築詩存三卷娵嬛小築文存一卷 … 19
婦人良方二十四卷 ……………………… 449
婦人集一卷 ……………………………… 76
婦科秘方一卷 …………………………… 385
婦科寶案一卷 …………………………… 449
婦嬰至寶七卷 …………………………… 222
婦嬰至寶八卷 …………………………… 428
習之先生文集二卷 ……………………… 279
習苦齋古文四卷習苦齋詩集八卷 ……… 19

習苦齋詩集八卷 ………………………… 19
習苦齋畫絮十卷 ………………………… 429
習是編二卷屈肖巖[成霖]年譜一卷 …… 208
習學記言序目五十卷 …………………… 418
習學記言序目五十卷 …………………… 418
參兩正義四卷 …………………………… 401
參星秘要諏言便覽二卷 ………………… 167
參補歷朝紀年七卷 ……………………… 75
貫華堂第六才子書西廂記八卷 ………… 318
貫華堂選批唐才子詩甲集八卷 ………… 492
貫唯集內科不分卷 ……………………… 445
鄉會墨選二卷 …………………………… 361
鄉墨精銳不分卷 ………………………… 343
紺雪齋塾鈔式集一卷 …………………… 338
紹興府上虞縣弓口魚鱗圖冊不分卷 …… 128
紹興府學堂課藝不分卷 ………………… 344
巢氏諸病源候總論五十卷 ……………… 444
巢林集七卷 ……………………………… 3
巢經巢詩鈔九卷 ………………………… 20

十二畫

貳臣傳十二卷 …………………………… 96
貳臣傳十二卷 …………………………… 96
貳臣傳十二卷 …………………………… 96
絜齋集二十四卷 ………………………… 285
琴川三志補記續八卷 …………………… 156
琴旨申邱一卷 …………………………… 137
琴海集二卷 ……………………………… 8
琴畫樓詞鈔二十五卷 …………………… 314
琴學入門二卷 …………………………… 432
琴隱園詞集四卷 ………………………… 315
琴隱園詩集三十六卷詞集四卷 ………… 369
琴鶴軒遺文不分卷 ……………………… 354
堯山堂外紀一百卷 ……………………… 488
堯峰文鈔四十卷 ………………………… 294
塔影樓律賦一卷 ………………………… 15
項氏家說十卷附錄二卷 ………………… 418
項羽本紀一卷霍光金日磾傳一卷 ……… 469
項城袁氏家集六十六卷 ………………… 253
項城袁氏家集六十六卷 ………………… 253

620

書名	頁碼	書名	頁碼
越中文獻輯存書	386	葉忠節公遺稿十二卷	296
越事備考十二卷首一卷	183	葉選醫衡二卷	224
越南地輿圖說六卷首一卷	183	葬經內篇一卷	403
越畫見聞三卷	430	萬山綱目膡稿二十一卷	172
越絕書十五卷	468	萬氏女科三卷	449
越輶采風錄二卷	347	萬氏女科三卷	449
越輶采風錄四卷	347	萬世玉衡錄四卷	245
越諺三卷	335	[道光]萬全縣志十卷首一卷	152
越諺三卷	335	萬充宗先生經學五書十九卷	26
越縵堂駢體文四卷散體文一卷	304	萬充宗先生經學五書十九卷	26
越縵堂駢體文四卷散體文一卷	304	萬物炊累室纇稿	397
博約堂文鈔十卷瑞芝室家傳一卷望雲寄廬讀史記臆說五卷	306	萬物炊累室纇稿	397
博雅音十卷	52	萬法歸心錄三卷	233
博雅音十卷	52	萬國分類時務大成四十卷	247
博雅音十卷	384	萬國分類時務大成四十卷	248
博雅音十卷	384	萬國公法四卷	131
彭文敬公全集四十二卷[蘊章]年譜一卷	17	萬國公法四卷	131
		萬國公法四卷	154
彭官保洋務要言十三篇	134	萬國公法要略四卷	131
彭城集四十卷	282	萬國史記二十卷	178
彭剛直公奏稿八卷	139	萬國史鑑□□卷	178
彭剛直公奏稿八卷	139	萬國近政考略十六卷	180
彭剛直公奏稿八卷	139	萬國政治藝學全書	384
彭剛直公奏稿八卷	139	萬國政治類考不分卷	181
彭剛直公神道碑文一卷	101	萬國通史前編十卷	178
彭剛直公詩集八卷	24	萬國通商史一卷	133
彭剛直公詩集八卷	24	萬國通鑑四卷	178
彭剛直公詩集八卷	24	萬國新史大事表十八卷	178
彭躬菴文鈔六卷	293	萬國龜鑑三十卷	186
報恩論二卷首一卷	233	萬國藥方八卷	221
報恩緣二卷	319	萬國藥方八卷	457
達生胎產心法驗方合編三卷	430	萬國藥方八卷	457
達生篇三卷	441	萬國藥方八卷	457
達摩祖卷一卷	322	萬善花室文稿七卷	14
壹是紀始二十二卷補遺一卷	243	萬善花室文稿六卷	14
斯文精萃不分卷	256	萬善花室文稿六卷萬善花室文續集一卷	14
斯文精萃不分卷	256		
斯未信齋語錄三卷	417	萬壽盛典四卷	123
葉氏醫案存真三卷馬氏醫案一卷	437	萬應膏方不分卷	456
葉文莊公全集三十卷	498	葛仙翁肘後奇方八卷	452
		葛端肅公文集十八卷	499

董氏小兒斑疹備急方論一卷	119
董氏諏吉新書一卷董氏諏吉新書續編一卷	166
董文敏公畫禪隨筆四卷	426
董方立遺書	224
敬吾心室識篆圖不分卷	201
敬孚類藁十六卷	306
敬承堂憶存二卷	20
敬亭公[沈起元]自訂年譜二卷	104
敬亭文稿九卷	300
敬亭詩草八卷	503
敬業堂集五十卷	502
敬齋古今黈八卷	195
敬齋雜著一卷	24
敬竈全書一卷	235
敬竈全書一卷	235
落落齋遺集十卷附錄一卷	290
落颿樓文稿四卷	18
葦間詩集五卷	295
朝市叢載八卷	170
朝市叢載八卷	170
朝邑韓志一卷武功康志三卷靈壽陸志節本三卷	153
朝野類要五卷	124
朝鮮近世史二卷	181
喪服子夏傳一卷	39
葵青居分韻試帖讀本二卷	363
葵青居試律二卷	350
焚餘草一卷	296
椒生詩草六卷續草三卷	308
椒生隨筆八卷	418
椒生隨筆八卷	418
棲雲樓制藝不分卷	354
棣華齋小題文不分卷	350
棣鄂堂詩義纂要八卷	36
棣萼山房試帖四卷	354
粟香室文稿一卷	311
粟香室叢書	383
粟香隨筆八卷二筆八卷三筆八卷	418
粟香隨筆八卷二筆八卷三筆八卷四筆八卷五筆八卷	403
皕宋樓藏書志一百二十卷	198
皕宋樓藏書志一百二十卷	198
硯云甲乙編	399
硯北方案不分卷	482
硯北詩草一卷半緣詞一卷	503
硯林詩集四卷拾遺一卷印款一卷	301
雁門集六卷附一卷	287
雲川閣詩集十四卷詞七卷	503
雲自在龕叢書	381
雲谷雜紀四卷首一卷末一卷	158
雲林別墅繪像妥注第六才子書六卷首一卷	369
雲臥山莊詩集八卷首一卷末一卷	302
雲臥山莊詩集八卷首一卷末一卷雲臥山莊家訓二卷末一卷	368
雲笈七籤一百二十二卷	486
雲逗樓集二卷	2
雲逗樓集二卷	2
雲逗樓集二卷	2
雲海詩集一卷	301
雲海樓詩槀四卷	25
雲間小課三卷	338
[紹熙]雲閒志三卷	156
雲程畢備十卷	342
雲湘畫譜二卷	483
雲路仙丹四卷	342
雲溪樂府二卷	9
搭截大觀不分卷	339
搭截共賞初集不分卷二集不分卷	339
搭截新編不分卷	339
揚子江二卷	175
揚子江流域現勢論一卷	175
揚子法言十卷	413
揚州水道記不分卷	176
揚州畫舫錄十八卷	170
揚州畫舫錄十八卷	170
揚州夢二卷	319
提督江南通省學政渝東簡謙居先生鑒定四書彙解四十卷	28
揖山樓詩集十二卷	8
揖山樓遺詩一卷詞一卷	23

揖山樓遺詩一卷詞一卷 …… 23	最新小學數學教科書二卷 …… 230
揣籥小録一卷揣籥續録三卷 …… 228	最新萬國政鑑五十卷 …… 180
搜神記二十卷後記十卷 …… 425	最新學校管理法一卷 …… 213
援鶉堂筆記五十卷 …… 420	敩經筆記一卷 …… 51
援鶉堂遺集 …… 401	貽令堂雜俎一卷 …… 140
揮塵後録十一卷 …… 83	鼎湖山志八卷 …… 173
雅雨堂藏書 …… 375	鼎鍥葉太史彙纂玉堂鑑綱七十二卷 …… 467
雅尚齋遵生八牋十九卷 …… 485	鼎鍥葉太史彙纂玉堂鑑綱七十二卷 …… 467
毣窊子三卷越俎卮言二卷 …… 206	鼎鍥趙田了凡袁先生編纂古本歷史大方綱鑑補三十九卷 …… 74
毣窊子集證五卷 …… 206	
紫石泉山房文集十二卷紫石泉山房詩鈔三卷 …… 6	[乾隆]開化縣志十二卷首一卷 …… 164
	開方表一卷 …… 231
紫荊吟館試帖二卷 …… 355	開方說三卷 …… 228
紫柏老人集二十九卷首一卷 …… 291	開方說三卷 …… 482
紫陽正誼課藝合選不分卷 …… 345	開方釋例四卷 …… 228
紫陽書院課選不分卷 …… 345	開有益齋讀書志六卷開有益齋讀書續志一卷開有益齋金石文字記一卷 …… 124
紫陽書院課藝九編不分卷 …… 345	
紫陽書院課藝六編不分卷 …… 345	開有益齋讀書志六卷開有益齋讀書續志一卷開有益齋金石文字記一卷 …… 198
紫薇仙館遺藁五卷 …… 357	
紫藤花館詩餘一卷 …… 303	開沙志二卷 …… 159
紫藤花館詩餘一卷 …… 304	開卷偶得十卷 …… 422
紫藤書屋叢刻 …… 376	開禧德安守城録一卷 …… 83
虛一齋集五卷 …… 1	開闢美洲閣龍傳一卷航海家獨列幾傳一卷 …… 186
虛一齋集五卷 …… 17	
虛白室詩鈔十卷 …… 304	閑吟處詩鈔六卷 …… 18
虛舟題跋十卷 …… 191	閑家編八卷 …… 210
虛字註釋備考六卷 …… 42	閑閑老人滏水文集二十卷 …… 370
虛字註釋備考六卷 …… 267	閑辟録十卷 …… 476
虛直堂文集二十四卷 …… 299	閑情小録初集 …… 234
虛齋名畫録十六卷 …… 429	遏雲閣曲譜 …… 371
虛齋名畫録十六卷 …… 429	景岳全書 …… 439
虛靈選雋不分卷 …… 337	景岳全書 …… 440
棠陰比事一卷 …… 144	景岳全書 …… 440
掌故叢編 …… 81	景岳全書 …… 440
掌故叢編 …… 81	景岳全書發揮四卷 …… 443
晴嵐詩存二卷 …… 2	景船齋雜記二卷 …… 102
最上一乘慧命經一卷 …… 234	景德鎮陶録十卷 …… 434
最近之支那一卷 …… 91	違礙書籍目録不分卷 …… 196
最近支那史二卷 …… 91	啣遠樓詩稿二卷 …… 504
最近支那史二卷 …… 91	喉科尤氏秘書一卷 …… 451
最近揚子江之大勢一卷 …… 175	喉科四卷 …… 451

喉科秘旨二卷	451
喉科秘旨二卷	451
喉科秘鑰二卷	451
喉科秘鑰二卷喉證補編一卷	223
喉痧正的一卷	451
喻氏醫書三種	439
喻氏醫書四種	439
黑奴籲天錄四卷	330
黑龍江外記八卷	153
黑龍江述略六卷	153
圍城紀事詩一卷	120
無邪堂答問五卷	413
無事為福齋隨筆二卷	345
無俗聲室試帖二卷	357
無欺錄二卷	328
無雅堂答問五卷	422
無量壽如來會二卷	197
無量壽經起信論三卷	193
無量壽經起信論三卷	193
無量壽經起信論三卷	199
無量壽優波提舍一卷	193
無量壽優波提舍一卷	199
無盡藏齋詩文集十九卷	5
無稽讕語四卷	321
[光緒]無錫金匱縣志四十卷首一卷附編六卷	156
[光緒]無錫金匱縣志四十卷首一卷附編六卷	158
無雙詩合刻不分卷	252
缾水齋詩集十七卷別集二卷	10
缾水齋詩集十七卷別集二卷詩話一卷	11
缾水齋詩集十七卷別集二卷	11
缾水齋詩集十七卷別集二卷詩話一卷	11
智囊全集□□卷	405
嵇中散集十卷	276
程氏家塾讀書分年日程三卷首一卷	212
程氏家塾讀書分年日程三卷首一卷	212
程氏家塾讀書分季日程三卷首一卷	212
程氏家塾讀書分季日程三卷首一卷	212
程制憲平臺全案一卷	88
等閒集詩鈔一卷	17
等韻一得內篇一卷外篇一卷補編內篇一卷外篇一卷	63
等韻一得內篇一卷外篇一卷補編內篇一卷外篇一卷	63
筑圩圖說一卷	175
策論採新十二卷	348
策論範圍二卷	360
策學備纂三百八十八卷目錄三十二卷	407
策學備纂三百八十八卷目錄三十二卷	407
策學備纂三百八十八卷目錄三十二卷	407
策學備纂續集四卷	408
策學淵萃四十六卷	248
策學舉隅二卷論學舉隅二卷	348
策學纂要正續編十六卷	367
答問三卷	208
筆花醫鏡四卷	436
筆花醫鏡四卷	441
筆算數學二十四章	229
備急千金要方三十卷	453
備急千金要方三十卷考異一卷	439
備急灸法一卷竹閣經驗備急藥方一卷騎竹馬灸法一卷	435
傅氏家訓二卷	210
傅氏眼科審視瑤函六卷	451
傅忠肅公文集三卷首一卷末一卷	284
傅相游歷各國日記二卷(清光緒二十二年正月十八日至二十二年九月十八日)	184
傅相游歷各國日記二卷(清光緒二十二年正月十八日至二十二年九月十八日)	184
貸園叢書初集	376
貸園叢書初集	376
[光緒]順天府志一百三十卷附錄一卷	152
順天鄉試闈墨十卷	361
順宗實錄五卷	76
集古官印考十七卷附一卷	474
集古錄目十卷	190
集古錄目五卷	190
集古錄跋尾十卷	188
集帖目三卷	203
集注太玄十卷	368
集思廣益編二卷	167

集前赤壁不分卷	502
集虛齋四書口義十卷	48
集虛齋全稿不分卷	352
集錄真西山文章正宗三十卷	489
集韻十卷	60
集韻考正十卷	60
集驗良方一卷	454
集驗良方六卷	453
集驗簡易良方四卷	456
焦山志二十六卷首一卷	172
焦山志二十六卷首一卷	172
焦山志二十六卷首一卷	172
焦山續志八卷	172
焦山續志八卷	172
焦山續志八卷	172
焦氏易林四卷	166
焦氏叢書	393
皖詞紀勝一卷	314
街南文集二十卷補一卷續集七卷	294
御批資治通鑑綱目一百九卷	467
御批資治通鑑綱目一百九卷	467
御批歷代通鑑輯覽一百二十卷	75
御批歷代通鑑輯覽一百二十卷	75
御批歷代通鑑輯覽一百二十卷	75
御批歷代通鑑輯覽一百二十卷	75
御批歷代通鑑輯覽一百二十卷	75
御批歷代通鑑輯覽一百二十卷	75
御批歷代通鑑輯覽一百二十卷	75
御批歷代通鑑輯覽一百二十卷	90
御刻三希堂石渠寶笈法帖釋文十六卷	483
御注孝經一卷	45
御注孝經一卷	45
御定駢字類編二百四十卷	241
御定駢字類編二百四十卷	241
御定歷代記事年表一百卷首一卷	467
御定歷代賦彙一百四十卷	260
御定歷代賦彙一百四十卷目錄二卷外集二十卷逸句二卷補遺二十二卷	260
御定歷代賦彙一百四十卷外集二十卷補遺二十二卷	260
御訂全金詩增補中州集七十二卷首二卷	493
御製文初集三十卷	3
御製文初集四十卷二集五十卷三集五十卷	298
御製耕織圖二卷	219
御製耕織圖二卷	219
御製耕織圖二卷	403
御製盛京賦一卷	504
御製詩二集九十卷目錄十卷	3
御製詩初集四十四卷目錄四卷二集九十卷目錄十卷	3
御製數理精蘊上編五卷下編四十卷表八卷	227
御製數理精蘊上編五卷下編四十卷表八卷	228
御製數理精蘊上編五卷下編四十卷表八卷	232
御製曆象考成上編十六卷下編十卷	227
御製曆象考成上編十六卷下編十卷	227
御製曆象考成上編十六卷下編十卷	232
御製曆象考成後編十卷	227
御製曆象考成後編十卷	227
御製曆象考成後編十卷	232
御製避暑山莊圖詠一卷	298
御撰明紀綱目二十卷	74
御撰明紀綱目二十卷	74
御撰資治通鑑明紀綱目	74
御選大慈圓通禪仙紫陽真人張平叔語錄一卷	234
御選妙覺普度和聖寒山大士詩一卷	234
御選明臣奏議四十卷	472
御選明詩一百二十卷姓名爵里八卷	493
御選唐宋文醇五十八卷	258
御選唐宋文醇五十八卷	258
御選唐宋文醇五十八卷	258
御選唐宋文醇五十八卷	492
御選唐宋詩醇四十七卷目錄二卷	259
御選唐宋詩醇四十七卷目錄二卷	259
御選唐詩三十二卷目錄三卷	492
御選圓覺慈度合聖拾得大士詩一卷	234

御選語録十九卷	411
御題三希堂續刻法帖不分卷	413
御題棉花圖十六首不分卷	220
御纂七經	26
御纂七經綱領不分卷	51
御纂周易折中二十二卷首一卷	32
御纂周易折中二十二卷首一卷	32
御纂性理精義十二卷	476
御纂春秋直解十六卷	43
御纂詩義折中二十卷	36
御纂醫宗金鑑九十卷	224
御纂醫宗金鑑九十卷首一卷	440
御纂醫宗金鑑九十卷首一卷	440
御纂醫宗金鑑九十卷首一卷	440
御覽集六卷	5
復古編二卷校正一卷附錄一卷	58
復古編二卷校正一卷附錄一卷	58
復初齋文集三十五卷	4
復菴和尚華嚴綸貫一卷	406
復盦文集二十三卷	312
須靜齋雲煙過眼錄一卷	427
須靜齋雲煙過眼錄一卷	427
須靜齋雲煙過眼錄一卷	427
須靜齋雲煙過眼錄一卷	427
舒梓溪文鈔外集十卷內集八卷	499
舒蓺室尺牘偶存一卷	21
鉅鹿東觀集十卷補遺一卷坿錄一卷	281
鈐山堂集四十卷	289
欽取朝考卷七卷	362
欽定三希堂法帖三十二冊御題三希堂續刻法帖四冊	200
欽定三希堂法帖不分卷御題三希堂續刻法帖不分卷	413
欽定大清會典一百卷	122
欽定大清會典一百卷	122
欽定大清會典一百卷	122
欽定大清會典一百卷事例一千二百二十卷	122
欽定大清會典一百卷圖二百七十卷事例一千二百二十卷	122
欽定大清會典八十卷圖一百三十二卷事例九百二十卷	122
欽定大清會典四卷	122
欽定大清會典四卷	122
欽定日下舊聞考一百六十卷	472
欽定中和韶舞舞容譜一卷	123
欽定中和韶舞舞容譜一卷	123
欽定戶部則例一百卷首一卷	144
欽定戶部則例一百卷首一卷	144
欽定古今圖書集成醫部全錄五百二十卷	242
欽定古今圖書集成醫部全錄五百二十卷	441
欽定古今圖書集成醫部全錄五百二十卷	441
欽定四庫全書附存目錄十卷	194
欽定四庫全書總目二百卷首一卷	65
欽定四庫全書總目二百卷首一卷	103
欽定四庫全書總目二百卷首一卷	120
欽定四庫全書總目二百卷首一卷	120
欽定四庫全書總目二百卷首一卷四庫未收書目提要五卷欽定四庫全書簡明目錄二十卷	120
欽定四庫全書總目提要四部類叙一卷	193
欽定四庫全書總目提要四部類叙一卷	459
欽定四庫全書簡明目錄二十卷	197
欽定四庫全書簡明目錄二十卷	197
欽定四庫全書簡明目錄二十卷	197
欽定吏部處分則例五十二卷	144
欽定吏部處分則例五十二卷	144
欽定全唐文一千卷	367
欽定兵部處分則例三十六卷	144
欽定協紀辨方書三十六卷	166
欽定協紀辨方書三十六卷	166
欽定明清四書文不分卷	342
欽定金史語解十二卷	71
欽定宗室王公功績表傳十二卷	203
欽定承華事略補圖六卷	245
欽定春秋左傳讀本三十卷	44
欽定春秋傳說彙纂三十八卷首二卷	43
欽定科場條例六十卷	144
欽定科場條例六十卷首一卷	144

| 欽定皇輿西域圖志四十八卷首四卷 …… 154
| 欽定書經傳說彙纂二十一卷首二卷末一
| 卷 …………………………………………… 34
| 欽定書經圖說五十卷 ……………………… 35
| 欽定通考考證三卷 ………………………… 121
| 欽定授時通考七十八卷 …………………… 414
| 欽定國子監則例四十五卷 ………………… 145
| 欽定康濟錄四卷 …………………………… 129
| 欽定朝考卷十卷 …………………………… 360
| 欽定勝朝殉節諸臣錄十二卷首一卷 ……… 96
| 欽定詩經傳說彙纂二十一卷首二卷末二
| 卷 …………………………………………… 36
| 欽定詩經樂譜全書三十卷 ………………… 483
| 欽定新疆識略十二卷首一卷 ……………… 93
| 欽定新疆識略十二卷首一卷 ……………… 154
| 欽定滿洲源流考二十卷首一卷 …………… 85
| 欽定篆文六經四書十卷 …………………… 25
| 欽定篆文六經四書十卷 …………………… 25
| 欽定儀禮義疏四十八卷首二卷 …………… 39
| 欽定學政全書八十六卷 …………………… 130
| 欽定學政全書八十六卷 …………………… 130
| 欽定學政全書八十卷 ……………………… 130
| 欽定禮記義疏八十二卷首一卷 …………… 40
| 欽定禮部則例二百二卷 …………………… 144
| 欽定續通志六百四十卷 …………………… 121
| 欽定續通典一百五十卷 …………………… 121
| 欽頒州縣事宜一卷 ………………………… 126
| 番禺陳氏東塾叢書 ………………………… 394
| 番禺陳氏東塾叢書 ………………………… 394
| 舜山是仲明先生年譜一卷 ………………… 104
| 飯香道人醫案不分卷 ……………………… 482
| 飲水詞鈔二卷 ……………………………… 315
| 飲冰室文集十三卷 ………………………… 312
| 飲綠山房詩集十六卷 ……………………… 6
| 飲綠山房詩集十四卷 ……………………… 6
| 勝朝遺事初編六卷二編八卷 ……………… 80
| 勝溪竹枝詞一卷 …………………………… 202
| 觚餘集八卷 ………………………………… 12
| 觚賸八卷續編四卷 ………………………… 413
| 觚賸八卷續編四卷 ………………………… 486
| 然後知齋四書文不分卷 …………………… 350

| 貿易須知一卷 ……………………………… 129
| 貿易須知一卷 ……………………………… 129
| 貿易須知一卷 ……………………………… 129
| 鄒詠春時文一卷 …………………………… 351
| 鄒徵君遺書 ………………………………… 395
| 鄒徵君遺書 ………………………………… 401
| 詁經精舍三集二卷 ………………………… 345
| 詁經精舍文集十四卷 ……………………… 345
| 詁經精舍文續集八卷 ……………………… 345
| 詁經精舍文續集八卷 ……………………… 345
| 詁經精舍四集十六卷 ……………………… 345
| 詁經精舍四集十六卷 ……………………… 345
| 詁經精舍課藝八集十二卷 ………………… 345
| 詁經精舍課藝六集十二卷 ………………… 18
| 詁經精舍課藝六集十二卷 ………………… 21
| 詁經精舍課藝六集十二卷 ………………… 25
| 詁經精舍課藝六集十二卷 ………………… 345
| 評註才子古文二十六卷 …………………… 256
| 評論出像水滸傳二十卷七十回 …………… 326
| 評論出像水滸傳二十卷七十回 …………… 505
| 評選古詩源十四卷 ………………………… 259
| 評選古詩源四卷 …………………………… 259
| 評點周禮政要二卷 ………………………… 38
| 評點春秋綱目左傳句解彙雋六卷 ………… 64
| 評點春秋綱目左傳句解彙雋六卷 ………… 43
| 診餘舉隅錄二卷 …………………………… 445
| 詅癡小草二卷 ……………………………… 25
| 註陸宣公奏議十五卷 ……………………… 137
| 註解傷寒論十卷 …………………………… 479
| 註釋水竹居賦不分卷 ……………………… 357
| 註釋水竹居賦不分卷 ……………………… 357
| 註釋校正華英四書□□卷 ………………… 46
| 註釋增廣千字文類不分卷 ………………… 60
| 註釋增廣千字文類不分卷 ………………… 60
| 註釋繪圖六千字文一卷 …………………… 244
| 詠物排律詩一卷 …………………………… 364
| 詠物詩選八卷 ……………………………… 260
| 詞苑叢談十二卷 …………………………… 373
| 詞林正韻三卷 ……………………………… 371
| 詞林正韻三卷發凡一卷 …………………… 317
| 詞林典故八卷 ……………………………… 125

詞林墨妙初集一卷	325
詞的四卷	505
詞律二十卷	315
詞律二十卷	317
詞律二十卷	371
詞律拾遺八卷	317
詞律拾遺八卷	371
詞律補遺一卷	317
詞律補遺一卷	371
詞綜三十六卷	313
詞選二卷	313
詞選二卷	313
詞選二卷	505
詞學集成八卷	317
詞學叢書	313
詞辨二卷介存齋論詞雜箸一卷	314
詞辨二卷介存齋論詞雜箸一卷	314
詞譜四十卷	317
詒晉齋後集一卷	504
詒晉齋集八卷後集一卷隨筆一卷	504
敦化堂新刻藏稿不分卷	348
敦素園七子詩鈔	252
敦懷堂洋務叢鈔	81
痘科金針圖說九卷首一卷	433
痘科紅爐點雪二卷	450
痘科類編釋意三卷	436
痘科類編釋意三卷疹科纂要一卷	481
痘症經驗方一卷	223
痘疹心法二十四卷	481
痘疹心法十二卷首一卷	450
痘疹正宗二卷	450
痘疹正宗二卷	450
痘疹世醫心法十二卷	481
痘疹百問秘本不分卷	450
痘疹全嬰金鏡錄三卷小兒雜症秘傳便蒙捷法一卷	481
痘疹定論四卷	450
痘疹活幼心法一卷	450
痘疹會通五卷	444
痘學真傳八卷	450
痢疾論四卷	447

痢疾論四卷	455
痢證匯參十卷	448
痧症全書三卷	447
痧書三卷	447
痧脹玉衡書二卷後一卷	447
痧證指微一卷	432
痧證彙要四卷	432
遊記補編一卷	177
遊記補編一卷	177
遊記補編一卷	177
遊記補編一卷	177
遊滬筆記四卷	177
遊歷巴西圖經十卷遊歷秘魯圖經四卷遊歷加納大圖經八卷	186
童山詩集三十卷童山文集二十卷粵東皇華集四卷	5
童子問路四卷	354
惺齋五種續編一種	318
惺齋偶存詩集三卷惺齋帖體一卷	4
愧郯錄十五卷	404
愧訥集十二卷	501
惲子居文鈔四卷	369
惲中丞官書摘鈔一卷	141
惲遜庵先生遺集一卷	390
善本書室藏書志四十卷附錄一卷	198
善成堂韻對五七言千家詩輯鈔四卷	260
善卷堂四六十卷	298
善卷堂四六十卷	298
普天忠憤全集十四卷	268
普天忠憤全集十四卷	268
普陀山志二十卷	173
普門大士現相一卷	412
普法戰紀二十卷	186
普法戰紀二十卷	186
普通百科全書一百編	244
普通百科新大詞典文科大詞典樣本一卷	199
普通百科新大辭典十二集補遺一卷別集一卷	245
普通百科新大辭典十二集補遺一卷別集一卷	245

普通學歌訣一卷	212
普通學歌訣一卷	245
普通礦物學二卷附錄一卷	232
普賢行願品校勘記一卷	406
普濟應驗良方不分卷	454
尊瓠室詩不分卷	312
尊道先生[陸世儀]年譜一卷行狀行實一卷	104
尊經書院初集十二卷	346
尊經書院課藝七刻不分卷	346
尊經書院課藝三刻不分卷	346
尊經書院課藝四刻六卷	346
尊聞居士集八卷	4
尊聞居士集八卷	372
尊聞堂古今體詩十六卷	309
道古堂文集四十六卷道古堂詩集二十六卷	1
道古堂詩集二十六卷文集四十八卷外文一卷集外詩一卷軼事一卷	1
道古堂詩集二十六卷文集四十八卷外文一卷集外詩一卷軼事一卷	1
道生堂初集不分卷二集二卷三集不分卷	356
道生堂初集不分卷二集二卷三集不分卷	356
道生堂制藝不分卷道生堂稿一卷二集一卷三集不分卷	356
道西齋日記二卷(清光緒十三年三月至五月二十四日)	107
道西齋日記二卷(清光緒十三年三月至五月二十四日)	107
道西齋日記二卷(清光緒十三年三月至五月二十四日)	107
[道光丁酉明經通譜]不分卷	112
[道光己未搢紳全書]不分卷	112
道岸同登集一卷	235
道命錄十卷	100
道咸同光四朝詩史一斑錄十八編	269
道鄉公文集四十卷補遺一卷附錄一卷	284
道鄉公文集四十卷補遺一卷附錄一卷	284
道援堂詩集十二卷詞一卷	296
道統大成不分卷	235
道統錄二卷附錄一卷	93
道榮堂文集六卷首一卷	299
道德法律進化之理一卷	214
道德經考正二卷	215
道德經考正二卷	215
道德經評註二卷	215
道德經轉語二卷	215
道德經轉語二卷	215
道德經釋義二卷金玉經一卷	215
道德經釋義二卷金玉經一卷	215
道齋正軌二十卷	93
道齋正軌二十卷	93
道齋正軌二十卷	93
[乾隆]遂安縣志十卷首一卷	164
[乾隆]遂安縣志十卷首一卷	164
遂初堂別集四卷	298
遂初堂書目一卷	195
遂初堂集四十卷	502
遂昌山人雜錄一卷	83
遂園詩鈔六卷	369
遂寧張文端公全集七卷首一卷	298
曾子大義述八卷	205
曾子注釋四卷	205
曾子注釋四卷敘錄一卷	204
曾子家語六卷	205
曾太傅毅勇侯傳略一卷	95
[曾文正公七種]	394
[曾文正公七種]	394
曾文正公大事記四卷	95
曾文正公大事記四卷	95
曾文正公手書日記不分卷(清道光二十一年至同治十一年)	106
曾文正公六十壽言二卷	274
曾文正公文鈔四卷	22
曾文正公文鈔四卷	22
曾文正公文鈔四卷	22
曾文正公全集	394
曾文正公全集	394
曾文正公全集	394
曾文正公全集	394

書名	頁	書名	頁
曾文正公事略四卷	95	湖北試牘六卷	360
曾文正公奏議十卷首一卷	138	湖北詩徵傳略四十卷	273
曾文正公奏議十卷首一卷	139	湖北闈墨一卷	358
曾文正公奏議十卷首一卷末一卷	138	湖北闈墨一卷	358
曾文正公奏議補編四卷	138	湖北闈墨五卷	359
曾文正公家書十卷	23	湖北叢書	387
曾文正公家書十卷曾文正公家訓二卷	23	湖北叢書	387
曾文正公家書十卷曾文正公家訓二卷	23	湖北鑛務表不分卷	131
曾文正公書札二十七卷	23	[乾隆]湖州府志四十八卷首一卷	162
曾文正公書札三十三卷	22	湖州叢書	386
曾文正公[國藩]年譜十二卷	106	湖防私記三卷	88
曾文正公詩鈔四卷	22	湖南全省輿圖說六卷	151
曾文正公榮哀錄一卷	95	湖南時務學堂初集不分卷	130
曾文正公榮哀錄一卷	95	湖南通志輿圖一卷	151
曾文正公榮哀錄一卷	95	湖南試牘一卷	365
曾文正公榮哀錄一卷	95	湖南學政觀風題一卷	131
曾侯日記一卷(清光緒四年九月初一至光緒五年三月二十六日)	107	湖南輿圖不分卷	151
		湖南輿圖不分卷	151
曾惠敏公全集	396	湖舫文會課藝八卷	346
曾惠敏公遺集	396	湖海文傳七十五卷	266
曾惠敏公遺集	396	湖海文傳七十五卷	266
曾惠敏公遺集	396	湖海文傳七十五卷	266
曾樂軒稿一卷	58	湖海詩傳四十六卷	269
曾樂軒稿一卷	58	湖海詩傳四十六卷	269
馮氏錦囊秘錄雜症大小合糸二十卷首二卷痘疹全集十五卷	443	湖海詩傳四十六卷	269
		湖海樓全集五十一卷	294
馮氏錦囊秘錄雜症大小合糸二十卷首二卷痘疹全集十五卷痘疹藥性主治合糸十二卷首一卷	443	湖海樓全集五十一卷	294
		湖海樓詩集八卷	295
		湖海樓詩集八卷	501
[馮存仁堂丸散集錄]不分卷	451	湖海樓叢書	376
馮林一稿一卷	352	湖海樓叢書	376
馮夔颺稿一卷	351	湖船錄一卷	433
馮夔颺稿四卷	355	湖雅九卷	463
湛然居士文集十四卷	287	湖墅小志四卷	162
湛然居士文集十四卷	287	湖廣荊州府永慶縣修行梅氏花綢寶卷二卷	323
湛園未定藁不分卷	501		
湛園札記四卷	419	湖樓集一卷	7
湖山便覽十二卷	173	湘上詩緣錄四卷新安詩萃一卷	334
湖山便覽十二卷	173	湘中草六卷	294
湖北省江蘇同官錄不分卷	112	湘社集四卷	269
湖北試牘六卷	358	湘社集四卷	367

湘洲文前後集不分卷 …… 352	滋德堂集一卷梅花幻影图題詞一卷 …… 24
湘軍水陸戰紀十六卷 …… 80	涐堂集二十八卷 …… 298
湘軍志十六卷 …… 80	涐餘唫草十六卷 …… 9
湘軍志十六卷 …… 80	[光緒]滁州志十卷首一卷末一卷 …… 161
湘軍志十六卷 …… 80	割圜通解一卷代數術詳解一卷 …… 230
湘軍記二十卷 …… 80	割圜密率捷法四卷 …… 228
湘軍記二十卷 …… 80	割圜密率捷法四卷 …… 228
[光緒]湘陰縣圖志三十四卷首一卷末一卷 …… 165	寒山詩集一卷豐干詩一卷拾得詩一卷 … 496
[同治]湘鄉縣志二十三卷首一卷末一卷 …… 201	寒松堂全集十二卷[魏象樞]年譜一卷 … 294
湘綺樓全集三十卷 …… 311	寒松堂奏疏四卷 …… 138
湘綺樓全集三十卷 …… 311	寒松閣集 …… 399
湘綺樓全集三十卷 …… 311	寒松閣詩八卷詞四卷駢體文一卷續駢體文一卷 …… 305
湘綺樓全集三十卷 …… 311	寒松閣詩不分卷 …… 305
湘綺樓箋啟八卷 …… 311	寒香館文鈔八卷 …… 15
[光緒]湘潭縣志十二卷 …… 165	寒翠軒詩鈔四卷 …… 6
[光緒]湘潭縣志十二卷 …… 201	富文書舍洋務權輿二卷 …… 87
湘糜閣遺詩四卷 …… 308	富國強兵安民策三卷 …… 348
湯子遺書十卷年譜一卷附錄二卷 …… 295	富國新典六卷 …… 127
湯子遺書十卷首一卷續編二卷 …… 295	富國養民策一卷 …… 136
湯子遺書八卷 …… 501	富強齋叢書 …… 399
湯子遺書節要八卷 …… 295	富陽夏氏叢刻 …… 387
湯文正公全集 …… 390	[光緒]富陽縣志二十四卷首一卷 …… 162
測地志要四卷誦芬詩畧三卷 …… 229	[乾隆]富順縣志五卷首一卷 …… 201
測海山房中西算學叢刻初編 …… 225	寓意草一卷 …… 129
測海集六卷 …… 5	寓意草一卷 …… 446
測海集節鈔一卷 …… 234	寓意編一卷 …… 483
測圓海鏡細草十二卷 …… 227	窗稿不分卷 …… 337
測算舉隅一卷 …… 231	窗課不分卷 …… 337
[乾隆]溫州府志三十卷首一卷 …… 164	甯古塔記略一卷 …… 153
温病條辨六卷首一卷 …… 223	甯津爪印一卷遼東小印一卷 …… 127
渭南文集五十二卷 …… 497	補三國藝文志四卷 …… 68
渭南文集五十卷 …… 286	補三國疆域志二卷 …… 69
渭南文集五十卷 …… 497	補元和郡縣志四十七鎮圖說一卷 …… 147
淵鑒齋御纂朱子全書六十六卷 …… 476	補五代史藝文志一卷 …… 194
淵鑑類函四百五十卷 …… 241	補宋書刑法志一卷補宋書食貨志一卷 … 142
淵鑑類函四百五十卷 …… 241	補拙廬試帖二卷 …… 349
游文書院課藝二卷 …… 346	補注李滄溟先生文選四卷 …… 499
游定夫先生集六卷首一卷末一卷 …… 284	補注洗冤錄集證四卷 …… 393
游譜一卷 …… 100	補注黃帝內經素問二十四卷 …… 220
	補注黃帝內經素問二十四卷 …… 442

補注黃帝內經素問二十四卷靈樞十二卷 ………………………………………… 443
補後漢書藝文志一卷補後漢書藝文志攷十卷 ………………………………… 194
補訂新譯大方廣佛華嚴經音義二卷 …… 131
補訂新譯大方廣佛華嚴經音義二卷 …… 230
補訂新譯大方廣佛華嚴經音義二卷 …… 233
補訂新譯大方廣佛華嚴經音義二卷 …… 234
補瓠存稿六卷 ………………………………… 503
補學軒詩集八卷 ……………………………… 20
補寰宇訪碑錄五卷失編一卷 …………… 474
補續漢書藝文志一卷 ……………………… 194
補籬遺稿八卷 ………………………………… 310
裕昆要錄一卷 ………………………………… 210
裕德堂一家言 ………………………………… 401
畫延年室詩稿四卷 ………………………… 18
畫耕偶錄四卷 ………………………………… 428
畫圖緣全傳四卷十六回 …………………… 329
畫餘偶存二卷 ………………………………… 428
畫學心印八卷 ………………………………… 429
畫學心印八卷 ………………………………… 429
畫學心印八卷桐陰論畫初編二卷首一卷附錄一卷畫訣二卷二編二卷三編二卷 …………………………………………… 429
畫禪室隨筆四卷 ……………………………… 426
畫禪室隨筆四卷 ……………………………… 426
費氏古易訂文十二卷 ……………………… 33
費玘懷太史書王可莊殿撰傳一卷 ……… 402
疏野堂集十卷 ………………………………… 18
疏瀹論一卷 …………………………………… 175
[乾隆]登封縣志三十二卷 ………………… 165
登壇必究四十卷 ……………………………… 477
登瀛仙館會課文存三卷 …………………… 342
登瀛試律初編二卷 ………………………… 362
登瀛社槀一卷登瀛社槀續刊一卷 ……… 344
登瀛社槀一卷登瀛社槀續刊一卷 ……… 344
婺學治事文續編二卷 ……………………… 136
鄉守輯要合鈔十卷 ………………………… 126
結一廬書目一卷 ……………………………… 195
結水滸全傳七十回附結子一卷 ………… 326
結水滸全傳七十回附結子一卷 ………… 326

結鐵網齋詩集十卷補鈔一卷 …………… 372
絳雪軒會藝不分卷試藝不分卷 ………… 344
絳雪園古方選注三卷 ……………………… 479
絳雪園古方選註三卷 ……………………… 479
絳雪園古方選註不分卷 …………………… 453
絳雪園古方選註不分卷 …………………… 453
絳跗草堂詩集六卷 ………………………… 13
絳跗草堂詩集六卷 ………………………… 13
絳囊撮要一卷 ………………………………… 441
絕妙好詞箋七卷 ……………………………… 314
絕妙好詞箋七卷 ……………………………… 314
絕妙好詞箋七卷 ……………………………… 317
絕妙第一奇書□□卷 ……………………… 147
幾何原本十五卷 ……………………………… 227
幾何原本十五卷 ……………………………… 227
幾希錄良方合璧二卷 ……………………… 456

十三畫

[同治]瑞州府志二十四卷首一卷 ……… 165
[嘉慶]瑞安縣志十卷首一卷 …………… 164
瑜伽施食儀觀一卷 ………………………… 408
鄢陵文獻志四十卷 ………………………… 164
[道光]鄢陵縣志十八卷 …………………… 164
遠春詞二卷遠春詩體賦鈔一卷紅椒山館詩鈔四卷 ………………………………… 5
聖人家門喻原編一卷 ……………………… 210
聖人家門喻補編一卷 ……………………… 210
聖安本紀六卷 ………………………………… 85
聖武記十四卷 ………………………………… 79
聖武記十四卷 ………………………………… 79
聖武記十四卷 ………………………………… 79
聖武記十四卷 ………………………………… 79
聖武記十四卷 ………………………………… 79
聖武記十四卷 ………………………………… 79
聖門禮誌一卷聖門樂誌一卷 …………… 123
聖書易記□□卷 ……………………………… 237
聖域述聞二十八卷 ………………………… 92
聖朝名公奏議八卷 ………………………… 137
聖朝名公奏議八卷 ………………………… 137
聖廟祀典圖考三卷 ………………………… 93

聖諭像解二十卷	212
聖諭像解二十卷	212
聖諭廣訓一卷	245
聖諭廣訓一卷	245
聖諭廣訓衍一卷	245
[光緒]鄞縣志七十五卷	163
[乾隆]鄞縣志三十卷首一卷	163
蓮邦消息一卷	233
蓮邦消息一卷	233
蓮池書院肄業日記十卷	51
[乾隆]蓮花廳志八卷首一卷末一卷	165
蓮宗九祖傳畧一卷	232
蓮宗必讀一卷	234
蓮修必讀一卷	234
蓮洋集十二卷補遺一卷	502
蓮廊雅集二卷	335
蓮溪吟槀續刻三卷	19
蓮潔詩翰釋文一卷蓮潔詩存二卷	19
蓮龕集十六卷首一卷	294
夢占逸旨八卷	403
夢花居文存不分卷	356
夢花雜志五卷	324
夢松軒訂正綱鑑玉衡七十二卷	467
夢春廬詞一卷亡婦吳筠小傳一卷	315
夢柰詩稿一卷	21
夢華廬賦海三十卷	366
夢痕錄餘一卷	105
夢梁錄二十卷	171
夢筆生花初編八卷二編八卷	159
夢筆生花初編八卷夢筆生花二編八卷夢筆生花三編八卷夢筆生花四編八卷	159
夢園叢說內篇八卷外篇八卷	417
夢園叢說內篇八卷外篇八卷	417
夢溪筆談二十六卷	484
夢溪筆談二十六卷補筆談三卷續筆談一卷	146
夢溪筆談二十六卷補筆談三卷續筆談一卷	435
夢溪筆談校字記一卷	435
夢樓詩集二十四卷	504
夢影盦遺集四卷詩補一卷玉京詞一卷	307
夢影盦遺集四卷詩補一卷玉京詞一卷	307
夢廠雜著十卷	423
夢蘭室試帖鈔初集二卷	360
蒼崖先生金石例十卷札記一卷	191
蓬萊仙館尺牘六卷	270
[道光]蓬溪縣志十六卷首一卷	166
蒿菴閒話二卷	328
蒲圻縣籌辦積穀保甲章程一卷	129
蓉湖春色四卷	324
蓉裳先生自訂年譜一卷	105
蒙古史二卷	84
蒙古遊牧記十六卷	153
蒙古游牧記十六卷	153
蒙求增輯三卷	238
蒙香草堂時文全集不分卷	358
蒙筏一卷	212
蒙養必讀一卷	211
蒙學課本二卷	268
蒙齋集二十卷	286
蒙齋集二十卷	287
蒙齋集二十卷	287
蒙難瑣言不分卷	469
蒙廬詩存四卷外集一卷	306
[宣統]蒸里志略十二卷	157
[宣統]蒸里志略十二卷	157
楚天樵話二卷	334
楚州金石錄一卷	189
楚庭稗珠錄六卷	171
楚望閣詩集十卷	312
楚漢諸侯疆域志三卷	147
楚辭十七卷	275
楚辭十七卷	275
楚辭十七卷	275
楚辭十七卷	275
楚辭十七卷	275
楚辭通釋十四卷末一卷愚鼓詞一卷	275
楚辭章句十七卷附錄一卷	494
楚辭集注八卷後語八卷辯證二卷	494
楚辭集注八卷總評一卷	275
楚辭集注八卷辯證二卷後語六卷	275
楚辭燈四卷	275

楚辭燈四卷	494
棟亭藏書十二種	375
楷法溯源十四卷帖目一卷古碑目一卷	64
楊升菴先生批點文心雕龍十卷	506
楊氏全書	391
楊氏全書	391
楊文節公集八十五卷	286
楊文憲公升庵先生年譜一卷	469
[楊延俊行狀]不分卷	100
楊仲子小宛集不分卷	502
楊忠烈公文集五卷	290
楊忠愍公全集五卷首一卷末一卷	289
楊忠愍公全集四卷	289
楊忠愍公家訓衍義一卷	210
楊忠愍公傳家寶訓一卷	210
楊忠愍公遺書一卷	289
楊忠愍公遺書一卷	289
楊椒山先生集四卷	499
楊蓉裳先生年譜一卷	105
楊園淵源錄四卷	162
楊維節先生文鈔不分卷	348
楊維節先生稿不分卷	348
楊龜山先生集六卷	284
楊龜山先生集四十二卷首一卷	284
[楊藕舫行狀]一卷	102
[楊藕舫行狀]一卷	102
楞伽阿跋多羅寶經玄義一卷	407
楞伽阿跋多羅寶經會譯一卷	407
楞伽阿跋多羅寶經義疏四卷	407
楞嚴摸象記十卷諸經佛說阿彌陀經疏鈔四卷阿彌陀經疏鈔事義三卷阿彌陀經疏鈔問辯一卷續問答一卷答淨土四十八問一卷淨土疑辯一卷往生集三卷	197
槐軒全書	393
槐榆交蔭圖題詠一卷	274
槐盧叢書	381
槐廳載筆二十卷	126
榆図讀史草一卷	120
榆園叢刻	380
嗇菴隨筆六卷末一卷	325
嗇菴隨筆六卷末一卷	327

楓山張先生文集九卷	498
槎溪學易三卷	33
楹書隅錄五卷楹書隅錄續編四卷	198
楹聯集帖不分卷	334
楹聯新話八卷	334
楹聯錄存五卷	334
楹聯叢話十二卷楹聯續話四卷	334
楹聯叢話十二卷楹聯續話四卷	334
較正華英四書□□卷	46
蜃樓外史四十回	373
感善梯航一卷	408
感應篇引經箋注不分卷	235
感證集腋二卷	448
揅經室文集十八卷	164
揅經室集六十卷	10
揅經室集六十卷	10
揅經室詩錄五卷	504
碑版文廣例十卷	192
碑傳集一百六十卷首二卷	98
碑傳集一百六十卷首二卷末二卷	114
碎金詞譜十四卷	317
彙學讀本上集二卷下集二卷	366
彙學讀本不分卷	340
[乾隆]鄠縣新志六卷	153
雷公炮制藥性解六卷	387
雷公炮制藥性解六卷	388
雷刻四稿二十一卷	30
雷塘庵主弟子記七卷	105
雷塘庵主弟子記八卷	105
裘文達公文集六卷詩集十二卷	3
裘文達公奏議不分卷	138
裘文達公集二十五卷	3
裘學樓大題文三卷	355
裘學樓小題文不分卷	350
裘學樓時文不分卷	350
督捕則例二卷	472
虞山七家試律鈔不分卷	344
虞山沈氏宗譜十二卷	109
虞山圖不分卷	172
虞初志八卷	486
虞初新志二十卷	415

虞初續志十二卷	415
虞東制藝二卷	354
虞東學詩十二卷首一卷	37
虞陽旌表姓氏錄五卷	99
虞陽旌表姓氏錄五卷續錄十卷	99
當湖文繫初編二十八卷	272
[當湖書院試卷]一卷	358
當湖書院試卷不分卷	346
當湖書院課藝二編不分卷三編不分卷	346
當湖書院課藝不分卷	346
當歸草堂醫學叢書初編	220
當歸草堂醫學叢書初編	441
當歸草堂叢書	377
睫巢鏡影	445
睡庵稿四十九卷	500
[光緒]睢甯縣志稾十八卷	160
愚畦詩鈔八卷	504
路史四十七卷	81
路史四十七卷	81
路史四十七卷	81
遣愁集□□卷	415
蛾術堂集	400
蛾術編八十二卷	420
蛾術編八十二卷	420
蛾術編八十二卷	485
農政全書六十卷	219
農政全書六十卷	219
農政全書六十卷	219
農政全書六十卷	477
農書二十二卷	219
農書二十二卷	414
農桑輯要七卷	219
農務實業新編二卷	248
農雅六卷	413
農慶堂詩稿一卷	301
農學叢書□□卷	401
嗣雅堂詩存五卷	18
罪言存略一卷	86
蜀中名勝記三十卷	171
蜀中草一卷	497
蜀水攷四卷	176
蜀典十二卷	166
蜀道紀遊二卷	178
蜀輶日記四卷(清嘉慶十五年五月至十一月)	106
[同治]嵊縣志二十六卷首一卷末一卷	163
嵩厓尊生書十五卷	443
嵩厓尊生書十五卷	443
圓明園圖詠二卷	168
圓津禪院小志六卷	169
圓錐曲線一卷	230
稗海	474
愁言一卷返生香一卷	500
筠圃賸稿一卷	18
筠清館金石文字五卷	190
節本王陽明集十三卷首一卷	289
節本泰西新史攬要八卷	183
節壽集不分卷	103
與稽齋叢稿十八卷	6
傳忠堂學古文一卷	303
傳忠堂學古文一卷	304
傳忠錄三卷類經附翼一卷	442
傳忠錄四卷	108
傳紅寫翠室賸稿一刻一卷	307
傳家至寶十卷	210
傳習錄一卷	207
傳習錄一卷	207
傳習錄偶摘一卷	207
傳硯堂詩錄八卷	21
傳經表一卷通經表一卷	50
傳樸堂詩稿四卷補遺一卷	305
鼠疫彙編不分卷	447
傷科補要四卷	449
傷寒大白四卷總論一卷	480
傷寒大白四卷總論一卷	480
傷寒六書六卷	480
傷寒方法二卷	445
傷寒古方通二卷	455
傷寒舌鑑一卷	444
傷寒舌鑑一卷	444
傷寒附翼二卷	223
傷寒明理論四卷	222

傷寒明理論四卷	446	會課不分卷	345
傷寒金鏡錄一卷	437	會議銀價說帖一卷	127
傷寒卒病論不分卷	479	會議廳審查案不分卷	145
傷寒指南不分卷	445	愛日堂詩二十七卷	502
傷寒指掌四卷	480	愛日精廬藏書志三十六卷愛日精廬藏書	
傷寒兼證析義一卷	445	續志四卷	198
傷寒第一書四卷	445	愛吾廬時文一卷	353
傷寒得心錄不分卷	445	愛吾廬詩鈔六編	308
傷寒貫珠集七卷	480	愛棠先生制藝不分卷	349
傷寒補天石二卷	448	愛虞堂稿不分卷	349
傷寒補天石二卷續二卷	445	亂黨之眞相一卷	90
傷寒尋源三卷	446	飴山詩文集三十八卷	299
傷寒溫病條辨六卷	480	飴山詩集二十卷	299
傷寒綱領不分卷	445	飴山詩集二十卷	503
傷寒論七卷	446	頌天臚筆二十四卷	468
傷寒論三注十六卷	446	腳氣類方一卷	448
傷寒論三註十六卷	222	詹氏痘科一卷	450
傷寒論直解六卷	479	[乾隆]解州安邑縣志十六卷首一卷	153
傷寒論注四卷傷寒附翼二卷	446	解學士詩集一卷	288
傷寒論後條辨十五卷	222	試帖心賞二卷	361
傷寒論淺注補正七卷	446	試帖玉芙蓉集四卷	364
傷寒論註四卷	223	試帖存稿經說二卷	51
[傷寒論辨]不分卷	446	試帖金鍼八卷	361
傷寒總病論六卷	480	試帖紫雲僊館初集八卷二集八卷三集八	
傷寒雜症女幼痘科丹丸方論一卷	457	卷	364
傷寒雜病論指歸六卷	480	試帖詩十卷	364
傷寒證治明條八卷	480	試帖詩鈔不分卷	362
像象述五卷	64	試帖詩鏡二卷	362
像象管見四卷	460	試帖精選一卷	362
粵西詞見二卷	314	試帖錦機六卷	361
粵匪南北滋擾紀略一卷	87	試帖讀本二卷	363
粵雅堂叢書一百六十八種	377	[試卷]不分卷	358
粵雅堂叢書初編二編	377	試律大觀三十二卷	362
粵雅堂叢書續集五十種	377	試律金鍼二卷	362
粵游小識七卷	178	試策珍珠船不分卷	360
粵謳不分卷	320	試策便覽十六卷	367
奧斯馬加國商辦鐵路條例一卷	131	試策類鈔不分卷	348
微塵集二卷	503	試體唐詩四卷	263
會試硃卷十三卷	360	詩小學三十卷補一卷	37
會試硃卷道光庚子科一卷	352	詩比興箋四卷	367
會試闈墨二卷	362	詩毛氏傳疏三十卷釋毛詩音四卷毛詩說	

636

| 詩毛氏傳疏三十卷釋毛詩音四卷毛詩說一卷毛詩傳義類一卷鄭氏箋攷徵一卷 …… 37
| 詩毛氏傳疏三十卷釋毛詩音四卷毛詩說一卷毛詩傳義類一卷鄭氏箋攷徵一卷 …… 43
| 詩毛氏傳疏三十卷釋毛詩音四卷毛詩說一卷毛詩傳義類一卷鄭氏箋攷徵一卷 …… 93
| 詩文錦繡四卷 …… 366
| 詩以言情一卷 …… 363
| 詩古微上編三卷中編十卷下編二卷首一卷 …… 37
| 詩句題解韻編總彙不分卷 …… 248
| 詩材類對纂要四卷 …… 242
| 詩抄不分卷 …… 35
| 詩序廣義二十四卷 …… 36
| 詩林廣記四卷 …… 506
| 詩林韶濩二十卷 …… 259
| 詩故攷異三十二卷 …… 37
| 詩品詩課鈔一卷 …… 331
| 詩紀一百五十六卷 …… 489
| 詩原五集二十五卷 …… 491
| 詩倫二卷 …… 331
| 詩倫二卷 …… 491
| 詩詞雜俎二十四卷 …… 490
| 詩畫舫六卷 …… 181
| 詩夢鐘聲錄不分卷 …… 335
| 詩夢鐘聲錄不分卷 …… 335
| 詩夢鐘聲錄不分卷 …… 335
| 詩經八卷 …… 36
| 詩經八卷 …… 36
| 詩經八卷 …… 36
| 詩經八卷 …… 36
| 詩經八卷 …… 36
| 詩經文治不分卷 …… 336
| 詩經正解三十卷首一卷 …… 36
| 詩經世本古義二十八卷首一卷末一卷 …… 36
| 詩經朱傳八卷詩序朱子辨說一卷首一卷 …… 36
| 詩經通義十二卷首一卷 …… 36
| 詩經集注八卷 …… 36
| 詩經集傳八卷 …… 461
| 詩經精華十卷 …… 37
| 詩箋別疑一卷 …… 461
| 詩賦楷模一卷 …… 365
| 詩賦駢字類珠續集二十四卷 …… 244
| 詩賦詞論一卷 …… 362
| 詩賦類聯采新十二卷 …… 248
| 詩課一卷 …… 363
| 詩課合存不分卷 …… 344
| 詩藪內編六卷 …… 331
| 詩韻全璧五卷 …… 62
| 詩韻全璧五卷 …… 62
| 詩韻合璧五卷 …… 61
| 詩韻合璧五卷 …… 61
| 詩韻合璧五卷 …… 61
| 詩韻合璧五卷 …… 61
| 詩韻合璧五卷 …… 61
| 詩韻合璧五卷 …… 61
| 詩韻合璧五卷 …… 61
| 詩韻合璧五卷 …… 61
| 詩韻合璧五卷 …… 61
| 詩韻合璧五卷 …… 62
| 詩韻含英十八卷 …… 62
| 詩韻釋要五卷 …… 464
| 詩體明辯十卷 …… 331
| 誠齋先生易傳二十卷 …… 460
| 誠齋易傳二十卷 …… 31
| 誠齋集一百三十三卷 …… 285
| 詳注聊齋誌異圖詠十六卷 …… 426
| 詳注聊齋誌異圖詠十六卷 …… 426
| 詳注聊齋誌異圖詠十六卷 …… 426
| 詳注嬰求集二卷 …… 11
| 詳注嬰求集四卷 …… 11
| 詳訂古文評註全集十卷 …… 256
| 詳校醫宗必讀十卷 …… 442
| 詳註足本全鏡錄三卷增補保赤心法二卷續增金鏡錄西法治小兒考略一卷 …… 431
| 痲科活人全書四卷 …… 447
| 痲科活人全書四卷 …… 447

637

瘍科秘方大全一卷	449
瘍科捷徑秘本不分卷	449
瘍科臨證心得集三卷	449
瘍科臨證心得集三卷	449
瘍醫大全四十卷	448
瘍醫大全四十卷	448
[光緒]靖州鄉土志四卷首一卷	165
[光緒]靖江縣志十六卷首一卷	158
靖逆記六卷	86
靖逆記六卷	86
靖節先生集十卷[陶潛]年譜考異二卷首一卷	276
新文牘十卷	141
新文牘十卷續新文牘十八卷	141
新刊仁齋直指附遺方論二十六卷附小兒附遺方論五卷傷寒類書活人總括七卷新刊仁齋直指方論醫脈真經一卷新刊仁齋直指附遺方論藥象一卷	482
新刊丹溪心法五卷附錄一卷	478
新刊性理大全七十卷	476
新刊校正增補圓機詩韻活法全書十四卷詩學活法全書二十四卷	240
新刊唐荊川先生稗編一百二十卷	487
新刊唐荊川先生稗編一百二十卷	487
新刊萬病回春八卷	479
新刊補註銅人腧穴鍼灸圖經五卷	436
新刊補註銅人腧穴鍼灸圖經五卷	436
新刊群書考正性理大全七十卷	476
新刊增補萬病回春原本八卷	479
新刊醫林狀元壽世保元十集十卷	439
新刊醫林狀元壽世保元十集十卷	439
新刊繡像評講濟公傳四卷一百二十回繡像評演接續後部濟公傳四卷一百二十回	327
新刊繡像評講濟公傳四卷一百二十回繡像評演接續後部濟公傳四卷一百二十回	327
新民叢書	397
新加九經字樣一卷	49
[淳熙]新安志十卷	161
[淳熙]新安志十卷	161
新安徐氏宗譜不分卷首一卷	201
新序十卷	475
新序十卷	475
新刻九我李太史校正大方性理全書七十卷	476
新刻天花藏批評玉嬌梨四卷二十回	327
新刻世史類編四十五卷首一卷	467
新刻本寧李先生詳訓對類二十卷	487
新刻白虎通德論二卷	485
新刻出相音注勸善目連救母行孝戲文三卷	319
新刻全補標題音注元朝捷錄四卷	471
新刻江南試帖二卷	363
新刻京板工師雕鏤正式魯班經匠家鏡□卷	433
新刻京臺公餘勝覽國色天香十卷	149
新刻重校增補日用雜字便覽一卷	244
新刻秦景明先生痘疹折衷二卷	450
新刻真本唱口雙珠球全傳十二卷四十九回	322
新刻秘本雲中落繡鞋九卷	322
新刻黃糠寶卷二卷	323
新刻張太岳先生文集四十七卷	289
新刻補遺秘傳痘疹金鏡錄三卷	450
新刻楷書官板音義評注合併淵海子平五卷	403
新刻鳳雙飛全傳五十二卷	322
新刻鳳雙飛全傳五十二卷	322
新刻繪圖粉妝樓全傳六卷八十回	373
新刻攝生總妙方十二卷	479
新刻續千家詩二卷	260
新刻續千家詩二卷	260
新定九宮大成南北詞宮譜八十一卷閏一卷總目三卷	505
新定三禮圖二十卷	461
新定各國通商條約十六卷	133
新政真詮六編	135
新政真詮六編	135
新政真詮六編	135
新政應試必讀六卷	347
新科考卷一卷	359

新科考卷一卷	359
新科考卷一卷	359
新科考卷五卷	360
新科松郡考卷一卷	359
新科墨卷約選不分卷墨約續刻不分卷	341
新科墨商不分卷	360
新訂小兒科臍風驚風合編一卷	223
新訂四書直解正字全編二十六卷	462
新訂四書補註備旨十卷	29
新訂四書補註備旨十卷	29
新訂四書補註備旨十卷	63
新訂書經大全說約合爹會解□□卷	34
新訂解人頤廣集八卷	159
新訂解人頤廣集八卷	326
新訂解人頤廣集八卷	332
新訂醫理元樞十二卷附二卷	442
新約全書二十七卷	236
新校經史海篇直音五卷	463
新唐書二百二十五卷	70
新唐書二百二十五卷	70
新唐書二百二十五卷	70
新唐書二百二十五卷	70
新婦譜一卷	211
新喻梁石門先生集十卷首一卷末一卷	287
新註得月樓賦鈔四卷	365
新註得月樓賦鈔四卷	365
新湖南一卷	135
[道光]新寧縣志十卷	166
[道光]新會縣志十四卷	115
[道光]新會縣志十四卷	166
新義錄一百卷	244
新斠五洲列國志彙□□種	180
新斠注地理志十六卷	139
新斠注地理志十六卷	147
新爾雅三卷	52
新聞報時務通論不分卷	200
新製靈臺儀象志十四卷	227
新語二卷	475
新增六法留痕畫譜□□卷	193
新增古今名人畫稿不分卷	181
新增百美圖說□□卷	412

新增虎薈集不分卷	338
新增格古要論十三卷	483
新增說文韻府群玉二十卷	239
新增廣廣策府統宗□□卷	408
新增綱鑑補註二十四卷	74
新增醫方湯頭歌訣一卷	456
新增繪圖幼學故事瓊林四卷	245
新選小題銳鋒二集不分卷	340
新選小題銳鋒初集不分卷	340
新選孝經論二卷	45
新選春秋明景詩二卷	362
新選時文備格不分卷	341
新選時文摘豔初集一卷二集一卷三集一卷	341
新選淮陽課士錄不分卷	347
新選館課秋景試帖二卷	362
新編古今事文類聚前集六十卷後集五十卷續集二十八卷別集三十二卷新集三十六卷外集十五卷遺集十五卷	239
新編古今事文類聚前集六十卷後集五十卷續集二十八卷別集三十二卷新集三十六卷外集十五卷遺集十五卷	239
新編吏治懸鏡八卷	126
新編宋文忠公蘇學士東坡詩話三卷	331
新編長江險要圖說五卷	168
新編併音連聲韻學集成十三卷	464
新編沿海險要圖說十六卷	168
新編張仲景註解發微論二卷	445
新編算學啟蒙三卷識誤一卷	227
新編算學啟蒙三卷識誤一卷	227
新編算學啟蒙三卷識誤一卷	227
新編醫方湯頭歌訣一卷	457
新輯分類史論大成十九卷	117
新輯分類史論續編大成十六卷	117
新輯志士文錄初編二十四卷	136
新學正規六卷	203
新學商兌一卷	418
新學備纂二十六卷	248
新學彙編四卷	136
新舊唐書合鈔二百六十卷補正六卷唐書宰相世系表訂偽十二卷	70

新疆輿圖風土攷五卷	154	慎盫文鈔二卷詩鈔二卷	373
新繪沿海長江險要圖不分卷	168	慊齋詩鈔二卷文鈔一卷	301
新纂氏族箋釋八卷	242	義山文集六卷	280
新纂氏族箋釋八卷	242	義林堂增訂釋義經書便用通考雜字二卷外一卷	243
新纂氏族箋釋八卷	242		
新纂門目五臣音注揚子法言十卷	412	義門先生集十二卷家書四卷	299
新纂門目五臣音注楊子法言十卷	205	義門讀書記五十八卷	420
新纂簡捷易明算法四卷	228	義門讀書記五十八卷	420
新纂簡捷易明算法四卷	228	義貞記二卷	319
新鐫古今大雅南宮詞紀六卷	505	義務論三篇	215
新鐫全補標題音注歷朝捷錄四卷	470	義論合編不分卷	348
新鐫全補標題音注歷朝捷錄四卷	471	慈恩玉歷鈔傳警世原本一卷經驗良方一卷	408
新鐫笑林廣記十二卷	332		
新鐫旁批詳注總斷廣名將譜十九卷	469	慈恩玉歷彙錄五卷	222
新鐫許真君玉匣記增補諸家選擇日用通書六卷	163	慈航集二卷	222
		慈悲水懺法三卷	234
新鐫許真君玉匣記增補諸家選擇日用通書六卷	402	慈悲梁皇寶懺十卷	234
		慈溪黃氏日抄分類九十七卷古今紀要十九卷	419
新鐫張太史注釋標題綱鑑白眉二十一卷	74		
新鐫雅俗通用珠璣藪八卷	488	慈溪黃氏日抄分類九十七卷古今紀要十九卷	476
新鐫經苑二百三十八卷	27		
新鐫增註周易備旨一見能解六卷	31	[雍正]慈谿縣志十六卷	163
新鐫濟顛大師醉菩提全傳二十回	327	慈濟方一卷	457
新鐫繆當時先生周易九鼎十六卷首一卷	460	煙嶼樓集	395
		煙嶼樓詩集十八卷	24
新譯日本血性男子一卷	246	煙霞萬古樓文集六卷	9
新譯日本血性男子一卷	246	煙霞萬古樓詩殘稿一卷	9
新譯萬國垂涎中華近事三卷	136	資治通鑑外紀十卷	73
新體幼學瓊林四卷首一卷	245	資治通鑑二百九十四卷	73
意大利獨立戰史六卷附錄一卷	186	資治通鑑二百九十四卷	466
意大利蠶書一卷	220	資治通鑑二百九十四卷	466
意將軍加里波的傳一卷	187	資治通鑑大全	72
意蘭吟賸一卷	253	資治通鑑外紀十卷	72
[雍正上諭(雍正元年七月至三年十二月)]不分卷	472	資治通鑑外紀十卷	73
		資治通鑑考異三十卷	466
雍正上諭(雍正元年正月至八年三月)不分卷	137	資治通鑑注二百九十四卷	73
		資治通鑑注二百九十四卷	73
慎其餘齋文集二十卷	14	資治通鑑注二百九十四卷	73
慎餘錄二卷	209	資治通鑑補二百九十四卷	73
慎餘錄二卷	210	資治通鑑補正二百九十四卷	73
		資治通鑑補正二百九十四卷	203

資治通鑑彙刻	72
資治通鑑綱目五十九卷	466
資治通鑑綱目五十九卷首一卷	466
資治通鑑綱目五十九卷首一卷	466
資治通鑑綱目前編二十五卷正編五十九卷續編二十七卷末一卷三編三十五卷	73
資治通鑑綱目前編十八卷舉要三卷	467
資治新書十四卷資治新書二集二十卷	126
資治新書十四卷資治新書二集二十卷	126
滿漢名臣傳八十卷	96
滇考二卷	144
滇考二卷	144
滇考二卷	166
滇軺紀程一卷荷戈紀程一卷政書蒐遺集一卷	178
滇軺紀程一卷荷戈紀程一卷政書蒐遺集一卷	178
滇軺紀程一卷荷戈紀程一卷政書蒐遺集一卷	178
滇粹一卷	171
滇緬劃界圖說一卷	145
滇緬劃界圖說一卷	167
溥大宗師江蘇試牘一卷	359
[光緒]溧水縣志二十二卷首一卷	155
溫疫論二卷	480
溫疫論補注二卷	447
溫疫論補注二卷	447
溫飛卿詩集九卷詩評一卷	280
溫飛卿詩集箋注九卷詩評一卷	281
溫病近格不分卷	447
溫病條辨六卷首一卷	448
溫熱暑疫全書四卷	447
溫熱經緯五卷	448
溫熱經緯五卷	448
溫熱經緯五卷	448
溫熱經緯五卷	448
溫熱經緯五卷	448
溫熱贅言一卷	438
塗說四卷	423
滄江紅雨樓丙存草二卷	10

滄江紅雨樓詩集一卷	10
滄江稿十四卷	311
滄江餘韻八卷	271
滄浪小志二卷	168
滄浪小志二卷	168
滄浪小志二卷	473
滄浪先生吟卷二卷	372
滄浪詩話註五卷	331
滄溟先生集三十一卷附錄一卷附錄補遺一卷	499
滄溟先生集三十一卷附錄一卷附錄補遺一卷	499
滂喜齋叢書	378
滂喜齋叢書	378
愙齋集古錄二十六卷集古錄釋文賸稿一卷	190
福幼編一卷	223
福幼編一卷遂生編一卷廣生編一卷	431
[福州碑刻記]不分卷	459
福建鄉試闈墨一卷	359
福建鄉試闈墨一卷	359
福建闈墨一卷	358
福建闈墨一卷	359
福建闈墨一卷	359
福建闈墨一卷	359
福建闈墨不分卷	358
福惠全書三十二卷	126
福澤諭吉談叢一卷	214
群玉山房重校醫宗必讀十卷	442
群仙要語一卷	236
群書札記十六卷	421
群書拾補三十九卷	420
群書校補一百卷	422
群經平議三十五卷	27
群經平議三十五卷	463
群經字詁七十二卷	50
群學肄言十六卷	214
羣雅集四十卷	268
羣雅集四卷	266
羣碎錄一卷	139
羣碧樓書目初編九卷	203

彙刻書目二十卷	196
彙刻書目初編十卷	196
［殿試策］一卷	459
辟疆園杜詩注解五言律十二卷	277
辟疆園遺集十卷	253
辟疆園遺集十卷	253
辟疆園遺集十卷	253
媿林漫録二卷	208
媿林漫録二卷	208
遜志堂雜鈔十集	415
遜志齋集二十四卷外紀二卷	498
遜學齋詩鈔十卷遜學齋詩續鈔五卷遜學齋文鈔十二卷遜學齋文續鈔五卷	24
經文五萬選五卷	336
經文求是五卷	335
經文精選不分卷	336
經文囊括統編十卷	335
經世財政學六卷	127
經世博議二卷	134
經世博議二卷	134
經世環應編八卷	485
經史百家雜鈔二十六卷	258
經史百家雜鈔二十六卷	258
經史管窺六卷	421
經史管窺六卷	421
經史辨體不分卷	102
經典釋文三十卷	49
經典釋文三十卷	49
經典釋文三十卷	49
經典釋文序録一卷	49
經脈圖考四卷	435
經訓比義三卷	51
經訓堂叢書	375
經訓堂叢書	375
經笥堂文鈔二卷	1
經場捷訣十八卷	366
經雅堂遺稿二卷	20
經雅堂遺稿三卷補遺一卷	20
經雅堂遺稿三卷補遺一卷	20
經雅堂遺稿三卷補遺一卷	20
經畬新編不分卷	336

經傳釋詞十卷	50
經傳釋詞十卷	50
經解入門八卷	50
經解斠十二卷	50
經義大醇初編十卷二編五卷	336
經義史論尋源四卷	119
經義考三百卷目録二卷	197
經義考三百卷目録二卷	197
經義考三百卷目録二卷	197
經義考三百卷目録二卷	474
經義初編二卷	336
經義述聞三十二卷	50
經義述聞三十二卷	50
經義模範一卷	336
經義論策録存不分卷	349
經義雜記三十卷	50
經義雜記敘録一卷	50
經餘必讀二卷續編二卷三編二卷	140
經餘必讀八卷續編八卷	141
經餘必讀八卷續編八卷三集四卷	406
經學文抄十五卷	51
經學文抄十五卷	51
經學輯要二十四卷	27
經學輯要二十四卷	27
經學輯要二十四卷	28
經濟文府一百卷	268
經濟實學考八卷	135
經濟類考約編不分卷	488
經藝莘新不分卷	336
經藝備格不分卷	336
經藝權五卷	335
經藝璆琳不分卷	336
經藝璆琳不分卷	336
經藝璆琳不分卷	336
經藝獵黼五十品不分卷	335
經藝獵黼五十品不分卷	335
經韻集字析解二卷拾遺補注一卷	62
經韻集字析解二卷拾遺補注一卷	62
經韻樓集十二卷	372
經韻樓叢書	392
經籍舉要一卷	196

經籍籑詁一百六卷首一卷	50
經籍籑詁一百六卷首一卷	50
經籍籑詁一百六卷首一卷	50
經籍籑詁一百六卷首一卷	384
經驗方四卷	457
經驗全方四卷	479
經驗良方一卷	454
經驗良方一卷	457
經驗良方二卷	454
經驗良方二卷	454
經驗良方三卷	453
經驗秘方一卷	479
經驗單方彙編不分卷	453
經驗廣集四卷附一卷	479
綏寇紀略十二卷	78
綏寇紀略十二卷補遺三卷	79
綏寇紀略十二卷補遺三卷	468
彙刻小題雋快新編六編	339
彙刻太倉舊志五種	160
彙草堂治平類纂三十卷	471

十四畫

駁案新編三十二卷駁案續編七卷	143
瑣事閒錄二卷續編二卷	424
瑣蛣雜記十二卷	423
碧山堂全稿一卷	355
碧云集三卷	281
碧血錄五卷	92
碧血錄五卷	92
碧血錄五卷	93
碧血錄五卷	93
碧珊館瑣記一卷	404
碧桃花館詩鈔一卷繡餘閣詩草一卷	24
碧聲吟館倡酬錄一卷	274
碧聲吟館倡酬錄一卷	369
碧聲唫館談麈四卷	424
瑤峰小草詩一卷詩餘一卷	19
趙氏淵源集十卷	254
趙文恪公[光]自訂年譜一卷	106
趙文敏公松雪齋全集十卷外集一卷續集一卷	287
趙文毅公奏疏五卷遼事疏一卷	137
趙文毅公奏疏五卷遼事疏一卷	138
趙明遠先生傳稿全集不分卷	125
趙清獻公集十卷目錄二卷	282
趙裘萼公賸藁四卷	370
趙撝叔印譜初集二集	483
嘉定屠城紀略一卷	85
[光緒]嘉定縣志三十二卷首一卷	86
[光緒]嘉定縣志三十二卷首一卷	132
[光緒]嘉定縣志三十二卷首一卷	160
嘉定錢氏潛研堂全書	391
嘉定錢氏潛研堂全書	391
嘉定錢氏潛研堂全書	391
嘉會堂課選不分卷	346
嘉樂齋三蘇文範十八卷	250
嘉樹山房集二十卷外集二卷續集二卷	10
[光緒]嘉興府志八十八卷首二卷	162
臺灣外紀三十卷	85
臺灣輿圖二卷	151
壽世新編不分卷	455
壽世彙編	456
[光緒]壽陽縣志十三卷首一卷	153
壽寧堂遺稿四卷	11
壽盦書目一卷	195
壽親養老新書四卷	436
聚學軒叢書	382
聚學軒叢書	382
蔣三烈題辭一卷	275
蔡中郎集二卷	494
蔡中郎集十卷外紀一卷外集四卷末一卷	275
蔡忠烈公遺集六卷	292
蔡忠烈公遺集六卷	292
蔗軒遺稿一卷	10
蔗餘偶筆一卷	416
菱湖沈氏叢書	397
熙朝紀政八卷	85
熙朝紀政六卷	85
熙朝紀政六卷	124
熙朝宰輔錄一卷	96
熙朝宰輔錄續編一卷	96

643

熙朝新語十六卷	86
熙朝新語十六卷	86
蔚子詩集二卷	3
蓼蟲吟藁十六卷	4
蓼懷堂琴譜不分卷	432
蘥巖老人[徐士俊]自訂年譜一卷	105
槍礮算法從新三卷	219
榕村全書	390
榕村詩選八卷首一卷	491
榕村語錄續集二十卷洛河奏對一卷	208
榕園文鈔不分卷	161
輔化壇鸞鳴錄二集十二卷	236
監本正誤一卷石本誤字一卷	38
奩詩泐補四卷續補三卷	259
爾雅二卷	51
爾雅三卷	51
爾雅三卷	51
爾雅三卷	51
爾雅三卷	51
爾雅三卷	51
爾雅三卷	51
爾雅三卷	463
爾雅正義二十卷	51
爾雅直音二卷	52
爾雅直音二卷	52
爾雅直音二卷	52
爾雅注疏十一卷附考證	51
爾雅音圖三卷	52
爾雅音圖三卷	52
爾雅郭注義疏二十卷	52
爾雅郭注義疏二十卷	52
爾雅郭注義疏二十卷	463
爾雅郭註義疏二十卷	384
爾雅註疏十一卷	64
爾雅蒙求二卷	52
爾雅冀三十二卷	463
爾雅釋文三卷	51
爾雅釋文三卷	51
奪命金鑑一卷	445
摭言十五卷	404
摘錄聖武記之卷五溯查西藏刺麻來源一卷	411
蚩雲閣凌氏叢書	27
對山書屋墨餘錄十六卷	424
對山書屋墨餘錄十六卷	424
對山樓小題文鈔不分卷	340
對數表一卷	231
對數表一卷	231
對數表四卷	231
賑紀八卷	472
暢園叢書甲函	383
閨秀詩選六卷	367
閨門俚訓一卷	211
閨訓新編十二卷	211
閨範圖說四卷	211
聞喜堂存稿一卷	353
聞喜縣新定均減差徭章程一卷	128
聞鶴軒酬應全集二十四卷	490
閩都記三十三卷	66
閩都記三十三卷	164
閩產錄異六卷	414
閩產錄異六卷海錯百一錄五卷	171
閩嶠輶軒錄二卷	164
暝庵雜識四卷	417
睫庵詩鈔八卷	11
睫庵賦鈔二卷	354
蝸園詩鈔一卷梅隱廬楹聯一卷	311
蝸隱廬詩鈔二卷	311
蝸隱廬詩鈔二卷	311
鳴鶴堂文集十卷	295
嘯古堂文集八卷	21
嘯亭雜錄十卷續錄三卷	86
嘯亭雜錄十卷續錄三卷	86
嘯亭雜錄十卷續錄三卷	86
嘯園叢書	379
嘡嘡言六卷	417
嘡嘡言六卷	417
圖民錄四卷	126
圖案一卷	192
圖書編一百二十七卷	487
圖註難經脈訣六種	444
圖像三國志演義第一才子書六十卷一百	

644

二十回 …………………… 325	鳳焦山館詩草四卷 …………………… 10
圖像鏡花緣全傳六卷一百回 ……… 325	[乾隆]鳳翔縣志八卷首一卷 ……… 153
圖繪寶鑑八卷補遺一卷 …………… 430	鳳臺祇謁筆記一卷 …………………… 177
鄜齋叢書 …………………………… 383	鳳麗小志四卷東城志略一卷 ……… 170
鄜齋叢書 …………………………… 383	疑年表一卷太歲超長表三卷 ……… 115
舞鏡集一卷 ………………………… 305	疑年賡錄二卷 ………………………… 94
種田雜說一卷 ……………………… 220	疑年錄四卷 …………………………… 94
種田雜說一卷 ……………………… 414	疑年錄四卷 …………………………… 94
種痘新書十二卷 …………………… 445	疑雨集四卷 ………………………… 291
種痘新書十二卷 …………………… 450	疑雨集四卷 ………………………… 372
稱謂錄三十二卷 …………………… 244	誌銘廣例二卷 ……………………… 191
稱讚淨土佛攝經一卷 ……………… 193	語石十卷 …………………………… 191
稱讚淨土佛攝經一卷 ……………… 199	語石十卷 …………………………… 191
篋衍集十二卷 ……………………… 268	語石十卷 …………………………… 191
篋衍集十二卷 ……………………… 268	語石十卷 …………………………… 191
算經十書 …………………………… 247	說文二徐箋異十四卷 ………………… 55
算學書目提要三卷 ………………… 198	說文引經攷證七卷說文引經互異說一卷
算學課藝四卷 ……………………… 229	……………………………………… 55
算學課藝四卷 ……………………… 229	說文引經攷證七卷說文引經互異說一卷
算鎊捷訣一卷 ……………………… 230	……………………………………… 55
管子二十四卷 ……………………… 217	說文古籀補十四卷補遺一卷附錄一卷 … 56
管子二十四卷 ……………………… 217	說文外編十六卷 ……………………… 55
管子二十四卷 ……………………… 477	說文佚字攷四卷 ……………………… 56
管子校正二十四卷 ………………… 217	說文長箋一百卷 …………………… 463
管子校正二十四卷 ………………… 217	說文拈字七卷補遺一卷 …………… 464
管稿初集□□卷二集□□卷三集□□卷	說文校議十五卷 ……………………… 53
……………………………………… 352	說文校議十五卷 ……………………… 53
管靜山先生全稿三卷 ……………… 351	說文校議十五卷 ……………………… 53
徼季雜著 …………………………… 396	說文校議十五卷 ……………………… 53
徼居遺書 …………………………… 393	說文通訓定聲十八卷柬韻一卷說雅一卷
槃薖文甲集三卷乙集二卷文別錄一卷 … 309	古今韻準一卷行述一卷 ………… 56
銅陵江壩錄一卷 …………………… 175	說文通訓定聲十八卷柬韻一卷說雅一卷
銅陵江壩錄一卷 …………………… 175	古今韻準一卷行述一卷 ………… 56
銅陵江壩錄一卷 …………………… 175	說文通檢十四卷首一卷末一卷 ……… 54
銅梁山人詩集二十五卷 ……………… 4	說文通檢十四卷首一卷末一卷 ……… 56
銅劍堂存藁一卷斑箱唱和詩一卷 … 310	說文通檢十四卷首一卷末一卷 ……… 56
銀海指南四卷 ……………………… 223	說文逸字辨證二卷 …………………… 56
銀海指南四卷 ……………………… 451	說文提要一卷 ………………………… 55
銀海精微四卷 ……………………… 451	說文發疑六卷 ………………………… 55
遯齋偶筆二卷 ……………………… 401	說文統釋自序一卷 …………………… 53
鳳凰山七十二卷 …………………… 321	說文楬原二卷說文發疑六卷 ………… 55

說文解字十五卷	53		說文辨疑一卷	54
說文解字十五卷	463		說文聲讀表七卷	56
說文解字十五卷	463		說文雙聲二卷	56
說文解字三十卷	53		說文釋例二十卷	55
說文解字五音韻譜十二卷	463		說文釋例二十卷釋例補正二十卷	55
說文解字句讀三十卷	54		說文辯字正俗八卷	55
說文解字句讀三十卷	54		說文辯字正俗八卷	55
說文解字字訓先聲不分卷	60		說文蟲篆十四卷	54
說文解字注十五卷部目分韻一卷六書音均表一卷	53		說苑二十卷	205
			說帖類編三十六卷	143
說文解字注十五卷部目分韻一卷六書音均表一卷	53		說郛	373
			說郛續	373
說文解字注三十二卷	54		說部精華十二卷	415
說文解字注三十二卷	54		說教一卷	245
說文解字注三十二卷	54		說嵩三十二卷	173
說文解字注三十二卷	54		說鈴	375
說文解字注三十二卷汲古閣說文訂一卷	53		說鈴	375
			說鈴一卷	486
說文解字注三十二卷汲古閣說文訂一卷	53		說詩樂趣類編二十卷	331
			說聽二卷	415
說文解字注三十二卷汲古閣說文訂一卷	54		認字測三卷	484
			誦芬書屋算稿三卷	229
說文解字注三十二卷汲古閣說文訂一卷	54		膏方存查不分卷	457
			塾課小題分編十六卷	106
說文解字注匡謬八卷	54		塾課小題文鈔不分卷	341
說文解字注匡謬八卷	54		塾課小題正鵠初集一卷二集一卷三集一卷	338
說文解字通釋四十卷	384			
說文解字義證五十卷	55		塾課小題正鵠初集一卷二集一卷三集一卷訓蒙草一卷	338
說文解字義證五十卷	55			
說文解字義證五十卷	55		塾課文約鈔不分卷	353
說文解字繫傳四十卷	53		廣川書跋六卷	428
說文解字繫傳四十卷	64		廣西諮詢局籌辦處第二次報告書不分卷	145
說文解字韻譜十卷	56			
說文解字韻譜十卷	56		廣西輿地全圖不分卷	152
說文解字韻譜四卷	56		廣列女傳二十卷	92
說文新附攷六卷說文續攷一卷	55		廣列女傳二十卷	92
說文新附攷六卷說文續攷一卷	55		廣志繹五卷	141
說文廣義三卷	53		廣志繹五卷	142
說文諧聲孳生述十八卷	56		廣志繹五卷	148
說文凝錦錄一卷	54		廣近思錄十四卷	207
			廣東考古輯要四十六卷	166

[道光]廣東通志三百三十四卷首一卷 … 166	廣興記二十四卷 … 143
廣東新語二十八卷 … 171	廣興記二十四卷 … 148
廣東新語二十八卷 … 171	廣興記二十四卷 … 472
廣東闈墨一卷 … 361	廣濟耆舊詩集十二卷 … 273
廣東闈墨不分卷 … 361	廣藝舟雙楫六卷 … 429
廣東闈墨四卷 … 360	瘍醫大全四十卷 … 439
廣東輿地全圖不分卷 … 103	瘟疫明辨四卷瘟疫明辨方一卷 … 480
廣東輿地全圖不分卷 … 151	瘟疫論類編五卷 … 447
廣事類賦四十卷 … 238	瘟疫論類編五卷 … 480
廣事類賦四十卷 … 238	瘦碧詞二卷 … 316
廣事類賦四十卷 … 238	廖靜淵窗稿一卷 … 357
廣治平略三十六卷 … 134	端石擬三卷 … 433
廣治平略三十六卷廣治平略續集八卷 … 134	端溪硯史三卷圖一卷 … 433
廣治平略四十四卷 … 134	適可齋記言四卷適可齋記行六卷 … 135
[同治]廣信府志十二卷 … 165	適園叢稿 … 396
廣唐賢三昧集前編一卷正編一卷續編一卷後編一卷 … 263	適園叢稿 … 401
	齊太史移居倡訓集四卷首一卷 … 274
廣陵通典十卷 … 132	齊太史移居倡訓集四卷首一卷 … 274
廣陵通典十卷 … 132	齊太史移居倡訓集四卷首一卷 … 274
廣陵通典十卷 … 159	齊氏醫案六卷 … 437
廣陵詩事十卷 … 333	齊民要術十卷 … 219
廣陽雜記五卷 … 345	齊民要術十卷 … 414
廣博物志五十卷 … 488	齊東野語二十卷 … 160
廣雁蕩山志二十八卷 … 173	齊豫晉直賑捐徵信錄十二卷首一卷 … 129
廣雁蕩山志二十八卷 … 173	精訂綱鑑廿四史通俗衍義六卷四十四回 … 167
廣雅書局叢書 … 381	
廣雅堂詩集不分卷 … 306	精訂綱鑑廿四史通俗衍義六卷四十四回 … 323
廣雅堂詩集不分卷 … 307	
廣雅疏證十卷 … 52	精訂繪圖廿四史通俗衍義六卷四十四回 … 167
廣雅疏證十卷 … 52	
廣雅疏證十卷 … 384	精選多寶船二集不分卷 … 343
廣雅疏證十卷 … 384	精選江南全省大學堂課藝初編四卷 … 346
廣雅碎金四卷附錄一卷 … 307	精選直省闈藝九卷 … 361
廣虞初新志四十卷 … 415	精選畫譜采新初集一卷 … 193
廣廣事類賦三十二卷 … 239	精選試帖一卷 … 363
廣廣事類賦三十二卷 … 239	精選經藝鼓吹初編不分卷 … 337
廣廣事類賦三十二卷 … 248	精選縹緗大備南陽會海對類二十卷 … 242
廣瘟疫論四卷 … 447	鄭氏女科不分卷 … 481
廣漢魏叢書 … 374	鄭氏爻辰補六卷圖一卷 … 33
廣學類編十二卷 … 245	鄭氏產科補亡不分卷 … 481
廣興記二十四卷 … 143	鄭氏詩譜一卷 … 35

鄭氏詩譜一卷	36
鄭氏瘄科保赤金丹四卷	433
鄭氏禮記箋四十九卷	40
鄭志三卷	49
鄭庵所藏泥封一卷	133
鄭開陽雜著十一卷	472
［鄭盦藏金拓本］十張	201
鄭齋類稿一卷	312
榮氏宗譜二十二卷	109
漢文教授法十二卷	333
漢西域圖考七卷首一卷	154
漢西域圖考七卷首一卷	154
漢西域圖考七卷首一卷	154
漢西域圖考七卷首一卷	154
漢西域圖考七卷首一卷	154
漢名臣言行錄十二卷	95
漢志水道疏證四卷	174
漢制考四卷踐阼篇集解一卷	122
漢官七種十一卷	125
漢官七種十一卷	125
漢官答問五卷	125
漢官舊儀二卷補遺一卷	125
漢律類纂一卷	142
漢律類纂一卷	142
漢書一百二十卷	67
漢書一百卷	464
漢書一百卷	464
漢書一百卷	464
漢書一百卷	465
漢書一百卷	465
漢書一百卷	465
漢書一百卷	465
漢書一百卷	465
漢書一百卷	465
漢書引經異文錄證六卷	68
漢書正誤四卷	67
漢書地理志二卷	147
漢書地理志校注二卷	138
漢書地理志校注二卷	139
漢書地理志校注二卷	139
漢書地理志校注二卷	147

漢書西域傳補注二卷	68
漢書西域傳補注二卷新疆賦一卷	68
漢書注校補五十六卷後漢書注補正八卷	68
漢書評林一百卷	67
漢書評林一百卷	465
漢書補注一百卷	67
漢書管見四卷	116
漢書辨疑二十二卷	67
漢書辨疑二十二卷	67
漢書藝文志考證十卷	68
漢學師承記八卷經師經義目錄一卷	97
漢學堂叢書	384
漢學商兌四卷	209
漢學商兌四卷	209
漢儒易義針度四卷近科文式一卷漢儒易義針度指明一卷	33
漢儒易義針度四卷卦圖解一卷	336
漢隸今存錄一卷	84
漢隸分韻七卷	59
漢隸字源五卷碑目一卷	59
漢隸異同十二卷	60
漢魏六朝女子文選二卷	369
漢魏六朝百三名家集	249
漢魏名文乘	490
漢魏碑刻紀存一卷	190
漢魏叢書	506
漢藝文志攷證十卷	194
漢譯診病奇佼二卷	445
滿洲旅行記二卷	178
滿洲旅行記二卷	178
滿清外史二卷	86
滿清外史八卷外編一卷	86
滿清宮廷穢史二卷	86
滿清宮廷穢史二卷	86
漸西村人初集詩十三卷安般簃集詩續十卷春闈雜詠一卷附錄一卷	309
漸西村舍彙刊	381
漱六山房全集十一卷	21
漱六軒詩稿一卷	18
漱玉齋類詩三卷	290

648

漱芳軒合纂四書體註十九卷 …… 28	寧都三魏全集 …… 253
漱青閣賦鈔一卷 …… 308	寥天一閣文二卷 …… 311
漱青閣賦鈔一卷 …… 349	實政録七卷 …… 126
漫遊隨録一卷 …… 179	實學文導二卷 …… 135
漁邨記二卷 …… 319	隨山館詩簡編四卷 …… 304
漁洋山人手鏡一卷 …… 125	隨軒金石文字 …… 187
漁洋山人古詩選三十二卷 …… 258	隨息居重訂霍亂論不分卷 …… 447
漁洋山人古詩選三十二卷 …… 258	隨息居重訂霍亂論四卷 …… 447
漁洋山人詩集二十二卷 …… 296	隨息居重訂霍亂論四卷 …… 447
漁洋山人精華録訓纂十卷 …… 296	隨息居飲食譜一卷 …… 434
漁洋山人精華録訓纂十卷 …… 296	隨軺日記一卷(清光緒十六年七月十六日
漁洋山人精華録訓纂十卷年譜二卷 …… 503	至十七年三月十二日) …… 107
漁洋山人精華録箋注十二卷補一卷續補	隨軺筆記四種四卷 …… 180
一卷續録箋注一卷年譜一卷附録一卷	隨園三十八種 …… 391
…… 502	隨園三十八種 …… 391
漁洋山人精華録箋注十二卷補一卷續補	隨園三十六種 …… 391
一卷續録箋注一卷年譜一卷附録一卷	隨園食單四卷 …… 434
…… 502	隨園詩話十六卷補遺十卷 …… 332
漁洋山人精華録箋註十二卷補一卷 …… 502	隨園隨筆二十八卷 …… 402
漁洋文集十四卷 …… 501	隨緣便録一卷 …… 222
漁洋書籍跋尾二卷 …… 198	熊教綏稿一卷 …… 352
漁洋書籍跋尾二卷 …… 198	熊敬修先生稿一卷 …… 352
漁洋感舊集小傳四卷 …… 98	熊鍾陵先生稿不分卷 …… 353
漁洋感舊集小傳四卷 …… 98	熊鍾陵先生稿不分卷 …… 353
漁洋詩集二十二卷 …… 501	熊襄愍公集十卷首一卷末一卷 …… 290
漁洋詩話二卷 …… 331	熊襄愍公集十卷首一卷末一卷 …… 290
漁洋詩話三卷 …… 331	鄧林唱和詩詞合刻不分卷 …… 252
漁莊唫藁二卷 …… 2	鄧尉探梅詩四卷 …… 274
漁隱叢話後集四十卷 …… 506	翠娛閣增訂宗方城先生性理抄八卷 …… 476
漁隱叢話前集六十卷漁隱叢話後集四十	翠娛樓詩草四卷詩餘一卷雜著一卷味真
卷 …… 331	山房詩草二卷 …… 10
漁磯漫鈔十卷 …… 415	翠堂遺文一卷 …… 355
漪香山館文集不分卷 …… 312	翠微山房數學 …… 247
[道光]滸墅關志十八卷 …… 473	翠螺閣詩稾三卷詞稾一卷 …… 305
滬遊雜記四卷 …… 177	斲硯山房詩鈔八卷 …… 302
滬遊雜記四卷 …… 177	綺霞閣繡餘小草一卷 …… 13
賓萌集五卷外集四卷 …… 302	綱鑑正史約三十六卷 …… 74
寱言録三卷 …… 487	綱鑑正史約三十六卷 …… 74
[康熙]寧化縣志七卷 …… 164	綱鑑易知録一百七卷 …… 74
[雍正]寧波府志三十六卷首一卷 …… 162	綱鑑易知録一百七卷 …… 74
寧都三魏全集 …… 253	綱鑑易知録一百七卷 …… 75

649

綱鑑易知錄九十二卷	74
綱鑑易知錄九十二卷明鑑易知錄十五卷	74
綱鑑易知錄九十二卷明鑑易知錄十五卷	75
綱鑑易知錄九十二卷明鑑易知錄十五卷	75
綱鑑要編二十四卷	467
綱鑑會編九十八卷	74
網師園唐詩箋十八卷	264
維周詩鈔十六卷	368
維揚王九峰先生醫案不分卷	437
維楊述古堂新刻增訂釋義經書便用通考雜字二卷外一卷	243
維摩詰所說經三卷	406
維摩詰所說經三卷	411
維摩詰所說經注八卷	312
維摩詰所說經注八卷	412
維摩經玄疏四卷	407
維摩經疏八卷	407
綴白裘新集合編十二集	320
綴白裘新集合編十二集	320
綠香山館小題六卷	358
綠梅影樓詩存一卷綠梅影樓詞存一卷	14
綠梅影樓詩存一卷綠梅影樓詞存一卷	14
綠雪堂遺集二十卷	13
綠野齋文集四卷	14
綠雲山房詩草二卷末一卷	24
綠滋館藁九卷考信編二卷徵信編五卷	500
綠筠軒詩草一卷	304

十五畫

慧山記四卷	172
慧山記續編三卷首一卷	172
慧福樓幸草一卷附錄一卷	302
璜谿遺詩一卷	305
璇璣碎錦二卷	335
璇璣碎錦二卷	335
璇璣碎錦二卷	335
璚聞襶錄第二輯□□卷	404

駒光留影錄一卷	469
增刪佐雜須知四卷	126
增刪陶朱公奇書類纂六卷	485
增刻紅樓夢詠不分卷	328
增注七家詩彙鈔七卷	364
增注字詁義府合按四卷	30
增注類證活人書二十二卷釋音一卷辨誤一卷傷寒藥性一卷	95
增定妥註鑑略離句讀本二卷	113
增修籌餉事例條款不分卷籌餉事例不分卷增修現行常例不分卷海防事例一卷鄭工新列一卷新章大八程一卷	128
[嘉慶]增修贛榆縣志四卷	161
增訂二三場群書備考四卷續三卷	487
增訂二論詳解四卷	46
增訂本草備要四卷	452
增訂初學起講秘訣一卷	366
增訂初學起講秘訣一卷	366
增訂南詔野史二卷	84
增訂南詔野史二卷	84
增訂保赤金丹四卷	481
增訂律例圖說十卷	143
增訂格物入門七卷	226
增訂徐文定公集六卷首二卷	290
增訂陸麟度先生文編不分卷	150
增訂教案彙編六卷	133
增訂達生編二卷保嬰摘要一卷	223
增訂敬信錄四卷	409
增訂棘闈奪命錄二卷	410
增訂廣日記故事詳註二卷	241
增訂漢魏叢書	374
增訂漢魏叢書	374
增訂漢魏叢書	374
增訂漢魏叢書	374
增訂漢魏叢書	400
增訂醫方易簡十卷	454
增訂醫方易簡十卷	454
增訂醫方易簡十卷	455
增訂繪圖精忠說岳全傳八卷八十回	326
增評補像全圖金玉緣一百二十回	328

增評補像全圖金玉緣不分卷一百二十回 ………… 368	增廣四書典腋二十卷 …………………… 366
增評補圖石頭記一百二十卷 ………… 328	增廣四書題鏡味根錄三十七卷………… 30
增註字類標韻六卷 ………………………… 57	增廣尚友錄統編二十二卷 ……………… 94
增補四書人物聚考十二卷 ……………… 48	增廣時務新策十二卷 …………………… 65
增補四書精繡圖像人物備考十二卷 …… 47	增廣時務新策彙編四卷 ………………… 202
增補事類統編九十三卷 ………………… 239	增廣越諺正續全集三卷 ………………… 335
增補事類統編九十三卷 ………………… 239	增廣智囊補二十八卷 …………………… 405
增補事類統編九十三卷 ………………… 239	增廣試帖玉芙蓉五卷續集二卷三集四卷 ………… 364
增補春秋左傳杜林合注二十卷 ………… 462	增廣群策匯源五十卷 …………………… 367
增補重訂千家詩註解二卷 ……………… 259	增廣箋註簡齋詩集三十卷無住詞一卷附
增補重訂千家詩註解二卷 ……………… 259	正誤一卷 ……………………………… 284
增補重訂千家詩註解二卷新鐫五言千家詩箋註二卷 ………………………… 259	增廣賦海大全三十卷 …………………… 261
增補貢舉考略五卷 ……………………… 110	增廣驗方新編十六卷 …………………… 222
增補貢舉考略五卷 ……………………… 110	增選加註能與集不分卷 ………………… 337
增補時用貼式二卷 ……………………… 244	增輯普濟應驗良方八卷 ………………… 457
增補秘傳痘疹玉髓金鏡錄三卷補遺一卷 ………… 450	增輯難經本義二卷彙考一卷 …………… 444
增補虛字註釋一卷 ……………………… 42	穀山筆麈十八卷 ………………………… 318
增補虛字註釋一卷 ……………………… 42	穀山筆麈十八卷 ………………………… 486
增補註釋故事白眉十卷 ………………… 240	穀玉類編五十卷 ………………………… 488
增補雷公炮制藥性賦解六卷 …………… 221	蕙風簃隨筆二卷二筆二卷 ……………… 404
增補醫方一盤珠全集十卷 ……………… 455	蕙榻雜記一卷 …………………………… 416
增像全圖三國志演義第一才子書八卷一百二十回 ………… 325	蕉軒隨錄二卷 …………………………… 424
增像全圖三國演義一百二十回 ………… 325	蕉軒隨錄十二卷 ………………………… 424
增像全圖三國演義一百二十回 ………… 325	蕉庵琴譜四卷 …………………………… 432
增像全圖三國演義十六卷 ……………… 373	蕩平髮逆圖記二十二卷 ………………… 87
增像全圖三國演義十六卷一百二十回 … 325	蕩平髮逆圖記二十二卷 ………………… 87
增像全圖加批西遊記八卷一百回 ……… 373	蕩平髮逆圖記二十二卷 ………………… 87
增像全圖西漢演義四卷一百回增像全圖東漢演義四卷六十四回 …………… 249	蕊珠課藝不分卷 ………………………… 346
增像第六才子書五卷首一卷 …………… 317	樞言一卷續一卷 ………………………… 416
增像第六才子書五卷首一卷 …………… 318	樞言一卷續一卷 ………………………… 416
增像第六才子書五卷首一卷 …………… 318	樞垣題名不分卷 ………………………… 111
增像第六才子書五卷首一卷 …………… 373	樗園銷夏錄三卷 ………………………… 134
增廣太平惠民和劑局方十卷 …………… 453	樊山公牘四卷 …………………………… 141
增廣文選 ………………………………… 237	樊山判讀四卷樊山判讀續編四卷 ……… 111
增廣古今人物論三十六卷 ……………… 94	樊山判讀四卷樊山判讀續編四卷 ……… 144
增廣四書五經典林十二卷 ……………… 244	樊山政書二十卷 ………………………… 141
	樊山政書二十卷 ………………………… 141
	樊川文集二十卷外集一卷別集一卷 …… 280
	樊川詩集四卷外集一卷別集一卷補遺一卷 ………… 280

樊南文集補編十二卷附錄一卷	280
樊南文集補編十二卷附錄一卷	280
樊榭山房文集八卷	301
樊榭山房全集	300
輪臺雜記二卷	170
輟耕録三十卷	195
輟耕録三十卷	195
輟耕録三十卷	486
甌北全集	391
甌北全集	391
甌北全集	457
甌北詩鈔二十卷	4
甌北詩鈔二十卷	4
甌北詩鈔二十卷	4
甌江小記不分卷	171
甌鉢羅室書畫過目攷四卷首一卷附一卷	235
甌鉢羅室書畫過目攷四卷首一卷附一卷	427
歐美政治要義不分卷	184
歐美政治要義不分卷	184
歐美政體通鑑一卷	184
歐洲列國變法史二十一卷	184
歐洲族類源流略五卷	184
歐陽文忠公五代史抄二十卷	470
歐陽文忠公五代史抄二十卷	470
歐陽文忠公全集	388
歐陽文忠公全集	388
歐陽文忠公全集一百五十三卷附錄五卷	496
歐陽文忠公[修]年譜一卷	103
歐陽文忠公新唐書抄二卷	470
賢益堂試藝不分卷	345
醉吟草六卷	16
醉吟樓遺稿一卷	370
醉紅詞館藏書目一卷	195
醉夢録一卷	404
醉園詩存二十六卷閏集一卷醉園齋臼詞一卷	367
醉愛居印賞□□卷	431
醉墨軒畫稿正集四卷續集四卷	414
醉墨軒畫稿四卷	414
遼文存六卷	372
遼史一百十五卷	70
遼史拾遺二十四卷	70
遼史拾遺二十四卷	70
遼史拾遺二十四卷	71
遼史拾遺補五卷	71
遼史語解十卷	70
遼金元三史語解四十六卷	72
遼金元三史語解四十六卷	72
遼陽防守記一卷	88
碻庵文稿不分卷	501
碻庵先生詩鈔八卷	293
震川先生集三十卷別集十卷	499
震川先生集三十卷別集十卷附錄一卷	289
震川先生集三十卷別集十卷附錄一卷	499
震澤長語二卷	111
震澤紀聞二卷	111
震澤紀聞二卷	468
[乾隆]震澤縣志三十八卷首一卷	156
撫本禮記鄭注考異二卷	461
[光緒]撫州府志八十六卷首一卷	165
撫郡農產攷略二卷	220
撫郡農產攷略二卷	414
[宣統]撫順縣志畧二十二卷	153
劇談録二卷	425
慮得集四卷附錄二卷	123
慮得集四卷附錄二卷	123
鄴中記一卷	83
[道光]輝縣志二十卷首一卷末一卷	164
賞雨茅屋詩集二十二卷外集一卷	8
賞奇軒合編	429
賦役全書不分卷	128
賦則四卷	261
賦海大觀三十二卷	261
賦海大觀三十二卷	261
賦梅書屋詩初集六卷	312
賦琛不分卷	366
賦鈔箋略十五卷	261
賦鈔箋略十五卷	261
賦學正鵠集釋十一卷	261

賦學正鵠集釋四卷續集八卷三集二卷四集四卷	364
賦學菁錦八卷	332
賭棋山莊全集	396
賜書堂楊氏家譜不分卷	108
賜硯堂叢書新編	377
賜硯齋題畫偶錄一卷	428
賜硯齋題畫補錄一卷	428
瞎牛菴題畫詩一卷	426
瞎牛菴題畫詩一卷	428
閱微草堂筆記二十四卷	135
閱微草堂筆記二十四卷	425
閱微草堂筆記二十四卷	425
閱微草堂筆記二十四卷	425
閱微草堂筆記二十四卷	425
閱微草堂筆記擇要二卷	425
影山草堂六種	394
影梅菴悼亡題詠一卷	273
影響集一卷	234
遺珠貫索八卷	423
蝶仙小史彙編六卷	274
蝯叟臨漢張遷碑	483
數度衍二十三卷首三卷	227
數學理九卷附一卷	229
數學理九卷附一卷	429
數學啓蒙二卷	230
數學啓蒙二卷	230
嶠雅二卷	291
墨子斠注補正二卷	434
墨井集五卷	296
墨井畫跋一卷	428
墨池雜著一卷	9
墨池雜著一卷	9
墨妙亭碑目考二卷	190
墨林今話十八卷	429
墨卷約選不分卷	360
墨卷約選不分卷附補編一卷	341
墨卷脫穎不分卷續刻不分卷三續不分卷	341
墨卷雜選不分卷	360
墨香居畫識十卷	427
墨香居畫識十卷	427
墨香居畫識十卷	430
墨壽閣詞鈔一卷續鈔一卷	316
墨壽閣詩集二卷	24
墨選欣賞不分卷	342
墨緣小錄一卷	430
墨緣彙觀四卷	412
稽古日鈔八卷	50
稽古編大政記綱目八卷	467
稽古錄二十卷	72
稽古錄二十卷	72
稷堂試體詩二卷	356
稻香樓試帖二卷	366
稻香樓詩槀一卷	19
黎元洪演義上編十六回	103
黎里志十六卷首一卷	156
黎里續志十六卷首一卷	156
篔韻盦詩鈔六卷	307
篆文四書十九卷	28
篆字彙十二集	58
篆刻鍼度八卷	431
篆法偏旁點畫辨一卷	463
篆學瑣著	234
儉德堂讀書隨筆二卷	423
儀禮十七卷	38
儀禮十七卷	38
儀禮十七卷	38
儀禮大要二卷	39
儀禮正義四十卷	39
儀禮正義四十卷	39
儀禮古今文異同五卷	39
儀禮古今文疏義十七卷	39
儀禮古今文疏義十七卷	39
儀禮古今文疏義十七卷	39
儀禮先易六卷首一卷	39
儀禮私箋八卷	39
儀禮易讀十七卷	39
儀禮注疏十七卷	461
儀禮要義五十卷	38
儀禮集釋三十卷	38
儀禮蒙求一卷	39

儀禮經傳內編二十三卷外編五卷首一卷 …… 39		劍俠像傳四卷 …… 94	
儀禮經傳通解三十七卷 …… 39		餘冬敘錄六十五卷 …… 308	
儀禮經傳通解續二十九卷 …… 39		餘冬錄六十一卷 …… 202	
儀顧堂集二十卷 …… 306		餘師錄前集十四卷後集十卷續集八卷 …… 93	
儀顧堂集十六卷 …… 306		[光緒]餘姚縣志二十七卷首一卷末一卷 …… 163	
儀顧堂集十六卷 …… 306		餘墨偶談八卷續集八卷 …… 333	
儀顧堂題跋十六卷儀顧堂續跋十六卷 …… 198		魯兩先生合集不分卷 …… 252	
質直談耳八卷 …… 423		劉大事記□□卷 …… 88	
質神錄一卷續質神錄一卷 …… 236		劉子全書四十卷首一卷 …… 389	
質疑刪存三卷 …… 421		劉子全書遺編二十四卷首一卷 …… 389	
質學新編六卷 …… 232		劉中丞奏議二十卷 …… 139	
德國合盟紀事本末一卷 …… 186		劉氏道學大成十四種 …… 235	
衛生要術一卷 …… 129		劉竹屏封翁家傳一卷 …… 102	
衛生要術一卷 …… 436		劉向說苑二十卷 …… 475	
衛生學問答八章 …… 224		劉辰翁點校三子七卷 …… 477	
衛生學問答九章 …… 224		劉武慎公奏稿二十卷首一卷 …… 139	
衛生鴻寶六卷 …… 436		劉武慎公遺書 …… 395	
衛司理講道真詮一卷 …… 237		劉坤一一卷 …… 102	
衛濟餘編十八卷 …… 452		劉河間傷寒三書二十卷 …… 480	
衛濟餘編五卷 …… 453		劉河間傷寒三書劉河間傷寒六書 …… 446	
徵君孫先生[奇逢]年譜二卷 …… 104		劉河間傷寒六書 …… 443	
徵獻堂四書小題文鈔一卷徵獻堂四書文鈔一卷 …… 355		劉河間醫學六種附二種 …… 477	
		劉孟塗集四十四卷 …… 14	
徹香堂經史論一卷 …… 311		劉葆真太史遺稿二卷 …… 309	
徹悟禪師語錄二卷 …… 402		劉靜皆書道德經一卷 …… 402	
徹悟禪師遺稿二卷 …… 402		請纓日記十卷(清光緒八年七月初九至十二年九月) …… 107	
鋤經堂搭題文初集不分卷二集不分卷 …… 337			
劍光閣增訂釋義經書便用通考雜字二卷外一卷 …… 243		諸子奇賞前集五十一卷後集六十卷 …… 475	
		諸子品節五十卷 …… 475	
劍南詩鈔六卷 …… 286		諸子品彙五十卷 …… 475	
劍南詩鈔六卷 …… 286		諸子通考三卷 …… 204	
劍南詩鈔六卷 …… 286		諸子通考三卷 …… 204	
劍南詩鈔六卷 …… 286		諸子碎金四卷 …… 434	
劍南詩鈔六卷 …… 286		諸史考異十八卷 …… 119	
劍南詩稿八十五卷放翁逸稿二卷 …… 497		諸史然疑一卷 …… 118	
劍南詩稿八十五卷放翁逸稿二卷 …… 497		諸葛丞相集四卷附錄一卷 …… 275	
劍南詩稿八十五卷放翁逸稿二卷 …… 497		諸經日誦朝時功課集要一卷 …… 233	
劍南詩選二卷 …… 286		[宣統]諸暨縣志六十一卷 …… 90	
劍虹居三十藝一卷 …… 357		[宣統]諸暨縣志六十一卷 …… 163	
劍虹居制義續刻一卷 …… 357		課子隨筆鈔六卷 …… 211	

課子隨筆節鈔六卷附錄一卷 ……	211
課姪心法不分卷 ……	454
課徒草一卷 ……	352
課徒草一卷 ……	357
課徒草不分卷 ……	352
課徒草不分卷 ……	355
課藝彙編四卷 ……	347
誰園詩鈔六卷 ……	309
論文偶記一卷惜抱軒語一卷 ……	15
論文偶記一卷惜抱軒語一卷 ……	332
論文偶記一卷惜抱軒語一卷 ……	332
論文集要四卷 ……	333
論義不猶人初集四卷 ……	348
論語二卷 ……	46
論語正義二十四卷 ……	46
論語古注集箋十卷考一卷 ……	46
論語古注集箋十卷考一卷 ……	46
論語古訓十卷 ……	46
論語注疏解經二十卷 ……	462
論語注疏解經十卷札記一卷 ……	46
論語後案二十卷 ……	46
論語時習錄五卷 ……	462
論語補註三卷 ……	46
論語發疑四卷 ……	46
論語話解十卷 ……	46
論語說文教科書二十卷 ……	60
論語類考二十卷 ……	46
論衡三十卷 ……	383
談徵五卷 ……	424
談藝珠叢 ……	373
談瀛錄 ……	396
談瀛錄三卷 ……	182
摩訶止觀輔行傳弘決四十卷 ……	347
摩訶止觀輔行傳弘決四十卷 ……	436
摩詰般若波羅密經三十卷 ……	314
瘖鱷集不分卷 ……	337
瘡瘍經驗全書六卷 ……	448
瘡瘍經驗全書十三卷 ……	480
慶歷文讀本新編不分卷 ……	343
憫忠草一卷 ……	97
養一齋文集二十卷 ……	12
養一齋文集二十卷 ……	12

養一齋文集二十卷 ……	12
養一齋劄記九卷 ……	209
養心光室詩槀八卷 ……	310
養正義塾章程一卷 ……	130
養正義塾章程一卷 ……	130
養生鏡一卷 ……	447
養吉齋叢錄二十六卷養吉齋餘錄十卷 ……	124
養吉齋叢錄二十六卷養吉齋餘錄十卷 ……	124
養吉齋叢錄二十六卷養吉齋餘錄十卷 ……	124
養自然齋詩鈔三卷 ……	309
養花軒詩集一卷 ……	310
養拙齋詩十四卷附錄一卷 ……	302
養知書屋文集二十八卷養知書屋詩集十五卷 ……	25
養性編一卷 ……	236
養春齋詩鈔二卷 ……	373
養恬書屋偶存稿二卷 ……	5
養病庸言一卷 ……	224
養雲山莊遺稿 ……	401
養雲山館試帖二卷 ……	351
養雲山館試帖四卷 ……	351
養蒙針度五卷 ……	60
養賢堂彙鈔不分卷 ……	347
養餘齋初集四卷二集四卷三集六卷 ……	15
養餘齋初集四卷二集四卷三集六卷 ……	372
蔚雨樓彙刻賦鈔不分卷 ……	365
蔚雨樓彙刻賦鈔不分卷 ……	365
[道光]遵義府志四十八卷 ……	144
[道光]遵義府志四十八卷 ……	166
潮災紀略一卷 ……	473
潛夫論十卷 ……	205
潛古堂詩錄二卷潛古堂詞錄一卷潛古堂雜著一卷 ……	15
潛邱劄記六卷左汾近稿一卷 ……	420
潛邱劄記六卷左汾近稿一卷 ……	420
潛研堂文集五十卷 ……	4
潛研堂答問十二卷 ……	420
潛室陳先生木鍾集十一卷 ……	207
潛莊文鈔六卷 ……	24
潛書四卷 ……	328
潛書四卷 ……	328

潛菴先生擬明史稿二十卷	71
潛菴先生擬明史稿二十卷	71
潛庵文正公家書	295
潛參醫書五種	441
潛參醫書五種	441
潛園友朋書問十二卷	270
潛園友朋書問十二卷	270
潛確居類書一百二十卷	488
潛確居類書一百二十卷	239
潛確錄一卷	104
潛齋簡效方一卷	438
潤州見聞錄一卷	88
澗于日記不分卷(清光緒四年至六年、十一年至二十二年)	107
澗于日記不分卷(清光緒四年至六年、十一年至二十二年)	107
澗上草堂紀略不分卷	168
澂景堂史測十四卷	117
澳大利亞洲志譯本一卷	167
潘公免灾救難寶卷三卷	323
潘氏古譜十卷	110
潘文勤公奏疏一卷	139
[潘世恩年譜]一卷	105
潘芝軒中堂稿一卷	357
潘瀾筆記二卷	421
潘瀾筆記二卷	421
[乾隆]澄城縣志二十卷	154
澄悅堂詩集十四卷	1
澄懷園文存八卷	299
澄懷園語四卷	210
澄懷園語四卷	210
澄蘭室古緣萃錄十八卷	235
澄蘭室古緣萃錄十八卷	427
寫竹簡明法二卷	429
寫定尚書不分卷	34
寫定尚書不分卷	34
寫韻樓詩草一卷寫韻樓詞草一卷	253
寫韻樓詩集五卷首一卷末一卷	373
寫韻樓詩鈔一卷	18
寫韻樓詩鈔一卷	18
寫韻樓遺草一卷	304

審看擬式六卷首一卷末一卷	143
審音鑑古錄十四卷續五卷	505
憨山大師淨宗法要一卷憨山大師進修法要一卷	409
履園叢話二十四卷	415
履園叢話二十四卷	415
履齋示兒編二十三卷	418
履齋示兒編二十三卷	484
遲鴻軒詩存一卷文存一卷	368
遲鴻軒詩棄四卷文棄二卷	301
選吉便用一卷	167
選佛譜六卷	229
選佛譜六卷	233
選佛譜六卷	233
選定經濟叢編不分卷	200
選雅二十卷	53
選樓集句二卷首一卷末一卷	20
選學彙函七十五卷	255
選聲集三卷詞韻簡一卷	317
選韻不分卷	62
選韻不分卷	62
豫章先賢九家年譜十五卷	91
豫章叢書	387
豫醫雙璧二種	412
樂山先生遺案一卷	438
樂邦定課一卷	233
樂在堂賸稿不分卷	349
樂安同懷遺稿不分卷	344
樂志堂文略四卷附錄一卷	19
樂志簃筆記	400
樂府小令	317
樂府補亡一卷	316
樂府補亡一卷	316
樂府補題一卷	314
樂府詩集一百卷	255
樂府詩集一百卷	489
樂府廣序三十卷	490
樂律考二卷	432
樂律考二卷	432
樂律考二卷	432
樂善堂全集四十卷	3

樂善堂全集定本三十卷 …… 3	議十一卷附錄一卷 …… 138
樂善堂全集定本三十卷 …… 3	駱文忠公奏議湘中稿十六卷續刻四川奏
樂善集六卷 …… 208	議十一卷附錄一卷 …… 138
樂道堂文鈔五卷詩鈔十卷 …… 306	駱賓王集二卷 …… 495
樂毅論一卷 …… 459	駱臨海集十卷首一卷末一卷 …… 276
練川名人畫像四卷附二卷續編三卷 …… 98	駢文類纂四十六卷 …… 261
練川名人畫像四卷附二卷續編三卷 …… 98	駢文類纂四十六卷 …… 261
練川名人畫像續編三卷 …… 98	駢雅七卷序目一卷 …… 52
練兵實紀九卷 …… 218	駢雅七卷序目一卷 …… 52
練兵實紀九卷雜集六卷 …… 218	駢雅訓纂十六卷 …… 52
練勇芻言五卷 …… 218	駢雅訓纂十六卷 …… 52
練勇芻言五卷 …… 248	駢體文鈔三十一卷 …… 261
練湖志十卷 …… 176	駢體文鈔三十一卷 …… 261
緬甸國志一卷英領緬甸志一卷緬甸新志	駢體文鈔三十一卷 …… 261
一卷暹邏國志一卷布哈爾志一卷 …… 183	燕下鄉脞錄四卷 …… 417
編註醫學入門七卷首一卷 …… 412	燕山外史註釋八卷 …… 327
編譯叢刻 …… 246	燕山外史註釋八卷 …… 327
緣葊詩話二卷 …… 332	燕山外史註釋八卷 …… 327
畿輔人物考八卷 …… 99	燕山外史註釋八卷 …… 327
畿輔水利三案一卷補一卷畿輔水利四案	燕山外史註釋八卷 …… 327
一卷補一卷 …… 175	燕山外史註釋八卷 …… 327
畿輔水利輯覽一卷 …… 175	燕山草堂集五卷 …… 502
畿輔同官錄不分卷 …… 98	燕子箋二卷 …… 319
畿輔同官錄六卷 …… 98	燕京雜記不分卷 …… 170
畿輔安瀾志十二卷 …… 175	燕泉何先生餘冬序錄六十五卷 …… 484
畿輔安瀾志五十六卷 …… 175	燕寓偶談六卷 …… 321
畿輔河道管見水利私議一卷 …… 175	薑齋文集十卷 …… 294
[光緒]畿輔通志三百卷首一卷 …… 152	薛氏族譜□□卷 …… 109
	薛氏醫案二十四種 …… 437
十六畫	薛氏醫案二十四種 …… 481
	薛文清集二十四卷 …… 288
璞齋集詩六卷詞一卷 …… 308	[薛文麟印稿]不分卷 …… 431
靜厓詩續稿六卷 …… 504	薇雲小舍試帖詩課二卷薇雲小舍詩課續
靜軒筆記一百二十卷 …… 423	編二卷 …… 356
靜軒筆記一百二十卷 …… 423	薆園叢書 …… 396
靜盦文集一卷靜盦詩稿一卷 …… 312	翰村詩稿行卷六集 …… 300
靜觀堂校正幼科指南家傳秘方二卷 …… 223	翰林筆削字義韻律鼇頭海篇心鏡二十卷
隸法彙纂十卷 …… 64	…… 463
駱公[秉章]年譜一卷 …… 106	翰林學士集殘卷不分卷 …… 262
駱文忠公奏議湘中稿十六卷續刻四川奏	翰海十二卷 …… 490
	頤典齋賦讀本一卷 …… 364

657

頤道堂帖體詩一卷	351
頤道堂集文鈔十三卷詩選三十卷詩外集十三卷	13
頤道堂詩選十四卷文鈔四卷詩外集八卷	13
頤園制藝初編不分卷二編二卷三編二卷四編一卷	353
頤壽老人[錢寶琛]年譜二卷	105
頤壽老人[錢寶琛]年譜二卷	105
頤壽老人[錢寶琛]年譜二卷	105
頤養詮要四卷	436
[薩爾圖果敏公行狀]一卷	102
橫山北墅醫案不分卷	438
橫山志略六卷	473
橫塘集二十卷	284
樸村文集二十四卷詩集十三卷	502
樸巢詩選二卷	293
檇李遺書	386
樵川二家詩六卷	253
樵歌三卷	314
橘蔭軒全集	396
機器織綢有限公司章程一卷	146
輶軒語一卷	212
輶軒語一卷	213
賴古堂名賢尺牘新鈔十二卷二選十六卷三選十五卷	261
醒世良言一卷	408
醒世金箴六卷	236
醒世姻緣傳一百回	327
歷史哲學二篇	215
歷史叢書□□種	178
歷史讀本□□卷	113
歷代三元甲子編年一卷	75
歷代正草隸篆字法不分卷	58
歷代正草隸篆字法不分卷	58
歷代世系紀年編一卷	75
歷代史表五十九卷	115
歷代史表五十九卷	115
歷代史表五十三卷	115
歷代史事新論彙編二十八卷	117
歷代史略六卷	114
歷代史論一編四卷	116
歷代史論二冊	116
歷代史論十二卷宋史論三卷元史論一卷	116
歷代史論十二卷宋史論三卷元史論一卷	116
歷代史論十二卷宋史論三卷元史論一卷	116
歷代史纂左編一百四十二卷	470
歷代四裔紀年統表四卷	115
歷代仙史八卷	236
歷代刑官考二卷	124
歷代地理沿革圖一卷	149
歷代地理韻編今釋二十卷	102
歷代地理韻編今釋二十卷	149
歷代名人年譜十卷存疑一卷	94
歷代名臣言行錄二十四卷	92
歷代名臣言行錄二十四卷	92
歷代名臣言行錄二十四卷	92
歷代名臣言行錄二十四卷	92
歷代名臣言行錄二十四卷	92
歷代名臣言行錄續集四十卷	92
歷代名臣奏議三百二十卷	137
歷代名臣奏議三百十九卷	137
歷代名將圖□□卷	412
歷代名賢手札八卷	261
歷代名賢史論統編□□卷	116
歷代名賢齒譜九卷名媛齒譜三卷	94
歷代服制考原二卷	202
歷代河防統纂二十八卷	174
歷代河防統纂二十八卷	174
歷代河防統纂二十八卷	174
歷代治權分合系統表一卷	115
歷代定域史綱四卷	149
歷代定域史綱四卷	149
歷代帝王年表三卷	115
歷代帝王法帖釋文十卷	133
歷代帝王法帖釋文十卷	428
歷代神仙史八卷	236
歷代神仙通鑑四十卷	236
歷代紀元彙考八卷	75

歷代畫史彙傳七十二卷首一卷附錄二卷 ……………………………………………… 430	戰國策三十三卷 …………………… 82
歷代畫史彙傳七十二卷首一卷附錄二卷 ……………………………………………… 430	戰國策三十三卷 …………………… 82
歷代輿地沿革險要圖一卷 …………… 144	戰國策三十三卷 …………………… 82
歷代輿地沿革險要圖一卷 …………… 148	戰國策三十三卷 …………………… 82
歷代輿地沿革險要圖一卷 …………… 148	戰國策三十三卷 …………………… 82
歷代輿地圖不分卷 …………………… 148	戰國策三十三卷 …………………… 82
歷代鐘鼎彝器款識法帖二十卷 ……… 190	戰國策三十三卷 …………………… 82
歷代鐘鼎彝器款識法帖二十卷 ……… 190	戰國策三十三卷 …………………… 82
歷代鐘鼎彝器款識法帖二十卷 ……… 190	戰國策去毒二卷 …………………… 82
歷代鐘鼎彝器款識法帖二十卷 ……… 190	戰國策去毒二卷 …………………… 83
歷屆禁山碑文不分卷 ………………… 172	戰國策四卷 ………………………… 468
[乾隆]歷城縣志五十卷首一卷 ……… 154	戰國策選四卷 ……………………… 82
歷科小題才子書不分卷 ……………… 125	戰術學三卷 ………………………… 219
歷科狀元策五卷 ……………………… 360	還山臥月軒詞一卷 ………………… 316
歷科朝元卷十卷 ……………………… 360	還雲館四書文鈔二卷 ……………… 356
歷科試策大成初編十卷二編十卷 …… 348	還魂記二卷 ………………………… 319
歷朝史案二十卷 ……………………… 119	還讀軒墨選新編不分卷二編不分卷 … 340
歷朝名媛詩詞十二卷 ………………… 259	圜天圖說三卷續編二卷首一卷 …… 226
歷朝紀事本末六百五十八卷 ………… 77	默庵遺集八卷 ……………………… 292
歷朝紀事本末六百五十八卷 ………… 77	默庵遺集八卷 ……………………… 292
歷朝紀事本末六百五十八卷 ………… 77	黔詩紀略三十三卷 ………………… 273
歷朝詞綜一百六卷 …………………… 7	黔詩紀略三十三卷 ………………… 273
歷朝詞綜一百六卷 …………………… 313	黔詩紀略後編三十卷 ……………… 273
歷朝詩約選九十三卷 ………………… 259	積古齋鐘鼎彝器款識十卷 ………… 190
霓裳文藝全譜四卷 …………………… 320	積古齋鐘鼎彝器款識十卷 ………… 190
頻羅庵遺集 …………………………… 391	積古齋鐘鼎彝器款識十卷 ………… 190
餐芍華館詩集八卷蕉心詞一卷 ……… 24	積石文稿十八卷積石詩存四卷南池唱和詩存一卷鱠餘編一卷 ……………… 16
餐芍華館遺文三卷隨筆二卷 ………… 24	積石詩存四卷南池唱和詩存一卷鱠餘編一卷 ………………………………… 16
餐勝齋詩稿四卷 ……………………… 4	
餐鼇閣乓人二卷 ……………………… 368	
鬳齋考工記解二卷 …………………… 37	積書巖宋詩刪二十五卷 …………… 265
盧照鄰集二集 ………………………… 495	積學齋叢書 ………………………… 382
曉讀書齋雜錄八卷 …………………… 421	穆勒名學甲部八篇 ………………… 214
戰國紀年六卷年表一卷 ……………… 75	穆勒名學甲部八篇 ………………… 214
戰國紀年六卷年表一卷 ……………… 75	穆勒名學甲部八篇乙部七篇丙部十三篇 ……………………………………… 214
戰國策十卷 …………………………… 82	
戰國策十卷 …………………………… 82	穆堂初稿五十卷 …………………… 299
戰國策十卷 …………………………… 468	篤素堂文集十六卷 ………………… 297
戰國策三十三卷 ……………………… 82	篤素堂文集十六卷 ………………… 297
	篤素堂文集四卷 …………………… 210
	篤素堂集鈔三卷 …………………… 245

659

篠峰詩鈔二卷	17
舉業小題維新一卷	126
興替金鑑二十卷一百五十四回	327
興儒行教圖考一卷	100
學古堂捐藏書目一卷學古堂藏書目一卷	194
學古堂捐藏書目一卷學古堂藏書目一卷	194
學古偶錄不分卷	2
學古診則四卷	478
學仕遺規四卷學仕遺規補四卷	126
學林十卷	418
學治一得編不分卷	126
學治偶存八卷	127
學圃詩槀一卷詞賸一卷	7
學圃詩槀一卷詞賸一卷	7
學圃詩槀不分卷詞賸一卷	308
學海堂集十六卷	345
學海堂課藝六集	346
學海堂叢刻	379
學案一卷	476
學案小識十四卷	97
學案小識十四卷	97
學堂日記一卷	409
學堂日記一卷	409
學堂日記一卷	409
學庸沿革論一卷	348
學習測繪說略一卷	229
學統五十六卷	93
學統五十六卷	93
學算筆談十二卷	229
學鐫印譜□□卷	431
儒林宗派十六卷	93
儒門事親十五卷	223
儒門事親十五卷	439
儒門事親十五卷	478
儒門法語一卷	209
儒門法語一卷	209
儒門法語一卷	209
儒門語要六卷	209
儒門醫學三卷附一卷	445

儒寡局徵信錄一卷	129
衡齋算學遺書合刻	224
衡齋算學遺書合刻	225
[嘉慶]衛藏通志十六卷首一卷	166
衛藏通志校字記一卷	166
錢氏小兒藥證直訣三卷	119
錢氏家寶不分卷	481
錢母蒯太淑人傳一卷	194
錢母蒯太淑人傳一卷	402
錢叔雲遺文一卷	357
錢牧翁先生[謙益]年譜一卷	292
錢牧齋文鈔不分卷	292
錢牧齋文鈔不分卷	292
錢牧齋先生尺牘三卷	500
錢牧齋先生尺牘三卷	500
錢牧齋先生列朝詩集小傳十卷	469
錢南園先生遺集五卷	5
錢陟園考訂資治通鑑綱目全書四十六卷	73
錢唐遺事十卷	171
錢敏肅公奏疏七卷	138
錢敏肅公奏疏七卷	138
錢敏肅公奏疏七卷	138
錢塘遺事十卷	83
錢塘遺事十卷	83
[錢新之行述]一卷	102
錢頤壽中丞全集	401
錢頤壽中丞全集	401
錫山秦氏宗譜十二卷首一卷	109
錫山秦氏詩鈔前集八卷今集十卷	273
錫山秦氏詩鈔前集八卷今集十卷	273
錫山景物略十卷	172
錫山景物略十卷	172
錫山景物略十卷	172
錫山遊庠錄二卷首一卷	90
錫金四哲事實彙存一卷	98
錫金志外五卷	158
錫金鄉土地理二卷	158
錫金鄉土地理二卷	158
錫金鄉土歷史二卷	158
錫金遊庠續錄一卷	111

錫金遊庠續錄一卷	111
錫金遊庠續錄一卷	111
錫金識小錄十二卷	156
錫金識小錄十二卷	156
錫金識小錄十二卷	156
錫金識小錄十二卷	158
錦笺記二卷	319
館律分韻初編六卷	363
館律分韻初編六卷	363
館律駕鍼四卷	360
館課存藁四卷	350
館課賦稿一卷	352
館選錄不分卷	110
鮑覺生先生未刻詩一卷	416
穎川支譜二十卷首一卷	202
獨學廬全稿	507
鴛鴦宜福館吹月詞二卷	316
諫止中東和議奏疏四卷	89
諧史四卷	423
諧鐸十二卷	423
諭旨(光緒八年至十五年)不分卷	137
諭摺彙存不分卷	137
諭摺彙存(同治十三年至光緒二十七年)二十二卷	137
憑山閣彙輯留青采珍集前函十二卷后函十二卷	240
憑山閣增定留青全集二十四卷	240
憑山閣增定留青全集二十四卷	240
憑山閣增輯留青新集三十卷	240
辨訛考異二卷	286
辨證奇聞十五卷	221
龍川文集三十卷	497
龍川文集三十卷附錄二卷首一卷	286
龍井見聞錄十卷宋僧元淨外傳二卷	171
龍文鞭影二卷	212
龍文鞭影二卷	212
龍文鞭影二卷	212
龍田存筆二卷附錄一卷	290
龍門二十品不分卷	459
龍岡山人古文尚書四種	28
龍岡山人詩鈔十五卷	303

龍城書院課藝不分卷	344
龍城書院課藝不分卷	344
龍威祕書	376
龍莊遺書	398
龍舒淨土文十卷	439
龍舒淨土文十卷首一卷末一卷	408
龍湖橋李題詞一卷	274
[康熙]龍游縣志十二卷	163
龍學孫公春秋經解十五卷	42
龍龕手鑑四卷	57
憺園全集三十六卷	296
懷米山房吉金圖一卷	190
羲經集錦不分卷	33
澹復虛齋畫緣錄一卷	429
澹餘筆記一卷	124
濂亭文集八卷	303
濂亭文集八卷	303
濂亭遺文五卷遺詩二卷	303
濂洛關閩書十九卷	207
濂溪志七卷	100
憲法古義三卷	145
憲法精理二卷	145
寰宇訪碑錄十二卷	190
禪林頓悟入道要門論二卷	233
禪門日誦不分卷	233
禪門日誦不分卷	233
閻潛丘先生[若璩]年譜一卷	201
避暑錄話二卷	149
彊邨詞四卷	316
隱拙齋集二十二卷	504

十七畫

麗濩薈錄十四卷	417
環游地球新錄四卷	179
贅言十則一卷	125
[幫會材料]一卷	469
戴氏注論語二十卷	46
戴南山文鈔六卷	298
戴南山文鈔六卷首一卷	252
戴段合刻二十四卷	252

661

戴段合刻二十四卷	252
聲遠堂稿一卷	351
聲調四譜圖說十二卷首一卷末一卷	62
聯珠集二卷	334
聯新事備詩學大成三十卷	487
鞠傲軒集聯新語一卷	334
鞠隱山莊遺詩一卷附錄一卷	307
藍山詩集六卷	288
藏山閣詩存十四卷文存六卷	369
藏書紀事詩七卷	193
藏書紀事詩七卷	193
藏書紀要一卷流通古書約一卷	194
藏雲館試律一卷	353
藏園九種曲	318
藏園九種曲	318
舊五代史一百五十卷	66
舊五代史一百五十卷	66
舊雨草堂時文一卷	357
舊雨草堂時文不分卷	351
舊唐書二百卷	69
舊唐書二百卷	69
舊唐書逸文十二卷	69
舊聞證誤四卷舊聞證誤補遺一卷	119
舊端居室印存不分卷	431
舊德集十四卷	273
韓子文鈔十卷	279
韓子迂評二十卷	477
韓子刪評四卷	477
韓文百篇編年三卷	369
韓文起十二卷	495
韓非子二十卷	217
韓非子二十卷	217
韓非子二十卷	477
韓非子集解二十卷	217
韓非子集解二十卷	217
韓昌黎詩集編年箋注十二卷	279
韓門綴學五卷續編一卷	485
韓詩外傳十卷	35
韓詩外傳十卷	36
隸法彙纂十卷	58
隸篇十五卷續十五卷再續十五卷	60
隸篇十五卷續十五卷再續十五卷	64
隸辨八卷	59
隸辨八卷	60
隸辨八卷	60
隸辨八卷	64
隸辨八卷	64
隸辨八卷	464
隸韻十卷	59
隸韻十卷	59
隸韻十卷	59
隸釋二十七卷隸續二十一卷	474
檢字一貫三十二集	58
檢身錄一卷	204
檢驗集証一卷檢驗合參一卷	394
檀几叢書五十卷二集五十卷	375
檀園集十二卷	500
樜湖十子詩鈔二十二卷	253
擊鉢吟偶存七集十四卷	274
臨川先生文集一百卷	496
臨文便覽一卷增訂韻辨摘要一卷	60
[咸淳]臨安志一百卷	162
臨症經驗方一卷	437
臨海屈氏世譜十九卷	108
[康熙]臨海縣志十五卷首一卷	163
臨野堂集詩集十三卷詩餘二卷	297
臨證指南醫案十卷種福堂公選良方兼刻古吳名醫精論四卷	482
臨證指南醫案十卷種福堂公選溫熱論醫案四卷	436
臨證指南醫案十卷種福堂公選溫熱論醫案四卷	437
臨證度鍼六卷	479
臨證經驗方二卷	456
臨證醫案不分卷	437
臨癥經驗方一卷	437
磵東詩鈔二卷	11
霜傑齋詩二卷補遺一卷	308
霜傑齋詩二卷補遺一卷	308
霞舉堂集三十五卷	502
擬彙刊周秦諸子校注輯補善本敘錄一卷	459

嬰童百問十卷	389
嬰童百問十卷	481
嬰童類萃三卷	481
螺江日記八卷	335
螺峰說錄二卷首一卷	208
嶺西公牘彙存十卷	141
嶺南三大家詩選二十四卷	253
嶺南集鈔不分卷	10
嶺南遺書	387
嶺南遺書	387
嶽雪樓書畫錄五卷	136
嶽雪樓書畫錄五卷	427
嶽雲盦扶桑遊記三卷	183
點石齋畫報大全不分卷	197
點石齋叢畫十卷	193
點勘記二卷省堂筆記一卷	332
魏文貞公[徵]年譜一卷	100
魏文貞公[徵]故事拾遺三卷	100
魏叔子日錄	398
魏叔子文集外編二十二卷	294
魏昭士文集十卷	299
魏書校勘記一卷	202
魏敬士文集八卷	299
魏鄭公諫錄五卷	100
魏鄭公諫續錄二卷	100
輿地八種	147
輿地沿革表四十卷	149
輿地紀勝二百卷	148
輿地紀勝二百卷	148
輿地紀勝二百卷	148
輿地紀勝校勘記五十二卷	148
輿地紀勝補闕十卷	148
輿地廣記三十八卷	148
輿地廣記三十八卷	148
輿地廣記三十八卷	148
輿地廣記三十八卷札記二卷	472
輿地廣記校勘記二卷	148
輿地廣記校勘記二卷	148
輿圖測法繪法條議圖解二卷	247
[康熙]徽州府志十八卷圖一卷	473
鍼灸大成十卷	436

鍼灸大成十卷	436
鍼灸擇日編集一卷	436
谿上遺聞別錄二卷	171
谿山臥游錄四卷	429
谿州官牘三集	141
鮚埼亭集三十八卷首一卷全謝山先生經史問答十卷鮚埼亭集外編五十卷	2
鮚埼亭集三十八卷首一卷全謝山先生經史問答十卷鮚埼亭集外編五十卷	2
鮚埼亭集三十八卷首一卷全謝山先生經史問答十卷鮚埼亭集外編五十卷	2
鮚埼亭集三十八卷首一卷全謝山先生經史問答十卷鮚埼亭集外編五十卷	2
鮚埼亭詩集十卷	2
[謝氏算學三種]	225
謝華啟秀七卷	487
謙齋文錄八卷	288
[光緒]襄陽府志二十六卷志餘一卷國朝襄郡忠義錄一卷	165
應試五排精選五卷	363
應驗良方不分卷	456
應驗奇方不分卷	222
應驗簡便良方二卷	454
應驗簡便良方二卷摘要經驗良方一卷	457
糜園詩鈔一卷	13
糜園詩鈔一卷	13
齋莊中正堂制義十二卷	350
甕牖閒評八卷	418
甕牖餘談八卷	86
甕牖餘談八卷	86
燭理堂試帖五卷	352
鴻苞集四十八卷	484
鴻城集三卷附錄一卷	307
鴻雪因緣圖不分卷	309
鴻雪因緣圖記三集	105
鴻寶齋四書	30
鴻寶齋經義彙纂六十卷	335
濟人自濟經驗諸方三卷	479
濟世良方四卷	454
濟世養生集一卷便易經驗集一卷	222
濟生養生經驗集三卷	436

濟生養生經驗集三卷	436
濟生養生經驗集三卷	436
濟陰綱目十四卷	481
濟衆新編八卷	482
濟嬰編一卷	223
［濱石府君年狀］一卷	106
濯絳宦存槀一卷	316
濯絳宦存槀一卷	320
濯錦軒制藝一卷	355
［乾隆］濰縣志六卷首一卷末一卷	155
邃雅堂學古録七卷	50
邃懷堂文集四卷邃懷堂詩集前編六卷後編六卷小清容山館詞鈔二卷邃懷堂哀忠集初編一卷二編一卷三編一卷	16
邃懷堂文集四卷邃懷堂詩集前編六卷後編六卷小清容山館詞鈔二卷邃懷堂駢文箋注十六卷補箋一卷邃懷堂哀忠集初編一卷二編一卷三編一卷	16
禮記二十卷	461
禮記十卷	39
禮記十卷	39
禮記十卷	39
禮記十卷	40
禮記十卷	40
禮記要義三十三卷	39
禮記約編十卷	40
禮記章句十卷或問八卷	40
禮記集解六十一卷尚書顧命解一卷	40
禮記集說十六卷	461
禮記集說十卷	461
禮記集說三十卷	461
禮記註疏六十三卷	461
禮記說八卷	40
禮記增訂旁訓六卷	40
禮記課兒述注十八卷	461
禮部遺集九卷	392
禮部遺集九卷	392
禮書一百五十卷	41
禮書一百五十卷	41
禮書綱目八十五卷首三卷	41
禮經校釋二十二卷禮經纂疏序一卷	39

禮經校釋二十二卷禮經纂疏序一卷	39
禮經校釋二十二卷禮經纂疏序一卷	39
禮經通論一卷	41
禮經會元四卷	37
禮箋三卷	41
禮箋三卷	41
彌陀畧解圓中鈔二卷	404
翼教叢編七卷	89
翼教叢編六卷	89
翼教叢編六卷	89
翼梅八卷	226
翼駉稗編八卷	426
縹緗新記十六卷	406
縵雅堂駢體文八卷	305
縮本小題文藪初集不分卷二集不分卷	343
縮本精選經藝淵海五卷	335
縮本增選多寶船不分卷	343
繆篆分韻五卷補遺一卷	58

十八畫

驗方新編二十四卷	222
璿源系譜紀略一卷	89
璿璣碎錦二卷	501
瓊林霏屑八卷	415
瓊樓吟稿節鈔一卷	234
藕香零拾	381
藝文通覽一百二十卷補詳字義十四篇	57
藝文備覽一百二十卷首一卷総目一卷檢字一卷	57
藝文類聚一百卷	238
藝文類聚一百卷	238
藝芸書舍宋元本書目不分卷	195
藝苑名言八卷	332
藝苑名言八卷	332
藝苑捃華	376
藝苑叢話十六卷	333
藝苑叢話十六卷	333
藝林珠玉初編四卷二編不分卷三編不分卷四編不分卷	337
藝風堂文集七卷外篇一卷	311

藝風堂文集七卷外篇一卷文續集八卷	311	醫林改錯二卷	453
藝風堂文集七卷外篇一卷文續集八卷	368	醫林枕秘保赤存真十卷	433
藝風堂文集七卷外篇一卷附錄一卷	311	醫林枕秘保赤存眞十卷	223
藝風堂題跋一卷	125	醫林指月	437
藝風藏書記八卷	198	醫林指月二十三卷	477
藝風藏書記八卷藝風藏書續記八卷	198	醫林繩墨大全九卷	455
藝海珠塵	376	醫林纂要探源十卷附一卷	439
藝海珠塵	376	醫門小學快讀二卷	441
藝麻輯要一卷	220	醫門法律六卷	439
藝麻輯要一卷	220	醫門棒喝四卷二集九卷	444
藝經齋西算新法叢書第一集八卷	225	醫門棒喝四卷二集九卷	444
藤花吟館試帖二卷	352	醫門集錦不分卷	455
藤花亭十七種	394	醫門補要三卷採集先哲察生死秘法一卷	437
藤香館啓蒙草一卷	355	醫門彙選不分卷	456
藤香館啓蒙草一卷	355	醫門精華六卷	438
藤陰雜記十二卷	169	醫法心傳一卷	412
藤陰雜記十二卷	169	醫法心傳一卷	441
藥性八略不分卷	219	醫宗必讀五卷首一卷	442
藥性必讀不分卷	387	醫宗備要三卷	441
藥性指要一卷	387	醫宗說約五卷首一卷	442
藥品丸散說明功用不分卷	129	醫故二卷古逸方補一卷	224
櫹杌閒評五十卷首一卷	327	醫原二卷	443
覆瓿集	394	醫效秘傳三卷	438
覆瓿集	394	醫悟十二卷	442
覆瓿集	394	醫案三吳治驗五卷	481
覆瓿叢談二卷	166	醫案不分卷	96
醫方易簡新編六卷	453	醫略十三卷	442
醫方捷徑指南全書二卷	455	醫寄伏陰論二卷	454
醫方集解二十一卷	454	醫貫六卷	442
醫方集解二十三卷	221	醫經原旨六卷	478
醫方集解三卷	453	醫經原旨六卷	478
醫方集解不分卷	454	醫經原旨六卷	478
醫方湯頭歌訣不分卷	222	醫經原旨六卷	478
醫方業話八卷	455	醫經溯洄集一卷	443
醫方彙存不分卷	456	醫醇賸義四卷	455
醫方論四卷	452	醫學心悟六卷	440
醫方論四卷	454	醫學心悟六卷	440
醫方論四卷	454	醫學心悟六卷	440
醫方論四卷	455	醫學正脈不分卷	478
醫方簡義六卷	444	醫學折衷八十四卷	477
醫旨緒餘二卷	479		

醫學指歸二卷	443
醫學集成四卷	441
醫學蒙引六卷	479
醫學實在易八卷	442
醫學綱目四十卷	479
醫學篇四卷又四卷	443
醫學窮源集六卷	442
醫學讀書記三卷續記一卷靜香樓醫案一卷	443
醫藥家根六卷	453
醫藥湯頭類賦二十一卷	456
醫鏡四卷	482
爇餘雜咏不分卷	87
擷芳集八十卷	269
[光緒]豐縣志十六卷首一卷	160
叢桂堂時文不分卷	349
叢桂堂集驗良方一卷	457
叢碧山房詩初集十四卷	295
瞿忠宣公集十卷	291
闕里文獻考一百卷	99
闕里文獻考一百卷	99
[闕里顏氏叢書]	253
曠視山房制藝一卷制藝續一卷山房小題文一卷曠視山房三續集一卷	349
蟲薈五卷	414
韞山堂文集八卷韞山堂詩集十六卷	5
韞山堂時文初集一卷二集二卷三集一卷	352
韞山堂時文初集一卷二集二卷三集一卷	352
簡字不分卷	63
簡字譜錄五卷	63
簡明中西匯參醫學圖說二編	442
簡易明經通譜(宣統乙酉科)不分卷各省優貢全錄不分卷	112
簡莊文鈔六卷續編二卷河莊詩鈔一卷	8
簡算略一卷	230
簡緣詩草一卷	8
簡學齋賦鈔一卷	351
鵝幻彙編十二卷	433
鵝幻續編十二卷	433
雙白燕堂文集二卷外集八卷	13
雙忽雷本事一卷	274
雙桂軒詩存一卷	17
雙桂堂時文稿一卷	353
雙桐書屋詩賸七卷	305
雙梧桐館集二十六卷	7
雙湖翹秀集三卷	344
雙節堂庸訓六卷	210
雙牗堂文集一卷黃山紀遊隨筆一卷雙牗堂詩集一卷雙牗堂外集一卷	6
邊事彙鈔十二卷續鈔八卷	167
歸氏世譜二十卷	109
歸方評點史記一百三十卷	66
歸田集不分卷	300
歸田瑣記八卷	416
歸玄恭文續鈔七卷附錄一卷	293
歸先生文集三十二卷附錄一卷	499
歸查叢刻七種	178
歸高士遺集十卷	373
歸愚文鈔十二卷文續十二卷餘集七卷	299
歸愚文鈔十二卷文續十二卷餘集七卷	300
歸愚文續十二卷	300
歸愚詩鈔二十卷	300
歸愚詩鈔十四卷	300
歸愚齋四書文不分卷	357
歸震川先生[有光]年譜一卷	104
歸震川書牘一卷	289
歸樸龕叢稿續編四卷年譜一卷	17
歸盦文稿八卷	21
歸盦文稿八卷	21
歸盦文稿八卷歸盦詩稿三卷	21
歸[有光]顧[炎武]朱[用純]三先生年譜合刻五卷觀復堂稿一卷	91
[光緒]鎮海縣志四十卷	163
雞跖賦續刻二十八卷擬古二卷	365
雞澤脞錄一卷迎鑾筆記二卷	417
謹身寶歷戒忌一卷	223
謫麇堂遺集四卷補遺一卷	304
顏氏家訓注七卷附錄一卷	210
顏氏家藏尺牘姓氏考一卷	200
顏氏學記十卷	208

顏氏學記十卷 …… 208
顏習齋先生[元]年譜二卷 …… 104
雜抄存覽一卷 …… 404
雜抄邸報一卷 …… 137
雜錦群芳□□卷 …… 244
雜錄不分卷 …… 333
離騷經舍分韻試帖一卷 …… 351
癖談六卷 …… 192
爐餘錄二卷 …… 83
瀏陽二傑文二卷 …… 310
瀏陽二傑遺文二卷 …… 252
瀏陽二傑遺文二卷 …… 253
瀏陽二傑遺文二卷 …… 253
瀯源問答十二卷 …… 421
瀯源問答十二卷 …… 421
[康熙]隴州志八卷首一卷 …… 154
繞竹山房詩稿十卷詩餘一卷 …… 11

十九畫

難經經釋二卷 …… 221
攘石齋詩集五十卷攘石齋十國詞箋略一卷 …… 3
蘋花社消寒詩課九集 …… 274
蓬菴文鈔一卷 …… 12
蓬菴文鈔一卷 …… 12
勸世詩一卷 …… 410
勸戒上海國會及出洋學生文一卷 …… 88
勸戒錄五十四卷 …… 409
勸戒錄五十四卷 …… 409
勸發菩提心文一卷 …… 410
勸學瑣言二卷 …… 213
勸學篇二卷 …… 213
勸學篇內外篇一卷 …… 213
勸學篇內外篇一卷 …… 213
勸學篇內外篇一卷 …… 213
勸學篇書後一卷 …… 213
蘅華館詩錄六卷 …… 372
蘇文六卷 …… 497
蘇文忠公詩集五十卷目錄二卷 …… 283
蘇文忠公詩集五十卷目錄二卷 …… 372

蘇文忠公詩編註集成四十六卷總案四十五卷諸家雜綴酌存一卷蘇海識餘四卷賤詩圖一卷 …… 151
蘇文忠公詩編註集成四十六卷總案四十五卷諸家雜綴酌存一卷蘇海識餘四卷賤詩圖一卷 …… 283
蘇文忠公詩編註集成四十六卷總案四十五卷諸家雜綴酌存一卷蘇海識餘四卷賤詩圖一卷 …… 283
蘇文忠公詩編註集成四十六卷總案四十五卷諸家雜綴酌存一卷蘇海識餘四卷賤詩圖一卷 …… 497
蘇文忠詩合註五十卷首一卷 …… 283
蘇文忠詩合註五十卷首一卷 …… 283
蘇文忠詩合註五十卷首一卷 …… 283
蘇老泉文集十三卷 …… 496
蘇米志林三卷 …… 469
蘇米志林三卷 …… 469
[道光]蘇州府志一百五十卷首十卷 …… 473
[道光]蘇州府志一百五十卷首十卷 …… 473
[同治]蘇州府志一百五十卷首三卷 …… 79
[同治]蘇州府志一百五十卷首三卷 …… 130
[同治]蘇州府志一百五十卷首三卷 …… 130
[光緒]蘇州府志一百五十卷首三卷 …… 155
[康熙]蘇州府志八十二卷 …… 472
[康熙]蘇州府志八十二卷 …… 473
[乾隆]蘇州府志八十卷 …… 473
[乾隆]蘇州府志八十卷 …… 473
蘇州府長元吳三邑諸生譜九卷 …… 90
蘇州府長元吳三邑諸生譜九卷 …… 110
蘇州府長元吳三邑諸生譜九卷 …… 110
蘇州府長元吳三邑諸生譜九卷 …… 111
蘇州府長元吳三邑諸生譜九卷 …… 204
蘇沈良方八卷 …… 478
蘇長公外紀十二卷 …… 469
蘇長公合作內篇不分卷外篇不分卷 …… 497
蘇松財賦考圖說一卷 …… 472
蘇松賦役攻略一卷 …… 128
蘇東坡詩集註三十二卷失編一卷[蘇軾]年譜一卷 …… 282
蘇門六君子文粹七十卷 …… 492

書名	頁	書名	頁
[蘇省輿地圖說]不分卷	151	疇人傳四十六卷	94
蘇鄰遺詩續集一卷	305	疇人傳四十六卷	94
蘇穎濱[轍]年表一卷	103	疇人傳續六卷	94
蘇穎濱[轍]年表一卷	103	嚴本儀禮鄭氏注校錄一卷續校一卷	38
蘇學士文集十六卷	372	蘀園醫學六種	441
蘇盦集十六卷	305	韜略元機八卷	433
蘇齋筆記八卷	146	羅文止先生文鈔不分卷	348
警心篇一卷	235	羅文恪公[惇衍]年譜一卷	106
警心錄十卷	213	[嘉慶]羅江縣志三十六卷	166
薑園課蒙草初編一卷二編一卷	351	羅忠節公遺集	394
蘊真居詩集六卷詩餘一卷	10	羅忠節公遺集	398
蘊真居詩集六卷詩餘一卷	10	[光緒]羅店鎮志八卷羅溪文徵一卷	157
麓臺題畫稿一卷	428	羅馬史要十三卷首一卷	186
攀古廎彝器款識二卷	200	羅浮室遺槀不分卷	349
[同治]麗水縣志十五卷	164	羅景山臺灣海防並開山日記一卷	168
麗句集不分卷	490	羅經秘竅圖書十卷新鐫唐氏壽域一卷	486
麗則遺音四卷附錄一卷	498	羅豫章先生集十二卷首一卷末一卷	284
麗廎叢書	382	羅豫章先生集十二卷首一卷末一卷	284
麗澤堂制藝遺稿二卷	354	犢山文稿不分卷	354
麗澤堂遺稿二卷	354	犢山類藳	398
麗澤課藝選二卷	345	犢山類藳	398
麗澤課藝選二卷	345	籌書內篇二卷外篇二卷續編四卷	301
礦務叢鈔十二卷	247	籌書詩篇四卷詞集一卷	301
攗古錄金文三卷	200	籌鰓謏經藝五卷	351
贈太子少保席公行狀一卷	102	簷曝雜記六卷	415
曝書亭集八十卷附錄一卷	295	簷曝雜記六卷	415
曝書亭集八十卷附錄一卷	295	鏡花緣二十卷一百回	325
曝書亭集八十卷附錄一卷	295	鏡花緣二十卷一百回	325
曝書亭集外詩八卷	295	鏡花緣二十卷一百回	325
曝書亭集詞註七卷	314	鏡影簫聲初集不分卷	98
曝書亭集詩註二十二卷[朱彝尊]年譜一卷	295	鵬南文鈔十五卷首一卷末一卷	310
曝書亭集詩註二十二卷[朱彝尊]年譜一卷	295	譚子化書六卷	435
曝書亭集箋註二十三卷	295	識小錄八卷	416
曝書亭詩錄箋註十二卷	295	證治合參十八卷	482
曝書雜記二卷	193	證治明辨五卷	437
曝書雜記二卷	193	證治理會十卷	477
關中金石記八卷	188	證治彙補八卷	442
關聖帝君覺世格言一卷	409	證俗文十九卷	52
疇人傳三編七卷	94	證道秘書	234
疇人傳五十二卷	93	證學編一卷	209
		廬山志十五卷	173

668

廬山歸宗寺志四卷	473
廬陵文丞相全集十六卷	287
廬陽三賢集	252
韻山堂詩集七卷	10
韻史二卷	120
韻史補一卷	120
韻府拾遺一百六卷	241
韻府拾遺一百六卷	241
韻府拾遺一百六卷	241
韻府拾遺一百六卷	241
韻府拾遺一百六卷	241
韻府拾遺一百六卷	241
韻府約編二十四卷	242
韻府約編二十四卷	243
韻府鉤沈五卷	62
韻府精華五卷	62
韻香閣詩草一卷	309
韻香閣詩草一卷	370
韻律新編四卷	363
韻海大全五卷	61
韻詁五卷附韻詁補遺	61
韻彙五卷	63
韻學驪珠二卷	61
韻辨一隅八卷補遺一卷續補一卷	61
韻麋詞一卷後韻麋詞一卷	370
韻鶴軒雜著二卷筆談二卷	91
懷小編二十卷	422
懷古堂詩選十二卷	501
懷星堂全集三十卷	499
懷舊集十二卷續集六卷又續集一卷女士詩錄一卷	268
懷幽雜俎	383
懷麓堂集一百卷	289
類林新詠三十六卷	241
類林新詠三十六卷	241
類音八卷	60
類書纂要三十三卷	240
類腋五十五卷	242
類傷寒辨四卷九方便覽一卷	445
類經三十二卷	221
類經三十二卷圖翼十一卷附翼四卷	478
類篇十五卷	57
類編標註文公先生經濟文衡前集二十五卷後集二十五卷續集二十二卷	476
類證治裁八卷	437
類證活人書二十二卷	441
類證普濟本事方十卷	454
瀟碧堂集二十卷	500
瀛舟筆談十二卷	415
瀛舟筆談十二卷	415
瀛奎玉律二集四卷	364
瀛奎律髓四十九卷	255
瀛海探驪集八卷	364
瀛環志略十卷	178
瀛環志略十卷	179
瀛環志略十卷	179
瀛環志略十卷	179
瀛環志略十卷	179
瀛環志略十卷	179
瀛環志略十卷續五卷	179
瀛壖雜誌六卷	157
寶素堂時文不分卷	352
寶繪錄二十卷	429
繩正堂墨繩不分卷庚午科直省試帖一卷	361
繩孝堂録肘后全書四卷	438
繹史一百六十卷	77
繹史一百六十卷	77
繹史一百六十卷	199
繹史一百六十卷	468
繹志十九卷	206
繹志十九卷	206
繹志十九卷	206
繪真記四十卷	321
繪像鐵花仙史二十六回	329
繪圖今古奇觀六卷四十回	323
繪圖文武香毬三十六卷七十二回	321
繪圖花月因緣十六卷五十二回	329
繪圖花月因緣十六卷五十二回	329
繪圖足本大字果報録十二卷一百回	321
繪圖希奇古怪四卷	148
繪圖希奇古怪四卷	315

繪圖東漢演義四卷六十四回繪圖西漢演	
義四卷一百回	225
繪圖官場現形計六十卷	329
繪圖封神演義十二卷一百回	167
繪圖封神演義八卷一百回	324
繪圖孩兒說笑話□□卷	335
繪圖啼猩淚□□章	330
繪圖評點女僊外史一百回	326
繪圖評點女僊外史八卷一百回	326
繪圖曾少卿全傳一卷	103
繪圖游戲奇緣十卷續集二卷	148
繪圖結水滸全傳八卷七十回附結子一卷	326
繪圖粵東繁華夢三卷四十回	329
繪圖綴白裘十二集四十八卷	320
繪圖綴白裘十二集四十八卷	320
繪圖雙鳳奇緣四卷八十回	324
繪圖續今古奇觀六卷三十回	323
繡水王氏家藏集	253
繡虎軒尺牘八卷	297
繡虎軒尺牘八卷二集八卷三集八卷	501
繡像十五貫十六卷	321
繡像六美圖三十卷	321
繡像古今賢女傳九卷	94
繡像百花臺全集四卷	321
繡像孝義真蹟珍珠塔六卷二十四回	321
繡像秀英寶卷碧玉簪一卷	323
繡像金臺全傳六卷六十回	326
繡像封神演義一百回	221
繡像封神演義一百回	324
繡像後西遊記六卷四十回	325
繡像前後玉蜻蜓前傳八卷二十八回後傳	
八卷三十二回	322
繡像前後玉蜻蜓前傳六卷二十八回後傳	
六卷三十二回	322
繡像飛仙劍俠奇緣四卷三十回	326
繡像海上繁華夢新書二集六卷三十回	329
繡像描金鳳十二卷四十六回	322
繡像貫串呼延慶打擂雙鞭記四卷	142
繡像夢影緣四十八回	322
繡像新紅樓夢六卷四十八回	328
繡像義俠九絲縧全傳十二卷	322
繡像剿逆圖考不分卷	87
繡像說唐征西全傳六卷九十回	326
繡像說唱麒麟豹傳十卷六十回	321
繡像綠牡丹全傳六卷六十四回	325
繡像鬧盧莊十六卷	322
繡像雙帥印十四卷	322
繡像繪圖西晉演義四卷繡像繪圖東晉演	
義八卷	310
繡墨軒詩稿一卷詞稿一卷	369
繡鐙問字圖題詞一卷	274
繡鐙問字圖題詞一卷	367

二十畫

蘭心閣詩槀一卷	19
蘭石軒印草□□卷	431
蘭言詩鈔二十卷	373
蘭修庵消寒錄□□卷	333
蘭脩館賦稿一卷	351
蘭陵三秀集三卷	254
蘭溪歷代人物考一卷	99
蘭臺軌範八卷醫貫砭二卷	453
蘭臺遺藁一卷附錄一卷續編一卷	9
[光緒]蘭谿縣志八卷首一卷	110
[光緒]蘭谿縣志八卷首一卷補遺一卷	163
蘭譜一卷	414
蘭韻堂詩集八卷	5
[乾隆]醴泉縣志十四卷	153
[乾隆]獻縣志二十卷圖一卷表一卷	152
闢邪集一卷	402
蠕範八卷	434
嚶鳴館百疊集一卷	369
籌洋芻議一卷	134
籌濟編三十二卷首一卷	129
籌濟編三十二卷首一卷	129
籋雲書屋詩鈔六卷	308
纂喜堂詩稿一卷青芙館詞鈔一卷二韭室	
詩餘一卷	13
覺世經圖說四卷	409
覺非盦筆記八卷	421

覺峰勝藁四卷	303
覺顛冥齋内言四卷	135
鎸玉茗堂批點殘唐五代史演義傳六卷六十回	325
鎸李卓吾批點殘唐五代史演義傳八卷六十回	505
鎸張太史評選古文正宗十四卷	256
鐘山札記四卷	420
鐘山札記四卷龍城札記三卷	420
鐘鼎字源一卷古文備考一卷	463
鐘鼎字源五卷	59
鐘鼎字源五卷	59
鐘鼎字源五卷	59
鐘鼎字源五卷	64
鐙窗瑣話八卷	332
釋名疏證八卷	384
釋名疏證補八卷續釋名一卷釋名補遺一卷疏證補埒一卷	52
釋字百韻一卷	53
釋迦如來應化事蹟不分卷	232
釋教三字經一卷	233
釋禪波羅密次第法門十卷	347
[護理陝西巡撫陶奏稿]不分卷	472
護槐堂詩存一卷	6
譯學館初等代數講義	230
懺摩錄一卷	209
懺摩錄一卷	209
[光緒]寶山縣志十四卷首一卷	132
[光緒]寶山縣志十四卷首一卷	133
[光緒]寶山縣志十四卷首一卷	161
寶奎堂集十二卷	3
寶韋齋類稿	396
寶笏樓詩集二卷	309
寶硯堂集三卷	14
寶綸堂文鈔八卷	2
寶綸堂文鈔八卷	2
寶綸堂文鈔八卷寶綸堂詩鈔六卷	2
寶墨庵棄三卷	355
寶墨樓詩冊十卷	303
寶應圖經六卷首一卷	160
寶顏堂訂正羅湖野錄四卷	486
寶顏堂秘笈	506
寶鐵齋詩錄不分卷寶鐵齋詩續錄一卷	20
寶存四卷	423
響泉集詩十七卷文一卷詞二卷	4

二十一畫

歡喜果一卷	368
權制八卷	219
櫻寧山房遺稿一卷	7
轟天雷一卷十四回	329
覉軒孔氏所著書	392
蘩瓦二編十二卷	321
鐵華館叢書	379
鐵崖詩集三種二十七卷首一卷	288
鐵琴銅劍樓藏書目錄二十四卷	198
鐵雲藏陶一卷	309
鐵網珊瑚二十卷	229
鐵網珊瑚初集不分卷二集不分卷三集不分卷	338
鐵橋漫稿八卷	9
鐵橋漫稿八卷	9
鐵橋漫稿八卷	9
鐵橋漫稿八卷	9
鐵橋漫稿八卷	9
爛喉痧痧輯要一卷	447
爛喉痧痧輯要一卷	447
灄江雜記一卷灄江游草一卷	221
[顧少蘭金燮堂方案]不分卷	437
顧亭林先生詩箋註十七卷	293
顧亭林先生詩箋註十七卷	293
顧亭林先生詩箋註十七卷	293
顧亭林先生遺書十種	210
顧亭林先生遺書十種	389
顧華陽集三卷	495
顧端文公遺書	388
顧端文公遺書	393
鶴沙雜詠一卷	303
鶴林玉露十六卷	484
鶴泉文鈔二卷	6
鶴泉集唐三卷鶴泉集唐初編一卷	6

鶴梅留影詩存二卷	274	續指月録二十卷首一卷	411
鶴巢小詞一卷	505	續秋雨四卷	423
鶴徵後録十二卷首一卷	97	[康熙]續修汶上縣志六卷	155
鶴徵録八卷首一卷	97	[同治]續修羅江縣志二十四卷	166
鶴緣詞一卷	317	[光緒]續修廬州府志一百卷首一卷末一卷	161
續二十五子彙函二十五卷	458	續後漢書四十七卷	69
續三十五舉一卷	236	續後漢書四十七卷	69
續三十五舉一卷	430	續紅樓夢三十卷	328
續三十五舉一卷	430	續書畫譜十六卷	427
續王鳳洲集二卷	499	續集漢印分韻二卷	102
[同治]續天津縣志二十卷首一卷	152	續碑傳集八十六卷	98
續支那通史二卷	90	續碑傳集八十六卷首二卷	133
續支那通史二卷	90	續新齊諧十卷	426
續太平廣記八卷	424	續資治通鑑二百二十卷	73
續文獻通考二百五十四卷	471	續資治通鑑二百二十卷	73
續文獻通考鈔三十卷	471	續資治通鑑二百二十卷	73
續古今譯經圖記一卷	234	續資治通鑑二百二十卷	73
續古文苑二十卷	255	續資治通鑑二百二十卷	73
續古文苑二十卷	255	續資治通鑑六十四卷	467
續古文苑二十卷	371	續資治通鑑長編五百二十卷	76
續古文辭類纂二十八卷	257	續資治通鑑長編拾補六十卷	76
續古文辭類纂二十八卷	257	續資治通鑑綱目二十七卷	73
續古文辭類纂二十八卷	257	續疑年録四卷	94
續古文辭類纂三十四卷	257	續廣事類賦三十卷	238
續古文辭類纂三十四卷	257	續廣博物志十六卷	240
續古文辭類纂三十四卷	257	續漢書志三十卷	68
續古文辭類纂三十四卷	257	續漢書志三十卷	68
續印人傳八卷	432	續漢書志三十卷	68
續弘簡録元史類編四十二卷	81	續增刑案匯覽十六卷	143
續弘簡録元史類編四十二卷	81	續增科場條例不分卷(同治元年至同治三年)	145
續弘簡録元史類編四十二卷	199	[道光]續增高郵州志六卷	159
續考古圖五卷釋文一卷	189	續談助五卷	405
續同里先哲志十卷	469	續選尊經課藝不分卷	337
續行水金鑑一百五十六卷	174	續編資治宋元綱目大全二十七卷	467
續名醫類案三十六卷	438	續輯明刑圖說一卷	143
續甬上耆舊詩集一百四十卷	272	續龍文鞭影三卷	212
續板橋雜記三卷雪鴻小記一卷	148	續龍文鞭影三卷	212
續明紀事本末十八卷	78	續龍文鞭影三卷	212
續明紀事本末十八卷	78	續藏書二十七卷	466
續刻千家詩二卷	260		
續刻文料觸機二卷	367		

續瀛環志略初編不分卷 …… 179
續瀛環志略初編不分卷 …… 179
續瀛環志略初編不分卷 …… 179
[光緒]續纂江甯府志十五卷 …… 155
續纂江蘇水利全案四十卷首一卷附編十
　二卷 …… 176
續纂淮關統志十四卷 …… 128
續纂淮關統志十四卷 …… 128
[同治]續纂揚州府志二十四卷 …… 157
[同治]續纂揚州府志二十四卷 …… 159
續釋名一卷補遺一卷 …… 384
續譯華生包探案不分卷 …… 330

二十二畫

懿行編八卷 …… 408
聽月樓遺稿二卷 …… 21
聽松樓遺稿四卷附錄一卷 …… 15
聽雨小樓詞稿二卷 …… 315
聽雨小樓詞稿二卷 …… 326
聽雨小樓詞稿二卷 …… 326
聽雨小樓詞稿二卷 …… 326
聽雨小樓詞稿二卷 …… 326
聽雨小樓詞稿二卷 …… 327
聽春館集四卷 …… 10
聽香仙館詩鈔一卷詞鈔一卷 …… 306
聽秋軒詩集三卷 …… 19
聽雲僊館詩集二卷儷體文集四卷儷體文
　集補編一卷儷體文續集二卷詞一卷附
　西游感懷吟草一卷 …… 16
聽蛙舊廬詩存四卷 …… 504
聽餠笙館遺稿一卷 …… 357
聽嚶堂四六新書八卷 …… 491
聽嚶堂選黃山谷尺牘二卷 …… 283
鷗陂漁話六卷 …… 416
鷗陂漁話六卷 …… 416
鷗堂賸槀一卷東鷗草堂詞二卷 …… 303
鷗堂賸槀一卷東鷗草堂詞二卷 …… 303
囊秘喉書一卷 …… 451
攢花小堂讀本二集不分卷 …… 340
攢花小堂讀本初集不分卷 …… 340

攢花小堂讀本初編不分卷 …… 340
攢花易簡良方四卷 …… 453
巖下放言三卷 …… 157
體育圖說二卷 …… 224
穰梨館過眼錄四十卷續錄十六卷 …… 427
穰梨館過眼錄四十卷續錄十六卷 …… 427
籜仙詞稿五卷 …… 315
鑄史駢言十二卷 …… 244
鑄史駢言十二卷 …… 244
鑄鼎餘聞四卷 …… 418
鑑止水齋集二十卷 …… 11
鑑止水齋集二十卷 …… 11
鑑湖女俠秋君墓表一卷吳芝瑛傳一卷 …… 103
鑑誡錄十卷 …… 415
鑑語經世編二十七卷 …… 471
鑑撮四卷 …… 114
讀左補義五十卷首一卷 …… 43
讀左補義五十卷首一卷 …… 43
讀史大略六十卷 …… 119
讀史大略六十卷 …… 119
讀史大略六十卷 …… 119
讀史方輿紀要一百三十卷 …… 145
讀史方輿紀要一百三十卷 …… 145
讀史方輿紀要一百三十卷 …… 149
讀史方輿紀要一百三十卷輿圖要覽四卷
　…… 149
讀史方輿紀要十卷 …… 149
讀史兵略四十六卷 …… 218
讀史兵略四十六卷 …… 218
讀史記日記一卷讀漢書日記一卷 …… 119
讀史提要錄十二卷 …… 119
讀史提要錄十二卷 …… 119
讀史提要錄十二卷 …… 119
讀史提要錄十二卷 …… 119
讀史備忘八卷 …… 470
讀史集四卷 …… 471
讀史碎金六卷讀史碎金註八十卷 …… 115
讀史管見三十卷 …… 470
讀史論略一卷 …… 119
讀史論略一卷 …… 119
讀史舉正八卷 …… 118

讀史舉正八卷	118
讀史鏡古編三十二卷	92
讀史鏡古編三十二卷	471
讀西學書法一卷	196
讀均軒館賦偶存一卷	350
讀均軒館賦偶存一卷	350
讀杜心解六卷	495
讀杜心解六卷首二卷	277
讀杜心解六卷首二卷	278
讀杜心解六卷首二卷	278
讀易傳心圖說三卷	32
讀易隨筆三卷	33
讀易齋塾課初編一卷續編一卷附編二卷	350
讀例存疑五十四卷	143
讀書小記三十一卷	463
讀書紀數略五十四卷	241
讀書紀數略五十四卷	488
讀書記疑十六卷	419
讀書堂答問一卷	35
讀書敏求記四卷	197
讀書做人譜一卷	213
讀書偶筆二十卷	418
讀書脞錄七卷	420
讀書說四卷年譜一卷	206
讀書樂趣□□卷	408
讀書舉要二卷	196
讀書錄二卷	207
讀書錄十一卷讀書續錄十二卷	207
讀書檜吟稿二卷	22
讀書叢錄二十四卷	421
讀書叢錄二十四卷	421
讀書雜志八十二卷餘編二卷	145
讀書雜志八十二卷餘編二卷	421
讀書雜志八十二卷餘編二卷	421
讀書雜志八十二卷餘編二卷	421
讀書雜識十二卷	422
讀書雜識十二卷	422
讀書雜釋十四卷	422
讀書鐙一卷	413
讀書續錄十二卷	207
讀通鑑綱目劄記二十卷	116
讀通鑑綱目劄記二十卷翰馨書屋賦餘二卷	116
讀通鑑論十卷	117
讀通鑑論十卷	394
讀通鑑論三十卷讀宋論十五卷	117
讀雪山房唐詩三十四卷	264
讀雪山房唐詩三十四卷	264
讀畫錄四卷	483
讀畫齋偶輯不分卷	428
讀畫齋叢書	376
讀碑小箋一卷	191
讀傷寒論二卷	480
讀選樓詩稿十卷	302
讀選樓詩稿十卷	304
讀禮通考一百二十卷	41
讀禮通考一百二十卷	41
讀禮叢鈔十六種	41
讀醫隨筆六卷	441
龔定盦說文段注札記一卷徐星伯說文段注札記一卷	425
鸎字齋詩畧四卷	312

二十三畫

驗方新編十六卷	222
驗方新編十六卷	440
驗方新編八卷增補方二卷	456
驗方選易三卷	457
驗方錄要八卷	456
顯志堂稿十二卷	21
顯密圓通成佛心要集二卷	328
黴瘡秘錄二卷	449
麟角集一卷	281
麟洲兵事芻議一卷	218
麟洲雜著四卷	418
[光緒]麟遊縣新志草十卷首一卷	154
麟臺故事五卷	125
麟臺故事五卷	125
[同治]欒城縣志十四卷首一卷末一卷	152

變法經緯公例論二卷	134
變雅堂文集八卷詩集十卷附錄二卷	293
變雅堂遺集十八卷附錄二卷	293

二十四畫

觀世音菩薩得大勢菩薩受記經一卷	193
觀世音菩薩得大勢菩薩受記經一卷	199
觀世音經果報圖證二卷	410
觀古堂所著書	397
觀古堂彙刻書	382
觀古堂彙刻書	382
觀我生齋詩話四卷	333
觀物博異八卷	434
觀所緣緣論集解一卷	486
觀河集四卷	5
觀河集節鈔一卷	234
觀象雜鈔一卷	162
觀善齋會課同人試藝不分卷	338
觀經義疏鈔宗鈔證義二卷	193
觀經義疏鈔宗鈔證義二卷	405
觀聚方要補十卷	389
觀槿居時文一卷	350
鹽鐵論二卷	205
鹽鐵論十二卷	475
鹽鐵論十二卷	475
鹽鐵論十卷校勘小識一卷	205
釀齋訓蒙雜編	399
靈芬館集	393
靈芬館詞四種七卷	315
靈峰蕅益大師梵室偶談一卷	402
靈峰蕅益大師宗論十卷首一卷	402
靈棋經二卷	164
靈棋經二卷	402
[康熙]靈壽縣志十卷圖一卷末一卷	152
靈樞經十卷	444
靈樞經九卷	444
靈鶼閣叢書	382
靈鶼閣叢書	382
靈巖志略一卷	172
靈巖記略二卷	172
靈驗良方不分卷	455
蠶桑說一卷	220
蠶桑說一卷	220
蠶桑實濟六卷	220
鬭蟋蟀賦一卷	434
艷異新編五卷	324
[康熙]衢州府志四十卷	163
[同治]贛縣志五十四卷首一卷	165